Anforderungsbereich III (Reflexion und Problemlösung)

Er umfasst den kritischen und reflektierten Umgang mit neuen Problemstellungen, den eingesetzten Methoden und den gewonnenen Erkenntnissen. Ziel sind eigenständige Begründungen, Folgerungen, Deutungen und Wertungen.

beurteilen

den Stellenwert von Sachverhalten oder Prozessen in einem Zusammenhang bestimmen, um kriterienorientiert zu einem begründeten Sachurteil zu gelangen

entwickeln

zu einem Sachverhalt oder zu einer Problemstellung eine Einschätzung, ein Lösungsmodell, eine Gegenposition oder ein begründetes Lösungskonzept darlegen

erörtern

zu einer vorgegebenen Problemstellung eine reflektierte, abwägende Auseinandersetzung führen und zu einem begründeten Sach- und/oder Werturteil kommen

sich auseinandersetzen

zu einem Sachverhalt, einem Konzept, einer Problemstellung oder einer These usw. eine Argumentation → *entwickeln*, die zu einem begründeten Sach- und/oder Werturteil führt

Stellung nehmen

Beurteilung (→ *beurteilen*) mit zusätzlicher Reflexion individueller, sachbezogener und/oder politischer Wertmaßstäbe, die Pluralität gewährleisten und zu einem begründeten eigenen Werturteil führen

überprüfen

Inhalte, Sachverhalte, Vermutungen oder Hypothesen auf der Grundlage eigener Kenntnisse oder mithilfe zusätzlicher Materialien auf ihre sachliche Richtigkeit bzw. auf ihre innere Logik hin untersuchen

Operator, der Leistungen in allen drei Anforderungsbereichen verlangt:

interpretieren

Sinnzusammenhänge aus Quellen erschließen und ein begründetes Sachurteil oder eine Stellungnahme abgeben, die auf einer Analyse beruhen

Operatoren zusammengestellt nach: http://db2.nibis.de/1db/cuvo/datei/ge_go_kc_druck_2017.pdf (Zugriff: 11. November 2019)

Tipps für den richtigen Umgang mit den Operatoren und den Aufgaben im Buch:

- Nützliche Erklärungen zu den einzelnen Operatoren bietet die Übersicht auf Seite 480 bis 487.
- Zu Aufgaben, die mit einem **H** (= Helfen) oder **F** (= Fordern) gekennzeichnet sind, finden Sie im Anhang auf Seite 518 bis 528 Hinweise und weitere Informationen.

BUCHNERS KOLLEG

Geschichte

Ausgabe Niedersachsen
Abitur 2025

C.C.Buchner Verlag

Buchners Kolleg Geschichte

Ausgabe Niedersachsen
Abitur 2025

Unterrichtswerk für die Oberstufe

Bearbeitet von Thomas Ahbe, Friedrich Anders, Boris Barth, Klaus Dieter Hein-Mooren, Stephan Kohser, Heike Krause-Leipoldt, Lorenz Maier, Ulrich Mücke, Oliver Näpel, Thomas Ott, Markus Reinbold, Reiner Schell, Jürgen Weber, Stefanie Witt und Hartmann Wunderer

Zu diesem Lehrwerk sind erhältlich:
- Digitales Lehrermaterial **click & teach** Einzellizenz, Bestell-Nr. 320481
- Digitales Lehrermaterial **click & teach** Box (Karte mit Freischaltcode), ISBN 978-3-661-32048-9

Weitere Materialien finden Sie unter www.ccbuchner.de.

Dieser Titel ist auch als digitale Ausgabe **click & study** unter www.ccbuchner.de erhältlich.

1. Auflage, 1. Druck 2023
Alle Drucke dieser Auflage sind, weil untereinander unverändert, nebeneinander benutzbar.

Das Werk folgt der reformierten Rechtschreibung und Zeichensetzung. Ausnahmen bilden Texte, bei denen künstlerische, philologische oder lizenzrechtliche Gründe einer Änderung entgegenstehen.

Auf verschiedenen Seiten dieses Buches finden sich Mediencodes. Sie verweisen auf optionale Unterrichtsmaterialien und Internetadressen (Links). Haftungshinweis: Trotz sorgfältiger inhaltlicher Kontrolle wird die Haftung für die Inhalte externer Seiten ausgeschlossen.

Layout, Satz und Grafiken: mgo360 GmbH & Co. KG, Bamberg
Karten: ARTBOX Grafik und Satz GmbH, Bremen; mgo360 GmbH & Co. KG, Bamberg
Umschlag: mgo360 GmbH & Co. KG, Bamberg (unter Verwendung eines Gemäldes von Wladimir Alexandrowitsch Serow, siehe dazu auch Seite 67 im Band)
Druck und Bindung: Mohn Media Mohndruck GmbH, Gütersloh

www.ccbuchner.de

ISBN 978-3-661-**32038**-0

3. Wurzeln unserer Identität

4. Geschichts- und Erinnerungskultur

5. Abiturvorbereitung

Anhang

Hinweis: Die Inhalte des vorliegenden Lehrwerkes sind auf Kurse mit erhöhtem Anforderungsniveau abgestimmt. Bei den Arbeitsfragen zu den (Text-)Materialien finden Sie Vorschläge, wie Kurse auf grundlegendem Anforderungsniveau mit dem Band unterrichtet werden können. Die Aufgaben für die gA-Kurse sind speziell durch einen Unterstrich gekennzeichnet (z. B. **1.**, **2.**, **3.**, **4.**).

Zur Arbeit mit dem Buch

Das vorliegende **Lern- und Arbeitsbuch** wurde eigens nach den Vorgaben des Kerncurriculums für Niedersachsen und den fachbezogenen Hinweisen zur schriftlichen Abiturprüfung konzipiert.

Einführungsseiten

leiten mit problemorientierten Bildern und Texten, einer **Lernstandserhebung** sowie den **Kompetenzerwartungen** in die vier Rahmenthemen ein.

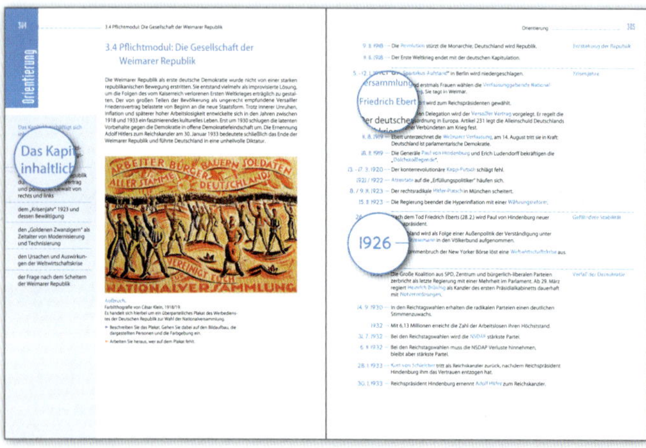

Orientierungsseiten

informieren überblicksartig über die Themen der **Pflichtmodule** (blau) bzw. der **Wahlmodule** (grün). Die Doppelseite umfasst ein Auftaktbild, einen kurzen Text zum Einstieg ins Thema, die **Lerninhalte** des jeweiligen Moduls sowie eine **Chronologie** mit zentralen Daten und Fakten.

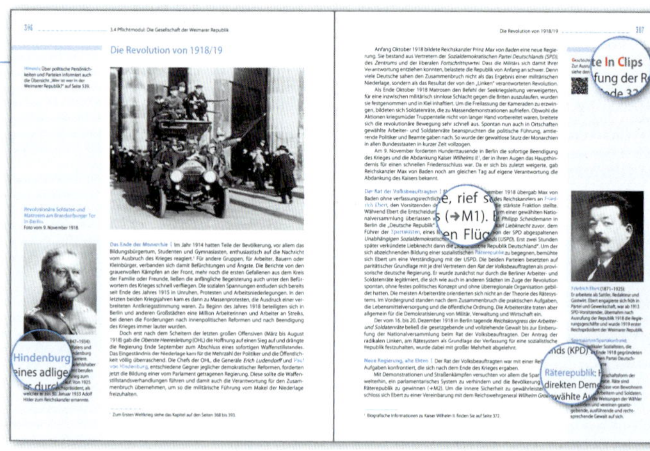

Darstellungen

vermitteln ein Verständnis für historische Zusammenhänge und Strukturen. Sie sind mit den Materialien durch Querverweise vernetzt. (➔M1, ➔M2 etc.)
Die Randspalte enthält **Namens- und Begriffserklärungen**, weiterführende **Internettipps** sowie Hinweise auf „**Animierte Karten**" und „**Geschichte In Clips**".
Einen Überblick zu den digitalen Angeboten und Hinweise, wie diese abgerufen werden können, finden Sie auf Seite 504 in diesem Buch.

Materialien vertiefen zentrale Themenaspekte und stellen kontroverse Sichtweisen dar. Die Aufgaben sind farblich je nach **Anforderungsbereich** gekennzeichnet. Erläuterungen dazu stehen ganz vorne im Buch. Tipps zum richtigen **Umgang mit den Operatoren** finden Sie ab Seite 480. Über Angebote zum Helfen (**H**) und Fordern (**F**) informiert Seite 518 ff.

Weitere Hinweise
- Aufgaben, die eine **Partner-/Gruppenarbeit** sowie **Präsentationsformen** erfordern, sind zusätzlich ausgewiesen.
- Aufgaben für **gA-Kurse** sind durch einen Unterstrich (1., 2. etc.) gekennzeichnet.

Kernmodule sind **rot** gekennzeichnet. Sie behandeln **historische Theorien und Erklärungsmodelle** und vernetzen zum Teil die Kapitel durch Querverweise und Aufgaben miteinander.

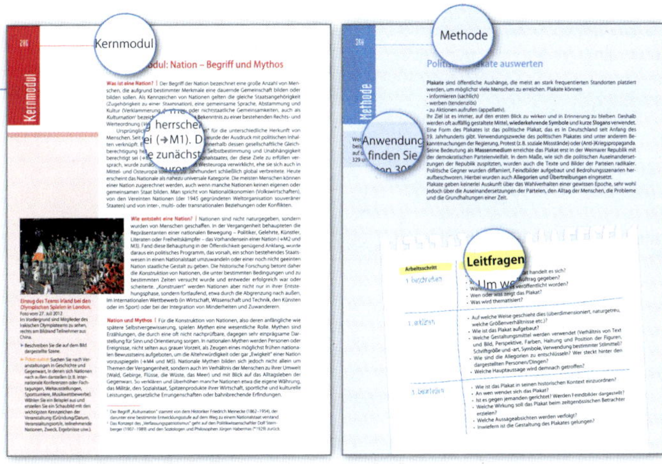

Methoden erläutern **historische Arbeitstechniken** für die eigenständige Erarbeitung und Wiederholung an einem konkreten Beispiel. Die **Musterlösungen** können Sie auf Seite 506 bis 517 nachlesen. Zudem finden Sie auf Seite 505 grundlegende **Hinweise zur methodischen Arbeit**.

Geschichte kontrovers präsentiert Standpunkte vornehmlich von Fachwissenschaftlern, die zur Diskussion anregen und die eigene **Urteilskompetenz** fördern sollen.

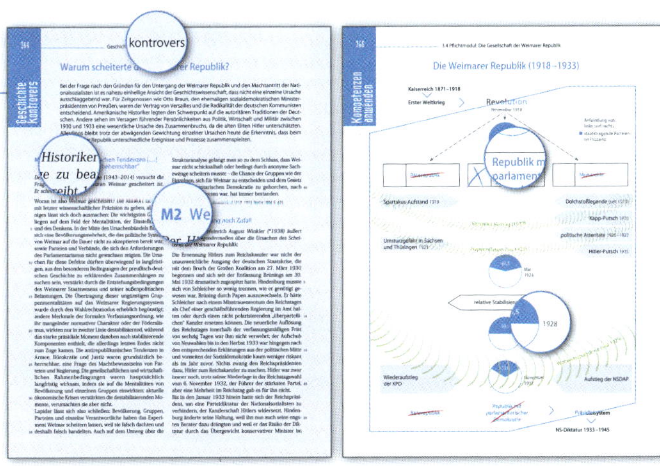

Kompetenzen anwenden
Auf dieser Doppelseite fassen **Schaubilder** die wesentlichen Lerninhalte des Kapitels zusammen. Mithilfe von **Materialien** können das erworbene Wissen und die angeeigneten methodischen Kenntnisse getestet werden.

Lichtshow in St. Petersburg.
Foto vom 4. November 2017.
Die Nachtaufnahme zeigt eine Lichtshow an den Außenwänden des weltberühmten Kunstmuseums Eremitage.

Auf Luthers Spuren: Sightseeing in Wittenberg.
Foto vom 30. Oktober 2017.
Eine Gruppe von Touristen betrachtet die bronzene Thesentür aus dem 19. Jahrhundert an der Wittenberger Schlosskirche.

Französischer Nationalfeiertag.
Foto vom 14. Juli 2012.
Eine Militärparade findet auf den Champs-Elysées vor dem Pariser Triumphbogen statt.

1. Krisen, Umbrüche und Revolutionen

Was steckt hinter den Begriffen Krise, Umbruch und Revolution? Was unterscheidet sie und was ist ihnen gemeinsam? Sicher kennen Sie Beispiele wie Wirtschaftskrisen, politische und gesellschaftliche Umbrüche oder Revolutionen wie die Französische. In diesem Rahmenthema lernen Sie, warum eine Krise noch keinen Umbruch bedeutet und erst recht keine Revolution. Vielmehr bezeichnet sie einen unsicheren Schwebezustand, der sich bis zur Revolution hin verstärken, aber auch wieder auflösen kann. Nicht immer ist Gewalt im Spiel. Und manche alten Strukturen geraten nicht deshalb ins Wanken, weil sich jemand dagegen auflehnt, sondern aus ganz anderen Gründen. Um das vielschichtige Wechselspiel von Ursache und Wirkung, um konkrete Beispiele und die Frage, wie Zeitgenossen und heutige Betrachter die geschichtlichen Ereignisse wahrnehmen bzw. deuten, geht es auf den folgenden Seiten.

Kompetenzen

Am Ende des ersten Rahmenthemas sollten Sie Folgendes können:

... Wendepunkte und beschleunigte Veränderungsprozesse in Form von Krisen, Umbruchsituationen oder Revolutionen benennen und erklären.

... Bedingungen, Verlauf und Folgen von beschleunigten Veränderungsprozessen analysieren und beurteilen.

... sich mit der Gleichzeitigkeit von Kontinuität und Wandel sowie deren Bedeutung in der Geschichte auseinandersetzen.

... unterschiedliche zeitgenössische und moderne Deutungen dieser Prozesse analysieren und überprüfen.

Was wissen und können Sie schon?

Bilden Sie Kleingruppen und bearbeiten Sie die Bildmaterialien auf der linken Seite:

1. Beschreiben Sie in wenigen Worten die drei Fotos: Wer oder was ist dargestellt? Was wird thematisiert?
2. Arbeiten Sie heraus, auf welche historischen Ereignisse sich die Bildinhalte beziehen.
3. Ordnen Sie die in Aufgabe 2 ermittelten historischen Ereignisse folgenden Begriffen zu: Krisen, Umbruchsituationen und Revolutionen. Begründen Sie jeweils Ihre Meinung.
4. Präsentieren Sie im Anschluss Ihre Ergebnisse im Kurs und vergleichen Sie zusammenfassend Ihre Einschätzungen.

1.1 Kernmodul: Krisen

Begriffliche Herkunft | Das Wort „Krise" stammt vom altgriechischen *krísis* (Entscheidung, Bewertung, Zuspitzung). Seit der Antike bis in die Frühe Neuzeit wurde der Begriff vielfältig verwendet. In der Medizin galt er als das entscheidende Stadium eines Krankheitsverlaufs, das zur Genesung oder zum Tod führt; in der Kriegführung stand er für die Entscheidungsphase während einer Schlacht; in der Rechtslehre bezeichnete er die Urteilsfindung; in der religiösen Vorstellung war damit der göttliche Richtspruch gemeint, der die Menschen entweder zu Heil oder Verdammnis bestimmte.

Von diesen Bedeutungsvarianten sind etliche moderne Begriffe abgeleitet, etwa „Kritik" (Beurteilung, Prüfung; Beanstandung), „kritisch" (prüfend; entscheidend, klärend; auch: überhandnehmend) oder „Kriterium" (Unterscheidungsmerkmal, Maßstab).

„Krise" wird heute ganz allgemein als eine Entwicklung verstanden, in der Störungen, Widersprüche oder Konflikte auftreten, sich verstärken und unweigerlich auf eine Entscheidung zusteuern. Ein solcher Prozess kann in Politik, Wirtschaft oder Gesellschaft, aber auch im privaten Bereich stattfinden. Er stellt die bisherigen Verhältnisse grundlegend infrage und sorgt damit für Unsicherheit und ein Gefühl der Bedrohung. Der Ausgang einer Krise ist für die Dauer ihres Verlaufs ungewiss: Die Betroffenen können die Krise bewältigen (Krisenmanagement) oder an den Problemen scheitern. Daher werden Krisen zugleich als dringliche Herausforderung und als Bewährungsprobe aufgefasst (→M1).

Karriere eines Begriffs | Der Begriff „Krise" war nicht immer so prominent wie in unserer Zeit. Wie der Bielefelder Historiker *Reinhart Koselleck* (1923–2006) nachwies, ging er erst seit dem ausgehenden 18. Jahrhundert in die Alltagssprachen ein, zunächst im Englischen und Französischen (*crisis*, *crise*), später auch im Deutschen (→M2). Im Lauf des 19. und 20. Jahrhunderts wurde der Begriff eingesetzt, um in der Öffentlichkeit auf alarmierende Vorgänge hinzuweisen oder sie zumindest zu behaupten (→M3).

Heutzutage wird das Wort häufig in negativem Zusammenhang verwendet, etwa wenn ein Leistungsabfall eintritt (z. B. Formkrise, Schaffenskrise), Knappheit und Not herrschen (Energiekrise, Versorgungskrise, humanitäre Krise) oder schwierige persönliche Übergänge zu bewältigen sind (Beziehungskrise, Identitätskrise, Pubertätskrise, Midlife-Crisis).

Krise?

- Präsentation: Geben Sie in einer Mindmap wieder, welche Arten von Krisen Ihnen bekannt sind.
- Erklären Sie ausgehend von Ihrer erstellten Mindmap, welche verschiedenen Kennzeichen eine Krise Ihrer Meinung nach haben kann. | F
- Vergleichen Sie Ihre Ergebnisse mit der Übersicht in M1.

Krisen in der Geschichte | Auch die Geschichtswissenschaft verwendet den Begriff der Krise. Als historische Krisen gelten solche Phasen, in denen Menschen tief greifende Veränderungen ihrer Lebenswelt wahrnahmen, ohne sie mit herkömmlichen Mitteln bewältigen zu können. Der Verlauf historischer Krisen ist für die Zeitgenossen nur bedingt beeinflussbar. Ausgang und Folgen der Krise lassen sich erst in der Rückschau absehen (→M4 und M5).

Für die Geschichtsforschung ist dieses Konzept höchst reizvoll. Denn zum einen geht es um die – subjektive – Erfahrung von Veränderungen in einer Zeit (Wie haben die Menschen den Wandel wahrgenommen?). Zum anderen wird jene Zeit in der Nachbetrachtung – objektiv – in einen sinnvollen historischen Zusammenhang gestellt (Krisen als Phasen des Übergangs und Umbruchs). Die historische Krisen-Erzählung betont gerade die Offenheit der Geschichte, und damit ihre Dramatik. Menschen haben in der Vergangenheit Krisen erlebt und darauf reagiert. Was aus diesem Verhalten resultieren würde und wozu dies letztlich geführt hat, musste den Zeitgenossen jedoch verborgen bleiben (→M6).

M1 Krisen in der Moderne

*Die Historiker Rüdiger Graf (*1975) und Konrad H. Jarausch (*1941) geben einen schematischen Überblick zu Krisen der neueren und neuesten Zeit:*

Krisentypus	Beschreibung	Beispiele
internationale Krisen	• internationale Konfrontationen, die bereits von Zeitgenossen als Krisen beschrieben werden • Spannungen, die bis an den Rand eines Krieges führen können oder diesen einleiten	• Faschodakrise (1898) • Erste Marokkokrise (1904–1906) • Julikrise (1914) • Erste Berlinkrise (1947/48) • Kubakrise (1962)
politische Systemkrisen	• Konflikt innerhalb einer Regierung, der deren Existenz bedroht • Phase nach dem erzwungenen Abtreten einer Regierung bis zur neuen Regierungsbildung • politische Entwicklung, die das ganze Staatswesen gefährdet oder den allgemeinen Wunsch nach einem Systemwechsel entstehen lässt	• Krise der Weimarer Republik (1929–1933) • Entstehung der Fünften Republik in Frankreich (1958) • Krise der Ostblockstaaten (um 1980–1989/91)
Wirtschaftskrisen	• vor der Industrialisierung: Agrarkrisen, verursacht durch Missernten oder Spekulationen • im Industriezeitalter: drastische Einbrüche des Wirtschaftswachstums, entweder kurzzeitig (Rezession) oder von längerer Dauer (Depression)	• Tamborakrise (1815–1817) • Gründerkrach (1873) • Weltwirtschaftskrise (nach 1929) • Ölkrise (1973) • globale Finanzkrise (2007/08)
gesellschaftliche Krisen	• Zuspitzung von Problemen innerhalb der Gesellschaft • sie betreffen entweder bestimmte gesellschaftliche Schichten, gesellschaftliches Verhalten und Lebensstile oder den Zusammenhalt der Gesellschaft insgesamt	• Soziale Frage (19. Jh.) • Hyperinflation in Deutschland (1923) • Wohnungsnot nach dem Zweiten Weltkrieg • demografischer Wandel seit dem späten 20. Jh.
„kulturelle Krisen"	• Schlagwort in der Auseinandersetzung mit geistig-kulturellen Entwicklungen, die entweder als „Verfall" abgelehnt oder als „Fortschritt" begrüßt werden	• Streit um die Rolle der Frau in der Gesellschaft im 20. Jh. • moderne vs. klassische Kunst • Streit um Bildungsgüter (z. B. alte Sprachen im Unterricht, bestimmte Erziehungsmethoden) • analoges Zeitalter vs. Digitalisierung

Tabelle zusammengestellt nach: Rüdiger Graf und Konrad H. Jarausch, „Crisis" in Contemporary History and Historiography, in: Docupedia-Zeitgeschichte, 27. März 2017; http://docupedia.de/zg/Graf_jarausch_crisis_en_2017 (Zugriff: 1. November 2018; übersetzt und ergänzt von Thomas Ott)

1. Wählen Sie jeweils eines der genannten Beispiele einer internationalen Krise, politischen Systemkrise, Wirtschafts- und gesellschaftlichen Krise aus und informieren Sie sich über die Hintergründe. Beurteilen Sie daraufhin, ob und inwieweit die Definition einer Krise wie auf Seite 10 im Verfassertext „Begriffliche Herkunft" (dritter Absatz) erfüllt ist.

2. Erörtern Sie, inwieweit die „kulturelle Krise" von den übrigen Krisentypen abweicht.

3. Geben Sie weitere Beispiele aus Geschichte und Gegenwart für die in der Übersicht genannten Krisentypen wieder.

4. Gruppenarbeit: Diskutieren Sie, ob es neben den hier aufgeführten Typen von Krisen noch wesentlich andere Arten einer Krise gibt. Tragen Sie die Ergebnisse zusammen, und ergänzen Sie ggf. die vorliegende Übersicht.

M2 Krise als neues Zeitverständnis

Reinhart Koselleck (siehe Seite 10) schreibt über die Entwicklung des Krisenbegriffs:

Seit der zweiten Hälfte des 18. Jahrhunderts kam eine religiöse Tönung in den Wortgebrauch, die aber schon als posttheologisch, nämlich als geschichtsphilosophisch[1] bezeichnet werden muss. Dabei spielt [...] die Assoziationskraft des Jüngsten Gerichtes[2] und der Apokalyptik[3] dauernd in die Wortverwendung hinein [...]. Auch deshalb führt die geschichtsphilosophische Begriffsbildung von ‚Krise' zu harten dualistischen Alternativen. [...]

Entweder gibt die Krise zu erkennen, dass es sich zwar um eine einmalige Situation handelt, dass sie sich aber – wie bei Krankheitsverläufen – grundsätzlich wiederholen könne. Oder die Krise wird in Analogie zum Jüngsten Gericht zwar auch als einmalige, vor allem aber als letzte Entscheidung gedeutet, nach der alles ganz anders sein werde. [...]

So kann der Krisenbegriff die neuzeitliche Erfahrung so weit verallgemeinern, dass ‚Krise' zum Dauerbegriff für ‚Geschichte' schlechthin wird. Dies ist erstmals der Fall bei Schillers[4] Diktum: *Die Weltgeschichte ist das Weltgericht*[5] [...]. [...] Schiller [hat] die ganze Weltgeschichte als einzige Krise gedeutet, die sich stets und ständig vollzieht. Der Richtspruch wird nicht von außen, etwa von Gott oder von den Historikern ex post[6] über die Geschichte gesprochen, sondern er vollzieht sich durch die Handlungen und Unterlassungen der Menschen hindurch. [...]

Eine andere Variante liegt in der wiederholten Anwendbarkeit eines Krisenbegriffs, der zugleich – etwa auf der aufsteigenden Linie des Fortschritts – eine historisch einmalige Durchgangsphase darstellt. Er gerinnt dann zu einem Epochenbegriff, der eine kritische Übergangszeit indiziert, nach der, wenn nicht alles, so doch grundsätzlich sehr vieles sehr anders sein werde. [...]

In allen Fällen handelt es sich um die tastenden Versuche, eine zeitspezifische Ausdrucksmöglichkeit zu gewinnen, die die Erfahrung einer neuen Zeit auf den Begriff bringen sollte, deren Herkunft verschieden tief gestaffelt wird und deren unbekannte Zukunft allen Wünschen und Ängsten, Befürchtungen oder Hoffnungen freien Spielraum zu lassen schien. ‚Krise' wird zur strukturellen Signatur der Neuzeit.

Reinhart Koselleck, Krise, in: Ders., Otto Brunner und Werner Conze (Hrsg.), Geschichtliche Grundbegriffe. Historisches Lexikon zur politisch-sozialen Sprache in Deutschland, Bd. 3, Stuttgart 1982, S. 617–650, hier S. 626f.

1. Erläutern Sie den Zusammenhang zwischen der religiösen Vorstellung eines Jüngsten Gerichts und dem von Koselleck skizzierten Verständnis von Krise.
2. Erklären Sie, welche Vorgänge in Politik, Wirtschaft, Gesellschaft und im Denken seit Ende des 18. Jahrhunderts für die „Erfahrung einer neuen Zeit" (Zeile 35) sorgten. Dazu können Sie auch vorab Informationen aus Fachbüchern und/oder dem Internet zusammentragen.

M3 Wirtschaftskrisen in der Sicht von Marx und Engels

Der Ökonom und Philosoph Karl Marx (1818–1883) und der Philosoph, Soziologe und Unternehmer Friedrich Engels (1820–1895) verfassen 1847/48 das „Manifest der Kommunistischen Partei" (siehe auch M1 auf Seite 18). In der Programmschrift heißt es zur Zukunft von Marktwirtschaft und bürgerlicher Gesellschaft:

Die Bourgeoisie[7] hat in ihrer kaum hundertjährigen Klassenherrschaft massenhaftere und kolossalere Produktionskräfte geschaffen als alle vergangenen Generationen zusammen. Unterjochung der Naturkräfte, Maschinerie, Anwendung der Chemie auf Industrie und Ackerbau, Dampfschifffahrt, Eisenbahnen, elektrische Telegrafen, Urbarmachung ganzer Weltteile, Schiffbarmachung der Flüsse, ganze aus dem Boden hervorgestampfte Bevölkerungen – welches frühere Jahrhundert ahnte, dass solche Produktionskräfte im Schoß der gesellschaftlichen Arbeit schlummerten.

[...] Die [...] moderne bürgerliche Gesellschaft, die so gewaltige Produktions- und Verkehrsmittel hervorgezaubert hat, gleicht dem Hexenmeister, der die unterirdischen Gewalten nicht mehr zu beherrschen vermag, die er heraufbeschwor. Seit Dezennien[8] ist die Geschichte der Industrie und des Handels nur die Geschichte der Empörung der modernen Produktivkräfte gegen die modernen Produktionsverhältnisse, gegen die Eigentumsverhältnisse, welche die Lebensbedingungen der Bourgeoisie und ihrer Herrschaft sind. Es genügt, die Handelskrisen zu nennen, welche in ihrer periodischen Wiederkehr immer drohender die Existenz der ganzen bürgerlichen Gesellschaft infrage stel-

[1] **Geschichtsphilosophie**: Nachdenken über Sinn, Eigenart und mögliche Gesetzmäßigkeiten der Geschichte. Zu den Leitfragen zählen: Was treibt die Entwicklung einer Gesellschaft oder der ganzen Menschheit an? Wie ist der Verlauf der Geschichte zu deuten? Wozu befassen wir uns mit der Vergangenheit?

[2] **Jüngstes Gericht**: im jüdischen, christlichen und muslimischen Glauben Vorstellung eines göttlichen Gerichts über alle Menschen am Ende der Zeiten

[3] **Apokalyptik** (von altgriech. *apokálypsis*: Enthüllung, Offenbarung): Darstellung oder Vorhersage eines Weltendes in Wort und Bild

[4] **Friedrich Schiller** (1759–1805): deutscher Dichter, Publizist, Arzt, Philosoph und Historiker

[5] Zitat aus Schillers Gedicht „Resignation. Eine Phantasie", 1786 veröffentlicht

[6] **ex post** (lat.): hinterher, im Nachhinein

[7] **Bourgeoisie** (frz.): Besitzbürgertum

[8] **Dezennium** (lat.): Jahrzehnt

len. In den Handelskrisen wird ein großer Teil nicht nur der erzeugten Produkte, sondern der bereits geschaffenen Produktivkräfte regelmäßig vernichtet. In den Krisen bricht eine gesellschaftliche Epidemie aus, welche allen früheren Epochen als ein Widersinn erschienen wäre – die Epidemie der Überproduktion. Die Gesellschaft findet sich plötzlich in einen Zustand momentaner Barbarei zurückversetzt; eine Hungersnot, ein allgemeiner Vernichtungskrieg scheinen ihr alle Lebensmittel abgeschnitten zu haben; die Industrie, der Handel scheinen vernichtet, und warum? Weil sie zu viel Zivilisation, zu viel Lebensmittel, zu viel Industrie, zu viel Handel besitzt. Die Produktivkräfte, die ihr zur Verfügung stehen, dienen nicht mehr zur Beförderung der bürgerlichen Eigentumsverhältnisse; im Gegenteil, sie sind zu gewaltig für diese Verhältnisse geworden, sie werden von ihnen gehemmt; und sobald sie dies Hemmnis überwinden, bringen sie die ganze bürgerliche Gesellschaft in Unordnung, gefährden sie die Existenz des bürgerlichen Eigentums. [...] – Wodurch überwindet die Bourgeoisie die Krisen? Einerseits durch die erzwungene Vernichtung einer Masse von Produktivkräften; anderseits durch die Eroberung neuer Märkte und die gründlichere Ausbeutung alter Märkte. Wodurch also? Dadurch, dass sie allseitigere und gewaltigere Krisen vorbereitet und die Mittel, den Krisen vorzubeugen, vermindert.

Karl Marx und Friedrich Engels, Manifest der Kommunistischen Partei, in: Dies., Werke, Bd. 4, Berlin [6]1972, S. 459–493, hier S. 467 f.

1. Geben Sie den Gedankengang von Marx und Engels in eigenen Worten wieder. | H
2. Arbeiten Sie den Krisenbegriff heraus, den Marx und Engels hier vertreten. Berücksichtigen Sie dabei Ursachen, Häufigkeit, Ausmaß, Folgen und Vorhersagbarkeit der geschilderten Krisenfälle.
3. Recherchieren und erklären Sie, inwieweit Marx' Krisentheorie von anderen Wirtschaftswissenschaftlern geteilt oder abgelehnt wurde.

M4 „Lob der Krisen"

Der Schweizer Kulturhistoriker Jacob Burckhardt (1818–1897) stellt in seinen „Weltgeschichtlichen Betrachtungen" um 1870 Überlegungen zu „geschichtlichen Krisen" an:

Zum *Lobe der Krisen* lässt sich nun vor allem sagen: Die Leidenschaft ist die Mutter großer Dinge, d. h. die wirkliche Leidenschaft, die etwas Neues und nicht nur das Umstürzen des Alten will. Ungeahnte Kräfte werden in den Einzelnen und in den Massen wach, und auch der Himmel hat einen andern Ton. Was etwas *ist*, kann sich geltend machen, weil die Schranken zu Boden gerannt sind oder eben werden.
Die Krisen und selbst ihre Fanatismen sind [...] als echte Zeichen des Lebens zu betrachten, die Krisis selbst als eine Aushilfe der Natur, gleich einem Fieber, die Fanatismen als Zeichen, dass man noch Dinge kennt, die man höher als Habe und Leben schätzt. [...]
Die Krisen räumen auf: zunächst mit einer Menge von Lebensformen, aus welchen das Leben längst entwichen war, und welche sonst mit ihrem historischen Recht nicht aus der Welt wären wegzubringen gewesen. Sodann aber auch mit wahren Pseudoorganismen, welche überhaupt nie ein Recht des Daseins gehabt und sich dennoch im Laufe der Zeit auf das Stärkste bei dem ganzen übrigen Leben assekuriert[1], ja hauptsächlich die Vorliebe für alles Mittelmäßige und den Hass gegen das Unversöhnliche verschuldet haben. Die Krisen beseitigen auch die ganz unverhältnismäßig angewachsene Scheu vor „Störung" und bringen frische und mächtige Individuen empor.

Jacob Burckhardt, Werke. Kritische Gesamtausgabe, Bd. 10, München bzw. Basel 2000, S. 484

1. Fassen Sie zusammen, was nach Burckhardts Auffassung für Krisen charakteristisch ist. | F
2. Arbeiten Sie heraus, inwieweit sich der Verfasser an den überlieferten medizinischen Begriff der Krise anlehnt. Ziehen Sie dazu auch den Verfassertext „Begriffliche Herkunft" auf Seite 10 heran.
3. Vergleichen Sie das Krisenverständnis Burckhardts mit dem des Kommunistischen Manifestes in M3. Stellen Sie Unterschiede und Ähnlichkeiten heraus.

[1] **assekurieren**: versichern

M5 Merkmale historischer Krisen

Der einst in Bochum und Göttingen lehrende Historiker Rudolf Vierhaus (1922–2011) benennt eine Reihe von Kennzeichen für Krisen in der Geschichte:

Versucht man, einige offensichtliche Merkmale von Prozessen aufzuzählen, die gehaltvoll als historische Krisen bezeichnet werden können, so stellen sich die folgenden ein: 1. Krisen verlaufen meist ungleichmäßig. Es können Beschleunigungen, aber auch Verzögerungen und Aufstauungen eintreten, und gerade sie können die besonderen Krisenerfahrungen auslösen.

2. Krisen haben komplexen Charakter. Krisenhafte Entwicklungen in einem Bereich des gesellschaftlichen Lebens [...] machen allein noch keine Krise aus, sondern erst das Zusammentreffen von ähnlichen Erscheinungen in mehreren Lebensbereichen und ihr wechselseitiges Aufeinanderwirken bzw. die von der Krise in einem Lebensbereich ausgreifende Verzerrung im sozialen Funktionszusammenhang. Dadurch entsteht

3. Krisengefühl oder, in gesteigerter Form, Krisenbewusstsein. Die Betroffenen bemerken Veränderungen, ohne Ursachen, Ausmaß und Folgen schon übersehen oder gar erklären zu können; sie fühlen sich verunsichert, weil der gewohnte Zuschnitt der Lebensverhältnisse nicht mehr stimmt; weil bisherige Erfahrungen nicht mehr ausreichen, das, was geschieht, beurteilen und sich darauf einstellen zu können; weil die einen sich von Verlusten bedroht, die anderen Chancen vor sich sehen. Subjektives Krisenbewusstsein, das das Handeln der Menschen mitbestimmt und dadurch auch Verlauf und Ausgang der Krisen beeinflusst, genügt jedoch nicht, um von einer tatsächlichen Krise zu sprechen. Dass Menschen ihre eigene Zeit als krisenhaft erfahren und als Krise benannt haben, berechtigt deshalb den Historiker nicht, dieses Urteil zu übernehmen. Denn Krisen müssen

4. einen objektiven Charakter haben. Das heißt: es müssen tatsächliche strukturelle Veränderungen feststellbar sein, die nicht intendiert zu sein brauchten und die meistens auch dann, wenn Veränderungsabsichten an ihrem Anfang standen oder in sie eingegangen sind, in ihren Auswirkungen nicht intendiert waren. Krisen in ihrem vollen Ausmaß sind nicht gemacht; sie entwickeln eine eigene Dynamik und werden von den betroffenen Menschen deshalb als ein nicht (mehr) lenkbarer Vorgang ungewissen Ausgangs erlebt. Damit ist

5. die Offenheit von Krisen angesprochen. Krisen sind nicht streng kausale, zielgerichtete Abläufe, sondern Entwicklungen mit alternativen Möglichkeiten, auch wenn diese nicht realisiert werden. In jedem Falle aber geht eine in Krise geratene Gesellschaft verändert aus ihr hervor. [...]

Grundsätzlich lassen sich politisch-soziale Krisen nicht auf *naturale Ursachen* zurückführen: also z. B. auf geologische Katastrophen, Dürren oder Epidemien. Diese können allerdings eine Rolle spielen, insofern sich ökonomische Krisenfolgen aus ihnen ergeben oder Administrationen sich als unfähig erweisen, mit ihnen fertig zu werden und deshalb an Ansehen und Geltung verlieren. *Ökonomische Ursachen*, also z. B. Währungszerfall, Verzerrungen in Produktion und Konsumtion, Preisinflationen etc. können durch ihre Auswirkungen auf die Gesellschaft und die politischen Institutionen zur großen Krise werden – nämlich durch Vertrauensverlust der Menschen, Verarmung von erheblichen Gruppen, dadurch erzwungene Abwanderung, defizitäre Politik und Ansehensverlust von Regierungen, die der Entwicklung ohnmächtig gegenüberstehen oder falsch reagieren. *Soziale Ursachen*, also z. B. demografische Katastrophen oder Überbevölkerung, sich verschärfende Rassen-, Klassen-, Generationskonflikte, Emanzipationsbestrebungen aufstiegswilliger und Abwehrmaßnahmen abstiegsbedrohter Gruppen, haben in der Regel auch politische Auswirkungen. Und direkte *politische Ursachen*, also Verschlechterungen der internationalen Beziehungen, Misserfolge der Regierungen in der inneren und äußeren Politik, Unfähigkeit, mit politischen Gegnern fertigzuwerden oder den geltenden Gesetzen Beachtung zu verschaffen oder gesetzgeberische Maßnahmen zu ergreifen, offenbar werdende Korruption der Regierenden und Abkehr der Regierten vom bestehenden System, Sturz von Regierungen und revolutionäre Veränderungen von Regierungssystemen, wirken zurück auf das Verhalten der sozialen Gruppen untereinander und auf die wirtschaftliche Stabilität.

Rudolf Vierhaus, Zum Problem historischer Krisen [zuerst 1978], in: Ders., Vergangenheit als Geschichte. Studien zum 19. und 20. Jahrhundert, hrsg. von Hans Erich Bödeker, Benigna von Krusenstjern und Michael Matthiesen (Veröffentlichungen des Max-Planck-Instituts für Geschichte, Bd. 183), Göttingen 2003, S. 49–63, hier S. 56–58

1. Präsentation: Stellen Sie die genannten Merkmale von Krisen (Zeile 4 bis 46) in einem Schaubild dar. Unterscheiden Sie dabei zwischen Bedingungen, die nach Vierhaus notwendig sind, und denen, die ihm zufolge nicht unbedingt gegeben sein müssen.

2. Präsentation: Arbeiten Sie die Aussagen über mögliche Ursachen von Krisen (Zeile 47 bis 77) in Form einer Checkliste heraus.

3. Gruppenarbeit: Wählen Sie aus M1 auf Seite 11 ein Beispiel aus dem Bereich „politische Systemkrisen", „Wirtschaftskrisen" oder „gesellschaftliche Krisen". Überprüfen Sie anhand Ihres Schaubildes und Ihrer Checkliste aus der ersten und zweiten Aufgabe, inwieweit die Bedingungen für eine historische Krise erfüllt sind. | F

M6 Eurokrise

*Am 19. Mai 2010 hält Bundeskanzlerin Angela Merkel (*1954) eine Rede im Deutschen Bundestag. Darin wirbt sie für die Verabschiedung weiterer Gesetze zur Rettung der gemeinsamen europäischen Währung:*

Heute sind wir zusammengekommen, um eine Entscheidung zu fällen, die für die Zukunft Deutschlands und Europas noch bedeutender ist; denn jeder von uns spürt: Die gegenwärtige Krise des Euro ist die größte Bewährungsprobe, die Europa seit Jahrzehnten, ja wohl seit Unterzeichnung der Römischen Verträge im Jahre 1957[1] zu bestehen hat. Diese Bewährungsprobe ist existenziell, und ich füge hinzu: Sie muss bestanden werden.
Bringen wir es auf den Punkt. Der Euro, der zusammen mit dem Binnenmarkt das Fundament für Wachstum und Wohlstand auch in Deutschland darstellt, ist in Gefahr. Wenden wir diese Gefahr nicht ab, dann sind die Folgen für Europa unabsehbar, und dann sind auch die Folgen über Europa hinaus unabsehbar. Eine Ahnung von dem, was dann geschehen könnte, haben wir [...] mit den schon fast hysterisch anmutenden Turbulenzen auf den internationalen Märkten bekommen.
Was dort sichtbar wurde – Sie alle haben es mitverfolgt –, war dramatisch. Deshalb gab es zur Sicherung der Stabilität des gesamten Euro-Finanzsystems wenige Tage später keine vernünftige Alternative. Die Ultima Ratio[2] war erreicht; das heißt nichts anderes, als dass der Euro insgesamt in Gefahr war. Aber das, was sich in jenen Tagen abspielte, war nur die ökonomische Ahnung dessen, was auf Deutschland, Europa und die Welt zukäme, wenn nicht oder falsch gehandelt würde. Die politischen Folgen dagegen sind noch nicht einmal in Gedanken vorstellbar.
Legen wir deshalb einen Moment die technischen Eckdaten des vorliegenden Gesetzentwurfs beiseite: [...] Das sind die Zahlen und Eckdaten. Aber legen wir sie kurz beiseite; denn wir wissen: Es geht um viel mehr als um diese Zahlen; es geht um viel mehr als um eine Währung. Die Währungsunion ist eine Schicksalsgemeinschaft. Es geht deshalb um nicht mehr und nicht weniger als um die Bewahrung und Bewährung der europäischen Idee.
Das ist unsere historische Aufgabe; denn scheitert der Euro, dann scheitert Europa. Wenden wir diese Gefahr aber ab, dann werden der Euro und Europa stärker als zuvor sein. [...]
Meine Damen und Herren, ich habe an dieser Stelle vor nicht ganz zwei Wochen gesagt: Europa steht am Scheideweg. – Das gilt unverändert. Europa steht am Scheideweg, und es liegt jetzt an uns, den richtigen Weg einzuschlagen, um die existenzielle Bewährungsprobe zu bestehen, in der Europa sich befindet. Wir wissen, dass wir Europa brauchen, um die großen Zukunftsaufgaben, die wir als Mitgliedstaaten nicht alleine bewältigen können, mit Erfolg anzugehen. Ein Weg zurück aus Europa ist in Zeiten der Globalisierung kein Weg.

Stenografische Berichte des Deutschen Bundestages, 17. Wahlperiode, 42. Sitzung, 19. Mai 2010, S. 4125 f. und 4131; http://dipbt.bundestag.de/doc/btp/17/17042.pdf (Zugriff: 1. November 2018)

1. Analysieren Sie die Rede auf Aussagen und Formulierungen, die Alternativen andeuten, und solche, die keine Wahlmöglichkeit erkennen lassen.
2. Arbeiten Sie heraus, inwieweit der Text den Deutungsmustern einer Krise entspricht. Ziehen Sie dazu auch die Darstellung auf Seite 10 und M2 auf Seite 12 heran.
3. Präsentation: Verfassen Sie eine Erwiderung auf die Rede Merkels, in der Sie den Befund einer Krise zu relativieren versuchen. Argumentieren Sie, indem Sie die Überlegungen in M5 auf Seite 14 mit einbeziehen.

[1] **Römische Verträge** (1957): in Rom geschlossene Abkommen zur Gründung der Europäischen Wirtschaftsgemeinschaft (EWG), der Europäischen Atomgemeinschaft (EURATOM) und zur Schaffung gemeinsamer Institutionen für die spätere sogenannte Europäische Gemeinschaft (EG), die Vorläuferorganisation der Europäischen Union

[2] **Ultima Ratio** (lat.): letztes Mittel, einziger Ausweg

1.2 Kernmodul: Revolutionen

Was sind Revolutionen? | Der Begriff „Revolution" erhielt erst seit der Französischen Revolution[1] nach 1789 seine heutige Bedeutung, vorher bestanden zahlreiche andere Interpretationen. Eine eindeutige und allgemein akzeptierte Definition von „Revolution" existiert nicht und ist auch nicht möglich. Im Historischen Materialismus, der aus dem Marxismus entstanden war, ist eine derartige Definition, die für alle Revolutionen gelten sollte, zwar versucht worden, doch hält diese aus heutiger Sicht einer näheren Betrachtung nicht mehr stand (➔M1). Die marxistische Variante der Interpretation von Revolutionen wird deshalb heute fast überhaupt nicht mehr vertreten. Die Gründe und die Abläufe von Revolutionen konnten und können sehr unterschiedlich sein, und oft ist es kaum möglich, übergreifend und sinnvoll zu vergleichen. Stattdessen gibt es viele unterschiedliche Theorien, die alle ihre Stärken und Schwächen haben (➔M2–M4).

Revolutionen lassen sich aber grob von Revolten, Rebellionen, Putschen oder von Reformen abgrenzen. Reformen versuchen langsame (evolutionäre) Veränderungen innerhalb des bestehenden Systems durchzuführen, ohne dass der Staat oder die Gesellschaft grundsätzlich infrage gestellt wird. Diese Veränderungen können die Wirtschaft, die Politik, das Recht, die Kultur oder auch das soziale System betreffen. Revolten, Rebellionen oder auch Putsche hingegen zielen ebenfalls nicht unbedingt auf grundsätzliche Veränderungen ab: Hier versucht etwa eine bestimmte Gruppe oder ein einzelner Akteur mit Gewalt an die Macht zu kommen oder den herrschenden Eliten bestimmte Zugeständnisse abzutrotzen. Oft sind die „Massen" der Bevölkerung nicht an solchen Aktionen beteiligt, und die bestehende Ordnung wird nicht grundsätzlich infrage gestellt. Beispielsweise gab es in der Frühen Neuzeit häufig Agrarrevolten, wenn hungernde Bauern materielle Erleichterungen von der Regierung oder von den Herrschern forderten. Rebellionen oder Revolten konnten aber, auch wenn sie zunächst scheiterten, dazu beitragen, dass langsam eine revolutionäre Situation entstand.

Internettipp
Im jungen Politik-Lexikon der Bundeszentrale für politische Bildung finden Sie einen Eintrag zum Begriff „Revolution". Siehe dazu den Code **32037-01**.

Wie lassen sich Revolutionen charakterisieren? | Revolutionen verlaufen viel radikaler als Rebellionen oder Revolten. Immer beteiligen sich zumindest Teile der Eliten an den Bewegungen, die Änderungen im System fordert. Manchmal streben diese „Revolutionäre" anfangs gar nicht den vollständigen Umsturz einer Gesellschaft an, sondern haben vordergründig sogar konservative Ziele: Ein vergangener, angeblich besserer Zustand soll wiederhergestellt werden. Typisch für Revolutionen ist aber, dass nach ihrem Beginn Dynamiken freigesetzt werden, die von den Revolutionären selbst kaum oder gar nicht mehr kontrollierbar sind: Dafür ist u.a. die sehr hohe Beteiligung des „Volkes" verantwortlich, das als eigenständiger Akteur auftritt. Oft spielten bei Revolutionen auch neue Ideologien und Weltanschauungen eine Rolle, mit denen das Verlangen nach Veränderungen gerechtfertigt wurde. Dies kann beispielsweise die Forderung nach bestimmten Freiheiten und nach Menschenrechten sein (etwa in der Französischen oder in der Amerikanischen Revolution), aber auch die nach einer Diktatur des Proletariats (in der Russischen Revolution 1917/18[2]). Derartige Weltanschauungen erheben häufig einen absoluten Geltungsanspruch, und dieser Umstand erklärt auch, warum Revolutionen manchmal zu fast unbegrenzter Gewaltanwendung tendieren (➔M5 und M6).

Typisch für Revolutionen ist ferner, dass diejenigen Veränderungen, die an ihrem Ende stehen, dauerhaft sind. Diese können beispielsweise darin bestehen, dass eine grundsätzlich andere Regierungs- oder Verfassungsform geschaffen wird, dass andere soziale Gruppen und Eliten an die Macht gekommen sind oder dass ein völlig anderes

[1] Zur Französischen Revolution und ihrer Wirkung siehe das Kapitel auf Seite 124 ff.
[2] Siehe hierzu das Kapitel ab Seite 28.

Wirtschaftssystem errichtet wird. Zwischen diesen und weiteren möglichen Veränderungen existieren zahlreiche Kombinationen und Zwischenstufen. In der Amerikanischen Revolution gab es keinen ernsthaften Versuch zu einer Gegenrevolution, weil die potenziellen Gegenrevolutionäre das Land verlassen hatten und die Unabhängigkeit der USA deshalb zu einem Faktum geworden war, das innerhalb des neuen Staates nicht mehr infrage gestellt wurde. In vielen Revolutionen war dies aber anders: Der Versuch zu einer Gegenrevolution – gleichgültig, ob diese erfolgreich oder erfolglos war – löste häufig sehr blutige Kämpfe und Säuberungen aus und radikalisierte auch die revolutionäre Bewegung.

„Die Erstürmung der Bastille."
Ölgemälde von Charles Thévenin, 1793.
Die Festung war Ende des 14. Jahrhunderts zur Verteidigung gegen die Engländer erbaut und später zum Staatsgefängnis gemacht worden. Die im Bild gezeigte blau-weiß-rote Trikolore (lat. *tricolor*: dreifarbig) ist eine Kombination aus den Farben der Stadt Paris (blau und rot) und dem weißen Lilienbanner der Monarchie. Offiziell wurde die Trikolore erst 1794 zur Nationalflagge erklärt.

Sind Revolutionen stets gewaltsam? | Noch vor wenigen Jahrzehnten wurde angenommen, dass Revolutionen immer mit Gewalt verbunden sind: Vorbilder wie die Amerikanische, die Französische und die Russische Revolution schienen dies eindrucksvoll zu bestätigen. Auch 1848 in Europa und 1918/19 im Deutschen Reich war revolutionäre und gegenrevolutionäre Gewalt an der Tagesordnung und forderte viele Todesopfer. Ein weiteres historisches Beispiel zeigt allerdings auch einen anderen Blickwinkel: Ende der 1980er-Jahre brach die Sowjetunion zusammen. Von wenigen Ausnahmen abgesehen (Rumänien oder die Republiken im Kaukasus) blieb offene Gewalt hier aber aus. In der ehemaligen DDR kollabierte das alte System friedlich, und auch in der Tschechoslowakei trat die ehemals herrschende Schicht fast ohne Widerstand ab. Deshalb sprechen Zeitgenossen und Historiker von der „samtenen" Revolution. Ob und wie dieses Faktum des friedlichen Umsturzes in eine Gesamttheorie der Revolutionen integriert werden kann, ist derzeit noch offen.

M1 Revolutionstheorie von Marx und Engels

Karl Marx (1818–1883) und Friedrich Engels (1820–1895) schreiben vom Dezember 1847 bis Januar 1848 im Auftrag des „Bundes der Kommunisten" das „Manifest der Kommunistischen Partei". Darin heißt es:

Es ist hohe Zeit, dass die Kommunisten ihre Anschauungsweise, ihre Zwecke, ihre Tendenzen vor der ganzen Welt offen darlegen und dem Märchen vom Gespenst des Kommunismus ein Manifest der Partei selbst entgegenstellen. [...]

Bourgeois und Proletarier[1]

Die Geschichte aller bisherigen Gesellschaft ist die Geschichte von Klassenkämpfen. Freier und Sklave, Patrizier und Plebejer, Baron und Leibeigener, Zunftbürger und Gesell, kurz, Unterdrücker und Unterdrückte standen in stetem Gegensatz zueinander, führten einen ununterbrochenen, bald versteckten, bald offenen Kampf, einen Kampf, der jedesmal mit einer revolutionären Umgestaltung der ganzen Gesellschaft endete oder mit dem gemeinsamen Untergang der kämpfenden Klassen. [...]
Die aus dem Untergange der feudalen Gesellschaft[2] hervorgegangene moderne bürgerliche Gesellschaft hat die Klassengegensätze nicht aufgehoben. Sie hat nur neue Klassen, neue Bedingungen der Unterdrückung, neue Gestaltungen des Kampfes an die Stelle der alten gesetzt.
Unsere Epoche, die Epoche der Bourgeoisie, zeichnet sich jedoch dadurch aus, dass sie die Klassengegensätze vereinfacht hat. Die ganze Gesellschaft spaltet sich mehr und mehr in zwei große feindliche Lager, in zwei große, einander direkt gegenüberstehende Klassen: Bourgeoisie und Proletariat. [...] Jede dieser Entwicklungsstufen der Bourgeoisie war begleitet von einem entsprechenden politischen Fortschritt. [...] Die Bourgeoisie hat in der Geschichte eine höchst revolutionäre Rolle gespielt. [...]
Das Bedürfnis nach einem stets ausgedehnteren Absatz für ihre Produkte jagt die Bourgeoisie über die ganze Erdkugel. [...] In demselben Maße, worin sich die Bourgeoisie, d.h. das Kapital, entwickelte, in demselben Maße entwickelte sich das Proletariat. [...] Aber mit der Entwicklung der Industrie vermehrt sich nicht nur das Proletariat; es wird in größeren Massen zusammengedrängt, seine Kraft wächst, und es fühlt sie mehr. [...] [Die Bourgeoisie] produziert vor allem ihren eigenen Totengräber.

Proletarier und Kommunisten

[...] Der erste Schritt in der Arbeiterrevolution [ist] die Erhebung des Proletariats zur herrschenden Klasse, die Erkämpfung der Demokratie. [...] Das Proletariat wird seine politische Herrschaft dazu benutzen, der Bourgeoisie nach und nach alles Kapital zu entreißen, alle Produktionsinstrumente in den Händen des Staats, d.h. des als herrschende Klasse organisierten Proletariats, zu zentralisieren und die Masse der Produktionskräfte möglichst rasch zu vermehren. [...]
An die Stelle der alten bürgerlichen Gesellschaft mit ihren Klassen und Klassengegensätzen tritt eine Assoziation[3], worin die freie Entwicklung eines jeden die Bedingung für die freie Entwicklung aller ist. [...]
Mit einem Wort, die Kommunisten unterstützen überall jede revolutionäre Bewegung gegen die bestehenden gesellschaftlichen und politischen Zustände. [...]
Die Kommunisten verschmähen es, ihre Ansichten und Absichten zu verheimlichen. Sie erklären es offen, dass ihre Zwecke nur erreicht werden können durch den gewaltsamen Umsturz aller bisherigen Gesellschaftsordnung. Mögen die herrschenden Klassen vor einer kommunistischen Revolution zittern. Die Proletarier haben nichts in ihr zu verlieren als ihre Ketten. Sie haben eine Welt zu gewinnen.
Proletarier aller Länder, vereinigt euch!

Theo Stammen und Alexander Classen (Hrsg.), Karl Marx: Das Manifest der kommunistischen Partei, Paderborn 2009, S. 66-69, 72, 74, 77, 84-86, 96 und 207

1. Präsentation: Beschreiben Sie mithilfe eines Schaubildes das Revolutionsverständnis von Marx und Engels. Unterscheiden Sie dabei die verschiedenen Phasen der revolutionären Entwicklung.
2. Setzen Sie die Merkmale der bürgerlichen, sozialistischen und kommunistischen Gesellschaft zueinander in Beziehung.
3. Nehmen Sie Stellung zum Demokratieverständnis von Marx und Engels (siehe bes. Zeilen 40 ff.). Grenzen Sie es vom heutigen Demokratieverständnis ab.

[1] „Unter **Bourgeoisie** wird die Klasse der modernen Kapitalisten verstanden, die Besitzer der gesellschaftlichen Produktionsmittel sind und Lohnarbeit ausnutzen. Unter **Proletariat** die Klasse der modernen Lohnarbeiter, die, da sie keine eigenen Produktionsmittel besitzen, darauf angewiesen sind, ihre Arbeitskraft zu verkaufen, um leben zu können." Fußnote von Engels zur englischen Ausgabe von 1888.

[2] **Feudalismus**: In dieser Gesellschaftsordnung des Mittelalters und der Frühen Neuzeit übt der adlige Lehnsherr richterliche, politische und militärische Herrschaftsfunktionen aus. Bürger und Bauern, der „Dritte Stand", genießen den Schutz des Lehnsherrn, sind ihm aber zu Diensten und Abgaben verpflichtet und unterstehen seiner Herrschaft.

[3] **Assoziation**: im Sinne von Marx und Engels freiwillige Verbindung aller Gesellschaftsmitglieder, nicht nur einer gesellschaftlichen Teilgruppe

M2 Eine Begriffsdefinition

Der Historiker Theodor Schieder (1908–1984) setzt sich mit dem Begriff „Revolution" auseinander. Er kommt dabei zu folgendem Schluss:

Je größer der Anwendungsbereich eines Begriffs wird, desto schwieriger ist es, seinen spezifischen Gehalt zu bestimmen. Dies gilt auch für den Begriff „Revolution". Man wird sich daher im einzelnen Fall einer Revolution an die Ereignisse zu halten haben, die im Geschehensablauf durch relativ feste Daten oder Datenketten markiert sind. Diese Ereignisse spielen sich in der Regel innerhalb der politischen Institutionen ab, erfassen aber je nach ihrer Komplexität gesellschaftliche, kulturell-ideologische, materielle Lebensbereiche. Diese Komplexität ist es, die revolutionäre Ereignisse nach ihrer historischen Bedeutung unterscheiden lässt: Ein *Staatsstreich* führt beispielsweise nur einen irregulären Regierungswechsel oder – in der Monarchie – eine irreguläre Erbfolge herbei, ohne an der Grundstruktur eines politischen und sozialen Systems etwas zu ändern. [...] *Rebellionen* können als Form der Wiederherstellung einer bestimmten politischen Struktur und Sozialstruktur, als Akt sozialer Chirurgie verstanden werden, mit dem eine durch Machtmissbrauch von Einzelnen oder ganzen Schichten gestörte Ordnung restituiert[1] wird. In der modernen Revolutionssoziologie unterscheidet man solche Vorgänge auf drei Ebenen – auf der Ebene 1. der *Regierung*, 2. der *Regierungsform* und 3. der *Gesellschaftsverfassung* – und bemisst danach den Wirkungsgrad und die Stufe einer revolutionären Aktion. [...]
Die großen modernen Revolutionen sind insofern Totalrevolutionen, als von ihnen alle Bereiche erfasst und in verschiedenem Grad dauerhaft umgeformt wurden. Ihnen kommt auch Ausstrahlung über ihren nationalen Ursprungsherd hinaus zu.

Theodor Schieder, Artikel „Revolution", in: C. D. Kernig (Hrsg.), Sowjetsystem und demokratische Gesellschaft. Eine vergleichende Enzyklopädie, Bd. V, Freiburg/Basel/Wien 1972, Sp. 696

1. Präsentation: Beschreiben Sie die von Schieder genannten Typen des schnellen Wandels. Notieren Sie dazu die jeweiligen Charakteristika in einem Schaubild. | H
2. Erläutern Sie Schieders Modell, indem Sie selbst gewählte historische Beispiele untersuchen.
3. Präsentation: Entwickeln Sie eine eigene Definition des Begriffes „Revolution".

M3 Reformen können gefährlich sein

Der französische Schriftsteller und Politiker Alexis de Tocqueville (1805–1859) analysiert in den 50er-Jahren des 19. Jahrhunderts die Ursachen der Französischen Revolution und verallgemeinert seine Untersuchung zu folgender grundsätzlichen Hypothese:

Man gelangt nicht immer nur dann zur Revolution, wenn eine schlimme Lage zur schlimmsten wird. Sehr oft geschieht es, dass ein Volk, das die erdrückendsten Gesetze ohne Klage und gleichsam, als fühlte es sie nicht, ertragen hatte, diese gewaltsam beseitigt, sobald ihre Last sich vermindert. Die Regierung, die durch eine Revolution vernichtet wird, ist fast stets besser als die unmittelbar voraufgegangene, und die Erfahrung lehrt, dass der gefährlichste Augenblick für eine schlechte Regierung der ist, wo sie sich zu reformieren beginnt.

Alexis de Tocqueville, Der alte Staat und die Revolution, hrsg. von Jacob Peter Mayer, Reinbek 1969, S. 153 (übersetzt von Theodor Oelckers)

1. Vergleichen Sie die Bedeutung von Revolutionen für Tocqueville und Marx/Engels (M1).
2. Überprüfen Sie Tocquevilles Aussage über Revolutionen auf der Grundlage Ihres Wissens über die Französische Revolution (siehe das Kapitel auf Seite 124 ff.). Beziehen Sie sich auch – auf Grundlage eigener Recherche – auf die Russische Revolution von 1917 (siehe das Kapitel auf Seite 28 ff.). | H

[1] **restituieren:** zurückgeben; hier im Sinne von wiederherstellen

M4 Ursachen von Revolutionen

*Der amerikanische Soziologe und Politikwissenschaftler Jack A. Goldstone (*1953) nennt 1991 folgende zusammenwirkende Trends für die Zusammenbrüche von Staaten:*

1. Zunehmender Druck auf die Staatsfinanzen, da die Inflation die Staatseinnahmen unterhöhlte und das Bevölkerungswachstum die Realausgaben erhöhte. Die Staaten versuchten, sich selbst zu erhalten, indem sie die Einnahmen auf verschiedene Arten erhöhten, doch diese Versuche entfremdeten Eliten, Bauernschaft und die städtischen Konsumenten vom Staat und versagten gleichzeitig als Mittel gegen die wachsende Verschuldung und schließlich den Bankrott.
2. Konflikte zwischen Eliten wurden immer vorherrschender, da eine größere Zahl an Familienmitgliedern und die Inflation es manchen Familien erschwerte, ihren Status zu halten, während Bevölkerungswachstum und steigende Preise zum Aufstieg anderer Familien und somit zu Anwärtern neuer Elitepositionen führten. Die finanziell schwache Situation des Staates erlaubte es diesem nicht, allen diesen Anwärtern entsprechende Positionen zur Verfügung zu stellen, und innerhalb der Elitehierarchie kam es zu beträchtlichen Änderungen und Verschiebungen. [...] Wenn die zentralen Autoritäten dann aufgrund von Bankrott oder Krieg zusammenbrachen, traten beim Kampf um die Macht die Elitegruppen in den Vordergrund.
3. Die Unruhen in der Bevölkerung nahmen in dem Maße zu, in dem Konkurrenz um Boden, Landflucht, übersättigte Arbeitsmärkte, abnehmendes Realeinkommen und Anstieg des Anteils der jugendlichen Bevölkerung zu einem Anstieg des Potenzials für Massenmobilisierung innerhalb der Bevölkerung führten. Unruhen traten sowohl in ländlichen als auch in städtischen Gebieten [...] in verschiedenen Varianten auf: Als Hungeraufstände, Angriffe auf die Landbesitzer und Staatsbeamte oder Land- und Nahrungsbeschlagnahmungen. [...]
4. Die Bedeutung der [...] Ideologien nahm zu.

Jack A. Goldstone, Revolution and Rebellion in the Early Modern World, 1991; zitiert nach: Shmuel N. Eisenstadt, Die großen Revolutionen und die Kulturen der Moderne, Wiesbaden 2006, S. 44 f. (vereinfacht; übersetzt von Ulrike Brandhorst)

1. Präsentation: Fassen Sie die Ursachen für eine Revolution nach Goldstone zusammen. Tipp: Verwenden Sie die Form eines Schaubildes mit Folge- und Beziehungspfeilen.
2. Analysieren Sie zum Beispiel die Französische Revolution mithilfe der von Goldstone genannten Faktoren.
3. Erläutern Sie Goldstones Überlegungen anhand eines selbst gewählten historischen Beispiels.

M5 Charakter von Revolutionen

Der israelische Soziologe Shmuel Noah Eisenstadt (1923–2010; siehe auch Seite 27) stellt fest:

Revolutionen, insbesondere die „großen Revolutionen“, zeigen zunächst natürlich den radikalen Wandel der politischen Herrschaft weit entfernt von der bloßen Absetzung eines Herrschers oder des Wechsels der herrschenden Gruppen an. Sie bezeichnen eine Situation, in der Absetzung und Wandel, manchmal in Verbindung mit der Exekution oder Ermordung, manchmal „nur“ mit der Entthronung und Verbannung des Herrschers, in einem radikalen Wandel der politischen Spielregeln und der Symbole und Grundlagen der Legitimation des Regimes endeten. Ein solcher Wandel ist normalerweise ein gewalttätiger Akt, aber die Gewalt, die sich in diesen Revolutionen entwickelt, ist nicht diejenige, die man auch in vielen Demonstrationen oder Aufständen findet. Was diese Gewalt auszeichnet, ist vielmehr ihre ideologische Rechtfertigung, die bis zur Sanktionierung reicht. Eine solche Rechtfertigung wurzelt oft in dem Versuch, den Wandel in den Symbolen, den Grundlagen der Legitimation und dem institutionellen Rahmen eines Regimes mit neuen Visionen der politischen und sozialen Ordnung zu verbinden. Es ist diese Kombination, die für die großen Revolutionen kennzeichnend ist. [...]
Wie groß auch immer die Differenzen zwischen diesen Revolutionen sind, sie alle teilten [...] einige grundlegende Charakteristika. In allen entstand der Versuch, das Staatswesen zu erneuern – die Zerstörung der alten und die Begründung neuer politischer Institutionen auf der Basis einer neuen Vision, in der Gleichheit, Gerechtigkeit, Freiheit und Partizipation der Gemeinschaft am politischen Zentrum verkündet wurde. Das Propagieren dieser zentralen Anliegen war natürlich nicht auf diese Revolutionen begrenzt; sie können in vielen Protestbewegungen der Menschheitsgeschichte verfolgt werden. Neu war erstens die Kombination dieser immer wiederkehrenden Protestthemen mit neuen „modernen“ Themen, wie mit dem Glauben an den Fortschritt und mit den Forderungen nach uneingeschränktem Zugang zu den politischen Zentren. Neu war zweitens die Kombination all dieser Themen mit einer allgemeinen utopischen Vision der Erneuerung der Gesellschaft und der politischen Ordnung – und eben nicht einfach nur die millenarische[1] Vision des Protests. Von zentraler Bedeutung waren die ausgeprägte utopischen Komponente, die [...] auf starken utopischen Visionen dieser Gesellschaften oder Kulturen, in denen diese Revolutionen sich ereigneten, aufbaute, ebenso wie die Verlagerung solch utopischer Visionen in die Zentren ihrer jeweiligen Gesellschaften.

Shmuel N. Eisenstadt, Die Antinomien der Moderne. Die jakobinischen Grundzüge der Moderne und des Fundamentalismus, Frankfurt am Main 1998, S. 44 ff. (übersetzt von Georg Stauth)

[1] **millenarisch**: Lehre von der Erwartung des tausendjährigen Reiches Christi auf Erden nach seiner Wiederkunft vor dem Weltende

1. Geben Sie den Inhalt der Quelle (M5) mit eigenen Worten wieder.
2. Erklären Sie ausgehend von der Quelle und dem Verfassertext auf Seite 17 die Rolle von Gewalt in Revolutionen.
3. Setzen Sie sich mit der Funktion von Utopien in Revolutionen auseinander, wie sie Eisenstadt darstellt.

M6 Revolution und Freiheit

Die deutsch-amerikanische Philosophin Hannah Arendt (1906–1975) äußert sich über Revolutionen wie folgt:

[...] [E]ine neue Erfahrung, in der die menschliche Fähigkeit für Anfangen überhaupt erfahren wurde, bildet die Wurzel für das ungeheure Pathos, mit dem die Amerikanische wie die Französische Revolution darauf bestanden, dass nichts an Größe und Bedeutung Vergleichbares sich je in der gesamten überlieferten Geschichte ereignet habe; und da es dieses Pathos ist, das den Ereignissen ihr eigentliches Gewicht gibt, wäre es in der Tat absurd, wenn wir es mit nichts anderem zu tun hätten als mit der erfolgreichen Verteidigung überkommener und wohl begründeter Rechte.
Nur wo dieses Pathos des Neubeginns vorherrscht und mit Freiheitsvorstellungen verknüpft ist, haben wir das Recht, von Revolution zu sprechen. Woraus folgt, dass Revolutionen prinzipiell etwas anderes sind als erfolgreiche Aufstände, dass man nicht jeden Staatsstreich zu einer Revolution auffrisieren darf und dass nicht einmal jeder Bürgerkrieg bereits eine Revolution genannt zu werden verdient. [...]
Alle diese politischen Phänomene haben mit der Revolution die Gewalttätigkeit gemein, und dies ist der Grund, warum sie so oft revolutionär genannt werden. Aber die Kategorie der Gewalt wie die Kategorie des bloßen Wechsels oder Umsturzes ist für eine Beschreibung des Phänomens der Revolution ganz unzulänglich; nur wo durch Wechsel ein Neuanfang sichtbar wird, nur wo Gewalt gebraucht wird, um eine neue Staatsform zu konstituieren, einen neuen politischen Körper zu gründen, nur wo der Befreiungskampf gegen den Unterdrücker die Begründung der Freiheit wenigstens mitintendiert, können wir von einer Revolution im eigentlichen Sinne sprechen. Und Tatsache ist, dass zwar die Geschichte immer [...] Männer [...] hervorgebracht hat, die nach der Macht um der Macht willen streben, und solche, die, gierig nach neuen Dingen [...], die Unruhe um der Unruhe willen begehren, dass aber der revolutionäre Geist der letzten Jahrhunderte, nämlich das Verlangen, zu befreien *und* der Freiheit selbst eine neue Stätte zu gründen, zumindest in den Jahrhunderten unserer Zeitrechnung beispiellos ist und nicht seinesgleichen hat.

Hannah Arendt, Über die Revolution, Frankfurt am Main 1968, S. 41 f.

1. Fassen Sie die Kernaussage des Textes kurz zusammen.
2. Arbeiten Sie heraus, was Hannah Arendt unter „Pathos des Neubeginns" im Zusammenhang mit „Freiheitsvorstellungen" meint.
3. Setzen Sie sich anhand dieses Textes mit der Frage der Gewalt in Revolutionen auseinander. Vergleichen Sie anschließend die Thesen von Hannah Arendt mit denen von Shmuel N. Eisenstadt (M5).

Kernmodul

1.3 Kernmodul: Modernisierung

„Modernisierung" – Geschichte einer Theorie | Das Thema der Modernisierung ist bereits seit den 1950ern und dann vor allem seit den 1970er-Jahren von Historikern, Politikwissenschaftlern, Ökonomen und Soziologen intensiv diskutiert worden – diese Debatten sind auch heute noch nicht entschieden. Modernisierung wurde anfangs oft als Fortschritt gesehen, der gekennzeichnet ist durch sozialen, wirtschaftlichen, gesellschaftlichen, politischen und kulturellen Wandel. Beispiele hierfür sind die Entwicklung von der Agrar- zur Industrie- und schließlich zur Dienstleistungsgesellschaft oder von der Adelsherrschaft zur Republik oder zur Demokratie.

Anfangs wurde stark mit Gegensatzpaaren argumentiert (➔M1 und M2). Allerdings zeigt die Praxis, dass Gesellschaften komplizierter strukturiert sind, als die frühen Modernisierungstheoretiker angenommen haben. Sehr häufig finden sich ältere Strukturen neben neuen und modernen, Rückschritt und Wandel treten oft gleichzeitig auf (➔M3). Prozesse der Modernisierung verlaufen selten konfliktfrei, weil es neben sozialen Gewinnern auch stets Gruppen von sozialen Verlierern gibt. Die Folge hiervon sind Krisen, Umbrüche, Revolten oder sogar Revolutionen.

Ursprünglich gingen viele Wissenschaftler davon aus, dass die Modernisierung von Gesellschaften etwas Positives sei und mittelfristig Prozesse der Demokratisierung fördern würde. Derartige Fälle hat es selbstverständlich im 19. und im 20. Jahrhundert gegeben. Allerdings ist diese sehr optimistische Sicht heute auch scharfer Kritik ausgesetzt. Wie zahlreiche Beispiele zeigen, bedeutet ökonomische Modernisierung keineswegs auch Demokratisierung. Das Beispiel Chinas zeigt, dass dies oft gerade nicht der Fall ist. Das Land hat sich seit den 1980er-Jahren zu einer wirtschaftlichen Großmacht entwickelt, ohne dass eine entsprechende Demokratisierung auch nur im Ansatz zu erkennen wäre. Auch im Falle der Amerikanischen Revolution ist das Verhältnis von Modernisierung und Demokratisierung zwiespältig. Einerseits gelang es den Gründungsvätern, mit der amerikanischen Verfassung einen neuen Typ von Staat zu schaffen, in dem die Herrschaft des Volkes fest verankert wurde. Diese Verfassung hat viele schwere Krisen überstanden und gilt im Prinzip heute noch wie vor weit über 200 Jahren. Andererseits wurden große Teile des Volkes ausgegrenzt: Die Native Americans wurden nicht assimiliert, sondern verdrängt. Die Sklaverei bestand in vielen Staaten fort, und die völlige rechtliche Gleichstellung der Afroamerikaner fand erst in den 1960er-Jahren statt. Auch in diesem Beispiel verschränkten sich also moderne und traditionelle Formen und es ist schwierig zu entscheiden, welche von beiden dominierte.

Peking: Tradition und ...
Foto vom November 2012.
Das Foto zeigt den 18. Nationalkongress der Kommunistischen Partei Chinas in der Hauptstadt Peking.

... Moderne.
Foto vom Mai 2016.
Eine Besucherin probiert eine VR-Brille auf einem Schlauchboot während einer Hightech-Messe in Peking aus.

Technischer Fortschritt | Auch stehen wir heute dem technischen Fortschritt viel skeptischer gegenüber, als dies die Zeitgenossen vor 100 oder 200 Jahren taten. In der Vergangenheit wurden häufig technischer Fortschritt, Modernisierung und Steigerung der Lebensqualität gleich gesetzt. Wir wissen heute, dass zahlreiche neue Errungenschaften unser Leben erheblich erleichtern und verbessern können. Zugleich ist aber auch klar, dass dieser Fortschritt einen Preis hat: zu nennen wäre z.B. Umweltverschmutzung, zu hoher Ressourcenverbrauch oder auch schwere Unfälle wie die Explosionen in den Atomkraftwerken von Tschernobyl (1986) und Fukushima (2011). Technischer Fortschritt ist nicht einfach „gut" oder „schlecht", er erfordert eine differenzierte Bewertung, und technische Modernisierung kann, muss aber keineswegs zu einer freieren Gesellschaft führen. Diejenigen Menschen, die zur Zeit der Amerikanischen Revolution lebten, waren zu einer solchen Abwägung noch nicht in der Lage, weil die Industrielle Revolution in Großbritannien erst etwa 1760 begonnen hatte. Für die amerikanischen Siedler war es beispielsweise selbstverständlich, dass die großen Urwälder an der Ostküste so schnell wie möglich abgeholzt werden mussten, um Platz für Farmen und neue Ortschaften zu schaffen – sie glaubten an die unbegrenzte Macht des Fortschritts.

Gesellschaftlicher Wandel | Kritisiert worden ist ferner, dass es schwierig sei, einzelne Prozesse von gesellschaftlichem Wandel isoliert zu beschreiben und Modernisierung ausschließlich positiv zu sehen. Stets fanden und finden Wechselwirkungen zwischen Tradition und Moderne statt, und im konkreten Einzelfall ist es häufig schwierig, genau abzugrenzen, was genau traditionell und was modern ist. Wenn man beispielsweise die Säkularisierung einer Gesellschaft als etwas Modernes und Positives ansieht, entstehen bei der Interpretation der Amerikanischen Revolution einige Probleme. Einerseits steht am Ende der Revolution die klare Trennung von Kirche und Staat. Andererseits ist aber ganz unübersehbar, dass protestantische christliche Kirchen und Sekten auch noch nach der Revolution – teilweise sogar bis heute – über einen enormen Einfluss verfügten und verfügen, der bis in die Tagespolitik hineinreicht. Ein simples Schema „traditionell – modern" kann diese sehr komplexen Vorgänge nicht erfassen.

Der Soziologe Shmuel N. Eisenstadt hat demgegenüber den Begriff der „multiple modernities" geprägt (→M4). Damit ist gemeint, dass es die *eine* Moderne nicht gibt. Gesellschaften, die sich wie z.B. China modernisieren, können zwar, müssen aber keineswegs dem westlichen Modell folgen. Zugleich existieren oft eigenartige Mischformen. Die USA waren bei ihrer Gründung – betreffend die Staatsform – sicherlich der „modernste" Staat der Welt. Zugleich aber existierte in vielen Bundesstaaten die Sklaverei, die mit modernen politischen und wirtschaftlichen Vorstellungen überhaupt nicht in Einklang zu bringen ist. Ein weiteres Beispiel: Heutige islamische Fundamentalisten bekämpfen offensiv die westliche Moderne. Zugleich nutzen sie aber auch virtuos das Internet und andere moderne Kommunikationsmittel, um ihre Hassbotschaften zu verbreiten.

M1 Traditional und Modern

Der deutsche Historiker Hans-Ulrich Wehler (1931–2014) hat 1975 folgenden Katalog von Begriffen zusammengestellt, um seine modernisierungstheoretischen Vorstellungen anschaulich zu machen:

	Traditional	Modern
Alphabetismus[1]	gering	hoch
Berufe	einfach, stabil	ausdifferenziert, wechselnd
Soziale Bewegung	stabil	mobil
Soziale Differenzierung	gering	hoch
Einkommen	niedrig, große Unterschiede	hoch, tendenzielle Angleichung
Familie	Dominanz großer Primärgruppe	Kernfamilie, konkurrierender Gruppeneinfluss
Herrschaft	lokal, personal	zentralistisch, anonym
Kommunikation	personal	Medien
Konflikte	offen, disruptiv[2]	institutionalisiert, eingehegt
Soziale Kontrolle	direkt, personal	indirekt, bürokratisch
Lebenserwartung	gering	hoch
Mobilität	gering	hoch
Politische Partizipation[3]	gering	groß
Produktivität	gering	hoch
Recht	religiös, personalistisch	abstrakt, formelle Verträge
Religion	Dogmatik, Staatsbeistand	Säkularisierung, Trennung von Staat und Kirche
Siedlungsweise	ländlich	städtisch
Sozialstruktur	homogen, stabile lokale Gruppen	heterogen, hohe Mobilität
Technik	gering	hoch
Wirtschaft	agrarische Subsistenzweise[4]	Technologie

Zitiert nach: Hans-Ulrich Wehler, Modernisierungstheorie und Gesellschaftsgeschichte, in: Ders., Die Gegenwart als Geschichte, München 1995, S. 20 (gekürzt)

1. Erklären Sie einzelne Begriffspaare. Hier ein kurzes Beispiel: „Recht: In traditionellen Gesellschaften ist das Rechtswesen oft an religiösen Werten orientiert, und ein Urteil wird nicht unabhängig von Macht und Einfluss der Prozessbeteiligten gesprochen. In modernen Gesellschaften ..."
2. Wehler hat diese Gegenüberstellung als „Dichotomien-Alphabet" bezeichnet. Erläutern Sie den Begriff.
3. Modernisierungen sind stets positiv. Nehmen Sie Stellung zu dieser Aussage.

[1] **Alphabetismus**: Fähigkeit, lesen und schreiben zu können
[2] **disruptiv**: störend
[3] **Partizipation**: Teilhabe
[4] **agrarische Subsistenzweise**: bäuerliche Wirtschaft für den Eigenbedarf

Hans-Ulrich Wehler.
Foto vom Oktober 2008, Buchmesse in Frankfurt am Main.
Wehler lehrte von 1971 bis 1996 als Professor für Allgemeine Geschichte mit besonderer Berücksichtigung der Geschichte des 19. und 20. Jahrhunderts an der Universität Bielefeld. Er gilt als einer der einflussreichsten deutschen Historiker in der zweiten Hälfte des 20. Jahrhunderts. Zu seinen bekanntesten Publikationen zählt seine fünfbändige „Deutsche Gesellschaftsgeschichte", die sich mit der Zeit von 1700 bis 1990 beschäftigt.

M2 Historische Modernisierungsforschung

Hans-Ulrich Wehler schreibt:

Diese historische Modernisierungsforschung bevorzugt die Analyse eines Bündels von Basisprozessen, z. B.
- die Entwicklung des Kapitalismus, insbesondere des Industriekapitalismus;
- die Bildung von Klassen und damit neuer Muster der sozialen Ungleichheit;
- die Entstehung und den Ausbau des bürokratischen Anstaltsstaats[1], vor allem in Form des Nationalstaats mit einem demokratischen politischen System;
- die kulturelle Mobilisierung[2] und Rationalisierung;
- die „Entzauberung" der Welt: die Verwissenschaftlichung der Produktion und der Lebensführung;
- die Urbanisierung usw.

Zugleich gibt die historische Modernisierungsforschung Entwicklungskriterien an (die Bewegung hin zum Kapitalismus, zur Klassengesellschaft, zum modernen Staat), die idealtypisch-hypothetisch[3] verwendet werden können. Sie macht auch die normativen Implikationen[4] klar, um die in jeder Modernisierungsforschung kein Weg herumführt und die deshalb […] diskussionsfähig gemacht werden müssen.

Hans-Ulrich Wehler, Diktaturenvergleich, Totalitarismustheorie, DDR-Geschichte, in: Ders., Umbruch und Kontinuität. Essays zum 20. Jahrhundert, München 2000, S. 120

▸ Weisen Sie „normativ[e] Implikationen" (Zeile 18) nach Wehler in den von Jens Flemming (M3) referierten Modernisierungstheorien nach.

[1] **bürokratischer Anstaltsstaat**: Fachleute führen die Staatsgeschäfte nach demokratisch festgelegten Regeln.
[2] **kulturelle Mobilisierung**: Alte, überlieferte Rollen weichen neuen Lebensstilen freier Individualität.
[3] **idealtypisch-hypothetisch**: Auf der Grundlage theoretischer Überlegungen werden Analysekriterien oder Modelle gewonnen, die z. B. bei der Untersuchung historischer Ereignisse helfen können.
[4] **normative Implikationen**: Annahmen über Gesetzmäßigkeiten

M3 Modernisierungstheorie als Denkanstoß

*Der deutsche Historiker Jens Flemming (*1944) schreibt in einem Lexikonartikel über Modernisierungstheorien:*

Modernisierungstheorien oder Elemente von Modernisierungstheorien, wie sie derzeit in der Geschichtsschreibung benutzt werden, versuchen den sozialen, kulturellen und wirtschaftlichen Wandel zu erfassen, der sich im Zeitalter der industriellen und demokratischen Revolution seit dem späten 18. Jh. vollzieht. Dabei geht es um den Übergang von Agrar- zur Industrie-, von der ständischen zur Klassengesellschaft. Geprägt wird dieser Prozess durch die fortschreitende „Entzauberung der Welt" (Max Weber[1]). Ältere Regelwerke, Normen für Sinnbezüge werden fragwürdig, Religion und Kirche müssen sich der Konkurrenz der Wissenschaften erwehren. Am Ende stehen der säkularisierte Mensch und die säkularisierte Gesellschaft. An die Stelle von Selbstgenügsamkeit und Statik treten Bewegung, Tempo und Mobilität. Darin eingeschlossen sind Bürokratisierung, Rationalisierung und Zentralisierung, Mechanisierung und Kommerzialisierung, Verstädterung, steigende Produktivität und steigende Masseneinkommen. Konflikte werden institutionalisiert und verrechtlicht, insoweit entschärft und gezähmt. Verkehrsmittel durchdringen Landstriche und ganze Kontinente, Raum und Zeit, Metropole und Peripherie rücken zusammen. Moderne Gesellschaften sind im Vergleich zu traditionalen komplexer, arbeitsteiliger und durchlässiger. Sozialer Status orientiert sich nicht mehr an Geburt und Herkunft, sondern an individueller Tüchtigkeit und beruflicher Leistung. Staatliche Herrschaft bedarf neuer Formen der Legitimation, muss Möglichkeiten der politischen Teilhabe für alle bieten, die Erwartungen und Interessen der Bürger zu befriedigen. Milieus und Lebenswelten verlieren an Geschlossenheit und Bindekraft, Rollen und Rollenbilder verändern sich ebenso wie die Beziehungen der Geschlechter, der Generationen und Klassen.

Ein derartiges Raster von Merkmalen und Kategorien entworfen zu haben, ist zweifellos ein Verdienst. Der Nachteil jedoch ist, dass diese ungeordnet, ohne plausiblen inneren Zusammenhang bleiben; überhaupt arbeiten Modernisierungstheorien mit relativ starren, schematischen Gegensatzpaaren, die in dieser Reinheit gewöhnlich nicht in der Wirklichkeit anzutreffen sind. Historische Prozesse verlaufen nicht linear, sondern in Sprüngen, sind widersprüchlich und vielschichtig. Fortschritt und Rückschritt, Tradition und Modernität sind nicht säuberlich getrennt, sondern liegen häufig dicht beieinander. Kennzeichnend ist die Gleichzeitigkeit höchst unterschiedlicher Entwicklungen und Entwicklungslinien, spannend sind die Brüche, die Ambivalenzen und Mischungsverhältnisse. Insofern liefern sozialwissenschaftliche Konzepte der Modernisierung bestenfalls Denkanstöße, Ausgangspunkte für vergleichende Betrachtungen. Idealtypen, die sich am historischen Material aber erst noch zu bewähren haben.

Manfred Asendorf, Jens Flemming, Achatz von Müller und Volker Ullrich (Hrsg.), Geschichte. Lexikon der wissenschaftlichen Grundbegriffe, Hamburg 1994, S. 446f.

1. Fassen Sie Flemmings Ausführungen zu Modernisierungstheorien stichpunktartig zusammen.
2. Beurteilen Sie ausgehend von den kritischen Anmerkungen zu den Modernisierungstheorien, ob diese ein sinnvolles Modell zur Betrachtung geschichtlicher Prozesse sein können.
3. Präsentation: Entwickeln Sie ausgehend von M1, M2 und M3 einen Kriterienkatalog, mit dem sich untersuchen lässt, ob ein Modernisierungsprozess vorliegt, und überprüfen Sie anhand dessen, inwieweit bei der Französischen Revolution (siehe das Kapitel auf Seite 124ff.) Formen von Modernisierungsprozessen auszumachen sind.

[1] **Max Weber** (1864–1920): deutscher Jurist, Soziologe und Nationalökonom

Shmuel Noah Eisenstadt.
Foto vom November 2006, Bergen (Norwegen).
Der in Warschau geborene Soziologe Shmuel N. Eisenstadt hält den „Internationalen Holberg-Gedenkpreis" in die Kamera. Die Auszeichnung wird an herausragende wissenschaftliche Arbeiten u.a. in den Geistes- und Sozialwissenschaften von der Universität Bergen verliehen. Eisenstadt lehrte seit 1959 an der Hebräischen Universität von Jerusalem.
Eine weitere Textquelle von Eisenstadt finden Sie im Kernmodul „Revolutionen" auf Seite 20 (M5).

M4 „multiple modernities"

Der israelische Soziologe Shmuel N. Eisenstadt (1923–2010) kritisiert Modernisierungstheorien wie folgt:

Der Begriff *multiple modernities* steht für eine Sicht der heutigen Welt, […] die den im wissenschaftlichen wie auch im allgemeinen Diskurs lange Zeit vorherrschenden Sichtweisen zuwiderläuft. Er richtet sich gegen die in den 1950er-Jahren vorherrschenden Sichtweisen der „klassischen" Modernisierungs- und Konvergenztheorien[1] wie überhaupt gegen die klassischen soziologischen Analysen […]. Sie alle nahmen an […], dass das kulturelle Programm der Moderne, wie es sich im modernen Europa entwickelte, und die institutionellen Grundkonstellationen, die sich dort herausbildeten, letzten Endes in allen modernen und in der Modernisierung begriffenen Gesellschaften die Oberhand gewinnen und mit der Ausbreitung der Moderne schließlich überall auf der Welt gelten würden.
Diese Annahmen wurden durch die Realität, wie sie sich bereits in den frühen Bezugssystemen der Moderne und erst recht nach dem Zweiten Weltkrieg abzeichnete, nicht bestätigt. Die tatsächliche Entwicklung der Gesellschaften, die einen Modernisierungsprozess durchgemacht haben, hat die homogenisierenden und hegemonialen Annahmen dieses westlichen Programms der Moderne widerlegt. […]
Der Gedanke der *multiple modernities* geht davon aus, dass sich die heutige Welt – und die Geschichte der Moderne überhaupt – am ehesten als Geschichte einer in ständiger Neu- und Umbildung begriffenen Vielfalt von kulturellen Programmen verstehen und erklären lässt. […] Eine der wichtigsten Implikationen des Begriffs *multiple modernities* ist, dass Moderne nicht gleich Verwestlichung ist und dass die westlichen Muster der Moderne nicht die einzigen „authentischen" Formen der Moderne sind, auch wenn sie historisch Vorrang haben und für andere Muster immer noch einen grundsätzlichen Bezugspunkt darstellen.
Von zentraler Bedeutung für die Analyse der sich ständig verändernden Vielfalt der Moderne ist die Tatsache, dass sich diese eigenen Muster, die in vielerlei Hinsicht radikal von dem „ursprünglichen" europäischen Muster abwichen, nicht nur in den nicht-westlichen Gesellschaften bildeten, […] sondern auch – und tatsächlich zuallererst – in Gesellschaften, in denen im Rahmen der westlichen Expansion scheinbar rein westliche institutionelle Systeme entstanden, nämlich in den Gesellschaften Nord- und Südamerikas.

Shmuel N. Eisenstadt, Theorie und Moderne. Soziologische Essays, Wiesbaden 2006, S. 473 ff.

1. Geben Sie mit eigenen Worten wieder, was Eisenstadt unter den Begriffen des „westlichen Programms der Moderne" (Zeile 21) und den „multiple modernities" (Zeile 22) versteht.
2. Arbeiten Sie mit eigenen Beispielen heraus, wo sich widersprüchliche Fälle von unterschiedlichen Modernen entwickelt haben. Sie können beispielsweise von dem chinesischen Fall ausgehen. Siehe dazu als Anregung die beiden Bilder auf Seite 22.

[1] **Konvergenztheorie**: Diese Theorie geht davon aus, dass sich alle sozialen Systeme irgendwann in dieselbe oder in eine ähnliche Richtung entwickeln. Abweichungen werden als unnormal interpretiert und sind erklärungsbedürftig. Kritisch ist dagegen eingewandt worden, dass diese Theorie viel zu schematisch operiert.

1.4 Pflichtmodul: Die russischen Revolutionen

Die Sowjetunion ging aus einer Revolution hervor. 1917 brach das rückständige russische Zarenreich zusammen, nach drei Jahren Krieg und Elend. Die vorläufige Regierung wurde schon bald von den Bolschewiki entmachtet, einer Gruppe radikaler Revolutionäre unter Wladimir I. Lenin. Er rief eine Republik der Räte (Sowjetrepublik) aus. Lenin und die Bolschewiki wollten Russland von Grund auf umwandeln. Sie stützten sich dabei auf Ideen von Karl Marx aus dem 19. Jahrhundert (Marxismus), die Lenin zu einem politischen Programm weiterentwickelte (Leninismus). An die Stelle der Zarenherrschaft trat die Alleinherrschaft von Lenins Partei. Sie sollte dafür sorgen, dass die gesellschaftlichen Unterschiede beseitigt würden und die Wirtschaft unter die Kontrolle der Arbeiter und Bauern gelangte.

Für die Einführung der neuen Gesellschafts- und Wirtschaftsordnung des Sozialismus gab es kein Vorbild. Gegen die Umwälzungen erhob sich Widerstand, es kam zum Bürgerkrieg. Lenins Sowjetregierung konnte sich behaupten und gründete zusammen mit einigen Nachbarländern 1922 die Union der Sozialistischen Sowjetrepubliken (UdSSR). Um das Land nach Krieg und Bürgerkrieg wieder aufzubauen, wich Lenin von einigen Grundsätzen des Sozialismus ab, etwa in der Wirtschaftspolitik. Als er im Januar 1924 starb, stritten seine Anhänger um die Nachfolge. Den Machtkampf an der Staats- und Parteispitze entschied Josef W. Stalin für sich.

Das Kapitel beschäftigt sich inhaltlich mit ...

- der Zarenherrschaft in der Krise
- der politischen Opposition gegen den Zarismus
- dem Jahr 1917 und den Trägern der Revolutionen
- den Folgen der Oktoberrevolution und der Stabilisierung der bolschewistischen Herrschaft

Die Zeitrechnung

In Russland bestand bis Februar 1918 der julianische Kalender, der auf den römischen Feldherrn und Staatsmann Gaius Julius Caesar zurückging. In Westeuropa hingegen wurde seit Ende des 16. Jahrhunderts schrittweise der gregorianische Kalender eingeführt, der wegen der präziseren Schaltjahre etwas genauer war. Beide Kalender entwickelten sich im Laufe der Jahrzehnte unterschiedlich, sodass zum Zeitpunkt der russischen Revolutionen ein Unterschied von 13 Tagen bestand. Die „Oktoberrevolution" (25. Oktober 1917) fand also nach dem julianischen Kalender eigentlich am 7. November statt. Da sich der Begriff für dieses Ereignis aber sehr schnell eingebürgert hatte, wurde er in den folgenden Jahren beibehalten. Um deutlicher zu machen, wann sich bestimmte Vorgänge ereignet haben, wird das Datum meistens doppelt angegeben, z. B. 1. (13.) Januar. Etwas verwirrend ist die Datierung manchmal für die Zeit direkt nach der Umstellung, weil es natürlich dauerte, bis sich die neue Zeitrechnung überall durchgesetzt hatte.

Die Schreibweise

Im Westen gibt es zwei Systeme, mit denen die kyrillische Schrift in lateinische Buchstaben umgeformt wird. Die ältere Umschrift ist international weniger gebräuchlich, aber in Deutschland immer noch sehr weit verbreitet. Die neuere Umschrift wird vor allem im englischsprachigen Raum benutzt, ist etwas präziser, aber auch komplizierter. Hierzu ein Beispiel: Der Name „Leo Trotzki" wird in der neueren wissenschaftlichen Umschrift als „Lev Trockij" geschrieben. Da diese Transliteration in Deutschland aber immer noch wenig gebräuchlich ist, wird in den Texten dieses Buches die ältere Umschrift verwendet.

Das Russische Reich der Zaren

um 1860 — Im Russischen Reich finden Reformen statt, darunter die Aufhebung der Leibeigenschaft (1861).

1867 — Karl Marx, unterstützt von Friedrich Engels, veröffentlicht den ersten Band seines Hauptwerks „Das Kapital". Darauf gründet sich später die Lehre des Marxismus.

um 1880 — Die Industrialisierung des Zarenreiches beginnt.

1903 — Die russische Arbeiterpartei spaltet sich in Bolschewiki („Mehrheitler") und Menschewiki („Minderheitler").

1904/05 — Russland verliert im Krieg gegen Japan. Im Friedensvertrag von Portsmouth muss es die südliche Hälfte der Sacharin-Inseln abtreten und die Vorherrschaft Japans in Korea akzeptieren.

1905 — Der „Blutsonntag" (9. (22.) Januar) in St. Petersburg löst eine Welle revolutionärer Aktionen aus. Zar Nikolaus II. kündigt bürgerliche Freiheiten, eine Verfassung und eine Volksvertretung (Reichsduma) an (Oktobermanifest).

1906 – 1911 — Unter Ministerpräsident Pjotr A. Stolypin werden revolutionäre Errungenschaften zurückgedrängt und wirtschaftliche Reformen eingeleitet.

1914 – 1918 — Im Ersten Weltkrieg erleidet Russland schwere Niederlagen gegen Deutschland und seine Verbündeten, die Versorgung wird knapp.

Das Revolutionsjahr 1917

Februar 1917 — Nach der Februarrevolution (23. Februar/8. März) dankt der Zar ab. Es entsteht eine Doppelherrschaft von Provisorischer Regierung (parlamentarische Demokratie) und Sowjets (Rätedemokratie).

April 1917 — Wladimir I. Lenin kehrt aus dem Exil nach Russland zurück. Er fordert: „Alle Macht den Sowjets!"

Oktober 1917 — Oktoberrevolution (25. Oktober/7. November): Lenin und die Bolschewiki übernehmen die Macht. Russland wird zu einer Räterepublik (Sowjetrepublik).

Russland und die Sowjetunion unter Lenin

März 1918 — Im Frieden von Brest-Litowsk muss Lenins Regierung große Gebietsverluste akzeptieren.

Juli 1918 — Gründung der Russischen Sozialistischen Föderativen Sowjetrepublik (RSFSR). Ein Einparteienstaat entsteht, der Sozialismus wird gewaltsam durchgesetzt.

1917 – 1922 — Im russischen Bürgerkrieg behauptet sich die Sowjetrepublik.

1921 – 1928 — Für den Wiederaufbau der Wirtschaft erlaubt die Sowjetregierung gewisse marktwirtschaftliche Elemente (Neue Ökonomische Politik, russisch „NEP").

1922 — Russland und einige Nachbarländer gründen die Union der Sozialistischen Sowjetrepubliken (UdSSR).

21. Januar 1924 — Lenin stirbt. Im Kampf um seine Nachfolge setzt sich der Georgier Josef W. Stalin durch.

Die Zarenherrschaft in der Krise

St. Petersburg: seit Zar Peter I. (1672–1725) Hauptstadt des Russischen Reiches, 1915 in Petrograd, 1924 bis 1991 in Leningrad umbenannt, heute wieder St. Petersburg

Autokratie (griech.: Selbstherrschaft): unumschränkte Regierungsgewalt nach dem Vorbild der oströmischen Kaiser

Vielvölkerreich und Monarchie | Das Russische Reich mit der Hauptstadt St. Petersburg war ein Vielvölkerstaat. Es umfasste im 19. Jahrhundert neben dem russischen Stammland auch Finnland, die heutigen baltischen Staaten, weite Teile Polens, Weißrussland, Teile der Ukraine und die Länder des Kaukasus. Im Mittleren Osten grenzte es an Persien und Afghanistan, im Fernen Osten an China und Korea (→M1). Das Gebiet von Alaska verkaufte Russland 1867 an die USA.

Der russische Monarch, der *Zar* (russ. Kaiser), regierte als unumschränkter Herrscher, da es keine Verfassung und kein Parlament zur Kontrolle seiner Machtfülle gab. Er allein verfügte über Krieg und Frieden, über die Einkünfte und Güter des Staates und konnte Gesetze ändern, abschaffen oder neu einführen. Die unumschränkte Selbstherrschaft des Zaren gab ihm eine größere Machtfülle als allen Herrschern in Westeuropa.

Stützen seiner Autokratie waren der Adel, die Großgrundbesitzer, das Militär, die Verwaltung sowie die Kirche. Der Zar und seine Dynastie, das Haus *Romanow*, bildeten die Klammer für die vielen nationalen, ethnischen und religiösen Minderheiten im Russischen Reich.

Das Zarenreich schwankte im 19. Jahrhundert zwischen einer Orientierung nach Westen und dem Bewahren einer Sonderrolle. Zwar hatte 1815 Russland großen Anteil am Sieg über Napoleon sowie an der Neuordnung Europas und zählte zu den europäischen Großmächten. Im Innern aber fiel es immer weiter hinter den wirtschaftlichen, sozialen und politischen Fortschritt seiner westlichen Nachbarn zurück und blieb agrarisch geprägt.

Große soziale Gegensätze | Die russische Gesellschaft war sozial stark gespalten. Sie gliederte sich wie folgt:

- *Der Adel*: Eine zahlenmäßig sehr kleine Minderheit der Bevölkerung, die Adligen, lebte meist in den wenigen Großstädten und stellte einen märchenhaften Reichtum zur Schau, der auf oft riesigen Landgütern erwirtschaftet wurde. Obwohl die meisten

Ballvergnügen.
Foto, Anfang 1914.
Die St. Petersburger Oberschicht auf dem „Ball der farbigen Perücken" im Palast der Gräfin Schuwalowa. Hier erlebte man die angenehmen Seiten des Lebens.

- Beschreiben Sie die dargestellten Szenen auf den beiden Fotos (Seite 30 und 31). | H
- Vergleichen Sie die Fotografien miteinander. Gehen Sie dabei auch auf die Stimmung ein, die durch die Fotografien transportiert wird. | H

Suppenküche für Arbeitslose in St. Petersburg.
Foto, vor 1914.
Buchweizengrütze, Kohlsuppe oder Fisch waren Hauptnahrungsmittel in den Massenküchen, die für das städtische Proletariat entstanden. Die Lebens- und Wohnverhältnisse der russischen Arbeiterschaft waren zu Beginn des 20. Jahrhunderts vergleichbar mit denen der frühen Industrialisierung in Großbritannien und den deutschen Staaten.

Adligen vom Zarismus profitierten, gab es auch zurückhaltende Kritik am politischen System und die Forderung nach Reformen. Allerdings waren viele der großen Güter stark verschuldet, weil zahlreiche Adlige ihren aufwändigen Lebensstil durch Kredite finanzierten. Vielen war bewusst, dass sie diese Verbindlichkeiten niemals würden zurückzahlen können.

- *Die Bauern*: Die überwiegende Mehrzahl der Bevölkerung bestand aus Bäuerinnen und Bauern. Schätzungen zufolge stellten sie knapp 80 Prozent des russischen Volkes dar. Sehr viele von ihnen waren ursprünglich Leibeigene gewesen, d.h., sie durften ihre Parzelle nicht verlassen und konnten mit ihrem Land verkauft werden (➔M2). Die Leibeigenschaft wurde offiziell zwar 1861 abgeschafft, doch blieben viele Bauern auch in den folgenden Jahrzehnten weitgehend rechtlos. Sie waren entweder weiterhin abhängig von ihren ehemaligen Herren, oder sie wanderten ab und versuchten, in anderen Regionen oder in den Städten ein besseres Leben zu finden. Dies erwies sich oft als schwierig, weil die Industrialisierung nur langsam voranschritt und Industriearbeiter nur in begrenztem Maße benötigt wurden.
- *Das Bürgertum*: Da die Industrialisierung im Russischen Reich im 19. Jahrhundert deutlich später als in West- und Mitteleuropa begann, befand sich auch das städtische Bürgertum noch in der Bildung bzw. war politisch zersplittert. Deshalb waren auch kaum – wiederum anders als in Mitteleuropa – liberale Gruppierungen oder Parteien entstanden, die gegenüber dem autoritären Zarentum auf wirtschaftliche, soziale oder sogar politische Reformen hätten drängen können. Dies schloss nicht aus, dass einzelne besonders exponierte Persönlichkeiten aktiv wurden und Anhänger der Opposition um sich sammelten. Ihre Erfolge blieben aber vor 1914 stark begrenzt. Auch hatten kleine Unternehmer und Fabrikanten häufig mit der Willkür der staatlichen korrupten Bürokratie zu kämpfen.
- *Die Arbeiterschaft*: Wie die Bauern wurde auch die Arbeiterschaft teilweise offen unterdrückt. Eigene Vereinigungen der Arbeiter konnten sich schwer organisieren und sich in den Großstädten nur in Ansätzen Gehör verschaffen. Die Lebensverhältnisse waren schlecht: Katastrophale Wohnverhältnisse, Hunger, Elend und Krankheiten waren an der Tagesordnung (➔M3). Dies war allerdings keine russische Besonderheit, sondern fand sich während der Frühindustrialisierung in den meisten europäischen

Leibeigenschaft: Rechtszustand einer dauernden persönlichen und wirtschaftlichen Abhängigkeit von einem Herrn

Staaten, vor allem in Großbritannien. Die Arbeiterschaft bildete in den Großstädten aber eine oft unzufriedene Unterschicht, die nicht nur an der Verbesserung ihrer sozialen Lage interessiert, sondern auch um Bildung bemüht war. Auch wenn sichere Statistiken hierzu fehlen, nahm wahrscheinlich die Fähigkeit zu lesen und zu schreiben im gesamten 19. Jahrhundert deutlich zu.

Die „Intelligenzija" | Eine besondere Rolle spielte die sogenannte „Intelligenzija" (→M4). Es handelte sich um eine kleine, aber einflussreiche Gruppe von Schriftstellern, Intellektuellen, Journalisten oder Studenten, die meist aus dem Bürgertum, teilweise aber auch aus dem Adel stammten. Sie wurden zwar unterdrückt und viele nach Sibirien deportiert oder in das europäische Exil getrieben. Dennoch artikulierten sie immer wieder Kritik am autokratischen Zarentum, ohne dieses wirklich in Gefahr zu bringen.

orthodoxe Kirche (orthodox, griech.: rechtgläubig): Zweig der christlichen Kirche, der sich 1054 von der römischen Kirche abgespalten hatte

Die Rolle der Kirche | Eine bedeutende Stellung nahm die orthodoxe Kirche im Russischen Reich ein. Offiziell wurde sie zwar vom Zarentum gefördert und stellte einen zentralen Rückhalt für die Monarchie dar. Vereinzelt wurden jedoch die sozialen und politischen Zustände vom niederen Klerus kritisiert, während der hohe Klerus eine zuverlässige Stütze für die Monarchie bildete. Die orthodoxen Kirchenhierarchien waren fest in die Struktur des Zarenreiches eingebunden. Zugleich gab es in dem riesigen Reich aber auch viele andere Religionen, auf die Rücksicht genommen werden musste. Beispielsweise lebten in den asiatischen Teilen des russischen Imperiums Millionen von Muslimen, deren religiöse Gefühle der Zar einkalkulieren musste. Hier von „Toleranz" zu sprechen, wie es einige Zeitgenossen getan haben, geht allerdings zu weit, der Begriff „Duldung" erfasst den Sachverhalt besser.

Die „Großen Reformen" | Das starre Festhalten der Herrschenden an den bestehenden politischen und sozialen Strukturen und der Versuch, sich gleichzeitig gegenüber den anderen europäischen Großmächten machtpolitisch zu behaupten, brachte das Russische Reich an die Grenzen seiner Leistungsfähigkeit. Deutlich wurde dies im Krimkrieg (1853–1856), in dem Russland aufgrund seiner militärischen und wirtschaftlichen Rückständigkeit gegen das Osmanische Reich, Frankreich und Großbritannien unterlag. In Folge dieser Niederlage sah sich Zar Alexander II. gemeinsam mit einigen aufgeklärten Bürokraten gezwungen, dringend überfällige Reformen anzugehen. Diese werden meistens als „Modernisierung von oben" bezeichnet, stießen aber von Anfang an auf Widerstand aus dem Adel.

Kern der umfassenden Reformen war die *Bauernbefreiung*. Humanitäre Gesichtspunkte spielten dabei nur eine ganz untergeordnete Rolle. Im Mittelpunkt stand vielmehr die Steigerung der Produktivität. Allerdings führte die Opposition der Adligen dazu, dass die Reformen nur halbherzig durchgeführt wurden. Die Entstehung eines großen landlosen Proletariats sollte eigentlich vermieden werden. Zugleich sollten die Bauern aber eigenes Land nur gegen eine Entschädigung erhalten, die an die Gutsbesitzer zu zahlen war. Viele Bauern waren nicht in der Lage, die dafür notwendigen Summen selbst aufzubringen, und mussten sich deshalb verschulden. Hieraus entstanden neue Abhängigkeiten. Die meisten Bauern erhielten nur einen Hektar Land ablösungsfrei, aber dies reichte selten aus, um eine Familie zu ernähren. Außerdem bestimmten die Gutsherren selbst, welches Land sie abgaben, und selten waren dies qualitativ hochwertige Parzellen (→M5).

Alexander II. (1818–1881): regierte seit 1855 und machte sich als gemäßigter Reformer einen Namen. So wurde unter seiner Regentschaft die Leibeigenschaft abgeschafft. 1881 wurde er von einer Untergrundorganisation ermordet.

Eine – durchaus beabsichtigte – Nebenfolge der Bauernbefreiung war die Einführung einer staatlichen *allgemeinen Wehrpflicht*. Bis zu diesem Zeitpunkt hatten die Grundherren die Auswahl der Rekruten nach eigenem Gutdünken vorgenommen. Die Einziehung zur Armee bedeutete für viele junge Bauern jedoch nun ein zerstörtes Leben. Die Dienstzeit betrug bis zu 20 Jahre, der Sold war gering und Aufstiegsmöglichkeiten gab es fast keine.

Das Manifest zur Bauernbefreiung wird vorgelesen.
Ölgemälde (138 x 209 cm) von Grigori G. Mjassojedow, 1873.

▶ Analysieren Sie das Gemälde mithilfe der Arbeitsschritte auf Seite 66. Berücksichtigen Sie dabei auch das Spiel mit Licht und Schatten in der dargestellten Szene.

Im Jahre 1864 wurde durch eine *Justizreform* ein erstmals vom Zaren unabhängiges Gerichtswesen eingeführt. Allerdings fehlte hier häufig das gut ausgebildete und fähige Personal, weil erst seit den 1830er-Jahren ein Jurastudium an Universitäten eingeführt wurde und die Zahl der ausgebildeten Juristen deshalb viel zu gering war. Die Korruption in der Bürokratie und im Gerichtswesen wurde bald sprichwörtlich, auch weil unabhängige Kontrollinstanzen fehlten.

Ebenso 1864 erhielten Gemeinden, Kreise und Bezirke das Recht zur Selbstverwaltung durch gewählte Körperschaften (Zemstva). Nach 1870 wurden in den Städten gewählte Vertretungen (Stadtdumen) zugelassen, wenngleich nur die reichsten drei bis fünf Prozent der männlichen Bevölkerung wählen durften. Als positiv erwies sich dennoch in der Folge, dass nun öffentliche Diskussionen um politische Fragen möglich wurden, an denen sich manchmal auch Personen beteiligten, die nicht wahlberechtigt waren.

Im Bereich *Bildung und Erziehung* wurde der Zugang zu den Schulen und Universitäten für Kinder aus den armen Schichten beträchtlich erleichtert. Die Zemstva sorgten bis zur Jahrhundertwende durch den Aufbau eines Grundschulwesens für das Absinken der Analphabetenrate auf dem Lande auf rund 30 Prozent für Jungen und etwa 50 Prozent für Mädchen. Eine *Allgemeine Schulpflicht* wurde erst nach 1905 eingeführt. Einen Hochschulabschluss erreichten um die Jahrhundertwende jährlich gerade einmal 3000 Personen.

Zemstva (Singular: Zemstvo): Selbstverwaltungseinrichtungen, die sich um lokale Belange der Bevölkerung kümmerten (z. B. Bildung, ärztliche Versorgung, Armenfürsorge). In die Zemstva wurden Vertreter der Gutsbesitzer, der Kaufleute und Unternehmer und andere Haushaltsvorstände (Bauern) getrennt gewählt.

Stadtdumen: wählten die Verwaltung und das Stadtoberhaupt, waren z. B. verantwortlich für Handel und Gewerbe, für die Brandbekämpfung und die Einquartierung von Soldaten

Die Industrialisierung „von oben" | Ein weiterer wichtiger Bestandteil des Reformprogramms bestand darin, dass das riesige Land verkehrsmäßig besser als zuvor erschlossen und dass die noch ganz unzulängliche Industrialisierung vorangetrieben werden sollte. Der Staat förderte den *Eisenbahnbau* massiv, wobei das notwendige Kapital vor allem in Frankreich, kleinere Summen auch in Deutschland geliehen wurden. Um 1860 bestanden erst ca. 1600 Kilometer an Eisenbahnlinien, um 1900 war dieses Netz auf beachtliche 77 000 Kilometer angewachsen.[1] Der Bau von Eisenbahnen war wiederum die Voraussetzung dafür, dass eine eigenständige Schwerindustrie aufgebaut wurde, dass Rohstoffe ins Ausland exportiert werden konnten und dass ein Binnenmarkt entstand (→M6). Für westeuropäische Investoren stellten diese Geldanlagen einen profi-

[1] Zu den Eisenbahnlinien im Russischen Reich siehe auch die Karte auf Seite 35.

„Die Wolgatreidler."
Ölgemälde (131 x 281 cm) von Ilja J. Repin, 1870.
Treideln, d.h. Lastschiffe gegen den Strom mit Muskelkraft zu ziehen, war vor der Erfindung des Dampfschiffes in ganz Europa üblich. In Westeuropa wurden hierzu aber meistens Ochsengespanne oder ähnliche Zugtiere verwendet. In Russland hingegen war menschliche Arbeitskraft günstig und fast unbegrenzt verfügbar.

- Charakterisieren Sie die einen Lastkahn ziehenden Treidler. Gehen Sie dabei auch auf die Mimik und Gestik ein.
- Arbeiten Sie heraus, was das Gemälde über die Industrialisierung in Russland um 1870 aussagt.
- Präsentation: Informieren Sie sich im Internet über den Künstler des Gemäldes und stellen Sie Ihre Ergebnisse in einem Kurzreferat vor.

tablen Markt dar, weil der russische Staat meistens die Zinsen und die Rückzahlung der Kredite garantierte. Die deutsche Regierung versuchte allerdings zeitweise die Geldflüsse nach Russland zu begrenzen, weil befürchtet wurde, dass der verstärkte Eisenbahnbau auch die militärische russische Leistungsfähigkeit stärken würde.

Krieg gegen Japan | Die Jahre 1904 und 1905 markierten eine Zäsur in der russischen Geschichte. Bereits seit der Jahrhundertwende hatten sich die internationalen Spannungen im fernen Osten zugespitzt, wobei es vor allem um Einflusssphären im zerfallenden Chinesischen Reich, in der Mandschurei und in Korea ging (→M7). Im Februar 1904 überfielen die Japaner die russische Flotte in Ostasien, die hell erleuchtet im Hafen von Port Arthur vor Anker lag und überhaupt nicht auf einen Krieg vorbereitet war.[1] Es folgten monatelange Materialschlachten auf dem Lande. Allerdings war die japanische Armee sehr viel effektiver und besser ausgebildet als die russischen Truppen. Die russische Armee hatte einen weiteren kriegsentscheidenden Nachteil, weil nur eine einzige Eisenbahnlinie (die Transsibirische Eisenbahn) Nachschub in den fernen Osten bringen konnte. Die Japaner, deren Flotte nach englischem Vorbild ausgerüstet und ausgebildet worden war, griffen hingegen direkt auf die viel näherliegenden Ressourcen ihrer Inseln zurück. Die abenteuerliche Fahrt der russischen Ostseeflotte fast um die halbe Erde herum nach Ostasien endete mit einer weiteren vernichtenden Niederlage in der *Seeschlacht bei Tsushima* im Mai 1905. Schon im Vorfeld der Schlacht war die Moral in der russischen Flotte schlecht, und viele Seeleute glaubten nicht wirklich an einen Sieg (→M8). Versorgt wurde diese Flotte auf ihrem weiten Weg vor allem von deutschen Schiffen. Dies geschah aber nicht ganz uneigennützig: Die Deutschen nahmen zu Recht an, dass sich ihre strategische Lage in Europa deutlich verbessern würde, wenn die russische Ostseeflotte in Ostasien engagiert wäre.

Am 5. September 1905 musste die russische Regierung nach Vermittlung durch die USA den *Frieden von Portsmouth* unterzeichnen, der durchweg als erniedrigend angesehen wurde. Zum ersten Mal in der neueren Geschichte hatte ein asiatischer Staat eine europäische Großmacht entscheidend besiegt. Der Ausgang des Krieges hatte die Schwächen des zaristischen Systems schonungslos offengelegt. Die ohnehin große Unzufriedenheit im Lande wuchs weiter an. Hinzu kam eine wirtschaftliche Krise, die vor allem durch den Krieg bedingt war. Eine wachsende Knappheit an Nahrungsmitteln und eine unkontrollierte Teuerung (*Inflation*) machte das Leben vieler einfacher Menschen zunehmend unerträglich.

[1] Zum Russisch-Japanischen Krieg siehe auch die Karte auf Seite 201.

M1 Die Expansion des Russischen Reiches

1. Beschreiben Sie anhand der Karte die Stationen der russischen Expansion.
2. Die Karte zeigt das Russische Reich in seinem territorialen Umfang. Untersuchen Sie, was die innere Struktur dieses Reiches kennzeichnete und wie sich dies in einer Karte abbilden lässt. | H | F

M2 Kartenspiel

Die um 1850 entstandene Karikatur des Franzosen Gustav Doré (1832–1883) zeigt russische Gutsbesitzer, die ihre Leibeigenen in einem Kartenspiel einsetzen:

1. Beschreiben Sie die Karikatur.
2. Charakterisieren Sie die einzelnen Personengruppen und deren Beziehungen zueinander.
3. Erläutern Sie, welche Aussage der Künstler in seiner Karikatur trifft. | H

M3 Lebensverhältnisse der Arbeiterschaft

Der Roman „Die Mutter" (1906/07) von Maxim Gorki (1868–1936) beginnt mit einer Beschreibung der Lebensverhältnisse der Arbeiterinnen und Arbeiter in einer Industriestadt zu Beginn des 20. Jahrhunderts. Vorbild Gorkis ist möglicherweise seine Geburtsstadt Nischni Nowgorod:

Tagtäglich erklangen in der rauchigen, öligen Luft über der Arbeitervorstadt die zitternden, heulenden Töne der Fabriksirene, und ihrem Ruf gehorchend, kamen aus den kleinen grauen Häusern gleich erschreckten Küchenschaben finstere Menschen auf die Straße gelaufen, die ihre Muskeln durch Schlaf nicht hatten erfrischen können. In der kalten Dämmerung gingen sie auf der ungepflasterten Straße zu den hohen Steinkäfigen der Fabrik, die sie mit gleichmütiger Sicherheit erwartete und den schmutzigen Weg durch Dutzende fettiger, quadratischer Augen erleuchtete. Der Schlamm schmatzte unter den Füßen. Heisere Rufe verschlafener Stimmen ertönten, grobe, böse Schimpfreden durchschnitten die Luft, während gleichzeitig andere Geräusche, schwerer Maschinenlärm und das Zischen des Dampfes, den Menschen entgegenschollen. Düster und streng schimmerten undeutlich die hohen, schwarzen Schornsteine, die sich wie dicke Pfähle über der Vorstadt erhoben.

Abends, wenn die Sonne unterging und ihre roten Strahlen müde in den Fensterscheiben der Häuser glänzten, stieß die Fabrik die Menschen gleich übrig gebliebenen Schlacken aus ihrem Steinschoße aus, und verrußt, mit schwarzen Gesichtern, in denen die hungrigen Zähne schimmerten, gingen sie wieder durch die Straßen und verbreiteten in der Luft den klebrigen Geruch des Maschinenöls. Jetzt klangen ihre Stimmen lebhaft und sogar feurig. Für heute war die Fronarbeit beendet, zu Hause harrten ihrer das Abendessen und die Ruhe.

Wieder war ein Tag von der Fabrik ausgezehrt, die Maschinen hatten aus den Muskeln der Menschen so viel Kraft gesogen, wie sie brauchten. Der Tag war spurlos aus dem Leben ausgelöscht, der Mensch war dem Grabe wieder einen Schritt nähergekommen, doch er sah jetzt den Genuss des Ausruhens, die Freuden der rauchigen Schenke dicht vor sich und – war zufrieden.

An Feiertagen schlief man bis gegen zehn Uhr, dann zogen die Bejahrteren und Verheirateten ihre besten Kleider an und gingen zur Messe; unterwegs schimpften sie auf die jungen Leute wegen ihrer Gleichgültigkeit gegen die Kirche. Aus der Kirche kehrten sie nach Hause zurück, aßen Piroggen[1] und legten sich wieder schlafen – bis zum Abend. Die durch Jahre aufgespeicherte Müdigkeit hatte den Menschen die Esslust geraubt, und um essen zu können, tranken sie viel und reizten den Magen mit scharf beizendem Branntwein.

Abends schlenderten sie durch die Straßen, und wer Galoschen[2] hatte, zog sie an, auch wenn es trocken war, wer einen Regenschirm besaß, nahm ihn mit, selbst wenn die Sonne schien.

Begegneten sie einander, so sprachen sie über die Fabrik, über die Maschinen, schimpften auf die Meister; ihre Reden und Gedanken beschäftigten sich nur mit Dingen, die die Arbeit betrafen. Kaum dass vereinzelt Funken unbeholfener, kraftloser Gedanken in dem langweiligen Einerlei der Tage aufleuchteten. Nach Hause zurückgekehrt, zankten sie sich mit ihren Frauen und schlugen sie oft, ohne die Fäuste zu schonen. [...] Von der Arbeit erschöpft, wurden die Menschen schnell berauscht, und in ihrer Brust erwachte eine unverständliche, krankhafte Gereiztheit, die einen Ausweg forderte. Sie griffen krampfhaft nach jeder Möglichkeit, dieses Gefühl der Unruhe zu entladen, und fielen wegen geringfügiger Kleinigkeiten ergrimmt wie wilde Tiere übereinander her. So entstanden blutige Schlägereien. Mitunter endeten sie mit schweren Verletzungen, hin und wieder aber auch mit einem Totschlag. [...]

Das Leben war von jeher so gewesen – es floss wie ein trüber Strom gleichmäßig und langsam jahraus, jahrein dahin und wurde durch die starre, uralte Gewohnheit, Tag für Tag ein und dasselbe zu denken und zu tun, gänzlich in Fesseln gehalten. Und niemand hatte das Verlangen, eine Änderung zu versuchen.

Maxim Gorki, Die Mutter, Berlin/Weimar 1965, S. 5 ff.

1. Gliedern Sie die Quelle in sinnvolle Abschnitte und versehen Sie diese mit passenden Überschriften. | H
2. Arbeiten Sie die Informationen, die dieser literarische Text über die sozialen Lebensverhältnisse der Arbeiterinnen und Arbeiter enthält, heraus. | H
3. Präsentation: Informieren Sie sich über Maxim Gorki und seine Rolle in der russischen Literatur. Tragen Sie Ihre Ergebnisse in einem Kurzreferat vor.

[1] **Piroggen**: mit Pastete gefüllte Teigtaschen
[2] **Galoschen**: Überschuhe

M4 Die „Intelligenzija"

*Der Historiker Dietrich Geyer (*1928) beschreibt die soziale Schicht der Intelligenzija:*

Dieser vieldeutige Begriff [Intelligenzija] war in den 1860er-Jahren aus dem Französischen übernommen und in der Öffentlichkeit alsbald zu einem Schlagwort geworden. In einer Definition, die auf Bildungspatente und akademische Berufe verweist, ging sein Sinngehalt nicht auf. Vielmehr war Intelligenzija vorab als Ordnungsgemeinschaft zu verstehen, als lockerer, in sich vielfach gespaltener Ideenverband, dessen Mitglieder darauf bedacht waren, sich in ihren Wertmaßstäben und ihrem Habitus von der etablierten Gesellschaft prinzipiell zu unterscheiden. Wer sich der Intelligenzija zurechnete, war in aller Regel davon überzeugt, dass nicht fortdauern könne, was im autokratischen System Russlands bisher als unantastbar gegolten hatte. [...]
Wer sich zur Intelligenzija zählte, dem galt das Ancien Régime als Inkarnation von Rückständigkeit, Reaktion und Unkultur. So gingen denn auch die Interessen dieser Schicht in allgemeineren, gesellschaftlichen Interessen weithin auf, in einem politisierten Verständnis akademischer Berufsrollen, das typisch war für einen großen Teil der Anwälte, der Ärzte, auch der Professoren. Die Forderung nach Freiheit, nach akademischer Freiheit, nach Freiheit von Forschung und Lehre war von politischer Brisanz. Die Forderung nach der Unabhängigkeit des Advokatenstandes setzte Rechtsstaatlichkeit und bürgerliche Freiheit voraus. Auch im Blick auf den russischen Ärztestand kommt heraus, dass die Mehrheit seiner Angehörigen sich von der Verpflichtung leiten ließ, der Volksgesundheit zu dienen und ihren Beruf als Sozialmedizin zu begreifen. [...]
Intelligenzija meint das Reservoir der oppositionellen und revolutionären Bewegung, die sich seit den 60er-Jahren zu organisieren begann: Nicht nur im Milieu des Semstwo, der legalen Selbstverwaltungsinstitutionen, die man als Infrastruktur politischer Gegenmacht erprobt, sondern auch in der Illegalität, im Untergrund und im Exil. Was eint, ist die Bereitschaft zum Widerstand, zum Kampf für eine von Grund auf veränderte Ordnung. Die Intelligenzija war das Rekrutierungsfeld für die drei wichtigsten Ideenrichtungen, die in der zweiten Jahrhunderthälfte gegen die Autokratie Stellung bezogen: für den Liberalismus, den Populismus (Narodnitschestwo) und den Marxismus.

Dietrich Geyer, Das russische Imperium. Von den Romanows bis zum Ende der Sowjetunion, Berlin 2021, S. 230ff.

1. Erklären Sie anhand von M4 den Begriff „Intelligenzija".
2. Setzen Sie sich mit der Frage auseinander, was es für einen Staat heißt, wenn ein bedeutender Teil der gebildeten Schichten eine zunehmend oppositionelle Haltung einnimmt. | H

M5 Auswirkungen der Bauernbefreiung

Der aus höchstem russischen Adel stammende Fürst Petr Alexejewitsch Kropotkin (1842–1921) ist in den 1870er-Jahren Anarchist geworden. In seinen 1899 erstmals erschienenen „Memoiren eines Revolutionärs" berichtet er:

Als ich unsere Bauern in Nikolskoe fünfzehn Monate nach der Befreiung sah, konnte ich sie nur bewundern. Ihre angeborene Gutmütigkeit und Sanftmut blieb ihnen, aber jede Spur von unterwürfigem Wesen war verschwunden. Zu ihren Herren redeten sie wie zu ihresgleichen, als hätten niemals andere Verhältnisse zwischen ihnen bestanden. Auch fanden sich in ihren Reihen Männer, die für ihre Rechte einstehen konnten. Das Befreiungsgesetz war ein dickes und schwieriges Buch, dessen volles Verständnis mich einen ziemlichen Aufwand von Zeit kostete. Als aber eines Tages Vasilij Ivanov, der Älteste von Nikolskoe, zu mir kam und mich um die Erklärung einer dunklen Stelle bat, erkannte ich, dass er, der nicht einmal fließend lesen konnte, sich in dem Labyrinth von Gesetzesparagrafen bewundernswert zurechtgefunden hatte.
Die „Hausleute", das heißt die Dienerschaft kam am schlechtesten weg. Sie erhielten kein Land und würden auch kaum gewusst haben, was sie damit anfangen sollten. Nur die Freiheit erhielten sie und weiter nichts. In unserer Gegend gingen fast alle von ihrer Herrschaft weg [...]. Sie suchten sich sonst irgendwo eine Stelle, und viele fanden sie auch sofort bei Mitgliedern des Kaufmannsstandes, die stolz darauf waren, den Kutscher des Fürsten So und So oder den Koch eines bekannten Generals in Dienst zu haben. Wer irgendein Handwerk verstand, erhielt in den Städten Beschäftigung [...]. Dagegen gingen die, welche kein Handwerk verstanden, schweren Zeiten entgegen. [...] Für viele Herren bedeutete die Freilassung der Leibeigenen ein ausgezeichnetes Geldgeschäft. So wurde Land, das mein Vater in Voraussicht der Emanzipation stückweise zu elf Rubel den Acker verkaufte, jetzt bei den Bauernlosen zu vierzig Rubel gerechnet, also dreieinhalbmal höher als der Marktpreis betrug, und das war in der ganzen Nachbarschaft die Regel, während auf meines Vaters Gute Tambov in den Steppen der „Mir", d. h. die Dorfgemeinde, sein ganzes Land auf zwölf Jahre pachtete und das zu einem Preis, der doppelt so hoch war als das Einkommen, das er daraus bei Bestellung des Landes mit leibeigener Arbeit gezogen hatte.

Petr A. Kropotkin, Memoiren eines Revolutionärs, Frankfurt am Main 1973, S. 162ff. (übersetzt von Max Pannwitz)

1. Geben Sie die Folgen der Bauernbefreiung wieder.
2. Arbeiten Sie die neuen sozialen Probleme heraus.
3. Beurteilen Sie, ob die Bauernbefreiung ein Erfolg war oder nicht. | H

M6 Industrialisierung pro Kopf im Vergleich

	1860	1880	1900	1913
Großbritannien	64	87	[100]	115
USA	21	38	69	126
Frankreich	20	28	39	59
Deutsche Staaten/Deutsches Reich	15	25	52	85
Italienische Staaten/Italien	10	12	17	26
Österreich-Ungarn	11	15	23	32
Russisches Reich	8	10	15	20

Nach: Paul Kennedy, Aufstieg und Fall der großen Mächte. Ökonomischer Wandel und militärischer Konflikt von 1500 bis 2000, Frankfurt am Main 1989, S. 237 und 309

▶ Vergleichen Sie den Stand der Industrialisierung des Russischen Reiches mit demjenigen in anderen Staaten.

M7 Russland als schwarzer Oktopus

Die japanische Karikatur „A Humorous Diplomatic Atlas of Europe and Asia" mit einem Text von Kisaburo Ohara entsteht 1904 während des Russisch-Japanischen Krieges. Die letzten Textzeilen (links oben in der Karikatur) lauten: „The Japanese army is about to win a signal victory over Russia in Corea & Manchuria. And when ... St. Petersburg? Wait & see! The ugly Black Octopus! Hurrah! Hurrah! for Japan."

▶ Interpretieren Sie die Aussage der Karikatur. | H | F

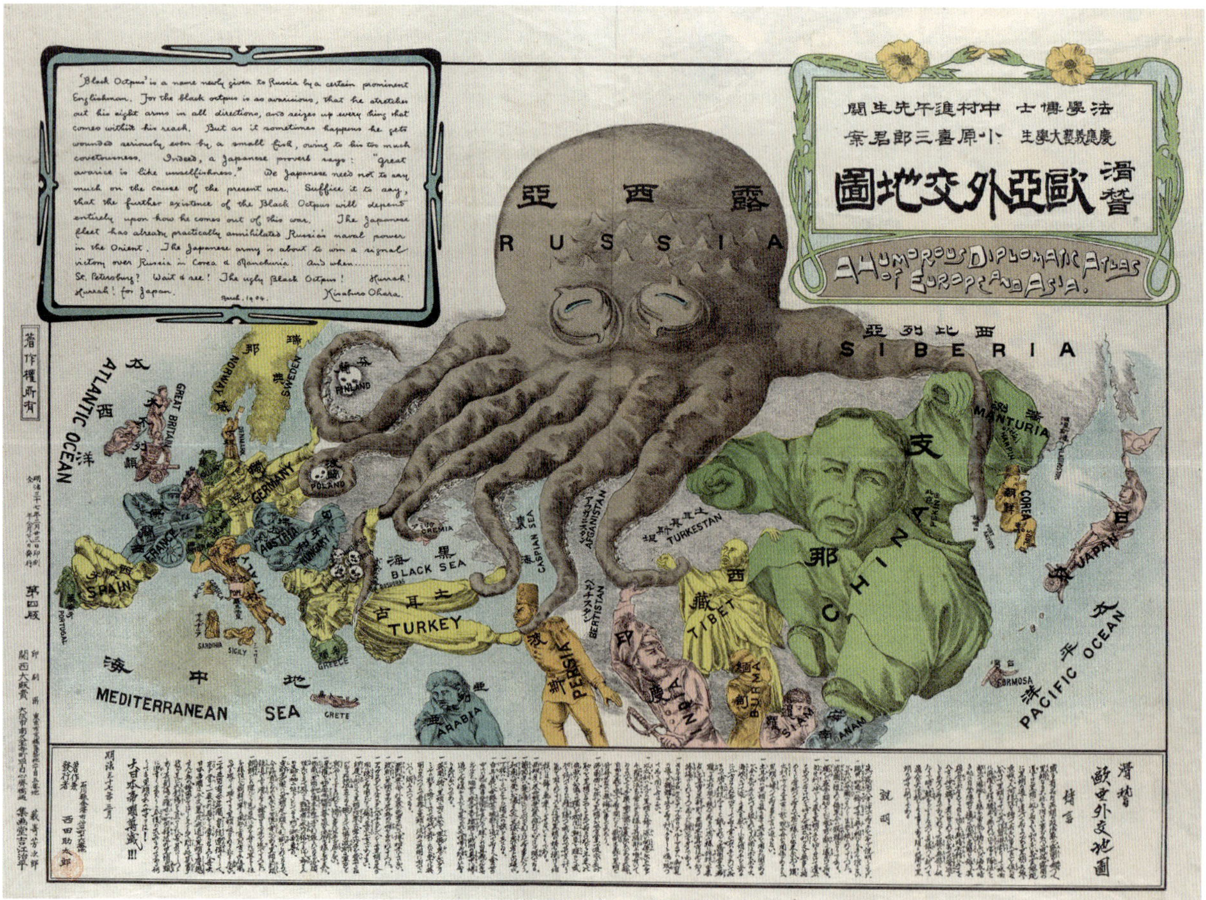

M8 Die Moral der russischen Flotte

Der Matrose Alexei Silytsch Nowikow-Priboi (1877–1944) nimmt an der Fahrt der russischen Ostseeflotte nach Ostasien während des Russisch-Japanischen Krieges von 1905 teil. Er steht als Oppositioneller unter Beobachtung und beschreibt die Stimmung an Bord der Kriegsschiffe:

Ich wusste, dass ich unter Beobachtung stand [...]. Das hinderte mich aber nicht, auszukundschaften, was die Mannschaft bewegte, und die Charaktere der Offiziere sowie die Organisation des Dienstes an Bord und später in unserem ganzen Geschwader zu studieren. Am meisten interessierten mich die Menschen. Viele Matrosen waren bereits Reservisten gewesen und nun wieder eingezogen worden. Diese älteren Leute waren den Dienst in der Kriegsmarine nicht mehr gewohnt, lebten in Erinnerungen an die Heimat, litten unter der Trennung von daheim, von den Kindern, der Frau. Der Krieg war wie ein furchtbares Unheil über sie gekommen. Nun bereiteten sie sich zu dieser beispiellosen Kriegsfahrt vor und führten ihre Arbeit wie Menschen aus, die den Galgen vor sich sehen. Unter der Mannschaft gab es aber auch viele Rekruten. Sie konnten einem leid tun. Alles und jedes sahen sie mit schreckerfüllten Augen an – sie waren völlig verschüchtert und fürchteten sich vor dem Meer, das sie zum ersten Mal sahen, noch mehr aber vor der ungewissen Zukunft. Selbst unter den aktiven Matrosen, die verschiedene Spezialschulen absolviert hatten, vermisste man die übliche Fröhlichkeit. Nur die vorbestraften Matrosen 2. Klasse verhielten sich mehr oder weniger munter. Das Küstenkommando hatte sich, um diese „schädlichen Elemente" loszuwerden, des einfachsten Mittels bedient – sie wurden auf die Schiffe abgeschoben, die in den Krieg zogen. Auf diese Weise bildeten sie, zum Entsetzen des Ersten Offiziers, auch bei uns über sieben Prozent der Mannschaft.
Von Zeit zu Zeit brach bei den Vorbestraften eine verzweifelt-vergnügte Stimmung durch: „Lasst die Nasen nicht hängen, Brüder, wir schaffen es schon" – „Vielleicht heiraten wir Japanerinnen!" – „Das Geschoss ist dumm, es macht keinen Unterschied zwischen einem Vorbestraften und den anderen. Es werden alle erledigt – und ganz ohne Totenmesse."

Alexei S. Nowikow-Priboi, Tsushima, ins Deutsche übertragen von Manfred von Busch, Berlin 1986, S. 32f.

1. Charakterisieren Sie anhand der Quelle die Stimmung auf den russischen Kriegsschiffen.
2. Beurteilen Sie, welche Folgen diese Moral der Truppen wahrscheinlich in einem wirklichen Gefecht gehabt haben dürfte.

Politische Opposition gegen den Zarismus

Die Auferstehungskirche in St. Petersburg.
Foto, Datierung unbekannt.
Im März 1881 kam Zar Alexander II. durch ein Attentat ums Leben. Der Anschlag in St. Petersburg führte zu einer Solidarisierung innerhalb der russischen Oberschichten. In allen russischen Regionen wurden große Geldsummen gesammelt, um damit an der Stelle des Attentates eine Kathedrale zu errichten. Die von 1883 bis 1912 erbaute Auferstehungskirche gilt als eine der prächtigsten Kirchenbauten, die es in der Hauptstadt gab und bis heute gibt.

Mir: russische Dorfgemeinde, die zuständig für die regelmäßige Umteilung des Bodens unter ihren Mitgliedern war

Eine revolutionäre Bewegung entsteht | Als in der zweiten Hälfte des 19. Jahrhunderts die engen Grenzen der Reformpolitik deutlich wurden und die Lebensverhältnisse sich kaum verbesserten, machten sich Angehörige der Intelligenzija[1] zu Sprechern der bäuerlichen Volksmehrheit. Die sogenannten *Westler* wiesen auf den offenkundigen Entwicklungsrückstand gegenüber dem Westen hin. Ihre Reformvorschläge orientierten sich dabei an den konstitutionellen Verhältnissen in Großbritannien oder den Vereinigten Staaten und an westlichen Philosophen. Dagegen forderten die *Slawophilen* eine Erneuerung Russlands durch Besinnung auf altslawische religiöse, kulturelle und soziale Traditionen. Beide Denkrichtungen überlagerten sich bald und führten zur Bildung verschiedener Gruppierungen. Eine politische Vereinsbildung war allerdings verboten. Die zahlreichen kleinen, oftmals konspirativen Organisationen arbeiteten deshalb zumeist im Untergrund oder im Exil.

Die Ende der 1860er-Jahre entstandene Gruppe der *Narodniki* („Volksfreunde", von „narod" Volk) und die sich daran anschließende Bewegung der *Volkstümler* verbanden slawophile Vorstellungen mit radikaler sozialer und politischer Kritik an den bestehenden Verhältnissen. Sie idealisierten die altrussische Umteilungsgemeinde (Mir) als Modell für den russischen Weg zum Sozialismus. Hauptsächlich Studenten aus begüterten Verhältnissen gingen in Bauernkleidung in die Dörfer, um den Bauern die Revolution zu predigen. Doch die Angesprochenen reagierten abweisend, vielfach verrieten sie die jungen Männer sogar an die Polizei, Hunderte Narodniki wurden verhaftet.

Nach diesem Misserfolg glaubte ein Flügel der Bewegung, nur durch politischen Terror einen Umsturz erzwingen zu können. 1881 gelang zwar ein Attentat auf Alexander II., doch die Massen blieben ruhig und trauerten um „ihren" Zaren. Die neue kaiserliche Regierung unter *Alexander III.* (1845–1894) reagierte mit verschärfter Zensur, Massenverhaftungen und harten Verbannungsstrafen. Darüber hinaus schränkte sie die gerade erst erlassenen Reformen wieder ein, begrenzte die Kompetenzen der Zemstva und verschärfte die Strafgesetze. Jede „private" Einmischung in politische Angelegenheiten wurde als Straftat geahndet.

Industriearbeiter – Bauern – Bürger: Woher kommt die Befreiung? | Ein anderer Teil der revolutionären Bewegung lehnte terroristische Anschläge ab. Einige führende Mitglieder gründeten 1883 im Schweizer Exil die Gruppe *Befreiung der Arbeit*, die mit *Karl Marx* (1818–1883)[2] in Kontakt stand. Diese Gruppe und von ihr beeinflusste kleine sozialdemokratische Organisationen sahen nicht bei den Bauern, sondern im städtischen Proletariat und der Industriearbeiterschaft die einzig mögliche revolutionäre Kraft. Nach dem Zusammenschluss zur *Russischen Sozialdemokratischen Arbeiterpartei* wurde 1898 das erste gemeinsame Programm veröffentlicht.

[1] Zur „Intelligenzija" siehe nochmals Seite 32.
[2] Zu Karl Marx siehe vor allem die Materialien auf Seite 12 und 18 sowie die biografischen Informationen auf Seite 267.

Auf dem eigentlichen Gründungskongress in Brüssel und London kam es 1903 – eher zufällig und noch vorläufig – zur Spaltung der Partei in *Menschewiki* („Minderheitler") und *Bolschewiki* („Mehrheitler"). Um 1912 führte der Streit um die richtige politische Strategie zur endgültigen Trennung. Die Menschewiki, die bis 1917 die Mehrheit der Theoretiker und Mitglieder der Sozialdemokratischen Partei stellten, hielten an der Lehre von Marx fest, wonach eine sozialistische Gesellschaftsordnung erst nach einer bürgerlich-demokratischen Revolution zu verwirklichen sei. Das liberale Bürgertum betrachteten die Menschewiki deshalb vorläufig als potentiellen Bündnispartner. Dagegen setzte die kleine Gruppe der Bolschewisten um Wladimir I. Lenin auf eine straff organisierte Kaderpartei von Berufsrevolutionären (→M1). Diese sollten eine sozialistische Revolution ohne Umwege herbeiführen.

Noch ausgehend von den agrarsozialistischen Ideen der „Volkstümler" organisierte sich 1901/02 im Untergrund die *Sozialrevolutionäre Partei*. Ihr Ziel war eine Revolution aller Unterdrückten in Stadt und Land (also nicht nur des städtischen Proletariats) und eine entschädigungslose Enteignung der Großgrundbesitzer. Die Größe ihrer Organisation und ihre blutigen Terrorakte machten die Sozialrevolutionäre zum gefährlichsten Gegner der Autokratie.

Ebenfalls um die Jahrhundertwende wuchs auch eine sozialliberale Opposition gegen die autokratische Regierung heran. Sie setzte sich zusammen aus Kreisen der Zemstva: reformwillige Adlige, Wirtschaftsbürger und Angehörige der Intelligenz. Der um 1904 gegründete *Bund der Befreiung* forderte eine Verfassunggebende Versammlung, Versammlungs-, Rede- und Pressefreiheit, den Achtstundentag, eine Rentenversorgung für die Arbeiter und mehr Land für die Bauern.

Wladimir Iljitsch Uljanow, gen. Lenin (1870–1924): Rechtsanwalt und sozialistischer Revolutionär, der während seines Exils in Westeuropa zwischen 1900 und 1917 eine eigene sozialistische Theorie entwickelte. Er gilt als Begründer der Sowjetunion (1922) und war ihr erster Regierungschef.

Die Revolution von 1905 | Zum unmittelbaren Auslöser für den Beginn der *Revolution von 1905* wurde der sogenannte „Blutsonntag" in St. Petersburg, der noch während des Krieges gegen Japan am 9. (22.) Januar stattfand. Eine große Menschenmenge unter der Führung eines Geistlichen demonstrierte friedlich und zog zum Winterpalast, um Zar Nikolaus II. eine *Petition* (Bittschrift) mit sozialen und politischen Forderungen zu überreichen (→M2). Ohne ersichtlichen Grund eröffneten Truppen des Zaren aber das Feuer und töteten mindestens 130 Menschen, über 1000 Personen wurden verletzt.

Unmittelbar nach dem „Blutsonntag" folgten zum Teil gewaltsame Streiks von Arbeitern, Bauernunruhen und auch Meutereien von Truppen, die sich weigerten, weiterhin auf Demonstrierende zu schießen. Im Februar wurde zudem der Bruder Alexanders III., *Sergej Alexandrowitsch Romanow* (1857–1905), bei einem Attentat ermordet. Auch vielen Industriellen ging das Vorgehen des Zaren zu weit. Zwar schlossen sie sich nicht der revolutionären Bewegung an, aber sie sahen die Ursachen für die Unruhen nicht bei der Agitation revolutionärer Personen. Sie machten vor allem die fehlende Sozialpolitik und die Fehler der staatlichen Bürokratie dafür verantwortlich. Sie plädierten dafür, den europäischen und amerikanischen Beispielen zu folgen und Rechtssicherheit herzustellen.

Nikolaus II. (1868–1918): Er regierte seit 1894 und war der letzte Zar des Russischen Reiches. 1918 wurde Nikolaus II. auf Befehl der Bolschewiki zusammen mit seiner Familie hingerichtet.

Für die Bolschewiki um Lenin kamen diese Ereignisse völlig überraschend, und sie waren in keiner Weise auf die neuen Entwicklungen vorbereitet. Sie lebten meistens im Exil und verfassten dort theoretische Schriften über eine Revolution. Deshalb gelang es ihnen nicht – anders als die sowjetische Propaganda es später dargestellt hat – einen wesentlichen Einfluss auf die revolutionäre Bewegung zu erringen. Ein großer Generalstreik der Arbeiterschaft begann am 4. Oktober in St. Petersburg und verbreitete sich schnell fast im ganzen Russischen Reich. Erst am 10. Oktober erklärten die Bolschewiki in Moskau ihre Unterstützung. In St. Petersburg warteten sie bis zum 12. Oktober. Dieser Generalstreik, der nicht geplant und von niemandem erwartet worden war, zwang die Regierung zu erheblichen Konzessionen (→M3).[1]

[1] Das „Oktobermanifest" des Zaren war eine der bekanntesten Konzessionen. Siehe dazu Seite 43.

„Panzerkreuzer Potemkin."
Filmplakat von 1925.
Die Uraufführung des Stummfilms von Sergei Eisenstein fand am 21. Dezember 1925 im Moskauer Bolschoi-Theater statt.

- ▶ Beschreiben Sie die Bildwirkung – welche Art von Film erwarten Sie?

Entscheidend für den Erfolg der Gegenrevolution war, dass der Zar und seine Offiziere langsam und unter erheblichen Schwierigkeiten die Kontrolle über die Armee zurückzugewinnen konnten. Dies bezog sich vor allem auf die Truppen, die im fernen Osten stationiert waren, und die schrittweise in die westlichen Aufstandsgebiete transportiert wurden. Wichtig war ferner, dass die Bürokratie des Landes größtenteils loyal gegenüber dem Zaren geblieben war. Damit standen dem Regime seit Mitte 1905 wieder die notwendigen Machtmittel zur Verfügung, um die Revolution zu unterdrücken. Allerdings hatte das Bild des gütigen, väterlichen Zaren, der sich unablässig um sein Volk kümmerte, deutliche Risse erhalten.

„Panzerkreuzer Potemkin" | Zum Symbol der revolutionären Bewegung wurde das Kriegsschiff „Knjas Potjomkin Tawritscheski" (dt. „Fürst Potjomkin von Taurien") im Schwarzen Meer. Im Juni 1905 war an Bord eine Meuterei unter der Besatzung ausgebrochen, und das Schiff hatte den Hafen von Odessa angelaufen, wo Massendemonstrationen gegen den Zaren stattfanden. Ohne ersichtlichen Grund eröffneten loyale zaristische Truppen das Feuer und töteten mehrere Menschen. Schiff und Besatzung flohen anschließend nach Rumänien. Diese Ereignisse wurden 1925 durch den Film *„Panzerkreuzer Potemkin"* des Regisseurs *Sergei Eisenstein* (1898–1948) einer breiten Öffentlichkeit in den Kinos weltweit bekannt gemacht (→M4). In der deutschen Version wurden allerdings einige besonders „aufrührerische" Szenen hinausgeschnitten, um offene Propaganda für den Bolschewismus zu verhindern.

Wachstum nationaler Bewegungen | Ebenso bedrohlich wie das Anwachsen einer teilweise militanten revolutionären Opposition war, dass nationale Bewegungen an der Peripherie des Zarenreiches erheblichen Zulauf erhielten. In den Grenzländern des Reiches wurde der Verlust der Autorität des Staates besonders sichtbar: in Polen, im Baltikum und in Westgeorgien (im Kaukasus). Die Proteste hatten deshalb einen etwas anderen Charakter als in den Metropolen des Russischen Reiches. In den polnischen und baltischen Gebieten gelang den Revolutionären teilweise sogar der Schritt zu Massenbewegungen.

Im *Kaukasus* und in der *Ukraine* war Nationalität wichtiger als die Klassenzugehörigkeit. Kiew war beispielsweise eine russische und jüdische Stadt, Tiflis eine russische und armenische. Die nationalistischen Bewegungen waren von Anfang an gewalttätig, und sie gewannen politisches Vertrauen in der breiten Bevölkerung der russischen Regionen. 1905 wird geschätzt, dass es mehr als 3000 Unruheherde gab, die überall im Russischen Reich auch die Bauern erfassten. Die Perspektive auf Unabhängigkeit wurde überhaupt erst in der Revolution von 1905 denkbar. Allerdings richteten sich die Unruhen auch zunehmend gegen Jüdinnen und Juden. Ab 1905 kam es gegen sie im ganzen Land zu gewaltsamen Ausschreitungen.

Im *Baltikum* unterschieden sich die sozialen und wirtschaftlichen Bedingungen erheblich von denen im russischen Kernland, weil Landbesitzer und Bauern zu unterschiedlichen Nationalitäten gehörten. Die Landbesitzer waren meistens deutscher Abstammung und wurden als *Baltendeutsche* (auch *Deutsch-Balten*) bezeichnet. Sie standen fast bedingungslos hinter der zaristischen Regierung und lehnten separatistische Bestrebungen strikt ab. Die meisten wussten, dass sie mit den Russen kooperieren mussten, um selbst an der Macht zu bleiben.

Ab dem März wurde die Bauernbewegung im Baltikum zunehmend aktiv, und der Generalstreik vom Oktober 1905 breitete sich auch hier schnell aus. Am 21. Oktober, dem letzten Tag des Generalstreiks, feuerten in Wilna russische Truppen auf Demonstrierende, töteten sieben von ihnen und verletzten 50; schon zuvor hatte es Tote gegeben. In Reval (Tallinn) verlief der Generalstreik in einer ähnlichen Form. Übergriffe auf Landgüter der Deutschen häuften sich: Die Anwesen wurden geplündert oder niedergebrannt. Da Ende 1905 aber die Feindseligkeiten mit Japan endeten, konnte die russische Armee den deutschen Baronen zu Hilfe kommen. Sie ging mit äußerster Härte vor und erhielt von den Deutschen auch Listen mit Proskriptionen. Diese Personen wurden ohne Prozess hingerichtet. Zwischen Dezember 1905 und Mai 1909 wurden schätzungsweise etwa 700 Personen in Lettland und Estland zum Tode verurteilt, über 8000 wurden ins Exil nach Sibirien deportiert.

Listen mit Proskriptionen: Listen mit Namen von politischen Gegnern, die verfolgt werden sollen

Der Sonderfall Finnland | In *Finnland* schwelte schon vor der Revolution von 1905 ein ständiger Konflikt zwischen den russischen revolutionären Parteien, die das Russischen Reich erhalten wollten, und finnischen Partikularisten, die nach Unabhängigkeit oder zumindest nach größerer Autonomie strebten. Zwischen 1899 und 1905 bestand eine unterdrückerische russische Integrationspolitik, die 1905 fast völlig aufgegeben wurde. Einige Extremisten träumten von einem unabhängigen Groß-Finnland, aber sie waren deutlich in der Minderheit. Vorherrschend waren in einer ersten Phase legalistisch-konstitutionelle Vorstellungen. In einer zweiten Phase dominierten sozialistische Ideen. Allerdings waren diese Bewegungen stark zersplittert und fragmentiert. Bis dahin waren politische Morde in Finnland sehr selten gewesen. Dies änderte sich zwischen 1904 und 1908. Auch fanden 1905 Massendemonstrationen statt. Die Sozialdemokraten und die Aktivisten sahen den großen Streik vom Oktober/November 1905 als eine Revolution, vergleichbar der Französischen von 1789. In einem Manifest gewährte Nikolaus II. schließlich am 4. November (*Novembermanifest*) weitgehende Rechte, und die Sozialdemokraten beendeten den Generalstreik in Finnland. Der Zar wollte wenigstens in diesem kleinen Teil seines Herrschaftsgebietes Ruhe haben.

Reformen und Verfassung | Es war unübersehbar: Innenpolitische Reformen im Russischen Reich waren nicht mehr zu vermeiden. Ministerpräsident Sergei J. Witte legte in einer berühmten Denkschrift dem Zaren eine pessimistische Sicht auf die Lage dar und mahnte solche Reformen an (➔M5 und M6). Erste geringe Zugeständnisse des Zaren wurden als unzureichend empfunden und heizten die revolutionäre Stimmung eher noch weiter an. Immerhin versprach er in seinem *Oktobermanifest* bürgerliche Grundrechte und Wahlen zu einem Parlament, der *Duma* (➔M7). Die Wahlrechte zur ersten Duma waren aber stark eingeschränkt. Nicht wählen durften Frauen, Studenten, Arbeiter aus kleinen Betrieben, Soldaten und landlose Bauern. Zusätzlich wurden die Stimmen ungleich gewichtet, weil zunächst Wahlmänner in einem indirekten Verfahren bestimmt wurden. Die Stimme eines Großgrundbesitzers zählte ungefähr so viel wie die Stimmen von 3,5 Stadtbewohnern, 15 Bauern oder 45 Arbeitern. Außerdem oktroyierte Nikolaus II. am 23. April/6. Mai 1906 eine *Verfassung*, die seine Machtfülle kaum einschränkte. Er besaß die „Oberste Selbstherrschende Gewalt", ein Vetorecht gegenüber jedem Gesetz der Duma, er konnte die Duma jederzeit auflösen und entschied allein über Krieg und Frieden.

Sergei Juljewitsch Witte (1849–1915): Er machte als Unternehmer und Staatsmann Karriere und setzte zahlreiche erfolgreiche ökonomische Reformen gegen erhebliche Widerstände durch. Der Entwurf für das Oktobermanifest des Zaren stammte von ihm, und noch 1914 versuchte er vergeblich, den Krieg mit Deutschland zu verhindern.

Bis 1907 wurden selbst diese geringen Reformen schrittweise wieder zurückgenommen. Im Juni wurde die zweite Duma wieder aufgelöst. Ein neues willkürliches

Pjotr Arkadjewitsch Stolypin (1862–1911): Er stammte aus einer adligen Familie und wurde nach einer steilen Karriere im Staatsdienst im Juli 1906 Ministerpräsident. 1911 kam Stolypin bei einem Attentat ums Leben.

Wahlrecht sicherte den Konservativen eine stabile Mehrheit im Parlament. Diese Vorgehensweise stellte faktisch einen Staatsstreich von oben dar. Entscheidend war, dass es dem Zaren gelang, die vollständige Kontrolle über das Militär zurückzugewinnen. Hinter einer parlamentarischen Fassade wurden die alten Verhältnisse weitgehend wiederhergestellt: Alle Gesetze, die die Duma beschloss, waren an die Zustimmung des Staatsrates gebunden, in dem die Konservativen dominierten. Im Oberhaus des Parlaments, das vollständig vom Adel beherrscht wurde, verfügte der Zar zudem über ein absolutes Vetorecht.

Ein neuer Ministerpräsident | Im Juli 1906 wurde Pjotr A. Stolypin vom Zaren zum Ministerpräsidenten ernannt. Der 1862 in Dresden geborene Stolypin galt als vorbehaltloser Verfechter der zaristischen Selbstherrschaft. Er verstand aber ähnlich wie Witte, dass dringender Handlungsbedarf bestand. Stolypin initiierte daher ein zweigleisiges Programm. Auf der einen Seite wurden Revolutionäre, Aktivisten der Arbeiterbewegung und potentielle Aufständische verfolgt, verhaftet und die Bewegungen unterdrückt. Geschätzt wird, dass Standgerichte deutlich über 5000 Todesurteile aussprachen. Auf der anderen Seite begann Stolypin ein umfassendes Wirtschaftsprogramm, das auf zwei Jahrzehnte angelegt war. Durch die Förderung der Industrie sollte Russland die Lücke zu Westeuropa verkleinern. Eine erneute *Agrarreform* zielte darauf ab, endlich eine umfangreiche und unabhängige Schicht von selbstbewussten Bauern

Attentat auf den Ministerpräsidenten.
Foto von 1906.
Den Anschlag auf sein Sommerhaus in St. Petersburg überlebte Stolypin zwar, doch gab es mehrere Tote zu beklagen und seine vierzehnjährige Tochter Natalja wurde schwer verletzt.

zu schaffen, die wirklich von den Erträgen ihres Bodens leben konnten. Ziel war die Errichtung eines bäuerlichen Mittelstandes, der als Rückhalt für den Staat dienen sollte. Im großen Stil wurde ferner ein Programm zur Gewinnung von Neuland in Sibirien angegangen. Geschätzt wird, dass fast drei Millionen Bauern nach Sibirien geschickt wurden, wo sie sich als freie Männer auf eigenem Grund und Boden niederließen.

Stolypins Ideen stießen aber auf den Widerstand des Adels, und auch Zar, Regierung und Parlament gewährten ihm die notwendige Rückendeckung nur halbherzig. Da sich ferner herausstellte, dass diese Reformen mit den vorhandenen finanziellen Mitteln kaum zu verwirklichen waren, blieben sie letztlich ohne große Folgen. Zwar kam es nach 1910 zu einem bemerkenswerten ökonomischen Aufschwung, doch erwies sich dieser mittelfristig als trügerisch. Ab 1910 brachen erneut Streikwellen aus. Die Unzufriedenheit vieler Arbeiter mit den ökonomischen und sozialen Verhältnissen hielt an. 1911 musste Stolypin zurücktreten, kurz danach wurde er von einem Sozialrevolutionär ermordet, nachdem er zuvor bereits mehrere Attentatsversuche überlebt hatte.

Rasputin: Symbol für die Schwächen des Zarismus | Nach der Jahrhundertwende stieg *Grigori J. Rasputin* (1869–1916) zu einer wichtigen Persönlichkeit am Zarenhof auf. Der sibirische Wanderprediger, der eigentlich ein wenig gebildeter Bauer war, hatte sich einen zweifelhaften Ruf als Wunderheiler erworben. Da Zarewitsch (Zarensohn) *Alexei* (1904–1918) schon als kleines Kind an einer schweren Bluterkrankheit litt, ließ seine Mutter, die Zarin *Alexandra* (1872–1918), Rasputin rufen und es scheint ihm tatsächlich gelungen zu sein, dem Jungen Erleichterung zu verschaffen. Mit Bauernschläue und einiger Skrupellosigkeit baute er sich daraufhin am Hofe eine fast unangreifbare Stellung auf, wobei er sich zunutze machte, dass die Zarin für mystische Stimmungen empfänglich war. Schon bald stieß sein Aufstieg aber auch auf Misstrauen und Widerstand. Teile des traditions- und standesbewussten Hofadels waren bald nicht mehr bereit, ihm diesen erheblichen Einfluss zuzugestehen. Rasputin mischte sich zunehmend in politische, im Ersten Weltkrieg auch in militärische Fragen ein. Viele Details seines Lebens lassen sich heute nicht mehr überprüfen. Gerüchte über angebliche sexuelle Ausschweifungen waren wohl unbegründet und sind wahrscheinlich von seinen Gegnern in die Welt gesetzt worden. Während des Ersten Weltkrieges wurde der zunehmend verhasste Rasputin 1916 von patriotischen russischen Offizieren ermordet.

Noch zu seinen Lebzeiten wurde Rasputin für viele Adlige und Gebildete zum Symbol für die Unfähigkeit und Schwäche des Zarismus. Statt schmerzhafte, aber notwendige Entscheidungen zu treffen, schien sich der Zarenhof mit den irrationalen und wirren Ideen eines Hochstaplers zu befassen. Auch der politische Einfluss der ehrgeizigen, aber wenig kenntnisreichen Zarin stieß auf Widerstand.

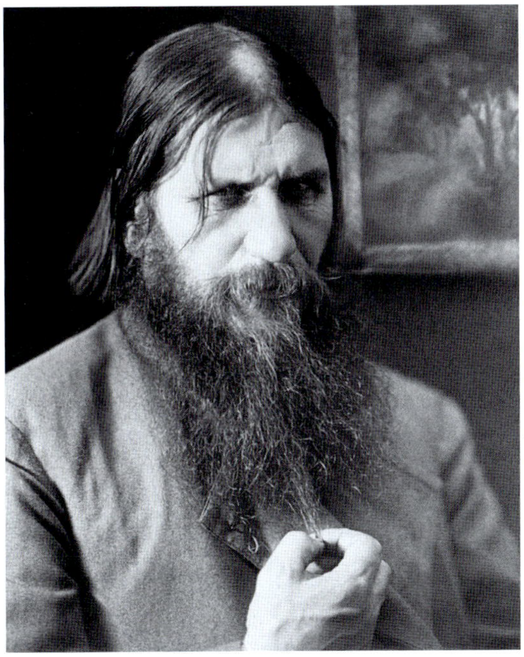

Grigori Jefimowitsch Rasputin.
Foto um 1916.

M1 Der neuartige Typus des „Berufs-revolutionärs"

Die programmatische Schrift „Was tun?" verfasst Wladimir I. Lenin bereits in den Jahren 1901/02 in seinem Exil in München. Die Grundsätze der Abhandlung prägen später den Aufbau der bolschewistischen Partei in Russland und der kommunistischen Parteien aller Länder. In der Schrift heißt es u.a.:

Wir haben gesagt, dass die Arbeiter ein sozialdemokratisches Bewusstsein *gar nicht haben konnten*. Dieses konnte ihnen nur von außen gebracht werden. Die Geschichte aller Länder zeugt davon, dass die Arbeiterklasse ausschließlich aus eigener Kraft nur ein trade-unionistisches[1] Bewusstsein hervorzubringen vermag, d.h. die Überzeugung von der Notwendigkeit, sich in Verbänden zusammenzuschließen, einen Kampf gegen die Unternehmer zu führen, der Regierung diese oder jene für die Arbeiter notwendigen Gesetze abzutrotzen u.a.m. [...]
Der politische Kampf der Sozialdemokratie[2] ist viel umfassender und komplizierter als der ökonomische Kampf der Arbeiter gegen die Unternehmer und die Regierung. Genauso (und infolgedessen) muss die Organisation der revolutionären sozialdemokratischen Partei unvermeidlich *anderer Art* sein als die Organisation der Arbeiter für diesen Kampf. Die Organisation der Arbeiter muss erstens eine gewerkschaftliche sein; zweitens muss sie möglichst umfassend sein; drittens muss sie möglichst wenig konspirativ sein (ich spreche natürlich hier und weiter unten nur vom autokratischen Russland). Die Organisation der Revolutionäre dagegen muss vor allem und hauptsächlich Leute erfassen, deren Beruf die revolutionäre Tätigkeit ist (darum spreche ich auch von der Organisation der *Revolutionäre*, wobei ich die revolutionären Sozialdemokraten im Auge habe). Hinter dieses allgemeine Merkmal der Mitglieder einer solchen Organisation *muss jeder Unterschied zwischen Arbeitern und Intellektuellen*, von den beruflichen Unterschieden der einen wie der anderen ganz zu schweigen, *völlig zurücktreten*. Diese Organisation muss notwendigerweise nicht sehr umfassend und möglichst konspirativ sein. [...]
Die Konzentrierung aller konspirativen Funktionen in den Händen einer möglichst geringen Zahl von Berufsrevolutionären bedeutet keineswegs, dass die Berufsrevolutionäre „für alle denken werden", dass die Menge keinen tätigen Anteil an der Bewegung nehmen wird. Im Gegenteil, die Menge wird diese Berufsrevolutionäre in immer größerer Anzahl hervorbringen, denn die Menge wird dann wissen, dass es nicht genügt, wenn sich ein paar Studenten und Arbeiter, die einen ökonomischen Kampf führen, zusammentun, um ein „Komitee" zu bilden, sondern dass es notwendig ist, sich durch jahrelange Arbeit zu einem Berufsrevolutionär auszubilden.

W. I. Lenin, Ausgewählte Werke, Band I, Berlin [7]1970, S. 166f., 241 und 253

1. Geben Sie wieder, was Lenin unter „Berufsrevolutionär" versteht. | H

2. Arbeiten Sie heraus, wie Lenin die Rolle der Sozialdemokratie einschätzt. | H

3. Lenin geht es offensichtlich nicht um die Mehrheit in einer demokratischen Wahl. Erklären Sie, von welchen Voraussetzungen seine Argumentation ausgeht. | H

M2 Aus der Petition der Petersburger Arbeiter

Folgende Bittschrift, die von etwa 135 000 Arbeiterinnen und Arbeitern unterschrieben worden ist, soll am 9. (22.) Januar 1905 dem Zaren überreicht werden:

Herrscher!
Wir, die Arbeiter der Stadt Petersburg, unsere Frauen, Kinder und hilflosen greisen Eltern sind zu Dir, Herrscher, gekommen, Wahrheit und Schutz zu suchen. [...]
Wir haben geduldig alles ertragen, aber wir werden immer tiefer und tiefer in den Abgrund des Elends, der Rechtlosigkeit und Unwissenheit gestoßen; uns würgen Despotismus[3] und Willkür, und wir ersticken. Wir haben keine Kraft mehr, Herrscher. Die Geduld hat ihre Grenze erreicht. Für uns ist jener furchtbare Augenblick eingetreten, wo der Tod besser ist als die Fortsetzung der unerträglichen Leiden.
Und nun haben wir die Arbeit niedergelegt und unseren Unternehmern erklärt, dass wir nicht eher die Arbeit wieder aufnehmen werden, bis sie unsere Forderungen erfüllt haben. Wir haben nicht viel verlangt. Wir wollen etwas, ohne das das Leben kein Leben, sondern ein Zuchthaus, eine ewige Qual ist.
Unsere erste Bitte war, dass die Unternehmer zusammen mit uns unsere Nöte besprechen, aber auch das – das Recht, über unsere Nöte zu sprechen – wurde abgelehnt, weil sie fanden, dass das Gesetz uns ein solches Recht nicht zuerkennt. Als ungesetzlich erwiesen sich auch unsere Bitten, die Zahl der täglichen Arbeitsstunden auf acht zu verkürzen und die Preisfestsetzung für unsere Arbeit zusammen und im Einvernehmen mit uns vorzunehmen, unsere Missverständnisse mit der unteren Administration des Betriebes zu prüfen, den ungelernten Arbeitern und den Frauen ihren Arbeitslohn auf einen Rubel täglich zu erhöhen, die Überstunden abzuschaffen, uns sorgsam und ohne Beleidigung

[1] Trade unions hießen die Gewerkschaften in England.
[2] Im Jahr 1902 umfasste der Begriff „Sozialdemokratie" noch die gesamte marxistische Bewegung.

[3] **Despotismus**: Gewaltherrschaft, uneingeschränkte Herrschergewalt

zu heilen, die Werkstätten so einzurichten, dass man in ihnen arbeiten kann und nicht, dass man dort den Tod findet infolge von schrecklichen Zugwinden, von Regen und Schnee.

[...] Herrscher, wir sind hier mehr als 300 000, und sie alle sind nur dem Aussehen nach, nur ihrem Äußeren nach Menschen, in Wirklichkeit erkennt man uns kein menschliches Recht zu, wir dürfen nicht einmal sprechen, denken, uns versammeln, unsere Nöte besprechen, Maßnahmen zur Verbesserung unserer Lage ergreifen.

Jeden von uns, der es wagt, seine Stimme für die Verteidigung der Interessen der Arbeiterklasse zu erheben, wirft man ins Gefängnis, schickt man in die Verbannung [...]. Herrscher, steht das im Einklang mit den göttlichen Gesetzen, durch deren Gnade Du herrschest? [...]

Bist Du doch zum Glück für das Volk bestellt, dieses Glück aber reißen uns die Beamten aus den Händen, es gelangt nicht zu uns, wir bekommen nur Leid und Demütigungen. [...] Russland ist viel zu groß, seine Nöte sind viel zu mannigfach und zahlreich, als dass die Beamten allein es verwalten könnten. Es ist notwendig, dass das Volk selbst sich helfe – kennt es doch allein seine Nöte. Stoße seine Hilfe nicht von Dir: Nimm sie an, befiehl sofort, gleich, die Vertreter aller Klassen und Stände der russischen Erde einzuberufen. Mögen da der Kapitalist und der Arbeiter und der Geistliche und der Doktor und der Lehrer vertreten sein; mögen alle, wer sie auch seien, ihre Vertreter wählen, möge jeder im Rechte, zu wählen, gleich und frei sein, – und zu diesem Zwecke sollst Du befehlen, dass die Wahlen zur konstituierenden Versammlung unter der Bedingung der allgemeinen, geheimen und gleichen Stimmabgabe stattfinden. Das ist unsere Hauptbitte [...].

Aber eine einzige Maßnahme ist dennoch nicht imstande, alle unsere Wunden zu heilen; notwendig sind auch noch andere Maßnahmen, und wir sprechen zu Dir, Herrscher, darüber fest und offen, wie zu einem Vater. Notwendig sind:

I. Maßnahmen gegen die Unwissenheit und Rechtlosigkeit des russischen Volkes:

1. Freiheit und Unantastbarkeit der Person, Redefreiheit-, Presse- und Versammlungsfreiheit, Gewissensfreiheit in Angelegenheiten der Religion.
2. Allgemeine und obligatorische Volksbildung auf Kosten des Staates.
3. Verantwortlichkeit der Minister vor dem Volke und Garantien der Gesetzlichkeit der Verwaltung.
4. Gleichheit aller ohne Ausnahme vor dem Gesetz.
5. Sofortige Rückkehr aller, die für ihre Überzeugungen gelitten haben.

II. Maßnahmen gegen die Armut des Volkes:

1. Abschaffung der indirekten Steuern und ihre Ersetzung durch eine direkte progressive Einkommensteuer.
2. Abschaffung der Ablösungszahlen; billiger Kredit und allmähliche Übergabe des Grund und Bodens an das Volk.

III. Maßnahmen gegen den Druck des Kapitals über die Arbeit:

1. Schutz der Arbeit durch das Gesetz.
2. Freiheit der konsum- und produktivgenossenschaftlichen gewerkschaftlichen Verbände.
3. Achtstündiger Arbeitstag und Regelung der Überstunden.
4. Freiheit des Kampfes zwischen Arbeit und Kapital.
5. Mitwirkung der Arbeiter an der Ausarbeitung eines Gesetzentwurfes über die staatliche Versicherung der Arbeiter.
6. Mindestarbeitslohn.

Dies, Herrscher, sind unsere Hauptnöte, mit denen wir zu Dir gekommen sind. Befiehl und schwöre, sie zu erfüllen, und Du wirst Russland glücklich und ruhmreich machen [...]; befiehlst Du es aber nicht, so wollen wir hier auf diesem Platz vor Deinem Palais sterben. [...] Wir haben nur zwei Wege: entweder zur Freiheit und zum Glück oder in das Grab. Zeige, Herrscher, einen dieser Wege – wir werden ihn ohne Murren beschreiten, und sei es auch der Weg des Todes.

Zitiert nach: Wladimir I. Lenin, Sämtliche Werke. Einzige vom Lenin-Institut in Moskau autorisierte Ausgabe, Band VII, Wien/Berlin 1929, S. 557 ff.

1. Fassen Sie zusammen, welches Bild der Gesellschaft Russlands um 1905 in der Petition gezeichnet wird.
2. Analysieren Sie die Haltung der Bittsteller gegenüber dem Zaren. | H
3. Erläutern Sie, warum die Petition, die von Arbeitern stammt, auch Forderungen zugunsten der Landbevölkerung enthielt.
4. Erläutern Sie, weshalb die hier formulierten Bitten an die Unternehmer und den Zaren auf Ablehnung stießen.

M3 „Quittung für die Versäumnisse"

Der Historiker Günther Stökl (1916–1998) ordnet die Ereignisse von 1905 in einen größeren Zusammenhang ein:

In Wirklichkeit verlor die Regierung mit dem 9. Januar 1905 die Kontrolle über eine nun sich spontan ausbreitende und in mehreren großen Wellen an- und abschwellende revolutionäre Bewegung. Diese entbehrte durchaus einer einheitlichen Führung; sie war vielmehr elementarer Ausdruck einer nahezu alle Gruppen der Bevölkerung ergreifenden gerechten Empörung, die Quittung für die Versäumnisse und Verantwortungslosigkeiten von Jahrzehnten. Die Streikbewegung der Arbeiter erreichte ihren Höhepunkt im Oktober, als ein Eisenbahnerstreik Wochen hindurch das Verkehrssystem lahmlegte und sich stellenweise zu einem erfolgreichen Generalstreik ausweitete. Nach einigen Vorläufern in der Provinz bildete sich im

Oktober auch in Petersburg als Zusammenschluss von Streikkomitees ein „Rat“ (Sowjet) von Arbeiterdeputierten. Das Beispiel fand in Moskau und anderen Städten Nachahmung, und sehr rasch entwickelten sich die Sowjets aus Organen der „proletarischen Selbstverwaltung“ zu Zentralen des politischen revolutionären Kampfes. Die Verfolgung gewerkschaftlicher Ziele und die Propaganda des bewaffneten Aufstandes liefen nebeneinander her und gingen ineinander über. Ein ernsthafter Versuch, den revolutionären Kampf als gewaltsame Aktion der Massen zu führen, wurde jedoch nur in Moskau unternommen (8./21 Dezember 1905 bis 20. Dezember 1905/2. Januar 1906); er scheiterte zu einem Zeitpunkt, da der Petersburger Sowjet bereits aufgelöst war und dessen führende Mitglieder – unter anderem der Vizepräsident [Trotzki[1]] – schon hinter Schloss und Riegel saßen, an der Unzulänglichkeit der Organisation und an dem Einsatz der aus Petersburg herbeigeholten Elitetruppen. Erfolgreicher waren die allenthalben gebildeten Gewerkschaften, die im Februar 1906 ihren ersten allrussischen Kongress abhalten konnten und denen es gelang, eine halblegale Restexistenz auch durch die folgenden Jahre der Reaktion hindurchzuretten. Das Nebeneinander und Gegeneinander gewerkschaftlicher und politischer Zielsetzungen spiegelte in gewissem Maße den Unterschied zwischen menschewistischer und bolschewistischer Taktik wider. Die Sozialrevolutionäre[2] [...] neigten in der revolutionären Situation der Jahre 1905/06 mehr der bolschewistischen Auffassung zu, die unmittelbare revolutionäre Machtergreifung anzustreben. Ihre Agitation hatte aber weit mehr unter den Bauern als unter dem Industrieproletariat Erfolg.

Günther Stökl, Russische Geschichte, Stuttgart 1997, S. 596f.

1. Fassen Sie die wesentlichen Punkte von Stökls Argumentation zusammen. | H
2. Erklären Sie den Gegensatz zwischen der menschewistischen und der bolschewistischen Taktik. | H
3. Seit dem Januar 1905 verlor die Regierung laut Stökl die Kontrolle über die revolutionäre Bewegung. Erläutern Sie die Folgen. | H

M4 Der Film „Panzerkreuzer Potemkin“ (1925)

a) Standbild 1: Die Soldaten auf dem „Panzerkreuzer Potemkin“ sollen Fleisch verzehren, das voller Maden ist. Da sie sich weigern, das zu tun, müssen sie vor dem Kapitän antreten. Dieser wertet es als Meuterei, dass sie das Fleisch immer noch nicht essen wollen, und lässt einige Matrosen erschießen.

[1] Über Leo D. Trotzki informiert Seite 56.

[2] Zu den „Sozialrevolutionären“ siehe nochmal Seite 41.

b) Standbild 2 und 3: Die toten Matrosen werden zur Hafentreppe in Odessa gebracht. In der Stadt sind gerade Arbeiteraufstände ausgebrochen. Soldaten des Zaren beginnen, auf Menschen zu schießen, die häufig mit den Aufständen nichts zu tun hatten.

1. Betrachten Sie die drei Standbilder genau und beschreiben Sie, was dargestellt ist. Gehen Sie dabei auf Personen, Handlungen sowie auf die Perspektive der jeweiligen Szenen ein. | F
2. Recherchieren Sie im Internet zur Situation in Odessa im Jahre 1905 und zur Aufgabe, die der „Panzerkreuzer Potemkin" im Schwarzen Meer auszuführen hatte.
3. Vergleichen Sie die drei Standbilder mit den tatsächlichen Vorkommnissen, die Sie recherchiert haben (Aufgabe 2).
4. Der Regisseur Sergej Eisenstein wollte nach eigener Aussage im Jahr 1925 einen Film drehen, der die Revolution unterstützt. Arbeiten Sie Hinweise heraus, wie Eisenstein dieses Ziel zu erreichen suchte.
5. Der Film war 1925 ein riesiger Erfolg – wie wirken die dargestellten Szenen heute auf Sie? Ändert sich durch den zeitlichen Abstand etwas in Ihrer Wahrnehmung?

M5 „Der historische Fortschritt ist unaufhaltsam"

Sergei J. Witte hat zwischen 1892 und 1906 verschiedene Ministerposten inne. Er prägt vor allem die Finanz- und Wirtschaftspolitik. In der berühmt gewordenen Oktober-Denkschrift von 1905 legt Witte dem Zaren eine Analyse der Ereignisse vor und wagt einen prophetischen Blick in die Zukunft:

Noch ist kein Jahr verstrichen, da das allgemeine Wahlrecht nur von den radikalsten Elementen der Gesellschaft gefordert wurde. Heute gibt es keinen Verband und keine Zeitung, die es nicht verlangen, es wird nicht einmal mehr darüber gestritten. Als selbstverständlich sind die politische Gleichberechtigung der Frau, die Nationalisierung des Grundbesitzes und eine soziale Neuordnung des Staates mit inbegriffen. Die Selbstständigkeit Polens und Finnlands, ja sogar Armeniens und Georgiens bildet nicht mehr das Endziel der Föderalisten. Es erheben sich Stimmen für eine Autonomie der Provinzen überhaupt, d. h. für die Umwandlung Russlands in einen Bundesstaat freier, über sich selbst bestimmender Völker. Wir leben in einer Zeit der extremsten Ideen. Man zerbricht sich nicht den Kopf, ob das gesetzte Ziel zu erreichen ist. Sogar die konstitutionelle Verfassung erfährt strenge Kritik. Sozialistische Tendenzen bedrohen die individuelle Freiheit, wirtschaftliche Probleme ersticken die rechtlichen. [...]

Der historische Fortschritt ist unaufhaltsam. Entweder wird die bürgerliche Freiheit durch Reformen verwirklicht oder durch eine Revolution. Im zweiten Fall aber wird diese Freiheit erst spät aus dem Aschenhaufen eines zerstörten tausendjährigen geschichtlichen Daseins erstehen. Die russische Revolution, sinnlos und erbarmungslos, wird alles wegfegen, alles in Trümmer schlagen. In welcher Form Russland aus dieser beispiellosen Prüfung hervorgehen wird – das übersteigt unser Darstellungsvermögen. Aber die Schrecken der russischen Revolution werden alles übertreffen, wovon die Geschichte berichtet. Es ist möglich, dass durch ausländische Einmischung das Reich in Stücke gerissen wird. Man wird versuchen, die Ideale des theoretischen Sozialismus zu verwirklichen; diese Versuche werden umsonst sein, aber dennoch von einschneidender Wirkung. Sie werden die Familie zerstören, das religiöse Leben vernichten, das Eigentum beseitigen und alle Rechtsgrundlagen untergraben.

Wladimir von Korostowetz, Graf Witte, der Steuermann in der Not, ins Deutsche übertragen von Heinz Stratz, Berlin 1929, S. 229 und 16

1. Fassen Sie die Hauptprobleme, die Witte beschreibt, zusammen. Worin sieht er die besonderen Gefahren?
2. Arbeiten Sie die Funktion dieser Denkschrift heraus.
3. Präsentation: Beenden Sie diese Denkschrift mit eigenen Worten. Beginnen Sie Ihren Text mit „Die Staatsgewalt ..."

M6 „St. Christophorus"

Die Zeichnung des Norwegers Olaf Gulbransson (1873–1958) stammt aus der deutschen Satirezeitschrift „Simplicissimus" vom 5. Dezember 1905. Die Bildunterschrift lautet: „Und da nahm Witte den kleinen Zaren und setzte ihn auf seine Schultern und versuchte es, ihn durch das Blutmeer zu tragen."

▶ Interpretieren Sie die dargestellte Szene. Beachten Sie dabei auch die Überschrift der Zeichnung. | H

M7 Das Oktobermanifest

Zar Nikolaus II. hält in seinem Manifest vom 17. (30.) Oktober 1905 fest:

Die Wirren und Aufregungen in den Hauptstädten und in vielen Gegenden Unseres Reiches erfüllen Unser Herz außerordentlich mit großem und schwerem Leid. Das Wohl des russischen Zaren ist untrennbar von dem Wohle des Volkes, und die Trauer des Volkes ist seine Trauer. Aus den jetzt entstandenen Erregungen kann eine tiefe Unordnung im Volke und eine Bedrohung der Einheit des Allrussischen Reiches hervorgehen.

Das große Gelübde des Zarenamtes gebietet Uns, mit allen Kräften des Verstandes und der Macht nach der schnellsten Beendigung dieser für das Reich so gefährlichen Wirrsal zu streben. Nachdem Wir den kompetenten Behörden befohlen haben, Maßnahmen zur Beseitigung direkter Erscheinungen der Unordnung, der Schlechtigkeiten und Gewalttätigkeiten zu ergreifen zum Schutze der friedlichen Leute, die der ruhigen Erfüllung der einem jeden obliegenden Pflicht nachstreben, haben Wir zur erfolgreichen Ausführung der allgemeinen, von Uns zur Befreiung des Staatslebens beabsichtigten Maßnahmen für notwendig erachtet, die Tätigkeit der obersten Regierung zu vereinheitlichen.

Der Regierung legen Wir als Pflicht die Erfüllung Unseres unerschütterlichen Willens auf:

1. der Bevölkerung unerschütterliche Grundlagen der bürgerlichen Freiheit nach den Grundsätzen wirklicher Unantastbarkeit der Person, der Freiheit des Gewissens, des Wortes, der Versammlungen und der Vereine zu geben;
2. ohne die angeordneten Wahlen zur Reichsduma aufzuhalten, jetzt zur Teilnahme an der Duma, soweit das bei der Kürze der bis zur Berufung der Duma bleibenden Zeit möglich ist, die Klassen der Bevölkerung heranzuziehen, die jetzt völlig des Wahlrechts beraubt sind, indem die weitere Entwicklung des Grundsatzes des allgemeinen Wahlrechts der neueingeführten gesetzgeberischen Ordnung anheimgestellt bleibt und
3. als unerschütterliche Regel festzustellen, dass kein Gesetz ohne Genehmigung der Reichsduma Geltung erhalten kann und dass den vom Volke Erwählten die Möglichkeit wirklicher Teilnahme an der Aufsicht über die Gesetzmäßigkeit der Akte der von Uns eingesetzten Behörden gesichert ist.

Wir rufen alle treuen Söhne Russlands auf, ihrer Pflicht gegen das Vaterland eingedenk zu sein, zur Beendigung der unerhörten Wirrsal zu helfen und mit Uns alle Kräfte zur Wiederherstellung der Ruhe und Ordnung des Friedens auf dem Heimatboden anzuspannen.

Peter Scheibert (Hrsg.), Die russischen politischen Parteien von 1905 bis 1917. Ein Dokumentationsband, Darmstadt 1972, S. 29f.

1. Gliedern Sie das Manifest in sinnvolle Abschnitte und versehen Sie diese mit passenden Obergriffen.

2. Arbeiten Sie die im Oktobermanifest erwähnten Reformvorhaben heraus.

3. Überprüfen Sie, ob das Manifest des Zaren ein ernsthafter Versuch der Reformierung des Reiches war. | H

Das Revolutionsjahr 1917

Der Weg in den Krieg | Südosteuropa war während des 19. Jahrhunderts im Zusammenhang mit dem allmählichen Machtverfall des Osmanischen Reiches zum Schauplatz zahlreicher Rivalitäten und Konflikte der europäischen Großmächte geworden. Nach der Niederlage im Krimkrieg verlor Russland 1856 seine Vormachtstellung auf dem Balkan. In den folgenden Jahrzehnten entwickelte sich diese Region zu einem dauerhaften Unruheherd. Die russische Außenpolitik strebte die Schaffung eines abhängigen „Großbulgariens" an. Diese Versuche stießen aber auf Widerstand Österreich-Ungarns, und die britische Flotte verstärkte ihre Aktivitäten im Mittelmeer. Um diese gefährliche Lage zu entspannen, berief der deutsche Reichskanzler *Otto von Bismarck* (1815–1898) im Jahre 1878 den *Berliner Kongress* ein und bot seine Vermittlung an. Der Kongress beschloss die Unabhängigkeit Montenegros, Serbiens und Rumäniens; Bulgarien wurde erheblich verkleinert. Damit waren alle weitergehenden russischen Pläne gescheitert, aber die Spannungen bestanden weiter. Nur mit großer Mühe konnten die Großmächte eine Eskalation der beiden *Balkankriege* (1912/13) auf Konferenzen in London verhindern.

Seit 1894 bestand zudem der *Zweibund*, ein Verteidigungsbündnis zwischen Frankreich und Russland. Deutsche Militärs nahmen deshalb an, dass ein europäischer Krieg auf jeden Fall auch ein Krieg gegen Russland sein würde. Die Krise eskalierte, als Mitglieder eines serbischen Geheimbundes in Sarajewo am 28. Juni 1914 ein Attentat auf den österreichisch-ungarischen Thronfolger, Erzherzog *Franz Ferdinand* (1863–1914), und seine Frau *Sophie* (1868–1914) verübten. Einen Monat später kam es vonseiten Österreich-Ungarns zur Kriegserklärung an Serbien. Als Reaktion auf den österreichisch-ungarischen Angriff mobilisierte Russland wiederum seine Truppen, um Serbien unterstützen zu können. Die deutsche Regierung empfand das als Bedrohung. Am 1. August 1914 erklärte sie Russland den Krieg. Zwei Tage später erfolgte die Kriegserklärung an Frankreich. Am 4. August trat Großbritannien in den Krieg ein. Die Mittelmächte (Deutsches Reich und Österreich-Ungarn, denen sich das Osmanische Reich und Bulgarien anschlossen) kämpften nun gegen die Alliierten (Frankreich, Großbritannien und Russland mit ihren Verbündeten).

Russland im Ersten Weltkrieg bis Anfang 1917 | Das Deutsche Reich legte den Schwerpunkt seiner militärischen Operationen zunächst auf die Westfront, doch trotz eines schnellen Vormarsches durch Belgien scheiterte der Angriff in Frankreich kurz vor Paris. Ein fast vierjähriger *Stellungskrieg* im Westen begann. Für viele deutsche Militärs war überraschend, dass die russische Armee anfangs einige bedeutende Erfolge erzielen konnte. Aber schon im Winter 1914/15 wendete sich das Blatt: In Ostpreußen erlitt die russische Armee eine vernichtende Niederlage in der *Schlacht bei Tannenberg.*[1] Bis Ende 1915 eroberten die Mittelmächte auch die besetzten österreichisch-ungarischen Gebiete in Galizien zurück. Der russische Teil von Polen und ein Teil des Baltikums wurden von den Mittelmächten besetzt.

Zwar versuchte die russische Armee in mehreren Offensiven die Initiative zurückzugewinnen, doch scheiterten die Angriffe nach einigen Anfangserfolgen stets mit hohen Verlusten. In der Bevölkerung wuchs der Unmut angesichts der zahlreichen Todesopfer, der kriegsbedingten Mehrarbeit und der angespannten Versorgungslage. Ende 1914 kam es zu ersten Streiks, die sich 1916 ausweiteten. Im Winter 1916/17 verschlechterten sich die Lebensbedingungen drastisch, als die Hungersnot in den ländlichen Gebieten nun auch die Städte erreichte. Vor allem Frauen wussten kaum noch, wie sie ihre Familien ernähren sollten. Beispielsweise gab es 1914 in ganz Russ-

Animierte Karten
Eine animierte Karte zum Thema „Ausbruch des Ersten Weltkrieges" können Sie unter dem Code **32037-55** abrufen.

[1] Zum Mythos „Tannenberg/Grunwald" siehe Seite 454ff. im Band.

Die Kriegslage im Ersten Weltkrieg bis 1916.

▶ Beschreiben Sie anhand der Karte den Kriegsverlauf im Osten.

land etwa 20000 Lokomotiven, eine Zahl, die eigentlich zu gering war. Bis 1917 war diese Zahl auf 9000 gesunken, sodass das gesamte Verteilungssystem von Lebensmitteln faktisch zusammengebrochen war. Hinzu kamen die vielen gefallenen Männer und die ständige Sorge um die Soldaten an der Front. Der Ruf nach einem baldigen Frieden wurde in wachsenden Teilen der Bevölkerung unüberhörbar. Die Regierung zog daraus aber keine politischen Konsequenzen.

Die Februarrevolution | Obwohl die schlechte Lage unübersehbar war, kam der Ausbruch der *Februarrevolution* am 23. Februar (8. März) doch überraschend. Niemand hatte mit einem derartigen Ereignis gerechnet (➔M1). Die Rebellion begann mit einer spontanen Demonstration hungernder Frauen in Petrograd (St. Petersburg) gegen die unzumutbare Ernährungslage. Obwohl die revolutionären Parteien nicht aktiv wurden, weitete sich die Bewegung zum Generalstreik aus. Erst jetzt versuchten die sozialistischen Parteien – neben den Sozialrevolutionären waren das die Menschewiki und Bolschewiki – das Geschehen zu lenken. Im ganzen Land wählten Fabrikarbeiter, Soldaten und Bauern revolutionäre Räte (*Sowjets*). Deren Gesamtvertretung übernahm ein *Exekutivkomitee der Sowjets* in Petrograd, in dem gemäßigte Menschewiki und Sozialrevolutionäre die Mehrheit stellten.

Unter dem Eindruck der Unruhen traten die Minister des Zaren am 27. Februar (12. März) geschlossen zurück. Gleichzeitig bildete die Duma aus Vertretern der bürgerlich-liberalen Opposition ein *Provisorisches Komitee zur Wiederherstellung der öffentlichen Ordnung*, das die vorläufige Regierungsgewalt ausübte.

Das Ende der Romanows | Während des gesamten Krieges hatten sich die charakterlichen Schwächen des Zaren überdeutlich gezeigt. Ihm fehlte die politische Weitsicht, und er war von seinem Gottesgnadentum fest überzeugt. Als autokratischer Herrscher wollte er möglichst viele Details selbst entscheiden, ohne aber auch über die notwendigen Kenntnisse zu verfügen. Obwohl er eine Reihe von fähigen Beratern und Ministern um sich gesammelt hatte, ließ er diesen kaum Spielraum eigenständig zu wirken bzw. ignorierte deren Ratschläge.

Der Zar befand sich im März 1917 nicht in Petrograd, sondern er war in das Hauptquartier der Armee gereist. Dort wurde er von allen Seiten bedrängt, sofort abzudanken: Dies sei die einzige Möglichkeit, die Monarchie als Staatsform zu retten. Am 2. (15.) März gab Nikolaus II. schließlich nach und erklärte seinen Rücktritt. Eigentlich hoffte er, dass sein Bruder, Großfürst *Michail Alexandrowitsch* (1878–1918), die Krone übernehmen würde, doch lehnte dieser ab. Damit endete die Herrschaft der Romanows nach 300 Jahren im Russischen Reich.

Georgi Jewgenjewitsch Lwow (1861–1925): erster demokratisch legitimierter Regierungschef in Russland, starb verarmt im Exil

Am Tag der Abdankung des Zaren trat eine *Provisorische Regierung* unter Fürst Georgi J. Lwow ihr Amt an. Diese stellte Nikolaus II. und seine Familie im Alexanderpalast bei Petrograd unter Hausarrest. Im Sommer wurden sie in den weit entfernten Ural gebracht. Ihre Lebensumstände änderten sich drastisch nach der späteren Machtübernahme der Bolschewiki. Die Zarenfamilie wurde in Jekaterinburg (Sverdlovsk) wie Gefangene festgesetzt. Als sich feindliche Truppen der Stadt näherten, wurde sie in der Nacht auf den 17. Juli 1918 erschossen. Im Jahre 2000 sprach die Russisch-Orthodoxe Kirche Nikolaus II. und seine Familie heilig, die wegen ihres Todes als Märtyrer galten.

Nikolaus II. und sein Sohn Alexei beim Schneeschaufeln im Schlosspark.
Foto vom Frühjahr 1917.
Die Zarenfamilie war vom März bis August 1917 im Alexanderpalast bei Petrograd unter Hausarrest gestellt.

Lenins Rückkehr nach Russland | Der Ausbruch der Februarrevolution versetzte die führenden Personen der Bolschewiki in Aufregung. Allerdings saßen die meisten von ihnen in der Schweiz fest und konnten wegen des Krieges nicht nach Russland zurückkehren. In dieser Situation ergab sich eine kurzfristige Übereinstimmung der Interessen mit der Führung des Deutschen Reiches. Diese wollte die chaotische Situation in Russland möglichst vergrößern und das Land vielleicht sogar zum Frieden zwingen. Deshalb gestanden sie zu, die Revolutionäre aus der Schweiz über das neutrale Schweden nach Finnland reisen zu lassen, damit sie von dort aus Aufstände organisieren konnten. Diese Situation war für Lenin und seine Mitstreiter riskant. Einerseits wollten sie schnellstmöglich nach Russland, um dort Einfluss auf die Ereignisse zu nehmen, und das deutsche Angebot schien die einzige Möglichkeit dazu zu bieten. Andererseits mussten sie sich mit dem Vorwurf auseinandersetzen, mit dem deutschen Feind zum Schaden Russlands zusammengearbeitet zu haben. Dieser Vorwurf wurde auch sofort erhoben und schadete ihnen anfangs (➔M2).

In geheimen Verhandlungen kamen die Bolschewiki mit den Deutschen überein, dass sie in einem verplombten Eisenbahnwagen durch das Deutsche Reich transportiert werden würden. Zunächst fuhr Lenin mit einigen Begleitern, später folgten mehrere hundert weitere Berufsrevolutionäre. Dies gab den revolutionären Ereignissen eine ganz neue und möglicherweise entscheidende Richtung (➔M3). Lenin wurde Anfang April nach seiner Ankunft in Petrograd ein triumphaler Empfang bereitet und er übernahm die Führung der bis dahin zerstrittenen Bolschewiki. Er erwies sich als wortgewandter und durchsetzungsfähiger Führer, der die noch kleine Partei auf Kurs brachte (➔M4 und M5).

Ankunft Lenins in Petrograd.
Foto vom 3. April 1917.
Die deutsche Reichsregierung hatte Wladimir I. Lenin die Rückkehr aus dem Exil in der Schweiz nach Russland ermöglicht. Nach einer achttägigen Zugreise erreichte er Petrograd.

Internettipp
Über den russischen Revolutionär Wladimir I. Lenin informiert der Code **32038-01**.

Die Zeit der „Doppelherrschaft" | Aus der Februarrevolution waren zwei Entscheidungszentren hervorgegangen: die neue Regierung und das Exekutivkomitee der Sowjets. In einer Art *„Doppelherrschaft"* teilten sie sich die Macht, da den Sowjets jegliche administrative Erfahrung fehlte, während die Provisorische Regierung auf das Komitee als Repräsentanz der revolutionären Massen angewiesen war.

Rasche Ergebnisse erzielten beide Institutionen bei der Inkraftsetzung politischer Freiheitsrechte, der Abschaffung entehrender Strafen sowie der Gleichberechtigung von nationalen Minderheiten und Juden. Uneinigkeit bestand in erster Linie über die Fortsetzung des Krieges. Zwar akzeptierte die Mehrheit der Sowjets die Fortführung eines Verteidigungskampfes, im Gegensatz zur Regierung strebte sie allerdings keinen „Siegfrieden" an.

Alexander Fjodorowitsch Kerenski (1881–1970): Rechtsanwalt, Mitglied der Partei der Sozialrevolutionäre, Abgeordneter in der Duma seit 1912 und Heeres- und Marineminister seit 1917. Nach der Oktoberrevolution floh er nach Frankreich und lebte später im Exil in den USA.

Leo Dawidowitsch Bronstein, gen. Trotzki (1879–1940): Sohn eines jüdischen Gutsbesitzers, nahm während seiner Untergrundtätigkeit für die sozialistische Bewegung den Namen Trotzki an. Er gehörte zum engsten Führungskreis um Lenin. Im Jahre 1929 floh er in die Türkei und wurde 1940 in Mexiko von einem sowjetischen Agenten ermordet.

Indem die neue Regierung weiter Soldaten einzog und sogar eine (erfolglose) Offensive einleitete, verhalf sie der kleinen Minderheit radikaler Kräfte zum Aufstieg. Die Bauern in der Armee wollten endlich nach Hause. Ihre Erbitterung wuchs zusätzlich, weil die Regierung trotz sozialrevolutionärer Minister die alte Forderung nach entschädigungsloser Enteignung der Großgrundbesitzer nicht in die Tat umsetzte. Ähnlich enttäuscht waren die städtischen Industriearbeiter, deren Empörung sich gegen die Regierung und gegen eine auf privates Eigentum gegründete Wirtschaftsordnung richtete.

Anfang Juli brachen in Petrograd bewaffnete Demonstrationen aus. Die bolschewistische Partei wurde vorübergehend verboten, ihre Führer verhaftet. Lenin gelang die Flucht nach Finnland. Trotzdem kehrte keine Ruhe ein, sodass Ende Juli gemäßigte Kräfte der Sozialrevolutionäre und Menschewiki unter dem bisherigen Kriegsminister **Alexander F. Kerenski** die Regierung übernahmen.

Ob es der Regierung Kerenski gelingen würde, eine stabile Ordnung zu etablieren, war anfangs noch offen. Allerdings waren ihre Erfolgsaussichten gering und ihre Macht reichte kaum über Petrograd hinaus. Die wenigen Erfolge wurden durch General *Lawr G. Kornilow* (1870–1918) zunichtegemacht. Er war Befehlshaber des Militärbezirkes von Petrograd, wurde aber Ende August abgesetzt und versuchte anschließend einen Putsch gegen die Regierung. Dieser blieb jedoch erfolglos, weil er keine Unterstützung in der Bevölkerung fand. Dadurch wurde aber auch deutlich, wie schwach die Position der Regierung war, die vor allem über keine zuverlässigen Truppen verfügte.

Die Oktoberrevolution | Der rasch zusammengebrochene Putsch unter General Kornilow trieb den Radikalen weitere Wählermassen zu. Bei den Petrograder Stadtratswahlen wurden die Bolschewiki mit 33,4 Prozent erstmals zweitstärkste Partei nach den Sozialrevolutionären, in Moskau erreichten sie mit einem Sprung von 11,5 Prozent auf 50,9 Prozent gar die absolute Mehrheit. Auch in den Sowjets änderten sich die Mehrheitsverhältnisse: In Petrograd übernahm **Leo D. Trotzki** den Vorsitz von einem Menschewik.

Der Kreuzer „Aurora“.
Foto von 2019, St. Petersburg.
Das russische Kriegsschiff ist zu einem Symbol für die Oktoberrevolution geworden. Am 25. Oktober (7. November) hatte es einen Schuss aus einer Bordkanone abgefeuert, der das Signal für den legendären „Sturm“ auf den Winterpalast gab. Heute ist der Kreuzer im inneren Hafen von St. Petersburg fest verankert und kann als Museum besichtigt werden.

„Sturm auf den Winterpalast."
Szenenfoto aus der gleichnamigen Theateraufführung vom November 1920.
Am Originalschauplatz wurde drei Jahre nach den Ereignissen die Einnahme des Palastes nachgespielt. Der dargestellte „Sturm" auf den Winterpalast, den Sitz der Provisorischen Regierung, ist nicht historisch. Der Winterpalast wurde zwar angegriffen, aber kaum verteidigt, sodass die Angreifer nahezu ungehindert eindrangen.

- Beschreiben Sie das Szenenfoto und erläutern Sie anschließend die (beabsichtigte) Wirkung. Berücksichtigen Sie dabei auch die Kameraperspektive.
- Entwickeln Sie eine These, warum gerade der Mythos vom „Sturm" auf den Winterpalast von den Bolschewiki gepflegt wurde. | H

Während die Führung der Bolschewiki auf die Mehrheit in einer allgemein gewählten *Konstituierenden Versammlung* warten wollte, setzte Lenin – der nach Petrograd zurückgekehrt war – gemeinsam mit Trotzki am 10. Oktober (23. Oktober) 1917 in seiner Partei die Planung eines bewaffneten Aufstandes durch. Trotzki ließ als Vorsitzender des Petrograder Sowjets ein *Revolutionäres Militärkomitee* bilden, das von den Bolschewiki kontrolliert wurde. Das Komitee erhob den Anspruch, alle Befehle gegenzuzeichnen, was die militärische Führung ablehnen musste. Daraufhin ernannte das Komitee eigenmächtig von ihm abhängige Offiziere und konnte nach diesem Handstreich über die Truppen der Hauptstadt verfügen. Mit deren Hilfe und der Unterstützung *Roter Garden* (bewaffnete Arbeitermilizen) ließ Trotzki am 25. Oktober (7. November) alle wichtigen Punkte der Hauptstadt besetzen und die Provisorische Regierung verhaften. Nur Kerenski konnte fliehen. Das System der Februarrevolution war ohne Gegenwehr zusammengebrochen.

Revolution oder Putsch? | Anders als die Februarrevolution, die völlig überraschend kam, wurde die Oktoberrevolution geplant und gut vorbereitet. Deshalb haben einige Historikerinnen und Historiker argumentiert, dass es sich nicht wirklich um eine Revolution gehandelt habe, sondern um einen militärischen Putsch. Jedoch ist beides richtig: Betrachtet man nur die zwei oder drei entscheidenden Tage im Oktober alleine, lässt sich durchaus von einem Putsch sprechen. Allerdings spielte sich dieser vor einer hochgradig revolutionären Situation ab, die sich über mehrere Monate entwickelt hatte. Es fehlte – sinnbildlich gesprochen – nur noch der berühmte Funke im Pulverfass, der im Oktober von den Bolschewiki gezündet wurde (→M6).

Machtergreifung der Bolschewiki | Aus Protest gegen das nächtliche Kommandounternehmen traten Menschewiki und rechte Sozialrevolutionäre aus dem *Allrussischen Rätekongress*, der Versammlung der Sowjets, am 25. Oktober (7. November) aus (➔M7). Eine sozialistische Koalition hatte damit keine Chance mehr. Bolschewiki und linke Sozialrevolutionäre bildeten die Mehrheit und erklärten die Übernahme der Regierungsgewalt (➔M8). Die neue Mehrheit verkündete bereits am folgenden Tag drei bedeutsame Dekrete:

1. Die Forderung nach einem sofortigen Frieden ohne Annexionen und Kontributionen.
2. Die Einsetzung eines *Rates der Volkskommissare* unter Lenins Vorsitz als Provisorische Regierung. Lenin überging mit dieser Entscheidung das nach wie vor amtierende Exekutivkomitee der Sowjets, um die Alleinherrschaft der Bolschewiki auch gegen andere sozialistische Kräfte durchzusetzen.
3. Die entschädigungslose Enteignung des Großgrundbesitzes.

Der Text des Dekrets entsprach bis in einzelne Formulierungen dem alten Programm der Sozialrevolutionäre. Lenin und die Bolschewiki setzten auf das Bündnis mit den linken Sozialrevolutionären, weil diese unter den Bauern auf dem Land – im Gegensatz zu den Bolschewiki – eine starke Anhängerschaft besaßen. Daher wurden sie an der neuen Regierung beteiligt.

Im November 1917 fanden die Wahlen zur *Verfassunggebenden Versammlung* statt, die noch von der Regierung Kerenski angesetzt worden waren (➔M9). Trotz des Machtwechsels errangen die rechten Sozialrevolutionäre, Gegner der Oktoberrevolution, landesweit die Mehrheit. Als die Versammlung am 5. (18.) Januar 1918 erstmals in Petrograd zusammentrat, wurde ein Antrag der Bolschewiki, alle Staatsgewalt den Sowjets zu übertragen, von den Abgeordneten abgelehnt. Daraufhin ließ Lenin die Versammlung am nächsten Tag durch bewaffnete Truppen auflösen (➔M10). Die bolschewistische Revolution hatte gesiegt, auch, weil sich in der Bevölkerung kein Widerstand regte.

Internettipp
Weiterführende Informationen zu den russischen Revolutionen von 1917 erhalten Sie unter dem Code **32038-02**.

Demonstration in Petrograd.
Foto vom 23. Februar (8. März) 1917.
Arbeiterinnen und Arbeiter fordern mehr Unterstützung der Soldatenfamilien und Frieden.

M1 Ein Augenzeuge berichtet

Der russische Rechtsanwalt und Politiker Alexander F. Kerenski (siehe Seite 56) schreibt über die Februarrevolution von 1917:

Seit dem Nachmittag des 28. Februar [1917] gab es in St. Petersburg keine kaiserliche Regierung mehr. Am Vormittag hatten sich die noch im Kabinett befindlichen Minister mit den letztlich wirklich Getreuen in das Gebäude der Admiralität auf dem Nevakai geflüchtet. Gegen Mittag kam ein Adjutant des Marineministers, der sie aufforderte, das Gebäude zu räumen, weil die revolutionären Gruppen drohten, es durch Artilleriebeschuss zu zerstören. Nach einer kurzen Diskussion erkannte man, dass Widerstand zwecklos war. Um 2 Uhr 30 richtete der Kriegsminister folgendes vertrauliches Telegramm an den Generalstab des Herrschers in Mogilev. „Am 28. Februar gegen Mittag haben die Reste der treu gebliebenen Truppen, bestehend aus 4 Kompanien, einem Peloton, 2 Batterien und einer Maschinengewehrabteilung, die Admiralität auf Ansuchen des Marineministers geräumt, um die Zerstörung des Gebäudes zu vermeiden. Aufgrund der Bedenken, die ich gegen ihre Loyalität habe, halte ich es für unmöglich, sie anders einzusetzen. Die Truppen sind deshalb in ihre Kasernen zurückgeschickt worden; für den Fall, dass ihre Entwaffnung nötig werden sollte, sind ihnen die Gewehrschlösser abgenommen und im Marineministerium zurückbehalten worden."
So hatte also in weniger als 36 Stunden nach dem Aufruhr der Reservebataillone der Garde am Vormittag des 27. Februar wenigstens in St. Petersburg das alte Regime vollständig aufgehört zu existieren, Bei Einbruch der Nacht am 28. Februar war die Revolution im ganzen Land, in der Armee und in der Marine durchgesetzt. Um genau zu sein: es war durchaus keine Revolution, es war der Selbstmord der Monarchie […].
Dieser donnernde Zusammenbruch des Regierungssystems, das die Kaiserin Aleksandra Fedorovna – entgegen aller Realität – als eine Autokratie betrachtete, ist umso bemerkenswerter, als selbst am 26. Februar noch niemand mit einer Revolution rechnete und niemand an eine Republik auch nur dachte. Weit davon entfernt: Die Parteien der Linken schickten sich an, gegen ein neues Aufleben der Reaktion […] Front zu machen, während die Liberalen und die fortschrittlicheren Konservativen voller Hoffnung waren, dass sich eine Palastrevolution schon anbahne. In meiner Eigenschaft als Politiker, der mit der Tätigkeit der Duma am vertrautesten war und der ihr am nächsten stand – die Duma war der Mittelpunkt der Erhebung während dieser kritischen Tage vom 27. Februar bis zum 2. März –, kann ich offen beschwören, dass wir sogar am Mittag des ersten Tags der Revolution weder über ein einziges Bataillon noch über ein einziges Gewehr verfügten. Ein gut ge-

führtes, „dem Zaren aufrichtig ergebenes" Regiment, mit Maschinengewehren ausgerüstet, konnte die ganze Duma, einschließlich des linken und des rechten Flügels, ausrotten. Der einzige Grund, warum dies nicht geschah, war, dass man im ganzen Raum des russischen Kaiserreiches kein solches Regiment entdeckte. [...]
Wie eine für den Schnitter reife Kornähre, so fiel die Monarchie, ehe noch die Kräfte des neuen Russlands organisiert waren.

Zitiert nach: Richard Kohn (Hrsg.), Die Russische Revolution in Augenzeugenberichten, Berlin 1967, S. 210f. (übersetzt von Brigitte Reinicke)

1. Beschreiben Sie, vor welchen Schwierigkeiten das alte Regierungssystem im Februar 1917 stand.
2. Arbeiten Sie einen scheinbaren Widerspruch heraus: Einerseits spricht Kerenski von einer „Revolution", andererseits von einem „donnernde[n] Zusammenbruch". | F

M2 Über Lenins Reise nach Russland

Fritz Platten (1883–1942), ein schweizerischer Kommunist und Weggefährte Lenins (siehe Seite 41), rechtfertigt 1924 in seinen Erinnerungen Lenins Reise von der Schweiz nach Russland durch Deutschland:

Lenins Reise hatte seinerzeit großes Aufsehen erregt. Lenin war nicht nur verleumderischen Angriffen vonseiten der Bourgeoisiepresse[1], sondern auch heftigen und gemeinen Verdächtigungen vonseiten der nichtbolschewistischen Arbeiterparteien ausgesetzt. Maßlos niederträchtige Behauptungen wurden ausgestreut, Lenin und Sinowjew[2] als deutsche Agenten hingestellt, und die dümmsten von diesen Giftkröten deuteten an, dass beide mit deutschem Gelde gedungen seien. Die Verleumdung ist auch eine Waffe, wenn auch eine schmutzige. Einen ganzen Pressefeldzug musste Lenin in Petrograd gegen diese Angriffe führen. Heute glaubt kein Mensch mehr ernsthaft an solchen Unsinn. Aber die Frage, wieso Lenin in so zuvorkommender Weise, sogar exterritorial durch Deutschland geführt wurde, schwebt noch heute vielen auf den Lippen. Diese Leute wollen nicht begreifen, dass derartiges möglich gewesen sei, ohne dass feste Vereinbarungen „zwischen Ludendorff[3] und Lenin" bestanden hätten. [...]
Die Gründe, die die deutsche Regierung und die Oberste Heeresleitung bestimmten, den russischen Emigranten in der Schweiz die Durchreise durch Deutschland zu erlauben, liegen heute offenkundig auf der Hand. Wenn eine kriegsfeindliche Koalition etwas zu verhindern Grund hat, so hat der Partner ganz naturgemäß Grund, gerade das, was der Gegner verhindern will, zu ermöglichen. Die von den Deutschen an den Tag gelegte Bereitwilligkeit, die Durchreise zu gestatten, darf aber nicht nur unter dem Gesichtswinkel eines klugen Schachzuges gegenüber dem Gegner betrachtet werden, sondern war diktiert von politischen und militärischen Gesichtspunkten. [...] Man erhoffte durch die Tätigkeit der Internationalisten in Russland für die östliche Front Entlastung, ja sogar einen Teilfrieden zu erreichen. Hindenburg[4] war jedes Mittel gut genug, das nur dazu beitrug, der Ostfront Entlastung zu bringen. Schon im Frühjahr 1917 stützte Ludendorff seine Siegeszuversicht nur noch auf einen Trumpf: Das Hinüberwerfen von 70 Divisionen von der Ostfront an die Westfront sollte es ihm ermöglichen, zum letzten entscheidenden Schlag, „zum Generalsturm auf Paris" ausholen zu können, bevor Amerika Zeit gefunden, für immer einen Durchbruch der Westfront zu verunmöglichen. Wie militärisch richtig auch diese Kalkulation war, so falsch erwies sie sich vom Gesichtspunkt Ludendorffs und Hindenburgs aus, betrachtet als politische Maßnahme.
Ludendorff gesteht selbst zu, dass in der Folge der militärische Gewinn aufgehoben wurde durch die verheerende Wirkung der bolschewistischen Propaganda.

Fritz Platten, Lenins Reise durch Deutschland im plombierten Wagen, Frankfurt am Main 1985, S. 20 und 22f.

1. Charakterisieren Sie Plattens Auseinandersetzung mit den Kritikern von Lenins Reise.
2. Diskutieren Sie Plattens Einschätzung der deutschen Motive und überprüfen Sie, ob seine Meinung richtig ist.

M3 Lenins Verhältnis zu Deutschland

*Der Historiker Jörn Leonhard (*1967) schreibt:*

Aus der deutschen Perspektive kam der Revolutionierung Russlands primär eine Funktion im Krieg zu. Das änderte sich aber in dem Moment, in dem die Bolschewiki die Macht tatsächlich übernahmen und sich allen überkommenen Ordnungskategorien von Krieg und Frieden entzogen. Lenin hatte die Idee der totalen Mobilisierung ursprünglich aus der Französischen Revolution nach 1792 übernommen. Was als Revolution von unten geplant sein mochte, führte in der russischen Erschöpfungsgesellschaft bald zum Kollaps aller inneren Organe und Institutionen des

[1] **Bourgeoisie**: franz. „Besitzbürger", aus sozialistischer Sicht Klasse der Kapitalisten
[2] **Grigori Jewsejewitsch Sinowjew** (1883–1936): russischer Politiker; siehe auch Seite 90 (Fußnote 2)
[3] **Erich Ludendorff** (1865–1937): deutscher General und Politiker
[4] **Paul von Hindenburg** (1847–1934): wurde 1914 zum Oberbefehlshaber der Truppen an der Ostfront berufen, stieg im Ersten Weltkrieg zum Generalfeldmarschall auf, von 1925 bis 1934 Reichspräsident

alten Staates. Mit dem Wegbrechen des staatlichen Zentrums entstand ein Ordnungsvakuum, ein „failed state" als postimperiale Zusammenbruchzone.

In dieser Situation orientierte sich Lenin nicht an Reformvorstellungen, denen er bürgerliche Ursprünge unterstellte, und wandte sich konsequent gegen alle Ideen, das multiethnische russländische Reich zu föderalisieren. Sein Konzept beruhte auf einer Analyse des Weltkrieges, den er als Konflikt zwischen imperialistischen Mächten verstand. Indem man ihn in einen Bürgerkrieg verwandelte, würden sich alle Gedanken an eine politische Ordnungsidee oder Friedenspolitik erledigen. Was Lenin vorschwebte, war eine Kaskade von Revolutionen, die in einem sozialrevolutionären Endkampf enden sollte. All das entzog sich den Kategorien eines Verständigungsfriedens, der in den Augen der führenden Bolschewiki nur die eigentlich progressiven Entwicklungen retardierte[1], den revolutionären Kampf eindämmte und das Bewusstsein für die geschichtsbestimmenden sozial-ökonomischen Strukturen der Gesellschaft verdeckte. Aus diesen Überlegungen leitete er die Aufgabe der Revolutionäre ab: Sie mussten die im vierten Jahr des Krieges immer offener zu Tage tretenden Spannungen zwischen den imperialistischen Kriegsakteuren schüren und ausnutzen, um die absehbaren revolutionären Prozesse zu beschleunigen. Deutschland spielte in diesem Konzept Lenins nicht zufällig eine besonders wichtige und positive Rolle. Nicht allein seine ungemein fortschrittliche, effiziente und straff organisierte Kriegswirtschaft sprach für einen ausgesprochenen Modernitätsvorsprung gegenüber allen Gesellschaften der Entente[2], besonders auch Großbritannien. Auch die von deutschen Diplomaten, Beamten, Politikern und Militärs entwickelten Konzepte, im Appell an Unabhängigkeitsbewegungen das Britische Empire zu destabilisieren, erschien Lenin wie eine besonders progressive, ja geradezu weltrevolutionäre Dimension der deutschen Kriegführung. [...]

Aus dieser Perspektive war seine eigene Reise im Kurswagen von Zürich in Richtung Russland im Frühjahr 1917, ermöglicht von einem komplizierten diplomatischen und militärischen deutschen Räderwerk, viel mehr als ein anekdotisches Nebengleis im Schatten des Großen Krieges.

Wolfgang Leonhard, Der Primat des Krieges? Deutschland und die Russische Revolution 1917/18, in: Joachim Tauber und Alexander Tschubarjan (Hrsg.), Zeitenwende. Deutsche und russische Erfahrungen 1917–1919, Berlin 2022, S. 41–50, hier: S. 43

▶ Fassen Sie mit eigenen Worten Lenins Konzept zusammen. | H

M4 Aus Lenins „Aprilthesen"

In der „Prawda" („Wahrheit"), der Parteizeitung der Bolschewiki, veröffentlicht Lenin seine noch während des Exils entwickelten Ansichten gleich nach der Rückkehr nach Russland am 7. April 1917:

1. In unserer Stellung zum Krieg, der vonseiten Russlands auch unter der neuen Regierung Lwow und Konsorten[3] – infolge des kapitalistischen Charakters dieser Regierung – unbedingt ein räuberischer imperialistischer Krieg bleibt, sind auch die geringsten Zugeständnisse an die „revolutionäre Vaterlandsverteidigung" unzulässig. [...]
2. Die Eigenart der gegenwärtigen Lage in Russland besteht im Übergang von der ersten Etappe der Revolution, die infolge des ungenügend entwickelten Klassenbewusstseins und der ungenügenden Organisiertheit des Proletariats der Bourgeoisie die Macht gab, zur zweiten Etappe der Revolution, die die Macht in die Hände des Proletariats und der ärmsten Schichten der Bauernschaft legen muss. [...]
3. Keinerlei Unterstützung der Provisorischen Regierung, Aufdeckung der ganzen Verlogenheit aller ihrer Versprechungen, insbesondere hinsichtlich des Verzichts auf Annexionen[4]. [...]
4. Anerkennung der Tatsache, dass unsere Partei in den meisten Sowjets der Arbeiterdeputierten in der Minderheit, vorläufig sogar in einer schwachen Minderheit ist [...]. Solange wir in der Minderheit sind, besteht unsere Arbeit in der Kritik und Klarstellung der Fehler, wobei wir gleichzeitig die Notwendigkeit des Übergangs der gesamten Staatsmacht an die Sowjets der Arbeiterdeputierten propagieren, damit die Massen sich durch die Erfahrung von ihren Irrtümern befreien.
5. Keine parlamentarische Republik – von den Sowjets der Arbeiterdeputierten zu dieser zurückzukehren wäre ein Schritt rückwärts –, sondern eine Republik der Sowjets der Arbeiter-, Landarbeiter- und Bauerndeputierten im ganzen Lande, von unten bis oben.

W. I. Lenin, Ausgewählte Werke, Band 2, Berlin [7]1970, S. 39 ff.

1. Arbeiten Sie heraus, welche neue politisch-gesellschaftliche Ordnung die bolschewistische Partei laut Lenin anzustreben hatte. Welche Haltung sollte sie zum Krieg und zur Provisorischen Regierung einnehmen? | F
2. Erklären Sie, worin der „kapitalistische Charakter" der Provisorischen Regierung (vgl. Zeile 3) nach Ansicht ihrer Gegner bestand.
3. Präsentation: Entwickeln Sie eine Erwiderung auf Lenins Thesen aus der Sicht eines gemäßigten Anhängers der Revolution.

[1] **retardieren**: etwas verzögern, verlangsamen
[2] **Entente**: Kriegsbündnis, dem Frankreich, Großbritannien, Russland, Italien und zahlreiche weitere Staaten angehörten

[3] **Konsorten**: hier abschätzig für übrige Beteiligte
[4] **Annexion**: gewaltsame Einverleibung fremden Staatsgebietes

M5 Meinungsverschiedenheiten

Der Historiker Marc Ferro (1924–2021) schildert die Meinungsverschiedenheiten innerhalb der Opposition vor der Oktoberrevolution:

Vor dem Oktober 1917 war die Disziplin der bolschewistischen Partei mehr ein Akt des Glaubens als eine zählbare Realität. [...] Es gab einen klaren Wettbewerb in der Führerschaft der Partei zwischen Kamenews[1] und Lenins Linie; der lange Konflikt zwischen Trotzkisten und Stalinisten um die letztliche Bestimmung der Revolution verdeckte diesen anderen Konflikt, der genauso wichtig war und der das Verhältnis zwischen der kommunistischen Partei und der Gesellschaft betraf. Während der Revolution gab es keinen anderen Protagonisten, außer vielleicht dem Menschewiki Tserelli, der so viel Einfluss in Fragen der Theorie hatte als die Führer dieser beiden Richtungen – nicht Stalin[2], nicht Swerdlow[3] und nicht Trotzki[4]. Die erste Meinungsverschiedenheit zwischen Kamenew und Lenin begann mit der Taktik, die gegenüber dem dual-power System genutzt werden sollte, und diese Meinungsverschiedenheit zog sich hin bis zur Rolle der Sowjets. Kamenew tendierte dazu, die Gesandten der Arbeiter, Soldaten und Bauern als das demokratische Parlament anzusehen, und er war überzeugt, dass die Bolschewiki hier unausweichlich eine Mehrheit gewinnen würden; deshalb wünschte er das Mehrheitsprinzip innerhalb der Sowjets genauestens zu respektieren. Lenin mochte diesen „revolutionären Legalismus" nicht. Ein Appell an die Gewalt – trotz friedlicher Demonstrationen – und später, nach dem Juni, an die Waffen – gegen die repräsentative Mehrheit schien ihm ziemlich legitim zu sein, vor allem, weil die Abgeordneten, nachdem sie einmal gewählt worden waren, nicht länger den Willen ihrer Wähler ausdrückten. In jedem Falle würde es die Position der Partei stärken, wenn ihre Hand geballt wäre. Lenin nahm die gleiche Haltung ein gegenüber dem ersten Kongress der Sowjets, wo er die Macht für die Bolschewiki forderte, obwohl sie zu dieser Zeit nur eine kleine Minderheit waren. Es ist bemerkenswert, dass sich diese Haltung nicht änderte, sogar als die Bolschewiki eine Mehrheit im Sowjet gewannen. Lenin fühlte, dass Gewalt gegen die eigene Mehrheit die Macht der Partei nur stärken konnte [...].

Marc Ferro, The Bolshevik Revolution. A social history of the Russian Revolution, London 1985, S. 269 f. (übersetzt von Boris Barth)

1. Arbeiten Sie die Gründe dafür heraus, warum sich Lenin letztlich durchsetzte.
2. Setzen Sie sich mit den unterschiedlichen Vorstellungen von Demokratie innerhalb der Opposition auseinander.

M6 Die Oktoberrevolution – ein „glücklicher Zufall"?

Der Historiker Günther Stökl (1916–1998) befasst sich mit der Offenheit der Situation im Jahre 1917:

Als [...] die Revolutionen des Jahres 1917 der geschichtlichen Entwicklung Russlands eine neue Richtung gaben und Voraussetzungen schufen, die in der folgenden Zeit auch auf die Geschichte Europas, ja auf die Geschichte der ganzen Welt kräftig einwirken sollten, war es für die Zeitgenossen nicht leicht, sich ein zutreffendes Bild von den Ereignissen zu machen. Der Erste Weltkrieg trieb seinem Höhepunkt entgegen und konzentrierte alles Interesse auf sich; die beteiligten Mächte konnten nicht anders, als den russischen Umsturz im Sinne der eigenen Kriegsziele zu interpretieren: Die Alliierten Russlands hofften, dass die Schwäche der revolutionären Situation vorübergehen und rasch zu einer politischen wie militärischen Kräftigung des nun auch demokratisch gewordenen russischen Partners führen würde, die Gegner Russlands setzten darauf, dass sich die Schwäche zum Zusammenbruch erweiterte und dass das revolutionierte Russland aus dem Krieg ausschied. Die einen drängten auf neue Kriegsanstrengungen Russlands und stimmten freudig zu, als Kerenski in einer Offensive die Disziplin der russischen Armee wiederherzustellen plante, die anderen ließen Lenin an der Spitze der bolschewistischen Emigration heimkehren und versuchten, den revolutionären Radikalismus unter den Russen in jeder Weise zu nähren. Weder die einen noch die anderen nahmen sich Zeit, die Ursachen zu analysieren und die Folgen auf weite Sicht zu bedenken. Kaum jemand glaubte zwar, dass sich die Selbstherrschaft der Zaren in der alten Form würde restaurieren lassen, aber ebenso wenig war man geneigt, den letzten Szenenwechsel auf der russischen Revolutionsbühne, die Machtergreifung der Bolschewiki, für ein politisches Faktum von Dauer zu halten.

Aus den Fehlprognosen der bedrängten Zeitgenossen schöpfen [...] kommunistische Interpreten ihre ironischen Argumente. Sie sehen in der russischen Revolution historische Gesetze von universeller Gültigkeit erfüllt. Gesetzmäßig scheint allerdings vor allem dies zu sein, dass der Erfolg die Mittel rechtfertigt, die ihn herbeiführen halfen, und dass er dort einen weisen Weltenplan vermuten lässt, wo in Wirklichkeit nur leidenschaftlicher Wille der politisch Handelnden und glücklicher Zufall am Werk waren. Niemand kann leugnen, dass sich in Russland seit 1917 große Veränderungen vollzogen haben, aber es kann auch niemand beweisen, dass sie sich unter einem anderen politischen System nicht ebenso wirksam vollzogen hätten. Vom politischen System des russischen Kommunismus lässt sich

[1] **Lew Borissowitsch Kamenew** (1883–1936): Politiker, 1936 unter Stalin hingerichtet; siehe auch Seite 90 (Fußnote 2)

[2] Über Stalin informiert Seite 83.

[3] **Jakow Michailowitsch Swerdlow** (1885–1919): führender Politiker der bolschewistischen Partei

[4] Zu Trotzki siehe Seite 56.

sagen, dass es zwar einige wesentliche Züge von 1917 bewahrt hat, im Ganzen aber das Ergebnis von Veränderungen ist, die von den Begeisterten der Revolutionsgeneration weder beabsichtigt noch vorhergesehen waren, dass es in seiner Existenz viel weniger die Lehrsätze des Historischen Materialismus[1] dokumentiert als die Konstanten russisch-nationaler Machtkonzentration und Machtexpansion.

Günther Stökl, Vorwort, in: Richard Kohn (Hrsg.), Die Russische Revolution in Augenzeugenberichten, Berlin 1967, S. 9–18, hier: S. 9f.

1. Fassen Sie die Kernaussagen von Günther Stökl zusammen. | F
2. Vergleichen Sie die unterschiedlichen Kriegsziele der beteiligten Mächte.
3. Stökl schreibt, dass bei der russischen Revolution „in Wirklichkeit nur leidenschaftlicher Wille der politischen Handelnden und glücklicher Zufall am Werk waren" (Zeile 39f.). Erörtern Sie diese Aussage. | H

Denkmalsturz.
Foto von 1917.
Nach der Oktoberrevolution wurden die Standbilder von Zaren geschleift, wie hier das Denkmal von Zar Alexander III. in Moskau.

M7 Die Spaltung der Sowjets

Während der nächtlichen Sitzung des II. Altrussischen Rätekongresses am 25. Oktober (7. November) prallen die Standpunkte von gemäßigten und radikalen Sowjets in einer hitzigen, ungemein aufgeladenen Atmosphäre aufeinander. Für die Menschewiki spricht Julius O. Martow (1873-1923):

Das ist der beginnende Bürgerkrieg, Kameraden! Die allererste Frage muss sein: Wie können wir diese Krisis friedlich überwinden? ... In den Straßen erschießt man unsere Brüder. In diesem Moment, da, noch vor der Eröffnung des Sowjetkongresses, eine der revolutionären Parteien den Versuch macht, die Frage der Macht durch eine militärische Verschwörung zu entscheiden ... [*hier wurde seine Stimme einen Moment lang von dem rasenden Tumult übertönt*] ... Es ist Pflicht aller revolutionären Parteien, sich die Tatsachen vor Augen zu führen ... Wir müssen eine Macht schaffen, die von der gesamten Demokratie anerkannt wird ... Die Möglichkeit einer friedlichen Lösung liegt allein in der Errichtung einer gemeinsamen demokratischen Gewalt ... Wir müssen eine Delegation wählen, um mit den anderen sozialistischen Parteien und Organisationen zu verhandeln.

Die Sache der Bolschewiki vertritt Leo D. Trotzki:

Der Aufstand der Massen bedarf keiner Rechtfertigung. Was geschehen ist, war ein Aufstand und keine Verschwörung ... Wir haben den Willen der Massen offen für einen Aufstand geschmiedet, nicht für eine Verschwörung.

[1] **Historischer Materialismus**: die zentrale Lehre des Marxismus, nach der das gesamte menschliche Bewusstsein durch die jeweiligen ökonomischen Entwicklungsstände bestimmt wird

Die Volksmassen folgten unserem Banner, und unser Aufstand hat gesiegt. Und nun schlägt man uns vor: Verzichtet auf euren Sieg, erklärt euch zu Konzessionen bereit, schließt einen Kompromiss. Mit wem? Ich frage: Mit wem sollen wir einen Kompromiss schließen? Mit jenen kläglichen Gruppen, die hinausgegangen sind, oder die diesen Vorschlag machen? ... Hinter ihnen steht doch niemand mehr in Russland ... Nein, hier ist kein Kompromiss mehr möglich. Denen, die hinausgegangen sind, und denen, die uns Vorschläge machen, müssen wir sagen: Ihr seid klägliche Bankrotteure, eure Rolle ist ausgespielt; geht dorthin, wohin ihr gehört: auf den Kehrichthaufen der Geschichte.

Erster Text zitiert nach: Günter Schönbrunn (Bearb.), Weltkriege und Revolutionen 1914–1945. Geschichte in Quellen, München [3]1979, S. 77; zweiter Text zitiert nach: Manfred Hildermeier, Die Russische Revolution 1905–1921, Frankfurt am Main 1989, S. 241

1. Vergleichen Sie das Staats- und Demokratieverständnis, das aus den Reden von Martow und Trotzki spricht.
2. Überlegen Sie, welche Folgen sich daraus ergaben, dass nach der Rede Trotzkis Menschewiki und rechte Sozialrevolutionäre den Sowjetkongress verließen. | F

M8 Die neue Staatsmacht konstituiert sich

Nachdem der rechte Flügel der Sowjets den II. Sowjetkongress der Arbeiter-, Soldaten- und Bauerndeputierten verlassen hat, wird in den frühen Morgenstunden des 26. Oktober (8. November) 1917 folgender Aufruf beschlossen:

An die Arbeiter, Soldaten und Bauern!

Der Zweite Allrussische Sowjetkongress der Arbeiter- und Soldatendeputierten ist eröffnet. Auf diesem Kongress ist die gewaltige Mehrheit der Sowjets vertreten. Auf dem Kongress ist auch eine Reihe von Delegierten der Bauernsowjets anwesend. Die Vollmachten des paktiererischen Zentralvollzugskomitees sind abgelaufen. Gestützt auf den Willen der gewaltigen Mehrheit der Arbeiter, Soldaten und Bauern, gestützt auf den in Petrograd vollzogenen siegreichen Aufstand der Arbeiter und der Garnison, nimmt der Kongress die Macht in seine Hände.

Die Provisorische Regierung ist gestürzt. Die meisten Mitglieder der Provisorischen Regierung sind bereits verhaftet. Die Sowjetmacht wird sofort allen Völkern einen demokratischen Frieden und den sofortigen Waffenstillstand an allen Fronten vorschlagen. Sie wird die entschädigungslose Übergabe der Gutsbesitzer-, Kron- und Klosterländereien in die Verfügungsgewalt der Bauernkomitees sicherstellen, die Rechte der Soldaten schützen, indem sie die volle Demokratisierung der Armee durchführt, sie wird die Arbeiterkontrolle über die Produktion einführen und die rechtzeitige Einberufung der Konstituierenden Versammlung gewährleisten, sie wird dafür sorgen, dass die Städte mit Brot und die Dörfer mit Gegenständen des dringendsten Bedarfs beliefert werden, sie wird allen in Russland lebenden Völkern das wirkliche Recht auf Selbstbestimmung sichern.

Der Kongress beschließt: Die ganze Macht geht überall an die Sowjets der Arbeiter-, Soldaten- und Bauerndeputierten über, die eine wirkliche revolutionäre Ordnung zu gewährleisten haben.

Der Kongress ruft die Soldaten in den Schützengräben zu Wachsamkeit und Standhaftigkeit auf. Der Sowjetkongress ist überzeugt, dass die revolutionäre Armee es verstehen wird, die Revolution gegen jegliche Anschläge des Imperialismus zu verteidigen, bis die neue Regierung den Abschluss eines demokratischen Friedens erzielt hat, den sie unmittelbar allen Völkern vorschlagen wird. Die neue Regierung wird alle Maßnahmen treffen, um durch eine entschlossene Politik von Requisitionen und Besteuerung der besitzenden Klassen die revolutionäre Armee mit allem Nötigen zu versorgen, und wird auch die Lage der Soldatenfamilien verbessern.

Die Kornilowleute[1] – Kerenski[2], Kaledin[3] u.a. – versuchen, Truppen gegen Petrograd zu führen. Einige Truppenteile, die Kerenski auf betrügerische Weise in Bewegung gesetzt hat, sind auf die Seite des aufständischen Volkes übergegangen.

Soldaten, setzt dem Kornilowmann Kerenski
aktiven Widerstand entgegen!
Seid auf der Hut!
Eisenbahner, haltet die Truppentransporte an,
die Kerenski gegen Petrograd schickt!
Soldaten, Arbeiter, Angestellte! Das Schicksal der
Revolution und das Schicksal des demokratischen
Friedens liegt in euren Händen!
Es lebe die Revolution!

Zitiert nach: Manfred Hellmann (Hrsg.), Die russische Revolution 1917. Von der Abdankung des Zaren bis zum Staatsstreich der Bolschewiki, München [6]1987, S. 318 f.

1. Aus welchen Gründen behauptet der Aufruf, dass auf dem Kongress „die gewaltige Mehrheit der Sowjets vertreten" (Zeile 4) sei? Nehmen Sie dazu Stellung.
2. Arbeiten Sie heraus, an welche Gruppen der Bevölkerung sich der Aufruf besonders wendet. Worin dürfte sein Erfolg bestanden haben?
3. Das Manifest gilt als Gründungsakt des Sowjetregimes. Weisen Sie nach, an welcher Stelle deutlich wird, dass der Kongress keine parlamentarische Demokratie beabsichtigt. | H

[1] **Lawr Georgijewitsch Kornilow** (1870–1918): General, den Alexander F. Kerenski zum Oberbefehlshaber der russischen Streitkräfte gemacht hatte. Dennoch stand Kornilow an der Spitze des Putschversuchs gegen die Provisorische Regierung im Sommer 1917.
[2] Zu Kerenski siehe Seite 56.
[3] **Alexei Maximowitsch Kaledin** (1861–1918): russischer General

M9 Ergebnis der Wahlen zur Konstituierenden Versammlung (November 1917)

Wahlberechtigt sind Männer und Frauen ab dem 20. Lebensjahr gewesen. Über das exakte Wahlergebnis und die Zahl der gewählten Abgeordneten gibt es unterschiedliche Angaben.

	Zahl der Sitze (707)	Abgegebene Stimmen (44,4 Mio.)		
		in Russland	in Petrograd	in Moskau
Rechte Sozialrevolutionäre	370	17,9 (40,4 %)	16,2 %	8,1 %
Bolschewiki	175	10,7 (24,0 %)	45,0 %	47,9 %
Menschewiki	16	1,1 (2,6 %)	3,1 %	2,8 %
Linke Sozialrevolutionäre	40	0,5 (1,0 %)	0,2 %	0,03 %
Sonstige sozialistische Parteien	2	0,4 (0,9 %)	–	4,6 %
Kadetten	17	2,1 (4,7 %)	26,2 %	34,2 %
Sonstige nicht-sozialistische Parteien	–	1,3 (2,8 %)	6,9 %	1,7 %
Nationale Minderheiten	86	5,9 (13,4 %)		
Ohne Zuordnung	1	4,5 (10,2 %)		

Nach: Richard Pipes, Die Russische Revolution, Band 2, Berlin 1992, S. 346 ff. und Oliver H. Radkey, Russia Goes to the Polls, Ithaca/London 1990, S. 23 und 36

1. Geben Sie mit eigenen Worten die jeweiligen Mehrheitsverhältnisse wieder.
2. Analysieren Sie, welche Optionen sich jeweils für die Bolschewiki ergaben. | F

M10 Furcht und Gewalt?

Der Historiker Gerhard Schulz (1924–2004) schreibt:

Der Bolschewismus hat unter der Führung Lenins nie humanitäre Grundsätze zu entwickeln versucht. Im Zentrum aller Relationen stand das Problem des Machtgewinns und der Machtausweitung der revolutionären Kräfte in Russland und über Russland hinaus. Für Lenin dürfte es nie einen Zweifel gegeben haben, dass diese Diktatur niemals ohne Gewaltanwendung und ohne die Mittel des Terrors verwirklicht werden konnte. Rücksichtslose Verfolgungen und Hinrichtungen waren nun an der Tagesordnung.[1] Aber auch die Furcht tat ihre Wirkungen. Trotz der katastrophalen Lage der Wirtschaft und des Zusammenbruchs der Lebensmittelversorgung spalteten sich die Sozialrevolutionäre und suchte der linke Flügel Anschluss bei den Bolschewiki. Inzwischen waren die Wahlen zur konstituierenden Versammlung abgehalten worden. Obgleich eine geregelte Durchführung keineswegs gesichert werden konnte und nur 36 Millionen Stimmen abgegeben wurden, blieben die Sozialrevolutionäre die stärkste Fraktion, die weit mehr als die Hälfte aller Sitze erhielt und mehr als das Doppelte des Anteils, der auf die Bolschewiki entfiel, für die dieses Ergebnis eine bittere Enttäuschung war. In der Tat entsprach es kaum den wirklich eingetretenen Machtverhältnissen. Für Lenin hatte dies den Anlass gegeben, sich gänzlich vom demokratischen Parlamentarismus abzuwenden. Mithilfe rasch herbeigerufener militärischer Verbände ließ er die Konstituante unter Druck setzen, die am 18. Januar 1918 zusammentrat, ohne dass die bürgerlichen Gruppen noch erschienen. Als dennoch die Anträge der Bolschewiki durchfielen, zog die äußerste Linke aus; und am nächsten Tage wurde die Versammlung durch Truppen am Wiederzusammentreten gehindert. Lenin lieferte damit den unwiderleglichen Beweis dafür, dass Maschinengewehre stärker sind als Parlamente, sobald sie sich gegen sie kehren. Die Konstituante erklärte er kurzerhand für aufgelöst.

Gerhard Schulz, Revolutionen und Friedensschlüsse 1917–1920, Lausanne 1989, S. 87 f.

1. Charakterisieren Sie anhand von M10 die Herrschaftsmethoden der Bolschewiki.
2. Setzen Sie sich mit der Frage auseinander, warum die Bolschewiki trotz ihrer harten Methoden zunehmend Rückhalt in der Bevölkerung fanden. | H

[1] Siehe hierzu auch Seite 80.

Methode

Historiengemälde interpretieren

Weitere Anwendungsbeispiele finden Sie u.a. auf den Seiten 112, 128 und 140.

Historiengemälde gibt es seit der Antike. Die Gattung beschränkt sich nicht auf die Malerei, sondern umfasst auch Mosaike, Kupferstiche oder Reliefs. Besonders beliebt waren Historienbilder im 19. Jahrhundert, als sie auf bedeutende Ereignisse, Personen, Leistungen und Traditionen der Geschichte aufmerksam machten. Sie trugen so zur **Identifikation** der Öffentlichkeit mit dem eigenen Volk und der eigenen Nation bei.
Historienbilder sind **Kunstwerke**. Die Künstlerinnen und Künstler bemühen sich, **historische Sachverhalte** darzustellen und zu deuten – die „historische Realität" bilden sie nicht ab. Das gilt unabhängig vom zeitlichen Abstand zum dargestellten Geschehen. Sie verherrlichen, rechtfertigen oder kritisieren vergangene Ereignisse. Oft sind Historienbilder öffentliche oder private Auftragsarbeiten. Sie sagen dann immer auch etwas über die Sichtweisen der **Auftraggeber** aus. Die Analyse und Interpretation erfordert daher nicht nur Kenntnisse über die dargestellte Zeit, sondern auch über die **Entstehungszeit** des Bildes, die Künstlerinnen und Künstler sowie ihre Auftraggeber.

Arbeitsschritt	Leitfragen
1. beschreiben	• Wer hat das Kunstwerk geschaffen? Wurde es in Auftrag gegeben? • Wann und wo wurde das Gemälde angefertigt bzw. gezeigt? • Stammt der „Bildtitel" von der Künstlerin/vom Künstler selbst oder wurde er von anderer Seite zugefügt? Welche Informationen gibt der Bildtitel? • Wen oder was zeigt das Kunstwerk? • Welche Komposition (Bildaufbau, Figuren etc.) liegt dem Bild zugrunde? • Welche Perspektive (Vogel-, Zentralperspektive etc.) hat die Künstlerin/der Künstler gewählt? • Wie ist die Farbgebung (hell, dunkel, kontrastreich etc.) und die Lichtführung (konzentriert oder gleichmäßig)? • Welche Symbole und Sinnbilder (Allegorien) werden verwendet?
2. erklären	• Auf welches Ereignis, welchen Sachverhalt oder welche Person bezieht sich das Kunstwerk? • Auf welche politischen, sozialen, wirtschaftlichen und kulturellen Hintergründe wird angespielt? • Handelt es sich um eine realistische oder allegorische (sinnbildliche) Darstellung? • Wie sind die Gestaltungsmittel und Symbole in ihrer inhaltlichen Aussage zu deuten? • Aus welchem Anlass ist das Kunstwerk entstanden? Diente es einem bestimmten Zweck? • Was ist über die Haltung der Künstlerin/des Künstlers und möglicher Auftraggeber bekannt? • Welche Absichten verfolgten Künstlerin/Künstler bzw. Auftraggeber? • An wen richtet sich das Kunstwerk?
3. beurteilen	• Welche Wirkungen erzielte das Bild wohl bei zeitgenössischen Betrachtern? • Wie lassen sich Aussage und Wirkung des Gemäldes bewerten?

„Lenin proklamiert die Sowjetmacht, 25. Oktober (7. November) 1917."
Ölgemälde von Wladimir A. Serow, 1962.
Das Kunstwerk knüpft an eine ältere Version von 1947/48 an. In dieser befanden sich allerdings Josef W. Stalin, Jakow M. Swerdlow und Felix E. Dserschinski hinter Lenin.

► Analysieren Sie das Gemälde mithilfe der Arbeitsschritte auf Seite 66. Ihre Ergebnisse können Sie mit der Lösungsskizze auf Seite 506 vergleichen.

Geschichte Kontrovers

Revolution in Russland – welche Ursachen hatte sie?

Die russische Revolution bewirkte in relativ kurzer Zeit eine völlige Umwälzung in allen Lebensbereichen. Ihre Ursachen werden in der Geschichtswissenschaft kontrovers diskutiert. Für einige Historikerinnen und Historiker steht dabei der Erste Weltkrieg im Mittelpunkt. Es habe in Russland bereits Modernisierungsprozesse gegeben, der Krieg habe die Situation der Bevölkerung aber so verschärft, dass es zur Revolution gekommen sei. Andere Historikerinnen und Historiker sehen Russland vor der Revolution in einer schweren Strukturkrise, ausgelöst durch den gesellschaftlichen Wandel während der Industrialisierung, dem die althergebrachte Ordnung nicht mehr gerecht geworden sei. Konsens besteht bei beiden Richtungen jedoch darin, dass der Erste Weltkrieg entscheidend zum Ausbruch der Revolution beigetragen habe.

M1 Internationale und innerrussische Faktoren

*Der Historiker Manfred Hildermeier (*1948) listet die wichtigsten Faktoren für den Untergang des Zarenreiches auf:*

Ohne die Zerreißprobe des Ersten Weltkrieges ist das Ende des Zarismus sicher nicht zu verstehen. Die Extremsituation brachte die Schwächen der Wirtschaft und staatlichen Verwaltung umso greller ans Licht. Krieg und Revolution gehörten in ähnlicher Weise zusammen wie nachher Revolution und Krieg.

Desgleichen zählte zu den internationalen Aspekten der Umwälzung die Ideologie, die sie speiste. Ohne Übertreibung lässt sich sagen, dass alle Parteien, die wesentlichen Anteil am großen Spiel um die Zukunft Russlands hatten, ihr theoretisches Rüstzeug in erheblichem Maße aus Westeuropa bezogen. […]

Über Russland hinaus wies schließlich auch ein langfristiger Vorgang: der Aufbruch ins industrielle Zeitalter und die vielgestaltigen sozialen Verwerfungen, die er mit sich brachte. Nicht nur der Anstoß zu dieser kolossalen Anstrengung kam von außen – aus der Erkenntnis, dass andernfalls der Großmachtstatus des Reiches nicht zu sichern war. Der Staat fand auch die Mittel, deren er sich als treibender Kraft bediente, großenteils im Ausland: Kapital, technisch-administrative Fertigkeiten, unternehmerische Initiative und nicht zuletzt das mentale Kostüm, das es Russland anzupassen galt. Das Zarenreich bewegte sich seit der zweiten Hälfte des 19. Jahrhunderts bei allen bleibenden Eigenarten abermals mit stürmischem Anlauf auf Europa zu. Aus wohlverstandenem Eigeninteresse verschrieb es sich einem Umbruch, der hohe Anforderungen an seine Integrations- und Konfliktfähigkeit stellte. Die russische Revolution ist als eines unter anderen denkbaren und möglichen Resultaten des letztlichen Unvermögens zu sehen, dem Druck unter der zusätzlichen Last des Krieges standzuhalten. […]

Zur unbestrittenen Erkenntnis gehört, dass, erstens, die Revolution als Gesamterscheinung von der Strukturkrise nicht zu trennen ist, die der agrarische Bereich in der zweiten Hälfte des 19. Jahrhunderts durchlief. […]

Freilich gilt auch, dass die Empörung der Bauern kaum ausgereicht hätte, um die zaristische Herrschaft mit allem, was sie trug und symbolisierte, zu Fall zu bringen. Was gut drei Jahrhunderte überstanden hatte, brach nicht durch den Loyalitätsentzug nur einer Untertanenschicht zusammen.

Eine weitere große Gefahr ging, zweitens, von der Entstehung der Arbeiterschaft aus. Gewiss blieb diese noch lange eine Insel im Meer der bäuerlichen Bevölkerung. […] Dennoch kam der städtisch-industriellen Unterschicht wachsendes Gewicht zu. Besser informiert, bald höher gebildet, aufgrund der Zusammenballung leichter organisierbar und näher am Puls des politischen Geschehens, beschleunigte sie den Prozess der sozialen Gärung im ausgehenden Zarenreich maßgeblich. Die Arbeiterschaft war ein Fremdkörper in der traditionalen Agrargesellschaft und ein Symbol der heraufziehenden industriellen Ordnung.

Ebenfalls als Produkt der neuen Zeit konnte, drittens, diejenige Schicht gelten, die den umfassenden Wandel von Staat und Gesellschaft ins öffentliche Bewusstsein hob und soziale wie politische Forderungen daraus ableitete: die Intelligenz. Kein Zweifel kann darüber bestehen, dass ihr unter den russischen Bedingungen eine besonders prominente Rolle im Modernisierungsprozess zufiel. Ausgestattet mit konkurrenzloser Einsichts- und Ausdrucksfähigkeit, zog sie die Debatte über Russlands Zukunft weitgehend an sich. […] Großenteils wurde sie dabei von einem Staat, der überängstlich an seinem Entscheidungsmonopol festhielt, in die Opposition gedrängt. Bei aller ideologischen Verschiedenheit fand sie sich in der Vorstellung zusammen, dass die zaristische Herrschaft in der tradierten Form nicht Teil der russischen Zukunft sein könne. Die Intelligenz wurde zum schärfsten Kritiker und, soweit sie die unzufriedenen Unterschichten in Stadt und Land um sich scharte, zum gefährlichsten Gegner der „Selbstherrschaft“, der Autokratie. In dieser Rolle ersetzte sie in gewissem Maße das moderne Bürgertum, das im Zarenreich spät entstand und sich erst nach der Revolution von 1905 aus der politischen Vormundschaft des Staates zu befreien vermochte.

Von selbst versteht sich, dass die genannten Auflösungserscheinungen nur in dem Maße an Boden gewinnen konnte, wie, viertens, die Staatsgewalt dies zuließ.

Manfred Hildermeier, Die Russische Revolution 1905–1921, Frankfurt am Main 1989, S. 8–11

M2 Eine unberechenbare Gefahr?

Der Historiker Günther Stökl (1916–1998) setzt etwas andere Schwerpunkte:

Hinter der Regierung stand – mitten im Kriege – niemand mehr, aber auch hinter der Duma stand nicht das Volk. Das gab dem Konflikt etwas Unwirkliches und der Situation etwas Unheimliches. Seit im November 1914 die fünf bolschewistischen Dumaabgeordneten nach Sibirien verschickt und zu Beginn des Jahres 1917 die sozialistischen Mitglieder des zentralen Kriegsindustriekomitees verhaftet worden waren, konnten nur mehr ganz wenige Männer den Anspruch erheben, die „Masse" der Arbeiter und Bauern in einer legalen Funktion zu vertreten. [...] Das Missverhältnis der Repräsentation im demokratischen Sinne konnte kaum krasser sein, und darin lag eine unberechenbare Gefahr, deren sich alle Einsichtigen wohl bewusst waren. Unberechenbar erschien dabei viel weniger die Tätigkeit der sozialistisch-revolutionären Parteien, die, ihrer Führer beraubt, in die Illegalität gedrängt und durch den Krieg desorganisiert waren, als die Reaktion der politisch unorganisierten und unterrepräsentierten überwältigenden Bevölkerungsmehrheit, von der jedermann wusste, dass sie Not litt und den Krieg zum Teufel wünschte. Revolutionäre Ideologien waren immer noch ein Element der Ordnung gewesen an dem Ausbruch der sozialen Urkräfte, den manche herankommen sahen und von dem Miljukov[1] prophezeite, dass er keine Revolution sein werde, „sondern ein fürchterliches russisches Wüten, ohne Sinn und Erbarmen ... eine Orgie des Mobs."

Günther Stökl, Russische Geschichte, Stuttgart [6]1997, S. 632 f.

1. Geben Sie die Gründe wieder, die die beiden Historiker als Voraussetzungen der russischen Revolution anführen.
2. Vergleichen Sie die Auffassungen der Historiker hinsichtlich der Ursachen der russischen Revolution miteinander.
3. Setzen Sie sich mit den in Aufgabe 2 herausgearbeiteten Gemeinsamkeiten und Unterschieden auseinander.

Ausstellung zum 100-jährigen Jubiläum der russischen Revolution.
Foto vom 25. Oktober 2017, Winterpalast in St. Petersburg.

[1] **Pawel Nikolajewitsch Miljukov** (1859–1943): russischer Historiker und Politiker

Russland unter Lenin: Machtbehauptung zwischen Krieg und Frieden

Äußerer Friede und Staatsgründung | Um das Regime zu stabilisieren, brauchte Lenin den äußeren Frieden. Sofort nach der Machtübernahme begannen daher Verhandlungen mit den Mittelmächten. Lenin gelang es dabei nur unter größten Mühen, die Bedingungen in der *Kommunistischen Partei (KP) Russlands*, wie sich seine Partei jetzt nannte, durchzusetzen. Trotz gewaltiger Forderungen des Deutschen Reiches und Österreich-Ungarns unterzeichneten die Bolschewiki am 3. März 1918 den *Vertrag von Brest-Litowsk*. Russland musste auf Estland, Livland, Kurland, Litauen und Polen verzichten sowie die Unabhängigkeit der Ukraine und Finnlands anerkennen. Es verlor ungefähr ein Viertel seiner Bevölkerung, des anbaufähigen Landes, der Textilindustrie und des Eisenbahnnetzes sowie drei Viertel der Montanindustrie. Zur neuen Hauptstadt des verkleinerten Russland wurde Moskau. Im Juli 1918 trat die Verfassung für die *Russische Sozialistische Föderative Sowjetrepublik (RSFSR)* in Kraft (➔M1). Großbritannien, Frankreich und die USA erkannten die Sowjetrepublik jedoch nicht an.

Die Lehren von Karl Marx | Lenin und seine Parteiangehörigen verstanden sich als Vertreter der Arbeiter und der besitzlosen Landbevölkerung. Diese Menschen bildeten die ärmsten Schichten in Russland. Lenin und die Bolschewiki wollten eine neue Gesellschaft ohne Privateigentum schaffen.

Diese Idee stammte ursprünglich von *Karl Marx* (1818–1883) und *Friedrich Engels* (1820–1895), die im 19. Jahrhundert das Elend der Arbeiter in Europa untersucht hatten. Marx und Engels entwickelten damals eine wissenschaftliche Theorie über die Gesellschaft unter den Bedingungen von Industrialisierung und Marktwirtschaft:

- Die neuen ökonomischen Verhältnisse (Arbeitsteilung, Maschineneinsatz, Massenproduktion) würden dazu führen, dass sich alles Eigentum und jede wirtschaftliche Kontrolle bei den Unternehmern konzentriere. Die Beschäftigten würden zwar immer mehr produzieren, aber selbst immer weniger besitzen. Damit spalte sich die Gesellschaft in eine Klasse der Eigentümer (*Kapitalisten*) und eine der recht- und besitzlosen Arbeiter (*Proletarier*).
- Ab einem gewissen Punkt müsse sich die Arbeiterklasse, zahlenmäßig überlegen und dank ihrer eigenen Produktivkraft, gegen die Kapitalisten erheben. Danach würde aller Privatbesitz in öffentliches Eigentum überführt und gemeinschaftlich verwaltet: Auf den *Kapitalismus* würde der *Sozialismus* folgen.
- In ferner Zukunft würde selbst das gemeinschaftliche Eigentum überflüssig. Die Menschen könnten in einer Art Naturzustand ohne Staat und gesellschaftliche Unterschiede leben. Der Sozialismus werde schließlich vom *Kommunismus* abgelöst.

Marxismus-Leninismus | Die Lehre des *Marxismus* schien eine Antwort auf die wachsende Ungerechtigkeit in den Industrieländern zu sein. Ihr folgten nicht nur die Bolschewiki, sondern auch andere politische Kräfte in Russland und Europa. Lenin hielt den Marxismus für richtig, jedoch nicht für ausreichend, um die Verhältnisse in Russland umzustürzen. Er versuchte daher, den Marxismus gedanklich weiterzuentwickeln:

- Die Arbeiterklasse benötige die Führung durch eine Partei. Diese solle für eine Revolution sorgen, anstatt auf den Verfall des Kapitalismus zu warten (*revolutionäre Partei neuen Typs*).
- Die Partei solle ihre Macht im Land nicht mit anderen Gruppen teilen, sondern alleine regieren (*Machtmonopol*).
- Die Partei solle den Staat nicht abschaffen, sondern mit seiner Hilfe die Revolution in andere Länder tragen (*Ziel einer Weltrevolution*).

Die Verbindung der Lehren von Marx mit Lenins Folgerungen, der *Marxismus-Leninismus*, wurde zur Ideologie der bolschewistischen Partei (➔M2).

Ideologie (altgriech. Lehre von den Ideen): System von Meinungen und Überzeugungen, das zur Rechtfertigung oder Verhüllung von Ansprüchen dient. Ideologien bieten ihren Anhängern ein umfassendes „Wir-Gefühl" und erzeugen Feindbilder, die sich gegen Andersdenkende richten.

Der Traum von der „Weltrevolution“ | Für die meisten bolschewistischen Führer stand fest, dass ein Export der Revolution in weiter entwickelte Industriestaaten für ein Gelingen des neuartigen Experiments notwendig war. Alle Versuche, den Kommunismus im Ausland an die Macht zu bringen, scheiterten jedoch.

Die Hoffnung ruhte zunächst auf Deutschland. Das Deutsche Reich schien auf den ersten Blick gute Voraussetzungen zu bieten. Die Arbeiterschaft war diszipliniert, in vielen Vereinigungen gut organisiert und verfügte über lange Erfahrungen. Ende 1918 war das alte Kaiserreich zusammengebrochen, die ehemals so stolze Armee war auseinandergelaufen, und der Kaiser musste angesichts der Revolution in Berlin in das holländische Exil gehen. Problematisch war allerdings, dass der Kommunismus in Deutschland über keine wirkliche soziale und ideologische Basis verfügte. Die Mehrheit der Sozialdemokratie (*MSPD*) lehnte ihn ab, und nur innerhalb der extrem linken Unabhängigen Sozialdemokraten (*USPD*) gab es mit dem *Spartakusbund* eine kleine, überzeugte kommunistische Gruppe unter *Karl Liebknecht* (1871–1919) und *Rosa Luxemburg* (1871–1919) (→M3). Diese beiden Führer wurden aber schon im Januar 1919 von Offizieren ermordet. Deshalb schlugen mehrere schlecht organisierte Versuche, im Deutschen Reich Unruhen anzufachen, bereits im Ansatz fehl. Der deutsche Staatsapparat und die Polizei waren zu gut organisiert, und in einigen Fällen wurde auch die Armee gegen revolutionäre Bestrebungen eingesetzt. Vor allem war das russische Vorbild für die meisten deutschen Arbeiterinnen und Arbeiter überhaupt nicht attraktiv. Diese wollten keine Diktatur einer Partei, sondern einen demokratischen Sozialismus.

„Gen[osse] Lenin reinigt die Erde vom Unrat.“
Plakat (68 x 44 cm) von Viktor Deni, 1920.
Die Bezeichnung „Genosse“ stammt aus der Arbeiterbewegung und dient als respektvolle Anrede.

► Interpretieren Sie das Plakat und seinen Text.

Der Versuch, wenigstens im Balkanstaat Bulgarien eine Revolution herbeizuführen, endete für die Bolschewiki in einer Katastrophe. Bei den Wahlen von 1919 erhielt die Kommunistische Partei immerhin 18 Prozent der Stimmen. Dies war kein schlechtes Ergebnis, aber von der Mehrheit weit entfernt. Die Partei stützte sich auf die städtischen Unterschichten, fand aber bei den Bauern, die die Mehrheit der Gesellschaft bildeten, kaum Unterstützung. Im September 1923 versuchten die bulgarischen Kommunisten, einen Aufstand herbeizuführen. Dieser forderte Tausende Opfer, brach aber nach wenigen Tagen zusammen. Im folgenden Jahr kam es zum Verbot der Bulgarischen Kommunistischen Partei, die in den Untergrund ging.

Die Kommunistische Internationale | Da ein direkter Export der Revolution nicht möglich war, versuchten die russischen Bolschewiki, die kommunistischen Parteien der anderen Staaten in eine gemeinsame internationale Organisation zusammenzubringen. So wurde 1919 in Moskau auf Lenins Initiative die *Kommunistische Internationale* (kurz *KI* oder auch *Komintern*) gegründet (→M4). Diese Organisation hatte zwei Vorläufer, die bis auf Karl Marx zurückgingen, die vor dem Ersten Weltkrieg aber keine große Bedeutung erlangt hatten. 1922 waren weltweit 66 Parteien mit ungefähr 1,2 Millionen Mitgliedern in der Komintern zusammengefasst. Trotz zeitweise steigender Mitgliederzahlen sank ihre internationale Bedeutung während der 1920er-Jahre. Eine Gleichberechtigung der Parteien war wegen der Dominanz Moskaus nicht möglich. Die „Weltrevolution“ blieb eine Illusion.

„Schlag die Weißen mit dem roten Keil."
Plakat von El Lissitzky, um 1920. Das berühmte Propagandaplakat entstand während des russischen Bürgerkrieges.

- Erläutern Sie, warum das Plakat zu einer Ikone werden konnte. Berücksichtigen Sie dabei die Bedeutung der Farben.

Bürgerkrieg zwischen „Weiß" und „Rot" | Unmittelbar nach der Oktoberrevolution brach in Russland ein verheerender Bürgerkrieg aus.[1] Auf den ersten Blick handelte es sich um eine Auseinandersetzung zwischen den *„Roten"*, den Anhängern der Sowjetrepublik, und den *„Weißen"*, den Anhängern des Zaren und der alten Ordnung. Mehrere weitere große Konflikte machten den Krieg aber noch unübersichtlicher und unberechenbarer als zuvor. Deshalb ist der Begriff des einen großen Bürgerkrieges auch in die Kritik geraten, wird aber fast immer beibehalten, weil es keine bessere Charakterisierung gibt. Große Feldschlachten, bei denen sich zwei Armeen offen gegenüberstanden, gab es nicht. Stattdessen bestand der Bürgerkrieg aus einer großen Zahl von einzelnen Gefechten, die von allen Seiten mit äußerster Grausamkeit ausgetragen wurden. In erster Linie ging es um die Kontrolle von Ressourcen und darum, die Lebensgrundlage der jeweiligen Gegenseite zu vernichten. Eine wichtige Waffe war hierbei der *Terror*, der teilweise gezielt, teilweise auch ungezielt vor allem gegen Zivilisten eingesetzt wurde. Auf diese Weise sollte der Wille des Gegners gebrochen und seine Moral untergraben werden.

Viele Aktionen glichen Kampfhandlungen, wie sie für Partisanenkriege typisch waren. Gegnerische Positionen wurden von schnellen Einheiten überfallartig angegriffen, oder Truppen zogen sich ebenso schnell zurück, um beweglich zu bleiben, wenn der Gegner an einer anderen Stelle der Front überlegen war. Bei dieser Kampfweise war es kaum möglich, Kriegsgefangene zu machen bzw. diese zu versorgen oder in Lager abzutransportieren. Deshalb wurden Gefangene fast immer auf der Stelle hingerichtet.

Je länger der Krieg dauerte, desto mehr wurden Plünderungen zum Alltag. Die Truppen konnten wegen der schleppenden und unzureichenden Versorgung nur auf diese Weise ihre Existenz sichern. Da auch die medizinische Versorgung und jegliche Hygienemaßnahmen weitgehend zusammengebrochen waren, starben mehr Soldaten durch Seuchen als durch Feindeinwirkung. Geschätzt wird, dass 1920 etwa ein Drittel der von Leo Trotzki neu aufgebauten *Roten Armee* der Sowjetrepulik unter Typhus litt.

Sehr hoch war auch die Fluktuation: Da sich bald kaum noch Freiwillige meldeten, griffen alle Seiten auf Zwangsrekrutierungen zurück. Deshalb war während des gesamten Krieges die Zahl der Überläufer und Deserteure hoch. Hinrichtungen waren an der Tagesordnung, doch konnten selbst solche Maßnahmen die Disziplin nur notdürftig aufrechterhalten.

In diesem Bewegungskrieg erwies sich die Kontrolle der Verkehrsverbindungen oft als entscheidend. Gepanzerte Eisenbahnzüge stellten häufig die Kommandozentralen dar. Berühmt wurde Trotzkis Panzerzug: Dieser verfügte über fest installierte Kanonen und Maschinengewehre, führte Automobile und sogar kleine Panzerwagen mit sich und hatte den neuesten Stand der Technik an Bord. Hierzu gehörten moderne Funk-

[1] Der genaue Beginn des Bürgerkrieges ist in der Forschung umstritten. Manche Historikerinnen und Historiker sehen seinen Anfang erst im Frühjahr 1918.

geräte und Telegrafen. In vielen Regionen des riesigen Reiches waren die Eisenbahnverbindungen allerdings unzureichend, sodass hier die Kavallerie zur entscheidenden Offensivwaffe wurde. Dies galt vor allem für die riesigen Steppengebiete in Zentralasien. Anfangs hatten die „Weißen" einen erheblichen Vorteil, weil die Reitervölker der Kosaken fast vollständig zarentreu blieben. Seit dem Herbst 1919 bauten die „Roten" aber zielstrebig eigene Reiterabteilungen auf, die im Bewegungskrieg einen entscheidenden Vorteil darstellten.

Kosaken: ursprünglich ein Reitervolk im Grenzgebiet zwischen Polen, Russland und der Ukraine. Unter den Zaren genossen sie weitgehende Freiheiten. Viele Kosaken siedelten sich in Sibirien als unabhängige Bauern an.

Gepanzerter Zug.
Foto (Ausschnitt), um 1919.

Intervention der Alliierten und Unabhängigkeitsbewegungen | Der Bürgerkrieg wurde durch zwei weitere Faktoren noch unübersichtlicher: Zum einen war dies die Intervention der Alliierten, zum anderen kamen Unabhängigkeitsbewegungen an der Peripherie des Landes hinzu.

Die Westalliierten beschlossen auf der *Pariser Friedenskonferenz* 1919 eine Intervention auf der Seite der „Weißen". Dieser Eingriff in den russischen Bürgerkrieg wurde allerdings nur halbherzig angegangen. Einige russische Randgebiete wurden zwar besetzt, doch die Zahl der Truppen war zu klein, um die Bolschewiki ernsthaft zu gefährden. Es fanden auch kaum größere Gefechte statt. Hilfeleistungen gab es in Form von Waffenlieferungen und Geld sowie logistischer Unterstützung. Im Norden Russlands kämpften zeitweise britische Truppen gegen die Bolschewiki, und im Fernen Osten landeten gemeinsam Briten, Franzosen, Japaner und einige US-Amerikaner. Anfangs trugen diese Truppen dazu bei, vorübergehend die Lage im Fernen Osten zu stabilisieren. Langfristig war ihre Ausstattung aber zu gering, um die Situation grundlegend zu ändern.

Legendär wurden die Operationen der *tschechoslowakischen Legion*. Diese Einheit, die etwa 50 000 bis 60 000 Mann umfasste, war aus ehemaligen Kriegsgefangenen aus russischen Lagern und aus einigen Freiwilligen gebildet worden. Zwar waren die meisten als Mitglieder der österreichisch-ungarischen Armee in Gefangenschaft geraten, sie fühlten sich aber durchweg als Tschechen und Slowaken und wollten nach Zentraleuropa zurück, um am Aufbau ihres neuen Landes mitzuwirken. Die Legion war sehr kampfstark und die Bolschewiki hatten ihr nur wenig entgegenzusetzen. Da der Weg nach Mitteleuropa durch den Bürgerkrieg versperrt war, beschloss die Legion sich entlang der Transsibirischen Eisenbahn nach Ostsibirien durchzuschlagen und von der Pazifikküste aus mit Schiffen heimzukehren. Dieses Unternehmen war trotz großer

Schwierigkeiten am Ende erfolgreich. Die Legionäre trafen im Spätsommer/Herbst 1920 in Prag ein. Wieder in ihrer Heimat angekommen, wurden sie als Helden gefeiert. Sie erhielten gut bezahlte Posten in der staatlichen Bürokratie, und einige Veteranen halfen beim Aufbau einer neuen tschechoslowakischen Armee.

Daneben sahen viele Völker vor allem in den Randbereichen des Landes die Chance, in den Bürgerkriegswirren ihre Unabhängigkeit zu erlangen. Bis zur deutschen Niederlage im November 1918 wurden diese Bemühungen auch von den Deutschen unterstützt. Truppen landeten in *Finnland* und kämpften dort im Unabhängigkeitskrieg unter General *Carl Gustav Emil Mannerheim* (1867–1951). Die *Kosaken am Don* wurden seit dem Frühjahr 1918 ebenfalls mit deutschen Waffen und mit Munition beliefert. Im *Baltikum* brachen schwere Kämpfe aus, wobei vor allem in Lettland 1919 auch Freiwillige aus dem Deutschen Reich gegen die Bolschewiki kämpften. Mehrere Staaten im *Kaukasus* erklärten ebenfalls ihre Unabhängigkeit. In der Region um *Odessa* landeten französische und griechische Divisionen, die sich mit den dortigen lokalen antibolschewistischen Streitkräften verbündeten.

Zu kriegerischen Auseinandersetzungen kam es auch mit *Polen* (1918–1920), das einen Vielvölkerstaat unter Einbeziehung von Litauern, Ukrainern und Weißrussen anstrebte. Die polnische Offensive schlug letztlich aber fehl, obgleich Truppen sogar zeitweise bis Kiew vorstießen. Der Gegenstoß der Roten Armee konnte erst Ende August 1920 kurz vor Warschau gestoppt werden. Dieses „Wunder an der Weichsel" festigte die Position des polnischen Oberbefehlshabers *Józef Piłsudski* (1867–1935). Bis auf Weiteres endete der Versuch, den Kommunismus nach Mitteleuropa zu exportieren.

Das Ende des Bürgerkrieges | Der Bürgerkrieg dauerte bis 1922 und endete mit einem Sieg der Sowjetregierung. Er warf das Land noch weiter zurück als der Erste Weltkrieg und forderte fast zehn Millionen Todesopfer, davon nur ein Zehntel Soldaten. Über zwei Millionen Menschen flohen aus Russland.

Welche Faktoren entschieden schließlich den Krieg zugunsten der „Roten"? Zum einen wurde die Intervention der Westmächte schlecht koordiniert. Unterstützt wurden einzelne weißrussische Generäle, die aber kaum zusammenarbeiteten oder ihre jeweiligen Operationen aufeinander abstimmten. Eine enge Kooperation war auch aus logistischen Gründen kaum möglich. Zum anderen verfügten die Bolschewiki über die *„innere Linie"*, die in Kriegen oft eine entscheidende Rolle spielt. Sie konnten leicht und schnell Truppen aus einem Frontabschnitt abziehen und anderswo einsetzen, wo sie dringender gebraucht wurden. Dies war den Interventionsmächten, die in weit voneinander entfernten Räumen operierten, geografisch nicht möglich.

Trotzki gelang es unter schwierigen Umständen, eine effiziente Armee aufzubauen. Im Kampf um die Macht hob er bedenkenlos Errungenschaften der Revolution wie die Wahl der Offiziere durch die Mannschaften wieder auf. Vormals bekämpfte militärische Grundsätze wie Disziplin und Gehorsam wurden mit drakonischen Strafen durchgesetzt. Trotzki erkannte, dass der Krieg ohne den Sachverstand der ehemals zaristischen Offiziere nicht zu gewinnen war, weil in der Roten Armee die Kampfmoral und die Begeisterung für den Bolschewismus zwar hoch, der militärische Sachverstand aber gering war. Diese ehemaligen Zaristen schienen aber oft unzuverlässig zu sein und dem alten Regime nachzutrauern. Deshalb wurden ungefähr 50000 in die Rote Armee übernommen, ihnen aber gleichzeitig ein politischer Kommissar zur Seite gestellt, der ein überzeugter Bolschewist war. Die Kommissare hielten sich meist aus den rein militärischen Entscheidungen heraus, achteten aber darauf, dass keine Sabotage versucht wurde oder Operationen beschlossen wurden, die der generellen Linie der Partei widersprachen.

Zudem gelang es den Bolschewiki zunehmend, sich gegenüber der Bevölkerung als die glaubhaftere Alternative darzustellen. In ihrer Propaganda verteidigten sie die Heimat gegenüber ausländischen Mächten. Außerdem fehlte den „Weißen" nach der Hinrichtung der Zarenfamilie ein Oberhaupt oder ein übergeordnetes Symbol, um das sich die unterschiedlichen Gruppen hätten sammeln können. Bei den Völkern der

Westmächte war der Krieg zudem wenig populär. Hier herrschte eher Erleichterung darüber, dass der Erste Weltkrieg 1918 zu Ende gegangen war. Auch wenn im Westen zeitweise erhebliche Furcht vor dem Vordringen des Bolschewismus bestand, war es Briten, Franzosen und Amerikanern nur schwer zu vermitteln, warum sie sich nach dem Ende des Weltkrieges erneut in eine große kriegerische Auseinandersetzung begeben sollten.

Die Gründung der Sowjetunion | Im Zuge des Bürgerkrieges wurden auch die Grenzziehungen von 1918 geändert. Die Rote Armee besetzte die vorübergehend unabhängigen Staaten Armenien, Aserbaidschan und Georgien. Diese Länder sowie Weißrussland und die Ukraine, wo bis 1919 ebenfalls die Sowjets an die Macht kamen, vereinten sich im Dezember 1922 mit der RSFSR zur *Union der Sozialistischen Sowjetrepubliken (UdSSR)*. Zwischen 1925 und 1936 wurden auch die zentralasiatischen Länder Kasachstan, Kirgistan, Tadschikistan, Turkmenistan und Usbekistan als Sowjetrepubliken angegliedert. Die Sowjetunion stellte damit den Gebietsumfang des ehemaligen Zarenreiches weitgehend wieder her.

Grenzverschiebungen zwischen 1917 und 1922.

Das Leid der einfachen Menschen | Zu Beginn des Bürgerkrieges war die Zivilbevölkerung nur wenig von den Ereignissen berührt worden. Dies ändere sich aber nach kurzer Zeit. Da die jeweiligen Truppen nur über unzureichende Nachschublinien verfügten, beschlagnahmten sie einfach alle Nahrungsmittel, derer sie habhaft werden konnten. Bauern wurden zu Opfern von Plünderungen, und die hungernde Stadtbevölkerung unternahm regelrechte Hamsterfahrten auf das Land, um dringend benötigte Lebensmittel zu besorgen. Weil die Währung rapide an Wert verlor, ging man schon bald zum *Tauschhandel* über. Der Regierung gelang es aber nicht, den Schwarzmarkt einzudämmen. Zudem versuchte sie den Arbeitsmarkt zu kontrollieren, die Überwachung der Produktion von Gütern und Waren zu intensivieren, die Verteilung selbst in die Hand zu nehmen und Betriebe zu verstaatlichen. Alle diese Versuche blieben wirkungslos und verschlimmerten die Lage. Schon 1919 bot eine amerikanische Hilfsorganisation, die *American Relief Administration (ARA)*, Unterstützung gegen geringe Zugeständnisse an. Doch Lenin lehnte dies ab, da es sich um eine Einmischung in die inneren Angelegenheiten handeln würde. Erst im Herbst 1921 wurde amerikanische Hilfe angenommen.

Der Hunger nahm in einigen Städten unvorstellbare Ausmaße an. Menschen schlachteten Hunde und Katzen und verzehrten Vögel. Arbeiterinnen und Arbeiter stahlen Materialien aus den Betrieben, um diese dann auf dem Schwarzmarkt gegen überteuerte Lebensmittel zu tauschen. Zudem war der Winter 1919/20 auch noch extrem kalt, und überall fehlte Heizmaterial. Wer konnte, floh aus der Stadt und versuchte auf dem Land zu überleben. Groben Schätzungen zufolge sank zwischen 1918 und 1920 die Einwohnerzahl von Moskau etwa um die Hälfte, diejenige von Petrograd um 75 Prozent. Geschätzt wird, dass im Frühjahr 1921 auch ein Viertel der Bauern wenig oder gar nichts mehr zu essen hatte, und dass Millionen von Menschen während des Bürgerkrieges verhungert sind.

„Helft Russland."
Plakat von Käthe Kollwitz, 1921.
Die deutsche Künstlerin schuf das Plakat im Auftrag der Internationalen Arbeiterhilfe. Der Aufruf entstand im Zusammenhang mit der großen Hungersnot, die Ende 1921 infolge einer Dürrekatastrophe und des Bürgerkrieges den Süden und Südosten Sowjetrusslands heimsuchte.

- Beschreiben Sie den Aufbau des Plakates.
- Erläutern Sie die suggestive Wirkung des Plakates.

M1 Die Verfassung Sowjetrusslands

Aus der Verfassung der Russischen Sozialistischen Föderativen Sowjetrepublik (RSFSR) vom 10. Juli 1918:

§ 1. Russland wird als Republik der Sowjets der Arbeiter-, Soldaten- und Bauerndeputierten erklärt. Die ganze zentrale und lokale Gewalt steht diesen Sowjets zu.

§ 2. Die russische Sowjetrepublik wird auf der Grundlage eines freien Bundes freier Nationen als eine Föderation nationaler Sowjetrepubliken errichtet. [...]

§ 7. Der III. Allrussische Sowjetkongress der Arbeiter-, Soldaten- und Bauerndeputierten ist der Ansicht, dass gegenwärtig, im Augenblick des Entscheidungskampfes zwischen dem Proletariat[1] und dessen Ausbeutern, den letzteren in keinem Regierungsorgan Platz eingeräumt werden darf. Die Regierungsmacht muss ganz und ausschließlich den werktätigen Massen und ihrer bevollmächtigten Vertretung, den Sowjets der Arbeiter-, Soldaten- und Bauerndeputierten, zustehen. [...]

§ 9. Die Grundaufgabe der für den gegenwärtigen Übergangsaugenblick bestimmten Konstitution der Russischen Sozialistischen Föderativen Sowjetrepublik besteht in der Errichtung der Diktatur des städtischen und ländlichen Proletariats und der ärmeren Bauernschaft in Form einer machtvollen Allrussischen Sowjetregierung zum Zweck der völligen Niederhaltung der Bourgeoisie[2], der Beseitigung aller Ausnutzung des Menschen durch den Menschen und der Einsetzung der sozialistischen Gesellschaftsordnung, unter der es weder eine Klasseneinteilung noch eine Staatsmacht geben wird. [...]

§ 64. Das Recht, zu wählen und in die Sowjets gewählt zu werden, genießen, unabhängig von dem Glaubensbekenntnis, der Nationalität, der Ansässigkeit usw. folgende Bürger beiderlei Geschlechts [...], die bis zum Tag der Wahlen das 18. Lebensjahr vollendet haben:

a) Alle diejenigen, die ihren Lebensunterhalt aus produktiver und gesellschaftlich nützlicher Arbeit bestreiten [...], wie: Arbeiter und Angestellte aller Arten und Kategorien [...], Bauern und ackerbautreibende Kosaken[3], insofern sie sich keiner Lohnarbeit zur Erzielung von Gewinnen bedienen;

b) Soldaten der Sowjetarmee und -flotte.

§ 65. Weder wählen noch gewählt werden dürfen:

a) Personen, die zwecks Erzielung von Gewinn Lohnarbeiter verwenden;

b) Personen, die von arbeitslosem Einkommen leben, wie: Zinsen, Kapital, Einnahmen von Unternehmungen, Erträgen, Vermögen usw.;

c) Privatkaufleute, Handels- und kommerzielle Vertreter;

d) Mönche und geistliche Angestellte der Kirchen und religiösen Kulte.

Zitiert nach: Oskar Anweiler, Die Russische Revolution 1905–1921, Stuttgart [3]1968, S. 56–58

1. Präsentation: Fassen Sie die politischen und gesellschaftlichen Ziele der Verfassung in einer Tabelle zusammen. | F

2. Erläutern Sie anhand der Verfassungsauszüge die Unterschiede zwischen der Sowjetrepublik und einer parlamentarischen Demokratie.

M2 „Ihr seid die Macht"

In einer Rede vor dem III. Allrussischen Sowjetkongress vom 24. Januar 1918 skizziert Lenin die Rolle der Arbeiter und Bauern beim Aufbau der neuen sozialistischen Wirtschaftsordnung:

Von der Arbeiterkontrolle gingen wir zur Schaffung des Obersten Volkswirtschaftsrates über. Nur diese Maßnahme zusammen mit der Nationalisierung[4] der Banken und der Eisenbahnen, die in den nächsten Tagen erfolgen wird, gibt uns die Möglichkeit, den Aufbau der neuen sozialistischen Wirtschaft in Angriff zu nehmen. Wir kennen die Schwierigkeiten unseres Werkes sehr gut, aber wir erklären, dass nur derjenige ein wirklicher Sozialist ist, der diese Arbeit in Angriff nimmt und sich dabei auf die Erfahrungen und den Instinkt der werktätigen Massen stützt. Sie werden viele Fehler machen, aber die Hauptsache ist getan. Sie wissen: Wenn sie sich an die Sowjetmacht wenden, ist ihnen jede Unterstützung gegen die Ausbeuter gewiss. Es gibt keine Maßnahme, die ihre Arbeit erleichtern könnte, die nicht von der Sowjetmacht voll und ganz unterstützt werden würde. Die Sowjetmacht ist nicht allwissend und kann nicht überall rechtzeitig eingreifen, auf Schritt und Tritt muss sie schwierige Aufgaben bewältigen. Sehr oft schicken die Arbeiter und Bauern Delegationen zur Regierung, die fragen, was sie beispielsweise mit bestimmten Ländereien tun sollen. Und ich persönlich sah mich oft in eine schwierige Lage versetzt, wenn ich feststellen musste, dass sie selber noch unentschlossen waren. Ich sagte ihnen: Ihr seid die Macht, tut alles, was euch wünschenswert erscheint, sorgt aber für die Produktion, sorgt dafür, dass Nützliches produziert wird. Stellt euch auf nützliche Arbeit um, ihr werdet Fehler machen, aber ihr werdet lernen. Und

[1] Zum Begriff „Proletariat" siehe M1 auf Seite 18 (Fußnote 1).
[2] Zur „Bourgeoisie" siehe ebenso M1 auf Seite 18 (Fußnote 1).
[3] Eine Begriffserklärung finden Sie auf Seite 73.

[4] **Nationalisierung**: Verstaatlichung

die Arbeiter haben bereits angefangen zu lernen, sie haben bereits den Kampf gegen die Saboteure aufgenommen. Die Menschen haben aus der Bildung einen Zaun errichtet, der die Werktätigen hindert, vorwärtszuschreiten. Dieser Zaun wird niedergerissen werden [...].

Zitiert nach: Helmut Altrichter und Heiko Haumann (Hrsg.), Die Sowjetunion. Von der Oktoberrevolution bis zu Stalins Tod, Bd. 2: Wirtschaft und Gesellschaft, München 1987, S. 48 f.

1. Beschreiben Sie anhand des Textes das Verhältnis zwischen sowjetischer Staatsmacht sowie Arbeitern und Bauern. | H
2. Erläutern Sie, was Lenin mit der Aussage meint, wonach die Bildung ein Zaun sei, der die Werktätigen am Vorwärtsschreiten hindere (vgl. Zeile 30 f.). Nehmen Sie anschließend dazu Stellung.

Lenin bei einer Grammophonaufnahme im Moskauer Kreml.
Foto vom 29. März 1919.
Das Radio wurde erst im Laufe der 1920er-Jahre zum Massenmedium. Lenins Ansprachen wurden daher auf Schallplatten festgehalten, um sie im In- und Ausland zu verbreiten.

M3 „Freiheit ist immer nur die Freiheit des Andersdenkenden"

Rosa Luxemburg (1870–1919), eine deutsche Politikerin polnischer Herkunft, ist seit 1898 Mitglied der SPD, seit 1917 der USPD. Ende 1918 ist sie Mitbegründerin der KPD. Dies hindert sie nicht, kritisch die Entwicklung des Sowjetregimes zu verfolgen. Ihre Gedanken, die sie seit September 1918 in der Haft niederschreibt[1], *werden erst posthum veröffentlicht:*

Lenin sagt: Der bürgerliche Staat sei ein Werkzeug zur Unterdrückung der Arbeiterklasse, der sozialistische zur Unterdrückung der Bourgeoisie. Es sei bloß gewissermaßen der auf den Kopf gestellte kapitalistische Staat. Diese vereinfachte Auffassung sieht von dem Wesentlichsten ab: Die bürgerliche Klassenherrschaft braucht keine politische Schulung und Erziehung der ganzen Volksmasse, wenigstens nicht über gewisse eng gezogene Grenzen hinaus. Für die proletarische Diktatur ist sie das Lebenselement, die Luft, ohne die sie nicht zu existieren vermag. [...]
Gerade die riesigen Aufgaben, an die die Bolschewiki mit Mut und Entschlossenheit herantraten, erforderten die intensivste politische Schulung der Massen und Sammlung der Erfahrung.
Freiheit nur für die Anhänger der Regierung, nur für die Mitglieder einer Partei – mögen sie noch so zahlreich sein – ist keine Freiheit. Freiheit ist immer nur die Freiheit des Andersdenkenden. Nicht wegen des Fanatismus der „Gerechtigkeit", sondern weil all das Belehrende, Heilsame und Reinigende der politischen Freiheit an diesem Wesen hängt und seine Wirkung versagt, wenn die „Freiheit" zum Privilegium wird. [...]
Es ist die historische Aufgabe des Proletariats, wenn es zur Macht gelangt, anstelle der bürgerlichen Demokratie sozialistische Demokratie zu schaffen, nicht jegliche Demokratie abzuschaffen. Sozialistische Demokratie beginnt aber nicht erst im gelobten Lande, wenn der Unterbau der sozialistischen Wirtschaft geschaffen ist, als fertiges Weihnachtsgeschenk für das brave Volk, das inzwischen treu die Handvoll sozialistischer Diktatoren unterstützt hat. Sozialistische Demokratie beginnt zugleich mit dem Abbau der Klassenherrschaft und dem Aufbau des Sozialismus. Sie beginnt mit dem Moment der Machteroberung durch die sozialistische Partei. Sie ist nichts anderes als die Diktatur des Proletariats.
Jawohl: Diktatur! Aber diese Diktatur besteht in der *Art der Verwendung* der Demokratie, nicht in ihrer Abschaffung,

[1] Bei der Bearbeitung des folgenden Auszugs aus dem unvollendeten Manuskript „Zur russischen Revolution" muss berücksichtigt werden, dass Luxemburg sich auf die Arbeiterklasse und die sie vertretende Partei bezieht. Sie steht nicht pauschal für Meinungsfreiheit und Freiheit der Wahl, sondern für einen mit Schulung der Volksmassen einhergehenden revolutionären Prozess, der ein festes Ziel hat. Die Diktatur des Proletariats gilt als gesetzt.

in energischen, entschlossenen Eingriffen in die wohlerworbenen Rechte und wirtschaftlichen Verhältnisse der bürgerlichen Gesellschaft, ohne welche sich die sozialistische Umwälzung nicht verwirklichen lässt. Aber diese Diktatur muss das Werk der Klasse und nicht einer kleinen, führenden Minderheit im Namen der Klasse sein, d. h., sie muss auf Schritt und Tritt aus der aktiven Teilnahme der Massen hervorgehen, unter ihrer unmittelbaren Beeinflussung stehen, der Kontrolle der gesamten Öffentlichkeit unterstehen, aus der wachsenden politischen Schulung der Volksmassen hervorgehen.

Rosa Luxemburg, Zur russischen Revolution, in: Dies., Politische Schriften, Bd. III, Frankfurt am Main 1968, S. 131 f. und 139

1. Geben Sie zentrale Kritikpunkte an Lenin wieder, die Rosa Luxemburg anführt. | H
2. Erläutern Sie Rosa Luxemburgs Vorstellung von der Diktatur des Proletariats. | H
3. Rosa Luxemburg zeigt mit dieser Schrift ihr Verständnis von Diktatur und Freiheit auf. Dabei meint sie: „Freiheit ist immer nur die Freiheit des Andersdenkenden" (Zeile 17 f.). Beurteilen Sie diese Aussage im Kontext ihrer Ideologie.

M4 „Es lebe die III. Kommunistische Internationale!"

Das folgende Plakat entsteht zum 3. Kongress der „Kommunistischen Internationale" von 1921:

1. Erläutern Sie den Zusammenhang zwischen der Gestaltung des Plakats und der angestrebten sozialistischen „Weltrevolution".
2. Beurteilen Sie, ob die Gründung der Komintern im Sinne des Sowjetkommunismus konsequent war.

Modernisierung im Zeichen des Terrors

Sturz der Dserschinski-Statue.
Foto von 1991.
Aufgebrachte Demonstrierende klettern auf die 1958 in Moskau errichtete Granitstatue von Felix E. Dserschinski, um sie mithilfe von Stahlseilen umzustürzen. Letztlich demontierten Baukräne die überlebensgroße Statue, die später im Moskauer Skulpturenpark aufgestellt wurde.

▶ Stellen Sie Vermutungen darüber an, warum die Statue des Gründers der Tscheka im Jahre 1991 gestürzt wurde.

Tscheka: Abkürzung für die im Dezember 1917 gebildete „Allrussische Außerordentliche Kommission zur Bekämpfung von Konterrevolution, Spekulation und Sabotage". Sie wurde im russischen Bürgerkrieg zum Instrument der Unterdrückung und des „roten" Terrors.

Internettipp
Weitere Informationen über die Tscheka und ihre Nachfolgedienste finden Sie unter dem Code **32038-03**.

Einparteienstaat und Diktatur | Ganz im Sinne seines Parteienverständnisses ließ Lenin die freie Konkurrenz politischer Gruppierungen beseitigen. Die bürgerlichen Parteien mussten sich auflösen, Menschewiki und Sozialrevolutionäre wurden aus dem Exekutivkomitee der Sowjets ausgeschlossen. Die Pressefreiheit war bereits Ende 1917 aufgehoben worden. Es entstand ein *Einparteienstaat*, in dem die Bolschewiki eine unumschränkte *Diktatur* ausübten. Die Partei besetzte die wichtigsten Stellen in Staat, Verwaltung, Justiz, Militär und Wirtschaft. Aus dem Personal der Partei stammten auch die künftigen Führungskräfte (*Kader*).

Das Regime unterhielt seit 1917 eine geheime Staatspolizei, die Tscheka, die von *Felix E. Dserschinski* (1877–1926) gegründet wurde. Die Zahl ihrer Mitarbeiter wuchs von zwei Dutzend bei ihrer Gründung auf 137000 im Jahre 1921. Die Tscheka praktizierte staatlich sanktionierte *Terrorakte* gegen die „Feinde der Arbeiterklasse" ebenso wie bald auch gegen Vertreter abweichender Meinungen aus dem eigenen Lager. Seit dem Sommer 1918 durfte dieses Sonderorgan selbst Todesurteile fällen und vollstrecken. Zudem verfügte die Tscheka über eigene Gefängnisse und Lager. Schätzungsweise 220000 Menschen fielen ihr bis 1922 zum Opfer (→M1).

Veränderungen in Partei und Gesellschaft | Nicht einmal an der Struktur der Kommunistischen Partei selbst ging der Umbruch spurlos vorüber: An die Spitze des *Zentralkomitees* (ZK) stellte Lenin drei neue Gremien: das *Politbüro* (für Grundsatzfragen der Politik), das *Orgbüro* (dem die organisatorische Durchführung der Entscheidungen des Politbüros oblag) und ein *Sekretariat* (das die technische Ausführung unter Kontrolle des Orgbüros übernahm). Das Politbüro wurde zur Machtzentrale der Partei und des Staates. Es bestand aus Lenin und sechs weiteren Mitgliedern seiner Regierung. In den 1920er-Jahren entschied es alle wichtigen Fragen der Innen- und Außenpolitik im Namen des ZK.

Ohne Zögern nahm das Sowjetregime die Umgestaltung der Gesellschaft in Angriff. Innerhalb kürzester Zeit wurden westeuropäische Entwicklungen des 19. Jahrhunderts nachgeholt: Staat und Kirche wurden getrennt, die Zivilehe verpflichtend eingeführt. Frauen erhielten rechtliche Gleichstellung und Zugang zu Schulen und Hochschulen, ebenso wie Angehörige unterer Schichten. Das Bildungsniveau stieg, und es entstand eine neue Schicht von Ökonomen, Technikern und Wissenschaftlern, die *Sowjetintelligenz*. Gleichwohl gestand man der ehemaligen Mittel- und Oberschicht nur eingeschränkte Bürgerrechte zu. Bildung und Erziehung mussten den Lehren des Regimes folgen. Sitten und Bräuche wurden verboten, wenn sie der Weltanschauung der Bolschewiki widersprachen. Die Religion galt dem Regime als größter Feind des Fortschritts. Kirchen, Klöster, Synagogen und Moscheen wurden aufgelöst oder zerstört und Zehntausende Geistliche verfolgt.

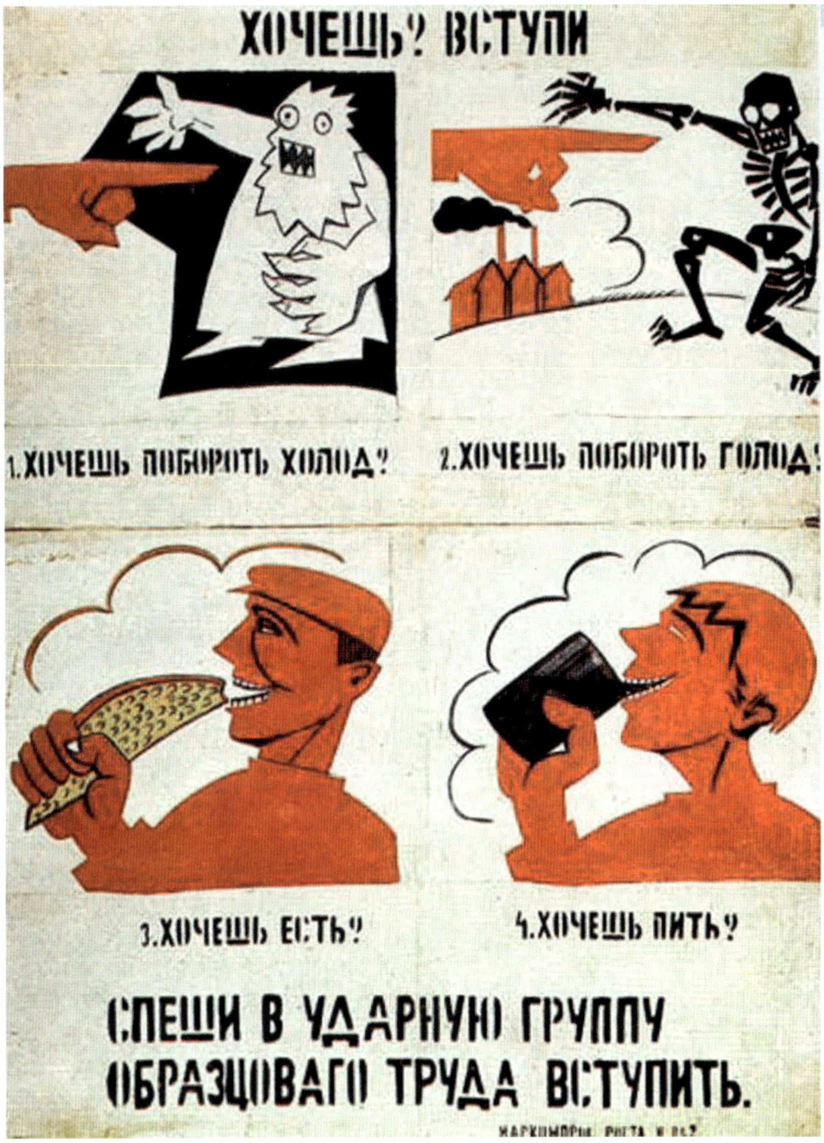

„Willst Du? Tritt ein."
ROSTA-Plakat Nr. 867 (103 x 77 cm) vom Januar 1921.
Nach 1917 spielte die „Agitationspropaganda" (Agitprop) eine wichtige Rolle in der Verbreitung revolutionärer Botschaften. Viele junge und experimentierfreudige Künstler beteiligten sich daran. Auf Anregung des Literaten und Künstlers Wladimir W. Majakowski (1893–1930) entstanden die „ROSTA-Fenster". Sie wurden von Künstlerteams für die russische Telegrafenagentur (Abkürzung: ROSTA) angefertigt, hatten riesige Ausmaße und hingen in Schaufenstern, Bahnhöfen und an anderen öffentlichen Plätzen aus. Die Inschriften des abgebildeten Plakates lauten:

1. Willst die Kälte bezwingen?
2. Willst den Hunger bezwingen?
3. Willst essen?
4. Willst trinken?

Schnell in die Stoßtruppe vorbildlicher Arbeiter!

- ▶ Beschreiben Sie das Plakat.
- ▶ Überlegen Sie, an wen sich das Plakat richtet, und beurteilen Sie seine mögliche Wirkung.

Am revolutionärsten veränderten Eingriffe in die Wirtschaftsordnung das soziale Gefüge. Nach der Enteignung der Gutsbesitzer auf dem Land wurden Unternehmen verstaatlicht, in den Industriebetrieben kam es jedoch zu keiner Verbesserung der Arbeitsbedingungen.

Der Kronstädter Aufstand | Seit ein Ende des Bürgerkrieges absehbar war, regte sich innerhalb der Kommunistischen Partei Widerstand gegen die Entwicklung im Land. Sichtbarster Ausdruck, wie weit sich das Regime von den ursprünglichen Idealen entfernt hatte, war ein spontaner *Matrosenaufstand in Kronstadt* an der Ostsee im März 1921. Die Aufständischen forderten unter anderem Neuwahlen der Sowjets nach einem gleichen und geheimen Wahlrecht, Rede- und Pressefreiheit für linkssozialistische und anarchistische Gruppen sowie Freiheit der Gewerkschaften (➔M2).

Der Führungszirkel reagierte prompt: Leo D. Trotzki ließ die Erhebung der „Konterrevolutionäre" zusammenschießen, bald darauf wurden die letzten noch zugelassenen Parteien der Menschewiki und Sozialrevolutionäre verboten, Schauprozesse stellten sozialistische Parteiführer an den Pranger. Auch jegliche innerparteiliche Opposition wurde endgültig verhindert: Der *X. Parteikongress* beschloss 1921 das Verbot von Fraktionsbildungen innerhalb der Kommunistischen Partei und bezeichnete unabhängige Gewerkschaften als „unvereinbar mit der Lehre des Marxismus". Die Diskussion oder gar Durchsetzung politischer Alternativen war damit unmöglich geworden. Es galt das Meinungsmonopol der Parteispitze, die in Säuberungsaktionen ein Drittel aller Mitglieder aus der Partei ausschließen ließ.

Internettipp
Über den Matrosenaufstand von Kronstadt informiert ein ausführlicher Artikel unter dem Code **32038-04**.

„Kriegskommunismus" | Weltkrieg, Bürgerkrieg und revolutionäre Eingriffe in die Wirtschaftsordnung hatten die Versorgungslage in Russland völlig zerrüttet. Waren und Rohstoffe waren knapp.[1] Ihre Verteilung unterstellte die Regierung deshalb einer staatlichen Kontrolle. Ein freier Markt existierte nicht mehr, dafür blühte der Schwarzhandel. Da es nur wenige Verbrauchsgüter zu kaufen gab, waren die Bauern kaum bereit, ihre Ernte abzugeben. Militärkommandos mussten eingesetzt werden, um die Ernährung der Städte sicherzustellen. Die gewaltsam eingetriebenen Nahrungsmittel wurden anschließend kostenlos an die Verbraucher verteilt.

Kriegskosten und ein Rückgang der Industrieproduktion auf etwa 15 Prozent des Vorkriegsniveaus hatten eine galoppierende Inflation entfacht, die jährlich zwischen 670 und 1560 Prozent lag. Dies machte weitgehend den Übergang zu einer Art *Naturalwirtschaft* notwendig. Neben Konsumgütern wurden Energie und öffentliche Dienstleistungen gratis abgegeben, auch das Wohnen in den enteigneten Mietshäusern kostete nichts. Die „proletarische Naturalwirtschaft" war zwar keineswegs beabsichtigt, wurde jedoch von den Machthabern propagandistisch idealisiert (➔M3 und M4).

Neue Ökonomische Politik | Während Lenin am Machtmonopol der revolutionären Avantgarde kompromisslos festhielt, akzeptierte er eine Liberalisierung der Wirtschaftsordnung. Angesichts der katastrophalen Versorgungslage im Winter 1920/21 musste er schon deshalb Abweichungen von der bisherigen Doktrin zulassen, um einer systemgefährdenden Kritik bei Arbeitern und Bauern zuvorzukommen. Die Kurskorrektur nahm der X. Parteikongress im März 1921 mit der Einführung der *Neuen Ökonomischen Politik* (russisch: *NEP*) vor. Die mit Zwangseintreibungen durchgesetzte Abgabepflicht der Bauern wurde aufgehoben und durch eine Naturalsteuer ersetzt. Darüber hinaus produzierte Naturalien durften die Bauern auf eigene Rechnung mit Gewinn auf einem wiederhergestellten freien Markt verkaufen (➔M5).

Auch andere Maßnahmen ließen erkennen, dass die vorübergehend in Kraft gesetzten marxistischen Theorien sich in der Praxis nicht bewährt hatten. Vor allem fiel die einheitliche Lohnstaffel für alle Berufsgruppen. Das Dekret vom 16. September 1921 stellte ausdrücklich fest, dass „jegliche Gedanken an Gleichmacherei fallen gelassen werden müssen". Der vormals scharf kritisierte Leistungslohn behielt von da an im Sowjetstaat seine Gültigkeit. Eine Rückkehr zu mehr Marktwirtschaft verrieten auch die weitgehende Zulassung eines freien Binnenhandels und die Konzessionierung privater (Klein-)Unternehmer. Die Zentren der Wirtschaft (z. B. Außenhandel, Banken, Schwerindustrie) blieben jedoch weiterhin in den Händen des Staates. Dank der NEP war 1926 das wirtschaftliche Vorkriegsniveau in etwa wieder erreicht (➔M6).[2]

Ende der 1920er-Jahre hatte sich die Sozialstruktur gegenüber 1913 deutlich verschoben. Während der Anteil der Arbeiter und Angestellten an der Bevölkerung praktisch unverändert geblieben war (ca. 17 Prozent), waren die Kapitalisten deutlich dezimiert worden (von 16 auf 5 Prozent) zugunsten der Bauern (65 auf 73 Prozent). Auf dem Land war die Zahl größerer Landwirte stark geschrumpft, dort überwog jetzt deutlich ein starkes mittleres Bauerntum. Auch gab es weiterhin ein verarmtes Proletariat, sodass trotz der Enteignung der Gutshöfe die sozialen Verhältnisse recht unterschiedlich blieben.

Die Einführung der NEP gehörte zu den letzten Leistungen Lenins; auch wenn dieses System bereits 1928 wieder aufgehoben wurde. Seit Mai 1922 erlitt Lenin mehrere Schlaganfälle, er war halbseitig gelähmt und konnte zuletzt nicht mehr sprechen. Bis zu seinem Tod am 21. Januar 1924 war er kaum noch handlungsfähig.

---

[1] Siehe hierzu auch Seite 76.

[2] Zur Neuen Ökonomischen Politik siehe auch die Methode „Politische Reden analysieren" auf Seite 95.

Wer folgt Lenin an der Spitze? | Schon lange vor Lenins Tod schwelte ein Machtkampf um seine Nachfolge vor allem zwischen zwei Männern mit sehr unterschiedlichem Charakter: Josef W. Stalin und Leo D. Trotzki.[1]

Stalin war einerseits grob, brutal und ein schlechter Redner, und Lenin hatte kurz vor seinem Tod ausdrücklich vor dessen Charakter gewarnt (➔M7). Andererseits war er aber fleißig und ein unermüdlicher Arbeiter meist am Schreibtisch, der sich auch für kleine Details bestimmter Maßnahmen interessierte. Stalin achtete sehr darauf, dass wichtige Positionen in der Staatsbürokratie und in der Partei mit seinen Anhängern besetzt wurden. Dabei kam ihm zugute, dass die Zahl der Parteimitglieder während der 1920er-Jahre stark anstieg. Viele von ihnen waren nicht mehr wie die frühen Bolschewiki, die ein starkes Elitebewusstsein entwickelt hatten, sozialisiert worden, sondern kamen aus anderen gesellschaftlichen Gruppen. Stalin nutzte dieses Wachstum der Partei, um bestimmte Gruppen von alten Bolschewiki als „linke" oder als „rechte" Abweichler zu denunzieren und politisch an den Rand zu drängen. Auf Parteitagen und in internen Sitzungen gelang es ihm, Mehrheiten für sich zu organisieren, auch wenn die jeweiligen Bündnisse sich nur selten als stabil oder langlebig erwiesen.

Trotzki hingegen war intellektuell brillant und ein charismatischer Redner, der aber auch zur Selbstüberschätzung tendierte. Dies zeigte sich bereits bei Lenins Begräbnis. Trotzki war nicht in der Hauptstadt anwesend. Aber statt sich sofort nach Moskau zu begeben, ließ er sich viel Zeit, sodass Stalin die Gelegenheit erhielt, die Trauerrede zu halten. Damit stellte sich Stalin symbolisch an die Spitze der Partei und in die direkte Nachfolge Lenins. Trotzki setzte stark auf seine eigene Wirkung und versäumte es, sich selbst eine ihm ergebene Anhängerschaft aufzubauen bzw. diese mit einflussreichen Posten in der Bürokratie zu versorgen.

Der Gegensatz zwischen Stalin und Trotzki sollte aber auch nicht überbetont werden. Beide waren überzeugte Bolschewiki. Wie die Reaktion auf den Matrosenaufstand in Kronstadt 1921 zeigte, schreckte auch Trotzki nicht davor zurück, Gewalt gegen Oppositionelle einzusetzen.

Josef Wissarionowitsch Dschugaschwili, gen. Stalin (1878–1953): aus Georgien stammender russischer Revolutionär; von 1922 bis 1953 Generalsekretär der Kommunistischen Partei. Er errichtete in der Sowjetunion eine totalitäre Herrschaft, die er nach dem Zweiten Weltkrieg auf die von der Sowjetunion abhängigen Staaten ausdehnte und die bis zu seinem Tod dauerte.

Die Entscheidung | In der Partei entbrannten in den 1920er-Jahren heftige Auseinandersetzungen vor allem um die Frage über den weiteren Aufbau des Sozialismus und um dessen Gestaltung. Trotzki hatte die Lehre von der „permanenten Revolution" formuliert, wonach der Sozialismus nur vollständig verwirklicht werden könne, wenn die Revolution sich zur „Weltrevolution" ausbreite. Dagegen entwickelte Stalin die These vom „Sozialismus in *einem* Land": Der Sozialismus müsse zuerst in der UdSSR errichtet werden, bevor diese die Führungsrolle in einem stufenförmigen Prozess zur „Weltrevolution" übernehmen werde (➔M8). Damit setzte Stalin sich in den Parteikadern durch.

Eine weitere, diesmal entscheidende Niederlage erlitt Trotzki mit seiner Forderung einer forcierten Industrialisierung zum Aufbau des Sozialismus. Stalin und die Mehrheit lehnten ab, Trotzki und seine Anhänger verloren 1927 ihre Sitze im Politbüro und wurden später aus der Partei ausgeschlossen. 1929 wurde Trotzki aus der Sowjetunion verbannt und ging ins Exil nach Mexiko. Dort versuchte er erfolglos eine außerrussische Opposition gegen Stalin aufzubauen. 1940 wurde er schließlich auf Befehl Stalins von einem sowjetischen Agenten mit einem Eispickel tödlich verletzt (➔M9 und M10).

Nach seinem Sieg wechselte Stalin den Kurs. Der wachsende Rückstand gegenüber den westlichen Industrienationen schien nun doch den Ausbau der Schwer- und Rüstungsindustrie zu gebieten. Wieder wurden die Mitglieder der unterlegenen „Fraktion" als „Abweichler" aus dem Politbüro oder der Partei ausgeschlossen. Ende 1930 hatte Stalin alle Genossen, die bei Lenins Tod Mitglied der kollektiven Führung waren, aus dem Politbüro eliminiert. Stalin war der unumstrittene Führer der Partei.

[1] Zu Leo D. Trotzki siehe nochmals Seite 56 und Seite 74.

Um sich als legitimen Nachfolger zu inszenieren, pflegte Stalin einen ausgesprochenen Kult um Lenins Person. Anders als Lenin es gewünscht hatte, erhielt sein Leichnam einen eigenen Grabkomplex auf dem Roten Platz in Moskau, das Lenin-Mausoleum. Stalin erhob auch die Schriften des sowjetischen Staatsgründers zur allein gültigen Lehre über die Geschichte, Gegenwart und Zukunft der kommunistischen Bewegung.

Das Lenin-Mausoleum auf dem Roten Platz in Moskau.
Foto vom Oktober 2021.
Das Lenin-Mausoleum wurde mehrfach umgebaut und vergrößert. Bis heute ist dort die einbalsamierte Leiche des Revolutionsführers aufgebahrt, die regelmäßig in einem komplizierten Verfahren konserviert werden muss. Lenins Gehirn wurde vorher zu wissenschaftlichen Zwecken entnommen. Für einige Jahre war auch Stalin im Mausoleum bestattet.

Internettipp
Über den Streit um den Leichnam Lenins siehe den Artikel unter dem Code **32038-05**.

M1 Über den „roten" Terror

Der sozialkritische Schriftsteller Wladimir G. Korolenko (1853–1921) beschwert sich in einem Brief an Anatoli W. Lunatscharski (1875–1933), einem führenden bolschewistischen Politiker und Volkskommissar für Bildungswesen, vom Sommer 1920 über den „roten" Terror:

Viel Unglaubliches, Abscheuliches geschah zu jener Zeit [...], doch ein direktes Eingeständnis, dass die Untersuchungsbefugnis und die Befugnis, Todesurteile zu verhängen, in einer Hand vereinigt werden dürfen, das gab es selbst damals nicht.[1] Die Tätigkeit der bolschewistischen Außerordentlichen Untersuchungskommission stellt in der Geschichte der Kulturvölker ein wohl einzigartiges Beispiel dar. In der Tscheka von Poltawa [...] fragt mich einmal ein angesehenes Mitglied der ukrainischen Tscheka nach meinen Eindrücken. Ich antwortete ihm: Hätten unterm Zaren die Kriegsgendarmeriestellen das Recht besessen, nicht nur nach Sibirien zu verbannen, sondern auch Todesstrafen zu verhängen und zu vollstrecken, so wäre es das gleiche gewesen, wie das, was wir jetzt erleben.
Worauf mein Gesprächspartner antwortete:
„Aber das geschieht doch zum Wohle des Volkes."
Ich bin der Ansicht, dass nicht alle Mittel dem Wohl des Volkes dienen, und für mich unterliegt es keinem Zweifel, dass Erschießungen auf dem Verordnungsweg, zum System erhoben und nun schon seit über einem Jahr praktiziert, nicht zu diesen Mitteln gehören.

Michael Harms (Hrsg.), Wladimir Korolenko, Ohne Freiheit keine Gerechtigkeit. Die Briefe an den Volkskommissar Lunatscharski (1920), Berlin 1993, S. 26 (übersetzt von Ernst Kuhn)

1. Fassen Sie den Text mit eigenen Worten zusammen.
2. Arbeiten Sie die Haltung Korolenkos zum „roten" Terror heraus. | F
3. Präsentation: Entwickeln Sie eine Antwort von Lunatscharski in Form eines Briefes an Korolenko.

[1] Der Verfasser bezieht sich hier auf die Zeit vor 1917.

M2 Der Kronstädter Matrosenaufstand

Ende Februar 1921 erreichen die landesweiten Unruhen auch die Seefestung Kronstadt, in der etwa 50 000 Menschen, darunter rund 16 000 Militärs, leben. Die Matrosen verabschieden am 28. Februar folgende Resolution, die am 1. März auf einer Massenversammlung von etwa 15 000 Menschen bestätigt wird:

Nachdem wir den Bericht der Vertreter der Mannschaften gehört haben, die von der Volksversammlung der Schiffsmannschaften nach Petrograd entsandt worden waren, um sich über die Lage in Petrograd Klarheit zu verschaffen, haben wir beschlossen:

1. Angesichts der Tatsache, dass die bestehenden Sowjets nicht den Willen der Arbeiter und Bauern zum Ausdruck bringen, unverzüglich Neuwahlen zu den Sowjets unter den Bedingungen geheimer Stimmabgabe und freier vorhergehender Wahlagitation für alle Arbeiter und Bauern durchzuführen.
2. Rede- und Pressefreiheit für Arbeiter und Bauern, Anarchisten und links-sozialistische Parteien.
3. Versammlungsfreiheit, Freiheit der Gewerkschaften und Bauernvereinigungen. [...]
5. Alle politischen Gefangenen, die sozialistischen Parteien angehören, zu befreien, ebenso wie alle Arbeiter und Bauern, Rotarmisten und Matrosen, die in Verbindung mit Arbeiter- und Bauernbewegungen eingesperrt wurden. [...]
7. Jegliche Politischen Abteilungen[2] abzuschaffen, da nicht eine einzige Partei Privilegien für die Propagierung ihrer Ideen beanspruchen und vom Staat zu diesem Zweck Geld erhalten darf. [...]
9. Gleiche Lebensmittelrationen für alle Werktätigen mit Ausnahme derjenigen in gesundheitsschädlichen Berufen.
10. Die kommunistischen Kampfgruppen in allen Truppeneinheiten sowie auch die verschiedenen kommunistischen Aufsichtsdienste in den Fabriken und Betrieben aufzulösen. [...]
11. Den Bauern das volle Recht zu geben, über ihr ganzes Land so zu verfügen, wie sie es wünschen, und auch Vieh zu besitzen, sofern sie es mit eigenen Kräften halten, d. h. sich keiner Lohnarbeit bedienen. [...]
15. Freie handwerkliche Produktion auf der Basis eigener Hände Arbeit zu gestalten.[3]

[2] Gemeint sind Kommunistische Parteizellen zur Überwachung und Propaganda.
[3] das heißt ohne Lohnarbeit

Anfang März 1921 übernimmt in Kronstadt ein gewähltes Komitee die Macht. Die Sowjetregierung verhängt daraufhin das Kriegsrecht über die Stadt, unterbricht die Versorgungswege und lässt am 17./18. März die Seefestung von etwa 50 000 Rotarmisten stürmen. Noch im selben Jahr gibt die Zeitung „Freies Russland“ in Prag eine Darstellung über den Kampf der Kronstädter heraus. Darin heißt es:

Kronstadt ist gefallen. Es fiel, ohne Unterstützung durch die Petrograder Arbeiter, ohne tatkräftige Hilfe aus dem unendlichen, in Unruhe geratenen Russland erhalten zu haben […]. Der Kronstädter Aufstand hat die Kommunisten gezwungen, sich von ihrer Wirtschaftspolitik loszusagen, d. h. von demselben Kommunismus, für den die Oktoberrevolution durchgekämpft, ein Meer von Blut vergossen und Russland zerstört worden war.
Weshalb wurde dann aber Kronstadt niedergeworfen? Weshalb? Die Liste der unerfüllten Forderungen zeigt klar wofür. Für die Forderung nach der Volksherrschaft, für die Forderung nach frei gewählten Sowjets.
Die Kommunisten gelangten bis zur Absage an den Kommunismus, aber sie waren nicht bereit, die Frage der Macht zur Debatte zu stellen – schon gar nicht der Macht des ganzen Volkes, der Bauern, Arbeiter, Matrosen und Rotarmisten, wie die Kronstädter es forderten.
Der Aufstand hat gezeigt, dass im Volk und nur im Volk mächtiges Leben steckt und dass das Volk und nur das Volk die Bolschewiki und ihre Herrschaft von innen erschüttern und überwinden kann. Nachdenklich, ja zutiefst nachdenklich, wurden dank des Kronstädter Aufstandes auch die westeuropäischen Sozialisten und Arbeitermassen. Für sie war der Kronstädter Aufstand ein Donnerschlag. Sie erkannten hier zum ersten Mal klar und deutlich, dass die bolschewistische Macht in Russland dem Volk selbst, den Arbeitern und Bauern als dem Rückhalt der Revolution, verhasst ist.

Erster und zweiter Text zitiert nach: Frits Kool und Erwin Oberländer (Hrsg.), Arbeiterdemokratie oder Parteidiktatur, Olten/Freiburg im Breisgau 1967, S. 337, 338 f. und 343 f. (übersetzt von Gisela Oberländer und Hans Siegfried Lamm)

1. Arbeiten Sie aus den Forderungen die politischen Verhältnisse von 1921 sowie die Ziele der Kronstädter heraus (erster Text). | H
2. Der Kronstädter Aufstand und sein gewaltsames Ende wurden zum Zeichen für die Menschenfeindlichkeit des sowjetischen Systems (erster und zweiter Text). Erläutern Sie diese Aussage.

Straßenkämpfe mit der Roten Armee.
Foto aus Kronstadt, März 1921.

M3 Das Ende der Welt?

Victor Serge, der eigentlich Viktor L. Kibaltschitsch heißt, 1890 in Brüssel als Kind russischer Emigranten zur Welt kommt und 1947 im mexikanischen Exil stirbt, hat an der Revolution aktiv teilgenommen. In seinen 1942/43 niedergeschriebenen Erinnerungen schreibt er über die Situation nach der Oktoberrevolution und die Einführung des „Kriegskommunismus“:

Das wunderbare System der Ernährung [...] lief leer. Ein Redner im Sowjet rief aus: „Der Apparat ist ausgezeichnet, aber die Suppe ist schlecht!“ [...] In Wirklichkeit musste man, um sich zu ernähren, tagaus tagein spekulieren. Und die Kommunisten taten das genauso wie die anderen. Die Banknoten waren nichts mehr wert, kluge Theoretiker sprachen von der nahe bevorstehenden Abschaffung des Geldes. Zum Druck der Briefmarken fehlten Farben und Papier. Durch ein Dekret wurde das Porto aufgehoben: eine neue sozialistische Errungenschaft. Dass Straßenbahnfahren nichts kostete, erschöpfte das Material, das von Tag zu Tag mehr verfiel.
Die von den verstaatlichten Kooperativen verteilten Rationen waren winzig: Schwarzbrot (manchmal durch Hafer ersetzt), einige Heringe im Monat, ein winziges bisschen Zucker für die erste Kategorie (Handarbeiter und Soldaten), fast nichts für die dritte (Nicht-Arbeiter). Das Wort des heiligen Paulus, das überall angeschlagen war: „Wer nicht arbeitet, der soll auch nicht essen!“, wurde zur Ironie, denn um sich zu ernähren, musste man sich ja gerade auf dem Schwarzmarkt umtun statt zu arbeiten. Die Arbeiter brachten in den toten Fabriken ihre Zeit damit hin, dass sie Maschinenteile in Taschenmesser und Transmissionsriemen in Schuhsohlen umarbeiteten, um sie dann auf dem Schwarzmarkt zu tauschen. Im Ganzen war die Industrieproduktion auf weniger als 30 Prozent der Produktion von 1913 gefallen. Um ein wenig Mehl, Butter oder Fleisch zu bekommen, musste man Bauern, die dergleichen unerlaubterweise in die Stadt brachten, Textilien oder irgendwelche Gegenstände geben. Glücklicherweise enthielten die Wohnungen der vormaligen Bourgeoisie in den Städten nicht wenig Teppiche, Wandbehänge, Wäsche und Geschirr. Aus dem Leder von Sofas stellte man ganz brauchbare Schuhe her, aus den Wandbehängen Kleider. Da die Spekulation die Eisenbahnen desorganisierte, die ohnehin heruntergekommen waren, untersagten die Behörden den Transport von Lebensmitteln durch Privatleute, legten Sonderabteilungen in die Bahnhöfe, die erbarmungslos den Sack Mehl der Hausfrau konfiszierten, ließen die Märkte durch die Miliz umzingeln, die Warnschüsse in die Luft abgab und inmitten von Geschrei und Tränen die Waren beschlagnahmte. Die Sonderabteilungen und die Miliz machten sich dadurch verhasst. Das Wort „Kommissariokratie“ ging um. Die Altgläubigen verkündeten das Ende der Welt und das Reich des Antichrist.
Der Winter war für die Bewohner der Stadt eine wahre Qual. Keine Heizung, kein Licht, und dazu der nagende Hunger! Schwache Kinder und Greise starben zu Tausenden. Der Typhus, von den Läusen verbreitet, räumte gründlich auf. Das alles habe ich vielfach gesehen und miterlebt. In den großen verlassenen Wohnungen von Petrograd drängten sich die Leute in einem einzigen Zimmer zusammen und lebten dicht gedrängt um einen kleinen Kanonenofen aus Ziegelsteinen, den sie auf dem Parkett aufgestellt hatten und dessen Kaminrohr eine Fensterecke mit Ruß schwärzte. Man speiste ihn mit dem Parkett der Nachbarzimmer, mit den letzten Möbeln, mit Büchern. Ganze Bibliotheken sind auf diese Weise verschwunden. Ich selbst ließ, um eine mir nahestehende Familie zu wärmen, mit echter Genugtuung die Sammlung der Reichsgesetze verbrennen. Man nährte sich von ein bisschen Hafer und halbverfaultem Pferdefleisch, man teilte im Kreis der Familie ein Stück Zucker in winzige Partikeln auf, und jeder Bissen, den einer außer der Reihe ergatterte, beschwor wahre Tragödien herauf. Die Kommune tat viel für die Ernährung der Kinder; aber dieses Viel blieb lächerlich gering.
Um die Genossenschaftsversorgung aufrechtzuerhalten, die in erster Linie ein bitter und hoffnungslos gewordenes Proletariat, die Armee, die Flotte, die Parteigliederungen beliefern sollte, schickte man Requisitionskommandos[1] in entfernte Landesteile, die von den Muschiks[2] oft mit Mistgabeln vertrieben und manchmal massakriert wurden. Rasende Bauern schlitzten dem Kommissar den Bauch auf, füllten ihn mit Weizen und ließen ihn am Straßenrand liegen, damit man sie richtig verstehe. So endete einer meiner Genossen, ein Buchdrucker, in der Umgebung von Dno, wohin ich mich später selbst begab, um einem verzweifelten Dorf zu erklären, dass die Schuld an der imperialistischen Blockade liege. Das war wahr, aber die Bauern forderten nichtsdestoweniger mit Recht das Ende der Requisitionen, die Legalisierung des Tauschhandels.

Victor Serge, Erinnerungen eines Revolutionärs 1901–1941, Hamburg 1990, S. 134 ff. (übersetzt von Cajetan Freund)

1. Präsentation: Stellen Sie die Aussagen von Victor Serge in einer Mindmap dar, mit dem Begriff „Kriegskommunismus“ im Mittelpunkt.
2. Der Autor zeichnet ein anschauliches Bild von der Versorgungslage während der Zeit des Bürgerkrieges. Arbeiten Sie heraus, welche Wechselwirkungen zwischen der wirtschaftlichen Situation und Maßnahmen der Regierung deutlich werden. | H | F
3. Präsentation/Gruppenarbeit: Versetzen Sie sich in die Lage eines Arbeiters, eines Bauern, eines Bürgerlichen oder eines Parteifunktionärs. Überlegen Sie, mit welchen Argumenten diese Personenkreise jeweils auf die geschilderten Verhältnisse reagiert haben dürften.

[1] **Requisition:** hier Beschlagnahmung
[2] So wurden die Bauern im zaristischen Russland bezeichnet.

M4 Lenin'scher „Kriegskommunismus"

*Der Historiker Gerd Koenen (*1944) schreibt:*

„Unwahrscheinlich" war schon die Situation im Herbst/Winter 1917, als niemand es für möglich gehalten hatte, dass die extremistische Aktionspartei der Bolschewiki die Staatsmacht, die sie in einem kurzen Moment des Patts aller sozialen und politischen Kräfte in den Hauptstädten Russlands an sich gerissen hatte, für mehr als ein paar Wochen oder Monate würde festhalten können. Nicht einmal die Mehrzahl der Bolschewiki selbst glaubte das. Gerade erst hatte ihr Gründer und Führer Lenin in einer kühnen, von den eigenen Genossen noch kaum aufgenommenen theoretischen Interpretation die These aufgestellt, dass es möglich sei, auf der Basis der staatlich gelenkten Kriegswirtschaft des alten Regimes auf direktem Weg zu einem diktatorisch exekutierten „Kriegskommunismus" unter der ausschließlichen Diktatur ihrer Partei überzugehen. Das war eine Perspektive, die alle Kategorien eines noch so radikal formulierten Marxismus außer Kraft setzte, so wie die halb konspirative, halb offene Zusammenarbeit mit dem Kriegsgegner, dem Deutschen Kaiserreich, alle Begriffe einer revolutionären Realpolitik überschritt.
In diesem Sinne bedeutete der Griff nach der Staatsmacht im Oktober/November 1917 für Lenin und seine Parteigänger den Aufbruch in ein Niemandsland der Geschichte, aus dem es allerdings kein Zurück gab [...]
In der Realität war der Lenin'sche „Kriegskommunismus" wenig mehr als eine salbungsvolle Umschreibung der bedingungslosen Ausrichtung aller Produktions- und sonstigen Potenziale auf die Erfordernisse eines Bürgerkrieges, den die Bolschewiki offensiv eröffneten und mit allen Mitteln von Konfiskation, Aushungerung, Zwangsarbeit, Geiselnahme und Massenterror vorantrieben. Die Resultate ihres Sieges nach drei Bürgerkriegsjahren waren rundum desaströs. Die materielle Produktion war auf einen Bruchteil der Vorkriegsziffern gefallen, das ganze Land in einen Zustand des primitiven Naturaltauschs zurückgefallen und damit eine „klassenlose Gesellschaft" im schlimmsten Sinne geworden. Nicht nur ein Großteil des Adels, Klerus und Bürgertums war sozial oder physisch verschwunden. Auch eine Überschüsse produzierende Bauernschaft gab es kaum noch, so wenig wie regulär arbeitende Handwerker und Händler. Die großen Fabrikzentren waren nach einer Serie großer „konterrevolutionärer" Streiks größtenteils aufgelöst, geplündert und stillgelegt. Wie Lenin in einer schneidenden Replik auf die parteiinterne „Arbeiteropposition" 1921 feststellte, gab es in Russland überhaupt keine Arbeiterklasse mehr. Diese rhetorisch unablässig beschworene „führende Klasse" verkörperten allein sie selbst, die Bolschewiki, kraft ihres „Klassenbewusstseins".

Gerd Koenen, Ein Zeitalter wird besichtigt, in: Jörg Ganzenmüller (Hrsg.), Verheißung und Bedrohung. Die Oktoberrevolution als globales Ereignis, Köln 2019, S. 25–43, hier S. 29f.

1. Geben Sie wieder, was der Historiker unter „Lenin'sche[r] ‚Kriegskommunismus'" (Zeile 25) versteht.
2. Erklären Sie die Auswirkungen des „Kriegskommunismus".
3. Koenen spricht von „einem diktatorisch exekutierten ‚Kriegskommunismus'" (Zeile 13 f.). Beurteilen Sie dies.

M5 Die „Geburtsurkunde" der NEP

Am 21. März 1921 wird das Dekret über die Naturalsteuer verabschiedet:

1. Zur Sicherstellung einer geregelten und ungestörten Wirtschaftsführung, die es dem Landwirt erlaubt, freier über die Produkte seiner Arbeit und über seine Produktionsmittel zu verfügen, zur Stärkung der bäuerlichen Wirtschaft und zur Hebung ihrer Produktivität, aber auch mit dem Ziel einer Präzisierung der auf die Landwirte zukommenden staatlichen Verpflichtungen, wird die Beschaffung, als staatliches Mittel zur Aufbringung und Verteilung von Lebensmitteln, Rohstoffen und Futtermitteln, durch die Naturalsteuer ersetzt.
2. Diese Steuer muss niedriger sein, als die bisher durch die Beschaffung auferlegte Steuerlast. [...]
4. Die Steuer muss progressiv sein; die Prozentabgabe für die Wirtschaften der Mittelbauern, der Kleinlandwirte und für die Wirtschaften städtischer Arbeiter muss gesenkt werden. [...]
7. Die Verantwortung für die Ableistung der Steuer wird jedem einzelnen Hofwirt auferlegt, und die Organe der Sowjetmacht werden ermächtigt, Strafen gegenüber denjenigen zu verhängen, die ihre Steuerpflicht nicht erfüllen. [...]
8. Alle Vorräte an Lebensmitteln, Rohstoffen und Futtermitteln, die bei den Landwirten nach Ableistung ihrer Steuerpflicht verbleiben, stehen ihnen in vollem Umfange zur Verfügung und können zur Verbesserung und Stärkung ihrer Wirtschaft, zur besseren Befriedigung eigener Konsumbedürfnisse oder zum Austausch gegen Produkte der Industrie, des Handwerks und der Landwirtschaft verwendet werden.

Helmut Altrichter und Heiko Haumann (Hrsg.), Die Sowjetunion. Von der Oktoberrevolution bis zu Stalins Tod, Bd. 2: Wirtschaft und Gesellschaft, München 1987, S. 136 ff.; zitiert nach: https://www.1000dokumente.de/index.html?c=dokument_ru&dokument=0016_nat&object=translation&st=&l=de (Zugriff: 24. April 2023)

1. Arbeiten Sie die Unterschiede zum „Kriegskommunismus" heraus. Verwenden Sie dazu auch M3 auf Seite 87 sowie den Verfassertext auf Seite 82.
2. Erläutern Sie die ökonomischen und politischen Ziele, die mit diesem Dekret verfolgt wurden. | F

M6 „Mindestens ein Menschenalter lang"

Der Historiker Günther Stökl (1916–1998) bewertet die Abkehr vom „Kriegskommunismus" und die Einführung der Neuen Ökonomischen Politik wie folgt:

Lenin hat sich nicht leicht dazu entschlossen, das Experiment des Kriegskommunismus wirtschaftlich als gescheitert anzusehen. Erst als die Lage keinen anderen Ausweg mehr zuließ, warf er das Steuer herum. Ausschlaggebend war die Unlösbarkeit des Ernährungsproblems mit den bisher angewandten Methoden. Man musste den Bauern eine gewisse Rechtssicherheit und ökonomische Anreize bieten, um die landwirtschaftliche Produktion zu steigern. Das geschah, indem man die bisher völlig willkürlichen Requisitionen durch eine gesetzlich festgelegte Naturalabgabe ersetzte, die sich prozentual ermäßigte, je mehr der Bauer produzierte, und indem man dem Bauern erlaubte, seine Überschüsse selbst in der Stadt zu verkaufen. [...] Die Neue Ökonomische Politik (NEP) bestand aber noch aus zwei weiteren tiefgreifenden Veränderungen, die mit Rücksicht auf ihren vom marxistischen Standpunkt aus schockierenden Charakter ohne große Publizität durchgeführt wurden, nämlich aus der Wiederzulassung des freien Binnenhandels in beträchtlichem Umfang und aus der Erteilung von Konzessionen an private, meist ausländische industrielle Unternehmer. Das völlige Versagen der staatlichen Handelsorganisation und die augenscheinliche Unmöglichkeit, auf anderem Wege die industrielle Produktion in Gang zu bringen, erzwangen diesen Rückfall in den Kapitalismus. Die zu erwartende Reaktion von rechts und von links kalkulierte Lenin sorgfältig ein: Ehe die noch vorhandenen Menschewisten ihre Befriedigung über das Scheitern des bolschewistischen Sofortsozialismus und über das Nachholen der bourgeois-kapitalistischen Phase äußern konnten, wurden sie als Partei und einzeln nun endgültig politisch liquidiert; und ehe die Arbeiteropposition als Sprecher des Industrieproletariats gegen diese eindeutig das Bauerntum begünstigende neue Wirtschaftspolitik protestieren konnte, wurde sie in die Illegalität gedrängt. Den Ausweg, die NEP als eine ganz vorübergehende Notstandsmaßnahme zu deklarieren, hat Lenin nicht gewählt. Er war überzeugt, dass man an ihr mindestens ein Menschenalter lang werde festhalten müssen.

Der Erfolg gab Lenin zunächst in einer Weise recht, die jeder Opposition den Boden entzog.

Günther Stökl, Russische Geschichte, Stuttgart 1997, S. 685 f.

1. Geben Sie wieder, was nach Günther Stöckl die Neue Ökonomische Politik ausmachte.
2. Erklären Sie ausgehend vom Text, warum die Einführung der Neuen Ökonomischen Politik notwendig war.
3. Erläutern Sie den letzten Satz des Materials (siehe Zeile 39 f.)

M7 Lenins „Brief an den Parteitag"

Nach einem Schlaganfall diktiert Lenin zwischen dem 23. Dezember 1922 und dem 4. Januar 1923 Briefe an den Parteitag, die als sein „Testament" bezeichnet werden. Die Papiere sollen erst nach seinem Tode veröffentlicht werden, gelangen jedoch vorzeitig in die Hände Josef W. Stalins (1878–1953) und anderer Politbüromitglieder. Nach dem Tod Lenins besteht seine Witwe auf der Veröffentlichung, was aber die Mehrheit im Politbüro verhindert, um Trotzki keinen Vorteil zu verschaffen. In Kenntnis gesetzt werden lediglich die höchsten Parteifunktionäre.
Die westliche Presse publiziert den „Brief an den Parteitag" im Jahre 1926, in der Sowjetunion wird er bis 1956 nur auszugsweise zitiert. Erstmals vollständig wird das Dokument hier nach dem XX. Parteitag der Kommunistischen Partei der Sowjetunion im Jahre 1956 veröffentlicht.

Lenin erörtert am 24. Dezember 1922 Maßnahmen gegen eine Spaltung des Zentralkomitees, um seine Stabilität zu sichern:

Ich denke, ausschlaggebend sind in der Frage der Stabilität unter diesem Gesichtspunkt solche Mitglieder des ZK wie Stalin und Trotzki. Die Beziehungen zwischen ihnen stellen meines Erachtens die größere Hälfte der Gefahr jener Spaltung dar, die vermieden werden könnte und zu deren Vermeidung meiner Meinung nach unter anderem die Erhöhung der Zahl der Mitglieder des ZK auf 50, auf 100 Personen dienen soll.
Gen. Stalin hat, nachdem er Generalsekretär geworden ist, eine unermessliche Macht in seinen Händen konzentriert, und ich bin nicht überzeugt, dass er es immer verstehen wird, von dieser Macht vorsichtig genug Gebrauch zu machen. Andererseits zeichnet sich Gen. Trotzki, wie schon sein Kampf gegen das ZK in der Frage des Volkskommissariats für Verkehrswesen bewiesen hat, nicht nur durch hervorragende Fähigkeiten aus. Persönlich ist er wohl der fähigste Mann im gegenwärtigen ZK, aber auch ein Mensch, der ein Übermaß von Selbstbewusstsein und eine übermäßige Vorliebe für rein administrative[1] Maßnahmen hat.
Diese zwei Eigenschaften zweier hervorragender Führer des gegenwärtigen ZK können unbeabsichtigt zu einer Spaltung führen, und wenn unsere Partei nicht Maßnahmen ergreift, um das zu verhindern, so kann die Spaltung überraschend kommen.

Ergänzung zum Brief vom 24. Dezember 1922:

Stalin ist zu grob, und dieser Mangel, der in unserer Mitte und im Verkehr zwischen uns Kommunisten durchaus erträglich ist, kann in der Funktion des Generalsekretärs nicht geduldet werden. Deshalb schlage ich den Genossen vor, sich zu überlegen, wie man Stalin ablösen könnte, und

[1] Darunter verstand man im Sprachgebrauch der Partei Zwangsmaßnahmen.

jemand anderen an diese Stelle zu setzen, der sich in jeder Hinsicht von Gen. Stalin nur durch einen Vorzug unterscheidet, nämlich dadurch, dass er toleranter, loyaler, höflicher und den Genossen gegenüber aufmerksamer, weniger launenhaft usw. ist. Es könnte so scheinen, als sei dieser Umstand eine winzige Kleinigkeit. Ich glaube jedoch, unter dem Gesichtspunkt der Vermeidung einer Spaltung und unter dem Gesichtspunkt der von mir oben geschilderten Beziehungen zwischen Stalin und Trotzki ist das keine Kleinigkeit, oder eine solche Kleinigkeit, die entscheidende Bedeutung erlangen kann.

Stalin nimmt am 23. Oktober 1927 vor dem ZK zu dem Brief Lenins Stellung:

Man sagt, Genosse Lenin habe in diesem „Testament" dem Parteitag vorgeschlagen, man solle sich im Hinblick auf Stalins „Grobheit" überlegen, ob man nicht Stalin als Generalsekretär durch einen anderen Genossen ersetzen solle. Das stimmt durchaus. Ja, Genossen, ich bin grob gegen diejenigen, die grob und verräterisch die Partei zersetzen und spalten. Ich habe das nicht verheimlicht und verheimliche es nicht. Möglich, dass hier eine gewisse Milde gegenüber den Spaltern erforderlich ist. Aber das bringe ich nicht fertig. [...]
In der Tat, es ist eine Tatsache, dass Lenin in seinem „Testament" Trotzki des „Nichtbolschewismus" beschuldigt und in Bezug auf Kamenews und Sinowjews[1] Fehler während des Oktober feststellt, dass dieser Fehler kein „Zufall" ist. Was bedeutet das? Das bedeutet, dass man weder Trotzki, der an „Nichtbolschewismus" leidet, *politisch* vertrauen darf noch Kamenew und Sinowjew, deren Fehler kein „Zufall" sind und sich wiederholen können und müssen.
Es ist bezeichnend, dass über Fehler Stalins in dem „Testament" kein einziges Wort, keine einzige Andeutung enthalten ist. Dort ist nur von der Grobheit Stalins die Rede. Aber Grobheit ist kein Fehler in der *politischen* Linie beziehungsweise Position Stalins und kann es nicht sein. [...]
Sinowjew und Trotzki regten sich hier mächtig auf, als sie behaupteten, wir bereiteten den Parteitag mittels Repressalien[2] vor. [...]
Ja, die Partei wendet Repressalien gegen die Desorganisatoren und Spalter an und wird sie anwenden, denn die Partei darf unter keinen Umständen gespalten werden, weder vor dem Parteitag noch während des Parteitags. [...]
Man spricht von Verhaftungen der aus der Partei ausgeschlossenen Desorganisatoren, die eine antisowjetische Tätigkeit entfalten. Ja, wir verhaften sie, und wir werden sie verhaften, wenn sie nicht aufhören, die Partei und die Sowjetmacht zu untergraben. (*Zurufe: „Richtig! Sehr richtig!"*) [...]
Lenin sagte, dass die Partei völlig zugrunde gerichtet werden kann, wenn man den Desorganisatoren und Spaltern gegenüber Nachsicht übt. Das ist völlig richtig. Gerade deshalb ist es, denke ich, an der Zeit, mit der Nachsicht gegenüber den Führern der Opposition Schluss zu machen, ist es an der Zeit, die Konsequenzen zu ziehen und Trotzki und Sinowjew aus dem ZK unserer Partei auszuschließen. (*Zurufe: „Sehr richtig!"*) Das ist die elementare Schlussfolgerung und die elementare Minimalmaßnahme, die wir ergreifen müssen, um die Partei vor der Spalterarbeit der Desorganisatoren zu schützen.

Erster und zweiter Text: W. I. Lenin, Ausgewählte Werke, Bd. III, Berlin [7]1970, S. 838 ff.; dritter Text: J. W. Stalin, Werke, Bd. 10, Berlin 1953, S. 153 f. und 164 ff.

1. Arbeiten Sie heraus, a) welche Bedeutung Lenin dem Verhältnis Stalin und Trotzki beimaß und b) welche Eigenschaften Lenin von einem Parteiführer verlangte.
2. Erläutern Sie, warum nach Lenins Ansicht „Grobheit" gerade bei der Person des Generalsekretärs nicht geduldet werden sollte (vgl. Zeile 25 bis 28). | F
3. Überlegen Sie mögliche Gründe, warum Trotzki und seine Anhänger auf eine Bekanntmachung des „Testaments" in der Sowjetunion verzichtet haben könnten.

M8 Über den „Aufbau des Sozialismus in *einem* Land"

Stalin bringt seine Position im Mai 1925 vor dem Moskauer Parteiaktiv zum Ausdruck:

Kann man den Sozialismus in unserem in technisch-ökonomischer Hinsicht rückständigen Lande überhaupt aus eigener Kraft errichten, wenn der Kapitalismus in den anderen Ländern für eine mehr oder minder lange Periode bestehen bleibt?
Kann man eine volle Garantie gegen die Interventionsgefahr und folglich auch gegen die Restauration der alten Ordnung in unserem Lande schaffen, wenn die kapitalistische Umkreisung fortbesteht und der Kapitalismus überdies sich gegenwärtig noch stabilisiert hat?
All dies sind Fragen, die im Zusammenhang mit der auf dem Gebiet der internationalen Beziehungen entstandenen

[1] Lew B. Kamenew (1883–1936) und Grigori J. Sinowjew (1883–1936) zählten schon während der Emigration Lenins zu seinen engsten Mitarbeitern, stimmten aber im Oktober 1917 gegen den bewaffneten Aufstand. Von 1919 bis 1926 waren sie Mitglieder des Politbüros. Ihre Ämter verloren sie, als sie sich auf die Seite Trotzkis schlugen. Kamenew und Sinowjew wurden in einem der ersten Schauprozesse während der „Großen Säuberung" 1936 zum Tode verurteilt.

[2] **Repressalien**: Vergeltungsmaßnahmen, Druckmittel

neuen Situation unvermeidlich vor uns auftauchen und die wir nicht umgehen können, auf die wir eine genaue und bestimmte Antwort geben müssen.
Unser Land weist zwei Gruppen von Gegensätzen auf. Die eine Gruppe von Gegensätzen – das sind die inneren Gegensätze, die zwischen Proletariat und Bauernschaft bestehen. Die andere Gruppe von Gegensätzen – das sind die äußeren Gegensätze, die zwischen unserem Lande, als dem Lande des Sozialismus, und allen übrigen Ländern, als den Ländern des Kapitalismus, vorhanden sind.
Betrachten wir nun diese beiden Gruppen von Gegensätzen gesondert. [...]
Wenn man fragt, ob es möglich ist, den Sozialismus aus eigener Kraft zu errichten, so ist damit die Frage gemeint: Ist es möglich, die zwischen Proletariat und Bauernschaft in unserem Lande bestehenden Gegensätze zu überwinden oder nicht?
Der Leninismus beantwortet diese Frage bejahend: Ja, wir können den Sozialismus errichten, und wir werden ihn zusammen mit der Bauernschaft, unter der Führung der Arbeiterklasse aufbauen. [...]
Mit anderen Worten, unter der Diktatur des Proletariats sind bei uns, wie es sich erweist, alle Vorbedingungen gegeben, die notwendig sind, um die vollendete sozialistische Gesellschaft zu errichten, wobei alle und jegliche inneren Schwierigkeiten überwunden werden, denn wir können und müssen sie aus eigener Kraft überwinden. [...]
Andernfalls hätte es ja keinen Sinn gehabt, im Oktober die Macht zu ergreifen und die Oktoberrevolution durchzuführen. [...] Wer die Möglichkeit der Errichtung des Sozialismus in *einem* Lande leugnet, der muss auch zwangsläufig die Rechtmäßigkeit der Oktoberrevolution leugnen. [...]
Gehen wir nun zur zweiten Gruppe von Gegensätzen über, zu den äußeren Gegensätzen, die zwischen unserem Lande, als dem Lande des Sozialismus, und allen übrigen Ländern, als den Ländern des Kapitalismus, bestehen.
Worin bestehen diese Gegensätze?
Sie bestehen darin, dass, solange die kapitalistische Umkreisung besteht, auch die Gefahr der Intervention seitens der kapitalistischen Länder bestehen muss und dass, solange eine solche Gefahr besteht, auch die Gefahr der Restauration, die Gefahr der Wiederherstellung der kapitalistischen Ordnung in unserem Lande bestehen muss.
Kann man annehmen, dass diese Gegensätze durch *ein* Land völlig überwunden werden können? Nein, das kann man nicht. Denn die Anstrengungen *eines* Landes, selbst wenn dieses Land das Land der proletarischen Diktatur ist, genügen nicht, um es gegen die Gefahr einer Intervention völlig zu sichern. Eine volle Garantie gegen die Intervention und folglich auch der endgültige Sieg des Sozialismus ist infolgedessen nur im internationalen Maßstab, nur als Ergebnis der gemeinsamen Anstrengungen der Proletarier einer Reihe von Ländern oder, noch richtiger gesagt, nur als Ergebnis des Sieges der Proletarier einiger Länder möglich.
Was bedeutet endgültiger Sieg des Sozialismus?
Der endgültige Sieg des Sozialismus ist die volle Garantie gegen Interventions- und folglich auch gegen Restaurationsversuche, denn ein einigermaßen ernsthafter Restaurationsversuch kann nur mit ernster Unterstützung von außen, nur mit Unterstützung des internationalen Kapitals erfolgen. Deshalb ist die Unterstützung unserer Revolution durch die Arbeiter aller Länder, und noch mehr der Sieg dieser Arbeiter zum mindesten in einigen Ländern die unerlässliche Vorbedingung für die volle Sicherung des ersten siegreichen Landes gegen Interventions- und Restaurationsversuche, die unerlässliche Vorbedingung für den endgültigen Sieg des Sozialismus.

Josef W. Stalin, Werke, Bd. 7, Berlin 1952, S. 94f. und 100f.

1. Gliedern Sie den Text in sinnvolle Abschnitte und versehen Sie diese mit passenden Überschriften.
2. Arbeiten Sie aus dem Material heraus, wie Stalin den „Aufbau des Sozialismus in *einem* Land" begründet. | F
3. Erläutern Sie, wie sicher und endgültig Stalin diesen Aufbau sah.
4. Gruppenarbeit: Diskutieren Sie, was zu seiner Sicherung getan werden konnte.

M9 Der Aufstieg Stalins

*Der Historiker Dietrich Geyer (*1928) untersucht die Gründe für den Aufstieg Stalins:*

Mit der Botschaft, dass der Sieg des Sozialismus in einem Lande möglich sei, hat Stalin der Kommunistischen Partei eine optimistische Zukunftsperspektive gegeben und ihr ein Selbstbewusstsein vermittelt, das viele Genossen über die frustrierenden Erfahrungen der 20er-Jahre hinwegtragen sollte. Zur Erklärung der wachsenden Machtfülle, die Stalin mit seiner Person verband, ist zu bedenken, dass die Partei nach Lenins Tod in rascher Erweiterung begriffen war. Von dem sogenannten *Leninaufgebot* eingeleitet, wurde sie zwischen 1924 und 1928/29 von einer bürokratisch arbeitenden, hierarchisch strukturierten Funktionärspartei, zu einer elitären Kampforganisation, die immer neue, autoritär fixierte Arbeiter an sich zog. Nur 8 bis 10 Prozent der neuen Mitglieder kamen aus der Bauernschaft. Allein im Jahr 1924/25 hatte sich der Mitgliederstand der Partei mehr als verdoppelt – von 445000 Genossen auf über eine Million. Nicht zu vergessen ist, dass die Ausdehnung des Mitgliederbestandes seit 1928/29 von ständigen Säuberungen begleitet war.
Die Partei wurde von Stalin zum Instrument seines Führungswillens gemacht. Er verpflichtete sie auf einen kodifizierten, lehrbuchartig kopierten Leninismus, auf eine Weltanschauungslehre, die sich gegen die opponierende

Parteiintelligenz einsetzen ließ. Statt komplizierter theoretischer Deduktionen vermittelte Stalin eine einfache, auf das Parteivolk dieser Millionenpartei zugeschnittene Orientierung, die von einem immer stärker ausufernden und von Stalin manipulierten Leninkult begleitet wurde. Von der Exegese dessen, was Leninismus sei, empfing er seine höheren Weihen.
Tatsächlich hatte Stalin in den großen Auseinandersetzungen der Jahre 1924 bis 1929 auf Parteitagen und Plenarsitzungen des Zentralkomitees die Mehrheit der Genossen stets auf seiner Seite. Er verstand es, die linke Opposition zu isolieren, als Verräter des Leninismus zu diffamieren und ihre führenden Genossen Sinowjew, Kamenew und andere zur Unterwerfung zu zwingen, zu erniedrigenden Loyalitätserklärungen im Stil von Schuldbekenntnissen, die schon etwas von der Atmosphäre der 30er-Jahre, des Terrors und der Schauprozesse spüren ließen. Stalin konnte es wagen, 1928 Trotzki in das weit abgelegene, kasachische Alma Ata deportieren zu lassen und ihn im Jahr darauf aus der Sowjetunion zu verbannen.

Dietrich Geyer, Das russische Imperium. Von den Romanows bis zum Ende der Sowjetunion, Berlin 2021, S. 341

► Erläutern Sie ausgehend vom Text, mit welchen Methoden Stalin in den 1920er-Jahren seine Macht festigen und ausbauen konnte. | H

M10 Lenin spricht

a) *Der russische Fotograf Grigori P. Goldstein (1870–1941) nimmt das Foto am 5. Mai 1920 vor dem Bolschoi-Theater in Moskau auf. Während des Krieges gegen Polen[3] halten Wladimir I. Lenin (auf der Rednertribüne), Leo D. Trotzki und Lew B. Kamenew (rechts von Lenin) Ansprachen an die Soldaten der Roten Armee. Die Fotos auf diesen Seiten sind unmittelbar hintereinander aufgenommen worden.*

[3] Zum Krieg gegen Polen siehe nochmals Seite 74.

b) *Nachstehend ist das retuschierte Foto zu sehen, das 1928 veröffentlicht wird und bis 1991 im Umlauf ist.*

1. Vergleichen Sie beide Fotos miteinander.
2. Arbeiten Sie mögliche Gründe heraus, warum das Foto retuschiert wurde.

Methode

Politische Reden analysieren

Politische Reden sind Textquellen. Ihr Wortlaut ist in der Regel schriftlich überliefert, manchmal sind Reden auch als Video, auf Tonbändern oder Audiodateien verfügbar. Je nach Anlass und Zweck kann man **verschiedene Typen** von politischen Reden unterscheiden: Eine Parlamentsrede debattiert eine politische Entscheidung, eine Protestrede stellt Forderungen auf einer Kundgebung, eine Wahlkampfrede wirbt für ein Programm und kritisiert den politischen Gegner, eine Gedenkrede erinnert an bedeutende Personen oder Ereignisse der Vergangenheit. Oft treten diese Redetypen gemischt auf, etwa wenn eine Parlamentsrede auch dem Wahlkampf dient oder eine Gedenkrede auf aktuelle Fragen zu sprechen kommt.
Da eine Rede mündlich gehalten wird, ist nicht nur ihr Inhalt von Bedeutung, sondern auch die **vortragende Person**, ihr Amt und ihre Funktion, ihre Bekanntheit oder Beliebtheit. Bei der Untersuchung politischer Reden ist zu berücksichtigen, dass sie auf eine bestimmte Situation hin angelegt sind. In dieser Situation soll die **Zuhörerschaft** im gewünschten Sinne beeinflusst werden, etwa durch einprägsame Formulierungen, Zuspitzungen oder Appelle. Zentrale Aussagen einer Rede können dabei zum „geflügelten Wort" werden, das weit über die Redesituation hinaus Verbreitung findet. Als **Geschichtsquellen** geben politische Reden Aufschluss darüber, welche drängenden Fragen in der Vergangenheit bestanden und wie versucht wurde, öffentlichkeitswirksam darauf zu reagieren.

Weitere Anwendungsbeispiele finden Sie u.a. auf den Seiten 63f., 77f., 90, 145, 215, 283 und 331.

Arbeitsschritt	Leitfragen
1. beschreiben	• Wer ist der Redner/die Rednerin und welche Funktion hat er/sie? • Was ist über die politische Haltung oder Weltanschauung des Redners/der Rednerin bekannt? • Wann, wo und in welchem Rahmen wurde die Rede gehalten (Art und Anlass der Veranstaltung, besonderer Redeort, Publikum, Übertragung durch Medien)? • Was behandelt die Rede (Thema, Inhalt)? • Welche Merkmale kennzeichnen die Rede (Aufbau, Länge, Argumentation, Umgangs- oder Hochsprache)? • Gibt es markante Passagen (Zitate, Aufrufe usw.)?
2. erklären	• In welchem Bezug steht der Redner/die Rednerin zum Thema? • An wen ist die Rede gerichtet? • Welche Absichten verfolgt die Rede? • Wie wurde die Rede von Zuhörern/Zeitgenossen aufgenommen?
3. beurteilen	• Wie lässt sich die Rede in den historischen Kontext einordnen? • Welchen Einfluss hatte die Rede auf die damalige Situation oder Entwicklung?

M Integration der Bauern

Anlässlich des XI. Parteitages der Kommunistischen Partei zieht Lenin am 27. März 1922 in seinem „Politischen Bericht“ ein vorläufiges Resümee über die Neue Ökonomische Politik:

Die ganze Bedeutung der Neuen Ökonomischen Politik […] liegt darin und nur darin: den Zusammenschluss zwischen der bäuerlichen Wirtschaft und der neuen Wirtschaft herzustellen, die wir mit ungeheurer Anstrengung schaffen. […]

Zielsetzung der neuen Politik

Unser Ziel ist, den neuen Zusammenschluss herzustellen, dem Bauern durch Taten zu beweisen, dass wir mit dem beginnen, was ihm verständlich, vertraut und heute bei all seiner Armut erreichbar ist, nicht aber mit etwas, was vom Standpunkt des Bauern fern und fantastisch ist. Unser Ziel ist, zu beweisen, dass wir ihm zu helfen verstehen, dass die Kommunisten dem verarmten, verelendeten, qualvoll hungernden Kleinbauern, der sich jetzt in einer schweren Lage befindet, sofort praktisch helfen. Entweder werden wir das beweisen, oder er wird uns zum Teufel jagen. Das ist völlig unausbleiblich. […]

praktische Hilfe statt Ideologie

zwei Alternativen als Zukunftsprognose

Die zweite, speziellere Lehre ist die Überprüfung der staatlichen und der kapitalistischen Betriebe durch den Wettbewerb. […] Wir haben bisher Programme geschrieben und Versprechungen gemacht. Seinerzeit war das absolut notwendig. Ohne ein Programm und ohne Versprechungen kann man nicht mit der Weltrevolution kommen. […]

historischer Rückblick als Rechtfertigung

Was gebraucht wird, ist eine echte Prüfung. Nebenan ist der Kapitalist tätig, er handelt wie ein Räuber, er schindet Profite, aber er versteht seine Sache. Ihr aber – ihr probiert es auf neue Art: Profite gibt es bei euch nicht, die Grundsätze sind kommunistisch, die Ideale gut – mit einem Wort, ihr seid wahre Heilige, ihr solltet schon bei Lebzeiten in den Himmel kommen –, aber versteht ihr praktisch zu arbeiten? […]

Spott über das eigene Vorgehen

Den Kommunisten wurde jeder mögliche Aufschub gewährt, es wurde ihnen so viel Kredit gegeben, wie keiner anderen Regierung gegeben worden ist. Natürlich haben die Kommunisten geholfen, die Kapitalisten, die Gutsbesitzer loszuwerden, die Bauernschaft schätzt das, und sie hat Kredit gegeben, Aufschub gewährt, aber alles bis zu einem gewissen Termin. Dann aber erfolgt schon die Prüfung: Versteht ihr es, nicht schlechter zu wirtschaften als die anderen? Der alte Kapitalist versteht es, ihr aber versteht es nicht. […]

Betonung des Vertrauensvorschusses

Mängel und Defizite der revolutionären Bewegung aus Sicht der Bauern

Entweder werden wir im nächsten Jahr das Gegenteil beweisen, oder die Sowjetmacht kann nicht weiterexistieren. […]

erneut zwei Alternativen als Prognose

Der Kommunist, der Revolutionär, der die größte Revolution der Welt vollbracht hat, auf den, wenn nicht vierzig Jahrhunderte von den Pyramiden, so doch vierzig europäische Länder mit der Hoffnung auf Erlösung vom Kapitalismus blicken – er muss von einem simplen Handlungsgehilfen lernen, der zehn Jahre in einer Mehlhandlung herumgelaufen ist, der das Geschäft versteht, während er, der verantwortliche Kommunist und ergebene Revolutionär, weit davon entfernt ist, es zu verstehen, nicht einmal versteht, dass er es nicht versteht.

W. I. Lenin, Ausgewählte Werke, Bd. 3, Berlin [7]1970, S. 770 ff.

► Analysieren Sie die Rede mithilfe der Arbeitsschritte auf Seite 94. Ihre Ergebnisse können Sie mit der Lösungsskizze auf Seite 507 vergleichen.

Die russischen Revolutionen

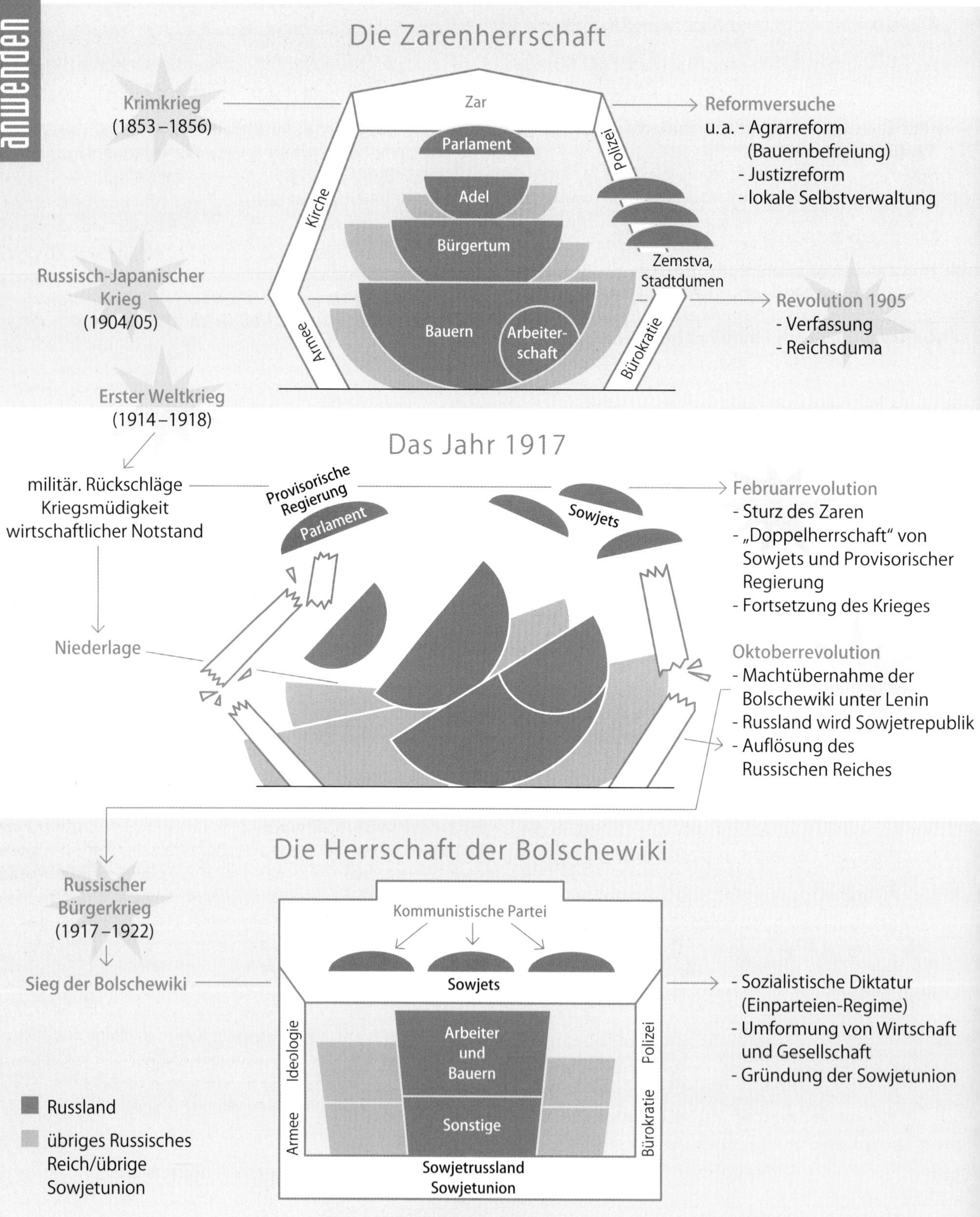

M Was hat sich geändert?

*Der Göttinger Historiker Manfred Hildermeier (*1948) zieht ein Resümee der bolschewistischen Machtergreifung in Russland:*

Trotz Versorgungsdiktatur und Hungersnot gingen vorerst die Bauern als hauptsächliche Gewinner aus der Asche des Krieges hervor. Gewiss kamen die Arbeiter nicht nur verbal zu hohen Ehren. Auch in der Wirklichkeit erklommen sie eine höhere Sprosse in der sozialen Stufenleiter. Aber in Heller und Pfennig, in ihren konkreten Arbeits- und Lebensbedingungen zahlte sich die ideologische Verklärung kaum aus. Obwohl die Arbeitspflicht mit dem Ende der proletarischen Naturalwirtschaft aufgehoben wurde, wechselten die Arbeiter im Wesentlichen ihre Herren. Den neuen Forderungen waren sie ohne gewerkschaftliche Interessenvertretung alter Art überdies in mancher Hinsicht schutzloser ausgeliefert als zuvor. Die Bauern dagegen retteten die wichtigste Trophäe ihres Aufstandes, das hinzugewonnene Land, durch alle Wirren. [...]
Zwei Millionen Emigranten rissen vor allem ein tiefes Loch in die Reihen derer, die den Konstitutionalismus nach 1906 getragen hatten. Nicht nur der allergrößte Teil der gemäßigt sozialistischen und liberalen Intelligenz floh, die „Gesellschaft" von Besitz und Bildung als solche, die soziale Stütze der politischen und ökonomischen Modernisierung, löste sich auf. Angesichts dessen hätte es gezielter Anstrengungen bedurft, um mit der Gegenrevolution und „Bourgeoisie" nicht auch die bürgerliche Freiheit zu zertreten, die im angestrebten Sozialismus aufgehoben sein sollte. Die Bolschewiki waren für diese Aufgabe denkbar ungeeignet. Ihre Organisation trug am ehesten den Stempel der zentralistisch-autoritären Ordnung, gegen die sie ankämpfte. Im Bemühen um „Waffengleichheit" übernahmen sie Eigenschaften, die ihnen halfen, in der Auseinandersetzung zu bestehen, demokratische Willensbildung und föderalistischen Pluralismus aber nicht eben förderten. Die Rede von den „roten Zaren" ist gewiss polemisch und vereinfachend. Aber es bleibt der Tatbestand, dass sich weder bürgerlicher Parlamentarismus noch proletarische Rätedemokratie entfalten konnten. Obrigkeitliche Machtfülle und kaum beschränkte administrative Verfügungsgewalt, Erbschaften der alten Ordnung, behielten die Oberhand. Auch wenn der neuen Gestalt, die sie annahmen, über die Partei und sonstigen Massenorganisationen vermittelt, ein plebiszitäres, in Grenzen sogar partizipatorisches Element zuwuchs, entstand daraus kein Regiment der Mehrheit, sondern nur eine andere Form der Minderheitenherrschaft. [...]
Am deutlichsten aber trat das Erbe zarischer Politik auf wirtschaftlichem Gebiet zutage. Lenins viel zitierte Formel, Kommunismus bedeute Sowjetmacht plus Elektrifizierung, verkündete 1920 in alle Welt, was der neue Staat als seine Hauptaufgabe betrachtete: dasselbe wie der alte – schnellen industriellen Fortschritt. Gleich dem Zarenreich setzte sich das Revolutionsregime zum Ziel, die führenden Wirtschaftsnationen einzuholen. [...]
Die Wende von 1917 erscheint als Teil des umfassenden Modernisierungsprozesses, der nach dem Krimkrieg[1] begann. Dieser Vorgang entfaltete seine größte Dynamik im sozialen und wirtschaftlichen Bereich. Zugleich setzte er politische Ansprüche gegen die überkommene Ordnung frei, die selbst kaum einen Zoll Boden abtrat. Alle wesentlichen Ziele und Motive wurden aus Westeuropa erborgt. Das galt für die technisch-industriellen Errungenschaften ebenso wie für das demokratische Verfassungsideal und die liberalen, marxistischen und sozialistischen Anschauungen, denen sich die verschiedenen Strömungen der Opposition verschrieben. Insofern kam die Revolution, die den Kulminationspunkt des Wandels bildete, unbeschadet ihrer autochthonen[2] Kraftquellen in der Tat „von außen". Sie entsprang dem spezifischen Spannungsverhältnis zwischen Russland und Europa, das Staat und Gesellschaft im Zarenreich seit seiner Öffnung nach Westen entscheidend prägte.

Manfred Hildermeier, Die russische Revolution 1905–1921, Frankfurt am Main 1989, S. 303 ff.

1. Beschreiben Sie die Auswirkungen kommunistischer Politik auf einzelne Gruppen der Gesellschaft (Bauern, Arbeiter, Bürgertum).
2. Arbeiten Sie Merkmale der bolschewistischen Herrschaft nach Hildermeier heraus.
3. Überprüfen Sie Hildermeiers Auffassung, die Bezeichnung „rote Zaren" für die Bolschewisten sei vereinfacht.
4. Beurteilen Sie, welche Rolle das Spannungsverhältnis zwischen Russland und Europa für die Entwicklung der Sowjetherrschaft spielte.

[1] Zum Krimkrieg siehe nochmals Seite 32.
[2] **autochthon**: ureigen

1.5 Wahlmodul: Die Krise der spätmittelalterlichen Kirche und die Reformation

Das Kapitel beschäftigt sich inhaltlich mit ...

- religiösen Krisen und Bewältigungsstrategien im 14. und 15. Jahrhundert
- Martin Luther und der Reformation
- der Entwicklung der Reformation
- Lösungsversuchen religiöser Krisen

Im Mittelalter baute die christliche Kirche auf zwei Prinzipien: Einheit im Glauben und Einheit der geistlichen Führung durch den Papst. Mit der Spaltung des Papsttums wurde dieses Gefüge schwer erschüttert. Abhilfe sollten die großen Kirchenversammlungen (Konzilien) des 15. Jahrhunderts schaffen, die das Papsttum wieder vereinten und die Kirchenorganisation zu verbessern suchten. Die angestrebte Reform der Kirche blieb jedoch unvollendet. Unterdessen wurde der Wunsch nach religiöser Erneuerung immer populärer.

Im 16. Jahrhundert gingen Kritiker so weit, mit der päpstlich beherrschten Kirche offen zu brechen. Sie forderten eine Rückbesinnung auf die Wurzeln des Christentums. Diese Bewegung, die später sogenannte Reformation, hatte ihre Zentren in Wittenberg, Zürich und Genf, von wo sich die neuen Lehren in Europa ausbreiteten. Auch die katholische Kirche unternahm damals eine Reform, doch die Spaltung in verschiedene, sich gegenseitig ausschließende Glaubensrichtungen war nicht mehr aufzuhalten. Reformation und katholische Reform verwandelten die vormalige Einheit der Kirche in einen Plural an christlichen Bekenntnissen, wie er für die Neuzeit prägend wurde.

Europa im 16. Jahrhundert.

Großes Schisma und Reformkonzilien

1378 — Spaltung der Kirche in ein Papsttum in Rom und in Avignon, Beginn des Großen Abendländischen Schismas.

1409 — Konzil zu Pisa: Die Kardinäle wählen einen dritten Papst.

1414 - 1418 — Konzil zu Konstanz: Das Schisma wird überwunden, Reformen für die Kirche werden angestoßen.

1419 - 1436 — In den Hussitenkriegen erheben sich die Anhänger des hingerichteten Jan Hus in Böhmen gegen die alte Kirche.

1431 - 1449 — Konzil zu Basel: Papst und Kirchenversammlung streiten um die Führung des Christentums.

Anfänge der Reformation

1517 — Martin Luther in Wittenberg kritisiert öffentlich den Ablasshandel.

Januar 1521 — Luther wird vom Papst wegen Ketzerei mit dem Kirchenbann belegt.

Mai 1521 — Nach dem Reichstag zu Worms fallen Luther und seine Anhänger in die Reichsacht (Wormser Edikt).

um 1520/25 — „Reformation von unten": Einige Städte und Gemeinden im Reich führen selbstständig evangelische Kirchenordnungen ein.

seit 1523 — Zürich und andere Schweizer Orte schaffen ihre eigene Kirche, angeleitet durch die Lehren des Reformators Ulrich Zwingli.

1524 - 1526 — Bauernkrieg: Die Erhebung des „Gemeinen Mannes" im Reich wird blutig niedergeschlagen.

Glaubensspaltung in Europa

um 1527/30 — Beginn der Fürstenreformation: Fürsten führen in ihren Territorien Luthers evangelische Lehre und eigene Kirchenordnungen ein.

1530 — In der Confessio Augustana legen die evangelischen Reichsstände ihr Bekenntnis fest.

um 1530/40 — England, Skandinavien und weite Teile des Reiches trennen sich von der katholischen Kirche und führen neue Kirchenordnungen ein.

1534/40 — Gründung der Gesellschaft Jesu (Jesuitenorden), die zu einem Vorreiter der katholischen Erneuerung wird.

1545 — Beginn des Konzils von Trient, das bis 1563 tagt.

ab etwa 1550 — Das Reformiertentum, maßgeblich beeinflusst von Johannes Calvin in Genf, breitet sich in Teilen Europas aus.

1555 — Der Augsburger Religionsfrieden bestätigt die Glaubensspaltung im Reich und schafft Regeln für das Zusammenleben von Katholiken und Protestanten.

Konfessionsbildung und Konfessionalisierung

seit 1563 — Mithilfe der Reformen des Trienter Konzils nimmt das Papsttum eine Erneuerung der katholischen Kirche vor.

1577 — Die Konkordienformel grenzt das evangelisch-lutherische Bekenntnis von katholischem und reformiertem Glauben ab.

1598 — Edikt von Nantes: Ausgleich in Frankreich zwischen Katholiken und Protestanten nach Jahrzehnten des Bürgerkrieges.

1609 — Spanien gesteht den nördlichen Niederlanden ihre (vorläufige) Unabhängigkeit zu. In den Niederlanden gilt das reformierte Bekenntnis.

1618 - 1648 — Dreißigjähriger Krieg: Mitteleuropa versinkt in einem politischen und konfessionellen Dauerkonflikt.

Oktober 1648 — Friede von Münster und Osnabrück (Westfälischer Friede): neue Friedensordnung in Mitteleuropa, verbesserter Religionsfrieden im Reich.

Schisma (altgriech.: Spaltung, Trennung): Spaltung einer Religionsgemeinschaft, aus der keine abweichende Glaubensrichtung hervorgeht. Als Schisma wird etwa auch die Trennung zwischen römischer und griechisch-orthodoxer Kirche im 11. Jahrhundert bezeichnet.

Kurie (von lat. *curia*: Rat, Hof): Gesamtheit der dem Papst unterstehenden Zentralbehörden zur Leitung der katholischen Kirche

Klerus (von lat. *clericus*: Geistlicher): Sammelbegriff für alle Geistlichen

Sigmund, auch Sigismund (1368–1437): Herrscher aus dem Haus Luxemburg, das nach ihm ausstarb. 1378–1388 und 1411–1415 Kurfürst von Brandenburg, seit 1387 König von Ungarn und Kroatien, seit 1411 römisch-deutscher König, seit 1419 auch König von Böhmen, 1433 zum Kaiser gekrönt

Dekret (von lat. *decernere*: beschließen, entscheiden): rechtlich bindende Verfügung

Internettipp
Die Stadt Konstanz bietet ein multimediales Informationsforum zur Geschichte des dort abgehaltenen Konzils. Siehe dazu den Code **32037-15**.

Gespaltenes Papsttum | Seit Anfang des 14. Jahrhunderts residierten die Päpste in Avignon, wo sie unter dem Einfluss des französischen Königs standen. Erst 1376 gelang Papst *Gregor XI.* die Rückkehr nach Rom. Sein Nachfolger *Urban VI.* wollte die Macht der mehrheitlich französischen Kardinäle brechen und ging entschieden gegen sie vor. Diese erklärten ihn 1378 für amtsunfähig und wählten einen neuen Papst, der sich jedoch gegen Urban in Rom nicht durchsetzen konnte. Er zog daher nach Avignon. Damit war die Kirche gespalten – in ein römisches und ein avignonesisches Papsttum. Das Schisma betraf weite Teile Europas.

Autoritätsverlust | Die Spaltung beschädigte das Ansehen der Kirche erheblich. Die Päpste sprachen sich gegenseitig die Berechtigung ab. Weltliche Herrscher ergriffen nach eigenem Ermessen für eines der beiden Kirchenoberhäupter Partei.

Schon vor dem Schisma hatte sich die päpstliche Kurie zu einem mächtigen Verwaltungsapparat entwickelt. Für rechtliche Entscheidungen, Gnadenerweise und die Vergabe kirchlicher Ämter erhob sie hohe Gebühren und Steuern. Durch die Kirchenspaltung wuchs noch einmal der Geldbedarf, da nun gleich zwei Päpste ihre Hofhaltung finanzieren mussten. In vielen Ländern klagten die Menschen über die steigenden Abgaben an den Klerus, der dafür immer prunkvoller auftrat (→M1).

Lösungsansatz: Konzil | Der Verfall der Kirche durch das Schisma, den Ämterhandel und die Verweltlichung der Würdenträger verlangte nach Abhilfe. Die damals oft beschworene Reform wäre eigentlich Sache der Päpste gewesen, die jedoch heillos zerstritten blieben. Als Lösung wurde schließlich eine allgemeine Kirchenversammlung angeregt, ein *Konzil*. Hier sollten Kardinäle, Bischöfe und Äbte sowie Vertreter der Universitäten über Fragen der kirchlichen Ordnung und des Glaubens beraten und entscheiden. Vordringlich war dabei die Wiedervereinigung unter einem einzigen Oberhaupt.

Der erste Anlauf eines *Konzils in Pisa* 1409 misslang. Dem dort neu gewählten Papst wollten sich die beiden bisherigen nicht beugen. Danach beanspruchten gleich drei Päpste die Führung der Kirche.

Die Versammlung von Konstanz | Das in Pisa begonnene Konzil trat von 1414 bis 1418 erneut zusammen, diesmal in Konstanz am Bodensee, unter dem Schutz des römisch-deutschen Königs **Sigmund**. Die über 2 300 Konzilsväter, wie die stimmberechtigten Teilnehmer genannt wurden, stammten aus ganz Europa und waren, ähnlich den Studierenden an den damaligen Universitäten, in „Nationen" organisiert. Es war die größte kirchliche Versammlung des Mittelalters.

Das Konzil stand vor drei Aufgaben: Beseitigung des Schismas (*causa unionis*), Erneuerung der kirchlichen Ordnung (*causa reformationis*), Erörterung von Glaubensfragen (*causa fidei*). In der Frage der Kirchenspaltung beanspruchte das Konzil selbst die oberste Gewalt (Dekret *„Haec sancta"*). Es trat somit, wenn auch nur vorübergehend, an die Stelle des Papstes (→M2). Die amtierenden Päpste wurden per Konzilsbeschluss abgesetzt oder traten freiwillig zurück. Erst 1417 wählte das Konzil einen neuen, allgemein anerkannten Papst, *Martin V.* Das Schisma war damit beendet. Für die weitere Kirchenreform wurde vereinbart, künftig regelmäßige Konzilien abzuhalten (Dekret *„Frequens"*).

Das Konzil zu Basel | Das Folgekonzil fand 1423 in Pavia statt, wegen der Pest wurde es nach Siena verlegt. Der Papst blieb ihm fern und löste es angesichts der geringen Teilnahme kurzerhand auf. Martin V. versuchte eine eigene Kirchenreform und sah das Konzil nur als Hilfsorgan, nicht als übergeordnete Instanz. Hier bahnte sich ein Gegensatz zwischen Anhängern des Konzils und des Papstes an.

Als das nächste Konzil 1431 in Basel zusammentrat, brach der Konflikt offen aus. Der neue Papst *Eugen IV.* wollte das Konzil verlegen, doch die Versammlung widersetzte sich. Sie wählte 1439 einen eigenen Papst (*Felix V.*). Auf einmal gab es ein neues Schisma.

Das Basler Konzil tagte bis 1449 und beschloss weitere Reformen. Seine lange Dauer erklärt sich auch aus dem Ringen um die oberste Gewalt in der Kirche. Hier behauptete sich der römische Papst. Dieser veranlasste den in Basel gewählten Felix V. zum Rücktritt und bewog die Versammlung schließlich zur Aufgabe. Damit war der Versuch gescheitert, das Papsttum grundsätzlich an die Mitbestimmung des Konzils zu binden.

Der Prozess gegen Hus | Die Konzilien befassten sich auch mit Abweichlern im Glauben. In Konstanz wurde der Prager Theologe und Reformprediger Jan Hus vorgeladen. Man warf ihm vor, er vertrete die radikalen Lehren des Engländers *John Wyclif* (ca. 1320–1384), der Sinn und Zweck der Amtskirche angezweifelt hatte. Das Konzil hat Wyclifs Kirchenkritik rückwirkend verdammt und Hus als Ketzer verurteilt. Im Juli 1415 wurde Hus verbrannt, ein Jahr später auch sein Mitstreiter, *Hieronymus von Prag.*

Die Hussitenfrage | In Böhmen wurde der hingerichtete Hus als Märtyrer gefeiert. Seine Anhänger sagten sich von der katholischen Kirche los, ebenso von König Sigmund, der dem Urteil in Konstanz zugestimmt hatte. Die bald sogenannten *Hussiten* bildeten eigene Gemeinden. Die Predigt durfte auch von Laien und in der Volkssprache (statt auf Latein) gehalten werden, die Kommunion wurde allen Gläubigen in Gestalt von Brot und Wein (*Laienkelch*) gereicht.

Vergeblich versuchten Papst, Kaiser und Fürsten, die Bewegung gewaltsam zu unterdrücken. Die Hussiten behaupteten sich gegen die sie geführten Kreuzzüge. Erst das Konzil von Basel ging den Weg der Verständigung. 1433 vereinbarten das Konzil und der gemäßigte Teil der Hussiten (Utraquisten) ein Friedensabkommen. Die Duldung einer hussitischen Kirche in Böhmen neben der katholischen wurde zwar vom Papst nicht anerkannt, galt aber als Landesgesetz.

Kirche in der Kritik | Ungeachtet der Reformen verlor die Kirche seit dem 15. Jahrhundert weiter an Ansehen. Die Päpste wollten durch die Förderung der Künste und durch prächtige Bauten beweisen, dass sie kulturell auf der Höhe der Zeit standen. Das Renaissancepapsttum erschien vielen jedoch als Inbegriff für Verschwendung und Maßlosigkeit, zumal es sich weiterhin über Abgaben aus ganz Europa finanzierte. Bischöfe und Kardinäle, die es den Päpsten an Repräsentation gleichtun wollten, gerieten darüber ebenfalls in Verruf.

Demgegenüber war der niedere Klerus (einfache Pfarrer und Prediger) oft schlecht ausgebildet und auf seinen Stellen mangelhaft versorgt. Auch litt die geistliche Disziplin: Viele Kleriker lebten im Konkubinat und hatten uneheliche Kinder.

Der Humanismus, die damals sich ausbreitende Bildungsbewegung, legte kritische Maßstäbe an das überlieferte Wissen. Das betraf zumal die Lehrinhalte an Schulen und Universitäten, für die die Kirche verantwortlich war.

Die Gesellschaft auf Sinnsuche | Zugleich war das 15. und beginnende 16. Jahrhundert eine Zeit intensiver Frömmigkeit. Pilgerfahrten, fromme Stiftungen sowie der Kult um Reliquien hatten Hochkonjunktur. Viele Menschen traten in Klöster ein oder gründeten Laiengemeinschaften für ein Leben in strikter Hinwendung zu Gott. Darin zeigte sich ein tiefes Verlangen nach religiöser Erfüllung, dem die Kirche mit herkömmlichen Mitteln kaum noch entsprechen konnte (→M3). Als Kehrseiten des damaligen religiösen Eifers kam es zu Ausschreitungen gegen Juden sowie zu einer Welle von Hexenverfolgungen.

Jan Hus (um 1370–1415): tschechischer Theologe, Prediger und Kirchenkritiker, Rektor der Universität Prag, wird bis heute als tschechischer Nationalheld verehrt

Laien (von lat. *laicus*: weltlich): Bezeichnung für Christen ohne geistliches Amt

Utraquisten (von lat. *sub utraque specie*: unter beiderlei Gestalt): christliche Glaubensgemeinschaft in Böhmen, die das Abendmahl unter Einschluss des Laienkelchs praktizierte

Renaissancepapsttum: spätere Bezeichnung für die Regierung der Päpste von Mitte des 15. bis zur Mitte des 16. Jahrhunderts, die wie weltliche Fürsten auftraten und ihren Herrschaftssitz Rom zu einem Zentrum der Renaissance (Wiederbelebung der klassischen Antike) machen wollten

Konkubinat (von lat. *concubinus*: Geliebter): (heute veraltet für) eheähnliches Verhältnis. Im Mittelalter wurde es als Lebensgemeinschaft für Personen geduldet, die keine Ehe eingehen konnten.

Humanismus (von lat. *humanitas*: Menschenwürde): spätere Bezeichnung für eine geistige Bewegung im Europa des 14. bis 16. Jahrhunderts. Sie nahm das Wissen und die Ideen der griechisch-römischen Antike zum Vorbild, um die eigene Gesellschaft sittlich zu verbessern.

Reliquie (von lat. *reliquiae*: Zurückgelassenes): (angeblicher) Überrest einer heiligen Person, etwa ein Körperteil, getragene Kleidung, ein Gegenstand aus deren Besitz

„Über die Sage, dass Sankt Peters Schifflein zu unserer Zeit an einem Fels zerstoßen wird."
Holzschnitt von Hans von Kulmbach, 1508.
Das Bild illustriert ein astrologisches Werk des Priesters und Gelehrten Joseph Grünpeck, das 1508 zuerst lateinisch, im selben Jahr dann auch in deutscher Übersetzung erschien und bis 1522 in Nachdrucken verbreitet wurde.

- ▶ Beschreiben Sie den Holzschnitt.
- ▶ Charakterisieren Sie die dargestellten Personen.
- ▶ Interpretieren Sie, was das Bild offensichtlich anmahnt.

Stein des Anstoßes | Zu den Formen damaliger Frömmigkeit zählte auch der **Ablass**. Die Neigung, den Ablass als einfachen Loskauf von Sündenstrafen zu verstehen und daraus ein Geschäft zu machen, war weit verbreitet, fand aber auch ihre Kritiker. Seit 1506 wurde ein neuer Petersdom in Rom errichtet, Ablasskampagnen in ganz Europa sollten den Bau mitfinanzieren (sogenannter Petersablass). Im Streit um diese Praktiken meldete sich der junge Mönch **Martin Luther** zu Wort, ein Hochschullehrer im sächsischen Wittenberg. Im Herbst 1517 veröffentlichte er 95 Thesen gegen den Ablass. Darin kritisierte er nicht nur den Ablasshandel, sondern bestritt auch die von der Kirche behauptete Wirksamkeit des Ablasses (→M4).

Eine theologische Initiative | Luthers Thesen standen im Zusammenhang mit seiner Suche nach religiöser Orientierung. Die Frage „Wie finde ich einen gnädigen Gott?" stand im Zentrum seines theologischen Ansatzes. Um 1518 gelangte Luther zu einer Antwort. Der Mensch findet demnach Rechtfertigung vor Gott allein gemäß der Heili-

Ablass (althochdt. *Ablaz*: Nachlass): kirchliche Vorstellung von der Verringerung zeitlicher Sündenstrafen im Jenseits. Ein Ablass wurde als Gegenleistung für gute Werke gewährt, wenn der Betreffende zugleich Buße tat. Im Spätmittelalter bot die Kirche Ablässe gegen Gebühren an.

Martin Luther (1483–1546): Theologe und Reformator aus Eisleben in Thüringen. Seit 1505 Mitglied des Ordens der Augustiner-Eremiten, seit 1512 Professor für Bibelauslegung an der Universität Wittenberg. Im Streit um seine Ansichten über Glaube und Kirche wurde er 1521 vom Papst zum Ketzer erklärt. Seit 1525 lebte er als Ehemann, Hausvater und Priester in Wittenberg. Auf seine Lehren geht die evangelisch-lutherische Kirche zurück.

Internettipp
Aus Anlass des Reformationsjubiläums 2017 entstand eine virtuelle Wissensplattform mit multimedialen Inhalten zu Geschichte und Wirkung der Reformation. Siehe hierzu den Code **32037-16**.

gen Schrift (*sola scriptura*). Ihr zufolge befreie ausschließlich Gottes Gnade (*sola gratia*) den Menschen von den Sündenstrafen. Diese Gnade wiederum sei ein Geschenk, das sich nicht verdienen lasse, sondern nur durch den Glauben (*sola fide*) erfahren werden könne. Seine Anschauung stützte Luther auf die Bibel, besonders auf die **Psalmen** und die Schriften des Apostels Paulus.

Eine neue Lehre | Die *Rechtfertigungslehre* Luthers definierte die Beziehung zwischen Gott und den Menschen grundlegend neu. Sie widersprach den bisherigen Ansichten von einer *Werkgerechtigkeit*, wonach der Mensch seine Sündenstrafen durch gute Taten ausgleichen könne. Damit entfiel jedoch auch die Funktion der Kirche zur Vermittlung des Seelenheils. Die Kirche sollte stattdessen der Schulung des Glaubens dienen, indem sie für das rechte Verständnis der Bibel sorgte.

Diese Lehren konnte Luther durch seine Vorlesungen, Predigten und Briefe verbreiten, vor allem aber mithilfe des Buchdrucks. Luther gewann zahlreiche Anhänger und fand in der Bevölkerung teils begeisterten Zuspruch. Seine Schriften erreichten Massenauflagen und verschafften ihm nationale Berühmtheit. Luther erschien vielen als Hoffnungsträger, der eine Alternative zu den kirchlichen Missständen bot. Er trat damit eine Bewegung los, die er als *evangelisch* bezeichnete, da sie Christi Botschaft (das Evangelium) als alleinigen Maßstab in Glaubensfragen ansah (→M5).

Der Fall Luther | Luther ging es um die Erneuerung der Kirche streng nach den Grundsätzen der Bibel. Als Mönch unterstand er allerdings der kirchlichen Obrigkeit. Schon seine Thesen gegen den Ablass hatte er an Erzbischof *Albrecht von Mainz* gesendet, um Beschwerde zu führen. Albrecht meldete dies nach Rom, wo man Luthers Kritik als Auflehnung gegen die kirchliche Ordnung deutete. 1518 wurde er der Ketzerei angeklagt.

Luthers wachsende Popularität und seine theologische Kompetenz forderten die Kirche heraus. Papst *Leo X.* erließ 1520 einen Aufruf, wonach Luthers Schriften verbrannt und nicht weiter gedruckt werden sollten. Luther selbst wurde eine Frist eingeräumt, seine Aussagen zurückzunehmen, andernfalls würde er als Ketzer verurteilt. Luther kam der Androhung nicht nach. Vielmehr erklärte er den Papst seinerseits für verdammenswert, solange dieser an seiner Machtfülle festhalte und den Christen falsche Lehren verordne.

Wormser Edikt | Anfang 1521 wurde Luther vom Papst zum Ketzer erklärt. Doch ein Ausgleich schien immer noch möglich. Auf dem Reichstag zu Worms im Frühjahr 1521 sollte Luther angehört werden, bevor auf das Ketzerurteil die **Reichsacht** folgte. Erneut erhielt er die Chance, seine Lehren zu widerrufen. Doch Luther lehnte ab, da er sich keines Irrtums überführt sah: Solange er nicht durch die Bibel widerlegt werde, könne er seinen Standpunkt nicht aufgeben, das verbiete ihm sein Gewissen. Hierauf erklärte Kaiser **Karl V.** die Lehren Luthers für inakzeptabel, da sie mit allem brächen, wofür die Kirche bislang stehe. Der Kaiser erließ gegen Ende des Reichstages eine gesonderte Verfügung, das *Wormser Edikt*. Darin wurde die Reichsacht über Luther und seine Anhänger ausgesprochen und die Verbreitung von Luthers Schriften untersagt. Im Kurfürstentum Sachsen wurde das Edikt allerdings nicht publiziert und blieb dort unwirksam. Auch in anderen Territorien wurde das Edikt nicht konsequent vollzogen.

Auf neuen Wegen | Luther selbst durfte Worms unbehelligt verlassen. Auf Geheiß seines Landesherrn, Kurfürst *Friedrichs von Sachsen*, wurde er heimlich auf die Wartburg bei Eisenach gebracht, wo er über ein Jahr lang versteckt blieb. Die Zeit nutzte Luther für die Übersetzung des Neuen Testaments ins Deutsche, die schon 1522 veröffentlicht wurde. Seit 1534 erschien die gesamte Bibel in Luthers Übersetzung und mit seinen Kommentaren. Es wurde der größte Erfolg einer deutschsprachigen Druckschrift im 16. Jahrhundert.

Psalmen (von altgriech. *psalmós*: Lied, Saitenspiel): Sammlung von Gedichten, Liedtexten und Gebeten im Alten Testament

Reichsacht: Ausschluss aus der Gesellschaft wegen schwerer Verbrechen. Der Geächtete war rechtlos und durfte straflos beraubt oder getötet werden. Die Reichsacht wurde vom Kaiser verhängt, jedoch erst nach einem ordentlichen Verfahren.

Karl V. (1500–1558): Herrscher aus dem Haus Habsburg, seit 1515 Herr über die Niederlande, seit 1516 König von Spanien, Herr über Neapel und Sizilien, seit 1519 römisch-deutscher König, seit 1520 „erwählter römischer Kaiser", 1530 vom Papst zum Kaiser gekrönt

Katharina von Bora (1499–1552): stammte aus dem sächsischen Landadel, seit 1515 Nonne, Mitglied der Zisterzienserinnen, verließ 1523 die Klostergemeinschaft und heiratete 1525 Martin Luther, mit dem sie sechs Kinder hatte und ein bürgerliches Leben führte

Sakramente (von lat. *sacrare*: weihen, heiligen): Weihehandlungen, die nur von Priestern durchgeführt werden können. Im Mittelalter wurden sieben Sakramente festgelegt: Taufe, Firmung, Abendmahl (Kommunion), Buße (Beichte), Krankensalbung („letzte Ölung"), Priesterweihe und Ehe.

Leibeigenschaft: Rechtszustand einer dauernden persönlichen und wirtschaftlichen Abhängigkeit von einem Herrn

Thomas Müntzer (1486/90–1525): Theologe, Priester und Revolutionär. Er forderte neben einer Enteignung der Kirchen und Klöster auch die Abschaffung der Vorrechte des Adels. Als Teilnehmer am Bauernkrieg in Thüringen wurde er 1525 hingerichtet.

Luther brach nun endgültig mit der alten Kirche. Er gab sein Mönchsdasein auf und heiratete Katharina von Bora. In der evangelischen Glaubensgemeinschaft sollte es keine Mönche oder Nonnen geben, ebenso sollten Priester heiraten dürfen. Von den sieben Sakramenten ließ Luther nur Taufe und Abendmahl gelten, da alle anderen nicht aus der Bibel ableitbar seien.

Frühe Reformation | Die evangelische Bewegung war zwar von Luther inspiriert, aber keineswegs zentral von ihm gesteuert. Vielmehr gingen zunächst einzelne deutsche Städte daran, die kirchlichen Verhältnisse in Eigenregie umzugestalten. Bürgermeister und Räte folgten dem Drängen der mittleren und oberen Schichten, beriefen evangelische Prediger und schufen neue Kirchenordnungen (*Stadtreformation*). Ähnlich verfuhren in manchen Teilen des Reiches auch ländliche Gemeinden, die dabei auf ihre Selbstverwaltung pochten (*Gemeindereformation*). In dieser Phase, zu Anfang der 1520er-Jahre, entwickelte sich die Reformation somit auf lokaler und volkstümlicher Ebene, als *„Reformation von unten"*.

Bauernkrieg | Seit 1524 kam es zu Aufständen von Bauern und Handwerkern, die sich gegen ihre Grundherren zur Wehr setzten. Schon länger hatten Adlige und Fürsten die Rechte der abhängigen Bauern eingeschränkt, sie zu immer höheren Abgaben gezwungen und zur Leibeigenschaft herabgestuft. In ihrem Widerstand beriefen sich die Bauern auf das „alte Recht" (die frühere Ordnung), bald auch auf ein angebliches „göttliches Recht" (das Recht der Unterdrückten auf Befreiung). Sie bezogen sich dabei auf Luthers Freiheitsbegriff – der jedoch nur Gewissensfreiheit meinte – und seine Kritik bestehender Verhältnisse mithilfe der Bibel (➔M6).

Der „Aufstand des Gemeinen Mannes", wie der *Bauernkrieg* auch genannt wurde, breitete sich bis 1526 über weite Teile des Reiches aus. Doch gegen die Söldnertruppen der Fürsten und Reichsstädte konnten die schlecht organisierten Bauern nichts ausrichten. Die Rebellion wurde blutig niedergeschlagen.

Gegen eine radikale Reformation | Luther distanzierte sich von den Aufständischen. Er appellierte, zumal in der Auseinandersetzung mit Thomas Müntzer, an die Gehorsamspflicht der Christen gegenüber ihren weltlichen Herren: Aufruhr sei unchristlich. In seiner Schrift „Wider die mörderischen und räuberischen Rotten der Bauern" von 1525 verurteilte er einseitig die Gewaltakte mancher Bauern, billigte dagegen das grausame Vorgehen der Obrigkeit. Mit seiner Parteinahme wollte er die Reformation vor der Radikalisierung schützen. Die evangelische Lehre durfte die Ordnung der Gesellschaft nicht infrage stellen. Luther schlug sich nun ganz auf die Seite der Mächtigen. Die Fürsten sollten die neue Lehre in ihren Territorien durchsetzen.

Fürstenreformation | In der zweiten Hälfte der 1520er-Jahre begannen Fürsten im Reich mit der Einführung eigener Kirchenverfassungen. Im Kurfürstentum Sachsen entstand seit 1527 eine neue geistliche Ordnung, an der Luther und sein Weggefährte Philipp Melanchthon maßgeblich beteiligt waren. Der Fürst trat an die Stelle der bisherigen Kirchenobrigkeit, er fungierte als „Notbischof" in seinem Territorium. Eine von ihm bestellte Behörde aus Räten und Theologen, das *Konsistorium*, wachte über die Ausbildung, Versorgung und dienstliche Aufsicht der Pfarrer und übernahm die Verwaltung der kirchlich geführten Schulen und Fürsorgeeinrichtungen. In Glaubensfragen galt künftig ein einheitlicher *Katechismus* (Lehrbuch und Anleitung zum Leben in Frömmigkeit). Für Gottesdienste, Taufen und Trauungen wurden zentrale Vorschriften eingeführt.

Finanziert wurde das neuartige *landesherrliche Kirchenregiment*, indem die Regierung die Klöster auflöste und deren Vermögen einzog. Dem Vorbild Kursachsens folgten viele andere Fürsten. Der Aufbau evangelischer Landeskirchen dauerte oft mehrere Jahrzehnte (➔M7).

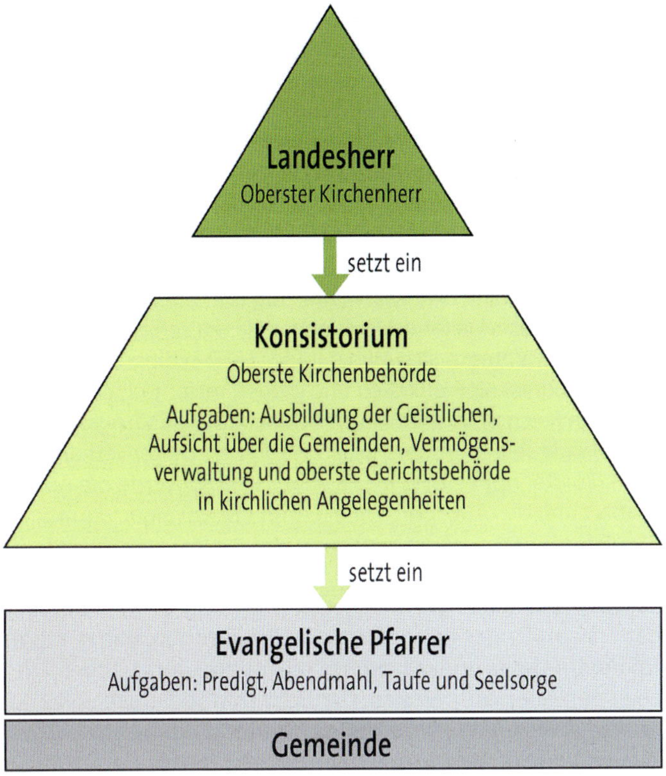

Aufbau einer evangelisch-lutherischen Landeskirche.

Philipp Melanchthon (1497–1560): Humanist, Theologe, Dichter und Reformator. Ab 1518 Professor für Altgriechisch in Wittenberg, seither Luthers Anhänger und Mitarbeiter, nach Luthers Tod Wortführer der Reformation. Er widmete sich zumal der Reform des Unterrichtswesens.

Reichsrecht und fürstliche Selbstbestimmung | Die Reformation war jedoch durch das Reichsrecht nicht gedeckt. Der Kaiser war geradezu verpflichtet, die alte Kirche im Reich zu schützen und Andersgläubige, gleich welchen Standes, als Ketzer zu verfolgen. Wie Karl V. auf die Reformation reagierte, hing freilich auch von den Machtverhältnissen zwischen Reichsoberhaupt und Reichsständen ab. Hinzu kam, dass Karl V. nicht nur Kaiser des römisch-deutschen Reiches war, sondern auch in anderen Teilen Europas regierte. Während seiner Abwesenheit vom Reich in den Jahren 1521 bis 1530 verschärfte sich die Religionsfrage. Seit 1526 war das Wormser Edikt, das Verbot der lutherischen Lehre, faktisch außer Kraft gesetzt. Als es der Reichstag 1529 per Mehrheitsbeschluss wieder einführen wollte, verwahrten sich etliche evangelische Fürsten und Reichsstädte dagegen. In Glaubensdingen, so die damalige Protestation, seien Mehrheitsentscheidungen auf Reichsebene ungültig. Als *protestantisch* bezeichnete man später alle Glaubensrichtungen, die aus der Reformation hervorgingen.

Reichsstände: Inhaber von Sitz und Stimme auf Reichstagen (geistliche und weltliche Kurfürsten und Fürsten sowie Reichsstädte)

Protestation (von lat. *protestari*: bezeugen): Rechtshandlung eines Reichsstandes, sich gegen einen Mehrheitsbeschluss zu erklären. Dabei blieb es fraglich, ob der Protestierende von der Entscheidung ausgenommen war oder ihr dennoch folgen musste.

Dialog und Dissens | Die Spaltung des Reiches in Anhänger alten und neuen Glaubens schritt weiter voran. Karl V., der 1530 den Reichstag zu Augsburg leitete, versuchte einen Ausgleich über Gespräche. Dazu legten die evangelischen Reichsstände ihre Position dar. In einer von Melanchthon verfassten Bekenntnisschrift, dem „Augsburger Bekenntnis" (*Confessio Augustana*), waren wesentliche Inhalte der evangelischen Lehre fixiert. Das Dokument machte die Unterschiede zum katholischen Glauben deutlich. Eine Einigung in der Religionsfrage kam 1530 aber nicht zustande. Sie sollte künftig entweder durch einen Reichstag, ein Religionskolloquium oder ein Konzil herbeigeführt werden.

Religionskolloquium: Religionsgespräch, Verhandlungen über theologische Lehrauffassungen. Die Kolloquien von 1540/41, 1546 und 1557 brachten keine Einigung.

Schutzbund für den neuen Glauben | Um ihre prekäre Lage zu verbessern, gründeten evangelische Reichsstände 1531 ein Schutzbündnis, den nach dem Versammlungsort in Thüringen benannten *Schmalkaldischen Bund*. Angeführt wurde er vom Kurfürsten von Sachsen und vom Landgrafen von Hessen. Dem Bund schlossen sich weitere

Ferdinand I. (1503–1564): Herrscher aus dem Haus Habsburg, Erzherzog von Österreich, seit 1526/27 König von Böhmen, Ungarn und Kroatien. 1531 zum römisch-deutschen König gewählt, blieb er Stellvertreter Karls V. und wurde nach dessen Tod 1558 Kaiser.

Säkularisation (von lat. *saecularis*: weltlich, zeitlich): Enteignung von Kirchengut durch dessen Umwandlung in weltlichen Besitz

Hochstift: weltlicher Herrschaftsbereich eines geistlichen Reichsfürsten (Fürsterzbischof, -bischof, Reichsabt, -äbtissin usw.)

Ulrich (Huldrych) Zwingli (1484–1531): Schweizer Theologe, Priester und Reformator, seit 1523 verantwortlich für die Einführung der Reformation in Zürich und anderen Schweizer Orten. Zürich unterlag 1531 im Krieg gegen katholische Kantone. Zwingli fiel in der Schlacht.

Fürsten und Reichsstädte an. Aus der Glaubensspaltung entstand somit eine politische Opposition gegen den Kaiser und die mehrheitlich katholischen Reichsstände.

Lange Zeit drängte Karl V. auf ein Konzil, das der Papst jedoch erst 1545 nach Trient einberief. Die evangelischen Reichsstände verweigerten ihre Teilnahme. Karl V. versuchte schließlich, den Widerstand mit Waffengewalt zu brechen. 1546 wurde die Reichsacht über die beiden Anführer des Schmalkaldischen Bundes verhängt. Im Jahr darauf wurden sie von Truppen des Kaisers und seiner Verbündeten besiegt.

Erfolgreicher Widerstand | 1548 verfügte Karl V. eine neue Glaubensordnung für die protestantischen Reichsstände. Sie sollte als Zwischenlösung (*Interim*) gelten, bis das Konzil eine Einigung in der Religionsfrage fand. Doch gegen das kaiserliche Diktat wie auch gegen die Übermacht Karls V. regte sich Widerstand. 1552 schlossen mehrere Reichsfürsten ein geheimes Bündnis mit Frankreich und gingen militärisch gegen den Kaiser vor. Die meisten übrigen Reichsstände erklärten sich neutral. Karl V. musste nach Österreich fliehen, in die Erblande seines Bruders, König Ferdinand. Dieser verhandelte anstelle des Kaisers mit der Fürstenopposition. Im *Passauer Vertrag* wurde die Aufhebung des Interims vereinbart und das Augsburger Bekenntnis bis zu einem künftigen Reichstag anerkannt.

Augsburger Religionsfrieden | Der nächste Reichstag fand 1555 statt, wiederum in Augsburg. Karl V. hatte sich aus der Reichspolitik zurückgezogen, daher führte Ferdinand die Verhandlungen. Unter seiner Leitung gelang ein umfassendes Friedensabkommen zwischen den Glaubensparteien. Der *Religionsfrieden* sah vor:
- Anerkennung des Augsburger Bekenntnisses auf Dauer: Schutz der protestantischen Reichsstände vor Strafe und Verfolgung.
- Gewaltverzicht zwischen den Reichsständen in Fragen der Religion.
- Anerkennung des landesherrlichen Reformationsrechts (*ius reformandi*): Weltliche Fürsten sowie Reichsstädte durften den evangelischen Glauben in ihrem Herrschaftsbereich einführen (nach einer späteren Formel: *cuius regio, eius religio* – „wessen Herrschaft, dessen Glaube").
- Bedingter Schutz der Untertanen: Diese mussten den Glauben des Landesherrn oder der Reichsstadt übernehmen, erhielten aber das Recht zur Auswanderung aus Glaubensgründen (*ius emigrandi*).
- *Parität* (Gleichberechtigung) beider Glaubensrichtungen in Reichsstädten mit gemischtgläubiger Bevölkerung.
- Die Säkularisation von Hochstiften im Zuge der Reformation wurde bis zum Stichjahr 1552 anerkannt. Künftig galt jedoch der „Geistliche Vorbehalt" (*reservatum ecclesiasticum*): Geistliche Fürsten durften zwar für ihre Person zum Augsburger Bekenntnis übertreten, büßten aber ihre Herrschaft ein. Dadurch sollte der Bestand der alten Kirche im Reich geschützt werden. Nach einer Zusatzerklärung König Ferdinands (*Declaratio Ferdinandea*) war es Rittern, Städten und Gemeinden in den Hochstiften erlaubt, den evangelischen Glauben zu behalten (→M8).

Friede – aber keine Einheit | Der Religionsfrieden galt lediglich im Reich, nicht für das übrige Europa. Er hob die religiöse Spaltung nicht auf, sondern legte nur die Bedingungen für ein gewaltfreies, rechtlich geordnetes Zusammenleben fest. Unabhängig davon gab es Bemühungen, die bestehenden Differenzen zu überwinden und das Christentum wieder zu vereinen. Doch seit Mitte des 16. Jahrhunderts schwanden dafür die Chancen. Einmal, weil sich die Reformation selbst aufspaltete, während sie sich international auszubreiten begann. Zum anderen, weil die katholische Kirche ihre eigene Erneuerung vornahm.

Alternativen zu Luthers Reformation | Schon in den 1520er-Jahren war in den Städten Südwestdeutschlands und in der Schweiz eine eigene reformatorische Richtung entstanden. Ihre Führungsfigur, Ulrich Zwingli in Zürich, stimmte in Vielem mit den

Lehren Luthers überein; in manchen Fragen, wie etwa der Bedeutung der Kommunion, blieb es bei unvereinbaren Auffassungen. Zwingli starb 1531. Die süddeutschen protestantischen Reichsstädte schlossen sich danach dem Luthertum an. Die Zwinglische Bewegung blieb dagegen auf Gebiete in der Schweiz beschränkt. Sie verband sich mit der Reformation nach Genfer Vorbild, die in den 1540er-Jahren von **Johannes Calvin** eingeleitet wurde.

Calvinismus | Calvin knüpfte an die Lehre Luthers an, wich aber in wesentlichen Punkten von ihr ab. Wie Luther erachtete auch Calvin die Bibel als allein maßgebliche Quelle des Glaubens. Allerdings betonte er neben der Gnade Gottes auch die Bedeutung von Gottes Geboten. Diese dienten nicht nur der Verurteilung der Sünden, sondern auch als Richtschnur zu einem gottgefälligen Leben. Glaube und Sittenstrenge waren gleichermaßen entscheidend.

Wie im Luthertum gab es zwei Sakramente, neben der Taufe die Kommunion, die jedoch von keiner **Realpräsenz** Jesu Christi ausging, sondern nur eine **Spiritualpräsenz** annahm.

Auch die *Prädestinationslehre* (von lat. *praedestinare*: im Voraus bestimmen) bildete ein Merkmal von Calvins Theologie. Sie besagt, dass Gott jeden Menschen entweder zu Heil oder Verdammnis vorherbestimme. Diese Entscheidung bleibe Gottes Geheimnis, wenngleich die Menschen an ihrer Lebensführung erkennen könnten, ob sie erwählt oder verdammt seien.

Zweite Reformation | Von Calvins Lehren geprägt oder zumindest stark beeinflusst, wurde das *Reformiertentum* zu einer weiteren großen reformatorischen Bewegung. Während lutherische Kirchen in vielen deutschen Territorien, in Skandinavien, Schlesien, im Herzogtum Preußen und im Baltikum entstanden, breitete sich das Reformiertentum in Westeuropa sowie in Ungarn und Siebenbürgen aus.

Das Reformiertentum strahlte auch auf das Reich ab. Einige Fürsten und Städte in West- und Mitteldeutschland, die bereits evangelisch waren, übernahmen seit den 1560er-Jahren reformierte Glaubensinhalte. Dieser Schritt, auch als *Zweite Reformation* bezeichnet, erschien jedoch reichsrechtlich umstritten. Es blieb offen, ob das Reformiertentum in seinen tatsächlichen Ausformungen noch zum Augsburger Bekenntnis gehörte und somit durch den Religionsfrieden von 1555 gedeckt war.

Trienter Konzil | Das Papsttum hatte auf die Glaubensspaltung in Europa erst spät reagiert. Ein Konzil, das der Verständigung mit den Protestanten dienen sollte, kam erst 1545 auf kaiserlichen Druck zustande. Die Kirchenversammlung tagte in Trient, zeitweise in Bologna, und fand nach langen Unterbrechungen 1563 ihren Abschluss.

Das Konzil unterließ es jedoch, sich der Reformation zu öffnen – die Beschlüsse grenzten die katholische Kirche streng von Luthertum und Calvinismus ab. Als Glaubensgrundlage galten neben der Bibel ebenso die von der Kirche entwickelten Bräuche und Bestimmungen (Gleichrangigkeit von „Schrift" und „Tradition"). Das Konzil bekannte sich zu den sieben Sakramenten, zur Ehelosigkeit des Klerus sowie zu den bisherigen Formen der Frömmigkeit (Anrufung der Heiligen, Verehrung von Reliquien und Bildern, Ablass), die jedoch maßvoll praktiziert werden sollten. Die Befreiung des Menschen von seinen Sünden geschehe durch Gottes Gnade, die in den Sakramenten und damit durch die Kirche gespendet werde.

In Trient wurden ebenso Maßnahmen zur Kirchenreform beschlossen. Das geistliche Personal wurde auf neue Grundsätze der Ausbildung und Amtsführung verpflichtet, um die lange vernachlässigte Seelsorge zu verbessern.

Katholische Reform und Gegenreformation | Anders als die großen Konzilien des 15. Jahrhunderts blieb das Trienter Konzil stets unter der Regie des Papstes. Der Papst leitete auch die Umsetzung der Trienter Reformen. Er erließ neue Vorschriften für die katholische Kirche in allen Ländern (etwa den *römischen Katechismus* von 1566 oder

Johannes Calvin (1509–1564): französischer Jurist, Humanist und Reformator, entwickelte eine reformierte Kirchenordnung für Genf, die 1541 in Kraft trat. Von 1536 bis 1559 verfasste er sein großes Lehrwerk „Institutio christianae religionis" (dt.: „Unterricht in der christlichen Religion").

Realpräsenz: Lehrauffassung von der Gegenwart Christi in der Abendmahlsfeier. Christus ist demnach in Brot und Wein „leibhaftig" anwesend. Gemäß der Lehre von der **Spiritualpräsenz** (von lat. *spiritus*: Seele, Geist) ist Christus nicht körperlich, sondern durch den Heiligen Geist zugegen.

Münze aus Genf von 1796.
Die Genfer Silbermünze trägt die Umschrift „Post Tenebras Lux" (lat.: Licht nach der Dunkelheit). Die Reformierten machten das Wort zu ihrem Wahlspruch.

► Interpretieren Sie den Wahlspruch im Zusammenhang mit der Reformation.

Kapuziner (von ital. *cappuccio*: Haube, Kapuze): Zweig des Franziskanerordens, 1528 vom Papst bestätigt. Die Mönche leben in größter Armut und verdingen sich als Seelsorger sowie als Helfer für Kranke, Arme und Obdachlose.

Jesuiten (eigentlich: Gesellschaft Jesu): geistlicher Orden, von dem Spanier Ignatius von Loyola (1491–1556) 1534 gegründet und 1540 von Rom anerkannt. Die Jesuiten widmen sich dem Unterricht in Schule und Universität sowie der Missionierung. Sie tragen keine eigene Ordenskleidung und betonen den Gehorsam gegenüber dem Papst.

Konkordienformel (von lat. *concordia*: Eintracht): gemeinsame Bekenntnisformel evangelisch-lutherischer Reichsstände, 1577 unterzeichnet. Die Konkordienformel versuchte, einen Schlussstrich unter die Lehrstreitigkeiten innerhalb des Luthertums zu ziehen.

Konkordienbuch: Sammlung der für die evangelisch-lutherische Kirche maßgeblichen Bekenntnisschriften (u.a. Luthers Katechismen, Confessio Augustana von 1530, Konkordienformel), 1580 veröffentlicht

Kalenderreform: von Papst Gregor XIII. verfügte Korrektur des Kalendersystems. Der neue Gregorianische Kalender wich damals um zehn Tage vom bisherigen Julianischen Kalender ab, die Differenz nahm später noch zu. Protestantische Länder führten den neuen Kalender teils erst im 18. Jahrhundert ein. Auch das Reich war in dieser Frage lange gespalten.

das *römische Messbuch* von 1570). Seit 1559 legte die Kurie in einem *Index verbotener Bücher* fest, welche Schriften für den Glauben schädlich seien. Priesterseminare und Kollegien wurden gegründet, die dort geschulten Kleriker sollten den katholischen Glauben wiederbeleben. Dabei halfen auch neue Ordensgemeinschaften wie die **Kapuziner** und die **Jesuiten**.

Die römische Kirche schlug einen zweifachen Kurs ein: Einerseits sollten innere Missstände beseitigt werden, um die Kirche zu stabilisieren (*katholische Reform*) (➔M9). Andererseits wurde versucht, den Katholizismus dort wieder einzuführen, wo sich die Reformation durchgesetzt hatte. Die *Gegenreformation* war jedoch nur in vereinzelten Regionen in Mitteleuropa erfolgreich.

Trennschärfe im Glauben | Durch die Trienter Beschlüsse änderte sich das Selbstverständnis der katholischen Kirche. Sie vertrat nicht länger (dem Anspruch nach) die Gesamtheit aller Christen, sondern nur noch eine bestimmte Glaubensrichtung. Währenddessen kam es auch im Luthertum zu einer Festlegung der Lehrinhalte, zusammengefasst in der **Konkordienformel** und dem **Konkordienbuch**. Ähnlich verfuhren damals die reformierten Kirchen in den einzelnen Ländern.

Auf die Glaubensspaltung folgte daher in der zweiten Hälfte des 16. Jahrhunderts die Herausbildung klar definierter Glaubensgemeinschaften. Als Maßstab galt jeweils das religiöse Bekenntnis (lat. *confessio*), weshalb in der Rückschau von einem Prozess der *Konfessionsbildung* für Katholizismus, Luthertum und Reformiertentum gesprochen wird.

Konfessionalisierung | Die Konfessionsbildung zielte auf die Einheit im Glauben. Dieses Prinzip übernahmen die weltlichen Obrigkeiten, um das Bekenntnis in ihrem Herrschaftsbereich zu schützen und in der Gesellschaft zu verankern. Neben der Religion wurden nach und nach auch Politik, Recht, Wirtschaft, Kunst, Sitten und Brauchtum von der jeweils geltenden Konfession geprägt, sprich: *konfessionalisiert*. Die Anpassung erfolgte durch Vorschriften und ihre Überwachung (Vereidigung der Priester und Professoren auf das Bekenntnis, Aufsicht über die Gottesdienste und das öffentliche Leben, Bücherzensur), Bildung (Schulunterricht, Predigt, Publikationen), Repräsentation (Kirchenbau, Kirchenmusik, religiöse Feiern und Jubiläen) sowie durch den freiwilligen Gehorsam der Bevölkerung.

Konfessionelle Grenzen | Der Vorgang der Konfessionalisierung fand europaweit seit Mitte des 16. Jahrhunderts statt und betraf alle drei Bekenntnisse gleichermaßen. Er sorgte für Integration, da Herrscher und Beherrschte demselben Glauben anhingen. Zugleich konnte die Obrigkeit viel stärkere Kontrolle über die Gesellschaft ausüben als bisher.

Nach außen jedoch führte die Konfessionalisierung zu radikalen Gegensätzen. Andersgläubige blieben aus der Gemeinschaft ausgeschlossen, wurden vielfach unterdrückt oder zur Emigration gezwungen. Zwischen den Konfessionen entstanden neue mentale Grenzen, etwa durch Eheschranken, Vorurteile oder öffentliche Hetze. Seit der von Rom eingeführten **Kalenderreform** von 1582, die von den Protestanten abgelehnt wurde, zerfiel selbst die Zeitrechnung in konfessionelle Lager (➔M10).

Konfessionelle Konflikte | Während manche Länder wie Spanien und Portugal, die italienischen Staaten, Polen und die skandinavischen Reiche zu konfessioneller Geschlossenheit gelangten, führte die Glaubensfrage in anderen Fällen zu blutigen Konflikten. Oft vermischten sich dabei religiöse Gegensätze mit politischen Machtfragen:

- In England hatte sich das Königtum schon 1534 vom Papsttum losgesagt und eine *anglikanische Staatskirche* gegründet. Auf die Einführung der Reformation folgte der kurze, aber erfolglose Versuch, den Katholizismus gewaltsam wiederherzustellen. Seitdem blieben Anhänger verschiedener Glaubensrichtungen geduldet, solange sie der Staatsgewalt Gehorsam leisteten.

- In Frankreich wurden die **Hugenotten** von der katholischen Mehrheit und vom Königtum verfolgt. Erst nach jahrzehntelangen Bürgerkriegen kam es im **Edikt von Nantes** (1598) zu einem rechtlichen Ausgleich.
- In den Niederlanden überwog das Reformiertentum. Die Niederlande gehörten indes zur spanischen Krone, die die Reformation bekämpfte. Mitte der 1560er-Jahre kam es zum Aufstand gegen die spanische Oberhoheit. 1581 erklärten die nördlichen Niederlande ihre Unabhängigkeit, was 1609 von Spanien vorläufig anerkannt wurde.

Der Konsens im Reich zerbricht | Im römisch-deutschen Reich herrschte seit dem Augsburger Religionsfrieden von 1555 ein Gleichgewicht zwischen den Konfessionen. Doch die Konflikte in Frankreich und den Niederlanden (letztere gehörten formal zum Reichsverband), die Einführung des Reformiertentums in einigen Territorien und die katholische Gegenreformation bedrohten den Frieden je länger desto mehr. Der Reichstag und die Reichsgerichte, die den Religionsfrieden bewahren sollten, wurden um 1600 durch die konfessionellen Gegensätze lahmgelegt. Auch der Kaiser, selbst katholisch, war nicht länger zur Vermittlung fähig. Einige Reichsstände gründeten Konfessionsbündnisse: die protestantische *Union* (1608) und die katholische *Liga* (1609).

Dreißigjähriger Krieg | Den Krieg löste jedoch erst der böhmische Aufstand von 1618 aus. Protestantische Adlige in Böhmen hatten sich gegen ihren Landesherrn, den katholischen König *Ferdinand*, aufgelehnt. Ferdinand wurde 1619 auch zum Kaiser gewählt. Die Böhmen erhoben stattdessen *Friedrich V.*, Kurfürst von der Pfalz und Anführer der protestantischen Union, zum neuen König. Er unterlag den Streitkräften des Kaisers, Spaniens und der katholischen Liga. Böhmen und die Kurpfalz wurden besetzt, die protestantische Bevölkerung enteignet und verfolgt. Aufseiten der Protestanten intervenierten nacheinander Dänemark und Schweden als evangelische Mächte, schließlich auch das katholische Frankreich, um eine Übermacht des Kaisers im Reich zu verhindern. Wiederholt wechselten auch einige Reichsstände die Fronten zwischen dem Kaiser und Spanien einerseits, Schweden und Frankreich andererseits. Die endlosen Kämpfe sowie die Raubzüge der Armeen verwüsteten weite Teile Mitteleuropas.

Friede mit Perspektiven | Zum Frieden gelangten das Reich und seine Nachbarn auf einem Kongress, der parallel in Münster und Osnabrück tagte. Der *Westfälische Friede* von 1648 schuf einen dauernden Machtausgleich zwischen Kaiser und Reichsständen. Letztere erhielten die **Landeshoheit** zuerkannt und durften Bündnisse mit auswärtigen Mächten schließen, sofern sie nicht gegen Kaiser und Reich gerichtet waren. Frankreich und Schweden traten als Garantiemächte des Friedens auf, Schweden beteiligte sich als Reichsstand künftig an der Reichspolitik. Die Niederlande und die Schweiz wurden souverän und schieden aus dem Reich aus. Der Religionsfriede von 1555 wurde nachgebessert:
- Neben Katholizismus und Luthertum war nun auch das Reformiertentum reichsrechtlich anerkannt.
- Die Ausbreitung der drei Konfessionen, wie sie bis zum Stichjahr 1624 bestanden hatte, wurde wiederhergestellt, spätere Veränderungen waren zu revidieren (*Normaljahrsregelung*). Fürsten und Reichsstädte konnten zwar weiterhin das Bekenntnis wechseln, die Untertanen durften jedoch beim bisherigen Glauben bleiben (→M11).
- Der Reichstag sah in Glaubensfragen die getrennte Abstimmung (lat. *itio in partes*) der katholischen und protestantischen Reichsstände vor, die hierauf einen gütlichen Vergleich (*amicabilis compositio*) finden sollten. Konfessionelle Mehrheitsbeschlüsse waren damit ausgeschlossen.

Das Reich wurde endgültig zu einem multikonfessionellen Staatsverband. Auf Reichsebene galt die Gleichberechtigung der Konfessionen, in den Territorien und Reichsstädten wurde der private Glaube jedes Einzelnen geduldet. Aus diesem Nebeneinander konnten langfristig die Ideen der **Toleranz** und der Religionsfreiheit entstehen.

Hugenotten: seit Mitte des 16. Jahrhunderts Bezeichnung für die Protestanten in Frankreich, die stark vom Reformiertentum geprägt waren

Edikt von Nantes: von König Heinrich IV. gewährte Bestimmung, die den Protestanten in Frankreich freie Religionsausübung und rechtliche Gleichstellung versprach, zugleich aber den katholischen Glauben als Staatsreligion festschrieb. Nach der Aufhebung des Edikts 1685 setzten neuen Verfolgungen der Protestanten ein, die massenhaft in andere Länder Europas, nach Amerika oder Südafrika flohen.

Landeshoheit: einheitliche Herrschaftsgewalt eines Fürsten oder einer reichsstädtischen Obrigkeit über die Einwohner. Sie blieb bis zum Ende des Reiches beschränkt durch Reichsgesetze, Gewohnheitsrechte und das Appellationsrecht der Untertanen an die Reichsgerichte.

Toleranz (von lat. *tolerare*: dulden, ertragen): fried- und respektvoller Umgang mit Andersdenkenden; Verhalten, das über eine rein rechtliche Duldung Andersdenkender noch hinausgeht

M1 Kirchenkritik im Spätmittelalter

*Die Historiker Thomas Martin Buck (*1961) und Herbert Kraume (*1943) sprechen über die geistige und religiöse Entwicklung in Europa während des 14. Jahrhunderts:*

Dem Hass auf den „simonistischen"[1] Klerus, der durch Geld in sein Amt gelangt war, dieses hauptsächlich zur Bereicherung nutzte und in seinem Lebenswandel selten den religiösen Ansprüchen genügte [...], stand auf der anderen Seite eine gesteigerte Volksfrömmigkeit gegenüber, die sich nicht nur in den frommen Stiftungen für Kirchen und Klöster, sondern auch in einer stetig wachsenden Produktion von volkssprachlichen Andachtsbüchern und Übersetzungen theologischer Schriften äußerte. Die *ars moriendi*, die „Kunst des (guten) Sterbens" und der richtigen Vorbereitung auf den Tod, wurde angesichts der Allgegenwart des Todes zu einer beliebten literarischen Gattung.
Die Forderung nach Reform an Haupt und Gliedern (*reformatio in capite et in membris*) der Kirche war das Signum der Zeit: Abschaffung des päpstlichen Finanzwesens, der Pfründenhäufung[2] und des Klientelwesens[3], bessere Bildung der Geistlichen, Rückführung der geistlichen Orden auf ihre ursprünglichen Ideale, insbesondere auf das Armutsgebot. Benediktiner und Mendikanten (= Bettelorden) begannen, ihre Orden von innen zu reformieren und ihre Ordensregeln neu zu beachten. Reform wurde als eine Wiederbelebung der guten alten Ordnung verstanden, an der die Gegenwart gemessen und für unzulänglich befunden wurde.
Im Schisma sah man die schlimmste Folge der ausgebliebenen Reformen. Die Kirchenkritik ist nicht etwa Folge eines wachsenden Unglaubens, sondern im Gegenteil einer vertieften Frömmigkeit, die an die Kirche höhere Ansprüche stellte als jemals zuvor. [...] Kritik und Reformgeist wurden durch die gesteigerte Schriftlichkeit und Lesefähigkeit noch befördert. Die Masse der Handschriften in den Bibliotheken der Klöster und Domkapitel[4] wuchs gewaltig an.
Gerade in der zweiten Hälfte des 14. Jahrhunderts wurden neue Universitäten gegründet, die sich bald zu Zentren der geistigen und theologischen Auseinandersetzung entwickelten. Zwar blieb das *studium* von Paris die unbestrittene geistige Autorität nördlich der Alpen, doch hatte Kaiser Karl IV. 1348 in Prag die erste mitteleuropäische Hochschule gegründet, Kasimir der Große 1364 die von Krakau, Herzog Rudolf IV. 1365 die von Wien, Kurfürst Ruprecht I. von der Pfalz 1386 die Heidelberger Universität und König Sigmund von Ungarn 1389 die von Buda. In Köln (1388) und Erfurt (1392) war die Initiative zur Gründung eines *studium generale*[5] von der Stadt ausgegangen.

Thomas Martin Buck und Herbert Kraume, Das Konstanzer Konzil (1414–1418). Kirchenpolitik – Weltgeschehen – Alltagsleben, Ostfildern 2013, S. 49 f.

1. Präsentation: Ordnen Sie die Kritikpunkte, die gegen die Kirche erhoben wurden, in einer Mindmap. Stellen Sie dabei das Schisma ins Zentrum.
2. Arbeiten Sie heraus, welche Rolle Frömmigkeit und Bildung für die damalige Kirchenkritik spielten.
3. Die Krise der spätmittelalterlichen Kirche – eine Folge zu hoher Ansprüche der Gläubigen? Setzen Sie sich mit der These auseinander. Berücksichtigen Sie dabei auch die „Allgegenwart des Todes" (Zeile 11 f.), also die hohe Sterblichkeit angesichts von Pest, Kriegen und Hungersnöten, die die damalige Gesellschaft bedrohten.

M2 Konzil und Papst

Das Konstanzer Konzil beschließt am 6. April 1415 folgendes Dekret:

Diese heilige Synode[6] zu Konstanz, die zum Lobe Gottes rechtmäßig im Heiligen Geist versammelt ist, erklärt, dass sie, ein allgemeines Konzil abhaltend und die irdische katholische Kirche repräsentierend, ihre Vollmacht unmittelbar von Christus hat. Ihr ist jeder, welchen Standes und welcher Würde auch immer – sei es auch die päpstliche – in denjenigen Angelegenheiten zum Gehorsam verpflichtet, die sich auf den Glauben, die Ausrottung des Schismas und die allgemeine Reform der Kirche Gottes an Haupt und Gliedern beziehen.
Desgleichen erklärt sie, dass jeder, welcher Stellung, welchen Standes und welcher Würde auch immer – sei es auch die päpstliche – der den schon beschlossenen wie auch noch zu beschließenden Geboten, Satzungen oder Anordnungen oder Vorschriften dieser heiligen Synode und eines jeden anderen rechtmäßig versammelten allgemeinen Konzils den Gehorsam verweigert, einer entsprechenden Buße unterworfen und gehörig bestraft wird, wobei nötigenfalls auch andere Rechtsmittel angewendet werden.

[1] **simonistisch:** die Käuflichkeit geistlicher Ämter und Gnaden betreffend
[2] **Pfründe** (von lat. *praebenda*: Unterhalt): Amt mit eigenem Einkommen oder gesicherter Versorgung
[3] **Klientelwesen** (von lat. *cliens*: Schutzbefohlener): Herausbildung und Versorgung eines Kreises abhängiger Gefolgsleute durch einen Schutzherrn (hier: einen kirchlichen Würdenträger)
[4] **Domkapitel** (von lat. *caput*: Kopf, Haupt): dem Bischof beigeordnetes Leitungsgremium zur Verwaltung eines Bistums
[5] **studium generale** (lat.: allgemeines Studium): im Mittelalter Bezeichnung für eine Hochschule mit umfassendem Fächerangebot
[6] **Synode** (von altgriech. *sýnodos*: Zusammenkunft): andere Bezeichnung für Konzil

45 Jahre später gibt Papst Pius II. am 18. Januar 1460 in einer Bulle (päpstliche Anordnung) bekannt:

Ein verwünschenswerter Missbrauch ist in unseren Tagen aufgekommen, dass nämlich vom römischen Papst, dem Stellvertreter Jesu Christi, [...] einige vom Geist des Aufruhrs [und] durch Sünde verleitete Kritiker des Papstes sich herausnehmen, ein künftiges Konzil zu verlangen. Wie sehr ein solches Vorgehen den heiligen Canones[1] widerstreitet, wie sehr es dem christlichen Gemeinwesen schadet, kann jeder Rechtskundige erfassen. Um dieses üble Gift aus der Kirche Christi auszuscheiden, verdammen wir solchen Appell und weisen ihn als irrig und abscheulich zurück; wir erklären ihn für null und nichtig, falls er sich noch hervorwagen sollte, und betrachten ihn als sinnlos und bedeutungslos.

Erster und zweiter Text nach: Adolf Martin Ritter, Bernhard Lohse und Volker Leppin (Hrsg.), Kirchen- und Theologiegeschichte in Quellen. Bd. 2: Mittelalter, Neukirchen-Vluyn 82014, S. 235–237 (vereinfacht)

1. Erläutern Sie, inwieweit das Dekret des Konzils von Konstanz (erster Text) auf die damalige Krise der Kirche reagiert. Ziehen Sie zur Begründung auch den Verfassertext auf Seite 100 sowie M1 heran.
2. Stellen Sie beide Texte gegenüber und überlegen Sie, ob darin eine Verschärfung der kirchlichen Krise sichtbar wird. Vergleichen Sie dazu insbesondere die Sprache sowie die Anspruchsgrundlage von Konzilsdekret und päpstlicher Bulle (Zeile 1 bis 10 bzw. 21 f.). | H

M3 „Ein wahrer Theologe"

Der niederländische Humanist[2] Erasmus von Rotterdam (um 1466/69–1536) spricht in einer Schrift aus dem Jahr 1516 über seine Erwartungen an Theologen und Mönche:

Warum beschränken wir den allen gemeinsamen Stand auf einige wenige? Das steht nämlich nicht mit der Tatsache im Einklang, dass die Taufe, durch die die erste Angelobung auf die Philosophie Christi vollzogen wird, in gleicher Weise allen Christen gemeinsam ist. Ebenso, dass alle übrigen Sakramente und schließlich auch der Lohn des ewigen Lebens in gleicher Weise allen zukommt; und nur die Lehre sollte auf diese wenigen verwiesen werden müssen, die das Volk heute Theologen und Mönche nennt. Von denen möchte ich aber sagen – sie machen zwar nur einen geringen Anteil an dem, was christliches Volk genannt wird, aus –, sie sollten doch in höherem Maße im Leben verwirklichen, was sie hören. Ich fürchte nämlich, man könnte unter den Theologen solche finden, die weit von ihrem Namen entfernt sind, das heißt, dass sie Irdisches, nicht Himmlisches reden; und unter den Mönchen solche, die die Armut Christi und die Verachtung der Welt mehr mit den Lippen bekennen, als dass sie sich von der Welt wirklich lösten. Der ist mir ein wahrer Theologe, der nicht mit künstlich zusammengedrechselten Syllogismen[3], sondern mit Herzenswärme, durch sein Antlitz, durch seine Augen, durch sein persönliches Leben lehrt, dass man den Reichtum verachten müsse, dass der Christ nicht auf den Schutz dieser Welt vertrauen solle, sondern sich ganz vom Himmel abhängig fühlen müsse; dass man kein Unrecht vergelten dürfe, dass man die Fluchenden segnen solle, dass man sich gute Verdienste um die erwerben müsse, die Schlimmes verdienen, dass man alle Guten wie die Glieder desselben Leibes lieben und in gleicher Weise hegen müsse; dass die Bösen ertragen werden müssten, wenn man sie nicht bessern könne. Jene, die ihrer Habe beraubt, die von ihren Besitzungen vertrieben werden, die trauern, die seien selig und nicht zu bejammern; auch jetzt schon müssten die Frommen den Tod herbeisehnen, wo dieser doch nichts anderes ist als ein Übergang zum ewigen Leben. – Wenn einer dieses und Ähnliches, vom Geiste Christi angetrieben, predigt, einschärft, dazu ermahnt, einlädt und ermuntert, der ist letzten Endes ein wahrer Theologe, und sei er auch ein Ackersmann oder Tuchweber.

Nach: Ulrich Köpf (Hrsg.), Deutsche Geschichte in Quellen und Darstellung, Bd. 3: Reformationszeit, 1495–1555, Stuttgart 2001, S. 70 f.

1. Fassen Sie Erasmus' Kritikpunkte an den Theologen und Mönchen seiner Zeit zusammen.
2. Arbeiten Sie Merkmale für eine Krise der damaligen Kirche heraus, die in den Beobachtungen von Erasmus anklingen. Ziehen Sie dazu auch die Aussagen des Historikers Rudolf Vierhaus im Kernmodul „Krisen" (M5, Seite 14) heran.
3. Der Reformator Martin Luther trat später für ein „Priestertum aller Gläubigen" ein, wonach jedermann berufen sei, zu predigen und die Sakramente zu spenden. Stellen Sie diese radikale Position den Überlegungen von Erasmus gegenüber. | H

[1] **Canones** (von lat. *canon*: Maßstab, Regel): kirchenrechtliche Gesetze, Kirchenrecht

[2] **Humanist**: Anhänger des Humanismus. Siehe dazu die Definition auf Seite 101.

[3] **Syllogismen** (von altgriech. *syllogismós*: logischer Schluss): theoretische Schlussfolgerungen

M4 Luthers Thesenanschlag: Wahr oder erfunden?

Martin Luther sendet seine Thesen über den Ablass am 31. Oktober 1517 an den Erzbischof von Mainz. Am selben Tag soll er sie auch an das Portal der Wittenberger Schlosskirche angeschlagen haben. Obwohl nicht sicher ist, ob diese Begebenheit tatsächlich stattfand, wird sie in zahlreichen Historienbildern festgehalten. Dazu gehört auch das Gemälde „Martin Luthers Thesenanschlag" des belgischen Malers Ferdinand Pauwels (1830–1904) aus dem Jahr 1872:

1. Interpretieren Sie die dargestellte Szene.
2. Recherchieren Sie den Stand der historischen Forschung zur Frage der „Echtheit" von Luthers Thesenanschlag. Verwenden Sie dazu Fachliteratur und Informationen aus dem Internet.
3. Erläutern Sie den Symbolgehalt des Thesenanschlags in Hinblick auf die Krise der damaligen Kirche. Gehen Sie dabei auf die Funktion der szenischen Elemente ein (Hammer, Kirchenportal, gelehrter Text, öffentlicher Aufruf, Initiative eines Einzelnen).
4. Präsentation: Der 31. Oktober gilt als Gedenktag der Reformation (in Niedersachsen gesetzlicher Feiertag). Führen Sie eine Pro- und Kontra-Diskussion in der Klasse über die Frage, ob es die historischen Hintergründe rechtfertigen, gerade mit diesem Datum an die Reformation zu erinnern. | H

M5 „Freiheit" im Sinne der Reformation

Im November 1520 erscheint Luthers Schrift „Von der Freiheit eines Christenmenschen" auf lateinisch und deutsch. Sie ist in 30 Abschnitte gegliedert und wird zu einem zentralen Baustein in Luthers reformatorischer Lehre. Über die Rolle jedes Einzelnen in der Gesellschaft heißt es:

Zum ersten: Damit wir gründlich erkennen mögen, was ein Christenmensch sei, und wie es getan sei um die Freiheit, die ihm Christus erworben und gegeben hat, davon Sankt Paulus viel schreibt, will ich diese zwei Beschlüsse setzen: Ein Christenmensch ist ein freier Herr über alle Dinge und niemandem untertan. Ein Christenmensch ist ein dienstbarer Knecht aller Dinge und jedermann untertan.

Diese zwei Beschlüsse sind klar bei Sankt Paulus im 1. Kor[intherbrief] 9[,19]: „Ich bin frei in allen Dingen und habe mich zu eines jedermann Knecht gemacht." Ebenso im Röm[erbrief] 13[,8]: „Ihr sollt niemandem etwas verpflichtet sein, außer dass ihr euch untereinander liebt." Genauso heißt es auch von Christus in Gal[aterbrief] 4[,4]: „Gott hat seinen Sohn ausgesandt, von einem Weib geboren und dem Gesetz untertan gemacht."

Zum zweiten: Um diese beiden gegensätzlichen Aussagen der Freiheit und Dienstbarkeit zu vernehmen, sollen wir bedenken, dass ein jeglicher Christenmensch zweierlei Naturen hat, eine geistliche und eine leibliche. [...] Und um dieses Unterschiedes willen werden in der Schrift von ihm Aussagen gemacht, die völlig gegeneinander stehen, nämlich, wie ich gerade gesagt habe, von der Freiheit und Dienstbarkeit. [...]

Zum zehnten: Nun sind [...] alle Worte Gottes heilig, wahrhaftig, gerecht, friedsam, frei und aller Güte voll. Darum: Wer ihm mit einem rechten Glauben anhängt, dessen Seele wird mit ihm vereinigt, so ganz und gar, dass alle Tugenden des Wortes auch der Seele eigen werden, und entsprechend durch den Glauben die Seele durch das Wort Gottes heilig, gerecht, wahrhaftig, friedsam, frei und aller Güte voll, ein wahrhaftiges Kind Gottes wird [...]. Hieraus ist leicht zu merken, warum der Glaube so viel vermag und dass keine guten Werke ihm gleich sein können. [...] So sehen wir, dass ein Christenmensch an dem Glauben genug hat, er bedarf keines Werkes, um gut zu sein. Bedarf er aber keines Werkes mehr, so ist er gewiss entbunden von allen Geboten und Gesetzen. Ist er entbunden, so ist er gewiss frei. Das ist die christliche Freiheit, der eine Glaube, der nicht macht, dass wir müßiggehen oder übeltun, sondern dass wir keines Werkes bedürfen, um Güte und Seligkeit zu erlangen [...]. [...]

Zum 25.: Aus all dem ist leicht zu verstehen, wie gute Werke zu verwerfen und nicht zu verwerfen sind [...]. Denn wo der falsche Anhang und die verkehrte Meinung drin ist, dass wir durch die Werke gut und selig werden sollen, sind sie schon nicht gut und ganz verdammungswürdig; denn sie sind nicht frei und schmähen die Gnade Gottes, die allein durch den Glauben gut und selig macht, was die Werke nicht vermögen

[…]. Darum verwerfen wir die guten Werke nicht um ihretwillen, sondern um dieses bösen Zusatzes und falscher verkehrter Meinung willen […].
Zum 28.: […] Auf diese Weise gebietet auch Sankt Paulus […], dass sie [die Christen] weltlicher Gewalt untertan und bereit sein sollen, nicht, dass sie dadurch gut werden können, sondern dass sie den anderen und der Obrigkeit damit frei dienten und deren Willen täten aus Liebe und Freiheit. Wer nun dieses Verständnis hätte, der könnte sich leicht ausrichten auf die unzähligen Gebote und Gesetze des Papstes, der Bischöfe, der Klöster […], der Fürsten und Herren, die einige verrückte Prälaten[1] so treiben, als wären sie nötig zur Seligkeit und nennen es Gebote der Kirche, wiewohl zu Unrecht. Denn ein freier Christenmensch spricht so: „Ich will fasten, beten, dies und das tun, was geboten ist, nicht, dass ich es bedarf oder dadurch wollte gut oder selig werden, sondern ich will es dem Papst, Bischof, der Gemeinde oder meinem Mitbruder, meinem Herrn zu Willen, Beispiel und Dienst tun und ertragen, genauso wie Christus um meinetwillen viel größere Dinge getan und ertragen hat, die ihm viel weniger nötig waren. Und mögen auch die Tyrannen[2] Unrecht tun solches zu fordern, so schadet es mir doch nicht, weil es nicht gegen Gott ist."

Nach: D. Martin Luthers Werke. Kritische Gesamtausgabe, IV. Abteilung, Bd. 7, Weimar 1897 (unveränderter Nachdruck Weimar 2003), S. 20 f., 24 f., 33 f. und 37 (sprachlich normalisiert)

1. Präsentation: Ordnen Sie die Überlegungen Luthers in einer Mindmap, im Mittelpunkt die beiden Aussagen in Zeile 5 bis 7. | F
2. Präsentation: Verfassen Sie, ausgehend vom Text, eine Kurzdefinition von „christlicher Freiheit" im Sinne Luthers.
3. Vergleichen Sie das von Luther empfohlene Verhalten eines freien Christenmenschen mit dem, was Erasmus (M3) als christliche Lebensführung ansieht.
4. Luther hat die Schrift in der lateinischen Version mit einem Sendschreiben an den Papst verbunden, als Versuch einer Verständigung mit Rom. Erörtern Sie die künftige Stellung der Kirche, wie sie Luther im vorliegenden Text umreißt. Heben Sie dabei hervor, welche Gefahren für die Autorität der Kirche von Luthers Schrift ausgehen konnten.

M6 „Wir wöllen frei sein"

Der Historiker Peter Blickle (1938–2017) untersucht die im Bauernkrieg erhobenen Forderungen nach Freiheit und gegen die Leibeigenschaft:

Kein Herrschaftsrecht stand um 1500 unter einem dermaßen großen Legitimationsdruck wie das über den Leib, Leibeigenschaft genannt. Ihre Umkehrung hieß Freiheit. Auf allen gesellschaftlichen Ebenen, unter Bürgern und Bauern, Juristen und Theologen wurde sie diskutiert, auf allen politischen Ebenen wurde sie verhandelt, von der Dorfgemeindeversammlung bis hinauf in […] den Reichstag.
Als geprägter und inhaltlich scharf konturierter Begriff tritt Freiheit in den Zwölf Artikeln der oberschwäbischen Bauern von 1525 in Erscheinung, deren dritter ausdrücklich fordert, „das wir frei seien und wöllen sein", und darunter die Aufhebung der Leibeigenschaft (Eigenschaft steht in der Quelle) versteht. Die Drucke der Zwölf Artikel in Augsburg und Breslau, Konstanz und Magdeburg, Nürnberg und Regensburg, Erfurt und Straßburg belegen die Durchschlagskraft der Freiheitsforderung bei den deutschen Bauern.
Radikalität und Prägnanz gewann der bäuerliche Freiheitsbegriff durch seine Verknüpfung mit dem Evangelium. „Zum dritten", heißt es in den Zwölf Artikeln, „ist der Brauch bisher gewesen, das man uns für eigen Leüt gehalten hat, wölchs zuo Erbarmen ist, angesehen das uns Christus all mit seinem kostparlichen Bluotvergüssen erlößt und erkauft hat". Die Begründung der Freiheit mit dem Erlösertod Christi wird ergänzt durch die Hoffnung der Bauern, sie „seien auch on Zweifel, ir [die Herren] werdend uns der Eigenschaft als war und recht Christen geren entlassen oder uns im Evangeli des berichten, daz wirs seien". Aus dem Evangelium ziehen die Bauern die dreifache Begründung der Freiheit mit dem Erlösertod Christi, der christlichen Nächstenliebe und der von Gott in die Welt gelegten Rechtsordnung des Naturrechts. Das war die Hermeneutik[3] der Betroffenen, die sich auf diese Weise das Evangelium erschloss. Sie wäre ohne die Reformation und ihren Rückgriff auf das Evangelium als alleiniger Norm für Theologie und Glauben schwer möglich gewesen. Nicht ohne Grund baten die Bauern die Reformatoren mittels eines gedruckten Aufrufs, der ausdrücklich Richterliste heißt, um Gutachten zu ihren Artikeln, also auch dem Leibeigenschaftsartikel.
Dass gerade Bauern das Problem der Unfreiheit gewissermaßen auf einen prinzipiellen theologischen, juristischen und ethischen Punkt brachten, war nicht selbstverständlich, denn neben ihnen gab es nicht wenige Bürger, namentlich in den landesherrlichen Städten[4], die nicht minder

[1] **Prälat** (von lat. *praelatus*: Bevorzugter, Vorsteher): hoher kirchlicher Würdenträger (z. B. Bischof oder Abt) oder kirchlicher Ehrentitel
[2] **Tyrann**: Gewaltherrscher, Willkürherrscher

[3] **Hermeneutik** (von altgriech. *hermēneuein*: ausdrücken, übersetzen): systematische Auslegung, sachgerechte Interpretation
[4] **landesherrliche Städte**: Städte unter der Hoheit eines Fürsten, nicht reichsunmittelbare Städte

leibeigen waren als sie selbst. Aus zahlreichen württembergischen Amtsstädten[1] liegen Urkunden vor, ausgestellt von Schultheiß[2], Richtern und Bürgern, in denen die Bürgerschaften versprechen, sich ihrem Grafen nicht zu „entfremden […], weder mit unsern Leiben, Weiben, Kinden noch Guten“. Den Leib darf man nicht entfremden, das ist Leibeigenschaft. Württemberg war kein Sonderfall. Von den meisten Reichsstädten abgesehen, gehört die Freiheit nicht zu den Statusrechten von Bürgern.

Peter Blickle, Der Bauernkrieg. Die Revolution des Gemeinen Mannes, München [4]2012, S. 55 f.

1. Erklären Sie, warum die Leibeigenschaft um 1500 „unter einem dermaßen großen Legitimationsdruck“ (Zeile 1 f.) stand.
2. Analysieren Sie die Hauptforderungen in den „Zwölf Artikeln“. Siehe dazu den Internettipp weiter unten. | H
3. Erläutern Sie die in Zeile 20 bis 32 besprochene Passage aus den „Zwölf Artikeln“. Stellen Sie das hier dargelegte Verständnis von Freiheit demjenigen Luthers in M5 gegenüber. | H
4. Blickle sagt an anderer Stelle über die „Richterliste“ der Bauern (Zeile 38), die Aufständischen hätten in den Reformatoren gleichsam „Verfassungsrichter“ gesehen. Erörtern Sie anhand dieser Bewertung das Verhältnis zwischen Bauernkrieg und Reformation. Ziehen Sie dazu auch den Abschnitt „Gegen eine radikale Reformation“ im Darstellungsteil auf Seite 104 heran.

Internettipp
Die „Zwölf Artikel“ der Bauern finden Sie unter dem Code **32037-17**.

Die „Zwölf Artikel“ der Bauern.
Titelblatt eines Druckes aus Zwickau von 1525.
Der Titel lautet: „Beschwerung vnd freuntlich begeren mit angehefftem Christlichem erbieten der gantzen Bawerschafft So itzund versamlet yn zwelff hawbt Artickel auffs kurtzist gefuget“.
In den „Zwölf Artikeln“ fasste der Kürschner Sebastian Lotzer 1525 die Forderungen der aufständischen Bauern an die „weltlichen und geistlichen Obrigkeiten“ zusammen. Sie waren das Resultat wochenlanger Beratungen oberschwäbischer Bauern.

[1] **Amtsstadt**: Stadt innerhalb eines Amtes (kleinräumige Verwaltungseinheit), häufig dessen Hauptort
[2] **Schultheiß**: Amtsperson zur Aufsicht über die Verwaltung und Rechtsprechung einer städtischen oder dörflichen Gemeinde

M7 Die Fürstenreformation und ihre Folgen für die Gesellschaft

*Der Kirchenhistoriker Bernd Moeller (*1931) beschreibt die Einführung der ersten evangelischen Landeskirchen:*

Das Verfahren, das man zur Neugründung der Kirche in den Territorien anwendete, war aufwändig und anspruchsvoll: Es wurden Visitationen[1] veranstaltet und damit jene alte Einrichtung des Kirchenrechts wiederbelebt, mit der die Bischöfe ihre Diözesen regierten. Nun geschah das in der neuen Form, dass staatliche Kommissionen aus Beamten und Theologen das weite Land bereisten und die kirchlichen Gegebenheiten am Ort zu ermitteln hatten – die Besitzverhältnisse, die Eignung der Pfarrer in Bezug auf Wissen, Meinungen und Sitten sowie den Zustand der Gemeinden. Im Weiteren verloren solche Kleriker, die an ihren katholischen Überzeugungen festhielten oder sonst für den evangelischen Kirchendienst ungeeignet erschienen, zumeist ihre Ämter [...]. Die kirchlichen Vermögenswerte wurden vielerorts in der neuen Form des „Gemeinen Kastens“ vereinigt, aus dem in Zukunft die Besoldung der Pfarrer und Lehrer sowie die Armenfürsorge bestritten werden sollten – ein Verfahren, das sich in evangelischen Städten bewährt hatte –, und es wurden die Klöster geschlossen, ihre verbliebenen Insassen versorgt, auch das nach Analogie der Städte.

Das Ganze war ein eingreifender, für Betroffene oft schmerzlicher und nicht immer seriös gehandhabter Umschichtungsprozess. Streit gab es vor allem um die Vermögensfragen. [...]

Die wichtigste und kirchlich wie gesellschaftlich wirkungsreichste Veränderung im Zusammenhang der evangelischen Kirchenbildung erlebten Beruf und soziale Stellung des Pfarrers. [...] Im Grunde entstand in der Figur des evangelischen Pastors ein neuer Beruf, der für die Ausfüllung einer Führungsrolle in Kirche und Gesellschaft prädestiniert war. [...]

[Künftig] trat der evangelische Pastor im Unterschied zum Kleriker des Mittelalters nicht in der Masse, sondern als Einzelner auf. Die Zahl der geistlichen Personen verringerte sich in der evangelischen Kirche drastisch – in Städten mit nunmehr aufgehobenen kirchlichen Institutionen kamen Rückgänge in der Größenordnung von 50 : 1 vor. Gleichwohl aber nahmen Autorität und Sozialprestige[2] der Pastoren gegenüber den spätmittelalterlichen Klerikern oder Ordensleuten eher zu. Ihre Hauptaufgabe, das Predigen, war – in aller Öffentlichkeit verrichtet – doch eine ganz individuelle Betätigung, hatte aber nach der theologischen Lehre, die nun galt, für Leben und Schicksal der zuhörenden Christen unüberbietbare Bedeutung. So war die öffentliche Resonanz zumal in den Städten in der Regel groß, und dem entsprach es, dass sich vielfach ein neues Amts- und Standesbewusstsein der Pastoren entwickelte [...]. Die negativen Eigenschaften der alten Kleriker hingegen fehlten ihnen zumeist: Der evangelische Pastor wurde zum akademischen Studium angehalten und in späteren Zeiten sogar verpflichtet, so dass er durch Bildung hervortrat, und ihm war die Heirat erlaubt, ja geradezu geboten, so dass die problematischen Begleiterscheinungen des Zölibats[3] aufhörten.

Insbesondere diese letztgenannte Neuerung brachte, zusammen mit dem Verschwinden des Mönchtums, die möglicherweise einschneidendste soziale Veränderung mit sich, die im Zuge der Reformation eintrat. Die enorme Neuerung, dass Luther und seine Anhänger die bis in frühe Zeiten des Christentums zurückreichende Maxime[4], Jungfräulichkeit und Ehelosigkeit besäßen einen sittlich-religiösen Vorrang gegenüber dem sexuellen Leben, grundlegend und nachhaltig bestritten, wurde durch die in der Ehe lebenden evangelischen Pastoren gewissermaßen vollzogen.

Bernd Moeller, Das Zeitalter des Ausbaus und der Konsolidierung der Reformation 1525–1555, in: Ökumenische Kirchengeschichte, Bd. 2, hrsg. von Thomas Kaufmann und Raymund Kottje, Darmstadt 2008, S. 288–308, hier S. 291 f. (gekürzt)

1. Fassen Sie zusammen, welche Änderungen durch die neue evangelische Kirchenordnung eintraten. Differenzieren Sie dabei zwischen Landesherr, Untertanen, Geistlichen und der Gesellschaft im Allgemeinen.
2. Erläutern Sie, mit welchen Mitteln die Fürstenreformation einer Radikalisierung der Reformation entgegenwirken konnte.
3. Präsentation: Entwickeln Sie, ausgehend von den Informationen im Text, ein Rollenspiel, das die Visitation einer (noch) katholischen Pfarrei nachstellt. Bringen Sie dabei die Ansprüche der landesherrlichen Kommission ebenso wie die Ängste und Bedenken der Kleriker zum Ausdruck.
4. Partnerarbeit: Vergleichen Sie die Fürstenreformation mit anderen politisch-weltanschaulichen Umwälzungen „von oben“ (z. B. Entnazifizierung nach 1945, Aufarbeitung der SED-Vergangenheit in den neuen Bundesländern nach 1990). Stellen Sie Unterschiede und Ähnlichkeiten heraus.

[1] **Visitation** (von lat. *visitatio*: Besichtigung, Besuch): Inspektion, Besuch einer Aufsichtsperson zur Kontrolle von dienstlich Untergebenen
[2] **Sozialprestige**: Geltung innerhalb der Gesellschaft
[3] **Zölibat** (von lat. *caelebs*: unverheiratet): Gebot der Ehelosigkeit und Keuschheit für Geistliche
[4] **Maxime**: Leitvorstellung

M8 Reichsverfassung und Augsburger Religionsfrieden

Das Schaubild zeigt das Verfassungssystem des Heiligen Römischen Reiches Deutscher Nation und die Neuerungen durch den Augsburger Religionsfrieden von 1555:

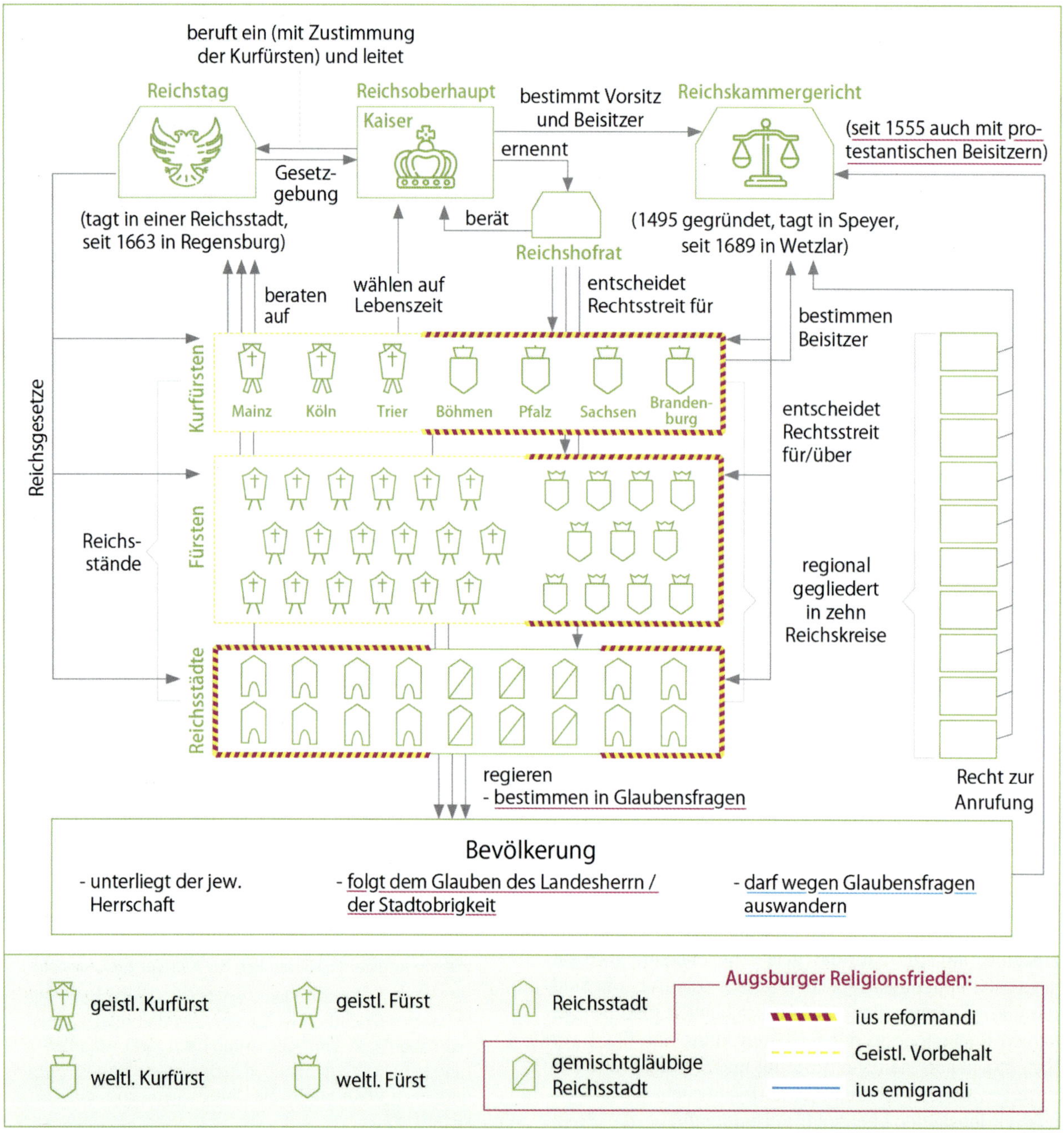

1. Beschreiben Sie die Elemente und Aussagen des Schaubildes. | H
2. Arbeiten Sie heraus, welche Bestimmungen des Religionsfriedens für eine Festschreibung der Zustände sorgen sollten, welche dagegen Veränderungen zuließen. | H
3. Präsentation: Verfassen Sie ein Schreiben, mit dem Sie als Untertan Ihrem Fürsten oder Ihrer Reichsstadt anzeigen, wegen Glaubensgründen auszuwandern. Führen Sie dabei das vom Religionsfrieden gewährte Recht an. Berücksichtigen Sie auch, dass die Emigration mit harten Auflagen verbunden war (Zurücklassen des eigenen Vermögens, Ablösezahlungen).

M9 Empfehlungen zur katholischen Reform

Der Jesuitenpater Petrus Canisius (1521–1597) verfasst 1576 ein Gutachten über die Bewahrung und Erneuerung des katholischen Glaubens im römisch-deutschen Reich. Adressiert ist das Schreiben an den päpstlichen Legaten (Botschafter), Kardinal Giovanni Morone (1509–1580):

Unter andern Missständen, die jetzt nach dem verderblichen „Evangelium“ Luthers in Deutschland um sich greifen, stehen folgende nicht an letzter Stelle, durch welche die Zahl der Katholiken von Tag zu Tag kleiner wird, nämlich eine völlige Unwissenheit im Glauben, die Unkenntnis der Kirche und deren Verachtung. Ferner ist nicht nur das Leben der Laien verderbt, sondern auch das des ganzen Klerus und vor allem der Prälaten[1] und der Ordensleute. Diese Missstände zerstören neben der Häresie[2] den Rest der Kirche [...], sodass es ohne rechtzeitige Gegenmaßnahmen unmöglich wird, die Katholiken vor dem Abfall zurückzuhalten oder die Häretiker[3] wiederzugewinnen. [...]

1. Das erste und nächstliegende Mittel ist – damit hat unser Heiliger Vater [der Papst] ja schon den Anfang gemacht –, dass er weiterhin für einen guten Unterricht der deutschen Jugend in verschiedenen Seminarien sorgt, die er auf seine Kosten bauen lassen möge. Zwar hilft das bereits errichtete Deutsche Kolleg in Rom[4] schon viel zu diesem Ziel. Weil aber die Kosten dort höher sind und viele das Klima nicht ertragen und immer wieder krank werden, und wegen anderer Ungelegenheiten scheint es ratsamer zu sein, in Rom selbst nur eine kleine Zahl von Deutschen zu behalten und mehrere Seminarien in Deutschland selber zu errichten. [...] Aus derartigen Seminarien würden sicher nicht nur gelehrte, sondern auch in jeder Hinsicht erprobte junge Leute hervorgehen. [...]

2. Das zweite Mittel ist, dass der Heilige Vater mit den deutschen Bischöfen über die Errichtung solcher Seminare verhandelt, bis sie endlich etwas in Angriff nehmen. [...]

5. Vor allem in Österreich und Böhmen gibt es sehr viele Äbte und Ordensobere, die nie Mönche waren noch rechtmäßig gewählt sind. Als Laien werden sie von einem weltlichen Fürsten eingesetzt [...]. [...] Ob es nicht ratsam wäre, dass der Heilige Vater mit den Fürsten verhandelte, damit sie in Zukunft derartige Ernennungen bleiben lassen oder dass wenigstens das Präsentationsrecht[5] nur unter der Bedingung zugestanden werde, dass sie sich an die Forderungen des Trienter Konzils halten?

6. Selten visitieren die Bischöfe ihre Diözesen, noch seltener erreicht eine Visitation[6] einen Nutzen. Dies kommt vor allem daher, dass sie nicht wissen, was zu verbessern und was anzuordnen ist [...]. Daher wäre es gut, wenn der Heilige Vater darüber wenigstens mit einigen Bischöfen verhandelte und gelehrte Männer auswählte, die der Aufgabe einer Visitation gewachsen und voll Eifer für Gott sind [...].

7. Großer Schaden erwächst daraus, dass allenthalben ohne jede Auswahl ganz Unwürdige geweiht und als Pfarrer eingesetzt werden. Grund dafür ist der Mangel an Geistlichen und die Unwissenheit und Nachlässigkeit der Prälaten. Der ersten Wurzel des Übels wird leicht mit der Errichtung der Seminare begegnet, die zweite wird dadurch behoben, dass auf Geheiß seiner H[eiligkeit] eine Prüfungsordnung für Weihekandidaten und für solche, die als Pfarrer eingesetzt werden sollen, herausgegeben und den Bischöfen übersandt wird.

8. Da wir aus der Werkstätte Satans täglich viele Bücher erscheinen sehen, die mit ihrem Gift das arme Volk verführen, wird es von großem Nutzen sein, wenn vom Apostolischen Stuhl[7] einige ausgezeichnete Männer ausgewählt werden, die die Bücher der Häretiker, die größeren Schaden anrichten, vor allem die Institutionen Calvins[8] und die Verurteilung des Trienter Konzils durch Chemnitz[9] widerlegen und bekämpfen sollten. Zu diesem Zweck wird es auch ganz entsprechend sein, wenn vom Papst eine Druckerei errichtet oder mit der Herausgabe betraut würde.

Nach: Albrecht P. Luttenberger (Hrsg.), Katholische Reform und Konfessionalisierung, Darmstadt 2006, S. 313–316 (gekürzt)

1. Fassen Sie die Reformvorschläge zusammen.
2. Arbeiten Sie heraus, welche Missstände das Gutachten der eigenen Kirche und den katholischen Fürsten anlastet, welche dagegen der Reformation.
3. Vergleichen Sie die empfohlenen Reformmaßnahmen mit der Einführung evangelischer Kirchenordnungen in deutschen Territorien (siehe dazu den Verfassertext auf Seite 104 sowie M7 auf Seite 115).
4. Präsentation: Informieren Sie sich über Petrus Canisius und Giovanni Morone. Verfassen Sie Kurzbiografien über ihre Rolle im Rahmen der katholischen Reform.

[1] **Prälat**: Siehe Fußnote 1 in M5 auf Seite 113.
[2] **Häresie** (von altgriech. *hairesis*: Wahl, Anschauung): abweichende Glaubenslehre, Ketzerei
[3] **Häretiker**: Vordenker oder Anhänger einer Häresie, Ketzer
[4] **Deutsches Kolleg in Rom** (lat. *Collegium Germanicum*): 1552 gegründete päpstliche Hochschule für Priester, die die katholische Reform ins römisch-deutsche Reich tragen sollten
[5] **Präsentationsrecht**: Vorschlagsrecht zur Wahl eines Kandidaten
[6] **Visitation**: Siehe dazu Fußnote 1 für M7 auf Seite 115.
[7] **Apostolischer Stuhl**: Bezeichnung für das Papsttum
[8] **Institutionen Calvins**: Hier wird auf die Schrift „Institutio christianae religionis“ (dt.: „Unterricht in der christlichen Religion“) von Johannes Calvin (siehe Seite 107, Randspalte) angespielt.
[9] Der evangelische Theologe **Martin Chemnitz** (1522–1586) verfasste zwischen 1566 und 1573 eine Kritik der Trienter Konzilsbeschlüsse.

M10 „Geistlicher Rauffhandel"

Auf einem ca. 1619 veröffentlichten illustrierten Flugblatt steht zu lesen:

Ach Herr Gott / ein elends wesen /
Wir können wedr schreibn noch lesen /
Sein ungelehrt / einfältig Leut /
Verstehen nicht den grossen Streit /
So all Lehrer täglich treiben /
In dem predigen und schreiben /
[...]
Es ist etwann bey hundert Jahr /
Fiel Luther dem Bapst in die Haar /
Der Bapst wolt das nicht gut seyn lan /
Fiel den Luther auch wider an /
Das rauffen wärt ein kurtze Frist /
Da mengt sich drein der Calvinist /
Fiel Bapst und Luther in die Haar /
Drauff der Zanck noch viel ärger war /
[...]
Der Punct seynd ein grosser Hauffen /
Drumb sich die drey Männer rauffen /
Und wäret noch je länger je mehr /
Der gemein Läy beklagt das sehr /
Weil er davon wirdt irr und toll /
Weiß nicht wem Theil er glauben soll /
Und ist läyder zu vermuten /
Es möcht sich noch ein Lehr außbruten.
Beschluss:
Herr Jesu / schaw du selbst darein /
Wie uneins die drey Männer seyn /
Komm doch zu deiner Kirch behend /
Und bring solch zancken zu eim end.

Nach: Deutsche illustrierte Flugblätter des 16. und 17. Jahrhunderts, hrsg. von Wolfgang Harms, Bd. II/2, Tübingen [2]1997, S. 262 f.

1. Arbeiten Sie heraus, welche Position das Gedicht im Streit zwischen den Konfessionen bezieht.
2. Der Text spricht vom „Rauffhandel" (Schlägerei) der Bekenntnisse. Finden Sie andere Begriffe für die damalige Auseinandersetzung.
3. Wie viel Uneinigkeit verträgt eine Religion? Diskutieren Sie allgemein in der Klasse.

M11 Wiederherstellung, Gleichstellung, Duldung

Am 24. Oktober 1648 werden in Münster der Friedensvertrag zwischen dem Kaiser und Frankreich sowie in Osnabrück die Vereinbarung zwischen Kaiser, Reichsständen und Schweden unterzeichnet. Im Osnabrücker Friedensvertrag (lat. Instrumentum Pacis Osnabrugensis, IPO*) heißt es in Artikel V:*

[§ 2] Der Stichtag für die Restitution in geistlichen Angelegenheiten sowie für das, was als deren Folge in den weltlichen Angelegenheiten verändert wurde, soll der 1. Januar 1624 sein. Es soll daher die Wiedereinsetzung aller Kurfürsten, Fürsten und Stände beider Konfessionen[1] unter Einschluss der freien Reichsritterschaft sowie der reichsunmittelbaren Städte und Dörfer vollständig und ohne jeden Vorbehalt geschehen, wobei [...] alles auf den Stand des vorerwähnten Jahres und Tages zurückzuführen ist.

[§ 30] Was ferner die [Landsassen[2], Vasallen[3] und Untertanen] der geistlichen und weltlichen Reichsstände betrifft, so ist, da diesen reichsunmittelbaren Ständen [...] das Reformationsrecht zusteht [...], [...] bestimmt worden, dass diese Vorschrift auch künftig von den Ständen beider Bekenntnisse beachtet und keinem Reichsstand das Recht, das ihm gemäß der Landeshoheit in Religionssachen zusteht, geschmälert werden soll.

[§ 31] Diesen Bestimmungen steht nicht entgegen, dass die Landsassen, Vasallen und Untertanen katholischer Stände, welcher Art sie auch seien, die zu irgendeinem Zeitpunkt des Jahres 1624 die öffentliche oder private Religionsausübung der Augsburgischen Konfession [...] vorgenommen haben, diese auch fernerhin einschließlich aller Nebenrechte, soweit sie diese im vorerwähnten Jahr in Anspruch genommen haben oder deren Ausübung unter Beweis stellen können, beibehalten sollen. Zu diesen Nebenrechten werden gerechnet: die Besetzung der Konsistorien, der Schule und der Kirchenämter, das Patronatsrecht[4] und ähnliche Rechte. Auch sollen sie im Besitz aller zur vorerwähnten Zeit in ihrer Gewalt befindlichen Kirchen, [...] Klöster und Spitäler einschließlich allen Zubehörs, aller Einkünfte und allen Zuwachses verbleiben. [...]

[1] Gemäß Artikel VII des IPO wurden die Reformierten den Anhängern des katholischen und evangelisch-lutherischen Bekenntnisses rechtlich gleichgestellt.

[2] **Landsasse**: Grundherr oder Adliger, der der Hoheit eines Fürsten untersteht

[3] **Vasall**: freie Person, die Lehen empfängt und verwaltet, als Lehnsnehmer dem Lehnsherrn zu Abgaben sowie militärischer oder politischer Gefolgschaft verpflichtet

[4] **Patronatsrecht** (von lat. *patronus*: Schutzherr): Schirmherrschaft über eine örtliche Kirche und ihr Personal

[§ 32] Wer [von ihnen] aber auf irgendeine Weise beeinträchtigt oder [seiner Besitztümer] entsetzt worden ist, soll ausnahmslos und vollständig in den Rechtszustand, in dem er sich im Jahre 1624 befunden hat, wiedereingesetzt werden.
Das gleiche gilt für die katholischen Untertanen von Reichsständen der Augsburgischen Konfession, denen im vorerwähnten Jahr 1624 die öffentliche oder private Ausübung des katholischen Bekenntnisses zustand. [...]

[§ 34] Ferner ist man übereingekommen, dass die der Augsburgischen Konfession angehörenden Untertanen katholischer Stände wie umgekehrt katholische Untertanen von Ständen der Augsburgischen Konfession, denen im Jahre 1624 zu keinem Zeitpunkt die öffentliche oder private Religionsausübung zustand, wie auch die, die nach der Verkündung des Friedens künftig ein anderes Glaubensbekenntnis annehmen oder annehmen werden als ihr Landesherr, mit Nachsicht geduldet und nicht daran gehindert werden sollen, sich in vollständiger Gewissensfreiheit in ihren Häusern ihrer Andacht ohne jede Nachforschung und ohne jede Beeinträchtigung privat zu widmen [...], in der Nachbarschaft so oft und wo immer sie wollen am öffentlichen Gottesdienst teilzunehmen und ihre Kinder entweder in auswärtige Schulen ihres Bekenntnisses oder zu Hause von Privatlehrern unterweisen zu lassen. Doch sollen Landsassen, Vasallen und Untertanen im Übrigen ihre Pflicht in schuldigem Gehorsam und Unterordnung erfüllen [...] und zu keinerlei Unruhen Anlass geben.

[§ 35] Ob die Untertanen aber katholischen Glaubens oder Augsburgischer Konfession sind, sollen sie doch nirgends wegen ihres Bekenntnisses verachtet [...] und auch nicht aus der Gemeinschaft der Kaufleute, Handwerker und Zünfte, von Erbschaften, Vermächtnissen, Spitälern, Siechenhäusern[1], Almosen und anderen Rechten oder Geschäften, noch viel weniger von den öffentlichen Kirchhöfen und einem ehrlichen Begräbnis ausgeschlossen [werden] [...]; vielmehr sollen sie in diesen und ähnlichen Fällen in gleicher Weise wie ihre Mitbürger Recht, Gerechtigkeit und Schutz genießen [...].

Nach: Arno Buschmann, Kaiser und Reich. Klassische Texte zur Verfassungsgeschichte des Heiligen Römischen Reiches Deutscher Nation vom Beginn des 12. Jahrhunderts bis zum Jahre 1806, Tl. 2, Baden-Baden [2]1994, S. 35 und 48–51

1. Fassen Sie zusammen, in welchen Fällen das Normaljahr 1624 als Richtschnur für die konfessionellen Verhältnisse dienen sollte.
2. Erklären Sie, weshalb die Festlegung eines Normaljahrs zur allgemeinen Befriedung beigetragen hat.
3. Stellen Sie die Rechte der Bevölkerung (hier als „Landsassen, Vasallen und Untertanen" bezeichnet) den Rechten gegenüber, die ihr der Augsburger Religionsfrieden gewährte.
4. Arbeiten Sie aus den Paragrafen 34 und 35 (Zeile 42 bis 72) heraus, welche Nachteile es bisher für Andersgläubige in einer Reichsstadt oder einem Territorium geben konnte.
5. Präsentation: Tragen Sie die Bestimmungen des Westfälischen Friedens, soweit sie die Reichsstände und die Bevölkerung betreffen, in das Schaubild in M8 ein. Ziehen Sie dazu auch den Abschnitt „Friede mit Perspektiven" im Darstellungsteil auf Seite 109 heran.

[1] **Siechenhäuser**: damalige Krankenhäuser für besonders ansteckende Krankheiten wie Pest, Cholera oder Aussatz

Streitschriften untersuchen

Eine **Streitschrift** ist eine Textquelle. Mit ihr meldet sich der Verfasser in einer **öffentlichen Auseinandersetzung** über ein bestimmtes Thema zu Wort. Eine Streitschrift **„sucht Streit"**: Statt abzuwägen oder nüchtern zu beobachten, nimmt der Verfasser einseitig Partei und spitzt seine Meinung zu. Die Aussagen wirken daher leidenschaftlich, bis hin zur Übertreibung. In ihrer Argumentation setzen manche Verfasser vorsätzlich Unwahrheiten, Anfeindungen oder Spott ein. Steht die verbale Kampfansage an einen Gegner oder an eine andere Meinung im Vordergrund, spricht man auch von einer **Schmähschrift** oder einem **Pamphlet**.
Streitschriften der Vergangenheit sind oft sehr aufschlussreich, allerdings ist bei ihrer Untersuchung Vorsicht geboten. Wortwahl und Gedankengang der Quelle können gegen den Verfasser einnehmen, ihn befremdlich oder widerwärtig erscheinen lassen. Es geht jedoch weniger um ein moralisches Urteil, auch wenn eine solche Wertung in die Analyse aufgenommen werden kann. Vielmehr sind die **Motive des Verfassers und seine Position** kenntlich zu machen. Eine Streitschrift enthält kaum etwas Zuverlässiges über den darin beschriebenen Gegner. Sie gibt dagegen viel Aufschluss über den Verfasser selbst, seine Anschauungen oder seine Voreingenommenheit. Ähnliches gilt für das **Publikum**, an das sich der Text wendet. In den Anklagen oder Gehässigkeiten einer Streitschrift werden typische Sorgen, Probleme und Konflikte einer Zeit sichtbar. Mitunter ist das „Nachleben" einer Streitschrift zu berücksichtigen. Ihre Aussagen können auch die Menschen späterer Zeiten noch beeinflusst haben. In der Analyse ist klar zu trennen zwischen der ursprünglichen **Aufnahme (Rezeption)** der Streitschrift und ihren **Folgen** für die Nachwelt.

Arbeitsschritt	Leitfragen
1. beschreiben	• Wer ist der Verfasser oder Auftraggeber, welche Funktion oder Stellung hat er/sie? • Wann, wo und aus welchem Anlass wurde die Streitschrift verfasst? • Was ist der Gegenstand der Streitschrift? Was wird thematisiert? • Wie ist der Text aufgebaut? Welche Merkmale kennzeichnen ihn (Sprache, Stil)? • Tauchen im Text Übertreibungen, Unwahrheiten, Spott oder verbale Angriffe auf?
2. erklären	• Zu welcher öffentlichen Auseinandersetzung nimmt die Streitschrift Stellung? • Welchen Bezug hat der Verfasser zum Thema (Betroffener, distanzierter Beobachter)? • An wen wendet sich die Streitschrift? • Gegen wen oder welche Position ist die Streitschrift gerichtet? • Welche Absichten verfolgt der Verfasser oder Auftraggeber mit dem Text? • Welche Wirkung geht von dem Text aus?
3. beurteilen	• Was kann die Streitschrift über die Denkweise des Verfassers und seines Publikums aussagen? • Gibt es weitere Äußerungen des Verfassers zum gleichen Thema? • Wie wurde die Streitschrift von den Zeitgenossen aufgenommen? • Von wem und wie wurde der Text in späteren Zeiten rezipiert?

M Luther und die Juden

Im Jahr 1523 veröffentlicht Martin Luther seine Schrift „Dass Jesus Christus ein geborener Jude sei". Er hofft darin, die Juden würden freiwillig die evangelische Lehre übernehmen. Im Winter 1542/43 verfasst er die Schrift „Von den Juden und ihren Lügen". Luthers frühere Haltung hat sich ins Gegenteil verkehrt:

Ich habe eine Schrift erhalten, in der ein Jude ein Gespräch mit einem Christen führt und sich daran macht, die Sprüche der [Heiligen] Schrift (wie sie für unseren Glauben gelten, über unseren Herrn Christus und Maria, seine Mutter) zu verdrehen und ganz anders zu deuten. Damit meint er, unseren Glaubensgrund umzustoßen. Darauf gebe ich Euch und ihm diese Antwort […].

[…] Ja, hier liegt der Grund, der Hader, die Anmaßung, das macht die Juden toll und töricht und treibt sie zu solch verdammtem Ansinnen, alle Sprüche der Schrift so schändlich entstellen zu müssen: Sie wollen und können nicht ertragen, dass wir Heiden mit ihnen vor Gott gleich seien und der Messias Trost und Freude für uns sei ebenso wie für sie. Ehe sie es ertrügen, dass wir Heiden, die wir von ihnen ohne Unterlass verspottet, verwünscht, verflucht, beleidigt und entehrt werden, mit ihnen am Messias teilhaben und Miterben und ihre Brüder heißen sollten, eher, so sage ich, kreuzigten sie noch zehnmal den Messias und schlügen Gott selbst tot, wenn dies möglich wäre, samt aller Engel und Geschöpfe, auch wenn sie dafür tausend Höllen statt nur einer einzigen verdienten. […]

Diesen giftigen Hass gegen die Gojim haben sie seit ihrer Jugend eingesogen, von ihren Eltern und Rabbinern[1], und saugen ihn weiter ein, ununterbrochen, sodass es ihnen, wie es in Psalm 109 heißt, in Fleisch und Blut, in Mark und Bein übergegangen und ganz und gar zu ihrer Natur, ihrem Dasein geworden ist. Und so wenig sie ihr Fleisch und Blut, ihr Mark und Bein ändern können, so wenig können sie solchen Stolz und Neid ändern. Sie müssen so bleiben und verderben, sofern Gott nicht ausgesprochen große Wunder tut. […] Darum wisse, lieber Christ, und zweifle nicht daran, dass du außer dem Teufel keinen erbitterteren, giftigeren, heftigeren Feind hast als einen wahren Juden, der es ernst meint, Jude zu sein. Es mag unter ihnen einige geben, die wie die Kühe oder Gänse an gar nichts glauben. Doch ihre Abstammung und Beschneidung wird niemand von ihnen los. […]

Unseren Obrigkeiten, so sie Juden als Untertanen haben, wünsche ich und bitte sie, sie wollten […] scharfe Barmherzigkeit gegen diese elenden Leute üben, damit es doch noch etwas helfen sollte, wiewohl wenig Aussicht besteht. Wie die treuen Ärzte, wenn der Wundbrand[2] die Knochen befallen hat, mit Unbarmherzigkeit verfahren und schneiden, sägen und Fleisch, Adern, Mark und Bein abbrennen, so verfahre man auch hier. Man verbrenne ihre Synagogen, verbiete alles, was ich oben schon nannte[3], zwinge sie zur Arbeit und behandle sie mit aller Unbarmherzigkeit, wie es Mose getan in der Wüste, als er dreitausend totschlug, damit nicht das ganze Volk verderben müsse. Sie [die Juden] wissen wahrlich nicht, was sie tun und wollen es, wie die Besessenen, nicht wissen, hören oder lernen. Darum kann man hier keine Barmherzigkeit üben, die sie in ihrem Wesen stärken würde. Will das Gesagte nicht helfen, dann müssen wir sie verjagen wie tolle Hunde, damit wir nicht, ihrer grauenvollen Lästerungen und aller Laster teilhaftig, mit ihnen zusammen Gottes Zorn verdienen und verdammt werden. Ich habe das Meine getan, ein jeder sehe, wie er das Seine tue, ich bin ohne Schuld.

Nach: D. Martin Luthers Werke. Kritische Gesamtausgabe, IV. Abteilung, Bd. 53, Weimar 1920 (unveränderter Nachdruck Weimar 2007), S. 417–552, hier S. 417, 481 f. und 541 f. (sprachlich vereinfacht)

Vage Andeutung, der erwähnte Text ist bis heute unbekannt.

Schimpfwort, den Juden in den Mund gelegt

Anfeindungen

Übertreibung

hier: abfällige Bezeichnung für alle Nichtjuden

Verweis auf Altes Testament

suggestive (stark beeinflussende) Vorstellung: Hass der Juden als nicht veränderbare, „natürliche" Eigenschaft

Vorurteil: Stolz und Neid

Anfeindungen

suggestiver (stark beeinflussender) Vergleich: Unglaube der Juden als gefährlicher „Infektionsherd"

Verweis auf Altes Testament (Exodus 32,25–28)

Vorurteil: Verblendung, Unbelehrbarkeit

Drohung

---

1 **Rabbiner**: jüdische Geistliche

2 **Wundbrand** (veraltet): sich ausbreitende Wundinfektion

3 Luther forderte das Verbot jüdischer Religionslehre und die Beschlagnahme jüdischer religiöser Schriften. Juden sollten in keinen festen Behausungen wohnen und keinen erhöhten Zins für Darlehen nehmen dürfen (sogenanntes Wucherverbot).

► Analysieren Sie die Streitschrift mithilfe der Arbeitsschritte auf Seite 120. Ihre Ergebnisse können Sie mit der Beispiellösung auf Seite 508 vergleichen.

Die Krise der spätmittelalterlichen Kirche und die Reformation

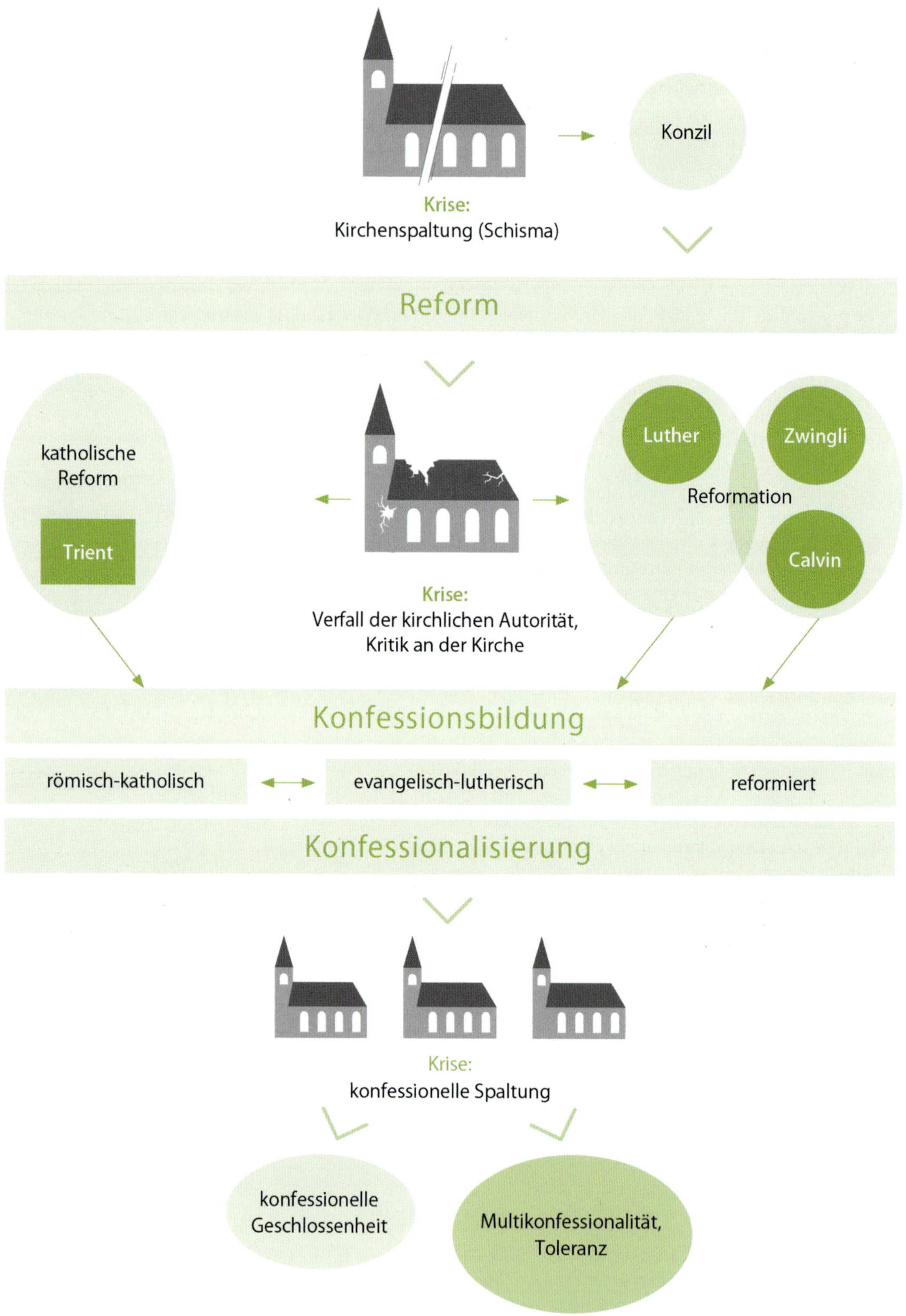

M „Es muss anders werden"

Der Kulturhistoriker Jacob Burckhardt (siehe Seite 13) bemerkt zur Dynamik von Krisen in der Geschichte:

Eine scheinbar wesentliche Vorbedingung für die Krisen ist das Dasein eines sehr ausgebildeten Verkehrs und die Verbreitung einer bereits ähnlichen Denkweise in anderen Dingen über große Strecken. Allein, wenn die Stunde da ist und der wahre Stoff, so geht die Ansteckung mit elektrischer Schnelle über hunderte von Meilen und über Bevölkerungen der verschiedensten Art, die einander sonst kaum kennen. Die Botschaft geht durch die Luft, und in dem Einen, worauf es ankommt, verstehen sie sich plötzlich Alle, und wäre es auch nur ein dumpfes: „Es muss anders werden."

*Der Kirchenhistoriker Hubert Wolf (*1959) über gescheiterte Ansätze, die Krise der spätmittelalterlichen Kirche zu überwinden:*

„Wir wissen, dass es an diesem Heiligen Stuhl schon seit einigen Jahren viele gräuliche Missbräuche in geistlichen Dingen und Exzesse gegen die göttlichen Gebote gegeben hat, ja, dass eigentlich alles pervertiert worden ist. So ist es kein Wunder, wenn sich die Krankheit vom Haupt auf die Glieder, das heißt von den Päpsten auf die unteren Kirchenführer ausgebreitet hat. Wir alle [...] sind abgewichen, ein jeder sah nur auf seinen eigenen Weg, und da ist schon lange keiner mehr, der Gutes tut, auch nicht einer." Diese Worte stammen nicht von einem zeitgenössischen Kritiker der katholischen Kirche, sondern von Papst Hadrian VI. im Jahr 1523. Keine zwei Jahre zuvor hatte Martin Luther sich auf dem Wormser Reichstag geweigert, seine Thesen zu widerrufen, woraufhin die Reichsacht über ihn verhängt wurde – ein entscheidender Schritt auf dem Weg zur Kirchenspaltung.
Hadrian VI. versuchte, der Kritik den Wind aus den Segeln zu nehmen, indem er die vielfältigen Missstände beim Namen nannte, seiner Kirche überfällige Reformen verordnete und versprach, „dass Wir jede Anstrengung unternehmen werden, dass als erstes diese Kurie, von der das ganze Übel ausgegangen ist, reformiert wird, damit sie in gleicher Weise, wie sie zum Verderben der Untergebenen Anlass geboten hat, nun auch ihre Genesung und Reform bewirkt. Dazu fühlen Wir Uns umso mehr verpflichtet, als Wir sehen, dass die ganze Welt eine solche Reform sehnlichst begehrt." Doch Hadrian VI. starb bereits im September 1523, und sein radikales Programm wurde nie umgesetzt.

Erster Text: Jacob Burckhardt, Werke. Kritische Gesamtausgabe, Bd. 10, München/Basel 2000, S. 470 f.; zweiter Text: Hubert Wolf, Die Reformierbare. Von den vielfältigen Optionen der katholischen Kirche, in: Aus Politik und Zeitgeschichte 66 (2016), Heft 52, S. 28–33, hier S. 28

1. Erläutern Sie, ob das von Burckhardt geschilderte Merkmal auf die Krise der spätmittelalterlichen Kirche zutraf.
2. Papst Hadrian VI. spricht von einer „Krankheit" der Kirche sowie von ihrer „Genesung" (Zeile 16 und 35). Weisen Sie in den Quellentexten M2, M3, M5 und M9 aus dem Wahlmodul nach, ob es gleichlautende oder sinngemäß ähnliche Befunde gibt. Argumentieren Sie, unter Bezug auf die Aussagen im Kernmodul „Krisen", dass darin ein zeitgenössisches Krisenbewusstsein zum Ausdruck kommt.
3. Setzen Sie sich mit der Frage auseinander, ob und inwieweit die kirchliche Krise von den Zeitgenossen als Chance und Bewährungsprobe verstanden wurde (vgl. dazu M2, M4 und M6 im Kernmodul „Krisen"). Verweisen Sie dabei auf die Geschehnisse um das Konstanzer Konzil, auf Jan Hus und seine Anhänger, auf die Lehre und das Verhalten von Martin Luther und auf die Reformen im Zuge des Konzils von Trient.
4. Beurteilen Sie die Bedeutung a) der Bildung (Gründung von Universitäten, Humanismus, Anstieg der Literaturproduktion usw.) und b) der damaligen Frömmigkeit für die kirchliche Krise und die Reformation.
5. Gruppenarbeit: Tragen Sie zusammen, welche Widerstände es gegen die geplanten Reformen der alten Kirche sowie gegen die reformatorische Bewegung gab (z. B. Konflikt Papst–Konzil, Wormser Edikt). Diskutieren Sie, ob diese Widerstände zu einer Verschärfung der Krise führten oder sie in eine andere Richtung lenkten.
6. Erörtern Sie, inwiefern die Krise der Kirche seit Ende des Mittelalters zu etwas wesentlich Neuem führte. Ziehen Sie dazu das Tafelbild auf der vorherigen Seite sowie M2 und M5 im Kernmodul „Krisen" heran.
7. Diskutieren Sie in der Klasse, welche Lehren sich aus der Krise der Kirche für die Gegenwart ziehen lassen.

Orientierung

1.6 Wahlmodul: Französische Revolution

Die Französische Revolution gehört zu den wirkungsmächtigsten Ereignissen in der Geschichte der Neuzeit. Ende des 18. Jahrhunderts war das absolutistische Königtum nicht mehr in der Lage, die zerrütteten Staatsfinanzen zu ordnen. Angeleitet von den Ideen der Aufklärung erzwungen die Bürgerinnen und Bürger eine Teilhabe an der Regierung. Bleibend war am Ende die Auflösung der althergebrachten ständischen Ordnung.

Im Verlauf der Revolution wurde die absolute Monarchie in Frankreich zunächst in eine konstitutionelle, das heißt an eine Verfassung gebundene, Monarchie umgewandelt. In einem zweiten Schritt errichtete das unzufriedene Volk eine Republik – ohne Monarchen. Eine radikaldemokratische Revolutionsregierung herrschte zeitweise mit Mitteln des Terrors. Schließlich erklärte nach einem Staatsstreich der Erste Konsul Napoleon Bonaparte 1799 „die Revolution für beendet".

Wirkungsmächtigstes Erbe der Revolution ist die Erklärung der Menschen- und Bürgerrechte vom 26. August 1789, deren Prinzipien bis heute Gültigkeit besitzen.

Das Kapitel beschäftigt sich inhaltlich mit ...

- den Ursachen der Revolution
- den Phasen der Revolution und ihren Trägern
- der Ausstrahlung der Revolution auf Deutschland
- Napoleon als Erbe der Revolution

Denkwürdige Szenen.
Kolorierter Holzschnitt aus dem Jahre 1793, verlegt von Jean-Baptiste Letourmi.
Der populäre Bilderbogen gibt den Verlauf der Ereignisse zwischen 1789 und 1791 wieder. Zu Beginn (Abbildung links oben) wird der Dritte Stand fast erdrückt, weil er neben seinen eigenen Steuern auch noch die Lasten der ersten beiden Stände tragen muss. Das „Erwachen des Dritten Standes" in der zweiten Abbildung (rechts oben) zeigt im Hintergrund die Bastille und beschwört den 14. Juli 1789. Die Abschaffung der Wappen (Abbildung unten links) verbildlicht die Beschlüsse der Nationalversammlung vom 19. Juni 1790: Abschaffung des Erbadels und adliger Titel. Auch kirchliche Insignien werden bei dieser Gelegenheit zerschlagen. In der vierten Abbildung (unten rechts) werden dank der Revolution die Lasten von den drei Ständen nun gemeinsam getragen. Doch nach wie vor erscheinen Adel und Klerus in engem Schulterschluss.

1787/88	Steuer- und Finanzreformen scheitern am Einspruch des Adels und des Klerus.	Das Ancien Régime in der Krise
1788	Der König beschließt, die Generalstände (Etats généraux) einzuberufen.	
5. 5. 1789	Ludwig XVI. eröffnet die Generalstände in Versailles.	Die erste Revolution (Révolution de la liberté)
17. 6. 1789	Der Dritte Stand erklärt sich zur Nationalversammlung (Assemblée nationale).	
14. 7. 1789	In Paris wird die Bastille gestürmt.	
4. 8. 1789	„Augustbeschlüsse" der Nationalversammlung; die feudalen Privilegien und Rechte sollen abgeschafft werden.	Konstitutionelle Monarchie
26. 8. 1789	Die Menschen- und Bürgerrechte werden verkündet.	
5./6. 10. 1789	Protestmarsch der Pariser Frauen nach Versailles; der königliche Hof und die Nationalversammlung werden nach Paris verlegt.	
19. 6. 1790	Erbadel und adlige Titel werden durch die Nationalversammlung abgeschafft.	
14. 7. 1790	Am Jahrestag des Sturms auf die Bastille findet auf dem Pariser Marsfeld ein „Fest der Föderation" statt.	
20./21. 6. 1791	Die königliche Familie versucht zu fliehen; sie wird festgenommen und zurück nach Paris gebracht.	
27. 8. 1791	Österreich und Preußen erklären sich bereit, dem französischem König zu unterstützen.	
3. 9. 1791	Frankreich wird konstitutionelle Monarchie.	
5. 9. 1791	Olympe de Gouges veröffentlicht ihre „Erklärung der Rechte der Frau und Bürgerin".	
Juli/Aug. 1792	Das Königtum wird vorübergehend aufgehoben und Ludwig XVI. mit seiner Familie gefangengesetzt.	
2. - 6. 9. 1792	In Paris werden die Gefängnisse gestürmt und zahllose Häftlinge ermordet („Septembrisaden").	Die zweite Revolution (Révolution de l' égalité)
21. 9. 1792	Die Monarchie wird abgeschafft und die Republik ausgerufen.	
21. 10. 1792	Französische Truppen marschieren in Mainz ein.	
21. 1. 1793	Ludwig XVI. wird wegen Landesverrats verurteilt und hingerichtet.	
17. 9. 1793	„Gesetz über die Verdächtigen": Höhepunkt der „Schreckensherrschaft" („La Terreur").	
27. 7. 1794	Maximilien de Robespierre und seine Anhänger werden gestürzt und hingerichtet.	
20. - 23. 5. 1795	Die Sansculotten demonstrieren für „Brot und die Verfassung" von 1793; ihr Aufstand wird niedergeschlagen.	Das „amtliche Ende" der Revolution
22. 8. 1795	Die „Direktorialverfassung" wird verkündet.	
9./10. 11. 1799	Staatsstreich Napoleon Bonapartes; er erklärt die Revolution für beendet.	
21. 3. 1804	Der Code civil, ein neues bürgerliches Gesetzbuch, wird veröffentlicht.	
2. 12. 1804	Napoleon Bonaparte krönt sich in Paris zum „Kaiser der Franzosen".	

Frankreich am Vorabend der Revolution | Mit 28 Millionen Menschen (davon über 700 000 in der Metropole Paris) war Frankreich am Ende des 18. Jahrhunderts das am dichtesten besiedelte Land Westeuropas. Landwirtschaft und Kolonialhandel sorgten für den Wohlstand des Königreiches. Kulturell gehörte Frankreich zu den führenden Nationen. Rund ein Drittel der Bevölkerung war alphabetisiert, wobei zwischen den ländlichen und städtischen Regionen starke Unterschiede bestanden. Die Gesellschaft war in drei Stände gegliedert: die Geistlichkeit (*la Clergé*), der Adel (*la Noblesse*) sowie die Bauern und Bürger (*Tiers Etat*).

	Erster Stand	Zweiter Stand	Dritter Stand
	Geistlichkeit	Adel	Bürger und Bauern
Anteil an der Bevölkerung	ca. 130 000 (0,5 %)	ca. 380 000 (1,4 %)	ca. 27,5 Millionen (98 %)
Anteil am Grundeigentum	10 %	20 %	70 %
Nutznießer	hohe Geistlichkeit		Großbürgertum (1 % der Bevölkerung): 30 % Sonstige (97 % der Bevölkerung): 40 %

Die drei Stände in Frankreich um 1788/89.

Die alte Gesellschaftsordnung hatte bereits im Verlauf des 18. Jahrhunderts begonnen, sich aufzulösen. Schon allein die Unterschiede zwischen dem Hofadel sowie dem wohlhabenden und dem verarmten Provinzadel waren erheblich. Zudem musste der Adel seine einstmals kulturelle Führungsfunktion mit dem Großbürgertum teilen. Die Wortführer der neuen aristokratisch-bürgerlich gemischten Bildungselite setzten sich ganz im Sinne der Aufklärung (➔M1) ein gegen den Anspruch der Kirche, im alleinigen Besitz der Wahrheit zu sein, sowie für politische Freiheit. Damit untergruben sie die Fundamente der ständischen Ordnung.

Eine weitere Annäherung zwischen Angehörigen beider Stände brachte der ökonomische Aufschwung Frankreichs in den ersten zwei Dritteln des 18. Jahrhunderts. Dank der Aufwertung des durch Handel und Gewerbe erlangten Reichtums konnten es Adlige nun durchaus mit ihrer Standeswürde vereinbaren, sich kommerziell zu betätigen. Sie beteiligten sich an Industrieunternehmen und wurden als Fernhändler und Reeder aktiv.

Auch in der Landwirtschaft waren Adel und Großbürgertum zu Konkurrenten und Partnern geworden. Hohe Grundrenten ließen den Landbesitz zum vorrangigen Investitionsobjekt für reiche Stadtbürger werden. Die bürgerlichen und adligen Agrarunternehmer nutzten die alten feudalen Rechte der Grundherrschaft auf Kosten der Bauern voll aus: etwa Anspruch auf bäuerliche Fronarbeit und Feudalabgaben, das Jagd- und Fischereimonopol, die grundherrliche Gerichtsbarkeit.

Während sich die Lebensformen von Adel und Großbürgertum einander anglichen, waren die Gegensätze innerhalb des *Dritten Standes* besonders deutlich. In den Städten bestimmten das Großbürgertum (Bankiers, Unternehmer etc.) und die aufgeklärte Bildungselite (Künstler, Anwälte, Ärzte, Beamte etc.) die öffentliche Meinung. Die Sorgen der Arbeiter und Dienstboten, der Ladenbesitzer, Gastwirte und Handwerker fanden kaum Gehör; sie lebten oft am Rande des Existenzminimums. Und auf dem Land waren die Kleinbauern als stärkste Bevölkerungsgruppe häufig auf zusätzliche Erwerbsquellen angewiesen. Bei Missernten waren Kleinbauern, Gesinde und Tagelöhner von der Not unmittelbar betroffen.

Aufklärung: Die bis heute gültige Definition von „Aufklärung" lieferte der Königsberger Philosoph Immanuel Kant (1724–1804): „Aufklärung ist der Ausgang des Menschen aus seiner selbst verschuldeten Unmündigkeit." Die Vernunft sollte zum Maßstab allen Denkens werden. Auswirkungen hatte dies für den Kampf gegen (religiöse) Vorurteile, für Bildung und Rechte der Bürger sowie in einer Hinwendung zu den Naturwissenschaften.

feudal: abgeleitet von lat. *foedum:* Lehensgut

Machtkampf | Das Ancien Régime litt ständig unter finanziellen Problemen. Sie waren durch die massive Unterstützung der nordamerikanischen Kolonien in ihrem Unabhängigkeitskrieg gegen Großbritannien (1776–1783) noch vergrößert worden. Alle Versuche der Krone, die Stände entsprechend ihren Einkünften gleichmäßig zur Deckung der öffentlichen Lasten heranzuziehen, scheiterten am Widerstand von Klerus und Adel.

Ludwig XVI., der seit 1774 regierte, war schließlich gezwungen, die Generalstände (*Etats généraux*) einzuberufen. Darauf hatte das absolutistische Königtum (Absolutismus) seit 1614 bewusst verzichtet, aber nur die Generalstände sollten das Recht haben, über eine Steuerreform zu beraten.

Doch wie sollte das Wahlrecht zur Ständeversammlung aussehen, vor allem, sollten die Stände getrennt, wie vor 175 Jahren, oder vereint abstimmen? Die Regierung stellte diese Probleme der Öffentlichkeit zur Diskussion. Alle „Gelehrte und andere gebildete Personen" Frankreichs wurden aufgefordert, zu den Fragen der „nationalen Erneuerung" Stellung zu nehmen. Eine Flut von Zeitungsartikeln, Flugschriften, Streit- und Schmähschriften sowie gelehrten Abhandlungen folgte. Der absolutistische Staat hatte sich selbst zur Diskussion gestellt, und die daraus entstehende Auseinandersetzung war geprägt von den Vorstellungen der aufgeklärten Bildungselite.

Im Januar 1789 wurde die Wahlordnung zu den Generalständen veröffentlicht. Die Zahl der zu wählenden Abgeordneten des Dritten Standes war zwar verdoppelt worden, doch der künftige Abstimmungsmodus blieb weiter ungeklärt. Die Wahlordnung bestimmte, dass die gesamte männliche Bevölkerung über 25 Jahre (beim Adel auch die Frauen!), die in den Steuerlisten eingetragen war, wählen durfte. Adel und Klerus konnten ihre Vertreter direkt wählen, die Angehörigen des Dritten Standes dagegen durften ihre Abgeordneten nur indirekt, über Wahlmänner, bestimmen.

Der einsetzende Wahlkampf politisierte die Bevölkerung in nie gekannter Weise. Begriffe wie Freiheit, Gleichheit, Glück, Souveränität und Repräsentation, die schon zuvor den amerikanischen Unabhängigkeitskampf geprägt hatten, wurden zu Schlagwörtern. Der neue Begriff der „Volkssouveränität" fand seinen Ausdruck in einer im Januar 1789 von dem dreißigjährigen Geistlichen Emmanuel Joseph Sieyès veröffentlichten Flugschrift mit dem Titel „Was ist der Dritte Stand?" (→M2). Im Zusammenhang mit der Wahl der Abgeordneten konnten die Wähler ihre Klagen, Beschwerden und Wünsche vorbringen. Sie wurden in „Beschwerdeheften" (*Cahiers de doléances*) zusammengefasst. Die Monarchie stand bei dieser ersten modernen „Meinungsumfrage" der Geschichte nicht zur Diskussion.

Die Revolution der Abgeordneten | Am 5. Mai 1789 eröffnete der König in Versailles die Sitzungsperiode der Generalstände. Doch die Erwartungen wurden enttäuscht. Die Stände tagten getrennt, und die Reformen sollten an die Aufrechterhaltung der Ständeordnung gebunden bleiben. Nachdem die Versammlung deshalb über einen Monat handlungsunfähig geblieben war, forderte Sieyès die Abgeordneten des Ersten und Zweiten Standes auf, gemeinsam mit dem Dritten Stand zu tagen. Dem Aufruf folgten reformwillige Männer aus Adel und Klerus. Am 17. Juni erklärten sich 491 gegen 90 Abgeordnete zur Nationalversammlung (*Assemblée nationale*), und Sieyès verkündete, „dass es der Versammlung – und nur ihr – zukommt, den Gesamtwillen der Nation auszudrücken und zu vertreten; zwischen dem Thron und dieser Versammlung kann kein Veto, keine Macht des Einspruchs stehen". Das war revolutionär! Die an Stand und Auftrag ihrer Wähler gebundenen Deputierten (*imperatives Mandat*) hatten sich eigenmächtig (*souverän*) zu Abgeordneten der gesamten Nation erklärt, die nur noch dem Allgemeinwillen (*Volonté générale*) dienen wollten. Damit hatte der Dritte Stand den ersten Schritt vom politisch unmündigen Untertanen zum mitbestimmenden Staatsbürger (*Citoyen*) vollzogen.

Ancien Régime (wörtlich: alte, ehemalige Regierung): Der Begriff steht für die vorrevolutionären Zustände.

Generalstände: Ständevertretung ganz Frankreichs mit je 300 Abgeordneten des Klerus, des Adels und des Dritten Standes (= Bürger, Bauern)

Absolutismus: die (in der Theorie) ungeteilte Herrschaft des Monarchen. Sie wird hergeleitet aus dem Gottesgnadentum des Herrschers, der über dem Gesetz steht.

Emmanuel Joseph Sieyès (1748–1836): Angehöriger des Klerus und Politiker. Er war einer der einflussreichsten Wortführer des Dritten Standes, wurde Abgeordneter des Nationalkonvents und unterstützte 1799 als Mitglied der Regierung den Staatsstreich Napoleons.

Bildinformation

31000-39

Der Ballhausschwur vom 20. Juni 1789.
Zeitgenössisches Gemälde nach einer kolorierten Zeichnung des Revolutionsmalers Jacques-Louis David, um 1791.
Ursprünglich hatte David seine Arbeit als Vorlage für ein riesiges Wandgemälde im Sitzungssaal der Nationalversammlung erstellt. Der Auftrag wurde nie ausgeführt, nicht zuletzt weil die gefeierten Helden von 1789 schon bald in Misskredit fielen.
Das Historienbild gibt nicht den tatsächlichen Hergang der Ereignisse wieder. Beispielsweise sind alle scheinbar spontanen Gesten so aufeinander abgestimmt, dass sie in der Bildmitte in der zum Schwur erhobenen Hand des Präsidenten der Versammlung zusammentreffen. Auch die Verbrüderung von Vertretern verschiedener Konfessionen im Vordergrund hat nachweislich nicht stattgefunden. Letztlich ging es David darum, die Geburtsstunde einer lebendigen und – trotz der sichtbar werdenden unterschiedlichen Gemütsäußerungen – geeinten Nation darzustellen. Der Vorhang links oben will den wehenden Atem der Geschichte in diesem historischen Augenblick verkörpern.

Als die Krone daraufhin kurzfristig den Versammlungsraum der Deputierten des Dritten Standes schloss, zogen die reformbereiten Abgeordneten aller drei Stände in eine nahe gelegene Sporthalle und beteuerten am 20. Juni in einer improvisierten Erklärung, dem *Ballhausschwur*, „niemals auseinanderzugehen und sich überall zu versammeln, wo es die Umstände gebieten sollten, so lange, bis die Verfassung des Königreiches ausgearbeitet ist und auf festen Grundlagen ruht". Angesichts der Entschlossenheit der Deputierten gab der König sein alleiniges Recht, Ständeversammlungen einzuberufen, zu vertagen oder aufzulösen, preis. Feierlich erklärte sich daraufhin am 9. Juli 1789 die Mehrheit der Abgeordneten zur Verfassunggebenden Nationalversammlung (*Assemblée nationale constituante*). Der Monarch herrschte nicht mehr absolut.

Der 14. Juli 1789 und die städtische Volksrevolution | Ludwig XVI. berief Mitte Juli eine konservative Regierung und zog die Truppen um Paris und Versailles zusammen. Die Furcht vor einer politischen Wende traf in Paris mit sozialen Problemen zusammen, denn die Lebensmittelpreise hatten einen Schwindel erregenden Höhepunkt erreicht. Notleidende Bürger forderten Brot und Waffen, Demonstrationen sorgten für Unruhe. Daraufhin übernahmen die Wahlmänner der Pariser Stadtbezirke als „Kommune" die Stadtverwaltung. Ein *Ständiger Ausschuss*, der zukünftige Stadtrat, gründete eine Bürgerwehr: die Nationalgarde. Damit hatte die bürgerliche Selbstverwaltung begonnen. Sie konnte aber nicht verhindern, dass aufgrund des Gerüchtes, königliche Truppen würden die Stadt angreifen, eine aufgebrachte Menge am 14. Juli die *Bastille* stürmte. Die alte Festung diente als Staatsgefängnis und Pulverlager – und galt als Symbol der Unfreiheit. Ihre Eroberung, bei der sieben Gefangene befreit werden konnten und 98 Angreifer im Kampf fielen, gab der Bevölkerung ein nicht mehr zu nehmendes Bewusstsein von Macht. Sie hatte die „Ketten der Knechtschaft" (*Jean-Jacques Rousseau*) gesprengt – und ganz Europa nahm das staunend zur Kenntnis.

Die Revolution der Bauern | Auch auf dem Lande hatte man von den Generalständen Reformen erwartet. Als diese ausblieben, protestierten die Bauern mit friedlichen und gewaltsamen Mitteln gegen ihre Grundherren. Sie verweigerten Abgaben, stürmten Herrensitze, Schlösser und Klöster und vernichteten die Urkunden, die ihre Abgaben und Pflichten belegten. Gleichzeitig verbreitete sich eine „Große Furcht" (*„Grande Peur"*) vor herumstreunenden Bettlergruppen, plündernden Räuberbanden und Rachefeldzügen der Aristokratie. Sie stellte sich im Nachhinein oft als unbegründet heraus.

Von der ständischen zur bürgerlichen Ordnung | Während die ersten Adligen ins Exil gingen, richteten sich die politischen Hoffnungen des Dritten Standes auf die Verfassunggebende Versammlung. Waren die fast 1 200 Abgeordneten in der Lage, die ständische Gesellschaftsordnung in eine auf Freiheit und Gleichheit beruhende bürgerliche Ordnung umzuwandeln? Diese Aufgabe verlangte zunächst die Umformung der ständischen in eine bürgerliche Rechtsordnung. Der erste Schritt dahin waren die *„Augustbeschlüsse"*, welche die Sonderrechte (Privilegien) von Ständen, Provinzen und Städten abschafften. Die folgende Gesetzgebung regelte erstmals die politische Gleichberechtigung aller Stände und – daraus resultierend – die rechtliche und steuerliche Gleichheit der Bürger. Freie (ständisch ungebundene) Staatsbürger sollten von nun an selbst über ihr Eigentum (vor allem über Grund und Boden) verfügen können. Eine Grundlage der „modernen" bürgerlichen Gesellschaft war geschaffen.

In einem zweiten Schritt wurde am 26. August 1789 die Erklärung der Menschen- und Bürgerrechte im Rahmen der geplanten Verfassung verabschiedet (→M3). Die Erklärung verkündete die wirkungsmächtigsten Prinzipien der Französischen Revolution von 1789: die Freiheit des Individuums (*Liberté*), die Gleichheit der Bürger (*Egalité*) sowie, weniger deutlich, die Brüderlichkeit (*Fraternité*) aller Menschen. Diese „Charta der modernen Demokratie", so der Historiker *François Furet*, hatte auch Grenzen: Die noch schwache Forderung nach der Gleichberechtigung der Geschlechter wurde nicht eingelöst.

Von zentraler Bedeutung während der Verfassungsberatungen war die Frage, welche Kompetenzen dem Monarchen künftig zugestanden werden sollten. Seine Exekutivgewalt wurde nicht infrage gestellt, aber in der Gesetzgebung räumte die Mehrheit der Deputierten dem König nur noch ein aufschiebendes Einspruchsrecht (*suspensives Veto*) ein, mit dem er Gesetze zwar nicht generell verhindern, aber für vier Jahre blockieren konnte.

Noch während die Verhandlungen über die Verfassung auf der Stelle traten, zogen mit der Bemerkung „Die Männer trödeln, die Männer sind feige, jetzt nehmen wir die Sache in die Hand", am 5. Oktober 1789 etwa 5 000 Frauen nach Versailles, um gegen die Hungersnot in Paris zu demonstrieren; ihnen folgten rund 20 000 Nationalgardisten.

Nationalgarde: Am 11./12. Juli 1789 in Paris entstandene Bürgerwehr, die einerseits die Bürger vor der königlichen Armee schützen und andererseits das Eigentum der Bürger sichern sollte. Ihre Mitglieder kamen aus dem Bürgertum. Die Nationalgarde bestand mit Unterbrechungen bis 1871.

Kokarde.
Bandschleife in Form einer Rosette, die in der Regel am Hut getragen wurde.
Am 21. Oktober 1789 führte der Militärausschuss der Stadt Paris eine Kokarde ein, die aus einem weißen mit blauer und roter Borte eingefassten Band bestand. Damit verknüpfte man die Farben der Stadt (rot und blau) mit denen der Monarchie (weiß).

Menschenrechte: Wo immer Menschen heute Freiheit und Gerechtigkeit fordern, berufen sie sich direkt oder indirekt auf die „Erklärung der Menschen- und Bürgerrechte" von 1789. Das Vorbild lieferte die „Virginia Bill of Rights" von 1776, mit der sich die von der britischen Krone abtrünnige Kolonie Virginia eine eigene Verfassung gab. Im 19. Jahrhundert wurden die Menschenrechte zunächst Gegenstand nationaler Verfassungen und im 20. Jahrhundert schließlich sogar Bestandteil internationaler Abkommen. Die Vereinten Nationen oder der Europarat haben Menschenrechtsvereinbarungen getroffen, die von ihren Mitgliedstaaten anerkannt werden mussten – als Bedingung für die Aufnahme in diese internationalen Organisationen.
Die Verwirklichung und Sicherung der Menschenrechte bleibt auch in Zukunft eine ständige nationale und internationale politische Aufgabe. Sie steht und fällt mit dem Engagement der Bürgerinnen und Bürger.

Nach gewalttätigen Auseinandersetzungen mit der königlichen Leibgarde musste Ludwig XVI. die von der Konstituante erarbeiteten Verfassungsartikel einschließlich der „Augustbeschlüsse" und der Menschenrechtserklärung anerkennen. Außerdem wurde er gezwungen, mit seiner Familie in die Hauptstadt zu ziehen.

Die Arbeit der Konstituante | Die Revolution lähmte Handel und Gewerbe. Der Staat nahm kaum noch Steuern ein. Zur Sanierung des Staatshaushalts beschlossen die Abgeordneten auf Vorschlag des 35-jährigen Charles Maurice Talleyrand die Verstaatlichung des Kirchenbesitzes. Orden und Klöster wurden aufgelöst und die kirchlichen Güter versteigert. Der Staat übernahm jetzt selbst die sozialen Aufgaben des Klerus, wie Schulen, Kranken- und Armenpflege, und machte aus Bischöfen und Geistlichen vom Volk wählbare Staatsdiener. Er bezahlte von nun an die Priester und forderte dafür von ihnen einen Eid auf die Verfassung. Dies führte zum Streit. Zahlreiche Priester lehnten den Eid ab – bestärkt vom Papst und vom König, der das Gesetz blockierte –, da sie sich nur der katholischen Kirche gegenüber verantwortlich fühlten.

Eine weitere spektakuläre Entscheidung der Abgeordneten war die Abschaffung des erblichen Adels am 19. Juni 1790. Bei den folgenden Bemühungen, Staat und Wirtschaft neu zu ordnen, konnten die Abgeordneten zum Teil auf die im Ancien Régime begonnenen Reformen zurückgreifen. Die nun durchgeführten Verwaltungs-, Justiz-, Finanz-, Steuer- und Gemeindereformen griffen ineinander und wurden parallel zu einer Neueinteilung des Landes in 83 etwa gleich große Verwaltungsbezirke (*Départements*) durchgeführt. Die Binnenzölle fielen und die Berufs- und Gewerbefreiheit wurde eingeführt. Gleichzeitig wurde den Handwerkern und Arbeitern das Recht auf Vereinigung und Streik genommen, um jeden Rückfall in die alte Wirtschaftsordnung zu unterbinden.

Charles Maurice Talleyrand (1754–1838): Priester und Politiker. Seit 1789 war er als Bischof von Autun Vertreter des Ersten Standes in den Generalständen. Er wurde Mitglied der Nationalversammlung, leistete 1790 den Eid auf die Verfassung, woraufhin er vom Papst aus der Gemeinschaft der Gläubigen gebannt wurde. Von 1797 bis 1807 Außenminister Napoleons und nach dessen Niederlage ab 1814 erneut Außenminister.

Eine neue politische Kultur | Die Revolution schuf eine neue politische Kultur. Sie zeigte sich in unzähligen öffentlichen Versammlungen, Reden, Demonstrationen, Zeitungen, Plakatanschlägen, Bildern und Grafiken. Einen besonderen Stellenwert erhielten die großartig inszenierten Revolutionsfeiern, die an den solidarischen Aufbruch und die gemeinsamen Ziele erinnerten. Theater, Dichtung, Musik, Malerei und Architektur wurden vom Revolutionsverlauf beeinflusst oder versuchten ihrerseits, die Massen zu manipulieren.

Erster Höhepunkt dieser neuen politischen Kultur war das „Föderationsfest" (*„La Fête de la Fédération"*) vom 14. Juli 1790 auf dem Marsfeld, dem Truppenübungsplatz von Paris. Etwa 400 000 Zuschauer kamen. Demonstrativ vereinten sich hier rund 60 000 Soldaten der Nationalgarde mit den regulären Truppen aus allen 83 neu geschaffenen Départements Frankreichs. Gemeinsam leisteten sie einen Bürgereid auf die „Nation, das Gesetz und den König".

Die politischen Parteiungen begannen, sich zunehmend in Klubs und Volksgesellschaften zu organisieren. Ausgangspunkt der Entwicklung war die Vereinigung der bretonischen Deputierten zur Zeit der Generalstände. Seit dem Umzug der Nationalversammlung nach Paris wurde der Jakobinerklub zum Sammelpunkt politisch interessierter Bürger und Mandatsträger. Mitglieder waren zumeist Akademiker und Angehörige des Besitzbürgertums. 1791 hatte ihr Klub bereits rund 1 000 Tochtergesellschaften in der Provinz. Neben dem Jakobinerklub entstand im April 1790 in Paris der Club des Cordeliers. In ihm sammelte sich die kleinbürgerliche städtische Volksbewegung, die Sansculotten. In den verschiedenen Vereinigungen – darunter auch etwa 60 reine Frauenklubs – wurde einerseits die Arbeit von Deputierten und Stadtverordneten diskutiert und vorbereitet, andererseits wurden von hier aus Petitionen und Demonstrationen in Gang gebracht. Die Bewegung erfasste die Massen. Zwischen 1789 und 1795 wurden in 5 500 Orten ca. 6 000 politische Klubs gezählt, sie hatten um 1794 etwa 500 000 bis 600 000 Mitglieder.

Jakobinerklub: benannt nach dem Dominikanerkloster Saint-Jacques, in dessen Räumen sich die Mitglieder seit dem 24. Dezember 1789 versammelten

Club des Cordeliers: so benannt nach seinem ersten Tagungsort, einer Kirche der Franziskaner, die im Volksmund „cordeliers" genannt wurden

Sansculotten (franz. *sans culotte*: ohne Kniebundhose): Anhänger der städtischen Volksbewegung, die nicht die Kniehose (*culotte*) der „guten Gesellschaft", sondern lange Hosen der einfachen Bürger trugen. Weitere Kennzeichen der Sansculotten waren die rote Mütze (*„Bonnet rouge"*), die Pike (Spieß) und das brüderliche Du.

Pariser politische Zeitungen (Paris)	
sehr kurzlebig	89
kurzlebig	15
langlebig	31
Provinzzeitungen	25
wissenschaftliche Zeitungen	2
ausländische Zeitungen (in französischer Sprache)	13
Summe	175

Zeitungsgründungen im Jahre 1789.
Nach: Pierre Rétat, Die Zeitungen des Jahres 1789: einige zusammenfassende Perspektiven, in: Reinhart Koselleck und Rolf Reichardt (Hrsg.), Die Französische Revolution als Bruch des gesellschaftlichen Bewusstseins, München 1988, S. 155

Frankreich wird konstitutionelle Monarchie | Ludwig XVI. verlor nach einem gescheiterten Fluchtversuch ins Ausland (21. Juni 1791) seine Glaubwürdigkeit und sein Ansehen. Die Mehrheit der Abgeordneten wollte dennoch an der konstitutionellen Monarchie festhalten und die Revolution beenden, um endlich wieder zu stabilen Verhältnissen zurückzukehren. Diese Haltung führte zur ersten Spaltung des Jakobinerklubs. Die verfassungsorientierten, monarchisch eingestellten Mitglieder (rund 1 800 von 2 400) gründeten im Juli 1791 den **Club des Feuillants.** Ihre Gegner, die Jakobiner, nahmen für sich in Anspruch, über die „Reinhaltung" der revolutionären Prinzipien zu wachen. Sie behielten den alten Namen und das Netzwerk der Tochterklubs bei.

Club des Feuillants: benannt nach dem ehemaligen Feuillantinerkloster in Paris

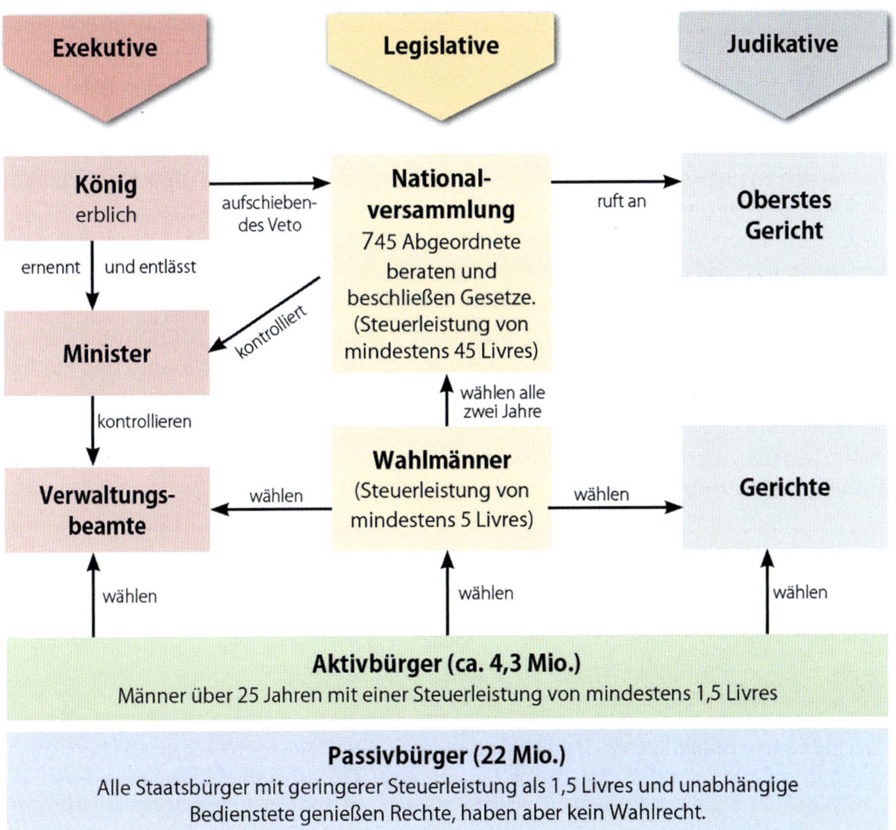

Die Verfassung der konstitutionellen Monarchie von 1791.
Über die Verfassung informiert auch M4 auf Seite 144.

► Arbeiten Sie die Rolle der Nationalversammlung heraus.

Internettipp
Zu den verschiedenen Verfassungen Frankreichs siehe den Code **32037-19**.

Zensuswahlrecht: Das Recht des Wählers oder das Gewicht der Stimme ist an den Nachweis eines bestimmten Besitzes, Einkommens oder einer bestimmten Steuerleistung (Zensus) gebunden.

Am 14. September 1791 musste Ludwig XVI. einen Eid auf die von der Konstituante verabschiedete Verfassung ablegen. Aus Frankreich war eine konstitutionelle Monarchie geworden. Der König stand nicht mehr „über dem Gesetz", sondern regierte „nur durch dieses", wie es die Verfassung bestimmte.

Die Menschenrechte wurden dem Verfassungstext vorangestellt. Die Verfassung hatte weder den Juden die rechtliche Gleichheit eingeräumt (dies wurde am 28. September 1791 nachgeholt) noch die Sklaverei in den Kolonien abgeschafft. Auch die Gleichheit der Bürger fand im **Zensuswahlrecht** und Männerwahlrecht (ein Frauenwahlrecht gibt es in Frankreich erst seit 1944) ihre Grenzen. Die Bevölkerung wurde in politisch berechtigte (steuerzahlende) Aktivbürger (*Citoyens actifs*) und schutzbefohlene Passivbürger (*Citoyens passifs*) geteilt. Von den 4,3 Millionen Aktivbürgern erfüllten nur etwa 45 000 die Voraussetzungen, Abgeordnete wählen zu dürfen (Wahlmänner). Abgeordneter konnte hingegen jeder Aktivbürger werden.

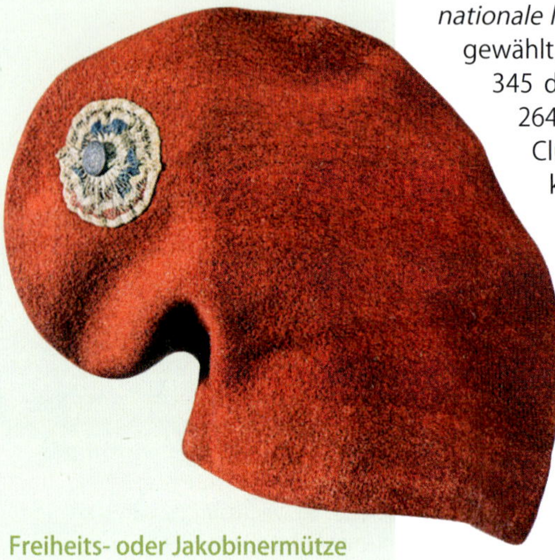

Freiheits- oder Jakobinermütze von 1792.
Im alten Rom trugen in Freiheit entlassene Sklaven solche Kopfbedeckungen. Während der Revolutionszeit bekannten sich die Träger dieser roten Mützen („Bonnet rouge") öffentlich zu den revolutionären Idealen „Freiheit und Gleichheit". Die Jakobinermütze gilt bis heute als Symbol republikanischer Gesinnung.

Sturz der Monarchie | Die neue *Gesetzgebende Nationalversammlung* (*Assemblée nationale législative*) wurde von nicht mehr als zehn Prozent der Stimmberechtigten gewählt. Sie trat am 1. Oktober 1791 zusammen. Von den 745 Deputierten bildeten 345 die Mitte. Sie besaßen keine direkten Bindungen zu bestimmten Klubs. 264 Abgeordnete gehörten zur Rechten. Sie waren oder wurden Mitglieder im Club des Feuillants und wollten die Revolution beenden. Die zahlenmäßig kleinste Abgeordnetengruppe stellten die 136 Abgeordneten der Linken. Sie hatten sich in den Klubs der Jakobiner, Cordeliers und anderer Volksgesellschaften organisiert, forderten ein allgemeines Wahlrecht und waren gegen das Vetorecht des Königs. Diese Gruppe unterteilte sich noch in *Girondisten*, deren Führungspersonal zum Teil aus dem Département Gironde stammte und die ihren Rückhalt im mittleren und gehobenen Provinzbürgertum hatten, und *Montagnards* („Bergpartei"), die ihren Aufstieg den Sansculotten verdankten.

Zwei Jahre nach dem Sturm auf die Bastille hatten über 40 000 Franzosen ihr Land verlassen, nicht nur Adlige und Geistliche, sondern auch Bürger und Bauern.[1] Die Emigranten, unter ihnen die beiden Brüder des Königs, mobilisierten die europäischen Regierungen gegen die Revolution. Als Österreich und Preußen am 27. August 1791 erklärten, Ludwig XVI. militärisch zu unterstützen (*Deklaration von Pillnitz*) und danach ein Bündnis eingingen (6. Februar 1792), eröffneten französische Truppen im April 1792 einen Angriff auf die österreichischen Niederlande (Belgien). Zugleich erklärte das Parlament den „nationalen Notstand" und begann den Kampf gegen die „inneren und äußeren Feinde" unter dem Motto: „Das Vaterland ist in Gefahr". Erste militärische Niederlagen und die Befürchtung, dass der König mit den „Feinden des Vaterlandes" zusammenarbeiten könnte, führten in Paris zur Absetzung der königstreuen Stadtverwaltung und zur Bildung der *Kommune des Aufstands*. Am 10. August 1792 stürmten Sansculotten und Soldaten das königliche Schloss, die Tuilerien. Unter dem Druck der Aufständischen enthoben die Abgeordneten den König seines Amtes und inhaftierten ihn und seine Familie. Die konstitutionelle Monarchie war zerbrochen.

[1] Zwischen 1789 und 1794 verließen nach amtlichen Angaben mehr als 150 000 Franzosen ihr Land: Rund 25 Prozent waren Kleriker, 17 Prozent Adlige, 11 Prozent Großbürger, 6 Prozent Kleinbürger, 14 Prozent Arbeiter und 19 Prozent Bauern. Darunter waren drei Viertel aller Offiziere der Armee. Hauptziele der Flüchtlinge waren die deutschen Anliegerstaaten, in denen sie allerdings keine freundliche Aufnahme erlebten.

Die zweite Revolution beginnt | Von nun an wurden die königstreuen Politiker offen verfolgt. Willkürliche Verhaftungen und erste politisch motivierte Hinrichtungen waren an der Tagesordnung. Die Furcht vor gegenrevolutionären Aktionen trug dann dazu bei, dass zwischen dem 2. und 6. September 1792 Teile der städtischen Volksbewegung Gefängnisse stürmten und wahllos Gefangene töteten („*Septembrisaden*"). Der Terror blieb nicht auf Paris beschränkt, aber allein hier wurden um die 1 500 Menschen (Aristokraten, Eid verweigernde Priester und Strafgefangene) ermordet. Weder der vom Parlament ernannte Provisorische Vollzugsrat, dem Georges Jacques Danton als Justizminister angehörte, noch die Führer der Pariser Kommune waren fähig oder willens, diese blutigen Aktionen zu unterbinden.

Georges Jacques Danton (1759–1794, hingerichtet): Er war Mitbegründer des Cordeliers-Clubs, wurde 1792 Abgeordneter des Nationalkonvents und war zeitweise Mitglied des Wohlfahrtsausschusses.

In dieser gewalttätigen Atmosphäre fanden die Wahlen zu einer neuen Nationalversammlung nach dem allgemeinen Wahlrecht statt. Die Unterscheidung zwischen Aktiv- und Passivbürgern war ebenso aufgehoben worden wie das Zensuswahlrecht. Alle Männer über 21 Jahre durften wählen. Trotzdem gingen nur etwa sechs Prozent der Berechtigten zur Wahl.

Am 21. September 1792 traten die 749 Abgeordneten des Nationalkonvents (*Convention nationale*) zusammen. Sie riefen die „eine und unteilbare Republik" aus und wollten eine neue Verfassung erarbeiten. In diesem Parlament bildeten die Girondisten die neue Rechte. Sie setzten sich ein für eine dezentrale Verwaltung des Landes, die Unverletzlichkeit des Eigentums, Wirtschaftsfreiheit, Rechtssicherheit und die Fortsetzung des begonnenen „Kreuzzuges für die Freiheit der Welt" (so der girondistische Abgeordnete *Jacques-Pierre Brissot* am 31. Dezember 1792).

Die republikanische Phase der Revolution begann mit militärischen Erfolgen. In der *Schlacht von Valmy* (20. September 1792) vertrieben die Revolutionstruppen das von Preußen und Österreich angeführte Emigrantenheer. Der Kampf gegen die „Feinde der Republik" stärkte das republikanische und nationale Bewusstsein der Franzosen. Unter dem von dem Abgeordneten *Pierre Joseph Cambon* im Dezember 1792 geprägten Motto „Krieg den Palästen, Friede den Hütten!" zogen die Revolutionstruppen in Speyer, Worms, Mainz und Frankfurt am Main ein.

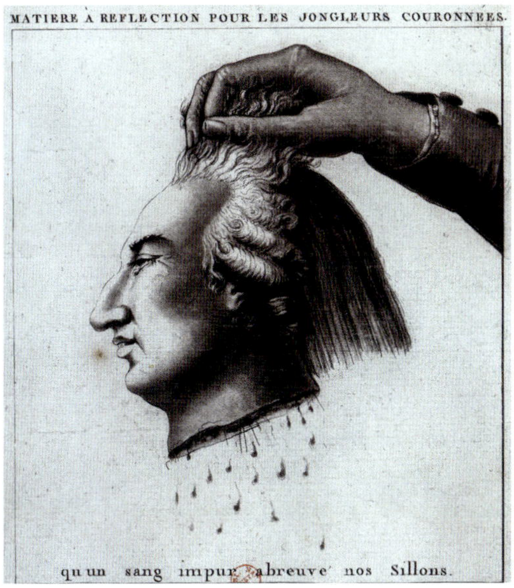

Das Haupt Ludwigs XVI. nach der Hinrichtung.
Ausschnitt aus einer Radierung des jakobinisch orientierten Stechers und Verlegers Villeneuve aus Paris, 1793. Der obere Schriftzug richtet sich warnend an die europäischen Monarchen und lautet übersetzt: „Gegenstand zum Nachdenken für gekrönte Jongleure." Die untere Zeile stammt aus dem im April 1792 verfassten revolutionären Kriegslied, der „Marseillaise". Sie hat übersetzt folgenden Wortlaut: „Das unreine Blut tränke unserer Äcker Furchen."

Prozess gegen den König | In Paris hatte sich der Nationalkonvent zum Gericht erhoben. Nachdem im November 1792 geheime Unterlagen entdeckt worden waren, die eine Zusammenarbeit des einstigen Königs mit feindlichen Mächten belegten, wurde er wegen „Verschwörung gegen die Freiheit" und „Anschlägen gegen die nationale Sicherheit" angeklagt. Über 90 Prozent der Abgeordneten stimmten für schuldig. Uneinigkeit entstand erst über das Strafmaß und den Zeitpunkt der Strafvollstreckung. Am 21. Januar 1793 wurde „Bürger Capet", wie der abgesetzte König aus dem Geschlecht der *Capetinger* nun genannt wurde, vor den Augen des Volkes auf der Place de la Révolution, der heutigen Place de la Concorde, hingerichtet. In ganz Europa, nicht nur in den Fürstenhäusern, erschraken die Menschen über das gewaltsame Ende des französischen Monarchen.

Die Revolution in der Krise | In den Wintermonaten 1792/93 weitete sich der Krieg gegen die europäischen Mächte aus. Zugleich brachen in den Städten Hungeraufstände und auf dem Land ein grausamer Bürgerkrieg gegen die Bauern der Vendée und der Bretagne aus. In dieser zugespitzten Situation wurden ein außerordentliches Gericht, das spätere *Revolutionstribunal*, und revolutionäre Überwachungsausschüsse gebildet, um das Gewaltmonopol des Staats zurückzugewinnen. Der *Wohlfahrtsausschuss (Comité de salut public)* erhielt weitgehende Ermächtigungen und stellte das Exekutivorgan des Konvents dar. Die neu geschaffenen Instanzen sollten erstmals seit 1789 wieder hin zu einer Stärkung der Zentralgewalt führen.

Für die katastrophale innen- und außenpolitische Lage wurden die Girondisten verantwortlich gemacht. Am 2. Juni 1793 zogen – von den Sansculotten initiiert – 80 000 Bürger und Nationalgardisten vor den Konvent und erzwangen die Auslieferung von 29 führenden girondistischen Abgeordneten und zwei Ministern. Das war das Ende der Girondisten, aber zugleich auch ein schwerer Schlag gegen das repräsentative System. Selbst den Montagnards ging die Macht der Straße nun zu weit. Sie übernahmen die Führung im Konvent und in den, von Girondisten gesäuberten, Ausschüssen. Die sogenannte *Jakobinerherrschaft* begann. Die Reaktion auf diesen Pariser Aufstand waren weitere Erhebungen im ganzen Lande.

Mit der Verabschiedung einer neuen Verfassung am 24. Juni 1793 wollte der Konvent neues Vertrauen stiften. Die Menschen- und Bürgerrechte wurden um soziale Grundrechte (Recht auf Arbeit, öffentlich Unterstützung, Unterricht für alle) ergänzt. Außerdem erweiterte man das Wahlrecht (→M4) und legte fest, neue Gesetze erst nach Volksabstimmungen in Kraft zu setzen. Auf Druck des Wohlfahrtsausschusses beschlossen die Abgeordneten, die Verfassung erst nach Beendigung des Krieges zu ratifizieren.

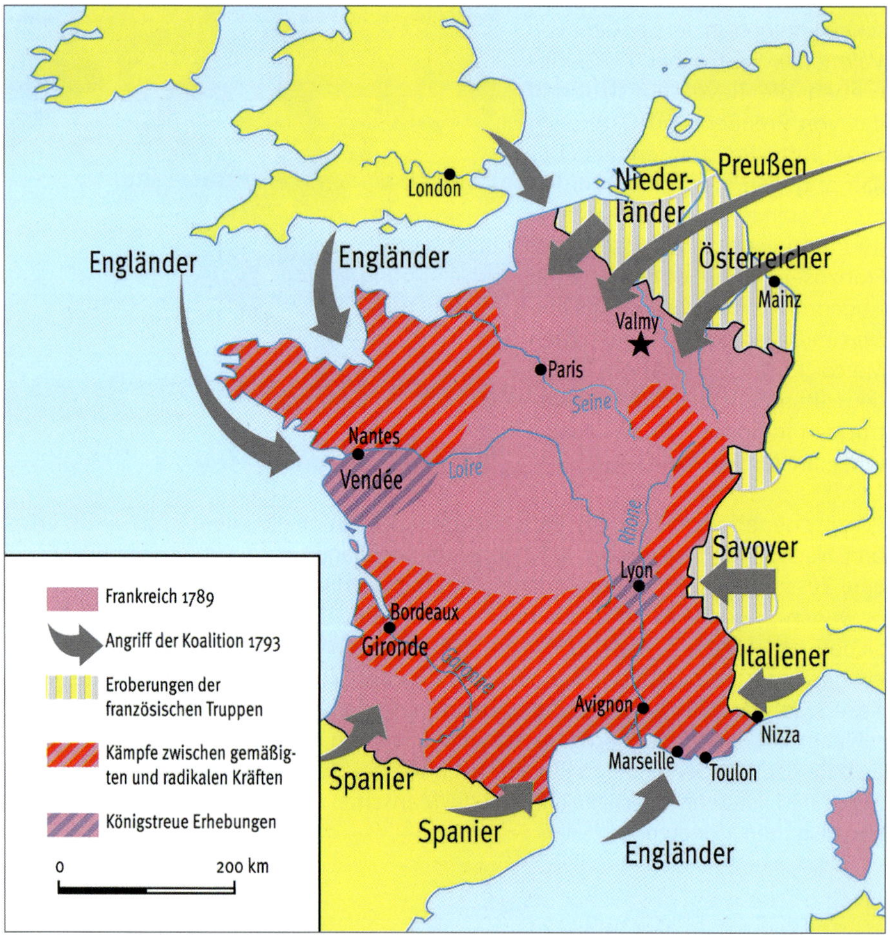

Die belagerte Republik im Sommer 1793.
Während der Auseinandersetzungen zwischen den Revolutionstruppen und ausländischen Heeren oder gegenrevolutionären Gruppen fielen hunderttausende Menschen. Allein der Bürgerkrieg zwischen der königlich-katholisch gesinnten Landbevölkerung und den republikanischen Revolutionstruppen in der Vendée von 1793 bis 1796 kostete in einigen Gemeinden 25 bis 35 Prozent der Bevölkerung das Leben.

Die jakobinische Diktatur | In der Folgezeit bemühte sich der Konvent um weitere Zugeständnisse an die Bevölkerung: Kirchengüter wurden nationalisiert, und den Bauern wurde der Grundbesitz der Emigranten zum Kauf angeboten. Mittels Parzellierung und langer Zahlungsfristen konnten nun auch ärmere Bauern ihre Felder vergrößern. Rund ein Sechstel des Grundbesitzes wechselte seinen Eigentümer.

Schwieriger war es, gegen die Bedrohung von außen materielle und personelle Mittel zu finden. Die *allgemeine Wehrpflicht (Levée en masse)* wurde eingeführt, eine Neuerung gegenüber den üblichen Berufsheeren. Bis zum Sommer 1794 konnte so ein ca. 800 000 Mann starkes Heer aufgestellt werden. Die Hauptprobleme der Bevölkerung von Paris, Teuerung und Hunger, waren jedoch geblieben. Nach erneuten Unruhen umstellten Sansculotten am 5. September 1793 den Nationalkonvent und forderten: „Gesetzgeber! Setzt den Terror auf die Tagesordnung!" Dies galt allen Wucherern, Spekulanten und Kriegsgewinnlern. Die Abgeordneten mussten die Forderung ernst nehmen, da nur mit Unterstützung der Sansculotten die Aufstellung der Volksarmee durchzuführen, die notwendigen Waffen, Kleider und Lebensmittel für das Heer zu beschaffen sowie die aufständischen Gebiete unter Kontrolle zu bringen waren. Die einjährige Herrschaft des Schreckens (*Terreur*) begann, wobei die Montagnards aus Gründen des Machterhalts mit der Sansculotten-Bewegung paktierten.

Auf zwei Parlamentsausschüsse konzentrierte sich nun die Macht. Der zwölfköpfige Wohlfahrtsausschuss übernahm vollends die Leitung und Kontrolle über Kriegsführung, Ministerien, Polizei, Verwaltung und Wirtschaft; der ebenfalls zwölfköpfige *Sicherheitsausschuss (Comité de sûreté générale)* wurde zu einem Polizeiministerium, das die Überwachungsmaßnahmen im ganzen Land koordinierte. **Maximilien de Robespierre** war der führende Kopf der Montagnards und stand seit Juli 1793 mit diktatorischer Macht an der Spitze des Wohlfahrtsausschusses. Nicht mehr die rechtliche Gleichheit war Richtschnur seines Handelns, sondern im Einklang mit den Sansculotten vor allem die wirtschaftliche Gleichheit: „Alles, was zur Erhaltung des Lebens unerlässlich ist, ist gemeinsames Eigentum." In diesem Sinne regulierten eine Reihe zwangswirtschaftlicher Maßnahmen das Wirtschaftsleben. Meinungs-, Versammlungs- und Religionsfreiheit galten nicht mehr. Kirchen und Klöster wurden geschlossen und abgerissen, der christliche Glaube verfolgt und verhöhnt. Dagegen setzten Robespierre und seine Anhänger republikanische Vernunftkulte. Ein deutliches Zeichen für die „Zeitenwende" stellte die Einführung des republikanischen Kalenders im Oktober 1793 dar. Er ersetzte den siebentägigen christlichen Wochenrhythmus durch einen zehntägigen. Zum Jahr I der „einen und unteilbaren Republik" wurde rückwirkend der 22. September 1792 erklärt – am 21. September war die Monarchie abgeschafft worden; der Revolutionskalender galt bis zum 31. Dezember 1805.

Ganz entgegen den ursprünglichen Absichten hatte die revolutionäre Regierung mittlerweile wesentliche Charakterzüge eines absolutistischen Staatswesens angenommen: Rückkehr zur staatlichen Wirtschaftslenkung, Aufbau eines starken Militärapparats, Abhängigkeit der Justiz von der Exekutive, offizielle Staatsideologie statt freier Konkurrenz der politischen Ideen.

Der Terror verselbstständigt sich | Denunziantentum und Spitzelwesen stützten den Polizei- und Justizterror. Der Sicherheitsausschuss verbot alle überregionalen Klubs, die nicht zu den Jakobinergesellschaften gehörten. Zeugnisse der Staatsbürgertreue wurden obligatorisch und Hausdurchsuchungen alltäglich. Die Gefängnisse waren bald überfüllt und die Prozesse eine Farce. Die **Guillotine**, die „Sense der Gleichheit", wie der Volksmund sie nannte, wurde zum Inbegriff der „Schreckensherrschaft". „Die Revolution frisst, gleich Saturn, ihre eigenen Kinder," so der gironistische Konventsabgeordnete *Pierre-Victurnien Vergniaud*, der bald selbst ein Opfer des Terrorregimes wurde. Als sich auch in der Bergpartei rivalisierende Flügel bildeten, ließ Robespierre Anhänger beider Fraktionen auf die Guillotine schicken (→M5). Jetzt sollte der Terror auch die Macht der Sansculotten unterbinden. Am Ende verlor sogar die Diktatur Robespierres den Rückhalt der Bevölkerung. Am 27. Juli 1794 (*9. Thermidor des Jahres II*) stürzte ihn

Maximilien de Robespierre (1754–1794, hingerichtet): Rechtsanwalt; Mitglied des Jakobinerklubs und Abgeordneter des Nationalkonvents und seit Juli 1793 im Wohlfahrtsausschuss tätig

Guillotine: Hinrichtungsgerät, benannt nach dem Arzt Joseph Ignace Guillotin (1738–1834), der sich als Abgeordneter in der Konstituante für einen humaneren und für alle Stände gleichen Vollzug der Todesstrafe eingesetzt hatte eine Mehrheit des Parlaments, um die „Schreckensherrschaft" zu beenden. Er und 105 seiner engsten Anhänger wurden ohne Prozess hingerichtet. Die Bilanz des Terrors: Landesweit sind wohl rund 500 000 Menschen zeitweise verhaftet worden. Etwa 165 000 Männer und Frauen wurden von (Sonder-)Gerichten verurteilt und hingerichtet. Die Zahl der in Haft Umgekommenen und ohne Prozess Getöteten hat man auf bis 40 000 geschätzt. Diese Zahlen berücksichtigen die vielen Toten der Kämpfe zwischen den republikanischen Revolutionstruppen und den königlich-katholisch gesinnten Aufständischen nicht.

Die Revolution und die Frauen | Mit dem Sturz der Girondisten im Juni 1793 endete auch der von wenigen Frauen und Männern geführte politische Dialog zwischen den Geschlechtern. Dabei hatten Frauen im revolutionären Alltag – wie der Zug der Marktfrauen nach Versailles zu Beginn der Revolution gezeigt hatte – eine wichtige Rolle übernommen. Sie demonstrierten gegen Missstände, entsandten Deputationen und meldeten sich mit Petitionen und Streitschriften zu Wort. Frauen organisierten sich teils in Volksgesellschaften der Männer, teils in eigenen Klubs. Nach Kriegsbeginn stellten sie freiwillige Frauenregimenter für den Kampf gegen die Feinde der Revolution auf. Trotzdem waren, sieht man von dem im September 1792 erlassenen Scheidungsrecht ab, Forderungen nach Verbesserung ihrer Stellung in Ehe und Familie, in Ausbildung und Berufsleben weitgehend unberücksichtigt geblieben. Von der Mitarbeit in den Kommunen und im Parlament blieben Frauen weiterhin ausgeschlossen.

Nach gewalttätigen Ausschreitungen verbot der Nationalkonvent im Oktober 1793 alle Frauenklubs. Danach wurde den Frauen auch das Petitionsrecht genommen und der Besuch des Parlaments sowie der Volksgesellschaften untersagt. Die gelenkte Presse verunglimpfte politisch aktive Frauen als „unweiblich" und „blutrünstig" und forderte sie auf, ihre republikanischen Aufgaben im Haushalt, in der Familie und bei der Erziehung der Kinder zu erfüllen. Es blieb nicht bei verbalen Diskriminierungen: Frauen wurden in Gefängnisse geworfen und starben auf dem Schafott. *Olympe de Gouges*, die nicht nur 1791 die „Erklärung der Rechte der Frau und Bürgerin"[1] veröffentlicht, sondern auch zwei Jahre später in einem Manifest die freie Wahl des Volkes zwischen Monarchie, föderativer oder zentralistischer Republik verlangt hatte, wurde am 3. November 1793 – noch während der „Schreckensherrschaft" – wegen „Gefährdung der Volkssouveränität" hingerichtet.

Wenige Tage später musste auch die 49-jährige bürgerliche Intellektuelle *Manon Roland*, die mit einem führenden Girondisten verheiratet war und einen einflussreichen Salon in Paris führte, aufs Schafott. Ihr konnten feministische Forderungen nicht vorgeworfen werden, denn sie plädierte trotz ihres großen politischen Einflusses für die traditionelle Rolle der Frau im „Schatten" der Männer. Verurteilt wurde sie wegen „Konspiration gegen die Republik und Entfachung des Bürgerkrieges". Sie war ein Opfer ihrer girondistischen Beziehung geworden.

Olympe de Gouges.
Pastell von Alexander Kucharski, 18. Jahrhundert.

Internettipp
Ein ausführliches Porträt von Olympe de Gouges finden Sie unter dem Code **32037-20**.

[1] Siehe hierzu Seite 143 (M3).

Sitzung des Mainzer Jakobinerklubs.
Federzeichnung von Johann Jakob Hoch, 1792.
Die Sitzung fand im Akademiesaal des Kurfürstlichen Schlosses im November 1792 statt. Der Mainzer Jakobinerklub hatte zeitweise 500 Mitglieder.

Nach der „Schreckensherrschaft" | Nach dem Ende der „Schreckensherrschaft" machte sich ein Gefühl der Befreiung breit. Ein neuer Anfang schien möglich. Der Nationalkonvent tagte weiter, nun dominierten die Abgeordneten der „Mitte", eine stabile Regierung konnten sie aber nicht bilden. Schrittweise wurden der Polizei- und Justizterror, Wirtschaftslenkung und Meinungsdruck beseitigt. Politische Gefangene wurden entlassen und die Jakobinerklubs geschlossen. Eine „Säuberung" des öffentlichen Dienstes von Jakobinern begann. Die Not der städtischen Kleinbürger hielt allerdings an, denn die Lebensmittelpreise wurden wieder freigegeben und stiegen zusätzlich noch wegen der anhaltenden Inflation. Als die Sansculotten im Mai 1795 „Brot und die Verfassung von 1793" forderten und das Parlament bedrohten, beendeten regierungstreue Truppen diese letzte große Aktion der Sansculotten blutig.

Im August 1795 veröffentlichte der Nationalkonvent eine neue Verfassung; es war die dritte seit 1791 (→M4). Mit ihr wurde das Zensuswahlrecht wieder eingeführt. Danach erfüllten nur noch etwa 30 000 Franzosen die Voraussetzungen, um Wahlmänner zu werden und Abgeordnete wählen zu können. Die Legislative wurde in zwei Kammern geteilt: Beim *Rat der Fünfhundert* lag die ausschließliche Gesetzesinitiative, während der *Rat der Alten* die Gesetze lediglich annehmen oder zurückweisen konnte. Die Exekutive übernahm ein fünfköpfiges *Direktorium (Directoire).*

Noch stärker als die vorhergehenden Regierungen versuchte das Direktorium durch eine expansive Außenpolitik, die innenpolitische Misere auszugleichen. Es ließ sein Volksheer im Glauben an die Revolution und Nation gegen die stehenden Heere der traditionellen Mächte Europas marschieren. Mit Erfolg: Am Ende des *Ersten Koalitionskrieges* 1797 war das gesamte linksrheinische Gebiet erobert.

Wirkung auf Deutschland | Überall im territorial zersplitterten *Heiligen Römischen Reich Deutscher Nation* brachen mit den Nachrichten vom Sturm auf die Bastille alte sowie neue soziale, rechtliche und konfessionelle Konflikte aus. Regional begrenzte Bauern- und Handwerkerunruhen in Baden, in der Pfalz, im Rheinland, in Kursachsen und in Schlesien sowie lokale Aktionen in Trier, Köln, Göttingen, Hamburg, Nürnberg, Ulm und Reutlingen wurden alle mit Gewalt unterdrückt.

Der französische Versuch, die Gedanken der Aufklärung in praktische Politik umzusetzen, wurde zunächst von einem großen Teil des Bildungsbürgertums mit Sympathie verfolgt. Es entstanden ein ausgedehnter Revolutionstourismus nach Paris und eine breite Revolutionspublizistik. Zentren der intellektuellen Auseinandersetzung mit der Revolution waren die Universitäten, die höheren Schulen, Lesegesellschaften und Freimaurerlogen. In einigen deutschen Städten wurden sogar politische Vereinigungen nach dem Vorbild der französischen Jakobinerklubs gegründet.

Nirgendwo sonst im Reich fanden die Ideen der Französischen Revolution eine so intensive Verbreitung wie in Mainz. Angeregt von den Franzosen, die am 21. Oktober 1792 Mainz besetzt hatten, und gefördert von dem kurz darauf gegründeten

Tanz um den Freiheitsbaum.
Ölgemälde (19 x 30 cm) eines unbekannten Künstlers, um 1793.
Ab 1790 wurden in Frankreich „Freiheitsbäume" gesetzt. Man knüpfte damit – wie schon in den amerikanischen Kolonien – an die Tradition des Maibaumes an. Im Frühjahr 1792 standen in ganz Frankreich zehntausende solcher Bäume. Sie symbolisierten unter anderem, dass ein Ort nicht länger Eigentum der Grundherren war und dass alle Einwohner der Nation als freie Bürger angehörten. Auch im Rheinland wurden etwa 100 Freiheitsbäume errichtet, nachdem die Franzosen es besetzt hatten. Das Bild zeigt vermutlich eine Szene, die am 15. Dezember 1792 in Aachen stattfand.

- ▶ Beschreiben Sie die abgebildete Szene.
- ▶ Analysieren Sie die Symbole und die Zusammensetzung der Tanzenden.
- ▶ Arbeiten Sie den Standpunkt des Künstlers heraus.

Jakobinerklub wurde Anfang 1793 ein *„Nationalkonvent der freien Deutschen diesseits des Rheins"* gewählt. Am 18. März riefen dessen Abgeordnete einen *„Rheinisch Deutschen Freistaat"* für das Gebiet zwischen Landau und Bingen aus. Doch der erste deutsche Versuch, eine auf Freiheit, Gleichheit und Eigentum beruhende demokratische Staats- und Gesellschaftsordnung einzuführen, scheiterte wenige Monate später – einerseits, weil die Franzosen begannen, das Land wirtschaftlich auszubeuten, andererseits, weil zur gleichen Zeit Rheinhessen und die Pfalz von österreichisch-preußischen Truppen zurückerobert wurden. Auch hatte das Schicksal der französischen Flüchtlinge und die Hinrichtung Ludwigs XVI. den Kreis der deutschen Revolutionsanhänger nach 1793 stark schrumpfen lassen (➔M5).

Unabhängig davon wurden in den deutschen Staaten zwischen 1790 und 1798/99 mehrere Verfassungen entworfen. Sie machen die intensive juristische Auseinandersetzung mit den Entwicklungen in den USA und Frankreich deutlich und begründeten zugleich eine frühe demokratische Verfassungstradition in Deutschland.

Das „amtliche Ende" der Revolution | In Paris brachen erneut Machtkämpfe aus, als sich militärische Rückschläge einstellten. In dieser Lage rief Sieyès, der Mann der ersten Stunde, den 30-jährigen, aus korsischem Kleinadel stammenden **Napoleon Bonaparte** zu Hilfe. Als siegreicher Oberbefehlshaber der Truppen in Italien war Bonaparte zur unentbehrlichen Stütze der Machthaber geworden. Das hinderte ihn nicht, die Regierung am 9. November 1799 (18. Brumaire des Jahres VIII) zu stürzen und den Widerstand des Parlaments mit Waffengewalt zu brechen. Ein Kollegium von drei Konsuln trat an die Stelle der alten Regierung. Bonaparte wurde *Erster Konsul* und ließ sich seine Stellung vom Volk bestätigen. Von über drei Millionen Stimmen wurden nur 1562 gegen ihn abgegeben – bei allerdings vier Millionen Enthaltungen. Danach erklärte er die Revolution für „amtlich beendet".

Betrachtet man das Ergebnis des Jahrzehnts zwischen 1789 und 1799, so war das vermögende Bürgertum zum Gewinner der Revolution geworden. Es hatte von der Veräußerung der Nationalgüter am stärksten profitiert und den Adel endgültig aus wichtigen Positionen in Verwaltung und Militär verdrängt. Die soziale und politische Lage der städtischen Unterschichten und der kleinen Bauern hatte sich nicht wesentlich verbessert. Die ersten Anfänge einer politischen Kultur im Gesellschaftsleben und vor allem die Berufung auf vom Staat nicht mehr zurückholbare Menschenrechte der Bürger sind bleibendes Ergebnis der Epoche (➔M6).

Napoleon Bonaparte (1769–1821): Er kämpfte als Offizier zunächst gegen die Royalisten, später im Auftrag des Direktoriums in Italien. Er kam 1799 durch einen Staatsstreich an die Regierung, krönte sich 1804 selbst zum Kaiser der Franzosen und nannte sich fortan Napoleon I. Er starb in Verbannung auf der Atlantikinsel St. Helena.

Napoleon – Erbe der Revolution? | Napoleons Umgestaltung der Verwaltung vollendete, was der Absolutismus seit König *Ludwig XIV.* (1643–1715) vorbereitet hatte und was bis heute die französische Binnenstruktur kennzeichnet. Von der Zentrale Paris aus wurde das ganze Land durch staatlich besoldete, von Napoleon ernannte (also nicht mehr gewählte) Berufsbeamte verwaltet. Eine lückenlose Befehlskette führte von der Regierung über die Präfekten der ursprünglich 83 Departements und die Unterpräfekten der Arrondissements zu den Bürgermeistern der Gemeinden. Mit dieser straff organisierten Bürokratie verfügte Napoleon über ein Instrument zur raschen Durchsetzung seiner Pläne.

Pragmatisch bemühte sich der Erste Konsul um eine Einigung der Nation und einen Ausgleich zwischen den von der Revolution aufgerissenen Fronten. Der zuvor bekämpfte katholische Glauben wurde in einem Konkordat mit Papst *Pius VII.* wieder als Religion der großen Mehrheit der Franzosen anerkannt. Die Regierung behielt sich aber weiterhin die Einsetzung der Bischöfe vor und sicherte sich durch Treueid und Übernahme der Besoldung die Loyalität der Priester. Die Gefahr einer Gegenrevolution aus kirchlichen Kreisen war damit gebannt.

Diskriminierende Gesetze gegen den Adel wurden aufgehoben sowie die Rückkehr von Emigranten gestattet. Gleichzeitig entstand eine neue Führungsschicht: Zwischen 1808 und 1814 ließ Napoleon 3 263 Personen adeln. Militär und zivile Funktionsträger seines Regimes profitierten am meisten davon, Kaufleute, Bankiers, Künstler und Wissenschaftler berücksichtigte er kaum. Abgesehen davon sollten über die Zugehörigkeit zu einem bestimmten Stand nicht mehr Geburt und ständische Privilegien entscheiden, sondern Leistung und Funktion. Ein zentral reglementiertes, in erster Linie auf Effizienz bedachtes Bildungswesen schuf die Grundlagen für eine anschließende Karriere in Staat und Gesellschaft. Voraussetzung dafür war jedoch, dass man die Mittel für eine teure Ausbildung aufbringen konnte.

Arrondissements: den Departements untergeordnete Verwaltungseinheiten

Konkordat: völkerrechtlicher Vertrag zwischen Staat und katholischer Kirche zur Regelung kirchlich-staatlicher Angelegenheiten

Internettipp
Weitere Informationen über die Französische Revolution finden Sie unter dem Code **32037-21**.

Der Code civil | Von zentraler Bedeutung war die Schaffung eines neuen bürgerlichen Gesetzbuches, des *Code civil* (auch *Code Napoléon*). Die 1804 veröffentlichte Gesetzessammlung regelte in knapp 2 300 Artikeln das gesamte Zivilrecht und bildete damit die rechtliche Grundlage der bürgerlichen Gesellschaftsordnung. Gleichzeitig sicherte sie die Errungenschaften der Revolution: Freiheit der Person und des Gewissens, Gleichheit vor dem Gesetz, Freiheit der wirtschaftlichen Betätigung, Garantie des Privateigentums und Emanzipation der Juden. Dagegen nahm es im Ehe- und Familienrecht Reformen zurück. Das Scheidungsrecht wurde rückgängig gemacht und die Frau wieder ganz unter die Vormundschaft der Männer gestellt.

Der Code civil fand im Gefolge der französischen Truppen bald Eingang in das deutsche Rechtssystem, zunächst im Badischen Landrecht von 1809. Neu für die deutschen Staaten war insbesondere die Übernahme der französischen Gerichtsverfassung, die Verwaltung und Justiz weitgehend trennte und die Gerichte zur unabhängigen dritten Gewalt machte.

In Frankreich entsprachen Napoleons Gesetzgebung und Reformen der Grundhaltung des Bürgertums. Zusammen mit einer wachsenden Wirtschaft verhalfen sie dem Herrscher zu ungeheurer Popularität. Die Aufrechterhaltung der persönlichen Freiheit konnte allerdings nicht darüber hinwegtäuschen, dass eine Errungenschaft der Revolution wieder verloren gegangen war: Die politischen Freiheitsrechte setzte Napoleon außer Kraft. Ein wertloses Wahlrecht, strenge Pressezensur, eingeschränkte Versammlungsfreiheit, Bespitzelung und politische Morde zeigten das andere Antlitz seiner Herrschaft.

Der Mythos Napoleons | Schon als junger Heerführer in Italien hatte Napoleon Bonaparte gezielt für seine Reputation in der Heimat gesorgt (→M7). Dennoch empfand er nach seinem Staatsstreich seine Herkunft aus dem Kleinadel gegenüber den etablierten Fürstenhäusern als Makel. Sein Legitimationsbedürfnis wollte er durch Rückbesinnung auf antike und mittelalterliche Herrschaftssymbole stillen. Zunächst regierte er als

Erster Konsul, schließlich seit dem 2. Dezember 1804 als „Kaiser der Franzosen". Nicht das französische Königtum wollte er neu errichten, sondern als mächtigster Herrscher in Europa stellte er eine direkte Verbindungslinie zu den Kaisern Roms und deren Nachfolgern im Mittelalter her. Napoleons zweite Ehe mit der Habsburgerin *Marie Louise*, der Tochter des österreichischen Kaisers (1810), sollte seinen Aufstieg in den Kreis der traditionellen Monarchien besiegeln. Überdies führten die bei Künstlern in Auftrag gegebenen heroischen Gemälde, seine Porträts auf Münzen und seine Bauprojekte den Zeitgenossen die Einzigartigkeit der Herrschaft Napoleons vor Augen. Eine strenge Pressezensur sorgte gleichzeitig dafür, dass sein Ansehen in der Öffentlichkeit nicht beschädigt wurde.

Nach dem verlorenen Krieg gegen die verbündeten Regierungen Europas (1815) lebte Napoleon noch bis 1821 im Exil auf der Atlantikinsel St. Helena. Sein Mythos überlebte ihn.

Kaiserkrönung Napoleons I. am 2. Dezember 1804 in der Pariser Kathedrale Notre-Dame.
Ölgemälde (610 × 930 cm) von Jacques-Louis David, 1805/07.
Um an das mittelalterliche Zeremoniell bei solchen Anlässen anzuknüpfen, lud Napoleon eigens Papst Pius VII. nach Paris ein. Der Papst segnete und salbte den neuen Kaiser, doch die Krönung des Kaiserehepaars vollzog Napoleon selbst.
Das Gemälde veranschaulicht zugleich die widersprüchliche Entwicklung des Künstlers David. 1789 hatte er den historischen Augenblick des Ballhausschwurs verherrlicht (siehe Seite 128), 15 Jahre später glorifiziert er die Einsetzung einer neuen Erbmonarchie.

- ▶ Gliedern Sie das Gemälde in sinnvolle Abschnitte und versehen Sie diese mit passenden Überschriften.
- ▶ Napoleon krönt seine Frau zur Kaiserin, der Papst sitzt im Hintergrund. Erklären Sie, was der Maler mit diesem Gemälde zum Ausdruck bringen will.

M1 „Aufklärung" – eine Begriffsdefinition

*Die Historikerin Susanne Lachenicht (*1971) beschreibt die Wesenszüge der Aufklärung, auf die sich manche Revolutionäre berufen haben:*

Als Aufklärung (franz. *Lumières*, engl. *Enlightenment*) wird in Europa die Epoche zwischen dem Ende des 17. Jahrhunderts und ca. 1789 verstanden, die unterschiedliche Geistesströmungen hervorbrachte. Den meisten Vertretern der Aufklärung (franz. *Philosophes*) gemein ist die Überzeugung, dass der Mensch durch Vernunft Wahres und Falsches unterscheiden und durch die Erkenntnis des einzig Wahren in ein Goldenes Zeitalter gelangen könne. Der Mensch sei seiner Natur nach gut und nur durch die Entfernung vom Naturzustand verderbt worden. Durch die Rückkehr zur Natur, angeleitet von Vernunft könne der Mensch vervollkommnet und in ein freiheitliches und glückliches Dasein überführt werden. Ziel der Aufklärung war es, den Mensch von Aberglauben und Irrationalem zu befreien, Naturwissenschaften und Technik zu fördern, damit diese dem Menschen in seinem Emanzipationsprozess dienen konnten. Häufig findet sich auch ein Plädoyer für religiöse Toleranz; die Moral- und Rechtsphilosophie berief sich zunehmend auf das Naturrecht, d.h. Gesetze, die bereits vor der Gründung der Staaten vorhanden gewesen seien, wie sie dann in den Menschen- und Bürgerrechten von 1789 formuliert werden sollten. Forderungen der Aufklärung schlossen Pressefreiheit, Freiheitsrechte des Einzelnen (Schutz vor willkürlicher Verhaftung, Schutz des Eigentums, Redefreiheit) und eine neue Pädagogik zur Herausbildung des vernünftigen Menschen mit ein. Fortschrittsglaube und Optimismus, dass die Menschheit durch Aufklärung und Vernunft im Diesseits (und nicht mehr im Sinne christlicher Traditionen im Jenseits) in ein neues Arkadien, ein Goldenes Zeitalter geführt werden könne (Perfektibilitätsglaube), ist fast allen Aufklärungsphilosophen eigen. Zu den wichtigsten Aufklärern zählen in Frankreich Voltaire (eigentlich François Marie Arouet, 1694–1778), Charles de Secondat, Baron de Montesquieu (get[auft] 1689–1755), Jean-Jacques Rousseau (1712–1778) und Denis Diderot (1713–1784), in England John Locke (1632–1704) und David Hume (1711–1776), in Deutschland Christian Wolff (1679–1754), Gotthold Ephraim Lessing (1729–1781) und Immanuel Kant (1724–1804). [...] Viele Aufklärer verwarfen mit dieser säkularen Heilsgeschichte die religiöse Offenbarung, waren nicht nur antiklerikal, sondern bekämpften Religion generell als Aberglauben und Vorurteil; beide müssten für immer beseitigt werden. An die Stelle des Dogmatismus der katholischen Kirche trat der Dogmatismus der Aufklärung, der radikale Glaube an Vernunft, Wissenschaft, Technik und den ewigen Fortschritt der Menschheit. Wichtigstes Werk der Aufklärung war die zwischen 1751 und 1785 von Diderot und Jean-Baptiste de Rond d'Alembert (1717–1783) herausgegebene *Encyclopédie*, die sämtliche *philosophes* und ihre wichtigsten Thesen umfassen sollte.

Susanne Lachenicht, Die Französische Revolution, Darmstadt [2]2016, S. 38

1. Fassen Sie in wenigen Stichpunkten zusammen, was laut Susanne Lachenicht unter „Aufklärung" zu verstehen ist. | F
2. Das Naturrecht definiert den Menschen als ein von Natur aus mit Rechten ausgestattetes Wesen. Erklären Sie die Folgen dieser These für die von der Aufklärung angestoßene Entwicklung.
3. Arbeiten Sie heraus, inwieweit die Ideen der Aufklärung in Gegensatz zu den überkommenen Regierungs- und Gesellschaftsvorstellungen geraten mussten.

M2 „Was ist der Dritte Stand?"

Der katholische Geistliche Emmanuel Joseph Sieyès, genannt Abbé Sieyès, verfasst Ende 1788 die Schrift „Qu'est-ce que le tiers état?". Sie wird im Januar 1789 anonym veröffentlicht, erreicht eine Auflage von über 30 000 Exemplaren und wird damit zur maßgeblichen „Kampfschrift" des Dritten Standes:

Der Plan dieser Schrift ist ganz einfach. Wir haben uns drei Fragen vorzulegen.

1. Was ist der Dritte Stand? ALLES.
2. Was ist er bis jetzt in der politischen Ordnung gewesen? NICHTS.
3. Was verlangt er? ETWAS ZU SEIN. [...]

Also, was ist der Dritte Stand? Alles, aber ein gefesseltes und unterdrücktes Alles. Was wäre er ohne den privilegierten Stand? Alles, aber ein freies und blühendes Alles. Nichts kann ohne ihn gehen; alles ginge unendlich besser ohne die anderen. [...]

Was ist eine Nation? Eine Körperschaft von Gesellschaftern, die unter einem *gemeinschaftlichen* Gesetz leben und durch dieselbe *gesetzgebende Versammlung* repräsentiert werden usw. [...]

Der Dritte Stand umfasst also alles, was zur Nation gehört; und alles, was nicht der Dritte Stand ist, kann sich nicht als Bestandteil der Nation ansehen. Was also ist der Dritte Stand? ALLES. [...]

Unter dem Dritten Stand muss man die Gesamtheit der Bürger verstehen, die dem Stand der gewöhnlichen Leute (l'ordre commun) angehören. Alles, was durch das Gesetz privilegiert ist, einerlei auf welche Weise, tritt aus der gemeinschaftlichen Ordnung heraus, macht eine Ausnahme für das gemeinschaftliche Gesetz und gehört folglich nicht zum Dritten Stand. [...]

Der Dritte Stand hat bis zur Stunde keine wahren Vertreter auf den Generalständen gehabt. Er hat also keinerlei politische Rechte. [...]

Was verlangt der Dritte Stand? Etwas zu werden. [...] Man kann die wirklichen Forderungen des Dritten Standes nur nach den authentischen Beschwerden beurteilen, welche die großen Stadtgemeinden (municipalités) des Königreichs an die Regierung gerichtet haben. Was sieht man da? Dass das Volk *etwas* sein will, und zwar nur das Wenigste, was es sein kann. Es will haben 1. echte Vertreter auf den Generalständen, das heißt Abgeordnete, die aus seinem Stand kommen und die fähig sind, die Interpreten seines Willens und die Verteidiger seiner Interessen zu sein. Was nützt es ihm, an den Generalständen teilzunehmen, wenn das dem seinen entgegengesetzte Interesse dort dominiert? [...] Es verlangt weiter 2. eine Zahl von Vertretern, die derjenigen ebenbürtig ist, welche die beiden anderen Stände zusammen besitzen. Diese Gleichheit der Vertretung wäre indessen völlig illusorisch, wenn jede Kammer eine eigene Stimme besäße. Der Dritte Stand verlangt deshalb 3., dass die Stimmen nach Köpfen und nicht nach Ständen gezählt werden. [...]
Ich bitte zu beachten, welch gewaltiger Unterschied zwischen der Versammlung des Dritten Standes und den Versammlungen der beiden anderen Stände besteht. Ersterer vertritt fünfundzwanzig Millionen Menschen und berät über die Interessen der Nation. Die beiden letzteren haben, sollten sie zusammentreten, nur die Vollmacht von ungefähr zweihunderttausend Einzelpersonen und denken nur an ihre Vorrechte. Man wird sagen, der Dritte Stand allein könne keine *Generalstände* bilden. Nun, umso besser, dann wird er eben eine *Nationalversammlung* bilden!

Eberhard Schmitt und Rolf Reichardt (Hrsg.), Emmanuel Joseph Sieyès. Politische Schriften 1788–1790, München/Wien [2]1981, S. 119, 123–125, 127, 130f. und 180

1. Erklären Sie, was die Ausführungen von Sieyès zu einer revolutionären „Kampfschrift" macht.
2. Arbeiten Sie Sieyès' Argumente dafür heraus, dass nur ein Stand die Nation vertreten könne.
3. Entwickeln Sie aus dem Beitrag eine Definition des Begriffes „Nation".

M3 Menschenrechte für alle?

Die „Erklärung der Menschen- und Bürgerrechte" wird am 26. August 1789 von der Verfassunggebenden Versammlung (Konstituante) verkündet und der Verfassung von 1791 vorangestellt (erster Text). In Anlehnung an dieses Dokument veröffentlicht am 5. September 1791 die 43-jährige Schriftstellerin Olympe de Gouges eine „Erklärung der Rechte der Frau und Bürgerin" (zweiter Text):

Erklärung von 1789

Da die Vertreter des französischen Volkes, als Nationalversammlung eingesetzt, erwogen haben, dass die Unkenntnis, das Vergessen oder die Verachtung der Menschenrechte die einzigen Ursachen des öffentlichen Unglücks und der Verderbtheit der Regierungen sind, haben sie beschlossen, die natürlichen und unveräußerlichen und heiligen Rechte der Menschen in einer feierlichen Erklärung darzulegen, damit diese Erklärung allen Mitgliedern der Gesellschaft beständig vor Augen ist und sie unablässig an ihre Rechte und Pflichten erinnert; damit die Handlungen der Gesetzgebenden wie der Ausübenden Gewalt in jedem Augenblick mit dem Endzweck jeder politischen Einrichtung verglichen werden können und dadurch mehr geachtet werden; damit die Ansprüche der Bürger, fortan auf einfache und unbestreitbare Grundsätze begründet, sich immer auf die Erhaltung der Verfassung und das Allgemeinwohl richten mögen. Infolgedessen erkennt und erklärt die Nationalversammlung in Gegenwart und unter dem Schutze des Allerhöchsten folgende Menschen- und Bürgerrechte:

Artikel 1
Die Menschen sind und bleiben von Geburt frei und gleich an Rechten. Soziale Unterschiede dürfen nur im gemeinen Nutzen begründet sein.

Artikel 2
Das Ziel jeder politischen Vereinigung ist die Erhaltung der natürlichen und unveräußerlichen Menschenrechte. Diese Rechte sind Freiheit, Eigentum, Sicherheit und Widerstand gegen Unterdrückung. [...]

Artikel 4
Die Freiheit besteht darin, alles tun zu können, was einem anderen nicht schadet. So hat die Ausübung der natürlichen Rechte eines jeden Menschen nur die Grenzen, die den anderen Gliedern der Gesellschaft den Genuss der gleichen Rechte sichern. Diese Grenzen können allein durch Gesetz festgelegt werden. [...]

Artikel 6
Das Gesetz ist der Ausdruck des allgemeinen Willens. Alle Bürger haben das Recht, persönlich oder durch ihre Vertreter an seiner Formung mitzuwirken. Es soll für alle gleich sein, mag es beschützen, mag es bestrafen. Da alle Bürger in seinen Augen gleich sind, sind sie gleicherweise zu allen Würden, Stellungen und Beamtungen nach ihrer Fähigkeit zugelassen ohne einen anderen Unterschied als den ihrer Tugenden und ihrer Talente.

Artikel 7
Jeder Mensch kann nur in den durch das Gesetz bestimmten Fällen und in den Formen, die es vorschreibt, angeklagt, verhaftet und gefangen gehalten werden. [...]

Artikel 10
Niemand soll wegen seiner Meinung, selbst religiöser Art, beunruhigt werden, solange ihre Äußerungen nicht die durch das Gesetz festgelegte öffentliche Ordnung stören.

Artikel 11
Die freie Mitteilung der Gedanken und Meinungen ist eines der kostbarsten Menschenrechte. Jeder Bürger kann also frei schreiben, reden, drucken unter Vorbehalt der Verantwortlichkeit für den Missbrauch dieser Freiheit in den durch Gesetz bestimmten Fällen. [...]

Artikel 17
Da das Eigentum ein unverletzliches und heiliges Recht ist, kann es niemandem genommen werden, wenn es nicht die gesetzlich festgelegte, öffentliche Notwendigkeit augenscheinlich erfordert und unter der Bedingung einer gerechten und vorherigen Entschädigung.

Olympe de Gouges von 1791
Wir, die Mütter, Töchter, Schwestern, Vertreterinnen der Nation, verlangen in die Nationalversammlung aufgenommen zu werden. In Anbetracht dessen, dass Unkenntnis, Vergessen oder Missachtung der Rechte der Frauen die alleinigen Ursachen öffentlichen Elends und der Korruptheit der Regierungen sind, haben wir uns entschlossen, in einer feierlichen Erklärung die natürlichen, unveräußerlichen und heiligen Rechte der Frau darzulegen, damit diese Erklärung allen Mitgliedern der Gesellschaft ständig vor Augen ist und sie unablässig an ihre Rechte und Pflichten erinnert; damit die Machtausübung von Frauen ebenso wie jene von Männern jederzeit und somit auch mehr geachtet werden kann; damit die Beschwerden von Bürgerinnen, nunmehr gestützt auf einfache und unangreifbare Grundsätze, sich immer zur Erhaltung der Verfassung, der guten Sitten und zum Wohl aller auswirken mögen. Das an Schönheit wie Mut im Ertragen der Mutterschaft überlegene Geschlecht anerkennt und erklärt somit, in Gegenwart und mit dem Beistand des Allmächtigen, die folgenden Rechte der Frau und Bürgerin:

Artikel I
Die Frau ist frei geboren und bleibt dem Manne gleich in allen Rechten. Die sozialen Unterschiede können nur im allgemeinen Nutzen begründet sein.

Artikel II
Ziel und Zweck jedes politischen Zusammenschlusses ist der Schutz der natürlichen und unveräußerlichen Rechte sowohl der Frau als auch des Mannes. Diese Rechte sind: Freiheit, Sicherheit, das Recht auf Eigentum und besonders das Recht auf Widerstand gegen Unterdrückung. [...]

Artikel IV
Freiheit und Gerechtigkeit besteht darin, den anderen zurückzugeben, was ihnen zusteht. So wird die Frau an der Ausübung ihrer natürlichen Rechte nur durch die fortdauernde Tyrannei, die der Mann ihr entgegensetzt, gehindert. Diese Schranken müssen durch Gesetz der Natur und Vernunft revidiert werden. [...]

Artikel VI
Das Gesetz sollte Ausdruck des allgemeinen Willens sein. Alle Bürgerinnen und Bürger sollen persönlich oder durch ihre Vertreter an seiner Gestaltung mitwirken. Es muss für alle das Gleiche sein. Alle Bürgerinnen und Bürger, die gleich sind vor den Augen des Gesetzes, müssen gleichermaßen nach ihren Fähigkeiten, ohne andere Unterschiede als die ihrer Tugenden und Talente, zu allen Würden, Ämtern und Stellungen im öffentlichen Leben zugelassen werden.

Artikel VII
Für Frauen gibt es keine Sonderrechte; sie werden verklagt, in Haft genommen und gefangen gehalten in den durch das Gesetz bestimmten Fällen. Frauen unterstehen wie Männer den gleichen Strafgesetzen. [...]

Artikel X
Niemand darf wegen seiner Meinung, auch wenn sie grundsätzlicher Art ist, verfolgt werden. Die Frau hat das Recht, das Schafott zu besteigen. Sie muss gleichermaßen das Recht haben, die Tribüne zu besteigen, vorausgesetzt, dass ihre Handlungen und Äußerungen die vom Gesetz gewahrte öffentliche Ordnung nicht stören.

Artikel XI
Die freie Gedanken- und Meinungsäußerung ist eines der kostbarsten Rechte der Frau, denn diese Freiheit garantiert die Vaterschaft der Väter an ihren Kindern. Jede Mutter kann folglich in aller Freiheit sagen: „Ich bin die Mutter eines Kindes, das du gezeugt hast", ohne dass ein barbarisches Vorurteil sie zwingt, die Wahrheit zu verschleiern. [...]

Artikel XVII
Das Eigentum gehört beiden Geschlechtern vereint oder einzeln. Jede Person hat darauf ein unverletzliches und heiliges Anrecht. Niemandem darf es als wahres Erbteil der Nation vorenthalten werden, es sei denn, eine öffentliche Notwendigkeit, die gesetzlich festgelegt ist, mache es augenscheinlich erforderlich, jedoch unter der Voraussetzung einer gerechten und vorher festgesetzten Entschädigung.

Ute Gerhard, Menschenrechte – Frauenrechte 1789, in: Viktoria Schmidt-Linsenhoff (Hrsg.), Sklavin oder Bürgerin? Französische Revolution und Neue Weiblichkeit 1760–1830, Frankfurt am Main 1989, S. 68–72

1. Erläutern Sie die Funktion der Präambeln beider Erklärungen.
2. Geben Sie die wesentlichen Rechte wieder, die den Bürgern nach den jeweiligen Texten eingeräumt werden.
3. Leiten Sie aus diesen Rechten bzw. Forderungen möglicherweise bestehende Missstände ab.
4. Die Forderungen von Olympe de Gouges sind unseren heutigen Vorstellungen näher. Überprüfen Sie diese These.

M4 Staatsform und Wahlrecht von 1789 bis 1795

Zwischen 1789 und 1799 werden in Frankreich vier Verfassungen verabschiedet. Sie alle dokumentieren unterschiedliche Stadien der Revolution und sind Ausdruck eines intensiven Erfahrungs- und Lernprozesses.

	Ancien Régime (Wahlordnung von 1789)	Verfassung von 1791	Verfassung von 1793 (trat nicht in Kraft)	Verfassung von 1795
Regierungsform	absolutistische Monarchie	konstitutionelle Monarchie	Republik	Republik
Staatsoberhaupt	König	König	—	5 Direktoren
Vertretungssystem	Generalstände (beratende Funktion) 1. Stand: ca. 300 Vertreter 2. Stand: ca. 300 Vertreter 3. Stand: ca. 600 Vertreter	Nationalversammlung für 2 Jahre (etwa 745 Vertreter aus 83 Départements)	Nationalrepräsentation für 1 Jahr (je 1 Abgeordneter auf 40 000 Einwohner, 749 Abgeordnete, zuzüglich 28 aus den Kolonien)	• Rat der Alten (250 Mitglieder) • Rat der Fünfhundert (beide Räte wurden alljährlich zu einem Drittel erneuert)
Wahlverfahren	nach Ständen	indirekt	direkt	indirekt
Wahlberechtigung (in den Urversammlungen)	• Männer (beim Adel auch Frauen) • 25 Jahre • Eintragung in die Steuerliste	• Männer • 25 Jahre • fester Wohnsitz seit einem Jahr • weder Tagelöhner noch Dienstleute • Steuerleistung im Wert von 3 Arbeitstagen • Mitglied der Nationalgarde • Bürgereid	• Männer • 21 Jahre • ein Jahr in Frankreich	• Männer • 21 Jahre • ein Jahr in Frankreich und/oder (ehemaliger) Soldat • Jungwähler sollten lesen und schreiben können und einer qualifizierten Arbeit nachgehen
Voraussetzungen, um als Wahlmann bestellt zu werden	—	• aktives Bürgerrecht • 25 Jahre	—	• aktives Bürgerrecht • 25 Jahre
Eigentum/Einkommen im Wert von • in Städten über 6 000 Einwohner		• 200 Arbeitstagen		• 100 Arbeitstagen
• in Städten unter 6 000 Einwohner		• 100–150 Arbeitstagen		• 150 Arbeitstagen
• auf dem Land		• ca. 150 Arbeitstagen		• 150–200 Arbeitstagen
Zahl der Wahlmänner	—	etwa 45 000	—	etwa 30 000
Voraussetzungen, um als Abgeordneter gewählt zu werden	—	aktives Bürgerrecht	aktives Bürgerrecht	Rat der Fünfhundert: • 30 Jahre • fester Wohnsitz seit 10 Jahren Rat der Alten: • 40 Jahre • fester Wohnsitz seit 15 Jahren

Nach: Wilhelm Ihde, Wegscheide 1789. Darstellung und Deutung eines Kreuzweges der europäischen Geschichte, Leipzig/Berlin 1940 (Beilage)

1. Vergleichen Sie die vier Verfassungen hinsichtlich der politischen Teilhaberechte der Bevölkerung. | F
2. Erklären Sie das unterschiedliche Ausmaß der Teilhaberechte.
3. Arbeiten Sie heraus, welche Interessen welcher gesellschaftlicher Gruppen Niederschlag in den jeweiligen Verfassungen gefunden haben.

M5 Die „Schreckensherrschaft" – Rechtfertigung und Kritik

Maximilien de Robespierre rechtfertigt am 5. Februar 1794 vor dem Nationalkonvent das Ziel der Revolution und den Terror seiner Regierung:

Welches Ziel streben wir an? Wir wollen den friedlichen Genuss der Freiheit und der Gleichheit [...]. Wir wollen die Dinge so ordnen, dass alle niedrigen und grausamen Leidenschaften im Zaum gehalten und alle wohltätigen und edlen Leidenschaften durch die Gesetze geweckt werden; wir wollen eine Ordnung schaffen, in der sich der Ehrgeiz auf den Wunsch beschränkt, Ruhm zu erwerben und dem Vaterland zu dienen; in der Vornehmheit nur aus der Gleichheit entsteht; wo der Bürger dem Magistrat, der Magistrat dem Volke und das Volk der Gerechtigkeit unterworfen ist; eine Ordnung, in der das Vaterland das Wohlergehen eines jeden Einzelnen sichert und jeder Einzelne stolz das Gedeihen und den Ruhm des Vaterlandes genießt [...].

Wir wollen in unserem Lande die Moral gegen den Egoismus, die Rechtschaffenheit gegen die Ehre, [...] ein großherziges, mächtiges und glückliches Volk gegen ein bloß liebenswürdiges, leichtfertiges und beklagenswertes Volk eintauschen, das heißt, alle Tugenden und alle Wunder der Republik gegen alle Laster und alle Lächerlichkeiten der Monarchie.

Mit einem Wort: Wir wollen den Willen der Natur erfüllen, das Schicksal der Menschheit vollenden, das Versprechen der Philosophie halten und die Vorsehung von der langen Herrschaft des Verbrechens und der Tyrannei befreien [...].

Welche Regierungsform kann diese Wunder vollbringen? Nur die demokratische oder republikanische Regierung! Denn diese beiden Wörter sind synonym, trotz aller Missbräuche der volkstümlichen Sprache. Die Aristokratie ist ebenso wenig republikanisch wie die Monarchie. Die Demokratie ist kein Staat, in dem sich das Volk ständig versammelt und alle seine öffentlichen Angelegenheiten selbst regelt; sie ist noch weniger ein Staat, in dem hunderttausend Volksparteien durch isolierte, übereilte und widersprüchliche Maßnahmen über das Schicksal der gesamten Gesellschaft entscheiden. Eine solche Regierung hat niemals bestanden und sie könnte auch nur bestehen, um das Volk zum Despotismus zurückzuführen.

Die Demokratie ist ein Staat, in dem das souveräne Volk sich nach Gesetzen richtet, die sein eigenes Werk sind, indem es von selbst alles tut, was es tun kann, und indem es durch seine Abgeordneten tun lässt, was es nicht selbst tun kann. [...]

Von außen werden wir von allen Tyrannen umzingelt; im Innern konspirieren alle Freunde der Tyrannen gegen uns: Sie werden solange konspirieren, bis dem Verbrechen jede Hoffnung genommen ist. Man muss die inneren und äußeren Feinde der Republik beseitigen oder mit ihr untergehen. Deshalb sei in der gegenwärtigen Lage der erste Grundsatz eurer Politik, das Volk durch Vernunft und die Volksfeinde durch Terror zu lenken.

Wenn in friedlichen Zeiten der Kraftquell der Volksregierung die Tugend ist, so sind es in Zeiten der Revolution Tugend und Terror zusammen. Ohne die Tugend ist der Terror verhängnisvoll, ohne den Terror ist die Tugend machtlos. Der Terror ist nichts anderes als die unmittelbare, strenge und unbeugsame Gerechtigkeit: Er ist also eine Emanation[1] der Tugend; er ist nicht so sehr ein besonderer Grundsatz als vielmehr die Folge des allgemeinen Grundsatzes der Demokratie: angewandt auf die dringenden Bedürfnisse des Vaterlandes.

Der am 21. Oktober 1793 geschriebene Brief des Pfarrers und Schriftstellers Johann Caspar Lavater (1741–1801) aus Zürich an den Konventsabgeordneten Marie-Jean Héraut de Séchelles (1760–1794, hingerichtet) zeigt exemplarisch die Abwendung des größten Teils der europäischen Revolutionssympathisanten:

Seitdem Ihr Euren guten König umgebracht und ermordet habet auf eine unerhörte Weise und auf die despotischste Art; seitdem Ihr die Unverletzbarkeit verletzt habt, die Ihr ihm versichert hattet; seitdem Ihr auf seine Verteidigung keine Achtung mehr schluget; seitdem Ihr im Geschmack der lissabonischen Inquisition handeltet; seitdem Ihr, den Dolch in der Hand, zur Freiheit zwanget; seitdem Ihr die bewegliche Köpfmaschine an die Stelle der zerstörten Bastille setztet; seitdem man nichts mehr sagen oder schreiben darf, was man unter den despotischsten Königen sagen und schreiben durfte, seitdem zittre ich, wenn ich Euch von Freiheit reden höre.

Monarchie oder Republik, das ist mir gleichgültig; aber Freiheit! Nicht das Wort jedoch, nicht die Ausrufungen, nicht die Marktschreierei gehaltener Reden werden Frankreich diese Freiheit geben. Erlaubet mir, über diesen Gegenstand Eurer (unbeschadet der Beredsamkeit) armseliger Reden frei zu sein: Wo ist die Freiheit, wo ist die Sicherheit der Ehre, des Eigentums, des Lebens? [...]

Glauben Sie mich nicht schwach genug, die Partie der Prinzen und der Royalisten von Frankreich zu nehmen; keineswegs. Ich habe nichts zu sagen als eine klare, einfache und

[1] **Emanation**, von lat. *emanare*: hervorgehen, herausfließen

niederschlagende Sache. Alle Eure Könige und alle Könige der Erde zusammen gaben nie so viele Beispiele des abscheulichen Despotismus, wie Ihr seit drei Jahren gebet. In Wahrheit, Ihr treibet Spott mit uns andern, mit dem Universum und mit den künftigen Jahrhunderten. Ich erwähne nicht einmal der groben Unmenschlichkeiten eines verwilderten Pöbels. Ich bemerke die öffentlichen Akte, die Dekrete des Nationalkonvents, die unterstützten und privilegierten Grausamkeiten der größten sogenannten *Antidespoten*.

Im Namen der Menschlichkeit beschwöre ich Sie auf den Knien, spottet nicht mehr dem Universum und den künftigen Jahrhunderten! Sprecht nie mehr das Wort *Freiheit* aus, indem ihr den allerunerträglichsten Despotismus ausübt.

Erster Text: Maximilien Robespierre, Ausgewählte Texte, Hamburg 1971, S. 584–586 und 594; zweiter Text: Gustav Landauer, Briefe aus der Französischen Revolution, Band 2, Berlin (Ost), ³1985, S. 105 f.

1. Geben Sie die Ziele Robespierres aus dem ersten Text mit eigenen Worten wieder. | H
2. Beurteilen Sie die Ziele Robespierres. | H
3. Erklären Sie, welche Gefahr bei der Verfolgung dieser Ziele deutlich wird.
4. Setzen Sie sich mit der Frage auseinander, ob es auch andere Wege als den Terror gegeben hätte, die Absichten Robespierres in die Tat umzusetzen. | F
5. Arbeiten Sie die Kritikpunkte aus dem zweiten Text heraus, die der Briefeschreiber der Politik des Konvents entgegensetzt.
6. Nehmen Sie abschließend Stellung: An welche Grenzen stoßen Regierungen bei der Durchsetzung ihrer Maßnahmen?

M6 „Die Geburtsstunde von Freiheit und Demokratie"

*Die Historikerin Susanne Lachenicht (*1971) schreibt über die Bedeutung der Französischen Revolution:*

Die Französische Revolution wird bis heute als das Ereignis betrachtet, das die Vormoderne von der Moderne oder die Frühe Neuzeit von der Neuzeit trennt. Sie steht für einen Epochenumbruch, der Politik, Gesellschaft, Wirtschaft und Kultur inklusive der kollektiven Mentalitäten (Michel Vovelle) tiefgreifend verändert haben soll. Aus politischer Perspektive ist die Französische Revolution immer wieder als Geburtsstunde von Freiheit und Demokratie beschrieben worden. Aus dem Untertanen (*sujet*) sei der (Staats-)Bürger (*citoyen*) geworden. Gesellschaftlich und wirtschaftlich bedeutete sie – so viele Autoren – das Ende der Ständegesellschaft und damit Rechtsgleichheit und den Aufstieg des Bürgertums in Frankreich. Wirtschaftlich wird mit der Französischen Revolution durch die Abschaffung von ständischen Privilegien, von Zünften und Gilden Unternehmensfreiheit und die allmähliche Durchsetzung des Leistungsprinzips auf dem europäischen Kontinent verbunden. Kulturell bedeutete die Revolution das Ende des alten Europas, in dem Staat und Kirche bis dato ein enges Bündnis eingegangen waren. Neben die christliche Religion bzw. die christlichen Konfessionen trat 1789 eine säkulare Ideologie, die sich in England und auch in Frankreich seit dem 16. Jahrhundert entwickelt hatte: Der Nationalismus, der in Frankreich während der Revolution zum „demokratischen Nationalismus" werden sollte, verdrängte die Staatsreligion – den Katholizismus – zwar nicht, setzte jedoch an dessen Stelle eine klare Alternative, die bis zum heutigen Tag von vielen Franzosen gelebt wird: Republikanismus und Laizismus.

Schon die Revolutionäre selbst sahen in den Ereignissen zwischen 1789 und 1799 etwas Irreversibles; eine Umkehr, eine Rückkehr in alte Zeiten schien ihnen nicht mehr möglich. Nach der Hinrichtung des Königs, Ludwigs XVI. (geb. 1754), am 21. Januar 1793 soll der Abgeordnete des Nationalkonvents Pierre Joseph Cambon (1756–1820) gesagt haben: „Wir sind endlich auf der Insel der Freiheit gelandet und haben das Schiff verbrannt, das uns hinfuhr" […]. Spätestens mit der radikalen Revolution von 1792 wurde nicht mehr das Alte, das bisher Dagewesene als Legitimation für Reformen, für Veränderung bemüht. Bis dahin waren Revolten wie der Bauernkrieg von 1525, die Englische Revolution der 1640er-Jahre sowie die Glorreiche Revolution von 1688/89 von den Revolutionären immer als Rückkehr zum „alten Recht", zu einem Zustand gesehen worden, der von den Herrschenden gewaltsam verändert worden sei und den die Revolutionäre nun wiederherstellen mussten. Vor dem Amerikanischen Unabhängigkeitskrieg[1] und den Ereignissen in Frankreich von 1789 bis 1799 bezeichnete der Begriff „Revolution" den immer wiederkehrenden Kreislauf der Gestirne oder politisch die Rückkehr zu altem Recht und alter Ordnung.

Dies änderte sich mit der Französischen Revolution. Das Neue, die Realisierung einer Utopie, der Fortschritt der Menschheit hin zu neuen Ufern waren nun Legitimation für politisches und gesellschaftliches Handeln. Die Revolution katalysierte die Entwicklung weg vom Alten, zu Bewahrenden, hin zum Neuen, zum Unbekannten; ein Wandel der Mentalitäten, der sich bereits mit der Aufklärung angekündigt hatte. Mit den Ereignissen in Nordamerika, aber vor allem durch die Umwälzungen, die in Frankreich zwischen 1789 und 1799 stattfanden, veränderte sich auch die Bedeutung des Begriffs „Revolution". Seitdem steht der Begriff „Revolution" für die mit Aufständen und Gewalt einhergehende Veränderung von staatlichen Institutionen, von Eigentumsverhältnissen, von Zugangsbedingungen zu

[1] Zum Unabhängigkeitskrieg siehe das Kapitel auf den Seiten 58 ff.

staatlichen, wirtschaftlichen und gesellschaftlichen Eliten, für die Durchsetzung neuer, manchmal staatlich verordneter Ideologien, im Grunde also für die totale, wenn nicht gar totalitäre Umwälzung von Staat, Kultur und Gesellschaft.

Susanne Lachenicht, Die Französische Revolution, a.a.O., S. 9f.

1. Gliedern Sie den Text in sinnvolle Abschnitte und versehen Sie diese mit passenden Überschriften.
2. Arbeiten Sie aus dem Text die Veränderungen heraus, die von der Französischen Revolution ausgingen. | F
3. Informieren Sie sich im Internet und/oder in der Fachliteratur über die von der Autorin genannten früheren Revolutionen (siehe ab Zeile 39ff.). Erläutern Sie anschließend, welchen Unterschied Lachenicht beschreibt.

M7 „Der Wahrheit stets eine Nasenlänge voraus"

*Der Journalist Andreas Kilb (*1961) rezensiert 2018 in der Frankfurter Allgemeinen Zeitung eine neue Napoleon-Biografie des britischen Historikers Adam Zamoyski (*1949):*

Die Schlüsselszene dieses Buches spielt in Italien. Die französische Revolutionsarmee unter ihrem General Napoleon Bonaparte hat ein österreichisches Korps in Mantua eingeschlossen. [...] Die entscheidende Brücke liegt bei dem Dorf Arcole.

Die Franzosen versuchen sie am 15. November [1796] im Sturm zu nehmen, aber die Verteidiger sind gut verschanzt. Als die erste Attacke scheitert, steigt der General vom Pferd und ergreift eine Fahne. Der Trupp, den er anführt, wird von einer gut gezielten Salve empfangen, die seinen Adjutanten tötet. Seine überlebenden Begleiter stoßen Bonaparte in einen Entwässerungsgraben. Triefnass, aber unverletzt wird er aus dem Wasser gezogen. Die Brücke bleibt in österreichischer Hand. Soweit die Fakten.

In Bonapartes Bulletin[1] an das fünfköpfige Direktorium in Paris, das nach dem Sturz Robespierres die Revolutionsgeschäfte führt, klingt alles ganz anders. Hier verschmilzt die Schlappe bei Arcole mit den Gefechten der folgenden Tage, die die Österreicher schließlich doch zum Rückzug zwingen, zu einem einzigen, durch Bonapartes Fahnenmarsch ausgelösten Triumph. Noch im selben Monat beginnt Antoine-Jean Gros, der die französische Armee begleitet, mit seinem Ölbild „Bonaparte an der Brücke von Arcole".

Es zeigt den General in Galauniform mit gezücktem Schwert und wehendem Haar. Das Gemälde, durch zahlreiche Drucke verbreitet, wird zur Ikone der siegreichen Revolution.

„Der Wahrheit stets eine Nasenlänge voraus" von Andreas Kilb, in: F.A.Z. Literaturbeilage vom 6. Oktober 2018, Frankfurter Allgemeine Zeitung GmbH, Frankfurt. Zur Verfügung gestellt vom Frankfurter Allgemeine Archiv

[1] **Bulletin:** amtlicher Bericht, offizielle Bekanntmachung

„Bonaparte an der Brücke von Arcole."
Ölgemälde (94 x 130 cm) von Antoine-Jean Gros, 1796.

1. Ein Ergebnis der Französischen Revolution war das Entstehen von Zeitungen, die sich im politischen Meinungsstreit behaupten mussten. Erklären Sie, wie Napoleon seinen Bericht vom Krieg in Italien zur Beeinflussung der Massen nutzt.
2. Setzen Sie die in der Quelle beschriebenen Ereignisse (Zeile 1–14) in Beziehung zur Aussage des Ölgemäldes von Antoine-Jean Gros auf dieser Seite. | H
3. Überlegen Sie, welche damaligen Möglichkeiten es gab, Berichte von einem fernen Kriegsschauplatz zu überprüfen. Vergleichen Sie mit heutigen „fake news".

Methode

Umgang mit historischer Fachliteratur üben

Historische Fachliteratur ist ein Sammelbegriff für wissenschaftliche Veröffentlichungen. Dazu gehören **Textsorten** wie wissenschaftliche Bücher eines Autors (Monografien), Aufsätze in Sammelbänden oder in (Fach-)Zeitschriften, gedruckte Vorträge, Lexikonartikel und Rezensionen (Buchbesprechungen). Die Literatur über die Französische Revolution beispielsweise ist unüberschaubar. Die Zahl der Veröffentlichungen geht in die Zigtausende und ständig kommen neue hinzu.

Eine für alle Mal gültige oder richtige und verbindliche **Geschichtsschreibung** gibt es nicht. Wichtig ist die Einsicht, dass sie immer **abhängig** ist von der Person, die Forschung betreibt, von der Zeit, in der geforscht wird, von den Fragen, die Untersuchende an die Vergangenheit stellen, von den ausgewerteten Quellen und von der benutzten Literatur. Für das Verständnis eines Textes, seine Einordnung und Bewertung ist es daher notwendig, ihn mit anderen Darstellungen zu vergleichen und ihn nach bestimmten **Kriterien** zu untersuchen.

Im Materialienteil des Buches gibt es zahlreiche Beispiele, um historische Fachliteratur zu analysieren.

Arbeitsschritt	Leitfragen
1. beschreiben	• Wer ist der Autor / die Autorin? • Welche Funktion, welchen Beruf oder welche Stellung hat er / sie? • Welche Textsorte liegt vor (z. B. Lexikonartikel, Fachbuch, Essay oder Rezension)? • Wann, wo und aus welchem besonderen Anlass (Jubiläum, Jahrestag etc.) ist der Text veröffentlicht worden? • Was wird thematisiert? • Wie ist der Text aufgebaut? Welche besonderen Merkmale gibt es (Sprache, Stil)? • Mit welchen Argumenten bzw. Belegen (Quellen, Sekundärliteratur) begründet der Autor / die Autorin seine / ihre Aussagen? • Welche Behauptungen oder Thesen werden aufgestellt?
2. erklären	• Welchen Zeitraum, welches Ereignis oder welche Person behandelt der Text? • Auf welche wissenschaftliche / politische Diskussion geht der Autor / die Autorin ein? • In welchem Bezug steht der Autor / die Autorin zum behandelten Thema? • An welche Adressaten wendet sich der Text? • Welche Aussageabsicht hat er? • Welchen Standpunkt nimmt der Autor / die Autorin ein?
3. beurteilen	• Wurde das Thema schlüssig und überzeugend bearbeitet oder ist die Argumentation lückenhaft? Wurden mehrere Perspektiven berücksichtigt? • Nimmt der Autor / die Autorin Wertungen vor oder stellt er / sie Vermutungen auf? • Wie lässt sich der Text bzw. die Publikation insgesamt einordnen und bewerten?

M1 „Im Zentrum der modernen Weltgeschichte“

Albert Soboul (1914–1982) fasst das Ergebnis der Französischen Revolution in einem erstmals 1962 in Frankreich veröffentlichten Werk wie folgt zusammen:

Zehn Jahre revolutionäre Ereignisse hatten allerdings die Lage in Frankreich im Wesentlichen in Übereinstimmung mit den Wünschen der Bourgeoisie und Besitzenden grundlegend verändert. Die alte Aristokratie war samt ihren Privilegien und ihrer früheren gesellschaftlichen Bedeutung zerschlagen, und die letzten Spuren der Feudalität waren beseitigt. Mit der radikalen Zerstörung der gesamten feudalen Hinterlassenschaft, der Befreiung der Bauern von den Herrenrechten, den kirchlichen Zehnten und – eingeschränkt – auch von den kollektiven Zwängen (contraintes communautaires), mit der Aufhebung der Zunftmonopole und der Herstellung des nationalen Marktes beschleunigte die Französische Revolution die Entwicklung des Übergangs vom „Feudalismus“ zum Kapitalismus und bildete zugleich eine ihrer entscheidenden Etappen. Indem sie andererseits die provinziellen Besonderheiten und die lokalen Vorrechte aufhob und die Staatsgewalt des Ancien Régime zerbrach, schuf sie vom Direktorium bis zum Empire die Voraussetzungen eines modernen Staates, der den wirtschaftlichen und sozialen Interessen der Bourgeoisie entsprach. [...]

Die Französische Revolution steht damit im Zentrum der modernen Weltgeschichte, am Kreuzweg verschiedener gesellschaftlicher und politischer Strömungen, welche die Nationen entzweit haben und noch weiterhin entzweien werden. Ihr Enthusiasmus begeistert die einen, die an die Kämpfe für Freiheit und Unabhängigkeit und an ihren Traum von der brüderlichen Gleichheit erinnern – oder löst Hassgefühle aus. Ihr aufgeklärter Geist lenkt die Angriffe gegen Privilleg und Tradition oder reißt die Vernunft durch ihre großen Bemühungen mit fort, um die Gesellschaft auf rationale Grundlagen zu stellen. Ob bewundert oder gefürchtet – die Revolution lebt im Bewusstsein der Menschen weiter.

Albert Soboul, Die große Französische Revolution. Ein Abriss ihrer Geschichte (1789–1799), hrsg. und übersetzt von Joachim Heilmann und Dietfrid Krause-Vilmar, Frankfurt am Main [5]1988, S. 571 f. und 574

Verfasser
(Soboul: französischer Historiker und Marxist)

Fokus auf „Signalwörter“
(Hinweis auf sozialistische Geschichtsschreibung)

Literaturangabe

M2 Einfluss auf die politische Kultur Europas

*Rolf E. Reichardt (*1940) schreibt in einem erstmals 1998 veröffentlichten Buch über die Französischen Revolution:*

Überall wirkte die Revolution bei unzufriedenen Gruppen als Anstoß, überfällige Reformen und Veränderungen im jeweils eigenen Land energischer zu betreiben. Überall löste sie eine Welle politischer Publizistik von neuer Radikalität und sozialer Reichweite aus, welche die revolutionären Grundvorstellungen und Schlagworte verbreitete. Überall verband sich damit sowohl eine neuartige Klubkultur als auch eine internationale Freiheits- und Gleichheitssymbolik – beides nach französischem Vorbild. Überall wurden durch die so bewirkten Akkulturationsprozesse[1] neue soziale Gruppen und Schichten an die Politik herangeführt beziehungsweise zusätzlich politisiert, überall erkämpften sich diese Gruppen unter Rekurs[2] auf die Revolution Zugang zum Politischen: die Intellektuellen auf der Apenninenhalbinsel, das mittlere Bürgertum im Alten Reich, die kleinen Leute auf den Britischen Inseln. Überall bildeten sich in Auseinandersetzung mit der Revolution deutlicher als zuvor gegensätzliche politische Lager heraus. So hat die Französische Revolution, wie unterschiedlich sie auch vordergründig auf einzelne Länder einwirkte, letztlich wichtige Impulse zur Herausbildung einer gemeinsamen, tendenziell demokratischen politischen Kultur Europas gegeben.

Rolf E. Reichardt, Das Blut der Freiheit. Französische Revolution und demokratische Kultur, Frankfurt am Main 2014, S. 331

Verfasser
(Reichardt: deutscher Historiker, Romanist und Bibliothekar)

Fokus auf „Signalwörter“
(Hinweis auf den Schwerpunkt des Textauszuges: Kulturgeschichte)

Literaturangabe

[1] **Akkulturation:** Übernahme fremder geistiger und materieller Kulturgüter durch Einzelpersonen oder ganze Gruppen

[2] **Rekurs:** Rückgriff auf etwas

▶ Analysieren Sie die beiden Texte mithilfe der Arbeitsschritte auf Seite 148. Ihre Ergebnisse können Sie mit der Beispiellösung auf Seite 509 vergleichen.

Die Französische Revolution (1789–1799)

Ursachen

- Finanzkrise des Staates (u.a. Kriege, Schulden)
- soziale und wirtschaftliche Probleme (Abgaben/Steuern, Hungersnöte)
- gescheiterte Reformen
- reformunfähige Monarchie
- politischer Gestaltungswille (Dritter Stand)
- Ideen der Aufklärung (u.a. Montesquieu, Rousseau)

Phasen

Beginn der Revolution (1789) →

- Ziele: Ende der Not, Reformen, politische Mitbestimmung
- Träger: Bauern, Bürger (Dritter Stand)

Konstitutionelle Monarchie (1789–1792) →

- Ziele: Abschaffung feudaler Privilegien, Menschen- und Bürgerrechte, Verfassung
- Träger: gehobenes Bürgertum, liberaler Adel, Frauen

Republik und „Schreckensherrschaft" (1792–1794) →

- Ziele: Abschaffung der Monarchie, Verfassung, „Überwachungsstaat"/ Terror
- Träger: Kleinbürgertum (Sansculotten), Besitzbürgertum (Jakobiner)

Direktorium (1795–1799)

- Ziele: Verfassung, Beendigung von Unruhen
- Träger: gehobenes Bürgertum

Fazit

Gewinner der Revolution

- gehobenes Bürgertum

Verlierer der Revolution

- Adel und Klerus

Das Erbe

- Menschen- und Bürgerrechte
- Aufhebung der Ständegesellschaft
- Trennung von Kirche und Staat
- Abschaffung der Monarchie, Entwicklung der Republik
- Bewusstsein für eine politische Demokratie
- Entstehung von Parteien und einer Debattenkultur
- Beginn einer politischen Frauenbewegung
- Veränderung der Presselandschaft (neue „Öffentlichkeit")
- Code Napoléon bzw. Code civil (neues Zivilrecht)

M Der „moderne Mensch" und das Störfeuer revolutionärer Politik

*Der britische Historiker Simon Schama (*1945) schreibt über die Ergebnisse der Französischen Revolution:*

Ihre beiden großen gesellschaftlichen Veränderungen – das Ende der Feudalherrschaft und die Abschaffung der Zünfte – hatten mehr versprochen als gehalten. So erleichtert sich fraglos viele Handwerker über die Beseitigung der Zunfthierarchie mit ihren strengen Arbeits- und Verdienstvorschriften fühlten, den wirtschaftlichen Ungerechtigkeiten, die Meister und Gesellen nach wie vor voneinander schieden, waren sie nun noch schutzloser ausgesetzt. Und ebenso war die Abschaffung des Feudalismus mehr eine Sache der Gesetze als der gesellschaftlichen Umschichtung und besiegelte lediglich die bereits unter dem Ancien régime angebahnte Umwandlung des Feudalherrn in einen Gutsherrn. [...]
Den größten Gewinn vom Verkauf der Kirchengüter und des Emigrantenbesitzes hatten genau dieselben Bevölkerungsgruppen, die schon unter dem Ancien régime wirtschaftlich ihren Schnitt gemacht hatten. Gewiss bedeuteten diese unwiderruflichen Verkäufe eine beträchtliche Verschiebung des Reichtums. Aber ein guter Teil dieses Transfers wickelte sich *innerhalb* der Klasse der Grundbesitzer ab. Das heißt, die fetten Katzen wurden nur noch fetter. [...]
Hat die Revolution dann wenigstens die Probleme, über die die Monarchie gestürzt war, gelöst und entsprechende staatliche Einrichtungen geschaffen? Auch hier ist es [...] einfacher, die Kontinuität zu verfolgen, vornehmlich in den Zentralisierungsbestrebungen, als einen umwerfenden Wandel auszumachen. Was die öffentlichen Finanzen angeht, so entpuppte sich die Einführung einer Papierwährung als eine Katastrophe, neben der die Insolvenzen des Ancien régime nahezu zur Bedeutungslosigkeit herabsanken. So kehrte das bonapartistische Konsulat [...] zu guter Letzt reumütig zur Metallwährung zurück. [...]
Hatte sich die Revolution dann wenigstens in dem Punkt besser bewährt, an dem die Monarchie gescheitert war, nämlich an ihrer Unfähigkeit, repräsentative Einrichtungen zur Verwirklichung ihrer Reformprogramme zu schaffen? In einer Hinsicht ja. Die verschiedenen, vom Volke gewählten gesetzgebenden Körperschaften von den Generalständen bis zum Nationalkonvent gehören in der Tat zu den eindrucksvollsten Neuerungen, die die Revolution hervorgebracht hat. [...]
Nach dem Jahr III[1] aber ging die Gewalt nicht mehr von der Straße und den Sektionen, sondern von der uniformierten Armee aus. Und hier endlich stoßen wir auf eine Umwandlung, die niemand der Französischen Revolution streitig machen kann: die Schöpfung eines neuen Rechtsträgers, des Citoyen. Doch kaum war diese hypothetisch freie Person erfunden, wurden ihre Freiheiten auch schon von der Polizeigewalt des Staates eingeschränkt. Und wenn dies auch stets im Namen des republikanischen Patriotismus geschah, waren die Zwänge darum doch nicht weniger drückend. [...]
Ein wesentliches Element, vielleicht sogar *das* wesentliche Element des Anspruchs der Revolutionäre von 1789 war die Überzeugung, *la patrie* selber besser regenerieren zu können als die königlichen Beamten. So war der Kampfgeist, der sich wie ein dicker roter Faden durch die Revolution zog, von allem Anfang an patriotisch eingefärbt und mithin der militarisierte Nationalismus keine zufällige, unbeabsichtigte Folge, sondern Herz und Seele der Französischen Revolution. Logisch folglich auch, dass all die Millionen Erben der revolutionären Macht, die wahre „neue Klasse" dieses Abschnitts der französischen Geschichte, nicht irgendeine *bourgeoisie conquérante*, sondern die *wirklichen* Eroberer waren: die napoleonischen Marschälle, deren Vermögen selbst die überlebenden Adelsdynastien vergleichsweise armselig erscheinen ließen.
Der „moderne Mensch" – der Ingenieur, der adlige Industrielle, der Wissenschaftler, der Bürokrat und General –, allem Anschein nach schon unter Ludwig XVI. drauf und dran, die Verwaltung mit Beschlag zu belegen, setzte, kaum war das Störfeuer der revolutionären Politik ausgeschaltet, seinen Marsch zur Macht auf Gedeih und Verderb fort.

Simon Schama, Der zaudernde Citoyen. Rückschritt und Fortschritt in der Französischen Revolution, München 1989, S. 834 ff. (übersetzt aus dem Englischen von Gerda Kurz und Siglinde Summerer)

1. Fassen Sie stichpunktartig die Ergebnisse der Französischen Revolution nach Schama zusammen.
2. Der Historiker Thomas Nipperdey hat einmal geschrieben: „Die Revolution hat die Modernisierung unterbrochen." Überprüfen Sie diese Aussage anhand der Quelle.
3. Vergleichen Sie den Text mit M6 auf Seite 146 f. Stellen Sie übereinstimmende Wertungen und Unterschiede fest.
4. Bilden Sie Arbeitsgruppen. Nennen und begründen Sie Ihre eigene Einschätzung der Französischen Revolution. Vergleichen Sie anschließend in der Klasse Ihre Ergebnisse miteinander. | H

[1] **Jahr III:** 22. September 1794 bis 22. September 1795

Koloniale Architektur an der Uferpromenade von Shanghai.
Foto vom 7. April 2010.
Nach Ende des Ersten Opiumkrieges 1842 mussten die Chinesen den Hafen Shanghais für den Handel mit Europa, später auch für die USA und Japan, öffnen. Die ausländischen Mächte prägten das Stadtbild bis heute.

Lateinunterricht an einem Bremer Gymnasium.
Foto vom 27. Januar 2006.
Im Schuljahr 2017/18 lernten in Deutschland laut Statistischem Bundesamt 613 755 Schülerinnen und Schüler Latein als Fremdsprache.

„The Rocket".
Foto vom 28. Juni 2010.
Ein Besucher betrachtet im Londoner „Science Museum" die Dampflokomotive der britischen Ingenieure George und Robert Stephenson. Sie wurde 1829 gebaut und gilt als „Urahn" aller Lokomotiven.

2. Wechselwirkungen und Anpassungsprozesse

Kein politisches, wirtschaftliches oder gesellschaftliches System ist von Dauer. Das lehrt uns die Geschichte. Wenn sich jedoch Strukturen ändern, müssen wir uns anpassen. Gleichzeitig beeinflusst unser Verhalten die weitere Entwicklung dieser Strukturen. Das muss nicht immer negativ sein, denn Wechselwirkungen und Anpassungsprozesse haben auch ihre guten Seiten. Denken wir an den kulturellen Austausch, an neue Handelsbeziehungen oder private Bekanntschaften. Ob Migration oder Flucht, Imperialismus oder Wettstreit, immer treffen unterschiedliche Menschen und Systeme aufeinander. Wir müssen lernen, mit dem Ungewohnten umzugehen, und im ständigen Miteinander neue Wege des Zusammenlebens finden. Dies ist ein langfristiger Prozess, der, soll er gelingen, sowohl Toleranz als auch Geduld und Flexibilität erfordert.

Was wissen und können Sie schon?

Bilden Sie Kleingruppen und bearbeiten Sie die Bildmaterialien auf der linken Seite:

1. Beschreiben Sie in eigenen Worten die drei Fotos: Wer oder was ist dargestellt? Was wird thematisiert?
2. Ordnen Sie die drei Bilder in den historischen Kontext ein: Auf welche Geschehnisse bzw. Sachverhalte beziehen sich die Fotos? Welchen historischen Zeitabschnitten können sie zugeordnet werden?
3. Arbeiten Sie anhand der Fotos aus Shanghai und Bremen heraus, inwiefern die Bildinhalte die Auswirkungen der Begegnung von Kulturen repräsentieren.
4. Suchen Sie weitere Beispiele für Wechselwirkungen und Anpassungsprozesse in der Geschichte. Fertigen Sie eine Tabelle an, in der Sie den Verlauf und die Ergebnisse stichpunktartig festhalten.
5. Vergleichen und ergänzen Sie anschließend Ihre Tabelle im Kurs.

Kompetenzen

Am Ende des zweiten Rahmenthemas sollten Sie Folgendes können:

... Formen der Begegnung von unterschiedlichen Kulturen sowie die Auswirkungen von Inklusion und Exklusion untersuchen und beschreiben.

... Identitätsaufbau und -wandel von Gruppen sowie die in ihnen zum Ausdruck kommenden Mentalitäten und Weltbilder untersuchen.

... historische Transformationsprozesse analysieren sowie ihre wechselseitigen Auswirkungen beurteilen.

... das Gefüge von Gruppeninteressen, ökonomischen Entscheidungen und Strukturen sowie deren Auswirkungen auf Mensch und Umwelt erläutern und beurteilen.

... sich mit unterschiedlichen Ansätzen zur Deutung historischer Anpassungs- und Transformationsprozesse auseinandersetzen.

... Werturteile aus der Geschichte der eigenen und fremder Kulturen reflektieren sowie unterschiedliche Geschichtsbilder überprüfen.

2.1 Kernmodul: Kulturkontakt und Kulturkonflikt

Kulturkontakt | Theorien zum *Kulturkontakt* gehen davon aus, dass jeder Mensch einer bestimmten Kultur bzw. einem Kulturkreis angehört. Die Menschheitsgeschichte lässt sich entsprechend als eine Abfolge von Kontakten verschiedener Kulturen betrachten. In unterschiedlichem Maße haben Kulturen in der Geschichte dabei offenbar den Antrieb und die Mittel, sich auszubreiten und so andere Kulturen zu beeinflussen. So lässt sich z. B. die Geschichte des Römischen Reiches als „Romanisierung"[1] der Mittelmeerwelt beschreiben. Die im späten Mittelalter einsetzende europäische Expansion nach Amerika, Afrika und Asien kann man als einen langen Prozess der „Europäisierung" der Welt verstehen. Und die Zeit nach dem Zweiten Weltkrieg könnte man als eine maßgeblich von den USA dominierte Phase der „Verwestlichung" der Welt interpretieren.

Allerdings betont die Wissenschaft auch, dass Kulturkontakte niemals nur in eine Richtung verlaufen: Kultur wird nicht einseitig „übertragen", sondern es gibt stets wechselseitige Beeinflussung und Vermischung (*Akkulturation*). Im Zuge der Romanisierung der Mittelmeerwelt veränderte sich also auch das Römische Reich, und der Kontakt mit außereuropäischen Kulturen hat auch Europa seit dem 15./16. Jahrhundert erheblich beeinflusst. Ebenso haben sich die USA durch ihre dominierende Rolle in der Welt stark verändert. Sinnvoll könnte es daher sein, von einer ununterbrochenen Geschichte des kulturellen Austausches zu sprechen. Das bedeutet dann auch, dass es keine unveränderlichen und „reinen" Kulturen gibt. Kulturen wären immer das Ergebnis von Kulturkontakten und stets im Wandel begriffen.[2] Am Beispiel der europäischen Expansion hat der Historiker *Urs Bitterli* eine entsprechende Theorie der Kulturbegegnung entwickelt (➔M1), deren Grundgedanken sich auf andere historische Epochen und Prozesse übertragen lassen.

Kulturkonflikt | Nach dem Zusammenbruch der Sowjetunion 1991 und dem Ende des Kalten Krieges stellte der US-amerikanische Politikwissenschaftler *Samuel Phillips Huntington* die These auf, dass die Konflikte in der Welt in der Zukunft zwischen verschiedenen Großkulturen verlaufen würden. Die in seinem Modell wichtigsten Kulturen sind der Westen, der Islam und China. Um einen Dritten Weltkrieg zu vermeiden, müsste der Westen seine Kultur verteidigen und dürfe nicht darauf hoffen, dass die anderen Kulturen sich ihm annähern würden (➔M2). Huntington widersprach damit der Vorstellung, die engere Verflechtung der Welt würde die Unterschiede zwischen den Kulturen abschwächen. Huntingtons Auffassung ist vielfach scharf kritisiert worden. Insbesondere ist dem Politikwissenschaftler vorgeworfen worden, dass die von ihm beschriebenen Kulturen gar nicht als Einheiten existierten, da sowohl der Westen als auch der Islam und China aus vielfältigen Gesellschaften bestünden, die nicht auf einen kulturellen Nenner reduziert werden könnten. Huntington vertrete eine Vorstellung vom Westen, die einen großen Teil der westlichen Bevölkerung ausschließe (➔M3).

---

[1] Lesen Sie über den Prozess der Romanisierung das Wahlmodul auf den Seiten 234 bis 255.
[2] Vgl. dazu das Kernmodul „Transformationsprozesse" auf den Seiten 158 bis 161.

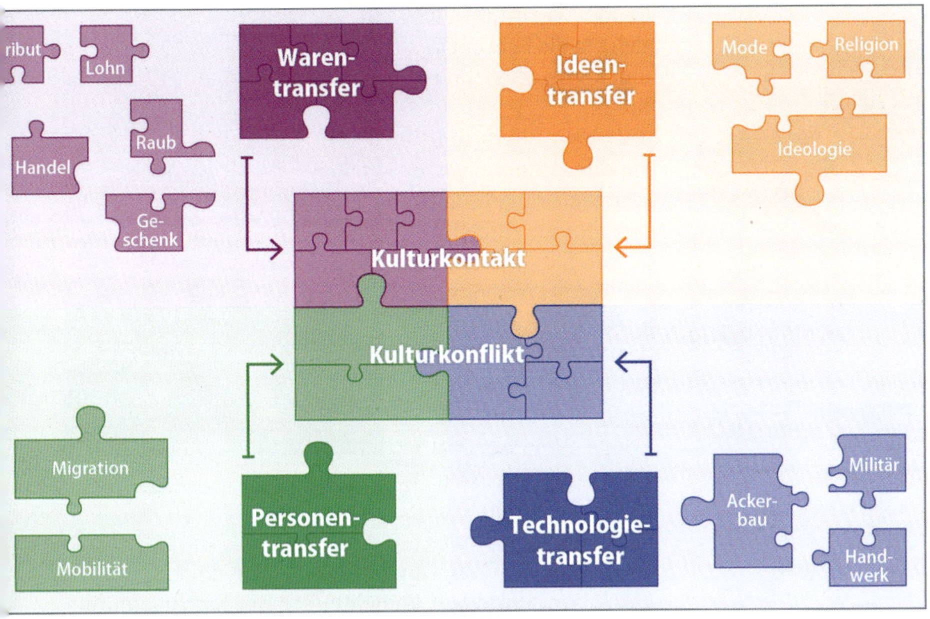

Bereiche des Kulturkontaktes/Kulturkonfliktes.

Schaubild nach: Matthias Knaut und Dieter Quast (Hrsg.), Die Völkerwanderung. Europa zwischen Antike und Mittelalter, Stuttgart 2005, S. 18

- Erklären Sie das Schaubild mit eigenen Worten.
- Gruppenarbeit: Diskutieren Sie in Gruppen Beispiele für die unterschiedlichen Bereiche des Kulturkontaktes/Kulturkonfliktes zwischen Einzelpersonen, Gruppen und Gesellschaften.

M1 Wie Kulturen einander begegnen

Der Schweizer Historiker Urs Bitterli (1935–2021) unterscheidet am Beispiel der europäischen Expansion ab dem 15. Jahrhundert verschiedene Formen der Kulturbegegnung:

Unter Kulturberührung verstehen wir das in seiner Dauer begrenzte erstmalige oder mit großen Unterbrüchen erfolgende Zusammentreffen einer kleinen Gruppe von Reisenden mit Vertretern einer geschlossenen archaischen Bevölkerungsgruppe, wie es besonders den Charakter der frühen Entdeckungsfahrten bestimmt. [...] Solche Zusammentreffen hatten für beide Teile sowohl den Reiz wie die Bedrohlichkeit des Neuen und Überraschenden. [...]
Zum Kulturkontakt kam es in solchen Fällen, wenn die rückwärtigen Verbindungen zum Mutterland sich sichern und ausbauen ließen und sich andererseits aus der ersten Berührung ein dauerhaftes Verhältnis wechselseitiger Beziehungen zur Eingeborenenbevölkerung ergab, ohne dass Landnahme und Kolonisation von europäischer Seite beabsichtigt gewesen wären. [...]
Kulturberührung und Kulturkontakt blieben bis zum Ende des achtzehnten Jahrhunderts die häufigsten Formen der kulturellen Begegnung zwischen Zivilisierten und Eingeborenen in Übersee. Wenn diese Begegnung einen besonders aggressiven Charakter gewann und die Europäer sich entschlossen, ihre militärisch-technische Überlegenheit mehr oder weniger rücksichtslos so lange einzusetzen, bis die Eingeborenen entweder ausgerottet, in unwegsames Hinterland zurückgetrieben oder aber derart unterjocht waren, dass sie ihr kulturelles Eigenleben einem weite Daseinsbereiche erfassenden Abhängigkeitsverhältnis aufzuopfern hatten, wird man von einem Kulturzusammenstoß sprechen müssen. [...]
Im Unterschied zu den bereits beschriebenen Formen der kulturellen Begegnung setzen Akkulturation[1] und vor allem Kulturverflechtung ein länger dauerndes Zusammenleben und Zusammenwirken von Bevölkerungsgruppen verschiedener Kulturen im selben geografischen Raum voraus. Während in der Beziehung, die wir als Kulturkontakt bezeichnet haben, Aspekte des Handels oder der Mission in der Regel im Vordergrund stehen und die Permanenz des gegenseitigen Verhältnisses nicht so sehr durch Ansiedlung und Fortpflanzung der einen Partnergruppe, als vielmehr durch die laufende Ablösung ihrer Vertreter durch Neuankömmlinge gesichert wird, vollzieht sich besonders die Kulturverflechtung vor dem Hintergrund einer intensiven gesellschaftlichen Durchdringung. Diese Durchdringung tritt dann an die Stelle des historisch häufiger zu beobachtenden Kulturzusammenstoßes, wenn sich zwischen zwei oder mehreren Kulturen die zwingende Notwendigkeit zur existenzsichernden Zusammenarbeit und das Bewusstsein einer verpflichtenden Aufeinanderangewiesenheit ergibt.

Urs Bitterli, Die „Wilden" und die „Zivilisierten". Grundzüge einer Geistes- und Kulturgeschichte der europäisch-überseeischen Begegnung, München ²1991, S. 81, 95, 130 und 161

1. Präsentation: Beschreiben Sie die von Urs Bitterli genannten Formen der Kulturbegegnung. Notieren Sie dazu die jeweiligen Merkmale in einem Schaubild. | F
2. Arbeiten Sie Stärken und Schwächen der von Bitterli entwickelten Kategorien heraus.
3. Überprüfen Sie anhand eines selbst gewählten historischen Beispieles, inwiefern die von Bitterli genannten Formen der Kulturbegegnung sich anwenden lassen.

[1] **Akkulturation**: kultureller Anpassungsprozess

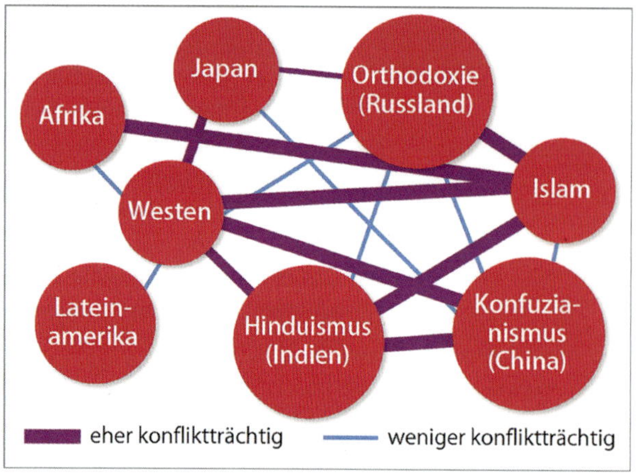

Kulturkreise nach Huntington.

Schaubild nach: Samuel P. Huntington, Kampf der Kulturen. Die Neugestaltung der Weltpolitik im 21. Jahrhundert, übersetzt von Holger Fliessbach, München [10]2002, S. 398

M2 „Kampf der Kulturen"

In seinem 1996 erschienenen Buch „The Clash of Civilizations and the Remaking of World Order" äußert sich der amerikanische Politikwissenschaftler Samuel Phillips Huntington (1927–2008) über die Entwicklung der Kulturen:

Das zentrale Thema dieses Buches lautet: Kultur und die Identität von Kulturen [...] prägen heute, in der Welt nach dem Kalten Krieg, die Muster von Kohärenz[1], Desintegration und Konflikt. Die fünf Teile dieses Buches entwickeln diese Hauptaussage weiter.

Teil Eins. Zum ersten Mal in der Geschichte ist globale Politik sowohl multipolar als auch multikulturell; Verwestlichung ist etwas anderes als Modernisierung; und wirtschaftliche und soziale Modernisierung erzeugt weder eine universale Kultur irgendeiner Art noch die Verwestlichung nichtwestlicher Gesellschaften.

Teil Zwei. Das Machtgleichgewicht zwischen den Kulturkreisen verschiebt sich: Der Westen verliert an relativem Einfluss; asiatische Kulturen verstärken ihre wirtschaftliche, militärische und politische Macht; der Islam erlebt eine Bevölkerungsexplosion mit destabilisierenden Folgen für muslimische Länder und ihre Nachbarn; und nichtwestliche Kulturen bekräftigen selbstbewusst den Wert ihrer eigenen Grundsätze.

Teil Drei. Eine auf kulturellen Werten basierende Weltordnung ist im Entstehen begriffen: Gesellschaften, die durch kulturelle Affinitäten[2] verbunden sind, kooperieren miteinander. Bemühungen, eine Gesellschaft von einem Kulturkreis in einen anderen zu verschieben, sind erfolglos; und Länder gruppieren sich um die Führungs- und Kernstaaten ihrer Kultur.

Samuel Phillips Huntington.
Foto von 2004.

Teil Vier. Seine universalistischen Ansprüche bringen den Westen zunehmend in Konflikt mit anderen Kulturkreisen, am gravierendsten mit dem Islam und China. Auf lokaler Ebene bewirken Bruchlinienkriege (im Wesentlichen zwischen Muslimen und Nichtmuslimen) den „Schulterschluss verwandter Länder", die Gefahr einer breiteren Eskalation und damit Bemühungen von Kernstaaten um Eindämmung und Unterbindung dieser Kriege.

Teil Fünf. Das Überleben des Westens hängt davon ab, dass die Amerikaner ihre westliche Identität bekräftigen und die Westler sich damit abfinden, dass ihre Kultur einzigartig, aber nicht universal ist, und sich einigen, um diese Kultur zu erneuern und vor der Herausforderung durch nichtwestliche Gesellschaften zu schützen. Ein weltweiter Kampf der Kulturen kann nur vermieden werden, wenn die Mächtigen dieser Welt eine globale Politik akzeptieren und aufrechterhalten, die unterschiedliche kulturelle Wertvorstellungen berücksichtigt. [...]

Weltpolitik wird heute nach Maßgabe von Kulturen und Kulturkreisen umgestaltet. In dieser Welt werden die hartnäckigsten, wichtigsten und gefährlichsten Konflikte nicht zwischen sozialen Klassen, Reichen und Armen oder anderen ökonomisch definierten Gruppen stattfinden, sondern zwischen Völkern, die unterschiedlichen kulturellen Einheiten angehören. [...] Menschen, die durch Ideologien getrennt, aber durch eine Kultur geeint waren, finden zusammen [...]. Gesellschaften, die durch Ideologie oder historische Umstände geeint, aber kulturell vielfältig waren, fallen [...] auseinander [...]. Länder mit kulturellen Affinitäten kooperieren miteinander auf wirtschaftlichem und politischem Gebiet. Internationale Organisationen, die auf Staaten mit kultureller Gemeinsamkeit basieren, wie etwa die Europäische Union, sind viel erfolgreicher als solche, die kulturelle Grenzen zu überschreiten suchen. Fünfundvierzig Jahre lang war der Eiserne Vorhang die zentrale Trennungslinie in Europa. Diese Linie hat sich um mehrere hundert Kilometer nach Osten verschoben. Heute ist es die Linie, die die Völker des westlichen Christentums auf der einen Seite von muslimischen und orthodoxen Völkern auf der anderen trennt.

Samuel P. Huntington, Kampf der Kulturen. Die Neugestaltung der Weltpolitik im 21. Jahrhundert, München [7]2002, S. 19f. und 24f.

[1] **Kohärenz**: Zusammenhang
[2] **Affinität**: hier Ähnlichkeit

1. Geben Sie mit eigenen Worten die Thesen von Samuel Phillips Huntington wieder.
2. Gruppenarbeit: Bilden Sie Gruppen. Suchen und analysieren Sie historische und aktuelle Beispiele, die entweder die Argumentation von Huntington stützen oder sie infrage stellen könnten. Nutzen Sie dabei auch das Schaubild.
3. Vergleichen Sie Huntingtons Vorstellungen vom Verhältnis der Kulturen mit der Theorie der Kulturbegegnung von Urs Bitterli (M1).
4. Erörtern Sie, inwiefern Huntingtons Vorstellung abgeschlossener Kulturkreise Ihrer eigenen Erfahrung entspricht.

M3 Doch kein Kampf?

*Der deutsche Politikwissenschaftler Ulrich Menzel (*1947) kritisiert Huntingtons Vorstellung vom „Kampf der Kulturen":*

[Muss] das auch zwangsläufig heißen, dass die schiere Existenz unterschiedlicher Kulturen die einzig relevante oder zumindest die dominante Konfliktursache des 21. Jahrhunderts sein wird? [...] Und selbst wenn es Kulturkonflikte gibt, was spricht dagegen, sie auf kooperative Weise lösen zu können? Ganz so wie die zweifellos immer vorhandenen unterschiedlichen wirtschaftlichen Interessen nicht zwangsläufig immer zu militärischen Konflikten geführt haben, sondern durchaus konsensual gelöst werden können und vielfach auch gelöst wurden. [...]
Der gravierendste Einwand resultiert allerdings aus der Inkonsequenz, die in Huntingtons eigener Argumentation angelegt ist, und aus den normativen[1] Schlussfolgerungen, die daraus gezogen werden. Auf der einen Seite wird die Einzigartigkeit der westlichen Kultur betont, die es zu bewahren und neu zu stärken gilt. Andererseits wird einem Kulturrelativismus[2] und damit Einmischungsverbot gegenüber der übrigen Welt das Wort geredet. Dies übersieht aber zweierlei: Erstens ist die westliche Kultur keineswegs statisch, besteht nicht nur aus Elementen wie dem vormodernen Christentum, katholischer oder puritanischer Orthodoxie, Gegenreformation und Inquisition, sondern besteht auch aus Opposition und Gegenbewegungen wie Reformation, Humanismus, Aufklärung, Rationalismus, Säkularisierung und der Propagierung universalistischer Werte. Insofern ist der Westen zumindest beides, religiös und säkular[3] [...], wobei letzteres sicher die stärkere Komponente bildet. [...] Alle Menschen sind in der westlichen Vorstellung nicht nur gleich, sie haben auch gleiche Rechte, und zwar nicht nur gleiche soziale und ökonomische, sondern auch gleiche Freiheitsrechte. Und das heißt zweitens, dass die Bekräftigung und Verfolgung westlicher Werte eben gerade die Einmischung weltweit, die universale Deklaration der Menschenrechte, die Charta der Vereinten Nationen, den Idealismus, die Vorstellung der one world, der global governance, das „Projekt Weltethos" [...] als paradigmatischen Gegenentwurf zu Huntington, die Ausweitung der westlichen Wertegemeinschaft verlangt.
Geradezu grotesk wird die Argumentation Huntingtons, wenn er zwar das heutige Griechenland aus dem Westen ausgrenzen will, gleichzeitig aber das klassische, d.h. in erster Linie das griechische Erbe zu den Wurzeln der christlichen Kultur zählt, jedoch die orientalischen Wurzeln des Christentums unterschlägt bzw. geflissentlich übersieht oder auch übersieht, dass die westliche Kultur sehr viel germanisches und keltisches und damit heidnisches, also keinesfalls aufklärerisches oder christliches Kulturgut inkorporiert hat.

Ulrich Menzel, Globalisierung versus Fragmentierung, Frankfurt am Main 1998, S. 87–90

1. Fassen Sie die wesentlichen Aspekte der Argumentation von Ulrich Menzel zusammen.
2. Vergleichen Sie die Vorstellungen von Kultur bei Menzel und Huntington (M2). Erläutern Sie die Unterschiede.
3. Entwickeln Sie eigene Definitionen von „Kulturkontakt" und „Kulturkonflikt".

[1] **normativ**: maßgebend, als Leitsatz dienend
[2] **Kulturrelativismus**: Diese Richtung betrachtet die Kulturen als ganzheitliche Systeme. Sie sind nicht miteinander zu vergleichen, sondern können nur in ihrem jeweiligen kulturellen Kontext betrachtet werden.
[3] **säkular**: weltlich

Kernmodul

2.2 Kernmodul: Transformationsprozesse

Wechselspiel von Wandel und Kontinuität | Geschichte handelt von Wandel und Kontinuität. Die Beschäftigung mit der Vergangenheit steht daher immer vor der Frage, wie das gleichzeitige Sich-Verändern und Gleichbleiben beschrieben und erklärt werden kann. Dies ist auch der Hintergrund vieler historischer Debatten, wenn z. B. danach gefragt wird, ob der Nationalsozialismus ein Bruch in der deutschen Geschichte war oder in der Kontinuität langfristiger Entwicklungen stand. Häufig laufen solche Diskussionen darauf hinaus, die Frage nach Wandel und Kontinuität weniger allgemein zu stellen, sondern vielmehr einzelne Bereiche der Geschichte zu betrachten. Eine radikale Veränderung des politischen Systems muss keine Veränderung der sozialen Schichtung bedeuten. Der Ausgang eines Krieges mag die internationalen Machtverhältnisse beeinflussen; aber hat er zwingenderweise auch Konsequenzen für die Geschlechtergeschichte?

Für die wissenschaftliche Auseinandersetzung mit Wandel und Kontinuität ist vor allem der französische Historiker *Fernand Braudel* von großer Bedeutung. In seinem 1949 erschienenen und 1966 grundlegend überarbeiteten Werk über „Das Mittelmeer und die mediterrane Welt in der Epoche Philipps II." unterschied er zwischen drei verschiedenen Zeitebenen: „Strukturen" mit einer „langen Dauer" (*longue durée*) von mehreren Jahrhunderten, „Konjunkturen" mit einer mittleren Dauer von einigen Jahrzehnten und kurzfristigen „Ereignissen" (➔M1). Seit Braudel ist somit klar, dass historische Zeit relativ ist und von den Themen, die uns beschäftigen, abhängt.

Fernand Braudel zählte zu einer Gruppe französischer Historiker, die der „Schule der Annales" („Ecole des Annales") angehören. Sie ist eine bedeutende, über mehrere Generationen wirkende Historikerschule, die Methoden aus der Soziologie und der Geografie für die Geschichtswissenschaft nutzbar macht und auch Disziplinen wie Psychologie, Linguistik und Wirtschaftswissenschaften einbezieht. Die „Ecole des Annales" beschäftigt sich u. a. auch mit der Erforschung der Kultur- und Mentalitätsgeschichte. Ihr Name leitet sich von der seit 1929 erscheinenden geschichtswissenschaftlichen Zeitschrift „Annales" (franz.: „Chronik") ab.

Zahlreiche Schlüsselbegriffe der Geschichte bezeichnen Veränderungen unterschiedlichster Natur. Dazu gehören u. a. Begriffe wie Revolution, Reform und Krise, aber auch Industrialisierung, Urbanisierung und Europäisierung sowie Expansion, Kolonisation oder Romanisierung. „Transformation" (lat. transformare: umgestalten, verwandeln) bezieht sich ähnlich wie der Begriff „Revolution" nicht auf eine konkrete historische Entwicklung. Er ist vielmehr ein Oberbegriff, der tief greifende Veränderungen (Trans-Formierungen) bezeichnet. Sprechen wir von *Transformationsprozessen*, so meinen wir also nicht eine langsame Veränderung eines bestimmten Aspekts einer Gesellschaft, sondern wir beziehen uns auf einen Wandel, durch den grundlegende Strukturen einer Gesellschaft innerhalb eines überschaubaren Zeitraums verändert werden. Einer der wichtigsten Begriffe, um solche Veränderungen der letzten Jahrhunderte zu beschreiben, ist „Modernisierung" (➔M2). Denn Modernisierung bezieht sich nicht auf einen Teilaspekt des Wandels (in der Politik oder Wirtschaft), sondern auf alle Bereiche menschlichen Lebens (einschließlich der Wertvorstellungen und Weltanschauungen). Gegen die Modernisierungstheorien ist in den letzten Jahren eingewandt worden, sie seien zu stark auf Europa ausgerichtet und berücksichtigten nicht die Rolle Lateinamerikas, Afrikas und Asiens. Daher gewann der Begriff „Globalisierung" an Bedeutung, da man hofft, mit ihm die weltweiten Verflechtungen der Veränderungen der letzten Jahrzehnte und Jahrhunderte besser beschreiben zu können (➔M3).

M1 „Geschichte in mehrere Etagen […] zerlegen"

Der Historiker Fernand Braudel (1902–1985) entwickelt in der Mitte des 20. Jahrhunderts die Vorstellung verschiedener Zeitebenen. Im Vorwort zu seinem Werk „Das Mittelmeer und die mediterrane Welt in der Epoche Philipps II." schreibt er:

Dieses Buch zerfällt in drei Teile, von denen jeder den Versuch einer Gesamterklärung unternimmt.
Der erste führt eine gleichsam unbewegte Geschichte vor, die des Menschen in seinen Beziehungen zum umgebenden Milieu; eine träge dahinfließende Geschichte, die nur langsame Wandlungen kennt, in der die Dinge beharrlich wiederkehren und die Kreisläufe immer wieder neu beginnen. Diese fast außer der Zeit liegende, dem Unbelebten benachbarte Geschichte wollte ich weder vernachlässigen noch sie, wie es traditionell in so vielen Büchern geschieht, als nutzlose geografische Einführung an die Schwelle der eigentlichen Darstellung verbannen: jene Geschichte mit ihren mineralischen Landschaften, Äckern und Blumen, die man rasch vorzeigt und von der dann nie mehr die Rede ist, als ob die Blumen nicht in jedem Frühling wiederkämen, als ob die Herden in ihren Wanderungen innehielten, als ob die Schiffe nicht auf einem realen Meer segeln müssten, das sich mit den Jahreszeiten verändert.
Oberhalb dieser unbewegten Geschichte lässt sich eine Geschichte langsamer Rhythmen ausmachen; man möchte fast sagen – wäre dem Ausdruck sein voller Sinn nicht verloren gegangen – eine soziale Geschichte, die der Gruppen und Gruppierungen. Wie diese Grundsee das mediterrane Leben als Ganzes aufwühlt, das ist die Frage, die ich mir im zweiten Teil meines Buches gestellt habe. Dort werden nacheinander die Ökonomien, die Staaten, die Gesellschaften und die Zivilisationen untersucht; und damit mein Verständnis der Geschichte deutlicher wird, versuchte ich schließlich zu zeigen, wie all diese aus der Tiefe wirkenden Kräfte im komplexen Bereich des Krieges am Werk sind. Denn der Krieg ist, wie wir wissen, keine reine Domäne individueller Verantwortlichkeiten.
Der dritte Teil endlich ist der der traditionellen Geschichte; wenn man so will, der Geschichte nicht im Maßstab des Menschen, sondern des Individuums; der Ereignisgeschichte […]. Eine ruhelos wogende Oberfläche, vom Strom der Gezeiten heftig erregte Wellen. Eine Geschichte kurzer, rascher und nervöser Schwankungen. Überempfindlich, wie sie ist, versetzt der geringste Schritt all ihre Messinstrumente in Alarm. So ist sie von allen die leidenschaftlichste, menschlich reichste, doch die gefährlichste auch. Misstrauen wir dieser Geschichte, deren Glut noch nicht abgekühlt ist, der Geschichte, wie sie die Zeitgenossen im Rhythmus ihres Lebens – das kurz war wie das unsere – empfunden, beschrieben, erlebt haben. Sie hat die Ausmaße ihres Zorns, ihrer Träume und ihrer Illusionen. Im 16. Jahrhundert folgt der eigentlichen Renaissance die Renaissance der Armen, Bescheidenen, die begierig sind zu schreiben, von sich zu erzählen, zu den anderen zu sprechen. Diese kostbaren Berge von Papier geben ein ziemlich verzerrtes Bild, verdecken die verlorene Zeit, stehen außerhalb der Wahrheit. Der Historiker, der die Papiere Philipps II.[1] liest, gleichsam an seinem Platz und an seiner Stelle, fühlt sich in eine bizarre, dimensionslose Welt versetzt. Eine Welt heftiger Leidenschaften, gewiss; blind wie jede lebendige Welt, wie die unsere, unbekümmert um die geschichtlichen Tiefen, um jene lebhaften Gewässer, auf denen unser Boot dahinzieht wie das trunkenste aller Schiffe. Eine gefährliche Welt, deren Zauber wir jedoch gebannt haben werden, sobald wir die großen, lautlosen Strömungen in der Tiefe erkennen, deren Richtung sich nur feststellen lässt, wenn man große Zeiträume umfasst. Die dröhnenden Ereignisse sind oft nur Augenblicke, nur Erscheinungen jener großen Schicksale und erklären sich nur aus diesen.
So sind wir dahin gelangt, die Geschichte in mehrere Etagen zu zerlegen oder, wenn man will, in der Zeit der Geschichte eine geografische, eine soziale und eine individuelle Zeit zu unterscheiden.

Fernand Braudel, Das Mittelmeer und die mediterrane Welt in der Epoche Philipps II., Bd. 1, Frankfurt am Main [2]2001, S. 20 f.

Fernand Braudel.
Foto von 1984.

1. Fassen Sie die Thesen von Fernand Braudel zu den verschiedenen historischen Zeitebenen mit eigenen Worten zusammen. | F
2. Erläutern Sie die Aussagen Braudels anhand eines selbst gewählten historischen Beispiels.
3. Erörtern Sie, inwiefern der Klimawandel in Braudels Vorstellungen von Geschichte zu integrieren ist.

[1] **Philipp II.** (1527–1598): seit 1556 König von Spanien, seit 1580 auch König von Portugal

M2 Modernisierungstheorie

Der Historiker Hans-Ulrich Wehler (1931–2014) erläutert den Begriff „Modernisierung", indem er die Vorstellungen anderer Wissenschaftler darlegt, und begründet den Vorteil einer „historischen Modernisierungstheorie":

Modernisierung sei ein revolutionärer, unausweichlicher, irreversibler, globaler, komplexer, systemischer, langwieriger, aber in Phasen unterteilbarer, tendenziell homogenisierender und – last not least – progressiver Prozess. In diesem Modernisierungsprozess setzten sich angeblich vor allem sechs Subprozesse durch:

1. Wirtschaftliches Wachstum als eine kumulative Dauerbewegung industrieller Expansion; sie soll hier nicht weiter verfolgt werden.
2. „Strukturelle Differenzierung", wie sie Herbert Spencer oder vor ihm Adam Smith als Basisaxiom[1] entwickelt hat. Aus dem alteuropäischen „ganzen Haus" gliedert sich eine zunehmend arbeitsteilige Wirtschaft, aus Herrschaft als individueller Verfügungsgewalt über einen Personenverband die überindividuelle Staatsorganisation eines Territoriums, aus dem öffentlichen Leben die bürgerliche Privat- und Intimsphäre aus. Auf einer Integrationsebene müssen dann, ganz à la Spencer, die Differenzierungen wieder vermittelt werden, etwa im Konsens über allgemein akzeptierte Werte.
3. Wertewandel, z. B. […] als Übergang von partikularistischen, diffusen, unspezifischen zu universalistischen, funktional spezifizierten Wertemustern, die in Sozialisationsprozessen verinnerlicht und handlungsleitend werden.
4. Mobilisierung. Sie wird verstanden als Erzeugung von räumlicher und sozialer Mobilität, aber auch als Erhöhung der Erwartungen (kulturelle Mobilisierung, Revolution of Rising Expectations) und als Verfügbarmachung von Ressourcen und Mitteln.
5. Partizipation. Je komplizierter die Differenzierung, umso mehr – so der Gedankengang – seien Vermittlungsmechanismen erforderlich, die Teilnahme unabweisbar machen. Und je erfolgreicher die Mobilisierung von Ressourcen sei, umso wichtiger würden Entscheidungsgremien, in denen zur Legitimierung von Präferenzentscheidungen Mitwirkung notwendig werde.
6. Institutionalisierung von Konflikten. Um die Tradition ungeregelter Konflikte überwinden zu können, die noch im 19. Jahrhundert (z. B. im Konflikt zwischen Kapital und Arbeit) tendenziell an die Grenze des Bürgerkrieges führen konnten, sei eine Vermeidungsstrategie erforderlich, die Konflikte dadurch einhegt, dass sie organisations- und verfahrensabhängig gemacht werden. Der gezähmte Konflikt kann fortab zum konfliktimitierenden Ritual werden, bei dem Drohgebärde und Imponiergehabe die potenziell systemsprengende Wirkung ersetzen (Tarifkonflikt).

Den Hauptgewinn des Modernisierungsprozesses sehen viele Theoretiker […] in der anwachsenden Herrschaft des Menschen über seine natürliche und soziale Umwelt, anders gesagt: in der anhaltenden Ausweitung der Steuerungs- und Leistungskapazitäten. […]

[…] Die historische Modernisierungstheorie trägt dazu bei:
a) die Voraussetzungen für den epochalen Einschnitt im ausgehenden 18. Jahrhundert weiter zu klären,
b) die Zäsur, den Durchbruch der „Moderne" genauer zu bestimmen,
c) die Folgewirkungen im Okzident und dann für die Welt, die Epoche der Modernisierung präziser als bisher zu analysieren. In diesem Sinn beansprucht sie tendenziell, die moderne Epoche allmählich auf eine adäquate historische Theorie zu bringen. Sie begreift mithin, um es zu wiederholen, Modernisierung als einen auf ganz spezifischen Ausgangskonstellationen beruhenden „bestimmten Typ des sozialen Wandels, der im 18. Jahrhundert eingesetzt hat ..., der seinen Ursprung hat in der englischen Industriellen Revolution ... und in der politischen Französischen (und Amerikanischen) Revolution; er besteht im wirtschaftlichen und politischen Vorangang einiger Pioniergesellschaften und den darauf folgenden Wandlungsprozessen der Nachzügler"; diese stehen vor dem Problem, „ihre historisch überkommene Struktur und ihre typischen Spannungen (einschließlich des Impulses zur Modernisierung) mit den Einwirkungen der von außen kommenden Ideen und Techniken in einen Zusammenhang zu bringen" [Reinhard Bendix].

[…] Für die Analyse dieses okzidentalen Modernisierungsprozesses bietet die historische Modernisierungstheorie mit der Summe aller ihrer Überlegungen und Begriffe, Theoreme[2] und Ergebnisse das zurzeit wahrscheinlich differenzierteste Instrumentarium an.

Hans-Ulrich Wehler, Modernisierungstheorie und Geschichte, Göttingen 1975, S. 16 f. und 59

1. Geben Sie wieder, was Hans-Ulrich Wehler unter „Modernisierung" und unter „Modernisierungstheorie" versteht.
2. Erklären Sie, warum der Begriff „Modernisierung" mehr umfasst als z. B. der Begriff „Industrialisierung".
3. Überprüfen Sie, ob sich Braudels Vorstellungen von Zeit (M1) in dem von Wehler beschriebenen Begriff der „Modernisierung" finden.

[1] **Axiom**: Grundsatz, der keines Beweises bedarf

[2] **Theorem**: Lehrsatz

M3 Globalisierung

*Die Historiker Jürgen Osterhammel (*1952) und Niels P. Petersson (*1968) erläutern den Begriff „Globalisierung“:*

„Globalisierung“ scheint sich schon von der Wortform her für einen Platz unter den Makroprozessen der modernen Welt zu qualifizieren. Man muss den Begriff nicht gleich auf die oberste Ebene, also direkt neben (oder gar über) „Modernisierung“, stellen und in der zunehmenden Verdichtung ferner Zusammenhänge das Hauptmerkmal der Weltentwicklung sehen. Es genügt zu fragen, ob „Globalisierung“ möglicherweise so aussagekräftig und so wichtig sein könnte wie etwa „Industrialisierung“. Das wäre schon eine ganze Menge und würde das Deutungsrepertoire der Geschichtswissenschaft deutlich bereichern. Es wäre umso willkommener, als sich keine der oben genannten „Ierungen“ auf Zusammenhänge zwischen Völkern, Staaten und Zivilisationen bezieht. Sie alle machen sich im nationalen und regionalen Rahmen bemerkbar und werden auch auf diese Weise wissenschaftlich untersucht. Sollte „Globalisierung“ sich einen Rang unter den großen Entwicklungsbegriffen verdienen, dann wäre damit endlich eine breite Lücke gefüllt. Es gäbe dann eine Stelle, an der alles Inter-Kontinentale, Inter-Nationale, Inter-Kulturelle (usw.) untergebracht werden könnte, das gegenwärtig zwischen den etablierten „Diskursen“ der Historiker heimatlos herumvagabundiert.

Dass aber überhaupt eine solche Lücke existiert, liefert uns den Ausgangspunkt für die folgenden Überlegungen. Wir schlagen nicht vor, die bisherige Geschichtsschreibung in Bausch und Bogen zu verwerfen, und hüten uns vor dem albernen Anspruch, die Geschichte der Neuzeit als eine der Globalisierung neu schreiben zu wollen. Wir werden vielmehr versuchen, aus der *Perspektive* von Globalisierung einen neuen Blick auf die Vergangenheit zu werfen. Man kann es auch anders sagen: Dass viele Aspekte unseres Daseins heute nur noch im Zusammenhang weltweiter Verflechtungen verstanden werden können, ist ein Gemeinplatz. Haben solche Verflechtungen aber nicht auch in der Vergangenheit eine größere Rolle gespielt, als es im gängigen Geschichtsbild zum Ausdruck kommt? Welcher Art waren diese Verflechtungen, wie funktionierten sie, und summierten sie sich wirklich zu einem Prozess eigenen Charakters, der es rechtfertigt, den neu geschaffenen Begriff der „Globalisierung“ dafür zu verwenden? Schließlich: Wenn sich die letzte Frage bejahen lässt – kann man dann eine Zeitenwende gegen Ende des 20. Jahrhunderts identifizieren, an der Globalisierungstendenzen so dramatisch und dominant wurden, dass man es wagen kann, von einer tiefen Zäsur, also dem Beginn einer neuen Epoche zu sprechen, eines „globalen Zeitalters“ (Martin Albrow), einer „Zweiten Moderne“ (Ulrich Beck, Anthony Giddens) oder welches Etikett man auch immer wählen mag?

Jürgen Osterhammel und Niels P. Petersson, Geschichte der Globalisierung. Dimensionen. Prozesse. Epochen, München 2003, S. 9f.

1. Charakterisieren Sie den Begriff „Globalisierung“ nach Jürgen Osterhammel und Niels P. Petersson.
2. Erläutern Sie, was Osterhammel und Petersson mit der „oberste[n] Ebene“ (vgl. Zeile 4) meinen und wie sich in ihrer Darstellung „Globalisierung“ dazu verhält.
3. Nehmen Sie dazu Stellung, ob die „Globalisierung“ heute etwas grundlegend Neues ist. | H

2.3 Kernmodul: Migration

Emigration und Immigration | *Migration* (lat. migrare: wandern) ist die längerfristige oder dauerhafte Verlagerung des Lebensmittelpunktes von einem Ort zu einem anderen. Dabei ist es nicht von entscheidender Bedeutung, dass eine große Entfernung überbrückt wird. Wichtig ist vielmehr, dass eine politische, soziale, geografische oder kulturelle Grenze überschritten wird. Die Abwanderung aus der alten Heimat wird als Emigration, die dauerhafte Zuwanderung in die neue Heimat als Immigration bezeichnet.

Push- und Pull-Faktoren | Die Gründe für menschliche Wanderungsbewegungen sind vielfältig: Menschen wandern ab, weil sie von Armut, Hunger, Kriegen oder Naturkatastrophen bedroht sind. Oder sie werden aufgrund ihrer Abstammung, Religion, Nationalität, politischen Überzeugung oder sexuellen Orientierung benachteiligt und verfolgt. Die Motive, die Menschen dazu bewegen, abzuwandern, werden auch *Push-Faktoren* genannt. Als *Pull-Faktoren* werden die Gründe bezeichnet, aus denen Migranten in ein ganz bestimmtes Zielgebiet zuwandern, z. B. mehr Freiheit, bessere Lebensbedingungen, größere Karrierechancen (→M2 und M3). Eine wichtige Rolle für Migrationsprozesse spielen Wissen und Netzwerke der Migranten: Informationen über Zielregionen und Kontakte zu bereits dorthin Gewanderten bestimmen maßgeblich, ob, wohin und wie Menschen migrieren. Wenn Menschen gezwungen werden, räumlich mobil zu werden, spricht man von *Zwangs- oder Gewaltmigration*: Versklavung, Deportation, Vertreibung, Umsiedlung und Flucht sind Typen solcher erzwungenen Wanderungsbewegungen.

Internettipp
Umfassende Informationen zum Thema bietet auch das Dossier „Migration" der Bundeszentrale für politische Bildung. Sie finden es unter dem Code 32037-23.

Migration in Geschichte und Gegenwart | Migrationen hat es zu allen Zeiten der Geschichte gegeben: Die Menschen waren und sind mobil (→M1). Während der Völkerwanderungszeit (375–568) strebten Germanen und andere „Barbaren" nach Zuwanderung ins Römische Reich, um dort Siedlungs- und Herrschaftsgebiete zu finden oder um in römischen Diensten Karriere zu machen. Im 19. Jahrhundert führte eine umfangreiche europäische Massenauswanderung 50 bis 60 Millionen Europäer auf andere Kontinente. Zur Zeit der stalinistischen und nationalsozialistischen Diktaturen sowie nach dem Zweiten Weltkrieg kam es zu millionenfacher erzwungener Migration in Europa. In den 1950er- und 60er-Jahren warb die Bundesrepublik Deutschland Millionen von „Gastarbeitern" vor allem aus der Türkei, Italien, Spanien und Griechenland an. Seit einigen Jahren kommen vermehrt Menschen aus Afrika und dem Nahen Osten nach Europa: Die europäischen Staaten versuchen, diese Migration zu kontrollieren und zu steuern. Dabei gelten besondere Regelungen für Flüchtlinge, deren Leben oder Freiheit in ihrer Heimat bedroht ist. In Deutschland wird seit 2015 kontrovers darüber diskutiert, ob diese Zuwanderung notwendig und nützlich ist oder ob sie zu viele Probleme mit sich bringt.

Akkulturation und Integration | Mit Migration gehen immer auch Kulturkontakte und Neuorientierung einher.[1] Aber auch Konflikte und Ängste können damit verbunden sein. Denn Migranten werden von der Kultur der Aufnahmegesellschaft, in die sie kommen, verändert, und verändern diese ebenfalls (Akkulturation) (→M2). Im Laufe der Geschichte waren es häufig Migranten, die neue Ideen und Technologien mitbrachten und so die Entwicklung ihrer neuen Heimat positiv vorantrieben (→M1). Die Eingliederung von Migranten gilt als gelungen, wenn sie keine soziale Sonderstellung in der Aufnahmegesellschaft einnehmen.

[1] Sehen Sie hierzu das Kernmodul „Kulturkontakt und Kulturkonflikt" auf den Seiten 154 bis 157.

Germanen während der Völkerwanderungszeit.
Holzstich von 1880 nach einer Zeichnung von Otto Knille (1832–1898); spätere Kolorierung.

Auswanderung über See.
Holzstich von 1870. Das Bild zeigt das Zwischendeck eines Auswandererschiffes im 19. Jahrhundert.

▶ Charakterisieren Sie die Formen von Migration, die in den Bildern dargestellt werden. Nutzen Sie dazu auch M1 bis M3.

M1 Mobilität als „Wesenseigenheit" des Menschen

*Der italienische Demograf und Politiker Massimo Livi Bacci (*1936) skizziert Geschichte und Bedeutung menschlicher Migration:*

Sich räumlich zu bewegen ist eine „Wesenseigenheit" des Menschen, ein Bestandteil seines „Kapitals", eine zusätzliche Fähigkeit, um seine Lebensumstände zu verbessern. Es ist diese tief im Menschen verwurzelte Eigenschaft, die das Überleben der Jäger und Sammler, die Verbreitung der menschlichen Spezies über die Kontinente, die Verbreitung des Ackerbaus, die Besiedlung leerer Räume, die Integration der Welt und die erste Globalisierung im 19. Jahrhundert ermöglichte. Dieselbe Eigenschaft lässt sich auch erklären als „Anpassungsfähigkeit" des Migranten, auf Englisch *fitness* genannt. Diese *fitness* – ein Gemisch biologischer, psychologischer und kultureller Eigenschaften – war in den verschiedenen historischen Epochen und den Umständen der Migration entsprechend nicht immer von derselben Art. […]

Mit der Entstehung von Staatswesen und den daraus folgenden internationalen Migrationen entwickelte sich dann auch eine „Migrationspolitik". Dabei griff die Regierung, entweder ein weltlicher Fürst oder mächtige Institutionen, ein, um die Migrationsströme zu steuern, zu planen, im Voraus zu ordnen und zu unterstützen. Die Politik entzieht den beteiligten Personen einiges ihrer Entscheidungsfreiheit, ob viel oder wenig, ist situationsabhängig. Sie glaubt, besser als die Einzelpersonen beurteilen zu können, über welche Art von Anpassungsfähigkeit der Migrant angesichts der Umstände verfügen muss. Manchmal trifft sie Vorkehrungen, welche die Anpassungsfähigkeit des Migranten „verbessern" sollen, indem sie ihm die notwendigen Ressourcen und Kenntnisse oder besondere Vorrechte mitgibt. […]

Mit der Neuzeit nehmen, noch vor der industriellen Revolution, die Fähigkeiten zur räumlichen Bewegung zu: Die Ressourcen vermehren, die Techniken verbessern, die Infrastrukturen konsolidieren sich. Binnenländische und internationale Migrationssysteme werden geschaffen. Die Schifffahrt verbindet Eurasien, Afrika und Amerika eng miteinander. Von 1500 an exportiert Europa Humanressourcen, nachdem es jahrtausendelang Ziel von Einwanderungen und Invasionen gewesen war. Der Wille und die Fähigkeit der Staaten, auf die individuellen Entscheidungen der Mobilität Einfluss zu nehmen, steigern sich. Die Migrationen beschleunigen ihren Rhythmus, der sich im 19. Jahrhundert überstürzt […].

Das vorige Jahrhundert war vom Ersten Weltkrieg bis heute geprägt von einer widersprüchlichen Politik, von der Schockwirkung der großen Kriege auf den Ortswechsel der Menschen, von der Trennung des europäischen Ostens vom Rest Europas, von der Umkehrung des migratorischen Zyklus – das exportierende Europa beginnt wieder zu importieren –, vom tief greifenden Einfluss des demografischen Zyklus.

In der letzten Zeit wurde die Migrationspolitik restriktiver und selektiver, während sich der Druck aus demografischen und ökonomischen Ursachen, die durch die Kluft zwischen Nord und Süd erzeugt wurden, vermehrte. Die Vorrechte der Migranten werden schwächer. Die Migrationen werden empfunden als ein Tribut, der dem demografischen Wandel zu entrichten ist, als ein Heilmittel gegen die Engpässe des Arbeitsmarktes, als ein zu behebender Notstand, als eine unmittelbar bevorstehende Gefahr. [...] Die Interessenkonflikte zwischen den Herkunftsländern, den Aufnahmeländern sowie den Migranten, den wahren Protagonisten[1], waren noch nie so evident wie heute. [...] Doch besteht gerade ein wachsender Bedarf an einer Kooperation [...], wenn die widerstreitenden Interessen ausgeglichen werden sollen und wenn man den Migrationen ihre positive Funktion in der Entwicklung von Gesellschaften wiedergeben will.

Massimo Livi Bacci, Kurze Geschichte der Migration, übersetzt von Marianne Schneider, Berlin 2015, S. 8–10

1. Arbeiten Sie historische Phasen der menschlichen Migration nach Massimo Livi Bacci heraus. | H
2. Erklären Sie, inwieweit Mobilität nach Bacci ein wichtiges „Kapital" des Menschen ist. Welche Arten von „fitness" könnten dabei von Nutzen sein?
3. Erläutern Sie, was man unter „Migrationspolitik" versteht. Welche migrationspolitischen Regelungen gelten aktuell in Deutschland?
4. Bacci schreibt Migrationen eine „positive Funktion in der Entwicklung von Gesellschaften" (vgl. Zeile 67) zu. Setzen Sie sich mit dieser These auseinander.

M2 Migration und Integration

*Der Historiker Jochen Oltmer (*1965) benennt zentrale Merkmale von Migration und Integration:*

Migrationen sind räumliche Bewegungen von Menschen. Jedoch wird keineswegs jede dieser Bewegungen als Migration verstanden, touristische Unternehmungen, Reisen oder das tägliche Pendeln zwischen Wohn- und Arbeitsort etwa zählen nicht dazu. Gemeint sind vielmehr jene Formen regionaler Mobilität, die weitreichende Konsequenzen für die Lebensverläufe der Wandernden haben und aus denen sozialer Wandel resultiert. Migration kann das Überschreiten politisch-territorialer Grenzen bedeuten. Aber auch räumliche Bewegungen innerhalb eines staatlichen Gebildes lassen sich als Migration fassen; denn selbst sie können es erfordern, dass Migranten sich mit wirtschaftlichen Gegebenheiten und Ordnungen, kulturellen Mustern sowie gesellschaftlichen Normen und Strukturen auseinandersetzen, die sich zum Teil erheblich von denen des Herkunftsortes unterscheiden. Migration kann unidirektional eine Bewegung von einem Ort zu einem anderen meinen, umfasst aber nicht selten auch Zwischenziele, die häufig dem Erwerb von Mitteln zur Weiterreise dienen. Fluktuation, beispielsweise zirkuläre Bewegung oder Rückwanderung, bildete immer ein zentrales Element von Migration. Die dauerhafte Ansiedlung andernorts stellt also nur eines der möglichen Ergebnisse von Wanderungsbewegungen dar. [...]

Der Prozess der Migration bleibt grundsätzlich ergebnisoffen, denn das Wanderungsergebnis entspricht bei Weitem nicht immer der Wanderungsintention: Eine geplante Rückkehr wird aufgeschoben, die Ferne schließlich zur Heimat, und die alte Heimat erscheint fern. Räumliche Bewegungen werden abgebrochen, weil bereits ein zunächst nur als Zwischenstation gedachter Ort unverhofft neue Chancen bietet. Umgekehrt kann sich das geplante Ziel als ungeeignet oder wenig attraktiv erweisen, woraus eine Weiterwanderung resultiert. Zudem vermag der Erfolg im Zielgebiet die Rückkehr in die Heimat möglich oder der Misserfolg sie nötig machen. [...]

Migrationsentscheidungen unterliegen in der Regel multiplen Antrieben. Meist sind wirtschaftliche, soziale, politische, religiöse und persönliche Motive in unterschiedlichen Konstellationen mit je verschiedenem Gewicht eng miteinander verflochten. Hoffnungen und Erwartungen hinsichtlich einer Verbesserung der Situation nach der Abwanderung können dabei immer auch Enttäuschungen über die individuelle Lage in der Herkunftsgesellschaft widerspiegeln. Sieht man von den Gewaltmigrationen ab, streben Migranten danach, durch den temporären oder dauerhaften Aufenthalt andernorts Erwerbs- oder Siedlungsmöglichkeiten, Arbeitsmarkt-, Bildungs-, Ausbildungs- oder Heiratschancen zu verbessern und sich neue Chancen durch eigene Initiative zu erschließen. Die räumliche Bewegung soll ihnen zu vermehrter Handlungsmacht verhelfen. [...]

In der historischen Lebenswirklichkeit war Integration weder für die Zuwanderer noch für die Mehrheitsbevölkerung *ein* Globalereignis *der* Anpassung an *eine* Gesellschaft. Integration bedeutet vielmehr das langwährende, durch Kooperation und Konflikt geprägte Aushandeln von Chancen der ökonomischen, politischen, religiösen oder rechtlichen Teilhabe. Sie wird von Individuen, Gruppen oder Organisationen in der Zuwanderer- wie in der Mehrheitsbevölkerung in ihren je verschiedenen Stadien unterschiedlich wahrgenommen und vermittelt. Die lange Dauer des Prozesses bedingt, dass er zugleich Teil eines mehr oder minder tief greifenden Wandels von Wirtschaft und Gesellschaft, Politik und Kultur im Ankunftsraum ist. Dabei verblassen als distinkt[2] verstandene Unterschiede zwischen Einwanderern und länger Eingesessenen in der Wahrnehmung der Einwanderungsgesellschaft immer weiter: ethnische Zugehörigkeit, kulturelle Muster, nationale oder regionale Identitäten, Sprache. [...]

In den Zielländern werden Migranten nicht selten als Konkurrenten um begehrte Ressourcen (etwa Erwerbsmöglich-

[1] **Protagonist**: Hauptperson, hauptsächlich Handelnder

[2] **distinkt**: klar und deutlich

keiten, Versorgungsgüter oder Sozialleistungen) wahrgenommen und müssen deshalb mit Ablehnung bis hin zu Hass rechnen. Außerdem gelten sie nicht selten als Gefahr für die innere und äußere Sicherheit und für gesellschaftliche Gewissheiten, wie beispielsweise Vorstellungen über die Homogenität von Bevölkerungen oder Kulturen.

Jochen Oltmer, Migration. Geschichte und Zukunft der Gegenwart, Darmstadt 2017, S. 18–40

1. Geben Sie wieder, wie Jochen Oltmer den Begriff „Migration" erklärt. | H
2. Analysieren Sie Oltmers Definition von Integration.
3. Erörtern Sie Chancen und Herausforderungen von Migration für die Migranten und ihre Zielländer.

M3 Dimensionen von Migration

*Die Sozialgeografin Felicitas Hillmann (*1964) stellt wichtige Dimensionen zur Beschreibung von Migration vor:*

		Merkmal	Ausprägung
Kriterien	räumlich	Distanz	Nahwanderungen, Fernwanderungen, Binnenmigration grenzüberschreitend (international/interkontinental)
		Richtung (= Unterscheidung nach Herkunfts- und Zielregion)	Peripherie – Zentrum, Land – Stadt/Stadt – Land
	zeitlich	Permanent, dauerhaft	Langfristige Verlagerung des Lebensmittelpunktes (i. d. R. länger als ein Jahr)
		Kurzfristig	Zeitlich begrenzter Aufenthalt mit Verlagerung des Lebensmittelpunktes
		Langfristig, aber nicht-permanent	Saisonal (wiederkehrend, episodisch), Tourismus (ohne Veränderung des Lebensmittelpunktes)
Rechtlicher Status		Legal	Unterschiedliche Formen der Aufenthaltsberechtigung, Duldung (z. B. Familiennachzug, anerkannte Flüchtlinge, Asylsuchende, Gastarbeiter, Saisonarbeitnehmer, angeworbene Fachkräfte)
		Illegal	Einwanderer ohne registrierten und gültigen Aufenthaltsstatus/Visum
Motivation: Grad der Freiwilligkeit/ des Zwanges		Freiwilligkeit	z. B. Ruhesitzwanderung oder Bildungstourismus (Schüleraustausch, Praktika, Auslandsstudium)
		Unfreiwilligkeit	Gewaltmigration (z. B. Flucht, Vertreibung, Deportation)
Migrations-auslösende Faktoren (i. d. R. Motivbündel)		Ökonomische Faktoren	z. B. Einkommenseinbußen, Verarmung, Verschwinden lokaler und traditioneller Wirtschaftskreisläufe, Nahrungsunsicherheit
		Politische Faktoren	z. B. politische Unruhen, Konflikte, Umsiedlungsmaßnahmen
		Soziale Faktoren	Migrationsnetzwerke, soziale Konflikte
		Psychologische Faktoren	Migrationsmythen, Traum vom besseren Leben
		Kulturelle und religiöse Faktoren	z. B. Verfolgung von Minderheiten, Diskriminierung, Veränderung traditioneller Lebensformen
		Ökologische Faktoren	z. B. Landflucht, Umwelthavarien (z. B. Tschernobyl, Fukushima), Extremwetterlagen (z. B. Dürren, Überschwemmungen)
Umstände der Migranten		Individuelle Merkmale und Merkmale der Familie/ des Haushalts	Vermögen und Einkommen, Alter, Geschlecht und Familienstand, Bildung, soziale Vernetzung, Migrationserfahrungen (in der Familie), Gesundheit

Tabelle nach: Felicitas Hillmann, Migration. Eine Einführung aus sozialgeographischer Perspektive, Stuttgart 2016, S. 19

1. Fassen Sie die Dimensionen von Migration nach Felicitas Hillmann in eigenen Worten zusammen.
2. Suchen und analysieren Sie Ihnen bekannte historische und aktuelle Migrationsprozesse mit den von Hillmann genannten Dimensionen.
3. Vergleichen Sie Hillmanns Dimensionen von Migration mit den Merkmalen von Migration nach Jochen Oltmer (M2).

Orientierung

2.4 Pflichtmodul: China und die imperialistischen Mächte

Zwischen 1840 und 1949 kam es in China zu gewaltigen Veränderungen. Die militärische Überlegenheit Großbritanniens zwang China im Ersten Opiumkrieg (1839–1842) dazu, den Briten enorme Handelsvorteile zu gewähren. In späteren Kriegen nutzten Japan, Russland, die USA, Deutschland und Frankreich die militärische Schwäche Chinas, um Teile des Landes zu besetzen oder sich Vorteile im Handel zu verschaffen. Der Zusammenbruch des Kaisertums und die Einführung der Republik 1911/12 waren nicht zuletzt Folge der Unfähigkeit des politischen Systems Chinas, das Land zu reformieren und gegen äußere Feinde zu verteidigen. In jahrzehntelangen innenpolitischen Auseinandersetzungen und im Krieg gegen Japan gelang es schließlich der Kommunistischen Partei Chinas unter der Führung Mao Zedongs im Jahre 1949, an die Macht zu kommen und dem Land eine stabilere politische Ordnung zu geben.

Das Kapitel beschäftigt sich inhaltlich mit …

- dem Selbstverständnis und Weltbild der Chinesen und der Europäer
- den chinesischen Kontakten mit den imperialistischen Mächten und ihren Folgen
- den chinesischen Reaktionen auf den europäischen Einfluss zwischen Anpassung und Widerstand

Der ehemalige deutsche Bahnhof in Tsingtau (heute Qingdao) im deutschen Pachtgebiet Kiautschou.
Foto vom 10. Oktober 2018.
In der chinesischen Hafenstadt Tsingtau haben sich bis heute Wohnhäuser, einige Kasernen und eine Brauerei aus der deutschen Kolonialzeit erhalten, die um die Jahrhundertwende entstanden sind.

- Setzen Sie das vorliegende Bauwerk in Beziehung zum Herkunftsland. | H
- Entwickeln Sie eine Vorstellung erfolgreichen Kulturtransfers, indem Sie konkrete Merkmale benennen, und überprüfen Sie, inwiefern ein solcher hier stattgefunden hat. | H

Äußere und innere Krisen

1644 - 1911 — Die Qing-Dynastie herrscht im Kaiserreich China.

1793 — Kaiser Qianlong empfängt den britischen Gesandten Lord George Macartney, lehnt aber eine Öffnung Chinas für britische Waren und diplomatische Beziehungen zu Großbritannien ab.

1839 - 1842 — Erster Opiumkrieg; Großbritannien setzt im Vertrag von Nanjing die Öffnung chinesischer Häfen für britische Händler durch. Damit beginnt eine Serie „ungleicher Verträge".

1851 - 1864 — Der Taiping-Aufstand gegen die Qing-Dynastie kostet Millionen von Menschen das Leben.

1856 - 1860 — Zweiter Opiumkrieg; Großbritannien sichert sich zusammen mit anderen europäischen Staaten und den USA Sonderrechte in China.

seit 1860 — Im Rahmen der „Selbststärkungsbewegung" werden Modernisierungsmaßnahmen im Land ergriffen.

1879 — Japan besetzt die Ryūkyū-Inseln und gliedert sie unter dem Namen Okinawa in den eigenen Staat ein.

1884/85 — Nach einem kurzen Krieg akzeptiert China die Vorherrschaft Frankreichs über Vietnam, obwohl das Land lange Zeit unter chinesischem Einfluss gestanden hat.

„Wettlauf nach China"

1895 — Der Vertrag von Shimonoseki besiegelt die Niederlage Chinas im Krieg gegen Japan. Ein „Wettlauf nach China" beginnt.

1897 — Das Deutsche Reich besetzt die Bucht von Kiautschou im Osten Chinas.

1898 — Die „Reform der hundert Tage" des Kaisers Guangxu scheitert am Widerstand der Reformgegner.

1899 — Die USA fordern den freien Zugang zu den chinesischen Märkten („Open Door Policy").

1900 — Im Boxeraufstand erhebt sich die Landbevölkerung gegen den Einfluss ausländischer Mächte. Er wird mithilfe internationaler Truppen niedergeschlagen.

1912 — Nach dem Ende des Kaisertums wird die Republik ausgerufen.

Vom Ersten Weltkrieg zur Ausrufung der Volksrepublik

1919 — Im Anschluss an den Ersten Weltkrieg (1914–1918) werden auf der Pariser Friedenskonferenz die deutschen Sonderrechte in Kiautschou auf Japan übertragen.

1931 — Mit der Besetzung der Mandschurei im Nordosten Chinas beginnt Japan die Eroberung chinesischer Gebiete.

1937 — Bei der Einnahme von Nanjing richten japanische Truppen ein Blutbad unter der Zivilbevölkerung an.

1945 — Nach dem Abwurf von Atombomben auf Hiroshima und Nagasaki erklärt Japan die Kapitulation und gibt auch seine Ansprüche auf dem asiatischen Festland auf. China gehört zu den Siegermächten des Zweiten Weltkrieges (1939–1945). Bis 1947 werden die noch existierenden „ungleichen Verträge" mit den USA und Großbritannien aufgelöst.

1949 — Mit dem Sieg der Kommunisten und der Ausrufung der Volksrepublik China (1. Oktober) endet der jahrzehntelange chinesische Bürgerkrieg.

1950 - 1953 — Im Koreakrieg unterstützt China das kommunistische Nordkorea, welches sich dank dieser Hilfe gegenüber dem von den USA und anderen westlichen Ländern unterstützte Südkorea behaupten kann.

Die Blütezeit der Qing-Dynastie

Internettipp
Einen guten Überblick über die Geschichte Chinas bietet Ihnen ein Dossier der Bundeszentrale für politische Bildung. Sie finden es unter dem Code **32037-24**.

Han: Die Han sind eine von vielen ethnischen Gruppen in China. Ihr Anteil an der chinesischen Bevölkerung ist in den letzten Jahrhunderten immer größer geworden. Heute stellen sie über 90 Prozent der Bevölkerung Chinas.

Kangxi (1654–1722): In seiner von 1661 bis 1722 dauernden Regierungszeit stabilisierte er die Herrschaft der neuen Dynastie durch zahlreiche Kriege und die Verbindung der alten Gebräuche mit neuen Sitten und Techniken.

Yongzheng (1678–1735): Er war ein Sohn des Kaisers Kangxi und führte in seiner Regierungszeit von 1723 bis 1735 Reformen in Verwaltung und Regierung durch, die die Position des Kaisers stärkten.

Eine neue Dynastie | Die chinesische Geschichte kennt im Gegensatz zur europäischen keine Epochen wie Altertum, Mittelalter und Neuzeit. Sie wird vielmehr in die Herrschaftszeiten der Geschlechter, aus denen die Kaiser stammten, unterteilt. Das chinesische Kaiserreich existierte mit wechselnden Dynastien von 221 v. Chr. bis 1911. Seit 1644 war die *Qing-Dynastie* an der Macht. Nachdem die neuen Herrscher die zahlreichen Widerstände gegen den dynastischen Wechsel überwunden hatten, erlebte das „Reich der Mitte" (→M1) eine 150 Jahre dauernde Blütezeit. Grundlage dafür waren die über viele Jahrzehnte steigenden Erträge der Landwirtschaft, die ein erstaunliches Bevölkerungswachstum ermöglichten. Dieses Wachstum verdankte sich auch einer zunehmend effektiver werdenden Verwaltung. Dieser gelang es, einen Teil der Agrarproduktion in Vorratshäusern für Notzeiten zu lagern. Die immer wieder auftretenden Überschwemmungen, Dürren und Naturkatastrophen verloren daher zumindest teilweise ihren Schrecken. Denn nun war man in der Lage, ausgefallene Ernten zu ersetzen. Aber nicht nur die Landwirtschaft erlebte eine bis dato unbekannte Blüte, ebenso rasant veränderten sich der Handel, die Kunst und die Kultur. Auch wenn China zu keiner Zeit dauerhaft von Aufständen, Krisen und Konflikten verschont blieb, so stellten die ersten 150 Jahre der Qing-Dynastie doch eine beeindruckende Epoche von Frieden und Wohlstand dar. In der Mitte des 18. Jahrhunderts hätte wohl kaum ein Beobachter angenommen, dass das riesige Reich von einigen, im Vergleich doch relativ kleinen europäischen Ländern herausgefordert werden und dass das seit Jahrtausenden existierende Kaisertum 1911 an sein Ende kommen würde.

Vielvölkerstaat und Expansion | Die Qing-Dynastie stammte nicht aus dem Zentrum Chinas, sondern aus der Mandschurei im Norden des Landes. Sie übernahm aber in atemberaubender Geschwindigkeit alle Elemente der zentralchinesischen Han-Kultur und vertrat diese nun gegenüber den zahlreichen Völkern und Kulturen, die den Vielvölkerstaat China bildeten. Der Ausbau des Beamtenapparats, die zahlreichen Initiativen wirtschaftlicher, sozialer und politischer Natur hatten unter anderem zur Folge, dass die zentralchinesische Kultur immer bedeutsamer wurde und andere Kulturen zurückdrängte. Diesen Homogenisierungstendenzen stand aber die gewaltige Expansion Chinas entgegen, die Ende des 18. Jahrhunderts zur größten territorialen Ausdehnung in der Geschichte des Landes führte. Zu diesem Zeitpunkt kontrollierte China ein weit größeres Gebiet als heute. Dazu gehörte die Mandschurei einschließlich der Sacharin-Insel, die innere und äußere Mongolei, riesige zentralasiatische, von muslimischen Turkvölkern besiedelte Gebiete sowie Tibet. Nepal und Bhutan, Korea und Südostasien mit den heutigen Staaten Myanmar, Thailand, Laos, Kambodscha und Vietnam wurden als Vasallen verstanden, also als selbstständige Herrschaftsgebiete, die dem chinesischen Kaiser untertan waren.

Herrschaft und Verwaltung | Der Wechsel von der *Ming-Dynastie* (1368–1644) zu den Qing hatte keine grundlegende Änderung des politischen Systems zur Folge. Im Vergleich zur Geschichte Europas im 16., 17. und 18. Jahrhundert waren die politischen Veränderungen in China wenig gravierend. An der Spitze des riesigen Reiches stand ein Kaiser, der nicht nur als oberster Repräsentant fungierte, sondern tatsächlich regierte. Die bedeutendsten Kaiser der Qing-Dynastie wie Kangxi, Yongzheng und Qianlong waren gebildete Personen, die mehrere Sprachen beherrschten und seit frühester Kindheit an einen disziplinierten Alltag des Lernens und Entscheidens herangeführt worden waren. Von früh morgens bis spät in den Abend studierten sie Akten und berieten sich mit Vertrauten, Regierungsmitgliedern und Verwaltungsbeamten. Parallel beschäftigten sie sich mit Kunst, Technik und gesellschaftspolitischen Fragen, um in allen Wissensfeldern auf dem neuesten Stand zu sein und damit dem Ideal eines allumfassend gebildeten und informierten Herrschers zu entsprechen. Aber die Kaiser regier-

China im Jahre 1820.

Nach: Klaus Mühlhahn, Geschichte des modernen Chinas, München S. 68 f.

- Recherchieren Sie im Internet und/oder in Atlanten, welche Staaten heute in den 1820 vom chinesischen Kaiserreich kontrollierten Gebieten liegen.
- Suchen Sie Karten Asiens und arbeiten Sie heraus, inwiefern die ungefähren Grenzen von 1820 mit naturräumlichen Grenzen (Meer, Berge, Wüsten) übereinstimmten. Welche möglichen Schwierigkeiten könnten sich daraus für die Einheit des chinesischen Kaiserreiches ergeben haben?

ten nicht nur von ihrem Palast in der Hauptstadt aus. Sie unternahmen zahlreiche Reisen, um ihr Reich zu inspizieren und ihre Herrschaft zu sichern. Diese Reisen verursachten sehr hohe Kosten, da zusammen mit dem Kaiser der Hofstaat reiste und überall großen Wert auf das Zeremoniell und angemessene Unterbringung gelegt wurde.

Dem Kaiser unterstand eine riesige Zahl von Beamten, die das in Provinzen und Landkreise eingeteilte Reich vor Ort verwalteten. Die Beamten wurden mithilfe von Prüfungen ausgewählt, die in regelmäßigen Abständen stattfanden und in denen zehntausende von Personen um die Einstellung oder den beruflichen Aufstieg kämpften. In den Prüfungen mussten die Kandidaten ihre Kenntnisse in der klassischen chinesischen Literatur und Philosophie, in verwaltungspraktischen Fragen und im Allgemeinwissen beweisen. Theoretisch konnte jeder männliche Untertan an den Prüfungen teilnehmen, aber natürlich war es nur einer kleinen Zahl von sehr gebildeten Chinesen möglich, Verwaltungsbeamte zu werden. Das Prüfungssystem und der Verwaltungs-

Qianlong (1711–1799): Er war der Sohn des Kaisers Yongzheng und regierte offiziell von 1735 bis 1796. Unter seiner Herrschaft stand das chinesische Reich auf dem Höhepunkt seiner Macht und erreichte mit fast zwölf Millionen Quadratkilometern die größte Ausdehnung seiner Geschichte.

apparat organisierten also keinen sozialen Aufstieg für alle, führten aber zumindest zu einer Bestenauslese innerhalb der gebildeten Elite des Kaiserreiches. Später sollte das Prüfungssystem stark kritisiert werden, weil es zu langsam neue wissenschaftliche Erkenntnisse als prüfungsrelevant aufnahm. Für viele Jahrhunderte war es aber erfolgreich in der Auswahl und Kontrolle der Beamtenschaft.

Die Wirtschaft | Eine der Hauptaufgaben der kaiserlichen Regierung bestand darin, die Ernährung der Bevölkerung sicherzustellen. Die überwiegende Mehrheit der Bevölkerung Chinas war in der Landwirtschaft tätig, aber die landwirtschaftlichen Erträge litten immer wieder unter Dürren oder Überschwemmungen. Unter den Qing wurden daher unzählige Maßnahmen ergriffen, um die Folgen von Naturkatastrophen zu lindern. Dazu gehörte der Bau von Dämmen, um Überflutungen zu verhindern, aber auch die Anlage von riesigen Getreidedepots, welche bei Ausfall von Ernten die Ernährung der betroffenen Menschen sicherstellten (→M2). Das Bevölkerungswachstum in China während der jahrhundertelangen Qing-Herrschaft zeigt deutlich, wie groß die Fortschritte in der Landwirtschaft waren.

Es wäre aber falsch, China als ein ausschließlich agrarisch geprägtes Land zu beschreiben. Die chinesische Gesellschaft hatte schon lange vor den Konflikten mit den Europäern im 19. Jahrhundert begonnen, sich deutlich zu verändern. Es gab unzählige kleinere und größere Dörfer und Städte mit ihren lokalen oder regionalen Märkten, mit Handwerkern und Händlern, die im Austausch mit anderen Händlern in China standen. Gleichzeitig wuchsen die großen Städte. Bis zu Beginn des 19. Jahrhunderts war *Beijing* (*Peking*) die größte Stadt der Welt mit rund einer Million Einwohnerinnen und Einwohner. Diese Größe erreichte zu diesem Zeitpunkt lediglich London, das dann im 19. Jahrhundert schnell wuchs und an Beijing vorbeizog. Vor allem die Städte waren die Abnehmer der wachsenden Textilindustrie und Porzellanmanufakturen, die auf eine jahrtausendealte Geschichte zurückblicken konnten und immer größere Mengen an ausgefallenen und einzigartigen Produkten herstellten und auch exportierten. Die zahlreichen Veränderungen führten auch zu neuen Chancen für Frauen aus den besser gestellten Schichten (→M3). Die wirtschaftliche Blüte des Landes erlaubte den Kaisern, die Steuern niedrig zu halten, was den Lebensstandard im Land wiederum erhöhte. Gleichzeitig verstärkte sich ein Selbstverständnis, demzufolge China sich selbst genug war, da im Land alles hergestellt wurde, was man benötigte.

Porzellanvase aus der Qing-Dynastie.
Ende des 17./Anfang des 18. Jahrhunderts entstanden, Höhe 45,7 cm.
Die Vase ist unter einer transparenten Glasur mit Pflanzen und Vögeln in Kobaltblau bemalt worden.

Tributsystem und Handel | Im Selbstverständnis der chinesischen Kaiser schuldeten ausländische Regierungen an den Grenzen des Reiches China Tribut. Aus Korea, Vietnam, Siam oder Burma kamen daher in regelmäßigen Abständen Tributmissionen nach China, die aus Hunderten von zum Teil sehr hochrangigen Personen bestehen konnten und Luxuswaren als Geschenke mitführten. Gleichzeitig war diesen Missionen aber auch in einem klar definierten Umfang der Handel mit zahlreichen Waren gestattet. Die Tributmissionen spielten daher eine wichtige Rolle für den chinesischen Außenhandel, da sie in China schwer erhältliche Waren einführten und chinesische Produkte ausführten. Parallel zu dieser Art von offiziellem und legalem Handel existierten aber auch verzweigte Handelsnetze zwischen China auf der einen Seite und Korea, Südostasien, den ostasiatischen Inseln und Zentralasien auf der anderen Seite. China exportierte vor allem Tee, Seide und Porzellan und importierte im Gegenzug Gewürze, Arzneimittel und andere Waren. Auch wenn dieser Handel von vielen chinesischen Beamten als Schmuggel betrachtet wurde, so war er doch von großer Bedeutung für die chinesische Wirtschaft, da dadurch eine auswärtige Nachfrage nach hochwertigen chinesischen Produkten entstand. Der Handel im asiatischen Raum war eng verbunden mit Europa, da viele der chinesischen Produkte nicht bei den asiatischen Abnehmern verblieben, sondern nach Europa weiterverkauft wurden. Einen solchen internationalen Handel konnte es nur geben, weil eine weltweit akzeptierte Währung existierte: Silber. Die wichtigsten Silberminen lagen seit dem 16. Jahrhundert in den spanischen Kolonien in Mexiko und Südamerika. Von dort wanderte das Silber zunächst nach Spanien, um dann über England oder Frankreich schließlich nach China zu gelangen. Lange bevor also europäische Kriegsschiffe für die Öffnung der chinesischen Märkte für europäische Waren sorgten, war China Teil eines globalen Handelssystems, das nur deshalb funktionierte, weil Chinas Textil- und Porzellanproduktion auf der Welt einzigartig war (→M4).

Bildung und Wissenschaft | Die Machtübernahme der Qing fiel in eine Zeit, in der sich chinesische Gelehrte zunehmend von philosophischen Spekulationen distanzierten und Tatsachen untersuchen wollten. Die erste Phase dieser kritischen Gelehrsamkeit beschäftigte sich intensiv mit Textkritik. Sie fragte also danach, ob die Texte, auf denen das Wissen der Zeit beruhte, tatsächlich von alten anerkannten Philosophen stammten oder viel später verfasst und den Philosophen untergeschoben worden waren. Darüber hinaus begannen die kritischen Gelehrten, die Bedeutung der alten Texte neu zu erforschen, indem sie danach fragten, was denn eigentlich in den Texten stand. Diese philologische – also sprachkritische – Methode führte zu Neuinterpretationen der Lehre von Konfuzius, die einen Bruch mit alten Vorstellungen bedeutete (→M5).

Die Qing-Kaiser betätigten sich von Beginn an als große Förderer der Wissenschaften. Sie verstanden Forschung und Bildung als Pfeiler sowohl des Wohlstands des Reiches als auch ihrer eigenen Macht. Die Unterstützung von Akademien und Gelehrten diente also immer sowohl der Bildung und Forschung als auch der Sicherung der eigenen Herrschaft. Dies wird besonders deutlich an zwei der größten Forschungsprojekte, welche unter den Qing durchgeführt wurden. 1739 erteilte Kaiser Qianlong einer gigantischen Geschichte Chinas unter der Ming-Dynastie die Druckerlaubnis. Tausende von Wissenschaftlern hatten fast 60 Jahre an diesem Werk mitgearbeitet und alles bekannte Wissen über die Zeit zusammengetragen. Die umfassende Darstellung von fast dreihundert Jahren chinesischer Geschichte stellte eine herausragende Leistung kollektiver Gelehrsamkeit dar. Gleichzeitig legte sie aber auch die von nun an einzig erlaubte Darstellung der Zeit vor Machtübernahme der Qing fest. Der Inhalt des Werkes war streng kontrolliert worden, damit die Legitimität des gewaltsamen Dynastiewechsels auch nicht ansatzweise infrage gestellt werden würde. Nach Publikation des Werkes gab es in China eine offizielle Darstellung der Vergangenheit, welche allgemein akzeptiert und verbreitet werden musste.

Noch deutlicher wird der Zusammenhang zwischen Forschung und Bildung auf der einen Seite und Herrschaftssicherung auf der anderen bei einem zweiten, noch größeren Projekt. 1773 bis 1782 ließ Kaiser Qianlong sämtliche in China jemals geschriebenen Werke erfassen, um eine Bibliothek des chinesischen Wissens zu erstellen. Von den über 10 000 Werken, die schließlich gelistet wurden, wurden mehr als 3 400 für eine Neuveröffentlichung ausgewählt. Tatsächlich wurden nur sieben handschriftliche Kopien dieser 3 400 Schriften verfasst. Diese stellten nun das offizielle Gesamtwissen Chinas dar. Die strenge Auswahl diente gerade auch dazu, wichtige Werke, die dem Kaiser nicht gefielen, auszusortieren und als nicht zum chinesischen Wissen gehörig zu klassifizieren. Das Projekt diente also gerade auch dem Ausschluss von Meinungen und Ansichten und nicht nur der Zusammentragung von Wissen. Diese Zensur betraf sogar jene 3 400 Texte, die von nun an das chinesische Gesamtwissen darstellen sollten. Viele dieser Texte wurden verändert, damit sie den Vorstellungen des Kaisers entsprachen.

Krisen und Kriege | Ganz im Gegensatz zum Ideal einer harmonischen, friedlichen und gerechten Ordnung war China unter den Qing-Kaisern immer auch ein Reich der Gewalt, der Krisen und der Kriege. Die lange Zeit des Bevölkerungswachstums und des wirtschaftlichen Aufschwungs konnte nicht darüber hinwegtäuschen, dass Millionen Chinesinnen und Chinesen auf dem Land in bitterster Armut und häufig hoch verschuldet in einer Art Leibeigenschaft lebten. Die Machtübernahme der Qing ging mit jahrzehntelangen Kriegen einher, der Hunderttausende von Chinesen zum Opfer fielen. Noch bis 1662 leistete ein Thronfolger der Ming-Dynastie im benachbarten Burma Widerstand gegen die neue Ordnung. Er wurde schließlich gefangengenommen, nach China gebracht und hingerichtet. Dies bedeutete aber nicht, dass das Land zur Ruhe

Konfuzius (ca. 551 v. Chr. – ca. 479 v. Chr.): Konfuzius ist der bedeutendste chinesische Philosoph, auch wenn von ihm selbst keine Schriften überliefert sind. Etwa 100 Jahre nach seinem Tod begannen seine Schüler, seine Lehren aufzuschreiben. Konfuzius' Vorstellungen vom richtigen Leben hatten unter den Qing und im 20. Jahrhundert große Bedeutung für Geschichte, Gesellschaft und Politik Chinas.

kam. Schon schnell brachen Differenzen innerhalb der neuen Herrscher auf. 1673 erhoben sich im Süden des Landes hochrangige Generäle, die zusammen mit der neuen Dynastie an die Macht gekommen waren und sich nun nicht ausreichend berücksichtigt glaubten. Die blutige Niederschlagung dieses Aufstandes dauerte fast zehn Jahre. Selbst am kaiserlichen Hof fanden Machtkämpfe statt. Da Kangxi, der zweite Qing-Kaiser, noch ein Kind war, als er die Amtsgeschäfte 1661 übernahm, wurde eine Regentschaft eingesetzt, die an seiner statt herrschte. Aber die Regenten stritten untereinander und wollten die Macht nicht teilen. Diesen Zustand beendete der noch jugendliche Kaiser 1669, indem er selbst die Herrschaft übernahm.

Am Ende seiner über 65-jährigen Regierungszeit 1796 dachte Kaiser Qianlong zwar, dass sein Reich so gut geordnet sei wie nie zuvor. Tatsächlich aber waren die Krisensymptome unübersehbar. Die wirtschaftliche Entwicklung hielt schon seit Langem nicht mehr mit dem Bevölkerungswachstum Schritt, sodass immer mehr Menschen auf dem Land und in der Stadt von Armut und Elend bedroht waren. 1774 machte ein Aufstand von Bauern und Händlern auf deren Nöte aufmerksam, und als Qianlong zurücktrat, brach aufgrund der großen Steuerlasten eine Rebellion aus, die erst nach acht Jahren unterdrückt werden konnte. Viele der einfachen Bauern und Arbeiter kämpften im Namen der buddhistischen *Weißer-Lotus-Sekte*, die an die unmittelbar bevorstehende Ankunft eines neuen Buddhas glaubte. Die schlechte Organisation der kaiserlichen Truppen, der fanatische Glauben der Aufständischen und die Brutalität der Auseinandersetzungen waren Vorzeichen für die Erschütterungen der kommenden 100 Jahre.

Kaiser Qianlong bei einem Siegesfest nach dem Feldzug gegen die Westmongolen (Ausschnitt).
Chinesisches Rollenbild von Lang Shihning, 1760.

► Erläutern Sie, woran die herausragende Stellung des Kaisers zu erkennen ist.

M1 Über den Begriff „Reich der Mitte“

*Der Sinologe[1] und Publizist Marcus Hernig (*1968) schreibt:*

Ursprünglich war der Begriff „Reich der Mitte“ ein Plural und bezeichnete die geografische Lage kleiner Fürstentümer am Gelben Fluss, die als „Staaten der Mitte“ den Kern des heutigen Chinas bildeten. Im Laufe der Jahrhunderte entstanden weitere Staaten um diese geografischen Kerne herum. Sie wurden schließlich vom Potentaten Qin Shi Huang (259–210 v. Chr.), der sich als „erster Kaiser von Qin“ bezeichnete, im Jahr 221 v. Chr. geeint. So wurden die „Länder in der Mitte“ zum „Reich der Mitte“.
Der geografische Begriff „Reich der Mitte“ wurde sehr bald zu einem kulturellen: Das, was in der Mitte lag und ein geeintes Reich bildete, galt als höherstehender und entwickelter als die meist nomadisierenden „Barbarenländer“ an der Peripherie. Wer „in der Mitte“ lebte, der war gewiss, in einer Region zu leben, die laut Selbstwahrnehmung als politisches und kulturelles Zentrum der Welt galt, ohne dass diese Region viel von der „Außenwelt“, besonders jener in Europa, wusste.

Zitiert nach: https://www.bpb.de/apuz/32505/grossartiges-reich-der-mitte-zur-aktualitaet-chinesischer-mythen (Zugriff: 17. Januar 2022)

1. Beschreiben Sie ausgehend vom Text, was unter „Reich der Mitte“ verstanden wurde.
2. Erläutern Sie, warum man begann, mit „Reich der Mitte“ eine höherwertige Gesellschaft zu bezeichnen. | H
3. Gruppenarbeit: Diskutieren Sie in der Klasse, warum heute kaum noch vom „Reich der Mitte“ gesprochen wird.

M2 Steigerung der landwirtschaftlichen Erträge

*Der Sinologe Klaus Mühlhahn (*1963) beschreibt die Leistungen der Landwirtschaft während der Qing-Dynastie:*

Etwa 80 bis 85 Prozent der Bevölkerung lebten am Ende der Qing-Dynastie auf dem Land, und die meisten Menschen hatten mit der Landwirtschaft oder dem einen oder anderen Nebenprodukt der Landwirtschaft zu tun. Die landwirtschaftlichen Methoden waren auf einem beeindruckend hohen Niveau. Ein hoher Einsatz von Arbeitskraft und natürlichem Dünger intensivierte das Pflügen und führte zu höheren Erträgen – zu dieser Zeit weltweit den höchsten. Ebenso wichtig für das landwirtschaftliche Wachstum in der späten Kaiserzeit war die Einführung vieler neuer Getreidepflanzen. Die wichtigsten zu dieser Zeit importierten Lebensmittel waren Süßkartoffeln (oder Yamswurzel), Mais (zea mays) und Erdnüsse. Diese Saaten wurden im 16. Jahrhundert von Amerika nach Südostasien eingeführt, und einige Jahrzehnte später gelangten sie nach China, wo sie sich sowohl im Norden als auch im Süden erstaunlich schnell verbreiteten. Aufgrund ihrer unterschiedlichen Anbaubedingungen ermöglichten sie in vielen Gebieten, die vorher nicht für den Getreideanbau geeignet waren, reiche Ernten. So verbesserte sich die landwirtschaftliche Entwicklung dank der Vergrößerung der Anbauflächen, aber auch dank der Einführung neuer Kulturen aus der neuen Welt und verbesserter Samen (insbesondere früh reifende und ertragreiche Champa-Reissorten aus Vietnam). Landwirtschaftliche Geräte wurden weiterentwickelt und spezialisiert, und diese Effizienz sorgte für niedrige Lebensmittelpreise.

Klaus Mühlhahn, Geschichte des modernen China. Von der Qing-Dynastie bis zur Gegenwart, München 2021, S. 73

1. Fassen Sie in eigenen Worten die zentralen Aussagen des Textes zusammen.
2. Erläutern Sie, welche Rolle laut Mühlhahn die internationalen Verbindungen für die steigenden Erträge in der Landwirtschaft spielten.
3. Finden Sie durch eine Internetrecherche heraus, welcher Anteil der Bevölkerung in Deutschland in der Landwirtschaft tätig ist. Vergleichen Sie die Zahl mit der Angabe Mühlhahns zu China unter den Qing.

M3 Die Stellung der Frauen

*Die Historikerin Sabine Dabringhaus (*1962) schildert, wie sich die Stellung der Frauen im 17. und 18. Jahrhundert entwickelte:*

Die gesellschaftliche Dynamik der frühen Qing-Zeit erfasste auch das Schicksal der Frauen. Auf den Herrschaftswechsel in der Mitte des 17. Jahrhunderts hatten die Frauen der chinesischen Oberschicht mit aktivem Widerstand gegenüber der Fremddynastie reagiert: Zahlreiche mingloyale Kurtisanen[2] und Frauen aus Gelehrten- und Beamtenfamilien nahmen sich aus Verzweiflung das Leben, Mütter berühmter Gelehrter wie Gu Yanwu[3] verpflichteten ihre Söhne auf dem Sterbebett zum Widerstand gegen die Qing, und viele Chinesinnen hielten trotz des durch die Qing ausgesprochenen Verbots an der Tradition des Füßebindens fest. Langfristig verbesserte sich jedoch die physi-

1 **Sinologe**: Chinawissenschaftler, also jemand, der sich wissenschaftlich mit der Sprache und Kultur Chinas beschäftigt

2 **Kurtisane**: Der Kaiser, Adlige und reiche chinesische Männer hatten mehrere, manchmal viele Frauen. Der Begriff Kurtisane bezeichnet hier Frauen von hochgestellten Chinesen.

3 **Gu Yanwu** (1613–1682): chinesischer Gelehrter

sche Situation der Frauen in der Qing-Zeit erheblich. Die seit dem 16. Jahrhundert fortschreitende Vertiefung medizinischer Kenntnisse erhöhte die Überlebenschancen für Mutter und Kind bei der Geburt. Frauen fanden zudem in der medizinischen Behandlung und Pflege neue berufliche Möglichkeiten. Ihr immer wichtiger werdendes Kommunikationsmedium wurde die Literatur. Dichterinnen korrespondierten miteinander oder gründeten eigene Vereinigungen. Der Kreis ihrer Leserinnen nahm dank besserer Bildungsmöglichkeiten für Frauen zu. Innerhalb der streng nach konfuzianischen[1] Hierarchievorstellungen organisierten Familie stieg der weibliche Einfluss. Denn die Kommerzialisierung der Qing-Gesellschaft wertete das von ihnen organisierte häusliche Handwerk auf. Mütter unterwiesen ihre Töchter im Spinnen, Weben und Sticken und ermöglichten den Familien ein zusätzliches Einkommen. Dank der neuen (ökonomischen) Wertschätzung von Töchtern ging die Zahl der Mädchenmorde zurück. Besser gestellte Haushalte beschäftigten sogar zusätzliches Personal für die Heimproduktion, das der Kontrolle der Hausherrin unterstand und ihr Prestige weiter stärkte. Ungeachtet dieses vielseitigen Wandels im Frauenleben des 18. Jahrhunderts, blieb der traditionell patrilinear[2] strukturierte Familienhaushalt in seiner Bedeutung als Grundeinheit der Sozialordnung, des Eigentumsrechts und der ökonomischen Produktion erhalten.

Sabine Dabringhaus, Geschichte Chinas. 1279–1949, Berlin/Boston ³2015, S. 46 f.

1. Geben Sie die wichtigsten Veränderungen für Frauen in der frühen Qing-Zeit, also der zweiten Hälfte des 18. Jahrhunderts, wieder.
2. Arbeiten Sie Veränderungen und Kontinuitäten heraus, die für die Stellung der Frauen von Bedeutung waren.
3. Gruppenarbeit: Diskutieren Sie in der Klasse, ob die dargestellten Entwicklungen als Emanzipation der Frau bezeichnet werden könnten. | H

M4 Chinesisches Porzellan

In Europa weiß man bis zum Beginn des 18. Jahrhunderts nicht, wie Porzellan hergestellt wird. Daher stammt Porzellan aus dem fernen Osten, vor allem aus China. Denn chinesisches Porzellan wird schon seit vielen Jahrhunderten exportiert:

Im islamischen Orient sammelt man chinesisches Porzellan sehr viel früher, als das Interesse dafür in den westlichen Ländern einsetzt. Im 8. Jahrhundert wird die chinesische Keramik in den gesamten Osten exportiert. [...] Marco Polo (1254–1324), der lange Zeit am Hofe des Kublai Khaan[3] verbrachte, berichtet, dass er Keramik gesehen habe, die durch ihre glänzende Oberfläche an eine „porcella“ genannte Muschel erinnert habe. Diesem Vergleich verdankt das Porzellan seinen Namen. [...] Man weiß auch, dass die ägyptischen Sultane dem venezianischen Dogen[4] Pasquale Malipiero und Lorenzo de Medici[5] in Florenz fernöstliches Porzellan zum Geschenk machten. Die „Blau-Weiß-Porzellane“ werden in China seit dem 14. Jahrhundert hergestellt. Vom Beginn des 15. Jahrhunderts an sind einige dazu bestimmt, nach Europa exportiert zu werden, wo man sie sehr schätzt. [...] In der Mitte des 17. Jahrhunderts erscheint das mehrfarbige Porzellan auf dem europäischen Markt, zunächst das der „grünen Familie“, dann der „rosa Familie“. [...] Im 18. Jahrhundert passen sich die Chinaporzellane immer mehr den Forderungen des Abendlandes an. Außer den Modellen in Holz, Fayence[6], Porzellan, Glas werden Metallmodelle aus Zinn und sogar aus Silber nach China zum Kopieren geschickt. Im Laufe des Jahrhunderts wurde England der Hauptkäufer und Kunde für China. Daraus folgte eine wachsende Nachahmung typisch englischer Modelle. [...] Der Tee wird eines der beliebtesten Getränke in Europa, und die Teekanne aus rotbraunem Steinzeug aus Yixing hat in Holland seit 1635 Einzug gehalten, ebenso wie die Tassen und Töpfe aus Porzellan, die von den Chinesen wahrscheinlich für Wein benutzt wurden. Unter abendländischem Einfluss werden die Tassen mit einem Henkel versehen. Seit dem Anfang des 18. Jahrhunderts finden wir Teegeschirre aus Teekanne, Zuckerdose, Teebüchse und Spülkumme[7] in zusammengehörigen Formen und Mustern.

Madeleine Jarry, China und Europa. Der Einfluss Chinas auf die angewandten Künste Europas, Stuttgart 1981, S. 63–65

1. Fassen Sie den Text mit eigenen Worten zusammen.
2. Erläutern Sie, wie der zunehmende Teekonsum die Nachfrage nach Porzellan beeinflusste und wie europäische Händler Einfluss auf die Porzellanproduktion in China nahmen. | F
3. In Europa wurden Fayencen (porzellanähnliche Keramiken) und ab dem 18. Jahrhundert auch Porzellan häufig mit asiatischen Motiven verziert. Beurteilen Sie, warum dies der Fall war. | F

[1] Zu Konfuzius bzw. dem Konfuzianismus siehe Seite 171 und M5.
[2] **patrilinear**: Vererbung von Vermögen, Status, Namen und Titeln allein über den Vater. Der Vater ist Haushaltsvorstand, Herrscher und Repräsentant der Familie.

[3] **Kublai Khaan**: mongolischer Herrscher, lebte von 1215 bis 1294
[4] **Doge**: Oberhaupt von Venedig
[5] Die Medicis waren die wichtigste Herrscherfamilie in Florenz.
[6] **Fayence**: porzellanähnliche Keramik
[7] **Spülkumme**: henkellose Schale, in der Teeblätter gespült wurden

M5 Der Konfuzianismus

*Als „Konfuzianismus" bezeichnet man die Lehren, die sich auf den chinesischen Philosophen Konfuzius (vermutlich 551–479 v. Chr.) berufen. Der Historiker Thoralf Klein (*1967) beschreibt Grundelemente des Konfuzianismus und erläutert dessen Bedeutung:*

Vom Beginn des 2. vorchristlichen Jahrhunderts bis zum Aufkommen moderner Ideologien stellte das philosophische System des Konfuzianismus, wenn auch mit gewissen Unterbrechungen, die weltanschauliche Grundlage des chinesischen politischen Systems bereit. Wie bei allen großen Weltanschauungen handelte es sich um ein widersprüchlich überliefertes und heterogenes Gedankengebäude, das internen Richtungsstreitigkeiten ausgesetzt und überdies einem zeitlichen Wandel unterworfen war. Zwar stand die Autorität der insgesamt 13 klassischen Texte [...] außer Frage. Doch wurden sie immer wieder neu ausgelegt und kommentiert, wobei sie auch Einflüsse anderer Lehren (wie etwa Buddhismus und Daoismus[1]) aufnahmen. Dies gilt insbesondere für den Neokonfuzianismus, der in der Song-Zeit (960–1279) seine höchste Blüte erreichte. Zwar ist es eine unzulässige Vereinfachung, den Konfuzianismus mit der chinesischen Tradition gleichzusetzen und zur einzigen Grundlage der chinesischen Kultur zu erheben. Als offiziell vom Staat propagierter Weltanschauung und geistigem Fundament der Beamtenschaft sowie der Literaten – mithin der politischen und kulturellen Elite Chinas – kam dieser Lehre jedoch während der gesamten Kaiserzeit eine fundamentale Bedeutung für die Stabilität des Reiches zu.

In seiner ursprünglichen Gestalt im chinesischen Altertum war der Konfuzianismus eine Mischung aus individueller Moralphilosophie und politischer Theorie, die sich vorrangig auf die Stellung des Menschen innerhalb der Gesellschaft konzentrierte. Schon die klassischen Texte erblickten einen engen Zusammenhang zwischen der moralischen Selbstkultivierung des Einzelnen und der Herstellung politisch und sozial stabiler Verhältnisse. Ethisch richtiges Handeln fand seinen Ausdruck in der korrekten Einhaltung von grundsätzlich hierarchisch gedachten sozialen Beziehungen. Dass unter den Fünf Grundbeziehungen (Wu lun) des Konfuzianismus nach derjenigen zwischen Vater und Sohn an zweiter Stelle die zwischen Herrscher und Untertan folgt, ist Ausdruck dafür, dass der Konfuzianismus [...] den Staat analog zur Familie konstruierte. Die Monarchie war demzufolge die naturgegebene Staatsform, der Herrscher die höchste Autorität und Garant der kosmischen und damit auch der sozialen Stabilität und Harmonie.

Die monarchische Ausrichtung des Konfuzianismus und seine Akzeptanz sozialer Hierarchien fanden jedoch ein Gegengewicht in der Betonung moralischen Regierens. Das Handeln der politisch Verantwortlichen war keineswegs Selbstzweck, sondern hatte dem Wohl des Volkes zu dienen. An eine geregelte politische Partizipation breiter Bevölkerungskreise war damit keineswegs gedacht, doch beinhaltete die Lehre von der Legitimierung der herrschenden Dynastie durch das himmlische Mandat [...] ein Widerstandsrecht des Volkes gegen einen unmoralischen oder unfähigen Monarchen. Oberstes gesellschaftspolitisches Ziel des Konfuzianismus blieb die Herstellung einer hierarchisch strukturierten und zugleich von Harmonie und gegenseitigem Nutzen geprägten Gesellschaft.

Da die Konfuzianer annahmen, dass dieses Ziel mit den geeigneten Mitteln grundsätzlich erreichbar sei, mussten sie zu seiner Erreichung keine transzendenten Kräfte bemühen. Die Utopie des Konfuzius war ganz von dieser Welt; sie lag in der vollkommenen Herrschaft des weisen Monarchen der Vorzeit. Die Weisen hatten den Beweis erbracht, dass eine soziale Stabilität durch wohlwollende, tugendhafte Regierung tatsächlich hergestellt werden konnte. Die immer wieder gemachte Beobachtung, dass die politische und soziale Realität diesem Ideal keineswegs entsprach und insbesondere Belohnungen und Strafen nicht in moralisch einwandfreier und gerechter Weise verteilt wurden, stand für die konfuzianischen Gelehrten nicht in grundsätzlichem Widerspruch zur Praktikabilität der Ziele. Die mit diesen Überzeugungen einhergehende Hochschätzung, ja Verklärung der Vergangenheit verlieh dem konfuzianischen Denken, bei aller intellektuellen Flexibilität seiner Vertreter, einen gewissen konservativen Grundzug. Diese waren sich auch mit Ausnahme weniger Außenseiter darüber einig, dass die konfuzianischen Grundprinzipien die höchste moralische und intellektuelle Autorität darstellten. [...] Diese Grundprinzipien des Konfuzianismus waren auch in der Qing-Zeit noch gültig und verliehen dem politischen Konfuzianismus seine politische Wirkung. Die Qing-Herrscher förderten aus wohlverstandenem Eigeninteresse vor allem die konfuzianische Morallehre.

Thoralf Klein, Geschichte Chinas. Von 1800 bis zur Gegenwart, Paderborn [2]2009, S. 65–67

1. Geben Sie die Kernaussagen des Textes wieder. | H
2. Arbeiten Sie heraus, warum der Konfuzianismus von der Qing-Dynastie als politische Legitimation ihrer Herrschaft verstanden werden konnte. | H
3. Gruppenarbeit: Diskutieren Sie, welche Vorstellungen des Konfuzianismus heutigen Vorstellungen von Demokratie entsprechen und welche ihnen widersprechen.

[1] **Daoismus:** eine philosophische Lehre und ein religiöser Glaube, welche sich in China seit dem 6. Jahrhundert v. Chr. entwickelten

China und Europa vom 18. zum 19. Jahrhundert

Europa und China im 18. Jahrhundert | In den heutigen Grenzen ist China mit ca. 9,5 Millionen Quadratkilometern etwas kleiner als der europäische Kontinent, der ohne die Türkei etwa 10,5 Millionen Quadratkilometer umfasst. Um 1800 war die Fläche der dem chinesischen Kaiser direkt oder indirekt unterstehenden Gebiete aber deutlich größer, sodass China nicht kleiner, sondern größer als Europa war. Der Unterschied wird noch deutlicher, wenn man auf die Bevölkerungszahlen schaut. In Europa lebten um 1800 gut 200 Millionen Menschen, in China deutlich über 300 Millionen (➔M1). Europa und China unterschieden sich aber nicht nur hinsichtlich ihrer Größe. Sie waren auch von zwei völlig verschiedenen politischen Ordnungen geprägt. Während in China das Kaisertum im 18. Jahrhundert das Land zunehmend einigen konnte, war Europa von einer extremen politischen Zersplitterung geprägt. Selbst die größeren Monarchien, wie Frankreich oder die Habsburgermonarchie, waren winzig im Vergleich zu China. Und die meisten europäischen Königreiche, Fürstentümer oder Stadtstaaten hatten nicht einmal die Größe chinesischer Provinzen oder Bezirke. Seit der Spaltung zwischen der lateinischen Kirche in Westeuropa und der griechischen in Osteuropa 1054 sowie der Reformation im 16. Jahrhundert[1] bildete auch die europäische Christenheit keine Einheit mehr. Während die Qing nach einem blutigen Krieg seit ihrer Machtübernahme 1644 versuchten, das Kaiserreich zu einen, hatte der Dreißigjährige Krieg in Europa (1618–1648) lediglich einen politischen Frieden zur Folge. Eine politische oder religiöse Einigung des Kontinents bewirkte er nicht. Ganz im Gegenteil: Die religiösen, politischen und gesellschaftlichen Konflikte führten auch in den folgenden Jahrzehnten und Jahrhunderten immer wieder zu Krieg in Europa.

Animierte Karten
Eine animierte Karte zum Thema „Die ersten Entdeckungsfahrten in die Neue Welt“ können Sie unter dem Code **32037-25** abrufen.

Europäische Expansion und chinesische Reichssicherung | Anders als China hatte Europa im 15. Jahrhundert eine aktive Expansion außerhalb des eigenen Kontinents begonnen, welche die Suche nach Handelsrouten zunehmend mit politischer Machtausdehnung verband. Seit jeher waren europäische Händler bemüht, Waren aus Asien und Afrika zu beziehen. Aber diese Waren wurden über viele Zwischenhändler bis nach Europa oder in die Nähe Europas transportiert. Erst ab dem 15. Jahrhundert versuchten europäische Seefahrer den Atlantik nach Süden zu besegeln und gelangten schließlich auf dem Seeweg nach Asien und nach Amerika. In der Karibik, in Nord-, Mittel- und Südamerika gründeten die Europäer Kolonien, in denen sie herrschten und die europäische Kultur verbreiteten. Auf dem amerikanischen Kontinent spricht man heute Englisch, Französisch, Spanisch und Portugiesisch, und das Christentum ist die wichtigste Religion. Eine solche politische, kulturelle und ökonomische Expansion in fern entlegene Gegenden unternahm das chinesische Kaiserreich nicht. Zwar wuchs es an seinen Grenzen, aber selbst in Asien waren die Qing-Herrscher nicht an direkter Herrschaft außerhalb ihres Reiches interessiert. Ihnen war lediglich wichtig, dass China nicht von außen gefährdet wurde. Dazu dienten Verträge mit Russland, die Abhängigkeitsverhältnisse der Tribut entrichtenden südostasiatischen Länder und natürliche Grenzen wie Wüsten, Berge und Meere.

Europäische Landwirtschaft und Aufklärung im Vergleich zu China | Es gab aber auch Ähnlichkeiten zwischen China und Europa im 18. Jahrhundert. So lebte in Europa die überwiegende Mehrheit der Bevölkerung ebenfalls auf dem Land und arbeitete in der Landwirtschaft. Wie in China war in Europa ein großer Teil der Landbevölkerung nicht frei, sondern durch Armut oder Leibeigenschaft gezwungen, dem Grundherrn zu dienen. Schlechte Ernten führten auch hier immer wieder zu Hunger und Elend. Zahlreiche Regierungen versuchten daher wie in China durch Verbesserung der Handels-

[1] Zum Thema „Reformation“ siehe vor allem die Seiten 102 bis 109 in diesem Band.

wege, Ausdehnung der agrarischen Flächen, Erhöhung der Ernteerträge und andere Maßnahmen die Versorgung der Menschen mit Nahrungsmitteln zu sichern. Wie in China wuchsen auch in Europa die Städte und damit die Zahl der Menschen, die in unterschiedlichen Handwerken oder sonstigen Tätigkeiten ihr Auskommen fanden. Und schließlich entwickelte sich auch in Europa spätestens seit dem 16. Jahrhundert ein zunehmendes Interesse an Bildung, Wissenschaft und Forschung. Ganz ähnlich dem chinesischen Interesse an einer Neuinterpretation und sprachkritischen Revision der alten Texte betonte die Reformation im 16. Jahrhundert, dass man die Bibel genauer studieren und sich stärker auf den unmittelbaren Wortlaut der Heiligen Schrift berufen müsse. Zudem wurden, ähnlich den von den Qing-Kaisern angestoßenen großen historischen und literarischen Gesamtwerken, in Europa seit dem 18. Jahrhundert Enzyklopädien publiziert, in denen das gesamte Wissen der Welt gesammelt sein sollte. Doch auch wenn sich das Interesse an Bildung und Forschung in Europa und China glich, so waren die Bedingungen in Europa doch deutlich besser. Denn die Zersplitterung des Kontinents kam der Bildung zugute. Kein europäischer Herrscher war in der Lage, die Debatten und Publikationen auf dem ganzen Kontinent zu kontrollieren. Die Macht eines jeden Fürsten endete an den Grenzen seines häufig sehr kleinen Reiches. Und so konnten Wissenschaftler, die in einem Reich verfolgt wurden, nicht selten in ein anderes fliehen und dort weiter tätig sein. Darüber hinaus war es allen klar, dass Fortschritte in der Wissenschaft auch im Machtkampf zwischen den vielen europäischen Staaten von Vorteil sein könnten. Allein aus machtpolitischen Fragen war es daher wichtig, sich technischen Erkenntnissen nicht zu widersetzen. Diese Einsicht gewann im Laufe der Zeit an Bedeutung, sodass man für Europa spätestens im 18. Jahrhundert vom *Zeitalter der Aufklärung* spricht. Aufklärung bezeichnet die Verbreitung der bis heute vorherrschenden Vorstellung, dass der Mensch aufgrund seiner Vernunftbegabung in der Lage ist, die Realität zu erkennen und sie mithilfe dieser Erkenntnis gestalten kann. Aufklärung widersetzt sich also sowohl der Ansicht, dass die Mächtigen aufgrund ihre Stellung wissen, was richtig ist, als auch der Meinung, dass die Erkenntnisfähigkeit des Menschen gegenüber einer übermenschlichen bzw. göttlichen Einsicht zurücktreten muss.[1] Eine solche Auffassung konnte sich in China nicht verbreiten, da es hier dem Kaiser und seiner Verwaltung gelang, Bildung und Wissenschaft weitgehend zu kontrollieren.

Das Chinabild der Europäer | Für die europäischen Vorstellungen über China spielte der Jesuitenorden eine zentrale Rolle. Seit dem 16. Jahrhundert waren Jesuiten nach China gekommen und hatten dort aufgrund ihrer technischen Kenntnisse zum Teil große Anerkennung erfahren. Einige von ihnen gelangten in höchste Ämter, weil sie zum Beispiel in Astronomie und Geografie chinesische Gelehrte und den kaiserlichen Hof beraten konnten. Auch fungierten sie als Übersetzer etwa in Verhandlungen mit dem russischen Zarenreich. Als Missionare dagegen hatten die Jesuiten kaum Erfolg. Es gelang ihnen nicht, eine größere Zahl von Chinesinnen und Chinesen zum Christentum zu bekehren. Sie mussten sich stattdessen an die chinesische Kultur anpassen und eine Reihe von im Christentum ungebräuchlichen Praktiken übernehmen. In der katholischen Kirche entstand daher heftiger Streit darüber, ob man denn solche heidnischen Rituale, wie zum Beispiel den chinesischen Ahnenkult, als Christ überhaupt ausführen durfte. Schließlich entschied Papst *Clemens XI.* 1704, dass dies einem Christen untersagt sei, worauf China die Jesuiten, die sich an das päpstliche Verbot hielten, zwang, nach Macau zu ziehen, und die christliche Mission generell verbot.

Jesuiten (eigentlich: Gesellschaft Jesu): geistlicher Orden, von dem Spanier Ignatius von Loyola (1491–1556) 1534 gegründet und 1540 von Rom anerkannt. Die Jesuiten widmen sich dem Unterricht in Schule und Universität sowie der Missionierung. Sie tragen keine eigene Ordenskleidung und betonen den Gehorsam gegenüber dem Papst.

Da kaum ein Europäer länger in China gelebt hatte, waren die Kenntnisse über China in Europa sehr gering. Sie fußten vor allem auf dem, was die Jesuiten berichtet hatten, und entwarfen häufig ein stark idealisiertes Bild des Kaiserreiches. Für Philosophen wie *Gottfried Wilhelm Leibniz* (1646–1716) und *Immanuel Kant* (1724–1804)

[1] Weitere Informationen zum Begriff „Aufklärung" finden Sie auf den Seiten 126 und 141.

Der Jesuit und Astronom Johann Adam Schall von Bell in China.
Kolorierter Holzstich von Athanasius Kircher, China monumentis illustrata, Amsterdam 1667.
Der deutsche Jesuit Schall von Bell (1592–1666) mit dem chinesischen Namen „Tang Ruowang" verbrachte die meiste Zeit seines Lebens als Missionar in China. Er war Berater am Hof des chinesischen Kaisers.

▶ Beschreiben Sie, was auf dem Holzstich dargestellt wird.

▶ Arbeiten Sie heraus, welche Informationen über das Leben Schall von Bells aus dem Holzstich abgeleitet werden können.

herrschten in China „Philosophenkaiser", welche mithilfe weiser Berater kluge Entscheidungen trafen und dem Land Frieden und Wohlstand brachten. Kriege, Aufstände, Elend und Hungersnöte hatten in einem solchen Bild keinen Platz (➔M2). Der Chinaverklärung der Philosophen entsprach die Begeisterung für chinesisches Porzellan, Stoffe und Drucke. Reiche Bürgerinnen und Bürger, Adelige und Königshäuser schmückten ihre Salons und Paläste mit Waren aus China, die dort speziell für den europäischen Markt gefertigt wurden. Erst im Laufe des 18. und 19. Jahrhunderts veränderten die besseren Kenntnisse über China und die ökonomischen und kulturellen Veränderungen in Europa das europäische Bild von China. Nun begannen immer mehr Europäer, China für einen Hort der Barbarei und Unkultur zu halten (➔M3).

Industrialisierung und Nationalstaat in Europa | Wäre Anfang des 18. Jahrhunderts eine Person in der Lage gewesen, Europa und China realistisch zu vergleichen, wäre sie wohl kaum auf die Idee gekommen, dass China 200 Jahre später ein Spielball europäischer Mächte, der USA und Japans sein würde. Dieser Umschwung hatte sowohl mit Entwicklungen in China als auch mit dramatischen Veränderungen im Rest der Welt zu tun. Zwei Prozesse waren dabei von entscheidender Bedeutung. Erstens führte die *Industrialisierung* zu einem ungeheuren Aufschwung in der Produktion jeder Art von Gütern.[1] Industrialisierung bedeutete, dass Maschinen an die Stelle menschlicher und tierischer Arbeitskraft traten. Maschinen webten nun Stoffe oder zogen Wagen. Die Energie von menschlichen oder tierischen Muskeln und von Wasser und Wind wurde nach und nach durch Kohle (und später Öl) ersetzt. Dies war eine Revolution, welche die Welt grundlegend veränderte. Denn nun konnten Waren in einem vorher unvorstellbaren Umfang produziert werden. Gleichzeitig wurden in immer kürzeren Abständen neue Verfahren und Produkte entwickelt, sodass die Industrialisierung eine sich selbst beschleunigende Dynamik hervorbrachte. Der Unterschied zwischen sich industrialisierenden Ländern und dem Rest der Welt wuchs in immer größerer Geschwindigkeit (➔M4).

Parallel zur Industrialisierung verwandelte sich eine Reihe von Ländern in *Nationalstaaten*. Waren die Menschen in den alten Monarchien vor allem dem König, einem Fürsten oder Grundherrn verpflichtet, so stand nun das Wohl des Nationalstaates über allem. Ein Monarch konnte nun nicht mehr wie der französische König *Ludwig XIV.* (1638–1715) sagen, dass er der Staat sei. Im Gegenteil: Alle hatten dem Wohl der Allgemeinheit gerade auch in Konkurrenz zu anderen Ländern zu dienen. Wichtige

[1] Siehe hierzu auch das Kapitel „Industrialisierung" auf den Seiten 256 bis 283.

Impulse für die Entstehung von Nationalstaaten lieferte zunächst England in der *Glorious Revolution* von 1688/89, weil hier die Rechte des Königs beschränkt wurden. Später proklamierten die USA, die 1776 aus der Unabhängigkeit der britischen Kolonien in Nordamerika entstanden, und Frankreich, das in der Revolution von 1789 die Monarchie erst einschränkte und dann – zunächst nur vorübergehend – abschaffte, nationalstaatliche Prinzipien.[1] Das neue Staatsverständnis erwies sich in den Kriegen, welche Frankreich nach der Revolution führte, als äußerst erfolgreich. Unter *Napoleon Bonaparte* (1769–1821) gelang es der neuen Nation kurzfristig, fast ganz Europa zu erobern. Angesichts der Konkurrenz zwischen den vielen kleineren und größeren Fürstentümern und Monarchien in Europa begann man vielerorts mit Reformen, welche langfristig ganz Europa in Nationalstaaten verwandelten. Auch wenn die Entstehung des Nationalstaates und die Industrialisierung nicht kausal miteinander verbunden waren, so bildeten sie doch eine für die Weltgeschichte prägende Einheit. Denn der Nationalstaat verwandelte den durch die Industrialisierung geschaffenen Reichtum mit höchster Effizienz in politische und militärische Macht. Kein Land und kein politisches System waren dem gewachsen.

Alter und neuer Kolonialismus | Die Entstehung von Nationalstaaten ging einher mit dem Ende des alten und der Entstehung eines neuen *Kolonialismus* (→M5). Auf dem amerikanischen Doppelkontinent wurden die meisten britischen, französischen, spanischen und portugiesischen Kolonien unabhängig. 1776 entstanden aus 13 britischen Kolonien in Nordamerika die USA, 1804 erklärte Haiti nach einem Sklavenaufstand seine Unabhängigkeit von Frankreich. Kurz darauf brachen in allen spanischen und portugiesischen Kolonien des amerikanischen Festlandes Unabhängigkeitskämpfe aus. 1830 waren die meisten ehemaligen Kolonien unabhängige Nationalstaaten. Doch während der Kolonialismus sich auf dem amerikanischen Doppelkontinent auf dem Rückzug befand, gewann die koloniale Expansion in Asien und Afrika an Bedeutung. Im heutigen Indien hatte die private britische *Ostindienkompanie* ihre Macht seit dem 17. Jahrhundert immer weiter ausgebaut, bis sie schließlich in der zweiten Hälfte des 18. Jahrhunderts die herrschende Kolonialmacht war. Die Kompanie trieb Steuern ein, prägte Münzen, sprach Recht und verfügte über Streitkräfte. 1858 wurden die Besitzungen der Ostindienkompanie der britischen Krone unterstellt. Als Kaiserin von Indien herrschte nun die britische Königin *Victoria* (1819–1901) über ein Gebiet, das die heutigen Länder Pakistan, Indien, Bangladesch, Bhutan, Myanmar und Teile des zu China gehörenden Kaschmirs umfasste. Während Großbritannien seine Macht in Indien konsolidierte, wetteiferten verschiedene europäische Staaten um Herrschaftsgebiete in Afrika. Von 1798 bis 1801 führte Frankreich eine militärisch-wissenschaftliche Expedition nach Ägypten durch, drei Jahrzehnte später wurde Algerien erobert und nach und nach unter französische Herrschaft gestellt. In der zweiten Hälfte des 19. Jahrhunderts eroberten europäische Nationalstaaten fast den gesamten afrikanischen Kontinent und teilten ihn unter sich auf.

Internettipp
Verschiedene Online-Beiträge zum Thema „Europa zwischen Kolonialismus und Dekolonisierung" können Sie unter dem Code **32037-26** abrufen.

Innere Krisen in China zu Beginn des 19. Jahrhunderts | Während die europäischen Staaten in Afrika und Asien an Macht gewannen, wurde das chinesische Kaiserreich von zahlreichen Krisen heimgesucht. Das starke Bevölkerungswachstum in den vorhergehenden Jahrhunderten führte um 1800 zu großen Problemen, da die Landwirtschaft die wachsende Zahl an Menschen nicht mehr so gut wie früher versorgen konnte. Die Ausweitung der landwirtschaftlichen Nutzfläche stieß an Grenzen. Raubbau, Abholzung von Wäldern und die exzessive Nutzung von Feldern führten zu Naturkatastrophen und senkten die Erträge. Dies belastete die Steuereinnahmen und sorgte gleichzeitig für hohe Kosten. Um Geld einzunehmen wurde damit begonnen, einen immer größeren Anteil der lukrativen Beamtenposten nicht nach Leistung zu vergeben,

[1] Über die Französische Revolution informieren die Seiten 124ff.

sondern zu verkaufen. Das minderte die Qualität des Staatsapparats und schuf Unzufriedenheit und Misstrauen. Während also Armut und Elend aufgrund der wirtschaftlichen Probleme wuchsen, war das Kaiserreich immer weniger in der Lage, angemessene Maßnahmen zu ergreifen. Die Folge war, dass an den Rändern des Reiches zahlreiche Aufstände ausbrachen, die sich gegen die chinesische Herrschaft oder zumindest gegen die Zahlung von Steuern und Abgaben richteten. Aber auch in den Kerngebieten führte die Armut dazu, dass Millionen von mittellosen Menschen durch das Land streiften und die Sicherheit und öffentliche Ordnung bedrohten. Das Kaiserreich fand auf die Krisen des beginnenden 19. Jahrhunderts keine Antwort. Mit der Abdankung Qianlongs 1796 hatte der letzte große Qing die Macht abgegeben. Seine Nachfolger sonnten sich im Glanze der nach und nach verblassenden Größe ihres Reiches. Sie waren aber nicht gewillt oder fähig, radikale Reformen durchzuführen, mit welchen sie ihr Land auf die bevorstehenden Auseinandersetzungen mit den Europäern hätten vorbereiten können.

China und Russland | Dass China in einem Krieg mit einer europäischen Macht unterliegen könnte, entsprach um 1800 nicht den Vorstellungen der Chinesen. Deren Sicherheitsdenken richtete sich vor allem auf die riesigen Grenzen im inneren Asien. Hier war die einzige europäische Macht, die man kannte, Russland. Denn Russland hatte seine Grenzen seit dem 16. Jahrhundert immer weiter nach Osten verschoben. In den riesigen sibirischen Weiten ließen sich Pelztierjäger und Händler nieder. Die zunehmende Besiedlung führte nicht nur zu einem schwunghaften Handel mit Europa, sondern gerade auch mit China, von wo Lebensmittel importiert wurden, obwohl es dafür weder Verträge noch die Erlaubnis des Kaisers gab. Die russische Besiedlung Sibiriens und die Stationierung russischen Militärs beunruhigten die chinesische Führung zunehmend. 1685/86 griffen chinesische Truppen die russische Militärsiedlung in Albazino an der heutigen russisch-chinesischen Grenze an und zerstörten sie. Daraufhin schickte der russische Zar *Peter I.* (1672–1725) eine diplomatische Gesandtschaft nach China und die beiden Reiche schlossen den *Vertrag von Nertschinsk* (1689), in dem sie sich gegenseitig anerkannten, eine Grenze festlegten und Handel ermöglichten. Anfang des 18. Jahrhunderts entsandte dann der chinesische Kaiser eine diplomatische Mission nach Russland und 1727 wurde ein zweiter Vertrag zwischen den beiden Ländern geschlossen, welcher die politischen und wirtschaftlichen Beziehungen den neuen Gegebenheiten anpasste. Russland wurde es gestattet, eine dauerhafte diplomatische Vertretung in Beijing einzurichten sowie eine begrenzte Zahl von Kaufleuten in die Hauptstadt zu entsenden. Für Russland bedeuteten die Verträge von China eine erhebliche Verbesserung des ostasiatischen Handels, wodurch die Erschließung Sibiriens erleichtert wurde. China gewann durch die Verträge mit Russland gesicherte Grenzen in einer Region, die militärisch nur schwer zu kontrollieren war.

Internettipp
Einen Online-Artikel zum Thema „Imperiale Konkurrenz (China und Russland im 18. und 19. Jahrhundert)" finden Sie unter dem Code **32037-27**.

M1 Bevölkerungsentwicklung Chinas

Jahr	Weltbevölkerung (in Millionen)	Chinas Bevölkerung (in Millionen)	Anteil an der Weltbevölkerung (in %)
1650	550	123	22,4
1750	725	260	35,9
1850	1175	412	35,1
1950	2556	552	21,6
1980	4458	987	22,1
1996	5772	1224	21,2

Nach: Thoralf Klein, Geschichte Chinas. Von 1800 bis zur Gegenwart, Paderborn ^{2}2009, S. 134

1. Beschreiben Sie vergleichend die Bevölkerungsentwicklung Chinas und der Welt. | H
2. Erläutern Sie, warum die Zeit zwischen 1850 und 1950 zu einem deutlichen Niedergang der weltweiten Bedeutung der chinesischen Bevölkerung führte. Suchen Sie nach möglichen Gründen für die Veränderungen.
3. Die Historikerin Sabine Dabringhaus schreibt, China habe um 1700 275 Millionen und um 1800 360 Millionen Einwohner gehabt. Arbeiten Sie heraus, welche unterschiedlichen Vorstellungen vom Bevölkerungswachstum sich aus den Zahlen von Thoralf Klein und Sabine Dabringhaus ergeben.

M2 Philosophische China-Verklärung

Der Philosoph Christian Wolff (1679–1754) lobt 1721 in einer Rede die alte chinesische Philosophie in den höchsten Tönen:

Kein geringes Lob scheinen mir die Chinesen auch dafür zu verdienen, dass sie jede Einrichtung ihrer Studien auf einen gewissen Zweck bezogen und dabei nur das zuließen, was zu diesem führen sollte. Nicht weniger Lob scheinen sie mir dafür zu verdienen, dass sie diese Einrichtung ihrer Studien auch auf das Leben bezogen und dabei nur das zuließen, was dazu diene, die Glückseligkeit zu erreichen; dies war die Ursache dafür, dass in diesem in höchster Blüte stehenden Zeitalter [des Konfuzius[1]] in ganz China niemand zu finden war, der sich nicht dem Studium gewidmet hätte, soweit es sein Talent zuließ und seine Lebensumstände verlangten. Ja, auch darin scheinen mir die Chinesen lobenswert zu sein, dass sie die Sittenlehren nicht nur mitteilten, sondern die Schüler auch im Streben nach der Tugend übten und ihre Sitten ausbildeten. [...] Ich habe oben gesagt, dass Konfuzius nichts Neues erfunden, sondern Altes erneuert hat; deshalb kann man in diesem Büchlein [namens Schule der Erwachsenen von Konfuzius] die echten Grundsätze der chinesischen Weisheit finden. Denn die Chinesen drangen darauf, dass zuallererst die Vernunft richtig ausgebildet werde, weil man zur deutlichen Erkenntnis des Guten und Bösen gelangen müsse, um sich ohne die Furcht vor einem Herrn und ohne die Hoffnung, von ihm eine Belohnung zu erhalten, der Tugend zu widmen; dass die vollkommene Kenntnis des Guten und Bösen aber keineswegs erlangt werden könne, wenn nicht die Beschaffenheiten und Gründe der Dinge erforscht seien. [...] Dass im ungehinderten Fortschritt zu täglich größeren Vollkommenheiten das höchste Gut des Menschen besteht, ist von mir [...] bewiesen worden. Da die Chinesen so emsig einschärften, man müsse auf dem Weg der Tugend ständig weiter fortschreiten und dürfe bei keinem Grad der Vollkommenheit stehenbleiben, wenn man nicht zum höchsten Grad gelangt ist, den zu erreichen jedoch keinem möglich ist, so sind meiner Meinung nach auch ihre Philosophen von der Überzeugung beseelt, dass der Mensch keineswegs glückseliger werden könne, als wenn er täglich zu größeren Vollkommenheiten fortschreite.

Christian Wolff, Rede über die praktische Philosophie der Chinesen, Hamburg 1985, S. 43–57

1. Fassen Sie die Kernaussagen des Textes zusammen.
2. Arbeiten Sie heraus, in welchem Punkt nach Wolff seine Philosophie und die der alten chinesischen Philosophie übereinstimmen. | H
3. Setzen Sie sich mit der Frage auseinander, ob Wolff mit diesem Text das zeitgenössische China lobte oder kritisierte. | H

Der Universalgelehrte Christian Freiherr von Wolff. Zeitgenössische Abbildung (Ausschnitt).

[1] Zu Konfuzius siehe nochmals Seite 171.

M3 Herders China-Kritik

Der Dichter und Philosoph Johann Gottfried Herder (1744–1803) beschäftigt sich im dritten Band seiner vierbändigen Abhandlung „Ideen zur Philosophie der Geschichte der Menschheit" mit den sehr unterschiedlichen Darstellungen und Bewertungen Chinas. Er verspricht einen „Mittelweg" zu wählen, formuliert dann aber doch ein recht hartes Urteil:

Kann man sich wundern, dass eine Nation dieser Art nach europäischem Maßstabe in Wissenschaften wenig erfunden, ja, dass sie Jahrtausende hindurch sich auf derselben Stelle erhalten habe? Selbst ihre Moral- und Gesetzbücher gehen immer im Kreise umher und sagen auf hundert Weisen genau und sorgfältig mit regelmäßiger Heuchelei von kindlichen Pflichten immer dasselbe. Astronomie und Musik, Poesie und Kriegskunst, Malerei und Architektur sind bei ihnen, wie sie vor Jahrhunderten waren, Kinder ihrer ewigen Gesetze und unabänderlich-kindischen Einrichtung. Das Reich ist eine balsamierte Mumie, mit Hieroglyphen bemalt und mit Seide umwunden; ihr innerer Kreislauf ist wie das Leben der schlafenden Wintertiere. Daher die Absonderung, Behorchung und Verhinderung jedes Fremden; daher der Stolz der Nation, die sich nur mit sich selbst vergleicht und das Auswärtige weder kennet noch liebet. Es ist ein Winkelvolk auf der Erde, vom Schicksal außer den Zusammendrang der Nationen gesetzt und eben dazu mit Bergen, Wüsten und einem beinah buchtlosen Meer verschanzet. [...] Der Name Konfuzius ist mir ein großer Name, ob ich die Fesseln gleich nicht verkenne, die auch *er* trug und die er mit bestem Willen dem abergläubigen Pöbel und der gesamten chinesischen Staatseinrichtung durch seine politische Moral auf ewige Zeiten aufdrang. Durch sie ist dies Volk, wie so manche andere Nation des Erdkreises, mitten in seiner Erziehung, gleichsam im Knabenalter, stehengeblieben, weil dies mechanische Triebwerk der Sittenlehre den freien Fortgang des Geistes auf immer hemmte und sich im despotischen Reich kein zweiter Konfuzius fand.

Johann Gottfried Herder, Ideen zur Philosophie der Geschichte der Menschheit. Dritter Teil, Riga/Leipzig 1787, S. 9 (Mittelweg), S. 17, 20f.

1. Geben Sie die zentralen Aussagen Herders wieder.
2. Arbeiten Sie die Gründe heraus, die Herder dafür anführt, dass sich China in der von ihm angenommenen Verfassung befindet.
3. Erläutern Sie, warum Herder China mit einer „balsamierte[n] Mumie" (Zeile 11) vergleicht.
4. Überprüfen Sie, ob Herder mit dem „freien Fortgang des Geistes" (Zeile 28) die Befreiung Chinas oder vielmehr die Unterwerfung unter ein europäisches Verständnis von Freiheit fordert. | H
5. Vergleichen Sie die Texte von Wolff (M2) und Herder miteinander.

Johann Gottfried Herder.
Ölgemälde von 1785.

M4 Chinas Industrie im Vergleich

Relative Anteile an der Weltindustrieproduktion in Prozent:

	1750	1800	1830	1860	1880	1900
Großbritannien	1,9	4,3	9,5	19,9	22,9	18,5
Habsburger Reich	2,9	3,2	3,2	4,2	4,4	4,7
Frankreich	4,0	4,2	5,2	7,9	7,8	6,8
Deutsche Staaten/Deutschland	2,9	3,5	3,5	4,9	8,5	13,2
Italienische Staaten/Italien	2,4	2,5	2,3	2,5	2,5	2,5
Russland	5,0	5,6	5,6	7,0	7,6	8,8
USA	0,1	0,8	2,4	7,2	14,7	23,6
Japan	3,8	3,5	2,8	2,6	2,4	2,4
China	32,8	33,3	29,8	19,7	12,5	6,2
Indien/Pakistan	24,5	19,7	17,6	8,6	2,8	1,7
Andere	19,7	19,4	18,1	15,5	13,9	11,6

Nach: Paul Kennedy, Aufstieg und Fall der großen Mächte, Frankfurt am Main [5]2005, S. 237

1. Fassen Sie die einzelnen Länder zu Weltregionen zusammen und vergleichen Sie anschließend deren Entwicklung. | H
2. Erklären Sie, inwiefern die Statistik das Vordringen europäischer Mächte in China zu verstehen hilft. | H
3. Stellen Sie Vermutungen darüber an, inwiefern die Veränderung relativer Anteile Ausdruck von Entwicklungen in absoluten Zahlen ist.

M5 Kolonialismus

*Der Historiker Jürgen Osterhammel (*1952) definiert den Begriff „Kolonialismus" wie folgt:*

Kolonialismus ist eine Herrschaftsbeziehung zwischen Kollektiven, bei welcher die fundamentalen Entscheidungen über die Lebensführung der Kolonisierten durch eine kulturell andersartige und kaum anpassungswillige Minderheit von Kolonialherren unter vorrangiger Berücksichtigung externer Interessen getroffen und tatsächlich durchgesetzt werden. Damit verbinden sich in der Neuzeit in der Regel sendungsideologische Rechtfertigungsdoktrinen, die auf der Überzeugung der Kolonialherren von ihrer eigenen kulturellen Höherwertigkeit beruhen.

Jürgen Osterhammel, Kolonialismus. Geschichte – Formen – Folgen, München [2]1997, S. 21

1. Geben Sie die Definition in eigenen Worten wieder. | F
2. Überprüfen Sie, welche Aspekte der Definition auf die europäische Präsenz in China in der zweiten Hälfte des 19. Jahrhunderts zutreffen. Ziehen Sie dazu auch das Kapitel „Europäische Interventionen in China" auf den Seiten 184 bis 193 heran.

Europäische Interventionen in China

Das Kanton-System | Als es Europäern im 16. Jahrhundert möglich wurde, bis nach China zu segeln, hatte dies sofort Auswirkungen auf den Handel, da die Europäer nun in China Waren kaufen und verkaufen konnten. 1557 pachteten die Portugiesen die Insel Macau im Perlfluss-Delta. Von dort begannen sie einen regen Handel mit China und anderen ostasiatischen Regionen. Der Beginn der Qing-Herrschaft 1644 änderte zunächst wenig an dem existierenden Handel mit Europa. Erst im 18. Jahrhundert betrachtete Kaiser Qianlong die europäischen Aktivitäten zunehmend skeptisch. Denn er sah, wie die britische Ostindienkompanie im benachbarten Indien immer mächtiger wurde. Dort hatten sich Handelsbeziehungen nach und nach in Herrschaftsbeziehungen verwandelt. Das wollte die chinesische Regierung verhindern. Sie legte daher fest, dass die Europäer nur noch über einen einzigen Hafen Handel mit China treiben sollten. Dieser Hafen war *Guangzhou* in der Provinz Guangdong im Perlflussdelta. Da Guangdong früher Kanton genannt wurde, spricht man vom *Kanton-System*. Dieses System beschränkte den Handel mit Europa nicht nur auf einen einzigen Hafen, es beschränkte auch die Möglichkeiten der Europäer in China. Denn der Kaiser verfügte, dass Europäer nur noch mit von ihm bestimmten chinesischen Firmen Handel treiben durften. Diese Handelsfirmen nannte man *Hong* und der Zusammenschluss, den sie bildeten, wurde als *Co-Hong* bezeichnet. Das Kanton-System erlaubte es China, mit Europa Handel zu treiben, ohne dass die Europäer nach und nach immer größeren Einfluss gewinnen konnten. Die Konzentration auf wenige chinesische Handelshäuser erleichterte darüber hinaus die Erhebung von Zöllen, was für die kaiserlichen Finanzen einen erheblichen Vorteil darstellte. Auf europäischer Seite hatten im 18. Jahrhundert die Briten die Portugiesen längst verdrängt. Die britische Nachfrage nach chinesischem Tee, Seide und Porzellan war riesig. Gleichzeitig konnten die Briten über ihren Handel mit Europa und den Amerikas alle Waren besorgen, die in China nachgefragt wurden, insbesondere das Silber aus den spanisch-amerikanischen Minen. Die Briten hätten den Handel gerne ausgeweitet und insbesondere mehr Produkte ihrer heimischen Manufakturen in China verkauft. Sie schickten 1793 und 1816 diplomatische Missionen nach China, um eine Änderung des Kanton-Systems zu erwirken. Aber auf chinesischer Seite bestand wenig Interesse an Änderungen. Das System hielt die Europäer vom Eindringen ins Land ab, verschaffte dem Kaiser zuverlässige Zolleinnahmen und ließ reichlich Silber ins Land fließen. Das war alles, was die Chinesen wollten (➔M1).

Wiegen von Teekisten in der Zollstation von Guangzhou.
Chinesische Seidenmalerei aus dem 1. Drittel des 18. Jahrhunderts.
Die Abbildung zeigt Chinesen und Europäer im Hafen von Guangzhou. Die Seidenmalerei gehört zu einem chinesischen Album mit 50 Tafeln über den Anbau und die Gewinnung von Tee.

- ▶ Gliedern Sie das Bild in sinnvolle Bereiche (z. B. nach Bildebenen, Handlungen, Personengruppen).
- ▶ Charakterisieren Sie die einzelnen Personengruppen und die Beziehungen zueinander.
- ▶ Stellen Sie ausgehend von dem Bild Hypothesen über den Charakter der Handelsbeziehungen zwischen Europa und China im 18. Jahrhundert auf.

Der Opiumhandel | Den Briten war das Kanton-System eine immer größere Last. Denn die britische Nachfrage nach chinesischem Tee wuchs ins schier Unermessliche. Während im frühen 18. Jahrhundert Großbritannien 400 000 Pfund Tee importiert hatte, sollten es im 19. Jahrhundert schließlich 28 Millionen Pfund werden. Doch obwohl die britische Nachfrage nach chinesischem Tee ständig wuchs, gab es auf chinesischer Seite auch im ersten Drittel des 19. Jahrhunderts kein großes Interesse an britischen Waren. So floss ein immer größer werdender Strom an Silber von Großbritannien nach China. Die ungleiche Handelsbilanz wurde Großbritannien auch deshalb zum Problem, weil sich die Silbergewinnung in der ersten Hälfte des 19. Jahrhunderts aufgrund der Unabhängigkeitskriege in den spanisch-amerikanischen Kolonien radikal verringerte. Erst um 1850 hatte die Silberproduktion in Lateinamerika wieder den Stand von 1800 erreicht. Die Briten wichen daher auf ein Produkt aus, das lange Zeit recht unbedeutend gewesen war: *Opium*. Obwohl es in China verboten war, Opium einzuführen, schmuggelten Briten mithilfe von Chinesen das Rauschmittel aus Britisch-Indien in immer größerem Umfang nach China. Ende der 1830er-Jahre gelangten so etwa 2,5 Tonnen Opium nach China. Die Briten hatten sich zum größten Drogenhändler der Welt entwickelt. Für China war der *Opiumhandel* eine Katastrophe, da er nicht nur Zehntausende von Chinesen zu Drogenabhängigen machte, sondern auch der Wirtschaft erheblichen Schaden zufügte. Denn nun kam nicht nur kein Silber mehr ins Land, das Silber floss zur Bezahlung des Opiums aus China ab. Der Mangel an Silber führte dazu, dass die Kupfermünzen der einfachen Leute im Vergleich zur offiziellen Silberwährung massiv an Wert verloren. Der Geldbesitz von Millionen Chinesen wurde entwertet. Es war daher verständlich, dass Kaiser *Daoguang* (1782–1850) dem Opiumhandel den Krieg erklärte. Für chinesische Opiumhändler wurde die Todesstrafe eingeführt und Tausende von wirklichen oder vermeintlichen Drogendealern wurden hingerichtet. Gleichzeitig wurden die Boote der Händler beschlagnahmt und zerstört. Die Verhandlungen mit den Briten sollte ein kaiserlicher Beauftragter, *Lin Zexu* (1785–1850), führen (➔M2). Dieser setzte Hunderte von Ausländern fest und ließ die Opiumbestände, die er in der Provinz

„Sie haben dieses Gift auf der Stelle zu kaufen."
Karikatur aus der Pariser Satirezeitschrift „Le Charivari", 1840.
Die französische Karikatur legt dem Engländer folgende Worte in den Mund: „Sie haben dieses Gift auf der Stelle zu kaufen, damit wir eine Menge Tee zum Verdauen unseres Roastbeefs bekommen."

▶ Interpretieren Sie Zeichnung und Text. | H

Guangzhou beschlagnahmen konnte, zerstören. Die britische Regierung nahm das Vorgehen Chinas gegen britische Untertanen zum Anlass, eine Kriegsflotte nach China zu schicken. Die Briten interessierten sich nicht für die Frage, ob staatlich geförderter Drogenhandel moralisch gerechtfertigt war. Ihnen ging es allein darum, die Behandlung britischer Untertanen zu rächen und die Handelsmöglichkeiten Großbritanniens in China zu verbessern.

Der Erste Opiumkrieg (1839–1842) | Im *Ersten Opiumkrieg* gelang es Großbritannien mit einer verhältnismäßig kleinen Flotte und mit ganz geringen Verlusten das mächtige chinesische Kaiserreich zu besiegen und die eigenen Forderungen im *Friedensvertrag von Nanjing* durchzusetzen. Wie war das möglich? Und: Warum kapitulierte der chinesische Kaiser vor einer kleinen Kriegsflotte, die niemals in der Lage gewesen wäre, China dauerhaft zu erobern? Ein wichtiger Grund war die technische Überlegenheit der Briten. In ihrer Kriegsmarine befanden sich dampfgetriebene und zum Teil gepanzerte Schiffe. Dies waren zwar noch keine Schiffe aus Stahl, aber Schiffe, auf deren Holzwänden Metallplatten befestigt waren. Die chinesischen Kriegsschiffe waren der britischen Marine hoffnungslos unterlegen. In der Regel konnte man die Auseinandersetzungen zwischen Briten und Chinesen nicht einmal als Kämpfe bezeichnen, denn die britischen Kanonen schossen so viel weiter und genauer als die chinesischen, das noch bevor die Briten von den Chinesen hätten beschossen werden können, die chinesischen Kräfte schon vernichtet waren. Ähnlich verhielt es sich an Land, wo die Reichweite der britischen Gewehre dafür sorgte, dass die chinesischen Waffen die Briten nicht gefährdeten. Trotz ihrer technischen Überlegenheit setzten die Briten zu keinem Zeitpunkt darauf, China zu erobern. Ihr Erfolg verdankte sich auch ihrer Strategie, die sich auf die Blockade und Besetzung wichtiger Küstenstädte des Landes konzentrierte. Sie begannen mit Guangzhou und eroberten in den nächsten zwei Jahren unter anderem Ningbo, Shanghai und Nanjing. Die Briten wurden dabei durchweg von Indien aus unterstützt. Ihre logistischen Zentren lagen also nicht nur in Europa, sondern auch im vergleichsweise nahen Indien. Das erleichterte den Briten den Nachschub an Truppen und Material. Während die Briten mit einer klaren Strategie und im vollen Bewusstsein ihrer techni-

Briten greifen 1842 die chinesische Stadt Nanjing an.
Chinesische Darstellung, um 1842.

- Beschreiben Sie die dargestellte Szene.
- Analysieren Sie, warum die Briten den Chinesen im Kampf überlegen waren.
- Erklären Sie, inwiefern die Zeichnung einen „Krieg" darstellt.

schen Überlegenheit agierten, war der chinesischen Führung das wahre Ausmaß der Niederlagen zum Teil gar nicht bekannt. Häufig wurden dem Kaiser geschönte Berichte von den Kämpfen vorgelegt, die die militärische Überlegenheit der Briten nicht klar benannten. Als schließlich offensichtlich wurde, dass die Briten die wichtigsten Küstenstädte erobert hatten, war es zu spät. Der Küstenhandel befand sich nicht mehr unter chinesischer Kontrolle, was eine Katastrophe für die chinesische Wirtschaft bedeutete. Die Briten mussten gar nicht China erobern, um den Kaiser erpressen zu können. Diesem blieb nichts anderes übrig, als sich auf einen Vertrag einzulassen, der den Briten die Tür zum chinesischen Markt weit aufstieß (➔M3). Mit ihm begann eine Serie *„ungleicher Verträge"*.

Die Folgen des Ersten Opiumkrieges | Die Niederlage im Ersten Opiumkrieg hatte für China eine Reihe von unmittelbaren Folgen. Der Opiumhandel konnte nun nicht mehr wie beabsichtigt unterbunden werden, sondern er blühte wie zuvor. Der britische Handel war nicht mehr auf eine einzige Stadt beschränkt und er unterlag nicht mehr der strikten Kontrolle durch die chinesische Regierung (➔M4). Der Vertrag von Nanjing hatte weitreichende Folgen für die kaiserlichen Finanzen, da er nicht nur hohe Reparationszahlungen vorsah, sondern auch die Zolleinnahmen des Kaisers reduzierte. Darüber hinaus konnten sich die Briten nun ihre chinesischen Geschäftspartner aussuchen. Die chinesischen Hong, die vor 1842 das Monopol auf Geschäfte mit den Briten besaßen, wurden entmachtet und verloren somit ihre lukrativen Geschäfte. Auch die Kontrolle über den Handel in den Vertragshäfen oblag nun britischen Staatsangehörigen, welche ihre Position zugunsten ihrer Landsleute nutzten. 1843 schlossen auch Frankreich und die USA Verträge mit China, welche ähnliche Bedingungen enthielten wie der Vertrag von Nanjing. Damit war die Handelspolitik, welche die Qing-Dynastie im 18. Jahrhundert entwickelt und durchgesetzt hatte, gescheitert. Aber auf chinesischer Seite wollte man die Veränderungen nicht wahrhaben. Es gab zunächst keine konsequente Neuorientierung der Politik gegenüber den europäischen Mächten und den USA und noch viel weniger eine durchdachte Strategie, was man denn der Macht der ausländischen Nationen entgegensetzen könnte. Dies lag auch daran, dass China gleichzeitig von Aufständen zerrissen wurde, welche die Konflikte mit den Europäern als unbedeutend erscheinen ließen.[1] Der Erste Opiumkrieg war daher weder der Anfang noch der Auslöser für die schweren Erschütterungen, die China nun über 100 Jahre lang prägen würden. Vielmehr stellte der Erste Opiumkrieg eine Krise unter vielen anderen dar, deren tiefere Ursachen letztlich in den innerchinesischen Entwicklungen unter der Qing-Dynastie zu suchen sind.

Der Zweite Opiumkrieg (1856–1860) | Ausgangspunkt des *Zweiten Opiumkrieges* waren Konflikte, welche die Briten mit der Bevölkerung in Guangzhou hatten. Die Mehrheit der Chinesinnen und Chinesen lehnte die britische Präsenz ab. Dies lag sowohl an dem herrischen und arroganten Auftreten der Briten als auch an den in der chinesischen Elite verwurzelten Vorstellungen von der Überlegenheit der chinesischen Kultur. Demnach mussten Ausländer sich bescheiden verhalten. Die Briten stießen daher vielerorts auf verdeckten oder offenen Widerstand, der sich oftmals völlig unabhängig oder sogar in Opposition zum Kaiser im fernen Beijing artikulierte. In der Provinz Guangdong formierte sich breiter Widerstand, welcher die Briten daran hindern wollte, sich frei in der Provinzhauptstadt Guangzhou zu bewegen. In dieser aufgeladenen Atmosphäre wurde das Schiff „Arrow" beschlagnahmt, welches Chinesen gehörte und unter britischer Flagge segelte und Schmuggel betrieb. Daraufhin schickte der britische Konsul Schiffe, welche die „Arrow" für die Briten beschlagnahmen sollte. Der Unternehmung schlossen sich französische Truppen mit der Begründung an, die Chinesen hätten einen Franzosen hingerichtet. Parallel schickte die britische Regierung einen Abgesand-

[1] Siehe hierzu das Kapitel „Das Kaiserreich in der Krise" auf den Seiten 196ff.

ten mit dem Auftrag, einen neuen für die Briten noch besseren Vertrag mit der chinesischen Regierung auszuhandeln. Um ihrer Forderung Nachdruck zu verleihen, beschossen britische Schiffe zunächst die Stadt Guangzhou, um dann zum weiter nördlich gelegenen *Tianjin* zu fahren und dort die Festungen anzugreifen. Diese konnten der britischen Übermacht keinen ernsthaften Widerstand leisten. Daraufhin wurde 1858 in Tianjin ein neuer Vertrag zwischen Großbritannien und China aufgesetzt, dem sich auch Frankreich, Russland und die USA anschlossen. Ausländer durften nun in zehn weiteren Häfen Handel betreiben, ausländische Diplomaten durften sich in Beijing aufhalten und es wurde christlichen Geistlichen und ausländischen Händlern gestattet, sich frei in China zu bewegen. Ausländer genossen darüber hinaus eine Art diplomatischen Schutz, *Extraterritorialität* genannt. Dies bedeutete, dass sie von chinesischer Polizei und Gerichten nicht belangt werden konnten. Anders als in dem Nanjing-Vertrag hatten somit Europäer und US-Amerikaner nun die Möglichkeit, sich im gesamten Kaiserreich China, einschließlich der Hauptstadt, frei aufzuhalten. Dennoch kam es schon vor der geplanten Vertragsunterzeichnung in Beijing zu Streitigkeiten über Reiserouten der Europäer und das von ihnen zu beachtende Zeremoniell.

Als die Briten ihren Forderungen Nachdruck verleihen wollten, indem sie wieder die Festungen bei Tianjin angriffen, trafen sie auf gut vorbereitete chinesische Truppen und mussten ihre erste Niederlage in China hinnehmen. Daraufhin schickten Großbritannien und Frankreich eine riesige Kriegsflotte nach China, welche ein Exempel statuieren sollte. Anders als im Ersten Opiumkrieg transportierte die Flotte auch eine große

Überreste des alten Sommerpalastes.
Foto von 2015, Beijing.
Die Anlage des alten Sommerpalastes (Yuanming Yuan) aus dem 18. Jahrhundert wurde von britischen und französischen Truppen während des Zweiten Opiumkrieges weitgehend zerstört.

Zahl an Bodentruppen, sodass die Europäer nun auch in der Lage waren, größere Kämpfe im Inland auszutragen. Mitte Oktober 1860 erreichten die Europäer Beijing und der britische Oberbefehlshaber gab den Befehl, die prächtige kaiserliche Palastanlage zu plündern und zu zerstören. Die kaiserliche Anlage war so groß und so luxuriös ausgestattet, dass die europäischen Truppen zwei Tage für ihr zerstörerisches Werk benötigten. Die Europäer konnten die chinesische Regierung nun zwingen, den Vertrag von 1858 zu ratifizieren und einige weitere Ergänzungen aufzunehmen. Hierzu gehörten deutlich erhöhte Reparationszahlungen der Chinesen sowie Gebietsabtretungen an Russland in der äußeren Mongolei und an Großbritannien an der Grenze zu *Hongkong*.

Europäische Durchdringung Chinas | In der zweiten Hälfte des 19. Jahrhunderts entstand ein komplexes Geflecht von europäischen Niederlassungen und Aktivitäten in China. Bis 1914 wurden 92 Städte zu Vertragshäfen für unterschiedliche Mächte deklariert.[1] In vielen von ihnen wohnten nun Ausländer, die nicht der chinesischen Obrigkeit unterstanden. Sie betrieben Handel, missionierten oder produzierten in China. Ihre Sicherheit und ihre Macht wurden von den Repräsentanten der ausländischen Staaten und im Zweifelsfall von deren Streitkräften geschützt. Allerdings waren die Vertragshäfen rechtlich keine Kolonien. Sie stellten also kein von den Ausländern annektiertes Gebiet dar. Ausnahmen bildeten lediglich Hongkong und Macau[2], die Großbritannien bzw. Portugal unterstanden. Aber neben diesen Kolonien gab es auch sogenannte Gebiete, die China ausländischen Mächten verpachtet hatte. Dazu sollte zwischen 1898 und 1919 auch das vom Deutschen Reich gepachtete *Qingdao* gehören.[3] Anders als in Kolonien galt für Chinesinnen und Chinesen in den Pachtgebieten chinesisches Recht. Gleichwohl lag die Macht tatsächlich bei den ausländischen Autoritäten. Neben Vertragshäfen, Kolonien und Pachtgebieten entstanden auch ausländische Siedlungen, in denen sich Ausländer niederließen und die daher einen eigenen rechtlichen Status genossen. Die europäische Durchdringung Chinas endete also nicht mit den zwei Opiumkriegen. Im Gegenteil, die beiden Kriege schufen vielmehr die Voraussetzung dafür, dass europäische Länder (und auch die USA und später Japan) in China ihre Interessen verfolgten, Handel trieben, in unterschiedliche Geschäfte investierten und nicht zuletzt sich im „Reich der Mitte" niederließen. Vor allem in jenen Städten mit großem ausländischem Einfluss führte dies mit der Zeit zu grundlegenden Änderungen der Wirtschafts- und Gesellschaftsstruktur (➔M5 und M6).

[1] Zu den Vertragshäfen siehe auch die Karte auf Seite 195.
[2] Hongkong wurde 1997, Macau 1999 wieder an China zurückgegeben.
[3] Zu Qingdao siehe auch die Abbildung auf Seite 166.

M1 „Diese Bitte […] kann nicht in Erwägung gezogen werden“

Großbritannien ist im 18. Jahrhundert der größte Abnehmer chinesischer Exportwaren wie Tee oder Seide. Da es jedoch im Gegenzug seine eigenen Produkte nicht in China absetzen kann, zudem mit Silber bezahlen muss und somit ein großes Handelsdefizit mit China entsteht, schickt der englische König Georg III. (1738–1820) den Lord George Macartney (1737–1806) mit einer Handels- und Militärflotte nach China, um den chinesischen Kaiser davon zu überzeugen, die Märkte Chinas für englische Produkte zu öffnen. Kaiser Qianlong empfängt Lord Macartney 1793 und lehnt den vorgeschlagenen Handels- und Freundschaftsvertrag sowie die Einrichtung einer ständigen diplomatischen Vertretung ab. In seiner Antwort heißt es:

Was Euer dringendes Gesuch angeht, einen Eurer Untertanen abzuordnen, dass er an meinem Himmlischen Hof akkreditiert werde und die Kontrolle über den Handel Eures Landes mit China ausüben soll, so steht diese Bitte im Gegensatz zu den Gewohnheiten meiner Dynastie und kann nicht in Erwägung gezogen werden […]. Wenn Ihr versichert, dass Eure Hochachtung für Unsere Himmlische Dynastie Euch mit dem Wunsch nach unserer Kultur erfüllt, muss doch darauf hingewiesen werden, dass unsere Gebräuche und Gesetzgebung sich so vollständig von den Euren unterscheiden, dass, selbst wenn Euer Gesandter in der Lage wäre, die Ansätze unserer Kultur aufzunehmen, unsere Gewohnheiten und Sitten unmöglich in Euern fremden Boden verpflanzt werden könnten. Daher würde durch die Bestellung eines Botschafters nichts gewonnen werden, wie geschickt er auch sein würde. Meine Herrschaft über die weite Welt hat das eine Ziel, vollkommen zu regieren und die Staatspflichten zu erfüllen: Fremde und kostspielige Gegenstände interessieren mich nicht. […] Der hervorragende Ruf unserer Dynastie ist in jedes Land unter dem Himmel gelangt, und Herrscher aller Völker haben ihre Tributabgabe auf dem Land- und Seeweg überbracht. Wie Euer Gesandter mit eigenen Augen sehen kann, besitzen wir alles. Ich lege keinen Wert auf fremde Gegenstände, die fremdländisch oder geschickt erfunden sind, und ich habe keine Verwendung für die Produktion Eures Landes. […] Es schickt sich, o König, meinen Willen zu achten und mir in Zukunft noch größere Verehrung und Loyalität zu erweisen, sodass Ihr durch ständige Unterwerfung unter unseren Thron Frieden und Wohlwollen für Euer Land sichert.

Zitiert nach: Günter Schönbrunn (Bearb.), Das bürgerliche Zeitalter 1815–1914. Geschichte in Quellen, München 1980, S. 531 f.

1. Arbeiten Sie die Haltung des chinesischen Kaisers gegenüber dem englischen König und sein Selbstverständnis in Bezug auf die Außenwelt heraus. | H
2. Präsentation: Entwickeln Sie eine Antwort des englischen Königs in Form eines Briefes an den chinesischen Kaiser.
3. Nehmen Sie Stellung zu der These, dass China durch eine positivere Reaktion auf die britische Gesandtschaft und die Öffnung seiner Märkte für das Ausland die Chance auf eine gleichberechtigte Rolle in der Welt gehabt hätte. | F

Lin Zexu.
Foto von 2020, Humen (Provinz Guangdong).
Das Denkmal des chinesischen Beamten steht vor einem Museum, das sich dem Opiumkrieg widmet. 1839 ließ Lin Zexu beschlagnahmtes Opium in der Nähe von Humen ins Meer schütten.

M2 Lin Zexu schreibt an Königin Victoria

Nachdem die chinesische Regierung beschlossen hat, den Opiumhandel zu unterbinden, schickt Kaiser Daoguang den Beamten Lin Zexu nach Guangzhou. Er soll das Verbot vor Ort mit harten Maßnahmen durchsetzen. Lin beschlagnahmt nicht nur riesige Mengen an Opium, er lässt auch Hunderte von Ausländern festnehmen. In einem Brief an die britische Königin Victoria macht er der Monarchin schwere Vorwürfe:

Wo, bitte, ist Euer Gewissen? Ich habe gehört, dass in Eurem Land der Opiumkonsum streng verboten ist: Ihr wisst also genau, wie schädlich es für die Menschen ist. Wenn Ihr solchen Schaden in Eurem Land nicht zulasst, solltet Ihr ihn doch wohl nicht auf andere Länder übertragen, schon gar nicht auf China! ... Angenommen, es kämen Ausländer nach England, um Opium zu verkaufen und die Menschen zum Konsum zu verführen: das würdet Ihr, ehrenwerte Königin, sicher tief verabscheuen und energisch unterbinden. Ich habe gehört, dass Ihr, ehrenwerte Königin, ein gütiges und großzügiges Herz habt: sicher wollt Ihr nicht „anderen zufügen, was Ihr selbst Euch nicht wünscht."

Zitiert nach: Kai Vogelsang, Geschichte Chinas, Ditzingen [5]2013, S. 450

1. Fassen Sie die Kritik von Lin Zexu an Großbritannien zusammen.
2. Recherchieren Sie im Internet, was Opium ist und ob der Konsum in Deutschland erlaubt ist.
3. Nehmen Sie dazu Stellung, ob Großbritannien das Recht hatte, Opium von Indien nach China zu exportieren. Überlegen Sie, ob es allgemein statthaft ist, Waren zu exportieren, die im eigenen Land nicht verkauft werden dürfen.

M3 Der Vertrag von Nanjing (1842)

Nach den militärischen Erfolgen der Briten in China wird ein Friedens- und Freundschaftsvertrag zwischen Großbritannien und China unterzeichnet. Im Folgenden sind sechs der insgesamt 13 Artikel ganz oder teilweise wiedergegeben:

Art. 1 Es sollen fortan Friede und Freundschaft zwischen Ihrer Majestät der Königin des Vereinigten Königreiches von Großbritannien und Irland und Seiner Majestät dem Kaiser von China sowie ihren jeweiligen Untertanen herrschen. [...]

Art. 2 Seine Majestät der Kaiser von China stimmt zu, dass es britischen Untertanen mit ihren Familien und Einrichtungen erlaubt sein soll, zum Zweck der Verfolgung ihrer kaufmännischen Ziele, ohne Belästigung oder Einschränkung in den Städten Kanton, Amoy, Fuzhou, Nigbo und Shanghai zu wohnen. [...] Und Ihre Majestät die Königin von Großbritannien usw. wird Superintendenten oder Konsularbeamte ernennen, die in jeder der oben genannten Städte residieren, um als Mittel zur Kommunikation zwischen den chinesischen Behörden und den besagten Kaufleuten zu fungieren. [...]

Art. 3 Da es offensichtlich notwendig und wünschenswert ist, dass britische Untertanen einen Hafen haben, wo sie, wenn nötig ihre Schiffe kielholen und ausbessern und zu diesem Zweck Vorratslager anlegen können, tritt Seine Majestät der Kaiser von China Ihrer Majestät der Königin von Großbritannien usw. die Insel Hongkong ab. Diese soll für immerdar im Besitz Ihrer Majestät sowie ihrer Erben und Nachfolger verbleiben und durch solche Gesetze regiert werden, wie Ihre Majestät die Königin von Großbritannien usw. sie zu verfügen gedenkt.

Art. 4 Der Kaiser von China willigt ein, die Summe von 6 000 000 Dollar[1] zu zahlen, als Gegenwert für das Opium, das als Lösegeld für das Leben des britischen Superintendenten und britischer Untertanen [...] im März 1839 in Kanton abgeliefert wurde.

Art. 5 Nachdem die chinesische Regierung die in Kanton handelnden britischen Kaufleute gezwungen hat, Geschäfte ausschließlich mit bestimmten chinesischen Kaufleuten abzuschließen, die Hong-Kaufleute (oder Co-Hong) genannt werden und denen die chinesische Regierung zu diesem Zweck eine Lizenz ausgestellt hat, verpflichtet sich der Kaiser von China, diese Praxis in Zukunft in allen Häfen abzuschaffen, wo britische Kaufleute residieren, und diesen zu gestatten, ihre kaufmännischen Transaktionen mit jeder beliebigen Person abzuschließen, mit der sie dies zu tun wünschen. Seine Kaiserliche Majestät willigt weiterhin ein, der britischen Regierung die Summe von 3 000 000 Dollar zu zahlen, wegen der britischen Untertanen zustehenden Schulden seitens einiger Hong-Kaufleute oder Co-Hong, die zahlungsunfähig geworden und Untertanen Ihrer Britannischen Majestät[2] hohe Geldsummen schuldig sind.

Art. 6 Da die britische Regierung verpflichtet gewesen ist, eine Expedition zu entsenden, um Wiedergutmachung für das gewalttätige und ungerechte Vorgehen der Hohen Chinesischen Behörden gegen Beamte und Untertanen Ihrer Britannischen Majestät zu fordern und zu erhalten, willigt der Kaiser von China ein, die Summe von 12 000 000 Dollar für die getätigten Ausgaben zu zahlen.

Zitiert nach: Dokumente zur Geschichte der europäischen Expansion, Bd. 8: Das Ende des alten Kolonialsystems, hrsg. von Christian Büschges und Stefan Rinke, Wiesbaden 2019, S. 463–465

1. Präsentation: Erstellen Sie eine Tabelle, in der Sie in einer Spalte die Vorteile für Großbritannien und in der anderen die Vorteile für China, die sich aus dem Vertrag ergeben, festhalten.
2. Erläutern Sie, welche Interessen Großbritanniens in dem Vertrag zum Ausdruck kommen.
3. Beurteilen Sie, inwiefern dieser Vertrag einen Bruch oder eine Kontinuität in der chinesischen Außenpolitik darstellte. Denken Sie auch an die Beziehungen zu Russland, anderen innerasiatischen Regionen und Südostasien. | H

[1] Gemeint sind nicht US-Dollar, sondern spanische Silber-Pesos, also eine bestimmte Menge an Silber.

[2] Britannische Majestät = Britische Majestät

M4 Neue Händlerschichten in den Vertragshäfen

Die Historikerin Sabine Dabringhaus betont die wirtschaftlichen und gesellschaftlichen Veränderungen, die durch die Vertragshäfen (Treaty Ports) in Gang kommen:

Nicht nur die Rebellionen der Jahrhundertmitte hatten viele Kaufleute und Angehörige der Gentry[1] vom Lande in die sicheren Treaty Ports getrieben, sondern auch Hoffnungen auf Profite vom Außenhandel. Denn die ausländischen Investoren führten dort – zunächst allerdings in bescheidenem Maße – moderne Technologie ein, stellten Kapital zur Verfügung und schufen eine unternehmerfreundliche Umgebung. In den Treaty Ports unterstand die neue Generation chinesischer Kaufleute nicht mehr in solch direkter Weise der staatlichen Kontrolle wie die für den Außenhandel verantwortlichen Cohong-Kaufleute[2] in Kanton vor den Opiumkriegen. Gestützt auf die traditionellen sozialen Institutionen der einflussreichen Gilden (gongsuo) und Landsmannschaften (huiguan), bauten sie selbstständige, leistungsfähige Handelsnetze auf. Ihre Unternehmen verbreiteten die ausländischen Waren von den Vertragshäfen aus im Inland. Strukturen einer interregionalen Kommerzialisierung bestanden seit dem 16. Jahrhundert. Nach 1850 orientierte sich auch die ländliche Produktion im chinesischen Hinterland zunehmend am internationalen Markt. Der Staatshaushalt profitierte ebenso von diesem Handelsaufschwung. Über die Hälfte der Steuereinnahmen der 1890er-Jahre stammte von Handelssteuern des kaiserlichen Seezollamts und einer neuen Transitsteuer, *likin* genannt. Dampfschifffahrt und Eisenbahnverkehr beschleunigten den landesweiten Prozess der Kommerzialisierung.

Sabine Dabringhaus, Geschichte Chinas. 1279–1949, Berlin/Boston ³2015, S. 65

1. Fassen Sie den Text in eigenen Worten zusammen.
2. Erklären Sie die wichtigsten Beispiele für die von Dabringhaus beschriebene Erneuerung.
3. Erörtern Sie, ob die Vertragshäfen gut für die Industrialisierung in China und/oder in Europa waren. | F

M5 Imperialismus

Auf ihrer Homepage definiert die Bundeszentrale für politische Bildung den Begriff „Imperialismus" wie folgt:

Ausdehnung der Staatsmacht

Das Wort „Imperialismus" kommt aus dem Lateinischen. Es bezeichnet das Streben von Staaten, ihre Macht weit über die eigenen Landesgrenzen hinaus auszudehnen. Das kann dadurch erfolgen, dass schwächere Länder gezielt politisch, wirtschaftlich, kulturell oder mit anderen Methoden vom stärkeren Land abhängig gemacht werden. Manchmal führt auch ein stärkeres Land direkt einen Krieg gegen ein schwächeres Land, um die Kontrolle über dieses Land zu erreichen.

Zeitalter des Imperialismus

Als Zeitalter des Imperialismus gilt der Zeitraum zwischen 1880 und 1918. Damals teilten die Kolonialmächte die Gebiete Afrikas und Asiens, die noch keine Kolonien waren, unter sich auf. Zu den alten europäischen Kolonialmächten kamen jetzt auch Deutschland und Italien sowie die USA und Japan hinzu. Die Kolonialmächte nutzten die beherrschten Gebiete als Lieferanten für Rohstoffe sowie als Absatzmärkte für Produkte, die in ihren eigenen Ländern hergestellt wurden.

Zitiert nach: www.bpb.de/nachschlagen/lexika/das-junge-politik-lexikon/320510/imperialismus (Zugriff: 3. Februar 2022)

1. Fassen Sie in eigenen Worten zusammen, was unter Imperialismus dieser Definition zufolge zu verstehen ist. | F
2. Arbeiten Sie heraus, welche Länder mit „den alten europäischen Kolonialmächten" (Zeile 15) gemeint sind.
3. Erörtern Sie, ob der „Zeitraum zwischen 1880 und 1918" (Zeile 12 f.) ein sinnvoller Rahmen für den Imperialismus in China ist und ob sich die Kolonialmächte China „aufgeteilt" haben.

[1] **Gentry**: Gemeint sind die großen Grundbesitzer auf dem Land.
[2] **Cohong-Kaufleute**: jene Kaufleute, welche die kaiserliche Erlaubnis besaßen, in Guangzhou mit Ausländern Handel zu treiben

M6 Imperialismus und China

Der Historiker Thoralf Klein erläutert die Funktionsweise des Imperialismus in China:

Die Ordnung, die der Imperialismus ab 1840 mit Gewalt in China durchsetzte, bedeutete daher ein Novum in der chinesischen Geschichte, das auf einer bis dahin unbekannten europäischen Idee beruhte: der Konzeption eines Systems souveräner und zumindest theoretisch gleichberechtigter Nationalstaaten, deren diplomatische und ökonomische Beziehungen verrechtlicht, d. h. durch allgemein verbindliche Normen und Regeln geschützt waren. Die Durchsetzung imperialistischer Wirtschaftsinteressen setzte einerseits voraus, dass dem europäischen Völkerrecht auch in China Geltung verschafft wurde. Andererseits beruhte sie in der Praxis auf erheblichen Einschränkungen der chinesischen Souveränität und damit einer Verletzung des Prinzips der Gleichberechtigung. Dieser Widerspruch resultierte daraus, dass sich das imperialistische System gegen chinesischen Widerstand nur mit Gewalt durchsetzen ließ. [...] Dieses System ist in Abgrenzung von der zeitgleichen direkten europäischen Kolonialherrschaft in Afrika und Asien als „informelles Imperium“[1] bezeichnet worden. Denn China als Ganzes wurde niemals formell kolonialisiert, sondern einem Regime völkerrechtlich verbindlicher, wenn auch zuungunsten Chinas abgeschlossener und damit im Rückblick zu Recht als ungleich bezeichneter Verträge unterworfen. Auch wenn sich manche Eigenschaften dieses Regimes nicht von formeller Kolonialherrschaft abhoben, ist diese Unterscheidung fast für den gesamten Zeitraum der imperialistischen Durchdringung Chinas nach wie vor sinnvoll. Die imperialistischen Mächte ersparten sich den finanziellen und organisatorischen Aufwand, der mit der Errichtung direkter kolonialer Herrschaftsstrukturen verbunden war. Stattdessen schufen sie Rahmenbedingungen, die ihnen wirtschaftliche Profite versprachen und sich mithilfe punktueller militärischer Interventionen aufrechterhalten ließen.

Thoralf Klein, Geschichte Chinas vom 18. Jahrhundert bis zur Gegenwart, Paderborn u. a. [2]2009, S. 293 f.

1. Geben Sie die Kernaussagen des Textes wieder.
2. Erläutern Sie, warum man von „ungleichen Verträgen“ spricht.
3. Stellen Sie die Merkmale von Kolonialismus und informellem Imperium einander gegenüber.
4. Überprüfen Sie, inwieweit Elemente beider Formen des Imperialismus auch in der gegenwärtigen Weltlage nachzuweisen sind und tragen Sie Ihre Ergebnisse begründet vor.

[1] **informell**: Informell bezeichnet hier ein Herrschaftssystem, welches nicht offiziell, z. B. durch Gesetze oder Verträge, existiert. Klein spricht von „informellem Imperium“, weil China offiziell ein gleichberechtigter Vertragspartner der europäischen Mächte und der USA war, auch wenn allen klar gewesen ist, dass dies tatsächlich nicht so war.

Methode

Mit Karten arbeiten

Weitere Anwendungsbeispiele finden Sie u.a. auf den Seiten 169, 201, 223, 249, 260 und 264.

In der Geschichte unterscheidet man zwischen Karten aus der Vergangenheit, mit denen Historiker und Historikerinnen arbeiten, und Karten, die zur Darstellung der Vergangenheit von Historikern und Historikerinnen erstellt wurden. Die erstgenannten Karten werden als **Historische Karten**, die zweitgenannten als **Geschichtskarten** bezeichnet.
Historische Karten wurden mit den Mitteln, dem Wissen und den Erkenntnisinteressen der jeweiligen Zeit erstellt. Sie zeigen, was man damals von dem dargestellten Gebiet wusste und wie man das jeweilige Gebiet darstellen wollte. Was war den Kartenproduzenten und -auftraggebern wichtig? Wie sahen sie die Welt? Wie stellten sie die Welt dar?
Geschichtskarten dienen der besseren Darstellung eines Sachverhalts. Sie kombinieren in der Regel verschiedene Elemente, zeigen also z.B. die Entwicklung eines Staates innerhalb eines Gebietes, indem sie in unterschiedlichen Farben und Linien die Grenzen zu unterschiedlichen Zeitpunkten innerhalb einer Karte festhalten. Geschichtskarten können daher sehr viele Informationen über unterschiedliche Zeitpunkte und Zeiträume festhalten.
Das Lesen von Historischen Karten und von Geschichtskarten erfordert spezifische Anstrengungen und Kenntnisse. Bei Historischen Karten erschließen sich die Bilder, Zeichen und Symbole nicht immer unmittelbar. Häufig ist auf den ersten Blick nicht einmal erkenntlich, welchen Teil der Erde oder eines Landes sie überhaupt darstellen. In vielen Ländern stimmt die Darstellung mit den heutigen besseren geografischen Kenntnissen nicht überein. Vielfach werden Proportionen nicht beachtet oder Dinge dargestellt, die man heute nicht auf einer Karte erwarten würde. Dagegen besteht bei Geschichtskarten die Herausforderung eher in der zum Teil hohen Dichte an Informationen, die diese enthalten. Vor lauter Farben und Pfeilen ist manchmal nicht klar, was die Karte darstellen soll.

Arbeitsschritt	Leitfragen
1. beschreiben	• Handelt es sich um eine Historische Karte oder eine Geschichtskarte? • Wann wurde die Karte erstellt und/oder veröffentlicht? • Wer hat die Karte erstellt und wer hat sie in Auftrag gegeben? • Welchen Raum gibt die Karte wieder? Welchen Zeitpunkt oder Zeitraum stellt sie dar? • Welche Darstellungsformen finden sich in der Karte (Symbole, Bilder, Text, Farbe)? • Welche Elemente im Raum zeigt die Karte (Flüsse, Städte, Straßen usw.)? • Zeigt die Karte auch Entwicklungen oder Ereignisse?
2. erklären	• *Historische Karten*: In welchen historischen/politischen Zusammenhang lässt sich die Karte einordnen? • *Geschichtskarten*: Welche Ursachen, Entwicklungen oder Zusammenhänge lassen sich aus der Karte ablesen?
3. beurteilen	• *Historische Karten*: An welchen Adressatenkreis wendet sich die Karte? Welchen Zweck verfolgt sie? Welche Vorstellung hatte der Zeichner/der Auftraggeber von der Welt? Worüber gibt die Karte keine Auskunft? • *Geschichtskarten*: Sind die dargestellten Sachverhalte richtig und vollständig? Gibt es Widersprüche in der Karte? Welche Sichtweise will die Karte vermitteln? Worüber gibt sie keine Auskunft?

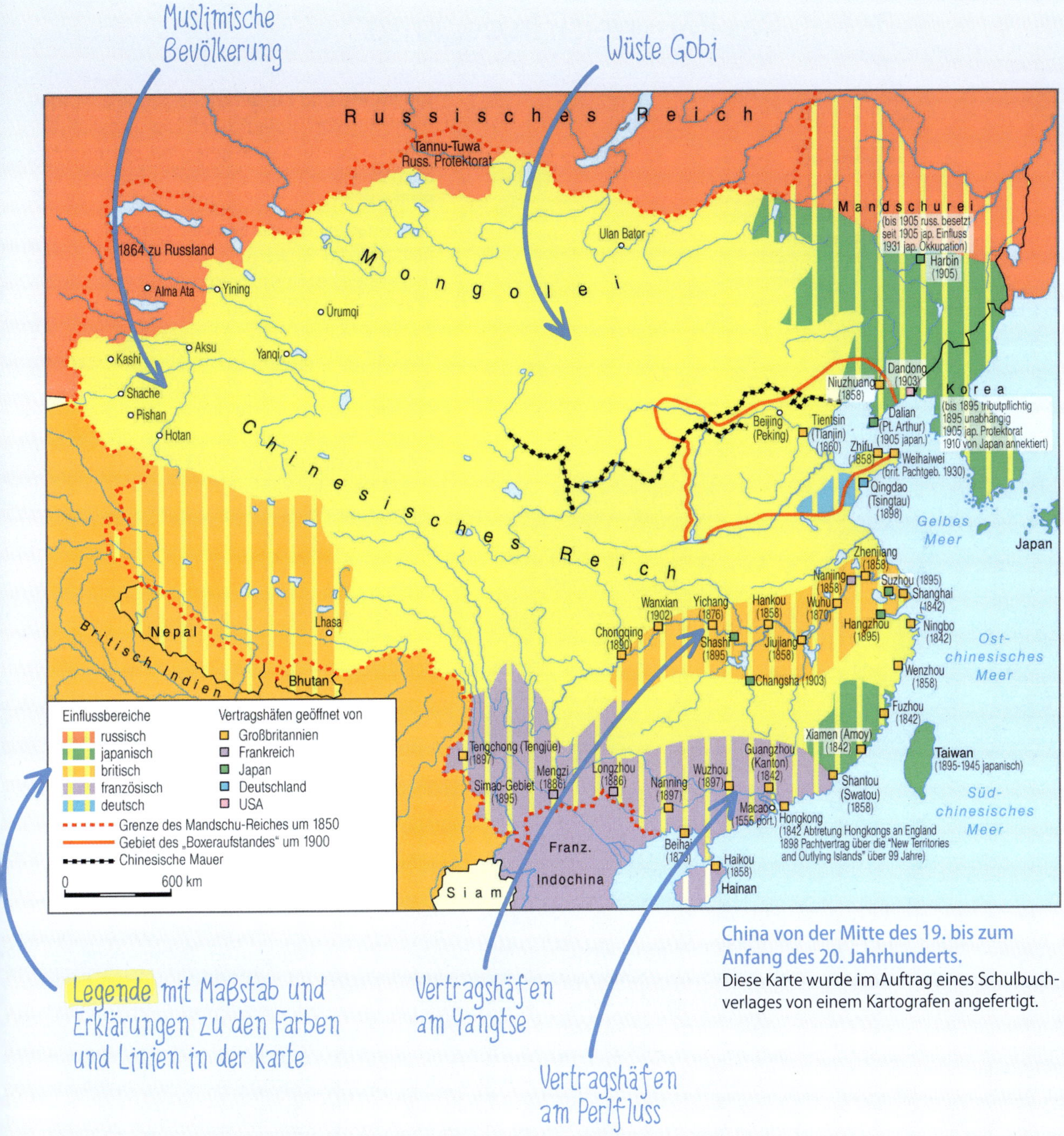

China von der Mitte des 19. bis zum Anfang des 20. Jahrhunderts.
Diese Karte wurde im Auftrag eines Schulbuchverlages von einem Kartografen angefertigt.

1. Analysieren Sie die Karte mithilfe der Arbeitsschritte auf Seite 194. Ihre Ergebnisse können Sie mit der Lösungsskizze auf Seite 510 vergleichen.
2. Erklären Sie, welche Vorteile diese Karte gegenüber einer Darstellung derselben Sachverhalte in einem Text bietet.
3. Entwickeln Sie Vorschläge für eine andere Karte, welche China und seine Geschichte zwischen der Mitte des 19. und dem Beginn des 20. Jahrhunderts darstellt.

Das Kaiserreich in der Krise

„Tianwang, der Taipingkaiser." Zeitgenössischer Holzstich.

Hong Xiuquan (1814–1864): Der chinesische Revolutionär führte den Taiping-Aufstand an. Er sah sich als jüngerer Bruder Jesu Christi und verband christliche mit chinesischen religiösen Vorstellungen. 1851 nahm er den Titel „Himmlischer König" („Tianwang") an.

Provinzgouverneure: hohe Zivilbeamte in den Provinzen, die große Macht besaßen und politische Führungsrollen einnahmen

Aufstände und Bürgerkriege | China wurde nicht nur von außen durch die imperialistischen Mächte herausgefordert, es erlebte auch im Innern eine Zeit der Aufstände und Bürgerkriege. Ab 1850 spitzte sich in der Provinz Guangxi im Süden des Landes der Konflikt mit der Bewegung des „Himmlischen Reiches des ewigen Friedens" (auf Chinesisch „*Taiping tianguo*" – daher der Name *Taiping*) zu. Ihr Anführer Hong Xiuquan erklärte sich 1851 zum König und führte Krieg gegen den Kaiser. Die Taiping-Bewegung war äußerst erfolgreich und eroberte binnen kürzester Zeit große Teile der südlichen und südöstlichen Provinzen des Reiches. 1853 richtete sie ihre Hauptstadt in Nanjing ein. Der Sturz der Qing-Dynastie erschien immer wahrscheinlicher. Da diese gar nicht in der Lage war, schlagkräftige Armeen aufzustellen, welche es mit den Taiping aufnehmen konnten, überließ sie Provinzgouverneuren Steuerrechte und griff sogar auf die Unterstützung der europäischen Mächte zurück, um gegen die Rebellen zu kämpfen. Letztlich war es daher ein Bündnis aus Provinzgouverneuren, dem Kaiser und Europäern, welches den Taiping-Staat besiegte. Den Europäern war es allemal lieber, einem schwachen Kaiser die Bedingungen zu diktieren, als mit einem selbstbewussten und militärisch erfolgreichen Rebellenstaat verhandeln zu müssen. Nanjing fiel 1864, und auch wenn die Rebellen in verschiedenen Regionen Chinas weiterhin einen Guerillakrieg führten, besaßen sie keine größere politische Bedeutung mehr (➔M1).

Die Taiping-Bewegung führte zu einem der verheerendsten Bürgerkriege der Weltgeschichte. Schätzungen reichen von 20 Millionen bis zu 70 Millionen Toten. Beide Seiten führten die Auseinandersetzungen mit äußerster Brutalität, löschten immer wieder ganze Dörfer, Städte oder bestimmte Volksgruppen aus. Die Taiping-Rebellion war aber keineswegs der einzige Aufstand gegen das Kaisertum, welcher China in der zweiten Hälfte des 19. Jahrhunderts erschütterte. Fast gleichzeitig zu den Taiping-Anhängern erhoben sich weiter im Norden Bauern zum sogenannten *Nian-Aufstand*. Ihnen ging es vor allem um eine Verbesserung ihrer Lebensbedingungen, da durch Überschwemmungen die Bevölkerung in weiten Landstrichen verarmte. Zehntausende von Bauern forderten die kaiserlichen Truppen heraus und störten damit die Versorgungslinien der Armee, die weiter südlich gegen die Taiping-Rebellen kämpfte. Erst nach vielen Jahren gelang es, den Nian-Aufstand niederzuschlagen (1868). Noch langwieriger waren die *muslimischen Aufstände* in den westlichen und südwestlichen Grenzregionen Chinas. Von Mitte der 1850er- bis Mitte der 1870er-Jahre kämpften in Yunnan Muslime für einen muslimisch geprägten Staat. Im selben Zeitraum brachen in den innerasiatischen Gebieten Chinas Aufstände aus, die zwar unterschiedliche lokale Ursachen hatten, aber vom gemeinsamen muslimischen Glauben und der Distanz zum chinesischen Kaisertum geprägt waren. Auch wenn es gelang, all diese Aufstände niederzuschlagen, so war der Preis für das Kaiserreich doch hoch. In den Kriegen starben Millionen von Menschen und ganze Landstriche wurden verwüstet. Gleichzeitig zeigten die Kriege, dass der Kaiser ohne Unterstützung durch ausländische Mächte und mächtige Provinzherrscher nicht mehr in der Lage war, sein Reich zu kontrollieren (➔M2 und M3).

Migration ins Ausland | Auswanderung war in China zwar ein altbekanntes Phänomen, aber der Charakter der Auswanderung änderte sich seit der Mitte des 19. Jahrhunderts.[1] In den vorhergehenden Jahrhunderten waren häufig wohlhabende Kaufleute in den südostasiatischen Raum emigriert, um dort Dependancen ihrer Geschäfte zu eröffnen. Nun aber verließen arme Bauern oder verschuldete Städter das Land, weil sie keinen anderen Weg sahen, um sich ihren Lebensunterhalt zu verdienen. Außerdem erweiterten sich die Ziele der Auswanderer. Zwar blieb Südostasien ein wichtiges Ziel, aber Nord- und Südamerika und die Karibik wurden nun auch zu Regionen, in die Chinesen migrierten. Die Veränderung der sozialen Struktur der Auswanderer und die Ausweitung der Zielregionen führten dazu, dass viel mehr Chinesen in viel mehr Länder auswanderten als jemals zuvor. Die Auswanderung wurde auch dadurch erleichtert, dass die chinesische Regierung ihre ablehnende Haltung aufgab. Auswanderung war in China bis Mitte des 19. Jahrhunderts streng verboten, auch wenn sie vielerorts stillschweigend toleriert wurde. In der Vereinbarung von Beijing, welche den Zweiten Opiumkrieg[2] beendete, verpflichtete sich das Kaiserreich nun, seinen Untertanen die Ausreise nicht mehr zu untersagen. Die sogenannte Öffnung Chinas durch die Opiumkriege hatte also nicht nur das Eindringen von ausländischen Händlern, Missionaren und Militärs zur Folge, sondern auch einen erheblichen Anstieg der Auswanderung aus China.

Die wichtigsten Ziele auf der anderen Seite des Pazifiks waren Peru, Kuba und die USA. Nach Kuba und Peru kamen in der zweiten Hälfte des 19. Jahrhunderts jeweils ca. 100 000 Chinesen. In die USA wanderten in der zweiten Hälfte des 19. Jahrhunderts etwa 350 000 Chinesen ein und in der ersten Hälfte des 20. Jahrhunderts schätzungsweise 250 000. Die Auswanderer nach Peru und Kuba hatten in China Verträge unterzeichnet, in denen sie sich verpflichteten, acht Jahre für den Besitzer des Vertrages zu arbeiten. Die Unterzeichner hatten die Verträge zwar nicht lesen können, sie wurden aber dennoch unter Androhung schwerster Strafen unter sklavenähnlichen Bedingungen nach Peru und Kuba gebracht und mussten dort wie Sklaven auf Zucker- und Baumwollplantagen arbeiten. Während in Peru viele Chinesen nach acht Jahren die Freiheit erlangten und sich häufig als Koch oder Kleinhändler in den Städten niederließen, wurden auf Kuba, wo die Sklaverei noch nicht abgeschafft war, die meisten Chinesen versklavt (➔M4). In den USA lebten die Chinesen in den Westküstenstaaten, zum Beispiel Kalifornien, wo sie eine wichtige Rolle in der Erschließung der westlichsten Teile der USA spielten. Verkappte Sklaverei wie auf Kuba und in Peru hatte in den USA keine große Bedeutung. Die Chinesen wurden zwar diskriminiert und schlecht behandelt, sie fanden aber im Eisenbahnbau, in der Landwirtschaft und in den schnell wachsenden Städten der Westküste zahlreiche Möglichkeiten, um ihr Leben in der für sie so fremden Welt zu gestalten.

Rückzug aus Südostasien | Die Bürgerkriege im Innern und die verlustreichen Niederlagen gegen die ausländischen Invasoren führten dazu, dass China seine Stellung als asiatische Großmacht verlor. In Südostasien hatte China lange Zeit bedeutenden Einfluss ausgeübt. Die heutigen südostasiatischen Länder Myanmar, Thailand, Laos, Kambodscha und Vietnam gehörten zur Einflusssphäre Chinas.[3] Schon in der ersten Hälfte des 19. Jahrhunderts aber hatten französische Händler in Kambodscha und im

---

1 Zum Thema „Migration" siehe auch das gleichnamige Kernmodul auf den Seiten 162 bis 165.
2 Lesen Sie hierzu nochmals Seite 187 f. im Kapitel „Europäische Interventionen in China".
3 Siehe dazu auch Seite 168 im Kapitel „Die Blütezeit der Qing-Dynastie".

China (heute).

- ▶ Benennen Sie die Länder, die an China grenzen.
- ▶ Erläutern Sie Ähnlichkeiten und Unterschiede zu den Grenzen Chinas in der zweiten Hälfte des 19. Jahrhunderts (siehe dazu die Karte auf Seite 195).

südlichen Vietnam Geschäfte eröffnet. Ab den 1860er-Jahren begann Frankreich Teile Vietnams zu besetzen. Anfang der 1880er-Jahre befand sich das gesamte Land unter französischer Kontrolle. Die Franzosen hatten nicht nur die einheimischen Herrscher entmachtet, sondern auch den Einfluss der chinesischen Regierung beendet. Diese suchte daraufhin die militärische Konfrontation, da sie davon ausging, dass die Militärreformen seit dem Zweiten Opiumkrieg die chinesischen Streitkräfte in die Lage versetzen würden, den Franzosen Einhalt zu gebieten. Das war allerdings ein schwerer Irrtum. Im *Chinesisch-Französischen Krieg* von 1884/85 hatte die französische Marine keinerlei Probleme, die nach 1860 gebauten Schlachtschiffe der Chinesen zu versenken, ohne dass auch nur ein französisches Kriegsschiff zerstört worden wäre. Vietnam blieb bei Frankreich, das in den folgenden Jahrzehnten sein Kolonialreich in Südostasien noch vergrößern sollte. China verlor seine südostasiatischen Vasallenstaaten und musste erkennen, dass es auch 25 Jahre nach dem Zweiten Opiumkrieg der modernen europäischen Kriegsmarine nicht gewachsen war.

Die Beziehungen zu Russland | Die einzige europäische Macht, mit der es China in der zweiten Hälfte des 19. Jahrhunderts aufnehmen konnte, war Russland. Zwar hatte das „Reich der Mitte" nach dem Opiumkrieg die Gebiete der Äußeren Mandschurei an Russland abtreten müssen, aber in den folgenden Jahrzehnten kam es zu keinen größeren Grenzverschiebungen mehr. Dies war durchaus nicht selbstverständlich, denn Russlands Expansion gen Osten gewann im 19. Jahrhundert an Dynamik, und das Zarenreich versuchte immer größere Gebiete Nord- und Zentralasiens zu kontrollieren. Im äußersten Westen Chinas versuchte Russland sich den Konflikt zwischen Beijing und den Muslimen in Xinjiang zunutze zu machen und schickte Truppen, die Anfang der

1870er-Jahre einen Teil der Provinz besetzten. China drohte nun also auch in Zentralasien einen Teil seines Herrschaftsgebiets zu verlieren. Auch hier entschied sich der Kaiser, sein Reich mit aller Macht zu verteidigen, und schickte Truppen. Anders als in den Konflikten mit Frankreich und Großbritannien behielten dieses Mal die Chinesen die Oberhand. Russland musste sich aus Xinjiang zurückziehen. 1881 unterzeichneten China und Russland in Petersburg einen Vertrag, welcher die Grenzfragen zwischen beiden Ländern regelte. Der Krieg mit Russland zeigte, dass China bei Auseinandersetzungen zu Land einer europäischen Macht standhalten konnte.

Der Aufstieg Japans | Auch Japan geriet Mitte des 19. Jahrhunderts in das Visier der USA und europäischer Mächte. Zwischen 1854 und 1861 schloss Japan Verträge mit den USA, Großbritannien, Frankreich, Preußen und Russland, die den von China geschlossenen ungleichen Verträgen mit den imperialistischen Mächten ähnelten. Japan öffnete eine Reihe von Häfen für den Handel mit den Vertragspartnern, erlaubte deren Untertanen, in diesen Hafenstädten zu siedeln, gewährte ihnen Extraterritorialität, sodass sie nicht von der japanischen Justiz belangt werden konnten, und legte niedrige Importzölle fest. Dennoch gelang Japan in den folgenden Jahrzehnten eine atemberaubende Verwandlung von einem Agrarland in eine industrialisierte Gesellschaft. Ausgangspunkt war die *Meiji-Restauration* 1868. Sie bezeichnet den Aufstand einer Reihe von Adligen (*shogun*), welche die Herrschaft der Adligen, das *Shogunat*, abschafften und stattdessen dem Kaiser (*tenno*) zum mächtigsten Mann des Landes machten. Der Kaiser hatte zuvor lediglich symbolische und zeremonielle Bedeutung, nun aber wurde er zum wirklichen Machthaber Japans. Der erst 1867 auf den Thron gelangte *Mutsuhito* gab sich als Regierungsnamen und -devise „Meiji", sodass man die Zeit als Meiji-Restauration bezeichnet.

Meiji-Kaiser.
Darstellung von 1888.

▶ Beschreiben Sie, was für Kleidung der japanische Kaiser trägt. | F

▶ Diskutieren Sie, warum er diese Art von Kleidung trägt. | H

Die Entmachtung der Adligen war lediglich der Anfang zahlloser Veränderungen. Die gesamte politische Ordnung wurde umgewälzt und auf den Kaiser ausgerichtet. Dies bedeutete die Entmachtung des Adels, Machtkonzentration in der Hauptstadt und den Aufbau einer effektiven Verwaltung. Der Kaiser sicherte sich durch Steuerreformen umfangreiche Einnahmen, wobei die Steuern vor allem von den Grundbesitzern zu entrichten waren. Gleichzeitig förderte die Regierung den Aufbau von Industrieunternehmen und die Einrichtung von Banken. Die industrielle Dynamik wurde auch dadurch angekurbelt, dass nun jeder Japaner frei wählen konnte, welcher Arbeit er nachging und wo er leben wollte. Die Bindung an den Boden und den Berufsstand wurden abgeschafft. Das Reformprogramm hatte zum Ziel, Japan militärisch zu stärken, damit es nicht dasselbe Schicksal wie China erleiden würde. Die Streitkräfte wurden daher umfassend reformiert. Dies betraf die Bewaffnung, den Aufbau einer eigenen Rüstungsindustrie sowie die Ausbildung in moderner Militärstrategie und -taktik. Dazu wurden Militärberater ins Land geholt, Militärakademien gegründet und Militärmissionen ins Ausland geschickt, die dort die neuesten Entwicklungen studieren sollten. Die Umwandlung Japans betraf aber nicht nur die politische Ordnung, die Wirtschaft und das Militärwesen. Sie umfasste fast alle Aspekte des gesellschaftlichen Lebens. Schulen und Universitäten wurden gegründet oder reformiert, und unzählige Japaner reisten im Auftrag der Regierung nach Europa, um sich dort das neueste Wissen anzueignen und nach Japan zu bringen. Selbst Mode und Musik aus Europa wurde übernommen, sodass Japan den sich industrialisierenden europäischen Ländern in vielerlei Hinsicht zu ähneln begann. Die Meiji-Reform führte zu einem gewaltigen Industrialisierungsschub. Zwischen 1875 und 1913 stieg die japanische Kohleförderung um mehr als das Dreißigfache, die Zahl der japanischen Dampfschiffe (die wie die Eisenbahn diese Kohle benötigten) stieg zwischen 1873 und 1913 fast um das Sechzigfache, und das Eisenbahnnetz, mit dessen Bau 1872 begonnen wurde, hatte 1914 eine Länge von über 11 000 km, war also über sechs Mal so lang wie die heutige Eisenbahnstrecke von Hannover nach Moskau (→M5).

Der Japanisch-Chinesische Krieg (1894/95) | Die Industrialisierung Japans verwandelte das Land im Vergleich zu China in eine militärische Großmacht. Schon in den 1870er-Jahren hatte Japan sein Selbstbewusstsein demonstriert, als es die *Ryukyu-Inseln* annektierte. Diese Inseln bilden heute als Okinawa einen Teil Japans, wurden aber vor 1870 von China als tributpflichtiges Vasallenreich betrachtet. Nach der erfolgreichen Ausdehnung gen Süden richtete sich Japans Interesse nach *Korea* im Westen. Korea gehörte auch zum Machtbereich der Qing, auch wenn Japaner dort zunehmend Wirtschaftsinteressen verfolgten. Japan und China stritten daher seit vielen Jahren um den Einfluss auf der koreanischen Halbinsel. 1894 kam es schließlich zum Krieg, der ähnlich wie der Krieg mit Frankreich zehn Jahre zuvor und die beiden Opiumkriege in einem Debakel für die chinesischen Streitkräfte endete. Erneut war die Kriegsmarine dem Feind hoffnungslos unterlegen, sodass es den Chinesen auch unmöglich war, über See ihre Landtruppen dorthin zu bringen, wo sie benötigt wurden. Im Vertrag von 1895 wurde Korea als unabhängiges Land de facto Japan unterstellt. An Japan fiel auch das heutige Taiwan. Japan erhielt darüber hinaus so umfangreiche Reparationszahlungen, dass seine militärische Überlegenheit über China für Jahrzehnte gesichert wurde. Die Expansion Japans stellte für China einen ebenso großen Schock dar wie die verlorenen Opiumkriege. Denn Japan war es innerhalb von wenigen Jahrzehnten gelungen, seine ökonomische und militärische Unterlegenheit gegenüber den europäischen Mächten wettzumachen. Daher bedrohte nun ein unmittelbarer Nachbar die Integrität des Kaiserreiches, was deutlich gefährlicher sein musste als die Auseinandersetzungen mit weit entfernten Ländern (→M6).

Die Erfolge Japans und die Schwäche Chinas riefen auch die europäischen Mächte auf den Plan. Das Deutsche Kaiserreich besetzte 1897 die Bucht von *Kiautschou* und schloss ein Jahr später mit China einen Pachtvertrag, demzufolge das Gebiet für 99 Jahre unter deutscher Herrschaft stehen sollte. Kiautschou mit seiner Hauptstadt Qingdao wurde damit zu einer deutschen Kolonie in Ostasien. Andere europäische Länder pachteten daraufhin ebenfalls Gebiete von China. Lediglich die russische Expansion kam schon bald ins Stocken. Denn die territorialen Ambitionen des Zarenreiches gerieten mit japanischen Interessen in Konflikt. 1904 kam es zum Krieg, den Japan schnell für sich entscheiden konnte. Russland trat im *Friedensvertrag von Portsmouth* 1905 nicht nur die südliche Hälfte der Sacharin-Inseln ab, sondern akzeptierte auch die Vorherrschaft Japans in Korea.

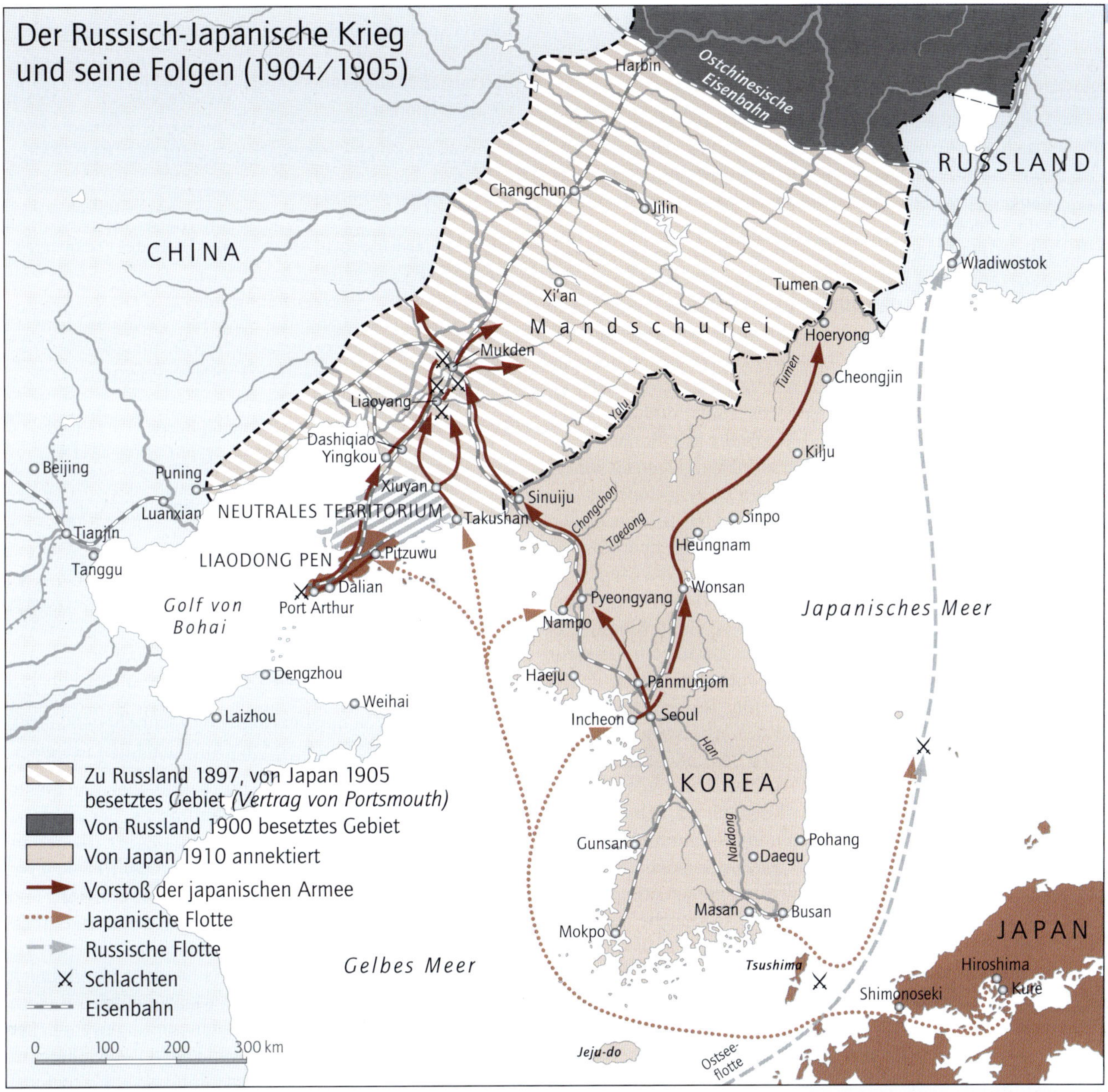

Der Russisch-Japanische Krieg (1904/05).
Dargestellt ist lediglich der südöstliche Teil der inneren Mandschurei, der unter japanischer Kontrolle stand, auch wenn dort nicht viele Truppen stationiert waren. Korea wurde 1910 eine japanische Kolonie.

- Beschreiben Sie anhand der Karte die Bewegungen der japanischen Armee und die im Anschluss an den Krieg vorgenommenen Grenzverschiebungen.
- Stellen Sie Überlegungen zur Bedeutung der Kriegsmarine für den Verlauf des Krieges an.
- Finden Sie im Internet heraus, welche Staaten heute auf der koreanischen Halbinsel existieren und welcher Krieg diese Staaten hervorbrachte.

M1 Der Taiping-Aufstand

Der Sinologe Klaus Mühlhahn charakterisiert die Taiping-Rebellion:

Die Anfänge der Taiping-Rebellen waren ähnlich dem Ausbruch der Weißer-Lotus-Rebellion[1]: Von den Behörden verfolgte Sektierer wagten offene Revolten und gewannen damit eine große Gefolgschaft, die die Herrschaft der Mandschu[2] ablehnte. Was jedoch Hong Xiuquan[3] und seine Männer unterschied, war nicht nur ihr christlicher Glaube, sondern auch ihr Ehrgeiz, einen neuen konkurrierenden Rebellenstaat (*guo*) zu gründen. [...] Nachdem Hongs Armee im März 1853 Nanjing erobert hatte, wurde die Stadt zur Hauptstadt des Taiping Tianguo[4]. Das zeigte dem Mandschu-Hof, wie ernst die Krise war. Mit Entsetzen erfuhr er, dass die Taiping-Soldaten die Stadt besetzt und die einheimische Bevölkerung, 50 000 Mitglieder der Banner-Truppen[5] und deren Familien, gnadenlos niedergemetzelt hatten. Der Hof drohte die Kontrolle über große Teile Südchinas zu verlieren, einschließlich wichtiger Handelszentren, strategischer Infrastrukturanlagen und historischer Städte. Es schien, als würde sich ganz China gegen die Qing-Herrschaft erheben. [...] Mit der Ankunft von Hong Rengan, dem in Hongkong ausgebildeten Cousin von Hong Xiuquan, in Nanjing und seiner Regierungsübernahme im Frühjahr 1859 als sogenannter Schildkönig wurde die Taiping-Politik systematischer und gemäßigter. Hong Rengan stellte sich das zukünftige China als „Land des Wohlstands und der Zivilisation" vor. Dies wollte er erreichen, indem er China zu einer globalen Industrienation machte. Er förderte die Einrichtung von Krankenhäusern, Eisenbahnen, Schulen, Banken, Zeitungen, Dampfschiffen und Waffenfabriken sowie eines Landsystems, durch das ärmere Regionen Hilfe aus den Überschüssen wohlhabenderer Regionen erhalten sollten. Für die Regierung wurden viele kaiserliche Institutionen kopiert, darunter die Sechs Ministerien (*liu bu*). Am bemerkenswertesten ist, dass die Taiping ein neues Prüfungssystem für die Auswahl loyaler Beamter etablierten, obwohl die Prüfungen so eng mit dem Imperium und der konfuzianischen Lehre verbunden waren. [...] Der Taiping-Staat war eine Mischung von einheimischen und exogenen Institutionen, der das Repertoire von Protest und Aufstand der mittleren Qing-Zeit mit Ideologien westlicher Herkunft verband, welche mittels Übersetzung und Transfer in das Reich gelangt waren. Diese hybriden reformistischen Programme verschafften dem Taiping-Staat unter Revolutionären und Gelehrten des 20. Jahrhunderts den Ruf, Chinas erster moderner revolutionärer Staat gewesen zu sein. Diese Experimente ebneten auch den Weg für spätere Regierungen, die auf die eine oder andere Weise chinesische und ausländische Komponenten in ähnlichen hybriden Formeln verbanden.

Klaus Mühlhahn, Geschichte des modernen China. Von der Qing-Dynastie bis zur Gegenwart, München 2021, S. 155–160

[1] Zur Weißer-Lotus-Sekte siehe auch Seite 172.
[2] **Mandschu**: aus der Mandschurei stammende Dynastie der Qing-Kaiser
[3] Zu Hong Xiuquan siehe Seite 196.
[4] **Taiping Tianguo**: Name des christlichen Staates der Taiping-Rebellen
[5] **Banner-Truppen**: kaiserliche Armee

1. Fassen Sie die wichtigsten Punkte des Textes in eigenen Worten zusammen.
2. Informieren Sie sich im Internet oder in Lexika über den Anführer des Taiping-Aufstandes Hong Xiuquan. Überlegen Sie, warum er und seine Überzeugungen eine große Anziehungskraft auf Zehntausende ausübten. Erklären Sie mögliche Gründe.
3. Erläutern Sie die Pläne der Taiping-Rebellen und die Behauptung, diese seien „hybrid" gewesen (vgl. Zeile 41).
4. Setzen Sie sich mit der These auseinander, der Taiping-Staat sei der erste „moderne revolutionäre Staat" in China gewesen (vgl. Zeile 44).
5. Erörtern Sie, inwiefern der Taiping-Aufstand auch eine Folge des langen Kulturkontaktes mit Europa ist.

M2 Der Machverlust des Kaisers

Die Historikerin Sabine Dabringhaus beschreibt den Machtverlust des Kaisers aufgrund der Aufstände und Kriege:

In der Abwehr der Aufstände von Taiping, Nian und Muslimen hatte der qingkaiserliche Zentralstaat noch einmal seine ganzen militärischen Kräfte mobilisiert. Nicht nur Qing-Truppen waren an der Vernichtung der Rebellen beteiligt gewesen. Provinzgouverneure wie Zuo Zongtang und Li Hongzhang hatten Privatarmeen aufgestellt, und große Teile der ländlichen Gentry hatten in den betroffenen Regionen Lokalmilizen organisiert. Es handelte sich folglich nicht mehr nur um traditionelle Bauernaufstände, sondern um Bürgerkriege, die auf allen Seiten mit ungewöhnlicher Grausamkeit und einem neuartigen ideologischen Fanatismus geführt wurden. [...] Die Qing-Regierung zog regional sehr unterschiedliche Konsequenzen: Da sie die kontinentale Peripherie als wichtigen Lebensnerv ihres Imperiums betrachtete, verstärkte sie hier ihre Kontrolle. In den Küstenregionen Chinas hingegen übernahm die Lokalgesellschaft die Initiative. Reiche Familien waren vor den Taiping nach Shanghai geflohen. Dort entstanden unter den Bedingungen der Treaty-Port-Strukturen neue kommerzielle Netze. Die städtischen Zentren entwickelten sich zunehmend unabhängig von den ländlichen Gebieten, deren Militarisierung die Zersplitterung Chinas in regionale Großeinheiten rivalisierender Kriegsherren nach dem Zusammenbruch dynastischer Herrschaft im frühen 20. Jahrhundert vorbereitete.

Sabine Dabringhaus, Geschichte Chinas. 1279–1949, Berlin/Boston [3]2015, S. 64

1. Geben Sie den Text in eigenen Worten wieder.
2. Erklären Sie, worin sich der Machtverlust des Kaisers nach Niederschlagung der Aufstände ausdrückt. | H
3. Diskutieren Sie, warum die Vertragshäfen (Treaty Ports) eine Art Eigenleben innerhalb von China entwickelten. | H

M3 Machtgewinn der Militärs

*Der Sinologe Helwig Schmidt-Glintzer (*1948) beschreibt die Veränderung der Stellung des Militärs in der zweiten Hälfte des 19. Jahrhunderts:*

Die vier Jahrzehnte zwischen den Aufständen in der Mitte des 19. Jahrhunderts und dem Zusammenbruch der Qing-Dynastie[1] waren eine Periode der Transformation innerhalb der chinesischen Gesellschaft. [...] Eine neue Gruppe von Militärs hatte sich im Zuge der Unterdrückung der Aufstände zwischen 1850 und 1874 gebildet, und man kann von einer „Militarisierung" der Gesellschaft sprechen. Generäle wie Li Hongzhang (1823–1901) suchten sich die Offiziere zunehmend nach Tüchtigkeit aus, sodass eine immer größere Zahl militärischer Führungskräfte keinen Prüfungsrang mehr besaß. So hatten nur noch 12 Prozent der Offiziere der Huai-Armee[2] und nur höchstens 30 Prozent der zentralen Armeeführung dieser Armee einen bei einer Staatsprüfung erlangten Rang. Damit wurde für soziale Anerkennung, Macht und schließlich auch Reichtum eine hohe militärische Stellung wichtiger als ein Prüfungsrang. Bemerkenswert ist aber auch, dass für die meisten die Militärkarriere nur eine Zwischenstation zu einer Stellung in der Bürokratie war, deren höchste zumeist der Gouverneursposten war. Darin spiegelt sich, dass auch am Ende des 19. Jahrhunderts eine zivile Position immer noch angesehener war als eine militärische. Die Militärs waren es auch, die der westlichen Technologie am aufgeschlossensten gegenüberstanden.

Helwig Schmidt-Glintzer, Kleine Geschichte Chinas, Frankfurt am Main 2008, S. 144f.

1. Geben Sie die wichtigsten Aussagen des Textes wieder.
2. Erläutern Sie, warum ein Prüfungsrang in Qing-China wichtig war und warum er im Zusammenhang mit den Kriegen an Bedeutung verlor.
3. Setzen Sie sich mit der Frage auseinander, warum die Armee der „westlichen Technologie" aufgeschlossen gegenüberstand.

[1] 1911
[2] **Huai-Armee**: Armee, die der Kaiser zur Niederschlagung der Taiping-Rebellion aufstellte

M4 Migration ins Ausland

Im 19. Jahrhundert migrieren Millionen Chinesen ins Ausland. Viele lassen sich in Südostasien nieder, andere verschlägt es nach Südamerika, die Karibik oder in die USA. Vor allem nach Peru und nach Kuba kommen viele von ihnen als eine Art Sklaven. China schickt eine Kommission nach Kuba, um die dortige Lage zu untersuchen. Die Kommission hält zahlreiche Klagen der Chinesen schriftlich fest:

Die Petition von Ren Shizhen und zwei anderen besagt: „Wir wurden hier an Plantagen verkauft, wo wir acht Jahre lang unter Hunger und Grausamkeit litten. Da wir gezwungen waren, zusätzliche Nahrung und Kleidung im Laden der Plantage zu kaufen, sparten wir nichts. Und als wir am Ende der Vertragslaufzeit dachten, wir könnten andere und besser bezahlte Arbeit erhalten, sodass wir in einigen Jahren genug für die Überfahrt nach Hause zusammenbekommen könnten, lieferte uns unser Arbeitgeber beim Depot ab, von wo wir am nächsten Tag in Ketten zur Arbeit auf die Straßen geschickt wurden. Wir erhielten keinen Lohn und wurden in jeder Hinsicht wie Strafgefangene behandelt. Danach wurden wir gezwungen, neue Verträge zu unterzeichnen und in den Dienst von Pflanzern zu treten. Von dem Lohn, den diese zahlten, behielt der Beamte $10 von $15 für sich, während er uns von $30 nur $6 aushändigte.[3] Und als diese neuen Verträge abgelaufen waren, wurden wir wieder den Depots übergeben. In diesen verbrachten wir mehrere Monate, danach wurden uns neue Verträge aufgezwungen, sodass uns infolge dieser aufeinanderfolgenden Anstellungen nicht ein Tag der Freiheit gewährt wurde." [...]
Die Petition von Yu Axia besagt: „Ich wurde an eine Eisenbahngesellschaft verkauft mit einer Anstellung für acht Jahre. Aber obwohl dieser Zeitraum vor sieben Jahren abgelaufen ist, ist kein Entlassungsschreiben für mich ausgestellt worden. Ich möchte manchmal draußen spazieren gehen, aber ich kann es nicht, denn ich habe Angst, dass mein Herr es erfährt und dass er mich prügelt, in Ketten legt und misshandelt." [...]

Zitiert nach: Thoralf Klein, Geschichte Chinas. Von 1800 bis zur Gegenwart, Paderborn [2]2009, S. 363

1. Fassen Sie die Kernaussagen des Textes zusammen.
2. Arbeiten Sie heraus, wie man die Chinesinnen und Chinesen zur Arbeit zwang.
3. Diskutieren Sie, ob die Chinesinnen und Chinesen Sklaven waren oder nicht.

[3] Die kubanische Währung war der Peso, der einem spanischen Silberdollar entsprach und später einem US-amerikanischen Dollar.

M5 Warum Japan sich industrialisierte

Der Historiker Jürgen Osterhammel nennt Gründe für Japans Industrialisierung im 19. Jahrhundert:

Während man für Indien und China mehr als ein Jahrhundert lang die Frage diskutiert hat, warum sie sich trotz mancher guter Voraussetzungen nicht auf dem Normalpfad wirtschaftlich entwickelt hätten, rätselt man für Japan darüber, warum es dort „geklappt" hat. Um die Mitte des 19. Jahrhunderts war die japanische Gesellschaft in hohem Maße urbanisiert und kommerzialisiert. Es gab starke Tendenzen zur Integration eines nationalen Marktes. Die Grenzen des Staates waren durch seine Insellage eindeutig definiert. Es herrschte innerer Frieden, und eine kostspielige Verteidigung nach außen war unnötig. Das Land war bis auf die Lokalebene hinunter ungewöhnlich gut verwaltet. Man hatte Erfahrung mit dem Management begrenzter natürlicher Ressourcen. Der kulturelle Entwicklungsstand der Bevölkerung, ablesbar an der geschätzten Rate derjenigen, die lesen und schreiben konnten, war nicht nur nach asiatischen Maßstäben ungewöhnlich hoch. Japan verfügte also über ausgezeichnete Voraussetzungen für die Anpassung an neue Technologien und an neue Organisationsformen der Produktion. Allerdings wäre es oberflächlich, hier nur eine objektive Logik industriellen Fortschritts zu sehen. Auch waren die Voraussetzungen in Japan nicht unbedingt entscheidend besser als in einigen Teilen Chinas oder Indiens. Entscheidend war der Charakter der japanischen Industrialisierung als *politisches* Projekt, das gemeinsam von Staat und Unternehmern realisiert wurde. Der Sturz des Tokugawa-Shogunats und die Errichtung der Meiji-Ordnung im Jahre 1868 waren weniger das Resultat von Veränderungen in Wirtschaft und Gesellschaft als eine Reaktion auf die plötzliche Konfrontation des Landes mit dem Westen. Die Industrialisierung Japans, die erst danach begann, war Teil einer umfassenden Politik der nationalen Erneuerung, des umfassendsten und ehrgeizigsten Vorhabens dieser Art, das jemals im 19. Jahrhundert in Angriff genommen wurde, ohne dass ihm ein ausformulierter strategischer Plan zugrunde gelegen hätte. Das genaue Studium der westlichen Machtstaaten hatte der japanischen Elite gezeigt, dass industrieller Aufbau ein Schlüssel zu nationaler Stärke sein würde. Folglich wurden die ersten industriellen Projekte ähnlich wie in China, aber mit zentraler Koordination und unter schwächerem ausländischem Druck, von der Regierung in Tokyo initiiert und anfänglich unter Einsatz kostbarer Devisen gefördert. Dies geschah ohne nennenswerte Beteiligung von Auslandskapital.

Jürgen Osterhammel, Die Verwandlung der Welt. Eine Geschichte des 19. Jahrhunderts, München 2009, S. 947 f.

1. Fassen Sie die wichtigsten Gründe für die Industrialisierung Japans nach Osterhammel zusammen. | F
2. Erläutern Sie, was Osterhammel mit „Industrialisierung als *politisches* Projekt" (Zeile 25) meint. | F
3. Beurteilen Sie mithilfe des Textes, inwiefern die wirtschaftliche Entwicklung eines Landes von seinem politischen System abhängt.

M6 Der Aufstieg Japans

*Der Japanologe Christian Oberländer (*1966) erläutert die Konflikte zwischen Japan und China im Zeitalter des Imperialismus:*

Japan konnte zunächst nur in Asien eine eigene außenpolitische Tätigkeit entfalten. Die führenden Männer der Meiji-Restauration und prominente Intellektuelle nahmen dabei eine ambivalente Haltung ein. Einerseits riefen sie zu einer panasiatischen Solidarität auf, die sich gegen den aggressiven Imperialismus des Westens richten sollte. Andererseits unternahm Japan bereits in den 1870er-Jahren außenpolitische Schritte, die ein Gefühl der Überlegenheit gegenüber seinen asiatischen Nachbarn erkennen ließen. Japan gerierte sich zunehmend als Vormacht in Asien, die ihre zurückgebliebenen Nachbarn in die Moderne und damit zu einer allerdings erst später zu erwartenden Gleichberechtigung führen würde. Nachdem die westlichen Mächte die Öffnung Japans, d.h. seinen Eintritt in die Welt moderner internationaler Beziehungen, erzwungen hatten, nahm Japan mit seinen asiatischen Nachbarn ähnliche Beziehungen auf. Japan und China stellten 1871 diplomatische Beziehungen her und beendeten damit den seit dem 17. Jahrhundert andauernden Zustand fehlender offizieller Kontakte zwischen beiden Ländern, der sich entwickelt hatte, weil China auf der Unterwerfung seiner Partner beharrt, Japan jedoch eine nachrangige Stellung abgelehnt hatte. Die jetzt aufgenommenen Beziehungen beruhten auf der Gleichberechtigung beider Partner [...] Dies bedeutete ein Novum für die internationale Ordnung in Asien, die bis dahin von China geprägt und hierarchisch organisiert war. Japan erreichte zwar sein unmittelbares Kriegsziel [im Japanisch-Chinesischen Krieg], da China im Frieden von Shimonoseki 1895 Korea als unabhängigen Staat anerkennen musste. Es gelang Japan jedoch nicht, seine militärischen Erfolge auch in die gewünschten territorialen Gewinne umzumünzen. Zwar erhielt Japan von China laut Friedensvertrag neben einer stattlichen Kriegsentschädigung die Insel Taiwan und einige ihrer Nachbarinseln sowie die Liaodong-Halbinsel und das Recht, eine Eisenbahn in der südlichen Mandschurei zu bauen. [...] Doch der Gewinn des heißersehnten Stützpunkts auf dem asiatischen Kontinent, der Liaodong-Halbinsel [...] blieb ihm versagt. Denn die japanische Regierung musste bald erkennen, dass die Früchte ihres Sieges gefährdet waren, wenn die anderen in China aktiven Mächte sie nicht akzeptierten und China sich um eine ausländische Intervention zu seinen Gunsten bemühte. [Schließlich] intervenierte der russische Vertreter in Tokyo mit der Unterstützung seines französischen und seines deutschen Kollegen, indem er dem japanischen Außenminister Mutsu Munemitsu am 23. April 1895 erklärte, dass die vorgesehene Abtretung der Halbinsel Liaodong seine Regierung beunruhige, weil dadurch Beijing bedroht und der Friede in Asien gefährdet würde. Mit diesem als Triple-Intervention bezeichneten Eingreifen wurde Japan „geraten", die Liaodong-Halbinsel bei China zu belassen.

Christian Oberländer, „Von den Ungleichen Verträgen zur Großmacht. Japans Weg zum modernen Nationalstaat", in: Josef Greiner, Geschichte Japans, Ditzingen 2018, S. 260 – 331, hier: S. 268 – 275

1. Charakterisieren Sie die außenpolitischen Folgen der Modernisierung Japans.
2. Erläutern Sie, wie sich das Verhältnis zwischen Japan und China in der zweiten Hälfte des 19. Jahrhunderts veränderte.
3. Diskutieren Sie die Positionen Chinas und Japans gegenüber den europäischen Mächten und den USA.

Erster Japanisch-Chinesischer Krieg.
Karikatur aus der Zeitschrift „Punch" vom 29. September 1894.

- Beschreiben Sie die Karikatur.
- Erklären Sie, für welches Land jeweils die beiden Männer stehen. Begründen Sie Ihre Meinung.
- Erläutern Sie, was die Karikatur dem Betrachtenden vermitteln will.
- Diskutieren Sie, welche Vorurteile in der Karikatur zum Ausdruck kommen.

Reformversuche

Eine öffentliche Meinung entsteht | Der langsame Machtzerfall des Kaisertums offenbarte sich nicht nur in den zahlreichen Aufständen und Rebellionen und in den schmerzhaften Niederlagen in den zwei Opiumkriegen. Er zeigte sich auch daran, dass die Regierung in Beijing nach und nach die Kontrolle über die Publikationstätigkeit in China verlor. Wie bereits geschildert, unterlagen die großen Publikationsprojekte im 18. Jahrhundert einer strengen kaiserlichen Zensur.[1] Auch die Prüfungen, denen sich alle Staatsangestellten stellen mussten, hatten unter anderem das Ziel, den Untertanen eine bestimmte Vorstellung der Welt zu vermitteln. Im 19. Jahrhundert versuchte das Kaiserhaus gleichermaßen, die Veröffentlichung von Texten zu kontrollieren. Ab der Mitte des Jahrhunderts gelang dies aber nicht mehr. Zum einen brachten christliche Missionare europäische Vorstellungen nach China (➔M1). Zum anderen entwickelte sich ein reges, kaum kontrolliertes Publikationswesen. Christliche Vereine wie die *London Missionary Society Press* oder die *Society for the Diffusion of Christian and General Knowledge Among the Chinese* druckten Hunderte von Übersetzungen europäischer und US-amerikanischer Bücher, die neben religiösen Themen auch alle Bereiche von Wirtschaft, Politik, Gesellschaft und Kultur thematisierten. Daneben erschienen zahlreiche Zeitungen, die über die neuesten Entwicklungen im Rest der Welt, aber auch über Philosophie, Literatur und das Geistesleben allgemein in Europa und den USA informierten. Aus Büchern und Zeitungen lernte die gebildete Elite Chinas Europa und die USA innerhalb weniger Jahrzehnte kennen, und vermutlich wusste ein gebildeter Chinese am Ende des 19. Jahrhunderts mehr von Europa als ein gebildeter Europäer von China.

Neue politische Vorstellungen | Die bessere Kenntnis der europäischen und US-amerikanischen Gesellschaften, ihrer Politik, Wirtschaft und Kultur führte innerhalb der gebildeten chinesischen Elite zur Veränderung ihres Selbstverständnisses. Schon die Taiping-Rebellion[2] hatte zahlreiche Versatzstücke europäischer Kultur aufgegriffen, und die immer genaueren Informationen aus anderen Ländern machten es unmöglich, die Entwicklungen außerhalb Chinas zu ignorieren. Eine wichtige Rolle spielte auch Japan. Die Meiji-Reformen, der wirtschaftliche Aufschwung und der militärische Machtgewinn des Inselreiches weckten das Interesse der gebildeten Chinesen.[3] Zahlreiche japanische Bücher wurden ins Chinesische übersetzt, um den Chinesen diese Verwandlung Japans näherzubringen. Mit den Büchern kamen auch neue Begriffe ins Land, nicht zuletzt der Begriff der *Nation*, der aus dem entsprechenden japanischen Wort gebildet wurde (*minzu* aus Japanisch *mizoku*). Dass China eine Nation war, in der alle Menschen sich als Untertanen oder Bürger eines Einheitsstaates betrachteten, war ein völlig neuer Gedanke. Denn das Kaiserreich war bisher ja vor allem durch den Kaiser und dem ihm ergebenen Beamtenapparat geeint gewesen. Es fehlten nicht nur eine gemeinsame Sprache und Kultur, sondern auch die Vorstellung, ja sogar das Wort für die als Nation bezeichnete Gemeinschaft der Menschen in einem Staat. Während also die ausländischen Interventionen, Aufstände und Bürgerkriege das Land zerrissen, informierte sich die gebildete Elite begierig über die Entwicklungen in jenen Ländern, denen China so hoffnungslos unterlegen war. Dies war der Grundstein für die zahlreichen Reformen im späten 19. und in der ersten Hälfte des 20. Jahrhunderts.

---

1 Siehe dazu nochmals Seite 171 im Kapitel „Die Blütezeit der Qing-Dynastie".
2 Über die Taiping-Rebelling informiert Seite 196.
3 Zu Japan siehe Seite 199f.

Die Selbststärkungsbewegung | In der zweiten Hälfte des 19. Jahrhunderts entstand in China eine Reformbewegung, die zu zahlreichen Veränderungen in Wirtschaft, Politik und Gesellschaft führte. Diese Bewegung und die Reformen wurden als *Selbststärkungsbewegung* bezeichnet. Selbststärkung war ein altes chinesisches Konzept, welches von der Idee ausging, dass man von seinen Feinden lernen musste, um selber stark zu werden. Seit der ersten Hälfte des 19. Jahrhunderts war es für viele Gelehrte offenkundig, dass China den europäischen Mächten technisch unterlegen war. Sie hatten daher Vorschläge unterbreitet, wie dem abzuhelfen sei. Nach jahrzehntelangem Studium schlug der Berater *Wei Yuan* (1794–1857) im Anschluss an den Ersten Opiumkrieg vor, die Militärtechnik der Europäer zu übernehmen. Angesichts des Taiping-Aufstandes und des Zweiten Opiumkrieges wurden die Vorschläge der Gelehrten immer radikaler.[1] *Feng Guifen* (1809–1874) kam in einer Schrift von 1861 zu dem Schluss, dass China sich grundlegend verändern müsse. Seines Erachtens waren tief greifende Reformen des Bildungssystems, der politischen Ordnung, der Wirtschaft und der Wissenschaft notwendig. Aber ähnlich wie Wei Yuan war auch Feng Guifen der Auffassung, dass der grundlegende Charakter Chinas durch die Reformen nicht berührt werden dürfte.

Lernen vom Ausland | Tatsächlich wurde ab den 1860er-Jahren in China eine große Zahl von Reformen in Angriff genommen, die das Land erheblich verändern sollten. Auf politischer Ebene ging es vor allem darum, die Beziehungen zum Ausland besser zu organisieren. Mit dem *Außenamt* wurde eine Art Außenministerium geschaffen, ein von Ausländern geleitetes *Seezollamt* zog die im internationalen Handel fälligen Zölle ein und Handelsbevollmächtigte überwachten die Handelsbeziehungen zum Ausland. In der zweiten Hälfte des 19. Jahrhunderts stiegen auch dank dieser Maßnahmen die Zolleinnahmen erheblich an. Allerdings erreichte ein großer Teil dieser Einnahmen nicht die Zentralregierung, da er in den Provinzen verblieb oder zur Zahlung von Auslandsschulden verwendet wurde. Auch in der *Bildung* gab es Neuerungen. So wurden Sprachschulen gegründet, in denen Englisch, Französisch, Deutsch und Russisch gelehrt wurde. Technische Oberschulen und Militärakademien entstanden, die vor allem auf die Verbesserung der Kenntnisse in der Waffenproduktion und der Kriegsführung zielten. Sowohl die Zentralregierung als auch verschiedene Provinzgouverneure schickten Missionen nach Europa, Japan und in die USA, die sich dort die neuesten militärischen und wissenschaftlichen Erkenntnisse aneignen sollten. Darüber hinaus arbeiteten in China Tausende von ausländischen Experten, die beim Aufbau von Industrien und der Modernisierung der Streitkräfte halfen und ihr Wissen an Einheimische weitergaben. Dies ging einher mit Reformen in der *Armee*, deren Struktur, Bewaffnung, Taktik und Strategie sich nach und nach grundlegend änderte.

Neuerungen in Industrie, Bergbau und Schifffahrt | Gleichzeitig entstanden in China zahlreiche Fabriken, in denen Waffen bis hin zu Kriegsschiffen gebaut wurden. Diese sogenannten *Arsenale* waren große Industrieanlagen mit Tausenden von Beschäftigten. China gelang es, seine Waffenproduktion innerhalb weniger Jahrzehnte völlig neu zu ordnen, und dennoch war das chinesische Kriegsgerät letztendlich dem ausländischen unterlegen. Neben den Waffenfabriken wurden auch Textilfabriken aufgebaut, und 1897 nahm ein Stahlwerk in Hubei seine Produktion auf. Wie in anderen Ländern ging auch in China die Entstehung von industrieller Produktion Hand in Hand mit der Modernisierung des *Bergbaus*. So entstanden große Kohle- und Eisenerzminen, aber auch Gold und andere Metalle wurden in größerem Umfang gefördert. Diese Entwicklungen wurden begleitet vom Aufschwung der *Dampfschifffahrt*, die nicht mehr nur in den Händen von Ausländern lag. Im Gegenteil, die 1873 ihre Dienste aufnehmende

[1] Zum Ersten und Zweiten Opiumkrieg lesen Sie nochmals Seite 186 bis 189.

Das Fuzhou-Arsenal mit Hafen und Schiffswerft.
Foto, um 1870.

Chinesische Handelsdampfschifffahrtsgesellschaft entwickelte sich zu einer großen Reederei, die mit Dutzenden von Dampfschiffen Handel trieb. Die neuen Unternehmen, sei es in der Industrie, dem Bergbau oder der Schifffahrt, unterlagen zwar einer strikten staatlichen Kontrolle, ihr Kapital kam aber von Privatleuten, die mit den neuen Firmen häufig hohe Gewinne erzielten. Anders als auf dem Wasser stockte die Erneuerung des Verkehrswesens auf dem Land. 1900 waren noch nicht einmal 300 Kilometer Eisenbahnstrecke in Betrieb, und auch der Aufbau des Telegrafennetzes steckte noch in den Anfängen.

Die Grenzen der Selbststärkungsbewegung | Wie die Kriege gegen Frankreich (1884/85) und Japan (1894/95) zeigten,[1] hatten die Reformanstrengungen in China aber viel weniger Erfolg als die sehr ähnlichen Maßnahmen in Japan. Während Japan sich zwischen dem Ende des 19. und dem frühen 20. Jahrhundert zu einer ostasiatischen Supermacht entwickelte, setzten sich in China in der ersten Hälfte des 20. Jahrhunderts die Bürgerkriege fort und in den 1930er-Jahren wurde ein Teil des Landes von Japan besetzt. Wieso kam die Industrialisierung in China im 19. Jahrhundert nicht so schnell in Gang wie in Japan? Ein wichtiger Grund war der Zeitpunkt. Als die beiden Länder in den 1860er-Jahren ihre Reformen begannen, lagen hinter China die beiden Opiumkriege und die Taiping-Rebellion. Das Land hatte Millionen Menschenopfer und riesige materielle Verluste zu beklagen. Darüber hinaus hatten sich die Machtverhältnisse verändert. Während in Japan die Meiji-Restauration einen starken Zentralstaat etablierte, hatte der chinesische Kaiser Mitte des 19. Jahrhunderts viel von seiner Macht ans Ausland und an die Provinzgouverneure abgeben müssen. Nicht einmal die Armee und die Kriegsmarine unterstanden einem einheitlichen Kommando. Vielmehr gab es verschiedene Armeen und Marinen, die verschiedenen Oberbefehlshabern gehorchten. Der Kaiser war also anders als sein japanischer Gegenspieler gar nicht in der Lage, eine einheitliche Politik in ganz China durchzusetzen. Darüber hinaus fehlte auch aufgrund der Kriege das Geld. China war bei den ausländischen Mächten verschuldet und verfügte über kein funktionierendes Bankensystem, das den Aufbau von Industrien hätte finanzieren können. Und schließlich war der Reformwille in einem großen Teil der

[1] Vgl. dazu die Seiten 198 und 200.

chinesischen Eliten nicht ähnlich radikal wie in Japan. Die Selbststärkungsbewegung wollte China eben nicht so grundlegend verändern, wie dies in Japan geschah. Es gab keinen tief gehenden Umbau der staatlichen Ordnung. Die Reformen betrafen Teilaspekte der politischen Struktur, aber nicht deren Grundlagen. Dies kam in der an der Jahrhundertwende vom Reformer *Zhang Zhidong* (1837–1909) geprägten Ti-yong-Formel zum Ausdruck: „Chinesisches Lernen als Substanz, westliches Lernen als Funktion." China sollte eben nicht westlich werden, sondern vielmehr die ausländische Technik zur Abwehr tief greifender Veränderungen nutzen.

Die Reform der hundert Tage | Wie schwach der Reformwille im Land war, zeigte sich am Ende des Jahrhunderts, als Kaiser Guangxu mit der sogenannten *Reform der hundert Tage* scheiterte. Im Juni 1898 hatte der junge Kaiser Ideen einer Gruppe radikaler Reformer aufgegriffen und in den folgenden drei Monaten eine Vielzahl von Gesetzesbestimmungen erlassen, um China zu modernisieren. Die Reformen zielten vor allem auf eine Veränderung des Bildungswesens und des Beamtenapparates. Sie sollten den Staat letztlich effizienter machen und eine neue Mentalität der chinesischen Politik hervorbringen. Ein solches Projekt musste aber auf den erbitterten Widerstand all jener Kräfte stoßen, die von der existierenden Bürokratie profitierten. Und tatsächlich gelang es den Reformgegnern unter Führung der Kaiserinwitwe *Cixi* (1835–1908)[1], die Reformen zu stoppen. Es kam zur Entmachtung des jungen Kaisers, und führende Vertreter des Reformvorhabens wurden verhaftet und hingerichtet. Die Monarchie hatte sich als unfähig erwiesen, sich den Anforderungen der Zeit anzupassen (➔M2 und M3).

Der Boxerkrieg | Der *Boxerkrieg* entwickelte sich aus einem ländlichen Aufstand im Nordosten Chinas, der sich ursprünglich vor allem gegen chinesische Christen, die Qing-Regierung und allgemein gegen Neuerungen gerichtet hatte, da viele Bauern in ihnen die Ursache für die schleichende Verarmung auf dem Land sahen. Aufgrund ihrer Kampfkunst und der Selbstbezeichnung als „Fäuste der Gerechtigkeit und Harmonie" wurden die Aufständischen als *Boxer* bezeichnet. Sie zogen mordend und brandschatzend übers Land, brachten Christen um und zerstörten die Zeugnisse der Erneuerung

[1] Zur Kaiserinwitwe Cixi siehe auch das Kapitel „Geschichte kontrovers" auf Seite 218 f.

Guangxu (1871–1908): Er wurde von seiner Tante Cixi adoptiert und war seit 1875 Kaiser von China. Nach dem Scheitern der Reform der hundert Tage wurde Guangxu entmachtet. Er war zwar formell noch im Amt, konnte aber keine wichtigen Entscheidungen mehr treffen. Untersuchungen aus dem Jahre 2008 ergaben, dass der Kaiser wahrscheinlich mit Arsen vergiftet wurde.

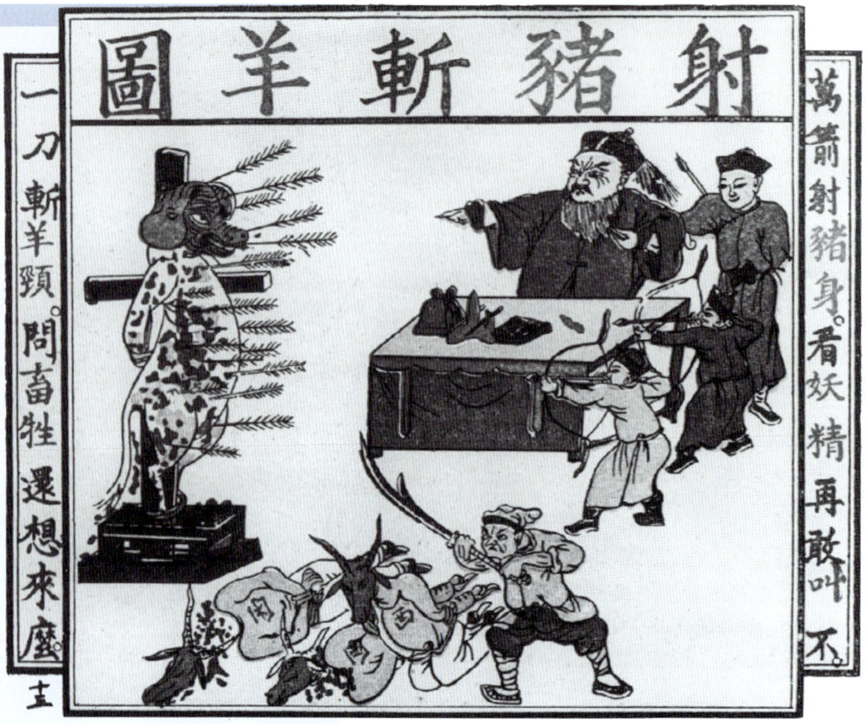

„Das Schwein erschießen und die Ziegen köpfen!"
Chinesisches antichristliches Plakat, um 1900.
Das Schwein ganz links steht für Jesus Christus, die Ziegen am unteren Bildrand sollen Ausländer versinnbildlichen.

- Charakterisieren Sie die dargestellten Personen.
- Arbeiten Sie heraus, an welchen Adressatenkreis sich die Darstellung richtet.
- Interpretieren Sie die „Botschaft" des Plakates.

wie zum Beispiel Telegrafenmasten oder Kirchen (→M4). Die Qing-Regierung ließ die Boxer gewähren, sodass die Bewegung sich von einem Aufstand gegen die Regierung in eine Rebellion gegen die Ausländer und die ausländischen Mächte verwandelte. Als die Boxer Beijing erreichten, töteten sie den japanischen Diplomaten *Sugiyama Akira* († 1900) und den Gesandten des Deutschen Reiches *Clemens von Ketteler* (1853–1900). Die ausländischen Bewohner Beijings verschanzten sich zusammen mit einigen Tausend Chinesen und mehreren Hundert Soldaten im Gesandtschaftsviertel, das von den Boxern belagert wurde. Gleichzeitig rief die chinesische Regierung zum Krieg gegen die Ausländer auf. Ein sofort in China zusammengestelltes ausländisches Expeditionskorps brach auf, um die in Beijing Eingeschlossenen zu befreien. Allerdings war das Korps sehr klein und konnte von Einheiten der Boxer gestoppt werden. Mehr Erfolg hatten die Truppen, die sechs europäische Nationen (Großbritannien, Frankreich, Deutsches Reich, Italien, Österreich-Ungarn, Russland) zusammen mit den USA und Japan auf den Weg schicken. Die acht Länder waren in der Lage, schnell zu reagieren, da sie auf Einheiten zurückgreifen konnten, die bereits in Asien waren. Die *Acht-Nationen-Armee* gelangte schnell nach Beijing und hatte keine Probleme, die Boxer aus der Hauptstadt zu vertreiben. Im Anschluss an die Eroberung plünderten die Truppen drei Tage lang die Stadt. Das brutale Vorgehen gegen die Zivilbevölkerung sollte sich in den folgenden Monaten fortsetzen, in denen nach und nach die Gebiete der Boxer erobert wurden. Erst nach Einnahme Beijings erreichte das große, etwa 17000 Mann umfassende Militärkorps aus dem Deutschen Reich China. Die deutschen Truppen richteten bei der Verfolgung tatsächlicher oder angeblicher Boxer schreckliche Massaker unter der chinesischen Landbevölkerung an (→M5). Dass die europäischen Truppen Beijing so leicht hatten einnehmen können und anschließend so problemlos die Boxer verfolgen konnten, lag auch daran, dass in den meisten Teilen Chinas die mächtigen Provinzgouverneure und die Armee die Qing-Regierung nicht unterstützten. Die wenigen Truppen, die in und um Beijing direkt dem Kaiser unterstanden, waren klein und der Boxerbewegung nicht wohlgesonnen. Sie unterstützten die Boxerbewegung daher trotz des kaiserlichen Befehls nur halbherzig. Die Boxerbewegung selbst dagegen hatte zu keinem Zeitpunkt eine gut bewaffnete und trainierte Armee organisieren können.

Das Boxerprotokoll | Nach der Niederlage der Boxer musste China 1901 einen Vertrag mit den acht ausländischen Ländern unterschreiben, das sogenannte *Boxerprotokoll*. Da der Kaiser mit seinem Hofstaat vor den ausländischen Truppen aus Beijing geflohen war, wurden die Friedensbedingungen seinen Gesandten diktiert. China verpflichtete sich im Boxerprotokoll, bis 1940 die astronomische Summe von 450 Millionen chinesischen Silberunzen an die acht Mächte zu zahlen und gewährte diesen weitgehende Privilegien in China. Die Regierung musste sich für das Vorgehen gegen Ausländer entschuldigen, alle Aktivitäten gegen Ausländer unter Strafe stellen und unterbinden und schließlich auch eine Sühnemission nach Berlin schicken, um dort wegen der Ermordung des Gesandten Clemens von Ketteler um Entschuldigung zu bitten. Auch wenn die Qing-Dynastie durch den Boxerkrieg nicht gestürzt wurde, so hatte sie doch jede Macht verloren und fungierte nur noch als Erfüllungsgehilfe der Ausländer. Die imperialistischen Mächte hatten sich China unterworfen.

„Open Door Policy" | Um die eigene Position zu verbessern, ließen sich Japan, Frankreich, Großbritannien und das Deutsche Reich sogenannte „Interessensphären" in China Ende des 19. Jahrhunderts zuteilen, die ohne ihr Einverständnis nicht an andere Länder vergeben werden konnten. Den ausländischen Mächten ging es nicht mehr allein darum, ihre Waren in China zu verkaufen. Ihnen lag vielmehr daran, die Wirtschaft in China zu kontrollieren. Europäische und japanische Firmen sicherten sich die Vorrechte für den von China bezahlten Bau von Eisenbahnlinien. Sie beuteten Bodenschätze aus und spielten eine immer größere Rolle im Finanzwesen des Landes. Alles schien darauf hinzudeuten, dass China von den imperialistischen Mächten in Kolonien geteilt werden würde. Gegen diese Entwicklung protestierten allerdings die USA. In Washington versprach man sich von einer für alle interessierten Mächte „offenen Tür" in China („*Open Door Policy*") einen größeren Nutzen für die heimischen Wirtschaftsinteressen und pochte deshalb darauf, dass China als – zumindest auf dem Papier – selbstständiger Staat erhalten blieb (→M6). So rettete letztlich die Konkurrenz unter den imperialistischen Ländern die staatliche Einheit eines auf seine Kernterritorien geschrumpften Chinas.

Die letzten Reformen des Kaiserreiches | Nachdem die konservativen Kreise in Beijing, angeführt von der Kaiserinwitwe Cixi, 1898 eine tief greifende Reform verhindert hatten, machte der Boxerkrieg auch ihnen deutlich, dass China sich grundlegend verändern musste. 1901 startete die Regierung daher eine sogenannte *Neue Politik*, welche zum Ziel hatte, den Staat zu modernisieren. Nachdem die „Neue Politik" zunächst nur zögerlich in Gang gekommen war, ging es nach dem Sieg Japans über Russland im Krieg von 1905 Schlag auf Schlag.[1] Denn mit dem japanischen Erfolg über eine europäische Großmacht war nun klar, dass die fernöstlichen Länder Kriege gegen Europäer gewinnen konnten. 1906 wurden die alten Ämterprüfungen abgeschafft. Nicht mehr Kalligrafie und die Kenntnisse in konfuzianischer Philosophie, sondern die Qualifikation für eine konkrete Aufgabe sollten nun über die Vergabe von Ämtern entscheiden. Um das Bildungsniveau zu heben, wurde ein landesweites Universitäts- und Schulwesen aufgebaut. 1903 existierten in China weniger als 1000 Schulen, am Ende der Kaiserzeit 1911 waren es über 50 000. Ab 1907 wurden auch Schulen für Mädchen eröffnet. Der Bildung diente auch die Ausweitung der Missionen, die nach Japan geschickt wurden, und die immer größere Zahl von Japanern, die man nach China einlud, damit sie die Chinesen auf allen Feldern der Technik und der Bildung über die neuesten Verfahren und Kenntnisse unterrichteten. Parallel zum Bildungssystem wurde das politische System umgebaut. Die Regierungsministerien wurden reformiert und neue Ministerien wurden geschaffen, unter anderem zum ersten Mal ein Ministerium für Bildung. In den Provinzen wurden Parlamente eingerichtet, und 1908 wurde ein Verfassungsentwurf für China vorgestellt. Die Reformen betrafen schließlich auch die Armee. 1906 wurde ein Heeresministerium eingerichtet, das für die gesamten chinesischen Streitkräfte zuständig war. Unterhalb des Ministeriums existierte in jeder Provinz eine Kriegsbehörde. Die Armee wurde professionalisiert, sodass nun Berufsoffiziere die Truppen befehligten. Diese sollten nicht mehr einzelnen Generälen oder Provinzgouverneuren gegenüber loyal sein, sondern dem chinesischen Staat.

[1] Zum Russisch-Japanischen Krieg siehe nochmals Seite 200 f.

M1 Missionierung in China

Der deutsche Geograf und Forscher Ferdinand von Richthofen (1833–1905) reist mehrere Jahre durch Asien und versucht, sich als Chinaexperte zu profilieren. Auch um als Wissenschaftler in einem besseren Licht zu erscheinen, verfasst er scharfe Kritiken an anderen in China lebenden Europäern. 1898 berichtet er über Missionare des Franziskaner-Ordens in der Provinz Shandong an der Ostküste Chinas:

Die Geografie von China war den Missionaren unbekannt, und selbst in ihrer eigenen Provinz kannten sie wenig mehr als die Namen und annähernde Lage der Missionsstationen. [...] Es setzte mich besonders in Verwunderung, dass die meisten die chinesische Sprache nicht beherrschten und sich um die Erlernung der Schriftzeichen nicht kümmerten. Überhaupt hatten sie, mit Ausnahme der Förmlichkeiten, von allem, was chinesisch ist, unvollkommene Vorstellungen und hielten es nicht für der Mühe wert, in dessen Geist einzudringen. [...] Hier [in Jinan], wie anderwärts, hörte ich die Klage, dass die meisten der neuen Christen sich nur taufen ließen, um den fremden Schutz zu erhalten.

Der seit 1895 als österreichischer Botschafter in China tätige Arthur von Rosthorn (1862–1945) schreibt über die christlichen Missionen:

Die religiöse Propaganda – China durch den Frieden von Nanking im Jahre 1842 aufgezwungen – war dem Volke und der Regierung schon lange ein Dorn im Auge. Nicht als ob die Chinesen in religiöser Hinsicht fanatisch oder auch nur intolerant wären; allein die christlichen Kirchen verboten den Ahnenkult, der die Grundlage der Familienordnung ist, und die Konvertiten[1] lösten sich naturgemäß aus der Familiengemeinschaft los, was zu allerlei Streitigkeiten und Störungen des sozialen Gleichgewichts führte. Dazu kam, dass die katholische Geistlichkeit ihre Proselyten[2] vielfach durch persönliche Intervention bei den Behörden begünstigte, was bisweilen Rechtsbeugungen zur Folge hatte und böses Blut machte. Dem abergläubischen Volke war leicht einzureden, dass die Missionen, welche in selbstloser Weise Spitäler und Orphelinate[3] unterhielten, diese Institute kommerziell ausbeuteten.

Der Historiker Thoralf Klein geht auf positive Folgen der christlichen Missionierung ein:

Der positive Aspekt, das Engagement der Mission für die Modernisierung Chinas, machte sich denn auch vor allem in den beiden Jahrzehnten nach 1900 bemerkbar. Begonnen hatte es jedoch weitaus früher. Schon in den 1860er-Jahren hatten einige Missionare der Selbststärkungsbewegung vor allem mit Übersetzungen wissenschaftlicher Werke zugearbeitet, andere gründeten Krankenhäuser, Schulen und Universitäten. Sie setzten sich auch für gesellschaftliche Reformen ein, etwa für die Abschaffung des Fußebindens bei Frauen oder die Bekämpfung des Opiumkonsums. Mit diesen Maßnahmen unterstützten sie den chinesischen Staat in seinen Modernisierungsbestrebungen und machten sich dort unentbehrlich, wo dessen

St. Josephs Kathedrale in Beijing.
Foto von 2013.
Ein italienischer Jesuit ließ 1655 die St. Josephs Kirche errichten. Nach einem Brand wurde sie 1904 wieder aufgebaut.
Die ersten Jesuiten gelangten Ende des 16. Jahrhunderts nach China (vgl. Seite 177). Nachdem der Papst die Ausübung der chinesischen Gebräuche zu Ehren der Ahnen und des Konfuzius allen Christen untersagt hatte, verbot Kaiser Yongzheng das Christentum. Erst die ab 1842 geschlossenen „ungleichen Verträge" legalisierten es wieder. Seit 1860 strömten katholische und protestantische Missionare nach China. Bis um 1900 drangen die christlichen Prediger immer weiter ins Landesinnere vor. Die Missionare traten oft mit einem aggressiven Sendungsbewusstsein auf, was zu Spannungen führte, die sich nicht selten in gewaltsamen Auseinandersetzungen entluden.

► Präsentation: Recherchieren Sie in Lexika, Fachbüchern oder dem Internet weitere Texte und Bilder zum Thema „Missionierung in China bis zum Beginn des 20. Jahrhunderts" und analysieren Sie diese. Tragen Sie anschließend Ihre Ergebnisse in einem Kurzreferat vor.

[1] **Konvertit**: Person, die zu einem anderen Glauben oder einer anderen Konfession übergetreten ist
[2] **Proselyt**: Neubekehrter
[3] **Orphelinat**: Waisenhaus

Kapazitäten nicht ausreichten. Insgesamt gingen die Protestanten mit größerem Einsatz zu Werke als die Katholiken, wobei die führende Rolle wiederum den Amerikanern zufiel. Viele von diesen stützten sich auf die Idee des „Social Gospel", der zufolge die Christianisierung nicht mehr durch direkte Evangelisierung, sondern mittels sozialer Projekte erfolgen sollte. Diese Impulse wirkten sich auch auf die chinesischen Christen aus: In den Großstädten wurden sie infolge ihrer modernen Ausbildung Teil der neuen professionellen Mittelklasse; auf dem Land galt dies hingegen nur für diejenigen, die den Sprung in die Städte schafften. Infolgedessen galt das Christentum in China bis in die 1920er-Jahre als genuin moderne Religion.

Erster und zweiter Text zitiert nach: Sabine Dabringhaus, Der Boxer-Aufstand in China (1898–1900). Studienbrief der FernUniversität Hagen. Grundkurs Neuzeitliches Asien, Kurseinheit 7, 1992, S. 28 f.; dritter Text: Thoralf Klein, Geschichte Chinas. Von 1800 bis zur Gegenwart, Paderborn ²2009, S. 280

1. Beschreiben Sie, wie sich die Tätigkeit der Missionare in China hier darstellt (erster bis dritter Text).
2. Analysieren Sie, inwiefern der Bericht von Richthofen auch die Konkurrenz zwischen Kirche und Staat im 19. Jahrhundert spiegelt (erster Text).
3. Erläutern Sie, warum die Missionare in China als Bedrohung empfunden wurden (zweiter Text).
4. Erklären Sie, inwiefern das Christentum als etwas Fremdes in China verstanden werden konnte (dritter Text).
5. Erörtern Sie, welche Rolle die christliche Missionierung bzw. die Missionare in China nach Thoralf Klein einnahmen. Vergleichen Sie mit der Darstellung von Ferdinand von Richthofen (erster und dritter Text). | H | F

M2 Reformen sind notwendig

Nach der Niederlage im Krieg gegen Japan (1895) wächst in China das Bewusstsein über die Notwendigkeit von schnellen und umfassenden Reformen. Liang Qichao gehört zu den wichtigsten Gelehrten des Landes und setzt sich in seinen Schriften vehement für die Modernisierung Chinas ein. Er ist einer der intellektuellen Köpfe der Reform der hundert Tage von 1898 (siehe M3) und flieht nach Entmachtung der Reformkräfte nach Japan. In einem Text von 1896 skizziert er einige der Grundüberzeugungen der Reformbewegung:

Diejenigen, die gegen Veränderungen eintreten, behaupten fortwährend: „Wir folgen den Vorfahren, folgen den Vorfahren." Wissen sie, dass von den prähistorischen, antiken, mittelalterlichen und modernen Zeiten bis zum gegenwärtigen Tage viele Hunderttausende und Myriaden[1] von Veränderungen geschehen sind? [...] Dennoch dachten der Prinz und das Volk, die oberen und unteren Klassen immer störrisch, dass „unsere heutigen Gesetze von unseren Vorfahren benutzt wurden, um das Reich zu regieren, und es wurde gut regiert". Sie beachteten diese [Gesetze] starrsinnig, folgten der Tradition kritiklos. [...]

Liang Qichao (1873–1929). Porträt unbekannten Datums.

Das Alter des Landes China kommt dem Indiens gleich, und die Fruchtbarkeit des Landes ist der Türkei überlegen, aber Chinas Anpassung an fehlerhafte Denkweisen und die Unfähigkeit sich aufzuraffen macht es auch zu einem Bruder dieser zwei Länder. [...] Immer wenn es eine Überschwemmung oder eine Trockenheit gibt, sich die Verkehrsverhältnisse verschlechtern, gibt es keine Möglichkeit, Nahrungsmittel zu transportieren [...]. Die Mitglieder von Geheimgesellschaften sind über das ganze Land verbreitet und warten auf ihre Chance. Die Industrie ist unterentwickelt, Debatten über den Handel finden nicht statt, die selbst erzeugten Güter sind täglich schwerer zu verkaufen. [...] Der Druck nimmt jeden Tag zu und unsere finanziellen Quellen sind fast ausgetrocknet. Die Schulen werden schlecht verwaltet und die Studenten [...] wissen nicht, wie man auch nur ein praktisches Ding erledigt. Die fähigsten Studenten arbeiten an kleinen Übungen, an blumenreichem Schreiben und an verschiedenen Kleinigkeiten. Erzähle ihnen über die Weite der Ozeane, so reißen sie ihre Augen auf und glauben es nicht. [...]
[In den europäischen Ländern] wird die Industrie gefördert und der Handel geschützt, weil die Europäer fürchten, dass die Quellen des Reichtums von anderen erobert werden könnten und ihr Land dadurch geschwächt und erschüttert würde. Generäle müssen über Kenntnisse verfügen, Soldaten müssen lesen und schreiben können und Tag und Nacht so üben, als ob ein Feind bereits im Anmarsch wäre; [...] ihre Schiffe und Waffen sind modern und sie wetteifern miteinander in Manövern, weil sie fühlen, dass sie bereits bei der leichtesten militärischen Schwäche geschlagen werden würden und sich vielleicht niemals wieder erheben könnten. Alle anderen verwaltungstechnischen Maßnahmen sind ähnlich. Sie konkurrieren miteinander und stimulieren sich gegenseitig jeden Tag. Deshalb entwickeln sie ihre Talente und die Weisheit ihres Volkes durch Nacheiferung, und der Wohlstand und die Stärke ihrer Länder reichen immer aus, dass sie gegeneinander Krieg führen

[1] Myriade: im Griechischen eine Anzahl von 10 000; steht im Plural meist für eine unzählige, große Menge

können. [...] Aber dieses sogenannte unabhängige oder isolierte Land, China, hat niemals große Feinde gesehen. Stolz betrachtet es sich selbst als hoch und mächtig und behauptet, niemand käme ihm gleich.

Ssu-yu Teng und John K. Fairbank, China's Response to the West. A Documentary Survey 1839–1923, Cambridge/Mass. 1965, S. 154–157 (übersetzt von Boris Barth)

1. Fassen Sie zusammen, warum Liang Qichao Reformen des chinesischen Staates für notwendig hält.
2. Erklären Sie die Ursachen, auf die Liang Qichao die Lage seines Landes zurückführt.
3. Analysieren Sie sein Bild von Europa.
4. Entwickeln Sie aus den Ausführungen von Liang Qichao ein konkretes Reformprogramm. | F

M3 Die Reform der hundert Tage

*1898 erlässt Kaiser Guangxu ein ambitioniertes Reformprogramm, welches die wirtschaftliche und militärische Schwäche gegenüber Japan und den europäischen imperialistischen Mächten beheben soll. Er stützt sich dabei auf die Empfehlungen verschiedener bekannter chinesischer Intellektueller. Der Sinologe Kai Vogelsang (*1969) befasst sich mit Inhalt und Scheitern der Reform:*

Kaiser Guangxu [...], seit 1889 volljährig, war aus dem Schatten seiner Tante Cixi herausgetreten und regierte eigenmächtig. Er interessierte sich seit einiger Zeit für westliche Lehren, hatte sogar etwas Englisch gelernt, und gewährte jetzt – gegen jedes Protokoll – dem jungen Visionär Kang Youwei[1] eine Reihe von Audienzen. Dabei breitete Kang ein Reformprogramm vor ihm aus [...]. Dazu gehörten:

- Reform von Prüfungssystem und Gesetzgebung
- Schaffung moderner Behörden anstelle der Sechs Ministerien
- Aufbau lokaler Selbstverwaltung
- Einsetzung eines Parlaments
- Entwurf einer Verfassung, die Gewaltenteilung zwischen Exekutive, Legislative und Jurisdiktion vorsah

Was Kang vorschlug, war nicht weniger als die Abschaffung des kaiserlichen Regierungssystems und die Schaffung einer konstitutionellen Monarchie. Die Überraschung war: Der Kaiser willigte ein. In den 103 Tagen vom 11.6. bis zum 21.9.1898 erließ er mehr als 40 Edikte mit Reformmaßnahmen.

Zum Erziehungswesen:
- Abschaffung des „Achtgliedrigen Aufsatzes"[2] zugunsten einer Prüfung in politischer Ökonomie
- Gründung einer Universität in Beijing und moderner Schulen in den Provinzen sowie einer Schule für Auslandschinesen
- Entsendung von Studenten nach Japan

Zur Wirtschaft:
- Förderung von Landwirtschaft und Bergbau
- Förderung des Eisenbahnbaus
- Belohnung von Erfindungen

Zur Verwaltung:
- Abschaffung überflüssiger Ämter
- Beförderung von Reformern in Schlüsselpositionen
- Vereinfachung administrativer Verfahren
- Reform des Rechtssystems
- offizielle Reisediplomatie
- Verabschiedung eines staatlichen Budgets

Die „100-Tage-Reform", wie sie später genannt wurde, ging lange nicht so weit, wie Kang Youwei vorgesehen hatte. Von Parlamentarismus, lokaler Selbstverwaltung, Gewaltenteilung oder gar einer Verfassung war bei alledem nicht die Rede. Ob die 100-Tage-Reform die Geschichte verändert hätte, lässt sich nur vermuten, denn – ihr Name sagt es bereits – sie endete, noch bevor sie richtig beginnen konnte. Konservative Beamte, die von vornherein vehement opponiert hatten, hinterbrachten der Kaiserinwitwe Cixi, dass sie entmachtet werden sollte, woraufhin diese hart durchgriff: Sie ließ den Kaiser unter Hausarrest setzen, alle Reformen annullieren und eine Reihe von Reformführern hinrichten. [...] Kang Youwei und Liang Qichao[3] entkamen mit knapper Not nach Japan. Die „Revolution von oben" war gescheitert: nicht wegen einer böswilligen Frau an der Spitze des Staates, sondern weil sich einmal mehr die Interessen der herrschenden Beamten durchgesetzt hatten, die vom bestehenden System profitierten.

Kai Vogelsang, Geschichte Chinas, Ditzingen [5]2018, S. 474–476

1. Benennen Sie die wichtigsten im Text erwähnten Reformvorhaben.
2. Erläutern Sie, worin die Unterschiede zwischen den von Kang Youwei vorgeschlagenen und den schließlich umgesetzten Reformen lagen.
3. Beurteilen Sie, ob es sich bei der Reform der hundert Tage um eine „Revolution von oben" handelte. | H | F

[1] **Kang Youwei** (1858–1927): chinesischer Intellektueller, der Zeit seines Lebens an einer Reform des chinesischen Denkens und der chinesischen Politik auf der Grundlage des Konfuzianismus arbeitete

[2] **Achtgliedriger Aufsatz**: Aufsatz über die Lehren des Konfuzius innerhalb des chinesischen Prüfungssystems, der streng festgelegten Regeln folgen musste

[3] Zu Liang Qichao siehe M2.

M4 Die Boxerbewegung

Die Unzufriedenheit auf dem Land im Nordosten Chinas führt Ende des 19. Jahrhunderts zur sogenannten Boxerbewegung. Die Bewegung hat kein klares Programm, sondern richtet sich vor allem gegen den Einfluss von Ausländern, die Verbreitung des Christentums und allgemein alle Neuerungen. In einigen Verlautbarungen erläutern die Boxer ihre Vorstellungen. So heißt es in einem ihrer Aufrufe aus dem Jahr 1900:

Seit der Periode von Hsien-feng[1] haben die Katholiken mit Fremden konspiriert, haben China Schwierigkeiten bereitet, unser Nationaleinkommen vergeudet, unsere Klöster aufgebrochen, buddhistische Bilder zerstört und die Friedhöfe unseres Volkes beschlagnahmt. [...] Dies hat auch die Bäume und Pflanzen des Volkes betroffen, sodass sie durch Katastrophen von Heuschrecken und Trockenheit fast in jedem Jahr leiden müssen. Unsere Nation ist des Friedens und unser Volk der Sicherheit beraubt. [...] Weil einige Personen ihre fremde Religion und betrügerische Technik nutzen, das Volk zu täuschen, ist der Himmel oben zornig und sendet viele kluge Männer, um auf die Erde herabzusteigen und zu dem göttlichen Altar zu kommen, damit unsere Jugend in die I-ho-Gesellschaft initiiert wird. „I" bedeutet Freundlichkeit, und „ho" bedeutet Höflichkeit; Freundlichkeit und Höflichkeit werden Stadt und Land friedlich und harmonisch machen. Unser Volk soll die richtigen Prinzipien und Tugenden als Grundlage nehmen und soll sich der Landwirtschaft als seinem Beruf ergeben. Das Volk soll dem Buddhismus folgen und gehorchen.

Im Sommer 1900 verbreiten die Boxer Plakate mit folgendem Text:

Die Geister helfen den Fäusten, den Milizen für Gerechtigkeit und Eintracht, aus dem einfachen Grund, weil die Teufel in China Unruhe stiften. [...] Der Herrscher des Himmels ist wütend, der Herrscher der Unsterblichen ist ärgerlich, gemeinsam steigen sie die Berge herab, um die Lehre zu verkünden. Die Geister kommen aus den Höhlen heraus, die Unsterblichen steigen die Berge herab, sie verbinden sich mit den menschlichen Körpern, um den Faustkampf zu üben. Sie zerstören Eisenbahngleise, sie reißen Telegrafendrähte herunter und brennen wütend Dampfschiffe nieder. Die großen französischen Teufel sind in ihren Herzen von gewaltiger Angst ergriffen, die Engländer, Amerikaner, Deutschen und Russen sind alle in einer unangenehmen Lage. Die ausländischen Teufel werden alle vollkommen vernichtet. Die große Qing beruhigt das Land völlig.

Erster Text: Ssu-yu Teng und John K. Fairbank, China`s Response to the West. A Documentary Survey 1839-1923, Cambridge/Mass. 1965, S. 189 (übersetzt von Boris Barth); zweiter Text: Sabine Dabringhaus, Der Boxeraufstand in China (1900/1901). Die Militarisierung des kulturellen Konflikts, in: Eva Maria Auch und Stig Förster (Hrsg.), „Barbaren" und „Weiße Teufel". Kulturkonflikte und Imperialismus in Asien vom 18. bis zum 20. Jahrhundert, Paderborn 1997, S. 123-144, hier S. 123

[1] **Hsien-feng** (1831–1861): auch Xianfeng, Kaiser von 1850 bis 1861

1. Arbeiten Sie aus den Quellen die Motive der Boxerbewegung heraus. Welche kulturellen und gesellschaftlichen Vorstellungen werden hier deutlich?
2. Vergleichen Sie in tabellarischer Form Beweggründe und Ziele der Boxerbewegung mit jenen des Reformers Liang (M2). Bestimmen Sie jeweils das Verhältnis zur Regierung und überlegen Sie, welche Schlüsse sich auf Herkunft und Stellung der Boxerbewegung und des Reformers ziehen lassen.
3. Nehmen Sie zu der Art und Weise Stellung, mit der die Boxerbewegung ihre Ziele erreichen will.

M5 „Pardon wird nicht gegeben"

Kaiser Wilhelm II. (1859-1941) sieht in der Niederschlagung des Boxeraufstands eine gute Gelegenheit, die Macht des Deutschen Reiches im fernen Osten zu demonstrieren und zu vergrößern. Deutschland gehört zu den acht Nationen, die den Boxeraufstand niederwerfen, auch wenn nur ganz wenige deutsche Soldaten in dem ca. 20 000 Mann starken Expeditionskorps kämpfen. Dieses Korps besteht aus Einheiten, die sich bereits in Asien befinden. Es marschiert Anfang August los und hat Beijing schon am 14. August 1900 eingenommen. Es ist daher von vornherein klar, dass der große deutsche Verband von etwa 17 000 Soldaten, der am 2. August 1900 Bremerhaven verlässt, bei der Niederschlagung des Aufstands selbst nicht benötigt werden wird. Kaiser Wilhelm II. hält bei der Verabschiedung des Korps am 27. Juli eine Rede, bei der er auf die Ermordung des deutschen Gesandten Clemens von Ketteler und die Belagerung des Gesandtschaftsviertels durch die Boxer Bezug nimmt. Obwohl die Reichsbehörden gegenüber der Presse auf eine teilweise Streichung der Rede bestehen, wird sie am folgenden Tag vollständig in der Nordwestdeutschen Zeitung publiziert und als „Hunnenrede" Wilhelms II. weltbekannt:

Zum ersten Mal, seit das Deutsche Reich wiedererstanden ist, tritt an Sie eine große überseeische Aufgabe heran. Dieselben sind früher in größerer Ausdehnung an uns herangetreten, als die meisten Meiner Landsleute erwartet haben. Sie sind die Folgen davon, dass das Deutsche Reich wiedererstanden ist und damit die Verpflichtung hat, für seine im Ausland lebenden Brüder einzustehen im Momente der Gefahr. [...]
Die Aufgabe, zu der Ich Euch hinaussende, ist eine große. Ihr sollt schweres Unrecht sühnen. Ein Volk, das, wie die Chinesen, es wagt, tausendjährige alte Völkerrechte umzuwerfen und der Heiligkeit der Gesandten und der Heiligkeit des Gastrechts in abscheulicher Weise hohnspricht, das ist ein Vorfall, wie er in der Weltgeschichte noch nicht vorgekommen ist und dazu von einem Volke, welches stolz ist auf eine vieltausendjährige Kultur. Aber Ihr könnt daraus erse-

hen, wohin eine Kultur kommt, die nicht auf dem Christentum aufgebaut ist: Jede heidnische Kultur, mag sie noch so schön und herrlich sein, geht zugrunde, wenn große Aufgaben an sie herantreten. So sende Ich Euch aus, dass Ihr bewähren sollt einmal Eure alte deutsche Tüchtigkeit, zum zweiten die Hingebung, die Tapferkeit und das freudige Ertragen jedweden Ungemachs und zum dritten Ehre und Ruhm unserer Waffen und Fahnen. Ihr sollt Beispiele abgeben von der Manneszucht und Disziplin, aber auch der Überwindung und Selbstbeherrschung. Ihr sollt fechten gegen eine gut bewaffnete Macht, aber Ihr sollt auch rächen, nicht nur den Tod des Gesandten, sondern auch vieler Deutscher und Europäer. Kommt ihr an den Feind, so wird er geschlagen, Pardon wird nicht gegeben; Gefangene nicht gemacht. Wer Euch in die Hände fällt, sei in Eurer Hand. Wie vor tausend Jahren die Hunnen unter König Etzel sich einen Namen gemacht, der sie noch jetzt in der Überlieferung gewaltig erscheinen lässt, so möge der Name Deutschland in China in einer solchen Weise bekannt werden, dass niemals wieder ein Chinese es wagt, einen Deutschen auch nur scheel anzusehen. [...] Gebt, wo es auch sei, Beweise Eures Mutes, und der Segen Gottes wird sich an Eure Fahnen heften und es Euch geben, dass das Christentum in jenem Lande seinen Eingang finde. Dafür steht Ihr Mir mit Eurem Fahneneid, und nun glückliche Reise. Adieu Kameraden.

Zitiert nach: Bernd Sösemann, Die sogenannte Hunnenrede Wilhelms II. Textkritische und interpretatorische Bemerkungen zur Ansprache des Kaisers vom 27. Juli 1900 in Bremerhaven, in: Historische Zeitschrift 222 (1976), S. 349 f.

1. Geben Sie die wesentlichen Inhalte der Ansprache Kaiser Wilhelms II. wieder.

2. Analysieren Sie Stil und Wortwahl der Ansprache. Charakterisieren Sie die Sichtweise des Kaisers gegenüber China.

3. Erläutern Sie, warum die Reichsbehörden eine Veröffentlichung der vollständigen Rede zu verhindern suchten. | **H**

4. Gruppenarbeit: Diskutieren Sie, warum das Deutsche Reich Truppen nach China schickte, obwohl diese Truppen innerhalb der Acht-Nationen-Allianz für die Niederschlagung des Aufstands nicht nötig waren.

Kaiser Wilhelm II. bei der Verabschiedung des deutschen Expeditionskorps.
Fotografie vom 27. Juli 1900.
Der Kaiser ist auf dem Foto vorne links auf der Empore zu sehen.

M6 Die USA verkünden eine Politik der „offenen Tür“

Der amerikanische Außenminister John Hay (1838–1905) richtet am 6. November 1899 ein Rundschreiben an die Regierungen von Deutschland, Großbritannien, Frankreich, Russland und Japan:

Die Vereinigten Staaten haben das ernste Bestreben, allen Grund für Spannungen zu beseitigen, und wünschen zugleich, dem Handel aller Nationen die unbezweifelbaren Vorteile zu sichern, welche aus einer formellen Anerkennung der dort „Interessensphären“ beanspruchenden Mächte entstehen würden. Sie wünschen, dass alle Nationen vollständige Gleichheit bei der Behandlung ihres Handels und ihrer Schifffahrt innerhalb solcher Sphären genießen sollen. Deshalb würde es die Regierung der Vereinigten Staaten begrüßen, wenn die Regierung Ihrer Majestät formelle Zusicherungen gäbe und dazu mithülfe, ähnliche Zusicherungen von den anderen interessierten Mächten (über die folgenden Punkte) zu erlangen. Erstens soll in keiner Weise in irgendwelchen Vertragshäfen und überkommenen Privilegien innerhalb Chinas interveniert werden. Zweitens soll der derzeitige chinesische Vertragszoll auf alle Güter innerhalb der genannten „Interessensphären“ erhoben werden (außer in den „freien Häfen“), und zwar unabhängig davon, von welcher Nation diese Güter stammen. Die so erhobenen Zölle sollen von der chinesischen Regierung eingezogen werden. Drittens soll eine solche Macht keine höheren Hafengebühren für Schiffe fremder Nationalität in einem Hafen innerhalb einer solchen Sphäre erheben, und für keine Güter sollen von irgendeiner Nation höhere Eisenbahnfrachtraten verlangt werden, als sie für ähnliche Güter von den eigenen Bürgern über gleiche Transportentfernungen erhoben werden.

Zitiert nach: Günter Schönbrunn (Bearb.), Das bürgerliche Zeitalter 1815–1914. Geschichte in Quellen, München 1980, S. 599

1. Erläutern Sie anhand der Quelle die amerikanische „Open Door Policy“.
2. Arbeiten Sie heraus, wer von dieser Politik profitiert. | H

Open Door Policy.
US-amerikanische Karikatur um 1900.

- Erklären Sie, für welches Land jeweils die drei Männer im Vordergrund stehen. Begründen Sie Ihre Meinung.
- Analysieren Sie die Haltung des Karikaturisten zur „Open Door“-Politik der USA.

Cixi – Modernisiererin oder Bewahrerin der alten Ordnung?

Cixi war eine Nebenfrau Kaisers Xianfeng (1831–1861). Sie erlangte nach seinem Tod eine mächtige Stellung, da sie als Regentin zunächst des minderjährigen Kaisers Tongzhi (1856–1875) und dann des minderjährigen Kaisers Guangxu (siehe Seite 209) fungierte. Nach der Reform der hundert Tage und der Entmachtung des Kaisers Guangxu 1898 war sie bis zu ihrem Tod 1908 die mächtigste Person des kaiserlichen Hofes. Die letzten Jahrzehnte des Kaiserreiches sind daher eng mit ihrem Namen verbunden.

M1 Die launische Despotin

Die beiden Briten John O. P. Bland (1863–1945) und Edmund Backhouse (1873–1944) prägen mit ihrer Biografie von Cixi für viele Jahrzehnte das Bild der Kaiserinwitwe:

Cixi, im Alter von 24 Jahren ihre eigne Herrin und wirkliche Herrscherin des Reiches, hatte nicht viel Gelegenheit, ihre Launen oder Leidenschaften beherrschen zu lernen. Unter Traditionen eines Hofes auferzogen, an dem Menschenleben wenig galten, an dem die Macht sich nur durch unbarmherzige, brutale Methoden aufrechterhält, an dem Verrat und verworfene Tat auf die ersten Anzeichen von Schwäche beim Herrscher lauern, wie hätte sie es da lernen können, die hässlichen Barbareien aus der Verbotenen Stadt zu verbannen? […] Keine Nachricht besagt, dass sie jemals aus bloßer Grausamkeit oder der Lust am Mord getötet habe. Wenn sie jemanden in den Tod sandte, so war es, weil er zwischen ihr und ihrer unbändigen Liebe zur Macht stand. Als ihre wilde Wut sich gegen die Dreistigkeit der Fremden richtete, trug sie kein Bedenken, jeden Europäer in China dem Henker auszuliefern. Als des Kaisers Lieblingskonkubine, sich gegen ihre kaiserliche Autorität auflehnte, zauderte sie nicht, ihren sofortigen Tod anzubefehlen. […] Von einer sehr weiblichen Liebe zum Luxus durchdrungen, Vergnügungen sehr hold und zu einer Zeit ihres Lebens, nach hergebrachter Sitte ihres Hofes, zweifellos ausschweifend, vereinte sie diese Eigenschaften mit einem schlauen Verstande und einer deutlichen Neigung, persönlichen Besitz zu erwerben und anzuhäufen. […] Wie viele große Herrscher von herrischer und streitbarer Art war sie merkwürdig abergläubisch, beobachtete peinlich die vorgeschriebenen Riten zur Abwendung böser Omen und zur Versöhnung der Myriaden[1] von Göttern und Dämonen der verschiedenen Religionen Chinas und war ein freigiebiger Gebieter der Priester und Wahrsager. […] Ihr Glaube an ihre allerhöchste Wichtigkeit und ihre abergläubische Denkweise traten auffällig bei der Gelegenheit zutage, als ihr von Miss Carl[2] für die Ausstellung in St. Louis[3] gemaltes Bildnis für die Überführung nach den Vereinigten Staaten aus dem Wai Wu Pu[4] abgeholt wurde. Sie hielt diese Darstellung ihrer erhabenen Person zu gleicher Ehrerbietung mit allem feierlichen Zeremoniell berechtigt wie sie selbst und befahl den Bau einer Miniatureisenbahn für den Transport des Porträts durch die Straßen der Hauptstadt. So wurde das „geheiligte Antlitz" aufrecht unter einem Baldachin von gelber Seide hinweggeführt und es blieb Ihrer Majestät der Gedanke erspart, dass sie im Bilde auf den Schultern von Kulis[5] getragen werde, ein Transportmittel, das zu sehr Unheil verkündete, um ertragen zu werden. Ehe das Bildnis den Palast verließ, wurde der Kaiser[6] geholt, um sich vor demselben niederzuwerfen, und als es durch die Stadt und längs der Bahnlinie passierte, kniete das Volk demütig nieder, als ob es der Alte Buddha in Fleisch und Blut sei.

John O. P. Bland und Edmund Backhouse, China unter der Kaiserin-Witwe: die Lebens- und Zeitgeschichte der Kaiserin Tzu Hsi; zusammengestellt aus Staats-Dokumenten und dem persönlichen Tagebuch ihres Oberhofmarschalls; mit einem Plan von Peking, Berlin 1912 (engl. Original 1911), S. 468–471 (übersetzt von F. v. Rauch)

M2 Eine moderne Reformerin

*Die Exilchinesin Jung Chang (*1952) entwirft in ihrer Biografie ein positives Bild von Cixi:*

Die Kaiserinwitwe Cixi hinterließ ein großes und vielschichtiges Vermächtnis. Vor allem anderen führte sie das mittelalterliche China in die moderne Zeit. Unter ihrer Herrschaft bekam das Land praktisch alle Errungenschaften eines modernen Staates: Eisenbahnen, Elektrizität, Telefon, Telegrafie, westliche Medizin, eine moderne Armee und Marine, moderne Formen des Außenhandels und der Diplomatie. Das restriktive, tausend Jahre alte Bildungssystem wurde durch moderne Schulen und Universitäten ersetzt. Die Presse blühte auf und erlebte ein Ausmaß an Freiheit, das es davor und wohl auch danach so nicht mehr gegeben hat. Cixi öffnete die Tür zur politischen Partizipation: Zum ersten Mal in Chinas langer Geschichte wurden die Menschen

[1] **Myriaden**: Siehe Seite 213, Fußnote 1.
[2] **Katharine Augusta Carl** (1865–1938): Malerin; siehe auch das Gemälde auf Seite 219
[3] Weltausstellung in St. Louis (USA) von 1904
[4] **Wai Wu Pu**: Außenministerium
[5] **Kuli**: Diener, Knecht
[6] Der Kaiser Guangxu war seit der Niederschlagung der Reform der hundert Tage 1898 entmachtet und befand sich im Hausarrest.

„Staatsbürger". Und sie trat für die Rechte der Frauen in einer Kultur ein, die jahrhundertelang die Frauen gezwungen hatte, ihre Füße zu verkrüppeln – dem machte sie ein Ende. Es zeugt von ihrem Mut und ihrer Weitsicht, dass ihr letztes Projekt, vor dessen Vollendung sie starb, die Einführung des Wahlrechts war. Bemerkenswert ist, dass sie China ohne Gewalt und gegen relativ wenig Widerstand umgestaltete. Ihre Veränderungen waren tief greifend, erfolgten aber schrittweise, sie kamen Erdbeben gleich, blieben aber erstaunlich unblutig. Cixi war auf Konsens aus und suchte immer die Zusammenarbeit mit Menschen, die unterschiedliche Ansichten hegten; sie führte, weil sie auf der richtigen Seite der Geschichte stand. […] Was große Leistungen, politische Aufrichtigkeit und persönlichen Mut anbetrifft, hat die Kaiserinwitwe Cixi Maßstäbe gesetzt, die seither kaum wieder erreicht wurden. Sie hat das Land aus Hinfälligkeit, Armut, Unzivilisiertheit und Absolutismus herausgeführt und ihm bis dahin ungekannte Menschlichkeit, Unvoreingenommenheit und Freiheit gebracht. Und sie hatte ein Gewissen. Wenn man auf die vielen schrecklichen Jahrzehnte zurückblickt, die nach ihrem Tod folgten, kann man diese beeindruckende Herrscherin trotz ihrer Fehler nur bewundern.

Jung Chang, Kaiserinwitwe Cixi. Die Konkubine, die Chinas Weg in die Moderne ebnete, München 2014 (engl. Original 2013), S. 491 und 494 (übersetzt von Ursel Schäfer)

1. Fassen Sie die wichtigsten Aussagen der beiden Texte mit eigenen Worten zusammen.
2. Vergleichen Sie die in M1 und M2 gemachten Auffassungen über die Kaiserinwitwe miteinander. Welches Bild von Cixi wird jeweils entworfen? | H
3. Nehmen Sie Stellung zu den beiden Texten und setzen Sie sich mit den in Aufgabe 2 herausgearbeiteten Gemeinsamkeiten und Unterschieden auseinander. | H
4. Interpretieren Sie die beiden Quellen und diskutieren Sie anschließend, ob die Kaiserinwitwe Cixi China modernisierte oder aber für die Verteidigung alter Bräuche stand. Recherchieren Sie dazu auch über Cixi im Internet. | H

Kaiserinwitwe Cixi.
Ölgemälde der US-amerikanischen Porträtmalerin Katharine Augusta Carl, 1904. Carl verbrachte mehrere Monate in China und malte dort verschiedene Porträts der Kaiserinwitwe.

Das Ende des Kaiserreiches

Sun Yat-sen (1866–1925): Staatsmann und Vordenker des republikanischen Chinas. Sun Yat-sen lebte schon als Jugendlicher auf Hawaii, studierte in China Medizin und ging nach einem gescheiterten Aufstand 1895 für 16 Jahre ins Exil, das er in Japan, Nordamerika und Europa verbrachte. Als erster Staatspräsident der Republik China und Begründer der sogenannten „Drei Prinzipien" ist er einer der bedeutendsten chinesischen Politiker des 20. Jahrhunderts.

Die Entstehung der Republik | Die Reformen, die Anfang des 20. Jahrhunderts in die Wege geleitet wurden, kamen zu spät, um die Herrschaft der Qing-Kaiser zu retten. Vermutlich beschleunigten die Reformen sogar das Ende des Kaiserreiches, denn die neuen Bildungseinrichtungen und die Professionalisierung des Militärs überzeugten immer mehr Chinesen, dass die alte monarchische Ordnung nicht mehr zeitgemäß war und durch eine Republik ersetzt werden müsste. Während die Regierungskritiker im 19. Jahrhundert das Kaisertum lediglich reformieren wollten, sahen nun immer mehr Menschen im Kaisertum selbst den Grund für Chinas Unfähigkeit, ein modernes, geeintes und starkes Land zu werden. So entstanden politische Ideologien und Programme, welche die Umwandlung Chinas in einen republikanischen Nationalstaat forderten.

Der wichtigste Denker beim Übergang von der Monarchie zur Republik war Sun Yat-sen, da er eine Theorie für die neue Staatsform schuf, die eine Brücke zwischen alten und neuen Vorstellungen baute. Seine Forderungen werden als *Drei Prinzipien* oder *Drei Doktrinen* bezeichnet. Sie betrafen erstens die Einheit Chinas, zweitens die Rechte der Chinesen und drittens ihre materielle Absicherung. Sun Yat-sen forderte also, dass die Chinesen sich als eine Nation verstehen, in der alle vor dem Gesetz gleich sind und in der sich der Staat und die Nation um das Wohlergehen aller Chinesen sorgt. Er hatte diese Ideen offenkundig aus dem Ausland übernommen. Sie entsprachen den europäischen und amerikanischen Vorstellungen des Nationalstaates, die er ausgezeichnet kannte, da er einen großen Teil seines Lebens außerhalb Chinas verbracht hatte. Seine Leistung bestand darin, diese Vorstellungen in chinesisches Denken zu integrieren und in China zu verbreiten.

Das Ende des Kaiserreiches wurde auch durch den Tod der mächtigen Kaiserinwitwe Cixi[1] begünstigt. Ihr war es in den vorhergehenden Jahrzehnten immer wieder gelungen, die Existenz des Kaisertums zu verteidigen. Sie starb einen Tag nach Kaiser Guangxu, ihrem Neffen, den sie nach der Reform der hundert Tage (1898) hatte entmachten lassen.[2] Nun gelangte mit dem Kaiser *Puyi* (1906–1967) ein Kleinkind auf den Thron, das keinerlei politischen Einfluss nehmen konnte.[3] Das Ende des Kaiserreiches verlief daher auch wenig spektakulär. Mitte 1911 wurde eine ziemlich kleine revolutionäre Gruppe in Wuhan entdeckt, die wie viele andere Gruppen auch einen Aufstand plante. Nach ihrer Entdeckung blieb ihr nichts anderes übrig als loszuschlagen. Dies führte dazu, dass die politische Ordnung wie ein Kartenhaus zusammenbrach, denn eine Provinz nach der anderen erklärte nun ihre Solidarität mit der Revolution. Auf einem Treffen der aufständischen Provinzen wurde Sun Yat-sen zum Provisorischen Präsidenten der *Republik China* gewählt. Im Februar 1912 trat der gerade sechs Jahre alt gewordene Kaiser Puyi zurück. Damit endete nicht nur die Herrschaft der Qing-Dynastie. Auch das chinesische Kaiserreich, welches seit 211 vor Christus existiert hatte, war damit an sein Ende gekommen.

Diktatur und Erster Weltkrieg | Die Ausrufung der Republik ist zwar ein markantes Datum der chinesischen Geschichte, sie führte aber nicht zu einem grundsätzlichen Kurswechsel. Im Gegenteil, der Zerfall des Landes in unterschiedliche Parteien und Provinzen ging unvermindert weiter. Daran änderte auch die Verabschiedung einer Verfassung (1912) und die Wahl eines Parlaments (1913) nichts. Der neue Präsident Yuan Shikai erwies sich als autoritärer Machthaber, der seine Macht nicht mit anderen Verfassungsorganen teilen wollte. Schon nach kurzer Zeit löste er das Parlament auf und begann als Diktator zu regieren (→M1). Yuan war ein Militär der alten Garde. Er hatte seine Karriere unter den Qing-Kaisern gemacht und konnte mit den republika-

[1] Zu Cixi siehe auch Seite 218 f.

[2] Lesen Sie hierzu nochmals Seite 209.

[3] Über den Kindkaiser Puyi informiert Seite 231.

nischen Idealen von Sun Yat-sen wenig anfangen. Er spielte zwar eine wichtige Rolle beim Sturz des Kaisertums, hatte aber wohl nie den Plan, eine auch nur halbwegs demokratische Ordnung zu errichten. Als Alleinherrscher versuchte er im Stile der Qing, das politische System wieder auf die Lehren des Konfuzius[1] zu gründen. Im Dezember 1915 ließ er sich sogar zum Kaiser ernennen. Dies löste eine landesweite Widerstandsbewegung aus. Weniger als vier Monate später musste er abdanken.

Die politische Instabilität in China und der Erste Weltkrieg führten im Jahr 1915 dazu, dass Japan seine Machtposition in China stärkte. Japan hatte Deutschland 1914 den Krieg erklärt und das deutsche Pachtgebiet Kiautschou nach langen Kämpfen mit den dort stationierten deutschen Truppen erobert. Anfang 1915 übermittelte Japan der chinesischen Regierung die sogenannten *21 Forderungen*. Japan verlangte die Übertragung aller Rechte, welche die Deutschen in Kiautschou genossen hatten, auf Japan, und darüber hinaus weitreichende Konzessionen in der Mandschurei und eine Reihe von anderen Vergünstigungen. Die wichtigste Forderung Japans aber war, dass der chinesischen Regierung japanische Berater zur Seite gestellt werden und dass die chinesische Polizei und das Militär eng mit Japan zusammenarbeiten sollten. Die Erfüllung dieser Forderung hätte Japan die vollständige Kontrolle über Regierung und Streitkräfte in China gegeben. Yuan Shikai willigte ein, alle Forderungen zu erfüllen, außer jenen, die Regierung, Militär und Polizei betrafen. Er hatte angesichts der Schwäche Chinas keine andere Möglichkeit. Das japanische Vorgehen löste einen Sturm der Entrüstung in China aus, der den chinesischen Nationalismus befeuerte und die politischen Bewegungen der nächsten Jahrzehnte prägte.

Yuan Shikai (1859–1916): einer der mächtigsten Militärs und Politiker des späten Kaiserreiches und der frühen Republik. Er war 1885 bis 1894 als Hochkommissar der mächtigste Mann in Korea und besetzte zwischen 1895 und 1911 zahlreiche bedeutende Positionen in der Armee und der Verwaltung des Kaiserreiches. Bei der Ausrufung der Republik wechselte er die Seiten und wurde schnell zum mächtigsten Mann Chinas. Die Übernahme der Präsidentschaft und die Proklamierung zum Kaiser führten aber zu so starkem Widerstand, dass er schließlich entmachtet wurde.

Die Zeit der Warlords | Nach der Abdankung und dem Sturz von Yuan Shikai im Jahr 1916 begann in China die Zeit der *Warlords*. Dies waren Militärführer, die selbstständig Teile des Landes kontrollierten und regierten. Ihre Macht beruhte allein auf den von ihnen befehligten Truppen. Man schätzt, dass es rund ein Dutzend wichtige und mehrere Hundert kleine Warlords zwischen 1916 und 1928 gab. Die Warlords befanden sich in einem permanenten Kriegszustand. Denn jeder von ihnen musste in dem von ihm kontrollierten Gebiet Aufstände fürchten und gleichzeitig sein Gebiet gegen andere Warlords verteidigen. Alle Warlords gingen daher immer wieder wechselnde Bündnisse ein, um ihre Macht zu sichern. Aber keinem von ihnen gelang es, einen größeren Teil Chinas für längere Zeit zu erobern. Die Armeen der Warlords verfügten zwar zum Teil über neueres Kriegsgerät. Gerade die kleineren Warlords waren aber häufig kaum von Anführern marodierender Banden zu unterscheiden. Die Warlords besaßen kein politisches Programm für das ganze Land und hatten auch keine Pläne, wie denn China stabilisiert und reformiert werden könnte. Ihre dauernden Auseinandersetzungen behinderten jeden Wirtschaftsaufschwung und erschwerten größere Infrastrukturprojekte wie den Bau von Eisenbahnen, Häfen oder Industrieanlagen. Lediglich die großen Warlords, welchen es gelang, wohlhabende Provinzen des Landes für längere Zeit zu kontrollierten, förderten Bergbau, Industrie und Handel, weil sie wussten, dass ein wirtschaftlicher Aufschwung ihre militärische Macht stärken würde.

Die Regierung in Beijing verlor nach dem Sturz von Yuan Shikai jede Kontrolle über das Land. Sie regierte nur noch im Raum Beijing und vertrat China gegenüber den ausländischen Mächten. Diese standen aber gleichzeitig auch mit den Warlords in Kontakt. In dieser Phase des landesweiten Zerfalls gewannen zwei politische Kräfte an Macht, die die Geschichte Chinas bis heute bestimmen sollten: Schon 1912 war die *Guomindang* (dt.: Nationale Volkspartei) von Sun Yat-sen gegründet worden. Sie war ein Sammelbecken für alle Chinesen, welche die Republik unterstützten. Es fanden sich hier Kommunisten und Liberale, Intellektuelle und Militärs. 1921 entstand die *Kommunistische Partei Chinas*. Beide Parteien verband das Ziel, einen starken chinesischen Einheitsstaat zu schaffen, welcher den ausländischen Mächten die Stirn bieten und die

[1] Zu Konfuzius siehe nochmals Seite 171.

Chiang Kaishek (1887–1975): seit Mitte der 1920er-Jahre Führer der Guomindang und einer der wichtigsten Staatsmänner Chinas. Er stand an der Spitze der Nanjing-Regierung und kämpfte im Zweiten Weltkrieg gegen Japan. Im anschließenden Bürgerkrieg gegen die Kommunistische Partei unterlag die Guomindang. Aber ein Teil der Partei konnte sich 1949 unter Führung von Kaishek nach Taiwan absetzen, wo sie einen bis heute existierenden unabhängigen Staat gründeten. Chiang Kaishek war bis zu seinem Tod Präsident Taiwans.

Internettipp
Den Artikel „Chiang Kaishek. Ein Diktatorenleben" der Bundeszentrale für politische Bildung finden Sie unter dem Code **32037-28**.

inneren Konflikte beenden würde. Da die Guomindang ideologisch nicht festgelegt war und die Kommunistische Partei auf Anraten der kommunistischen Regierung in Moskau sich Bündnispartner suchte, verbanden sich die beiden Parteien im Jahre 1924, um gemeinsam die Macht zu übernehmen und China zu erneuern.

Die Nanjing- Dekade (1927-1937) | Das Bündnis von Guomindang und Kommunistischer Partei gewann nach und nach an Einfluss. Aber 1927 erklärte die Guomindang das Bündnis für beendet und gleichzeitig die von ihr kontrollierte Stadt Nanjing zur chinesischen Hauptstadt. Um ihre Macht zu sichern, brachte sie Zehntausende von Anhängern der Kommunistischen Partei um. Die Kommunisten mussten sich notgedrungen in die ländlichen Gebiete zurückziehen, von wo aus sie einen zähen Kleinkrieg gegen ihren ehemaligen Verbündeten begannen.[1]

Der Bruch zwischen Guomindang und Kommunisten war durch den frühen Tod von Sun Yat-sen beschleunigt worden. Seine Nachfolge als starker Mann innerhalb der Partei trat Chiang Kaishek an. Chiang hatte eine militärische Ausbildung in Japan erhalten und war durch die Kriege in China geprägt. Wie Sun Yat-sen wollte er einen starken chinesischen Nationalstaat errichten, aber im Gegensatz zu dem Intellektuellen Sun war er vor allem ein Militär und Machtpolitiker. Da die Hauptstadt zwischen 1927 und 1937 in Nanjing lag, werden diese zehn Jahre als *Nanjing-Dekade* bezeichnet. China kam im Vergleich zu der Zeit der Warlords etwas zur Ruhe. Grund hierfür war allerdings nicht, dass die neuen Machthaber der Guomindang die Warlords besiegt hatten. Ganz im Gegenteil: China glich noch immer einem Flickenteppich und zerfiel in rund ein Dutzend große und unzählige kleine von Warlords kontrollierte Gebiete. Aber die Intensität der Kämpfe ließ nach. Die dadurch erzielte Stabilität war zwar brüchig, doch sie erlaubte eine langsame wirtschaftliche Erholung.

Shanghai.
Foto von 1930.
Zum Vergleich: Ein aktuelles Foto der Uferpromenade von Shanghai finden Sie auf Seite 152 im Band.

[1] Der Kampf zwischen Guomindang und Kommunisten dauerte bis 1937. In diesem Jahr marschierte Japan in China ein, sodass sich die Erzfeinde für den Kampf gegen den gemeinsamen Gegner verbündeten.

Japanische Interventionen | Der Zerfall Chinas in den ersten Jahrzehnten des 20. Jahrhunderts drückte sich auch in der zunehmenden Einmischung Japans aus. Für die Geschichte Chinas gilt daher nicht, dass der Erste Weltkrieg das Ende des imperialistischen Zeitalters markierte. Im Gegenteil: Zwar beendete der Krieg den deutschen Einfluss im Reich der Mitte, dafür aber spielte Japan eine immer größere Rolle (→M2). Japan hatte 1910 Korea offiziell in eine Kolonie verwandelt und verfolgte ähnliche Ambitionen in China.[1] Lediglich die USA und die europäischen Mächte verhinderten Japans Pläne im Anschluss an den Ersten Weltkrieg. 1931 aber rief Japan in der Mandschurei auf chinesischem Staatsgebiet den Vasallenstaat *Mandschukuo* ins Leben, der zwar formell unabhängig, tatsächlich aber eine weitere Kolonie darstellte (→M3). Schließlich überfiel Japan 1937 China und versuchte, das riesige Reich zu unterwerfen. Den Japanern gelang es allerdings zu keinem Zeitpunkt, ganz China zu erobern, denn sie kämpften gleichzeitig gegen die verschiedenen Armeen der chinesischen Bürgerkriegsparteien. China wurde zudem von Russland und den USA mit Waffen und Material unterstützt (→M4).

Das Japanische Reich (1942). Japanischer Einflussbereich bezeichnet sowohl Japan, von Japan seit Ende des 19. Jahrhunderts kolonisierte Gebiete als auch im Zweiten Weltkrieg eroberte Territorien. China bezeichnet die von der Guomindang-Regierung unter Chiang Kaishek gehaltenen Gebiete.

Der Aufstieg Japans zu einer imperialistischen Macht, die Ende des 19. Jahrhunderts Russland und im 20. Jahrhundert den USA und Großbritannien die Stirn bieten konnte, stellt das genaue Gegenteil der Entwicklung Chinas dar. Während China noch in der ersten Hälfte des 19. Jahrhunderts auf das kleine Inselreich herabschaute, war es 100 Jahre später ein fast wehrloser Gegner. Japans Aufschwung begann erst mit der Meiji-Reform ab den 1860er-Jahren, aber es wäre falsch anzunehmen, dass er sich auf

[1] Siehe hierzu nochmals Seite 200.

die Regierungszeit des Meiji-Kaisers von 1868 bis 1912 beschränkte.[1] Vielmehr hatte sich Japan unter dem Meiji so umfassend gewandelt, dass sich das Land auch nach seinem Tod immer weiter industrialisierte. Während China sich also in einer Abwärtsspirale befand, war Japan von einer nicht zu stoppenden Industrialisierungsdynamik geprägt. Trotz verschiedener Krisen in den 1920er- und 30er-Jahren wuchs die industrielle Produktion unaufhörlich und das Land versorgte nicht nur sich selbst mit modernen Industriewaren, sondern einen großen Teil Ostasiens. Gleichzeitig aber war Japans Start in das Industriezeitalter geprägt von der engen Verbindung zwischen wirtschaftlicher Modernisierung und militärischer Expansion. Der wichtigste Grund für die Meiji-Reformen war die imperialistische Bedrohung durch europäische Mächte und die USA gewesen. Der Aufbau einer Industrie zielte daher von Beginn an auf militärische Stärke. Schnell wurde daraus das Bestreben nach eigenen Machtsphären und Kolonien in Ostasien. Innerhalb Japans gewannen nach dem Tod des Meiji-Kaisers 1912 die ultranationalistischen, militaristischen und reaktionären Kräfte immer mehr an Bedeutung. Während man für das Deutsche Reich argumentiert, dass die Niederlage im Ersten Weltkrieg den Revanchismus und damit später auch den Nationalsozialismus beförderte, war es in Japan genau umgekehrt. Hier wurde die extreme Rechte aufgrund der nicht enden wollenden Kette von Siegen immer stärker. Linke und demokratische Parteien und Bewegungen wurden seit den 1920er-Jahren immer mehr verfolgt und schließlich völlig ausgeschaltet. In den 1930er-Jahren hatten in Japan ultranationalistische und antidemokratische Politiker und Militärs die Macht übernommen.

Ausrufung der Volksrepublik China.
Foto vom 1. Oktober 1949.
Mao Zedong spricht auf einer Rednertribüne auf dem Tiananmen-Platz (Platz des Himmlischen Friedens) in Peking vor etwa 300 000 Menschen. Er war von 1945 bis 1976 Vorsitzender der Kommunistischen Partei Chinas. Von 1949 bis 1954 stand er der zentralen Volksregierung vor, von 1954 bis 1959 übte er das Amt des Staatspräsidenten der Volksrepublik China aus.

Die Revolution von 1949 | Innenpolitisch stand China am Ende des Zweiten Weltkrieges nicht besser da als am Ende des Ersten. Im Land brach der während der Kriegsjahre aufgeschobene blutige Bürgerkrieg wieder aus, und es stand zu befürchten, dass angesichts der inneren Konflikte die neuen Supermächte USA und Sowjetunion nun an die Stelle der alten imperialistischen Mächte treten würden. Anders als in den 1920er-Jahren gelang es aber in der zweiten Hälfte der 1940er-Jahre der Kommunistischen Partei Chinas relativ rasch, die Oberhand zu gewinnen. Innerhalb von nur vier Jahren besiegte sie vollständig ihren großen Gegner, die Guomindang, und zwang ihn, sich auf die Insel Taiwan zurückzuziehen.

Am 1. Oktober 1949 proklamierte *Mao Zedong* die *Volksrepublik China*. Die Regierung der Kommunisten beendete die Epoche der Bürgerkriege und baute einen stabilen und mächtigen Staat auf (→M5). Dieser Staat bediente sich von Beginn an brutaler und häufig terroristischer Methoden, um Widerstand oder auch nur Kritik zu unterdrücken. Gleichzeitig leitete er grundlegende Reformen ein, z. B. hinsichtlich der Gleichstellung der Frau und der Verteilung der landwirtschaftlich nutzbaren Flächen.

[1] Über die Meiji-Reform informiert Seite 199.

China behauptet sich | Die Machtergreifung der Kommunisten führte zu einem selbstbewussteren Auftreten nach außen. Die Mandschurei war schon 1946 an China zurückgefallen, und 1950 besetzte China erneut Tibet, das sich nach der Ausrufung der Republik 1912 mit britischer Hilfe für unabhängig erklärt hatte. Die Äußere Mongolei blieb dagegen ein unabhängiger, eng mit der Sowjetunion verbundener Staat, während die Innere Mongolei 1947 eine autonome Region Chinas wurde. Auch Taiwan bewahrte unter der Führung der Guomindang seine Selbstständigkeit gegenüber dem kommunistischen China.

Der entscheidende Konflikt spielte sich in Korea ab, das bis zur japanischen Besetzung 1894 ein von China abhängiger Staat gewesen war. Hier hatten sich die Sowjetunion und die USA nach dem Zweiten Weltkrieg auf eine Zweiteilung geeinigt, wobei der Süden zur US-amerikanischen Einflusssphäre wurde. In den Augen der chinesischen Führung konnte dies nur als Fortsetzung der imperialistischen Politik Japans verstanden werden. Mit sowjetischer Einwilligung und Unterstützung überfiel Nordkorea 1950 Südkorea. Daraufhin schickten die Vereinten Nationen eine internationale Streitmacht unter amerikanischer Führung. Diese Armee vertrieb nicht nur die nordkoreanischen Streitkräfte, sondern rückte weit nach Nordkorea vor. Dies musste die chinesische Regierung alarmieren, war doch auch der Boxeraufstand gegen die Ausländer fünfzig Jahre zuvor von einer internationalen Streitmacht unterdrückt worden.[1] China war daher an der Existenz eines anti-US-amerikanischen Nordkoreas interessiert und schickte seine Streitkräfte in den Krieg gegen die von den USA geführten Truppen.

Anders als in den Jahrzehnten zuvor erwiesen sich die chinesischen Streitkräfte ihren europäischen und US-amerikanischen Gegnern aber dieses Mal als gleichwertig. Keine der beiden Seiten war in der Lage, sich entscheidende Vorteile zu erkämpfen. Der Krieg endete schließlich 1953 durch einen Waffenstillstand. Er bestätigte im Großen und Ganzen die alten Grenzlinien zwischen Nord- und Südkorea. China hatte seine Feinde zwar nicht vom ostasiatischen Festland vertreiben können. Es war nun aber erstmals seit dem Ersten Opiumkrieg von 1839 in der Lage, ausländische Armeen von seinen Grenzen fernzuhalten. So konnte China wieder beginnen, eine eigenständige Politik innerhalb und außerhalb des Landes zu verfolgen.

Internettipp
Eine Biografie Maos sowie eine Zusammenfassung seiner Regierungszeit von 1949 bis 1976 finden Sie unter dem Code **32037-29**.

[1] Zum Boxeraufstand siehe nochmals Seite 209f.

M1 Der kurzlebige demokratische Aufbruch

Der Sinologe Kai Vogelsang beschreibt die Schwächen der nach dem Ende des Kaiserreiches gegründeten Republik und ihr schnelles Ende:

Die chinesische Revolution war nicht vom gemeinen Volk ausgegangen, das unter der Last der Steuern ächzte, sondern von Kaufleuten, Intellektuellen, Offizieren, Beamten, Landbesitzern – höchstens 5 Prozent des Volks. Das Dilemma der Revolution: Der Aufstand der Eliten garantierte ihren Erfolg und setzte diesem Erfolg zugleich Grenzen. Was diese Eliten vereinte, waren zudem nur zwei Ziele: der Sturz der Manju-Herrschaft[1] und die Schaffung einer Republik. Als die Ziele erreicht waren, wurde alles viel komplizierter.

Die Republik, der die Gründer „10000 Jahre" gewünscht hatten, war politisch eine Totgeburt. Bereits nach sechs Wochen musste Sun Yat-sen als Präsident zurücktreten und das Amt [...] an Yuan Shikai abgeben. Der „Vater der Republik" zog sich zurück, und ein erzkonservativer Haudegen usurpierte die Revolution. Zwar gab es einen Verfassungsentwurf, der alle Macht dem Volk zusprach, eine Übergangsregierung und ein vorläufiges Parlament, in dem etwa ein Dutzend neugegründete Parteien vertreten waren. Song Jiaoren[2] hatte den „Schwurbund" 1912 zur „Nationalen Volkspartei" (Guomindang, kurz GMD) umgewandelt, im selben Jahr wurde eine sozialistische Partei gegründet, eine anarchistische Partei war schon 1906 in Paris entstanden, Liang Qichao[3] hatte eine „Demokratische Partei" (Minzhu dang) ins Leben gerufen. Diese Gruppierungen traten im Sommer 1912 zu den ersten Parlamentswahlen an. Wahlberechtigt waren Männer – keine Frauen – ab 21 Jahren, die über Schulbildung und ein gewisses Vermögen verfügten, etwa 5 Prozent der Bevölkerung: die ersten halbwegs demokratischen Wahlen eines nationalen Parlaments in der chinesischen Geschichte – und bis heute die letzten. Die Guomindang ging als Sieger hervor, doch das demokratische Experiment wurde schnell zunichtegemacht. Im März 1913 wurde Song Jiaoren, der Kopf der Guomindang, auf dem Bahnhof von Shanghai erschossen, wahrscheinlich im Auftrag von Yuan Shikai. Kurz darauf setzte Yuan drei Gouverneure der Guomindang ab, woraufhin sieben Provinzen sich von ihm lossagten: eine „zweite Revolution", die Yuans Truppen jedoch schnell niederschlugen. Jetzt herrschte Kriegsrecht. Sun Yat-sen musste abermals nach Japan fliehen, im Januar 1914 löste Yuan Shikai das Parlament auf. Der Präsident war zum Diktator geworden.

Kai Vogelsang, Geschichte Chinas, Ditzingen [5]2013, S. 500f.

[1] **Manju-Herrschaft**: Herrschaft der Qing-Dynastie, die aus der Mandschurei stammte

[2] **Song Jiaoren** (1882–1913): Mitbegründer und Vorsitzender der Guomindang

[3] Über **Liang Qichao** informiert Seite 213.

1. Geben Sie den Text mit eigenen Worten wieder.
2. Erläutern Sie, warum Kai Vogelsang die Republik für eine „Totgeburt" (Zeile 12) hält.
3. Beurteilen Sie, ob man die Republik zwischen 1912 und 1914 als Demokratie bezeichnen kann.

M2 Die Vierter-Mai-Bewegung

Am 4. Mai 1919 protestieren Studierende in Beijing gegen die China betreffenden Bestimmungen des Versailler Vertrages. Der Vertrag wird im Juni 1919 unterzeichnet und beendet im Anschluss an den Waffenstillstand von November 1918 den Ersten Weltkrieg. Die Vierter-Mai-Bewegung gilt als ein Höhepunkt des kulturellen und politischen Umbruchs in China nach dem Ende des Kaiserreiches. Klaus Mühlhahn fasst die wichtigsten Aspekte der Bewegung zusammen:

Der unmittelbare Anlass [für die Demonstrationen] war, dass die in Versailles versammelten westlichen Staatsmänner bei der Gestaltung der Nachkriegswelt die Besetzung des östlichen Teils der Provinz Shandong (ehemals das deutsche Kiautschou) durch Japan bestätigen und akzeptieren wollten, anstatt es an China zurückzugeben. Die Bewegung begann, als Studenten an Beijinger Schulen und Universitäten von den Verhandlungen in Versailles erfuhren. Sie waren so empört, dass sie am 4. Mai 1919 auf die Straße gingen – nicht nur gegen die Westmächte, weil sie die territorialen Rechte Chinas missachteten, sondern auch gegen die chinesische Regierung, weil sie zu schwach war, um sich für die chinesischen Interessen einzusetzen. Innerhalb weniger Tage kam es zu Demonstrationen im gesamten städtischen China. Auch chinesische Arbeiter und Studenten in Frankreich starteten eigene Aktionen und wollten sich in die internationale Politik einmischen. Zwischen Aktivisten in China und Frankreich wurden Nachrichten ausgetauscht und Petitionen[1] geschrieben. Unter anderem wurden in Paris Sitzblockaden von chinesischen Studenten und Arbeitern veranstaltet, die chinesische Delegierte daran hindern, zur Konferenz zu gehen und an den Verhandlungen teilzunehmen. Die Demonstranten forderten insbesondere die Wiederherstellung der territorialen Souveränität, die vollständige Anerkennung von Chinas Selbstbestimmungsrecht durch die Aufhebung der sogenannten ungleichen Verträge, die seit den Opiumkriegen bestanden hatten, und ein Ende der Extraterritorialität[2]. Ungeachtet der Proteste hielten die Großmächte [...] jedoch an ihrem Plan fest. Die chinesischen Delegierten weigerten sich wegen der Proteste in China, den Friedensvertrag zu unterzeichnen.

[4] **Petition**: Bittschrift, Beschwerde, öffentlicher Aufruf

[5] **Extraterritorialität**: Siehe hierzu Seite 188.

Tatsächlich gehörte China in Versailles zu den Siegermächten. Chinas größte Schwierigkeiten im Jahr 1919 waren die innenpolitischen Probleme, die durch die Uneinigkeit und die internen Kämpfe verursacht wurden. Es entwickelte sich eine Bewegung, die über die politischen Proteste und öffentlichen Demonstrationen in Beijing und anderen chinesischen Städten im Frühjahr 1919 hinausging und in einen sozialen und kulturellen Umbruch mündete. Dieser Umbruch wurde allgemein als „Neue Kulturbewegung" bezeichnet und fand zwischen 1915 und 1925 statt, wobei der Höhepunkt auf 1919 datiert werden kann.

Klaus Mühlhahn, Geschichte des modernen China. Von der Qing-Dynastie bis zur Gegenwart, München 2021, S. 265 f.

1. Fassen Sie die wichtigsten Punkte in eigenen Worten zusammen.
2. Arbeiten Sie heraus, wer die Träger der Bewegung waren und wo die Bewegung stattfand.
3. Diskutieren Sie in der Klasse, welche Gründe die Staatsmänner der Siegermächte bewogen haben könnten, Kiautschou nicht an China zurückzugeben.

Internettipp
Die Bestimmungen des Versailler Vertrages finden Sie unter dem Code **32037-30**. Siehe dort vor allem „Deutsche Rechte und Interessen außerhalb Deutschlands (Artikel 118 bis 158)".

M3 Japans Expansion in die Mandschurei: der Staat Mandschukuo

Seit dem Japanisch-Chinesischen Krieg 1894/95[1] vergrößert Japan seinen Einfluss in der Mandschurei. Der Sieg über Russland im Krieg von 1905 festigt Japans Position in dieser Region.[2] Die dort stationierten Truppen, Kwantung-Armee genannt, sichern Japan eine dauerhafte militärische Präsenz. Die Historikerin Sabine Dabringhaus beschreibt, wie Japan aus der Mandschurei den Staat Mandschukuo kreiert:

Am 18. September 1931 täuschten Mitglieder der Kwantung-Armee einen Sprengstoffanschlag auf die Bahnlinie vor, um unter dem Vorwand der Rebellenbekämpfung mit der Okkupation der gesamten Mandschurei zu beginnen. Die von diesem „Mukden-Zwischenfall" überraschte Regierung in Tokyo erklärte den unverzüglich beginnenden Truppenaufmarsch durch die Notwendigkeit, den Frieden in der Region wiederherstellen zu müssen. Am 1. März 1932 wurde ein neuer Staat, Mandschukuo (Manzhouguo), gegründet. Als Marionettenoberhaupt wurde der letzte Kaiser Puyi eingesetzt und zwei Jahre später zum Kaiser erhoben. Als der Völkerbund[3] das japanische Vorgehen missbilligte, trat Japan aus dem Völkerbund aus. Nur Deutschland und Italien gewährten dem japanischen Marionettenstaat Mandschukuo die völkerrechtliche Anerkennung. Trotz der Fiktion von Autonomie wurde Mandschukuo de facto wie eine japanische Kolonie behandelt. Jedem Minister und Provinzgouverneur wurde ein japanischer Vizebeamter zugeordnet. Der Oberbefehlshaber der Kwantung-Armee war gleichzeitig auch Botschafter seines Landes in Mandschukuo. Ihm unterstand die Leitung des Pachtgebietes. […] Die Mandschurei wurde weiterhin als Pufferzone gegenüber Russland gesehen. Gleichzeitig wurde die Schwerindustrie in dieser Zone ausgebaut, die den Ressourcenmangel der japanischen Inseln ausgleichen sollte. Eine planwirtschaftliche Entwicklungsstrategie erzielte tatsächlich während der zweiten Hälfte der dreißiger Jahre außerordentliche Wachstumsraten. Hinzu kam die teils freiwillige, teils administrativ erzwungene Ansiedlung japanischer Bauern aus den übervölkerten Gebieten des Inselstaates. An das riesige Mandschukuo hefteten sich Utopien, dort einen Kolonialismus neuen Typs errichten zu können.

Sabine Dabringhaus, Geschichte Chinas. 1279–1949, Berlin/Boston [3]2015, S. 99 f.

1. Fassen Sie den Text mit eigenen Worten zusammen.
2. Erläutern Sie anhand einer Karte die strategische Position Mandschukuos in der Konkurrenz zwischen Japan, Russland und China. Beachten Sie, dass Japan nach dem Krieg 1905 gegen Russland die südliche Hälfte der Sachalin-Insel zugesprochen wurde. Auf dem Festland war der Fluss Amur seit dem 18. Jahrhundert die Grenze zwischen Japan und Russland. Tipp: Eine Karte zu Mandschukuo finden Sie unter dem Code **32037-31**.
3. Erörtern Sie, ob Mandschukuo eine Kolonie war. Nehmen Sie dazu die Definition von Jürgen Osterhammel von Seite 183 (M5) zu Hilfe.

[1] Lesen Sie hierzu nochmals Seite 200.
[2] Vgl. Seite 200.

[3] **Völkerbund**: Nach dem Ersten Weltkrieg im Zusammenhang mit dem Versailler Vertrag 1920 von 32 Staaten gegründete internationale Organisation zur Wahrung des Friedens und zur Zusammenarbeit aller Völker mit Sitz in Genf. Die 1945 gegründeten Vereinten Nationen sind Nachfolgerin des Völkerbundes.

M4 China im Zweiten Weltkrieg und das Ende der ungleichen Verträge

In China regiert seit 1927 die Guomindang unter Chiang Kaisheck. Sie liefert sich einen blutigen Bürgerkrieg mit den Kommunisten, die eine Gegenregierung bilden. In dieser Situation beginnt 1937 der Krieg zwischen Japan und China. Der Historiker Thoralf Klein erläutert diesen Krieg:

Am 7. Juli 1937 brach nach einem Schusswechsel an der Lugou-Brücke unweit von Beijing der Krieg zwischen Japan und China offen aus. Dies war zugleich der Beginn des Zweiten Weltkrieges in Asien. Japan gelang es, weite Teile Chinas entlang der Küste zu besetzen und dort Kollaborationsregierungen zu installieren. Bei ihrem Einzug in die gegnerische Hauptstadt Nanjing[1] am 13. Dezember 1937 richteten die japanischen Truppen ein Massaker an. Die Zahl der chinesischen Opfer ist bis heute umstritten, betrug jedoch schon nach niedrigen Schätzungen etwa 150 000. Die Guomindang-Regierung verlegte ihren Sitz in das für das Heer, wenn auch nicht für die Luftwaffe Japans unerreichbare Chongqing (Sichuan) und ließ auch zahlreiche Produktionsstätten und Bildungseinrichtungen in den unbesetzten Westen Chinas verlegen.
In den folgenden Jahren konnte keine Seite eine kriegsentscheidende Wende herbeiführen. Den Japanern misslang dies trotz ihrer rücksichtslosen Kriegführung, die von den Kommunisten seit 1942 als Politik des Dreifachen Total [...] bezeichnet wurde: „Alles total niederbrennen, total niedermetzeln, total ausplündern." Aber auch die Guomindang war nicht erfolgreicher, obwohl sie von der UdSSR mit Fliegerstaffeln, von Großbritannien zwischen 1938 und 1942 über die Burma-Straße und seit Ende 1941 von den USA aus der Luft mit Kriegsmaterial versorgt wurde. Dabei nahmen die Nationalisten auch auf die eigene Zivilbevölkerung keinerlei Rücksicht. Im Juni 1938 ließ Chiang Kaishek die Deiche des Huanghe ohne Vorwarnung an die Bewohner des Umlandes durchstechen, wodurch Hunderttausende ums Leben kamen. Da die Deiche wegen des Krieges nicht erneuert wurden, ereignete sich fünf Jahre später eine weitere Flutkatastrophe. Die Kommunisten mit ihrer Achten Marscharmee [...] waren zu massierten Angriffen nicht in der Lage und verließen sich auf ihre bewährte, von Mao[2] Ende der 1930er-Jahre ausgearbeitete und mit einer massiven propagandistischen Mobilisierung der Zivilbevölkerung verbundene Partisanenstrategie. Selbst die Hundert-Regimenter-Kampagne zwischen August und Dezember 1940, die größte militärische Operation der kommunistischen Streitkräfte gegen die Japaner, war eher eine Serie unkoordinierter Kampfhandlungen.

Japanische Truppeneinheiten kurz nach der Einnahme des Bahnhofs von Shanghai.
Foto (Ausschnitt) vom November 1937.

Der in China so genannte Antijapanische Widerstandskrieg [...] wurde somit letztlich nicht auf chinesischem Territorium entschieden, sondern durch den japanischen Angriff auf Pearl Harbor am 7. Dezember 1941. Der dadurch ausgelöste Kriegseintritt der USA machte die Kämpfe in China zu einem Teil des Pazifischen Krieges. Die Regierung Chiang Kaisheks wurde nun zu einem wichtigen Verbündeten der Amerikaner; dennoch stand der chinesische Führer im zweiten Glied. Nur an einer der großen Kriegskonferenzen, derjenigen von Kairo 1943, durfte er teilnehmen. Von dem ungleich wichtigeren Treffen in Jalta im Februar 1945, bei dem die entscheidenden Weichen für die Weltordnung nach Kriegsende gestellt wurden, blieb er dagegen ausgeschlossen. Immerhin willigten Amerikaner und Briten angesichts der japanischen Erfolge in China 1943 in die formelle Aufhebung der ungleichen Verträge[3] ein, die bereits seit Ende der 1920er-Jahre faktisch zunehmend ausgehöhlt worden waren. Nach dem Eintritt der Sowjetunion in den Pazifischen Krieg, dem amerikanischen Atombombenabwurf über Hiroshima und Nagasaki und der anschließenden Kapitulation Japans am 15. August 1945 war auch in China der Krieg zu Ende.

Thoralf Klein, Geschichte Chinas. Von 1800 bis zur Gegenwart, Paderborn u. a. ²2009, S. 52f.

[1] Unter der Guomindang-Regierung war die Hauptstadt 1927 von Beijing nach Nanjing verlegt worden.
[2] Über Mao Zedong informiert Seite 224.
[3] Zu den „ungleichen Verträgen" siehe nochmals Seite 187f.

1. Beschreiben Sie den Verlauf des Krieges zwischen Japan und China (M4). | H
2. Arbeiten Sie heraus, woran man die besondere Brutalität dieses Krieges erkennen kann. | H
3. Diskutierten Sie, wann der Zweite Weltkrieg in China begann und wann er endete. Berücksichtigen Sie dabei, dass in Deutschland in der Regel der 1. September 1939 als Anfang und der 8. Mai 1945 als Ende des Krieges betrachtet werden. Setzen Sie sich mit der Frage auseinander, was für ein Verständnis des Weltkrieges sich durch die Datierung ausdrückt.

M5 Staatsgründung 1949

Anlässlich der Gründung der Volksrepublik China sagt Mao Zedong am 1. Oktober 1949:

Trotz Bildung einer Regierung ist unsere revolutionäre Arbeit nicht beendet. Die imperialistischen Reaktionäre im In- und Ausland werden ihre Niederlage nicht einfach stillschweigend hinnehmen. Sie werden noch versuchen, einen letzten Widerstand zu leisten. Wenn die Ruhe und Ordnung einmal hergestellt sein wird, werden sie zur Sabotage Zuflucht nehmen und auf verschiedene Arten den Versuch machen, wieder an die Macht zu kommen. Wir dürfen daher unsere Wachsamkeit nicht vermindern. China muss mit allen Ländern und Völkern, die den Frieden und die Freiheit lieben, ganz besonders aber mit der Sowjetunion und den osteuropäischen Staaten die Einheit herstellen. Chinas dringlichste Aufgabe besteht im wirtschaftlichen Aufbau.

Der Historiker Helwig Schmidt-Glintzer schreibt über die Gründung der Volksrepublik China unter Mao Zedong:

Trotz der häufigen Verwendung des Föderalismus-Begriffs *lianbang* durch Mao Zedong in den 30er- und 40er-Jahren des 20. Jahrhunderts – noch im Jahre 1945 sprach Mao Zedong von der föderalen Struktur eines zukünftigen China – gab es doch niemals einen ernsthaften Zweifel daran, dass für China der Einheitsstaat das Ziel sein müsse. Nach der langen Dauer eines Einheitsstaates auf chinesischem Boden hatten am Ausgang der Qing-Zeit zentralistische bzw. integrationistische Vorstellungen überwogen. Hinzu trat im späten 19. Jahrhundert die Forderung eines Großteils der Elite, die Nation müsse gestärkt werden. Die Restrukturierung des Staates im Zuge der Niederwerfung sozialer Unruhen zusammen mit dem Auftreten der imperialistischen Mächte ließ es daher nicht zu einer Ausdifferenzierung lokaler und regionaler Interessen einerseits und einer Beschränkung der zentralen Staatsmacht andererseits kommen. Denn obwohl sich nach dem Ende des Kaiserreiches zunächst kein neues nationales Machtzentrum herausbildete und man daher von einer Zeit der Zersplitterung sprechen muss, begünstigte dies nicht die Bildung und das Anwachsen einer bürgerlichen Schicht, die zum Träger einer bürgerlichen Revolution hätte werden können. Die ideologischen Kämpfe und die wirtschaftliche und administrative Entwicklung förderte eher eine Fragmentierung innerhalb der Elite.

Erster Text: Keesings Archiv der Gegenwart, XVIII./XIX. Jg. (1948/49), S. 2074; zweiter Text: Helwig Schmidt-Glintzer, Kleine Geschichte Chinas, Frankfurt am Main 2008, S. 186 f.

1. Beschreiben Sie die innen- und außenpolitischen Ziele der kommunistischen Regierung.
2. Erklären Sie, was Mao Zedong mit „imperialistischen Reaktionäre[n] im In- und Ausland" (vgl. Zeile 2 f.) gemeint haben könnte.
3. Analysieren Sie, warum es nach Schmidt-Glintzer keinen Zweifel daran geben konnte, dass Mao Zedong und die Kommunistische Partei Chinas eine zentralistische Staatsform bevorzugen würden. | H
4. Laut dem Historiker Helwig Schmidt-Glintzer ging 1949 das „Jahrhundert der chinesischen Revolution" zu Ende. Erläutern Sie diese Aussage. | F

Methode

Autobiografien analysieren

Ein weiteres Anwendungsbeispiel finden Sie auf Seite 311.

Der Begriff **Autobiografie** bezeichnet entsprechend seiner griechischen Wortherkunft die *Beschreibung* (graphein: schreiben) *des eigenen* (autos: selbst) *Lebens* (bios: leben). Idealerweise ist mit Autobiografie also ein buchlanger Text gemeint, in dem der Autor bzw. die Autorin sein bzw. ihr eigenes Leben möglichst vollständig beschreibt. Schriften, die sich vor allem auf die eigene berufliche oder öffentliche Tätigkeit konzentrieren, werden dagegen in der Regel als **Erinnerungen** oder **Memoiren** bezeichnet. Beinhaltet der Text in der 1. Person auch erfundene Geschichten, kann es sich um eine **Mischung aus autobiografischem Roman und Autobiografie** handeln. Um definitorische Probleme zu vermeiden, wird häufig von **autobiografischen Texten** oder **Selbstzeugnissen** statt von Autobiografien gesprochen. Damit sind alle Texte gemeint, bei denen davon ausgegangen wird, dass der Verfasser oder die Verfasserin nicht fiktional über das eigene Leben schreibt – egal wie umfangreich und über welche Teile des eigenen Lebens.

Bei der **Interpretation** von autobiografischen Texten hat sich in den letzten Jahrzehnten ein deutlicher Wandel vollzogen. Früher hielt man autobiografische Texte für den Ausdruck des selbstbestimmten Individuums, das frei von äußeren Einflüssen und Prägungen das eigene Leben und seine Zeit beschreiben konnte. Die Angaben und Sichtweisen dieser Texte wurden also mehr oder weniger ungeprüft für wahr gehalten. Heute werden autobiografische Texte als Ausdruck einer bestimmten Zeit und der spezifischen Prägung des Verfassers bzw. der Verfasserin betrachtet. Die Epoche, das Geschlecht, die Bildung, die soziale Position und die Kultur haben erheblichen Einfluss auf die Art und Weise, wie jemand sein eigenes Leben oder einen Teil davon beschreibt. Daher werden heute autobiografische Texte sowohl danach befragt, was wir über die Sichtweisen des Verfassers bzw. der Verfasserin zum Zeitpunkt der Niederschrift des Textes erfahren, als auch darüber, was wir über die beschriebene Zeit erfahren. Diese **zeitliche Doppelstruktur** („Zeit des Schreibens" und „Zeit des Beschriebenen") macht die Interpretation von autobiografischen Texten besonders interessant und anspruchsvoll.

Arbeitsschritt	Leitfragen
1. beschreiben	• Wer ist der Verfasser bzw. die Verfasserin? • Wann, wo und aus welchem Anlass wurde der Text verfasst und veröffentlicht? • Über welche vergangenen Ereignisse und Kontexte wird berichtet bzw. nicht berichtet? • Welche Merkmale kennzeichnen den Text (Sprache, Stil, Wertungen)?
2. erklären	• Was sagt der Text über die beschriebene Zeit? • Welchen Zeitraum, welche Ereignisse oder Entwicklungen und welche Personen behandelt der Text? • Welche Sichtweise des Autors bzw. der Autorin steckt in seiner bzw. ihrer Darstellung? • An welchen Adressatenkreis wendet sich der Text?
3. beurteilen	• Wie lässt sich der Text einordnen und bewerten? Ist er glaubwürdig? • Wie ist der Quellenwert des Textes zu beurteilen? • Gibt es alternative oder ergänzende Quellen, mit denen sich die Aussagen des Verfassers bzw. der Verfasserin überprüfen lassen?

M Die Inthronisation des Kindkaisers Aisin Gioro Puyi

Aisin Gioro Puyi (1906–1967) gelangt als kleines Kind 1908 auf den Kaiserthron und wird schon drei Jahre später abgesetzt. Nach einem wechselvollen Leben kommt er in der kommunistischen Volksrepublik China in Haft. Dort wird von ihm erwartet, dass er sich den neuen Machthabern unterwirft und sich als einfacher Staatsbürger im kommunistischen System betrachtet. Nach seiner Freilassung verfasst er eine Autobiografie, die trotz strenger Zensur in China erscheinen darf. In dieser schildert er auch sein Leben als Kindkaiser:

Zwei Jahre und zehn Monate alt, wurde ich am 2. Dezember 1908 unter dem Regierungstitel Hsüan Tung auf den Drachenthron gehoben. Es war dies eine feierliche Zeremonie – wenngleich sie auch infolge meines unkaiserlichen Schreiens und Brüllens der letzten Würde entbehrt haben mag …
Vor der eigentlichen Inthronisation hatte ich bereits der Reihe nach die Ehrenbezeigungen der Kommandanten der Palastwache und der Superintendenten der Internen Palastverwaltung in der Thronhalle der Zentralen Harmonie entgegennehmen müssen, und das lange Stillehalten in bitterer Kälte hatte mich so ungnädig gestimmt, dass ich, nachdem ich endlich für die „Große Zeremonie" selbst in die Halle der Höchsten Harmonie getragen worden war, mich mit Händen und Füßen dagegen wehrte, auf den übergroßen Drachenthron dort gehoben zu werden. Mein Vater kniete, wie es die Etikette für den Prinzregenten verlangte, auf einem Bein unter mir nieder, ohne indes seinen Versuch aufzugeben, mich mit ausgestreckten Armen so gut es ging auf dem Thronsitz zu halten – bis ich zwischen trotzigem Schluchzen laut schrie: „Ich will aber nicht! Ich will wieder nach Hause!" Väterliche Gewalt trug letztlich den äußeren Sieg davon, und darauf begann das Defilee der zivilen und militärischen Würdenträger, die mir, einer nach dem andern, mit den vorgeschriebenen drei Verbeugungen und neun Kotau[1] ihre Huldigung erwiesen. Je länger sich die Zeremonie hinzog – und sie dauerte Stunden –, desto vernehmlicher wurde mein erneuter Protest, und schließlich gebärdete ich mich so wild, dass mein Vater, trotz Kälte nunmehr schweißgebadet, mir in äußerster Verzweiflung zurief: „So sei doch ruhig! Es dauert ja nicht mehr lange, bald ist doch alles vorbei!"
Nachdem die „Große Inthronisation" zu Ende gegangen war, hob unter den Würdenträgern ein entsetztes Geflüster an. Wie konnte der Regent bloß sagen: „Bald ist alles vorbei!" Und der Kaiser, hatte er nicht gerufen, er wolle „wieder nach Hause"? Das konnte doch für die Zukunft nur Schlimmstes bedeuten! – Die unglücklichen Worte meines Vaters sind später, als für die Qing-Dynastie tatsächlich „alles vorbei" und der Kindkaiser „nach Hause" zurückgekehrt war, in vielen Tagebüchern der Zeit als böses Omen ausgelegt worden.

Pu Yi, Ich war Kaiser von China. Vom Himmelssohn zum Neuen Menschen, München/Wien ⁴1987, S. 33 (übersetzt von Mulan Lehner und Richard Schirach)

Betonung des Kindseins des Kaisers

Prozedur erscheint als Zwang

Betonung des Kindseins des Kaisers

Betonung der Position als Kaiser

Lächerlichmachen der Situation

Umkehrung der Hierarchie zwischen Kaiser und Prinz

Protest entspricht nicht der Position des Kaisers, sondern des Kindes

Meinung, die nicht öffentlich werden darf

Vorhersage einer Zukunft, die beim Verfassen der Autobiografie bekannt ist

Wahrheitsanspruch der Anekdote wird durch Verweis auf andere Quellen betont

1. Analysieren Sie den Text mithilfe der Arbeitsschritte auf Seite 230. Ihre Ergebnisse können Sie mit der Beispiellösung auf Seite 511 vergleichen.
2. Erklären Sie, warum die Inthronisation nicht reibungslos verläuft.
3. Erläutern Sie, warum die Zeremonie ein schlechtes Licht auf das Kaiserreich zu Beginn des 20. Jahrhunderts wirft.
4. Beurteilen Sie, ob die Darstellung glaubwürdig ist. Berücksichtigen Sie dabei das Alter von Puyi und Ihre Kenntnisse über die „zeitliche Doppelstruktur" der Autobiografie.

[1] **Kotau:** Demutsgeste, bei der kniend der Kopf den Boden berührt

China – vom Kaiserreich zur Republik

Krisen

Industrialisierung in Europa
Europa „überholt" China

konservative Qing-Dynastie
keine grundlegenden Reformen

massiver Bevölkerungsanstieg
Herausforderungen für Wirtschaft und Gesellschaft

korruptes politisches System
Interessen der Mehrheit werden ignoriert

zahlreiche Aufstände
Destabilisierung und zusätzliche ökonomische Probleme

Ausländische Interventionen

1839–1842:
Erster Opiumkrieg

1856–1860:
Zweiter Opiumkrieg

1884/85:
Chinesisch-Französischer Krieg

1894/95:
Chinesisch-Japanischer Krieg

1897:
Das Deutsche Reich besetzt die Bucht von Kiautschou.

1900:
Internationale Truppen schlagen den Boxeraufstand nieder.

1931:
Japanische Truppen besetzen die Mandschurei; Ausgangspunkt für weitere japanische Expansion auf dem chinesischen Festland.

Veränderungen des politischen Systems

19. Jahrhundert:
Machtverlust des Kaisers
= Machtgewinn lokaler „Provinzfürsten"

1911/12:
Ende des Kaiserreiches
= Beginn der Republik

1912–1949:
instabile Republik
= Bürgerkriege und ausländische Interventionen

1949:
Sieg der Kommunistischen Partei
= Beginn einer neuen Epoche

M Das Ende des Kaiserreiches

Der Sinologe Kai Vogelsang fasst die wichtigsten Gründe für den Zusammenbruch des Kaiserreiches zusammen:

In der späten Qing-Zeit[1] erlebte die chinesische Gesellschaft den radikalsten Strukturwandel seit der „Rituellen Revolution"[2] [...]: Mit dieser war eine stratifizierte[3] Gesellschaft entstanden, die sich in den folgenden drei Jahrtausenden vielfach umformte, aber in ihrer Grundstruktur erhalten blieb. Jetzt löste sie sich auf und wurde ersetzt durch eine moderne, funktional differenzierte Gesellschaft. Traditionelle Ordnungsmuster wichen offeneren Formen der Partizipation, ausländische Einflüsse beschleunigten die Emanzipation von Wissenschaft, Technik, Militär und Wirtschaft, Zeitungen wurden zum Medium einer neuen Öffentlichkeit, in den offenen Küstenstädten bildete sich eine urbane Gesellschaft, in der soziale Ungleichheit zunehmend zum Problem wurde. [...] Auf dem Höhepunkt ihrer Macht wurden die Qing von verdrängten Problemen eingeholt: Bevölkerungsdruck führte zu großen Aufständen, die der nahezu bankrotte, von Korruption geschwächte Staatsapparat kaum mehr niederschlagen konnte. Militärische Macht ging zunehmend an regionale Milizen und Provinzgouverneure über, während politisches Mitspracherecht auf Interessengruppen außerhalb der Regierung ausgeweitet wurde. Diese neuen Akteure spielten eine wichtige Rolle beim Konflikt mit den Engländern, die ihr „Recht auf freien Handel" mit Opium in China mit Militärgewalt durchsetzten. Zweimal, 1840 und 1856, griffen sie China mit modernen Kanonenbooten an und zwangen die hoffnungslos unterlegenen Qing zur Öffnung von Küstenstädten für den Handel. Dieser Überfall der westlichen Moderne, so schockartig er kam, fiel in China auf wohlbereiteten Grund. Die Auflösung der ständischen Gesellschaft, Verbreitung des Buchdrucks, kritische Gelehrsamkeit und eine neue Öffentlichkeit hatten China schon lange an die Schwelle der Moderne gebracht. Westliche Lehren, die sich jetzt durch Reisen, Zeitungen und direkte Interaktion in Städten wie Shanghai verbreiteten, wurden zum Katalysator dieser Moderne. [...]

Während die Qing-Regierung, seit 1861 unter der Führung der Kaiserinwitwe Cixi[4], bemüht war, westliche Technik zu „Selbststärkung" und Erhalt der Dynastie zu nutzen, war es den Eliten des Südens darum zu tun, ihr Land zu retten. Nicht Regierungstruppen, sondern Provinzgouverneure [...] trugen auch die Hauptlast der Kriege gegen Frankreich (1884/85) und Japan (1894/95), welche die militärische Schwäche Chinas schonungslos offenbarten. In den nächsten Jahren wurde China fast kolonial zwischen Japan, Russland und den Westmächten aufgeteilt. Spätestens jetzt wurde deutlich, dass technisch-militärische „Selbststärkung" nicht die Lösung für Chinas Schwäche bot. Die Probleme saßen tiefer: in einer Gesellschaft, die als zunehmend fragmentiert und haltlos empfunden wurde. Weder die hierarchische Ordnung noch das kaiserliche Regierungssystem oder die konfuzianische Ideologie entsprachen dieser neuen Gesellschaft. Was China brauchte, waren Freiheit, Gleichheit, Brüderlichkeit: Nur das Selbstverständnis als Nation, organisiert in einem Nationalstaat, konnte Zusammenhalt im Innern und Stärke nach außen bewirken, die China so dringend brauchte.
Während manche Intellektuelle an der Reform von Staat und Gesellschaft innerhalb des bestehenden Systems laborierten, bekämpften andere das System selbst. Revolutionäre wie Sun Yatsen[5] probten immer wieder Aufstände, bis 1911 – fast wie durch Zufall – ein Aufstand in Wuhan tatsächlich zur Revolution führte: Der letzte Qing-Kaiser dankte ab, und das chinesische Kaiserreich fiel zusammen wie ein Kartenhaus.

Kai Vogelsang, Geschichte Chinas, Ditzingen [5]2013, S. 440 f.

1. Fassen Sie die Kernaussagen des Textes in eigenen Worten zusammen.
2. Geben Sie aufgrund Ihres Sachwissens die wichtigsten Aspekte der Krise der späten Qing-Zeit wieder.
3. Erläutern Sie ausgehend vom Text und auf der Basis Ihres Sachwissens die Gründe für die Krise der Qing-Herrschaft im 19. und frühen 20. Jahrhundert.
4. Gruppenarbeit: Diskutieren Sie in der Gruppe, welche Rolle die ausländischen Invasionen beim Zusammenbruch der Monarchie in China spielten.

[1] Die Qing-Dynastie herrschte von 1644 bis 1911.
[2] Als **„Rituelle Revolution"** wird ein im 9. Jahrhundert v. Chr. einsetzender, allmählicher struktureller Wandel der chinesischen Gesellschaft bezeichnet. Er lässt sich heute nur noch anhand der Änderungen bei den für den Ahnenkult eingesetzten Ritualgefäßen nachvollziehen. Teil einer bestimmten Verwandtschaftsgruppe zu sein, verlor nach und nach an Bedeutung. Für das Selbstverständnis der Chinesinnen und Chinesen wurde vielmehr die Zugehörigkeit zu einer gesellschaftlichen Schicht wie bspw. „die Bauern" oder „der Adel" ausschlaggebend.
[3] **stratifiziert**: in Schichten eingeteilt

[4] **Cixi** (1835–1908): Siehe Seite 218 f.
[5] **Sun Yatsen** (1866–1925): Siehe Seite 220.

Orientierung

2.5 Wahlmodul: Romanisierung und Kaiserzeit

Seit dem späten 19. Jahrhundert wird der Begriff „Romanisierung" verwendet, um den kulturellen, religiösen, politischen und wirtschaftlichen Einfluss Roms in einem großen Teil Europas und der Welt des Mittelmeers zu beschreiben. Zeitlich bezieht sich der Begriff in der Regel auf die sogenannte Kaiserzeit, also etwa die Jahre von 27 v. Chr. bis 284 n. Chr. In dieser antiken Epoche erreichte die römische Herrschaft ihren Höhepunkt, sowohl hinsichtlich ihrer geografischen Ausdehnung als auch hinsichtlich ihres kulturellen Einflusses. Romanisierungsprozesse fanden daher nicht nur in West- und Mitteleuropa, sondern auch in Teilen Osteuropas, Kleinasiens, des Nahen Ostens und Nordafrikas statt. Die Grenzen der Romanisierung ergaben sich nicht allein aus den politischen Grenzen des Römischen Reiches. Wie stark der Einfluss Roms war, hing auch von den einheimischen Kulturen und deren Verhältnis zu Rom ab.

Ohne Worte.
Karikatur aus der englischen Zeitschrift „PUNCH", 1912.

- ▶ Erläutern Sie, welche Vorzüge der römischen Kultur hier hervorgehoben werden.
- ▶ Beurteilen Sie die Aussage des Zeichners unter Berücksichtigung des Entstehungszeitpunktes der Karikatur.

Das Kapitel beschäftigt sich inhaltlich mit …

- der Entwicklung des römischen Kaiserreiches vom augusteischen Prinzipat bis in die Spätantike
- den Neuordnungen der Provinzverwaltung
- Integrationsprozessen innerhalb der Provinzen und der Idee der „Pax Romana"
- der römischen Kultur, Wirtschaft, Armee und Gesellschaftsordnung
- dem Umgang des Imperiums mit Kulten und monotheistischen Religionen
- dem Weg des Christentums von einer Minderheit zur Staatsreligion

27 v. Chr. - 14 n. Chr.	Das Prinzipat des Augustus geht einher mit der Neuordnung der Provinzen und der Vergrößerung des Reiches	Beginn der Kaiserzeit
um 30	Jesus von Nazareth predigt in Palästina. Das Christentum entsteht.	
43	Südbritannien (Britannia) wird unter Kaiser Claudius erobert.	
70	In Jerusalem wird der jüdische Tempel durch die Römer zerstört.	Expansion und Grenzsicherung
98 - 117	Unter Kaiser Trajan erreicht das Imperium Romanum seine größte Ausdehnung.	
212	Kaiser Caracalla gewährt allen freien Bewohnern des Reiches das römische Bürgerrecht.	Integration
ab 250	In den Provinzen entstehen selbstständige Reiche, die sich von Roms Herrschaft lösen.	Übergang zur Spätantike
284 - 305	Unter Diokletian kommt es zur Neuordnung der Provinzen und zur Einführung einer erstmals einheitlichen Münzprägung. Seine Herrschaft markiert den Übergang zur Epoche der Spätantike.	
311 / 313	Das Christentum wird unter den Kaisern Galerius und Konstantin I. erlaubt: „Konstantinische Wende".	Ende des Römischen Reiches
330	Kaiser Konstantin fördert die Stellung von Byzanz/Konstantinopel im Osten des Reiches durch Erhebung zur kaiserlichen Residenzstadt.	
380	Das Christentum wird unter Theodosius I. zur Staatsreligion erklärt.	
410	Die Eroberung und Plünderung Roms durch die Westgoten beschleunigen den Bedeutungsverlust der Stadt und des Weströmischen Reiches.	

Statue des Augustus im Panzer.
Rund zwei Meter hohe Statue aus Marmor, ca. 20 v. Chr., gefunden in Primaporta bei Rom, farbiger Rekonstruktionsversuch.

- Erklären Sie, was die Statue den Betrachtern aus der Ferne und in der Nähe vermitteln sollte.

Die Kaiserzeit als Epoche | Rom hatte seit seinen Ursprüngen im 5. Jahrhundert v. Chr. als republikanischer Stadtstaat zunächst die Apennin-Halbinsel und anschließend immer größere Teile des Mittelmeerraums und des westlichen Kontinentaleuropas erobert. Die militärische Expansion des Stadtstaates stellte seine politische Ordnung im Laufe der Jahrhunderte immer wieder vor große Probleme. Zunehmend entschieden Kriegszüge darüber, wer in Rom politische Macht erhielt. Ein erfolgreicher Heerführer genoss Ansehen und verfügte über ihm ergebene Truppen, sodass er sich im Zweifelsfall gegen seine Gegner durchsetzen konnte. Die letzten hundert Jahre der *Römischen Republik* waren von Krisen, blutigen Bürgerkriegen zwischen verschiedenen Gruppierungen und ihnen verbundenen Heerführern gekennzeichnet. Als sich einer dieser Heerführer namens *Octavian* (63 v. Chr – 14 n. Chr.) durchsetzte, reformierte er die Republik (*res publica restituta*). Im Jahr 27 v. Chr. beschloss der römische **Senat**, dass Octavian – zunächst für zehn Jahre – die Machtbefugnisse in etwa der Hälfte der Provinzen übertragen wurden und er fortan *Augustus* (dt.: „der Erhabene") genannt werden sollte. Da Augustus die Macht in den noch nicht befriedeten Provinzen erhielt, bedeutete dies, dass er Oberbefehlshaber über den überwiegenden Teil des römischen Heeres war. Dies sicherte seine Macht gegenüber allen Konkurrenten.

Um seine herausgehobene Rolle im Staat zu benennen, nahm Augustus den Titel *„princeps"* (dt.: „Erster unter Gleichen") an. Nach dieser Bezeichnung erhielt die Herrschaftsform des Augustus auch ihren Namen: *Prinzipat*. Damit begann die *Kaiserzeit*. Durch das Kaisertum wurde der Erhalt der römischen Ordnung gesichert. Denn die meisten grundlegenden sozialen und politischen Strukturen änderten sich zunächst nicht. In den folgenden Jahrzehnten bauten Augustus und die nachfolgenden Kaiser ihre Stellung zunehmend aus, wenngleich das Kaisertum sich zu keinem Zeitpunkt in eine Erbmonarchie nach frühneuzeitlichen Vorstellungen verwandelte.

Das Ende der Kaiserzeit wird gewöhnlich als eine längere Übergangsphase beschrieben. In der Regel werden die Reformen des Kaisers *Diokletian* (236/45 – 312 n. Chr.) zwischen 284 und 305 als Beginn der Epoche der *Spätantike* betrachtet. Diese war durch grundlegende Veränderungen der römischen Herrschaft in Europa, der Mittelmeerwelt und Vorderasien gekennzeichnet. In der zweiten Hälfte des 3. Jahrhunderts entstanden erste Reiche innerhalb des Römischen Reiches, und einzelne Provinzen wurden von Rom aufgegeben.

Das Imperium Romanum | Das Römische Reich erlebte unter Kaiser *Trajan* (53 – 117) seine größte Ausdehnung. Sie übertraf die aller bis dahin existierenden Reiche. Nie wieder sollten die Welt des Mittelmeers, große Teile Kleinasiens und Europas eine politische Einheit bilden. Die territoriale Entwicklung war nicht allein der Verdienst der Kaiser, denn ein Großteil des Reiches entstand bereits in Zeiten der Republik. Aber in der Kaiserzeit gelang es, die Expansion weiter voranzutreiben und die römische Herrschaft über mehrere Jahrhunderte zu festigen (→M1). Das Römische Reich teilte die eroberten Gebiete in *Provinzen* als Verwaltungseinheiten ein. Deren Grenzen ergaben sich dabei weniger aus naturräumlichen Bedingungen (z. B. Flüsse oder Berge) oder aus ethnischen Kriterien (z. B. Sprachgruppen), sondern aus militärischen und verwaltungstechnischen Überlegungen. Unter der Regierungszeit von Kaiser Diokletian (284 – 305) kam es zur Neugestaltung der Provinzordnung. Die Gesamtzahl der Provinzen im Reich wurde erheblich erhöht und auch das bis dahin privilegierte römische Italien in Provinzen eingeteilt, womit es seine Sonderstellung (u. a. Steuervorteile) verlor. Der dann einsetzende Zerfallsprozess des *Imperium Romanum* war daher weniger der Überle-

Senat (lat. senatus: Ältestenrat / Rat erfahrener Politiker): oberster Rat des Römischen Reiches. In ihn wurde nur aufgenommen, wer Magistrat („Regierungsbeamter") gewesen war und über großes Vermögen verfügte. Unter Augustus umfasste der Senat 600 Mitglieder.

genheit eines anderen Großreiches geschuldet, als vielmehr der allmählichen Machtverschiebung zwischen verschiedenen Teilen des Reiches. 330 wurde mit Konstantinopel eine zweite gleichberechtigte Hauptstadt eingerichtet, und im Osten wie im Westen entstanden zahlreiche mit Rom konkurrierende Städte (Antiochia, Alexandria, Mediolanum-Mailand). Als die Westgoten im Jahr 410 Rom eroberten, triumphierten sie nicht über das Zentrum eines Weltreiches. Denn Rom hatte schon viele Machtbefugnisse an zahlreiche Städte und Provinzen des Reiches abgetreten.

Das Römische Reich zur Zeit seiner größten Ausdehnung, um 117 n. Chr.

▶ Analysieren Sie die Karte mithilfe der Leitfragen auf Seite 194.

Romanisierung und „Selbst-Romanisierung" | Die Ausdehnung der römischen Herrschaft basierte auf der Stärke der Streitkräfte. In unzähligen Kriegen wurden die Gegner Roms besiegt. Die Beherrschung der eroberten Gebiete stützte sich aber nicht allein auf Waffengewalt. Zwar hatte Rom auch in Friedenszeiten Dutzende von Truppeneinheiten im ganzen Reich stationiert, doch wurden sie häufig nicht im Kampf, sondern für den Bau von Straßen, Brücken, Aquädukten und ähnlichen Infrastrukturprojekten eingesetzt. Die Stabilität der römischen Herrschaft verdankte sich vor allem jenem Prozess, den die historische Forschung als *Romanisierung*, also als „Römisch-Werden" bezeichnet. Im Laufe der Jahrhunderte glichen sich die Lebensweisen in den römischen Provinzen immer stärker an (➔M2). Die Städte erhielten ähnliche Bauten, Latein als Kommunikationsmedium gewann an Gewicht, römische Gesetze galten und römische Münzen kursierten. Vor allem die Elite übernahm römische Gepflogenheiten: Mahlzeiten, Kleidung, Baderituale, den Festkalender und viele andere alltägliche Verrichtungen.

Romanisierung wurde sowohl von oben erzwungen als auch von unten gewünscht. Dass römisches Recht galt und der Kaiser verehrt wurde, waren Anliegen Roms, die notfalls auch mit Gewalt vertreten wurden. Allerdings konnte den Menschen nicht vorgeschrieben werden, römische Mode und Sitten zu übernehmen. Vielmehr wurde die römische Kultur oft bereitwillig übernommen und kopiert. Romanisierung war daher häufig kein Zwang, sondern aktives Handeln, eben „*Selbst-Romanisierung*". Dabei

Internettipp
Eine virtuelle Tour durch das antike Rom finden Sie unter dem Code **32037-33**.

Wandelhalle mit Medusenmedaillons im Severischen Forum in Leptis Magna (Libyen).
Foto vom Dezember 2007.
In der antiken Stadt Leptis Magna lebten wohl bis zu 100 000 Einwohner. Der römische Kaiser Septimius Severus (146–211) stammte von dort. Er ließ seine Heimatstadt umfangreich ausbauen. Seit 1982 zählt Leptis Magna zum UNESCO-Weltkulturerbe.

- Recherchieren Sie weitere Informationen über die Ruinenstätte aus Nordafrika. Erläutern Sie, inwiefern im Falle von Leptis Magna von einer erfolgreichen Romanisierung gesprochen werden kann.

verband sich die Bewunderung für Rom mit der Hoffnung, durch Übernahme des römischen „way of life" die eigene Stellung, die Position der Familie, des Clans oder der eigenen Provinz verbessern zu können.

Am Ende wendete sich die Romanisierung gegen Rom selbst. Da die Provinzen mehr und mehr Rom glichen, verschwanden die Unterschiede und in mancherlei Hinsicht auch die Überlegenheit Roms. Romanisierung und Widerstand gegen Rom waren daher keine sich ausschließenden Gegensätze. Zwar gab es auch Völker, die sich gegen alle römischen Einflüsse wehrten. Häufig übernahmen aber auch die Gegner Roms Elemente römischer Kultur, zum einen weil dies in Jahrhunderten römischer Herrschaft unausweichlich war, zum anderen weil die römischen Techniken und Verfahren sich als nützlich erwiesen hatten. Der Niedergang Roms seit dem 4. Jahrhundert war also auch Ausdruck der erfolgreichen Romanisierung. Rom hatte die Völker, die es besiegt hatte, im Laufe seiner Herrschaft erheblich geprägt, sodass die nun neu entstehenden Reiche – wie z. B. das der Westgoten – auf die eine oder andere Weise die römische Tradition weitertrugen. Romanisierung war daher ein Prozess, dessen Folgen wir bis heute beobachten können: in den romanischen Sprachen, im Christentum römischer Prägung, in den auf Rom zurückgehenden Vorstellungen unseres Rechtssystems und in den bis heute existierenden römischen Stadtgründungen. Romanisierung ist daher nicht nur für Europa und die Mittelmeerwelt von Bedeutung. Denn ab 1492 trugen die europäischen Erben Roms ihre Sprachen, ihre Religion, ihr Recht und ihre Weltbilder nach Amerika.

Rekonstruktion der Saalburg bei Bad Homburg v. d. Höhe (Hessen).
Zeitgenössisches Foto.
Der ursprüngliche Bau stammt aus dem 2. Jahrhundert. Auf antiken Fundamenten wurde zwischen 1897 und 1907 das einstige Römerkastell rekonstruiert. Dieses bewachte und schützte damals wie viele andere Kastelle den rund 550 Kilometer langen Limes (Grenzwall), der das Römische Reich vom wenig erschlossenen Siedlungsgebiet kleinerer Völker trennte.

Heer und Provinzverwaltung | In der Kaiserzeit verfügte Rom über Truppen von insgesamt ca. 350 000 Mann. Diese waren in *Legionen* unterteilt, die vor allem in den Randprovinzen des Reiches standen. Schon in der frühen Kaiserzeit wurde ein *stehendes Heer* geschaffen. Es war Rom bzw. dem Kaiser verpflichtet, während zur Zeit der Römischen Republik die Truppen vor allem ihren jeweiligen Feldherren die Treue hielten. Da das Heer der Kaiserzeit nicht mehr demobilisiert wurde, kam es zur Einrichtung von festen Legionsstandorten und unter Kaiser *Hadrian* (76–138) zur Errichtung eines festen Verteidigungssystems an den Reichsgrenzen. Die Standorte der Legionen dienten als Zentrale einer oder mehrerer Legionen und glichen mit ihren Gebäuden aus Holz oder Stein kleinen „Lager"-Städten. Tatsächlich hielten sich aber häufig viele der jeweils 5 500 bis 6 000 Mann starken Legionen nicht am eigentlichen Standort auf. Ihnen waren zahlreiche Aufgaben zugeteilt, die heute die Polizei übernimmt. Sie bewachten Straßen, Brücken und selbst Bergwerke oder Steinbrüche. Darüber hinaus wurden sie in befriedeten Gebieten zunehmend zum Ausbau der Infrastruktur eingesetzt. Die Legionen romanisierten die Provinzen aber nicht allein durch Polizeitätigkeit und Bauvorhaben. Sie verschmolzen auch zunehmend mit der Provinzbevölkerung. In der Regel bestanden die Heereseinheiten etwa zur Hälfte aus *Hilfstruppen (auxilia)*, die aus den verschiedensten Provinzen kamen. Diese Hilfstruppen wurden von Rom ausgehoben und unterstanden römischen Offizieren oder wurden zumindest von Römern überwacht. Sie trugen langfristig auch zur Romanisierung der Einheimischen bei. Denn in der Armee eigneten sich die Soldaten die römische Sprache und Lebensweise an. Nach Ende ihrer Dienstzeit erhielten sie das römische Bürgerrecht und ein Stück Land. Die Zugehörigkeit zu den Hilfstruppen in römischen Provinzen wurde von vielen Einheimischen als Möglichkeit gesehen, die eigene Position zu verbessern. Als Soldat und eventuell sogar Offizier Roms konnten sie Ansehen und Einfluss erwerben (→M3).

Internettipp
Die Homepage des Museums informiert u. a. über die Geschichte der Saalburg und den archäologischen Park. Siehe dazu den Code **32037-34**.

Im Vergleich zur Armee war die zivile Verwaltung Roms winzig. Sie bestand zu Beginn der Kaiserzeit bestenfalls aus wenigen Tausend und in der Spätantike aus etwa 35 000 Personen. An der Spitze einer Provinz stand ein römischer *Statthalter*, der dort die Herrschaft Roms repräsentierte. Da er über keine Verwaltung im heutigen Sinne verfügte, beschränkten sich seine Aufgaben auf die Erhaltung der öffentlichen Ordnung und die Verteidigung der Provinz. In der Finanzverwaltung waren *Prokuratoren* tätig. Diese kaiserlichen Beauftragten kontrollieren die Eintreibung der Steuern in den Provinzen, um eine Ausbeutung durch die Statthalter zu unterbinden.

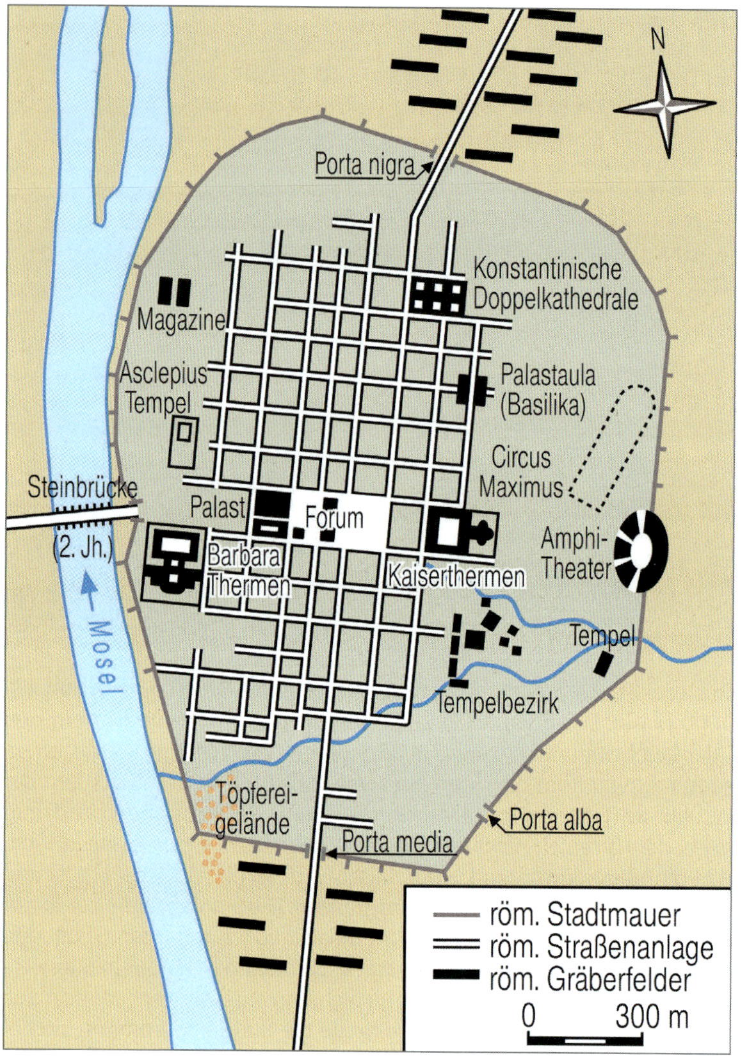

Stadtplan von Trier im 4. Jahrhundert.
Rekonstruktionszeichnung.
Die in Rheinland-Pfalz liegende Stadt Trier wurde von den Römern um 16 v. Chr. unter dem Namen „Augusta Treverorum" (dt.: „Stadt des Augustus im Land der Treverer") gegründet. Von 293 bis 392 war sie eine der kaiserlichen Residenzen im Westen des Römischen Reiches.

- Beschreiben Sie den Stadtgrundriss. Suchen Sie anschließend auf einem modernen Stadtplan die Steinbrücke und die Porta Nigra in Trier.
- Erklären Sie anhand des Stadtplans die Bedeutung der Stadt für Handel und Kultur.

Internettipp
Informationen zur Porta Nigra, den Kaiserthermen und zu weiteren Überresten römischer Baukunst im heutigen Trier finden Sie unter dem Code **32037-35**.

Die Städte | Städte bildeten neben der Armee eine wichtige Säule der römischen Herrschaft. Im Osten und an der Küste der Iberischen Halbinsel hatte Rom Gebiete erobert, in denen das politische Leben bereits in Städten und Siedlungen konzentriert war. Rom bemühte sich, an die bestehenden städtischen Ordnungen anzuknüpfen. Dazu gehörte vor allem, dass die Städte sich mithilfe eines *Stadtrates* selbst verwalteten, der sich aus den Angehörigen der lokalen Elite zusammensetzte. Dies beinhaltete auch, dass sich die Städte mit Eingaben oder gar Beschwerden an den Kaiser wenden durften.

Rom schuf in den Provinzen eine Hierarchie von Städten, die sich vor allem an deren Loyalität orientierte. Wer Rom treu diente, wurde ausgezeichnet. Städte, die gegen Rom gekämpft oder sich erhoben hatten, wurden bestraft oder gar zerstört.

In jenen Teilen des Reiches, in denen es keine Städte im römischen Sinne gab, kam es zu neuen Stadtgründungen. Insbesondere an den Grenzen des Reiches schufen die Römer *Kolonien (coloniae)*, in denen sie römische Bürger ansiedelten, die die neu eroberte Region sichern sollten. Die Gründung von Kolonien diente von Beginn an der Versorgung von ausgemusterten Soldaten, den *Veteranen*. Diese ließen sich in einer neu gegründeten Stadt (einer Kolonie) nieder und erhielten dann häufig das römische Bürgerrecht, was gleichbedeutend mit einem gewissen sozialen Status war.

Alte und neue Städte bildeten Zentren römischer Lebensart. Dies ließ sich schon an zahlreichen Gebäuden, häufig der gesamten Anlage einer Stadt beobachten. Es gab einen Hauptplatz (*forum*), an dem große Gebäude wie Markthallen und/oder Tempel standen. Es waren Brunnen und häufig auch Thermen vorhanden, deren Wasserzufuhr hölzerne oder steinerne Wasserleitungen sicherstellten. Gepflasterte und mit Säulenreihen/Kolonnaden (Säulengängen) geschmückte Straßen durchzogen teilweise die Städte.

In einer römischen Stadt leben hieß, auf römische Art und Weise zu leben. Dies galt nicht nur für eine kleine Elite, die sich einen exklusiven Lebensstil leisten konnte und die lokalen Schaltstellen der politischen Macht besetzte. Dies traf auch für einen großen Teil der einfachen Leute zu. Denn auch sie lebten innerhalb einer von römischer Architektur geprägten Stadt, besuchten Märkte und Feste auf den römisch gestalteten Plätzen oder Theateraufführungen und Kämpfe in römischen Amphitheatern. So wurde die Stadt für breite Bevölkerungsschichten zum Raum und zum Motor der Romanisierung (→M4).

Die Eliten | Der Beginn der Kaiserzeit bedeutete keine grundlegende Veränderung der sozialen Strukturen des Reiches. Die Zusammensetzung der Eliten im Kaiserreich entsprach daher zunächst im Großen und Ganzen ihrer Zusammensetzung in republikanischer Zeit. Sie bestanden aus der *Reichsaristokratie* und den *lokalen Eliten*.

Die Reichsaristokratie umfasste einen Teil der Ritterschaft und der Senatoren. Der Senat hatte zwar seine herausragende Stellung an den Kaiser abgetreten. Dennoch stützte sich auch die kaiserliche Herrschaft auf die Zusammenarbeit mit dem Senat und den Rittern als Funktionselite, die die Stabilität der Kaiserzeit sicherte. Um vom Kaiser zum Ritter ernannt zu werden, musste man nicht nur wohlhabend sein, sondern dem Kaiser auch lange treu gedient haben.

Die lokalen Eliten setzten sich vor allem aus den Großgrundbesitzern in den Provinzen zusammen. Inhaber politischer und religiöser Ämter auf lokaler und provinzialer Ebene wurden als *Magistrate* bezeichnet, Mitglieder des Stadtrates als *Dekurionen*. Auch hier fanden sich vom Kaiser ernannte Ritter.

Es waren diese Eliten, die maßgeblich zur Romanisierung im Imperium Romanum beitrugen. Die dem römischen Lebensstil nacheifernden lokalen Eilten zeigten damit, dass sie ein Teil der herrschenden Ordnung waren, und drückten gleichzeitig gegenüber Rom ihre Loyalität und Verbundenheit aus. Dies führte im Laufe der Jahrhunderte dazu, dass die römischen Kaiser immer mehr Angehörige aus den Provinzen in die Reichsaristokratie beriefen. Ritter aus den eroberten Gebieten erhielten Aufgaben in Rom und wurden schließlich in den Senat aufgenommen. Dies stieß zwar anfangs auf Widerstand, wurde aber mit zunehmender Romanisierung der eroberten Gebiete ein übliches Verfahren. Selbst die römischen Kaiser stammten nicht zwangsläufig aus Rom: Hadrian (76–138) war in Italica auf der Iberischen Halbinsel geboren, *Septimius Severus* (146–211) in Leptis Magna in Nordafrika, *Caracalla* (188–217) im heutigen Lyon und *Verus Maximinus* (172/73–238) auf der östlichen Balkanhalbinsel. Letztgenannter Kaiser trug sogar den Beinamen „Thrax", der auf seine thrakische Herkunft verwies. Auch wenn Rom bis Ende des 3. Jahrhunderts das unbestrittene Zentrum des Imperium Romanum blieb, so waren es doch nicht nur Römer oder Italiker, die im Reich herrschten. Vielmehr rekrutierte Rom die Eliten aus allen Teilen seines Herrschaftsgebietes, sofern sie römische Lebensart und Wertvorstellungen übernahmen. Da sie im kulturellen und politischen Sinn Römer wurden, konnten sie ins Zentrum der Macht vorstoßen (→M5).

Handel an der römischen Limesgrenze.
Szene aus dem Zinnfigurendiorama im Limesmuseum Aalen.

► Beschreiben Sie das Geschehen auf dem Bild. Was erfahren Sie über den Handel?

Handel und Wirtschaft | Die relative politische Stabilität während der hohen Kaiserzeit schuf gute Voraussetzungen für die Wirtschaftsentwicklung. Der überwiegende Teil der Bevölkerung war in der Landwirtschaft beschäftigt und von ihr hing das Wohlergehen des Reiches maßgeblich ab. Die Blüte der Städte basierte großenteils auf der Tatsache, dass das jeweilige Umland ausreichend Lebensmittel produzierte, um die Stadtbewohner zu ernähren. Die *pax Romana* (→M1) (dt.: römischer Frieden) half der Landwirtschaft dadurch, dass sie den Handel über weite Entfernungen begünstigte. So wurde aus Sizilien und vor allem Ägypten, der „Kornkammer" Roms, Getreide auf die Italische Halbinsel exportiert, während von der Iberischen Halbinsel Olivenöl in viele Regionen des Reiches gelangte. Begünstigt wurde der Handel nicht nur durch die langen Friedenszeiten im Reich sowie die Eindämmung von Piraterie und Bandenwesen, sondern auch durch Straßenbau und Münzprägungen. Rom baute in fast allen Provinzen Straßen, die als Kommunikationsnetze innerhalb und zwischen den Provinzen dienten (→M6). Das römische Münzwesen stellte schließlich über Jahrhunderte sicher, dass Handel auf Geldbasis getrieben werden konnte. Das Römische Reich war jedoch kein einheitlicher Wirtschaftsraum. Dazu war die Bedeutung der Subsistenzwirtschaft (Selbstversorgung) und der rein lokalen Märkte zu groß. Allerdings ermöglichte es das Imperium Romanum, dass regionaler Handel und Fernhandel in einem Umfang betrieben werden konnten, wie dies vorher nicht möglich war. Dies führte dazu, dass der Handel sich romanisierte. Denn er beruhte auf römischen Münzen und häufig auch auf römischem Recht und römischer Sprache (→M7).

Internettipp
Mehr über das Wirtschaftssystem im Römischen Reich erfahren Sie unter dem Code **32037-36**.

Die Sprache | Die Sprache ist jener Bereich, in dem die Romanisierung bis heute am leichtesten zu sehen (und zu hören) ist. In großen Teilen des ehemaligen Imperium Romanum werden auch heute noch Sprachen gesprochen, deren Wurzel das von Rom aus verbreitete Latein ist. Hierzu gehören u.a. Spanisch, Französisch, Portugiesisch und Rumänisch. Die iberische Kolonialherrschaft in Amerika und später der französische Kolonialismus in Nordamerika, Afrika und Asien haben die romanischen Sprachen über die ganze Welt verbreitet.

Die römischen Kaiser hatten weder Interesse noch die Mittel, um Latein als Sprache für die 50 bis 60 Millionen Menschen im Römischen Reich durchzusetzen. Für die allermeisten Bewohner gab es keinen Schulunterricht, und überall wurden die alten, regionalen Sprachen gesprochen. Die Eliten in den Provinzen hatten dagegen ein großes Interesse, Latein zu erlernen, war es doch für die Kommunikation mit Rom unerlässlich und zugleich ein Ausweis der eigenen Nähe zur römischen Kultur. So gab es auf der einen Seite einen jahrhundertelangen Spracherwerb aufseiten der provinzialen Eliten. Auf der anderen Seite siedelten Latein sprechende Kolonisten in unzähligen Provinzen des Reiches und brachten die Sprache mit. Für beide Prozesse war die Armee ein wichtiger Katalysator, denn der Aufstieg in der Armee erforderte die Beherrschung der lateinischen Sprache. Gleichzeitig brachten die Armee und ausgemusterte Soldaten Latein in die Provinzen (→M8).

Trotz der enormen Verbreitung der lateinischen Sprache überlebten zahlreiche Sprachen das Römische Reich. Zum Teil waren dies Sprachen ohne Schriftsysteme, aber auch einige wenige Schriftsprachen überdauerten die römische Herrschaft (z.B. Hebräisch). In der Spätantike entwickelten sich dann angesichts der nachlassenden Bedeutung Roms in manchen Gegenden neue Schriften (z.B. Koptisch). Unter allen Sprachen stellte das Griechische eine Ausnahme dar, da es im Osten als zweite offizielle Sprache fungierte. Die spätere Teilung in ein West- und ein Oströmisches Reich führte zu einem weitgehenden Niedergang des Lateinischen im Osten. Mit Ausnahme des Rumänischen finden sich heute in Osteuropa keine romanischen Sprachen von Bedeutung.

Römisches Recht | Roms Herrschaft beruhte auf schriftlichem Recht, also auf schriftlich fixierten Regeln mit allgemeinem Geltungsanspruch. Seit den Anfängen Roms hatte sich eine lange, viele Bereiche des Lebens umfassende Tradition römischen Rechts entwickelt, die im Laufe der Jahrhunderte ständig erweitert und verändert wurde.

Römische Herrschaft in einer Provinz drückte sich dadurch aus, dass Rom schriftliche Rechtsverordnungen für die entsprechende Provinz erließ (→M9). Sie regelten die Beziehung zwischen der Provinz und Rom, aber auch die Verhältnisse innerhalb einer Provinz. Vor allem im Osten waren verschiedene Städte einander nicht wohlgesonnen, sodass die römischen Verordnungen darauf abzielten, die Konflikte in den Provinzen zu reduzieren. Gleichzeitig dienten sie dazu, jene Städte und Gruppen zu belohnen, die Rom treu ergeben waren, während die Gegner Roms rechtlich bestraft wurden. Römische Rechtsverordnungen regelten aber auch die Rechte und Pflichten von Privatpersonen. Dies galt sowohl für politische (z.B. Bürgerrechte) als auch für private Fragen (z.B. Eigentumsrechte). Als Kaiser Caracalla 212 die reichsweite Vergabe des Bürgerrechts für alle freien Bewohner einführte, hob er auf rechtlicher Ebene die Trennung zwischen Römern, Italikern und den anderen Bewohnern des Imperium Romanum auf. Ein Bürger einer Provinz verfügte fortan über die gleichen Bürgerrechte wie ein Römer.

Ein zentraler Aspekt des Römischen Rechts war die Rechtsprechung. Diese unterstand in den Provinzen dem Statthalter, der dazu einen Rat (bzw. ein Gericht) einberief, welcher sich während der Gerichtstage versammelte. Aufgrund des großen Einflusses des vorsitzenden Statthalters entsprachen die Verfahren zwar nicht unserem heutigen Verständnis von Fairness und Gleichbehandlung der Parteien, aber sie fußten auf geschriebenem Recht und Provinzen konnten z.B. gegen Statthalter Klage erheben, die sie ausgebeutet hatten.

Die jahrhundertelange Praxis von schriftlicher Rechtsetzung und Rechtsverfahren beeinflusste das Rechtsverständnis in den Provinzen nachhaltig. Römisches Recht stabilisierte die Herrschaft und überdauerte sie. Bis heute ist ein großer Teil des europäischen Rechts von den ursprünglich in Rom entwickelten Rechtsvorstellungen geprägt.

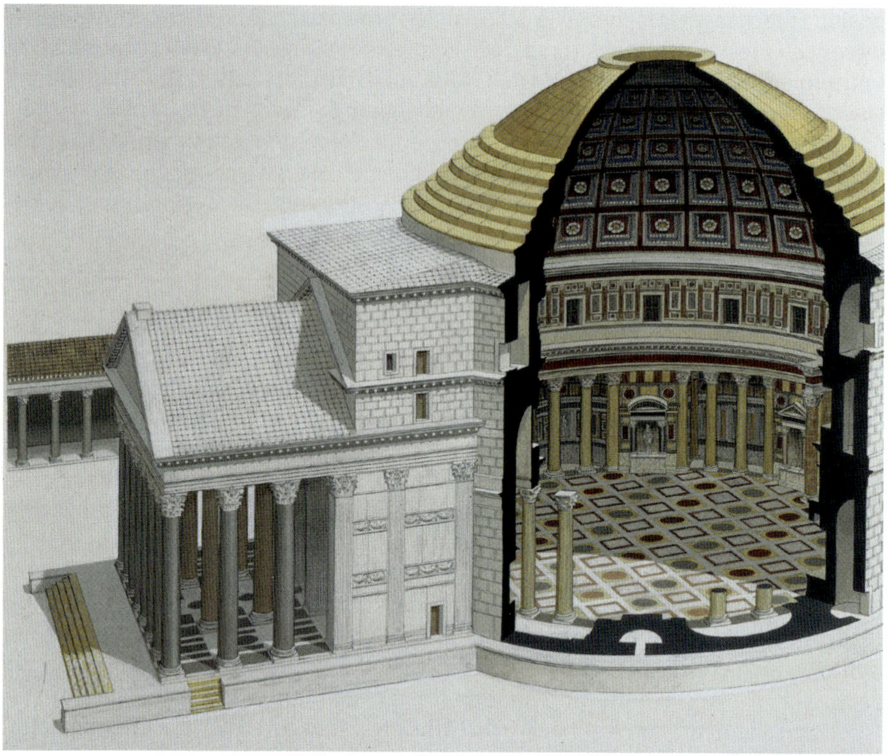

Das Pantheon in Rom zur Kaiserzeit.
Undatierte Rekonstruktionszeichnung von Peter Connolly.
Das bereits in vorchristlicher Zeit angelegte und von Kaiser Hadrian fertiggestellte Pantheon gehört zu den am besten erhaltenen Bauten der römischen Antike. Dies liegt vor allem an der frühen Umweihung zur katholischen Kirche.

Der Kaiserkult | Die kultische Verehrung des Herrschers war eine gängige Praxis vieler Völker des Altertums. In Rom begann die göttliche Verehrung der Herrscher nach dem Tod von *Gaius Julius Caesar* (100 v. Chr. – 44 v. Chr.), als dieser zum Gott erklärt wurde. Lebende Kaiser wurden in Rom nicht als Götter verehrt, während dies in verschiedenen Provinzen durchaus üblich war. Dort huldigten die Bewohner den Kaisern wie auch ihren lokalen Gottheiten. Da die religiösen Vorstellungen der Zeit die Göttlichkeit von Menschen und die Verehrung einer Vielzahl von Gottheiten (*Polytheismus*) gestatteten, war es kein großes Problem, den Kaiserkult in die religiösen Praktiken der meisten unterworfenen Völker zu integrieren. Die Aufnahme des lebenden oder der verstorbenen Kaiser in das **Pantheon** der lokalen Gottheiten verband Rom mit den unterworfenen Völkern und drückte gleichzeitig Roms Überlegenheit aus (➔M10).

Der Bau von Tempeln zu Ehren des lebenden oder verstorbenen Kaisers löste im Osten des Reiches häufig handfeste Machtkämpfe zwischen lokalen Eliten aus. Denn solche Tempel demonstrierten die Nähe und Loyalität zu Rom, das jeden Bau genehmigen musste. Die Vorrangstellung durch einen Tempel kam auch dadurch zum Ausdruck, dass sie Orte von Feiern und Festlichkeiten waren. Hier versammelten sich die politischen Machtträger und auch das einfache Volk, um dem Kaiser zu huldigen. Dies konnte einhergehen mit Opfern, Festen und Wettkämpfen, sodass eine Tempelanlage die gesellschaftliche und zum Teil auch wirtschaftliche Stellung einer Stadt unterstrich. Während der Feierlichkeiten repräsentierten Statthalter, Priester und andere Amtspersonen die römische Ordnung. Der Kaiserkult diente daher nicht nur dazu, einen Gott oder eine göttliche Person zu verehren. Er diente auch dazu, den Menschen die soziale und politische Ordnung zu demonstrieren sowie die Eliten und das einfache Volk an Rom zu binden.

Pantheon: Bezeichnung sowohl für die Gesamtheit der Götter als auch für das ihnen geweihte Heiligtum

Umgang des Imperiums mit Kulten und Religionen | Im Laufe der Jahrhunderte vermischten sich römische Kultpraktiken mit lokalen Religionen. Nicht nur dem Kaiser, sondern auch den eigenen lokalen Göttern wurde immer stärker auf römische Art und Weise gehuldigt. Vielfach kam es zur Aufnahme fremder Götter anderer Völker in die religiöse Vorstellungswelt der Römer. Während der Kaiserzeit erfreute sich der aus dem Orient stammende *Kult des Mithras*, eines Gottes des Lichtes, insbesondere beim römischen Heer großer Beliebtheit.

Der grundsätzliche offene Umgang der Römer mit Religionen und Göttern wurde durch das *Judentum* (➔M11) und das *Christentum* infrage gestellt. Da es sich bei ihnen um *monotheistische Religionen* handelt, verbieten sie anderen Göttern zu huldigen (erstes der Zehn Gebote). Aufgrund dessen lehnten sie es auch ab, die römischen Kaiser als Götter zu verehren. Nachdem *Jesus von Nazareth* um 30 in Palästina gepredigt hatte, versuchte Rom zunächst, die neue Religion in ihre Glaubensvorstellungen zu integrieren. Die Christen aber blieben bei ihrer Intoleranz gegenüber anderen religiösen Ansichten und machten einen Kompromiss unmöglich. Schon im 1. Jahrhundert nach Christus kam es vereinzelt zu Christenverfolgungen. Die bekannteste ist sicherlich die unter dem oft zu Unrecht als Tyrann auf dem Kaiserthron bezeichneten Kaiser *Nero* (37–68). Im zweiten nachchristlichen Jahrhundert erfolgte die Christenverfolgung dann systematisiert.

Mithras-Kultbild (Ausschnitt).
Um 200 n. Chr.
Unter einem Rundbogen mit den zwölf Tierkreiszeichen ist der Gott Mithras mit römischer Tunika dargestellt, wie er einen Stier erdolcht. Blut galt als Quelle des Lebens. Der Mithras-Kult erreichte im Römischen Reich im 2. und 3. Jahrhundert seinen Höhepunkt. Im 4. Jahrhundert wurde er vom Christentum verdrängt.

▸ Der Mithras-Kult zählt zu den Mysterienkulten (Mysterien: geheime religiöse Feiern). Recherchieren Sie, welche weiteren Mysterienkulte im Römischen Reich existierten. Erklären Sie vor diesem Hintergrund, inwiefern der Kontakt mit anderen Kulturen die religiösen Vorstellungen der Römer veränderte.

Die seit 250 einsetzenden reichsweiten Christenverfolgungen fanden mit dem Toleranzedikt des Kaisers *Galerius* (um 250–311) ihr Ende (➔M12). Im Jahre 311 hatte dieser das Christentum als Religion erlaubt. Damit tolerierte nun auch Rom eine Religion, die römische Vorstellungen nicht akzeptierte und den Kaiserkult explizit ablehnte. Auf der Gegenseite hatte das Christentum schon lange von seinen Vorstellungen Abstand genommen, das Ende der Welt – und das hieß: das Ende des Imperium Romanum – stünde unmittelbar bevor. Dies führte zu der Auffassung, dass die Verteidigung der bestehenden Ordnung einhergehen konnte mit einem gottgefälligen christlichen Leben. Ein solches Verhalten konnte sich auch auf das vermutlich in der zweiten Hälfte des 1. Jahrhunderts entstandene Matthäusevangelium (22, 21) berufen: „Gebt dem Kaiser, was des Kaisers ist, und Gott, was Gottes ist."

Die spätere Integration des Christentums in Herrscherkult und Herrscherpraxis durch Kaiser *Konstantin I.* (272/73–337) war durchaus auch im Interesse Roms. Er bestätigte 313 im *Toleranzedikt von Mailand* nicht nur die Anerkennung des Christentums, sondern privilegierte und praktizierte es sogar. Zugleich hielt Konstantin an alten Kultpraktiken fest und wurde nach seinem Tod als Gott verehrt. Gleichwohl bedeutete die sogenannte *Konstantinische Wende*, dass das Christentum sich von nun an innerhalb des Römischen Reiches massiv verbreiten konnte.

Das Christentum kann als Teil der jahrhundertelangen Romanisierungsprozesse betrachtet werden, da es sich seit dem 4. Jahrhundert gerade dank der Strukturen des Imperium Romanum ausdehnen konnte. Gleichzeitig war es den alten römischen religiösen Vorstellungen so fremd, dass die Christianisierung auch zum Ende des Reiches, so wie es viele Jahrhunderte bestanden hatte, beitrug.

M1 Pax Romana

*Der Althistoriker Werner Dahlheim (*1938) erklärt die Langlebigkeit des Römischen Reiches:*

Alle Segnungen, die die Kaiser in den Augen der Zeitgenossen gebracht haben, gipfelten in der Vorstellung des Friedens, der *pax Romana.* Seit Augustus ist pax eine Gottheit mit Anspruch auf kultische Verehrung: Der 13–9 v. Chr. gebaute Altar der pax Augusta stellte durch das Beiwort zugleich unmissverständlich die Beziehung zur Person und zur Herrschaft des Kaisers her. Die Formel vom Kaiser als Friedensbringer betonte zunächst die Wiederherstellung der Eintracht (*concordia*) der Bürger, die in der Tat die erste große Leistung des ersten Monarchen gewesen war. Gemeint war damit nicht nur das Ende der Bürgerkriege, sondern das gesamte Spektrum der inneren Befriedung: die Einigung mit dem Senat, die Befriedung des Militärs, die Sicherheit vor Umsturz, Enteignung und politischem Terror. Nicht damit gemeint war der Friede nach außen; im Gegenteil: Die Erfolge der römischen Waffen bildeten die andere Seite des inneren Friedens, den sie sicherten und weiter ausbauten.
Im zweiten Jahrhundert war die römisch gewordene Welt überzeugt, mit dem gewonnenen Frieden den glücklichen Endpunkt aller Geschichte, das goldene Zeitalter erreicht zu haben. Die, welche außerhalb dieser Welt standen, Barbaren und Fremde, waren zum Gegenstand des Bedauerns geworden. Innerhalb dieser Welt bedeutete das Ende der Kriege der Völker die Gewissheit, allein die zivilisierte Welt zu verkörpern: Nur in ihr war die städtische Zivilisation vorherrschend, nur sie kannte die umfassende Sicherheit des Rechts, und nur innerhalb ihrer Grenzen war der freie Austausch von Gütern und Meinungen möglich.

Werner Dahlheim, Die griechisch-römische Antike, Bd. 2: Rom, Paderborn [3]1997, S. 237

1. Erläutern Sie, welche Vor- und Nachteile die Unterwerfung unter Rom mit sich bringen konnte.
2. Erörtern Sie, inwiefern die Vorstellung einer überlegenen Zivilisation heutigen Auffassungen widerspricht. | F

M2 Die Iberische Halbinsel wird romanisiert

Der griechische Geograf und Geschichtsschreiber Strabon (um 63 v. Chr.–nach 23 n. Chr.) schildert die Romanisierung verschiedener Volksstämme im heutigen Spanien:

Der Segen des Landes hat bei den Turdetanern auch Zivilisation und Gemeinsinn zur Folge gehabt; auch bei den Keltikern dank ihrer Nachbarschaft [...], aber bei ihnen weniger (sie leben ja meist in Dörfern); die Turdetaner dagegen, besonders die am Baetis, sind ganz zu dem Lebensstil der Römer übergegangen und bewahren nicht einmal mehr eine Erinnerung an ihre eigene Sprache: Ferner sind die meisten Latiner geworden und haben römische Siedler bekommen, sodass nur noch wenig daran fehlt, dass sie sämtlich Römer sind; auch die neuerdings zusammengesiedelten Städte, Pax Augusta bei den Keltikern, Augusta Emerita bei den Turdulern und Caesaraugusta im Gebiet der Keltiberer, und einige andere Siedlungen illustrieren den Umschwung besagter Gemeinwesen; so werden denn auch alle Iberer, die zu dieser Kategorie gehören, *togati*[1] genannt (darunter sind auch die Keltiberer, die ehedem als die wildesten von allen galten).

Strabon, Geographika 3, 2, 15, nach: Strabon, Geographika. Mit Übersetzung und Kommentar, hrsg. von Stefan Radt, Bd. 1, Göttingen 2003, S. 381

1. Präsentation: Recherchieren Sie die modernen Namen der genannten Städte bzw. Regionen. Informieren Sie sich, ob in diesen Gebieten bis heute römische Spuren vorhanden sind. Geben Sie Ihre Ergebnisse in einer kleinen Präsentation wieder.
2. Arbeiten Sie die Kriterien der Romanisierung nach Strabon heraus.
3. Nehmen Sie zu der Frage „Romanisierung – Fluch oder Segen?" Stellung. Beziehen Sie dabei auch die Sichtweise Strabons mit ein. | F

M3 Wie trägt das Militär zur Romanisierung bei?

Der griechische Schriftsteller Plutarch (um 45–um 125 n. Chr.) beschreibt, wie der römische Feldherr Quintus Sertorius (123–72 v. Chr.) unterworfene Völker an Rom zu binden versucht:

Durch solche Taten erwarb sich Sertorius die Bewunderung und Liebe der Barbaren und ebenso dadurch, dass er durch Einführung römischer Bewaffnung, Formierung und Befehlserteilung ihre wilde und rohe Kampfweise beseitigte und ihre Streitmacht aus einer großen Räuberbande zu einem wirklichen Heer machte. Auch sparte er nicht mit Gold und Silber, womit er ihre Helme schmücken und ihre Schilde reich verzieren ließ, lehrte sie, buntgestickte Waffenröcke und Mäntel zu tragen, und indem er ihnen dabei half und ihre Wünsche förderte, schmeichelte er sich bei ihnen ein. Am meisten aber gewann er sie für sich durch sein Verfahren mit ihren Söhnen. Er ließ nämlich die vornehmsten Knaben aus den Stämmen in der großen Stadt Osca[2] zusammenziehen, bestellte für sie Lehrer in Griechisch und Latein und machte sie so tatsächlich zu Geiseln, während er vorgab, er lasse sie dazu erziehen, dass sie,

[1] **togati**: Personen, die die Toga tragen. Die Toga war ein typisches Kleidungsstück des römischen Bürgers.
[2] **Osca**: die heutige, im Nordwesten Spaniens liegende Stadt Huesca

Männer geworden, an der Regierung und Staatsverwaltung teilnehmen könnten. Die Väter freuten sich dann außerordentlich, wenn sie ihre Söhne in purpurverbrämten Kleidern wohlgeordnet zur Schule gehen sahen, wo Sertorius die Lehrer für sie besoldete, häufig Prüfungen abnahm, an diejenigen, die sich auszeichneten, Preise verteilte und ihnen die goldenen Umhängekapseln schenkte, die die Römer *bulla* nennen.

Plutarch, Sertorius 14, 1 ff., nach: Plutarch, Große Griechen und Römer, eingeleitet und übersetzt von Konrat Ziegler, Bd. 5: Die Bibliothek der Alten Welt, Griechische Reihe, Zürich/Stuttgart 1960, S. 196

1. Beschreiben Sie, wie Sertorius laut Plutarch das Militär einsetzte, um die Loyalität der Unterworfenen zu erlangen.
2. Erläutern Sie, wer in der Darstellung Plutarchs durch die Unterwerfung der „Barbaren" Vorteile erzielt.
3. Überprüfen Sie, welche allgemeinen Elemente der Rechtfertigung von Herrschaft sich in dem Text von Plutarch finden.

Pont del Diable (dt.: Teufelsbrücke) bei Tarragona (Spanien).
Das Aquädukt wurde vermutlich im 1. Jahrhundert erbaut und versorgte noch bis ins Mittelalter die Stadt mit Wasser. Seit 2000 gehört es zum UNESCO-Weltkulturerbe.

M4 Städte strahlen in Glanz und Anmut

Der griechische Schriftsteller und Redner Aelius Aristides (117–um 181) hält Mitte des 2. Jahrhunderts vor Kaiser Antoninus Pius (86–161) in Rom folgende Rede:

So sind denn die Städte frei von Besatzungen, kleine Reiter- und Infanterieabteilungen genügen als Aufsicht für ganze Völker, […] viele Völker wissen überhaupt nicht, wo ihre Besatzungen stehen. […] An Kriege, ja, dass es sie je gegeben hat, glaubt man nicht mehr, wie man sonst von Mythenerzählungen hört, hört die Menge von ihnen. Und wenn auch einmal Kämpfe an den Grenzen des Reiches stattfinden […], dann gehen sie wie Mythen schnell vorüber und mit ihnen das Gerede über sie. […] Reich besetzt sind die Küsten am Meere und das Binnenland mit Städten, teils neu gegründeten, teils solchen, die unter eurer Herrschaft und von euch gefördert worden sind. […] Wie an einem Festtage hat der ganze Erdkreis sein altes Gewand, das Eisen, abgelegt, sich festlichem Schmucke und allem, was das Leben froh macht, nach Lust und Belieben zugewandt. Jeder andere Wettstreit ist den Städten fremd geworden: Nur darum eifert mit Macht jede einzelne, als die schönste und anmutigste dazustehen. Überall Gymnasien[1], Springbrunnen, Vorhallen, Tempel, Werkstätten, Schulen […]. Städte stehen strahlend in Glanz und Anmut, die ganze Erde ist wie ein Paradiesgarten geschmückt: Brandrauch aus den Ebenen und Signale von Freund und Feind sind verschwunden, als hätte sie ein Wind davongetragen, jenseits von Land und Meer. An ihre Stelle traten anmutige Schauspiele aller Art und festliche Wettspiele ohne Zahl. So hören, wie ein heiliges, unauslöschliches Feuer, die festlichen Zusammenkünfte nicht auf, sie gehen von Stadt zu Stadt. […] Ja, das vielgesprochene Wort, dass die Erde die Mutter von allen und gemeinsames Vaterland ist, ihr habt es aufs Schönste zur Wahrheit werden lassen. Denn heute können Hellenen[2] wie Barbaren, mit und ohne Habe, ziehen, wohin es jeden verlangt, ohne alle Schwierigkeiten, gerade als zögen sie von einer Heimatstadt zur anderen. […] [Es] bedeutet Sicherheit genug, ein Römer zu sein oder, besser gesagt: einer von denen, die unter eurer Herrschaft stehen.

Aelius Aristides, Rede auf Rom, 67, 70, 94, 97, 99 f., nach: Walter Arend (Bearb.), Altertum. Geschichte in Quellen, München ³1978, S. 679 f.

1. Fassen Sie zusammen, wie Aelius Aristides die römischen Städte beschreibt.
2. Erklären Sie, wie sich das (städtische) Leben unter römischer Herrschaft verändert hat.
3. Erörtern Sie, warum nur wenige Soldaten zur Sicherung der Herrschaft im Innern des Reiches benötigt wurden.

[1] **Gymnasien:** Sportstätten

[2] **Hellenen:** Griechen

M5 Römischer Lebensstil bei den Briten

Der römische Senator und Schriftsteller Tacitus (um 55 – um 120) ehrt seinen Schwiegervater Agricola nach dessen Tod mit einer Biografie. Darin beschreibt er das Vorgehen Agricolas als Statthalter in der Provinz Britannien:

Sobald aber der Sommer nahte, zog er das Heer zusammen, war allenthalben mit auf dem Marsch, lobte die Manneszucht und hielt die Truppe zusammen; den Platz für das Lager bestimmte er selbst, Gewässer und Wälder erkundete er als erster, den Feinden ließ er unterdessen keine Ruhe, unternahm vielmehr ganz plötzlich verheerende Streifzüge; sobald er jedoch genug Schrecken verbreitet hatte, schonte er sie wieder und zeigte ihnen die Lockungen des Friedens. Durch solche Maßnahmen ließen sich viele Stämme, die bis dahin unabhängig geblieben waren, bewegen, Geiseln zu stellen und von ihrer Erbitterung abzulassen. Er belegte ihr Gebiet mit Stützpunkten und Kastellen, und zwar mit derart planmäßiger Sorgfalt, dass kein anderer neu eroberter Teil Britanniens so ruhig in römischen Besitz überging.
Der folgende Winter wurde zur Ausführung sehr heilsamer Pläne verwendet. Denn um die verstreuten und primitiv lebenden Menschen, die infolgedessen zum Kriege leicht geneigt waren, durch Annehmlichkeiten an Ruhe und friedliches Verhalten zu gewöhnen, ermunterte er sie persönlich und unterstützte sie mit staatlichen Mitteln, Tempel, öffentliche Plätze und Häuser in der Stadt zu bauen, lobte die Eifrigen und tadelte die Säumigen; so trat Anerkennung und wetteiferndes Bemühen an die Stelle des Zwanges. Ferner ließ er die Söhne der Vornehmen in den freien Künsten[1] bilden [...]. So kam es, dass die Menschen, die eben noch die römische Sprache ablehnten, nun die römische Redekunst zu erlernen begehrten. Von da an fand auch unser Äußeres Beifall, und die Toga wurde häufig getragen; und allmählich gab man sich dem verweichlichenden Einfluss des Lasters hin: Säulenhallen, Bädern und erlesenen Gelagen. Und so etwas hieß bei den Ahnungslosen Lebenskultur, während es doch nur ein Bestandteil der Knechtschaft war.

Tacitus, Agricola, 21, nach: Tacitus, Das Leben des Iulius Agricola, herausgegeben und übersetzt von Rudolf Till, Berlin ⁵1988, S. 35

1. Beschreiben Sie, wie sich das Leben in Britannien unter römischer Herrschaft änderte.
2. Arbeiten Sie Vor- und Nachteile heraus, die sich nach Tacitus für die Britannier aus der Übernahme des römischen Lebensstils ergeben. | H
3. Tacitus steht dem luxuriösen römischen Lebensstil seiner Zeit kritisch gegenüber. Weisen Sie diese Einstellung anhand der Quelle nach.
4. Nehmen Sie Stellung zu Tacitus' Einschätzung, die Übernahme des römischen Lebensstils sei „Bestandteil der Knechtschaft" (vgl. Zeile 31 f.).

M6 Straßen verbinden

Der griechische Geschichtsschreiber Strabon erläutert die Verkehrslage der Stadt Lugdunum (heute Lyon):

Lugdunum liegt durch das Zusammenströmen der Flüsse und durch seine Nähe zu allen Teilen wie eine Burg in der Mitte des Landes; daher hat auch Agrippa[2] die Straßen von dort aus gezogen: die durch das Kemmenon-Gebirge bis zu den Santonern und nach Aquitanien, die zum Rhein und drittens die zum Ozean bei den Bellovacern und den Ambianern; die vierte ist die ins Narbonitische und zu der Massaliotischen Küste. Man kann aber auch Lugdunum und das darüber hinaus liegende Land links liegen lassen, direkt am Poeninus eine Abzweigung nehmen, auf der man nach Überquerung der Rhone oder des Lemenna-Sees in die Ebenen der Helvetier kommt, und von dort über das Iura-Gebirge in das Land der Sequaner und der Lingonen hinübersteigen; bei ihnen teilt die Straße sich in zwei Durchgangsstraßen: eine zum Rhein und eine zum Ozean.

Strabon, Geographika 4, 6, 11, nach: Strabon, a.a.O., S. 547 f.

1. Erläutern Sie die Bedeutung, die das Straßennetz für Lyon besaß.
2. Suchen Sie das von Strabon beschriebene Straßennetz auf einer modernen Karte. Vergleichen Sie es mit den heutigen Autobahnrouten. Hat sich die Position Lyons verändert?
3. Die Länge des römischen Fernstraßennetzes betrug im 2. Jahrhundert rund 80 000 km. In der Kaiserzeit bestanden Verbindungen nicht nur mit den Provinzen, sondern auch über die Reichsgrenzen hinaus. Beurteilen Sie die Bedeutung des Straßennetzes für den Romanisierungsprozess.

[1] Zu den **freien Künsten** zählten Grammatik, Rhetorik, Dialektik, Arithmetik, Geometrie, Musik und Astronomie.

[2] **Marcus Vipsanius Agrippa** (63/64 – 12 v. Chr.): römischer Feldherr und Politiker, verheiratet mit der Tochter Augustus'

M7 Herstellung und Verbreitung von Terra sigillata-Keramik

Die Alltagskultur in den Provinzen wird in Schriftquellen nur selten ausführlich beschrieben. Die kulturelle Entwicklung des Römischen Reiches fernab des Zentrums muss daher vor allem aus archäologischen Quellen erschlossen werden. Dabei spielen Keramikfunde eine besondere Rolle. Mit diesen Funden können wir den antiken Menschen noch heute direkt auf den Esstisch schauen, denn obwohl die meisten Gefäße zerbrochen sind, bleiben die Scherben aus gebranntem Ton im Unterschied zu anderen Materialien in vielen Fällen selbst nach Jahrhunderten noch gut erhalten. Die teils glattwandige, teils reliefverzierte Terra sigillata (= gestempelter Ton) war vom 1. bis 3. Jahrhundert die beliebteste Geschirrkeramik der Römer. Sehr charakteristisch ist die rot glänzende Oberfläche, die nur mit bestimmten Tonarten und einer gezielten Luftzufuhr während des Brennvorgangs erreicht werden konnte. Aufgrund dieser besonderen Anforderungen war die Terra sigillata trotz einer sehr gut organisierten Produktion keine billige Ware. Da der Hersteller seine Gefäße mit einem Namensstempel versah, lassen sich die Funde bestimmten Herstellungsorten zuordnen.

Terra sigillata-Gefäße aus französischer Herstellung.
4. Jahrhundert, gefunden in der Gegend um Reims.

1. Beschreiben Sie die Entwicklung bei den Herstellungsorten der Terra sigillata (Karte).
2. Vergleichen Sie das Verbreitungsgebiet der Terra sigillata mit dem Gebiet des Römischen Reiches (siehe hierzu auch die Karte auf Seite 237). | F
3. Erklären Sie wichtige Erkenntnisse, die die Verbreitung der Terra sigillata den Archäologen und Historikern heute liefert.

Wichtige Herstellungsorte von Terra sigillata-Keramik.

M8 Latein versus Griechisch

*Der Althistoriker Eckhard Meyer-Zwiffelhoffer (*1955) erklärt die Bedeutung der lateinischen Sprache im Römischen Reich:*

Rom hatte nie versucht, die lateinische Sprache und Schrift reichsweit durchzusetzen, aber sie war die Sprache der Herrschaft. In den Legionen und Auxiliarverbänden wurde lateinisch geschrieben und gesprochen, ebenso in der Verwaltung, soweit es deren interne Kommunikation betraf. Die Münzlegenden der Reichsprägung waren lateinisch und alle kaiserlichen Gesetze ebenfalls. Doch erkannte Rom das Griechische als zweite offizielle Sprache insofern an, als die Kommunikation des Kaisers und der römischen Amtsträger mit der Provinzialbevölkerung im Osten auf Griechisch erfolgte. Auch in den Gerichtsverhandlungen konnte auf Griechisch gesprochen werden; kaiserliche Edikte[1], Reskripte[2] und andere Dokumente wurden übersetzt. Denn die hohen römischen Amtsträger und auch die meisten Kaiser waren seit der Republik zweisprachig gewesen.
In der östlichen Reichshälfte setzte sich das Lateinische nie als zweite Sprache durch. Nur die provinzialen Aristokraten, die in den Reichsdienst eintreten wollten, und die Soldaten lernten Latein. In der Spätantike, als das Reich faktisch geteilt war[3], verschärfte sich die sprachliche Trennung: In Rom und den westlichen Provinzen lernten nur noch wenige Aristokraten Griechisch und in der östlichen Hälfte immerhin all diejenigen Latein, die römisches Recht studierten und im Heer und der Ziviladministration Dienst taten. Aber schon die Bischöfe im Osten des Reichs konnten kein Latein mehr, sowenig wie die Bischöfe im Westen Griechisch [...]. Unter Justinian[4] schließlich zog dann das Griechische auch in die Reichsverwaltung ein, wie seine noch erhaltenen Gesetze („Novellen") zeigen.

Eckhard Meyer-Zwiffelhoffer, Imperium Romanum. Geschichte der römischen Provinzen, München 2009, S. 115 f.

1. Arbeiten Sie vergleichend die Stellung der lateinischen und der griechischen Sprache heraus. | H
2. Analysieren Sie, inwiefern sich der Umgang mit der griechischen Sprache von dem in M3 beschriebenen Vorgehen unterscheidet.

M9 Ein Problemfall in der Provinzialverwaltung

Plinius der Jüngere (61/62 – um 113) kommt 111 als römischer Statthalter in die Provinz Bithynien und Pontus an der türkischen Schwarzmeerküste. Er schreibt häufig an Kaiser Trajan, um sich Rat zu holen. Sein Schriftwechsel mit dem Kaiser bietet einen Einblick in die Verwaltung einer Provinz und ist im zehnten Buch seiner „Epistulae" überliefert. Im Zusammenhang mit der Ernennung neuer Ratsherren (Dekurionen) wendet sich Plinius an Trajan:

Das Gesetz des Pompeius, das für die Bewohner von Bithynien und Pontus gilt,[5] fordert keine Geldzahlungen von denjenigen, die von den Zensoren[6] in den Stadtrat gewählt werden. Die Männer aber, die Deiner Huld zufolge in einigen Städten über die gesetzmäßige Zahl hinaus gewählt werden durften, haben teils 1 000, teils 2 000 Denare[7] gezahlt. Der Prokonsul Anicius Maximus hat daraufhin verfügt – was freilich nur für einige wenige Städte gilt –, dass auch die von den Zensoren gewählten Ratsherren jeweils verschiedene Summen zu zahlen hätten. Darum bleibt nichts anderes übrig, als dass Du selbst entscheidest, ob in sämtlichen Städten alle, die künftig zu Ratsherren gewählt werden, für ihren Eintritt eine bestimmte Summe zu entrichten haben. [...]

Trajan antwortet:

Ob alle, die in irgendeiner Stadt Bithyniens Ratsherren werden, ein Antrittsgeld zu entrichten haben oder nicht, das kann ich nicht grundsätzlich entscheiden. Man soll sich also meiner Meinung nach, was immer das sicherste ist, jeweils an das Gesetz der betreffenden Stadt halten. Was die Männer betrifft, die ehrenhalber Ratsherren werden, so meine ich eher, sie sollten so handeln, dass sie aufgrund einer Leistung[8] den übrigen vorgezogen werden.

C. Plinius Caecilius Secundus, Briefe, 10, 112–113, nach: Ders., Sämtliche Briefe, übersetzt und herausgegeben von Heribert Philips und Marion Giebel, Stuttgart 1998, S. 799 ff.

1. Geben Sie mit eigenen Worten das rechtliche Problem wieder, das Plinius dem Kaiser vorlegt.
2. Erläutern Sie, inwiefern der Kaiser das „Prinzip der Subsidiarität", nach dem möglichst viel vor Ort geregelt wird, verfolgt.

[1] **Edikt**: kaiserliche Verordnung
[2] **Reskript**: kaiserlicher Bescheid auf eine Eingabe von Untertanen oder römischen Amtsträgern hin
[3] Im Jahr 395 zerfiel das Römische Reich in eine Ost- und eine Westhälfte.
[4] **Justinian I.** (um 482 – 565): oströmischer Kaiser von 527 bis 565
[5] Das Gesetz aus dem Jahre 63 v. Chr. regelte die grundlegenden Aspekte der römischen Herrschaft in der Provinz.
[6] **Zensoren**: Beamte, die neue Ratsherren einsetzen
[7] Im 1. Jahrhundert bekam ein gut verdienender Arbeitnehmer etwa 1 Denar am Tag.
[8] in der Regel eine wohltätige Geldspende

M10 Kaiserkult bei den Galliern

Der griechische Geschichtsschreiber Strabon berichtet von einem Heiligtum im heutigen Lyon:

Lugdunum selber denn, gegründet am Fuß einer Spitze beim Zusammenfluss des Arar-Flusses und der Rhone, haben die Römer in Besitz. Es ist, abgesehen von Narbo, die volkreichste Stadt von allen, denn sie wird als Handelsplatz benutzt, und die Statthalter der Römer prägen dort ihre Silber- und Goldmünzen; ferner liegt das von allen Galatern gemeinsam für Caesar Augustus gestiftete Heiligtum vor dieser Stadt an dem Zusammenfluss der Flüsse (es besteht aus einem stattlichen Altar mit einer Inschrift der Namen der Völker – sechzig an der Zahl –, Bildnissen eines jeden dieser Völker).

Strabon, Geographika 4, 3, 2, nach: Strabon, a.a.O., S. 499–501

1. Fassen Sie mit eigenen Worten die wichtigsten Aspekte des von Strabon beschriebenen Heiligtums zusammen.
2. Erklären Sie mögliche Gründe für die Nennung der Stämme im Altar.
3. Erörtern Sie die Verbindung von religiöser und politischer Macht anhand dieser Quelle.

Vorder- und Rückseite einer römischen Münze.

- Beschreiben Sie Vorder- und Rückseite der Münze.
- Erläutern Sie, wer und was dargestellt sind.
- Ordnen Sie die Münze in ihren historischen Kontext ein.

M11 Umgang mit den Juden

Der Althistoriker Eckhard Meyer-Zwiffelhoffer beschreibt die Stellung der Juden im Römischen Reich:

Die Juden in Palästina und zum Teil auch in der Diaspora[1] waren die einzigen römischen Untertanen, die in ihrer Mehrheit die römische Herrschaft ablehnten. Zwar gestanden ihnen die Kaiser eine Lebensweise gemäß dem jüdischen Gesetz zu, doch stießen sie mit ihren Sitten und Privilegien – dass sie am Sabbath[2] nicht vor Gericht erscheinen oder keinen Militärdienst leisten mussten – bei ihrer nichtjüdischen Umgebung wie bei den römischen Statthaltern auf wenig Verständnis: Die Aufstände in Mesopotamien, der Kyrenaika und Ägypten (115–117) resultierten aus Konflikten mit den griechischen und ägyptischen Nachbarn. Das jüdische Kernland in Galiläa, Judäa und Samaria war seit der Herrschaft des römischen Vasallenkönigs Herodes und seiner Dynastie die unruhigste Region des gesamten Imperiums geworden. Kleinere Aufstände waren an der Tagesordnung, und das Bandenwesen war allenthalben anzutreffen. Verantwortlich dafür war eine explosive Mischung aus wirtschaftlicher Not vieler Kleinbauern und Pächter, massiven sozialen Spannungen zwischen der lokalen, zum Teil romfreundlichen jüdischen Aristokratie und der breiten Bevölkerung sowie religiösem Fanatismus und Sektenbildung.
Seit der Fremdherrschaft der von Rom eingesetzten Herodes-Dynastie, die entgegen dem Herkommen über das Hohepriesteramt in Jerusalem verfügte, war der Traum von einem eigenen jüdischen Staat wieder virulent geworden. Viele jüdische Sekten hegten Endzeiterwartungen oder hofften auf den Messias[3]. In den ersten Jahrzehnten nach der Zeitenwende traten zahlreiche Messiasfiguren auf und scharten Anhänger um sich; einer von ihnen war Jesus „Christus". Sie suchten zumeist den Konflikt mit der etablierten Orthodoxie der Pharisäer, der jüdischen Aristokratie und den römischen Behörden – die Statthalter ließen Tausende von ihnen mitsamt ihren Anführern kreuzigen. Die gewaltsamen sozialen Spannungen unter den Juden und der religiöse Fanatismus der Zeloten („Eiferer")[4] und anderer Gruppen führte – entzündet durch die Ignoranz und Verachtung der römischen Präfekten und später der

[1] **Diaspora** (griech.: Zerstreuung): die jüdischen Gemeinden außerhalb Palästinas
[2] **Sabbath:** wöchentlicher jüdischer Feier- und Ruhetag zur Erinnerung an die Schöpfung der Welt und an Israels Befreiung aus der ägyptischen Sklaverei
[3] Der erwartete Messias sollte die Juden von der römischen Fremdherrschaft befreien und das jüdische Reich wiedererrichten.
[4] jüdische Widerstandsbewegung

Plünderung des jüdischen Tempels in Jerusalem.
Ausschnitt aus einem Relief am Titusbogen auf dem Forum Romanum in Rom, nach 81.
Der Triumphbogen wurde vom Senat zu Ehren Kaiser Titus' (39–81) errichtet. Er eroberte mit seinem Heer im Jahre 70 die Stadt Jerusalem und zerstörte den jüdischen Tempel. Damit verloren die Juden ihr politisches und religiöses Zentrum. Das Relief zeigt römische Soldaten, wie sie ihre Beute aus dem jüdischen Tempel tragen. Dazu zählten u.a. der goldene Schaubrottisch mit den Silbertrompeten (rechts) sowie der goldene siebenarmige Leuchter (Menora; links von der Bildmitte).

▶ Erörtern Sie, warum die Soldaten mit den erbeuteten Kultgeräten auf dem Triumphbogen dargestellt wurden.

Prokuratoren von *Iudaea*[1] – zum Ausbruch der beiden großen jüdischen Aufstände, die tatsächlich die römische Herrschaft infrage stellten (66–70/73 und 132–135). Sie mussten mit einem großen Aufgebot an Legionen, Auxiliarverbänden und Hilfstruppen der Vasallenfürsten niedergekämpft werden.

Eckhard Meyer-Zwiffelhoffer, Imperium Romanum, a.a.O., S. 84 f.

1. Fassen Sie zusammen, was die Stellung des Judentums nach Meyer-Zwiffelhoffer charakterisierte.
2. Erklären Sie, warum die Juden oft unterdrückt worden sind, obwohl die Römer in religiösen Fragen in der Regel tolerant waren.
3. Präsentation: Erläutern Sie Gemeinsamkeiten und Unterschiede der Konflikte mit Rom im Juden- und im Christentum. Ziehen Sie dazu auch das Internet oder Lexika sowie M12 heran. Stellen Sie Ihre Ergebnisse in einem Kurzreferat vor.
4. Beurteilen Sie, inwiefern sich der jüdische Widerstand gegen Rom mit heutigen religiös begründeten Kriegen vergleichen lässt.

[1] Von 6 bis 70 n. Chr. war Iudaea Teil der römischen Provinz Syria, dann bis 135 n. Chr. eine eigenständige Provinz, die nach dem zweiten Aufstand in „Syria Palaestina" umbenannt wurde.

M12 Toleranzedikt des Kaisers Galerius

Der aus Nordafrika stammende christliche Autor Laktanz (um 250 nach 317) beschreibt in seiner Schrift „Über die Todesarten der Verfolger" die gewaltsamen Tode der Christenverfolger als Beweis für deren Fehlverhalten. Darin zitiert er einen aus dem Jahre 311 stammenden Erlass des Kaisers Galerius:

Unter den übrigen Verordnungen, die wir immer zu Nutz und Frommen des Staates erlassen, hatten wir seinerzeit den Willen bekundet, alles entsprechend den alten Gesetzen und der staatlichen Ordnung der Römer einzurichten und dafür zu sorgen, dass auch die Christen, die die Religion ihrer Väter verlassen hatten, wieder zur Vernunft zurückkehrten. Aus irgendeinem Grunde hatte diese Christen ein solcher Eigensinn erfasst und solche Torheit befallen, dass sie nicht mehr den Grundsätzen der Alten folgten, die vielleicht ihre eigenen Vorfahren zuerst eingeführt hatten, sondern sich nach eigenem Gutdünken und Belieben selbst Gesetze machten, an die sie sich hielten, und da und dort bunte Menschenmengen zu einer Gemeinde vereinigten. Nachdem dann von uns der Befehl ergangen war, dass sie zu den Grundsätzen der Alten zurückkehren sollten, wurden viele in Prozesse auf Leben und Tod verwickelt, viele auch von Haus und Herd vertrieben. Da aber die meisten bei ihrem Vorsatz beharrten und wir sahen, dass sie weder den Göttern den Kult und die Verehrung zollten, die ihnen gebührt, noch den Kult des Christengottes ausübten, so haben wir in Anbetracht unserer großen Milde und im Hinblick auf unsere ständige Gepflogenheit, allen Menschen Verzeihung zu gewähren, diese unsere bereitwilligst gewährte Nachsicht auch auf die Christen ausdehnen zu müssen geglaubt. Sie sollen also erneut Christen sein und ihre Versammlungsstätten wiederherstellen, jedoch unter der Bedingung, dass sie nicht der Ordnung zuwiderhandeln. In einem weiteren Schreiben werden wir den Provinzstatthaltern Weisung erteilen, wie sie sich zu verhalten haben. In Ansehung dieser unserer Gnade sollen die Christen daher zu ihrem Gott für unser Wohlergehen, das des Staates und ihr eigenes beten, auf dass der Staat in jeder Hinsicht unversehrt bleibe und sie sorglos in ihren Wohnsitzen leben können.

Laktanz, Über die Todesarten der Verfolger, 34, 1–5, nach: Hans Jürgen Hillen (Bearb.), Die Geschichte Roms. Römische und griechische Historiker berichten, Düsseldorf 2006, S. 384 f.

Kaiser Konstantin I. („der Große").
Silbermedaillon, um 315.
Zwei Jahre nach dem Toleranzedikt von Kaiser Galerius bestätigte Kaiser Konstantin I. die Anerkennung des Christentums als erlaubte Religion.

▶ Interpretieren Sie die Aussage des Medaillons. Beachten Sie dabei die am Helmbusch vorne und am Schild angebrachten Symbole.

1. Beschreiben Sie den Umgang des Römischen Reiches mit den Christen vor dem Umdenken Kaiser Galerius'.
2. Arbeiten Sie heraus, was Kaiser Galerius gegenüber den Christen beschließt und wie er dies begründet.
3. Nehmen Sie dazu Stellung, inwieweit den von Galerius genannten Gründen geglaubt werden kann.
4. Beurteilen Sie, ob der Erlass von Kaiser Galerius einen Neuanfang der römischen Religionspolitik bedeutet. Informieren Sie sich in diesem Zusammenhang über das Vorgehen Roms gegenüber den Christen vor allem ab der Mitte des 3. Jahrhunderts.

Säulen der Romanisierung im Kaiserreich

SPRACHE
- Tolerierung verschiedener Sprachen
- Verbreitung von Latein als Sprache Roms
- im Osten starke Stellung des Griechischen
- romanische Sprachen heute unter anderem: Italienisch, Französisch, Spanisch, Portugiesisch, Rumänisch

RELIGION
- Tolerierung verschiedener Religionen
- Verbreitung des Kaiserkults
- Probleme mit Monotheismus (Judentum und Christentum)
- Übernahme und Verbreitung des Christentums ab 311/313

STÄDTEBAU
- Gründung und Ausbau von Städten
- Bau von Brunnen, Thermen und Wasserleitungen
- Bau von Tempeln und Amphitheatern
- Anlage von Plätzen als Stadtzentren

WIRTSCHAFT
- Verbreitung von Geld (Münzen)
- Handel innerhalb des Römischen Reiches
- Interesse an Luxusgütern
- Ausbau der Verkehrswege

POLITIK
- Einrichtung von Provinzen
- Vergabe des Bürgerrechts außerhalb Roms
- politischer Aufstieg bis hin zum Kaiser
- Gültigkeit des römischen Rechts in den Provinzen

MILITÄR
- Eroberung
- Stationierung von Truppen
- Rekrutierung von Einheimischen
- Ansiedlung von Veteranen

M Das Imperium Romanum

Der Althistoriker Eckhard Meyer-Zwiffelhoffer schreibt über die Romanisierung im Römischen Reich:

Das Römische Reich zeichnet sich vor anderen Imperien dadurch aus, dass es seine provinziale Peripherie im Laufe der Zeit vollständig integrierte und den Unterschied zwischen herrschender Gesellschaft und unterworfenen Gemeinwesen aufhob. Dabei entsprach der wachsenden Integration der Provinzialbevölkerung eine schleichende Entwertung des römischen Bürgerstatus in politischer wie rechtlicher Hinsicht. [...] Wie bereits [...] Zeitgenossen gesehen hatten, spielten für diese Integrationsleistung die Beteiligung provinzialer Gruppen an der Herrschaftsausübung und die Bürgerrechtsvergabe die entscheidende Rolle. Eine Partizipation einzelner indigener Gruppen an der über sie ausgeübten Kolonialherrschaft hat es zwar in vielen Imperien gegeben, doch Rom ging hier noch einen Schritt weiter: Während sich die meisten Kolonialherrschaften auf die Kollaboration bzw. Kooperation der lokalen Aristokratie stützten, beließ es Rom nicht bei einer Zusammenarbeit auf lokaler oder provinzialer Ebene, sondern gestattete Teilen der kolonialen Elite, in das Zentrum der Macht aufzusteigen und dort selbst die Position des Kaisers einzunehmen. [...] Die mit diesem politischen und sozialen Aufstieg verbundene Bürgerrechtsvergabe beschränkte sich nicht auf einzelne Ausnahmefälle für besondere Verdienste, wie dies auch in anderen Kolonialherrschaften vorkam. Rom setzte seit der Kaiserzeit systematisch auf die politische Integration aller für die Herrschaftsausübung wichtigen Gruppen, nicht nur auf die kolonialen Eliten, sondern auch auf Provinziale einfacher Herkunft. Möglich wurde diese enorme Ausweitung des Bürgerverbandes, weil die mit dem Bürgerrecht verbundenen politischen Privilegien nur denjenigen Neubürgern, die in den Senat oder die kaiserliche Verwaltung aufstiegen, Einfluss auf die Herrschaftsausübung einräumten. Ein weiterer Grund lag darin, dass das römische Bürgerrecht weder ethnisch noch religiös fundiert war, sondern rechtlich-politischen Charakter besaß. [...] Rom setzte nicht nur auf die Kooperation der kolonialen Eliten, sondern formte diese nach seinen eigenen Vorstellungen. Dem diente die reichsweite Schaffung städtischer Selbstverwaltungseinheiten, die sich zugleich nach dem Muster bestehender griechischer Poleis[1] und italischer Munizipien urbanistisch entwickelten oder entwickelt wurden. Diese (Selbst-)Romanisierung brachte eine reichsweit ziemlich homogene Führungsschicht hervor, die sich durch einen gemeinsamen Habitus[2] auszeichnete, über eine gemeinsame Bildungswelt und Werteorientierung gebot und in den Städten einen repräsentativen Lebensstil pflegte, der sich im Prinzip nicht von dem in der Metropole Rom unterschied. Zusätzlich stärkte Rom die soziale Position der lokalen Eliten (*honestiores*[3]) gegenüber dem Rest der städtischen und ländlichen Gesellschaften und zog damit die zentrale gesellschaftliche Trennlinie weniger zwischen Römern und Provinzialen, als zwischen Römern und provinzialen Eliten auf der einen Seite und den provinzialen (und später auch römischen) *humiliores*[4] auf der anderen.

Eckhard Meyer-Zwiffelhoffer, Imperium Romanum. Geschichte der römischen Provinzen, München 2009, S. 117–120

1. Fassen Sie die Kernaussagen des Textes in eigenen Worten zusammen.
2. Erläutern Sie, inwiefern sich das Imperium Romanum laut Meyer-Zwiffelhoffer von anderen Imperien oder Kolonialreichen unterschied.
3. Erläutern Sie, warum die Ausdehnung des Imperium Romanum „eine schleichende Entwertung des römischen Bürgerstatus" (vgl. Zeile 6 f.) verursachte.
4. Gruppenarbeit/Präsentation: Analysieren Sie ausgehend vom Text und auf der Basis Ihres Sachwissens, welche Folgen die Romanisierung in den Bereichen Gesellschaft, Wirtschaft, Politik und Kultur nach sich zog. Entwerfen Sie dazu in Gruppenarbeit eine Mindmap.
5. Gruppenarbeit: Diskutieren Sie in der Gruppe, inwiefern das Imperium Romanum durch die Romanisierung stabilisiert und gleichzeitig infrage gestellt wurde. Begründen Sie Ihre Meinung.

[1] **Poleis**: Plural von Polis: Stadtstaat
[2] **Habitus**: Art und Weise sich zu verhalten, Umgangsform
[3] **honestiores**: die Angehörigen der Elite
[4] **humiliores**: die Angehörigen der unteren Schichten

Orientierung

2.6 Wahlmodul: Industrialisierung

Das Kapitel beschäftigt sich inhaltlich mit ...

- den wirtschaftlichen, sozialen und geistigen Rahmenbedingungen
- den wirtschaftlichen Veränderungen und ihren Folgen für die Gesellschaft und Umwelt
- der Arbeitsmigration und Urbanisierung
- den Lösungsversuchen der Sozialen Frage
- den politischen Folgen der Industrialisierung

Bildinformation
31000-40

Um die Mitte des 18. Jahrhunderts begannen in Großbritannien tiefgreifende Veränderungen der Gesellschaft und der wirtschaftlichen Strukturen. Dieser Wandlungsprozess wird als Industrialisierung bezeichnet (von lat. *industria*: Fleiß, Betriebsamkeit). Maschinelle Massenproduktion und Arbeitsteilung in Fabriken wurden zu Grundprinzipien einer hochleistungsfähigen Wirtschaftsweise. Sie verdrängte die bisherigen Handwerks- und Verlagsbetriebe und wurde im 19. Jahrhundert ebenso in anderen Ländern Europas, in Nordamerika und Japan prägend, im 20. Jahrhundert dann weltweit. Von einer „Industriellen Revolution" sprachen Historiker schon um 1840, da die wirtschaftlichen und technischen Neuerungen auch Gesellschaft und Staat erfassten und in ein neues Zeitalter beförderten.
Die Industrialisierung sorgte nachhaltig für wirtschaftliches Wachstum, mehr Beschäftigung, verbesserte Infrastruktur und Mobilität, größeren Konsum sowie Bildung und höhere Lebenserwartung für breite Schichten. Zugleich entstanden in allen Industrieländern neue Formen von Armut, Ausbeutung und sozialer Benachteiligung, neuartige gesellschaftliche und politische Konflikte und ein bislang nicht gekanntes Ausmaß der Zerstörung der Umwelt. Die Bilanz dieser gewaltigen Umwälzungen fällt daher zwiespältig aus.

Das Eisenwalzwerk.
Ölgemälde von Adolph Menzel, 1872/75.
Das Bild zeigt eine Walzhalle für Eisenbahnschienen im Betrieb „Königshütte" in Oberschlesien.

- Beschreiben Sie die Eindrücke, die das Bild vermittelt.
- Gruppenarbeit: Diskutieren Sie in der Klasse, ob das Bild als Kritik oder Verherrlichung der Industrialisierung zu verstehen ist.

Industrieller Aufbruch

um 1760 — Beginn der Industrialisierung in Großbritannien

1807-1811 — Reformen in Preußen führen zur Bauernbefreiung und zur Gewerbe- und Niederlassungsfreiheit. Andere deutsche Staaten folgen dem Beispiel.

1825 — In England eröffnet die erste Eisenbahnstrecke für den Personenverkehr.

1834 — Durch den Deutschen Zollverein entsteht ein Binnenmarkt ohne Handelsbarrieren.

1835 — Erste deutsche Eisenbahnverbindung zwischen Nürnberg und Fürth

ca. 1840 — Die Industrialisierung gelangt auf dem europäischen Kontinent und in Teilen Nordamerikas zum Durchbruch.

Gesellschaftliche Umwälzungen und Soziale Frage

1848 — Karl Marx und Friedrich Engels veröffentlichen das „Kommunistische Manifest“.

ca. 1860 - 1914 — Etwa 16 Millionen Menschen wandern auf der Suche nach Arbeit vom Osten in den industrialisierten Westen Deutschlands (Arbeitsmigration).

1865 — In den USA wird die Sklaverei per Gesetz abgeschafft.

1869 — Wilhelm Liebknecht und August Bebel gründen die Sozialdemokratische Arbeiterpartei (SDAP).

um 1875 - 1910 — In Deutschland entstehen industrielle Ballungszentren, Wohn- und Arbeitsbedingungen der Arbeiterschaft verschlechtern sich.

1878 - 1890 — Mit dem „Sozialistengesetz“ geht die deutsche Reichsregierung gegen die Arbeiterbewegung vor.

1883 - 1889 — Staatliche Sozialgesetze schaffen einen Rechtsanspruch auf finanzielle Leistungen im Alter, bei Krankheit oder Unfall.

Hochindustrialisierung

ab 1890/95 — Durch den Aufschwung in den „neuen“ Industrien (Elektrotechnik, Chemie und Maschinenbau) steigt Deutschland zu einer der größten Industrienationen auf.

nach 1900 — In Deutschland sind erstmals mehr Menschen in Industrie und Handwerk als in der Landwirtschaft beschäftigt.

1913 — Henry Ford setzt in den USA das erste Fließband in der Automobilfertigung ein.

1913/14 — In Deutschland leben rund 60 Prozent der Bevölkerung in Städten. Die Arbeitszeit sinkt durchschnittlich auf etwa neun Stunden pro Tag.

Die industrialisierte Welt im 20. Jahrhundert

1914 - 1945 — Das Ruhrgebiet wird in beiden Weltkriegen zur deutschen „Rüstungsschmiede“.

1952 — Sechs westeuropäische Länder, darunter die Bundesrepublik, gründen die Europäische Gemeinschaft für Kohle und Stahl (Montanunion).

seit 1950/60 — Nach der Auflösung der früheren Kolonialreiche entwickeln sich zahlreiche Länder in Asien, Afrika und Lateinamerika zu Industrieländern.

um 1970 — Höhepunkt der industriellen Beschäftigung in der Bundesrepublik. Zugleich erfolgt ein Wandel von der Industrie- zur Dienstleistungsgesellschaft.

Vorreiter Großbritannien | Ihren Anfang nahm die *Industrialisierung* in Großbritannien. Hier gab es schon im frühen 18. Jahrhundert günstige Bedingungen für die Entfaltung einer fortschrittlichen Wirtschaft. Die Bevölkerung wuchs stetig, vor allem dank besserer Ernährung und Hygiene. Dadurch stieg sowohl die Nachfrage nach Lebensmitteln und gewerblichen Gütern als auch das Angebot an Arbeitskräften. Die Landwirtschaft bot nicht mehr genügend Beschäftigung, seit Großgrundbesitzer die meisten Nutzflächen übernahmen und die Agrarproduktion in großen, hochleistungsfähigen Farmen konzentrierten. Viele Landarbeiter und Bauern, die nach britischem Recht nicht an Grundherren gebunden waren, suchten und fanden dafür Arbeit entweder im gewerblichen Bereich, vornehmlich in der Textilherstellung, oder im Transportwesen.

Handel und Verkehr blühten in Großbritannien dank einer weit entwickelten Schifffahrt, gut befestigter Landstraßen sowie schiffbarer Flüsse und Kanäle. Das Land besaß Kolonien in Übersee, die zum Bezug von Rohstoffen und als Absatzmärkte genutzt wurden. Im Inland gab es Vorkommen an Steinkohle als Energieträger und an Erzen zur Herstellung von Eisen und Stahl.

Bergmann.
Druckgrafik von Robert und Daniel Havell, nach einer Vorlage von George Walker, 1813.
Gezeigt wird ein Bergarbeiter auf dem Heimweg von der Kohlegrube Middleton nahe Manchester. Der Einsatz von Dampflokomotiven begann ab 1812, bis dahin wurden die Kohlenwaggons mit Pferden gezogen.

▶ Interpretieren Sie das Bild als Werbemittel für die damalige Bergarbeit. | H

Wissen und technischer Fortschritt | Einen wichtigen Entwicklungsschub lieferte das Bildungswesen. Britische Wissenschaftler und Konstrukteure brachten Erfindungen hervor, die die technischen Möglichkeiten für die Wirtschaft revolutionierten. Dazu gehörten Spinnmaschinen wie die um 1765 von *James Hargreaves* (um 1720–1778) entwickelte „Spinning Jenny" und ihre verbesserten Nachfolgemodelle („Waterframe", „Spinning Mule"), die das einfache Spinnrad ablösten und Textilfasern auf einer Vielzahl von Spindeln gleichzeitig aufzogen. *Edmund Cartwright* (1743–1823) stellte 1761 den ersten mechanischen Webstuhl vor, der nach und nach die Handarbeit bei der Herstellung von Tuchen ersetzte. Im Bereich der Energiegewinnung gelang zwischen 1765 und 1782 unter Federführung von *James Watt* (1736–1819) die Konstruktion einer Dampfmaschine. Durch Dampfdruck mittels Verbrennung stand nun ein Antrieb zur Verfügung, der sich unabhängig von Zugtieren, Wind- oder Wasserkraft einsetzen ließ.

Diese neuen Technologien gaben in der zweiten Hälfte des 18. Jahrhunderts den Weg frei für die Produktion von Gütern in bisher nicht gekanntem Umfang. *Massenproduktion*, *Massenbeschäftigung* und der Einsatz von Maschinen an einem Betriebsort (*Fabrik*) wurden zu Kennzeichen der neuen Wirtschaftsform, die man als „industriell" bezeichnete (➔M1). Als erster Gewerbebereich wurde zwischen etwa 1780 und 1800 die Textilherstellung industrialisiert (*Textilindustrie*). Nachdem im 18. Jahrhundert der

Internettipp
„The World's First Industrial City" – das Science and Industry Museum in Manchester stellt online die Industrialisierung der Stadt vor. Siehe dazu den Code **32037-38**.

Bergbau intensiviert und technisch verbessert worden war, entfaltete sich seit Anfang des 19. Jahrhunderts die industrielle Produktion von Eisen und Stahl (*Schwerindustrie*). Aufgrund des wachsenden Bedarfs an Maschinen wurde auch der *Maschinenbau* zu einem eigenen Industriezweig.

Der Aufbau großer Fabrikanlagen und die Anschaffung von Maschinen waren kostspielig. Um den Bedarf an **Kapital** für die Gründung oder Erweiterung von Unternehmen zu decken, gab es in Großbritannien große Finanzreserven des Adels und des vermögenden Bürgertums. Diese Gesellschaftsschichten investierten in den Bergbau, den Überseehandel und die entstehenden Industriebetriebe. Das Finanzwesen wurde von staatlichen Zentralbanken (Bank of England, Bank of Scotland) beaufsichtigt.

Kapital (von lat. *caput*: Haupt, Kopf; ital. *capitale*: Kopfzahl, Vermögen): Sammelbegriff für Mittel, die zur Produktion von Gütern oder Dienstleistungen zur Verfügung gestellt werden, etwa Bargeld, Kredite oder Wertpapiere, Grundbesitz, Maschinen und Geräte, Betriebsstätten usw.

Wirtschaft ohne staatliche Fesseln | Adel und Besitzbürgertum, die sich als Geldgeber oder Privatunternehmer betätigten, besaßen über den Zugang zum britischen Parlament auch einen Weg, ihre Interessen politisch zu vertreten. Der Ruf nach einem möglichst ungehinderten und rationalen (von Vernunft geleiteten) Wirtschaftsgeschehen wurde damals auch wissenschaftlich begründet. Auf den schottischen Ökonomen und Moralphilosophen *Adam Smith* (1723–1790) gehen Theorien zurück, die später als *Wirtschaftsliberalismus* Verbreitung fanden. Smith sah die menschliche Arbeit und Arbeitsteilung als eine Quelle des Wohlstands. Das Gewinnstreben jedes Einzelnen diene der Wirtschaft als Antrieb. Die Gesetze des „Marktes" (der freie Wettbewerb und das Wechselspiel von Angebot und Nachfrage) würden das Gemeinwohl fördern, da nur solche Güter und Dienstleistungen bestehen blieben, für die auch eine Absatzmöglichkeit vorhanden sei. Um diese Mechanismen zur Anwendung zu bringen, müsse sich der Staat zurücknehmen und darauf beschränken, günstige Rahmenbedingungen für die Wirtschaft zu schaffen. Der bisher verbreitete **Merkantilismus** sollte vom System einer freien **Marktwirtschaft** abgelöst werden.

Merkantilismus (von lat. *mercator*: Kaufmann): staatlich gelenkte Wirtschaftsform in Europa im 16. bis 18. Jahrhundert, die auf hohe Ausfuhren heimischer Fertigprodukte angelegt ist, um Handelsgewinne zu erzielen, während die Binnenwirtschaft von Importen anderer Staaten möglichst abgeriegelt wird

Marktwirtschaft (auch: Kapitalismus): System, das auf freien Wettbewerb setzt und dem Grundsatz von Angebot und Nachfrage folgt, um möglichst großen wirtschaftlichen Gewinn zu erzielen

Aufbruch im übrigen Europa | Auf dem europäischen Festland setzte die Industrialisierung deutlich später ein als in Großbritannien – zunächst in Belgien, dann auch in Frankreich, der Schweiz und den Staaten des Deutschen Bundes. Dennoch holten diese Länder den Rückstand immer schneller auf. Die zuvor rein landwirtschaftlich und handwerklich geprägten Staaten wandelten sich binnen eines Jahrhunderts zu modernen Industrienationen.

In Deutschland begann die Industrialisierung zu Anfang des 19. Jahrhunderts. Damals trat an die Stelle des Heiligen Römischen Reiches deutscher Nation zunächst eine Anzahl souveräner Einzelstaaten. Sie waren oftmals das Produkt einer – teils gewaltsamen – Zusammenlegung kleiner und kleinster Territorien und Städte. Neben die Großmächte Österreich und Preußen traten Zentralstaaten wie Bayern, Württemberg, Sachsen oder das Königreich Hannover. Ihre alten und neuen Gebietsteile wurden um 1800 erstmals mit modernen Methoden rechtlich und verwaltungstechnisch vereinheitlicht, etwa durch die Einführung gleicher Maße und Gewichte, allgemeiner Schulpflicht und landesweiter Besteuerung, von der auch Adel und Geistliche nicht länger ausgenommen blieben.

Neben der Einführung von Religionsfreiheit und der formalen Gleichstellung der jüdischen Bevölkerung wurden einschneidende wirtschaftliche Reformen verfügt. So entfiel der *Zunftzwang*, die ausschließliche Kontrolle der einzelnen Handwerksberufe und ihres Personals durch örtliche Zünfte. Stattdessen führten die deutschen Staaten nach und nach die *Gewerbe- und Niederlassungsfreiheit* ein, das Recht zu freier Berufs- und Ortswahl. Im Bereich der Landwirtschaft kam es schon um 1810 zur *Bauernbefreiung*, wonach die bisher unfreien Bauern aus der persönlichen Abhängigkeit von ihrem Grund- oder Gutsherrn (Leibeigenschaft) entlassen wurden.

chemische Industrie: seit etwa 1850 aufkommender Wirtschaftsbereich, in dem Rohstoffe in chemischen Fertigungsprozessen zu Produkten wie künstlichen Farben, Kunststoffen, Kunstdünger, Reinigungs- oder Konservierungsmitteln und Medikamenten verarbeitet werden

Elektroindustrie: Industriezweig, der gegen Ende des 19. Jahrhunderts entstand und auf die Herstellung etwa von Stromgeneratoren, Kabeln, Batterien und elektrisch betriebenen Anlagen, Geräten und Bauteilen spezialisiert ist

Entwicklung des Deutschen Zollvereins seit 1834.

- Vergleichen Sie die Grenzen des Zollvereins mit denjenigen des Deutschen Bundes von 1815 bis 1866. Eine Karte zum Deutschen Bund können Sie unter dem Code **32037-39** abrufen.
- Die deutsche Einigung im 19. Jahrhundert – eine wirtschaftliche Notwendigkeit? Nehmen Sie dazu Stellung.

Deutschland wird zu einem Wirtschaftsraum | Um 1815 bestand Deutschland aus etwa vierzig Staaten und freien Städten, die im *Deutschen Bund* locker miteinander verknüpft waren. Zwischen ihnen galten weiterhin Zollschranken, unterschiedliche Währungen, abweichendes Handelsrecht usw. Vonseiten des Bundes gab es kaum Schritte zur wirtschaftlichen Integration. Dafür erwies sich ein Einzelstaat, das Königreich Preußen, als Impulsgeber. Seit 1815 im Besitz des *Ruhrgebietes*, dessen reiche Steinkohlevorkommen damals entdeckt wurden, nahm Preußen eine Vorreiterrolle für die Industrialisierung in Deutschland ein. 1834 wurde unter preußischer Führung der *Deutsche Zollverein* gegründet, dem bis 1854 die meisten deutschen Staaten beitraten.

Damals begann auch die Einführung eines neuen Transportmittels in Deutschland, der *Eisenbahn*. Sie zeigt, wie sich der Aufholprozess gegenüber Großbritannien immer mehr beschleunigte: Nach der Inbetriebnahme der ersten regulären Eisenbahnstrecke überhaupt, die 1825 vom englischen Stockton nach Darlington verlief, vergingen nur zehn Jahre, bis zwischen Nürnberg und Fürth die erste deutsche Bahnlinie eröffnete. Von da an wuchs das Eisenbahnnetz stetig. Schienen und Züge verbanden wie die damals neu angelegten Kanäle und Überlandstraßen neben Hauptstädten und Handelszentren auch die Industriestandorte mit ihren Absatzmärkten.

Mit der Gründung des *Deutschen Kaiserreiches* 1871 war nicht nur die staatliche Einheit Deutschlands vollzogen, sondern auch der letzte Schritt zur Schaffung eines deutschen Binnenmarktes. Deutschland wurde von einem Spätstarter in Sachen Industrialisierung zum Zentrum einer *Zweiten Industriellen Revolution*. Um 1900 waren deutsche Unternehmen bereits führend in den damals neuen Industriezweigen des Maschinenbaus, der chemischen und der Elektroindustrie.

Grenzen werden überschritten | Die Industrialisierung erfasste neben Europa ebenso die Neue Welt. Auch im von Einwanderern besiedelten Nordamerika entstanden im Lauf des 19. Jahrhunderts Fabriken und Eisenbahnnetze. Während der Norden der USA und Teile Kanadas Industriestandorte ausbildeten, blieb der Süden der USA agrarisch geprägt. Auf riesigen Plantagen wurde hier neben Tabak oder Zuckerrohr vor allem Baumwolle angebaut. Die Arbeit verrichteten Sklavinnen und Sklaven, die zumeist aus Afrika stammten. Am *transatlantischen Sklavenhandel* beteiligten sich bis ins frühe 19. Jahrhundert Länder wie Großbritannien, Frankreich oder Spanien. Sklavenjäger verschleppten Afrikanerinnen und Afrikaner in die Karibik oder nach Nordamerika, um sie dort als billige Arbeitskräfte zu verkaufen. Großbritannien verbot 1807 den Sklavenhandel, während die USA erst 1865 die Sklaverei gesetzlich aufhoben. Die Südstaaten der USA wurden zum weltweit größten Baumwollproduzenten, der die Textilindustrie im eigenen Land wie auch in Europa versorgte. Nach dem Ende des organisierten Menschenhandels mussten die bisherigen Sklavinnen und Sklaven zumeist als Pachtbauern Baumwolle und andere Rohstoffe für viel zu geringe Löhne liefern. Dieses System der Ausbeutung war nicht nur in den USA verbreitet, sondern ebenfalls in den Kolonien europäischer Mächte, in Indien und Afrika (➔M2).

Allgemein sorgte die Industrialisierung für eine wachsende Verflechtung von Rohstoff- und Energielieferung, Fertigung und Warenabsatz auch zwischen entfernten Regionen und über Ländergrenzen oder Kontinente hinweg. Die *transnationale Arbeitsteilung* wurde durch die im 19. Jahrhundert entwickelten neuen Technologien im Bereich des Verkehrswesens (Eisenbahn, Dampfschifffahrt, um 1900 auch erste Automobile und Flugzeuge) und der Kommunikation (Telegrafie, Telefonie) ganz wesentlich befördert (➔M3).

Neue Arbeitsweisen | Mit der Industrialisierung gingen tiefgreifende Veränderungen der Arbeitswelt einher. Die Massenproduktion in den Fabriken führte zu verbilligten Erzeugnissen. Damit wurden vor allem kleinere Handwerksbetriebe verdrängt, die der industriellen Konkurrenz erlagen. Viele Menschen verarmten aus Mangel an Beschäftigung. In der Frühphase der Industrialisierung entstand daher eine bislang nicht gekannte *Massenarmut* (*Pauperismus*) in der werktätigen Bevölkerung.

Wer Beschäftigung in einem Industriebetrieb fand, musste sich auf Maßregeln und Arbeitsbedingungen einstellen, die in Landwirtschaft und Handwerk traditionell nicht üblich waren. In den Fabriken herrschte ein System strenger *Arbeitsteilung*. Massengüter wurden rationell und unter Einsatz von Maschinen hergestellt. Der Produktionsprozess wurde in einzelne Arbeitsschritte zerlegt. Folglich mussten die Beschäftigten genaue Zeit- und Ablaufpläne einhalten. Hatte sich die menschliche Arbeit früher an den Jahres- und Tageszeiten, dem Wetter oder der Belastbarkeit von Nutztieren orientiert, so gab nun der Rhythmus der Maschinen den Takt. Im Vordergrund stand eine möglichst hohe Auslastung der Maschinen, damit sich deren Anschaffung bezahlt machte. Daher arbeiteten Fabrikbelegschaften oft im Schichtbetrieb. Stechuhren und stichprobenartige Kontrollen von Vorarbeitern verzeichneten jeden Verstoß gegen die strengen Fabrikordnungen und das kalkulierte Arbeitssoll.

Uhr, Signaltafel, Spinde und Stechuhr: Maßnahmen zur Disziplinierung der Arbeiter.
Holzstich aus der „Illustrirten Zeitung" vom 18. Mai 1889.

▶ Interpretieren Sie die Darstellung.

Die Tätigkeit in den Fabriken verlangte vor allem Gehorsam und Ausdauer von den vielen Beschäftigten, die wie „Rädchen im Getriebe" ihre eng definierte betriebliche Rolle erfüllen sollten. Unternehmen bildeten eine strenge *personelle Hierarchie* aus – mit dem Besitzer oder Geschäftsführer an der Spitze, danach den Werkleitern, Vorarbeitern und Aufsehern, schließlich der Masse der Arbeiterinnen und Arbeiter, unter ihnen lange Zeit auch Minderjährige (➔M4).

Arbeitsdruck, Arbeitsrisiken | Die industrielle Arbeitsteilung wurde immer weiter perfektioniert. US-Firmen wie der Automobilhersteller Ford begannen 1913 mit dem Betrieb von *Fließbändern*. Die Fertigung sollte möglichst ohne Unterbrechung ablaufen, wobei die Beschäftigten nur noch wenige, stets gleiche Handgriffe ausführten. Dadurch ließen sich noch mehr als bislang un- oder angelernte Arbeitskräfte einsetzen, während der einzelne Beschäftigte desto eher austauschbar schien.

Erschwert wurde das hohe Arbeitspensum in Fabriken durch Lärm, Hitze, Schmutz, Gestank, Licht- und Luftmangel. Fehlende Sicherheitsvorkehrungen an den Maschinen verursachten immer wieder schwere Unfälle. Hinzu kamen Berufskrankheiten. Bei Arbeitsunfähigkeit oder Verlust des Arbeitsplatzes drohte den Familien der Ruin, denn Unfall- oder Krankenversicherungen, Kündigungsschutz oder Arbeitslosenhilfe wurden erst gegen Ende des 19. und zu Beginn des 20. Jahrhunderts eingeführt. Fabrikarbeit bedeutete ein durch Arbeitsvertrag und Lohnarbeit geprägtes Abhängigkeitsverhältnis der Beschäftigten. Dagegen blieb der Wunsch nach Mitbestimmung, Rücksicht auf individuelle Bedürfnisse oder Identifikation mit der Arbeit weitgehend unerfüllt.

Die industriellen Arbeitsbedingungen strahlten langfristig auf andere Wirtschaftsbereiche ab. Um dem Konkurrenzdruck der neuen Industrien standhalten zu können, griffen auch die kleineren Gewerbe- und Handwerksbetriebe zu Maßnahmen der *Rationalisierung*. Diese Tendenz erfasste in den 1920er- und 30er-Jahren selbst die Büroarbeit: Die Arbeitsvorgänge wurden zerlegt, normiert und etwa durch Rechen- und Buchungsmaschinen mechanisiert.

Arbeitszeiten und Löhne | Zu Anfang der Industrialisierung hatte die durchschnittliche Arbeitszeit rasch zugenommen: Männer, Frauen und auch Kinder arbeiteten nicht unter zwölf Stunden täglich, oft sogar 15 bis 17 Stunden an mindestens sechs Tagen der Woche. Seit den 1860er-Jahren verkürzte sich die Arbeitszeit etwa in Deutschland schrittweise auf zwölf, bis 1914 auf neun Stunden. Urlaub oder Erholung waren vonseiten der Arbeitgeber in der Regel nicht vorgesehen. Auch das 1891 in Deutschland eingeführte Verbot der Sonn- und Feiertagsarbeit wurde vielfach nicht beachtet.

Die *Lohnarbeit* wurde im 19. Jahrhundert zur überwiegenden Entgeltform. Statt Jahreslöhnen wurden oft streng leistungsabhängige Monats-, Wochen- oder selbst Tagelöhne berechnet, die den Beschäftigten kein sicheres Einkommen boten. Für einen gewissen Ausgleich sorgten seit Mitte des 19. Jahrhunderts steigende Reallöhne. Allerdings bestanden große Abweichungen je nach Industriezweig, Tätigkeit und Region, und besonders zwischen gelernten und ungelernten Beschäftigten herrschte ein deutliches Gefälle. So verdienten die meist als Vorarbeiter und Fabrikmeister tätigen ausgebildeten Handwerker das Vier- bis zuweilen Sechsfache der ungelernten Kräfte.

Reallöhne: statistische Höhe von Einkommen, bei denen das erhaltene Entgelt (Nominallohn) mit den bestehenden Lebenshaltungskosten verrechnet wird, Gradmesser für die tatsächliche Kaufkraft

Oft reichte das Einkommen ungelernter Arbeiter nicht zum Lebensunterhalt der Familie aus, sodass Frauen und Kinder hinzuverdienen mussten, deren Verdienst zudem erheblich unter dem der Männer lag. Seit der Jahrhundertmitte ging die Kinderarbeit zwar wegen der wachsenden Kritik und der Durchsetzung der Schulpflicht allmählich zurück. Viele Familien blieben jedoch auf den Zuverdienst der Kinder angewiesen. Arbeitslosigkeit oder Krankheit konnten schnell das Einkommen einer Familie aufzehren und sie an den Rand des Existenzminimums bringen. Lohnfortzahlung im Krankheitsfall oder Invalidenrente waren nicht vorgesehen. Die oft schwere körperliche Arbeit konnte von Beschäftigten über 40 Jahren nur selten bewältigt werden. Ältere Arbeiterinnen und Arbeiter fielen fast zwangsläufig unter die Armutsgrenze.

Wandel der sozialen Schichtung | Von der Industrialisierung profitierten zunächst vor allem mittlere und höhere Schichten der Gesellschaft. Die Massenproduktion sorgte für ein größeres Warenangebot und für mehr Konsum durch einen wachsenden Teil der Bevölkerung. Seit den 1840er-Jahren wurde die Gründung von Aktiengesellschaften in Preußen und im Deutschen Zollverein gesetzlich erleichtert. Daraufhin entstand eine Vielzahl neuer Banken und Versicherungen, Eisenbahn- und Schifffahrtsgesellschaften, Bau- und Montanunternehmen. An diesen Firmen beteiligten sich immer mehr Aktio-

Montanunternehmen (von lat. *mons*: Berg): Industriebetriebe des Bergbaus sowie der Produktion oder Verarbeitung von Eisen und Stahl näre, vorwiegend aus dem vermögenden Adel und bürgerlichen Schichten. Sie versorgten die Industrie mit dem nötigen Kapital, um im Gegenzug ihren Wohlstand zu vergrößern.

Der Aufstieg des Finanz- und Versicherungswesens, der wachsende Verwaltungsaufwand der Unternehmen wie auch der Betrieb der modernen Infrastruktur (Bahnen, Post, Telegrafie und Telefonie, Energieversorgung usw.) brachte seit Ende des 19. Jahrhunderts ein Anwachsen der *Dienstleistungsberufe* mit sich. Die Beschäftigten in diesem Bereich der Wirtschaft bildeten die neue Berufsgruppe der *Angestellten*, die sich von den Industriearbeiterinnen und -arbeitern abzugrenzen suchten.

Zwischen 1882 und 1907 verdoppelte sich die Industriearbeiterschaft in Deutschland. Bis zum Ersten Weltkrieg wurde sie zur größten sozialen Gruppe. Zudem überholten Industrie und Handwerk um 1900 die Land- und Forstwirtschaft in Deutschland als beschäftigungsstärksten Sektor. Damit hatte sich Deutschland endgültig von einer Agrar- zu einer Industriegesellschaft entwickelt. Mit diesem Wandel ging auch eine Veränderung der Gesellschaftsstruktur einher. Die Industriegesellschaft war nicht länger eine ständische Gesellschaft, in der sich die Angehörigen einer bestimmten Schicht über ererbte, gruppenspezifische Vorrechte definierten. Diese Schranken waren durch die Garantie persönlicher Freiheit und Rechtsgleichheit schon früh im 19. Jahrhundert gefallen. Seither gab es mehr Chancen für gesellschaftlichen Auf- und Abstieg. Über den sozialen Status entschieden nun vorrangig die persönlichen Lebensverhältnisse, Bildung und Qualifikation sowie das eigene Vermögen. In dieser Schichten- oder *Klassengesellschaft* hing oft sogar die politische Mitbestimmung vom Besitz ab: Viele Länder Europas, darunter Preußen, hielten lange an einem *Zensuswahlrecht* fest, das den Zugang zu Wahlen oder das Gewicht einer Wählerstimme nach der Steuerleistung bemaß.

Lasten für Umwelt und Natur | Nicht nur Arbeit und Gesellschaft erfuhren Umwälzungen durch die Industrialisierung, sondern auch Umwelt und Natur. Während die Wirtschaftsleistung wie auch die Bevölkerung ständig zunahmen, veränderten sich die allgemeinen Lebensbedingungen.

In den Städten wuchs mit der Beschäftigten- und Einwohnerzahl die Belastung der Wasserversorgung. Fäkalien, Schmutz und Unrat aus privaten Haushalten wurden in der Regel entweder durch Gräben entfernt oder mit Fässern abtransportiert. Wassertoiletten und Schwemmkanalisationen waren noch so gut wie unbekannt. Erst um die Mitte des 19. Jahrhunderts begann man in Europa mit dem Bau von *Kanalisationssystemen* in den großen Städten. Kanalisation und sauberes Trinkwasser sorgte für eine enorme Verbesserung der sanitären und hygienischen Verhältnisse. Diese Art der Abwasserentsorgung brachte jedoch bald ein neues Problem mit sich. Durch das Einleiten von Abwässern aus Haushalten und Fabriken in die Flüsse wurden diese so stark verschmutzt, dass sie kaum noch als Trinkwasserreservoirs infrage kamen. Gerade viele kleinere Flüsse verkamen zu Kloaken.

Gegen die negativen Folgen der Industrialisierung für Mensch und Umwelt regte sich bereits früh Protest. Die Anwohner von Fabriken klagten häufig gegen Belästigungen und Gefährdungen, die von den gewerblichen Anlagen ausgingen. Allerdings blieben ihre Beschwerden in der Regel erfolglos. Das Wissen um die Auswirkungen der *Umweltverschmutzung* war noch gering, man betrachtete den Rauch und Gestank als lästiges, aber im Grunde notwendiges „Culturübel". Geeignete Messverfahren und wissenschaftlich gesicherte Erkenntnisse über die Folgen der Umweltbelastung entwickelten sich erst seit Ende des 19. Jahrhunderts (→M5).

„Pfui Deifel."
Federzeichnung von Heinrich Kley, um 1905.

▶ Präsentation: Verfassen Sie einen Beitrag für ein Online-Lexikon, der das Bild und seine Aussage geschichtlich einordnet.

Umweltschutz? | Für die meisten Unternehmer war der *Umweltschutz* in erster Linie eine Kostenfrage. Solange es keine gesetzlichen Regelungen gab, wollte niemand die eigene Produktion durch einen höheren Aufwand bei der Vermeidung oder Entsorgung von Schadstoffen verteuern. Der Versuch der Behörden, mit Gewerbeordnungen die Beeinträchtigungen durch die Fabriken zu vermindern, erwies sich als unzulänglich. Die Luftverschmutzung in den großen Städten verringerte sich erst mit der aufkommenden Elektrifizierung am Ende des 19. Jahrhunderts. Viele Fabriken stellten den Antrieb ihrer Maschinen von Dampfkraft und Transmissionssystemen auf Elektromotoren um. Trotzdem blieb mit der Verbrennung von Kohle und den Schadstoffen der Fabriken die hohe Belastung von Luft, Boden und Gewässern bestehen.

Der Ruf nach Umweltschutz als Reaktion auf die Industrialisierung betraf im 19. Jahrhundert vor allem die Lebensqualität bewohnter Gegenden. Dabei führte die neue Wirtschaftsstruktur ebenso zu erheblichen Eingriffen in vormals unberührte Landschaften – durch die Zersiedelung infolge wachsenden Raumbedarfs für Fabriken und Wohngebiete, durch den Bau von Eisenbahntrassen, Straßen und Kanälen, die Begradigung von Flüssen, die Rodung von Wäldern sowie durch die Erschließung immer neuer Flächen für die Landwirtschaft.

Dynamik der Bevölkerung | Auf dem Gebiet des späteren Deutschen Kaiserreiches wuchs die Bevölkerung zwischen 1816 und 1871 von gut 23 auf 41 Millionen. Die stetige Zunahme wie auch die Umstellungen in der Arbeitswelt zwangen die Menschen zu mehr Mobilität. Ströme von Arbeitsuchenden brachen in die entstehenden Industrieregionen auf. In der Regel bedeutete das die Abwanderung aus ländlichen Gegenden in Städte. Noch zu Beginn des 19. Jahrhunderts waren zwei Drittel der deutschen Bevölkerung auf dem Land beheimatet. Am Vorabend des Ersten Weltkrieges lebten rund 60 Prozent der Bevölkerung Deutschlands in Städten, ein Anteil, der damals nur noch von Großbritannien übertroffen wurde (➔M6).

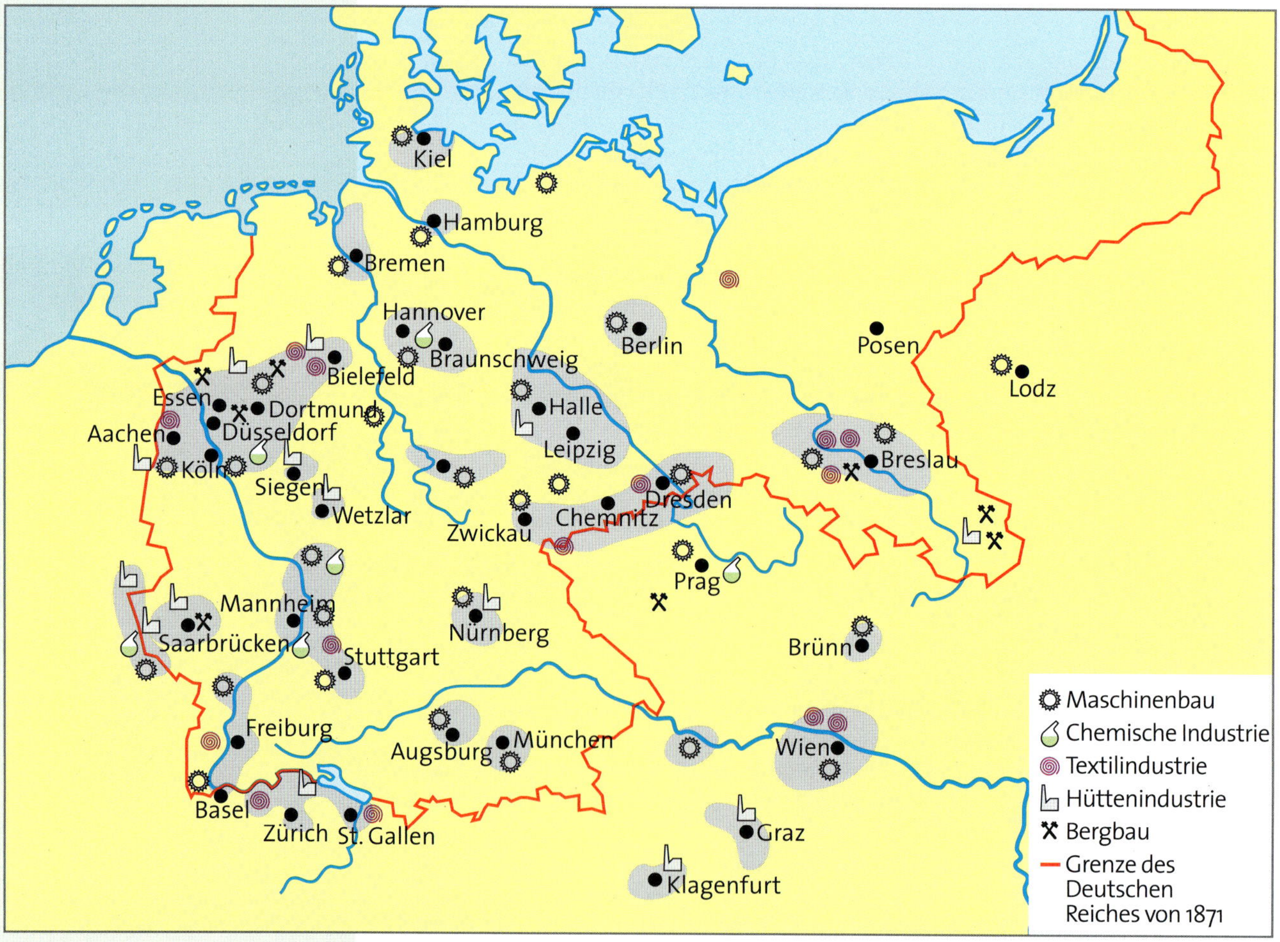

Die industriellen Standorte in Deutschland und manchen Nachbarregionen um 1900.

▶ Präsentation: Recherchieren Sie über einen der auf der Karte gezeigten Standorte und das Anwachsen seiner Bevölkerung im späten 19. und frühen 20. Jahrhundert. Gehen Sie dabei auch auf die Herkunft von Zuwanderern ein. Stellen Sie Ihre Ergebnisse in einer Statistik vor. | H

Neben der damals als *„Landflucht"* bezeichneten Entwicklung bedingte oder beförderte die Industrialisierung weitere Formen der *Migration*[1]. Zwischen 1860 und 1914 verließen etwa 16 Millionen Menschen die eher gering industrialisierten ostdeutschen Gebiete in Richtung Westen. In die Industrieregionen Deutschlands, Frankreichs und der Schweiz zog es auch viele Arbeitskräfte aus Süd-, Südost- und Osteuropa. Schlechte Lebensbedingungen, Arbeitslosigkeit oder der Mangel an politischer Freiheit waren überdies Anlässe zu massenhafter Auswanderung aus Europa. In der zweiten Hälfte des 19. Jahrhunderts verließen etwa 40 bis 45 Millionen Menschen den alten Kontinent. Allein aus Deutschland emigrierten zwischen 1830 und 1913 über fünf Millionen Menschen in die USA, deren schnell wachsende Industrie immer mehr Arbeitskräfte aufnehmen konnte.

In Deutschland führte die Binnenwanderung zu einem Anwachsen der Städte sowie zum Wandel bisher ländlicher Gebiete in Räume mit städtischer Struktur. Die *Urbanisierung* betraf zunächst Standorte der Textilproduktion, des Bergbaus und der Schwerindustrie. Kaum eine Region veränderte sich so schnell wie das Ruhrgebiet, in erster Linie bedingt durch den Kohlebergbau. Das vormals ländlich und kleinstädtisch geprägte Ruhrgebiet wuchs bis Ende des 19. Jahrhunderts zum größten industriellen Ballungszentrum Europas an. Auch Städte wie Berlin, Hamburg, Köln, Frankfurt am Main, Hannover und Nürnberg sowie das sächsisch-oberschlesische Industrierevier entwickelten sich zu urbanen Großräumen (➔M7). Verbesserte Hygiene und medizinische Versorgung sowie der Zuzug jüngerer Menschen waren der Grund für mehr Geburten. In vielen Städten verdreifachte sich die Einwohnerzahl in wenigen Jahrzehnten. Gleichfalls nahm die Anzahl der Großstädte zu: 1871 gab es im Deutschen Reich sieben, 1918 bereits mehr als 50.

„Heimweh".
Postkarte, um 1910/20.
Die fremde und anonyme großstädtische Lebens- und Arbeitswelt weckte bei vielen vom Land Zugewanderten Heimwehgefühle und führte zu einer romantischen Verklärung und Idealisierung des Landlebens.

▶ Interpretieren Sie die Postkarte.

Verändertes Wohnen | Durch den enormen Andrang in die Städte wurde der Wohnraum knapp. Dies betraf zumal Arbeiterinnen und Arbeiter und ihre Familien. Zunächst hatten die Zuwandernden in den meist heruntergekommenen Vierteln der Altstädte eine Bleibe gefunden, ehe dort der Platz aufgebraucht war. Daher entstanden Siedlungen in der Nähe der Fabriken, die sich meist außerhalb der Stadtkerne befanden – weit ab von den Villenvierteln und bürgerlichen Wohngegenden. Wohnlage und stark abweichende Mietpreise sorgten für einen hohen Grad an sozialer Differenzierung.

Die Städte dehnten sich ins Umland aus. Sie verloren dabei ihre teils noch mittelalterliche Gestalt: Stadtmauern und Befestigungsanlagen wurden niedergerissen, die Stadtgräben aufgefüllt und kleinere benachbarte Orte eingemeindet. Um die neuen Fabriken und Bahnhöfe bildeten sich eigene Stadtviertel. Trotz allem blieb das Angebot an Wohnraum hinter dem ständig wachsenden Bedarf zurück. Zudem war die Qualität der Unterkünfte häufig unzureichend, in den überfüllten Altstadtwohnungen ebenso wie in den Arbeiterkolonien an den Stadträndern und in neuartigen Industriedörfern.

Viele kinderreiche Arbeiterfamilien mussten in *„Mietskasernen"* leben, Massenunterkünften, die weder Komfort boten noch privaten Rückzugsraum gewährten. Ein Großteil der Gebäude war aus Kostengründen mit minderwertigem Baumaterial angefertigt, erwies sich als schlecht beheizbar und verfügte kaum über sanitäre Versorgung. Gleichwohl lagen die Mieten hoch und fraßen einen Großteil des Einkommens auf. Der Aufenthalt in den Arbeiterquartieren wurde nicht nur durch Enge und schlechte Ausstattung belastet, sondern ebenso durch Rauch und Lärm der Industrieanlagen. Vielfach lag die Lebenserwartung deutlich niedriger als in den Wohnvierteln des Bürgertums (➔M8).

[1] Zum Thema „Migration" siehe auch das Kernmodul auf den Seiten 162 bis 165.

Berliner Mietskasernen.
Foto von 1910.
Die Berliner Mietskasernen waren berüchtigt für ihre Blockbebauung, bei der meist drei oder vier Höfe aufeinanderfolgten. Hierhin fiel kaum Tageslicht, weil die Höfe nach Polizeivorschrift nur 5,30 Meter im Quadrat groß sein mussten, damit die pferdebespannten Spritzenwagen der Feuerwehr gerade noch darin wenden konnten.

► Partnerarbeit: „Mietskaserne" erinnert an militärische Unterkünfte. Finden Sie alternative Begriffe für die damaligen Wohnanlagen.

Proletarier (von lat. *proles*: Nachkomme): im Alten Rom Bezeichnung für die Angehörigen der Unterschicht, die nichts außer ihren eigenen Kindern besaßen

Die Stadtverwaltungen reagierten auf das verbreitete Wohnungselend lange nur zögerlich. Da die Arbeiterschaft in den politischen Gremien kaum vertreten war, konnte sie sich wenig Gehör verschaffen. Erst seit den 1890er-Jahren suchten Kommunen in Deutschland verstärkt nach Lösungen. Sie legten Bebauungspläne fest und erarbeiteten städtebauliche Konzepte, um die innerstädtische Entwicklung zu lenken und die Wohn- und Hygieneverhältnisse zu verbessern. Doch erst um die Jahrhundertwende entspannte sich die Lage.

Die Entstehung der „Sozialen Frage" | Für die Arbeiterinnen und Arbeiter in Industrie und Landwirtschaft, die für ihren Lebensunterhalt nichts als ihre Arbeitskraft besaßen, wurde zeitgenössisch der Begriff **Proletarier** üblich. Deren Lebenserwartung war wegen der schwierigen Arbeits- und Lebensbedingungen gering. Um 1914 bildeten Arbeiterinnen und Arbeiter in Deutschland bereits die größte gesellschaftliche Gruppe. Trotz ihres wachsenden Anteils an der Bevölkerung blieben sie lange ohne politische Mitbestimmung. Die prekären Lebensverhältnisse der Arbeiterschaft sowie ihre gesellschaftliche Ausgrenzung schufen eine langfristige Herausforderung, die als *Soziale Frage* bekannt wurde. Zu ihrer Lösung beschritten Unternehmer und Intellektuelle, Parteien und Gewerkschaften, Hilfsorganisationen und Kirchen sowie der Staat im 19. und frühen 20. Jahrhundert unterschiedliche Wege.

Der Streik.
Ölgemälde (181,6 x 275,6 cm) des deutsch-amerikanischen Künstlers Robert Koehler, 1886.
Das auf zahlreichen Ausstellungen präsentierte Gemälde wurde zu einem Wahrzeichen der Arbeiterbewegung in vielen Ländern, etwa in den USA, wo Anfang Mai 1886 Massenstreiks stattfanden, gegen die die Polizei teils mit brutaler Gewalt einschritt.

► Interpretieren Sie das Gemälde. | H

Angebote der Unternehmer | Nur wenige Arbeitgeber entschieden sich, die Lage ihrer Beschäftigten zu verbessern. Großunternehmer wie *Alfred Krupp* (1812–1887) oder *Friedrich Harkort* (1793–1880) gründeten in ihren Betrieben im Ruhrgebiet ab 1836 erste Betriebskrankenkassen, ließen Werkswohnungen bauen und ordneten Hygiene- und Sicherheitsvorschriften am Arbeitsplatz an. Eigene Konsumvereine boten den Beschäftigten Güter des täglichen Bedarfs zu günstigen Preisen. Diese betriebliche Vorsorge sollte die Arbeiterinnen und Arbeiter an das Unternehmen binden. Im Gegenzug wurde von den Beschäftigten erwartet, dass sie sich von Streiks, Protesten und politischen Vereinigungen fernhielten.

Umsturzvisionen | Einen wissenschaftlichen und zugleich revolutionären Ansatz entwarfen der Philosoph und Journalist Karl Marx in Zusammenarbeit mit dem Unternehmersohn Friedrich Engels. Marx und Engels beschrieben die Verhältnisse seit der Industrialisierung als *Kapitalismus*. In diesem System konzentriere sich alles Eigentum und alle wirtschaftliche Kontrolle bei den Unternehmern. Die Beschäftigten würden zwar immer mehr produzieren, aber selbst immer weniger besitzen. Damit spalte sich die Gesellschaft in eine Klasse der Eigentümer und der recht- und besitzlosen Arbeiterschaft. Der Kapitalismus untergrabe durch seine ausbeuterischen Methoden zunehmend die eigenen Grundlagen. Ab einem gewissen Punkt werde sich die Arbeiterklasse in einer Revolution gegen die Besitzenden erheben. Danach würde aller Privatbesitz in öffentliches Eigentum überführt und gemeinschaftlich verwaltet. Auf den Kapitalismus folge somit der *Sozialismus*, in dem alle Klassengegensätze nach und nach wegfielen und zuletzt auch die Existenz des Staates überflüssig werde. Der Sozialismus führe schließlich zum *Kommunismus*, einer Art Naturzustand ohne Staat, Ausbeutung und gesellschaftliche Unterschiede (→M9).

Arbeiterbewegung und Politik | Im Lauf des 19. Jahrhunderts entstanden in den industrialisierten Ländern organisierte Arbeiterbewegungen. In den deutschen Staaten galt lange das Verbot politischer Versammlungen und Vereine, daher kam es hier erst in der Märzrevolution von 1848/49 zu namhaften Zusammenschlüssen. Eine im September 1848 aus 30 Arbeitervereinen gegründete *Allgemeine Deutsche Arbeiterverbrüderung* forderte neben besseren Arbeitsbedingungen und Versorgungsleistungen auch ein allgemeines Wahlrecht. Nach dem Scheitern der Revolution dauerte es bis zum Beginn der 1860er-Jahre, ehe deutsche Staaten wieder die Bildung von Arbeiterparteien zuließen. 1863 gründete der Journalist, Philosoph und Politiker *Ferdinand Lassalle* (1825–1864) in Leipzig den *„Allgemeinen Deutschen Arbeiterverein"* (*ADAV*). Im Gegensatz zu Marx hielt Lassalle es für möglich, die Soziale Frage durch Reformen zu lösen und dabei die staatliche Grundordnung und das Privateigentum beizubehalten. Gefordert wurde dafür Mitbestimmung in den Betrieben und in der Gesetzgebung.

1869 gründeten *Wilhelm Liebknecht* (1826–1900) und *August Bebel* (1840–1913) in Eisenach eine zweite Arbeiterpartei: die *Sozialdemokratische Arbeiterpartei* (*SDAP*). Sie orientierte sich anfangs an den Lehren von Marx und Engels. Erst 1875 gab sich die Partei in Gotha, nun unter dem Namen *Sozialistische Arbeiterpartei Deutschlands* (*SAP*) ein Programm, das auf eine gewaltsame Revolution verzichtete und friedliche Reformen auf dem Weg der Gesetzgebung empfahl. Dennoch sah die Reichsleitung unter Kanzler *Otto von Bismarck*[1] die Sozialdemokratie als politische Gefahr. Bismarcks umstrittenes *„Sozialistengesetz"* verhängte von 1878 bis 1890 ein Verbot über die Partei. Nach ihrer Wiederbegründung als *SPD* (1890) wurden die Sozialdemokraten im Reichstag zu einer immer stärkeren Kraft. Am Ende des Kaiserreiches stellten sie die größte Fraktion im Parlament.

Karl Marx (1818–1883): Wirtschaftswissenschaftler, Philosoph und Publizist aus Trier, Begründer der Wirtschafts- und Gesellschaftstheorie des Marxismus, brachte als politisch Verfolgter 1845 bis 1848 in Brüssel zu, ging nach der Revolution von 1848/49 ins Exil nach London

Friedrich Engels (1820–1895): Kaufmann, Philosoph und Publizist aus Barmen, enger Weggefährte und Mitarbeiter von Karl Marx

Internettipp
Zum „Sozialistengesetz" siehe auch den Code **32037-40**.

[1] Siehe Seite 268.

In enger Zusammenarbeit mit der politischen Arbeiterbewegung wirkten manche **Gewerkschaften**. Auch sie traten erst seit den 1860er-Jahren nennenswert in Erscheinung. Als Arbeitnehmervertreter versuchten sie Reformen in den Betrieben sowie bessere Löhne und Arbeitsschutz durchzusetzen. Ein wichtiges Druckmittel war der Arbeitskampf, die Ankündigung oder Durchführung von Streiks. Vor allem die sozialdemokratisch orientierten *Freien Gewerkschaften* hatten großen Zulauf unter den Beschäftigten. Weit weniger Einfluss besaßen die bürgerlich geprägten Arbeitnehmerverbände sowie christliche Gewerkschaften.

Gewerkschaften: Nach dem Vorbild der britischen *trade unions* gegründete Arbeitervereinigungen, die die Interessen der Beschäftigten gegenüber Arbeitgebern und Regierung vertreten

Initiativen von kirchlicher Seite | In der Sozialen Frage fehlte es lange an einem wahrnehmbaren Engagement der Amtskirchen. Ausschlaggebend waren u. a. weltanschauliche Gegensätze zur Sozialdemokratie und zu den Anhängern des Kommunismus. Hinzu kam ein generelles Misstrauen vor der Industrialisierung und den von ihr verursachten sozialen Umbrüchen. Daher blieb es vorerst bei den Initiativen Einzelner. Der evangelische Pastor *Johann Hinrich Wichern* (1808–1881) gründete 1833 in Hamburg das *„Rauhe Haus"*, das sich um alleinstehende Jugendliche und ihre Ausbildung bemühte. Wichern regte auch die *„Innere Mission"* an, die für die Sozialarbeit in den evangelischen Kirchen richtungweisend wurde.

Auf katholischer Seite traten besonders der Kölner Domvikar *Adolph Kolping* (1813–1865) und der Mainzer Erzbischof *Wilhelm von Ketteler* (1811–1877) hervor, um die Lage der Handwerker und der Arbeiterschaft zu verbessern. Die von Kolping angestoßenen katholischen Gesellenvereine unterstützten seit 1846 vor allem junge Handwerksgesellen bei der Suche nach geistiger Betreuung. Daraus ging das *Kolpingwerk* hervor, ein Netzwerk an Fürsorge- und Bildungseinrichtungen (➔M10). Erst Ende des 19. Jahrhunderts bezog auch das Papsttum zu sozialen Problemen Stellung und forderte etwa in der **Enzyklika** „Rerum Novarum" („Die neuen Dinge") von 1891 Arbeitsschutz und gerechten Lohn.

Enzyklika (von altgriech. *kyklos*: Ring, Kreis): Rundschreiben des Papstes an die katholischen Gemeinden in aller Welt, mit Lehrinhalten zu Fragen des Glaubens, der Lebensführung oder über gesellschaftliche Themen

Staatliches Vorgehen | Von staatlicher Seite herrschte lange Zurückhaltung, der Sozialen Frage zu begegnen. Die Arbeiterbewegung und viele ihrer Forderungen galten in den bürgerlichen und adligen Kreisen Deutschlands als Gefahr für die bestehende gesellschaftliche Ordnung. Nach der Gründung des Deutschen Reiches 1871 ging Reichskanzler **Otto von Bismarck** daran, Sozialdemokratie und Arbeiterbewegung zu schwächen. Durch das „Sozialistengesetz" von 1878 sollten die Arbeiterparteien politisch ausgeschaltet werden.

Gleichzeitig nahm Bismarck sozialpolitische Forderungen der Arbeiterbewegung auf und versuchte, durch eine fortschrittliche *Sozialgesetzgebung* die Arbeiterschaft mit dem Staat zu versöhnen. Hierzu wurde 1883 reichsweit eine gesetzliche Krankenversicherung für Arbeiterinnen und Arbeiter sowie einen Teil der Angestellten eingeführt (➔M11). 1884 folgte eine Unfallversicherung für Beschäftigte, die von den Arbeitgebern zu tragen war. Zuletzt entstand 1889 eine staatliche Rentenversicherung. Ehemalige Beschäftigte mit niedrigem Einkommen hatten ab dem 70. Lebensjahr Anspruch auf eine Rente, ebenso Invaliden nach mehr als einem Jahr Arbeitsunfähigkeit.

Mithilfe dieser Gesetze verbesserte sich die soziale Sicherheit der Beschäftigten spürbar. Alter und Krankheit waren nun nicht mehr gleichbedeutend mit dem Verlust jeglichen Einkommens. Hingegen erreichten weder das Verbot der Sozialdemokratie bis 1890 noch die Sozialgesetze das von Bismarck angestrebte Ziel, den Arbeiterparteien und Gewerkschaften die Anhängerschaft zu entziehen.

Otto von Bismarck (1815–1898): Ministerpräsident Preußens von 1862 bis Januar 1873 und November 1873 bis 1890, von 1867 bis 1871 Kanzler des Norddeutschen Bundes, danach bis 1890 Deutscher Reichskanzler

Wachsende staatliche Verantwortung | Einmal eingeführt, waren soziale Sicherungssysteme nicht mehr aus der Industriegesellschaft wegzudenken. Der Auf- und Ausbau eines **Sozialstaates** wurde zu einem Hauptanliegen von Regierung und Parlament, im Deutschen Reich wie in anderen Industrieländern. In den 1920er-Jahren wurde eine *Arbeitslosenversicherung* eingeführt, nach dem Zweiten Weltkrieg traten weitere Sozialleistungen hinzu.

Sozialstaat: Gesamtheit von Gesetzen, öffentlichen Einrichtungen und Angeboten zur Unterstützung für sozial Schwache

Zu Beginn der Industrialisierung hatte der Staat in den Augen der Unternehmer noch als Hindernis für die wirtschaftliche Entwicklung gegolten. Gegen Ende des 19. Jahrhunderts wurde der Ruf nach einer staatlich gelenkten Wirtschaftspolitik immer lauter. Das betraf etwa die Errichtung von Außenzöllen zum Schutz heimischer Wirtschaftszweige (*Protektionismus*) oder umgekehrt den Abschluss internationaler Handelsverträge zur Öffnung von Märkten (*Freihandel*). Staatliche Kredite oder Großaufträge an Industriebetriebe sollten über Krisen des Wirtschaftswachstums hinweghelfen. Viele Unternehmer gründeten seit dem späten 19. Jahrhundert nationale Interessenverbände, um organisierten Einfluss auf Gesetzgebung, Lohnentwicklung, Handels- und Außenpolitik des eigenen Landes auszuüben. Bis heute spielen Arbeitgeber- und Arbeitnehmerverbände eine wichtige Rolle in der öffentlichen Meinung, bei Wahlkämpfen und politischen Entscheidungen.

Internationale und globale Gegensätze | Seit den 1880er-Jahren gingen europäische Staaten, die USA und Japan dazu über, mit einer Politik des *Imperialismus* Kontrolle über Länder in Afrika, Asien oder Lateinamerika zu erlangen, um sie als Rohstofflieferanten, Handelsstützpunkte und Absatzmärkte zu nutzen. Die Mehrzahl der Industrienationen verfügte am Vorabend des Ersten Weltkrieges über Kolonien, deren Bevölkerung, Landschaft und Bodenschätze oft rücksichtslos ausgebeutet wurden. Erst nach dem Zweiten Weltkrieg lösten sich die noch vorhandenen Kolonialreiche in Asien, Lateinamerika und Afrika auf. Die damals neu entstehenden Staaten oder auch das kommunistisch regierte China waren noch überwiegend vorindustriell geprägt. Als *Entwicklungs- und Schwellenländer* auf dem Weg zu modernen Industrienationen durchliefen sie – teils bis in die Gegenwart – vergleichbare Schwierigkeiten wie die europäischen Länder im 19. Jahrhundert (starkes Bevölkerungswachstum, unkontrollierte Zunahme städtischer Ballungsräume, verschärfte soziale Gegensätze). Der *Nord-Süd-Konflikt*, das Gefälle zwischen Ländern hoher und geringer wirtschaftlicher Entwicklung, hängt eng mit der Industrialisierung der verschiedenen Teile der Welt zusammen.

Schon seit Ende des Ersten Weltkrieges ergab sich aus den Folgen der Industrialisierung ein anderer globaler Gegensatz. Während viele Industrieländer auf das System eines politischen und wirtschaftlichen Liberalismus setzten, schlug die nach 1917 entstandene Sowjetunion den Weg eines revolutionären Sozialismus ein. Dieser *Ost-West-Konflikt* kam jedoch erst am Ende des Zweiten Weltkrieges voll zur Geltung, als die USA wie die Sowjetunion ihren jeweiligen Machtbereich erheblich ausdehnten. Die industrialisierte Welt teilte sich bald darauf in gegnerische Blöcke mit unterschiedlicher Wirtschaftsform und Weltanschauung. Erst der Zusammenbruch der kommunistischen Regime in Osteuropa 1989/91 hob den Konflikt auf.

Internettipp
Zum Nord-Süd-Konflikt siehe den gleichnamigen Artikel im „Staatslexikon" unter dem Code **32037-41**.

Internationale und globale Zusammenarbeit | Damit wurde auch der Weg frei für einen europäischen Binnenmarkt als Bestandteil der Europäischen Union. Der 1993 geschaffene *EU-Binnenmarkt* ist die Fortsetzung der schrittweisen wirtschaftlichen Integration europäischer Industrieländer, ein Prozess, der in den 1950er-Jahren begann und zunächst nur auf den Westen Europas begrenzt blieb (→M12).

Wie in Europa beförderten Industrialisierung, wirtschaftliches Wachstum und technischer Fortschritt auch weltweit grenzüberschreitende Verknüpfungen. Die Globalisierung ist seit den 1990er-Jahren immer deutlicher wahrnehmbar, vor allem als Bewusstsein zunehmender Abhängigkeit zwischen den Erdteilen – in Hinsicht auf die Beachtung der Menschenrechte, den Bedarf an Ressourcen, Nahrung, Energie und Kapital, den Austausch von Wissen sowie den Schutz der Umwelt und der weltweiten Lebensgrundlagen.

Globalisierung: Prozess einer fortschreitenden Annäherung und Verflechtung zwischen den verschiedenen Weltregionen durch Handel, Kapitalverkehr und sonstige Wirtschaftsbeziehungen, Migration und Tourismus, Medien und Kommunikation oder zwischenstaatliche Vereinbarungen

M1 Aufschwung und Technologie

Der Historiker Toni Pierenkemper (1944–2019) verweist auf grundsätzliche Neuerungen, die in der Industrialisierung zum Durchbruch gekommen sind:

Dies erscheint als das historisch Einmalige des europäischen Industrialisierungsprozesses. Die betroffenen Nationen erzielten ein langfristiges und stetiges Wirtschaftswachstum. Immerhin erlebte Großbritannien seit den 1760er-Jahren, d.h. seit mehr als zweihundert Jahren, eine durchschnittliche jährliche Steigerung des Pro-Kopf-Sozialprodukts[1] von 1,2 Prozent, und Deutschland und Frankreich folgten mit ähnlichen Raten, nämlich mit 1,7 Prozent seit den 1830er- (Frankreich) bzw. seit den 1850er-Jahren (Deutschland). […]
Nun hat es allerdings auch zu vorindustriellen Zeiten bemerkenswerte ökonomische Aufschwungphasen gegeben. Diese vollzogen sich jedoch immer in kleinräumig organisierten traditionellen Gesellschaften, in denen Ernteschwankungen, Krankheiten und Seuchen sowie Kriege und Eroberungen diesen gelegentlichen Aufschwüngen bald ein Ende setzten. Die traditionellen Gesellschaften stießen bei ihren Versuchen, zu einer langfristigen ökonomischen Expansion zu kommen, immer wieder an quasi natürliche Grenzen. Vielversprechenden Aufschwüngen folgten bald enttäuschende Abschwünge. Entscheidend für die Befangenheit in dem durch die Natur gesetzten Rahmen waren vor allem technische Gründe. Innovationen erfolgten nur vereinzelt und bauten nicht aufeinander auf. Der Mensch hatte die „Methode der Erfindung" noch nicht erfunden. Dies gelang erst in der Industriellen Revolution. Hier erfolgte erstmals, und von nun an andauernd, die systematische Anwendung von Wissenschaft und Technologie auf die Produktion von Gütern und Dienstleistungen. Hinzu traten in den traditionellen Gesellschaften kulturelle Faktoren und soziale Werte, die einer beschleunigten ökonomischen Expansion entgegenstanden. Sie blieben in einem Teufelskreis der Armut befangen, die eine Expansion der Produktion nur bei steigenden Inputs[2] und sinkenden Erträgen ermöglichte. Realisierte Zuwächse wurden bald wieder durch eine wachsende Bevölkerung aufgezehrt. Diese latente[3] Armut der vorindustriellen Welt konnte erst durch die Industrialisierung überwunden werden.

Toni Pierenkemper, Umstrittene Revolutionen. Industrialisierung im 19. Jahrhundert, Frankfurt am Main 1996, S. 26f.

[1] **Sozialprodukt**: Gesamtwert der in einem bestimmten Zeitraum von einer Volkswirtschaft hergestellten Güter, Gradmesser für die wirtschaftliche Leistungsfähigkeit eines Landes
[2] **Input** (engl.: Eingabe): (hier) Zufuhr (bspw. an Rohstoffen) oder Einsatz (von Personal, Energie usw.) für einen wirtschaftlichen Herstellungsprozess
[3] **latent** (von lat. *latere*: verborgen sein): unterschwellig, nicht offen zutage tretend

1. Erstellen Sie anhand des Textes eine Übersicht, die die Gegebenheiten in vorindustriellen Gesellschaften mit den Bedingungen seit der Industrialisierung vergleicht. | F
2. Erklären Sie, was mit der „Methode der Erfindung" (Zeile 25) gemeint ist. | F
3. Arbeiten Sie heraus, welche grundsätzlichen Hindernisse vor der Industrialisierung einem dauerhaften Wirtschaftswachstum entgegenstanden. | F

M2 Das Reich der Baumwolle

*Der Historiker Sven Beckert (*1965) urteilt kritisch über die Entwicklung der Marktwirtschaft im Weltmaßstab:*

Wir glauben für gewöhnlich, dass der Kapitalismus[4] – zumindest in seiner globalisierten[5], von der Massenproduktion geprägten Form – um 1780 mit der Industriellen Revolution aufkam. Aber er existierte lange vor den Maschinen und den Fabriken. Der Kriegskapitalismus gedieh nicht in den Fabriken, sondern auf Feldern; er war nicht mechanisiert, sondern flächen- und arbeitsintensiv, da er auf der gewaltsamen Enteignung von Land und Arbeitern in Afrika, Asien und den Amerikas beruhte. Diese Enteignungen brachten großen Wohlstand und neue Erkenntnisse mit sich, was wiederum den Reichtum, die Institutionen und Staaten Europas stärkte – alles zentrale Voraussetzungen für Europas herausragende wirtschaftliche Entwicklung im 19. Jahrhundert. […]
Wenn wir an Kapitalismus denken, dann denken wir an Lohnarbeiter – aber diese erste Phase des Kapitalismus basierte im Wesentlichen nicht auf freier Arbeit, sondern auf der Sklaverei. Wenn wir an Kapitalismus denken, dann denken wir an Verträge und Märkte, aber die erste Phase des Kapitalismus gründete sich häufig auf den Einsatz von Gewalt und körperlichem Zwang. Wenn wir an Kapitalismus denken, dann denken wir an einen Rechtsstaat und einflussreiche Institutionen, die durch diesen gestützt werden, aber diese erste Phase des Kapitalismus, wenngleich zur Errichtung weltumspannender Imperien auf staatliche Unterstützung angewiesen, basierte häufig auf Enteignung und dem skrupellosen und ungebremsten Vorgehen privater Individuen – etwa von Plantagenbesitzern, die über Sklaven herrschten, oder von Kapitalbesitzern in der nordamerikanischen Peripherie[6], die sich die Ureinwohner unterwarfen. Dies alles führte dazu, dass die Europäer in der Lage waren, die jahrhundertealten Welten der Baumwolle

[4] **Kapitalismus**: Siehe dazu die Definition auf Seite 259.
[5] **globalisiert**: weltweit wirtschaftlich verflochten
[6] **nordamerikanische Peripherie**: Umschreibung für die Länder Nordamerikas, von Europa als Zentrum aus betrachtet

zu dominieren, sie zu einem einzigen Imperium mit dem Zentrum Manchester[1] zu verschmelzen und schließlich auch die globale Ökonomie aufzubauen, die uns heute selbstverständlich erscheint. Mit anderen Worten: Der Kriegskapitalismus brachte den Industriekapitalismus hervor. [...] Baumwolle begann den globalen Handel zu dominieren. Baumwollfabriken übertrumpften jede andere Industrie in Europa oder Nordamerika. Der Baumwollanbau beherrschte die Wirtschaft der Vereinigten Staaten während eines Großteils des 19. Jahrhunderts. Zahlreiche neue industrielle Herstellungsmethoden kamen zuerst im Bereich der Baumwollfabrikation auf. Die Fabrik selbst war eine Erfindung der Baumwollindustrie, ebenso wie die Verknüpfung der Sklavenplantagen in Nord- und Südamerika mit der Verarbeitung in Europa. Da die Baumwollindustrie für viele Jahrzehnte Europas wichtigster Industriezweig war, wurde sie zur Quelle für riesige Gewinne, die wiederum zum Aufbau anderer Segmente der europäischen Wirtschaft beitrugen. Die Baumwolle war auch die Wiege der Industrialisierung in praktisch jedem anderen Teil der Erde – den Vereinigten Staaten und Ägypten, Mexiko und Brasilien, Japan und China. Zugleich führte Europas beherrschende Stellung in der weltweiten Baumwollindustrie zu einer Welle der Zerstörung handwerklichen Spinnens und Webens fast überall sonst auf der Welt, was eine neue und sehr einseitige Form der Integration der Weltwirtschaft ermöglichte.

Sven Beckert, King Cotton. Eine Geschichte des globalen Kapitalismus, München 2014, S. 12–15 (übersetzt von Annabel Zettel; Auszüge)

1. Erläutern Sie die Rolle Europas und der übrigen Weltteile in Hinblick auf die Produktion, Verarbeitung und Vermarktung von Baumwolle.
2. Präsentation: Recherchieren Sie im Internet, wie und in welchen Regionen Baumwolle gewonnen wird. Stellen Sie Ihre Ergebnisse in einem Referat vor.
3. Untersuchen Sie die Bedeutung anderer wichtiger Rohstoffe für Wirtschaft und Politik in aller Welt.
4. Gruppenarbeit: „Die Industrialisierung: Wohlstand für Europa auf Kosten der übrigen Welt?“ Diskutieren Sie in der Klasse über diese Streitfrage. | F

M3 Industrialisierung in Zahlen

a) Anteil bestimmter Regionen an der Weltindustrieproduktion[2], 1750–1900 (in Prozent):

	Europa	USA, Kanada, Japan	China, Indien, Brasilien, Mexiko
1750	23,2	3,9	73,0
1800	28,1	4,2	67,7
1830	34,2	5,3	60,5
1860	53,2	10,2	36,6
1880	61,3	17,8	20,9
1900	62,0	26,9	11,0

Aus: Handbuch der europäischen Wirtschafts- und Sozialgeschichte, hrsg. von Wolfram Fischer, Jan A. van Houtte, Hermann Kellenbenz, Ilja Mieck und Friedrich Vittinghoff, Bd. 4, Stuttgart 1993, S. 151

b) Roheisenproduktion je Einwohner in einzelnen Ländern, 1800–1910:

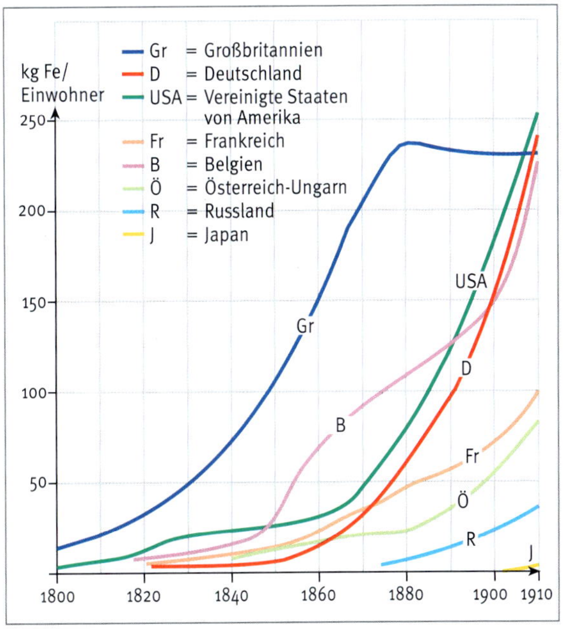

Nach: Friedrich-Wilhelm Henning, Die Industrialisierung in Deutschland 1800 bis 1914, Paderborn/München/Wien/Zürich [9]1995, S. 153

[1] **Manchester:** Die Stadt im Nordwesten Englands war Dreh- und Angelpunkt der britischen Textilindustrie.

[2] Gesamtheit der Güterproduktion durch Industrie und Handwerk, ausgenommen die Erzeugnisse von Landwirtschaft, Bergbau, Baugewerbe sowie Versorgungsleistungen

c) Produktion von Roheisen und Stahl in Deutschland 1800–1870 (in tausend Tonnen):

	Deutscher Bund[1]		Preußen	
	Roheisen	Stahl	Roheisen	Stahl
um 1800	80,8	60,0	30,0	21,4
1830	–	–	59,3	41,6
1840	190,7	122,0	111,6	92,1
1850	214,6	196,9	135,0	149,3
1860	530,3	426,3	394,7	352,5
1870	1390,5	1044,7	1155,5	916,7

Nach: Wolfram Fischer, Jochen Krengel und Jutta Wietog, Sozialgeschichtliches Arbeitsbuch, Bd. I: Materialien zur Statistik des Deutschen Bundes 1815–1870, München 1982, S. 68–71

1. Fassen Sie die zentralen Aussagen der drei Statistiken zusammen. | H
2. Arbeiten Sie anhand von a) und b) jeweils „Vorreiter" und „Nachzügler" der gewerblichen Produktion bzw. der Industrialisierung heraus. | F
3. Erläutern Sie unter Verweis auf c) die Rolle Preußens für die Industrialisierung in Deutschland.

M4 Kinder- und Jugendarbeit

Die preußische Regierung erlässt im März 1839 erstmals ein „Regulativ über die Beschäftigung jugendlicher Arbeiter in Fabriken". Die Bestimmungen werden in einem Lexikonartikel über „Fabrikwesen" von 1861 wie folgt zusammengefasst:

Unterm 9. März 1839 erging ein „Regulativ über die Beschäftigung jugendlicher Arbeiter in Fabriken", welches aber durch ein Gesetz vom 16. Mai 1853 mehrfach abgeändert wurde. Danach ist es untersagt, Kinder vor zurückgelegtem zwölften Lebensjahr in Fabriken, Berg-, Hütten- und Pochwerken[2] regelmäßig zu beschäftigen (das Regulativ hatte das neunte Jahr bestimmt). Bis zum vierzehnten Altersjahre ist die Arbeitszeit auf sechs Stunden (nach dem Regulativ 10 Stunden) beschränkt, und sie darf auch vom vierzehnten bis nach beendigtem sechzehnten Lebensjahre nicht über 10 Stunden ausgedehnt werden. Für die noch nicht Vierzehnjährigen ist ein dreistündiger Schulunterricht vorgeschrieben.

In außerordentlichen Fällen darf die Ortspolizei eine Verlängerung der Arbeitszeit bis zu einer Stunde täglich, jedoch höchstens auf vier Wochen bewilligen.
Die Beschäftigung jugendlicher Arbeiter vor 5½ Uhr morgens und nach 8½ Uhr abends sowie an Sonn- und Feiertagen ist gänzlich untersagt. Zwischen den Arbeitsstunden ist freie Zeit zu lassen, und zwar vor- und nachmittags je eine halbe Stunde, mittags eine ganze Stunde, wobei jedesmal Bewegung in freier Luft gestattet sein muß.
Für den Religionsunterricht muß die nöthige Zeit gelassen werden. Die Fabrikeigenthümer haben über die von ihnen beschäftigten jungen Leute genaue Register zu führen und der Polizei mitzutheilen. [...]
Die Ministerien bestimmen die Art der örtlichen Aufsicht. Strafen: 1–5 Th[a]l[e]r für jedes vorschriftswidrig beschäftigte Kind; das zweite mal 5–50 Th[a]l[e]r. Nach drei verschiedenen Übertretungsfällen innerhalb fünf Jahren kann der Richter beim vierten Falle die Beschäftigung von Kindern unter 16 Jahren auf bestimmte Zeit oder für immer untersagen. Sind in fünf Jahren sechs Übertretungsfälle bestraft worden, so muß diese Untersagung wenigstens auf drei Monate ausgesprochen werden.

Georg Friedrich Kolb, Fabrikwesen, in: Das Staats-Lexikon. Encyklopädie der sämmtlichen Staatswissenschaften für alle Stände, hrsg. von Karl von Rotteck und Karl Welcker, Bd. 5, Leipzig [3]1861, S. 216–245, hier S. 243

1. Erläutern Sie, worauf die hier beschriebenen Bestimmungen besonderen Wert legen. | F
2. Arbeiten Sie heraus, welche mutmaßlichen Zustände in den Fabriken vor Erlass des Regulativs herrschten.
3. Beurteilen Sie, welche Gefahren für jugendliche Beschäftigte in den Bestimmungen nicht oder nicht ausreichend berücksichtigt sind.
4. Präsentation: Entwerfen Sie ein Poster, das die genannten Anordnungen grafisch und einfach nachvollziehbar darstellt.
5. Präsentation: Recherchieren Sie über Länder, in denen Kinder- und Jugendarbeit heute noch existiert. Stellen Sie ein Beispiel in einem Referat vor. Gehen Sie dabei auch auf die Wirtschaftslage des Landes und die Problematik der Beschäftigung Minderjähriger ein.

M5 Vorrang für den Fortschritt

Konrad Wilhelm Jurisch (1846–1917), Chemiker an der Technischen Hochschule Berlin, verfasst 1890 ein Gutachten über die Gewässerverschmutzung durch die chemische Industrie. Was die Nachteile für die Fischerei betrifft, lautet sein Befund:

Es hat sich herausgestellt, daß für ganz Deutschland der wirthschaftliche Werth der Industrien, welche Abwässer liefern, ca. 1000 mal größer ist, als der Werth der Binnenfischerei in Seen und Flüssen [...]. Nun ist hierbei noch zu

[1] Angaben für 1870: ohne Österreich, Böhmen und Luxemburg
[2] **Hüttenwerk**: Industriebetrieb zur Herstellung von Metallen, Schwefel oder Glas aus Rohstoffen (Verhüttung); **Pochwerk**: Anlage, meist innerhalb eines Hüttenbetriebs, zur Zerkleinerung von Rohstoffen für die weitere Verarbeitung

bedenken, daß die Flußfischerei sich über das ganze Deutsche Reich ziemlich gleichmäßig vertheilt, während die Industrien sich auf einzelne Gegenden concentriren. [...] Haben sich an einem kleinen Fluß wie z.B. Wupper oder Emscher, Bode und anderen, so viele Fabriken angesiedelt, daß die Fischzucht in denselben gestört wird, so muß man dieselbe preisgeben. Die Flüsse dienen dann als die wohlthätigen, natürlichen Ableiter der Industriewässer nach dem Meere. [...] Die Fischerei hat auf ein Flußgebiet, an dem gewerbliche und industrielle Anlagen errichtet worden sind, oder werden, keinen Anspruch auf alleinige Berechtigung; und wenn die besten Einrichtungen für Reinigung und Abwässer getroffen, und diese vom Staat durch seine technischen Beamten gutgeheißen worden sind, so hat die Fischerei kein weiteres Vorrecht zu beanspruchen. [...] Dieser Grundsatz entspricht nicht nur den Anforderungen des Nationalwohlstandes, sondern auch den wirthschaftlichen Interessen der örtlichen Bevölkerung. Denn wo ein Landstrich vor dem Entstehen der Industrie nur eine spärliche und ärmliche Bevölkerung trug, welche zwar ungehinderten und reichlichen Fischfang trieb, aber nur geringen Absatz und geringen Verdienst fand, und an die Scholle gebunden[1], an den Fortschritten der Civilisation nur geringen Anteil nehmen konnte; – da verdichtet sich die Bevölkerung durch das Aufblühen der Industrie, Arbeiterschaaren strömen herbei; Verkehrswege werden geschaffen; ein fortwährendes Kommen und Gehen Fremder bringt die ortsansässige Bevölkerung in lebendige Berührung mit dem kräftig pulsierenden Leben der Nation; neuer Absatz, vermehrter Verdienst öffnen sich; Bildungsanstalten entstehen und gestatten der Bevölkerung, sich auf eine höhere Stufe der Kultur zu heben. Es liegt daher im wohlverstandenen Interesse eines jeden armen Landstriches, das Aufblühen der Industrie zu fördern, selbst auf Kosten der Fischerei.

Konrad Wilhelm Jurisch, Die Verunreinigung der Gewässer. Eine Denkschrift im Auftrage der Flusscommission des Vereins zur Wahrung der Interessen der chemischen Industrie Deutschlands, Berlin 1890, S. 103

1. Fassen Sie die Argumentation des Gutachtens in eigenen Worten zusammen. | H
2. Vergleichen Sie die Gegenüberstellung von vorindustrieller und Industriegesellschaft mit den Ausführungen in M1.
3. Setzen Sie sich mit der abschließenden Behauptung des Textes (Zeile 36–38) auseinander.
4. Präsentation: Recherchieren Sie im Internet über Fälle, in denen Unternehmen der chemischen oder Pharmaindustrie in Geschichte oder Gegenwart für Umweltschäden haftbar gemacht wurden. Stellen Sie ein Beispiel in der Klasse vor.

M6 Urbanisierung

Verteilung von Stadt- und Landbevölkerung im Deutschen Reich, 1871–1910:

	Prozentualer Anteil an der Gesamtbevölkerung in Gemeinden mit				
	weniger als 2000 Einwohnern	2000 bis 5000 Einwohnern	5000 bis 20000 Einwohnern	20000 bis 100000 Einwohnern	über 100000 Einwohnern
1871	63,9	12,4	11,2	7,7	4,8
1880	58,6	12,7	12,6	8,9	7,2
1890	53,0	12,0	13,1	9,8	12,1
1900	45,6	12,1	13,5	12,6	16,2
1905	42,6	11,8	13,7	12,9	19,0
1910	40,0	11,2	14,1	13,4	21,3

Nach: Gerd Hohorst, Jürgen Kocka und Gerhard A. Ritter, Sozialgeschichtliches Arbeitsbuch, Bd. II: Materialien zur Statistik des Kaiserreichs 1870–1914, München 1975, S. 52

1. Präsentation: Setzen Sie die Statistik in eine geeignete Diagrammform um, die das Verhältnis von Stadt- und Landbevölkerung anzeigt.
2. Erläutern Sie die hier gezeigte Entwicklung.
3. Die Industrialisierung – ein Abschied von der ländlichen Welt? Setzen Sie sich mit dieser Frage auseinander.

[1] **an die Scholle gebunden**: veraltete Bezeichnung für die Bindung der bäuerlichen Bevölkerung an ihr eigenes oder von einem Grundherrn gepachtetes Land

M7 Vom Dorf zur Stadt

Linden im Westen von Hannover ist zu Beginn des 19. Jahrhunderts eine Dorfgemeinde mit etwas mehr als tausend Einwohnerinnen und Einwohnern. Seit Mitte der 1830er-Jahre entsteht hier ein Standort der Textilindustrie, des Lokomotiv- und Maschinenbaus. Der enorme Zuzug von Beschäftigten sorgt für Wohnungsnot, seit 1845 werden erste Arbeitersiedlungen in Linden errichtet. 1865 versucht die Gemeinde den Anschluss an die Stadt Hannover, wird jedoch abgewiesen, ebenso 1885, als sich der Ort noch weiter vergrößert hat. Über die damalige Situation heißt es in einer lokalgeschichtlichen Darstellung:

Wollte man für das 25000 Einwohner zählende Linden in dieser Entwicklungsphase eine treffende Bezeichnung finden, so stößt man auf Schwierigkeiten. In rechtlichem Sinne war Linden noch ein Dorf, und darauf bezugnehmend nannte man Linden zu dieser Zeit scherzhafterweise „das größte Dorf Preußens". Man wusste natürlich sehr wohl, dass dieses Gebilde im Westen Hannovers seinen dörflichen Zustand längst verlassen hatte. Linden war einem allgemein im 19. Jahrhundert sich entwickelnden Siedlungstyp zuzuordnen, der gekennzeichnet war durch ursprünglich dörfliche Strukturen, die durch Arbeiterwohnungen und Industrie überwuchert wurden. Häufiger entstand dieser Siedlungstyp im Einzugsbereich großer Städte oder an Standorten intensiver industrieller Produktion, wie im Ruhrgebiet, in Sachsen, im Saarland und in Oberschlesien. In der Statistik wurden diese Orte, solange sie weder von benachbarten Großstädten eingemeindet worden waren oder selbst Stadtrechte verliehen bekamen, als industrialisierte Landgemeinden geführt. In Preußen konzentrierten sich diese Gemeinden im Ruhrgebiet und auch rund um Berlin. Linden war in Preußen eine der größten dieser Landgemeinden. Nur drei andere Orte (Rixdorf bei Berlin, Altendorf und Borbeck bei Essen) erreichten um 1885 ebenfalls mehr als 20000 Einwohner. Gemessen an der Einwohnerzahl hatten diese Orte längst den Schritt zur Stadt vollzogen. Doch infrastrukturelle Versorgung und kommunale Verwaltung waren vom städtischen Status noch weit entfernt. Auch das im Wesentlichen durch zerstreut liegende Häusergruppen geprägte Ortsbild ähnelte in der Regel wenig dem herkömmlichen Bild einer Stadt. Nur noch bedingt ließen sich diese typischen Agglomerationen[1] des 19. Jahrhunderts in jenen Formen regieren und verwalten, die eigentlich für ländliche Gemeinden vorgesehen waren.

In Linden waren die Verhältnisse des Ortes schon längst nicht mehr mit den Mitteln der alten Dorfverfassung zu re-

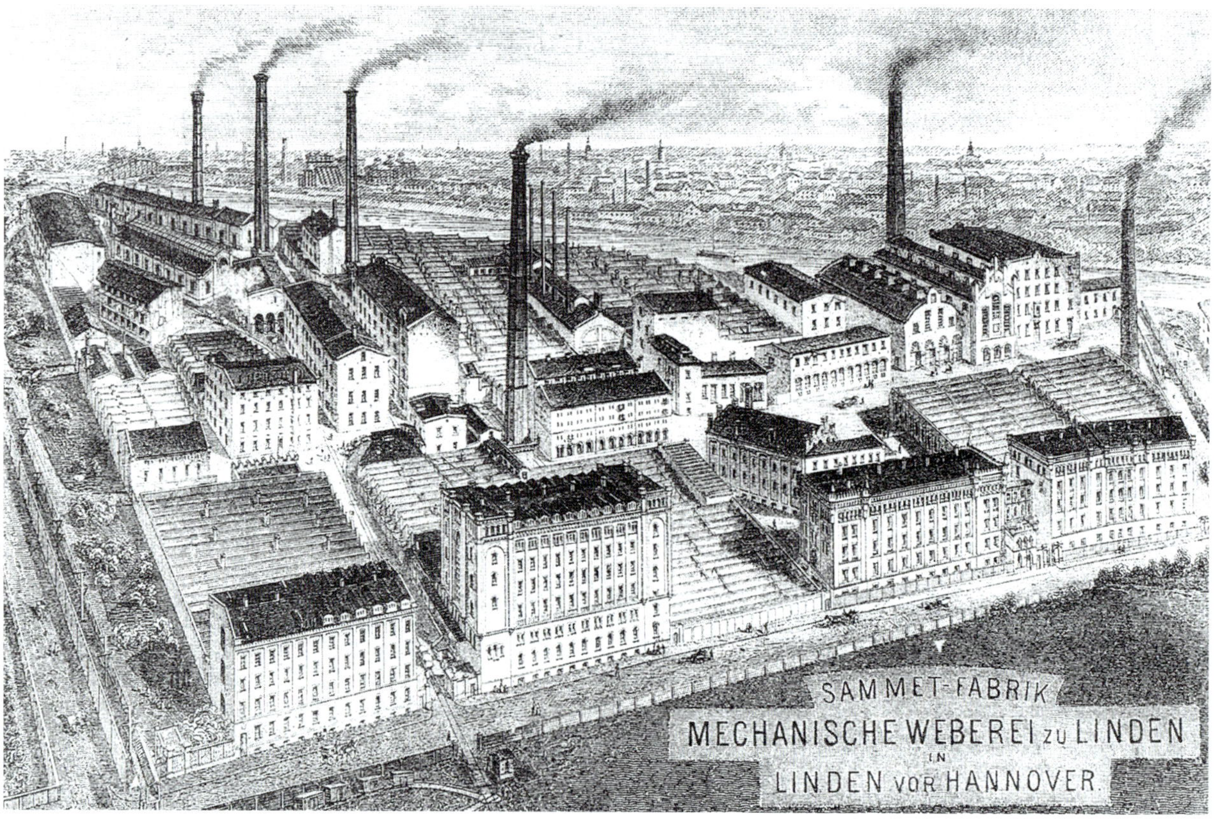

Ansicht der Mechanischen Weberei in Linden.
Stahlstich, um 1890.
Im Hintergrund die Ihme, dahinter die Stadt Hannover. Erst 1920 wurde die Stadt Linden in Hannover eingemeindet.

[1] **Agglomeration**: Anhäufung, Ballungsgebiet

geln gewesen. […] Zur Bewältigung der kommunalen Aufgaben waren höhere Steuereinnahmen und eine tatkräftigere Verwaltungsorganisation notwendig. Der Übergang Lindens zur städtischen Verfassung war unumgänglich geworden. […] Die Frage nach einer neuen Ortsverfassung war noch drängender geworden, seitdem bekannt geworden war, dass Linden nach der jetzt fälligen Kreisreform dem neugebildeten Kreis Hannover zugeordnet worden wäre. Diese Verwaltungsreform hätte dem Ort zusätzliche Lasten, aber keine Vorteile gebracht. Als selbstständige Stadt wollte Linden vielmehr Mittelpunkt eines eigenständigen Landkreises werden. […] Schließlich gelang es der Lindener Gemeindeverwaltung, sich durchzusetzen. Als Übergangslösung erhielt die Gemeinde Linden das Recht, einen juristisch ausgebildeten Bürgermeister einzustellen. Und später zum 1. April 1885 sollten endgültig die Stadtrechte verliehen werden. […]

Die finanzielle Situation Lindens besserte sich erheblich. Allein die Einnahmen aus Gewerbesteuern stiegen um das Vierfache. Es war nun möglich, eine effektivere städtische Verwaltung zu begründen. Ein Stadtphysikus[1] wurde angestellt zur Beobachtung der Morbiditäts- und Mortalitätsverhältnisse[2] und auch zur Organisation der öffentlichen Gesundheitspflege. Es entstand ein Stadtbauamt, an dessen Spitze 1888 der Architekt Theodor Krüger (1852–1926) gewählt wurde. Krüger, der in Hannover studiert hatte und vor dem Stellenantritt in Linden langjähriger Stadtbaumeister in Peine war, konnte gerade in dieser Anfangszeit einer organisierten Bauverwaltung wesentliche Grundlagen für die weitere Entwicklung Lindens schaffen.

Walter Buschmann, Linden. Geschichte einer Industriestadt im 19. Jahrhundert, Hildesheim 1981 [Nachdr. Hannover 2012], S. 302 f. und 307

1. Beschreiben Sie die Merkmale einer „industrialisierte[n] Landgemeinde" (Zeile 18 f.).

2. Arbeiten Sie heraus, welche Vorteile die Verleihung des Stadtrechts für eine wachsende Landgemeinde besaß. Machen Sie dabei Vorzüge für die Verwaltung wie für die Einwohnerinnen und Einwohner geltend.

3. Präsentation: Recherchieren Sie über die Entwicklung Lindens um die Jahrhundertwende bis zur Eingemeindung in Hannover 1920. Stellen Sie Ihre Ergebnisse in einem Schaubild dar.

[1] **Stadtphysikus:** Amtsarzt einer Stadt

[2] **Morbidität:** Häufigkeit einer bestimmten Erkrankung; **Mortalität:** Häufigkeit von Sterbefällen aufgrund einer bestimmten Krankheit

M8 Wohnungselend

Der Journalist und spätere SPD-Reichstagsabgeordnete Albert Südekum (1871–1944) begleitet Mitte der 1890er-Jahre einen Amtsarzt bei dessen Besuch in einer Berliner Mietskaserne. Seine Eindrücke hält er in persönlichen Aufzeichnungen fest:

Ein heißer, schwüler Augustnachmittag. […] Die stagnierende Luft des engen Hofes lag bleischwer auf dem unsauberen Pflaster, die Wände des Hauses strömten eine brütende Hitze aus, nachdem schon tagelang die Sonne ihre Glutpfeile unbarmherzig auf die Stein- und Asphaltwüste der staubigen Großstadt herniedergesandt hatte. Ein Gefühl der Beklemmung legte sich mir auf die Brust, als wir durch die enge Tür zum Treppenhaus traten und die Stiegen emporklommen. Fast jede Stufe knarrte und ächzte laut unter unserem Tritt, und obschon wir beide nur leichtes Schuhwerk trugen, vollzog sich der Aufstieg nicht ohne beträchtliches Geräusch. Wie es erst in einem solchen Hause kracht und dröhnt, wenn ein müder, schwerer Mann mit derben Nagelstiefeln die Stufen hinaufstapft, davon macht sich der „herrschaftlich" Wohnende keine Vorstellung.

Auf jeden Treppenpodest gingen drei Türen, die meisten mit mehreren Schildern oder Karten behängt. In diesem Quergebäude gab es fast nur zweiräumige Wohnungen, aus Stube und Küche bestehend. Viele Mieter teilten ihre Räume noch mit Schlafburschen oder Logiermädchen[3].

Die Patientin meines Freundes, die Frau eines Gelegenheitsarbeiters, hatte der furchtbaren Hitze wegen die Tür der Küche, in der sie lag, und die Tür nach dem Treppenhause hin offen gelassen. […] Die Atmosphäre in dem Raum war fürchterlich, denn wegen des Lärms der spielenden Kinder konnte die Kranke das Fenster den ganzen Tag nicht öffnen. […]

Nur wenig ärmlicher Hausrat fand sich in dem unwohnlichen Raum. Auf der kleinen eisernen Kochmaschine standen ein paar Töpfe, die nach dem letzten Gebrauch noch nicht gereinigt waren; den einzigen Tisch bedeckten ein paar Teller und Gläser, Zeitungsblätter, Kamm, Bürste und Seifenschale, eine Schachtel mit Salbe zum Einreiben, Teller mit Speiseresten und andere Gegenstände. Der geringe Kleidervorrat der Familie hing an den Wänden; ein paar halbverblasste Familienbilder und ungerahmte Holzschnitte aus einer illustrierten Zeitung bildeten den einzigen Schmuck. Außer der Frau und ihrem Manne lebten in dieser Küche noch drei Kinder, von denen das älteste, ein Mädchen, 14 Jahre, die beiden Knaben etwa 7 und 4 Jahr alt waren. Das Bett der Kranken, die einzige sichtbare Schlafgelegenheit, war etwas quer geschoben, sodass sie von ihm aus, ohne sich zu erheben, den Wasserzapfhahn erreichen konnte; hinter dem Bett eine Kommode; in der

[3] **Schlafbursche, Logiermädchen:** Personen, die sich mit den Mietern einer Wohnung abwechselnd eine Schlafstelle teilen

Ecke ein Korblehnstuhl, sonst nur zwei hölzerne Schemel ohne Lehne. [...]
Ich fragte die Frau nach ihren „Wohnschicksalen" in der Großstadt. [...] Meistens hatten sie nur einen Raum ermieten können, seit sie in Berlin selbst wohnten; nur etwa zwei Jahre lang im Ganzen, bei etwas höherem Verdienst und regelmäßiger Arbeit des Mannes, konnten sie in besser ausgestatteten Zweizimmerwohnungen weilen. Jedesmal, wenn es schien, als ob es ihnen dauernd etwas besser gehe, waren sie durch eine Krankheit oder durch ein, manchmal verfrühtes, Wochenbett – die Frau hatte im Ganzen deren sechs durchgemacht – oder einen Todesfall wieder zurückgeworfen worden. Armenunterstützung hatten sie noch nicht in Anspruch genommen, waren dagegen wiederholt gelegentlich beschenkt worden, nachdem die Kranke einst in der Frau eines rasch zu Vermögen gelangten ehemaligen Maurerpoliers eine Jugendfreundin entdeckt hatte. [...]
Wie die Familie schlief? Mann und Frau in einem einzigen Bett. Die Kinder wurden auf ausgebreiteten Kleidungsstücken untergebracht und durften erst dann ins Bett kriechen, wenn Vater und Mutter – gewöhnlich vor 5 Uhr morgens – aufgestanden waren. Die kleinsten Kinder waren jeweils in einem Korbe, gelegentlich auch, wenn die Frau zu irgendeinem Gange das Zimmer verlassen musste, in einem halbaufgezogenen Schub der Kommode gebettet gewesen.

Zitiert nach: Jens Flemming, Klaus Saul und Peter-Christian Witt (Hrsg.), Quellen zur Alltagsgeschichte der Deutschen 1871–1914, Darmstadt 1997, S. 237–239

Blick in ein Berliner Hinterhofzimmer.
Foto von 1903.
Der sieben Quadratmeter große Raum diente der ganzen Familie als Wohn- und Schlafstube zugleich. In Berlin wurden um 1900 rund 2000 Haushalte gezählt, die nur aus einem Raum bestanden.

1. Arbeiten Sie aus Südekums Beschreibung (M8) die Hauptprobleme der Wohnsituation in damaligen Mietskasernen heraus.
2. Analysieren Sie allgemein mögliche Wechselwirkungen zwischen Wohnverhältnissen, Bildungschancen und Aussichten auf dem Arbeitsmarkt.
3. Gruppenarbeit: Diskutieren Sie in der Klasse, ob und inwieweit das Leben in der Stadt für sozial Schwache damals mehr Vorteile bot als auf dem Land.

M9 Das Kommunistische Manifest

Karl Marx und Friedrich Engels unterhalten im Exil in Brüssel Beziehungen zum „Bund der Kommunisten", einer Untergrundorganisation, die das private Eigentum an Kapital (Fabriken, Maschinen usw.) abschaffen will. In deren Auftrag veröffentlichen sie im Februar 1848 das „Manifest der Kommunistischen Partei". Darin heißt es:

Die Geschichte aller bisherigen Gesellschaft ist die Geschichte von Klassenkämpfen.
Freier und Sklave, Patrizier und Plebejer, Baron und Leibeigener, Zunftbürger und Gesell, kurz, Unterdrücker und Unterdrückter standen in stetem Gegensatz zueinander, führten einen ununterbrochenen, bald versteckten, bald offenen Kampf, einen Kampf, der jedes Mal mit einer revolutionären Umgestaltung der ganzen Gesellschaft endete oder mit dem gemeinsamen Untergang der kämpfenden Klassen. [...]
Unsere Epoche, die Epoche der Bourgeoisie[1], zeichnet sich jedoch dadurch aus, dass sie die Klassengegensätze vereinfacht hat. Die ganze Gesellschaft spaltet sich mehr und mehr in zwei große feindliche Lager, in zwei große, einander direkt gegenüberstehende Klassen: Bourgeoisie und Proletariat[2]. [...]
Im Anfang kämpfen die einzelnen Arbeiter, dann die Arbeiter einer Fabrik, dann die Arbeiter eines Arbeitszweiges an einem Ort gegen den einzelnen Bourgeois, der sie direkt ausbeutet. Sie richten ihre Angriffe nicht nur gegen die bürgerlichen Produktionsverhältnisse, sie richten sie gegen die Produktionsinstrumente selbst; sie vernichten die fremden konkurrierenden Waren, sie zerschlagen die Maschinen, sie stecken die Fabriken in Brand [...].
Auf dieser Stufe bilden die Arbeiter eine über das ganze Land zerstreute und durch die Kon-

[1] **Bourgeoisie** (frz.): Besitzbürgertum
[2] Siehe hierzu auch die Begriffserklärung „Proletarier" auf Seite 266.

kurrenz zersplitterte Masse. [...] Aber mit der Entwicklung der Industrie vermehrt sich nicht nur das Proletariat; es wird in größeren Massen zusammengedrängt, seine Kraft wächst, und es fühlt sie mehr. [...] Es werden ferner [...] durch den Fortschritt der Industrie ganze Bestandteile der herrschenden Klasse ins Proletariat hinabgeworfen oder wenigstens in ihren Lebensbedingungen bedroht. Auch sie führen dem Proletariat eine Masse Bildungselemente zu.
In Zeiten endlich, wo sich der Klassenkampf der Entscheidung nähert, nimmt der Auflösungsprozess innerhalb der herrschenden Klasse, innerhalb der ganzen alten Gesellschaft, einen so heftigen, so grellen Charakter an, dass ein kleiner Teil der herrschenden Klasse sich von ihr lossagt und sich der revolutionären Klasse anschließt [...].
Wenn das Proletariat im Kampfe gegen die Bourgeoisie sich notwendig zur Klasse vereinigt, durch eine Revolution sich zur herrschenden Klasse macht und als herrschende Klasse gewaltsam die alten Produktionsverhältnisse aufhebt, so hebt es mit diesen Produktionsverhältnissen die Existenzbedingungen des Klassengegensatzes, die Klassen überhaupt, und damit seine eigene Herrschaft als Klasse auf.
An die Stelle der bürgerlichen Gesellschaft mit ihren Klassen und Klassengegensätzen tritt eine Assoziation, worin die freie Entwicklung eines jeden die Bedingung für die freie Entwicklung aller ist. [...]
Mögen die herrschenden Klassen vor einer kommunistischen Revolution zittern. Die Proletarier haben nichts zu verlieren als ihre Ketten. Sie haben eine Welt zu gewinnen. Proletarier aller Länder, vereinigt euch!

Karl Marx und Friedrich Engels, Werke, Bd. 4, Berlin 1974, S. 459–493, hier S. 461, 462, 463, 470, 471, 482 und 493

1. Erklären Sie, wie sich nach Marx und Engels eine gesellschaftliche Klasse herausbildet. | H
2. Überprüfen Sie die Aussage, in der bürgerlichen Wirtschaftsgesellschaft habe sich der Klassenkampf auf eine Konfrontation Bourgeois – Proletarier zugespitzt.
3. Erklären Sie, worin sich die erwähnte proletarische Revolution von allen früheren Revolutionen in der Geschichte unterscheidet.

M10 Gesellenvereine

Im November 1846 entsteht in Elberfeld der „Katholische Jünglingsverein", ein Verein zur Erziehung junger Handwerkergesellen. Sein Vorsitzender, der katholische Geistliche und Religionslehrer Adolph Kolping, schildert in einer Schrift von 1849 die ersten Erfolge der Vereinsarbeit und wirbt für die dahinterstehende Idee:

Es fehlt dem jungen Arbeiter ein Zufluchtsort außer der Herberge und dem Wirthshause, wo er recht eigentlich eine Weile rasten und Nahrung für seinen Geist erhalten könnte, die auf ihn berechnet, ihm zusagen müßte. Es fehlt ihm ferner die Gelegenheit, sich für seinen Beruf, für seine Zukunft gewissermaßen auszubilden, abgesehen von der technischen Fertigkeit, welche ihm die Werkstätte des Meisters mitgeben soll. Noch mehr fehlt ihm: eine passende, Geist und Gemüth wahrhaft aufrichtende und stärkende Unterhaltung und Erheiterung, wie er sie weder zu Hause, noch im Wirthshause noch an öffentlichen Vergnügungsorten erhält. [...]
Man richte nun in allen Städten [...] einen freundlichen, geräumigen Saal ein, sorge am Sonn- und Feiertage wie am Montag-Abend für Beleuchtung und im Winter für behagliche Wärme dazu und öffne dann dies Lokal allen jungen Arbeitern, denen es mit ihrem Leben und ihrem Stande nur immer Ernst ist. Da die jungen Leute, die der Einladung folgen, Gemeinsames mit ziemlich gleichen Kräften wollen; bilden sie dadurch einen Verein, für dessen Bestehen und Gedeihen ein Vorstand von achtbaren Bürgern, die dem guten Zwecke zu dienen entschlossen sind, zu sorgen hätte, und an dessen Spitze ein Geistlicher stehen soll, der dieser Stelle mit all der persönlichen Hingebung und Aufopferung vorzustehen hat, welches sein heiliges, grade dem Volke gewidmetes Amt und die gute Sache erheischen. Je nützlicher und angenehmer, je freier und würdiger der Aufenthalt in dem Vereinslokale für die jungen Leute gemacht wird, um so größer wird die Theilnahme sein, um so fester werden sie bei der guten Sache halten. Da dürfte es nicht an guten Büchern, Schriften und Zeitungen fehlen, nicht blos, die das religiöse Interesse vertreten, sondern die auch [...] dem bürgerlichen Leben gelten, die gewerbliche Gegenstände behandeln und, so viel möglich, jedem Handwerker von Nutzen sein können. Dazu muß das lebende Wort treten. Da wäre die Gelegenheit günstig, die Religion, als die Grundlage des Volks- und Menschenglückes, wieder anzubauen und den Herzen nahe zu bringen, wie überhaupt auf alle Lebensverhältnisse einzugehen, die den Gesellen berühren [...]. Wenn man einestheils dahin zu wirken hätte, die jungen Leute mit nützlichen und passenden Gebieten des Wissens zu bereichern: würde man von der andern Seite sie warnen, führen und leiten können auf den Wegen, die sie gegenwärtig wandeln. Erfahrung und Beispiel würde eindringlicher durch das lebendige Wort wirken. Klar und unabläßig könnte man ihnen ihren wahren Beruf, ihr rechtes Lebensziel vor Augen halten, wie die Mittel besprechen, dies Ziel auf die sicherste Weise zu erreichen. Tüchtige Bürger sollen sie werden, zu tüchtigen Bürgern muß man sie erziehen. Ein tüchtiger Bürger muß ein tüchtiger Christ und ein tüchtiger Geschäftsmann sein, nun, dann muß man der betreffenden Jugend wenigstens in so weit zur Hand gehen, daß sie beides werden können. Tüchtige Bürger gedeihen aber nur in einem tüchtigen Familienleben. Wenn das für unsere Jugend anderwärts fehlt, und daß es fehlt, wissen wir Alle sehr gut, dann suchen wir unsern jungen Leuten durch einen solchen Verein wenigstens annähernd die Vortheile zu gewähren und da-

rauf mit allen Kräften hinzuwirken, daß diejenigen, welche sich um uns schaaren, einst eine bessere, an Leib und Seele gesündere Generation in besserm Familienleben erziehen.

Adolph Kolping, Der Gesellen-Verein. Zur Beherzigung für Alle, die es mit dem wahren Volkswohl gut meinen, Köln/Neuß 1849, S. 18–21 (gekürzt)

1. Nennen Sie die Missstände und Gefahren für junge Handwerker, auf die Kolping hinweist (M10).
2. Analysieren Sie die Vereinsidee, für die im Text geworben wird. Stellen Sie dabei die vorgeschlagenen Mittel dem Ziel und Zweck der Einrichtungen gegenüber.
3. Kolping bezeichnet an anderer Stelle in seiner Schrift die Geistlichen als „geborne Volkserzieher“, den Gesellenverein als eine „Volksakademie“. Setzen Sie sich mit seinem Engagement vor dem Hintergrund einer damaligen Abwendung vieler Arbeiterinnen und Arbeiter von den christlichen Kirchen auseinander.

M11 Pflicht zur Versicherung

Der preußische Regierungsbeamte Theodor Lohmann (1831–1905) verfasst im Juli 1881 eine Denkschrift betreffend das geplante Gesetz über eine Krankenversicherung für Arbeiterinnen und Arbeiter:

Die Krankenversicherung ist für die wirtschaftliche Lage des Arbeiterstandes im ganzen noch wichtiger als die Unfallversicherung, wenn sie so geregelt ist, dass sie dem durch Krankheit zeitweilig erwerbsunfähigen Arbeiter nicht bloß ein kümmerliches Almosen gewährt, sondern wirklich die Aufrechterhaltung des geordneten Haushaltes ermöglicht. Die Verarmung zahlreicher Arbeiterfamilien hat ihren Grund darin, dass sie in Krankheitszeiten des Ernährers, wenn überhaupt eine Unterstützung, nur so viel erhalten als erforderlich ist, um sie nicht Hungers sterben zu lassen. Dabei geht alles, was sie an Arbeitsgerät, häuslicher Einrichtung, Kleidung und Sparpfennig besitzen, rettungslos durch Verpfändung oder Verkauf verloren, u. wenn der Ernährer wieder erwerbsfähig ist, so hat er oft jahrelang unter Entbehrung zu arbeiten, um wieder in geordnete Verhältnisse zu kommen, u. dazu fehlt meistens die Energie, sodass eine durch Krankheit – namentlich durch wiederholte Krankheit – heruntergekommene Familie meist niemals wieder auf einen grünen Zweig kommt. [...]
Das Hauptbedenken, welches gegen den Krankenkassenzwang geltend gemacht wird, geht dahin, dass die erzwungene Versicherung dem Arbeiter Opfer auferlege, ohne die Erreichung des Zwecks unter allen Umständen zu sichern. Dieses Bedenken ist begründet, solange der Kassenzwang ein durch Örtlichkeit und Berufszweig bedingter ist, d.h. wenn der Arbeiter durch Wechsel des Wohnorts oder der Beschäftigung die Mitgliedschaft der Krankenkasse, welcher er zwangsweise angehört, verliert u. an dem neuen Wohnort oder in der neuen Beschäftigung die Versicherung überhaupt nicht oder nicht sofort ohne außerordentliche oder erhöhte Opfer wieder Platz greift. Solange der Kassenzwang auf Ortsstatut[1] oder wie bei Fabrikkassen auf Anordnung des Arbeitgebers beruht, ist dieser Übelstand nicht zu vermeiden. Wenn der Arbeiter den Ort, wo Kassenzwang besteht, oder die Fabrik mit Fabrikkasse verlässt, hat er keine Sicherheit, an dem neuen Wohnort oder an der neuen Arbeitsstelle wieder eine Krankenkasse zu finden, welche ihn aufnimmt, u. wenn er eine solche findet, so muss er sich gewöhnlich einer längeren oder kürzeren Karenzzeit[2] u. der Zahlung eines Eintrittsgeldes unterwerfen. Dagegen fällt das Bedenken im Wesentlichen weg, sobald der Kassenzwang ein schlechthin allgemeiner wird u. in Verbindung damit bestimmt wird, dass jeder Arbeiter, welcher irgendeiner anerkannten Krankenkasse angehört hat, ohne Karenzzeit und ohne Eintrittsgeld in diejenige Krankenkasse wieder eintritt, zu welcher er nach Wohnort u. Beschäftigung gehört. [...]
Der allgemeine Kassenzwang und die Gemeindekrankenkasse als die in subsidium[3] zur Durchführung des Kassenzwanges bestimmte Zwangskasse werden zunächst zu regeln sein in der Weise, dass jeder Arbeiter, welcher nicht einer anderen im Gesetz vorgesehenen Krankenkasse angehört, kraft des Gesetzes Mitglied der Gemeindekrankenkasse wird.

Aus: Quellensammlung zur Geschichte der deutschen Sozialpolitik 1867 bis 1914, I. Abteilung, Bd. 5, bearb. von Florian Tennstedt und Heidi Winter unter Mitarbeit von Elmar Roeder und Christian Schmitz, Darmstadt 1999, Nr. 203, S. 615–620 (Auszüge)

1. Beschreiben Sie die Problematik, die sich für Arbeiterinnen und Arbeiter vor Einführung eines Krankenversicherungsgesetzes ergab.
2. Präsentation: Ermitteln Sie die näheren Bestimmungen des Krankenversicherungsgesetzes von 1883, und stellen Sie sie in der Klasse vor.
3. Charakterisieren Sie die in der Denkschrift angestrebte Rolle des Staates gegenüber Beschäftigten, Arbeitgebern und Gemeinden.
4. Präsentation: Informieren Sie sich über die Person Theodor Lohmanns, seine Herkunft und sein Wirken als Staatsbeamter und Sozialreformer. Präsentieren Sie Ihre Arbeitsergebnisse in einem Kurzreferat in der Klasse. | F

[1] **Ortsstatut**: Bestimmungen einer Gemeinde
[2] **Karenzzeit**: Wartezeit, Übergangsfrist (hier: bis zur Geltung des neuen Versicherungsschutzes)
[3] **in subsidium** (lat.): ersatzweise, unterstützend

M12 Montanunion

Am 9. Mai 1950 stellt der damalige französische Außenminister Robert Schuman (1886–1963) einen Plan zur Verklammerung der westeuropäischen Schlüsselindustrien vor. Die Initiative führt 1952 zur Gründung der Europäischen Gemeinschaft für Kohle und Stahl (EGKS oder „Montanunion"), mit Belgien, der Bundesrepublik, Frankreich, Italien, Luxemburg und den Niederlanden als Gründungsmitgliedern. In der deutschen Fassung des Schuman-Plans heißt es:

Der Friede der Welt kann nicht gewahrt werden ohne schöpferische Anstrengungen, die der Größe der Bedrohung entsprechen. [...] Europa lässt sich nicht mit einem Schlage herstellen und auch nicht durch eine einfache Zusammenfassung: Es wird durch konkrete Tatsachen entstehen, die zunächst eine Solidarität der Tat schaffen. Die Vereinigung der europäischen Nationen erfordert, dass der Jahrhunderte alte Gegensatz zwischen Frankreich und Deutschland ausgelöscht wird. [...]

Die französische Regierung schlägt vor, die Gesamtheit der französisch-deutschen Kohle- und Stahlproduktion einer gemeinsamen Hohen Behörde zu unterstellen, in einer Organisation, die den anderen europäischen Ländern zum Beitritt offensteht. Die Zusammenlegung der Kohle- und Stahlproduktion wird sofort die Schaffung gemeinsamer Grundlagen für die wirtschaftliche Entwicklung sichern – die erste Etappe der europäischen Föderation – und die Bestimmung jener Gebiete ändern, die lange Zeit der Herstellung von Waffen gewidmet waren, deren sicherste Opfer sie gewesen sind.

Die Solidarität der Produktion, die so geschaffen wird, wird bekunden, dass jeder Krieg zwischen Frankreich und Deutschland nicht nur undenkbar, sondern materiell unmöglich ist. Die Schaffung dieser mächtigen Produktionsgemeinschaft, die allen Ländern offensteht, die daran teilnehmen wollen, mit dem Zweck, allen Ländern, die sie umfasst, die notwendigen Grundstoffe für ihre industrielle Produktion zu gleichen Bedingungen zu liefern, wird die realen Fundamente zu ihrer wirtschaftlichen Vereinigung legen. [...]

Durch die Zusammenlegung der Grundindustrien[1] und die Errichtung einer neuen Hohen Behörde, deren Entscheidungen für Frankreich, Deutschland und die anderen teilnehmenden Länder bindend sein werden, wird dieser Vorschlag den ersten Grundstein einer europäischen Föderation bilden, die zur Bewahrung des Friedens unerlässlich ist. [...]

Die der gemeinsamen Hohen Behörde übertragene Aufgabe wird sein, in kürzester Frist sicherzustellen: die Modernisierung der Produktion und die Verbesserung der Qualität, die Lieferung von Stahl und Kohle auf dem französischen und deutschen Markt sowie auf dem aller beteiligten Länder zu den gleichen Bedingungen, die Entwicklung der gemeinsamen Ausfuhr nach den anderen Ländern, den Ausgleich im Fortschritt der Lebensbedingungen der Arbeiterschaft dieser Industrien. [...]

Im Gegensatz zu einem internationalen Kartell[2], das nach einer Aufteilung und Ausbeutung der nationalen Märkte durch einschränkende Praktiken und die Aufrechterhaltung hoher Profite strebt, wird die geplante Organisation die Verschmelzung der Märkte und die Ausdehnung der Produktion gewährleisten.

Die Grundsätze und wesentlichen Vertragspunkte, die hiermit umrissen sind, sollen Gegenstand eines Vertrages werden, der von den Staaten unterzeichnet und durch die Parlamente ratifiziert wird.

Nach: https://european-union.europa.eu/principles-countries-history/history-eu/1945-59/schuman-declaration-may-1950_de (Zugriff: 1. März 2022)

1. Fassen Sie die Aussagen des Schuman-Plans in Stichpunkten zusammen.
2. Erläutern Sie den Zusammenhang zwischen Industriewirtschaft, Rüstung und Politik, an den Schuman hier erinnert. | H
3. Gruppenarbeit: Der Schuman-Plan gilt als ein Gründungsdokument der späteren Europäischen Union. Diskutieren Sie darüber, ob und inwieweit eine Vereinigung Europas erst durch die Industrialisierung möglich wurde. Ziehen Sie dabei auch die Aussagen in dem Kapitel heran, die auf rechtliche, gesellschaftliche und technische Fortschritte seit dem Ende des 18. Jahrhunderts verweisen.

[1] **Grundindustrien**: Industriezweige zur Herstellung von Grundstoffen (z. B. aufbereitetes Erdöl, Stahl, Eisen, Leichtmetall, Kunststoffe, Baustoffe usw.)

[2] **Kartell**: Gruppe von Unternehmen, die ihr Verhalten aufeinander abstimmen, um gemeinsam das Marktgeschehen zu kontrollieren. Gegen zu weitreichende Kartellbildungen gelten in vielen Ländern Gesetze zum Schutz des Wettbewerbs.

Methode

Statistiken auswerten

Weitere Anwendungsbeispiele finden Sie u.a. auf den Seiten 183, 271 f. und 273.

Eine **Statistik** (von lat. *status*: Stand, Verfassung, Zustand) stellt eine systematische Bestandsaufnahme in Form von Zahlenangaben dar. Statistische Daten sind entweder in einer **Tabelle** verzeichnet oder grafisch als **Diagramm** aufbereitet (von altgriech. *diágramma*: Zeichnung, Umriss). Diagramme sind unterschiedlich gestaltet, als Linien- und Kurvendiagramme, Kreisdiagramme („Tortendiagramme"), Säulen- und Balkendiagramme oder auch als detailliert abgestufte Einfärbungen einer Fläche („Heatmaps").
Die in Statistiken genannten Zahlen können **absolute Größenangaben** sein, also exakte Werte einer Messeinheit, z. B. Tonnen, Euro, Stück. Ebenso werden **relative Werte** verwendet, also Prozentanteile oder Verhältniszahlen mit Bezug auf einen Ausgangs- oder Zielwert (Index).
Aus Statistiken lassen sich **Zustände**, **Entwicklungen** und **Zusammenhänge** ablesen. Bei Statistiken aus der Vergangenheit ist zu beachten, dass sich ihre Zahlen oft auf Maße, Gewichte, Währungen oder Räume beziehen, die im Lauf der Zeit verändert wurden. Statistiken über lange Zeiträume müssen gegebenenfalls auch die Abnahme des Geldwertes (Inflation), das Bevölkerungswachstum, den Anstieg der Lebenserwartung oder ganz allgemein die Verbesserung der Datenerhebung in Rechnung stellen. Um anhand von Statistiken gültige Aussagen zu treffen, sollten die verwendeten Angaben möglichst lückenlos, unbedingt aber miteinander vergleichbar sein.

Arbeitsschritt	Leitfragen
1. beschreiben	• Um welchen Gegenstand (Thema, Zeitraum) geht es in der Statistik? • Wer hat die Statistik erstellt/in Auftrag gegeben und wo wurde sie veröffentlicht? • Wann und zu welchem Anlass ist die Statistik entstanden (Erhebung in der betreffenden Zeit oder nachträgliche Forschungsarbeit)? • Woher stammen die Daten? • In welcher Form werden die Daten präsentiert (Tabelle oder Diagramm, bestimmte Gestaltungselemente)?
2. erklären	• Worüber informiert die Statistik (Angaben, erfasster Raum, Messgrößen)? • Welche Zustände oder Entwicklungen werden wiedergegeben? • Welche Fachbegriffe müssen erläutert werden?
3. beurteilen	• Auf welchen historischen Zeitraum/welches Ereignis bezieht sich die Statistik? • Wie zuverlässig sind die Daten? Bestehen wesentliche Lücken? • Welche Gesamtaussagen oder Thesen lassen sich ableiten? • Gibt es ergänzende Statistiken oder alternative Erfassungsmethoden zum Thema?

M Strukturwandel im internationalen Vergleich

Als Strukturwandel bezeichnet man langfristige Umschichtungen in einer Volkswirtschaft, insbesondere Verschiebungen des Anteils der Erwerbstätigen zwischen den drei Bereichen Landwirtschaft, Industrie und Handwerk sowie Dienstleistungen. Die Industrialisierung hat in vielen Ländern einen solchen Strukturwandel in Gang gesetzt. Wann und in welchem Ausmaß, darüber gibt die folgende Statistik Auskunft:

Prozentualer Anteil der Erwerbstätigen in Landwirtschaft (L), Industrie und Handwerk (I) sowie Dienstleistungen (D) in ausgesuchten Ländern, 1800 bis 1980/90:

Deutschland: wechselnde Grenzen, deutsche Teilung

näherungsweise Zeitschnitte

abweichende Zeitschnitte

	ca. 1800			ca. 1850			ca. 1900			ca. 1950			ca. 1980/90		
	L	I	D	L	I	D	L	I	D	L	I	D	L	I	D
Großbritannien	40	30	30	22	48	30	9	51	40	5	49	46	2	29	69
Dänemark	–	–	–	59	26	14	47	24	29	25	33	42	6	27	67
Deutschland	62	21	17	56	24	20	40	39	21	19	45	36	3	40	57
Frankreich	–	–	–	52	27	21	41	29	29	27	36	37	6	30	64
USA	74	–	–	55	21	24	40	28	32	12	30	58	3	26	71
					1872										
Japan	–	–	–	74	–	–	67	14	19	50	22	26	7	34	59
											1965				
Südkorea	–	–	–	–	–	–	–	–	–	59	13	28	21	35	45
Indien	–	–	–	–	–	–	67	10	23	74	8	18	70	13	17
ca. 35 ärmere Entwicklungsländer (Durchschnitt)	–	–	–	–	–	–	–	–	–	–	–	–	72	13	15

Aus: Christoph Buchheim, Industrielle Revolutionen. Langfristige Wirtschaftsentwicklung in Großbritannien, Europa und in Übersee, München 1994, S. 33

Indien: nach 1948 mit stark veränderten Grenzen

laut Vorlage zusammengestellt aus acht Quellen aus den Jahren 1976 bis 1992

nicht näher genannte Länder

USA: bis um 1900 wachsendes Staatsgebiet

▶ Analysieren Sie die Statistik mithilfe der Arbeitsschritte auf Seite 280. Verwenden Sie dabei auch die Begriffe „Agrar-", „Industrie-" und „Dienstleistungsgesellschaft". Ihre Ergebnisse können Sie mit der Beispiellösung auf Seite 512 vergleichen.

Industrialisierung

Wirtschaft

Gesellschaft

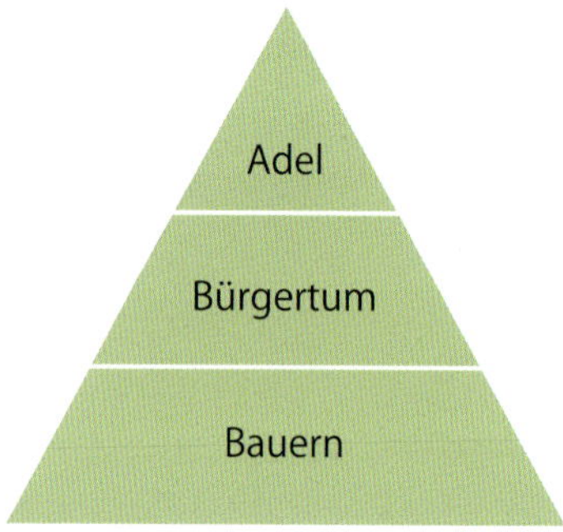

Umwelt

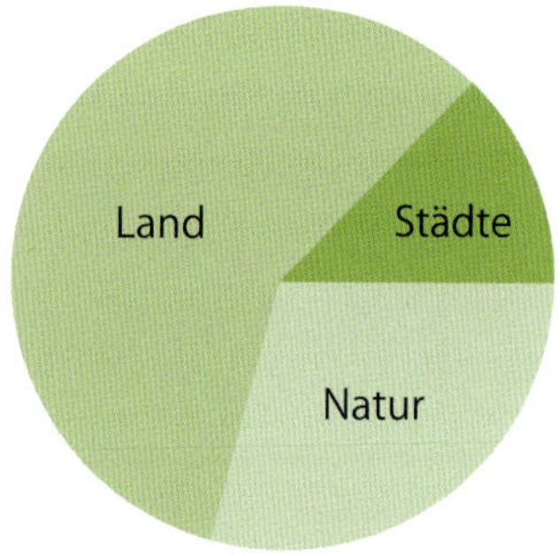

INDUSTRIALISIERUNG

wirtschaftliche, soziale, politische Reformen

Bevölkerungswachstum

Marktwirtschaft
technischer Fortschritt
Massenproduktion
Massenbeschäftigung
Fabrikarbeit
Lohnarbeit

Herausbildung einer Klassengesellschaft
Soziale Frage
Arbeiterbewegung
kirchliche, betriebliche Fürsorge
Sozialgesetzgebung

Landflucht
Urbanisierung
transnationale Migration
Umweltverschmutzung
Umweltzerstörung

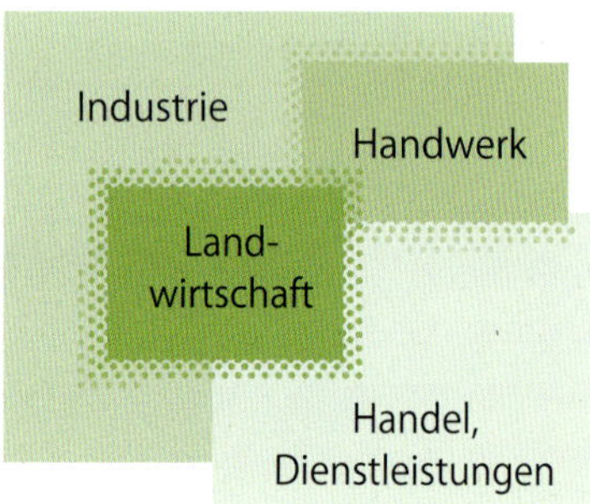

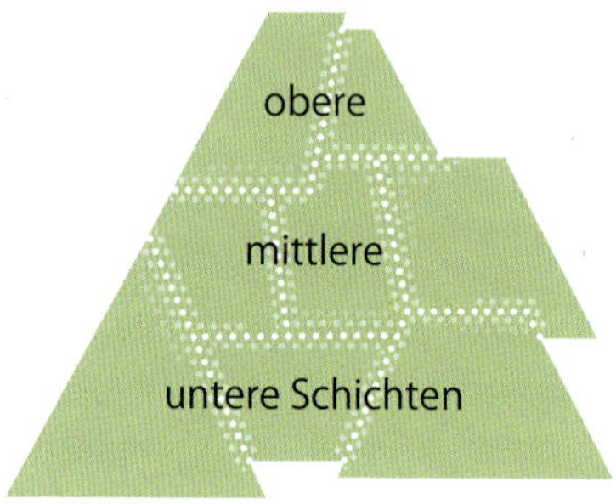

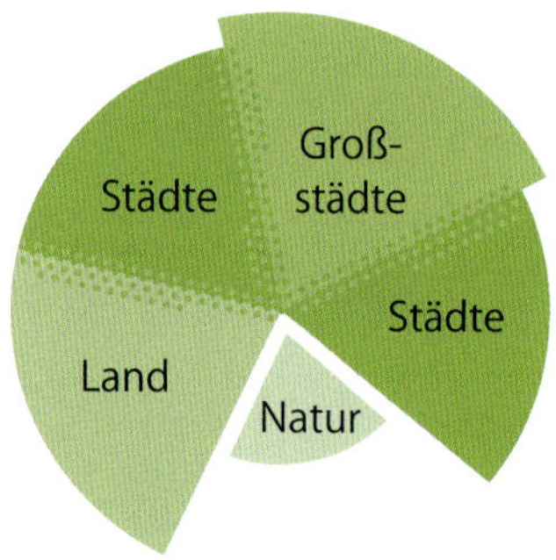

Massenkonsum

wirtschaftliche Verflechtung (transnational, global)
Rationalisierung

Sozialstaat

Entwicklungsprobleme
Bedrohung der Lebensgrundlagen

M Das Ruhrgebiet neu erfinden

*Seit den 1980er-Jahren ist die Kohleproduktion in der Bundesrepublik angesichts internationaler Konkurrenz und günstigerer Energieträger kaum noch rentabel. Trotz staatlicher Unterstützung stellen langfristig immer mehr Bergbaubetriebe im Ruhrgebiet und den übrigen Kohlerevieren ihre Arbeit ein. Zur Schließung des letzten deutschen Steinkohlebergwerks in Bottrop findet am 21. Dezember 2018 eine zentrale Abschiedsveranstaltung statt. Bundespräsident Frank-Walter Steinmeier (*1956) hält dabei eine Ansprache:*

Bevor der Bergbau, bevor die Steinkohle die Welt so rasant verändert haben, da war das Gebiet, das wir heute Ruhrgebiet nennen, eine Ansammlung kleiner, bescheidener Städtchen und Dörfer. Idyllisch flossen Ruhr und Emscher und Lippe durch grünes Land in den Rhein. Ackerbau trieben die Menschen. Auch Handel: Immerhin ging die große West-Ost-Verbindung Europas, jene Straße die seit Jahrhunderten Brügge mit Nowgorod verband, als der Hellweg mitten hindurch. Ein Stück davon heißt heute A 40. In Essen regierten noch, wie seit 1000 Jahren, Fürstäbtissinnen. […]

Nein, die Geschichte des Reviers hat nicht erst im 19. Jahrhundert begonnen. In Essen nicht, aber auch nicht in Duisburg und auch nicht in Bottrop oder Bochum. Und auch Gelsenkirchen gab es schon lange, bevor es die „Stadt der tausend Feuer" wurde. […] Denn dann kam die Kohle und sie hat eine ganze Region von Grund auf verändert und die Welt revolutioniert.

Aber die Kohle kam nicht von selbst. Dieser unterirdische Schatz, seit Millionen von Jahren vergraben – er musste von Menschen mühselig nach oben befördert werden. Von Menschen, denen keine Arbeit zu hart war und die vom Traum eines besseren Lebens angetrieben wurden. Sie kamen aus allen Teilen Deutschlands, das es ja als einiges Land bis 1871 noch gar nicht gegeben hatte. Immerhin gab es seit 1834 den „Zollverein", der erste ökonomische Schritt zur Einigung Deutschlands. […]

Die Menschen kamen aus den Ostprovinzen Preußens, aus Masuren[1] und Schlesien, darunter zahlreiche Polen; andere wanderten aus Bayern, Hessen und weiteren Regionen Deutschlands zu, aber auch aus Italien, Belgien und Großbritannien, später aus ganz Südeuropa, aus der Türkei, aus Nordafrika und, wie einige hier wissen: aus Korea. […]

Die große Wirtschaftsmacht, die Deutschland vom Ende des 19. Jahrhunderts an wurde: ohne die Kohle, ohne den Bergmann völlig undenkbar. Und auch die Wurzeln der Europäischen Gemeinschaft liegen hier, durch die Gründung der Montanunion. […]

Nach dem zweiten Weltkrieg kam dann die bedeutendste Zeit der Kohle. Mehr als eine halbe Million Bergleute waren Tag und Nacht auf Schicht, um die Grundlagen des Wohlstands zu produzieren; eines Wohlstandes, von dem wir – und nicht nur hier im Ruhrgebiet – immer noch leben. […]

Dank der starken Gewerkschaften, dank der verantwortungsvollen Werksleitungen konnte man im Rahmen der Mitbestimmung gemeinsame Interessen finden. Und letztlich mit dem Staat gemeinsam und partnerschaftlich ein friedliches, sozialverträgliches Auslaufen der Steinkohlenförderung gestalten. […]

Mit dem Ende der Steinkohlenförderung kommt die Rolle des Ruhrgebiets in der Energiewirtschaft keineswegs zu einem Ende. Die Unternehmen der Energiewirtschaft haben sich verändert, aber sie bleiben – und mit ihnen das in Generationen angewachsene Wissen. Auf Zollverein[2] entsteht gerade ein neuer Verbund von Forschungseinrichtungen und Unternehmen, ein integrierter Forschungscampus für die Zukunft der Energieversorgung. Optionen für eine energiepolitische Zukunft sollen hier erarbeitet werden, die stabil, nachhaltig und auf weitere Dekarbonisierung[3] der Energieversorgung ausgerichtet ist.

Nach: https://www.bundespraesident.de/SharedDocs/Reden/DE/Frank-Walter-Steinmeier/Reden/2018/12/181221-Abschied-Steinkohlebergbau.html (Zugriff: 1. März 2022)

1. Beschreiben Sie die Entwicklung des Ruhrgebiets vom frühen 19. Jahrhundert bis in die Gegenwart, wie in der Rede dargestellt.
2. Überprüfen Sie anhand Ihrer Ergebnisse aus der ersten Aufgabe, ob und inwieweit der Wandel des Ruhrgebiets stellvertretend für die Industrialisierung in ganz Deutschland gelten kann.
3. Ordnen Sie das Bemühen um ein „sozialverträgliches Auslaufen der Steinkohlenförderung" (Zeile 49 f.) in die Tradition a) marktwirtschaftlicher Überlegungen und b) sozialpolitischer Maßnahmen ein.
4. Präsentation: Recherchieren Sie zur Entwicklung der Energieversorgung in Deutschland bis in die Gegenwart, unter Berücksichtigung der heimischen Kohleförderung. Führen Sie Ihre Ergebnisse in einem Referat aus.
5. Präsentation: Informieren Sie sich über Museen und Gedenkstätten im Ruhrgebiet, die an die Geschichte der Industrialisierung erinnern. Stellen Sie ein Beispiel in der Klasse vor.

[1] **Masuren**: Gegend im heutigen Nordosten Polens

[2] **Zollverein**: (hier) Name eines Kohlebergwerks in Essen, das 1986 den Betrieb einstellte. Die Schachtanlagen gehören seit 2001 zum UNESCO-Welterbe.

[3] **Dekarbonisierung** (von engl. *carbon*: Kohlenstoff): Übergang zu kohlenstoffarmen Energieträgern mit dem Ziel, CO_2-Emissionen zu senken

Schulbesuch in Weimar.
Foto vom Februar 2019.
Bundespräsident Frank-Walter Steinmeier besuchte den Kunstunterricht einer 9. Klasse in der Weimarer Parkschule.

Demonstration für Europa.
Foto vom März 2017.
Mitglieder der überparteilichen Bürgerinitiative „Pulse of Europe" versammelten sich im März 2017 auf dem Berliner Gendarmenmarkt.

Mohnblüten als Gedenksymbol.
Foto vom November 2018.
Das Foto wurde im Dorf Great Ayton in North Yorkshire (Vereinigtes Königreich) aufgenommen.

3. Wurzeln unserer Identität

Wo kommen wir her? Diese Frage ist für den Einzelnen wie für Gruppen von zentraler Bedeutung, und zwar im religiösen wie im kulturellen und historischen Sinne. Unsere ethnische und weltanschauliche Zugehörigkeit, unsere regionalen und sozialen Wurzeln haben einen tiefen Einfluss auf unser Denken und Handeln. Gleichzeitig sind diese Identitäten Brüchen unterworfen, die mit unseren individuellen Lebenswegen zusammenhängen. Dementsprechend lassen sich geschichtliche Ereignisse viel leichter verstehen, wenn wir wissen, welche Personen und Gruppen daran beteiligt waren – und es bis heute sind, denn das Beharren wie auch Wandel und Umbruch sind nicht nur Komponenten der Vergangenheit, sondern betreffen uns ebenso in unseren aktuellen Lebensumständen. Dieses Rahmenthema unterstützt Sie dabei, sich Ihrer Identität und der großen Zusammenhänge bewusster zu werden.

Kompetenzen

Am Ende des dritten Rahmenthemas sollten Sie Folgendes können:

… die Grundlagen einer deutschen Identität sowie deren mentalitätsgeschichtliche und ideologische Voraussetzungen analysieren und sich damit auseinandersetzen.

… Ausprägungen und Veränderungsprozesse im kollektiven Selbstverständnis der Menschen in Deutschland erläutern.

… sich mit Erscheinungsformen nationalen Denkens und Selbstverständnisses sowie deren Auswirkungen bis in die Gegenwart auseinandersetzen.

Was wissen und können Sie schon?

Teilen Sie den Kurs in kleine Gruppen ein und bearbeiten Sie mithilfe der drei Fotografien folgende Aufgaben. Stellen Sie die Gruppenergebnisse anschließend im Kurs vor.

1. Beschreiben Sie die Bildinhalte: Wer oder was ist dargestellt? Was wird thematisiert?
2. Ordnen Sie die drei Bilder in den historischen Kontext ein. Auf welche Ereignisse bzw. Sachverhalte beziehen sich die Fotos? Wann fanden sie statt und welche historische Bedeutung haben sie?
3. Erklären Sie, was Sie allgemein unter dem Begriff „Identität" verstehen.
4. Präsentation: Stellen Sie in einer Tabelle „nationale Identität" und „europäische Identität" gegenüber. Erarbeiten Sie für jede Spalte Merkmale der jeweiligen Identität.

Kernmodul

3.1 Kernmodul: Nation – Begriff und Mythos

Was ist eine Nation? | Der Begriff der Nation bezeichnet eine große Anzahl von Menschen, die aufgrund bestimmter Merkmale eine dauernde Gemeinschaft bilden oder bilden sollen. Als Kennzeichen von Nationen gelten die gleiche Staatsangehörigkeit (Zugehörigkeit zu einer *Staatsnation*), eine gemeinsame Sprache, Abstammung und Kultur (Verklammerung durch vor- oder nichtstaatliche Gemeinsamkeiten, auch als *Kulturnation*[1] bezeichnet) oder auch das Bekenntnis zu einer bestehenden Rechts- und Werteordnung (*Verfassungspatriotismus*[2]).

Ursprünglich stand der Begriff „Nation" für die unterschiedliche Herkunft von Menschen. Seit dem späten 18. Jahrhundert wurde der Ausdruck mit politischen Inhalten verknüpft. Er meinte nun ein Kollektiv, innerhalb dessen gesellschaftliche Gleichberechtigung herrschen sollte und das zur Selbstbestimmung und Unabhängigkeit berechtigt sei (→M1). Die Idee eines *Nationalstaates*, der diese Ziele zu erfüllen versprach, wurde zunächst in den USA und Westeuropa verwirklicht, ehe sie sich auch in Mittel- und Osteuropa sowie im 20. Jahrhundert schließlich global verbreitete. Heute erscheint das Nationale als nahezu universale Kategorie. Die meisten Menschen können einer Nation zugerechnet werden, auch wenn manche Nationen keinen eigenen oder gemeinsamen Staat bilden. Man spricht von Nationalökonomien (Volkswirtschaften), von den Vereinten Nationen (der 1945 gegründeten Weltorganisation souveräner Staaten) und von inter-, multi- oder transnationalen Beziehungen oder Konflikten.

Einzug des Teams Irland bei den Olympischen Spielen in London.
Foto vom 27. Juli 2012.
Im Vordergrund sind Mitglieder des irakischen Olympiateams zu sehen, rechts am Bildrand Teilnehmer aus China.

- Beschreiben Sie die auf dem Bild dargestellte Szene.
- Präsentation: Suchen Sie nach Veranstaltungen in Geschichte und Gegenwart, in denen sich Nationen nach außen darstellen (z. B. internationale Konferenzen oder Fachtagungen, Weltausstellungen, Sportturniere, Musikwettbewerbe). Wählen Sie ein Beispiel aus und erstellen Sie ein Schaubild mit den wichtigsten Kennzeichen der Veranstaltung (Gründung/Datum, Veranstaltungsort/e, teilnehmende Nationen, Zweck, Ergebnisse usw.).

Wie entsteht eine Nation? | Nationen sind nicht naturgegeben, sondern wurden von Menschen geschaffen. In der Vergangenheit behaupteten die Repräsentanten einer nationalen Bewegung – Politiker, Gelehrte, Künstler, Literaten oder Freiheitskämpfer – das Vorhandensein einer Nation (→M2 und M3). Fand diese Behauptung in der Öffentlichkeit genügend Anklang, wurde daraus ein politisches Programm, das vorsah, ein schon bestehendes Staatswesen in einen Nationalstaat umzuwandeln oder einer noch nicht geeinten Nation staatliche Gestalt zu geben. Die historische Forschung betont daher die *Konstruktion* von Nationen, die unter bestimmten Bedingungen und zu bestimmten Zeiten versucht wurde und entweder erfolgreich war oder scheiterte. „Konstruiert" werden Nationen aber nicht nur in ihrer Entstehungsphase, sondern fortlaufend, etwa durch die Abgrenzung nach außen, im internationalen Wettbewerb (in Wirtschaft, Wissenschaft und Technik, den Künsten oder im Sport) oder bei der Integration von Minderheiten und Zuwanderern.

Nation und Mythos | Für die Konstruktion von Nationen, also deren anfängliche wie spätere Selbstvergewisserung, spielen *Mythen* eine wesentliche Rolle. Mythen sind Erzählungen, die durch eine oft nicht nachprüfbare, dagegen sehr einprägsame Darstellung für Sinn und Orientierung sorgen. In nationalen Mythen werden Personen oder Ereignisse, nicht selten aus grauer Vorzeit, als Zeugen eines möglichst frühen nationalen Bewusstseins aufgeboten, um die Altehrwürdigkeit oder gar „Ewigkeit" einer Nation vorzuspiegeln (→M4 und M5). Nationale Mythen bilden sich jedoch nicht allein um Themen der Vergangenheit, sondern auch im Verhältnis der Menschen zu ihrer Umwelt (Wald, Gebirge, Flüsse, die Wüste, das Meer) und mit Blick auf das Alltagsleben der Gegenwart. So verklären und überhöhen manche Nationen etwa die eigene Währung, das Militär, den Sozialstaat, Spitzenprodukte ihrer Wirtschaft, sportliche und kulturelle Leistungen, gesetzliche Errungenschaften oder bahnbrechende Erfindungen.

---

[1] Der Begriff „Kulturnation" stammt von dem Historiker Friedrich Meinecke (1862–1954), der darunter eine bestimmte Entwicklungsstufe auf dem Weg zu einem Nationalstaat verstand.

[2] Das Konzept des „Verfassungspatriotismus" geht auf den Politikwissenschaftler Dolf Sternberger (1907–1989) und den Soziologen und Philosophen Jürgen Habermas (*1929) zurück.

M1 Nation: Herkunft und Definition

*Der Historiker Andreas Fahrmeir (*1969) skizziert die Begriffsgeschichte von „Nation":*

Im klassischen Latein bezeichnet *natio* (abgeleitet von *nascor*, geboren werden) den individuellen Geburtsort oder die ethnische Herkunft. *Nationes*, Gruppen von Personen, deren Geburt eine Gemeinsamkeit aufwies, teilten daher die Abstammung von einem Stamm, die Herkunft aus einer Region oder einer Stadt. Da *nationes* auf Geburt oder Zeugung zurückgingen und zur Unterteilung von Menschen in Gruppen dienten, wurde das Wort auch zur Klassifizierung von Tier- oder Pflanzenarten verwandt. Diese Bedeutung lässt sich seit der als *Vulgata* bezeichneten spätantiken lateinischen Bibelübersetzung nachweisen, geriet aber im späten 18. Jahrhundert außer Gebrauch.
Für die Begriffsgeschichte zentraler war, dass der Namenszusatz *de natione* auch im mittelalterlichen Latein eine durch Geburt erworbene Eigenschaft bezeichnete, etwa die regionale Herkunft, die Stammes- oder Standeszugehörigkeit oder die Sprache. Damit näherte sich die Bedeutung von *natio* der von *gens* (Stamm oder Abstammungsgemeinschaft) an, bis beide Begriffe praktisch austauschbar gebraucht wurden. [...] *Natio* bezeichnete somit wie *gens* eine durch ihren politischen wie kulturellen Zusammenhalt bestimmte Gruppe. Während *gens* in diesem Sinne aber kaum Eingang in die europäischen Volkssprachen fand, wurde aus *natio* zwischen dem 13. und 15. Jahrhundert italienisch *nazione*, portugiesisch *nasção/naçao*, spanisch *nación* oder eben deutsch *Nation*.
Nationes konnten politischen Einheiten wie Königreichen entsprechen, aber auch erheblich kleiner oder größer ausfallen. Dennoch: *Natio* und seine Äquivalente in lateinischen und volkssprachlichen Quellen bezeichneten am Ende des Mittelalters eine Gruppe, die zu einem abgegrenzten Territorium gehörte, und/oder eine Gruppe, die sich durch Gemeinsamkeiten der Sprache, der Geschichte, der Herkunft, der Sitten und Gebräuche von anderen unterschied. [...] Allgemein orientierte sich die Zuordnung zu *nationes* nun häufiger, wenn auch bei Weitem nicht immer, an politischen Grenzen. Das kann als Beleg dafür dienen, dass „Nation" bereits gegen Ende des Mittelalters seine moderne Bedeutung erlangte, denn es unterschied sich kaum von der Definition, die der *Brockhaus* in den 1980er-Jahren vorschlug: „Nation" sei eine „größere Gruppe von Menschen, die durch das Bewusstsein ihrer politischen und/oder kulturellen Eigenständigkeit zur Gemeinschaft wird".
Kaum zehn Jahre später beschrieb der *Brockhaus* „Nation" jedoch als ein in den 1790er-Jahren entstandenes Konzept, das „im [...] Denken der letzten beiden Jahrhunderte den Rahmen bezeichnet, innerhalb dessen sich Menschen neben kultureller Eigenständigkeit v. a. polit. Selbständigkeit (Souveränität) [...] zumessen". Diese Definition wies Ähnlichkeiten mit der Formulierung in *Qu'est-ce que le tiers-état?* (*Was ist der dritte Stand?*) des Abbé Sieyès[1] von 1789 auf, der eine „nation complète" (die er mit dem „dritten Stand" identifizierte) als „un corps d'Associés vivant sous une loi *commune* et représentés par la même *législature*" definierte, also nicht durch Geburtsort, Abstammung oder Sprache, sondern die Unterwerfung unter ein für alle gleiches Gesetz sowie die Repräsentation durch eine gesetzgebende Versammlung.
Die Definition von „Nation" über gleiches Recht, Volkssouveränität und Partizipation markierte allerdings keinen völligen Abschied von bisherigen Vorstellungen, denn gleiches Recht konnte kaum ohne Einfluss auf Sitten und Gebräuche bleiben, und eine gemeinsame Legislative setzte eine begrenzte Zahl politischer Verkehrssprachen voraus. Dennoch: Die Verbindung der Abgrenzung nach außen mit der Betonung der Gleichheit im Innern markierte eine weitere mögliche Geburtsstunde des Nationenbegriffs, die sich auch durch weitere Bedeutungsverschiebungen bestimmen lässt: Das Adjektiv „national", das sich seit dem 16. Jahrhundert verbreitete, bezog sich nun meist auf Staaten. Das Wort „Nationalist" tauchte erstmals um 1800 auf; es bezeichnete Personen, für welche die Interessen der eigenen Nation (oder des eigenen Staates) im Mittelpunkt standen. „Nationalismus" bezeichnete fortan nicht mehr eine regionale sprachliche oder kulturelle Wunderlichkeit, sondern eine politische oder kulturelle Bewegung, die der „Nation" zum Durchbruch verhelfen und sie über andere Bindungen stellen wollte.

Andreas Fahrmeir, Die Deutschen und ihre Nation. Geschichte einer Idee, Ditzingen 2017, S. 8–10

1. Fassen Sie die hier beschriebene Entwicklung des Begriffs „Nation" von der europäischen Spätantike bis zum Ende des Mittelalters in eigenen Worten zusammen.
2. Arbeiten Sie heraus, welche neue Bedeutung der Begriff „Nation" gegen Ende des 18. Jahrhunderts erlangte.
3. Gruppenarbeit: Diskutieren Sie in der Klasse, welche Assoziationen die Begriffe „Nation" und „national" bei Ihnen auslösen. Verweisen Sie dabei auch auf Wortverbindungen, in denen diese Begriffe auftauchen. | F

[1] Zu Emmanuel Joseph Sieyès und seiner Schrift „Was ist der Dritte Stand?" siehe Seite 127 und 141 f. im Buch.

M2 Nationale Ruhmeshallen

Im Zentrum von Paris befindet sich das Panthéon. Ursprünglich als Kirche errichtet, wurde es nach der Fertigstellung 1790 von den Anführern der Französischen Revolution zu einer nationalen Gedenkstätte umgewidmet. Bedeutende Persönlichkeiten Frankreichs sind hier beigesetzt. In der Apsis (Bild rechts) steht seit 1913 ein Denkmal von François-Léon Sicard (1862–1934), das an den Nationalkonvent, das Parlament der ersten französischen Republik (1792–1804), erinnert.

Bei Donaustauf nahe Regensburg steht die Walhalla. Das tempelartige Monument am Ufer der Donau wurde von 1830 bis 1842 im Auftrag König Ludwigs I. von Bayern (reg. 1825–1848) errichtet, der damit eine nationale Gedenkstätte schaffen wollte. In der Walhalla sind bedeutende Persönlichkeiten „teutscher Zunge“ mit Marmorbüsten und Gedenktafeln verewigt.

1. Ermitteln Sie, an welche realen oder in Sagen überlieferten Vorbilder das Panthéon und die Walhalla angelehnt sind.
2. Recherchieren Sie im Internet, welche Persönlichkeiten in den Gebäuden gewürdigt werden.
3. Vergleichen Sie das für beide Gedenkstätten maßgebliche Verständnis von „Nation“. Berücksichtigen Sie dabei insbesondere die jeweiligen Auftraggeber, den Ort, an dem Panthéon und Walhalla stehen, und die Auswahl der Persönlichkeiten, die dort Eingang gefunden haben.
4. Präsentation: Recherchieren Sie im Internet nach nationalen Ruhmeshallen in anderen Ländern. Stellen Sie ein Beispiel in der Klasse vor.
5. Gruppenarbeit: Diskutieren Sie, wer in eine europäische Ruhmeshalle aufgenommen werden sollte. | F

M3 „Vorgestellte" Gemeinschaften

In seinem 1983 erschienenen Buch „Imagined Communities" (dt. Titel: „Die Erfindung der Nation") benennt der US-amerikanische Politikwissenschaftler Benedict Anderson (1936–2015) Merkmale moderner Nationen:

[Die Nation] ist eine vorgestellte politische Gemeinschaft – vorgestellt als begrenzt und souverän. Vorgestellt ist sie deswegen, weil die Mitglieder selbst der kleinsten Nation die meisten anderen niemals kennen, ihnen begegnen oder auch nur von ihnen hören werden, aber im Kopf eines jeden die Vorstellung ihrer Gemeinschaft existiert. [...] Die Nation wird als begrenzt vorgestellt, weil selbst die größte von ihnen mit vielleicht einer Milliarde Menschen in genau bestimmten, wenn auch variablen Grenzen lebt, jenseits derer andere Nationen liegen. Keine Nation setzt sich mit der Menschheit gleich. Selbst die glühendsten Nationalisten träumen nicht von dem Tag, da alle Mitglieder der menschlichen Rasse ihrer Nation angehören werden – anders als es in vergangenen Zeiten den Christen möglich war, von einem ganz und gar „christlichen" Planeten zu träumen.
Die Nation wird als souverän vorgestellt, weil ihr Begriff in einer Zeit geboren wurde, als Aufklärung und Revolution die Legitimität der als von Gottes Gnaden gedachten hierarchisch-dynastischen Reiche zerstörten. Dieser Begriff erlangte seine Reife in einem historischen Moment, als selbst die frommsten Anhänger jeglicher Universalreligion mit dem lebendigen Pluralismus solcher Religionen und dem Auseinandertreten von ontologischen[1] Ansprüchen jeden Glaubens und seiner territorialen Ausdehnung konfrontiert waren. Deshalb träumen Nationen davon, frei zu sein und dies unmittelbar – wenn auch unter Gott. Maßstab und Symbol dieser Freiheit ist der souveräne Staat.
Schließlich wird die Nation als Gemeinschaft vorgestellt, weil sie, unabhängig von realer Ungleichheit und Ausbeutung, als „kameradschaftlicher" Verbund von Gleichen verstanden wird. Es war diese Brüderlichkeit, die es in den letzten zwei Jahrhunderten möglich gemacht hat, dass Millionen von Menschen für so begrenzte Vorstellungen weniger getötet haben als vielmehr bereitwillig gestorben sind.

Benedict Anderson, Die Erfindung der Nation. Zur Karriere eines erfolgreichen Konzepts, Frankfurt am Main/New York [2]1996, S. 15–17 (gekürzt; übersetzt von Benedikt Burkard)

1. Präsentation: Stellen Sie die Aussagen von Anderson in einer Mindmap dar, mit dem Begriff „Nation" im Mittelpunkt.
2. Geben Sie wieder, was der Autor unter „Vorstellung" versteht. | H
3. Charakterisieren Sie das Verhältnis von Nation und Religion, auf das Anderson verweist.

[1] **ontologisch** (altgriech. *ontología*: Lehre vom Seienden): Fragen nach dem Dasein und dessen Sinn betreffend

M4 Nationale Mythen als „Volkspädagogik"

*Der Politikwissenschaftler Herfried Münkler (*1951) setzt sich mit nationalen Mythen, ihrer Entstehung und ihrem Zweck auseinander:*

Nationalmythen beschwören Gestalten der Vergangenheit, um Zukunft zu garantieren. Sie erheben den Anspruch, die Geschichte der Nation nicht nur zu deuten, sondern ihren Fortgang auch zu strukturieren. Dazu müssen sie freilich zwei große Herausforderungen bewältigen: Sie müssen die Komplexität des Geschehens reduzieren und dieses ethischen und ästhetischen Vorstellungen anpassen, und sie müssen den Schrecken der Kontingenz[2] wegerzählen, also die Furcht besänftigen, die nationale Geschichte sei womöglich nur eine bedeutungslose Episode der Weltgeschichte. Indem sie diesen beiden Anforderungen genügen, stiften Nationalmythen Vertrauen und Zuversicht, dass die Nation die groß und bedrohlich vor ihr stehende Zukunft meistern werde. Barbarossa, der schlafende Kaiser, wird wiederkehren und das Reich in all seiner Macht und Herrlichkeit neu errichten; Siegfried, der stolze Held, wird alle anderen überstrahlen; und der forschende Gelehrte Faust wird die Welt verändern und beherrschen. [...]
Damit literarische Texte und historische Ereignisse das leisten können, muss ihr mythisierbarer Kern freigelegt werden: Was zum Nationalmythos avancierte, war nicht das *Nibelungenlied*[3] als literarischer Text, sondern eine von den Herausgebern der Textsammlungen und Sagenbücher kompilierte[4] Sage, in der die psychische Komplexität der Figuren vereinfacht und ihr Charakter vereindeutigt wurden. Das gilt in ähnlicher Weise für Faust, bei dem sich der Typus des Welterforschers schon bald von seiner Charakterzeichnung durch Goethe entfernte. Jedenfalls kam, je stärker das *Nibelungenlied* zur Nibelungensage umgestaltet und zum Nationalmythos erhoben beziehungsweise Faust zum Inbegriff des ruhelos tätigen Deutschen stilisiert wurde, eine „volkspädagogische Komponente" ins Spiel, die Ambivalenzen und Uneindeutigkeiten tilgte, indem sie die Helden heldisch, den Verrat abgründig und die Einzelfigur kollektiv anschlussfähig machte. So wurde aus dem *Nibelungenlied* ein politischer Mythos, der Identität anbot und Identifikation abverlangte, wobei die jeweiligen politischen Konstellationen darüber entschieden, ob man eher Siegfried oder Hagen zum Vorbild wählte. Aus dem Teufelsbündner Faust, der entweder schmählich scheiterte oder auf die Hilfe himmlischer Mächte angewiesen war, wurde im Verlauf dieser Umwandlungen eine umstürzend-zupackende Figur, die zum Symbol des deutschen Aufbruchs im 19. und 20. Jahrhundert avancierte. Am einfachsten hatte

[2] **Kontingenz**: prinzipielle Offenheit einer Situation
[3] **Nibelungenlied**: Das Nibelungenlied ist das berühmteste Heldenepos der mittelhochdeutschen Literatur. Es wurde um 1200 von einem unbekannten Dichter in Passau niedergeschrieben.
[4] **kompilieren**: aus verschiedenen Texten zusammenstellen

man es da noch mit Kaiser Friedrich Barbarossa, den man nur aus einer notorischen Schlafmütze, als die ihn die Lokalsagen kannten, in eine schlummernde Urgewalt verwandeln musste, die kurz vor einem Aufbruch stand, der die politische Welt grundlegend verwandeln würde.

Herfried Münkler, Die Deutschen und ihre Mythen, Berlin [3]2009, S. 33 f.

1. Informieren Sie sich in Fachbüchern und im Internet über die hier erwähnten historischen Vorlagen (Nibelungenlied, Faust, Friedrich Barbarossa).
2. Vergleichen Sie anhand Ihrer Recherchen und des Textes die ursprünglichen Inhalte mit den später entwickelten Mythen.
3. Arbeiten Sie heraus, welche Personen und Bedingungen dafür verantwortlich sind, dass nationale Mythen Anerkennung finden.
4. „Nationalmythen beschwören Gestalten der Vergangenheit, um Zukunft zu garantieren." (Zeile 1 f.) Nehmen Sie zu dieser Aussage von Münkler Stellung.

M5 Mythen (be)gründen

*Die Historikerin Heidi Hein-Kircher (*1969) definiert politische Mythen und ihre Funktion:*

Unter einem Mythos ist eine sinnstiftende Erzählung zu verstehen, die Unbekanntes oder schwer zu Erklärendes vereinfacht mit Bekanntem erklären will. Er entflechtet schwer oder gar nicht erklärbare Vorgänge und stellt sie auf einfache Weise dar, wobei mythisches Denken auf einem Raster apriorischer Prämissen[1] beruht. [...]
So gibt es Gründungs- und Ursprungsmythen, Mythen [...] der Beglaubigung und Verklärung, wobei aber der politische Gründungsmythos letztlich eine alle anderen umfassende Kategorie ist, da jeder Mythos in seinem Kern über den Sinn und das Entstehen einer Gemeinschaft berichtet. [...]
Politische Mythen behandeln nur das, was für die jeweilige Gesellschaft konstitutiv[2] und von Bedeutung ist. Diese im Mythos erzählten Bilder repräsentieren die Werte, Ziele und Wünsche einer sozialen Gruppe. Sie beglaubigen ihre grundlegenden Werte, Ideen und Verhaltensweisen, weil sie die historischen Vorgänge aus ihrer Sicht und in ihrem Sinne interpretieren, sodass diese durch die Erzählung einer geschichtlich wirksamen Einheit zusammengebunden wird. Daher geben politische Mythen nationalen und nicht-nationalen (Massen-)Gesellschaften bzw. Gruppen Sinn [...]. Eine solche Identitätsbildung ist jedoch nur möglich, wenn zugleich eine Abgrenzung nach außen, zu anderen Gruppen hin, stattfindet. Auch dies wird durch Mythen geleistet, weil sie kennzeichnen, wer zur Gruppe gehört und wer nicht. Dies geschieht, indem Mythen immer den Gegensatz zwischen „gut", also „eigen/selbst", und „böse", also „die anderen", schaffen.

Als Beispiele für politische Mythen in Deutschland führt die Autorin an:

Im Zuge des Entstehens der modernen Nationsgesellschaften erlebten politische Mythen in ganz Europa eine Konjunktur. Sie halfen, den Zusammenbruch des Ancien Régime[3] zu verarbeiten, aber auch die Ablösung der alten Eliten durch neue gesellschaftliche Gruppen und somit die jeweilige Nation zu begründen. Ereignismythen wurden dabei als besondere Leistungen der jeweiligen Gesellschaft verstanden, während der Rückgriff auf Helden die Entwicklung personalisierte.
Aufgrund der Bedeutung der Befreiungskriege[4] waren Mythen über die Antike als Verteidigungsmythen ein wichtiger Topos[5] im 19. Jahrhundert. So bot sich der Rückgriff auf den Cheruskerfürsten Arminius (Hermann) geradezu an: Als Sieger der Varusschlacht gegen die Römer habe er die vaterländische Freiheit verteidigt. Dieses Motiv findet sich etwa bei den ersten Planungen des Detmolder Hermann-Denkmals 1819 wieder. Der Arminius-Mythos wandelte sich im Laufe des 19. Jahrhunderts und verweist so auf die Entwicklung der zugrunde liegenden Nationsidee: Während der rund 60-jährigen Errichtungsphase verschwanden ursprünglich großdeutsche[6] Intentionen zugunsten der ideellen Begründung der Reichsgründung durch Preußen und dessen Führungsrolle im Reich; die Idee einer Verbrüderung der freien Nationen wurde durch ein starkes antifranzösisches Moment ersetzt, das letztlich auch die Vorstellung von der „Erbfeindschaft" zu Frankreich beeinflusste. Bis in die Zeitgeschichte wirkte der Arminius-Mythos: So wurde das Hermann-Denkmal zum „Symbol deutscher Einheit" und Freiheit und visualisierte „Abgrenzung zu äußeren und inneren Feinden".
Eine zentrale Rolle für die Nationswerdung kommt dem Germanen-Mythos im 19. Jahrhundert zu. Er basiert auf einem konstruierten Gegensatz zu Rom [...] – ein Motiv, dessen Entwicklung sich bis ins Mittelalter zurückverfolgen lässt und das die Ursprünge der „deutschen Nation" erläutert. Dieses Narrativ[7] formulierte 1807/1808 Johann

[1] **apriorische Prämisse**: von vornherein geltende Annahme
[2] **konstitutiv**: grundlegend, bestimmend

[3] **Ancien Régime** (frz.: alte Herrschaft): vorrevolutionäre Herrschafts- und Gesellschaftsordnung
[4] **Befreiungskriege**: Kriege in den Jahren 1813 bis 1815, die zum Zusammenbruch der Vorherrschaft Napoleons in Europa führten
[5] **Topos** (altgriech.: Ort, Stelle): weitverbreiteter Gedanke, geläufiges Motiv
[6] **großdeutsch**: Konzept zur Einigung Deutschlands unter Einbeziehung Österreichs
[7] **Narrativ** (von lat. *narrare*: erzählen): Erzählmotiv, oft mit sinnstiftender Wirkung

Gottlieb Fichte[1] in seinen „Reden an die deutsche Nation" prägnant und legte die Grundlagen für dessen Weiterentwicklung: Die deutsche Nation habe sich die Ursprünglichkeit der Germanen („Urvolk") bewahrt, wodurch sie eine besondere Mission erhielten. Der Germanen-Mythos, etwa durch Denkmäler (wie das Niederwalddenkmal der „Germania"), Festumzüge, Literatur und Museen kommuniziert, definierte somit nicht nur das Verständnis von „deutsch", sondern entwickelte sich auch zu der zentralen narrativen Grundlage der völkischen[2] Rasseideologie. [...]

Auch die bundesdeutsche Gesellschaft schuf Mythen. Maßgeblich für ihr Selbstverständnis war vor allem der Mythos von der „Stunde Null", der über einen Neuanfang einer gereinigten Gesellschaft berichtete und bis heute das deutsche Selbstverständnis prägt: Dem Bombenkrieg, der bedingungslosen Kapitulation und der alliierten Besetzung kamen dabei kathartische Wirkung[3] zu. Als Gründungsmythos legitimierte er die Existenz der Bundesrepublik und blendete aus, dass dieser Neuanfang tatsächlich aus umfangreichen Kontinuitäten bestand. Nach dem wirtschaftlichen Aufschwung wurde er durch denjenigen vom „Wirtschaftswunder" ergänzt, der die Gesellschaft darin bestätigte, auf dem richtigen Weg zu sein.

Erster Text: Heidi Hein-Kircher, Zur Definition und Funktion von politischen Mythen, in: 2000 Jahre Varusschlacht, Bd. 3: Mythos, Stuttgart 2009, S. 149–154, hier S. 149 und 151 ff.; zweiter Text: Dies., „Deutsche Mythen" und ihre Wirkung, in: Aus Politik und Zeitgeschichte 63 (2013), Heft 13/14, S. 33–38, hier S. 35 und 37

1. Fassen Sie die wesentlichen Aussagen der Historikerin thesenartig zusammen.
2. Vergleichen Sie M4 und M5 hinsichtlich ihrer Definition von Mythen. Stellen Sie Übereinstimmungen und Abweichungen heraus.
3. Erörtern Sie, ob und inwieweit sich der Mythos von der „Stunde Null" von sonstigen nationalen Gründungsmythen unterscheidet.
4. Setzen Sie sich mit der Frage auseinander, ob in der heutigen Gesellschaft und Medienlandschaft noch nationale Mythen entwickelt werden können.

„Zur Enthüllungsfeier des Hermanns-Denkmals am 16. August 1875."

Holzschnitt aus der Berliner Satirezeitschrift „Kladderadatsch" vom 15. August 1875.

Die Karikatur zeigt Arminius und Martin Luther, im Hintergrund die Kuppel des Petersdoms in Rom. Auf dem Schild des Arminius steht: „Vici" („Ich habe gesiegt!"), Luther deutet auf die Bibel, auf der „Vincam!" („Ich werde siegen!") zu lesen ist.

Die Karikatur erschien in der Zeit des sogenannten Kulturkampfes (1872 bis 1878). Damals gingen die Regierungen in Preußen und im Deutschen Reich gegen die katholische Kirche vor, um v.a. deren Einfluss auf das Schulwesen, die politische Opposition und auf die polnische Minderheit in Preußen drastisch einzuschränken.

- Interpretieren Sie die Karikatur vor dem Hintergrund des Kulturkampfes der 1870er-Jahre. Tipp: Über Arminius informiert Seite 444 f., über Luther Seite 102 f. | H
- Arbeiten Sie heraus, welche mythische Funktion Arminius und Luther hier erfüllen sollen. | H
- Analysieren Sie, ausgehend von der Bildunterschrift „Gegen Rom", welcher Gründungsmythos für das damals neue Deutsche Kaiserreich hier entworfen wurde. | H

[1] **Johann Gottlieb Fichte** (1762–1814): deutscher Pädagoge und Philosoph
[2] **völkisch**: politische Vorstellung, die eine Gesellschaft allein aus Angehörigen gleicher Abstammung anstrebt
[3] **kathartische Wirkung** (von altgriech. *kátharsis*: Reinigung): psychische Läuterung, die sich nach dem Durchleben aufwühlender Konflikte einstellt

3.2 Kernmodul: Deutungen des deutschen Selbstverständnisses

Frühe deutsche Nationalstaatsidee | Wer sind die Deutschen? Wer gehört zu ihnen und was verbindet sie miteinander? Diese Fragen beschäftigten bis ins späte 18. Jahrhundert vornehmlich Künstler und Gelehrte. Erst mit der Auflösung des *Heiligen Römischen Reiches Deutscher Nation* am Beginn des 19. Jahrhunderts wurden daraus gesellschaftliche Themen ersten Ranges. „Deutschland" existierte seitdem nur als Ansammlung von über dreißig größeren und kleineren Staaten, für die der 1815 gegründete *Deutsche Bund* einen losen Zusammenhalt bot. Die Vertreter des Liberalismus und der deutschen *Nationalbewegung* wünschten dagegen einen geeinten Nationalstaat, der Sicherheit nach außen, wirtschaftlichen Fortschritt sowie Freiheit und Mitbestimmung für jedermann versprach. Das gesamtdeutsche Nationalbewusstsein war damals neu. Es konkurrierte als Idee mit anderen patriotischen Strömungen in Deutschland, die die Verbundenheit der Bevölkerung mit ihrem jeweiligen Einzelstaat oder der regierenden Herrschaftsfamilie betonten.

Macht statt Freiheit | Erst ab Mitte der 1860er-Jahre gelang es dem Königreich Preußen, die *deutsche Frage* in drei aufeinanderfolgenden Kriegen zu entscheiden und einen Nationalstaat unter Ausschluss Österreichs durchzusetzen (➔M1). Das 1871 gegründete *Deutsche Kaiserreich* war ein Obrigkeitsstaat, der die Forderung des Liberalismus nach parlamentarischer Mitbestimmung nur teilweise verwirklichte. Um die Machtposition der Monarchie und der adlig-großbürgerlichen Führungsschichten, aber auch die Vorherrschaft Preußens im neuen Deutschland zu sichern, wurden tatsächliche oder vermeintliche Gegenkräfte als „Reichsfeinde" gebrandmarkt, systematisch ausgegrenzt oder gar verfolgt. Das betraf nationale Minderheiten wie die Elsässer, Lothringer, Dänen und Polen, Teile der katholischen Bevölkerung, aber auch die politische Opposition wie Linksliberale und Sozialdemokraten. Wie zum Ausgleich für die fortwährende gesellschaftliche Spaltung entstand ein aggressiver, übersteigerter Nationalismus, der Deutschland anderen Nationen für überlegen hielt und das Kaiserreich zur Weltmacht auserwählt sah.

Nationalismus im Exzess | Der Erste Weltkrieg radikalisierte das Nationalbewusstsein in Deutschland weiter. Einerseits glaubte man, „gegen eine Welt von Feinden" (Wilhelm II.) zu kämpfen, andererseits trat bei Kriegsausbruch 1914 ein neues Gemeinschaftsgefühl auf, das alle inneren Gegensätze zu überwinden schien (➔M2).[1] Der Kriegsverlauf machte diesen Konsens allerdings zunichte.

Durch die Niederlage von 1918 und ihre Folgen – dem Versailler „Schmachfrieden", schweren wirtschaftlichen Krisen und einer von vielen Deutschen abgelehnten Republik[2] – verlor die Idee des Nationalstaates erheblich an Glaubwürdigkeit. Zukunft versprach nicht mehr die *Staatsnation*[3] als im Grunde freiwilliger Zusammenschluss, sondern eine *Volksgemeinschaft* als gleichsam naturgegebene Einheit. Aus dieser Anschauung ließ sich ein extremer, *völkischer Nationalismus* ableiten. Er definierte das „Deutschtum" sowohl weltanschaulich, indem er Kommunisten und Sozialdemokraten davon ausschloss und die liberale Demokratie als „undeutsch" ablehnte, als auch rassistisch und antisemitisch, da Juden und andere Minderheiten zu „Volksfremden" erklärt wurden (➔M3). Die gewaltsame Umsetzung dieser Vorstellungen durch die Nationalsozialisten führte in die Diktatur, zum Zweiten Weltkrieg und zum Holocaust.

---

[1] Zum Ersten Weltkrieg siehe das Kapitel auf den Seiten 368 bis 393.
[2] Über die Weimarer Republik informieren die Seiten 304 bis 367.
[3] Zum Begriff „Staatsnation" siehe das Kernmodul „Nation – Begriff und Mythos" auf Seite 286.

„Deutschland – August 1914."
Ölgemälde (192 x 147 cm) von Friedrich August von Kaulbach, 1914.

- Beschreiben Sie die dargestellte Frauenfigur und ihre Attribute.
- Charakterisieren Sie die Stimmung, die von dem Gemälde ausgeht.
- Arbeiten Sie heraus, welches deutsche Selbstverständnis in dem Gemälde anklingt. Berücksichtigen Sie dabei auch die Entstehungszeit und den historischen Hintergrund. | H

Hinweis: Zum deutschen Selbstverständnis nach 1945 siehe auch das Kapitel ab Seite 394.

Geläutert in die Gegenwart | Nach 1945 war das Nationalbewusstsein in Deutschland nachhaltig diskreditiert, sowohl aus Verantwortung für die im deutschen Namen begangenen Verbrechen, als auch angesichts der *deutschen Teilung* im Zeichen des Kalten Krieges. Beide deutsche Staaten suchten den Anschluss an eine internationale Wertegemeinschaft: die Bundesrepublik durch ihre (freiwillige) Politik der Westintegration, die DDR durch die (erzwungene) Übernahme einer sozialistischen Ordnung nach dem Vorbild der Sowjetunion (➔M4). Die Westdeutschen akzeptierten die Bundesrepublik im Lauf der Zeit als *„postnationale Demokratie"* – so der Politikwissenschaftler Karl Dietrich Bracher –, in der Freiheit, Frieden und eine europäische Einigung wichtiger waren als eine deutsche Einheit, die seit dem Bau der Mauer 1961 nicht mehr realistisch schien. Auch die Staatsführung der DDR nahm vom Einheitsgedanken Abstand – 1974 strich sie das Bekenntnis zu einer deutschen Nation aus der Verfassung.

Gleichwohl wurde in den 1980er-Jahren in beiden deutschen Staaten ein gemeinsames kulturelles Erbe wiederentdeckt. Ebenso erfolgte eine schrittweise Annäherung in der – bis dahin höchst unterschiedlichen – Auseinandersetzung mit der Vergangenheit des Nationalsozialismus. Als die *friedliche Revolution* in der DDR im Herbst 1989 die kommunistische Diktatur beseitigte, verschwand auch der politische und weltanschauliche Gegensatz zur Bundesrepublik. Die *deutsche Einheit*, die 1990 vollzogen wurde, erschien zwar nicht als einzige, aber doch als sinnvollste Lösung für die Krise in Ostdeutschland, zumal von einem neuen gesamtdeutschen Nationalstaat keine Bedrohung mehr ausging.

Das Deutschland der Gegenwart gilt als fest in der westlichen Staatengemeinschaft verankert (➔M5). Fragen nach dem Selbstverständnis der Deutschen stellen sich immer wieder neu, wenngleich nicht mehr isoliert und abgehoben vom Rest der Welt.

M1 Eine preußisch-deutsche Erfolgsgeschichte?

*Der deutsch-amerikanische Historiker Konrad H. Jarausch (*1941) und sein deutscher Kollege Michael Geyer (*1947) untersuchen den Einfluss der Geschichtsschreibung auf das Nationalbewusstsein der Deutschen im 19. Jahrhundert:*

In dem Bemühen von romantischen Dichtern und Publizisten, die lockere Kulturnation[1] in einen festen Nationalstaat zu verwandeln, spielten Historiker eine führende Rolle, da sie das nationale Programm als logische Folge einer gemeinsamen Geschichte wissenschaftlich rechtfertigten. Heinrich von Treitschke machte sich als *praeceptor Germaniae*[2] selbstbewusst daran, eine „allen Gebildeten gemeinsame Geschichtsüberlieferung" zu schaffen, die den zersplitterten Deutschen ein Gefühl geben würde, zusammenzugehören, über die Zeiten hinweg gemeinsame Erfahrungen zu teilen. [...] Treitschkes *Deutsche Geschichte im 19. Jahrhundert*, der führende Text der nationalistischen Sichtweise, bot den Deutschen eine unwiderstehliche Vision von innerer Befreiung und äußerer Ermächtigung. Erstens sollte die Vereinigung die politischen und kulturellen Horizonte über die Grenzen der Kleinfürstentümer hinweg auf größere Kommunikationsräume erweitern und dadurch einengende lokale Beschränkungen abschütteln. Zugleich sollte die Schaffung eines größeren Gemeinwesens die Verwirklichung der „Freiheitshoffnungen" in einer konstitutionellen Monarchie ermöglichen, die ihre Untertanen an der Regierung teilnehmen und durch die Übernahme von Verantwortung reifen lassen würde. Schließlich sollte die Schaffung eines Nationalstaates den bisher unterdrückten, aber dennoch auch „den leidenschaftlichen, reizbaren Nationalstolz" befriedigen und den Deutschen wieder hinreichend Macht verschaffen, um fremde Bevormundung abzuschütteln und gleichberechtigt am Weltgeschehen teilzunehmen. Dieser nationalistische Aufruf fand Widerhall bei den Gebildeten und Besitzenden, weil er sich nicht an die Herrschenden, sondern an das Volk wandte und eine fortschrittliche Mission anklingen ließ, die Spinnweben der ständischen Gesellschaft hinwegzufegen. [...]

Norddeutsche protestantische Historiker wie Heinrich von Sybel wiesen die südliche, katholische und österreichische Alternative als spalterisch zurück und konnten nach und nach den aufsteigenden Staat Preußen zum Träger der nationalen Sendung salben. Diese borussische Schule[3] bemühte sich, die unleugbaren militärischen Elemente des Hohenzollernschen Erbes mit den attraktiveren kulturellen Impulsen der Stein-Hardenbergschen[4] Reformen und der liberalen Erbschaft der westdeutschen Staaten in einem erneuerten, aber föderalen Reich zu versöhnen [...]. Diese nationalliberalen Gelehrten verschmolzen die disparaten und entmutigenden Geschichten der mitteleuropäischen Vergangenheit zu einer zusammenhängenden Meistererzählung[5], die das Gefühl einer Schicksalsgemeinschaft entstehen ließ, die politischen Energien auf den Nationalstaat lenkte, dem Einzelnen Opfer für das größere Ganze abverlangte und alle äußeren Einflüsse zurückwies. In Liedern wiederholt, auf Gemälden dargestellt und in Ritualen gefeiert, gelang es dieser nationalen Vision nach und nach, eine über den partikularistischen Patriotismus hinausgehende Loyalität zu schaffen und spätere Generationen zu bewegen, sich ungeachtet aller Unterschiede von Klasse, Geschlecht und Religion als Deutsche zu fühlen. Ältere Konfessions-, Dynastie- und Regionalgeschichten wurden durch diese neue Meistererzählung verdrängt oder allenfalls als untergeordnete Stränge in ein neues nationales Gesamtbild integriert.

Konrad H. Jarausch und Michael Geyer, Zurück zur Nationalgeschichte? Die Krise der nationalen Meistererzählung, in: Dies., Zerbrochener Spiegel. Deutsche Geschichten im 20. Jahrhundert, München 2005, S. 54–76, hier S. 57–59 (übersetzt von Friedrich Griese)

1. Recherchieren Sie im Internet über die Historiker Heinrich von Treitschke und Heinrich von Sybel und stellen Sie ihr Leben, ihr Werk sowie ihre politischen Anschauungen gegenüber.
2. Gliedern Sie den vorliegenden Text in sinnvolle Abschnitte und versehen Sie diese mit einer passenden Überschrift.
3. Arbeiten Sie heraus, welche gesellschaftlichen und politischen Verhältnisse die hier beschriebene „Meistererzählung" befürwortete, und welche von ihr abgelehnt wurden.
4. Präsentation: Suchen Sie nach nationalen „Meistererzählungen" in anderen Ländern (etwa USA, Frankreich, Israel, Russland). Stellen Sie ein Beispiel in einem Kurzreferat vor.

[1] Zum Begriff „Kulturnation" siehe das Kernmodul „Nation – Begriff und Mythos" auf Seite 286.

[2] **praeceptor Germaniae** (lat.: Lehrmeister Deutschlands): Ehrentitel für eine deutschlandweit anerkannte Lehrautorität

[3] **borussische Schule** (von lat. *Borussia*: Preußen): Bezeichnung für eine Gruppe einflussreicher Historiker im 19. Jahrhundert, die den preußischen Staat dazu berufen hielten, die Einigung Deutschlands herbeizuführen

[4] **Stein-Hardenbergsche Reformen**: Sammelbegriff für die von den Staatsministern Karl Freiherr vom Stein (1757–1831) und Karl August von Hardenberg (1750–1822) angestrengten Maßnahmen, die in den Jahren 1807 bis 1815 für eine weitreichende gesellschaftlich-politische Modernisierung in Preußen sorgten

[5] **Meistererzählung**: Geschichtsdarstellung großen Stils, deren Inhalt und Aussage das Selbstverständnis einer Gesellschaft prägen können

M2 „Wir sind ein Volk von Kriegern"

In seiner Schrift „Helden und Händler" von 1915 bezieht der Soziologe, Historiker und Wirtschaftswissenschaftler Werner Sombart (1863–1941) Stellung zum damaligen Kriegsgeschehen. Den Ersten Weltkrieg deutet er als Kampf zwischen „heldenhafter" (selbstlos-opferbereiter) und „händlerischer" (selbstbezogen-interessengeleiteter) Gesinnung, wobei er die Rolle der „Helden" den Deutschen, die der „Händler" den Briten zuweist. Sombart kommt auch auf den deutschen Militarismus zu sprechen:

Was kann deutscher Militarismus anderes sein als der deutsche Geist [...]? Es ist dieser deutsche Geist, so kann man es vielleicht ausdrücken, in seiner lebendigen Betätigung, in seiner Ausgestaltung zu äußeren Lebensformen. Militarismus ist die Sichtbarwerdung des deutschen Heldentums. Militarismus ist die Verwirklichung heldischer Grundsätze, insonderheit, soweit es sich um Vorbereitung und Durchführung von Kriegen handelt.

Militarismus ist der zum kriegerischen Geist hinaufgesteigerte heldische Geist. Er ist Potsdam und Weimar[1] in höchster Vereinigung. Er ist „Faust" und „Zarathustra"[2] und Beethoven-Partitur in den Schützengräben. Denn auch die Eroica[3] und die Egmont-Ouvertüre[4] sind doch wohl echtester Militarismus. [...]

Vor allem wird man unter Militarismus verstehen müssen das, was man den Primat der militärischen Interessen im Lande nennen kann. Alles, was sich auf militärische Dinge bezieht, hat bei uns den Vorrang. Wir sind ein Volk von Kriegern. Den Kriegern gebühren die höchsten Ehren im Staate. Was äußerlich in so vielen Dingen, die dem Fremden auffallen, in die Erscheinung tritt: unser Kaiser erscheint selbstverständlich offiziell immer in Uniform, bei feierlichen Gelegenheiten tun desgleichen auch unsere höchsten Beamten und unsere Abgeordneten, wenn sie in einem Militärverhältnis stehen; die Prinzen kommen sozusagen als Soldaten auf die Welt und gehören von Jugend auf der Armee. Alle andern Zweige des Volkslebens dienen dem Militärinteresse. Insbesondere auch ist das Wirtschaftsleben ihm untergeordnet usw.

Das zweite Merkmal des Militarismus ist die Hochhaltung und Pflege aller kriegerischen Tugenden; vor allem der beiden Grundtugenden des Kriegers: der Tapferkeit und des Gehorsams: der wahren Tugenden des freien Mannes. [...] Selbstzucht und Disziplin sind die Früchte der Pflege dieser Tugenden: Ordnung drinnen und Ordnung draußen: das ist ein Grundzug des deutschen Militarismus. [...] Die äußere Organisation unseres Heerwesens hat dann dahin gewirkt, dass die geistige und körperliche Disziplin in alle Volkskreise eingedrungen ist und somit heute auch im realen Sinne einen festen Bestandteil des deutschen Volksgeistes bildet. Nicht nur im Bereiche der Armee: auf allen Gebieten unseres öffentlichen Lebens und im privaten Leben jedes einzelnen Deutschen hat sich dieser Geist der Zucht und Ordnung eingebürgert. Ob es sich um die Volksschule oder die Universitäten, um die Arbeitervereine oder die Reichsbank, um die Eisenbahnen oder die Wissenschaft handelt: es ist immer derselbe Geist, es ist immer der deutsche „Militarismus", der sie beseelt, vor dem der Fremde wie vor einem Wunder steht. Denn aus diesem Geist werden die Riesenwerke der Organisation geschaffen, die in diesem Kriege wiederum die Welt in Erstaunen versetzt haben.

Aber es hieße den deutschen Militarismus nur unvollkommen charakterisieren, wollte man in ihm nicht noch eines anderen Zuges gedenken [...]: ich meine den lebendigen Drang der Hingabe an das Ganze, die jeden Deutschen beseelt, wenn das Vaterland in Gefahr ist. Was in aller wahrhaft heldischen Weltanschauung [...] eingeschlossen ist, das löst der Militarismus gleichsam aus: er weckt das heldische Empfinden in der Brust des letzten Tagelöhners im Dorfe, er popularisiert die Gedanken, die in den Köpfen unserer Größten zuerst aufgesprungen sind. Die Idee des Vaterlandes wird erst zu einer Leben weckenden Kraft durch die Mittlerrolle des Militarismus.

Werner Sombart, Helden und Händler. Patriotische Besinnungen, München/Leipzig 1915, S. 84–87 (gekürzt)

1. Fassen Sie die Aussagen des Textes thesenartig zusammen.
2. Interpretieren Sie unter Einbeziehung der im Text entwickelten Thesen das Bild „Deutschland – August 1914" auf Seite 293.
3. Präsentation: Ordnen Sie in einer Übersicht (Schaubild/Grafik), welche Personen, Einrichtungen und gesellschaftlichen oder kulturellen Leistungen der Text mit Deutschland verbindet. | F
4. Überlegen Sie, weshalb Sombart nicht vom „preußischen", sondern vom „deutschen Militarismus" spricht.

[1] **Potsdam und Weimar**: Kurzformeln für das preußische Königtum (Potsdam) und die deutsche Klassik um Johann Wolfgang von Goethe und Friedrich Schiller (Weimar)

[2] **Zarathustra** (eigentlich: „Also sprach Zarathustra"): Werk des Philosophen Friedrich Nietzsche (1844–1900)

[3] **Eroica** (ital.: die Heldenhafte): Beiname der dritten Symphonie von Ludwig van Beethoven (1770–1827)

[4] **Egmont-Ouvertüre**: Einleitung zur Oper „Egmont" von Beethoven

M3 Volksgemeinschaft

*Der Historiker Michael Wildt (*1954) setzt sich mit einem politischen Leitbegriff im Deutschland des frühen 20. Jahrhunderts auseinander:*

„Volksgemeinschaft" ist kein genuin nationalsozialistischer Begriff. Seine erste Hochkonjunktur verdankte er dem Ersten Weltkrieg. Der Satz Wilhelms II. vom August 1914, dass er von nun an keine Parteien, sondern nur noch Deutsche kenne, erzielte weite Resonanz, weil er den Wunsch vieler Deutscher nach Gleichheit und Inklusion zu repräsentieren vermochte. Gerade Juden und Sozialdemokraten hofften, dass sie aufgrund ihrer patriotischen Haltung endlich von der Mehrheit der Gesellschaft als gleichwertig akzeptiert werden würden. Doch obwohl sich bald die Risse in der Kriegsgesellschaft zeigten, blieb die „Volksgemeinschaft" eine mächtige Formel, die immer wieder an den Mythos der Einigkeit des Volks im Sommer 1914 anknüpfen konnte.
Gerade die Vieldeutigkeit von „Volk" machte den Begriff im Unterschied zur „Nation" attraktiv, die vor allem an die Ambiguität[1] von Staatsnation und Kulturnation[2] gebunden war und stets auch einen Bezug zur klassischen Nation Frankreich und deren Hervorbringung durch die Revolution besaß. Nation war in weit stärkerem Maß an „Staat" gebunden als „Volk". Und anders als „Nation" ließ sich „Volk" deutlich besser ethnisieren und biologisch-sozialdarwinistisch[3] aufladen. [...]
Da sich die Deutschen angesichts ihrer staatlichen Zersplitterung lange Zeit nicht als klassische Staatsnation definieren konnten – anders als beispielsweise Frankreich oder Großbritannien –, waren auch sie für eine Ethnisierung des Volksbegriffs anfällig. Dem Konzept des Volks als *demos*, für das Rechtsgenossenschaft und staatsbürgerliche Gleichheit kennzeichnend sind, steht die Vorstellung vom Volk als *ethnos* gegenüber, in dem imaginierte Abstammungsgemeinschaften, Geschichtsmythen, Phantasmen von gemeinschaftlichem Blut und Boden miteinander verknüpft sind. [...]
„Volksgemeinschaft" wurde in Deutschland schon vor 1933 zu einer [...] „beherrschenden politischen Deutungsformel". Die liberalen Parteien betonten den sozialharmonischen inkludierenden Aspekt „über die Klassen" hinweg. Für die Sozialdemokraten hatte sich die Arbeiterklasse mittlerweile zum Volk der Schaffenden ausgeweitet, die einer kleinen und ungerechtfertigt mächtigen Minderheit von Monopolkapitalisten und Großgrundbesitzern gegenüberstanden. Und selbst diese Minorität könnte, so die Vorstellung, wenn sie einer wirklichen Arbeit nachginge, Teil einer sozialistischen Volksgemeinschaft werden. In den Reden Friedrich Eberts als Reichspräsident hatte die „Volksgemeinschaft" als Inklusion aller Schaffenden ihren festen Platz.
Dagegen begriff die politische Rechte, insbesondere die Nationalsozialisten, bei aller Inklusionsrhetorik die „Volksgemeinschaft" vor allem in ihrer exkludierenden Dimension. Nicht so sehr die Frage, wer zur „Volksgemeinschaft" gehörte, stand obenan als vielmehr, wer nicht zu ihr gehören durfte: eben jene bereits sprachlich ausgegrenzten sogenannten Gemeinschaftsfremden, allen voran die Juden. Der Antisemitismus spielte dabei die entscheidende Rolle. „Staatsbürger kann nur sein, wer Volksgenosse ist. Volksgenosse kann nur sein, wer deutschen Blutes ist, ohne Rücksichtnahme auf Konfession. Kein Jude kann daher Volksgenosse sein." – So hieß es klar und deutlich im Parteiprogramm der NSDAP aus dem Jahre 1920.[4]

Michael Wildt, Volksgemeinschaft, Version 1.0, in: Docupedia-Zeitgeschichte, 3. Juni 2014, http://docupedia.de/zg/wildt_volksgemeinschaft_v1_de_2014 (Auszüge; Zugriff: 8. März 2021)

1. Geben Sie in eigenen Worten wieder, was den Begriff „Volk" im Unterschied zum Begriff „Nation" im frühen 20. Jahrhundert attraktiver erscheinen ließ.
2. Arbeiten Sie die Unterschiede zwischen einer „Volksgemeinschaft" im Sinne der Nationalsozialisten und der übrigen damaligen Parteien heraus. | **H**
3. Präsentation/Gruppenarbeit: „Stand die Idee der ‚Volksgemeinschaft' für eine Kontinuität oder den Bruch mit dem deutschen Nationalbewusstsein seit dem 19. Jahrhundert?" Führen Sie dazu eine Pro- und Kontra-Debatte.

M4 Der vierte Jahrestag der DDR

Walter Ulbricht (1893–1973), Generalsekretär der SED, hält am 7. Oktober 1953 eine Ansprache zum vierjährigen Bestehen der DDR:

Wir begehen den vierten Jahrestag der Gründung der Deutschen Demokratischen Republik. Zum ersten Mal in der deutschen Geschichte ist in einem großen Teil Deutschlands der Militarismus mit der Wurzel ausgerottet und die Arbeiter-und-Bauern-Macht errichtet worden.
Durch die Vernichtung der Kriegsmaschine des faschistischen[5] deutschen Imperialismus und die Befreiung Deutschlands von der faschistischen Knechtschaft durch die heroische Sowjetarmee war es nach 1945 möglich, in

[1] **Ambiguität**: Mehrdeutigkeit, Unbestimmtheit
[2] Zu den Begriffen „Staatsnation" und „Kulturnation" siehe das Kernmodul „Nation – Begriff und Mythos" auf Seite 286.
[3] **sozialdarwinistisch**: wissenschaftlich nicht haltbare Übertragung der Lehren von Charles Darwin (1809–1882) über die Entwicklung der Pflanzen- und Tierwelt auf die Gesellschaft. Demnach wird ein „Kampf ums Dasein" als Prinzip menschlichen Fortschritts erachtet.

[4] Zur Ideologie der NSDAP siehe auch das Kapitel auf den Seiten 340 bis 347.
[5] **faschistisch, Faschismus** (von ital. *fasci di combattimento*: Kampfbünde): rechtsextreme, antidemokratische und antikommunistische Weltanschauung oder Herrschaftsform

einem großen Teil Deutschlands die Wurzeln des Imperialismus zu beseitigen. [...] Unter Führung der Arbeiterklasse schlossen sich alle demokratischen Kräfte zusammen, um die Folgen des Hitlerkrieges zu beseitigen. [...]
In Westdeutschland hingegen wurden mithilfe der amerikanischen, englischen und französischen Besatzungsmächte die Grundlagen des deutschen Imperialismus geschützt und wurde die Macht der Konzernherren, Bankherren und Großagrarier wieder errichtet. Auf Initiative der USA-Regierung und der westdeutschen Monopolherren wurde Deutschland gespalten, um den westlichen Teil Deutschlands in die militärische Hauptbasis der USA in Europa zu verwandeln. Das Ergebnis der westdeutschen Wahlen vom 6. September[1] brachte zum Ausdruck, dass es den amerikanischen und den westdeutschen Imperialisten gelungen ist, in Westdeutschland die aggressivsten Revanchepolitiker an die Macht zu bringen, die gewillt sind, im Dienst des USA-Finanzkapitals als Stoßtrupp gegen die Sowjetunion und gegen die volksdemokratischen[2] Staaten in Europa zu kämpfen.

Walter Ulbricht, Zur Geschichte der deutschen Arbeiterbewegung. Aus Reden und Aufsätzen, Bd. 4: 1950–1954, Berlin 1958, S. 650f.

1. Analysieren Sie, welche Art von gemeinsamer Identität Ulbricht mit seiner Rede zu schaffen versucht.
2. Charakterisieren Sie Ulbrichts Sprache anhand der verwendeten Schlagworte.
3. Überprüfen Sie, ob der Text als Beispiel für eine „Meistererzählung“ gelten kann, wie sie in M1 auf Seite 294 beschrieben wird.

M5 Von der „Abstammungs-“ zur „Abstimmungsgemeinschaft“

*Wenige Jahre nach Vollzug der deutschen Einheit benennt der Historiker Heinrich August Winkler (*1938) Perspektiven für die noch junge „Berliner Republik“:*

Auf das vereinigte Deutschland trifft Brachers Formel von der „postnationalen Demokratie unter Nationalstaaten“ nicht mehr zu. Die neue Bundesrepublik ist ein demokratischer Nationalstaat unter anderen – freilich kein souveräner Nationalstaat der klassischen Art mehr wie einst das Deutsche Reich, sondern ein postklassischer Nationalstaat, [...] eingebunden in supranationale Gemeinschaften wie die Europäische Union und das atlantische Bündnis. Anders als die Weimarer Republik ist die Berliner Republik, die jetzt entsteht, auch keine ungelernte Demokratie mehr: Sie kann auf die Erfahrungen von vier Jahrzehnten des gelebten Parlamentarismus in der Bonner Demokratie zurückgreifen. Die neue Bundesrepublik ist mithin frei von jenem Erbe des Bismarckreiches, an dem der erste deutsche Nationalstaat letztlich gescheitert ist: der historischen Verschleppung der Freiheitsfrage. [...]
Die alte Bundesrepublik hat sich im Lauf der Jahrzehnte gegenüber der politischen Kultur des Westens weit geöffnet – mehr noch: diese Kultur verinnerlicht. Das gilt heute zu Recht als eine der großen Leistungen der Bonner Republik. Doch die Berliner Republik kann sich damit nicht zufriedengeben. Denn die Verwestlichung ist solange ein unvollkommenes Projekt, als sie nicht auch den deutschen Begriff von Nation erfasst hat. Nationszugehörigkeit ist in Deutschland immer noch in höherem Maße, als das auch in anderen westlichen Demokratien der Fall ist, eine Frage der Abstammung und weniger eine des Willens, zur Nation zu gehören. Auf dem Weg von der Abstammungs- zur Abstimmungsgemeinschaft, von der objektiv zur subjektiv definierten Nation, hat Deutschland noch eine längere Wegstrecke zurückzulegen als manche seiner europäischen Nachbarn.
Eine Verwestlichung, Modernisierung, Demokratisierung des deutschen Begriffs von Nation: das ist eine der Herausforderungen, vor die das vereinte Deutschland gestellt ist. Eine andere ist, als Antwort auf die wechselseitige Entfremdung von Ost- und Westdeutschen in vier Jahrzehnten staatlicher Trennung, die Neubildung der deutschen Nation. Wenn die neue Bundesrepublik beide Aufgaben als die zwei Seiten einer Medaille begreift, könnte sich zwischen Demokratie und Nation in Deutschland ein anderes Verhältnis entwickeln als in der Vergangenheit: eine Beziehung, die die Deutschen umfassend und auf Dauer mit der politischen Kultur des Westens verbindet.

Heinrich August Winkler, Demokratie und Nation in der deutschen Geschichte, in: Ders., Streitfragen der deutschen Geschichte. Essays zum 19. und 20. Jahrhundert, München 1997, S. 31–51, hier S. 50f.

1. Erläutern Sie, was Winkler mit der „historischen Verschleppung der Freiheitsfrage“ (Zeile 15f.) meint.
2. Erklären Sie, ausgehend vom Text, den Unterschied zwischen „Abstammungs-“ und „Abstimmungsgemeinschaft“ (Zeile 28f.). | H
3. Seit dem Jahr 2000 berechtigen neben der Abstammung von deutschen Eltern auch die Geburt in Deutschland und der dauernde Aufenthalt zur Staatsbürgerschaft. Analysieren Sie, inwieweit dies die Vorstellungen von „deutscher Nation“ und „deutschem Volk“ verändert hat. | F

[1] Aus den Bundestagswahlen von 1953 ging die CDU/CSU mit Bundeskanzler Konrad Adenauer (1876–1967) als Wahlsieger hervor. Adenauer erhielt damit ein Mandat für seine Politik der Westintegration.
[2] **volksdemokratisch**: Bezeichnung für ein Regierungssystem, das von einer sozialistischen oder kommunistischen Partei dominiert wird

3.3 Kernmodul: Deutscher Sonderweg und transnationale Geschichtsschreibung

Deutschlands Weg bis 1945 | Staat und Gesellschaft in Deutschland entwickelten sich im 19. Jahrhundert anders als in den Ländern Westeuropas. Der deutsche Nationalstaat von 1871 entstand nicht durch eine bürgerliche Freiheitsbewegung, sondern war das Ergebnis dreier Kriege und einer „Revolution von oben". Bis zum Ende des Ersten Weltkrieges empfanden viele Deutsche diese Besonderheit als Vorzug. Während der Weimarer Republik und im „Dritten Reich" wurde daraus eine „Ideologie des deutschen Weges" (Bernd Faulenbach), die die Ideen der Französischen Revolution und die westliche Demokratie als „undeutsch" ablehnte. Erst der Zweite Weltkrieg, der Holocaust und die deutsche Teilung führten zu einem Umdenken. Nun wurde die bisherige Entwicklung Deutschlands als Irrweg begriffen.

Seit 1945: versuchter Nachweis und künftige Vermeidung eines „Sonderwegs" | Im Zuge der Aufarbeitung der NS-Vergangenheit entstand die Vorstellung vom „deutschen Sonderweg". Historiker, Philosophen, Politikwissenschaftler und Soziologen wollten damit erklären, weshalb es gerade in Deutschland zur Diktatur der Nationalsozialisten kommen konnte. Sie verwiesen dabei auf langfristig wirksame Bedingungen: Die staatliche Zersplitterung seit dem Mittelalter, die Glaubensspaltung im 16. Jahrhundert oder das Scheitern der Revolution von 1848/49 hätten die Entwicklung zu Freiheit und Selbstbestimmung belastet oder gar verhindert (→M1). Im Zentrum dieser Betrachtungen stand das preußisch dominierte Deutsche Kaiserreich von 1871 bis 1918 – dessen politische Rückständigkeit habe die Deutschen nachhaltig von der Demokratie entfremdet (→M2).

Die in den 1960er- und 70er-Jahren entwickelte *„Sonderweg"-These* über den verhängnisvollen Verlauf der deutschen Geschichte des 19. und frühen 20. Jahrhunderts erntete sowohl Zuspruch als auch Kritik (→M3). Einerseits sorgte sie für eine griffige historische Bilanz und diente als Mahnung gegen Unterdrückung, Militarismus, Rassismus und nationalen Größenwahn. Andererseits erschien die deutsche Geschichte allzu eindimensional dargestellt, als bloße Vorgeschichte des Nationalsozialismus. Immerhin bestand Konsens darüber, dass die Fehlentwicklung Deutschlands mittlerweile beendet war. Die Nachfolger des 1945 zusammengebrochenen deutschen Nationalstaates, Bundesrepublik und DDR, verstanden sich jeweils als Gegenentwurf zur NS-Diktatur. Als 1990 die deutsche Einheit in Frieden und Freiheit vollzogen wurde, galt dies als endgültiger Schritt in eine westlich geprägte „Normalität".

Transnationale Geschichte | Ein weiteres Manko der Vorstellung vom „Sonderweg" und anderer nationaler Geschichtsdeutungen besteht darin, dass sie die eigene Vergangenheit eher isoliert betrachten. Seit dem Ende des 20. Jahrhunderts wird daher – nicht nur in Deutschland – nach einer Geschichte jenseits der reinen Nationalgeschichte gefragt. Das hängt auch mit der wachsenden Vernetzung und Globalisierung vieler Lebensbereiche, mit Mobilität und Zuwanderung, mit der europäischen Integration und mit grenzüberschreitender geschichtlicher Erinnerung zusammen. Die Einflüsse und Verflechtungen, die zwischen zwei oder mehr Nationen bestehen, werden als „transnational" bezeichnet (→M4). Sie entstanden im wesentlichen erst seit dem 19. Jahrhundert und betreffen nicht nur Politik und Wirtschaft, sondern auch Kultur, Religion, Bildung und Wissenschaft sowie zwischenmenschliche Kontakte. In einer transnationalen Geschichtsschreibung, die diese Felder untersucht, geht die deutsche Geschichte nicht etwa vollkommen auf. Vielmehr lässt sich die eigene Geschichte damit erweitern und in einen größeren Zusammenhang stellen (→M5).

M1 Diagnosen über Deutschland

Weshalb kam es in Deutschland zur Herrschaft des Nationalsozialismus? Als eine wesentliche Voraussetzung gilt die geistig-politische Entwicklung des Landes bis 1933. In diesem Zusammenhang spricht der Philosoph und Soziologe Helmuth Plessner (1892–1985) von einer „verspäteten Nation", der Politologe und Historiker Karl Dietrich Bracher (1922–2016) von einem „deutschen Sonderbewusstsein":

	Helmuth Plessner (1935/59)	Karl Dietrich Bracher (1969)
These (als Schlagwort)	„verspätete Nation"	„deutsches Sonderbewusstsein"
betrachteter Zeitraum	17. bis frühes 20. Jahrhundert	19. bis frühes 20. Jahrhundert
Merkmale der Entwicklung in Deutschland	• bis ins späte 19. Jahrhundert Aufspaltung in viele Einzelstaaten, Fehlen einer gemeinsamen Nationalidee • lange bestimmender Einfluss des Luthertums: unkritischer Glaube an Staat und Kirche, Distanz zur westeuropäischen Aufklärung • besonders in Preußen kein bürgerliches Freiheitsideal, sondern Untertanengeist und Diensteifer (Militär- und Beamtenstaat) • im 19. Jahrhundert rasche Industrialisierung, nun Einfluss von „Ersatzreligionen" wie Darwinismus[1], Materialismus[2] und Sozialismus	• Ablehnung der Ideen der Französischen Revolution • Scheitern der Revolution von 1848/49 • Deutsches Kaiserreich seit 1871 behindert die Mitbestimmung politischer Parteien • Weigerung, die Kriegsniederlage von 1918 und die Versailler Friedensordnung anzuerkennen • nach dem Ersten Weltkrieg wird Deutschland weniger als Gemeinschaft von Staatsbürgern, sondern eher als (biologisch-rassisch definierte) „Volksgemeinschaft" verstanden
negative Folgen	• geistig-politische Entfremdung von Großbritannien und Frankreich • Deutschland als „unpolitisches" Volk: bei breiten Schichten kein Wille zur Selbstbestimmung • Rückständigkeit in Sachen Menschenrechte und individueller Freiheit	• nationale Einheit und Macht wichtiger als demokratische Freiheit • Weimarer Republik wird von vielen Deutschen verachtet oder abgelehnt • in Deutschland wird antiwestliches Denken bestimmend

Basierend auf: Helmuth Plessner, Die verspätete Nation. Über die Verführbarkeit bürgerlichen Geistes (1935/1959), in: Ders., Gesammelte Schriften, hrsg. von Günter Dux, Odo Marquard und Elisabeth Ströker, Bd. 6, Frankfurt am Main 1982, S. 11–223; Karl Dietrich Bracher, Die deutsche Diktatur. Entstehung, Struktur, Folgen des Nationalsozialismus (1969), Köln/Berlin [4]1972, S. 16–28

1. Arbeiten Sie die Unterschiede und Übereinstimmungen zwischen den Beobachtungen Plessners und Brachers heraus.
2. Gruppenarbeit: Finden Sie zu den Stichpunkten der Rubrik „Merkmale der Entwicklung in Deutschland" jeweils gegenteilige Befunde für ein westeuropäisches Land oder die USA (z. B. „Aufspaltung in Einzelstaaten" – staatliche Einheit in Frankreich). Tragen Sie die Ergebnisse in der Klasse zusammen und erläutern Sie diese. | H
3. Gruppenarbeit: Greifen Sie einen Stichpunkt der Rubrik „negative Folgen" heraus und stellen Sie die Aussage den Verhältnissen im heutigen Deutschland gegenüber.

[1] **Darwinismus**: Lehre des englischen Naturwissenschaftlers Charles Darwin (1809–1882) über Abstammung und Entwicklung der Pflanzen- und Tierwelt. Darwins Leitsätze wurden ebenso auf die menschliche Gesellschaft übertragen (Sozialdarwinismus), insofern auch hier ein „Kampf ums Dasein" herrsche, in dem sich nur die Stärksten und Anpassungsfähigsten behaupten könnten.

[2] **Materialismus**: Anschauung, die das Streben nach materiellen Gütern für vordringlich erachtet; Weltbild, das die Entwicklung des Einzelnen und der Gesellschaft hauptsächlich von materiellen Bedingungen abhängig sieht.

M2 Das Kaiserreich in der Kritik

Die eigentliche Fehlentwicklung Deutschlands, so argumentiert der Historiker Hans-Ulrich Wehler (siehe Seite 24 f.), habe mit dem Deutschen Kaiserreich (1871–1918) begonnen:

Wie immer man das Kaiserreich von 1871 beurteilt […], eine eigentümliche Fusion von modernen und traditionalen Elementen verkörperte es ganz unstreitig. Von der Beurteilung des relativen Gewichts dieser Kräfte, erst recht ihrer Entwicklungsfähigkeit hängt das historische Urteil über die moderne deutsche Geschichte nach 1871 […] in einem ganz eminenten Maße ab. Deshalb müssen an dieser Stelle unausweichlich drei zusammenhängende Fragen geklärt werden: Ist seit 1871 ein „deutscher Sonderweg" im Sinne einer gravierenden Abweichung von dem Modernisierungspfad der westlichen Gesellschaften eingeschlagen worden? Oder ist ein bereits mehr oder minder lang bestehender „Sonderweg" nur weiter fortgesetzt worden? Oder aber hat es weder vor noch nach 1871 einen solchen „Sonderweg" gegeben? […]

Lange Zeit, auf jeden Fall von 1871 bis 1945, hat es eine positive Vorstellung von einem solchen deutschen „Sonderweg" gegeben. Seit 1933, vollends erst seit 1945 setzte sich dann eine negative Vorstellung von einem deutschen „Sonderweg" durch, aus dem eine historisch plausibel wirkende Erklärung der großen Frage hergeleitet wurde, wie es dazu kommen konnte, dass die Weimarer Republik nach zwölf Jahren zerfiel, die nationalsozialistische Diktatur aber zwölf Jahre lang bestehen konnte, dass Deutschland als bisher einziges Industrie- und Kulturland der westlichen Zivilisation einen Radikalfaschismus[1] praktiziert hat, der die Welt in einen fünfjährigen totalen Krieg und bis nach Auschwitz führte. Dieser „Sonderweg" mündete in eine beispiellose Vernichtungspolitik und Katastrophe, die aber paradoxerweise auch die Chance eröffnete, eine zweite, erfolgreichere liberal-demokratische Republik aufzubauen und zugleich auch eine westliche Staatsbürgergesellschaft mit ihrer politischen Kultur zu entwickeln und allmählich fest zu verankern. […]

Zahlreiche politische, gesellschaftliche, rechtliche Reformen standen im Kaiserreich von Anfang an auf der Tagesordnung, und ihre Anzahl und Bedeutung nahm kontinuierlich zu, da sich das Modernisierungsdilemma des wachsenden Abstands zwischen beschleunigter sozialökonomischer Entwicklung und erstarrtem politischen Ordnungsgefüge verschärfte. Jeder Reformanlauf ist jedoch an jenem Herrschaftssystem, das 1867/71 verfassungsrechtlich sanktioniert worden war, und an jenem Machtkartell gescheitert, das es seither aus eigennützigen Interessen verteidigt hat. Die Aufwertung des Adels, die politische Zweitrangigkeit des Bürgertums, die Isolierung der marxistischen Arbeiterbewegung, die Härte der Klassengegensätze – so beginnt eine lange Reihe von […] Faktoren, die für die gesellschaftliche Erklärung der Bedingungen des deutschen Modernisierungswegs von grundlegender Bedeutung sind. Ausschlaggebend für den deutschen „Sonderweg" war aber letztlich das politische Herrschaftssystem und die es tragende soziale Kräftekonstellation. Sie haben zusammen jene verhängnisvollen Belastungen geschaffen, welche die Deformationen der deutschen Geschichte bis 1945 ermöglicht haben. Das Kaiserreich hat zu einem deutschen „Sonderweg" geführt, weil seine politische und soziale Herrschaftsstruktur es ermöglichte, um es in den Worten Max Webers[2] zu sagen, „in einem bürokratischen ‚Obrigkeitsstaat' mit Scheinparlamentarismus die Masse der Staatsbürger unfrei zu lassen und sie wie eine Viehherde zu ‚verwalten'", anstatt „sie als Mitherren des Staates in diesen einzugliedern".

Hans-Ulrich Wehler, Deutsche Gesellschaftsgeschichte, Bd. 3: Von der „Deutschen Doppelrevolution" bis zum Beginn des Ersten Weltkrieges, 1849–1914, München 1995, S. 461 und 1294 f.

1. Fassen Sie die Kritik Wehlers an den politischen und gesellschaftlichen Verhältnissen im Deutschen Kaiserreich zusammen.
2. Für Wehler hängt der „deutsche Sonderweg" mit Versäumnissen in der Modernisierung des Landes zusammen. Arbeiten Sie anhand des Textes und eigener Recherchen heraus, in welchen Bereichen Deutschland vor 1914/18 als modern gelten konnte, in welchen dagegen nicht. Als Kriterienkatalog können Sie dazu M1 im Kernmodul „Modernisierung" auf Seite 24 heranziehen.
3. Diskutieren Sie in der Klasse, ob sich ein „Modernisierungsdilemma" im Sinne Wehlers (wachsender Abstand zwischen beschleunigter sozialökonomischer Entwicklung und erstarrtem politischen Ordnungsgefüge) auch in der Gegenwart beobachten lässt, beispielsweise in der Europäischen Union, der Türkei, den USA oder China.

[1] **Faschismus** (von ital. *fasci di combattimento*: Kampfbünde): seit den 1920er-Jahren nationalistische, antikommunistische und diktatorische Bewegung in Italien, später auch in anderen Ländern. Die Nationalsozialisten übernahmen viele Elemente des Faschismus in ihre Herrschaftspraxis.

[2] **Max Weber** (1864–1920): deutscher Soziologe, Wirtschafts- und Kulturwissenschaftler

Propagandapostkarte aus dem Jahr 1933.
Die Aufschrift lautet: „Was der König eroberte, der Fürst formte, der Feldmarschall verteidigte, rettete und einigte der Soldat."

- Beschreiben und benennen Sie die abgebildeten Personen.
- Erläutern Sie die genannten Titel und Funktionen („König", „Fürst" usw.) sowie die den Personen zugedachten Tätigkeiten („erobern", „formen", „verteidigen" usf.).
- Stellen Sie die hier behauptete Kontinuität deutscher Geschichte derjenigen gegenüber, wie sie in M1 und M2 skizziert wird.

M3 Sonderweg pro und kontra

*Der Historiker Heinrich August Winkler (*1938) fasst 1981 die bisherige Diskussion über den „deutschen Sonderweg" zusammen:*

Die Ausgangsfrage jener Historiker und Soziologen, die in kritischer Absicht von einem deutschen Sonderweg sprechen, lautete und lautet heute noch: Warum war Deutschland das einzige hochindustrialisierte Land, das im Zuge der Weltwirtschaftskrise nach 1929 sein demokratisches System aufgab und durch eine totalitäre[1] Diktatur von rechts ersetzte? Die Antworten gehen weit auseinander, aber sie haben doch einen gemeinsamen Nenner: Deutschland war zu spät eine Demokratie geworden. Ohne die Weltwirtschaftskrise hätte Weimar vermutlich noch lange überleben können, aber ohne das fortwirkende Erbe der obrigkeitsstaatlichen Vergangenheit hätte die erste deutsche Demokratie wohl auch die Weltwirtschaftskrise überstanden. Dass Deutschland *vor* 1918 nicht parlamentarisch, sondern autoritär regiert wurde, hat seine politische Entwicklung *nach* 1918 entscheidend bestimmt. [...]
Deutschland unterschied sich von Frankreich und England viel weniger als etwa Russland. Es gab eine Fülle von gesellschaftlichen und kulturellen Gemeinsamkeiten zwischen Deutschland und Westeuropa. Im Gegensatz zum Zarenreich war Deutschland von den großen europäischen Emanzipationsbewegungen – von der Reformation über die Aufklärung bis zum bürgerlichen Liberalismus und zum demokratischen Sozialismus – tief erfasst worden. [...] Aber gerade auf dem Hintergrund der Gemeinsamkeiten fallen die Unterschiede auf. Die Nähe zu Westeuropa berechtigt dazu, von einem deutschen Sonderweg zu sprechen.
Die deutsche Abweichung vom Westen sprang erst im 20. Jahrhundert aller Welt in die Augen, aber begonnen hatte sie lange zuvor. Während in Westeuropa die Nationalstaaten im Mittelalter entstanden, formten sich in der Mitte Europas viele Territorialstaaten heraus. Während sich in Frankreich und England große Teile des Bürgertums und auch des Adels gegen den Absolutismus des Königs auflehnten, scharten sich in den protestantischen deutschen Territorien die Bürger um den Landesherrn als den Verteidiger des neuen Glaubens. Während in Frankreich eine Revolution von unten den Absolutismus und die Überreste des Feudalismus[2] hinwegfegte, setzten aufgeklärte Monarchen und Beamte in Deutschland auf rechtzeitige Reformen, ja auf eine Art Revolution von oben.

In seinem Werk „Der lange Weg nach Westen" aus dem Jahr 2000 verteidigt Winkler noch einmal die „Sonderweg"-These gegen ihre Kritiker:

Der stärkste Einwand gegen die These vom „deutschen Sonderweg" lautet noch immer, dass es einen oder gar den westlichen „Normalweg" nicht gibt: Der englische war es so wenig wie der französische oder der amerikanische. Aber der Begriff „westliche Demokratien" verweist doch auf ein gemeinsames Merkmal der Staaten, von deren politischer Entwicklung sich die deutsche bis 1945 scharf abhob. Die Menschen- und Bürgerrechte in der Tradition der englischen Habeas-Corpus-Akte von 1679[3], der amerikanischen Unabhängigkeitserklärung von 1776 und der Erklärung der Menschen- und Bürgerrechte durch die französische Nationalversammlung am 26. August 1789 waren tief genug in der politischen Kultur der westlichen Demokratien verankert, um Verstöße gegen dieselben zum öffentlichen Skandal zu machen und den Kampf um ihre weitere

[1] **totalitär** (von lat. *totus*: ganz, umfassend): Bezeichnung für eine Herrschaftsform, die die vollständige Unterwerfung und Kontrolle der Menschen anstrebt

[2] **Feudalismus** (von lat. *feudum*: Lehen): Aus dem europäischen Mittelalter stammende Wirtschafts- und Gesellschaftsordnung. Darin verleiht der Adel seine Güter an Untertanen, um dafür von ihnen Abgaben und persönliche Gefolgschaft zu erhalten.

[3] **Habeas-Corpus-Akte**: englisches Gesetz aus dem Jahr 1679. Es verbietet die Inhaftierung einer Person ohne vorherige richterliche Prüfung und bildet einen Grundstein moderner Rechtsstaatlichkeit.

Verwirklichung voranzutreiben. Diese Tradition fehlte in Deutschland nicht, aber sie war schwächer als die des langlebigen Obrigkeitsstaates. Anders gewendet: Die Verschleppung der Freiheitsfrage im 19. Jahrhundert bildet eines der wichtigsten Kapitel in der Vorgeschichte der „deutschen Katastrophe" der Jahre 1933 bis 1945.

Erster Text: Heinrich August Winkler, Der deutsche Sonderweg: Eine Nachlese, in: Merkur. Deutsche Zeitschrift für europäisches Denken 35 (1981), Heft 399, S. 793–804, hier S. 801–803; zweiter Text: Ders., Der lange Weg nach Westen, Bd. 2: Deutsche Geschichte vom „Dritten Reich" bis zur Wiedervereinigung, München [7]2010, S. 648

1. Arbeiten Sie anhand von M1 bis M3 heraus, was den deutschen „Obrigkeitsstaat" bis 1945 kennzeichnete.
2. Fassen Sie die Merkmale zusammen, die Winkler für den „Westen" als prägend ansieht.
3. Diskutieren Sie in der Klasse, welche politischen, gesellschaftlichen, wirtschaftlichen und kulturellen Charakteristika Sie mit der „westlichen Welt" verbinden.
4. Gruppenarbeit: Finden Sie Beispiele aus der deutschen Geschichte seit 1945, in denen versucht wurde, die Fehler der Vergangenheit zu vermeiden.
5. Nehmen Sie Stellung zu der Frage, ob nicht auch Europa insgesamt einen „Sonderweg" in die Moderne beschritten hat. Beziehen Sie dabei die kulturelle und staatliche Vielfalt, Kriege und Revolutionen sowie die Kolonialherrschaft europäischer Länder in Ihre Überlegungen mit ein.

M4 Über Grenzen hinweg

In der Einführung zu einem Sammelband wird der Begriff „transnational" historisch eingeordnet und definiert:

Der Rückblick auf die Herausbildung starker nationaler Identitäten seit dem 19. Jahrhundert macht deutlich, dass die Identifikation mit dem Nationalstaat ihre Dynamik nicht zuletzt daraus gewann, dass der Nationalstaat für die zentralen Herausforderungen des 19. Jahrhunderts wie z. B. den technischen Fortschritt, die allgemeine Wohlstandsmehrung und die damit zusammenhängende „soziale Frage", aber auch hinsichtlich der Kolonialisierung und weltwirtschaftlichen Expansion die effizientesten Kapazitäten bereitzustellen versprach. Im 20. Jahrhundert lässt sich dagegen in wichtigen Politikfeldern eine bemerkenswerte Verschiebung der Problemlagen auf die transnationale Ebene feststellen. Außenpolitisch haben dabei vor allem die beiden Weltkriege, die verschiedenen Krisen im Rahmen des Kalten Kriegs, die verschärfte Nord-Süd-Problematik[1] und die daraus erwachsenden supranationalen Zusammenschlüsse sowie globale ökologische Krisen und die neuen Migrationen die offenkundigen Grenzen des Systems der Nationalstaaten und damit auch einer rein „internationalen" Politik aufgezeigt. […]

Der Begriff [„transnational"] findet sich in der wissenschaftlichen Literatur vereinzelt seit den 1960er- und verstärkt ab der Mitte der 1970er-Jahre. Hierbei standen Themen des Wirtschaftsrechts und Analysen übernational agierender Wirtschaftsunternehmen und -verbände sowie des Technologietransfers im Vordergrund, vereinzelt findet sich auch der Bezug auf den über die nationalen Grenzen hinweg agierenden Terrorismus. Innerhalb der Wirtschaftswissenschaften handelte es sich um eine ergänzend-abgrenzende Begrifflichkeit zu „multinational", wobei eine Hierarchisierung in der Weise eingeführt wurde, dass „multinational" häufig als eine Vorstufe von „transnational" innerhalb eines allgemeinen Internationalisierungsprozesses definiert wurde […]. Seit den 1980er- und insbesondere in den 1990er-Jahren hat der Begriff dann Eingang in die allgemeine sozialwissenschaftliche Literatur gefunden, wobei nur selten versucht wird, ihn genauer zu beschreiben […]. Es zeichnet sich jedoch trotz vieler Unschärfen eine Art Konsens darüber ab, dass als *transnational* zunächst ganz allgemein all diejenigen Interaktionen zwischen Individuen, Gruppen, Organisationen und Staaten bezeichnet werden können, die über Grenzen hinweg agieren und dabei gewisse über den Nationalstaat hinausgehende Strukturmuster[2] ausbilden. Eine solche Definition lässt dabei zunächst den räumlichen Rahmen solcher Austauschprozesse offen, um die analytische Reichweite nicht von vornherein einzuengen.

Hartmut Kaelble, Martin Kirsch und Alexander Schmidt-Gernig, Zur Entwicklung transnationaler Öffentlichkeiten und Identitäten im 20. Jahrhundert. Eine Einleitung, in: Dies. (Hrsg.), Transnationale Öffentlichkeiten und Identitäten im 20. Jahrhundert, Frankfurt am Main/New York 2002, S. 7–33, hier S. 7–9

1. Präsentation: Geben Sie die Aussagen des Textes in Form einer Mindmap wieder, in deren Mittelpunkt der „Nationalstaat" steht.
2. Finden Sie Beispiele aus Geschichte und Gegenwart für transnationale Vorgänge oder Verflechtungen, die der hier angebotenen Definition (Zeile 39 bis 44) entsprechen. Erklären Sie die ausgewählten Beispiele.

[1] **Nord-Süd-Problematik**: Bezeichnung für das seit dem 20. Jahrhundert weltweit herrschende Gefälle zwischen Industrienationen (vereinfacht: „Norden") und Schwellen- und Entwicklungsländern („Süden").

[2] **Strukturmuster**: wiederkehrende, wiederholbare oder feste Formen (hier: von Begegnung und Zusammenarbeit)

M5 Lohnender Perspektivenwechsel

*Anhand eines Beispiels skizziert der deutsch-britische Historiker Kiran Klaus Patel (*1971), worin der Mehrwert einer transnationalen Geschichtsschreibung liegen kann:*

[Ein Beispiel für transnationale Geschichtsschreibung] bezieht sich auf die Geschichte der europäischen Auswanderung im 19. und frühen 20. Jahrhundert. Wenn man sich etwa auf die deutsche Geschichte konzentriert, so lässt sich das gängige Narrativ[1] zum Thema relativ knapp zusammenfassen [...]. Danach waren vor allem aufgrund der Diskrepanz zwischen raschem Bevölkerungswachstum und nicht schnell genug ansteigenden Ernährungs- und Arbeitsmöglichkeiten über fünf Millionen Deutsche gezwungen, auszuwandern. So gingen, gemessen an der Gesamteinwohnerzahl von 1900, rund 10 Prozent der deutschen Bevölkerung „verloren", von denen wiederum rund 90 Prozent in die USA auswanderten. Häufig folgt die Darstellung dieser Geschichte dem Muster einer Verlusterzählung. Lediglich in ihrer Funktion als soziales Sicherheitsventil erscheint die Auswanderung in etwas hellerem Licht. Zugleich endet das historiografiegeschichtliche Interesse an den Betroffenen, sobald sie den Bremer oder Hamburger Hafen verlassen haben – fortan fallen sie demnach in die Zuständigkeit der Geschichtsschreibung ihres Ziellandes. Migration gilt, zusammengefasst, als Einbahnstraße. [...]

In transnationaler Perspektive erscheint diese Geschichte dagegen in einem anderen Licht: Trotz einer schwierigen Quellenlage kann man festhalten, dass in einigen Jahrzehnten die Rückwanderung nach Deutschland zwischen 10 und 20 Prozent der Auswanderung betrug, dass also Hunderttausende aus Amerika wieder an ihren Ursprungsort oder in einen anderen Teil Deutschlands zurückkehrten. Viele blieben zudem nicht in den USA, sondern zogen von dort weiter. Für andere europäische Gesellschaften ergeben sich noch dramatischere Befunde: So kehrten zum Beispiel zwischen 1860 und 1930 etwa 20 Prozent aller finnischen Amerika-Auswanderer in ihre Heimat zurück, nach Spanien im Zeitraum von 1899 bis 1924 ungefähr 45 Prozent und nach Italien im selben Zeitraum sogar rund 50 Prozent der Emigranten. Schätzungen zufolge kamen insgesamt rund sieben Millionen von den ca. 50 bis 55 Millionen Europäern, die ihren Kontinent zwischen 1815 und 1939 verließen, in die Alte Welt zurück.

Für die transnationale Geschichte ergibt sich daraus ein ganzes Bündel von Fragen: Welche Netzwerke entstanden durch diese Itinerare[2] über den Atlantik hinweg? Welche Rückwirkungen hatten die frühen Transmigranten für die verschiedenen Gesellschaften? Viele von ihnen wurden erstmals in den USA massiv mit der – sich häufig erst bildenden – Nation identifiziert, aus der sie ausgewandert waren, während sie sich selbst häufig primär über ihre territoriale und regionale Zugehörigkeit oder auch konfessionell definierten. Pointiert gesagt: Erst in den USA wurde der Pfälzer zum Deutschen. Insgesamt kann man also [...] hier die Konstituierung des Nationalen aus dem Transnationalen erkennen.

Kiran Klaus Patel, Überlegungen zu einer transnationalen Geschichte, in: Zeitschrift für Geschichtswissenschaft 52 (2004), S. 626–645, hier S. 638 f.

1. Der Verfasser unterscheidet zwischen einer herkömmlichen Sicht auf die europäische Auswanderung und einem neuen, transnationalen Zugang zum Thema. Stellen Sie die Merkmale beider Darstellungsweisen, wie sie im Text genannt werden, stichpunktartig zusammen.
2. Erläutern Sie, ausgehend vom Text, was mit einer „Konstituierung des Nationalen aus dem Transnationalen" (Zeile 51 f.) gemeint ist. Finden Sie weitere Beispiele, etwa aus Ihrer persönlichen Erfahrung, um diesen Gedanken zu veranschaulichen.
3. Präsentation: Recherchieren Sie im Internet nach Sammelbänden oder Monografien, die ein historisches Thema transnational untersuchen. Informieren Sie sich über das ausgesuchte Werk in Fachrezensionen und stellen Sie es in einem Kurzreferat vor.

[1] **Narrativ** (von lat. *narrare*: erzählen): Erzählmotiv, meist mit sinnstiftender Wirkung

[2] **Itinerar** (von lat. *iter*: Weg): zurückgelegte Wegstrecke, Reiseroute

Orientierung

3.4 Pflichtmodul: Die Gesellschaft der Weimarer Republik

Die Weimarer Republik als erste deutsche Demokratie wurde nicht von einer starken republikanischen Bewegung erstritten. Sie entstand vielmehr als improvisierte Lösung, um die Folgen des vom Kaiserreich verlorenen Ersten Weltkrieges erträglich zu gestalten. Der von großen Teilen der Bevölkerung als ungerecht empfundene Versailler Friedensvertrag belastete von Beginn an die neue Staatsform. Trotz innerer Unruhen, Inflation und späterer hoher Arbeitslosigkeit entwickelte sich in den Jahren zwischen 1918 und 1933 ein faszinierendes kulturelles Leben. Erst um 1930 schlugen die latenten Vorbehalte gegen die Demokratie in offene Demokratiefeindschaft um. Die Ernennung Adolf Hitlers zum Reichskanzler am 30. Januar 1933 bedeutete schließlich das Ende der Weimarer Republik und führte Deutschland in eine unheilvolle Diktatur.

Das Kapitel beschäftigt sich inhaltlich mit …

- den konkurrierenden politischen Ideen der Gründungsphase
- den Belastungen der Republik durch den Versailler Vertrag und politischer Gewalt von rechts und links
- dem „Krisenjahr" 1923 und dessen Bewältigung
- den „Goldenen Zwanzigern" als Zeitalter von Modernisierung und Technisierung
- den Ursachen und Auswirkungen der Weltwirtschaftskrise
- der Frage nach dem Scheitern der Weimarer Republik

Aufbruch.
Farblithografie von César Klein, 1918/19.
Es handelt sich hierbei um ein überparteiliches Plakat des Werbedienstes der Deutschen Republik zur Wahl der Nationalversammlung.

- ▶ Beschreiben Sie das Plakat. Gehen Sie dabei auf den Bildaufbau, die dargestellten Personen und die Farbgebung ein.
- ▶ Arbeiten Sie heraus, wer auf dem Plakat fehlt.

Entstehung der Republik

9. 11. 1918 — Die Revolution stürzt die Monarchie; Deutschland wird Republik.

11. 11. 1918 — Der Erste Weltkrieg endet mit der deutschen Kapitulation.

Krisenjahre

5. - 12. 1. 1919 — Der „Spartakus-Aufstand" in Berlin wird niedergeschlagen.

19. 1. 1919 — Männer und erstmals Frauen wählen die Verfassunggebende Nationalversammlung. Sie tagt in Weimar.

11. 2. 1919 — Friedrich Ebert wird zum Reichspräsidenten gewählt.

7. 5. 1919 — Der deutschen Delegation wird der Versailler Vertrag vorgelegt. Er regelt die Nachkriegsordnung in Europa. Artikel 231 legt die Alleinschuld Deutschlands und seiner Verbündeten am Krieg fest.

11. 8. 1919 — Ebert unterzeichnet die Weimarer Verfassung, am 14. August tritt sie in Kraft: Deutschland ist parlamentarische Demokratie.

18. 11. 1919 — Die Generäle Paul von Hindenburg und Erich Ludendorff bekräftigen die „Dolchstoßlegende".

13. - 17. 3. 1920 — Der konterrevolutionäre Kapp-Putsch schlägt fehl.

1921 / 1922 — Attentate auf die „Erfüllungspolitiker" häufen sich.

8. / 9. 11. 1923 — Der rechtsradikale Hitler-Putsch in München scheitert.

15. 11. 1923 — Die Regierung beendet die Hyperinflation mit einer Währungsreform.

Gefährdete Stabilität

26. 4. 1925 — Nach dem Tod Friedrich Eberts (28. 2.) wird Paul von Hindenburg neuer Reichspräsident.

1926 — Deutschland wird als Folge einer Außenpolitik der Verständigung unter Gustav Stresemann in den Völkerbund aufgenommen.

24. / 29. 10. 1929 — Der Zusammenbruch der New Yorker Börse löst eine Weltwirtschaftskrise aus.

Verfall der Demokratie

1930 — Die Große Koalition aus SPD, Zentrum und bürgerlich-liberalen Parteien zerbricht als letzte Regierung mit einer Mehrheit im Parlament. Ab 29. März regiert Heinrich Brüning als Kanzler des ersten Präsidialkabinetts dauerhaft mit Notverordnungen.

14. 9. 1930 — In den Reichtagswahlen erhalten die radikalen Parteien einen deutlichen Stimmenzuwachs.

1932 — Mit 6,13 Millionen erreicht die Zahl der Arbeitslosen ihren Höchststand.

31. 7. 1932 — Bei den Reichstagswahlen wird die NSDAP stärkste Partei.

6. 11. 1932 — Bei den Reichstagswahlen muss die NSDAP Verluste hinnehmen, bleibt aber stärkste Partei.

28. 1. 1933 — Kurt von Schleicher tritt als Reichskanzler zurück, nachdem Reichspräsident Hindenburg ihm das Vertrauen entzogen hat.

30. 1. 1933 — Reichspräsident Hindenburg ernennt Adolf Hitler zum Reichskanzler.

Die Revolution von 1918/19

Hinweis: Über politische Persönlichkeiten und Parteien informiert auch die Übersicht „Wer ist wer in der Weimarer Republik?" auf Seite 539.

Revolutionäre Soldaten und Matrosen am Brandenburger Tor in Berlin.
Foto vom 9. November 1918.

Paul von Hindenburg (1847–1934): Als Sohn eines adligen Offiziers und Gutsbesitzers durchlief Hindenburg ab 1866 eine militärische Karriere. Er wurde 1914 zum Oberbefehlshaber der Truppen an der Ostfront berufen und stieg im Ersten Weltkrieg zum Generalfeldmarschall auf. Von 1925 bis 1934 war er Reichspräsident, als welcher er am 30. Januar 1933 Adolf Hitler zum Reichskanzler ernannte.

Das Ende der Monarchie | Im Jahr 1914 hatten Teile der Bevölkerung, vor allem das Bildungsbürgertum, Studenten und Gymnasiasten, enthusiastisch auf die Nachricht vom Ausbruch des Krieges reagiert.[1] Für andere Gruppen, für Arbeiter, Bauern oder Kleinbürger, verbanden sich damit Befürchtungen und Ängste. Die Berichte von den grauenvollen Kämpfen an der Front, mehr noch die ersten Gefallenen aus dem Kreis der Familie oder Freunde, ließen die anfängliche Begeisterung auch unter den Befürwortern des Krieges schnell verfliegen. Die sozialen Spannungen entluden sich bereits seit Ende des Jahres 1915 in Unruhen, Protesten und Arbeitsniederlegungen. In den letzten beiden Kriegsjahren kam es dann zu Massenprotesten, die Ausdruck einer verbreiteten Antikriegsstimmung waren. Zu Beginn des Jahres 1918 beteiligten sich in Berlin und anderen Großstädten eine Million Arbeiterinnen und Arbeiter an Streiks, bei denen die Forderungen nach innenpolitischen Reformen und nach Beendigung des Krieges immer lauter wurden.

Doch erst nach dem Scheitern der letzten großen Offensiven (März bis August 1918) gab die *Oberste Heeresleitung* (OHL) die Hoffnung auf einen Sieg auf und drängte die Regierung Ende September zum Abschluss eines sofortigen Waffenstillstandes. Das Eingeständnis der Niederlage kam für die Mehrzahl der Politiker und die Öffentlichkeit völlig überraschend. Die Chefs der OHL, die Generäle *Erich Ludendorff* und Paul von Hindenburg, entschiedene Gegner jeglicher demokratischer Reformen, forderten jetzt die Bildung einer vom Parlament getragenen Regierung. Diese sollte die Waffenstillstandsverhandlungen führen und damit auch die Verantwortung für den Zusammenbruch übernehmen, um so die militärische Führung vom Makel der Niederlage freizuhalten.

[1] Zum Ersten Weltkrieg siehe das Kapitel auf den Seiten 368 bis 393.

Anfang Oktober 1918 bildete Reichskanzler Prinz *Max von Baden* eine neue Regierung. Sie bestand aus Vertretern der *Sozialdemokratischen Partei Deutschlands (SPD)*, des *Zentrums* und der liberalen *Fortschrittspartei*. Dass die Militärs sich damit ihrer Verantwortung entziehen konnten, belastete die Republik von Anfang an schwer. Denn viele Deutsche sahen den Zusammenbruch nicht als das Ergebnis einer militärischen Niederlage, sondern als das Resultat der von den „Linken" verantworteten Revolution.

Als Ende Oktober 1918 Matrosen den Befehl der Seekriegsleitung verweigerten, für eine inzwischen militärisch sinnlose Schlacht gegen die Briten auszulaufen, wurden sie festgenommen und in Kiel inhaftiert. Um die Freilassung der Kameraden zu erzwingen, bildeten sich Soldatenräte, die zu Massendemonstrationen aufriefen. Obwohl die Aktionen kriegsmüder Truppenteile nicht von langer Hand vorbereitet waren, breitete sich die revolutionäre Bewegung sehr schnell aus. Spontan nun auch in Ortschaften gewählte Arbeiter- und Soldatenräte beanspruchten die politische Führung, amtierende Politiker und Beamte gaben nach. So wurde der gewaltlose Sturz der Monarchien in allen Bundesstaaten in kurzer Zeit vollzogen.

Am 9. November forderten Hunderttausende in Berlin die sofortige Beendigung des Krieges und die Abdankung Kaiser *Wilhelms II.*[1], der in ihren Augen das Haupthindernis für einen schnellen Friedensschluss war. Da er sich bis zuletzt weigerte, gab Reichskanzler Max von Baden noch am gleichen Tag auf eigene Verantwortung die Abdankung des Kaisers bekannt.

Der Rat der Volksbeauftragten | Ebenfalls am 9. November 1918 übergab Max von Baden ohne verfassungsrechtliche Legitimation das Amt des Reichskanzlers an Friedrich Ebert, den Vorsitzenden der SPD, die im Reichstag die stärkste Fraktion stellte. Während Ebert die Entscheidung über die künftige Staatsform einer gewählten Nationalversammlung überlassen wollte, rief sein Parteifreund *Philipp Scheidemann* in Berlin die „Deutsche Republik" aus (➔M1). Er kam damit *Karl Liebknecht* zuvor, dem Führer der Spartakisten, eines linken Flügels der 1917 von der SPD abgespaltenen *Unabhängigen Sozialdemokratischen Partei Deutschlands* (*USPD*). Erst zwei Stunden später verkündete Liebknecht dann die „Sozialistische Republik Deutschland". Um der sich abzeichnenden Bildung einer sozialistischen Räterepublik zu begegnen, bemühte sich Ebert um eine Verständigung mit der USPD. Die beiden Parteien besetzten auf paritätischer Grundlage mit je drei Vertretern den *Rat der Volksbeauftragten* als provisorische deutsche Regierung. Er wurde zunächst nur durch die Berliner Arbeiter- und Soldatenräte legitimiert, die sich wie auch in anderen Städten im Zuge der Revolution spontan, ohne festes politisches Konzept und ohne überregionale Organisation gebildet hatten. Die meisten Arbeiterräte orientierten sich nicht an der Theorie des Rätesystems. Im Vordergrund standen nach dem Zusammenbruch die praktischen Aufgaben, die Lebensmittelversorgung und die öffentliche Ordnung. Die Arbeiterräte traten aber allgemein für die Demokratisierung von Militär, Verwaltung und Wirtschaft ein.

Der vom 16. bis 20. Dezember 1918 in Berlin tagende *Reichskongress der Arbeiter- und Soldatenräte* beließ die gesetzgebende und vollziehende Gewalt bis zur Einberufung der Nationalversammlung beim Rat der Volksbeauftragten. Der Antrag der radikalen Linken, am Rätesystem als Grundlage der Verfassung für eine sozialistische Republik festzuhalten, wurde dabei mit großer Mehrheit abgelehnt.

Neue Regierung, alte Eliten | Der Rat der Volksbeauftragten war mit einer Reihe von Aufgaben konfrontiert, die sich nach dem Ende des Krieges ergaben.

Mit Demonstrationen und Straßenkämpfen versuchten vor allem die Spartakisten weiterhin, ein parlamentarisches System zu verhindern und die Bevölkerung für die Räterepublik zu gewinnen (➔M2). Um die innere Sicherheit zu gewährleisten, entschloss sich Ebert zu einer Vereinbarung mit dem Reichswehrgeneral *Wilhelm Groener*,

[1] Biografische Informationen zu Kaiser Wilhelm II. finden Sie auf Seite 372.

Geschichte In Clips
Zur Ausrufung der Republik siehe den Code **32037-43**.

Friedrich Ebert (1871–1925): Er arbeitete als Sattler, Redakteur und Gastwirt. Ebert engagierte sich früh in Partei und Gewerkschaft, war ab 1913 SPD-Vorsitzender, übernahm nach Ausrufung der Republik 1918 die Regierungsgeschäfte und wurde 1919 erster Reichspräsident der Weimarer Republik.

Spartakisten/Spartakusbund: Gruppe radikaler Sozialisten, die den Kern der Ende 1918 gegründeten Kommunistischen Partei Deutschlands (KPD) bildete

Räterepublik: Herrschaftsform der direkten Demokratie. Räte sind gewählte Ausschüsse von Bewohnern eines Bezirks, Arbeitern und Soldaten. Sie sind an die Weisungen der Wähler gebunden und vereinen gesetzgebende, ausführende und rechtsprechende Gewalt auf sich.

Freikorps: paramilitärische Einheiten, die nicht zu den regulären Truppen gehörten. Diese Freiwilligenverbände bestanden aus ehemaligen Berufssoldaten, Abenteurern, Studenten oder Schülern, meist Männer, die nach dem Krieg kein Zuhause und keine Arbeit hatten und nicht in ein ziviles Leben zurückgefunden hatten.

Rosa Luxemburg (1871–1919): Journalistin und sozialistische Theoretikerin; Mitbegründerin der KPD

der den Rückzug der deutschen Truppen leitete. Im Namen der Obersten Heeresleitung bekundete Groener seine Loyalität gegenüber der Regierung und versprach militärische Unterstützung bei Unruhen. Als Gegenleistung erwartete er den gemeinsamen „Kampf gegen den Radikalismus und Bolschewismus[1]" (➔M3). Zudem unterstützte der Rat der Volksbeauftragten die Bildung sogenannter Freikorps. Gegen die Unruhen, die nach dem Reichskongress der Arbeiter- und Soldatenräte ausgebrochen waren, rief Ebert erstmals die OHL zu Hilfe. Nach einer blutigen Straßenschlacht traten die Mitglieder der USPD Ende Dezember 1918 aus dem Rat der Volksbeauftragten aus. Die tiefere Ursache für diesen Bruch lag in der grundsätzlichen Differenz zwischen SPD und USPD über das *Ebert-Groener-Abkommen*.

Die Regierung Ebert scheute auch deshalb davor zurück, die militärischen Kommandostrukturen anzutasten, weil die OHL die Aufgabe hatte, nach Abschluss des Waffenstillstandes am 11. November 1918 innerhalb von 35 Tagen die deutschen Soldaten zurückzuführen. Dies konnte nur gelingen, wenn die revolutionäre Stimmung nicht die Disziplin in der Armee untergrub.

Versorgungsnöte und Revolutionsgefahr veranlassten auch Unternehmer und Gewerkschaften zur Zusammenarbeit. Am 15. November 1918 unterzeichneten sie das *Stinnes-Legien-Abkommen*, benannt nach dem Großindustriellen *Hugo Stinnes* und dem Vorsitzenden der Generalkommission der Freien Gewerkschaften, *Carl Legien*. Die Arbeitgeberseite erkannte die Gewerkschaften als Vertreter der Arbeiterschaft an und gestand den Acht-Stunden-Tag bei vollem Lohnausgleich zu; üblich war noch die Sechs-Tage-Woche. Die Gewerkschaften verzichteten dafür auf die Sozialisierung von Privatbetrieben.

Die Regierung Ebert hatte noch bis unmittelbar vor den Wahlen zur Nationalversammlung mit revolutionären Unruhen fertig zu werden. Vom 5. bis 12. Januar 1919 stand Berlin im Zeichen des „Spartakus-Aufstandes". Tausende Anhänger des Spartakusbundes um Karl Liebknecht und Rosa Luxemburg lieferten sich Straßenschlachten mit Regierungstruppen und Freikorps. Die Aufständischen wollten die Wahlen verhindern und den Arbeiter- und Soldatenräten zur Regierungsgewalt verhelfen. Der Aufstand wurde blutig niedergeschlagen, Rosa Luxemburg und Karl Liebknecht nach ihrer Verhaftung von Offizieren ermordet. Daraufhin kam es auch in anderen Städten zu Streiks und bewaffneten Aufständen. Erst im Mai 1919 gelang es der Regierung, die letzten Unruhen zu beenden. Tausende hatten ihr Leben verloren.

SPD-Wahlplakat von 1919.

Die Nationalversammlung | Aus der Wahl zur Verfassunggebenden Nationalversammlung am 19. Januar 1919 ging die SPD als stärkste Partei hervor. Sie gewann jedoch nicht die erhoffte absolute Mehrheit. Ein Bündnis der sozialistischen Parteien scheiterte am schwachen Abschneiden der USPD; beide zusammen brachten es lediglich auf 45,5 Prozent der Stimmen. Die deutschen Wähler hatten sich damit eindeutig gegen das Rätesystem ausgesprochen, aber auch gegen eine Rückkehr zur Monarchie. Angesichts des Wahlergebnisses ergab sich die Zusammenarbeit der drei größten Fraktionen, die schon während des Krieges im Reichstag kooperiert hatten: SPD, Zentrum und *Deutsche Demokratische Partei (DDP)*. Sie bildeten die sogenannte *„Weimarer Koalition"*, die mit 76,2 Prozent der Stimmen eine deutliche Mehrheit des Volkes repräsentierte (331 von insgesamt 423 Mandaten).

[1] Die Bolschewisten bildeten den radikalen Flügel innerhalb der Russischen Arbeiterpartei, die unter der Führung Wladimir Iljitsch Lenins in der Oktoberrevolution 1917 in Russland die Macht übernahmen.

Die Opposition war gespalten: Links stand die radikal-sozialistische USPD und rechts die national-bürgerlich ausgerichtete *Deutsche Volkspartei (DVP)* sowie die völkische, konservativ-monarchistische *Deutschnationale Volkspartei (DNVP)*.

Die *Kommunistische Partei Deutschlands (KPD)* hatte die Wahlen zur Nationalversammlung boykottiert und sich gar nicht erst aufstellen lassen.

Flugblatt der DNVP von 1919.
Auf dem Flugblatt sind u.a. Otto Landsberg (Reichsjustizminister von 1919 bis 1920 (SPD); erste Zeile, fünftes Porträt), Walther Rathenau (Reichsaußenminister 1922 (DDP); dritte Zeile, drittes Porträt) und Oscar Cohn (Jurist und Politiker (USPD); vierte Zeile, erstes Porträt) dargestellt.

- Beschreiben Sie Flugblatt und Wahlplakat (Seite 308) unter folgenden Gesichtspunkten:
  a) Wen oder was zeigen sie? Was wird thematisiert?
  b) Wie sind Plakat und Flugblatt aufgebaut? Welche Gestaltungsmittel werden verwendet?
- Ordnen Sie beide Abbildungen in den historischen Kontext ein.

Kriegsfolgen | Der Erste Weltkrieg wurde von der Bevölkerung aller beteiligten europäischen Staaten als Katastrophe und tiefe Zäsur empfunden. Zahllose Familien hatten Angehörige verloren, nicht selten den Familienvater und damit den Ernährer. Viele Soldaten blieben berufsunfähig, entweder durch schwere Verwundungen oder durch im Krieg ausgelöste Traumata. Sie waren von der Brutalität des Krieges geprägt und fanden oft nicht die Möglichkeit, sich in der Gesellschaft eine gesicherte Existenz aufzubauen. Die vom Krieg und seinen Folgen geschwächten Länder waren auf die große Zahl der zu versorgenden Invaliden, Witwen und Waisen nicht vorbereitet, die Sozialsysteme waren überlastet.

Arbeitslosigkeit, Hunger und Elend bestimmten den Alltag der Mittel- und Unterschichten in den ersten Jahren nach dem Krieg. Das Wirtschaftsleben kam nur allmählich wieder in Gang; die Umstellung von der Kriegs- auf die Friedenswirtschaft vollzog sich dabei nur langsam. In Deutschland lag die Industrieproduktion 1922 erst bei 70 Prozent des Vorkriegsniveaus. Hinzu kam die große Belastung der europäischen Währungen durch Kriegsschulden und *Inflation.*[1] Deutschland hatte zusätzlich noch die im Versailler Vertrag festgelegten hohen Reparationszahlungen zu leisten. Zunächst hoffte die deutsche Regierung, diese durch die Inflation unterlaufen zu können. Später ging sie jedoch zu einer kooperativen Politik über und konnte in Verhandlungen einige Entlastungen erreichen.[2]

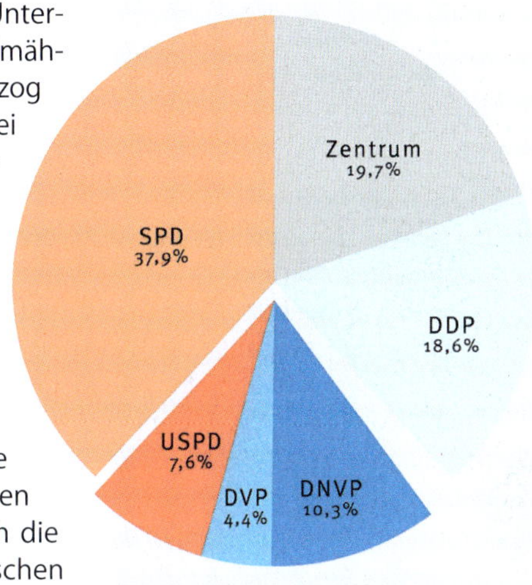

Ergebnis der Wahlen zur Nationalversammlung 1919.

Der Erste Weltkrieg hatte nicht nur Auswirkungen auf die wirtschaftliche, sondern auch auf die politische Entwicklung in Europa. Einige Länder erlangten ihre Unabhängigkeit wieder (wie Polen), daneben entstanden viele völlig neue Staaten, vor allem auf dem Balkan und im Baltikum. Gerade diese Länder mussten oftmals um ihre politische Akzeptanz in der Bevölkerung kämpfen, was durch die politische und wirtschaftliche Instabilität erschwert wurde. In vielen europäischen Staaten gelangten in den folgenden Jahren diktatorische, militaristische oder autoritäre Regierungen an die Macht, so etwa in Ungarn (1920), Italien (1922), Spanien (1923) und Polen (1926). In Russland gab es bereits seit der Oktoberrevolution 1917 ein kommunistisches Regime, das von allen übrigen Staaten geächtet wurde.

[1] **Inflation:** Siehe die Begriffserklärung auf Seite 322.
[2] Die Währungsreform von 1923 beendete die Inflation. Lesen Sie dazu Seite 322.

2. Extraausgabe Sonnabend, den 9. November 1918.

Vorwärts

Berliner Volksblatt.

Zentralorgan der sozialdemokratischen Partei Deutschlands.

Der Kaiser hat abgedankt!

Der Reichskanzler hat folgenden Erlaß herausgegeben:

Seine Majestät der Kaiser und König haben sich entschlossen, dem Throne zu entsagen.

Der Reichskanzler bleibt noch so lange im Amte, bis die mit der Abdankung Seiner Majestät, dem Thronverzichte Seiner Kaiserlichen und Königlichen Hoheit des Kronprinzen des Deutschen Reichs und von Preußen und der Einsetzung der Regentschaft verbundenen Fragen geregelt sind. Er beabsichtigt, dem Regenten die Ernennung des Abgeordneten Ebert zum Reichskanzler und die Vorlage eines Gesetzentwurfs wegen der Ausschreibung allgemeiner Wahlen für eine verfassungsgebende deutsche Nationalversammlung vorzuschlagen, der es obliegen würde, die künftige Staatsform des deutschen Volk, einschließlich der Volksteile, die ihren Eintritt in die Reichsgrenzen wünschen sollten, endgültig festzustellen.

Berlin, den 9. November 1918. Der Reichskanzler.
Prinz Max von Baden.

Es wird nicht geschossen!

Der Reichskanzler hat angeordnet, daß seitens des Militärs von der Waffe kein Gebrauch gemacht werde.

Titelseite der „2. Extraausgabe" des sozialdemokratischen „Vorwärts" vom 8. November 1918.

M1 Der 9. November in Berlin

Der Berliner Unternehmer und Kunsthistoriker Oskar Münsterberg (1865–1920) ist Zeitzeuge und notiert in sein Tagebuch:

Als ich um 10 ins Büro gehe, stehen einzelne Gruppen interessiert auf der Straße, aber sonst ist überall ein ruhiges Bild wie gewöhnlich. Um 1/2 2 kommt die erste Ausgabe der B. Z. [*Berliner Tageszeitung*]. „Der Kaiser hat noch nicht abgedankt, die sozialistischen Minister sind aus dem Ministerium ausgetreten."

Ernste Sorge, denn das bedeutet Bürgerkrieg. Auf der Straße wird erzählt, dass soeben der König von Bayern abgedankt hat. Die Abdankung des Kaisers soll bereits da sein, aber noch nicht bekannt gegeben. Endlich neue Zeitungen; die Menschen stürzen sich auf die Zeitungsträger und reißen und prügeln sich um die Blätter: „Der Kaiser hat abgedankt."

Alle atmen auf. Endlich! Schade, dass nicht vor Wochen mit der Geste des großen Patrioten ein freiwilliger Verzicht erfolgt ist. Jetzt ist er erzwungen und niemand hat Sympathie. […]

Als ich die Wilhelmstraße nach der Leipzigerstraße hinunter gehe, sehe ich schwarze Menschenreihen stehen. Alle reden und gestikulieren. Eine bewegte Massenszene. Man erzählt aufgeregt, dass Schüsse beim Kriegsministerium gefallen seien, aus den Fenstern sei geschossen, die Türen seien verrammelt. Von der Straße aus sei das Schießen erwidert. Automobile kommen herangesaust, rote Fahnenfetzen flattern. Soldaten und Zivilisten mit und ohne Gewehr kleben wie Bienen innen und außen auf den Automobilen und schreien: Es lebe die Republik. Jetzt erst erfahre ich, in Berlin ist die sozialistische Republik ausgerufen. […]

Ein Arbeiter steigt auf das Dach einer Elektrischen und spricht zu den Massen. Man horcht auf und alle schreien: „Hoch die Republik." Der verständige Mann warnt, dass die Kinder und halbwüchsigen Burschen nach Hause gehen sollen, damit nicht ihr kindischer Übermut die ernste Arbeit der Männer störe. Fast die Hälfte der Anwesenden scheint aus solchen Jungens zu bestehen, die johlen und sich amüsieren, daneben viel harmlos neugieriges Publikum. Ganz wenig bewusste Kämpfer für die Freiheitsidee leiten die ganze Bewegung. […]

Die Abendzeitungen bringen die ersten Berichte. Prinz Max von Baden hat abgedankt und den Führer der sozialistischen Partei, den Genossen Ebert, zum Nachfolger vorgeschlagen. Unter Führung der Matrosen haben Arbeiter und Soldaten Räte gebildet. Die Regimenter haben sich ohne Weiteres angeschlossen. Auf den Kasernen weht die rote Flagge. Nirgends ernsthafter Widerstand, keine Kämpfe und nur wenige Opfer, die mehr dem Zufall als der politischen Notwendigkeit zum Opfer gefallen sind. Generalstreik wird für den nächsten Tag verkündet. Blutvergießen soll wenn irgend möglich verhindert werden. Aus dem Reiche kommen gleiche Nachrichten.

Am Vormittag des 9. November ist die Revolution siegreich durchgeführt und die Republik begründet. Was wird sich aus dem Wirrwarr gestalten, wie wird die weitere Entwicklung? Von den Waffenstillstandsbedingungen wird kaum noch gesprochen. […]

In der Potsdamerstraße stehen im Halbdunkeln Menschengruppen umher und sprechen über Politik. Ein in Deutschland ungewohntes, in den demokratischen Ländern England und Amerika ganz alltägliches Bild. Dazwischen kommen Autos gesaust und werden mit Zurufen begrüßt. Ich habe den Eindruck, dass nur Neugierige wie wir selbst auf der Straße stehen. Die wirkliche Politik wird nur von wenigen Menschen hinter verschlossenen Türen betrieben und die Straße hat keinen Einfluss.

Zitiert nach: www.dhm.de/lemo/zeitzeugen/oskar-muensterberg-november-revolution-1918.html (Zugriff: 3. November 2020)

- Untersuchen Sie die Quelle. Arbeiten Sie die Ereignisse heraus. Wie werden sie bewertet? Welche politische Einstellung des Verfassers wird deutlich? | H

M2 Bürgerliche oder sozialistische Demokratie?

In der „Roten Fahne", dem Zentralorgan des Spartakusbundes, schreibt Rosa Luxemburg am 20. November 1918:

Das heutige Idyll, wo Wölfe und Schafe, Tiger und Lämmer wie in der Arche Noah friedlich nebeneinander grasen, dauert auf die Minute so lange, bis es mit dem Sozialismus ernst zu werden beginnt. Sobald die famose Nationalversammlung wirklich beschließt, den Sozialismus voll und ganz zu verwirklichen, die Kapitalsherrschaft mit Stumpf und Stiel auszurotten, beginnt auch der Kampf. [...] All das ist unvermeidlich. All das muss durchgefochten, abgewehrt, niedergekämpft werden – ob mit oder ohne Nationalversammlung. Der „Bürgerkrieg", den man aus der Revolution mit ängstlicher Sorge zu verbannen sucht, lässt sich nicht verbannen. [...]
Die Nationalversammlung ist ein überlebtes Erbstück bürgerlicher Revolutionen, eine Hülle ohne Inhalt, ein Requisit aus den Zeiten kleinbürgerlicher Illusionen vom „einigen Volk", von der „Freiheit, Gleichheit und Brüderlichkeit" des bürgerlichen Staates. [...]
Nicht darum handelt es sich heute, ob Demokratie oder Diktatur. Die von der Geschichte auf die Tagesordnung gestellte Frage lautet: *bürgerliche* Demokratie oder *sozialistische* Demokratie. Denn Diktatur des Proletariats[1], das ist Demokratie im sozialistischen Sinne. Diktatur des Proletariats, das sind nicht Bomben, Putsche, Krawalle, „Anarchie", wie die Agenten des kapitalistischen Profits zielbewusst fälschen, sondern das ist der Gebrauch aller politischen Machtmittel zur Verwirklichung des Sozialismus, zur Expropriation[2] der Kapitalistenklasse – im Sinne und durch den Willen der revolutionären Mehrheit des Proletariats, also im Geiste sozialistischer Demokratie.
Ohne den bewussten Willen und die bewusste Tat der Mehrheit des Proletariats kein Sozialismus. Um dieses Bewusstsein zu schärfen, diesen Willen zu stählen, diese Tat zu organisieren, ist ein Klassenorgan nötig: das Reichsparlament der Proletarier in Stadt und Land.

Die Rote Fahne vom 20. November 1918

1. Arbeiten Sie heraus, mit welchen Argumenten Rosa Luxemburg die Wahl zur Nationalversammlung verwirft. Welche Aussagen sind situationsbedingt, welche programmatisch? | H
2. Suchen und erläutern Sie Widersprüche in der Argumentation von Rosa Luxemburg.
3. Charakterisieren Sie Rosa Luxemburgs Verständnis der Begriffe „Demokratie" und „Diktatur".

[1] **Proletariat**: Darunter wird nach Friedrich Engels die Klasse der modernen Lohnarbeiter verstanden.
[2] **Expropriation**: Enteignung

M3 Verständigung zwischen Groener und Ebert

General Wilhelm Groener und Friedrich Ebert (SPD), treffen am 10. November 1918 eine Vereinbarung. In seiner 1957 erschienenen Autobiografie schreibt Groener darüber, dass es sein Ziel sein sollte, die deutschen Truppen nach der Unterzeichnung des Waffenstillstandes ordnungsgemäß ins Deutsche Reich zurückzuführen:

Die Aufgabe der Heeresleitung musste es jetzt sein, den Rest des Heeres rechtzeitig und in Ordnung, aber vor allem innerlich gesund in die Heimat zu bringen und dem Offizierskorps als dem Träger des Wehrgedankens einen Weg in die neuen Verhältnisse zu ermöglichen. Die seit Jahrhunderten im preußisch-deutschen Offizierskorps angesammelte moralisch-geistige Kraft musste in ihrem Kern für die Wehrmacht der Zukunft erhalten werden. Der Sturz des Kaisertums entzog den Offizieren den Boden ihres Daseins, ihren Sammel- und Ausrichtepunkt. Es musste ihm ein Ziel gewiesen werden, das des Einsatzes wert war und ihm die innere Sicherheit wiedergab. Es musste das Gefühl wachgerufen werden der Verpflichtung nicht nur gegenüber einer bestimmten Staatsform, sondern für Deutschland schlechthin.
Das Offizierskorps konnte aber nur mit einer Regierung zusammengehen, die den Kampf gegen den Radikalismus und Bolschewismus aufnahm. Dazu war Ebert bereit, aber er hielt sich nur mühsam am Steuer und war nahe daran, von den Unabhängigen und der Liebknechtgruppe über den Haufen gerannt zu werden. Was war demnach näher liegend, als Ebert, den ich als anständigen, zuverlässigen Charakter und unter der Schar seiner Parteigenossen als den staatspolitisch weitsichtigsten Kopf kennengelernt hatte, die Unterstützung des Heeres und des Offizierskorps anzubieten?
[...] Am Abend rief ich die Reichskanzlei an und teilte Ebert mit, dass das Heer sich seiner Regierung zur Verfügung stelle, dass dafür der Feldmarschall und das Offizierskorps von der Regierung Unterstützung erwarteten bei der Aufrechterhaltung der Ordnung und Disziplin im Heer. Das Offizierskorps verlange von der Regierung die Bekämpfung des Bolschewismus und sei dafür zum Einsatz bereit. Ebert ging auf meinen Bündnisvorschlag ein. Von da ab besprachen wir uns täglich abends auf einer geheimen Leitung zwischen der Reichskanzlei und der Heeresleitung über die notwendigen Maßnahmen. Das Bündnis hat sich bewährt.

Zitiert nach: Heinz Hürten (Hrsg.), Weimarer Republik und Drittes Reich 1918–1945 (Deutsche Geschichte in Quellen und Darstellung, Bd. 9), Stuttgart [2]2000, S. 35

1. Beschreiben Sie die Aufgaben, die Groener gemäß seiner Autobiografie hatte.
2. Setzen Sie sich mit dem Verhalten Groeners auseinander. | H | F

1918/19 – eine „steckengebliebene" Revolution?

1918/19 stellt einen „Wendepunkt" in der deutschen Geschichte dar. Aber: War dieser auch eine „Revolution"? Wurden aufgrund von Massenbewegungen in kurzer Zeit weitreichende Veränderungen der Herrschafts-, Wirtschafts- und Gesellschaftsordnung eingeleitet? Oder wurden 1918/19 eher Chancen vertan, einen solchen tief greifenden Wandel herbeizuführen?
Diese Fragen werden auch nach 100 Jahren nicht einheitlich beantwortet. Das ist kaum verwunderlich, da historische Urteile immer zeit- und standortgebunden sind – und damit auch immer offen für neue Wertungen. Je nachdem, welches Revolutionsverständnis zugrunde gelegt wird, war 1918/19 keine oder eine „steckengebliebene" Revolution, eine „verpasste Chance" oder doch die „erste erfolgreiche Revolution in Deutschland".

M1 Zur Revolutionsgeschichte

Der Leipziger Historiker Manfred Kossok (1930–1993) hat viele Revolutionen untersucht und verglichen. 1988 schreibt er im Epilog seines Buches „Revolutionen der Weltgeschichte":

So ist es erforderlich, zwischen der Revolution „im engeren" und „im weiteren Sinne" zu unterscheiden. Die Revolution im engeren Sinne umfasst die „eigentliche" Revolution, d.h. jenen relativ kurzen historischen Zeitraum, in dem die Grundlage jeder Revolution – die Machtfrage – entschieden wird. Dagegen verdeutlicht der Begriff der Revolution im weiteren Sinne den ungleich länger andauernden Gesamtprozess der Durchsetzung und Konsolidierung der neuen Gesellschaftsordnung.
Gerade die Revolutionsgeschichte vermittelt am nachhaltigsten die Erkenntnis, dass der Geschichte ein Nicht-abgeschlossen-Sein eigen ist. Nicht nur in die Zukunft, sondern auch in die Vergangenheit ist Geschichte offen. Das beweist die Fülle von neuen Erkenntnissen über scheinbar schon bis ins letzte Detail Gewusstes. Auch Revolutionen wurden und werden „umgeschrieben"; nicht aus Gründen bloßer Opportunität [...], sondern ob der Tatsache, dass die Klassen und Generationen stets neue Fragen an ihre eigene Herkunft, ihr Werden und ihren Wandel stellen. Mit dem Fortschritt der Geschichte „wandern" zugleich historisches Denken und historische Wertung.

Manfred Kossok, In Tyrannos. Revolutionen der Weltgeschichte. Von den Hussiten bis zur Commune, Leipzig 1989, S. 441

M2 Eine „steckengebliebene Revolution"

*Eberhard Kolb (*1933), der viele Jahre an der Universität Köln Geschichte lehrte, urteilt in einem 1978 zunächst für den Rundfunk verfassten Beitrag folgendermaßen:*

Misst man die Ergebnisse der Revolution daran, in welchem Maße die Zielvorstellungen der Revolutionsbewegung realistisch wurden und die politische und gesellschaftliche Verfassung der Weimarer Republik geprägt haben, dann bleibt nur die Feststellung: Die revolutionäre Massenbewegung ist im Wesentlichen gescheitert; und zwar sowohl in der ersten, gemäßigten Phase wie die der zweiten, der radikalen Phase. Man kann daher von einer steckengebliebenen Revolution sprechen.
Daraus ergibt sich [...]: Mit dieser steckengebliebenen Revolution mochte – und mag – sich keine der großen politischen Richtungen identifizieren. So, wie sie verlief und endete, hatte kaum jemand in Deutschland diese Revolution gewollt. Die einen hatten überhaupt keine Revolution, die anderen hatten ein anderes Ergebnis der Revolution gewollt.

Eberhard Kolb, 1918/19: Die steckengebliebene Revolution, in: Carola Stern und Heinrich August Winkler (Hrsg.), Wendepunkte deutscher Geschichte 1848–1990, Frankfurt am Main 1994, S. 99–125, hier S. 123

M3 Keine Revolution

*Der Kieler Historiker Karl Heinrich Pohl (*1943) vertritt 1990 in einem Vortrag die These, „dass 1918 in Deutschland keine Revolution stattfand":*

Der Wechsel an der Staatsspitze reichte der Partei [der Mehrheitssozialdemokraten] aus. Sie erachtete es nicht für nötig, bereits in dieser Phase den alten Machtapparat zu zerschlagen, den militärischen Apparat grundlegend umzugestalten, das Wirtschaftssystem – das die sozialen Forderungen der Partei einmal tragen und auch finanzieren musste – entscheidend zu verändern. Nicht einmal eine sofortige Enteignung des Großgrundbesitzes und der Großindustrie wurde avisiert. Wenn eine politische Gruppierung in Deutschland „unrevolutionär" und ohne das nötige Gespür für Machtfragen war, dann war es die deutsche Sozialdemokratie des Jahres 1918.

Karl Heinrich Pohl, Obrigkeitsstaat und Demokratie. Aspekte der „Revolution" von 1918/19, in: Manfred Hettling (Hrsg.), Revolution in Deutschland? 1789–1989, Göttingen 1991, S. 46–69, hier S. 56

M4 Eine verpasste Chance

*Der in Berlin lehrende Historiker Heinrich August Winkler (*1938) schreibt 1996:*

Die Revolution von 1918/19, aus der Weimar hervorgegangen ist, gehört zu den umstrittensten Ereignissen der deutschen Geschichte. Manche Historiker meinen, dass die erste deutsche Demokratie vielleicht nicht untergegangen und dann auch Hitler nicht an die Macht gekommen wäre, hätte es damals einen gründlichen Bruch mit der obrigkeitsstaatlichen Vergangenheit gegeben. Tatsächlich war der Handlungsspielraum der regierenden Mehrheitssozialdemokraten [...] in den entscheidenden Wochen zwischen dem Sturz der Monarchie am 9. November 1918 und der Wahl der Verfassunggebenden Deutschen Nationalversammlung am 19. Januar 1919 größer, als die Akteure mit Friedrich Ebert, dem Vorsitzenden des Rates der Volksbeauftragten, an der Spitze selbst meinten. Sie hätten weniger bewahren müssen und mehr verändern können. Es wäre, mit anderen Worten, möglich gewesen, in der revolutionären Übergangszeit erste Schritte zu tun auf dem Weg zu einer Demokratisierung der Verwaltung, der Schaffung eines republikloyalen Militärwesens, der öffentlichen Kontrolle der Macht – unter Umständen bis hin zu einer Vergesellschaftung des Bergbaus, einer Forderung, die nach der Jahreswende 1918/19 zu einer zündenden Streikparole wurde. [...]
Gegen eine Mehrheit Politik zu machen, war für die Sozialdemokraten unvorstellbar. Es hätte auch dem bisherigen Gang der Verfassungsgeschichte widersprochen. [...]
Deutschland war auch zu industrialisiert für einen völligen Umsturz der gesellschaftlichen Verhältnisse. [...] Beide Faktoren, der Grad der Demokratisierung und der Grad der Industrialisierung, wirkten objektiv revolutionshemmend.

Heinrich August Winkler, Weimar: Ein deutsches Menetekel, in: Ders. und Alexander Cammann (Hrsg.), Weimar. Ein Lesebuch zur deutschen Geschichte 1918–1933, München ³1999, S. 13–42, hier S. 15f. und 17f.

M5 Die erste erfolgreiche Revolution in Deutschland

*Die Historikerin Ulla Plener (*1933) fasst das Ergebnis einer Tagung von 2008 wie folgt zusammen:*

Der herausragende Platz der Revolution 1918/1919 in der deutschen Geschichte erweist sich [...] mindestens in dreierlei Hinsicht:

1. Ihr *Hauptergebnis*: Sie beendete den Ersten Weltkrieg, brachte Deutschland den Frieden, stürzte das Kaisertum und etablierte die Republik mit allgemeinem Wahlrecht, auch für Frauen, der Trennung von Staat und Kirche u.a. demokratischen Maßnahmen sowie einigen nach jahrzehntelangem Kampf endlich gewährten sozialen Rechten für die Lohnarbeitenden.[1]
2. Das erfolgte nicht aufgrund eines Parlamentsbeschlusses, sondern war das Resultat breiter, in erster Linie von der Arbeiterbewegung getragener *spontaner Massenaktionen*.
3. Deshalb war der demokratischen Revolution ein ausgeprägter sozialer und basisdemokratischer Grundzug eigen, was sich besonders in der Bildung und dem anfänglichen Wirken der Arbeiter- und Soldatenräte und in der Forderung nach Sozialisierung niedergeschlagen hatte.

Insgesamt ging es also um Frieden, demokratische Republik, individuelle staatsbürgerliche Freiheiten – und um die Lösung der Sozialen Frage, um kollektive soziale Rechte aller, die Eigentumsfrage eingeschlossen.
Mit der Annahme der Verfassung in Weimar im August 1919 wurde die bürgerlich-demokratische Staatsordnung in Deutschland etabliert, und sie bedeutete auch den Durchbruch zur Anerkennung wesentlicher Rechte der Lohnarbeitenden. Insofern war die Revolution 1918/1919 die *erste erfolgreiche Revolution in Deutschland* – und das wurde *maßgeblich von der Arbeiterbewegung erreicht.*

Ulla Plener, Zum Geleit, in: Dies. (Hrsg.), Die Novemberrevolution 1918/1919 in Deutschland. Für bürgerliche und sozialistische Demokratie [...], Berlin 2009, S. 7–10, hier S. 8 (Hervorhebungen im Original)

1. Erläutern Sie Kossoks These, dass auch Revolutionen „umgeschrieben" werden müssen (M1). | H
2. Vergleichen Sie die Urteile über 1918/19 von Kolb, Pohl und Plener (M2, M3 und M5). Wie begründen die Autoren ihre Auffassung, dass 1918/19 „keine", eine „steckengebliebene" oder doch eine „erfolgreiche" Revolution stattgefunden habe? | H | F
3. Winkler relativiert den Begriff „Revolution". Erörtern Sie seine Einschätzung (M4).

[1] Zum Beispiel den Acht-Stunden-Arbeitstag und den Vorrang des Tarifvertrages vor dem Einzelarbeitsvertrag.

Die Weimarer Verfassung

Ein Grund zum Feiern: Der 100. Jahrestag der Weimarer Verfassung.
Foto vom 11. August 2019.
Die damalige Bundesfamilienministerin Franziska Giffey (SPD) und der Schauspieler Nicolas Jantosch, verkleidet als Friedrich Ebert, gedenken der Weimarer Verfassung im thüringischen Schwarzburg. Dort hatte Ebert während seines Urlaubs am 11. August 1919 die Verfassung unterzeichnet. Im Vordergrund des Fotos befindet sich ein Stein, auf dem Artikel 150 der Verfassung zitiert wird. Dieser und weitere Steine sollen zum Nachdenken anregen.

Eine neue Verfassung | Die „Republik von Weimar" erhielt ihren Namen, weil die Verfassunggebende Versammlung vor den Unruhen in Berlin auswich und im Februar 1919 in der Stadt in Thüringen zusammentrat. Weimar sollte auch auf Goethe, Schiller und die deutsche Klassik verweisen, um der ersten deutschen Republik Würde und Ansehen zu verleihen.

Die Weimarer Nationalversammlung sollte bis zur ersten Reichstagswahl im Juni 1920 eine vorläufige Regierung bilden und eine Verfassung erarbeiten. Ebert wurde am 11. Februar zum ersten Reichspräsidenten gewählt. Noch am selben Tag beauftragte er Scheidemann, eine Regierung zu bilden. Nach über fünfmonatiger Beratung nahm die Nationalversammlung mit überwältigender Mehrheit die neue Verfassung am 31. Juli an. Am 11. August unterzeichnete Reichspräsident Ebert die *Weimarer Verfassung*, drei Tage später trat sie mit der Verkündung in Kraft (➔M1). Das Deutsche Reich war nun eine *parlamentarische Republik*.

Der Wähler als Souverän | Männer und Frauen über 20 Jahren erhielten nach der neuen Verfassung das Recht, in allgemeinen, geheimen, unmittelbaren Wahlen alle vier Jahre die Abgeordneten des Reichstages und alle sieben Jahre den Reichspräsidenten zu wählen.

Mit dem *Verhältniswahlrecht* sollte jede Stimme gleich gewichtet sein: Jede Partei erhielt für 60 000 gültige Stimmen ein Mandat. Eine Sperrklausel, die den kleinen Parteien – auch „Splitterparteien" genannt – den Zutritt zum Reichstag hätte verwehren können, gab es nicht. Anders als beim Mehrheitswahlrecht des Kaiserreiches gingen so kaum Stimmen verloren, was zu dieser Zeit als besonders gerecht und demokratisch galt. Dabei vernachlässigte man allerdings, dass Wahlen nicht nur der demokratischen Gerechtigkeit dienen sollen. Das wesentliche Ziel, regierungsfähige Mehrheiten im Parlament zu bilden, wurde durch die Parteienvielfalt im Parlament erschwert. Hinzu kam, dass die Parteien kaum Bereitschaft zu Kompromissen zeigten, die eigenen Interessen dem Gemeinwohl vorzogen und damit die Regierung schwächten.

Als Elemente der direkten Demokratie wurden *Volksbegehren* und *Volksentscheid* eingeführt. Die Staatsbürger sollten sich durch Plebiszite direkt an der staatlichen Willensbildung beteiligen. Jedoch konnte die plebiszitäre Komponente der Verfassung ihre Aufgabe, ein „Gegengewicht zum Parteienstaat" zu bilden, in der Praxis nicht erfüllen. Vielmehr versuchten republikfeindliche Parteien, Volksabstimmungen zur Manipulation der Massen einzusetzen. Solche Bestrebungen scheiterten aber bis 1933 an den fehlenden Mehrheiten.

Plebiszit (lat. *plebis scitum*): Volksabstimmung, Volksbeschluss

Die Verfassungsorgane | Dem Reichstag oblag neben dem Recht auf Gesetzgebung auch die Kontrolle der Regierung, d. h. Kanzler und Minister benötigten zu ihrer Amtsführung das Vertrauen der Parlamentsmehrheit. Jedes einzelne Regierungsmitglied konnte durch ein *Misstrauensvotum* zum Rücktritt gezwungen werden. Allerdings bestand keine Pflicht, bei der Abwahl des Kanzlers einen neuen Regierungschef zu wählen und damit wiederum für eine handlungsfähige Regierung zu sorgen. Für den Reichsrat, die Vertretung der Länder, war mit einem aufschiebenden Veto gegen Beschlüsse des Reichstages nur geringer Einfluss vorgesehen.

Internettipp
Zur Entstehung der Weimarer Verfassung siehe den Code **32037-44**.

Mit besonderen Vollmachten war der *Reichspräsident* ausgestattet. Er allein ernannte und entließ den Kanzler und konnte den Reichstag auflösen. Außerdem war er Oberbefehlshaber der Reichswehr. Bei Gefahr für die öffentliche Sicherheit und Ordnung im Reich konnte der Reichspräsident auf der Grundlage von *Artikel 48* die zu ihrer Wiederherstellung nötigen Maßnahmen treffen und notfalls die Reichswehr einsetzen. Im Lauf der Jahre wurde dieser Artikel häufig von Reichspräsident und Reichskanzler unter Umgehung des Parlaments herangezogen, um wirtschaftliche und soziale Probleme zu lösen.

Die SPD-Politikerin Marie Juchacz bei einer Ansprache.
Foto vom Mai 1919.
Marie Juchacz spricht vor einer Menschenmenge auf dem Wilhelmsplatz in Berlin. Sie war die erste Frau, die am 19. Februar 1919 in der Weimarer Nationalversammlung eine Rede hielt.

▶ Präsentation: Informieren Sie sich im Internet über das Leben und den politischen Werdegang von Marie Juchacz und stellen Sie Ihre Ergebnisse in einem Kurzreferat vor.

Die Grundrechte | Der zweite Hauptteil der Verfassung enthielt einen Katalog an Grundrechten und Grundpflichten (Art. 109–165): Rechtsgleichheit, Freizügigkeit, Recht der freien Meinungsäußerung, Freiheit der Person, Glaubens- und Gewissensfreiheit sowie soziale Grundrechte, darunter der Schutz und die Förderung von Ehe und Familie, das Recht auf Arbeit, den Schutz der Jugend und vieles mehr. Die wichtige Aufgabe der Kontrolle der Staatsmacht erfüllte dieser Katalog jedoch nicht uneingeschränkt, da viele Grundrechte in Krisenzeiten durch Notverordnungen gemäß Artikel 48 außer Kraft gesetzt werden konnten. Dass dies nicht nur zur Sicherung, sondern auch zur Zerstörung der demokratischen Ordnung geschehen konnte, vermochten sich die Verfassungsgeber nicht vorzustellen. Sie gaben der Republik eine wertneutrale Verfassung ohne normative Einschränkung, die den Gegnern der Demokratie von links und rechts die Möglichkeit bot, den Staat massiv zu bekämpfen. Die verantwortlichen Politiker sahen das Wesen der Demokratie ausschließlich in der Mehrheitsentscheidung, unabhängig davon, in welche Richtung sie ging. Außerdem bestand für die Bürger keine Möglichkeit, die Verletzung der Grundrechte durch die Staatsgewalt vor Gericht einzuklagen, sodass sie letztlich unverbindlich blieben (→M2).

Zur Situation der Frauen in der Weimarer Republik | Zu den demokratischen Errungenschaften der Weimarer Republik gehört die verfassungsrechtliche *Gleichstellung der Geschlechter*. Schon während der Kriegsjahre waren vor allem Frauen aus der Arbeiterbewegung politisch aktiv gewesen, hatten sich an der Organisation von Streiks und Demonstrationen beteiligt und in der Frauenbewegung für ihre Rechte gekämpft. Aber auch bürgerliche Frauen engagierten sich und forderten gleiche politische Rechte. Im November 1918 erfüllte der Rat der Volksbeauftragten eine sozialdemokratische Forderung: das aktive und passive *Wahlrecht für Frauen*. Mit einer Wahlbeteiligung von fast 90 Prozent machten die Frauen 1919 von ihrem Stimmrecht regen Gebrauch. 41 von 310 Kandidatinnen zogen in die Weimarer Nationalversammlung ein.

Dass die Lebenswirklichkeit von den Vorgaben der Grundrechte abwich, verdeutlicht die Situation der Frauen in der Weimarer Republik. Nach der Reichsverfassung hatten Frauen und Männer nun „grundsätzlich dieselben staatsbürgerlichen Rechte und Pflichten" (Art. 109). Aber weder auf dem Arbeitsmarkt, wo Frauen für die gleiche Arbeit weniger Lohn erhielten, noch im Familienrecht galt der Gleichberechtigungsgrundsatz. Für Tätigkeiten, die über die Hausarbeit hinausgingen, brauchten Frauen die Erlaubnis des Ehemannes. So bestimmte es das Bürgerliche Gesetzbuch noch bis 1977. Das Frauenwahlrecht und die steigende Zahl weiblicher Mitglieder in Parteien und Gewerkschaften änderten nichts daran, dass führende Positionen der Politik weiterhin nur von Männern besetzt blieben.

Internettipp
Über die Geschichte des Frauenwahlrechts informiert folgender Code **32037-45**.

M1 Die Weimarer Verfassung

In einem ersten Hauptteil (Art. 1 – 108) der Verfassung werden Aufbau und Aufgaben des Reiches geregelt, der zweite Hauptteil (Art. 109 – 165) enthält Grundrechte und -pflichten der Bürger:

I. Hauptteil. Aufbau und Aufgaben des Reiches

Artikel 1. Das Deutsche Reich ist eine Republik. Die Staatsgewalt geht vom Volke aus. [...]

Artikel 13. Reichsrecht bricht Landrecht. [...]

Artikel 21. Die Abgeordneten sind Vertreter des ganzen Volkes. Sie sind nur ihrem Gewissen unterworfen und an Aufträge nicht gebunden.

Artikel 22. Die Abgeordneten werden in allgemeiner, gleicher, unmittelbarer und geheimer Wahl von den über zwanzig Jahre alten Männern und Frauen nach den Grundsätzen der Verhältniswahl gewählt. [...]

Artikel 25. Der Reichspräsident kann den Reichstag auflösen, jedoch nur einmal aus dem gleichen Anlass. [...]

Artikel 41. Der Reichspräsident wird vom ganzen deutschen Volke gewählt. [...]

Artikel 48. [...] Der Reichspräsident kann, wenn im Deutschen Reiche die öffentliche Sicherheit und Ordnung erheblich gestört oder gefährdet wird, die zur Wiederherstellung der öffentlichen Sicherheit und Ordnung nötigen Maßnahmen treffen, erforderlichenfalls mithilfe der bewaffneten Macht einschreiten. Zu diesem Zwecke darf er vorübergehend die in den Artikeln 114, 115, 117, 118, 123, 124 und 153[1] festgesetzten Grundrechte ganz oder zum Teil außer Kraft setzen. [...]

Artikel 54. Der Reichskanzler und die Reichsminister bedürfen zu ihrer Amtsführung des Vertrauens des Reichstages. Jeder von ihnen muss zurücktreten, wenn ihm der Reichstag durch ausdrücklichen Beschluss sein Vertrauen entzieht. [...]

Artikel 76. Die Verfassung kann im Wege der Gesetzgebung geändert werden. Jedoch kommen Beschlüsse des Reichstages auf Abänderung der Verfassung nur zustande, wenn zwei Drittel der gesetzlichen Mitgliederzahl anwesend sind und wenigstens zwei Drittel der Anwesenden zustimmen. Auch Beschlüsse des Reichsrates auf Abänderung der Verfassung bedürfen einer Mehrheit von zwei Dritteln der abgegebenen Stimmen. Soll auf Volksbegehren durch Volksentscheid eine Verfassungsänderung beschlossen werden, so ist die Zustimmung der Mehrheit der Stimmberechtigten erforderlich. [...]

II. Hauptteil. Grundrechte und Grundpflichten der Deutschen

Artikel 109. Alle Deutschen sind vor dem Gesetze gleich. Männer und Frauen haben grundsätzlich dieselben staatsbürgerlichen Rechte und Pflichten.
Öffentlich-rechtliche Vorrechte oder Nachteile der Geburt oder des Standes sind aufzuheben. [...]

Artikel 118. Jeder Deutsche hat das Recht, innerhalb der Schranken der allgemeinen Gesetze seine Meinung durch Wort, Schrift, Druck, Bild oder in sonstiger Weise frei zu äußern. [...] Eine Zensur findet nicht statt [...].

Artikel 119. Die Ehe steht als Grundlage des Familienlebens und der Erhaltung und Vermehrung der Nation unter dem besonderen Schutz der Verfassung. Sie beruht auf der Gleichberechtigung der beiden Geschlechter.
Die Reinerhaltung, Gesundung und soziale Förderung der Familie ist Aufgabe des Staates und der Gemeinden. Kinderreiche Familien haben Anspruch auf ausgleichende Fürsorge.
Die Mutterschaft hat Anspruch auf den Schutz und die Fürsorge des Staates. [...]

Artikel 122. Die Jugend ist gegen Ausbeutung sowie gegen sittliche, geistige oder körperliche Verwahrlosung zu schützen. Staat und Gemeinde haben die erforderlichen Einrichtungen zu treffen. [...]

Artikel 123. Alle Deutschen haben das Recht, sich ohne Anmeldung oder besondere Erlaubnis friedlich und unbewaffnet zu versammeln. [...]

Artikel 128. Alle Staatsbürger ohne Unterschied sind nach Maßgabe der Gesetze und entsprechend ihrer Befähigung und ihren Leistungen zu den öffentlichen Ämtern zuzulassen. Alle Ausnahmebestimmungen gegen weibliche Beamte werden beseitigt. [...]

Artikel 135. Alle Bewohner des Reiches genießen volle Glaubens- und Gewissensfreiheit. Die ungestörte Religionsausübung wird durch die Verfassung gewährleistet und steht unter staatlichem Schutz. Die allgemeinen Staatsgesetze bleiben hiervon unberührt. [...]

Artikel 142. Die Kunst, die Wissenschaft und ihre Lehre sind frei. Der Staat gewährt ihnen Schutz und nimmt an ihrer Pflege teil.

[1] In diesen Artikeln geht es vor allem um die Freiheit der Person und ihres Eigentums, die Unverletzlichkeit der Wohnung, das Briefgeheimnis sowie um die Meinungs-, Versammlungs- und Vereinigungsfreiheit.

Artikel 143. Für die Bildung der Jugend ist durch öffentliche Anstalten zu sorgen. Bei ihrer Einrichtung wirken Reich, Länder und Gemeinden zusammen. [...]

Artikel 151. Die Ordnung des Wirtschaftslebens muss den Grundsätzen der Gerechtigkeit mit dem Ziele der Gewährleistung eines menschenwürdigen Daseins für alle entsprechen. In diesen Grenzen ist die wirtschaftliche Freiheit des Einzelnen zu sichern. [...]

Artikel 153. Das Eigentum wird von der Verfassung gewährleistet. Sein Inhalt und seine Schranken ergeben sich aus den Gesetzen.
Eine Enteignung kann nur zum Wohle der Allgemeinheit und auf gesetzlicher Grundlage vorgenommen werden. [...]
Eigentum verpflichtet. Sein Gebrauch soll zugleich Dienst sein für das Gemeine Beste. [...]

Artikel 157. Die Arbeitskraft steht unter dem besonderen Schutz des Reiches.
Das Reich schafft ein einheitliches Arbeitsrecht. [...]

Artikel 159. Die Vereinigungsfreiheit zur Wahrung und Förderung der Arbeits- und Wirtschaftsbedingungen ist für jedermann und für alle Berufe gewährleistet. [...]

Artikel 161. Zur Erhaltung der Gesundheit und Arbeitsfähigkeit, zum Schutz der Mutterschaft und zur Vorsorge gegen die wirtschaftlichen Folgen von Alter, Schwäche und Wechselfällen des Lebens schafft das Reich ein umfassendes Versicherungswesen unter maßgebender Mitwirkung der Versicherten.

Artikel 162. Das Reich tritt für eine zwischenstaatliche Regelung der Rechtsverhältnisse der Arbeiter ein, die für die gesamte arbeitende Klasse der Menschheit ein allgemeines Mindestmaß der sozialen Rechte erstrebt.

Artikel 163. [...] Jedem Deutschen soll die Möglichkeit gegeben werden, durch wirtschaftliche Arbeit seinen Unterhalt zu erwerben. Soweit ihm angemessene Arbeitsgelegenheit nicht nachgewiesen werden kann, wird für seinen notwendigen Unterhalt gesorgt. [...]

Artikel 165. Die Arbeiter und Angestellten sind dazu berufen, gleichberechtigt in Gemeinschaft mit den Unternehmern an der Regelung der Lohn- und Arbeitsbedingungen sowie an der gesamten wirtschaftlichen Entwicklung der produktiven Kräfte mitzuwirken. Die beiderseitigen Organisationen und ihre Vereinbarungen werden anerkannt.
Die Arbeiter und Angestellten erhalten zur Wahrnehmung ihrer sozialen und wirtschaftlichen Interessen gesetzliche Vertretungen in Betriebsarbeiterräten sowie in nach Wirtschaftsgebieten gegliederten Bezirksarbeiterräten und in einem Reichsarbeiterrat.
Die Bezirksarbeiterräte und der Reichsarbeiterrat treten zur Erfüllung der gesamten wirtschaftlichen Aufgaben und zur Mitwirkung bei der Ausführung der Sozialisierungsgesetze mit den Vertretungen der Unternehmer und sonst beteiligter Volkskreise zu Bezirkswirtschaftsräten und zu einem Reichswirtschaftsrat zusammen. Die Bezirkswirtschaftsräte und der Reichswirtschaftsrat sind so zu gestalten, dass alle wichtigen Berufsgruppen entsprechend ihrer wirtschaftlichen und sozialen Bedeutung darin vertreten sind.

Zitiert nach: www.verfassungen.de/de19-33/verf19-i.htm
(Zugriff: 4. November 2020)

1. Charakterisieren Sie anhand der Verfassung Wesen und Ziele der neuen Republik. | H
2. Die Verfassung sollte den Interessen der gesellschaftlichen Gruppen entgegenkommen und einen sozialen Ausgleich schaffen. Erläutern Sie, welche Gruppen an welchen Bestimmungen besonderes Interesse gehabt haben könnten. | H
3. Analysieren Sie, inwiefern die Verfassung soziale Ziele formuliert. Folgern Sie aus ihnen die Aufgaben der Regierung.
4. Setzen Sie sich mit der Frage auseinander, warum der umfangreiche Grundrechtskatalog die Staatsmacht der Weimarer Republik kaum begrenzen konnte.

M2 Lehren aus Weimar

Der Publizist Sebastian Haffner (1907–1999) untersucht, welche Konsequenzen die Gestalter des Grundgesetzes aus den Erfahrungen mit der Weimarer Verfassung gezogen haben:

Von 1945 bis 1949 lagen reichlich drei Jahre zwischen dem demokratischen Neuanfang und der nationalsozialistischen Niederlage – und was für einer Niederlage, und was für Jahre! Diesmal war kein Raum für eine Dolchstoßlegende[1]. […]
Auf die Frage, wodurch sich eigentlich die Bonner Demokratie von der Weimarer unterscheidet, haben die meisten Leute nur ein Achselzucken. Für sie ist Demokratie Demokratie. Aber die Unterschiede sind gewaltig.
Der einfachste und grundlegendste Unterschied ist wohl dieser: Die Weimarer Verfassungsarchitekten waren Optimisten, die Väter des Grundgesetzes eher Pessimisten. […]
Die Weimarer Verfassung zeigt in ihren wesentlichen Einrichtungen – Volksbegehren und Volksentscheid, Volkswahl des Reichspräsidenten, leichte Auflösbarkeit des Reichstages – ein fast unbegrenztes Vertrauen in die demokratische Vernunft und staatsbürgerliche Verantwortung des Wählers. Das Bonner Grundgesetz ist eher von Misstrauen geprägt, seine Verfasser waren gebrannte Kinder: Sie hatten erlebt, wie verführbar und schwankend in seinen Stimmungen der Wähler sein kann, wie leicht eine Demokratie gerade durch zu schrankenlose Demokratie sich selbst zugrunde richten kann, und sie wollten es nicht noch einmal erleben. Die Weimarer Verfassung setzte ein Volk von unbeirrbaren Demokraten und musterhaften Staatsbürgern voraus. Das Bonner Grundgesetz will eine demokratische Verfassung sein, die auch unter fehlbaren und verführbaren, unvollkommenen Menschen funktionieren kann, es will die Demokratie auch vor sich selber schützen. […]
Die Weimarer Republik hat in den vierzehn Jahren ihres Bestehens dreizehn Reichskanzler verbraucht. […]
Das Bonner Grundgesetz macht es schwer, einen einmal gewählten Bundeskanzler zu stürzen: Der Bundespräsident kann es überhaupt nicht, der Bundestag nur, indem er einen anderen Kanzler wählt. […]
Mindestens ebenso wichtig sind die vielen Hindernisse, die das Grundgesetz einer vorzeitigen Auflösung des Bundestages in den Weg legt: Denn eine neue Bundestagswahl bedeutet ja auch eine neue Kanzlerwahl, und die will das Grundgesetz eben nicht so leicht machen. Nicht jede Schwankung in der Wählerstimmung soll sofort auf Parlament und Regierung durchschlagen. […]
Gewiss hat zum Untergang der Weimarer Demokratie die Instabilität der Regierungen, die übermäßige Häufigkeit der Wahlen, die allzu starke Machtposition des Reichspräsidenten und ihr Missbrauch beigetragen. Aber nicht zu leugnen ist, dass schließlich der deutsche Wähler selbst der Weimarer Republik den Todesstreich versetzt hat. […]
Der Wähler ist der demokratische Souverän. Die Wählermehrheit entscheidet: Das ist die Quintessenz jeder demokratischen Verfassung. Wie aber, wenn die Wählermehrheit gegen die Demokratie entscheidet? Ist es dann die Pflicht der Demokratie, im Namen der Demokratie Selbstmord zu begehen? Umgekehrt: Begeht nicht eine Demokratie auch dann Selbstmord, wenn sie – im Namen der Demokratie – die Entscheidung der Wählermehrheit missachtet? Gehört es zum Wesen demokratischer Freiheit, dass sie auch sich selbst zur Disposition des Wählers stellen muss? Oder darf sie sagen: Keine Freiheit für die Feinde der Freiheit? […]
Die Weimarer Verfassung liest sich wie eine Aufforderung an den Wähler, sich recht viel einfallen zu lassen und sich politisch jederzeit so recht auszutoben. Vom Grundgesetz kann man das nicht sagen. […]
Sodann ist die Gesetzgebung an die verfassungsmäßige Ordnung gebunden, und darüber wacht das Bundesverfassungsgericht – eine sehr mächtige Institution, die keine frühere deutsche Verfassung kannte. […] Dem Bundesverfassungsgericht hat das Grundgesetz eine sehr wirksame Waffe in die Hand gegeben in der Gestalt der Grundrechte, die, wiederum anders als in Weimar, nicht nur Programm künftiger Gesetzgebung, sondern unmittelbar geltendes Recht sind und nur mit verfassungsändernden Mehrheiten – zum Teil sogar überhaupt nicht – abgeändert oder eingeschränkt werden können.

Sebastian Haffner, Im Schatten der Geschichte, Stuttgart 1985, S. 191 ff.

1. Geben Sie die Unterschiede zwischen der Weimarer Verfassung und unserem Grundgesetz unter Berücksichtigung beider Entstehungsgeschichten wieder. | F
2. Arbeiten Sie die Lehren heraus, die die Väter und Mütter des Grundgesetzes aus der Weimarer Verfassung gezogen haben.
3. Weisen Sie die starke Stellung des Bundesverfassungsgerichts in unserer heutigen Rechtsordnung nach. Informieren Sie sich über Gerichtsverfahren, in denen das Gericht den gesetzgebenden Körperschaften Schranken gesetzt hat.

[1] Zur „Dolchstoßlegende" siehe die Informationen auf Seite 320.

Belastungen und Herausforderungen

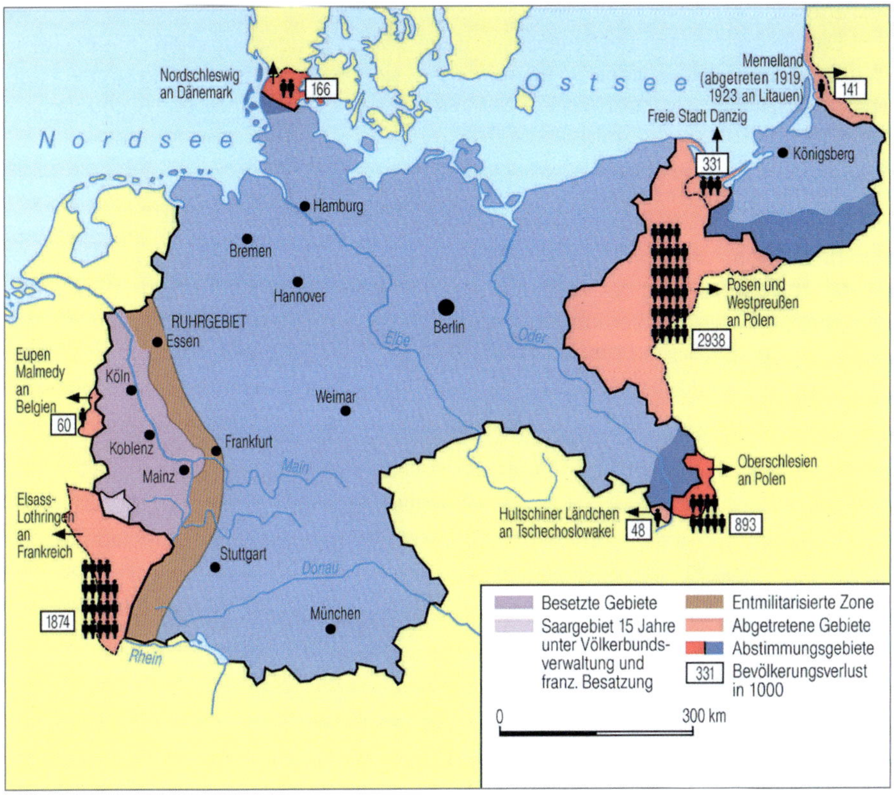

Animierte Karten
Eine animierte Karte zum Thema „Deutschland und der Vertrag von Versailles" können Sie unter dem Code **32037-46** abrufen.

Deutschland nach dem Versailler Vertrag.

► Arbeiten Sie die Ergebnisse des Vertrages heraus und diskutieren Sie, welche Festlegungen für die deutsche Bevölkerung besonders schwer zu akzeptieren waren.

Der Versailler Vertrag und seine Folgen | Von Anfang an belastete der in Versailles bei Paris geschlossene Friedensvertrag die Republik schwer. Ohne Beteiligung der Besiegten tagte die Friedenskonferenz, auf der die Nachkriegsordnung Europas festgelegt werden sollte. Die wichtigsten Entscheidungen wurden vom Rat der Vier getroffen. Seine Mitglieder waren die Regierungschefs von Großbritannien (*David Lloyd George*), Frankreich (*Georges Clemenceau*) und Italien (*Vittorio Orlando*) sowie der US-amerikanische Präsident *Woodrow Wilson*. Dieser sah sich in der Rolle des Vermittlers zwischen Siegern und Besiegten. Sein Hauptanliegen war die Gründung des **Völkerbundes** als Garant einer dauerhaften Friedensordnung.

Am 7. Mai 1919 wurde das fertige Vertragswerk mit seinen insgesamt 440 Artikeln vorgelegt. Die deutschen Vertreter durften sich innerhalb von 14 Tagen schriftlich dazu äußern, erreichten im Ergebnis aber keine Verbesserung der Auflagen. Ende Juni billigte die Nationalversammlung den Vertrag, wenige Tage später wurde er im Spiegelsaal von Versailles unterzeichnet, im Januar 1920 trat er in Kraft. Deutschland verlor 13 Prozent seines Staatsgebietes und rund zehn Prozent seiner Bevölkerung sowie sämtliche Kolonien. Das kohlereiche Saarland wurde für 15 Jahre unter die Verwaltung des Völkerbundes gestellt, ehe eine Volksabstimmung über die künftige Staatszugehörigkeit entscheiden sollte. In Oberschlesien, das ursprünglich ganz an Polen fallen sollte, wurde 1921 eine Volksabstimmung durchgeführt. Obwohl knapp 60 Prozent der Bevölkerung für den Verbleib bei Deutschland stimmten, teilte der Völkerbund das Gebiet und sprach den territorial kleineren, aber industriell bedeutenderen Teil Polen zu. Das Rheinland sollte bis zum Jahr 1935 von alliierten Truppen besetzt gehalten werden.

Deutschland wurde zur militärischen Abrüstung verpflichtet. Das gesamte Kriegsmaterial musste zerstört oder ausgeliefert werden. Der Besitz schwerer Waffen wurde verboten, ebenso die allgemeine Wehrpflicht.

Völkerbund: Nach dem Ersten Weltkrieg im Zusammenhang mit dem Versailler Vertrag 1920 von 32 Staaten gegründete internationale Organisation zur Wahrung des Friedens und zur Zusammenarbeit aller Völker mit Sitz in Genf. Die 1945 gegründeten Vereinten Nationen sind Nachfolgerin des Völkerbundes.

„Wilson-Frieden": Der US-amerikanische Präsident Woodrow Wilson hatte am 8. Januar 1918 einen „14-Punkte-Plan" vorgelegt, in dem er seine Vorstellungen von den Grundlagen einer zukünftigen Friedensordnung in Europa formulierte. Diese sollte auf dem Selbstbestimmungsrecht der Völker und dem Autonomie- und Nationalitätenprinzip basieren.

Hart umstritten war auch die Regelung der Reparationenfrage. Da sich die Alliierten 1919 nicht über die Leistungsfähigkeit der deutschen Wirtschaft einigen konnten, setzten sie eine Kommission ein, die bis Mai 1921 die Höhe der Wiedergutmachung festlegen sollte.

Die Bestimmungen des Friedensvertrages lösten in der deutschen Öffentlichkeit, in der man auf einen milden „Wilson-Frieden" gehofft hatte, Empörung und Proteststürme aus. Vor allem der Artikel 231 des Vertrages, der sogenannte *Kriegsschuldartikel*, wurde in Deutschland als moralische Ächtung des ganzen Volkes empfunden. Reichskanzler Scheidemann bezeichnete den Vertrag als unannehmbar. Als die deutschen Einsprüche erfolglos blieben, trat die Regierung Scheidemann zurück.

Unter dem Druck eines alliierten Ultimatums wurde schließlich die neue Regierung von der Nationalversammlung beauftragt, den Vertrag zu unterschreiben. Wie schon bei der Unterzeichnung des Waffenstillstandes im November 1918 übernahmen Vertreter der Republik die Verantwortung für das Versagen der politischen und militärischen Führung während des Ersten Weltkrieges. Den Politikern, die sich unter dem Druck der Verhältnisse dazu bereit erklärt hatten, gestanden anfänglich alle Parteien ehrenhafte Motive zu. Doch schon bald wurde der Versailler Vertrag von der äußersten Rechten bis hin zur Sozialdemokratie wegen des Kriegsschuldartikels und der umfangreichen Reparationen als ein „Diktat-" und „Schandfriede" abgelehnt. Republikfeindliche Kräfte nutzten die Vorbehalte der Bevölkerung aus, um mit Kampfparolen wie „Heerlos! Wehrlos! Ehrlos!" gegen die Republik zu hetzen. „Versailles" wurde zur Diffamierungsparole schlechthin (→M1).

Der Vorwurf der *Erfüllungspolitik* wurde von National-Konservativen und Rechtsradikalen in den folgenden Jahren gegen alle Schritte der Regierung erhoben, die auf die Einhaltung oder Anerkennung der Versailler Bestimmungen zielten.

„Dolchstoßlegende" | Neben dem von der Nationalversammlung widerwillig angenommenen Versailler Vertrag radikalisierte die *„Dolchstoßlegende"* die Bevölkerung der Nachkriegszeit. Schon im November 1918 verbreiteten rechtsradikale Zeitungen die angebliche Bemerkung eines britischen Generals, die deutsche Armee sei „von hinten erdolcht" worden. Streiks und politische Unruhen in der Heimat hätten sie zur Kapitulation gezwungen. Die beiden Generäle Erich Ludendorff und Paul von Hindenburg machten sich diese Version zu eigen und verbreiteten Ende 1919 eine Verschwörungstheorie, mit der sie die eigene Schuld an der militärischen Niederlage von sich ablenken und vor allem auf die Sozialdemokratie abwälzen wollten (→M2). Durch sein großes Ansehen, das er als General und Feldmarschall im Ersten Weltkrieg erworben hatte, vermochte es der spätere Reichspräsident Hindenburg, dieser Lüge besonderes Gewicht zu verschaffen. Ein Großteil der Bevölkerung glaubte dieser Verfälschung der Tatsachen, zumal die Öffentlichkeit an einer vorurteilsfreien Auseinandersetzung mit dem Geschehen im Ersten Weltkrieg kaum interessiert war. Zudem unterschätzten vor allem die Sozialdemokraten, welche Gefahren von der „Dolchstoßlegende" ausgingen.

Die „Dolchstoßlegende" vergiftete das politische Klima und diente deutschnationalen, völkischen und anderen rechtsextremen Gruppen und Parteien zur Propaganda gegen die republiktreuen Parteien, die bei Kriegsende Verantwortung übernommen und den Versailler Vertrag akzeptiert hatten.

Bildinformation
31000-65

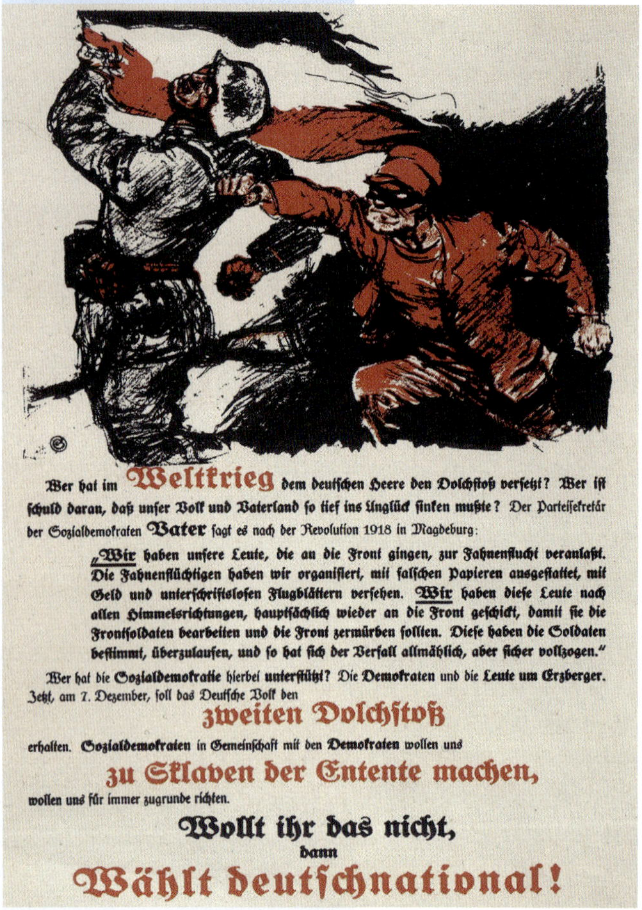

„Wählt deutschnational!"
Wahlplakat der DNVP zur Reichstagswahl vom 7. Dezember 1924.

- ▶ Erläutern Sie den Plakattext.
- ▶ Interpretieren Sie die Zielsetzung des Plakates und beurteilen Sie die Wirkung von Text und Bild.

Republikaner ohne Mehrheit? | Von Anfang an waren im Reichstag nicht nur staatstragende, demokratisch gesinnte Politiker vertreten. Nur drei der zahlreichen Parteien bekannten sich ausdrücklich zur parlamentarisch-demokratischen Republik: die SPD, die DDP und das Zentrum – die Parteien der „Weimarer Koalition".

Die SPD ging bei den Wahlen zur Nationalversammlung 1919 und bei den Reichstagswahlen bis 1930 jeweils als stärkste Kraft hervor, erreichte jedoch nie die absolute Mehrheit. Bis zum Ende der Republik war sie auf Reichsebene mit wenigen Ausnahmen in der Opposition. Beim Werben um die Gunst der Arbeiter konkurrierte sie mit KPD und USPD. Als *Milieupartei* der Arbeiterschaft gelang es ihr nicht, auch für andere Gesellschaftsschichten attraktiv zu werden. Zudem wollten sich andere Gruppen wie die Angestellten bewusst von den Arbeitern und ihren Interessenvertretungen absetzen.

Die linksliberale DDP vertrat vor allem das Bildungsbürgertum, Kaufleute, Beamte und Angestellte. Mit Walther Rathenau stellte die DDP 1922 den Außenminister. Schon ab 1920 verlor sie jedoch in großem Maß Stimmen und sank zur Splitterpartei ab.

Das Zentrum war die Partei des politischen Katholizismus. Ihr kam eine bedeutende Stellung zu, da sie sich für alle sozialen Schichten einsetzte und sie mit fast allen Parteien koalitionsfähig war. Von 1919 bis 1932 war sie in nahezu jeder Reichsregierung vertreten. 1918 entstand mit der *Bayerischen Volkspartei (BVP)* die bayerische Variante des Zentrums.

Die DVP, der sich mehrheitlich nationalliberales Bürgertum und Großindustrielle anschlossen, war in den Anfangsjahren noch monarchistisch und republikfeindlich geprägt. Der Mitbegründer der Partei, *Gustav Stresemann*[1], brachte sie auf einen demokratischen und republikanischen Kurs, stieß dabei aber stets auf Widerstand in seiner Partei. Nach Stresemanns Tod tendierte die DVP immer stärker nach rechts, blieb jedoch im Vergleich zu DNVP und der *Nationalsozialistischen Deutschen Arbeiterpartei (NSDAP)* gemäßigt und sank 1932 zur Bedeutungslosigkeit herab.

Antidemokratische Kräfte | Obrigkeitsstaatliche Vorstellungen, die sich gegen einen Meinungspluralismus wandten, waren in der Bevölkerung weit verbreitet (➔M3).

Die republikfeindlichen rechts- und linksradikalen Kräfte setzten sich seit Beginn der Weimarer Republik gewaltsam für ihre Ziele ein. So ermordeten Mitglieder der rechtsextremen *Organisation Consul*, eine illegale Nachfolgeorganisation der verbotenen Freikorps, am 26. August 1921 den Zentrumspolitiker *Matthias Erzberger*. Drei Wochen nach einem missglückten Anschlag auf Philipp Scheidemann wurde Außenminister Walther Rathenau am 24. Juni 1922 umgebracht (➔M4). Die kommunistische KPD und die linkssozialistische USPD lehnten den Parlamentarismus ab und betrachteten alle Gegner des Rätesystems als „Handlanger des Kapitalismus". Die USPD schloss sich zwar 1922 wieder der SPD an. Da ihre radikalen Mitglieder jedoch der KPD beitraten, entwickelte sich diese zu einer ernst zu nehmenden Kraft.

Die DNVP war ein Sammelbecken völkisch-nationalistischer, konservativer Kreise. Ihr gehörten vor allem die alten Eliten aus Adel, Militär, Großgrundbesitz und Großbürgertum an. Nach 1928 rückte die Partei weit nach rechts und kooperierte mit der NSDAP, an die sie seit 1930 viele Wähler verlor. Als verbindendes Element für die unterschiedlichen Interessen ihrer Wählerschaft diente der DNVP bereits früh der *Antisemitismus*.

In Justiz und Verwaltung blieb mit den alten Amtsträgern vielfach auch der Geist des Kaiserreiches erhalten. Die Reichswehr, deren Führung sich nicht mit der Republik

[1] Zu Gustav Stresemann siehe ausführlich Seite 328 und 331.

Walther Rathenau (1867–1922): Industrieller, Schriftsteller und Politiker; 1922 von Rechtsradikalen ermordet

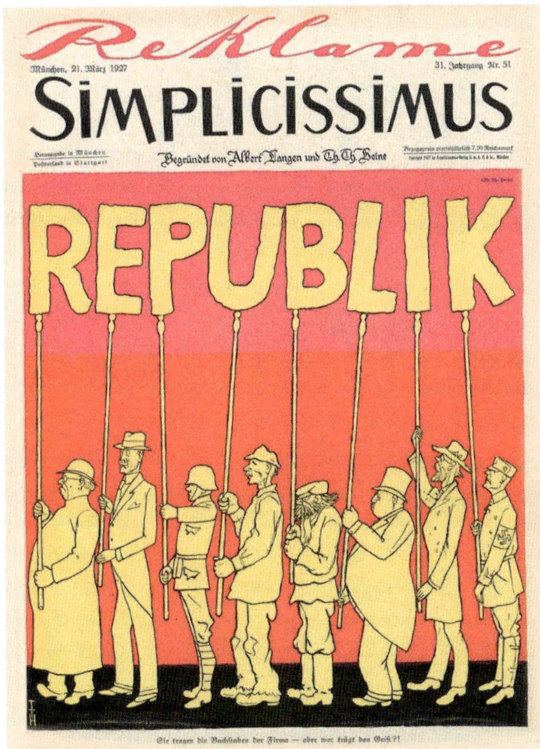

„Sie tragen die Buchstaben der Firma – aber wer trägt den Geist?!"
Karikatur von Thomas Theodor Heine aus dem „Simplicissimus", 21. März 1927.

▶ Benennen Sie die gezeigten gesellschaftlichen Gruppen. Halten Sie die Auswahl für repräsentativ?

Zweitverwertung.
Foto vom Herbst 1923.
Kinder lassen Flugdrachen steigen, gebastelt aus wertlos gewordenen Banknoten.

Reichsbanknote vom 1. November 1923.

Inflation: anhaltende Geldentwicklung durch Ansteigen des allgemeinen Preisniveaus und Abwertung der Kaufkraft der Währung aufgrund einer massiven Vermehrung des Geldes. Opfer der Inflation sind vor allem Menschen, die von Ersparnissen leben. Zu besonders starken Inflationen kam es nach dem Ersten Weltkrieg in fast allen kriegführenden Staaten.

Deflation: ein über längere Zeit anhaltender Rückgang des Preisniveaus für Güter. Dies tritt ein, wenn die Geldmenge im Vergleich zur Warenmenge abnimmt.

identifizierte, blieb ein „Staat im Staate" (➔M5). Während sie gegen Putschversuche von links konsequent vorging, hielt sie sich bei Angriffen von rechts weitgehend zurück. Dies zeigte sich bei dem rechtsextremistischen *Kapp-Lüttwitz-Putsch* vom März 1920. General Ludendorff und der Gründer der Deutschen Vaterlandspartei, *Wolfgang Kapp*, sammelten unzufriedene Soldaten hinter sich, die entgegen ersten Zusagen wegen des Versailler Vertrages nicht in die Reichswehr übernommen wurden. Außerdem widersetzte sich General *Walther von Lüttwitz* dem Befehl, eine 5 000 Mann starke Marinebrigade aufzulösen. Die Truppe besetzte das Regierungsviertel in Berlin. Fast alle Offiziere der Reichswehr weigerten sich, die Armee einzusetzen. Angeblich wollten sie verhindern, dass Reichswehreinheiten aufeinander schießen müssten. Der Putsch scheiterte indes, weil sich die Ministerialbürokratie den Anordnungen des selbst ernannten „Reichskanzlers" Kapp widersetzte. Zudem riefen die Gewerkschaften den Generalstreik aus und sabotierten damit alle Handlungen der Putschisten.

Inflation | Der Weltkrieg hatte das Deutsche Reich gewaltige Summen gekostet, die aus dem Staatshaushalt nicht aufgebracht werden konnten. Steuererhöhungen wollte die Regierung während des Krieges nicht vornehmen. Deshalb finanzierte sie die Militärausgaben durch verzinste Anleihen bei der Bevölkerung und eine enorme Papiergeldvermehrung (von zwei Milliarden Reichsmark im Jahr 1913 auf 45 Milliarden im Jahr 1919). Allerdings hielt die Güterproduktion mit der Geldmengenvermehrung nicht Schritt. Das Ergebnis war ein rasches Ansteigen der Preise und ein Wertverlust der Mark, also eine Inflation. Als Folge dieser Wirtschaftspolitik musste die junge Republik eine völlig zerrüttete Währung mit 154 Milliarden Mark Staatsschulden übernehmen.

Obwohl die Währung nur durch drastische Maßnahmen zu sanieren gewesen wäre, führten die Weimarer Regierungen nach dem Krieg die Inflationspolitik fort und glichen bis 1923 das Haushaltsdefizit aus, indem sie ständig mehr Papiergeld in Umlauf brachten. Neuere Untersuchungen bezeichnen diese Politik als das „kleinere Übel" im Vergleich zu möglichen Auswirkungen einer deflationären Haushaltspolitik. Zumindest blieb Deutschland von der internationalen *Wirtschaftskrise* der Jahre 1920/21 weitgehend verschont. Ein anderer Grund für die Zurückhaltung der Reichsregierung bei der Bekämpfung der Inflation waren die hohen Reparationszahlungen. Mithilfe der Inflation wollte man die Forderungen der Alliierten unterlaufen. Im Zusammenhang mit dem *Ruhrkampf* von 1923 erreichte die Staatsverschuldung eine neue Rekordhöhe[1]. Wie schon im Krieg mussten wieder die Notenpressen das Defizit im Reichshaushalt ausgleichen. Im November 1923 notierte man 4,2 Billionen Mark für einen Dollar. Löhne und Gehälter wurden wegen des rapiden Wertverfalls des Geldes wöchentlich, oft sogar täglich ausbezahlt. Noch am Zahltag gaben die Menschen das Geld aus, bevor es durch die nächste Preiserhöhung wertlos wurde. Ein Kilogramm Butter kostete beispielsweise am 23. Juli in Hamburg 128 000 Mark, am 24. September 120 Millionen Mark.

In einer *Währungsreform* der neuen Reichsregierung unter Gustav Stresemann im Oktober 1923 wurde der Wechselkurs zwischen Mark und Dollar neu festgelegt (1 Dollar = 4,20 Mark) und statt durch Goldreserven der Reichsbank wurde die *„Rentenmark"* durch eine Hypothek auf Grundbesitz und industrielle Sachwerte gedeckt. Die Bevölkerung schenkte dem neuen, seit dem 15. November von der Rentenbank herausgegebenen Zahlungsmittel sofort Vertrauen – bereits 1924 war die Inflation weitgehend überwunden.

[1] Zur Reparationsfrage und dem „Ruhrkampf" siehe Seite 328.

Eine deutsche Oktoberrevolution? | In Sachsen und Thüringen traten im Oktober 1923 kommunistische Minister in die SPD-Landesregierungen ein. Auf Weisung der sowjetischen Regierung in Moskau rüstete die KPD ihren Kampfbund, die „Proletarischen Hundertschaften", militärisch auf. Damit wollte sie einen revolutionären Aufruhr nach dem Muster der russischen Oktoberrevolution vorbereiten. Die Reichsregierung forderte die Regierungen von Sachsen und Thüringen ultimativ auf, die „Proletarischen Hundertschaften" aufzulösen und die kommunistischen Minister zu entlassen, da sie zum bewaffneten Aufstand aufgerufen hatten. Als sich der sächsische Ministerpräsident *Erich Zeigner* weigerte, verhängte Berlin unter Anwendung des Artikels 48 die Reichsexekution und ließ Reichswehreinheiten einmarschieren. Zeigner wurde seines Amtes enthoben. In Thüringen traten daraufhin die kommunistischen Minister zurück.

Reichsexekution: (militärisches) Mittel eines Bundesstaates oder Staatenbundes gegenüber seinen Gliedstaaten

Der Hitler-Putsch in München | Einzelne Länder betrieben also eine gegen das Reich gerichtete Politik. Diese Stoßrichtung war in Bayern besonders ausgeprägt. Das Land hatte in der Republik einige Sonderrechte verloren. Nach den Revolutionswirren um die Räterepublik im Frühjahr 1919, die zur Ermordung des Ministerpräsidenten *Kurt Eisner* geführt hatten, wurde Bayern zu einem Sammelbecken rechter, radikaler Gruppen. Ehemalige Freikorpsführer und Rechtsradikale wie Ludendorff und weitere Akteure des Kapp-Lüttwitz-Putsches fanden dort Raum für ihre politische Betätigung. Das 1922 erlassene „Republikschutzgesetz", das republikfeindliche Vereinigungen verbot, wurde nicht oder nur nachlässig umgesetzt. Die noch unbedeutende NSDAP unter ihrem Vorsitzenden Adolf Hitler wurde zum Beispiel in Bayern geduldet, während sie dem Reichsgesetz entsprechend in Preußen und anderen Ländern verboten wurde.

Adolf Hitler (1889–1945): Hitler stammte aus dem österreichischen Braunau (Inn), kam 1913 nach München, wo er sich erfolglos als Künstler durchschlug. 1914 freiwillige Teilnahme am Ersten Weltkrieg in bayerischem Regiment, Verwundung und Auszeichnung, 1919 Propagandist der DAP, seit 1920 NSDAP; 1921 Vorsitzender der Partei, 1923 Hitler-Putsch und Festungshaft, 1925 Neugründung der NSDAP und Aufstieg zur Massenpartei, 1933 Ernennung zum Reichskanzler, ab 1934 „Führer und Reichskanzler".

Geschichte In Clips
Zum Hitler-Putsch siehe den Code **32037-47**.

1919 war Adolf Hitler der kurz zuvor in München gegründeten *Deutschen Arbeiterpartei (DAP)* beigetreten, die sich 1920 in NSDAP umbenannte. Mit gehässigen Reden gegen die Republik und maßloser Hetze gegen die Juden machte Hitler die Partei bald zum Tagesgespräch in München. Im Herbst 1923 wollte er nach dem Vorbild des italienischen Faschisten Benito Mussolini einen „Marsch auf Berlin" durchführen. Am 8. November 1923 erklärte er auf einer Veranstaltung im Münchener Bürgerbräukeller den Ausbruch der „nationalen Revolution" und die Absetzung der Reichsregierung. Am folgenden Tag unternahm er mit General Ludendorff einen Demonstrationszug zur Feldherrnhalle (*Hitler-Putsch*). Doch die Landespolizei stoppte den Zug mit Waffengewalt. Zwanzig Polizisten und Putschisten wurden getötet, die Anführer verhaftet. Obwohl Hitler als österreichischer Staatsbürger hätte ausgewiesen werden können, erhielt er fünf Jahre Festungshaft in Landsberg am Lech, wurde jedoch bereits nach neun Monaten wieder entlassen. Ludendorff wurde freigesprochen. In den milden Strafen zeigte sich die Sympathie, die die Putschisten in den führenden Justiz- und Regierungskreisen genossen.

Benito Mussolini (1883–1945): Begründer des italienischen Faschismus, einer nationalistischen, antidemokratischen Bewegung. Nach einem „Marsch auf Rom" übernahm er die Regierung. Seine Diktatur war lange Zeit Vorbild für die deutschen Nationalsozialisten.

Trotz aller Aufstandsbewegungen: Am Ende des *Krisenjahres 1923* hatte sich die Republik behauptet. Würde sie sich angesichts des anhaltenden Widerstands extremer Kräfte um rechts und links dauerhaft konsolidieren?

M1 „Wehrlos ist […] nicht ehrlos!"

Reichskanzler Gustav Bauer (SPD), der Nachfolger Philipp Scheidemanns, fordert am 23. Juni 1919, wenige Stunden vor Ablauf des alliierten Ultimatums, die Nationalversammlung auf, den Friedensvertrag unterzeichnen zu lassen:

Die Entente […] will uns das Schuldbekenntnis auf die Zungen zwingen, sie will uns zu Häschern unserer angeschuldeten Landsleute[1] machen; es soll uns nichts, gar nichts erspart bleiben. Zur Verknechtung wollen uns die Feinde auch noch die Verachtung aufbürden!

[…] Unsere Hoffnung, mit dem einzigen Vorbehalt einer Ehrenbewahrung bei unseren Gegnern durchzudringen, war nicht sehr groß. Aber wenn sie auch noch geringer gewesen wäre: Der Versuch musste gemacht werden. Jetzt, wo er misslungen, an dem sträflichen Übermut der Entente gescheitert ist, kann und muss die ganze Welt sehen: Hier wird ein besiegtes Volk an Leib und Seele vergewaltigt wie kein Volk je zuvor. […] Unterschreiben wir! Das ist der Vorschlag, den ich Ihnen, im Namen des gesamten Kabinetts, machen muss. Bedingungslos unterzeichnen! Ich will nichts beschönigen. Die Gründe, die uns zu diesem Vorschlag zwingen, sind dieselben wie gestern. Nur trennt uns jetzt eine Frist von knappen vier Stunden von der Wiederaufnahme der Feindseligkeiten. Einen neuen Krieg könnten wir nicht verantworten, selbst wenn wir Waffen hätten. Wir sind wehrlos. Wehrlos ist aber nicht ehrlos! Gewiss, die Gegner wollen uns an die Ehre; daran ist kein Zweifel. Aber dass dieser Versuch der Ehrabschneidung einmal auf die Urheber selbst zurückfallen wird, dass es nicht unsere Ehre ist, die bei dieser Welttragödie zugrunde geht, das ist mein Glaube bis zum letzten Atemzug.

Zitiert nach: Wolfgang Elben, Die Weimarer Republik, Frankfurt am Main 61975, S. 40 f.

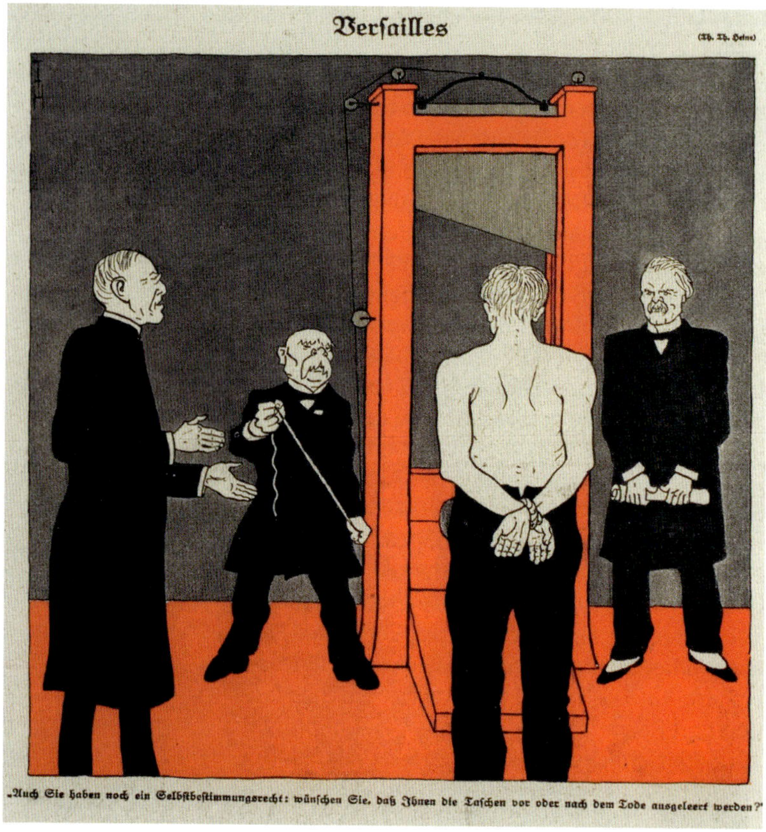

„Versailles. ‚Auch Sie haben noch ein Selbstbestimmungsrecht: Wünschen Sie, dass Ihnen die Taschen vor oder nach dem Tode ausgeleert werden?'"

Karikatur von Thomas Theodor Heine aus dem „Simplicissimus" vom 3. Juni 1919.

- ▶ Beschreiben Sie die Stimmung der deutschen Bevölkerung, die mit der Karikatur ausgedrückt werden soll.
- ▶ Erläutern Sie, welche Rollen die dargestellten Personen (v. l.: Wilson, Clemenceau, Lloyd George) einnehmen.

1. Arbeiten Sie heraus, warum Reichskanzler Bauer die Annahme des Vertrages empfahl.
2. Präsentation: Entwickeln Sie als Antwort auf Bauer eine Rede aus der Perspektive eines Gegners, der die Unterzeichnung des Vertrages kategorisch ablehnt. | H

M2 Schuld waren die anderen

Ein Untersuchungsausschuss der Nationalversammlung soll nach dem Krieg die Ursachen der deutschen Niederlage ergründen. Generalfeldmarschall Paul von Hindenburg erklärt am 18. November 1919:

Trotz der ungeheuren Ansprüche an Truppen und Führung, trotz der zahlenmäßigen Überlegenheit des Feindes konnten wir den ungleichen Kampf zu einem günstigen Ende führen, wenn die geschlossene und einheitliche Zusammenwirkung von Heer und Heimat eingetreten wäre. […] Doch was geschah nun? Während sich beim Feinde trotz seiner Überlegenheit an lebendem und totem Material alle Parteien, alle Schichten der Bevölkerung in dem Willen zum Siege immer fester zusammenschlossen, und zwar umso mehr, je schwieriger ihre Lage wurde, machten sich bei uns, wo dieser Zusammenschluss bei unserer Unter-

[1] Neben der Anerkennung der Kriegsschuld verlangten die Alliierten in den Artikeln 227 und 228 die Auslieferung des Kaisers und weiterer Personen wegen des Verstoßes gegen das Kriegsrecht, um sie vor ein alliiertes Militärgericht zu stellen.

legenheit viel notwendiger war, Parteiinteressen breit, und diese Umstände führten sehr bald zu einer Spaltung und Lockerung des Siegeswillens. Die Geschichte wird über das, was ich hier nicht weiter ausführen darf, das endgültige Urteil sprechen. Damals hofften wir noch, dass der Wille zum Siege alles andere beherrschen würde. Als wir unser Amt übernahmen, stellten wir bei der Reichsleitung eine Reihe von Anträgen, die den Zweck hatten, alle nationalen Kräfte zur schnellen und günstigen Kriegsentscheidung zusammenzufassen […].

Was aber schließlich, zum Teil wieder durch Einwirkung der Parteien, aus unseren Anträgen geworden ist, ist bekannt. Ich wollte kraftvolle und freudige Mitarbeit und bekam Versagen und Schwäche. Die Sorge, ob die Heimat fest genug bliebe, bis der Krieg gewonnen sei, hat uns von diesem Augenblicke an nie mehr verlassen. Wir erhoben noch oft unsere warnende Stimme bei der Reichsregierung. In dieser Zeit setzte die heimliche planmäßige Zersetzung von Flotte und Heer als Fortsetzung ähnlicher Erscheinungen im Frieden ein. Die Wirkungen dieser Bestrebungen waren der Obersten Heeresleitung während des letzten Kriegsjahres nicht verborgen geblieben. Die braven Truppen, die sich von der revolutionären Zermürbung freihielten, hatten unter dem pflichtwidrigen Verhalten der revolutionären Kameraden schwer zu leiden; sie mussten die ganze Last des Kampfes tragen. Die Absichten der Führung konnten nicht mehr zur Ausführung gebracht werden. Unsere wiederholten Anträge auf strenge Zucht und strenge Gesetzgebung wurden nicht erfüllt. So mussten unsere Operationen misslingen, es musste der Zusammenbruch kommen; die Revolution bildete nur den Schlussstein. Ein englischer General sagte mit Recht: „Die deutsche Armee ist von hinten erdolcht worden." Den guten Kern des Heeres trifft keine Schuld. Seine Leistung ist ebenso bewunderungswürdig wie die des Offizierkorps. Wo die Schuld liegt, ist klar erwiesen.

Zitiert nach: Herbert Michaelis und Ernst Schraepler (Hrsg.), Ursachen und Folgen. Vom deutschen Zusammenbruch 1918 und 1945 bis zur staatlichen Neuordnung Deutschlands in der Gegenwart. Eine Urkunden- und Dokumentensammlung zur Zeitgeschichte, Bd. 4, Berlin o. J., S. 7 f.

1. Analysieren Sie, worin nach Ansicht Hindenburgs die Gründe für die Niederlage Deutschlands lagen. Wem wurde die Schuld an der Niederlage angelastet? | F
2. Nehmen Sie Stellung zu seinen Vorwürfen. | H
3. Beurteilen Sie das Bild, das Hindenburg von Heer und Kriegsende zeichnet. | H

M3 „So ist der deutsche Parlamentarismus"

Oswald Spengler (1880–1936), dessen pessimistische Kultur- und Geschichtsphilosophie nach dem verlorenen Krieg vom deutschen Bürgertum begeistert gelesen wird, schreibt im Jahre 1924:

Über den Trümmern der deutschen Weltmacht, über zwei Millionen Leichen umsonst gefallener Helden, über dem in Elend und Seelenqual vergehenden Volke wird nun in Weimar mit lächelndem Behagen die Diktatur des Parteiklüngels aufgerichtet […]. […] Nachdem sich die Helden der Koalition vor dem Einsturz in alle Winkel geflüchtet hatten, kamen sie mit plötzlichem Eifer wieder hervor, als sie die Spartakisten allein über der Beute sahen. Aus der Angst um den Beuteanteil entstand auf den großherzoglichen Samtsesseln und in den Kneipen von Weimar die deutsche Republik, keine Staatsform, sondern eine Firma. In ihren Satzungen ist nicht vom Volk die Rede, sondern von Parteien; nicht von Macht, von Ehre und Größe, sondern von Parteien. Wir haben kein Vaterland mehr, sondern Parteien; keine Rechte, sondern Parteien; kein Ziel, keine Zukunft mehr, sondern Interessen von Parteien. Und diese Parteien […] entschlossen sich, dem Feinde alles, was er wünschte, auszuliefern, jede Forderung zu unterschreiben, den Mut zu immer weitergehenden Ansprüchen in ihm aufzuwecken, nur um im Innern ihren eigenen Zielen nachgehen zu können. […]

So ist der deutsche Parlamentarismus. Seit fünf Jahren keine Tat, kein Entschluss, kein Gedanke, nicht einmal eine Haltung, aber inzwischen bekamen diese Proletarier Landsitze und reiche Schwiegersöhne, und bürgerliche Hungerleider mit geschäftlicher Begabung wurden plötzlich stumm, wenn im Fraktionszimmer hinter einem eben bekämpften Gesetzantrag der Schatten eines Konzerns sichtbar wurde.

Oswald Spengler, Neubau des Deutschen Reiches, München 1924, S. 8 f.

1. Beschreiben Sie, was Spengler unter „Diktatur des Parteiklüngels" versteht. Gehen Sie auch auf seine Wortwahl ein.
2. Erläutern Sie seine Aussage, die deutsche Republik sei „keine Staatsform, sondern eine Firma".
3. Spengler behauptet, die Weimarer Republik habe seit „fünf Jahren keine Tat, kein[en] Entschluss, kein[en] Gedanke[n], nicht einmal eine Haltung" gezeigt. Nehmen Sie dazu Stellung.

M4 Die Sühne der politischen Morde 1918–1922

	Pol. Morde begangen von Linksstehenden	Pol. Morde begangen von Rechtsstehenden	Gesamtzahl
Gesamtzahl der Morde	22	354	376
- davon ungesühnt	4	326	330
- teilweise gesühnt	1	27	28
- gesühnt	17	1	18
Zahl der Verurteilten	38	24	62
Geständige Täter freigesprochen	–	23	23

Emil Julius Gumbel, Vier Jahre politischer Mord, Berlin 1924, S. 81

1. Arbeiten Sie die Informationen der Tabelle heraus.
2. Erläutern Sie, welche Einstellung der Justiz zur Republik in M4 und in der Karikatur auf dieser Seite deutlich wird.

M5 Die Reichswehr – ein „Staat im Staate"?

Am 26. Mai 1925 kommentiert der SPD-Abgeordnete Daniel Stücklen (1869–1945) die Entwicklung der Reichswehr so:

Wir haben heute ein Heer der Republik, das, wie ich feststellen will, diesem Staate dient, dessen Leitung erklärt, wir stehen auf dem Boden der Verfassung [...].
Es sind aber [...] recht deutliche Anzeichen dafür vorhanden, dass die Entwicklung der Reichswehr dahin geht, eine Art Staat im Staate zu werden. Das war das, was früher bei den Verhandlungen über die Reichswehr im Hauptausschuss und im Plenum dieses Hauses immer wieder betont wurde, eine gewisse Abgeschlossenheit, ein Korpsgeist, der zur Abgeschlossenheit führen musste und letzten Endes bewirkte, dass die alte Armee wirklich ein Staat im Staate war, mit einem eigenen Ehrbegriff, ihrem eigenen Strafkodex, mit einem Wort eine Menge Einrichtungen, die von den Einrichtungen der zivilen Bevölkerung losgelöst waren. [...] Die Gefahr ist umso größer, als früher der Soldat nur zwei Jahre diente und nach zwei Jahren in die Massen des Volkes zurücktrat, aus denen er gekommen war. Heute dient der Reichswehrsoldat zwölf Jahre. Zwölf Jahre verlebt er in einer ganz anderen Umwelt. Er ist ganz anderen Einflüssen und Eindrücken preisgegeben; das führt letzten Endes dazu, dass eine gewisse Entfremdung nicht vermieden werden kann.

Zitiert nach: Wolfgang Michalka und Gottfried Niedhard (Hrsg.), Die ungeliebte Republik. Dokumente zur Innen- und Außenpolitik Weimars 1918–1933, München 1992, S. 220

1. Erläutern Sie den Ausdruck „Staat im Staate". | F
2. Präsentation: Informieren Sie sich, wie bei der Gründung der Bundeswehr den von Stücklen angesprochenen Problemen begegnet wurde. Fassen Sie Ihre Ergebnisse in Form eines Kurzreferats zusammen.

„Hochverrat vor dem Reichsgericht."
Karikatur von Gerhard Holler aus: „Ulk".
Wochenschrift des Berliner Tagblatts, Nr. 9, 56. Jg., 4. März 1927.
Bildtext links unten: „Ich werde die Republik vor Ihnen zu schützen wissen!"
Bildtext rechts unten: „Ich werde Sie vor der Republik zu schützen wissen!"

Die Außenpolitik der Weimarer Republik

Revisionistische Ziele | Vorrangiges außenpolitisches Ziel aller Regierungen der Weimarer Republik war die Revision des Versailler Friedensvertrages. Die Senkung der Reparationsforderungen, die Räumung der besetzten Gebiete links des Rheins und die Wiedergewinnung der verlorenen Gebiete standen dabei an erster Stelle.[1]

In Polen und der neu gegründeten Tschechoslowakei lebten fast vier Millionen Deutsche als Minderheit. Wegen des westpreußischen Territoriums, das Deutschland an Polen abtreten musste, war Ostpreußen vom restlichen deutschen Staatsgebiet abgeschnitten. Den Aufbau guter Beziehungen erschwerte der Nationalismus in beiden Ländern. Im Zusammenhang mit der Oberschlesien-Frage, wo eine Volksabstimmung 1921 darüber entscheiden sollte, ob das Gebiet beim Deutschen Reich verbleiben oder Polen angegliedert werden sollte, kam es zwischen 1919 und 1921 sogar zu bewaffneten Auseinandersetzungen zwischen polnischen Soldaten und deutschen Freikorps. Obwohl sich die Mehrheit der Bevölkerung in der Volksabstimmung für den Verbleib bei Deutschland ausgesprochen hatte, wurde das Gebiet schließlich zum Nachteil des Reiches geteilt; das ostoberschlesische Industrierevier fiel an Polen. In den folgenden Jahren blieb das deutsch-polnische Verhältnis angespannt, auch wenn beide Länder wirtschaftliche Beziehungen aufnahmen und sich in Fragen des Minderheitenschutzes annäherten.

„130 Miljardów złotych ..."
Polnische Postkarte zur Volksabstimmung in Oberschlesien von 1921. Die Inschrift auf dem Wagen lautet übersetzt: „130 Milliarden Goldene Mark Entschädigung für den Krieg".

Überwindung der außenpolitischen Isolation – der Vertrag von Rapallo | Die Alliierten waren vorerst nicht bereit, Deutschland als gleichberechtigten Verhandlungspartner zu akzeptieren. Um wieder außenpolitischen Handlungsspielraum zu gewinnen, suchte das Deutsche Reich die Annäherung an die *Russische Sozialistische Föderative Sowjetrepublik (RSFSR)*. Nach der bolschewistischen Oktoberrevolution 1917 unter Führung von *Wladimir Iljitsch Lenin* war Russland zunächst ebenfalls außenpolitisch isoliert. Es drängte darauf, nicht für die aus zaristischer Zeit stammenden Kriegsfolgen haftbar gemacht zu werden.

Am Rande der Weltwirtschaftskonferenz in Genua 1922 schloss Reichskanzler *Joseph Wirth* in *Rapallo*, einem Ort in der Nähe von Genua, ein Abkommen mit der Sowjetregierung. Dies geschah trotz der Vorbehalte von Außenminister Rathenau[2], der die Verständigung mit Frankreich gefährdet sah. Beide Staaten verzichteten darin auf eine Entschädigung für Kriegskosten und Kriegsschäden und verpflichteten sich, diplomatische Beziehungen aufzunehmen. Deutschland stellte keine Ansprüche wegen der in Russland enteigneten Besitztümer und Vermögenswerte deutscher Staatsbürger.

Der Vertrag erregte großes Aufsehen. „Rapallo" wurde zum Synonym für die Furcht der europäischen Mächte vor einer gemeinsamen deutsch-sowjetischen Politik gegen die damalige Friedensordnung. Vor allem Frankreich hegte großes Misstrauen. Dennoch vertieften Berlin und Moskau ihre politische und wirtschaftliche Zusammenarbeit in den folgenden Jahren. Im 1926 geschlossenen *Berliner Vertrag* sicherten sich beide Seiten gegenseitige Neutralität im Falle eines Krieges mit Dritten zu.

---

1 Zu den Gebietsverlusten siehe nochmals die Karte auf Seite 319.
2 Über Walther Rathenau informiert Seite 321.

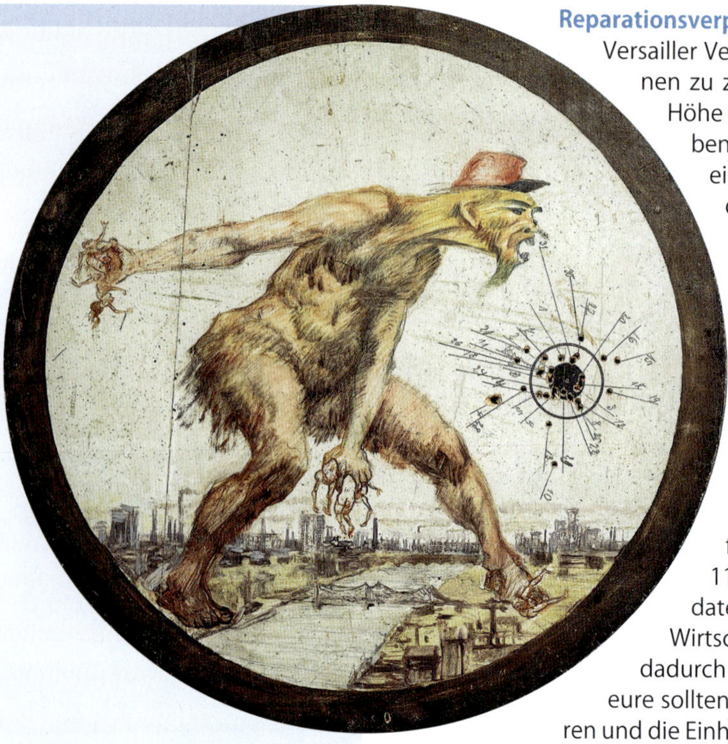

Antifranzösische Propaganda im Westen.
Schießscheibe mit einer Karikatur, um 1923.

▶ Der „Franzose" trägt kaum europäische Züge. Was soll seine Gestaltung zum Ausdruck bringen? Analysieren Sie das Feindbild aus der historischen Situation heraus.

Reparationsverpflichtungen und Besetzung des Ruhrgebietes | Der Versailler Vertrag bestimmte, dass das Deutsche Reich Reparationen zu zahlen hatte, wies aber die Festlegung der genauen Höhe einer Kommission zu. Die europäischen Siegermächte benötigten die Reparationen, um die Kriegsfolgen in ihren eigenen Ländern zu beseitigen und um ihre während des Krieges aufgenommenen Schulden bei den USA zu tilgen. Frankreich sah zudem die Möglichkeit, Deutschland durch hohe Forderungen langfristig zu schwächen. Das *Londoner Abkommen* 1921 verfügte zunächst, dass Deutschland 132 Milliarden Goldmark in Form von Sach- oder Geldleistungen erbringen musste. Die deutsche Öffentlichkeit reagierte schockiert auf die Forderungen.

Als die Reparationskommission im Dezember 1922 feststellte, dass Deutschland mit den Lieferungen von Holz und Kohle im Rückstand sei, ließ der französische Ministerpräsident *Raymond Poincaré* am 11. Januar 1923 60000 französische und belgische Soldaten ins Ruhrgebiet einmarschieren. Seinem Ziel, diese Wirtschaftsregion unter seine Kontrolle zu bringen, war er dadurch näher gekommen. Französische Beamte und Ingenieure sollten die deutsche Kohle- und Stahlproduktion kontrollieren und die Einhaltung der Lieferungen überwachen. Die Reichsregierung stellte sofort alle Reparationen ein, rief die Bevölkerung zum passiven Widerstand gegen die Besatzungsbehörden auf und unterstützte die streikenden Arbeiter mit Geld. Doch die damit verbundene massive Steigerung von Staatsverschuldung und Inflation sowie der Druck der Alliierten veranlassten die Reichsregierung zum Abbruch des *„Ruhrkampfes"* am 26. September 1923.

Dagegen erreichte die deutsche Regierung 1923 bei den Siegermächten, dass ihre Zahlungsfähigkeit von neutraler Seite geprüft wurde. Im April 1924 legte ein Sachverständigenrat unter der Leitung des amerikanischen Bankiers *Charles Dawes* ein Gutachten zur Reparationsfrage vor, den sogenannten *Dawes-Plan*. Seine Annahme durch die Siegermächte und die deutsche Regierung 1924 auf der Londoner Konferenz bedeutete für das Deutsche Reich eine deutlich geringere jährliche finanzielle Belastung. Zunächst musste es eine Milliarde Goldmark jährlich zahlen, ab 1928/29 jährlich 2,5 Milliarden Goldmark. Eine Gesamtsumme und eine zeitliche Begrenzung enthielt der Dawes-Plan jedoch nicht. 1930 wurde dann der *Young-Plan* angenommen, benannt nach dem Vorsitzenden des Sachverständigenrates, dem US-Amerikaner *Owen Young*. Der Plan legte für die deutschen Reparationen nun eine Gesamtsumme von 112 Milliarden Goldmark fest, die über einen Zeitraum von 59 Jahren zu zahlen war.[1]

Gustav Stresemann (1878–1929): Wirtschaftswissenschaftler und Politiker, 1923 Reichskanzler, 1923–1929 Außenminister. Er prägte die Weimarer Republik und erwirkte die Aufnahme Deutschlands in den Völkerbund. Weitere Informationen zu Stresemann finden Sie auf Seite 331.

Verständigungspolitik unter Stresemann | Von 1923 bis 1929 prägte Gustav Stresemann als Außenminister in häufig wechselnden Kabinetten die Beziehungen zum Ausland. Er behielt zwar die revisionistischen Ziele deutscher Außenpolitik bei, handelte dabei jedoch pragmatisch und vertrauensbildend. Ihm war klar, dass deutsche Außenpolitik nur dann erfolgreich sein konnte, wenn sie das französische Sicherheitsbedürfnis berücksichtigte. Stresemann stand jedoch immer unter dem Druck nationalistischer Kreise, die Erfolge der Revisionspolitik einforderten (→M1).

[1] Die Reparationsleistungen wurden nach der Weltwirtschaftskrise 1932 eingestellt. 1953 stellten die Siegermächte ihre Forderungen für die zwischen 1924 und 1930 aufgenommenen Anleihen zur Schuldentilgung wegen der deutschen Teilung zurück. Sie wurde nach der deutschen Einheit 1990 fällig. Im Oktober 2010 zahlte die Bundesrepublik die letzte Rate von 56 Millionen Euro.

Wahlplakat der DNVP.
Es entstand zur Reichstagswahl von 1928.

▶ Erläutern Sie, worauf die Darstellung eines französischen Soldaten und des Rheins anspielt.

Bildinformation
31000-66

Im Oktober 1925 trafen sich auf einer Konferenz im schweizerischen Locarno führende europäische Politiker. Stresemann und sein französischer Amtskollege Aristide Briand hatten großes Interesse an einer Bereinigung des deutsch-französischen Gegensatzes. In den *Verträgen von Locarno* verpflichteten sich Deutschland, Frankreich und Belgien, keinen Krieg gegeneinander zu beginnen, und verzichteten auf eine Veränderung der bestehenden Grenzen zwischen ihren Staaten. Das Rheinland sollte nach dem Ende der Besatzung eine entmilitarisierte Zone bleiben. Bei Verletzung dieser Bestimmungen drohte ein Eingreifen der Garantiemächte Großbritannien und Italien. Eine Revision der Ostgrenzen hingegen ließ Stresemann offen. Deshalb verzichtete er in einem Schiedsvertrag mit Polen lediglich auf eine gewaltsame Änderung der Grenzen (→M2). In Locarno wurde auch beschlossen, Deutschland in den Völkerbund aufzunehmen. Es trat ihm am 8. September 1926 schließlich bei (→M3).

Innenpolitisch waren die Verträge von Locarno umstritten. Die nationale Rechte verurteilte sie als „Verrat an den Interessen Deutschlands“. Infolge der Versöhnungsbereitschaft gelang es Stresemann, das Ansehen Deutschlands in der Weltöffentlichkeit zu steigern. Er war maßgeblich am Zustandekommen des *Braind-Kellogg-Paktes* beteiligt. Dieses Abkommen von 1928, das zur Ächtung des Krieges und zur rein friedlichen Klärung von Konflikten verpflichtete, war benannt nach seinen Initiatoren, dem französischen Außenminister Briand und seinem amerikanischen Amtskollegen *Frank Billings Kellogg*. Insgesamt 63 Staaten traten ihm bei.

Aristide Briand (1862–1932): französischer Politiker; zwischen 1909 und 1932 mehrfach u.a. Ministerpräsident und Außenminister; 1926 Friedensnobelpreis (gemeinsam mit Gustav Stresemann)

Konfrontationskurs nach der Ära Stresemann | Der außenpolitische Kurs Stresemanns, im Einverständnis mit den Siegermächten des Ersten Weltkrieges eine Lockerung der harten Bestimmungen des Versailler Vertrages zu erreichen, wurde nach seinem Tod 1929 von einer aggressiven Außenpolitik abgelöst. Ihr Ziel war, das Deutsche Reich wieder als Großmacht zu etablieren. Der Kurswechsel in der deutschen Außenpolitik zeigte sich etwa darin, dass der Vorschlag des französischen Außenministers Briand zu einer europäischen Wirtschaftsunion harsch abgewiesen wurde. Im Gegenzug verhinderte Frankreich eine deutsch-österreichische Zollunion, indem es auf dem Anschlussverbot Österreichs an das Deutsche Reich gemäß dem Versailler Vertrag beharrte.

Internettipp
Den Text der Rede Stresemanns zum deutschen Beitritt zum Völkerbund vom 10. September 1926 finden Sie unter dem Code **32037-48**.

M1 Grundzüge der Außenpolitik Stresemann

Vier Wochen vor der Konferenz in Locarno beschreibt Gustav Stresemann in einem Antwortbrief an den ehemaligen Kronprinzen Wilhelm die Grundpositionen seiner Außenpolitik am 7. September 1925:

Die deutsche Außenpolitik hat nach meiner Auffassung für die nächste, absehbare Zeit drei große Aufgaben:
Einmal die Lösung der Reparationsfrage in einem für Deutschland erträglichen Sinne und die Sicherung des Friedens, die die Voraussetzung für eine Wiedererstarkung Deutschlands ist.
Zweitens rechne ich dazu den Schutz der Auslandsdeutschen, jener zehn bis zwölf Millionen Stammesgenossen, die jetzt unter fremdem Joch in fremden Ländern leben.
Die dritte große Aufgabe ist die Korrektur der Ostgrenzen: die Wiedergewinnung von Danzig, vom polnischen Korridor und eine Korrektur der Grenzen in Oberschlesien.
Im Hintergrund steht der Anschluss von Deutsch-Österreich. [...]
Wollen wir diese Ziele erreichen, so müssen wir uns aber auch auf diese Aufgaben konzentrieren. Daher der Sicherheitspakt, der uns einmal den Frieden garantieren und England sowie [...] Italien als Garanten der deutschen Westgrenzen festlegen soll. Der Sicherheitspakt birgt andererseits in sich den Verzicht auf eine kriegerische Auseinandersetzung mit Frankreich wegen der Rückgewinnung Elsass-Lothringens, einen deutschen Verzicht, der aber insoweit nur theoretischen Charakter hat, als keine Möglichkeit eines Krieges gegen Frankreich besteht. [...]
Ich warne vor einer Utopie, mit dem Bolschewismus zu kokettieren. Wenn die Russen in Berlin sind, weht zunächst die Rote Fahne vom Schloss, und man wird in Russland, wo man die Weltrevolution wünscht, sehr zufrieden sein, Europa bis zur Elbe bolschewisiert zu haben, und wird das übrige Deutschland den Franzosen zum Fraß geben. Dass wir im Übrigen durchaus bereit sind, mit dem russischen Staat, an dessen evolutionäre Entwicklung ich glaube, uns auf anderer Basis zu verständigen, und uns durch unseren Eintritt in den Völkerbund durchaus nicht nach dem Westen verkaufen, ist eine Tatsache, über die ich [...] gern gelegentlich mündlich Näheres sagen würde. [...] Das Wichtigste ist für die unter 1) berührte Frage der deutschen Politik das Freiwerden deutschen Landes von fremder Besatzung. Wir müssen den Würger erst vom Halse haben.
Deshalb wird die deutsche Politik [...] in dieser Beziehung zunächst darin bestehen müssen, zu finassieren[1] und den großen Entscheidungen auszuweichen.

Zitiert nach: Herbert Michaelis und Ernst Schraepler (Hrsg.), Ursachen und Folgen, Vom deutschen Zusammenbruch 1981 und 1945 bis zur staatlichen Neuordnung Deutschlands in der Gegenwart. Eine Urkunden- und Dokumentensammlung zur Zeitgeschichte, Bd. 6, Berlin o. J., S. 487 ff.

[1] **finassieren**: Tricks anwenden

1. Arbeiten Sie die Argumente heraus, mit denen Stresemann versucht, den Kronprinzen von seinen Ansichten zu überzeugen. | H
2. Der britische Botschafter Lord d'Albernon bemerkte nach der Reichstagsabstimmung über die Locarno-Verträge über die Deutschen: „Sobald ihnen irgendetwas gewährt wird, stellen sie nicht nur weitere Forderungen, sondern versuchen, das ihnen einmal Gegebene als eine höchst unvollkommene Erfüllung ihrer unbestreitbaren Rechtsansprüche darzustellen. Die einzige Ausnahme, die ich in Deutschland fand, war Stresemann." Entwickeln Sie vor diesem Hintergrund eine Bewertung der politischen Lebensleistung des Außenministers.

M2 Vergebene Chance?

Der Historiker Detlev Peukert (1950–1990) bewertet Stresemanns Ostpolitik:

Das Exempel Oberschlesiens hätte eigentlich davor warnen müssen, das Heil der deutschen Ostpolitik in einer Grenzrevision zu sehen, da im polnischen Korridor genau die gleiche Problemkonstellation zu erwarten war. Dennoch blieb die Stresemann'sche Position in der Grenzfrage inhaltlich völlig unbeweglich. Nur die Modalitäten der Revision wurden von ihm realistischer gesehen als von jenen Leuten um den deutschen Heereschef v. Seeckt, der mit dem Rapallo-Vertrag 1922 den Weg zur gemeinsamen Auslöschung Polens durch Russland und Deutschland einschlagen wollte. [...]
Das Angebot von Schiedsverträgen gegenüber den östlichen Nachbarn und das Bekenntnis zu einer ausschließlich friedlichen Revision konnten die entscheidende Auswirkung der deutschen Ostpolitik nicht aufheben: Deutschtumspolitik und Grenzrevision mussten in der ohnehin schon instabilen ostmitteleuropäischen Region destabilisierend wirken. Vor allem hatte diese Politik keine wirklich konstruktive Perspektive, da im nationalstaatlichen Sinne „gerechte" Lösungen für alle Beteiligten angesichts der ostmitteleuropäischen Gemengelage prinzipiell unmöglich waren. Jede Neuregelung sorgte für mindestens so viel Konfliktstoff, wie sie beseitigte. [...]
Es ist charakteristisch für die Beschränktheit der gegenüber dem Westen doch so realistischen Außenpolitik in der Ära Stresemann, dass diese Aporien[2] der deutschen Ostpolitik nicht konstruktiv angegangen wurden. Das hätte sicherlich den schmerzhaften Verzicht auf Grenzrevision verlangt, damit aber zugleich eine Region stabilisiert, deren nationalistisches Konfliktpotenzial immer wieder die Gefahr kriegerischer Zusammenstöße provozieren konnte.

[2] **Aporie**: scheinbare Ausweglosigkeit

[...] Ein Deutschland, das mit dem sicher schmerzlichen Verzicht auf eine Revisionspolitik nach Osten eine ähnliche Zone der Sicherheit und Kooperation wie im Westen angeboten hätte, hätte wahrscheinlich die Rolle einer informellen, vor allem wirtschaftlich abgestützten Hegemonialmacht in Ostmitteleuropa gewonnen.

Detlev J. K. Peukert, Die Weimarer Republik. Krisenjahre der klassischen Moderne, Frankfurt am Main 1987, S. 200–202

1. Fassen Sie die Argumente zusammen, die Peukert gegen Stresemanns Ostpolitik vorbringt, und stellen Sie ihnen die Leitlinien und Voraussetzungen der deutschen Außenpolitik gegenüber.
2. Beurteilen Sie Peukerts Einschätzung. Berücksichtigen Sie außenpolitische Leitlinien und innenpolitische Voraussetzungen der deutschen Politik.

M3 Warum kommt Europa nicht voran?

In seiner letzten Rede vor dem Völkerbund führt Gustav Stresemann am 9. September 1929 aus:

Ich komme zu der Frage, die in der Debatte dieser Tage erörtert worden ist. Das war die Neugestaltung der Staatenverhältnisse in Europa. [...] Was erscheint denn an Europa, an seiner Konstruktion vom wirtschaftlichen Gesichtspunkte aus so außerordentlich grotesk? Es erscheint mir grotesk, dass die Entwicklung Europas nicht vorwärts, sondern rückwärts gegangen zu sein scheint. [...] Durch den Versailler Vertrag ist eine große Anzahl neuer Staaten geschaffen worden. Ich diskutiere hier nicht über das Politische des Versailler Vertrages, denn ich darf annehmen, dass meine Anschauungen darüber bekannt sind. Aber das Wirtschaftliche möchte ich doch betonen und sagen, dass es unmöglich ist, dass Sie zwar eine große Anzahl neuer Staaten geschaffen, aber ihre Einbeziehung in das europäische Wirtschaftssystem vollkommen beiseite gelassen haben. Was ist denn die Folge dieser Unterlassungssünde gewesen? Sie sehen neue Grenzen, neue Maße, neue Gewichte, neue Usancen[1], neue Münzen, ein fortwährendes Stocken des Verkehrs. [...] Wo bleibt in Europa die europäische Münze, die europäische Briefmarke? Sind diese aus nationalem Prestige heraus geborenen Einzelheiten nicht sämtlich Dinge, die durch die Entwicklung der Zeit längst überholt wurden und diesem Erdteil einen außerordentlichen Nachteil zufügen, nicht nur im Verhältnis der Länder zueinander, nicht auch nur in dem Verhältnis zu den Weltteilen, draußen, sondern auch im Verhältnis anderer Weltteile, die sich oft viel schwerer in diese Dinge hineinversetzen können als ein Europäer, der es allmählich auch nicht mehr versteht?

Zitiert nach: Henry Bernhard (Hrsg.), Gustav Stresemann. Vermächtnis. Der Nachlass in drei Bänden, Bd. 3, Berlin 1933, S. 577 f.

1. Erläutern Sie, in welcher Hinsicht die Entwicklung Europas für Stresemann „rückwärts gegangen" ist.
2. Überprüfen Sie, ob sich heutige Protagonisten der europäischen Einigung auf Stresemann und Briand berufen können. Begründen Sie Ihren Befund.

Trauerzug für Gustav Stresemann in Berlin.
Foto vom 6. Oktober 1929.
1878 in Berlin geboren, hatte Stresemann nach dem Studium in Industrieverbänden Karriere gemacht und wurde 1907 für die Nationalliberale Partei erstmals Abgeordneter im kaiserlichen Reichstag. Während des Weltkrieges gehörte er zum engeren Führungskreis seiner Fraktion, deren Vorsitzender er 1917 wurde. Ein Jahr später gründete er mit politisch Gleichgesinnten die Deutsche Volkspartei.
Stresemann wurde im August 1923 Reichskanzler. Zwar musste er bereits nach 100 Tagen als Kanzler zurücktreten, doch prägte er als Außenminister die deutsche Politik bis zu seinem Tod am 3. Oktober 1929 nachhaltig. Ihm zu Ehren wurde ein Staatsbegräbnis begangen, bei dem Zehntausende dem Politiker das letzte Geleit zollten.

[1] **Usance** (frz.): Brauch

Die deutsche Gesellschaft zwischen Tradition und Moderne

Die „Goldenen Zwanziger": das kulturelle Leben | Wenn wir heute von den *„Goldenen Zwanzigern"* sprechen, so meinen wir vor allem das freie, ungewöhnlich produktive, ja teilweise ungezügelte Kulturleben. Anknüpfend an die geistigen Strömungen im Kaiserreich, entfaltete sich in Deutschland für mehr als ein Jahrzehnt eine einzigartige künstlerische und intellektuelle Blüte. Vor allem die Reichshauptstadt Berlin, mit rund vier Millionen Einwohnern zur europäischen Metropole aufgestiegen, wurde zum Inbegriff des Fortschritts und der Moderne.

Eigenartigerweise verharrten aber die meisten Vertreter der „Weimarer Kultur" in einer tiefen Ablehnung gegenüber der Republik. Was waren die Gründe? Der verlorene Krieg und die Revolution hatten das Weltbild und die Ordnung der wilhelminischen Zeit von Grund auf verändert. Politische, wirtschaftliche, technologische und gesellschaftliche Brüche machten eine neue Orientierung notwendig. In dieser Aufbruchsstimmung entstand ein Zeitgeist, der gleichermaßen überschwänglich wie radikal war. Was aber alle noch so extremen Ideen über alle Gruppen hinweg einte, war die Suche nach dem vollkommen Neuen, dem zeitlos Gültigen. Demgegenüber erschien der politische Alltag grau, langweilig und voller Kompromisse. Intellektuelle von rechts und links waren sich deshalb einig in der Ablehnung der Republik und ihrer führenden Repräsentanten (➔M1 und M2).

Internettipp
Verschiedene informative Artikel über Kultur, Kunst, Musik und Mode der „Goldenen Zwanziger" finden Sie unter dem Code **32037-49**.

Neue Kunstströmungen | In den *bildenden Künsten* und in der *Literatur* beeinflusste schon seit Beginn des Jahrhunderts der **Expressionismus** das Schaffen von Malern, Dramatikern und Lyrikern. Sie alle lehnten die überkommene bürgerliche Gesellschaft ab und postulierten das Ideal eines „neuen Menschen". Um geistige und seelische Empfindungen intensiv darzustellen, trat in der Malerei die Gegenständlichkeit hinter die Farbe zurück, die Wirklichkeit wurde abstrahiert.

Expressionismus (von lat. *expressio*: Ausdruck): vom Ende des 19. Jahrhunderts bis ca. 1925 bestehende Kunstrichtung in Europa, die Erlebtes expressiv ausdrückt

Seit Mitte der Zwanzigerjahre dominierte die Richtung der Neuen Sachlichkeit. In der bildenden Kunst entstanden jetzt objektive, nüchtern-distanzierte Werke ohne die bisherige ekstatische Grellheit. Auch in der Literatur wurde ein verhaltener Ton angeschlagen. Erfolgsromane wie „Berlin Alexanderplatz" (1929) von *Alfred Döblin* und „Kleiner Mann, was nun?" (1932) von *Hans Fallada* verzichteten auf jegliches revolutionäres Pathos und schilderten eindrucksvoll das Leben der „kleinen Leute".

Weltgeltung erzielte in den Zwanzigerjahren das *Theater* in Deutschland. Die Erfolge des „epischen Theaters" sind eng mit den Namen des Schriftstellers *Bertolt Brecht* und des Regisseurs *Erwin Piscator* verbunden. Anhand der Geschicke seiner Hauptfiguren wollte Brechts episches Theater die sozialen Gesetze herausarbeiten, die das Verhalten von Menschen bestimmen. Das Drama wurde zum Lehrstück. Die Uraufführung von Brechts „Dreigroschenoper" geriet 1928 zum Höhepunkt des Berliner Theaterlebens.

Das Theater schlitterte in eine Krise, als die Konkurrenz des *Kinos* übermächtig wurde. Die Zahl der Lichtspieltheater verdoppelte sich zwischen 1918 und 1930 auf 5000. Die deutsche Filmindustrie produzierte in Europa die meisten Filme, und ihre künstlerisch hochwertigen Stummfilme genossen weltweit hohes Ansehen. Der erste Tonfilm wurde 1922 in Berlin aufgeführt, und ab 1927 feierte der Tonfilm seinen kommerziellen Durchbruch. Bahnbrechend wurde 1930 „Der blaue Engel" mit *Marlene Dietrich* und *Emil Jannings* in den Hauptrollen.

Es darf aber nicht übersehen werden, dass die enorme Vielfalt neuer künstlerischer Ausdrucksformen nicht alleinstand, sondern in einer spannungsreichen Konkurrenz mit traditionellen Kunstströmungen verblieb. Die Buchbestseller zwischen 1918 und 1933 sind nach wie vor die Abenteuerromane von *Karl May*, Liebesromane in Millionenauflagen von *Hedwig Courts-Mahler* oder nationalpathetische Kriegserlebnisse. Daneben

„Großstadt."
Der Maler Otto Dix (1891–1969) gilt als Vertreter der „Neuen Sachlichkeit". Sein 1927/28 in Dresden entstandenes Gemälde „Großstadt" hat er auf drei getrennten Tafeln als Triptychon angelegt, ein Format, das wir häufig bei kirchlichen Altarbildern finden.

- Beschreiben Sie das Gemälde. Gehen Sie dabei v. a. auf die dargestellten Personen näher ein. | H
- Arbeiten Sie heraus, was das Bild über die Gesellschaft der Weimarer Republik aussagt.
- „Das Lebensgefühl in den Goldenen Zwanzigern war kein goldenes." Nehmen Sie zu dieser Aussage Stellung.

überschwemmten sogenannte Groschenromane in unbegrenzter Zahl den Markt. Vergleichbares gilt für Malerei und Kino: Zahlreiche Künstler bedienten den konventionellen Geschmack in deutschen Wohnungen, und anspruchslose Unterhaltungsfilme zogen die Massen in die Kinosäle.

Massenkultur und Medien | Zur neuen „Massenkultur" der Zwanzigerjahre gehörte neben dem Kino der stürmische Aufschwung, den *Presse* und *Rundfunk* nahmen. Neben den florierenden Tageszeitungen eroberten sich Illustrierte und Boulevardblätter ihre Leser. Noch stärker in die Lebensgewohnheiten der Bürger griffen die neuen Rundfunksender ein. Seit der ersten Radiosendung am 29. Oktober 1923 stieg die Zahl der Empfänger unentwegt an. Neun Jahre später besaß bereits jeder vierte Haushalt einen Rundfunkapparat. In der *Musik* dominierte mit dem Jazz und dem Charleston Musik aus den USA. Populär gemacht wurden die neuen Hits in ausverkauften Kabaretts und Revuen und bald auch durch Schallplatten.

Große internationale Anerkennung fand die *Architektur*, verkörpert durch das *„Bauhaus"* in Weimar, später Dessau. Unter der Leitung von *Walter Gropius* war das Bauhaus eine gemeinsame Ausbildungsstätte für Handwerker und Künstler. Durch das Herausarbeiten der Funktionalität in der Architektur oder bei Gegenständen des täglichen Gebrauchs versuchten sie, Formschönheit mit den Erfordernissen der Technik zu verbinden.

Sessel „Wassily" von Marcel Breuer, 1925/26.
Nach einer Tischlerlehre am Weimarer Bauhaus war Breuer einige Jahre Mitarbeiter von Walter Gropius. 1925 wurde er Leiter der Möbelwerkstatt am Bauhaus Dessau. Dort entstanden auch seine berühmten Stahlrohrsessel, die im Möbelbau als revolutionär galten.

Sport – ein neues Phänomen | Überall in der Welt wurden nach dem Ersten Weltkrieg Sportveranstaltungen zu einem bisher unbekannten Phänomen, das die Massen begeisterte. Der *Deutsche Fußballbund* (*DFB*) hatte 1914 rund 190 000 Mitglieder, 1931 waren es bereits mehr als eine Million. Neue Sportarten wie Handball entstanden. Nicht nur die Tageszeitungen und der Rundfunk berichteten, allein über 500 Sportzeitungen konkurrierten beim Aufbau von Stars um die Gunst ihrer Leser. Nicht mehr Militärführer, sondern Leichtathleten, Schwimmer oder Boxer genossen die Verehrung des Publikums. Beliebte Sportler wurden von Wirtschaftsunternehmen als Werbeikonen inszeniert. *Rudolf Caracciola*, der mit einem Mercedes-Rennwagen mehrfach den Großen Preis von Deutschland auf dem Nürburgring gewann, personifizierte wie kein Zweiter die „roaring Twenties" in Deutschland. Nach der Niederlage im Weltkrieg gab der Sport Gelegenheit, mit anderen Nationen wieder auf Augenhöhe zu konkurrieren.

Frauen wurden zunächst nur zaghaft als Teilnehmerinnen an Sportveranstaltungen geduldet. Der Begründer der modernen Olympischen Spiele, der Franzose *Pierre de Coubertin*, war strikt gegen eine aktive weibliche Beteiligung: „Olympische Spiele sind ein Ausdruck männlicher Athletik, und der Beifall der Frauen sind deren Lohn." Gegen seinen Willen wurden im Jahr 1900 die ersten 22 Sportlerinnen zu den zweiten Olympischen Spielen eingeladen – in Golf und Tennis. Später kamen Eiskunstlauf und Schwimmen dazu. Leichtathletik und Turnen folgten erst 1928, nachdem der *Internationale Frauensportverband* zuvor in Paris 1922 durch eigene Wettkämpfe das *International Olympic Committee* (*IOC*) unter Druck gesetzt hatte. Die Goldmedaille, die die Karlsruherin *Lina Radke* über 800 m 1928 in Amsterdam gewann, war die erste einer deutschen Frau und zugleich die erste für die deutsche Leichtathletik (→M3). Und es sollte noch bis 1981 dauern, ehe die beiden ersten Frauen ins IOC gewählt wurden. Die gleichberechtigte gesellschaftliche Anerkennung von Frauensport ist ein Prozess, der auch heute noch nicht abgeschlossen ist.

Wissenschaft und Technik | Deutsche Wissenschaftler wurden nach 1918 von ihren ausländischen Kollegen zunächst meist boykottiert. Doch angetrieben von staatlichen Förderprogrammen konnten sie alsbald verlorenes Prestige zurückgewinnen. Von den naturwissenschaftlichen Nobelpreisen zwischen 1919 und 1933 wurde jeder dritte an deutsche Chemiker, Physiker oder Mediziner verliehen. *Albert Einstein* erhielt 1921 den Preis in Physik für seine Entdeckung des Gesetzes des photoelektrischen Effekts – und nicht etwa für die Relativitätstheorie.

Von der bahnbrechenden Grundlagenforschung profitierten deutsche Unternehmen mit weltweit anerkannten Spitzenleistungen. Das Luftschiff „Graf Zeppelin" umrundete 1929 erstmals die Erde. Ein von Pulverraketen angetriebenes Fahrzeug der

Jahr	Preisträger
1921	Albert Einstein (Physik)
1922	Otto Meyerhof (Medizin)
1926	Gustav Stresemann (Friedensnobelpreis)
1929	Thomas Mann (Literatur)
1931	Carl Bosch (Chemie)

Eine kleine Auswahl deutscher Nobelpreisträger zur Zeit der Weimarer Republik.
Im Zeitraum von 1918 bis 1933 kamen insgesamt 18 Nobelpreisträger aus Deutschland. Zum Vergleich: Von 2005 bis 2020 waren es nur neun deutsche Preisträger.

„Laubfrosch."
Foto von 2009.
Besucher können sich im Verkehrszentrum des Deutschen Museums in München das Modell Opel 4/12 PS „Laubfrosch" aus dem Jahre 1924 ansehen.

Firma *Opel* beschleunigte in acht Sekunden von 0 auf 100 km/h. Neben einem solchen Weltrekord konnte Opel aber auch durch Fließbandproduktion den Preis für seinen Kleinwagen „*Laubfrosch*" von 45 000 Reichsmark auf 1930 Reichsmark senken; damit wurde er für größere Käuferschichten erschwinglich. Andere Neuerungen hielten zunächst nur in die einkommensstärkeren Haushalte Einzug: Die Firma *Miele* stellte die erste elektrische Geschirrspülmaschine her, Musik konnte man erstmals zu Hause auf eigenem Plattenspieler hören, und der Kommunikation diente das erste Selbstwähltelefon (1926), mit dem man nicht mehr auf die Vermittlung „des Fräuleins vom Amt" angewiesen war.

Die Großstadt | Mit dem Wachstum der Städte veränderte sich auch das städtische Leben, der „Mythos Großstadt" entstand. Elektrische Straßenbeleuchtung, bunte Reklame, Trambahnen, Automobile, über die Straßen eilende Menschenmassen, Warenhäuser, Cafés und Theater standen für einen neuen, urbanen Lebensstil. Die Veränderungen wurden dabei sehr unterschiedlich wahrgenommen. Für die einen galten Großstädte als Inbegriff der Moderne, als dynamische Zentren des Fortschritts und der kulturellen Vielfalt, die dem Einzelnen Freiheit und Individualität ermöglichten. Andere wiederum kritisierten die Städte als Orte des sittlichen Verfalls, des dekadenten Massenkonsums und der politisch-sozialen Gefährdung. In Großstadtfaszination und Großstadtkritik bündelten sich die widersprüchlichen Tendenzen der Zeit, die sich auch in der Malerei, in Literatur, Musik, Fotografie oder Film widerspiegelten.

Zugleich wurde die Bedeutung des Heimatbegriffes immer mehr mit der romantischen Vorstellung ländlicher Gegenden gleichgesetzt, die es als nationales Kulturgut vor den Veränderungen der Industrialisierung und Amerikanisierung zu bewahren galt. In der vermeintlichen Überschaubarkeit des ländlichen Lebens sahen die Modernitätskritiker einen Ansatzpunkt für ihre Ablehnung der Großstädte. Verschiedene Bewegungen propagierten die Rückkehr zu einer naturnahen Lebensweise, vegetarischer Ernährung, Reformkleidung, Naturheilkunde, ökologischer Landwirtschaft und Freikörperkultur.

Der Potsdamer Platz in Berlin.
Foto um 1930.
Um den rasant wachsenden Verkehr zu steuern, wird an der verkehrsreichsten Stelle von Berlin Ende 1924 die erste Ampelanlage in Deutschland errichtet. Bis dahin regelten ein Polizist mit Trompete und elf Kollegen die Verkehrsströme an der fünfarmigen Kreuzung. Jetzt bedient ein einziger Beamter den Ampelturm in der Mitte des Platzes.

So bleibt von den hoffnungsvollen „Goldenen Zwanzigern" alles in allem ein ambivalentes Bild. Technische Neuerungen, die Nutzung von Medien und von bis dahin unbekannten Formen einer Massenkultur wurden allgemein begrüßt. Doch was die einen als Aufbruch in einen neuen Lebensstil feierten, war für andere Anlass zu kulturpessimistischen Stimmungen. Wille zur Modernität und Angst vor der Modernität waren zwei Seiten derselben Medaille – sowohl in der Gefühlslage einzelner Personen als auch innerhalb gesellschaftlicher Gruppen.

„Josephine Baker in München." Karikatur von Thomas Theodor Heine aus der satirischen Wochenzeitschrift „Simplicissimus" vom 4. März 1929. Einen geplanten Auftritt der Tänzerin Josephine Baker (1906–1975) in München verbietet im Jahre 1929 die Stadtverwaltung, weil sie den „öffentlichen Anstand" in Gefahr sieht.

- Beschreiben Sie die dargestellte Szene.
- Charakterisieren Sie die drei Figuren.
- Arbeiten Sie heraus, was der Karikaturist mit seiner Zeichnung aussagen wollte. Berücksichtigen Sie dabei auch die Bildunterschrift. | F

Die Rolle der Frau – moderne Akzente und alte Abhängigkeiten | In den Zwanzigerjahren setzte sich in der Öffentlichkeit ein neues Frauenleitbild durch. Die „Neue Frau" war berufstätig und finanziell unabhängig, trat mit kurzer Bubikopffrisur und elegantem Kostüm selbstbewusst auf, rauchte in der Öffentlichkeit, schminkte sich und ging alleine in Restaurants und Bars. Die emanzipierte Frau stand für eine neue Epoche, ein positives Lebensgefühl und für eine konsumorientierte Gesellschaft. Doch blieb sie letztlich eine Kreation der Konsum- und Unterhaltungsindustrie, die perfekt die geheimen Wünsche einer neuen Frauengeneration ansprach. Trotz der großen öffentlichen Wirkung blieb die „Neue Frau" eine Randerscheinung, die man allenfalls in den Städten antraf. Auf dem Land und in konservativen Milieus galt weiterhin die Hausfrau und Mutter als weibliches Ideal.

Auch wenn der Anteil der weiblichen Erwerbstätigkeit schon während des Ersten Weltkrieges stark gestiegen war und sich für Frauen neue Berufsfelder wie das der Verkäuferin, Stenotypistin, Sekretärin in Büros oder der Telefonistin eröffneten, war für viele junge Frauen die Erwerbstätigkeit nur ein Übergangsstadium bis zur Heirat. Zudem verschlechterten sich die beruflichen Chancen für Frauen in den Zwanzigerjahren erneut. Sobald es ein Arbeitskräfte-Überangebot gab, wie in den Krisenjahren um 1923 und ab 1929, wurde von den Frauen vielfach erwartet, dass sie ihre Erwerbstätigkeit freiwillig aufgaben.

Im öffentlichen Dienst geschah dies sogar unter Zwang. So wurde 1923 der 1919 schon einmal abgeschaffte *„Lehrerinnenzölibat"* wiedereingeführt und darüber hinaus generell auf Angestellte im öffentlichen Dienst ausgedehnt. Dies bedeutete, dass Lehrerinnen im Falle einer Heirat entlassen wurden und alle Pensionsansprüche verloren. Der Beruf sollte nur der kurzfristigen Versorgung unverheirateter junger Frauen dienen. Eine Doppelbelastung durch Familie und Beruf traute das herrschende Rollenbild den Frauen nicht zu. Die Erneuerung des Lehrerinnenzölibats während der Wirtschaftskrise 1923 sollte natürlich auch die Arbeitsplätze für Männer erhalten. Erst 1957 erklärte das Bundesarbeitsgericht Zölibatsklauseln in Arbeitsverträgen für verfassungswidrig.

Studieren durften Frauen seit der Jahrhundertwende, und bis 1931 war tatsächlich knapp ein Fünftel der Studierenden weiblich. Allerdings studierten zu dieser Zeit nicht einmal fünf Prozent aller 19- bis 26-jährigen Frauen an deutschen Universitäten. Aber selbst mit bestandenen Examina standen den Jungakademikerinnen nicht alle Berufswege offen. Beispielsweise wurden Juristinnen grundsätzlich nicht in den Staatsdienst übernommen und blieben auf eine Beschäftigung in einer Kanzlei oder in der freien Wirtschaft angewiesen.

„Bildnis der Journalistin Sylvia von Harden."
Gemälde von Otto Dix, 1926.

- Analysieren Sie die hier dargestellten Merkmale der „modernen Frau".
- Diskutieren Sie, ob sich der Maler durch die Art der Darstellung von diesem Frauenbild distanziert.

Jugend zwischen Kontrolle und Fürsorge | Der Krieg und die Krisen der Nachkriegszeit schufen für die heranwachsenden Jugendlichen denkbar widrige Bedingungen. Viele mussten ohne ihre Väter, die sie im Krieg verloren hatten, aufwachsen. Soziale Not, Elend und Orientierungslosigkeit ließen die Jugendkriminalität ansteigen. Der Staat versuchte, der hohen Kriminalität gegenzusteuern. Die *Reformpädagogik* löste die bisherige, auf Drill und „Paukschule" ausgerichtete Erziehung ab und wollte Jugendliche zu demokratisch und sozial denkenden Staatsbürgern erziehen. Dem *Reichsjugendwohlfahrtsgesetz* von 1922, durch das die ersten Jugendämter eingerichtet wurden, und dem 1923 eingeführten *Jugendstrafrecht* lag die Überzeugung zugrunde, dass Jugendliche anders zu behandeln seien als Erwachsene und Schutz und Hilfe benötigten. Zudem sollten Jugendorganisationen, wie etwa Turn- und Sportvereine, die Jugendlichen unter geregelte Aufsicht bringen.

Doch viele Jugendliche lasteten die drohende oder tatsächliche Arbeitslosigkeit der Republik an, die sie als feindlich gesinntes System empfanden. Dies galt sowohl für Volksschulabsolventen als auch für Jungakademiker. Ausgehend von der unpolitischen *Wandervogelbewegung*, die sich noch im Kaiserreich gebildet hatte, politisierten und radikalisierten sich viele Jugendliche zunehmend. Auf der einen Seite stand die organisierte Arbeiterjugend. Auf der anderen Seite formierte sich die „bündische" Jugend, die nach und nach alle politisch und konfessionell unabhängigen Jugendverbände, so auch die Wandervögel und die Pfadfinderverbände, in sich aufnahm. Nicht von ungefähr kam 1932 eine Studie über die deutsche Jugend zu dem Ergebnis: „Diese jungen Menschen haben nur unsagbare Verachtung für die ‚liberale Welt' übrig [...]; sie wissen, dass Kompromisse im Geistigen aller Laster und Lügen Anfang sind" (Jonas Lesser). Die Kompromisslosigkeit, mit der die intellektuellen Eliten in der Öffentlichkeit aufeinanderprallten, zeigte hier ihre Wirkung. Am Ende profitierten die radikalen Parteien auf beiden Seiten des Parlaments von der deprimierenden Arbeitsmarktlage, die ihnen zu ungebrochenem Zulauf verhalf.

M1 Eine denkwürdige Feier

Harry Graf Kessler (1868–1937), Diplomat, Kunstsammler und Publizist, verkehrt als eine der schillerndsten Figuren der wilhelminischen und Weimarer Zeit mit einer Vielzahl prominenter und intellektueller Zeitgenossen. In seinen Tagebüchern blickt er hinter den Spiegel seiner Epoche. Am 15. November 1922 wohnt Kessler der Feier zum 60. Geburtstag des Literaturnobelpreisträgers Gerhart Hauptmann bei:

Hauptmann saß zwischen Ebert u. Löbe[1] vorne vor dem Rednerpult. Irgendein Literaturprofessor, ich glaube er hieß Petersen, hielt eine farblose, langweilige Ansprache, der noch einige weitere Professorenaufsätze folgten […]. Die einzigen Redner, die etwas zu sagen wussten, waren ein Student und Löbe. Der Student sprach mit so viel Feuer und jugendlicher Frische, dass er die Versammlung hinriss. Nur ein neben mir stehender Professor mit goldener Brille und auch sonst dem Urbilde des „boche"[2] entsprechend, der während der ganzen Zeremonie nicht aus einer kaum zu meisternden Wut herauskam, gab auch hier sein Missfallen murmelnd kund. Hauptmann las eine kurze nicht sehr tiefe Ansprache vor, die sich aber erfreulich entschieden für Humanität und Versöhnung aussprach. Das Denkwürdigste an der Feier ist das grotesk bornierte Verhalten der Studenten und Professoren gewesen. Die Berliner Studentenschaft hat mit einer Mehrheit von ich glaube 4 zu 2 feierlich beschlossen an der Hauptmannfeier nicht teilzunehmen, weil Gerhart Hauptmann, nachdem er sich als Republikaner bekannt hat, nicht mehr als charakterfester Deutscher zu betrachten sei! Und von Sam Fischer[3] höre ich, dass der genannte Petersen, der die Festrede hielt, vor zwei Tagen bei ihm war, um ihn zu bitten, Ebert wieder auszuladen, da es der Universität nicht angenehm sein werde, wenn das republikanische Reichsoberhaupt bei ihr erscheine. Und als Fischer das ablehnte, hat ihn Petersen gebeten, dann doch wenigstens Löbe auszuladen, denn zwei Sozialdemokraten auf einem Male sei doch etwas viel!

Zitiert nach: Harry Graf Kessler, Das Tagebuch 1880–1937. Online-Ausgabe, hrsg. von Roland S. Kamzelak, Marbach 2019; www.dla-marbach.de/edview/?project=HGKTA&document=8745 (Zugriff: 3. Februar 2021)

1. Fassen Sie M1 nach einer kurzen Vorstellung zusammen. In der Vorstellung sollten Autor, Publikation, Erscheinungsjahr ebenso erwähnt werden wie Textart, Inhalt und Intention des Autors.
2. Charakterisieren Sie das Vorgehen der universitären Elite gegenüber den Repräsentanten des Staates. | F
3. Setzen Sie sich mit dem Wert, den die Freiheit der Wissenschaft und die Freiheit der Rede in unserer Gesellschaft einnehmen, auseinander. Sind sie auch heute Gefährdungen ausgesetzt?

M2 Italienischer Diktator oder demokratischer Reichskanzler?

Obwohl ihre Auflage nie über 15 000 Exemplare hinausgeht, übt die deutsche Wochenzeitschrift „Die Weltbühne" seit 1918 größten Einfluss auf den intellektuellen Diskurs aus. „Die Weltbühne" überzieht zwar Politik, Militär und Justiz mit oft beißender Kritik, versteht sich aber dennoch als republikanisches Presseorgan. Regelmäßige Beiträge liefert der pazifistische Publizist Kurt Hiller (1885–1972). Im Januar 1926 schreibt er:

Mussolini[4] – was ich zunächst nicht kann, ist: Einstimmen in das Wutgeheul der Weltdemokratie über diesen Mann, der, wie mir scheint, keineswegs nur der Antipode[5], sondern auch die lebende Widerlegung des Demokratismus ist. Demokratie heißt: Herrschaft jeder empirischen Mehrheit; wer wollte bestreiten, dass die Mehrheit des italienischen Volkes seit Langem treu hinter Mussolini steht? Dass die Begeisterung breitester Teile der Massen seines Volkes diesen Kraftkerl trägt? Damit ist nicht die Richtigkeit seiner Politik bewiesen: Aber hätte der Demokratismus recht, wäre sie's damit. […] Warum kommt die Weltdemokratie, kommt die sozialistische Internationale nicht auf den Gedanken, dass tiefe Enttäuschung der Massen über die Impotenz der Demokratie und des Sozialismus es ist, was den Faschismus erzeugt, was seinen Sieg ermöglicht hat? An allen Dingen der Welt übt der Demokratismus Korrektur, nur an sich selbst nicht. Kein Vorgang, keine Erscheinung, kein System bleibt in den Parlamenten unkritisiert, nur der Parlamentarismus bleibt es. Hat der demokratische Parlamentarismus den Krieg verhindert? Hat er ihn auch nur um eine Minute abgekürzt? Hat er die Lage der Arbeiterschaft gehoben? […] Schließlich ist der Duce selbst aus der demokratisch-sozialistischen Bewegung hervorgewachsen; deren Spießigkeit ihm nicht Genüge tat. Er ist ein Kraftkerl (kein Pathet nur); und Kraftkerle kann die demokratisch-sozialistische Bewegung – Bewegung? – nicht gebrauchen. […] Es fehlt dem Faschismus eines: die Heuchelei. Er ist so ehrlich wie brutal. Und hat Schwung, Eleganz, Vitalität. Mussolini, man sehe sich ihn an, ist kein Kaffer, kein Mucker, kein Sauertopf, wie die Prominenten der linksbürger-

[1] **Paul Löbe** (1875–1967): SPD-Politiker und Präsident des Reichstages von 1920 bis 1932, von 1949 bis 1953 Mitglied des Bundestages; siehe auch Seite 356, M4

[2] **tête de boche** (frz.): so viel wie Dickkopf oder Holzkopf; seit der zweiten Hälfte des 19. Jahrhunderts in Frankreich häufig verwendete herablassende Bezeichnung für Deutsche

[3] **Samuel Fischer** (1859–1934): Gründer und Verleger des S. Fischer Verlages

[4] **Benito Mussolini** (1883–1945): Siehe hierzu die biografischen Informationen auf Seite 323.

[5] **Antipode**: Gegner mit entgegengesetzten, unvereinbaren Ansichten

lichen und bürgerlich-sozialistischen Parteien Frankreichs und Deutschlands und andrer Länder des Kontinents es in der Mehrzahl der Fälle sind; er hat Kultur. Er sieht aus wie jemand, der Kraft hat, aber etwas von Kunst versteht und Philosophen gelesen hat. Die Reichskanzler der Republik Deutschland, zum Beispiel, mögen sie dem Zentrum oder der Sozialdemokratie angehört haben, sahen durch die Bank nicht so aus. Das Aufgeschlossene fehlte ihren Zügen; denen des Duce eignet es. [...] Wenn ich mich genau prüfe, ist mir Mussolini, dessen Politik ich weder als Deutscher noch als Pazifist noch als Sozialist ihrem Inhalte nach billigen kann, als formaler Typus des Staatsmanns deshalb so sympathisch, weil er das Gegenteil eines Verdrängers ist. Ein weltfroh-eleganter Energiekerl, Sportskerl, Mordskerl, Renaissancekerl, intellektuell, doch mit gemäßigt-reaktionären Inhalten, ist mir lieber, ich leugne es nicht, als ein gemäßigt-linker Leichenbitter, der im Endeffekt auch nichts hervorbringt, was den Mächten der Beharrung irgend Abbruch tut.

Zitiert nach: Die Weltbühne, 12. Januar 1926, XXII. Jahrgang, Nr. 2, S. 45 ff.

1. Arbeiten Sie aus M2 heraus: Was imponiert dem Autor an Benito Mussolini? Was wirft er den demokratischen Politikern vor? Beachten Sie dabei die politische Grundeinstellung des Publizisten. | F
2. Präsentation: Wählen Sie eine der nachstehend genannten Persönlichkeiten aus und recherchieren Sie im Internet über deren Leben und Wirken – der Schwerpunkt sollte auf der Zeit der Weimarer Republik liegen. Stellen Sie anschließend Ihre Ergebnisse in einer kurzen Präsentation der Klasse vor. Folgende Personen dieses Kapitels stehen zur Auswahl: Josephine Baker, Bertolt Brecht, Rudolf Caracciola, Marlene Dietrich, Otto Dix, Albert Einstein, Harry Graf Kessler, Walter Gropius und Kurt Hiller.

M3 Frauensport?

Der 800-m-Lauf ist bei den Olympischen Spielen von 1928 eine von fünf leichtathletischen Disziplinen für Frauen. Einige Läuferinnen lassen sich nach Passieren der Ziellinie ins Gras sinken. In einem anonymen Bericht heißt es damals:

Was den 800-m-Lauf betrifft, so kann aus eigener Anschauung und unter dem Gesichtswinkel des Arztes berichtet werden, dass die Athletinnen, die sich freiwillig auf den Rasen hingestreckt hatten, vom Erschöpfungszustand weit entfernt waren und auf alle Fälle keine deutlicheren Ermüdungserscheinungen kundgaben, als sie gewöhnlich auch bei den Männern nach derartigen Anstrengungen aufzutreten pflegen. Die Japanerin und die beiden Amerikanerinnen dürften sich mehr aus Nervosität und unter dem Eindruck ihrer Niederlage zu jener Geste veranlasst gesehen haben, die so viele Kommentare im Gefolge trug. Es handelt sich hier unserer Ansicht nach hauptsächlich um eine Frage der Erziehung, und man darf mit Sicherheit annehmen, dass sich derartige für den Anfang entschuldbare Szenen bei kommenden Spielen nicht mehr erneuern werden. Im Übrigen haben die Damen bei den Amsterdamer Spielen einen wundervollen Kampfgeist bewiesen; sie machten sich den Sieg bis ins Ziel hinein streitig, und gerade nach dieser Richtung hin war der 800-m-Lauf typisch. Wir glauben behaupten zu dürfen, dass man bei dieser Gelegenheit einem der schönsten Kämpfe der Olympischen Spiele überhaupt beigewohnt hat, einem jener Kämpfe, die unvergessliche Erinnerungen zu hinterlassen pflegen.

Ekkehard zur Megede, Die Geschichte der olympischen Leichtathletik, Bd. 1, München/Berlin/Frankfurt am Main 1968, S. 215 f.

Lina Radke läuft zu Gold.
Im 800-m-Lauf siegt die 24-jährige Lina Radke (1903–1983) bei den Olympischen Spielen 1928 in Amsterdam mit einer neuen Weltrekordzeit von 2:16,8 Minuten.

1. Geben Sie den Text mit eigenen Worten wieder.
2. Der deutsche Sportfunktionär Karl Ritter von Halt äußerte in den 1920er-Jahren: „Der Kampf verwirrt das Mädchenantlitz, er gibt der weiblichen Bewegung einen harten, männlichen Ton. [...] Er wirkt beim Weibe unschön." Charakterisieren Sie das zugrundeliegende „Frauenbild" des Sportfunktionärs und stellen Sie es dem anonymen Bericht gegenüber.
3. Tatsächlich wurde der 800-m-Lauf für Frauen nach 1928 aus dem olympischen Programm gestrichen und erst 1960 wieder aufgenommen. Diskutieren Sie über die Gründe, die zu einer Neubewertung des Frauensports führten.

Der Aufstieg der NSDAP – Ideologie und Propaganda

Internettipp
Zur Geschichte der NSDAP siehe den Code **32037-50**.

Gründe für den Aufstieg der NSDAP | Als sich die NSDAP 1920 ihr Parteiprogramm gegeben hatte, war sie eine unter zahllosen radikalen Splitterparteien (➔M1). Bis Januar 1933 wuchs die Zahl ihrer Mitglieder auf 849 000 an. Was machte die Partei für so viele Menschen attraktiv?

Nährboden für die Entwicklung von einer Splitter- zu einer Massenpartei war nicht nur die Wirtschaftskrise, sondern eine deutsche Gesellschaft, die seit Beginn der Republik wirtschaftlich und mental gespalten war. Der Schock der Kriegsniederlage mit dem als nationale Demütigung empfundenen Versailler Vertrag, die Revolution mit ihren blutigen Auseinandersetzungen sowie die negativen psychologischen Folgen von Massenarbeitslosigkeit, Inflation und Währungsreform ließen die radikal-nationalistischen Parolen eines Adolf Hitler[1] auf fruchtbaren Boden fallen. Seine antisemitische, antiliberale und antimarxistische, die Bolschewismusangst schürende Agitation traf bei großen Teilen der Bevölkerung den Nerv der Zeit. Viele von der Republik enttäuschte Bürger erhofften sich einen starken Mann, einen Führer und „Erlöser", der die Nation vor dem drohenden Untergang retten und sie endlich wieder zu nationaler Größe führen würde.

Viele suchten die Geschlossenheit einer Gemeinschaft, die stark genug schien, durch Protest gegen die bestehende Ordnung die Welt nach ihrer Vorstellung neu zu gestalten. Die Furcht vor dem sozialen Abstieg einte Menschen ganz unterschiedlicher Herkunft. Viele waren auf der Suche nach einem „dritten Weg" zwischen Kapitalismus und Sozialismus. Dies gilt vor allem für Angehörige des Mittelstandes, die sich durch linke Bewegungen bedroht sahen. Außerdem zogen Tatkraft und Durchsetzungsvermögen der NSDAP Mitglieder und Wähler an. Emotionale Bezüge wie „Ehre, Größe, Heroismus, Opferbereitschaft, Hingabe", nicht wirtschaftliche Versprechungen, führten der „Bewegung" ihre Wähler und Sympathisanten zu. Viele von ihnen wollten mit ihrem Wahlverhalten nur ihre Unzufriedenheit mit den gegenwärtigen Verhältnissen ausdrücken. Dies erklärt auch die starken Schwankungen der NSDAP in der Gunst der Wähler.

Sturmabteilung (SA): 1920 gebildete, militärisch organisierte und uniformierte Saalschutz- und Kampftruppe der NSDAP

Schutzstaffel (SS): 1925 gegründete Parteiformation zum persönlichen Schutz Hitlers, ab 1934 „selbstständige Organisation" der NSDAP mit polizeilicher Machtbefugnis

Stahlhelm: im Dezember 1918 gegründete Organisation ehemaliger Soldaten des Ersten Weltkrieges. Der Verband entwickelte eine republikfeindliche Einstellung und hatte um 1930 etwa eine halbe Million Mitglieder.

Reichsbanner Schwarz-Rot-Gold: im Februar 1924 gegründeter Bund aktiver Demokraten, der um 1930 etwa drei Millionen Mitglieder zählte

Die „Eroberung der Straße" | Der Aufstieg der NSDAP basierte dabei jedoch nicht allein auf Agitation und Propaganda. Die Ausübung und die Heroisierung von Gewalt gehörten von Anfang an dazu. 1920 war die Sturmabteilung (SA) für den Straßenkampf und den Schutz von Parteiversammlungen gegründet worden. Zunächst unabhängig, wurde sie 1925 in die NSDAP eingegliedert. Im gleichen Jahr schuf sich Hitler mit der Schutzstaffel (SS) seine persönliche Schutztruppe, die ab Ende der 1920er-Jahre zu einem Eliteorden ausgebaut wurde.

Doch nicht nur die NSDAP, sondern auch andere Parteien bildeten paramilitärische Kampfverbände, die die eigenen Veranstaltungen schützen und die des politischen Gegners massiv stören sollten. Die Kampfverbände waren meist in Parteiuniformen gekleidet, sodass ihr Aufeinandertreffen den Eindruck militärischer Konflikte erweckte, der die Bürgerkriegsängste in der Bevölkerung verstärkte. Die Mitglieder der SA trugen braune Uniformen mit Koppel und Schulterriemen, dazu Schaftstiefel und eine Armbinde mit Hakenkreuz.

Am aggressivsten und gewalttätigsten gegen die Republik ging neben der SA der zur KPD gehörige *Rote Frontkämpferbund (RFB)* vor; beide lieferten sich untereinander blutige Saal- und Straßenschlachten. Auch der Stahlhelm, der „bewaffnete Arm" der DNVP, radikalisierte den politischen Kampf. Das Reichsbanner Schwarz-Rot-Gold, hauptsächlich von der SPD gestützt, aber auch von DDP und Zentrum, sah sich als

[1] Zu Adolf Hitler siehe auch Seite 323.

Verteidiger der Republik. Die Mitgliederzahlen der Kampfverbände stiegen rasch. Der RFB hatte 1927 etwa 130 000, die SA im Jahre 1932 etwa 400 000 Mitglieder.

Bei der NSDAP-Führung stieß der „braune Terror" auf den Straßen von Anfang an auf hohe Akzeptanz; erreichte die Partei doch so ein großes Maß an Aufmerksamkeit und Außenwirkung. Weitere Aktionen, etwa groß angelegte Massenaufmärsche, sollten darüber hinaus die Geschlossenheit und Stärke der nationalsozialistischen „Bewegung" nach außen demonstrieren.

SA-Aufmarsch in Braunschweig.
Foto vom Oktober 1931.

Mitglieder und Wähler der NSDAP | Diejenigen, die in den Zwanzigerjahren der Partei beitraten, stammten vor allem aus der unteren Mittelschicht, waren Handwerker, Gewerbetreibende und Angestellte. Daneben wuchs der Anteil der Arbeiter, vor allem der Heim- und Landarbeiter, erheblich an. Seit 1930 traten Angehörige der oberen Mittelschicht der „Bewegung" bei. Agrarkrise und Depression trieben selbstständige Bauern und kleine Geschäftsleute sowie die Beamten und Angestellten der neuen Mittelschicht in die Reihen der NSDAP (→M2). Die alten Eliten und Kreise der Großindustrie blieben meist reserviert. Sie neigten eher zu einer autoritären Regierung im Stile der letzten Weimarer Präsidialkabinette.

Das Mitgliederprofil der NSDAP entsprach weitgehend dem anderer faschistischer Parteien in Europa. Der Anteil der Frauen war gering, denn die Partei, militaristisch, wie sie sich gab, glich eher einem „Männerbund". Auffallend war die Dominanz der jungen Generation. Viele Mitglieder hatten noch keine feste Anstellung. Jugendlichkeit und Dynamik zählten zu den Charakteristika der NSDAP, auf die sie großen Wert legte.

Erst als die NSDAP ihre Macht im Staat gefestigt hatte, setzte der große Ansturm all derer auf die Hitlerpartei ein, die sich in Politik, Verwaltung und Gesellschaft eine angesehene oder zumindest gesicherte Position versprachen, wenn sie ihre Zugehörigkeit zum neuen Regime dokumentierten. Auch Industrie und Großfinanz waren darauf bedacht, sich schnell mit dem Regime zu arrangieren, zumal ein starker Staat und die Beseitigung einer selbstständigen Gewerkschaftsbewegung der Wirtschaft günstige Rahmenbedingungen verhießen. Die NSDAP wurde eine „Integrationspartei" für alle sozialen Schichten, eine Bewegung mit „Volksparteicharakter", die das ganze Volk vertreten wollte. Nicht umsonst bezeichnete sie sich selbst als „Bewegung". Einmal, um sich gegenüber den von ihr verachteten Parteien der Weimarer Republik abzugrenzen. Zum anderen, um sich als dynamische und verändernde Kraft darzustellen.

Elemente der NS-Ideologie: Nationalismus und Rassismus | Die in der ersten Hälfte des 19. Jahrhunderts in Deutschland populär gewordene Idee des Nationalismus hatte hohe Erwartungen für die Zukunft geschaffen, die von der Politik nicht eingelöst werden konnten. 1871 war der deutsche Nationalstaat als kleindeutsches Reich entstanden, das viele Deutsche ausschloss. Durch die demografische und industrielle Entwicklung gewann das Deutsche Reich an Stärke und betrieb nach der Thronbesteigung Kaiser *Wilhelms II.* 1888 verstärkt Weltmachtpolitik.[1] Nationalistische Forderungen wurden immer aggressiver vorgetragen und waren mit rassistischen Vorstellungen gepaart. Unter anderem der Alldeutsche Verband vertrat eine rücksichtslose Verfolgung deutscher

Alldeutscher Verband: 1891 gegründet, setzte sich die nationalistische Organisation für eine Stärkung und Verbreitung des Deutschtums ein und befürwortete eine imperialistische Politik.

[1] Siehe dazu Seite 370 im Wahlmodul „Der Erste Weltkrieg".

Interessen. Der Verband griff antijüdische Ressentiments in Deutschland und Österreich auf und propagierte sie in den „Alldeutschen Blättern" (1894–1939). Im Ersten Weltkrieg setzte er sich vehement für überzogene Kriegsziele, vor allem für mehr „Lebensraum" für das „Herrenvolk" ein. Diese Forderungen übernahm die NS-Bewegung.

Europäische und koloniale Großmachtpläne waren nach 1918/19 durch die Gebietsabtretungen Deutschlands und die Auflösung der Donaumonarchie zerronnen. In den Nachbarstaaten der Weimarer Republik lebten nun deutschsprachige Minderheiten, die sich auch durch Zwangsmaßnahmen nicht integrieren ließen. Der Kriegsschuldartikel im Versailler Vertrag, die vermeintliche Härte der Friedensbedingungen und der Sturz der Monarchie gaben extrem nationalistischen Tendenzen zusätzlich Nahrung. An die Spitze der Republikgegner stellten sich die Nationalsozialisten. Ihrer Meinung nach sollten nicht so sehr gemeinsame Kultur und Geschichte das Band einer Nation sein, sondern die Rassengleichheit. Die biologische Substanz bestimme Menschen und Völker nicht nur körperlich, sondern auch geistig-seelisch. Von allen Rassen sei die „nordische" oder „arische" die wertvollste. Sie allein sei im eigentlichen Sinne kulturfähig.

Adolf Hitler und seine Anhänger griffen dabei auch auf die Lehre des *Sozialdarwinismus*[1] zurück. Unter Missachtung geistiger, sittlicher und religiöser Werte diente die Verfälschung der Darwin'schen Ideen einer menschenverachtenden Ideologie, die bald zur praktischen Politik wurde. Demnach sollte es Aufgabe des Nationalsozialismus sein, der „arischen Herrenrasse" in Mitteleuropa ein Machtzentrum zu schaffen. Ihr gebühre, so Hitler, wegen ihrer Bedeutung für die Weltgeschichte ein angemessener „Lebensraum". Da dieser zurzeit nicht vorhanden sei, müsse er durch Krieg erobert und langfristig gesichert werden. Der angestrebte Lebensraum müsse zudem genügend Ressourcen umfassen, denn die Nation der Zukunft solle wirtschaftlich unabhängig sein und sich an einer bäuerlichen Lebensweise orientieren (Blut-und-Boden-Ideologie). Auch eine strategische Erwägung spielte eine wichtige Rolle: Eine Weltmacht der Zukunft brauchte in seinen Augen ein entsprechend großes Gebiet als Basis für Angriff und Verteidigung.

Das Streben nach einem Großreich im Osten und die bedingungslose Befürwortung von Gewalt und Krieg unterschieden den Nationalismus Hitlers von den herkömmlichen nationalen Ideen des Bürgertums.

„Arier": im ethnologisch-sprachwissenschaftlichen Sinne Völker der indogermanischen Sprachfamilie. Im 19. Jh. wurde der Begriff in eine Überlegenheit der „weißen", dann der germanischen Rasse umgedeutet. In der NS-Rassenideologie bezeichnete „Arier" die überlegene „Herrenrasse".

Blut-und-Boden-Ideologie: basierte auf der Vorstellung, „dass ein gesunder Staat im eigenen Volk (Blut) und im eigenen Boden seinen Schwerpunkt haben muss" (Meyers Lexikon von 1936). Dabei sollte das Bauerntum (die germanisch-nordische Rasse) für die Lebensgrundlagen des Volkes sorgen und einen Gegenpol zur urbanen Moderne und zum „Nomadentum" der Juden bilden.

Veranstaltung der NSDAP im Zirkus Krone in München.
Plakat von 1923.

„Volksgemeinschaft" | Für die Nationalsozialisten bildete die *Volksgemeinschaftsideologie* ein Kernstück ihrer Weltanschauung. „Volksgemeinschaft" war für sie in erster Linie durch gemeinsames „deutsches Blut" und einen einheitlichen „Rassekern" bestimmt. Diese zum Mythos erhobene deutsche „Bluts- und Schicksalsgemeinschaft" führten die Nationalsozialisten bis auf die Germanen zurück, in deren Stammesgesellschaften es keine Klassen und sozialen Schranken gegeben habe. Seither sei die Geschichte des deutschen Volkes durch innere Kämpfe und Spaltungen geprägt gewesen. Daher galt es, alle Klassen-, Gruppen- und Parteieninteressen zu beseitigen und die Einheit der Volksgenossen in einem „sozialen Volksstaat" herzustellen. In ihm sollten alle Unterschiede zum Wohl der Gemeinschaft eingeebnet werden.

Damit war jedoch keine soziale Gleichheit gemeint. Im Gegenteil: Die Nationalsozialisten traten für eine klare Schichtung des Volkes in oben und unten, für politische, gesellschaftliche und geschlechtsspezifische Hierarchien ein. Vor allem aber stützten sich die Nationalsozialisten auf die Lehre von der angeblichen Ungleichheit der Rassen. Nur ein von „Minderwertigen", „Fremdrassigen" und „Gemeinschafts-

[1] Siehe dazu die Erklärung auf Seite 299 (M1, Fußnote 1).

fremden" gereinigtes Volk könne „Volksgemeinschaft" sein. Rassismus und Antisemitismus wurden damit zum Instrument der Ausgrenzung und Verfolgung von Minderheiten, zu denen besonders die Juden sowie die Sinti und Roma zählten.

Damit die NSDAP ihre Ziele überhaupt erreichen konnte, sollte die nationalsozialistische „Volksgemeinschaft" auch eine Gesinnungsgemeinschaft sein, in der sich jeder Einzelne widerspruchslos zur nationalsozialistischen Weltanschauung bekannte. Wer sich abwartend verhielt, sollte durch Propaganda erzogen werden. Wer sich widersetzte, wer also den „rassischen", politischen oder moralischen Werten und Normen und den Leistungsanforderungen der Partei nicht genügte, wurde als „Volksschädling" oder „Gemeinschaftsfremder" ausgeschlossen und bekämpft. „Rassereinheit" und politisches Wohlverhalten bestimmten darüber, wer zur „Volksgemeinschaft" gehörte und wer nicht.

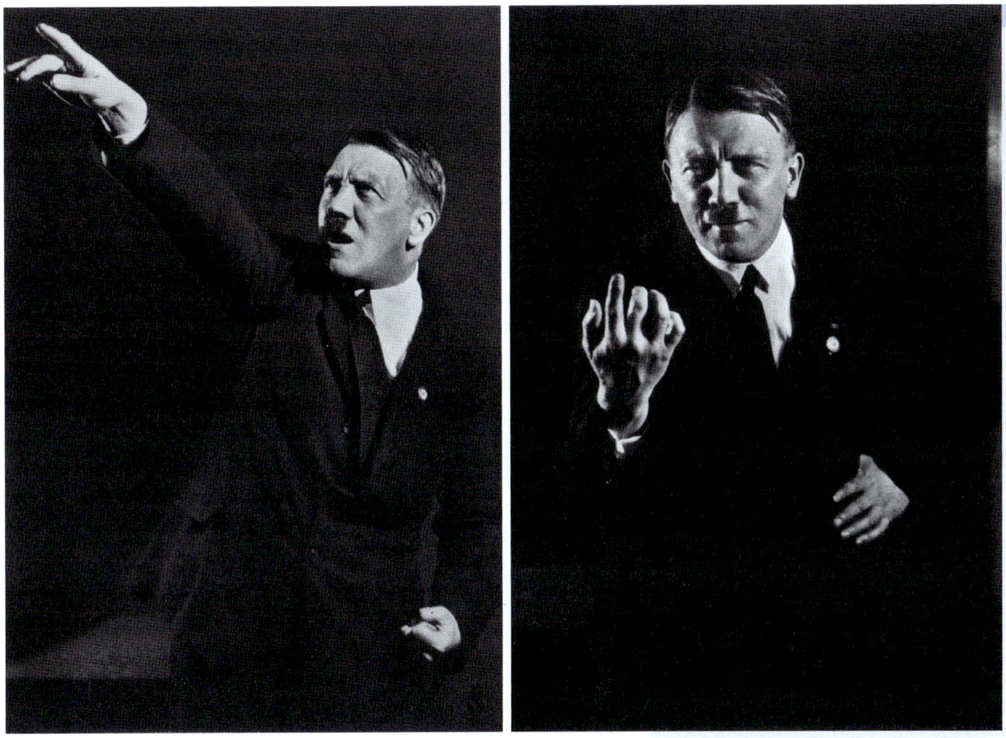

Hitler beim Einüben von Rednerposen.
Fotos von Heinrich Hoffmann, um 1927.
Die in Hoffmanns Atelier aufgenommenen Fotos erschienen als Bildpostkartenserie.

► Diskutieren Sie, inwieweit heute Rhetorik und Körpersprache für eine Rede von Bedeutung sind.

„Führer" und Volk | Die „Volksgemeinschaft" bestand nicht aus freien Individuen, sondern war durch das Verhältnis von „Führer" und „Gefolgschaft" bestimmt. Der Einzelne hatte seine Interessen dem Gemeinwohl unterzuordnen. Was dem Gemeinwohl diente, darüber entschied allein Hitler. Herausragende Persönlichkeiten sollten, so Hitler, eine führende Rolle innerhalb der „Volksgemeinschaft" einnehmen. Die Auswahl wurde nicht auf demokratische Weise, sondern durch Berufung von oben vorgenommen. „Autorität jedes Führers nach unten und Verantwortung nach oben" lautete die von Hitler aufgestellte Maxime. Das System gipfelte in dem „Führer" Adolf Hitler. Er sollte nur der von ihm häufig zitierten „Vorsehung" verantwortlich sein.

Emotional untermauerte die NSDAP das Ganze durch die Inszenierung eines *Führerkultes*, der das italienische Vorbild nachahmte. Ein Führerbild hing später in allen Amts- und Schulräumen und sollte in jeder Wohnung einen Ehrenplatz erhalten. „Heil Hitler" war der offiziell geforderte „Deutsche Gruß" für jeden. Die Person Adolf Hitlers wurde zum Bindeglied zwischen Führerstaat und „Volksgemeinschaft" und zum Idealbild stilisiert. Hier flossen Ideen der obrigkeitsstaatlichen Ordnung des 18. und 19. Jahrhunderts ein, die Hitler zum verehrungswürdigen Ersatzmonarchen emporhoben und den Einzelnen in widerspruchslose Unterordnung zwangen.

Statt Parteienkonflikt und Klassenkampf propagierte die NSDAP eine „Volksgemeinschaft der Arbeiter der Faust und Stirn". Auch der Interessengegensatz zwischen Arbeitgeber und Arbeitnehmer, die sich als Glieder desselben Volkes fühlen sollten, wurde für aufgehoben erklärt.

Julius Streicher (1885–1946, hingerichtet): 1922 Beitritt zur NSDAP, 1923 Gründung der antisemitischen Wochenzeitung „Der Stürmer" und Teilnahme am Hitler-Putsch, seit 1928 Gauleiter in Franken, 1933–1945 Mitglied des Reichstages, seit 1933 Leitung des „Zentralkomitees zur Abwehr der jüdischen Gräuel- und Boykotthetze", 1940 wegen Korruption und Parteizwist aller Ämter enthoben

Gegen Liberale und Marxisten | Liberalismus und Marxismus bezeichnete Hitler als „jüdische Erfindungen" zum Verderben der „Herrenrasse". Für den Liberalismus sind individuelle Freiheit und Selbstverwirklichung grundlegende Werte. Demgegenüber forderte die NS-Regierung unter Missbrauch und Verfälschung alter preußisch-deutscher Traditionen den totalen Einsatz des Volksgenossen. „Treue", Dienstbereitschaft und absoluter Gehorsam standen über den durch die Weimarer Verfassung garantierten Grundrechten. Die allgegenwärtige Ordnungsmacht des Staates dürfe nicht durch liberale Verfassungsgrundsätze eingeschränkt werden. Das politische System der Weimarer Republik, das sich um die Verwirklichung des liberalen Rechts- und Verfassungsstaates bemüht hatte, wurde als Epoche undeutscher westlicher Überfremdung interpretiert.

Darüber hinaus nahm Hitler für sich in Anspruch, der Zerstörer des Marxismus zu sein. Die Propaganda einer Klassenversöhnung, bei der alte Sozialstrukturen und Klassenschranken überwunden wurden, hatte großen Erfolg. „Volksgemeinschaft" und „Sozialismus der Tat" waren Prinzipien, die auch weite Kreise der Arbeiterschaft an den Nationalsozialismus banden.

Antisemitismus: vom Vorurteil zur Ideologie | Der Antisemitismus in der Weimarer Republik war nicht neu, jedoch radikalisierte sich sein Inhalt (➔M3). Er lehnte den im 19. Jahrhundert erreichten wirtschaftlichen und sozialen Status der Juden ab und wollte ihn rückgängig machen. Eine pseudowissenschaftliche Rassentheorie unterstellte die Überlegenheit „arischen Blutes" und die Minderwertigkeit der „Semiten" und baute alte Vorurteile und Sündenbocktheorien aus. Bücher, Broschüren und weit über 500 antisemitische Zeitungen verbreiteten eine zunehmend radikalere Propaganda. Seit 1923 tat sich der von Julius Streicher gegründete „Stürmer" mit judenfeindlichen Hetzkampagnen hervor. Zu den erfolgreichsten und am weitesten verbreiteten Schriften zählten die „Protokolle der Weisen von Zion". Mit diesen Fälschungen sollte eine angebliche jüdische Weltverschwörung bewiesen werden.

Zu Beginn der Weimarer Republik gab es rund 400 völkische Organisationen. Ein Zentrum für antisemitische Kampagnen war der „Deutschvölkische Schutz- und Trutzbund". In seinem Gründungsjahr 1919 zählte er etwa 5 000 Mitglieder, 1922 waren es bereits fast 200 000, darunter Angestellte, Beamte, Lehrer und Akademiker, Ärzte und Anwälte sowie Handwerker und Händler. Unter dem Motto „Deutschland den Deutschen" agierte der Bund gegen die Demokratie, gegen linke Bewegungen und gegen Juden. Nach der Ermordung Walther Rathenaus im Jahre 1922 wurde zwar seine Tätigkeit in den meisten Ländern des Deutschen Reiches verboten, jedoch unterstützte er weiterhin gewalttätige Aktionen, so die Attentate der „Organisation Consul" auf Matthias Erzberger und Philipp Scheidemann.[1]

Auch politische Parteien, allen voran die NSDAP, propagierten den Antisemitismus. Die DNVP verpflichtete sich 1920 in ihrem Programm zum Kampf gegen die „Vorherrschaft des Judentums in Regierung und Öffentlichkeit". Zwar konnten diese Parteien zwischen 1924 und 1929 nicht mehr als acht Prozent der Wähler gewinnen, doch die Zustimmung zu antisemitischen Anschauungen in der Bevölkerung wuchs. Der Antisemitismus war längst gesellschaftsfähig.

Publikationen aus dem Parteiverlag der NSDAP.
In ihren Büchern verbreiteten der NS-Politiker Hermann Esser und der führende NS-Ideologe Alfred Rosenberg die rechtsextreme Theorie der „jüdischen Weltverschwörung".

[1] Lesen Sie hierzu nochmals Seite 321.

M1 Was will die NSDAP?

Auf der ersten großen Massenversammlung der NSDAP am 24. Februar 1920 verkündet Adolf Hitler (siehe Seite 323) im Münchener Hofbräuhaus das Parteiprogramm:

1. Wir fordern den Zusammenschluss aller Deutschen aufgrund des Selbstbestimmungsrechts der Völker zu einem Großdeutschland.

2. Wir fordern die Gleichberechtigung des deutschen Volkes gegenüber den anderen Nationen, Aufhebung der Friedensverträge von Versailles und St. Germain[1].

3. Wir fordern Land und Boden (Kolonien) zur Ernährung unseres Volkes und Ansiedlung unseres Bevölkerungsüberschusses.

4. Staatsbürger kann nur sein, wer Volksgenosse ist. Volksgenosse kann nur sein, wer deutschen Blutes ist, ohne Rücksichtnahme auf Konfession. Kein Jude kann daher Volksgenosse sein. […]

6. Das Recht, über Führung und Gesetze des Staates zu bestimmen, darf nur dem Staatsbürger zustehen. Daher fordern wir, dass jedes öffentliche Amt, gleichgültig welcher Art, gleich ob im Reich, Land oder Gemeinde, nur durch Staatsbürger bekleidet werden darf.
Wir bekämpfen die korrumpierende Parlamentswirtschaft einer Stellenbesetzung nur nach Parteigesichtspunkten ohne Rücksicht auf Charakter und Fähigkeiten. […]

8. Jede weitere Einwanderung Nichtdeutscher ist zu verhindern. Wir fordern, dass alle Nichtdeutschen, die seit dem 2. August 1914 in Deutschland eingewandert sind, sofort zum Verlassen des Deutschen Reiches gezwungen werden. […]

13. Wir fordern die Verstaatlichung aller (bisher) bereits vergesellschafteten (Trusts) Betriebe.

14. Wir fordern Gewinnbeteiligung an Großbetrieben.

15. Wir fordern einen großzügigen Ausbau der Altersversorgung.

16. Wir fordern die Schaffung eines gesunden Mittelstandes und seine Erhaltung. Sofortige Kommunalisierung der Groß-Warenhäuser und ihre Vermietung zu billigen Preisen an kleine Gewerbetreibende, schärfste Berücksichtigung aller kleinen Gewerbetreibenden bei Lieferung an den Staat, die Länder oder Gemeinden. […]

18. Wir fordern den rücksichtslosen Kampf gegen diejenigen, die durch ihre Tätigkeit das Gemeininteresse schädigen. Gemeine Volksverbrecher, Wucherer, Schieber usw. sind mit dem Tode zu bestrafen, ohne Rücksichtnahme auf Konfession und Rasse. […]

23. Wir fordern den gesetzlichen Kampf gegen die bewusste politische Lüge und ihre Verbreitung durch die Presse. Um die Schaffung einer deutschen Presse zu ermöglichen, fordern wir, dass […] sämtliche Schriftleiter und Mitarbeiter von Zeitungen, die in deutscher Sprache erscheinen, Volksgenossen sein müssen […]. Zeitungen, die gegen das Gemeinwohl verstoßen, sind zu verbieten. Wir fordern den gesetzlichen Kampf gegen eine Kunst- und Literaturrichtung, die einen zersetzenden Einfluss auf unser Volksleben ausübt, und die Schließung von Veranstaltungen, die gegen vorstehende Forderungen verstoßen.

24. Wir fordern die Freiheit aller religiösen Bekenntnisse im Staat, soweit sie nicht dessen Bestand gefährden oder gegen das Sittlichkeits- und Moralgefühl der germanischen Rasse verstoßen. Die Partei […] bekämpft den jüdisch-materialistischen Geist in und außer uns und ist überzeugt, dass eine dauernde Genesung unseres Volkes nur erfolgen kann von innen heraus auf der Grundlage: Gemeinnutz vor Eigennutz.

25. Zur Durchführung alles dessen fordern wir die Schaffung einer starken Zentralgewalt des Reiches. Unbedingte Autorität des politischen Zentralparlaments über das gesamte Reich und seine Organisationen im Allgemeinen.

Zitiert nach: Günter Wollstein (Hrsg.), Das „Dritte Reich" 1933–1945, Darmstadt 2013, S. 69–71

[1] **Vertrag von St. Germain**: Friedensvertrag der Alliierten mit Österreich vom 10. September 1919

Parteizeichen der NSDAP.
Das Hakenkreuz war ab 1935 Hoheitszeichen des Deutschen Reiches.

1. Das Programm nennt mehrere Ziele. Ordnen Sie diese bestimmten Politikfeldern zu.
2. Erläutern Sie, welche Programmpunkte sich direkt aus dem verlorenen Krieg erklären.
3. Arbeiten Sie heraus, welche Programmpunkte mit dem Vertrag von Versailles unvereinbar waren.
4. Weisen Sie nach, welche Bevölkerungsgruppen mit diesem Programm angesprochen und welche ausgeschlossen werden. | H

M2 Wer wählte Hitler?

a) Die soziale Zusammensetzung der NSDAP-Wähler nach Berufsgruppen in Prozent, unabhängig von einer tatsächlichen Erwerbstätigkeit:

	1928	1930	1932[1]	1932[2]	1933	Alle[3]
Selbstständige/ Mithelfende	26	27	31	30	31	24
Angestellte/ Beamte	12	13	11	12	12	15
Arbeiter	30	26	25	26	26	32
Berufslose[4]	13	17	17	17	16	13
Hausfrauen etc.	17	17	16	16	16	17
Alle[5]	98	100	100	100	101	101

Nach: Jürgen Falter, Hitlers Wähler, München 1991, S. 288

b) Die nationalsozialistischen Hochburgen
Die Zahlen (Anteil der Wähler in Prozent) ermöglichen einen Vergleich der Sozialstruktur jener Kreise, in denen die NSDAP bei der Reichstagswahl im November 1932 überdurchschnittlich viele Stimmen bekommen hat, mit der Sozialstruktur des Deutschen Reiches insgesamt:

	NSDAP-Hochburgen	Reich
Katholiken	9	32
Stadtbewohner	22	54
in der Landwirtschaft tätig	51	31
in der Industrie tätig	31	41
Selbstständige, mithelfende Angehörige	41	28
Beamte	3	4
Angestellte	5	12
Arbeiter	26	27
arbeitslose Angestellte	1	2
arbeitslose Arbeiter	9	13

Nach: Jürgen Falter, a.a.O., S. 353

1. Erläutern Sie die Entwicklung der Wählerschaft der NSDAP zwischen 1928 und 1933. Berücksichtigen Sie die wirtschaftliche Entwicklung sowie die Wahlbeteiligung. | F
2. Interpretieren Sie die Abweichungen zwischen den NSDAP-Hochburgen und dem Reichsdurchschnitt in Tabelle b).

Wahlplakat der NSDAP von 1930.

- ▶ Beschreiben Sie das Plakat: Was zeigt es? Wie ist es aufgebaut? Welche Gestaltungsmittel werden verwendet?
- ▶ Arbeiten Sie die Aussage des Plakates heraus. Gehen Sie dabei auch auf die Bedeutung der Schlange ein.

[1] Reichstagswahlen vom 31. Juli 1932
[2] Reichstagswahlen vom 6. November 1932
[3] Anteil der Berufsgruppe an allen Wahlberechtigten
[4] davon ca. 90 Prozent Rentner und Pensionäre (1933)
[5] Summe der NSDAP-Wähler in dem jeweiligen Jahr; Abweichungen von 100 sind die Folge von Rundungen

Wahlplakat der NSDAP von 1932.

- Erläutern Sie die suggestive Wirkung des Plakates.
- Vergleichen Sie die Wahlplakate von 1930 (Seite 346) und 1932 unter folgenden Gesichtspunkten miteinander:
  a) Gestaltung
  b) Aussage

M3 Vom „Drückeberger" zum „wurzellosen Kosmopoliten"

*Der Historiker Christoph Jahr (*1963) zeigt in einem Artikel, wie der Antisemitismus im Ersten Weltkrieg und in der Weimarer Republik politisch instrumentalisiert wird:*

Seit Ende 1915 überschwemmten die Antisemiten das Preußische Kriegsministerium mit anonymen Eingaben. Am 11. Oktober 1916 ordnete der Preußische Kriegsminister Wild von Hohenborn schließlich unter dem aktenstaubtrockenen Titel „Nachweisung der beim Heere befindlichen wehrpflichtigen Juden" eine von den Zeitgenossen schlicht „Judenzählung" genannte Statistik an. Zwar lautete deren offizielle Begründung, man wolle den Vorwurf der „Drückebergerei" lediglich nachprüfen, um ihm „gegebenenfalls entgegentreten zu können". Doch alle gegenteiligen Beteuerungen halfen nichts: Mit diesem Erlass übernahm das Ministerium antisemitische Stereotype. [...]

Seit der Oktoberrevolution in Russland gewann auch die Behauptung der Identität von Revolution und Judentum durch den Hinweis auf führende Revolutionäre jüdischer Herkunft wie Leo Trotzki[1] eine scheinbare Plausibilität im verunsicherten Bürgertum. 1941 diente der „Kampf gegen den jüdischen Bolschewismus" als Propagandafanfare für den Überfall auf die Sowjetunion und half, Hemmungen vor dem systematischen Judenmord abzubauen. [...]

So kamen im Krieg all jene Zutaten zusammen, aus denen die Antisemiten nach 1918 einen Giftcocktail mischten. Das uralte Motiv des „jüdischen Schmarotzers" entstand in Gestalt des „Kriegsgewinnlers" neu. Der vermeintlich „zersetzende", liberal-individualistische Jude des 19. Jahrhunderts wandelte sich in den „bolschewistischen Revolutionär". Und einmal mehr galten die Juden als national illoyale, „wurzellose Kosmopoliten". Die deutsch-nationalen Kräfte verhöhnten die erste deutsche Demokratie daher als angeblich „undeutsch" und als „Judenrepublik". Viele Deutsche akzeptierten diesen Wahn als Realität. Der Schriftsteller Jakob Wassermann schrieb 1921 verbittert über seine Mitbürger: „Es ist vergeblich, in das tobsüchtige Geschrei Worte der Vernunft zu werfen ... Es ist vergeblich, für sie zu leben und für sie zu sterben. Sie sagen: Er ist ein Jude."

Christoph Jahr, Sündenböcke der Niederlage. Warum der deutsche Antisemitismus im Ersten Weltrieg immer radikaler wurde, in: Spiegel Special 1/2004, S. 88 f.

1. Analysieren Sie den Wandel des „Judenbildes" nach dem Ersten Weltkrieg. Ergänzen Sie weitere gegen die Juden verwendete Stereotype und Vorurteile.
2. Erläutern Sie, wie diese Vorurteile eingesetzt wurden.

[1] **Leo D. Trotzki** (1879–1940): russischer Revolutionär und Theoretiker, floh 1929 in die Türkei, später nach Frankreich, Norwegen und Mexiko, wo er von einem sowjetischen Agenten ermordet wurde

Die Zerstörung der Weimarer Republik

Geschichte In Clips
Zum New Yorker Börsencrash und der Wirtschaftskrise im Deutschen Reich siehe die Codes **32037-51** und **32037-52**.

Ursachen der amerikanischen Wirtschaftskrise | Der wirtschaftliche Aufschwung der Zwanzigerjahre hatte an der New Yorker Aktienbörse ein hektisches Spekulationsfieber ausgelöst. Viele Anleger kauften Wertpapiere auf Kredit, um sie nach einem Kursanstieg gewinnbringend zu veräußern. In wenigen Jahren vervierfachte sich der Wert vieler Aktien und übertraf damit den tatsächlichen Wert der Unternehmen bei Weitem.

Erste Anzeichen einer beginnenden Wirtschaftskrise (Überproduktion in der Industrie und in der Landwirtschaft) wollte man nicht wahrhaben. Vom 24. auf den 25. Oktober 1929 („*Schwarzer Freitag*") und noch einmal am 29. Oktober stürzten die Aktienkurse ab, manche Papiere verloren bis zu 90 Prozent ihres Wertes. Durch Panikreaktionen von Anlegern, die aus Angst um ihre Ersparnisse die Geldinstitute stürmten oder ihre Aktien verkauften, gerieten die Banken in Zahlungsschwierigkeiten. Das gesamte amerikanische Wirtschaftssystem brach zusammen. In den folgenden Monaten mussten in den USA über 9000 Banken und mehr als 100000 Betriebe Konkurs anmelden. 1932/33 waren rund 15 Millionen Menschen arbeitslos, das war ein Viertel der arbeitsfähigen Bevölkerung.

Auswirkungen der Weltwirtschaftskrise auf Deutschland | Die Wirtschaftskrise in den USA wirkte sich angesichts der internationalen Verflechtungen und der wichtigen Stellung der USA in der Weltwirtschaft unmittelbar auch auf andere Länder aus. Um zahlungsfähig zu bleiben, zogen die amerikanischen Banken ihre kurzfristigen Kredite aus Europa ab. Außerdem erhöhte die amerikanische Regierung zum Schutz der eigenen Industrie drastisch die Importzölle. Die dadurch ausgelöste Drosselung des Welthandels sowie das in Europa fehlende Kapital für Neuinvestitionen entfachten einen Flächenbrand. Die *Weltwirtschaftskrise*, die daraus entstand, war der schwerste ökonomische Einbruch seit Beginn der „Industriellen Revolution".

Im Deutschen Reich war die Konjunktur bereits seit Ende 1928 rückläufig, die Zahl der Arbeitslosen stieg auf 1,89 Millionen im Jahresdurchschnitt. Ein Jahr später griff die Weltwirtschaftskrise auf Deutschland über. Die Lage verschlechterte sich rapide. Steigende Arbeitslosenzahlen senkten die Kaufkraft der Bevölkerung und die Steuereinnahmen des Staates. Die geringere Nachfrage führte zur weiteren Drosselung der Produktion und – wie in anderen Industriestaaten – zu neuen Entlassungen. So verschärfte die verhängnisvolle Spirale die Krise (➔M1 und M2).

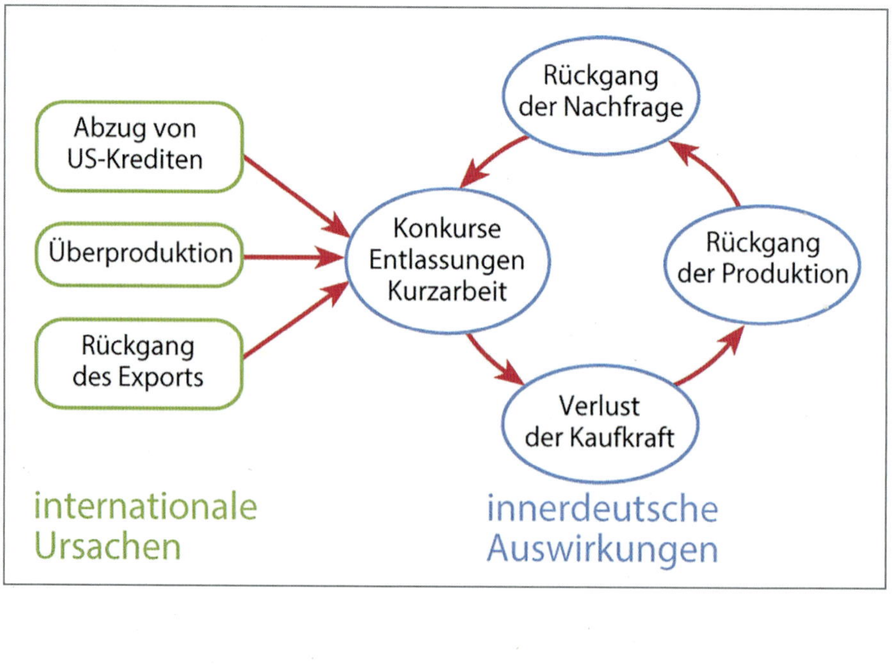

Folgen der Weltwirtschaftskrise für Deutschland.
▶ Erklären Sie die Auswirkungen der Weltwirtschaftskrise für die Wirtschaft in Deutschland.

Deutschland war wegen der Folgekosten des Ersten Weltkrieges in hohem Maße auf den Export und auf ausländische Kredite angewiesen. Deshalb traf die weltweite Depression das Deutsche Reich besonders heftig, als das Ausland 1931 verstärkt seine kurzfristigen Kredite zurückzog. Viele deutsche Banken, die längerfristige Investitionsprogramme der Industrie finanziert hatten, kamen in Zahlungsschwierigkeiten. Nach dem Zusammenbruch der zweitgrößten deutschen Bank, der *Darmstädter und Nationalbank (Danat)*, zahlten alle Banken nur noch in begrenztem Umfang Geld aus.

1932 erreichte die Krise ihren Höhepunkt. Die industrielle Produktion ging auf die Hälfte des Standes von 1928 zurück. Im Februar waren 6,12 Millionen Beschäftigte arbeitslos gemeldet. Wahrscheinlich lag die tatsächliche Zahl noch höher, sodass in Deutschland nahezu jede zweite Familie von der Wirtschaftskrise betroffen war. Viele kleine und mittlere Unternehmer verloren ihre Betriebe durch Konkurs. Angestellte und Arbeiter gerieten durch die Arbeitslosigkeit in große Not. Ein Gefühl der Unsicherheit machte sich breit, das über die unmittelbar Betroffenen hinaus die gesamte Bevölkerung erfasste. Die existenzbedrohende Not und allgemeine Krisenstimmung erhöhten die Anfälligkeit für radikale Ideen von rechts und links.

Arbeitslosenschlange beim Stempeln im Hof des Arbeitsamtes Hannover.
Foto von Walter Ballhause, Frühjahr 1932.

Grenzen des Sozialstaates | Der Ausbau des Sozialstaates war in Art. 151 der Weimarer Verfassung verankert: „Die Ordnung des Wirtschaftslebens muss den Grundsätzen der Gerechtigkeit mit dem Ziel der Gewährleistung eines menschenwürdigen Daseins für alle entsprechen." Auf der Grundlage der in der Kaiserzeit eingeführten Sozialversicherungen wurden die staatlichen Leistungen erweitert. 1918 führte der Rat der Volksbeauftragten den Rechtsanspruch auf Erwerbsfürsorge ein. Sie löste die auf karitativen Vorstellungen beruhende Armenfürsorge ab und erhöhte die Zuwendungen.

Die Beiträge für die 1927 eingeführte *Arbeitslosenversicherung* legten den Grundstein zu unserem heutigen System. Sie wurden paritätisch von Arbeitgebern und Arbeitnehmern getragen und durch staatliche Zuschüsse gesichert.

Mit der Massenarbeitslosigkeit in der Weltwirtschaftskrise 1929 war der Staat jedoch überfordert. Da die Sozialausgaben stiegen und gleichzeitig die Steuereinnahmen sanken, wurde die Unterstützung für Arbeitslose gekürzt und im Juni 1932 die Bezugsdauer zusätzlich von 26 auf sechs Wochen gesenkt. Bedürftige Arbeitslose bekamen anschließend für maximal ein Jahr die zum Teil noch geringeren Sätze der Krisenfürsorge. Sogenannte „Wohlfahrtserwerbslose" waren schließlich auf die Unterstützung durch die Gemeinden angewiesen. 1932 erhielten nur noch 800000 Menschen Arbeitslosenunterstützung, 1,4 Millionen waren in der Krisenfürsorge, 2,2 Millionen zählten zu den Wohlfahrtserwerbslosen und gut eine Million bekam überhaupt keine Leistungen mehr.

Hermann Müller (1876–1931): 1919/20 Reichsaußenminister; 1920–1928 Vorsitzender der sozialdemokratischen Reichstagsfraktion; 1928–1930 Reichskanzler

Der Parlamentarismus auf dem Prüfstand | Im Januar 1927 hatte sich unter Reichskanzler *Wilhelm Marx* (Zentrum) eine national-konservative Regierungskoalition („Bürgerblock", bestehend aus Zentrum, DDP, DVP, BVP und DNVP) gebildet, die jedoch bereits im Frühjahr 1928 wieder auseinandergebrochen war. Nach den Wahlen vom 20. Mai 1928, bei denen die Parteien der bürgerlichen Mitte zum Teil erhebliche Stimmenanteile eingebüßt hatten, bildete die SPD als stärkste Fraktion mit Zentrum, DDP, DVP und BVP eine Große Koalition (→M3). Reichskanzler wurde der Sozialdemokrat Hermann Müller. Die unterschiedlichen programmatischen Ziele dieser Parteien führten von Anfang an zu Spannungen. So wurde der Young-Plan[1], als er in Kraft treten sollte, von der rechten Opposition heftig bekämpft. DNVP, Stahlhelm[2] und NSDAP bezeichneten ihn als „Versklavung des deutschen Volkes" und initiierten ein Volksbegehren dagegen. Zwar scheiterten sie beim Volksentscheid Ende 1929, jedoch profitierten Hitler und die NSDAP von der monatelangen aggressiven Agitation und der Emotionalisierung der Bevölkerung, die damit einherging. Die bisherige Splitterpartei wurde dadurch einer breiten Öffentlichkeit bekannt.

Außenminister Stresemann, eine integrative Persönlichkeit, hatte die Regierungskoalition zusammengehalten. Als er im Oktober 1929 starb, war deren Auseinanderbrechen nur eine Frage der Zeit. Insbesondere auf dem Gebiet der Wirtschafts- und Sozialpolitik ließen sich die Unterschiede zwischen SPD und DVP kaum mehr überbrücken. Die Parteien glaubten, eine „Politik schädlicher Kompromisse" vor den eigenen Anhängern nicht länger vertreten zu können. Die Große Koalition zerbrach letztlich an der Frage, wie die Arbeitslosenversicherung saniert werden könne. Eine Beitragserhöhung – wie von den Sozialdemokraten gefordert – lehnte die DVP ab, die den Unternehmern nahe stand. Als die SPD-Reichstagsfraktion einen Kompromissvorschlag zurückwies, trat Reichskanzler Hermann Müller am 27. März 1930 zurück. Damit war in jedem Fall die Koalition, nach der Meinung des Historikers *Hans-Ulrich Wehler* auch „die parlamentarische Republik gescheitert".

Kurt von Schleicher (1882–1934): 1932 Reichswehrminister, von Dezember 1932 bis Januar 1933 Reichskanzler

Regieren ohne Mehrheit | Für Reichspräsident Paul von Hindenburg, seinen antidemokratischen Beraterstab und die Reichsführung ergab sich nun die Gelegenheit, schon länger erwogene außerparlamentarische Lösungen zur Bewältigung der ständigen Krisen umzusetzen. Unterstützung fand dieser Plan in den rechten Kreisen des Bürgertums und bei den großen Interessenverbänden der Industrie und der Agrarwirtschaft. Das Parlament sollte entmachtet und die SPD, die mit Abstand stärkste Fraktion im Reichstag, aus den politischen Entscheidungsprozessen herausgehalten werden. Die Regierung sollte nur dem Reichspräsidenten verantwortlich sein (*Präsidialkabinett*).

Hindenburg wollte mit dieser Regierungsbildung neuen Stils die alten Eliten wieder an die Macht bringen: Das waren die Repräsentanten der konservativ-bürgerlichen Parteien, der Reichswehr sowie der adligen Gutsherren und Industriellen. Einer der Repräsentanten dieses Kurses war General Kurt von Schleicher, Chef des Ministeramtes im Reichswehrministerium.

---

[1] Über den „Young-Plan" informiert Seite 328.

[2] Zur Begriffserklärung siehe Seite 340.

Ihre Handlungsfähigkeit garantierte der Präsident durch die Verfassungsartikel 48 (*Notverordnungsrecht*) und 25 (*Reichstagsauflösung*).[1] Hindenburg stimmte zu und ernannte am 29. März 1930 den konservativ-nationalen Fraktionsvorsitzenden des Zentrums, Heinrich Brüning, zum Reichskanzler. Dieser nahm mit einer rigiden Sparpolitik die anhaltend hohe Arbeitslosigkeit und das Elend verarmter Schichten in Kauf, um den Alliierten die Unerfüllbarkeit ihrer Reparationsforderungen vor Augen zu führen. Gehaltskürzungen im öffentlichen Dienst, Leistungsabbau im sozialen Bereich und Steuererhöhungen führten allerdings dazu, dass die Kaufkraft der Bevölkerung sank und die Einnahmen des Staates weiter zurückgingen.

Als sich der Reichstag im Juli 1930 weigerte, einem Bündel einschneidender sozialpolitischer Maßnahmen der Regierung zuzustimmen, löste der Reichspräsident das Parlament auf und setzte für den 14. September Neuwahlen fest. In der Zwischenzeit regierte Brüning mit Notverordnungen weiter.

Heinrich Brüning (1885–1970): 1930–1932 Reichskanzler; 1934 Emigration in die USA. Der 1885 in Münster geborene Brüning war Volkswirt und hatte als Frontoffizier am Ersten Weltkrieg teilgenommen. Seit 1924 war er Reichstagsabgeordneter des Zentrums und hatte sich als Steuer- und Finanzexperte einen Namen gemacht.

Das Verhalten der Parteien in der Krise | Die radikalen Parteien führten einen Wahlkampf, wie man ihn bisher in Deutschland noch nicht erlebt hatte. NSDAP und KPD schürten die Angst der Menschen vor einem sozialen Abstieg und versprachen „Arbeit und Brot". Die NSDAP verbreitete ihre nationalistisch-antisemitischen Parolen lautstark mit Wahlkampfmethoden wie organisierten Massenaufmärschen mit Uniformen, Marschmusik, Fahnen und Plakaten, Flugblättern und geschulten Rednern. Die Partei mobilisierte vor allem Bürger, die zwei Jahre zuvor noch nicht gewählt hatten. Ihre Stimmenzahl wuchs von 800 000 (1928) auf nun 6,4 Millionen – ein in der Geschichte des deutschen Parlamentarismus beispielloser Aufschwung, der die NSDAP hinter der SPD zur zweitstärksten Fraktion im Reichstag machte. Der Verfall der bürgerlichen Mitte setzte sich rapide fort. In den Augen der Öffentlichkeit hatten Demokratie und Parlamentarismus versagt.

Noch bedeutender für den Wahlerfolg war der Wählerzustrom von anderen Parteien. So wurden die Nationalsozialisten auch von Mitgliedern der Mittel- und Oberschicht gewählt, die bisher die DNVP oder die liberalen Parteien bevorzugt hatten. Die NSDAP konnte nun sogar gewerkschaftlich nicht organisierte SPD-Wähler für sich gewinnen.

Von Brüning zu Papen | Nach den „Erbitterungswahlen" von 1930 war im Reichstag eine parlamentarische Mehrheitsbildung nahezu unmöglich geworden. Der Verfall des Parlamentarismus setzte sich rapide fort (→M4). Während der Reichstag 1930 immerhin noch 94 Sitzungen abhielt, sank die Zahl bis 1932 auf lediglich 13. Waren es 1930 noch 98 Gesetze, die der Reichstag verabschiedete, so blieben 1932 gerade fünf. Im Gegenzug steigerte sich die Anzahl der Notverordnungen von fünf (1930) auf 66 (1932). Der Reichstag musste tatenlos zusehen, wie die politische Macht in die Hände der Regierung und der Bürokratie überging. Trotz fehlender Mehrheit im Parlament konnte Reichskanzler Brüning nach der Wahl seine Notverordnungspraxis fortsetzen. Denn die SPD tolerierte seinen Kurs, aus Gründen der Staatsräson und aus Furcht vor einer weiteren Radikalisierung bei Neuwahlen, die zu einem Kabinett unter Beteiligung der Nationalsozialisten führen konnten.

Brüning hatte sich mehrfach bemüht, die Nationalsozialisten in die Regierungsverantwortung einzubinden, um sie zu „zähmen" und ihre Unterstützung für die Wiederwahl Hindenburgs 1932 zu erlangen. Als die NSDAP jedoch mit Hitler einen eigenen Kandidaten für die Reichspräsidentenwahl stellte, war Hindenburg auf die Stimmen der Anhänger von SPD und Zentrum angewiesen. Er gab Brüning die Schuld dafür, dass sich die nationale Rechte nicht für ihn aussprach. Dies führte zwischen beiden Politikern zu einer Entfremdung. Brüning gelang es nicht mehr, Hindenburgs Vertrauen wiederzugewinnen. Als er Bauern auf überschuldeten landwirtschaftlichen Gütern ostpreußi-

[1] Siehe dazu Seite 315 und M1 auf Seite 316.

scher Großgrundbesitzer ansiedeln wollte, lief die ostelbische Agrarlobby bei Hindenburg Sturm gegen diesen „Agrarbolschewismus". Hindenburg stoppte das Vorhaben. Am 30. Mai entließ er Brüning und sein Kabinett. Nachfolger wurde **Franz von Papen**. Er bildete ein neues Kabinett, in dem von elf Ministern sieben adlig waren (*Kabinett der Barone*).

Franz von Papen (1879–1969): 1932 Reichskanzler; im Nürnberger Prozess gegen die Hauptkriegsverbrecher 1946 freigesprochen

„Notverordnung."
Karikatur von Erich Schilling aus dem „Simplicissimus" vom 16. Februar 1931.
Sie trägt folgende Unterschrift: „Nach den Erfahrungen der letzten Wochen ist verfügt worden, dass jeder Demonstrationszug seinen eigenen Leichenwagen mitzuführen hat."

- ▶ Beschreiben Sie, auf welches Problem die Karikatur anspielt.
- ▶ Erläutern Sie die Gefahren für ein demokratisches Staatswesen, wenn das Gewaltmonopol nicht mehr beim Staat liegt.

Bildinformation
31000-67

Der Weg in die Diktatur | Am 20. Juli 1932 ließ der Reichskanzler verfassungswidrig die sozialdemokratische Regierung Preußens durch Verordnung des Reichspräsidenten absetzen (*Preußenschlag*). Für die Rechte war die SPD-geführte Regierung in Preußen seit jeher ein Ärgernis gewesen. Damit war die bisher stabilste Stütze der Demokratie in Deutschland gefallen. Papen übernahm zusammen mit weiteren Reichskommissaren die Regierungsgeschäfte in Preußen. Das Urteil des Reichsgerichts, nach dem der preußischen Regierung nur vorübergehend Befugnisse entzogen werden durften, blieb wirkungslos.

Während sich Brüning als Chef des ersten Präsidialkabinetts noch bemüht hatte, mit dem Reichstag zusammenzuarbeiten, suchte Papen, gestützt auf eine breite antiparlamentarische, republikfeindliche Allianz, die offene Auseinandersetzung mit dem Reichstag (→M5). Am 4. Juni 1932 wurde dieser aufgelöst, die zwischenzeitlich verbotene SA am 14. Juni wieder zugelassen und Neuwahlen für den 31. Juli ausgeschrieben. Hitler verweigerte auch dieser Regierung die Zusammenarbeit und attackierte sie schonungslos.

Die Neuwahlen am 31. Juli 1932 brachten der NSDAP einen sensationellen Erfolg. Sie verdoppelte ihre Mandatszahl auf mehr als 230 und wurde stärkste Fraktion. Nach diesem Wahlerfolg forderte Hitler für sich das Amt des Reichskanzlers. Hindenburg lehnte seine Forderung nach einer Neubildung des Kabinetts unter nationalsozialistischer Führung jedoch ab und beließ Papen im Amt.

Gleich in der ersten Sitzung des neu gewählten Reichstages am 30. August sprach eine deutliche Mehrheit Papen das Misstrauen aus (512 gegen 42). Trotz dieser vernichtenden parlamentarischen Niederlage blieb er im Amt und löste den Reichstag am 12. September auf. Am 6. November fanden abermals Neuwahlen statt. Die KPD konnte wiederum ihren Stimmenanteil steigern, während die NSDAP überraschend zwei Millionen Wähler verlor. Die Partei steckte seit Wochen in einer schweren finanziellen Krise. Hitler sah, dass ihm nicht mehr viel Zeit blieb, sein Ziel zu erreichen, zumal vieles auf eine Verbesserung der Wirtschaftslage hindeutete.

Papen beabsichtigte, zur Überwindung der parlamentarischen Blockade den Staatsnotstand auszurufen. Mit Zustimmung des Reichspräsidenten sollten dabei einige Bestimmungen der Verfassung, wie die sofortige Ausschreibung von Neuwahlen nach der Auflösung des Reichstages, außer Kraft gesetzt werden. Auf Druck der Reichswehrführung, die einen unkontrollierbaren Bürgerkrieg befürchtete, verweigerte Hindenburg diesen Plänen die Zustimmung und entließ Papen am 3. Dezember.

Papens Nachfolger, General Kurt von Schleicher, scheiterte mit seinem Versuch, für seine Wirtschafts- und Beschäftigungspolitik einen Teil der NSDAP, die Gewerkschaften und die SPD zu gewinnen. Reichspräsident Hindenburg wurde nun von seinem engsten Beraterkreis, von führenden Unternehmern aus Wirtschaft und Industrie sowie vor allem durch Papen bedrängt, Hitler zum Reichskanzler zu ernennen (➔M6 und M7). Papen sollte Vizekanzler werden. Zusammen mit den anderen konservativen Ministern glaubte er, die nationalsozialistischen Minister ausreichend unter Kontrolle zu haben (➔M8 und M9). Am 28. Januar 1933 trat Schleicher zurück, zwei Tage später ernannte der Reichspräsident Hitler zum Reichskanzler.

„Der Reichstag wird eingesargt."
Collage von John Heartfield (eigentlich Helmut Herzfeld) aus der „Arbeiter Illustrierten Zeitung" (AIZ) vom 4. September 1932.

- Erläutern Sie, wofür bei John Heartfield der Reichstag steht. | H
- Analysieren Sie, warum der Künstler die SPD ins Blickfeld rückt.
- Erörtern Sie, inwiefern die Collage Heartfields Haltung gegenüber der politischen Entwicklung ausdrückt.

M1 Arbeitslosigkeit in ausgewählten Ländern 1925–1933 (in Prozent)

Jahr	Deutsches Reich[1]	Frankreich[2]	Groß-britannien[3]	USA[4]
1925	3,4	3,0	11,3	5,9
1926	10,0	3,0	12,5	2,8
1927	6,2	11,0	9,7	5,9
1928	6,3	4,0	10,8	6,4
1929	8,5	1,0	10,4	4,7
1930	14,0	2,9	16,1	13,0
1931	21,9	6,5	21,3	23,3
1932	29,9	15,4	22,1	34,0
1933	25,9	14,1	19,9	35,3

Nach: Dietmar Petzina u.a., Sozialgeschichtliches Arbeitsbuch III, München 1978, S. 119 und Dietmar Petzina, Die deutsche Wirtschaft in der Zwischenkriegszeit, Wiesbaden 1977, S. 16f.

- Vergleichen Sie die Entwicklung der Arbeitslosigkeit in den einzelnen Ländern. Lassen sich daraus allgemeingültige Aussagen über das Wahlverhalten (M3) ableiten?

Die Arbeitslosen.
Ölgemälde (167 x 172 cm) von Karl Hofer, 1932.

- Beschreiben Sie die Stimmung, welche das Gemälde ausdrückt.
- Erklären Sie, welche Gründe den Maler zur Wahl dieses Motives bewogen haben könnten.

M2 „Herausgerissen"

1932 erscheint in Hamburg eine „Stempelchronik" mit dokumentarischen Aufzeichnungen über Arbeitslosenschicksale. Der Herausgeber der Sammlung, Bruno Nelissen-Haken (1901–1975), schreibt in der Einleitung:

Alle diese [Arbeitslosen] sind ja herausgerissen aus: Familie, Zuhause [...]. Bei vielen gehen die kleinen Hemmungen sehr schnell verloren, Scheu, Abstand, Erinnerung; das sind die großen Hemmungen im Leben des Volkes. Männer und Frauen und Kinder bleiben von ihrem Zuhause und von ihren Familien fort, weil sie die Öde nicht mehr ertragen können, die seit so viel arbeitslosen Jahren zwischen Mann und Frau und Kind gesetzt ist. Verbitterung setzt sich fest, die nie wieder auszutreiben sein wird, selbst wenn, nach gewisser Zeit vielleicht, doch noch einmal wieder Arbeit gefunden werden sollte. Der Abstand geht verloren, zwischen den Menschen, immer wieder zwei Menschen; Abstand zu Vergangenheit, Zukunft, Leben, Schicksal. Familie, kleine Familie, aber millionenfach Familie in Deutschland geht kaputt, nichts weiter. Die Stufen nach unten gehen sich schnell und von selber; die Vielen sinken ab und merken es nicht einmal. Eine neue Umschichtung der Klassen und der Herzen setzt ein. Ja, und nicht einmal ausgesprochene Schuld auf irgendeiner Seite. Hier verändert sich etwas in der Seele des Volkes; nicht nur dieser einen Generation – vielen Generationen wird von dieser Zeit der Arbeitslosigkeit auch ihr inneres Schicksal bestimmt.

Bruno Nelissen-Haken, Stempelchronik. 261 Arbeitslosenschicksale, Hamburg 1932, S. 8

- Charakterisieren Sie die Folgen der Krise für das gesellschaftliche Zusammenleben. | F

[1] abhängige Erwerbspersonen
[2] abhängige Erwerbspersonen in Bergbau, Bau und Industrie
[3] Arbeitslose, ermittelt auf der Grundlage der Erwerbslosenversicherung
[4] nichtagrarische Erwerbspersonen

M3 Staatsfeindliche und staatstragende Parteien (1919–1932)

Vereinfachte Übersicht über den prozentualen Stimmenanteil der Parteien:

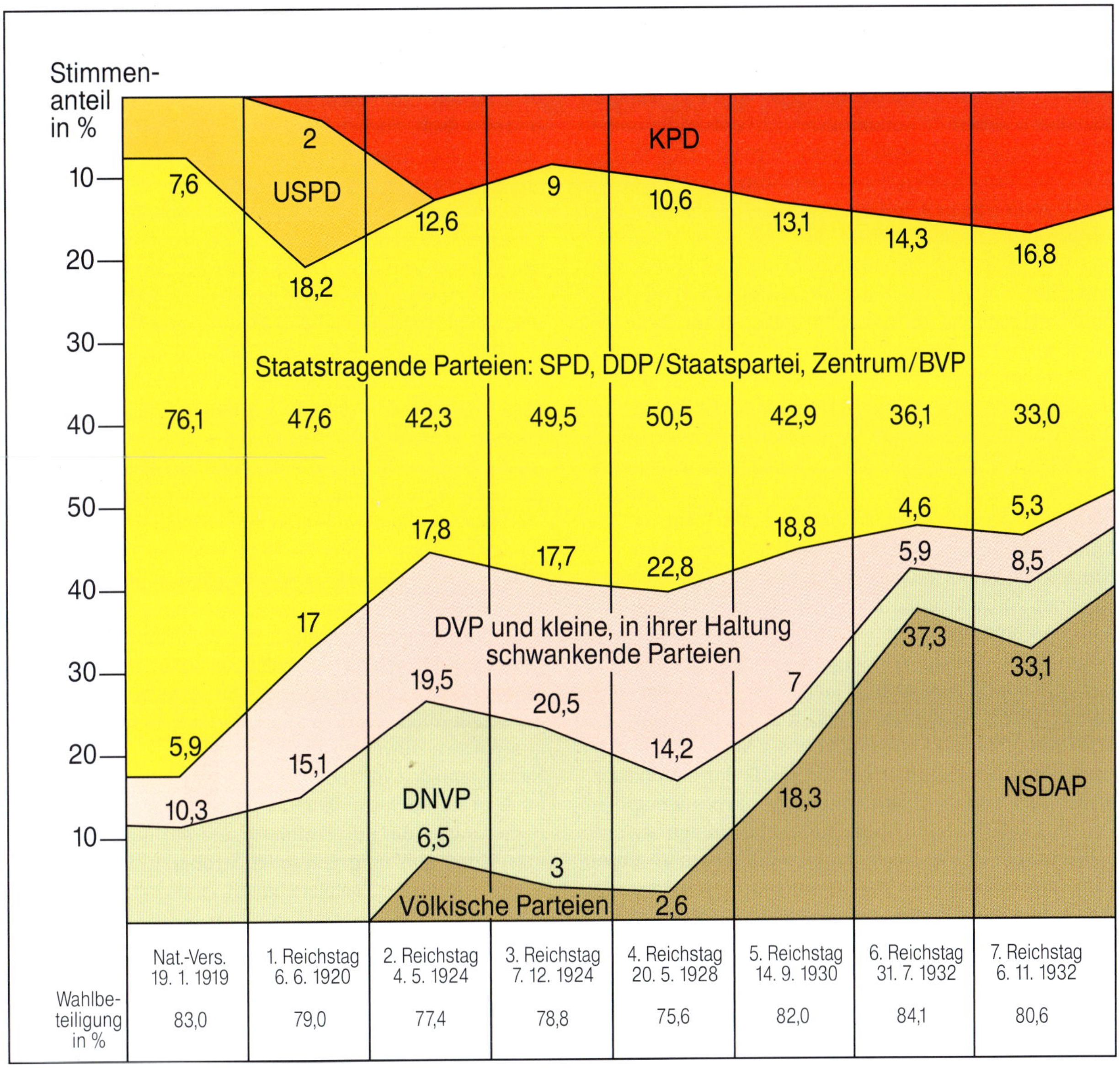

Nach: Karlheinz Dederke, Reich und Republik. Deutschland 1917–1933, Stuttgart [8]1996, S. 327
(die Angaben zur Wahlbeteiligung wurden hinzugefügt)

1. Beschreiben Sie die Entwicklung der Parteien.
2. Ordnen Sie die Parteienentwicklung in die politische Entwicklung der Weimarer Republik ein. | H

Internettipp
Zu allen Wahlen und zur Entwicklung des Parteisystems in der Weimarer Republik siehe den Code **32037-53**.

M4 „Nicht unser Staat"

Der sozialdemokratische Reichstagspräsident Paul Löbe (1875–1967) berichtet in seinen Lebenserinnerungen von der parlamentarischen Arbeit nach 1930:

Einige Jahre konnte der Reichstag wieder ordnungsgemäß arbeiten. Als aber 1930 das deutsche Volk 107 Nationalsozialisten neben 77 Kommunisten [...] entsandte und 40 deutschnationale Hugenbergianer[1] ihre schützende Hand über die Nazis hielten, brach der Sturm aufs Neue los. Äußerste Rechte und äußerste Linke warfen sich die Bälle zu, unterstützten gegenseitig ihre Obstruktionsanträge[2], begleiteten die jeweiligen Schimpfkonzerte ihrer Antipoden mit tosendem Beifall und versuchten durch unsinnige und demagogische Anträge die Arbeit des Parlaments und der Regierung lahmzulegen. [...]
Bei einer Reichshaushaltsberatung stellten die Kommunisten eine Reihe von Anträgen, unsympathische Steuern und Abgaben aufzuheben oder herabzusetzen, sodass bei Annahme dieser Anträge die Reichseinnahmen von zehn Milliarden auf sechs vermindert worden wären. Bei dem Ausgabenetat kamen dann so viel populäre Anträge auf Rentenerhöhungen, Wohnhausbauten, Erweiterung des Kreises der Versorgungsberechtigten, dass die Ausgaben des Etats von zehn auf 14 Milliarden steigen mussten. Als ich den kommunistischen Wortführer fragte, woher die Mittel für eine solche Wirtschaft kommen, wie das Defizit von acht Milliarden gedeckt werden sollte, erwiderte er kaltschnäuzig, darüber könne sich ja die Regierung den Kopf zerbrechen, „es ist ja nicht unser Staat, sondern der eure". Genauso unehrlich war die Taktik der nationalsozialistischen Fraktion. Sie beantragte, dass niemand im Reich mehr als tausend Mark Monatseinkommen beziehen sollte, dachte aber gar nicht daran, selbst diesen Grundsatz zu befolgen, sondern wollte mit solch demagogischen Anträgen nur die anderen Parteien in Verlegenheit bringen [...].

Zitiert nach: Günter Schönbrunn (Bearb.), Weltkriege und Revolutionen, München [5]1995, S. 249

1. Fassen Sie zusammen, wie Radikale von links und rechts die parlamentarische Arbeit beeinflussten.
2. Analysieren Sie, welche Wirkung diese Art der parlamentarischen Arbeit auf die Öffentlichkeit haben musste.
3. Recherchieren Sie die verfassungsrechtlichen Möglichkeiten, Feinden der Demokratie in der Bundesrepublik entgegenzutreten. Diskutieren Sie anschließend Ihre Ergebnisse.

[1] **Alfred Hugenberg** (1865–1951): Politiker und Medienunternehmer, von 1928 bis 1933 Vorsitzender der DNVP
[2] **Obstruktion**: Verschleppung, Verhinderung

M5 Verfassungspläne

Noch als Reichskanzler stellt der ehemalige Zentrumspolitiker Franz von Papen am 12. Oktober 1932 bayerischen Industriellen folgende Pläne vor:

Wir wollen eine machtvolle und überparteiliche Staatsgewalt schaffen, die nicht als Spielball von den politischen und gesellschaftlichen Kräften hin- und hergetrieben wird, sondern über ihnen unerschütterlich steht [...]. Die Reform der Verfassung muss dafür sorgen, dass eine solche machtvolle und autoritäre Regierung in die richtige Verbindung mit dem Volke gebracht wird. An den großen Grundgesetzen [...] soll man nicht rütteln, aber die Formen des politischen Lebens gilt es zu erneuern. Die Reichsregierung muss unabhängiger von den Parteien gestellt werden. Ihr Bestand darf nicht Zufallsmehrheiten ausgesetzt sein. Das Verhältnis zwischen Regierung und Volksvertretung muss so geregelt werden, dass die Regierung und nicht das Parlament die Staatsgewalt handhabt.
Als Gegengewicht gegen einseitige, von Parteiinteressen herbeigeführte Beschlüsse des Reichstages bedarf Deutschland einer besonderen Ersten Kammer mit fest abgegrenzten Rechten und starker Beteiligung an der Gesetzgebung. Heute ist das einzige Korrektiv gegen das überspitzte parlamentarische System und gegen das Versagen des Reichstages die Verordnungsgewalt des Reichspräsidenten aufgrund des Artikels 48 der Reichsverfassung.[3] Sobald aber wieder stetige und normale Verhältnisse herrschen, wird auch kein Anlass mehr sein, den Artikel 48 in der bisherigen Weise anzuwenden. [...]
Nichts kann das Vertrauen in den Aufstieg der Nation mehr hindern als die Unstabilität der politischen Verhältnisse, als Regierungen, die nur Treibholz sind auf den Wellen der Partei und abhängig von jeder Strömung. Diese Art der Staatsführung der Parteiarithmetik ist im Urteil des Volkes erledigt.

Zitiert nach: Heinz Hürten (Hrsg.), Weimarer Republik und Drittes Reich 1918–1945, Stuttgart 1995, S. 132ff.

1. Beschreiben Sie das Regierungssystem, das Papen einführen will. | F
2. Der erste Artikel der Weimarer Verfassung lautet: „Das Deutsche Reich ist eine Republik. Die Staatsgewalt geht vom Volke aus." Erläutern Sie, in welchem Verhältnis Papens Überlegungen zu den Bestimmungen der Weimarer Verfassung stehen.

[3] Zu Artikel 48 der Reichsverfassung siehe Seite 315 und M1 auf Seite 316.

M6 „Zu bejahender Kraft mitreißen"

Mitte November 1932 richten Persönlichkeiten aus Wirtschaft und Industrie sowie aus großagrarischen Kreisen an den Reichspräsidenten die Bitte, Hitler zum Kanzler zu ernennen:

Mit Eurer Exzellenz bejahen wir die Notwendigkeit einer vom parlamentarischen Parteiwesen unabhängigen Regierung, wie sie in dem von Eurer Exzellenz formulierten Gedanken eines Präsidialkabinetts zum Ausdruck kommt. Der Ausgang der Reichstagswahl vom 6. November d. J. hat gezeigt, dass das derzeitige Kabinett [...] für den von ihm eingeschlagenen Weg keine ausreichende Stütze im deutschen Volk gefunden hat.

[...] Gegen das bisherige parlamentarische Parteiregime sind nicht nur die Deutschnationale Volkspartei und die ihr nahe stehenden kleineren Gruppen, sondern auch die Nationalsozialistische Deutsche Arbeiterpartei grundsätzlich eingestellt und haben damit das Ziel Eurer Exzellenz bejaht. [...] Es ist klar, dass eine des Öfteren wiederholte Reichstagsauflösung mit sich häufenden, den Parteikampf immer wieder zuspitzenden Neuwahlen nicht nur einer politischen, sondern auch jeder wirtschaftlichen Beruhigung und Festigung entgegenwirken muss. Es ist aber auch klar, dass jede Verfassungsänderung, die nicht von breitester Volksströmung getragen ist, noch schlimmere wirtschaftliche, politische und seelische Wirkungen auslösen wird. [...] Die Übertragung der verantwortlichen Leitung eines mit den besten sachlichen und persönlichen Kräften ausgestatteten Präsidialkabinetts an den Führer der größten nationalen Gruppe wird die Schlacken und Fehler, die jeder Massenbewegung notgedrungen anhaften, ausmerzen und Millionen Menschen, die heute abseits stehen, zu bejahender Kraft mitreißen.

Zitiert nach: Wolfgang Michalka und Gottfried Niedhart (Hrsg.), Deutsche Geschichte 1918–1933, Frankfurt am Main 2002, S. 224 f.

1. Fassen Sie die Argumente der Verfasser für eine Berufung Hitlers zum Reichskanzler sowie die Absichten und Hoffnungen, die sie mit dieser Berufung verbinden, zusammen.
2. Setzen Sie sich mit den politischen Einstellungen auseinander.

„Sylvester-Feier. Na dann Prost, Herr Generaldirektor. Auf ein glückliches neues Spiel!"
Karikatur aus der sozialdemokratischen Satirezeitschrift „Der wahre Jacob" vom 31. Dezember 1932.
Hinweis: Bei den beiden älteren Herren mit den Sektgläsern handelt es sich um stereotypische Darstellungen von Vertretern der Großindustrie bzw. der Hochfinanz. In der Mitte ist Adolf Hitler als Schachfigur dargestellt.

▶ Analysieren Sie die politische Rollenverteilung, die der Zeichner hier vornimmt. | F

M7 Ein Blick in die Zukunft

In der Münchener Zeitung „Der gerade Weg" schreibt der in der Jugendseelsorge tätige katholische Priester Ingbert Naab (1885–1935) im Juni 1932:

Hitler und sein bewusster Anhang plädieren für ein völlig neues Haus. Unsere bürgerlichen Politiker sehen das immer noch zu wenig. Sie haben das wahre Wesen der Hitlerbewegung noch gar nicht erfasst, auch die Herren in Berlin nicht. Hitler aber spricht immer von der nationalsozialistischen Weltanschauung und mit dem Blut dieser Weltanschauung will er alle Adern des zukünftigen Staates durchdringen. Er will nicht in der Reichsverfassung einige Änderungen durchdrücken, sondern erstrebt eine völlig neue Verfassung, die mit den Ideen Ernst macht, die er in seinem Buch „Mein Kampf" niedergelegt hat [...].
Es dreht sich nicht darum, dass im zukünftigen Parlament die Hitlerleute in der Mehrzahl sind und die anderen, mit denen die Abgeordneten in langen Redeschlachten herumlaufen, überstimmen. Es dreht sich darum, dass überhaupt kein Parlament mehr da ist, dass kein Zentrum und keine Deutschnationalen und keine Sozialisten mehr existieren. Es dreht sich darum, dass keine Abstimmungen mehr stattfinden, sondern nur noch Beratungen des Ständestaates: Bestimmen wird überall ein Verantwortlicher, der nur nach oben Verantwortung trägt.
Vom obersten Führer bis herunter in die unterste Blockstelle ist alles durchorganisiert. Wahlen werden nicht mehr notwendig sein. Denn jede verantwortliche Stelle wählt sich in ihrem Verantwortungskreis ihre Leute selber aus.
Die jetzige Regierung mag mit derartigen Plänen einige gemeinschaftliche Linien haben, Hitler will trotzdem etwas ganz anderes als die Regierung. Die jetzige Regierung strebt mehr auf frühere Formen zurück, wie es der Tradition ihrer Zusammensetzung entspricht, Hitler hat mit den alten Formen gar nichts zu tun. Die beiden werden sich nur so lange vertragen, als die Regierung Hitler die Wege ebnen hilft und soweit sie ihm dazu hilft. Aber die Regierung hat gar nicht im Sinn abzutreten. Im Grunde genommen möchte sie doch Hitler völlig ausschalten, indem sie ihm den Wind aus den Segeln nimmt durch die Erfüllung seiner Forderungen. Hier freilich irrt sich der Herr von Papen. Das „Baronenkabinett" ist eben doch wesentlich etwas anderes, als sich die zu einem guten Teil revolutionären Anhänger Hitlers unter der künftigen Reichsregierung vorstellen. Und die in neuer Gestalt erscheinende SA wird für andere Ideale kämpfen und sich nicht damit zufriedengeben, den Rechtskurs und die Auffassung der Staatsaufgaben des Herrn von Papen mitzumachen [...].

Ingbert Naab, Der gerade Weg. Deutsche Zeitung für Wahrheit und Recht, vom 19. Juni 1932, zitiert nach: Anton Grossmann und Alfred J. Gahlmann (Hrsg.), Nationalsozialismus. Arbeitsmaterial Sekundarbereich II, München 1983, S. 31 ff.

► Analysieren Sie die Intention des Verfassers.

M8 „Klare Lösung"

In den Aufzeichnungen von Annelies von Ribbentrop (1896–1973), der Ehefrau von Joachim von Ribbentrop (1893–1946, hingerichtet), der 1932 einflussreicher Verbindungsmann zwischen konservativen Gruppen und den Nationalsozialisten gewesen ist, findet sich folgendes Diktat ihres Mannes vom 27. Januar 1933:

Ich habe Hitler noch nie in einem solchen Zustand gesehen; ich schlage ihm und Göring[1] vor, Papen abends allein zu sprechen und ihm die ganze Situation klarzulegen. Abends spreche ich mit Papen und überzeuge ihn schließlich, dass nur die Kanzlerschaft Hitlers, für die er sich ganz einsetzen müsse, einen Sinn hätte. Papen [...] erklärt, dass er sich jetzt voll und ganz zur Kanzlerschaft Hitlers bekenne, was den entscheidenden Wendepunkt in der Haltung Papens bedeutete. Papen wird sich seiner Verantwortung bewusst – drei Möglichkeiten: entweder Präsidialkabinett [...] oder Rückkehr des Marxismus unter Schleicher[2] oder Rücktritt Hindenburgs. Dagegen die wirklich einzige klare Lösung: Kanzlerschaft Hitlers. Papen wird sich nun restlos klar, dass er jetzt unter allen Umständen Hitlers Kanzlerschaft durchsetzen muss und nicht wie bisher glauben darf, sich Hindenburg auf jeden Fall zur Verfügung halten zu müssen. Diese Erkenntnis Papens ist meines Erachtens der Wendepunkt der ganzen Frage. Papen ist am Sonnabend Vormittag für 10 Uhr bei Hindenburg angesagt.

Und zwei Tage später, am 29. Januar 1933, ist notiert:

Um 11 Uhr lange Aussprache Hitler – Papen. Hitler erklärt, dass im großen Ganzen alles im Klaren sei. Es müssten aber Neuwahlen angesetzt werden und ein Ermächtigungsgesetz müsse kommen. Papen begibt sich sofort zu Hindenburg. Ich frühstücke im Kaiserhof mit Hitler. Die Frage der Neuwahlen wird besprochen. Da Hindenburg nicht wählen lassen will, bittet er mich, Hindenburg zu sagen, dass dies die letzten Wahlen seien. Nachmittags gehen Göring und ich zu Papen. Papen erklärt, dass alle Hindernisse beseitigt seien und dass Hindenburg Hitler morgen um 11 Uhr erwartet.

Zitiert nach: Wolfgang Michalka und Gottfried Niedhart, a.a.O., S. 273 f.

1. Beurteilen Sie Papens Bedeutung für die Ernennung Hitlers zum Reichskanzler. Inwiefern kam ihm diese Lösung entgegen (siehe auch M5)?
2. Erörtern Sie, wer die Verantwortung für die Ernennung Hitlers zum Reichskanzler trug.

---

[1] **Hermann Göring** (1893–1946): seit 1933 preußischer Ministerpräsident; 1933–1945 Reichsminister für Luftfahrt; 1937/38 Reichswirtschaftsminister; 1939 von Hitler offiziell zu seinem Nachfolger ernannt; 1946 Selbstmord

[2] **Kurt von Schleicher**: siehe Seite 350. Ribbentrop spielt auf Schleichers Beschäftigungspolitik an.

M9 „Brautvorführung"

Die nachstehende Karikatur wird im Februar 1933 in der Schweizer Satirezeitschrift „Nebelspalter" veröffentlicht.

1. Beschreiben Sie die Karikatur. Gehen Sie dabei auf die dargestellten Personen und die Raumgestaltung ein.
2. Charakterisieren Sie die Personen (Mimik/Gestik, Kleidung und Attribute) und ihre Beziehungen zueinander.
3. Identifizieren Sie die dargestellten Personen. Tipp: Die Person rechts neben der Frauengestalt soll der Unternehmer und Politiker Alfred Hugenberg sein.
4. Arbeiten Sie heraus, was der Zeichner mit dem Schwert über dem Bett aussagen wollte.
5. Ordnen Sie die Karikatur in den historischen Kontext ein.

Methode

Politische Plakate auswerten

Weitere Anwendungsbeispiele finden Sie auf den Seiten 308, 320, 329 und 346 f.

Plakate sind öffentliche Aushänge, die meist an stark frequentierten Standorten platziert werden, um möglichst viele Menschen zu erreichen. Plakate können
- informieren (sachlich)
- werben (tendenziös)
- zu Aktionen aufrufen (appellativ).

Ihr Ziel ist es immer, auf den ersten Blick zu wirken und in Erinnerung zu bleiben. Deshalb werden oft auffällig gestaltete Mittel, **wiederkehrende Symbole** und kurze **Slogans** verwendet. Eine Form des Plakates ist das politische Plakat, das es in Deutschland seit Anfang des 19. Jahrhunderts gibt. Verwendungszwecke des politischen Plakates sind unter anderem Bekanntmachungen der Regierung, Protest (z. B. soziale Missstände) oder (Anti-)Kriegspropaganda. Seine Bedeutung als **Massenmedium** erreichte das Plakat erst in der Weimarer Republik mit der demokratischen Parteienvielfalt. In dem Maße, wie sich die politischen Auseinandersetzungen der Republik zuspitzten, wurden auch die Texte und Bilder der Parteien radikaler. Politische Gegner wurden diffamiert, Feindbilder aufgebaut und Bedrohungsszenarien heraufbeschworen. Hierbei wurden auch **Allegorien und Übertreibungen** eingesetzt.
Plakate geben keinerlei Auskunft über das Wahlverhalten einer gewissen Epoche, sehr wohl jedoch über die Auseinandersetzungen der Parteien, den Alltag der Menschen, die Probleme und die Grundhaltungen einer Zeit.

Arbeitsschritt	Leitfragen
1. beschreiben	• Um welche Art von Plakat handelt es sich? • Wer hat das Plakat in Auftrag gegeben? • Wann und wo ist es veröffentlicht worden? • Wen oder was zeigt das Plakat? • Was wird thematisiert?
2. erklären	• Auf welche Weise geschieht dies (überdimensioniert, naturgetreu, welche Größenverhältnisse etc.)? • Wie ist das Plakat aufgebaut? • Welche Gestaltungsmittel werden verwendet (Verhältnis von Text und Bild, Perspektive, Farben, Haltung und Position der Figuren, Schriftgröße und -art, Symbole, Verwendung bestimmter Stilmittel)? • Wie sind die Allegorien zu entschlüsseln? Wer steckt hinter den dargestellten Personen/Dingen? • Welche Hauptaussage wird demnach getroffen?
3. beurteilen	• Wie ist das Plakat in seinen historischen Kontext einzuordnen? • An wen wendet sich das Plakat? • Ist es gegen jemanden gerichtet? Werden Feindbilder dargestellt? • Welche Wirkung soll das Plakat beim zeitgenössischen Betrachter erzielen? • Welche Aussageabsichten werden verfolgt? • Inwiefern ist die Gestaltung des Plakates gelungen?

SA-Mann mit Schirmmütze und Hakenkreuz: personifizierter „Feind der Demokratie" von rechts

Schriftzug: Verweis auf politische Gegner („Feinde der Demokratie!") und eigenes demokratisches Selbstverständnis

Kommunist mit rotem Stern auf der Kappe: personifizierter „Feind der Demokratie" von links, symbolisiert Gefahr des Bolschewismus

Farbgebung: Schwarz-Rot-Gold als Nationalfarben und Bekenntnis zur Demokratie

Totenkopf mit Reichswehrhelm: Allegorie auf Gefahr des Militarismus oder die Toten des Ersten Weltkrieges

Dolch: Symbol für Gewalt und Hinterhältigkeit, Verweis auf „Dolchstoßlegende"

Wahlaufruf: Ausschalten politischer Gegner (durch demokratische Mittel ≙ Wahl) als Ziel formuliert

Verweis auf Auftraggeber und Listenplatz

Rot als Farbe der Sozialdemokratie

Wahlplakat der SPD von 1930.

▶ Analysieren Sie das Plakat mithilfe der Arbeitsschritte auf Seite 360. Ihre Ergebnisse können Sie mit der Beispiellösung auf Seite 513 vergleichen.

Rollenspiele durchführen

Das **Rollenspiel** ist, anders als der Name es vermuten lässt, kein Spiel, sondern eine anspruchsvolle Methode des historischen Lernens und Verstehens. Beim Rollenspiel geht es nur in einem ersten Schritt um die Auswertung von Quellen, da dies die Basis des späteren Handelns darstellt. Auch und vor allem aber geht es um einen **Perspektivwechsel**. Will man in die Rolle einer anderen, z. B. historischen Person schlüpfen, bedarf es entsprechender Kenntnis ihrer Lebensumstände und -ansichten. Ein erfolgreiches Rollenspiel bewegt sich innerhalb eines Themas, das deutlich macht, welche Aspekte im Besonderen beleuchtet und dargestellt werden sollen. Es muss im Vorfeld klar sein, welche und wie viele Rollen auszufüllen sind, damit die Interaktion während des Spiels gelingen kann. Es gilt, **auf der Basis diverser Quellen** ein möglichst genaues Rollenprofil zu erstellen. Der Rollenwechsel impliziert nicht nur ein Sich-Einfühlen sondern auch ein ganzheitliches Ausfüllen der Rolle. Interessant kann es auch sein, bewusst eine konträre Position einzunehmen. So erschließen sich bislang unbekannte **Verhaltensoptionen**, und **Fremdverstehen** wird ermöglicht. Die besondere Herausforderung besteht darin, die historische Szenerie bei der Darstellung von der eigenen Wirklichkeit abzugrenzen, diese aber im Anschluss, etwa in Form einer Diskussion, sehr wohl beurteilen zu können.

Arbeitsschritt	Was ist zu tun?
1. Vorbereitung (in Einzel-, Partner- oder Gruppenarbeit)	• Sichten Sie das Quellenmaterial und beziehen Sie sowohl Schrift- als auch Bildquellen ein, die Auskunft über Gedanken und Ansichten der darzustellenden Person oder der sozialen Gruppe, der sie zugehörig ist, geben (Tagebuch, Biografie, Reden, Briefe, Karikaturen, Statistiken ...). • Informieren Sie sich über den historischen Kontext und das soziale Milieu Ihres Rollencharakters. Beziehen Sie auch Ihr Vorwissen mit ein.
2. „role-taking" und „role-making"	• Erstellen Sie ein Rollenprofil: Notieren Sie persönliche Informationen der darzustellenden Person (Geschlecht, Herkunft, Beruf, soziale Schicht, Bildung – daraus resultierende politische Ansichten ...). • Überlegen Sie sich auf Basis der Quellenanalyse Argumente und Beispiele, die die Ansichten Ihrer Rolle untermauern. • Setzen Sie Ihre Rolle in Beziehung zu anderen – welche ist konträr zu der Ihren, mit welcher bestehen Gemeinsamkeiten? Wie kann sich dies auf Ihre Interaktion, Mimik, Gestik und Position im Raum auswirken? • Formulieren Sie Fragen, Vorwürfe oder bewusste Provokationen für die Interaktion mit anderen Rollen. • Trennen Sie streng eigene Ansichten von denen Ihres Rollencharakters.
3. Reflexion	• Überprüfen Sie, inwiefern Sie der Rolle gerecht geworden sind: Wurden alle wesentlichen Aspekte bedacht? Kam es zu Konflikten? Konnten diese gelöst werden? • Reflektieren Sie die Interaktion und bewerten Sie die Nachhaltigkeit des Rollenspiels.

Wahlabend in Salzgitter, 1930.

Im Wahllokal kommen Sie ins Gespräch über die aktuelle politische Lage …

Sie sind ein **ehemaliger ranghoher Offizier**, der seine Karriere dem Krieg und dem Militär zu verdanken hat. Ihre Familie genoss seit jeher Privilegien. Durch die Revolution und die neue Staatsform hat sich einiges für Sie verändert …

Sie sind eine **junge Frau und Mutter**, die mit ihrem Mann zusammen selbstständig einen kleinen Kaufladen führt. Sie haben sich die Selbstständigkeit hart erwirtschaftet und genießen einen Lebensstandard ohne schwere körperliche Arbeit. Durch die Revolution und die neue Staatsform haben sich für Sie als Frau neue Möglichkeiten ergeben …

Sie sind ein **Beamter im mittleren Dienst** im örtlichen Finanzamt und mussten durch die politischen Wirren und die staatliche Sparpolitik Gehaltssenkungen hinnehmen. Ihre Ausbildung haben Sie im Kaiserreich absolviert, aber durch die Revolution und die neue Staatsform hat sich für Sie einiges verändert …

Sie sind ein **Arbeitsloser**, der früher als Fabrikarbeiter in der Stahlindustrie tätig war. Sie wurden vom Fabrikbesitzer aufgrund allgemeiner Sparmaßnahmen entlassen, da durch das Kriegsende die Rüstungsindustrie nicht mehr gefragt ist. Sie sind mit Ihrer Situation sehr unzufrieden. Die Villa des Fabrikbesitzers sehen Sie jeden Tag aus der Ferne, wenn Sie auf dem Weg zur Suppenküche sind …

1. Arbeiten Sie für eine der genannten Rollen ein Rollenprofil mithilfe des Leitfadens auf Seite 362 heraus. Sie können anschließend Ihre Ideen mit den Rollenprofilen auf Seite 514 vergleichen.
2. Interagieren Sie in Ihrer Rolle: Machen Sie Ihre Position deutlich und erklären Sie, inwiefern Sie mit der aktuellen Politik und Staatsform (un)zufrieden sind.

Warum scheiterte die Weimarer Republik?

Bei der Frage nach den Gründen für den Untergang der Weimarer Republik und den Machtantritt der Nationalsozialisten ist es nahezu einhellige Ansicht der Geschichtswissenschaft, dass nicht eine einzelne Ursache ausschlaggebend war. Für Zeitgenossen wie Otto Braun, den ehemaligen sozialdemokratischen Ministerpräsidenten von Preußen, waren der Vertrag von Versailles und die Radikalität der deutschen Kommunisten entscheidend. Amerikanische Historiker legten den Schwerpunkt auf die autoritären Traditionen der Deutschen. Andere sehen im Versagen führender Persönlichkeiten aus Politik, Wirtschaft und Militär zwischen 1930 und 1933 eine wesentliche Ursache des Zusammenbruchs, da die alten Eliten Hitler unterschätzten. Allerdings bleibt trotz der abwägenden Gewichtung einzelner Ursachen heute die Erkenntnis, dass beim Scheitern der Republik unterschiedliche Ereignisse und Prozesse zusammenspielten.

M1 „Die antirepublikanischen Tendenzen [...] waren grundsätzlich beherrschbar"

Der Historiker Hagen Schulze (1943–2014) versucht die Frage zu beantworten, woran Weimar gescheitert ist. Er schreibt 1982:

Woran ist also Weimar gescheitert? Die Antwort ist nicht mit letzter wissenschaftlicher Präzision zu geben, aber einiges lässt sich doch ausmachen: Die wichtigsten Gründe liegen auf dem Feld der Mentalitäten, der Einstellungen und des Denkens. In der Mitte des Ursachenbündels finden sich eine Bevölkerungsmehrheit, die das politische System von Weimar auf die Dauer nicht zu akzeptieren bereit war, sowie Parteien und Verbände, die sich den Anforderungen des Parlamentarismus nicht gewachsen zeigten. Die Ursachen für diese Defekte dürften überwiegend in langfristigen, aus den besonderen Bedingungen der preußisch-deutschen Geschichte zu erklärenden Zusammenhängen zu suchen sein, verstärkt durch die Entstehungsbedingungen des Weimarer Staatswesens und seiner außenpolitischen Belastungen. Die Übertragung dieser ungünstigen Gruppenmentalitäten auf das Weimarer Regierungssystem wurde durch den Wahlrechtsmodus erheblich begünstigt; andere Merkmale der formalen Verfassungsordnung, wie ihr mangelnder normativer Charakter oder der Föderalismus, wirkten nur in zweiter Linie destabilisierend, während das starke präsidiale Moment daneben auch stabilisierende Komponenten enthielt, die allerdings letzten Endes nicht zum Zuge kamen. Die antirepublikanischen Tendenzen in Armee, Bürokratie und Justiz waren grundsätzlich beherrschbar, eine Frage des Machtbewusstseins von Parteien und Regierung. Die gesellschaftlichen und wirtschaftlichen Rahmenbedingungen waren hauptsächlich langfristig wirksam, indem sie auf die Mentalitäten von Bevölkerung und einzelnen Gruppen einwirkten; aktuelle ökonomische Krisen verstärkten die destabilisierenden Momente, verursachten sie aber nicht.

Lapidar lässt sich also schließen: Bevölkerung, Gruppen, Parteien und einzelne Verantwortliche haben das Experiment Weimar scheitern lassen, weil sie falsch dachten und deshalb falsch handelten. Auch auf dem Umweg über die Strukturanalyse gelangt man so zu dem Schluss, dass Weimar nicht schicksalhaft oder bedingt durch anonyme Sachzwänge scheitern musste – die Chance der Gruppen wie der Einzelnen, sich für Weimar zu entscheiden und dem Gesetz der parlamentarischen Demokratie zu gehorchen, nach dem man angetreten war, hat immer bestanden.

Hagen Schulze, Weimar. Deutschland 1917–1933, Berlin 1994, S. 425

M2 Weder Zwang noch Zufall

*Der Historiker Heinrich August Winkler (*1938) äußert sich 2011 folgendermaßen über die Ursachen des Scheiterns der Weimarer Republik:*

Die Ernennung Hitlers zum Reichskanzler war nicht der unausweichliche Ausgang der deutschen Staatskrise, die mit dem Bruch der Großen Koalition am 27. März 1930 begonnen und sich seit der Entlassung Brünings am 30. Mai 1932 dramatisch zugespitzt hatte. Hindenburg musste sich von Schleicher so wenig trennen, wie er genötigt gewesen war, Brüning durch Papen auszuwechseln. Er hätte Schleicher nach einem Misstrauensvotum des Reichstages als Chef einer geschäftsführenden Regierung im Amt halten oder durch einen nicht polarisierenden „überparteilichen" Kanzler ersetzen können. Die neuerliche Auflösung des Reichstages innerhalb der verfassungsmäßigen Frist von sechzig Tagen war ihm nicht verwehrt; der Aufschub von Neuwahlen bis in den Herbst 1933 war hingegen nach den entsprechenden Erklärungen aus der politischen Mitte und vonseiten der Sozialdemokratie kaum weniger riskant als im Jahr zuvor. Nichts zwang den Reichspräsidenten dazu, Hitler zum Reichskanzler zu machen. Hitler war zwar immer noch, trotz seiner Niederlage in der Reichstagswahl vom 6. November 1932, der Führer der stärksten Partei, aber eine Mehrheit im Reichstag gab es für ihn nicht.

Bis in den Januar 1933 hinein hatte sich der Reichspräsident, um eine Parteidiktatur der Nationalsozialisten zu verhindern, der Kanzlerschaft Hitlers widersetzt. Hindenburg änderte seine Haltung, weil ihn nun auch seine engsten Berater dazu drängten und weil er das Risiko der Diktatur durch das Übergewicht konservativer Minister im

Kabinett Hitler verringert, wenn nicht beseitigt sah. [...] Auf Schleichers Entlassung und Hitlers Ernennung arbeiteten einflussreiche Kreise der seit Bismarcks Zeiten vom Staat subventionierten ostelbischen Großlandwirtschaft hin, sowie, vorzugsweise auf dem Weg über Papen, der rechte Flügel der rheinisch-westfälischen Schwerindustrie. Entsprechenden Druck übten zuletzt fast alle Personen aus, die Zugang zum Reichspräsidenten hatten. Diesem Druck zu widerstehen, war der Greis nicht mehr stark genug. Das Machtzentrum um Hindenburg hatte sich im Januar 1933 für das Wagnis mit Hitler entschieden, und Hindenburg als Person war nur ein, wenn auch der wichtigste, Teil des Machtzentrums.

Der 30. Januar war also weder ein zwangsläufiges Ereignis der vorangegangenen politischen Entwicklung noch ein Zufall. Hitlers Massenrückhalt machte seine Ernennung möglich, aber erst durch den Willen Hindenburgs und des Milieus, das er verkörperte, wurde er Kanzler. Die politische Stärke jener „alten Eliten", die auf eine „Regierung der nationalen Konzentration" unter Hitler drängten, war ebenso wie der Zulauf zu seiner Partei eine soziale Tatsache mit langer Vorgeschichte. Zu dieser Vorgeschichte gehörte auch die Erosion des Vertrauens in den demokratischen Staat. Dass der „Legitimitätsglaube", Max Weber zufolge die wichtigste immaterielle Herrschaftsressource, in Weimar von Anfang an schwach war, hatte Gründe, die mit der Geburt der Republik aus der Niederlage im Ersten Weltkrieg zusammenhingen und zugleich weit hinter diesen Krieg zurückreichten. Wenn es eine Ursache „letzter Instanz" für den Zusammenbruch der ersten deutschen Demokratie gibt, liegt sie in der historischen Verschleppung der Freiheitsfrage im 19. Jahrhundert – oder, anders gewendet, in der Ungleichzeitigkeit der politischen Modernisierung Deutschlands: der frühen Demokratisierung des Wahlrechts und der späten Parlamentarisierung des Regierungssystems.

Heinrich August Winkler, Geschichte des Westens. Die Zeit der Weltkriege 1914–1945, München 2011, S. 631 f.

1. Geben Sie die Kerngedanken der Historiker wieder (M1 und M2).
2. Vergleichen Sie die Auffassungen der Historiker hinsichtlich der Ursachen des Scheiterns der Weimarer Republik, indem Sie auf die angesprochenen Konflikte und Probleme näher eingehen (M1 und M2). | F
3. Das Scheitern der Weimarer Republik: Zwang – Zufall – Schicksal? Nehmen Sie Stellung.

„Stützen der Gesellschaft."
Ölgemälde (200 x 108 cm) von George Grosz, 1926.
Das Gemälde wurde von dem Kunsthistoriker Hans Hess als eine „große Allegorie des deutschen Staates in der Weimarer Republik" bezeichnet.

- ▶ Beschreiben Sie die abgebildeten Figuren und ordnen Sie sie aufgrund ihrer Attribute bestimmten Gesellschaftsschichten zu.
- ▶ Analysieren Sie die Aussageabsicht des Künstlers. Gehen Sie dazu auch erläuternd auf den Bildtitel und die oben zitierte Aussage von Hans Hess ein. | F

Die Weimarer Republik (1918–1933)

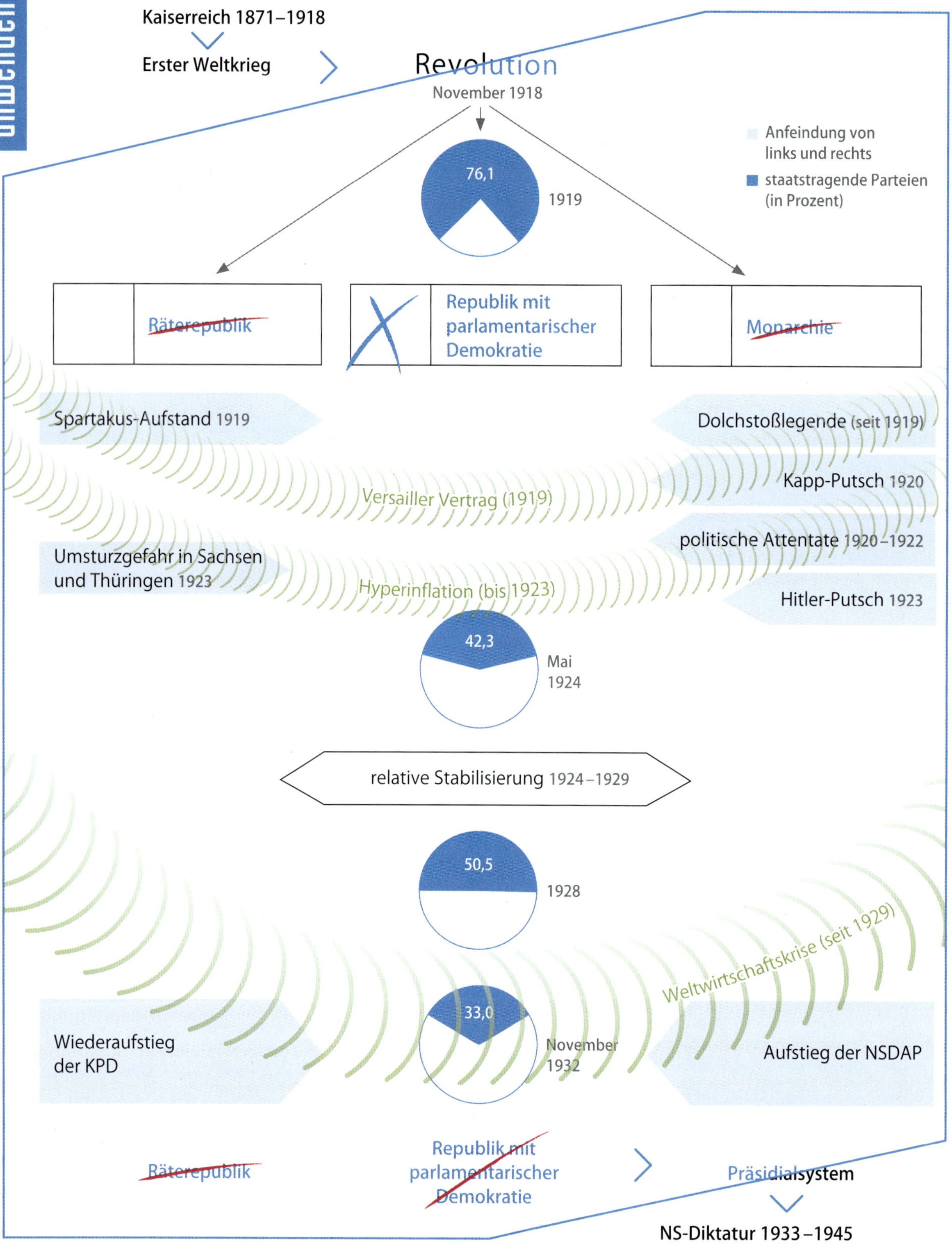

M „Es lebe die deutsche Republik!"

*Frank-Walter Steinmeier (*1956) ist seit dem 19. März 2017 der zwölfte Bundespräsident der Bundesrepublik Deutschland. Bei einer Gedenkstunde des Deutschen Bundestages zum 9. November 2018 hält er anlässlich des 100. Jahrestages der Revolution folgende Rede:*

Die Revolution, so ungeplant und improvisiert sie auch war, steht für eine tief greifende Zäsur in der deutschen Geschichte, für einen Aufbruch in die Moderne.

Viele ihrer Errungenschaften prägen heute unser Land, auch wenn uns das nicht jeden Tag bewusst ist. Die Revolution brachte allen deutschen Parlamenten das allgemeine und gleiche Wahlrecht – endlich, zum ersten Mal auch für die Frauen! Sie bahnte den Weg zur Weimarer Nationalversammlung, zu einer republikanischen Verfassung, zur parlamentarischen Demokratie, der ersten in der Geschichte unseres Landes. Auch Grundsteine des modernen Sozialstaates legte diese Revolution: Acht-Stunden-Tag, Tarifpartnerschaft, Mitbestimmung durch Betriebsräte – all das steht für den sozialen Fortschritt, der damals inmitten der Nachkriegswirren begann.

Aber trotz alledem hat die Revolution bis heute kaum Spuren im Gedächtnis unserer Nation hinterlassen. [...]

Manchmal scheint mir, als sei jene Zeitenwende auf ewig überschattet vom Scheitern der Republik, als sei der 9. November 1918 diskreditiert und entwürdigt durch den 30. Januar 1933. Ja, das Ende der Weimarer Republik führte hinab ins furchtbarste Kapitel der deutschen Geschichte. Aber: Historisch gescheitert ist nicht die Demokratie – historisch gescheitert sind die Feinde der Demokratie. [...]

Ja, diese Revolution war auch eine Revolution mit Irrwegen und enttäuschten Hoffnungen. Aber es bleibt das große Verdienst der gemäßigten Arbeiterbewegung, dass sie – in einem Klima der Gewalt, inmitten von Not und Hunger – den Kompromiss mit den gemäßigten Kräften des Bürgertums suchte, dass sie der parlamentarischen Demokratie den Vorrang gab. [...]

In der Weimarer Republik hat der 9. November nie die symbolische Kraft eines Gründungsmythos gewinnen können. [...] Statt Einheit zu stiften, verschärfte die Erinnerung an den 9. November sogar die ideologische Spaltung der Gesellschaft: Für Teile der radikalen Linken stand das Datum für den vermeintlichen Verrat an der Arbeiterklasse, für die Republikfeinde von rechts für ihre Lüge vom „Dolchstoß", den angeblichen Verrat an den Frontkämpfern. Es war kein Zufall, dass Adolf Hitler ausgerechnet am 9. November 1923 in München den ersten Anlauf zum Sturz der Republik unternahm, jenes „undeutschen Systems", dessen Repräsentanten die völkische Rechte mit mörderischem Hass überzog. [...]

Und es war vor allem die lange Tradition antiliberalen Denkens, die die politische Kultur der Republik vergiftete: Intellektuelle wie Carl Schmitt zogen gegen den Interessenpluralismus der „modernen Massengesellschaft" zu Felde und schmähten die „taktischen Kompromisse und Koalitionen" einer sogenannten politischen „Klasse". Vertreter der radikalen Linken geißelten Parlamente und Regierungen als Herrschaftsinstrumente der „bürgerlichen Klasse". [...]

Das Denken und Handeln der Weimarer Demokraten wirkte über die erste Republik hinaus. Die Mütter und Väter der Bundesrepublik, von denen viele in der Weimarer Zeit geprägt worden waren, konnten nach 1945 auf deren Kenntnissen aufbauen und auch aus ihren Irrtümern lernen. In den Worten von Heinrich August Winkler: „Dass Bonn nicht Weimar wurde, verdankt es auch der Tatsache, dass es Weimar gegeben hat." [...]

So wenig der Demokratie am 9. November 1918 ihr Scheitern schon vorherbestimmt war, so wenig ist heute, einhundert Jahre später, ihr Gelingen garantiert. Wir beobachten ein wachsendes Unbehagen an der Parteiendemokratie, bis hinein in die Mitte unserer Gesellschaft. Wir erleben, wie manche die Parlamente gar nicht mehr als Orte für politische Lösungen ansehen wollen. Nicht alle diese Menschen sind Gegner der Demokratie – aber sie fehlen der Demokratie. Gerade die Geschichte der Weimarer Republik zeigt doch, wie sehr wir Bürgerinnen und Bürger brauchen, die bereit sind, Verantwortung zu übernehmen, die sich den Mühen demokratischer Politik aussetzen – weil sie an ihren Wert glauben. [...]

Trauen wir uns, die Hoffnung, die republikanische Leidenschaft jener Novembertage auch in unserer Zeit zu zeigen. Trauen wir uns, den Anspruch zu erneuern: Es lebe die deutsche Republik! Es lebe unsere Demokratie!

www.bundespraesident.de/SharedDocs/Reden/DE/Frank-Walter-Steinmeier/Reden/2018/11/181109-Gedenkstunde-Bundestag.html (Zugriff: 21. Juni 2019)

1. Fassen Sie die Leistungen zusammen, die wir nach Steinmeier der Revolution von 1918 verdanken.
2. Charakterisieren Sie den Zwiespalt, mit dem in Deutschland seit jeher auf die Ergebnisse von 1918 geblickt wird.
3. Diskutieren Sie, inwiefern sich der 9. November als nationaler Gedenktag eignen würde.

Orientierung

3.5 Wahlmodul: Der Erste Weltkrieg

Im Jahre 2018 jährte sich das Ende des Ersten Weltkrieges zum hundertsten Mal. Anlässlich des Jubiläums fanden im In- und Ausland zahlreiche öffentliche Gedenkfeiern und -veranstaltungen statt. Bereits im Gedenkjahr 2014 präsentierten Museen in aller Welt Ausstellungen zur „Urkatastrophe des 20. Jahrhunderts". Auch Hollywood nahm sich dem Thema in den zurückliegenden Jahren an. Der neuseeländische Regisseur Peter Jackson setzte beispielsweise mit seinem 2018 erschienenen Dokumentarfilm „They Shall Not Grow Old" neue Maßstäbe. In Zusammenarbeit mit dem Imperial War Museum in London ließ er historisches Filmmaterial kolorieren und vertonen. Ein bis dahin einmaliges Projekt.

In dem von August 1914 bis November 1918 andauernden Krieg fanden über neun Millionen Soldaten den Tod. Allein bei der als „Knochenmühle" bezeichneten Schlacht von Verdun (1916) starben schätzungsweise über 700 000 Soldaten. Auch bekannte Künstler – wie die deutschen Maler Franz Marc und August Macke oder der französische Bildhauer Raymond Duchamp-Villon – ließen ihr Leben im Ersten Weltkrieg. Der Masseneinsatz von Soldaten, neue Waffensysteme (U-Boote, Flugzeuge, Panzer, Flammenwerfer, Giftgas) und eine bis dahin unvorstellbare Erhöhung der Feuerkraft waren schreckliche Erfahrungen für die Menschen. In vielen Ländern litt ebenso die Zivilbevölkerung unter den Folgen des Krieges. Aufgrund von Versorgungsengpässen wurden Abertausende unterernährte Menschen in der Heimat Opfer von Epidemien und Krankheiten. In den Kampfgebieten zeugten zerstörte Städte und Dörfer sowie durch Granattrichter völlig verwüstete frühere Kulturlandschaften von der neuen Dimension des Krieges im industriellen Zeitalter.

Aber der Krieg brachte nicht nur millionenfache Todesopfer und traumatisierte Kriegsverwundete. Er begünstigte letztlich auch den Umsturz traditioneller Herrschaftsformen in Europa und führte den Zusammenbruch des alten europäischen Staatensystems herbei.

Das Kapitel beschäftigt sich inhaltlich mit ...

- den Ursachen und dem Anlass des Ersten Weltkrieges
- dem Verlauf und Ende des Krieges
- der nationalen und internationalen Erinnerung an den Ersten Weltkrieg

Der Toten gedenken.
Foto vom November 2018, Berlin. Anlässlich des 100. Jahrestages des Endes des Ersten Weltkrieges legt der belgische König Philippe einen Kranz zu Ehren der Kriegsopfer vor der Skulptur „Mutter mit totem Sohn" in der Neuen Wache nieder, der Zentralen Gedenkstätte der Bundesrepublik Deutschland für die Opfer von Krieg und Gewaltherrschaft. Bei der Skulptur der Bildhauerin und Grafikerin Käthe Kollwitz handelt es sich um eine vergrößerte Kopie. Das kleinformatige Original befindet sich im Kollwitz-Museum in Köln.

▶ Recherchieren Sie, wann Käthe Kollwitz die Plastik fertigte und wem sie gewidmet ist.

Vorgeschichte des Ersten Weltkrieges

1880 - 1914 — Der Zeitraum gilt als Phase des Hochimperialismus, in dem die nicht-europäische Welt von der europäischen Zivilisation sowie dem westlich-industriellen System durchdrungen wird.

ab Ende des 19. Jhs. — Es kommt zum Flottenwettrüsten zwischen Großbritannien und dem Deutschen Reich.

1912/13 — Balkankriege: Die Türkei wird vom Balkan verdrängt, Serbien kann sich vergrößern.

Juli 1914 — Julikrise: Nach der Ermordung des österreichisch-ungarischen Thronfolgers am 28. Juni in Sarajewo eskaliert die politische Lage. Der Konflikt zwischen Österreich-Ungarn und Serbien weitet sich durch Bündnisverpflichtungen zum europäischen Krieg aus.

Kriegsbeginn und Verlauf

1. 8. 1914 — Das Deutsche Reich erklärt Russland den Krieg. Zwei Tage später folgt die Kriegserklärung an Frankreich. Am 4. August tritt Großbritannien in den Krieg ein.

26. - 30. 8. 1914 — Deutsche Truppen siegen unter der Führung des Generals Paul von Hindenburg über die russische Armee in der Schlacht bei Tannenberg (Ostpreußen), die einen Heldenmythos („Tannenberg-Mythos") begründet.

bis Nov. 1914 — Der deutsche Vormarsch in Belgien und Frankreich kommt zum Stillstand, der Krieg wird zum Stellungskrieg.

2. 11. 1914 — Großbritannien erklärt die gesamte Nordsee zum Kriegsgebiet und verhängt eine Seeblockade.

Februar 1915 — Das Deutsche Reich beginnt den uneingeschränkten U-Boot-Krieg und bricht damit internationale Seekriegsregeln. Handels- und Passagierschiffe werden ohne Vorwarnung versenkt, auch aus neutralen Staaten.

April 1915 — Die deutsche Armee verwendet in der zweiten Ypern-Schlacht erstmals Chlorgas.

21. 2. 1916 — Die Schlacht um Verdun beginnt. Sie bringt Frankreich und dem Deutschen Reich hohe Verluste. Insgesamt sterben über 700 000 Soldaten.

Sept. 1916 — Die britische Armee setzt erstmals „tanks" (Panzer) im Kampfgeschehen ein.

Winter 1916/17 — Infolge der britischen Seeblockade und kriegswirtschaftlicher Probleme verschärft sich die Lebensmittelnot der Zivilbevölkerung im Deutschen Reich („Steckrübenwinter"). Zwischen 1914 und 1918 sterben Hunderttausende an Hunger und Unterernährung.

6. 4. 1917 — Die USA erklären dem Deutschen Reich den Krieg.

8. 1. 1918 — US-Präsident Woodrow Wilson verkündet eine Friedensordnung für Europa in 14 Punkten.

Beendigung des Krieges

3. 3. 1918 — Deutschland schließt in Brest-Litowsk einen Separatfrieden mit Russland, wo in der Oktoberrevolution 1917 die Bolschewiki unter Wladimir I. Lenin die Herrschaft übernommen hatten.

3./4. 10. 1918 — Der neue Reichskanzler Prinz Max von Baden richtet an den US-Präsidenten ein Waffenstillstandsangebot.

11. 11. 1918 — Nach dem Sturz des Kaisers und der deutschen Fürsten (Novemberrevolution) unterzeichnet die neue Reichsregierung in Compiègne den Waffenstillstand.

18. 1. 1919 — Die Pariser Friedenskonferenz beginnt ohne Beteiligung der besiegten Mittelmächte.

28. 6. 1919 — Es kommt zur Unterzeichnung des Versailler Vertrages durch Deutschland. Der Vertrag tritt am 10. Januar 1920 in Kraft. Er legt u. a. die Alleinschuld Deutschlands und seiner Verbündeten im Ersten Weltkrieg fest (Artikel 231).

Imperialismus: Vom lateinischen Wort Imperium abgeleitet, bedeutet der Begriff „Herrschaft" oder „Großreichspolitik" und kann als die territoriale Ausdehnung eines Staates über andere Länder und Völker verstanden werden. Im weiten Sinne umfasst der „Imperialismus" das gesamte 19. und frühe 20. Jahrhundert bis zum Ausbruch des Ersten Weltkrieges. Als „klassisches Zeitalter des Imperialismus" oder als Periode des Hochimperialismus gelten jedoch die Jahre zwischen 1880 und 1914, in denen die gesamte nichteuropäische Welt von der europäischen Zivilisation sowie dem westlich-industriellen System durchdrungen wurde. Das Gleichgewicht der Mächte wich einem allgemeinen Prestige- und Rüstungswettlauf.

Nationalismus: weltanschauliches Bekenntnis (Ideologie) zur eigenen Nation und dem Staat, dem man angehört. Auf der einen Seite stand die Überzeugung, dass alle Völker einen Anspruch auf nationale Selbstbestimmung haben, auf der anderen die Hochschätzung des eigenen Volkes. Die Abwertung anderer Nationen trug seit der Mitte des 19. Jahrhunderts zu einem übersteigerten Nationalbewusstsein (Chauvinismus) bei, einem Kennzeichen des Imperialismus und später des Nationalsozialismus.

Panslawismus: Bewegung, die die kulturelle Einheit aller slawischen Völker betont. Daraus entstand die Forderung nach staatlicher Einigung.

Nationalismus und Imperialismus | Die Außenpolitik der großen Staaten war seit etwa 1860 geprägt vom **Imperialismus**. Am weitesten fortgeschritten war die Entwicklung des britischen Weltreiches; um 1910 gehörte etwa ein Viertel der Erde zum „Empire". Frankreich konkurrierte in Afrika und Südostasien mit Großbritannien um den Erwerb von Land, Russland dehnte seine Herrschaft nach Mittelasien, Japan in den pazifischen Raum aus. Das Deutsche Reich als „späte Nation" nahm nach 1880 an der Aufteilung der Welt teil und musste sich mit vergleichsweise unbedeutenden Kolonien begnügen.

Territoriale Expansion und militärische Stärke waren Schlüsselkonzepte des **Nationalismus**, der in allen Staaten eine Blüte erlebte. Er überhöhte die eigene Nation und grenzte sie qualitativ von anderen, als minderwertig empfundenen Völkern ab. In Deutschland gehörten dazu Vorstellungen von einer besonderen „Sendung" der Deutschen und von ihrem „Sonderweg" in der Geschichte. Besonders Kaiser *Wilhelm II.*[1] erhob lautstark Anspruch auf einen Platz in der Welt, der dem deutschen Status als Großmacht Rechnung trüge. Nationalismus erfasste alle Schichten, vor allem jedoch das Bürgertum, führte zu einer Identifikation mit dem eigenen Staat und lenkte von sozialen und politischen Schwierigkeiten im Innern ab.

Nationalismus mobilisierte auch zahlreiche Menschen im Vielvölkerstaat Österreich-Ungarn und im Osmanischen Reich gegen die Obrigkeit. Die slawische Bevölkerung wurde sich ihrer sprachlichen und kulturellen Eigenständigkeit bewusst und sah sich durch die fremden, fernen Herrschaften bevormundet und benachteiligt. Immer lauter wurden Stimmen, die nach der Sammlung aller Südslawen in einem autonomen Staat verlangten (**Panslawismus**).

Flottenwettrüsten | Neben der Gewinnung von Territorien gehört auch deren Sicherung und Erhalt zum Imperialismus. Deutschlands Übergang zur Weltpolitik war begleitet von Anstrengungen zum Aufbau einer starken deutschen Kriegsmarine.

Grundprinzip des Flottenbauprogramms war der „Risikogedanke": Für Großbritannien – den mutmaßlichen Hauptgegner einer deutschen Weltmachtstellung – sollte das Risiko eines Krieges gegen das Deutsche Reich so hoch werden, dass es angesichts des drohenden Verlustes seiner Seemachtstellung zu einer Annäherung oder zu kolonialen Zugeständnissen gezwungen sein würde. Das Gegenteil trat ein: Großbritannien ging auf Distanz zum Deutschen Reich. Ein Wettrüsten zur See begann, das auch Frankreich und selbst Österreich-Ungarn erfasste. Aus der allgemein empfundenen Bedrohungslage erwuchs auch eine gewaltige Aufrüstung der Heere sowie der Aufbau erster Luftstreitkräfte (➔M1).

Machtvakuum auf dem Balkan | Seit Beginn des 19. Jahrhunderts wurde das früher mächtige Osmanische Reich, das auch Türkei genannt wurde, durch Aufstände in seinen europäischen Gebieten geschwächt. Drei Jahrhunderte hatte der Balkan unter osmanischer Herrschaft gestanden, nun waren dort selbstständige oder teilselbstständige Staaten entstanden. Das zerfallende Osmanische Reich wurde im 19. Jahrhundert von vielen Europäern als „Kranker Mann am Bosporus" verspottet.

Die europäischen Mächte hatten auf dem Balkan unterschiedliche Interessen: Russland wollte seinen Einfluss in Europa stärken und den Bosporus und die Dardanellen, die Meerengen zwischen Mittelmeer und Schwarzem Meer, unter eigene Kontrolle bekommen. Großbritannien und Frankreich sperrten sich gegen solche Expansionspläne. Sie wollten verhindern, dass eine so wichtige Seestraße in russische Hände fiel. Den Briten ging es außerdem darum, die Verbindungswege nach Indien zu kontrollieren und die Ausdehnung Russlands in Asien zu stoppen.

Besonders in Serbien träumten viele von der Errichtung eines großen slawischen Einheitsstaates mit Zugang zur Adria (➔M2). Russland, ebenfalls slawisch und orthodox, betrachtete sich als Schutzmacht der Völker auf dem Balkan. Dagegen mussten Öster-

[1] Siehe Seite 372.

reich-Ungarn die nationalen Unabhängigkeitsbewegungen beunruhigen, denn der Vielvölkerstaat sah die Gefahr einer „Ansteckung" seiner eigenen Minderheiten.

Das Deutsche Reich schließlich pflegte gute Beziehungen zum Osmanischen Reich, 1898 hatte sich Kaiser Wilhelm II. zum „Freund aller Muslime" erklärt. Ab 1903 wurde mit deutscher Unterstützung die Bagdadbahn gebaut, die von der europäischen Türkei bis zum Persischen Golf führen sollte. Großbritannien, Frankreich und Russland beobachteten die Beziehungen zwischen dem Deutschen und dem Osmanischen Reich mit Misstrauen.

Der Balkan 1913.

Imperialistischer Vorstoß Österreich-Ungarns

Solche gegensätzlichen Interessen machten den Balkan in den Jahren vor dem Ersten Weltkrieg zu einem „Pulverfass". Eine große Krise löste Österreich-Ungarn aus, als es 1908 die ehemals osmanischen Provinzen Bosnien und Herzegowina, über die es seit 1878 ein Protektorat ausübte, dem eigenen Staatsgebiet zuschlug. Die Annexion verstieß gegen geltendes Recht und erschien vor allem für Serbien als Bedrohung. Die Regierung in Belgrad forderte die Rücknahme des Schrittes, mindestens müsse Österreich-Ungarn aber zu einer Entschädigung an Serbien bereit sein. Als die Doppelmonarchie diesen Forderungen nicht entgegenkam, mobilisierte Serbien seine Armee. Russland hatte gehofft, als Ausgleich für den Machtzuwachs Österreich-Ungarns endlich freie Fahrt durch die beiden Meerengen zu bekommen. Als diese Rechnung nicht aufging, unterstützte es die Position Serbiens nachdrücklich. Serbien war eigentlich zum Krieg bereit, aber Russland wollte und konnte sich nicht zu militärischer Hilfe entschließen, daher musste Serbien die österreichische Gebietsvergrößerung hinnehmen. Serben und Russen fühlten sich gedemütigt, und in beiden Ländern wuchs die Stimmung gegen Österreich-Ungarn und das verbündete Deutschland.

Zwei Balkan-Kriege | Nicht nur Österreich-Ungarn schlug aus der Schwäche der Türkei Gewinn: 1912 nutzten Bulgarien, Serbien, Montenegro und Griechenland die Gunst der Stunde und eroberten in wenigen Wochen fast das gesamte von ihren slawischen Landsleuten besiedelte Gebiet. Die Türkei war fortan keine europäische Macht mehr.

Der Krieg flammte 1913 noch einmal auf, denn Bulgarien konnte sich mit den übrigen Balkanstaaten nicht über die Verteilung des in Makedonien eroberten Gebietes einigen. Bulgarien wollte plötzlich mehr als ursprünglich vereinbart – und wurde von seinen bisherigen Verbündeten sowie Rumänien und der Türkei geschlagen. Es musste sich mit bescheideneren Gebietsgewinnen zufriedengeben.

Die Kriegsereignisse 1912/13 stärkten die russische Position auf dem Balkan. Serbien konnte sein Staatsgebiet fast verdoppeln. Trotzdem fühlte es sich um den Sieg betrogen, weil es nicht den ersehnten Zugang zur Adria gewann. Denn um Serbiens künftige Machtstellung zu begrenzen, hatte Österreich-Ungarn die Bildung des selbstständigen Staates Albanien durchgesetzt. Russland unterstützte Serbien weiterhin, um das weitere Vordringen Österreich-Ungarns aufzuhalten und seinen eigenen Einfluss zu erweitern (➔M3).

Wilhelm II. (1859–1941): seit 1888 König von Preußen und Deutscher Kaiser. Seine Vorstellungen von Gottesgnadentum und Weltmacht sowie seine Einstellung zum Militär (Militarismus) prägten die „Wilhelminische Gesellschaft“. Nach seiner Abdankung im Jahre 1918 lebte er im Exil im niederländischen Doorn.

Ein Mordanschlag mit Folgen | In dieser hochsensiblen Situation stürzte ein Ereignis auf dem Balkan Europa völlig überraschend in eine Krise. Mitglieder eines serbischen Geheimbundes verübten in Sarajewo ein Attentat auf den österreichisch-ungarischen Thronfolger, Erzherzog *Franz Ferdinand*, und seine Frau *Sophie*. Beide waren zum Abschluss eines Manövers nach Bosnien gereist. Die Täter waren heimlich von einflussreichen Kreisen Serbiens unterstützt worden.

Der Friede in Europa war erneut gefährdet, zumal der Rüstungswettlauf inzwischen ein beängstigendes Tempo angenommen hatte und alle Versuche, den Frieden sicherer zu machen, erfolglos geblieben waren (→M4). Am 28. Juni 1914 verbreiteten die Nachrichtenagenturen die Blitzmeldung aus Sarajewo: Der österreichische Thronfolger und seine Frau waren an den Folgen des Anschlags gestorben. Attentäter war der 19-jährige Serbe *Gavrilo Princip*, der der terroristischen Geheimorganisation „Schwarze Hand“ angehörte.

Reaktionen in Wien und Berlin | Das Attentat eröffnete Österreich-Ungarn eine willkommene Möglichkeit, gegen Serbien vorzugehen, denn das Land war offenbar in den Mordanschlag verwickelt (→M5). Der deutsche Kaiser Wilhelm II. und Reichskanzler *Theobald von Bethmann Hollweg* sagten dem österreichischen Zweibundpartner bereits am 5. Juli uneingeschränkte Rückendeckung für eine militärische Aktion gegen Serbien zu. Die Regierung sah auch deutsche Interessen verteidigt, wenn der Partner Österreich-Ungarn den aufstrebenden Balkanstaat Serbien nicht mehr zu fürchten habe und die Gefahr einer nationalen Sammlung aller Südslawen gebannt wäre. Die Rückendeckung des Deutschen Kaisers wird oft als „Blankoscheck“ bezeichnet (→M6).

Die Julikrise | Trotz der Rückendeckung legte die österreichische Regierung erst vier Wochen nach dem Attentat, am 23. Juli, Serbien ein Ultimatum vor, das international als überzogen betrachtet wurde (→M7). Österreich-Ungarn forderte unter anderem die Beteiligung eigener Beamter an der Verfolgung der serbischen Verschwörer. Dies sollte Serbien als unfähig zur Aufklärung des Verbrechens hinstellen. Dass Serbien dieses Ultimatum, das seine Souveränitätsrechte infrage stellte, gänzlich annehmen könne, wurde von niemandem ernsthaft erwartet. Vielmehr sollte seine Ablehnung den Vorwand für einen bereits beschlossenen Krieg liefern.

Doch Serbien machte überraschend weitgehende Zugeständnisse. Nur eine direkte Einmischung in seine inneren Verhältnisse lehnte es ab. Trotz mehrerer Vermittlungsversuche Englands brach Österreich-Ungarn die diplomatischen Beziehungen zu Serbien ab und erklärte diesem am 28. Juli 1914 den Krieg. Schon am nächsten Tag wurde Belgrad beschossen. Die Habsburgermonarchie hatte damit einen neuen Balkan-Krieg begonnen.

Russland beantwortete den österreichischen Angriff auf Serbien am 30. Juli mit der *Generalmobilmachung* seiner Truppen. Die deutsche Reichsspitze sah die Mobilmachung Russlands als Bedrohung an. Für einen Krieg gegen Russland und das mit diesem verbündete Frankreich hatte sich Deutschland seit längerem auf ein festes Konzept eingeschworen. Im Fall eines Zweifrontenkrieges sollte erst Frankreich in einem schnellen Feldzug bezwungen werden, um dann gegen Russland, das seine Truppen wesentlich langsamer mobilisieren würde, den Rücken frei zu haben. Der Schlieffen-Plan engte jedoch Deutschlands politischen Spielraum beträchtlich ein, denn jedes Zögern liefe dieser Planung entgegen.

Am 31. Juli richtete Deutschland zwei Ultimaten an Russland und Frankreich: Russland wurde zur Rücknahme der Mobilmachung, Frankreich zur Neutralität im Fall eines deutschen Krieges mit Russland und zur Übergabe von Festungen als Sicherheit aufgefordert. Die Würfel waren zu diesem Zeitpunkt bereits gefallen, denn ein Eingehen auf derartige Forderungen war den Regierungen unmöglich. Deutschland hatte sich für die Ausweitung des Balkan-Krieges zu einem europäischen Krieg entschieden.

Schlieffen-Plan: Er ist benannt nach dem ehemaligen Chef des deutschen Generalstabs, Alfred Graf von Schlieffen. Der bereits 1905 von ihm für einen Zweifrontenkrieg gegen Frankreich und Russland entwickelte Plan sah vor, dass die deutsche Armee mithilfe moderner Transportmittel durch die neutralen Staaten Niederlande, Belgien und Luxemburg vorstößt. Nach einem schnellen Sieg über Frankreich sollten die Armeen dann gegen Russland marschieren.

Der Krieg beginnt | Da ein weiteres Warten die begonnene Aufstellung deutscher Truppen gefährdet hätte, erklärte das Deutsche Reich am 1. August dem Russischen Reich den Krieg. Zwei Tage später folgte die Kriegserklärung an Frankreich, das inzwischen ebenfalls seine Truppen zu den Waffen gerufen hatte.

Am 2. August wurde in Brüssel ein deutsches Ultimatum überreicht, in dem das neutrale Belgien aufgefordert wurde, einem Durchmarsch deutscher Truppen zuzustimmen. Als die belgische Regierung ablehnte, begannen deutsche Truppen unter Bruch des Völkerrechts mit dem Einmarsch. Dies veranlasste am 4. August auch Großbritannien, in den Krieg einzutreten. Mitte August befanden sich schließlich alle europäischen Großmächte im Krieg; dabei kämpften die Mittelmächte gegen die Mächte der Entente.

Mit dem Krieg sollte jeder politische Streit im Innern ruhen. Der Kaiser drückte das am 4. August 1914 so aus: „Ich kenne keine Parteien mehr, Ich kenne nur Deutsche." Die Sozialdemokraten ließen sich auf diesen „Burgfrieden" ein. Sie stimmten im Reichstag für die Kriegskredite und stellten ihre Forderungen nach mehr Demokratie zurück.

Nach ersten militärischen Erfolgen besprach die Regierung im September 1914 die Kriegsziele. Deutschland sollte wirtschaftlich, politisch und militärisch dauerhaft gesichert werden. Die Wirtschaft und nationale Verbände drängten darauf, Belgien zu besetzen und Frankreich so zu schwächen, „dass es als Großmacht nicht neu erstehen kann". Russland sollte „von der deutschen Grenze" abgedrängt und „seine Herrschaft über die nichtrussischen Vasallenvölker" gebrochen werden. Außerdem wollte man die deutschen Kolonien auf Kosten anderer Mächte erheblich vergrößern.

Die Ausgangslage | Die Mittelmächte hatten 118 Millionen Einwohner (Deutschland 67 Mio., Österreich-Ungarn 51 Mio.), die Ententestaaten zusammen 258 Millionen Einwohner. Bei Kriegsbeginn umfasste das Feldheer in Deutschland 2,3 Millionen, in Österreich-Ungarn 1,4 Millionen. Diesen 3,7 Millionen Soldaten konnte die Entente 5,8 Millionen gegenüberstellen.

Die Mittelmächte hatten allerdings den Vorteil der zentralen Lage. Das gut ausgebaute deutsche Eisenbahnsystem ermöglichten eine rasche Verschiebung der Truppen. Deutschland und Österreich-Ungarn konnten damit rechnen, dass die russischen und englischen Heere ihre Kräfte nur langsamer entfalten würden.

Die beiden Verbündeten wollten daher den Krieg schnell entscheiden, bevor die Ententemächte ihre Überlegenheit voll zur Geltung bringen konnten. Bei einem längeren Krieg würde vor allem die Macht Englands zur See gefährlich werden. Tatsächlich wurden die Mittelmächte zu einer belagerten Festung, als Großbritannien am 2. November 1914 die gesamte Nordsee zum Kriegsgebiet erklärte und eine Seeblockade verhängte. Dadurch wurde Deutschland vom Nachschub wichtiger Güter abgeschnit-

Mittelmächte: Deutsches Reich und Österreich-Ungarn, denen sich das Osmanische Reich und Bulgarien anschlossen

Entente (frz. „Bündnis, Eintracht"): Frankreich, Großbritannien und das Russische Reich mit ihren Verbündeten

Animierte Karten
Eine animierte Karte zum Thema „Ausbruch des Ersten Weltkrieges" können Sie unter dem Code **32037-55** abrufen.

Internettipp
Dokumente und Fotos aus dem Ersten Weltkrieg finden Sie unter dem Code **32037-56**.

„Ausflug nach Paris."
Foto von Anfang August 1914, Fotograf unbekannt.
Zur deutschen „Kriegsbegeisterung" siehe auch die Methode „Fotografien als Quellen deuten" auf Seite 391.

- ▶ Beschreiben Sie die dargestellte Szene. Wer ist auf dem Foto abgebildet? Was wird thematisiert?
- ▶ Arbeiten Sie heraus, welche Botschaft das Foto vermittelt.

In Trauer vereint.
Foto vom 22. September 1984, Beinhaus von Douaumont.
Der französische Staatspräsident François Mitterrand und Bundeskanzler Helmut Kohl begehen den 68. Jahrestag der Schlacht von Verdun. Anders als in Deutschland ist die Schlacht in der französischen Erinnerungskultur zentral. Hier fand 1916 eine der größten und längsten Materialschlachten des Ersten Weltkrieges statt. Im Beinhaus von Douaumont sind die Überreste von etwa 130 000 nicht identifizierten deutschen und französischen Soldaten aufbewahrt.

- Präsentation: Versetzen Sie sich in die Rolle eines deutschen Journalisten, der für eine Tageszeitung über die Gedenkfeier am 22. September 1984 berichtet. Recherchieren Sie im Vorfeld im Internet weitere Informationen über die Feierlichkeiten. Gehen Sie in Ihrem Artikel auch darauf ein, was die symbolische Geste zwischen Mitterrand und Kohl (Foto) über das deutsch-französische Verhältnis aussagt.
- An den Ersten Weltkrieg wird auf vielfältige Art und Weise erinnert. Im Buch finden Sie auf den Seiten 284, 368, 374 und 385 einige Beispiele dazu. Arbeiten Sie Gemeinsamkeiten und Unterschiede des Erinnerns auf den Fotos heraus.
- Gruppenarbeit/Präsentation: Bilden Sie Gruppen und wählen Sie einen der nachstehend genannten Feier- und Gedenktage aus. Recherchieren Sie zu den Hintergründen im Internet und stellen Sie anschließend Ihre Arbeitsergebnisse in einer PowerPoint-Präsentation vor. Zur Auswahl stehen: 25. April (ANZAC Day), 18. März (Gedenktag der Gefallenen) und 11. November (Remembrance Day, L´Armistice, Veterans Day).

ten, während Großbritannien mehrere Hunderttausend Soldaten auf die europäischen Kriegsschauplätze entsenden konnte.

Die Türkei war schon bald nach Kriegsbeginn auf die Seite der Mittelmächte getreten, 1915 folgte Bulgarien diesem Schritt. Die meisten übrigen Länder der Welt schlossen sich im Verlauf des Krieges jedoch dem Lager der Entente an, 1915 sogar das ehemals mit Deutschland und Österreich-Ungarn im „Dreibund" verbündete Italien, 1916 auch Rumänien.

Der Krieg im Westen | Deutschland wollte Frankreich in einem schnellen Feldzug besiegen und sich dann gegen Russland wenden. Es nahm keine Rücksicht auf die Neutralität Belgiens und Luxemburgs (*Schlieffen-Plan*). Der Vormarsch der deutschen Truppen in Belgien und Nordfrankreich schien 1914 tatsächlich unaufhaltsam (→M8). Die Militärs glaubten, dass ihr Plan aufginge. Schon wurden im Stadtgebiet von Paris Gräben für den erwarteten Verteidigungskampf ausgehoben, die Regierung war bereits aus Paris geflohen. Da kam es zu einer überraschenden Wende: Der deutsche Generalstabschef Helmuth von Moltke befürchtete einen Durchbruch der Gegner und gab den Befehl zum Rückzug nach Norden. Der Schlieffen-Plan, der eine weiträumige Umfassung der französischen Armeen vorgesehen hatte, war gescheitert.

Krieg in den Schützengräben | Nach furchtbaren Schlachten in Flandern endete im November 1914 der *Bewegungskrieg* an der gesamten Westfront. Von der Küste bis zur Schweizer Grenze entstanden Grabensysteme, Drahtverhaue und Unterstände – zuletzt insgesamt 24 000 Kilometer. In ihnen gruben sich die Armeen regelrecht ein (→M9). Alle Durchbruchsversuche blieben, von winzigen Geländegewinnen abgesehen, bis zum Frühjahr 1918 erfolglos. Die Angriffe und Gegenangriffe an der Westfront waren zu „Schlächtereien mit immer wirksameren Mitteln der Massenvernichtung" geworden – so der Historiker Golo Mann.

Vom Februar bis Dezember 1916 dauerten die Kämpfe vor der französischen Festung *Verdun*. An dieser Stelle, die aus psychologischen Gründen unaufgebbar war, sollte Frankreich nach den Vorstellungen des deutschen Generalstabschefs *von Falkenhayn* „verbluten". In monatelanger Zermürbung standen sich auf engstem Raum anderthalb Millionen Soldaten gegenüber. Über 700 000 Männer beider Seiten ließen ihr Leben, bevor der sinnlose Kampf endete. Hier veränderte der Krieg sein Gesicht: Die großen Materialschlachten des Ersten Weltkrieges hatten begonnen. In ihnen wurde versucht, durch den massenhaften Einsatz von Kriegsgerät, Muniton und Menschen den Sieg zu erzwingen.

Kämpfe im Osten | Die Hoffnungen der Entente, die Mittelmächte nach Kriegsbeginn durch „russische Massenheere" in Bedrängnis zu bringen, erfüllten sich nicht. Zwei in Ostpreußen eingedrungene russische Armeen wurden – trotz ihrer zahlenmäßigen Überlegenheit – im August und September 1914 unter der Führung des Generals *Paul von Hindenburg*[1] und seines Stabschefs *Erich Ludendorff* geschlagen. Die Siege von Tannenberg und den Masurischen Seen verhalfen beiden Offizieren zu riesiger Popularität (→M10). Ab 1916 führten diese beiden Generäle die Oberste Heeresleitung (OHL) an und übten eine gewaltige Macht über die Armee und das ganze Land aus.

Die Kämpfe an der Ostfront verliefen wechselvoller als im Westen. Teile Galiziens mussten 1914 der russischen Armee überlassen werden. Die österreichisch-ungarische Armee verlor in diesen Kämpfen etwa ein Drittel ihrer Feldstärke. Jedoch konnte die gefürchtete „russische Dampfwalze" gestoppt werden. 1915 musste Russland sich aus Galizien zurückziehen und auch Teile des Baltikums und Polen räumen. Dann erstarrte auch dieser Kampf im Grabenkrieg. Das Jahr 1916 brachte nochmals russische Erfolge, aber die Angriffskraft der überanstrengten russischen Armeen war damit erschöpft.

Der Seekrieg | Die deutschen Schlachtschiffe wurden in den Häfen zurückgehalten, da man ihre Vernichtung durch die überlegene englische Flotte nicht riskieren wollte. Die *Seeschlacht im Skagerrak* (1916), bei der den Engländern großer Schaden zugefügt wurde, blieb eine Ausnahme. Dank britischer Überlegenheit bestand die *Seeblockade* fort.

Militärisch und politisch folgenreicher wurde der Einsatz der neuen *Unterseeboote*. Als Reaktion auf die Blockade hatte Deutschland die Gewässer um England im Februar 1915 zum Sperrgebiet erklärt. Man wollte im Gegenzug auch England aushungern. U-Boote versenkten Schiffe, auch neutrale und zivile, und dies zur eigenen Sicherheit oft ohne Vorwarnung (*„uneingeschränkter U-Boot-Krieg"*). Die neutralen Staaten waren empört. Im Mai 1915 wurde der britische Passagierdampfer *Lusitania* torpediert und 1 200 Menschen kamen um. Darunter waren über 100 amerikanische Staatsbürger. Deshalb drohte der Bruch mit den USA. Nach scharfen Drohungen der USA wurde der uneingeschränkte U-Boot-Krieg vorerst (bis 1917) eingestellt.

Zur selben Zeit wurden in Deutschland die Folgen der englischen Seeblockade immer spürbarer: Die Lebensmittelnot der Zivilbevölkerung verschärfte sich. Im *„Steckrübenwinter"* 1916/17 gab es bereits Hungertote. Trotz der ungeheuren Opfer beider Seiten war aber auch Ende 1916 ein baldiges Ende des Krieges nicht in Sicht.

Technik des Todes | Der Erste Weltkrieg unterschied sich von früheren Kriegen vor allem durch die Masse an Soldaten und Kriegsmitteln sowie die Größe des Kriegsgebietes. Etwa 64 Millionen Soldaten wurden weltweit mobilisiert, mehr als in jedem Krieg zuvor. Wissenschaftliche Fortschritte und technische Neuerungen wurden umfassend genutzt. Zu Beginn der Kämpfe verfügten die Mittelmächte und die Entente-Staaten zusammen über knapp 600 Flugzeuge. Am Ende des Krieges sollte das Deutsche Reich 48 000, Frankreich 52 000 und Großbritannien 55 000 Flugzeuge gebaut haben. Das Fluggerät wurde zur spezialisierten

Massenherstellung von Granaten.
Foto aus der Munitionsfabrik Chilwell (Großbritannien), um 1916.

[1] Biografische Informationen über Paul von Hindenburg finden Sie auf Seite 306.

Sturmangriff.
Foto von 1916.
Das Vorwärtsstürmen auf gegnerische Stellungen war wegen verbesserter Artilleriewaffen besonders verlustreich.

Waffe, etwa zum Bomber, zum Aufklärer oder zum Jagdflugzeug. Jagdflieger wurden von der Propaganda zu „Rittern der Lüfte" verklärt und sammelten als „Flieger-Asse" gegnerische Abschüsse. 28 deutsche Unterseeboote waren zu Beginn des Krieges fertiggestellt; 1918 hatte Deutschland fast 400 Stück gebaut. Um die erstarrten Fronten zu durchbrechen und wieder zum Bewegungskrieg zu kommen, setzte die britische Armee ab 1916 Panzer („tanks") ein.

Die Suche nach immer wirkungsvolleren Waffen führte zur Entwicklung chemischer Kampfstoffe. Frankreich hatte 1914 erstmals Tränengas verschossen. Deutschland setzte im April 1915 bereits tödliches Chlorgas ein, das aus Tausenden Gasflaschen abgelassen wurde (→M11). Nach diesem Tabubruch verwendeten alle großen Mächte spezielle Kampfstoffe, die mit Granaten verschossen wurden. Chemische Waffen töteten nicht nur, sondern hinterließen vor allem Verwundete, darunter zahlreiche Kriegsblinde, deren Pflege Kräfte binden sollte. Giftgas wird als die schrecklichste Waffe des Ersten Weltkrieges angesehen.

Der Krieg war bereits 1914 zum Weltkrieg geworden, als Großbritannien die deutschen Kolonien in Afrika und im Pazifik angriff. Mit dem Eingreifen der Vereinigten Staaten von Amerika aufseiten der Entente war 1917 auch die letzte bislang neutrale Großmacht am Krieg beteiligt.[1]

Das „Fronterlebnis" | Viele junge Männer waren 1914 in den Krieg gezogen, um „deutsche Kultur" gegen die „dekadente Demokratie" im Westen und die „asiatische Gefahr" im Osten zu verteidigen. Die Propaganda nutzte viele Mittel, um den Kriegsausbruch als ein alle Schichten verbindendes, nationales Erwachen darzustellen.

Was folgte, war jedoch ein jahrelanger Stellungskampf, der riesige Verluste forderte, ohne erkennbar zu einem Kriegsende zu führen. Dies hinterließ tiefe seelische Spuren bei den Soldaten, die sich immer drängender die Frage nach dem Sinn des Kampfes stellten. Besonders die an vorderster Front in den Schützengräben kämpfenden Soldaten entwickelten ihre eigene Sicht auf den Krieg. Sie lagen in Erde und Schlamm eingegraben, bewegten sich meist gebückt und waren Tag und Nacht den Bildern und Geräuschen des Krieges ausgesetzt. Ihre Aufgabe bestand darin, nach Artilleriebeschuss der feindlichen Stellungen vorwärtszustürmen, um den gegenüber-

[1] Zum Eintritt der USA in den Krieg siehe die nächste Seite.

liegenden Graben einzunehmen. Beim Ansturm starben Tausende durch Maschinengewehrsalven, Handgranaten oder Flammenwerfer. Viele Soldaten begannen, sich als Teil einer großen Kriegsmaschine zu fühlen. Auf die in ihrer männlichen Kampfgemeinschaft vollbrachten Taten waren sie stolz. Dazu mussten sie aber eine Abstumpfung gegenüber den Leiden des Krieges entwickeln. Der Tod konnte jederzeit über sie hereinbrechen und selbst noch ihren Leichnam zerstören. Werte des zivilen Lebens und Maßstäbe der Friedenszeit verblassten und eine kriegerische Moral entwickelte sich. Vielen dieser Männer fiel es schwer, sich nach dem Krieg wieder in die bürgerliche Gesellschaft einzugliedern. Sie wurden als „verlorene Generation" angesehen.

Kriegswirtschaft und „Heimatfront" | Der Krieg wurde auch hinter den Fronten geführt. Da die Alliierten die Zufuhr von Rohstoffen in das Deutsche Reich blockierten, herrschte bald eine spürbare Knappheit von Materialien für die Rüstungsindustrie. Glocken wurden von den Kirchtürmen geholt, Eisengitter abmontiert und eingeschmolzen. Die gesamte Industrie wurde unter staatliche Aufsicht gestellt und weitgehend auf die Produktion von Kriegsgütern umgestellt (→M12). Wo männliche Arbeitskräfte fehlten, übernahmen Frauen deren Arbeit. Darüber hinaus mussten etwa 900 000 Kriegsgefangene Zwangsarbeit im Deutschen Reich leisten. Um die ständig steigenden Kriegskosten bezahlen zu können, nahm die Regierung außerdem Anleihen bei der Bevölkerung auf (*Kriegsanleihen*) und brachte immer mehr Geld in den Umlauf. Eine inflationäre Entwicklung begann.

Es fehlten nicht nur die Rohstoffe für die Industrie, sondern auch Nahrungsmittel wie Getreide, Kaffee und Kakao. Schon 1915 konnte die Bevölkerung nicht mehr beliebig viel Brot kaufen. Seit dem Winter 1915/16 gehörte Hunger zum Alltag der Menschen. Immer häufiger mussten die Menschen auf Ersatzstoffe zurückgreifen (→M13). Im „Steckrübenwinter" 1916/17 waren viele Menschen froh, wenn sie sich mit Rüben am Leben erhalten konnten. Etwa 500 000 Deutsche verhungerten während des Krieges.

Das Epochenjahr 1917: Der Eintritt der USA ... | Trotz formaler Neutralität bevorzugten die USA die Entente-Staaten durch Sachlieferungen und Anleihen. Der deutsche U-Boot-Krieg hatte wiederholt das Leben von US-Bürgern gekostet, außerdem entsprach die parlamentarische Regierungsform den amerikanischen Demokratievorstellungen. Die deutsche Admiralität hoffte 1917, durch die Wiederaufnahme des uneingeschränkten U-Boot-Krieges das importabhängige England zu einer Beendigung des Krieges zu zwingen. Dies führte dazu, dass die USA am 6. April Deutschland den Krieg erklärten.

Der Krieg wurde in den USA als Kreuzzug für Frieden und Gerechtigkeit gegen autokratische Macht verstanden. Er sollte nicht der eigenen machtpolitischen Expansion dienen, sondern der Verhinderung weiterer Kriege („*war to end all wars*"). US-Präsident **Woodrow Wilson** war der Meinung, eine künftige Friedensordnung könne auf Dauer nur zwischen „wirklich freien und sich selbst regierenden Völkern" Bestand haben. So war es ein weiteres programmatisches Ziel der USA, die Ideen der Demokratie durchzusetzen. Bei Amerikas Kriegseintritt war die Zarenherrschaft bereits beseitigt[1], daher galten nur noch Deutschland und Österreich-Ungarn als autokratisch regierte Großmächte.

Die idealistischen Ziele des amerikanischen Präsidenten kamen in seinem *14-Punkte-Programm* zum Ausdruck, das er im Januar 1918 vorlegte. Er forderte die Errichtung eines *Völkerbundes*[2], die Abschaffung der Geheimdiplomatie, Rüstungsbeschränkungen, das Selbstbestimmungsrecht der Völker, die Freiheit der Meere und die Aufhebung von Handelsschranken (→M14).

[1] Siehe dazu die Seite 378.
[2] Über den Völkerbund informiert Seite 319.

Woodrow Wilson (1856–1924): Jurist, Historiker und Politiker; 1913 bis 1921 Präsident der USA (Demokrat). Wilson verfolgte soziale Reformen, war im Ersten Weltkrieg um die Neutralität der USA bemüht und engagierte sich für die Errichtung des Völkerbundes. 1920 erhielt er den Friedensnobelpreis für das Jahr 1919.

„The Navy Needs You! ..."
Plakat von James Montgomery Flagg, um 1917.

▶ Analysieren Sie das Plakat. Beachten Sie dafür folgende Aspekte: Aufbau, Farbgebung, Verhältnis von Bild und Text, grafische Gestaltung der Textteile und Selbstdarstellung.

... und das Ausscheiden Russlands | Die Mittelmächte schöpften Hoffnung aus Vorgängen in Russland, das unter den Kriegslasten und enormen sozialen Gegensätzen litt. 1917 brachen Streiks und Aufstände unter Arbeitern und Bauern aus, denen sich auch meuternde Soldaten anschlossen. Die *Februarrevolution* führte zum Rücktritt des Zaren und zur Bildung einer bürgerlichen „Provisorischen Regierung". Sie hatte in den Arbeiter- und Soldatenräten (*Sowjets*), die sich in Fabriken und Kasernen bildeten, eine entschieden radikalere Konkurrenz. Während die Regierung eine Fortsetzung des Krieges an der Seite der Entente beabsichtigte, forderten viele Sowjets ein schnelles Ende.

Um die auf ein Kriegsende drängenden Kräfte zu stärken, verhalfen deutsche Behörden dem im Schweizer Exil lebenden Revolutionär *Wladimir Iljitsch Uljanow*, genannt *Lenin*[1], zur Rückkehr nach Russland. Mitte April kam er nach Petersburg und arbeitete mit Entschlossenheit auf den Sturz der bisherigen Ordnung und den Aufbau einer sozialistischen Gesellschaft hin. Lenins Parteigänger, die *„Bolschewiki"*, erlangten im September in wichtigen Sowjets die Mehrheit, da sie mit dem Ruf nach unverzüglicher Beendigung der Kämpfe ein entscheidendes Anliegen vieler Russen vertraten.

Am 7. November (25. Oktober russischer Zeitrechnung, daher *Oktoberrevolution*) wurden in der Hauptstadt Petersburg alle strategisch wichtigen Punkte besetzt und der Sitz der Provisorischen Regierung gestürmt. Ein „Rat der Volkskommissare" unter Vorsitz Lenins erklärte sich zur neuen Regierung. Wie angekündigt schloss sie einen Waffenstillstandsvertrag und trat in Friedensverhandlungen ein. Im März 1918 unterzeichneten die Machthaber den *Frieden von Brest-Litowsk*. Russland musste darin die Unabhängigkeit der Ukraine und Finnlands anerkennen sowie auf seine westlichen Randgebiete verzichten. Große deutsche Truppenmassen blieben trotz des Friedensvertrages zur politischen und militärischen Sicherung im Osten gebunden.

Der militärische Zusammenbruch | An einen deutschen Sieg war dennoch nicht mehr zu denken, zumal das Kräfteverhältnis immer ungleicher wurde. Bei Beginn der deutschen Frühjahrsoffensive 1918 waren 300 000 amerikanische Soldaten in Frankreich gelandet, ihre Zahl erhöhte sich bis Oktober auf 1,8 Millionen.

Aus Furcht, gegnerischen Kräften könne ein Durchbruch an der Westfront gelingen, drängten Ludendorff und Hindenburg nach Wochen des Schwankens seit dem 29. September auf das sofortige Angebot eines Waffenstillstands. Die Erkenntnis, dass die OHL jetzt offenbar fest mit einer drohenden Niederlage rechnete, traf Politiker und Öffentlichkeit wie ein Schock. Am 4. Oktober beugte sich der neue Reichskanzler Prinz *Max von Baden*[2] dem Drängen der Militärs und richtete an den amerikanischen Präsidenten ein Waffenstillstandsangebot. Verhandlungen aufgrund der 14 Punkte Wilsons schienen die beste Chance für einen Frieden zu bieten, der trotz der sich abzeichnenden Niederlage die Besiegten nicht zur totalen Kapitulation zwang. Allerdings musste Deutschland mit dem Verlust Elsass-Lothringens und polnisch besiedelter Gebiete im Osten rechnen.

Deutschland muss sich unterwerfen | Mit Unterzeichnung des Waffenstillstands am 11. November 1918 in einem Eisenbahnwaggon im Wald von Compiègne musste Deutschland dann tatsächlich seine linksrheinischen Gebiete samt einigen rechtsrheinischen Brückenköpfen räumen. Die Ablieferung großer Mengen von Kriegsmaterial und Transportmitteln machte die Wiederaufnahme der Kämpfe unmöglich. Auf englischen Wunsch sollten alle U-Boote ausgeliefert, die Hochseeflotte abgerüstet und in ausländischen Häfen interniert werden.

Österreich-Ungarn befand sich schon seit Oktober im Zerfall. Nach den Tschechen trennten sich auch Polen, Ukrainer, Rumänen und Südslawen vom Habsburgerreich, Ungarn erklärte seine Selbstständigkeit. Das Osmanische Reich verlor seine Herrschaft über die arabischen Völker, zurück blieb ein türkischer Nationalstaat.

Animierte Karten
Eine animierte Geschichtskarte zum Thema „Europa am Ende des Ersten Weltkrieges" können Sie unter dem Code **32037-57** abrufen.

[1] Zu Lenin siehe Seite 327.
[2] Zu Max von Baden siehe auch Seite 307 im Kapitel über die Novemberrevolution von 1918/19.

Die Unterzeichnung des Versailler Vertrages.
Am 28. Juni 1919 unterzeichneten im Spiegelsaal des Schlosses von Versailles Außenminister Hermann Müller (SPD) und Verkehrsminister Johannes Bell (Zentrum) den Friedensvertrag.

► Der französische Ministerpräsident Georges Clemenceau hatte veranlasst, dass die deutschen Vertreter zuvor an einer Delegation französischer Soldaten mit schwersten Gesichtsverletzungen vorbeigehen mussten. Interpretieren Sie die Absicht hinter diesem protokollarischen Detail und schätzen Sie seine Wirkung ab.

Ohne Beteiligung der besiegten Mittelmächte begann im Januar 1919 die Pariser Friedenskonferenz. Vier Monate später wurde der deutschen Delegation das fertige Vertragswerk mit insgesamt 440 Artikeln vorgelegt. Ende Juni kam es schließlich zur Unterzeichnung des *Versailler Vertrages*, am 10. Januar 1920 trat er in Kraft. Der Vertrag legte u. a. die Alleinschuld Deutschlands und seiner Verbündeten am Ersten Weltkrieg fest (→M15).[1]

Internettipp
Die Bestimmungen des Versailler Vertrages finden Sie unter dem Code **32037-58**.

Körperlich und seelisch Versehrte | In 52 Monaten hat der Erste Weltkrieg insgesamt etwa 17 Millionen Menschenleben gekostet, darunter sechs Millionen Soldaten der Entente, vier Millionen der Mittelmächte und sieben Millionen Zivilisten. Etwa 20 Millionen Menschen wurden im Krieg verwundet.

Allein in Deutschland gab es bei Kriegsende rund 2,7 Millionen physisch und psychisch versehrte Kriegsteilnehmer. Kein Körperteil war von Waffeneinwirkungen verschont geblieben. Die meisten Verwundungen gingen auf die wahllos einschlagenden Artilleriegeschosse zurück. Sie waren aber auch für seelische Verheerungen verantwortlich. Soldaten, die verschüttet wurden oder in ein Sperrfeuer gerieten, brachen oftmals nervlich zusammen und stellten nach dem Krieg ein Heer von sogenannten „Kriegsneurotikern". Der Anblick von Entstellten und Verstümmelten mit Prothesen gehörte zum Alltag der Nachkriegszeit. Er erinnerte die Öffentlichkeit ständig daran, dass dieser Krieg kein edles, heldenhaftes Kräftemessen, sondern ein vierjähriges „Menschenschlachthaus" (Wilhelm Lamszus) gewesen war (→M16).

[1] Über den Versailler Vertrag und seine Folgen informiert das Kapitel auf den Seiten 319 ff.
Dort finden Sie zudem einen Hinweis auf eine animierte Geschichtskarte zum Thema „Deutschland und der Vertrag von Versailles".

M1 Aufforderung zur Mäßigung im Flottenbau

Kaiser Wilhelm II. gibt am 13. August 1908 in einem Telegramm an Reichskanzler Bernhard von Bülow den Inhalt eines Gesprächs wieder, das er mit dem Unterstaatssekretär im Foreign Office, Sir Charles Hardinge, geführt hat. Dieser bezweifelt die im Jahrbuch „Nauticus" veröffentlichten Daten über das deutsche Flottenbauprogramm:

Er: „Dieser Konkurrenzbauerei muss ein Ende gemacht werden, es muss ein Arrangement getroffen werden, wonach das Bautempo verlangsamt wird. Denn unsere Regierung muss sonst im nächsten Jahr ein großes Programm für Neubauten einbringen, für die bei dem Mangel an Mitteln neue Steuern ausgeschrieben werden müssen. Das wird sehr unpopulär sein, das Volk wird murren, und kann vielleicht der Regierung den Hals kosten."

Ich: „Wenn Sie die Tabellen des Nauticus, statt sie für Fantasie zu halten, als richtig akzeptieren, dann würden Sie daraus ersehen, dass ein solches Extrabauprogramm zur Erhaltung Ihres Vorsprungs völlig überflüssig ist. Konkurrenzbau treiben wir nicht, unser Tempo ist gesetzlich festgelegt, die Anzahl der Schiffe desgleichen und Ihnen bekannt. Sie treiben Konkurrenzbau, und zwar eine Konkurrenz, die nur einseitig englisch ist und von Ihrer Admiralität erfunden ist."

Er: „Can't you put a stop to your building? Or build less ships?"

Ich: „Das Maß der maritimen Rüstung Deutschlands richtet sich nach seinen Interessen und Bündnissen, ist ein defensives und bestimmt nicht gegen eine Nation, am wenigsten gegen England gerichtet. Sie sind keine Drohung für Sie, die Sie augenblicklich alle miteinander an Gespensterfurcht leiden."

Er: „Aber ein Arrangement müsste doch getroffen werden, um den Bau einzuschränken. You must stop or build slower."

Ich: „Then we shall fight, for it is a question of national honour and dignity." Und dabei sah ich ihm fest und scharf in die Augen. Sir Charles bekam einen feuerroten Kopf, machte mir einen Diener, bat mich um Entschuldigung für seine Worte und ersuchte mich ausdrücklich, dieselben als versehentlich im Privatgespräch gemachte Bemerkungen zu betrachten, welche ich vergeben und vergessen möchte. Das Gespräch war von ihm in ziemlich gereiztem und fast diktatorischem Ton geführt worden.

Zitiert nach: Michael Behnen, Quellen zur deutschen Außenpolitik im Zeitalter des Imperialismus 1890–1911, Darmstadt 1977, S. 410 f.

1. Charakterisieren Sie die Haltung beider Gesprächspartner, die in M1 zum Ausdruck kommen und erläutern Sie den jeweiligen Hintergrund für diese Haltung. | H
2. Beurteilen Sie, inwiefern die hier mitgeteilte Episode als kennzeichnend für die deutsch-britischen Beziehungen gelten kann. | H

M2 Großserbischer Nationalismus

Die großserbische Propaganda zielt auf die Vereinigung aller Südslawen in einem großserbischen Reich. Zum fünften Jahrestag der österreichischen Aneignung Bosniens und der Herzegowina und kurz nach dem Sieg der Balkanvölker über die Türkei schreibt die serbische Zeitung „Piemont" am 3. Oktober 1913:

Heute sind es fünf Jahre, dass mittels eines kaiserlichen Dekretes die Souveränität des Habsburger Zepters über Bosnien und die Herzegowina ausgebreitet wurde. Den Schmerz, der an diesem Tage dem serbischen Volke zugefügt wurde, wird das serbische Volk noch durch Jahrzehnte fühlen. [...] Das Volk legt das Gelübde ab, Rache zu üben, um durch einen heroischen Schritt zur Freiheit zu gelangen. Dieser Tag hat die bereits eingeschlafene Energie geweckt, und der wiederbelebte Held wird eines Tages die Freiheit suchen. Heute, wo serbische Gräber die alten serbischen Länder zieren, wo die serbische Kavallerie die Schlachtfelder von Mazedonien und Altserbien betreten hat, wendet sich das serbische Volk, nachdem es seine Aufgabe im Süden beendet hat, der entgegengesetzten Seite zu, von wo das Stöhnen und Weinen des serbischen Bruders gehört wird, wo der Galgen haust. Serbische Soldaten [...] legen heute das Gelübde ab, dass sie gegen die „zweite Türkei" ebenso vorgehen werden, wie sie mit Gottes Hilfe gegen die Balkan-Türkei vorgegangen sind. Sie legen dieses Gelübde ab und hoffen, dass der Tag der Rache naht. Eine Türkei verschwand. Der gute serbische Gott wird geben, dass auch die „zweite Türkei" verschwindet.

Zitiert nach: Österreich-Ungarns Außenpolitik von der Bosnischen Krise 1908 bis zum Kriegsausbruch 1914. Diplomatische Aktenstücke des österreichisch-ungarischen Ministeriums des Äußern, Bd. VIII, 1930, S. 679

1. Analysieren Sie mit welchen Mitteln der Zeitungsartikel versucht, eine gemeinsame „serbisch-slawische" Identität zu schaffen. | H
2. Erläutern Sie, was mit „zweite Türkei" gemeint ist und warum dieser Begriff gewählt wurde.
3. Ein solcher Zeitungsaufruf darf nicht mit der Politik der serbischen Regierung gleichgesetzt werden. Beurteilen Sie, was man aus Berichten dieser Art ableiten darf.

M3 Die Balkan-Krise 1912/13 – Vorspiel zum Weltkrieg?

*Wie stark der europäische Friede schon durch die Balkan-Krise 1912/13 gefährdet gewesen ist, macht der Historiker Michael Stürmer (*1938) deutlich:*

Die Großmachtkonflikte, wenn Angst und Friedenswille einander die Waage hielten und verhandelt wurde, erwiesen sich 1912/13 als noch begrenzbar. Damals begannen Serbien und Bulgarien einen Stellvertreterkrieg für Russland. Griechenland und Montenegro wollten an der türkischen Beute beteiligt sein. Der Balkan sollte für den Panslawismus[1] gewonnen und zur russischen Interessensphäre gemacht werden. Es begann der vorletzte der osmanischen Erbfolgekriege: Der letzte war der Weltkrieg. Die Siege der kleinen Balkanmächte 1912 alarmierten sofort die Wiener Regierung. Denn in Wien konnte man ausrechnen, dass Österreich-Ungarn nach der Türkei der Feind Nummer eins sein werde. Österreich-Ungarn ordnete Teilmobilisierung der Truppen an, Russland erklärte Kriegsbereitschaft. […] Bethmann Hollweg[2] warnte deshalb am 2. Dezember 1912 in einer großen Reichstagsrede die Russen, dass sie mit dem Feuer spielten. Darauf erging eine englische Warnung an Berlin, dass die Briten einem großen europäischen Krieg, der zur deutschen Hegemonie führe, nicht tatenlos zuschauen würden: „Die Wurzeln der englischen Politik ... lägen in der hier allgemein verbreiteten Empfindung, dass das Gleichgewicht der Gruppen einigermaßen aufrechtzuerhalten sei. England würde daher unter keinen Umständen eine Niederwerfung der Franzosen dulden können" – so gab der deutsche Botschafter die Warnung des britischen Kriegsministers wieder.

Europa stand am Rande des Weltkriegs, und die Deutschen hielten den Schlüssel in der Hand, der ihn auslösen würde. Jede Ermutigung der Österreicher, denen ein Adriahafen für Serbien der Casus belli[3] war, hätte in Europa den Großbrand entzündet. Obwohl die Öffentlichkeit in Deutschland eine Politik hart am Rande des Krieges guthieß und die Sozialdemokraten im Reichstag den Atem anhielten, wurde der Schlüssel nicht gedreht. Stattdessen trat eine Botschafterkonferenz zusammen, die im Frühjahr 1913 durch die Errichtung des Staates Albanien dem serbischen Drang zur Adria einen Riegel vorschob. Damit war den österreichischen Interessen Genüge getan. Die Chance der kollektiven Sicherheit war bewiesen. Aber das Resultat ließ sich auch anders lesen: Russland wollte das Erbe der Türkei, die Wiener Politik setzte auf Krieg oder Untergang und forderte deutsche Unterstützung, und England würde vor der Entscheidung stehen, gegen die Mittelmächte zu fechten. Hatte sich der Schlüssel zum Krieg doch bewegt? […]

Der Balkankrieg 1912/13 blieb begrenzt. Und doch hat er, ungeachtet des gemeinsamen deutsch-britischen Krisenmanagements, Europa ein Stück näher an den Großen Krieg geführt. Denn der Großmachtstatus der Donaumonarchie stand, von Russland provoziert, auf dem Spiel, damit aber die Existenz des letzten deutschen Bündnispartners, der zählte. Wenn Österreich zusammenstürzte, das an seinen ungelösten und unlösbaren Nationalitätenfragen dahinsiechende „Kakanien"[4], dann war die Lage Deutschlands auf dem Kontinent bedrängt. Also musste die Donaumonarchie im Kampf um das Erbe der Osmanen gestützt werden, um Prestige zu sammeln und ihre Großmachtrolle weiterhin zu spielen. Zwar wollte die politische Führung in Berlin das Rapprochement[5] mit England, aber gleichzeitig brachten Militärs und Politiker sich selbst in Zugzwang. Statt Optionen zu öffnen für den Ernstfall, und sei es die von Bismarck[6] als Ultima ratio[7] durchdachte Komplizenschaft mit Russland zur Aufteilung der Donaumonarchie, wurde die Existenz des Reiches militärisch und diplomatisch an ein Bündelreich gekettet, das der Mehrzahl seiner Bewohner verhasst war, das dem modernen Nationalismus hilflos gegenüberstand und das von der russischen Weltmacht als sichere Beute betrachtet wurde.

Michael Stürmer, Das ruhelose Reich. Deutschland 1866–1918, Berlin 1983, S. 359 ff.

1. Arbeiten Sie aus dem Text die leitenden Interessen Österreich-Ungarns und Russlands während der Balkan-Krise heraus.
2. Erörtern Sie mögliche Reaktionen der anderen Mächte für den Fall, dass Deutschland Österreich-Ungarn Rückendeckung für ein Vorgehen gegen Serbien gegeben hätte.
3. Beurteilen Sie den Vorschlag, Deutschland hätte als Ultima ratio eine Aufteilung des habsburgischen Vielvölkerstaates in Komplizenschaft mit Russland in Erwägung ziehen sollen.

[1] Siehe die Begriffserklärung auf Seite 370.
[2] Gemeint ist Theobald von Bethmann Hollweg, Reichskanzler von 1909 bis 1917.
[3] **Casus belli** (lat.): Anlass zum Krieg, Kriegsgrund
[4] **„Kakanien"**: nach dem Ersten Weltkrieg geprägter, spöttischer Ausdruck für die „k. u. k." Monarchie, die „kaiserliche und königliche" Doppelmonarchie Österreich-Ungarn
[5] **Rapprochement** (frz.): Annäherung, Verständigung
[6] **Otto von Bismarck** (1815–1898): von 1862 bis 1890 preußischer Ministerpräsident; 1871 bis 1890 deutscher Reichskanzler und Außenminister
[7] **Ultima ratio** (lat.): letztes Mittel, letzter Ausweg in einem Konflikt

„Wie sollen wir uns da die Hand geben?"
Zeichnung aus dem „Simplicissimus" von 1912.

- Beschreiben Sie die beiden Personen (Mimik/Gestik, Kleidung, Attribute).
- Arbeiten Sie heraus, wen die beiden Personen symbolisieren.
- Ordnen Sie die Karikatur in den historischen Kontext ein.

M4 Rüstungsanstrengungen

Ein Historiker stellt die militärische Aufrüstung der Staaten am Vorabend des Weltkrieges gegenüber:

Trotz der räumlichen Begrenzung des Balkan-Krieges und der Erhaltung des allgemeinen Friedens verstärken alle Mächte ihre Rüstungsanstrengungen. Vor allem Österreich muss seine personell wie technisch zurückgebliebenen Streitkräfte auf eine neue Grundlage stellen. Bis 1914 wird die Friedensstärke von 385 000 Mann auf 470 000 gebracht. Die Artillerie-Kraft wird um 60 Prozent angehoben. Russland erhöht die Friedensstärke von 1,2 auf 1,42 Millionen Mann, ergänzt sein Militärabkommen mit Frankreich durch ein Marineabkommen und erhält französische Finanzhilfen. Während England nur unwesentliche Heeresverstärkungen vornimmt, aber [...] Teile der Mittelmeerflotte in die Nordsee verlegt, führt Frankreich die 3-jährige Dienstzeit ein, verlegt das Einberufungsalter vom 21. auf das 20. Lebensjahr und verstärkt das Landheer auf 750 000 Mann. [...]
Am 30. Juni 1913 stimmen die bürgerlich-konservativen Parteien im Reichstag der Wehrvorlage zu. Sie sieht eine Erhöhung der Friedensstärke des Heeres von 666 000 Mann auf 748 000 im Frühjahr 1914, auf 800 000 im Herbst 1914 und auf rund 900 000 Ende 1915 vor. Zur Finanzierung wird eine einmalige Abgabe von fast 1 Milliarde Mark sowie eine neue laufende Steuer („Reichsbesitzsteuer") erhoben.

Jochen Schmidt-Liebich, Deutsche Geschichte in Daten, Bd. 2: 1770–1918, München 1981, S. 321

1. Arbeiten Sie heraus, durch welche Maßnahmen die Mächte ihre Kriegsfähigkeit zu steigern suchten.
2. Bei vielen Menschen wuchs angesichts der hohen Rüstungsanstrengungen der europäischen Staaten das Gefühl, dass ein Krieg auf die Dauer unvermeidbar ist. Beurteilen Sie die Berechtigung und die Gefahr einer solchen Schlussfolgerung.

M5 Österreich plant einen Schlag gegen Serbien

In einem Brief an den deutschen Kaiser Wilhelm II. erklärt der österreichische Kaiser Franz Joseph am 2. Juli 1914, vier Tage nach dem Attentat von Sarajewo, die Ziele seiner Regierung:

Das gegen meinen armen Neffen verübte Attentat ist die direkte Folge der von den russischen und serbischen Panslawisten [= Anhänger eines slawischen Großreiches] betriebenen Politik, deren einziges Ziel die Schwächung des Dreibundes und die Zertrümmerung meines Reiches ist.
Nach allen bisherigen Erhebungen hat es sich in Sarajewo nicht um die Bluttat eines Einzelnen, sondern um eine wohlorganisierte Verschwörung gehandelt, deren Fäden nach Belgrad reichen. Wenn es auch vermutlich unmöglich sein wird, die Mitwisserschaft der serbischen Regierung nachzuweisen, so kann man wohl nicht im Zweifel darüber sein, dass ihre auf die Vereinigung aller Südslawen unter serbischer Flagge gerichtete Politik solche Verbrechen fördert. Die Andauer dieses Zustandes bildet eine dauernde Gefahr für mein Haus und für meine Länder. [...]
Das Bestreben meiner Regierung muss in Zukunft auf die Vereinzelung und Verkleinerung Serbiens gerichtet sein. [...]
Auch Du wirst nach dem jüngsten furchtbaren Geschehen in Bosnien die Überzeugung haben, dass an eine Versöhnung des Gegensatzes, der Serbien von uns trennt, nicht mehr zu denken ist. Die erhaltende Friedenspolitik aller europäischen Monarchen wird bedroht sein, solange dieser Herd von verbrecherischer Agitation in Belgrad ungestraft fortlebt.

Zitiert nach: Günter Schönbrunn, Weltkriege und Revolutionen 1914–1945. Geschichte in Quellen, München 1961, S. 13

1. Fassen Sie zusammen, was der österreichische Kaiser zu diesem Zeitpunkt über das Attentat zu wissen glaubt und welche Schlussfolgerungen er für die Politik zieht.
2. Weisen Sie anhand der Quelle nach, dass die Einschätzung Franz Josephs zu Serbien nicht erst in den Tagen nach dem Attentat entstanden ist.

M6 Der deutsche „Blankoscheck"

Der Botschafter Österreich-Ungarns in Berlin berichtet am 5. Juli dem Wiener Außenminister Leopold Graf Berchtold über seine Unterredung mit dem deutschen Kaiser anlässlich der Überreichung des Briefes von Kaiser Franz Joseph (vgl. M5):

Das Allerhöchste Handschreiben und das beigeschlossene Memorandum habe ich Seiner Majestät überreicht. In meiner Gegenwart las Kaiser mit größter Aufmerksamkeit beide Schriftstücke. Zuerst versicherte mir Höchstderselbe, dass er eine ernste Aktion unsererseits gegenüber Serbien erwartet habe, doch müsse er gestehen, dass er infolge der Auseinandersetzungen unseres Allergnädigsten Herrn eine ernste europäische Komplikation im Auge behalten müsse und daher vor einer Beratung mit Reichskanzler keine definitive Antwort erteilen wolle. Nach dem Déjeuner[1], als ich nochmals Ernst der Situation mit großem Nachdruck betonte, ermächtigte mich Seine Majestät, unserem Allergnädigsten Herrn zu melden, dass wir auch in diesem Falle auf die volle Unterstützung Deutschlands rechnen können. Wie gesagt, müsse er vorerst Meinung des Reichskanzlers anhören, doch zweifle er nicht im Geringsten daran, dass Herr von Bethmann Hollweg vollkommen seiner Meinung zustimmen werde. Insbesonders gelte dies betreffend eine Aktion unsererseits gegenüber Serbien. Nach seiner[2] Meinung muss aber mit dieser Aktion nicht zugewartet werden. Russlands Haltung werde jedenfalls feindselig sein, doch sei er hierauf schon seit Jahren vorbereitet, und sollte es sogar zu einem Krieg zwischen Österreich-Ungarn und Russland kommen, so könnten wir davon überzeugt sein, dass Deutschland in gewohnter Bundestreue an unserer Seite stehen werde.
Russland sei übrigens, wie die Dinge heute stünden, noch keineswegs kriegsbereit und werde es sich gewiss noch sehr überlegen, an die Waffen zu appellieren. Doch werde es bei den anderen Mächten der Tripelentente[3] gegen uns hetzen und am Balkan das Feuer schüren. Er begreife sehr gut, dass es Seiner k. und k. Apostolischen Majestät bei seiner bekannten Friedensliebe schwerfallen würde, in Serbien einzumarschieren; wenn wir aber wirklich die Notwendigkeit einer kriegerischen Aktion gegen Serbien erkannt hätten, so würde er es bedauern, wenn wir den jetzigen, für uns so günstigen Moment unbenützt ließen.

Zitiert nach: Winfried Baumgart (Hrsg.), Die Julikrise und der Ausbruch des Ersten Weltkrieges 1914, Darmstadt 1983, S. 50f.

1. Erklären Sie, warum die hier wiedergegebene Haltung des deutschen Kaisers als „Blankoscheck" zugunsten Österreich-Ungarns bezeichnet worden ist.
2. Überlegen Sie, welche Gründe Deutschland zu so weitgehenden Zusagen an seinen Bündnispartner Österreich-Ungarn veranlasst haben könnten. | F
3. Entwickeln Sie die Begründung einer möglichen ablehnenden Antwort Deutschlands auf das Handschreiben des österreichischen Kaisers (M5).

M7 Ein Ultimatum, das abgelehnt werden soll

Am 14. Juli 1914 berichtet der deutsche Botschafter in Wien dem Reichskanzler über ein Gespräch mit dem Ministerpräsidenten Ungarns, Graf István Tisza. Dieser hat zu Beginn der Krise noch starke Bedenken gegen einen Krieg gegen Serbien vorgetragen, tritt inzwischen aber dafür ein:

Glücklicherweise herrsche jetzt unter den hier maßgebenden Persönlichkeiten volles Einvernehmen und Entschlossenheit. [...] Graf Tisza fügte hinzu, die bedingungslose Stellungnahme Deutschlands an der Seite der Monarchie sei entschieden für die feste Haltung des Kaisers von großem Einfluss gewesen. [...]
Die Note werde so abgefasst sein, dass deren Annahme so gut wie ausgeschlossen sei. Es komme besonders darauf an, nicht nur Versicherungen und Versprechungen zu fordern, sondern Taten. Bei der Abfassung der Note müsse [...] auch darauf Rücksicht genommen werden, dass sie für das große Publikum – besonders in England – verständlich sei und das Unrecht klar und deutlich Serbien zuschiebe.

Zitiert nach: Günter Schönbrunn, Weltkriege und Revolutionen 1914–1945. Geschichte in Quellen, München 1961, S. 16f.

1. Geben Sie wieder, welche Aufgaben das geplante Ultimatum Österreich-Ungarns an Serbien erfüllen sollte.
2. Das am 23. Juli 1914 überreichte Ultimatum verlangte nicht nur die Auflösung großserbischer Organisationen, die Unterdrückung der gegen Österreich-Ungarn gerichteten Propaganda und Maßnahmen gegen Waffenschmuggel. Die serbische Regierung sollte auch erlauben, dass österreichisch-ungarische Behörden die Aufspürung, Verhaftung und Aburteilung der Terroristen übernehmen. Der russische Außenminister nannte diese Forderungen eine „Herabdrückung Serbiens zum Vasallenstaat Österreichs". Nehmen Sie zu dieser Einschätzung Stellung.

[1] **Déjeuner**: Mittagessen
[2] Gemeint ist Kaiser Wilhelm II.
[3] **Tripelentente**: Bündnis zwischen England, Frankreich und Russland

M8 Die Schrecken des Bewegungskrieges …

Der 20-jährige Leutnant Leopold von Stutterheim schreibt am 4. August 1914 an seine Mutter:

Mutter, wir siegen. Das weiß ich jetzt, wo ich diesen heiligen Ernst, diese einmütige Ruhe sehe. Auch für Euch, wenn es anders kommen sollte, gilt das Wort: Lieber ein Ende mit Schrecken, als ein Schrecken ohne Ende. Denn der Tod ist der Übel größtes nicht. Es kann der Tod neues Leben erwecken, und erst recht kann er das in diesen Zeiten. Aber wir wollen nicht sterben, denn noch mehr Nutzen hat das Vaterland von uns, wenn wir leben bleiben und danach wieder einen schönen, herrlichen Frieden genießen. Doch wenn es mich trifft, so ist es auch gut. Für Eure Sicherheit, dass Ihr ein ruhiges Leben führt, würde ich gern bleiben. Aber daran denke ich nicht, ich will leben bleiben, um möglichst viel meinem Vaterland dienen zu können. Also als Sieger werde ich wieder Euch umarmen. Tut Eure Pflicht, seid ruhig, ernst! Und wenn dies nicht so kommt, so seid glücklich in ernster, stiller, einsamer Arbeit an unserem Volk. Und nun noch eine Fabel. Als eine Äffin, die viele Kinder hatte, einer Löwin sagte voll Hohn, die nur einen Sohn hatte: „Wie viel Kinder hast Du?“ Da sagte die Löwin: „Eins, aber einen Löwen.“
Der Löwe will ich sein.
Und nun mit Gott für Euch, für mein Volk!

Am 30. August, keine vier Wochen später, schreibt Hauptmann von Frobel, Kompanie-Chef im Braunschweiger Infanterie-Regiment 92, an Stutterheims Mutter:

In der Nacht vom 21. auf den 22. August waren wir für wenige Stunden in dem Dorfe Bouillet untergebracht. Morgens um 2 Uhr am 22. 8. traten wir den Vormarsch an, um bald die Sombre zu überschreiten. Nicht lange nachdem wir den Fluss überschritten hatten, kamen wir in ein Dorf, wie wir später erfuhren, Roselies. Als die Kompanien des Bataillons in Marschkolonnen im Dorfe waren – die Spitze hatte das Dorf schon fast durchschritten – erhielten wir plötzlich rasendes Feuer aus allen Häusern, Gärten, Hecken und wo sonst sich eine Gelegenheit für den Feind bot. Es herrschte vollkommene Dunkelheit, sodass man immer nur das Aufblitzen der feindlichen Schüsse sah. Ich ordnete an, dass sich die Kompanie in dem freien Raum zwischen den Häusern hinlegen sollte. Hier lagen wir etwa eineinhalb Stunden, immerfort vom Feind beschossen. […] Als es endlich langsam hell wurde, erhielt die Kompanie Feuer aus einem einsam gelegenen weißen Hause und bekam den Befehl vorzugehen. Ich schickte den 3. Zug dagegen vor. Inzwischen hatten sich auf dem auf der Höhe halbrechts vor uns liegenden Walde Franzosen entwickelt und nahmen das Feuer gegen den Ort auf. Ich entwickelte den Zug Ihres Herrn Sohnes, der […] das Feuer erwiderte. Im Verein mit anderen Kompanien und dem gegen das weiße Haus angesetzten Zug wurde nun der Angriff gegen die auf der Höhe liegenden Franzosen angesetzt. Unter Benutzung der zahllosen Hecken, die das Gelände durchzogen, arbeiteten sich die Schützen bis an einen kleinen, vor uns liegenden Steilabfall heran. Hier fanden sie vollkommene Deckung, konnten aber selbst im Augenblicke nicht schießen. Ihr Herr Sohn, der inmitten seiner Leute in voller Deckung lag, richtete sich einen Augenblick etwas auf, um […] nach dem Feinde Ausschau zu halten. In dem Augenblick, den er dazu benötigte, traf ihn das feindliche Geschoss. Die Kugel traf ihn in den Hals und gewiss die Schlagader. Ihr Herr Sohn sagte in dem Augenblick: „Grüßen Sie meine guten Eltern.“ Dann sank er in sich zusammen und war sofort tot.

Erster und zweiter Text: Zitiert nach: www.dhm.de/lemo/zeitzeugen/leopold-von-stutterheim-kriegsbegeisterung-sommer-1914.html (Zugriff: 4. März 2021)

1. Analysieren Sie, mit welchen Erwartungen Leutnant von Stutterheim in den Krieg zieht. Was will er mit der Fabel von der Äffin und der Löwin aussagen? | F
2. Analysieren Sie die Intention, die der Kompanie-Chef mit seinem Brief verfolgt.
3. Bereits seit den ersten Kriegsmonaten durften Soldaten oft nur offene Briefe abschicken, die von ihren Vorgesetzten gelesen und teilweise zensiert wurden. Erläutern Sie die Gründe und die Wirkung dieser Zensur.

M9 … und die Schrecken des Stellungskrieges

Vizefeldwebel Arthur Goldstein, der am 7. April 1916 ums Leben kommt, berichtet in einem Brief:

Allmähliches Durchsickern von Nachrichten über die Kriegslage. Franzosen auf einer Front von 15 km Breite in Tiefe von 3 km durchgebrochen. […] Die Grabenbesatzung, die alles eingebüßt hatte, was sie nicht auf dem Leib trug, kaum noch menschenähnlich. […] Gräben. Keine Unterstände. Eifriges Auswühlen von Erdlöchern. Vor Morgen aufwachen, vor Nässe und Frösteln. Bei Tagesanbruch setzt das Grauenhafte ein: „Trommelfeuer!“ Ich halte mit Unteroffizier Schulte in einem Erdloch. Unaufhörlich erzittert die Erde. Unaufhörlich klingen Abschüsse und Einschläge zusammen, wie zu einem ungeheuren Trommelwirbel. Was 20 bis 30 Meter weiter vor sich geht, kümmert uns bald nicht mehr. Immer wieder platzen die Granaten der Batterien, die unser kurzes Grabenstückchen zum Ziel genommen hatten, in nächster Nähe mit entsetzlichem Dröhnen. Dabei bröckelt jedes Mal der Dreck von der Decke unserer Höhle. […] Gegen Mittag steigert sich das Feuer zu wahrer Raserei; höchstens dem Tosen des aufgewühlten Meeres zu vergleichen. Wir harren, auf dem Bauche liegend, dem Boden und der Wand angeschmiegt, in Ergebung der Dinge, die da kommen müssen. Endlich um 5 Uhr legt sich der Sturm. […] Unsere Ruhe bedeutet keine Untätigkeit des Feindes. Er versucht jetzt, durch wildes Feuer die Artillerie niederzukämpfen und das Herankommen von Reserven zu verhindern. Endlich ruht die Artillerie ganz. Jetzt heißt's scharf beobachten. [...] Dichte Kolonnen stürmen über das braune Feld in und hinter den Tannenstreifen. Mit Erbitterung schießen meine Leute. [...] Jetzt erwacht auch die Artillerie. Ganze Scharen der Gegner werden von den platzenden Granaten [...] der Mörser begraben. [...] Sie fluten unter Verlusten zurück. Die Nacht war ruhig. Am folgenden Morgen strahlte der Himmel wolkenlos. Aber die feindlichen Fesselballons und ebenso die Flieger, die uns in früher Stunde umkreisten, kündeten nichts Gutes an. Bald setzte das Trommelfeuer ein, aber heute war der Beschuss durch die Flieger vorzüglich geleitet. Schlag auf Schlag platzen Granaten in nächster Nähe. Ein Schrapnellhagel geht über dem Graben nieder. [...] Verwundete stürzen in mein Loch, um sich verbinden zu lassen. Es waren grauenhafte Stunden. [...] Alles deutet auf einen großen Angriff.

Zitiert nach: Kriegsbriefe gefallener deutscher Juden, Stuttgart 1961, S. 50 ff.

▶ Charakterisieren Sie die Merkmale der Kriegsführung und die Auswirkungen auf das Erleben der Soldaten.

M10 Das Tannenberg-Denkmal

Von 1924 bis 1927 wird bei Hohenstein (heute: Olsztynek in Polen) ein monumentales Denkmal zum Gedenken an die siegreichen Schlachten bei Tannenberg und an den Masurischen Seen errichtet. „Tannenberg" wird zum Symbol für den größten Erfolg deutscher Truppen im Ersten Weltkrieg und trägt zur Heldenverehrung des Generalfeldmarschalls Paul von Hindenburg bei. Am 18. September 1927 weiht Hindenburg, seit 1925 Reichspräsident der Weimarer Republik, das Kriegsdenkmal ein. In seiner Rede heißt es u. a.:

Die Anklage, dass Deutschland schuld sei an diesem Kriege, weisen wir, weist das deutsche Volk in allen seinen Schichten einmütig zurück! Nicht Neid, Hass oder Eroberungslust gaben uns die Waffen in die Hand. Der Krieg war uns vielmehr das äußerste, mit dem schwersten Opfer verbundene Mittel der Selbstbehauptung einer Welt von Feinden gegenüber. Reinen Herzens sind wir zur Verteidigung des Vaterlandes ausgezogen und mit reinen Händen hat das deutsche Heer das Schwert geführt. Deutschland ist jederzeit bereit, dies vor unparteiischen Richtern nachzuweisen. In den zahllosen Gräbern, welche Zeichen deutschen Heldentums sind, ruhen ohne Unterschied Männer aller Parteifärbungen. Sie waren damals einig in der Liebe und in der Treue zum gemeinsamen Vaterlande. Darum möge an diesem Erinnerungsmale stets innerer Hader zerschellen; es sei eine Stätte, an der sich alle die Hand reichen, welche die Liebe zum Vaterlande beseelt und denen die deutsche Ehre über alles geht.

Hindenburg gegen die Kriegsschuldlüge. Einweihung des Tannenberg-Denkmals, in: Coburger Zeitung Nr. 219 vom 20. September 1927

1. Erläutern Sie ausgehend von der Quelle, welche Rolle Propaganda und Mythenbildung bei der Weltkriegserinnerung spielten.
2. Die Namensgebung der Schlacht geschah in Anlehnung an ein anderes historisches Ereignis. Recherchieren Sie, um welches es sich handelt, und analysieren Sie vor dem Hintergrund Ihrer Ergebnisse, warum die Schlacht von 1914 den Namen „Tannenberg" erhielt.

Trauerfeier für Paul von Hindenburg.
Foto vom 7. August 1934.
Nach Hindenburgs Tod verfügte Adolf Hitler, dass das Denkmal zu einem Mausoleum für den toten Helden von Tannenberg werden sollte. Das Tannenberg-Nationaldenkmal wurde in ein Reichsehrenmal umgetauft. 1945 sprengten es deutsche Soldaten vor dem Anrücken der Roten Armee. Steine des Denkmals wurden später für den Wiederaufbau der polnischen Hauptstadt Warschau verwendet.

▶ Erörtern Sie, ob das Foto Ausdruck einer Mythisierung von Tannenberg beziehungsweise der Person Paul von Hindenburgs ist.

M11 Der erste deutsche Gasangriff bei Ypern 1915

In der zweiten Schlacht vor Ypern setzt die Deutsche Armee erstmals Chlorgas gegen französische Truppen ein. Ein Augenzeuge dieses Angriffs am 22. April 1915 berichtet:

Völlig unvorbereitet auf das, was noch kommen sollte, blickten die [französischen] Divisionen für eine kurze Weile wie verhext auf das seltsame Phänomen, das sie langsam auf sich zukommen sahen. Wie eine Flüssigkeit ergoss sich der schwere, intensiv gefärbte Nebel unerbittlich in die Gräben, füllte sie und zog weiter. Für ein paar Sekunden passierte nichts. Das süßlich duftende Zeug kitzelte nur in der Nase. Sie erkannten nicht die Gefahr, in der sie schwebten. Dann, mit unbegreiflicher Schnelligkeit, begann das Gas zu wirken, und blinde Panik breitete sich aus. Nach einem schrecklichen Kampf um Luft wurden Hunderte bewusstlos und starben, wo sie gerade lagen – ein Tod in abscheulichen Qualen, mit gurgelndem Schaum in ihren Kehlen und übler Flüssigkeit in ihren Lungen. Mit geschwärzten Gesichtern und verdrehten Gliedmaßen ertranken sie einer nach dem anderen – nur kam das, was sie ertränkte, von innen und nicht von außerhalb.

Zitiert nach: Charles Francis Horne, Source Records of the Great War, Bd. 3, Washington 1923, S. 116 (übersetzt von Markus Sanke)

1. Diskutieren Sie, welche Erwartungen die Erfinder der Giftgase an deren Einsatz geknüpft haben könnten. | F
2. Giftgas wurde 1914 von manchen Militärs und Soldaten als menschlicher Fortschritt in der Kriegsführung angesehen. Nehmen Sie Stellung zu dieser These. | H

Ersatzstoffe.
Foto aus Berlin, 1917.
Weil alle kriegswichtigen Stoffe vorrangig dem Militär zugeteilt wurden, blühten im Zivilleben die sonderbarsten „Ersatzlösungen“. Bei diesem Auto sind Gummireifen durch Spiralfedern ersetzt worden.

M12 Kriegsgewinner

Die folgende Tabelle zeigt die offiziell bekanntgegebenen Reingewinne verschiedener Rüstungsfirmen in jeweiliger Landeswährung (in Millionen):

	Vorkriegsschnitt	1914/15	1915/16	1916/17
Krupp	31,6	33,9	86,5	79,7
DWM[1]	5,5	8,2	11,5	12,7
Rheinmetall	4,3	6,5	14,5	14,7
Škoda-Werke	5,6	6,4	9,4	8,2
Steyr-Werke	2,7	6,7	17,7	18,3
Schneider-Creusot	6,9	9,2	10,8	11,2
Hotchkiss	–	–	2,0	14,0

Nach: Gerd Hardach, Der Erste Weltkrieg 1914–1918 [Wolfram Fischer (Hrsg.), Geschichte der Weltwirtschaft im 20. Jahrhundert, Bd. 2], München 1973, S. 117

1. Recherchieren Sie, in welchem Land die Firmen arbeiteten, was sie hauptsächlich herstellten und welche Entwicklung sie nach dem Ersten Weltkrieg nahmen.
2. Diskutieren Sie die Entwicklung der Gewinne vor dem Hintergrund des Kriegsverlaufs und der erzeugten Güter. | F

M13 Überall Ersatz

*Der Historiker und Schriftsteller Peter Englund (*1957) erzählt auf der Grundlage von Quellen die Erlebnisse von Elfriede Kuhr an der „Heimatfront“. Sie ist bei Kriegsausbruch zwölf Jahre alt. Zum 28. Juli 1918 heißt es:*

Sie tun ihr Bestes. Wenn die Kleinkinder ihre Milch nicht bekommen können, geben sie ihnen gekochten Reis oder Haferbrei oder nur Tee. Und wenn es nicht genug echte Windeln gibt, benutzen sie eine neue Sorte, aus Papier. Das Papier klebt an der Haut der Kinder fest, es tut weh, wenn die Pflegerinnen es abziehen.
Ersatz überall. Ersatzkaffee, falsches Aluminium, imitiertes Gummi, Verbände aus Papier, Knöpfe aus Holz. Der Erfindungsreichtum ist zwar beeindruckend, aber vom Resultat kann man das nicht behaupten: Stoff, der aus Nesselfasern und Zellulose besteht; Brot aus Getreide, das mit Kartoffeln, Bohnen, Erbsen, Buchweizen und Rosskastanien vermischt ist (und das erst ein paar Tage nach dem Backen wirklich genießbar erscheint); Kakao, der aus gerösteten Erbsen und Roggen unter Zusatz chemischer Geschmacksstoffe besteht; Fleisch, das aus gepresstem Reis gemacht ist, der in Schaf-

[1] DWM: „Deutsche Waffen- und Munitionsfabriken“ in Berlin

talg gekocht wurde (abgerundet durch einen Scheinknochen aus Holz); Tabak aus getrockneten Wurzeln und Kartoffelschalen, Schuhsohlen aus Holz. Es gibt 837 zugelassene Fleischersatzpräparate für die Wurstherstellung, 511 registrierte Ersatzprodukte für Kaffee. Münzen aus Nickel sind ersetzt worden durch Münzen aus Eisen, Pfannen aus Eisen durch Pfannen aus Blech, Dächer aus Kupfer durch Dächer aus Blech, und die Welt von 1914 wird ersetzt durch die Welt von 1918, in der alles etwas dünner, hohler, kleiner ist. Ersatz: Scheinprodukte für eine Scheinwelt.
Elfriede Kuhr arbeitet in einem Kinderkrankenhaus in Schneidemühl. Es hat eine Weile gedauert, bis sie sich an die Arbeit dort gewöhnt hat, daran, den Ekel beim Anblick von Blut oder Eiter, wund gelegenen Stellen oder Schädeln, die mit Schorf bedeckt sind, zu unterdrücken. Fast alle Kinder leiden an Unterernährung oder an einer Krankheit, die irgendwie auf Unterernährung zurückzuführen ist. (Die Unterernährung ist zum Teil auf die wirksame britische Blockade Deutschlands zurückzuführen, zum Teil darauf, dass Deutschlands Landwirtschaft und das hiesige Transportsystem durch die heftigen Kriegsanstrengungen mehr und mehr verschleißen – wo es noch Lebensmittel gibt, gibt es keine Züge, um sie zu transportieren.) Diese Kinder sind natürlich ebenso sehr Kriegsopfer wie die Gefallenen an der Front. […] Im Laufe der letzten Jahre hat sich die Kindersterblichkeit in Deutschland verdoppelt.

Peter Englund, Schönheit und Schrecken. Eine Geschichte des Ersten Weltkriegs, erzählt in neunzehn Schicksalen, Reinbek bei Hamburg 2013, S. 579f.

▶ Beurteilen Sie die Verhältnisse an der „Heimatfront". Welche Bedeutung haben sie für die Innenpolitik?

M14 Die „14 Punkte" Präsident Wilsons

Während der deutsch-russischen Friedensverhandlungen von Brest-Litowsk verkündet der amerikanische Präsident Woodrow Wilson am 8. Januar 1918 in einer Rede vor dem US-Kongress die Grundzüge einer Friedensordnung, die als das 14-Punkte-Programm bekannt wird:

I. Öffentliche Friedensverträge, öffentlich beschlossen, nach denen es keine privaten internationalen Abmachungen irgendwelcher Art geben darf. Vielmehr soll die Diplomatie stets frei und vor aller Öffentlichkeit sich abspielen.
II. Absolute Freiheit der Schifffahrt auf der See außerhalb der territorialen Gewässer sowohl im Frieden wie im Kriege […].
III. Soweit als möglich die Aufhebung sämtlicher wirtschaftlicher Schranken und die Fortsetzung gleichmäßiger Handelsbeziehungen zwischen sämtlichen Nationen […].
IV. Angemessene Garantien, […] dass die nationalen Rüstungen auf den niedrigsten Grad, der mit der inneren Sicherheit vereinbar ist, herabgesetzt werden.
V. Eine freie, offenherzige und absolut unparteiische Ordnung aller kolonialen Ansprüche […].
VI. Die Räumung des gesamten russischen Gebietes.
VII. Belgien, dem wird die ganze Welt zustimmen, muss […] geräumt und wiederhergestellt werden. […]
VIII. Das gesamte französische Gebiet muss befreit und die verwüsteten Teile wiederhergestellt werden. Ebenso müsste das Frankreich durch Preußen 1871 in Sachen Elsass-Lothringen angetane Unrecht, das den Weltfrieden nahezu fünfzig Jahre bedroht hat, berichtigt werden, um dem Frieden im Interesse aller wieder Sicherheit zu verleihen.
IX. Eine Berichtigung der Grenzen Italiens sollte gemäß den klar erkennbaren Nationalitätenlinien bewirkt werden.
X. Den Völkern Österreich-Ungarns […] sollte die freieste Möglichkeit autonomer Entwicklung gewährt werden.
XI. Rumänien, Serbien und Montenegro sollten geräumt werden[1] […].
XII. Dem türkischen Teil des gegenwärtigen osmanischen Reiches sollte eine gesicherte Souveränität gewährleistet werden, […] und die Dardanellen sollten dauernd als freier Durchgang für die Schiffe und den Handel aller Nationen unter internationalen Garantien geöffnet werden.
XIII. Ein unabhängiger polnischer Staat sollte errichtet werden, der die von unbestreitbar polnischer Bevölkerung bewohnten Gebiete umfassen soll, denen ein freier und sicherer Zugang zum Meere gewährleistet und dessen politische und ökonomische Unabhängigkeit sowie dessen territoriale Integrität durch internationalen Vertrag garantiert werden sollen.
XIV. Eine allgemeine Gesellschaft der Nationen muss aufgrund eines besonderen Bundesvertrages gebildet werden zum Zwecke der Gewährung gegenseitiger Garantien für politische Unabhängigkeit und territoriale Integrität in gleicher Weise für die großen und kleinen Staaten.

Zitiert nach: Günter Schönbrunn, Weltkriege und Revolutionen 1914–1945. Geschichte in Quellen, München 1980, S. 104ff.

1. Analysieren Sie Wilsons 14-Punkte-Programm: Welche nationalen und internationalen Ziele verfolgte er damit?
2. Die Reichsregierung ersuchte Wilson am 3./4. Oktober 1918 um die Vermittlung eines Friedens auf der Grundlage dieser 14 Punkte. Arbeiten Sie heraus, zu welchen Zugeständnissen das Deutsche Reich bereit sein musste.

[1] Montenegro hatte seit 1914, Rumänien seit 1916 zu den Kriegsgegner der Mittelmächte gehört.

M15 Der Erste Weltkrieg – die Schuldfrage

Nach dem Ende des Ersten Weltkrieges bemühen sich deutsche Historiker um den Nachweis, Deutschland habe keine Schuld am Krieg. Eine objektivere Beschaftigung mit den Verantwortlichkeiten setzt erst nach dem Zweiten Weltkrieg ein. In diesem Prozess finden bemerkenswerte Verschiebungen und heftige Kontroversen statt. Hier eine Auswahl:

a) Der deutsche Historiker Fritz Fischer (1908–1999), dessen Buch „Griff nach der Weltmacht. Die Kriegszielpolitik des kaiserlichen Deutschland 1914/18" im Jahr 1961 einen Streit zwischen älteren und jüngeren Historikern ausgelöst hat (sog. Fischer-Kontroverse), fasst seine Position 1965 in einem Zeitungsartikel so zusammen:

Ich selbst habe noch auf dem Historikertag in Berlin im Oktober 1964 die Ansicht vertreten, Deutschland habe im Juli 1914 bewusst das Risiko eines großen europäischen Krieges auf sich genommen, weil ihm die Situation so günstig wie nie zuvor schien. In Verschärfung meiner damaligen Ausführungen stelle ich heute fest, gestützt auf allgemein zugängliches wie auch auf unveröffentlichtes Material: Deutschland hat im Juli 1914 nicht nur das Risiko eines eventuell über den österreichisch-serbischen Krieg ausbrechenden großen Krieges bejaht, sondern die deutsche Reichsleitung hat diesen großen Krieg gewollt, dementsprechend vorbereitet und herbeigeführt.

*b) Der in Großbritannien lehrende australische Historiker Christopher Clark (*1960) schreibt in seinem 2012 in Großbritannien und 2013 in Deutschland veröffentlichten Werk:*

Der Kriegsausbruch von 1914 ist kein Agatha-Christie-Thriller, an dessen Ende wir den Schuldigen im Konservatorium über einen Leichnam gebeugt auf frischer Tat ertappen. In dieser Geschichte gibt es keine Tatwaffe als unwiderlegbaren Beweis, oder genauer: Es gibt sie in der Hand jedes einzelnen wichtigen Akteurs. So gesehen war der Kriegsausbruch eine Tragödie, kein Verbrechen. Wenn man dies anerkennt, so heißt es keineswegs, dass wir die kriegerische und imperialistische Paranoia der österreichischen und deutschen Politiker kleinreden sollten, die zu Recht die Aufmerksamkeit Fritz Fischers und seiner historischen Schule auf sich zog. Aber die Deutschen waren nicht die einzigen Imperialisten, geschweige denn die einzigen, die unter einer Art Paranoia litten. Die Krise, die im Jahr 1914 zum Krieg führte, war die Frucht einer gemeinsamen politischen Kultur. Aber sie war darüber hinaus multipolar und wahrhaft interaktiv – genau das macht sie zu dem komplexesten Ereignis der Moderne, und eben deshalb geht die Diskussion um den Ursprung des Ersten Weltkrieges weiter, selbst ein Jahrhundert nach den tödlichen Schüssen Gavrilo Princips an der Franz-Joseph Straße.

*c) Die deutsche Historikerin Annika Mombauer (*1967) fasst ihre Forschungen zum Thema so zusammen:*

Historiker sprechen [...] heute nur noch selten von Kriegsschuld. Es wird auch kaum noch die Verantwortung einer einzigen Regierung hervorgehoben. Stattdessen wissen wir heute, dass in allen Hauptstädten der Großmächte wichtige und zum Teil verhängnisvolle Entscheidungen getroffen wurden. Wir wissen auch, dass vor allem den Militärs überall ein Krieg nicht ungelegen kam und es dem militärischen Denken der Zeit entsprach, einen solchen führen zu wollen. Dennoch muss der Hauptteil der Verantwortung für den Kriegsausbruch nach wie vor in den Entscheidungen Österreich-Ungarns und Deutschlands verortet werden. Die Dokumente, auf die wir uns stützen können, beweisen eindeutig, dass diese beiden Großmächte es auf einen Krieg abgesehen hatten, bevor die Regierungen der anderen Großmächte überhaupt wussten, dass ein europäischer Konflikt bevorstand. [...]
Der Krieg war kein „Unfall", er war nicht das Resultat von Fehlern oder Versäumnissen, und die Verantwortlichen von 1914 waren keine „Schlafwandler" (Christopher Clark), sondern sie wussten im Gegenteil ganz genau, was sie taten. Der Krieg brach aus, weil einflussreiche Kreise in Wien und Berlin ihn herbeiführen wollten und ihn absichtlich riskierten und weil man in Paris und Petersburg bereit war, diesen Krieg zu führen, wenn er denn käme. Gewiss, es gab auch in Paris und Petersburg und zu einem viel geringeren Teil sogar in London im Juli 1914 Befürworter des Krieges, vor allem unter den Militärs. Aber die Entscheidung, im Sommer 1914 einen Krieg zu führen, war in Wien und Berlin getroffen worden. Hier übten die kriegslustigen Militärs den größten Einfluss auf ihre politischen und diplomatischen Kollegen aus.

Erster Text: Fritz Fischer, Vom Zaun gebrochen – nicht hineingeschlittert. Deutschlands Schuld am Ausbruch des Ersten Weltkriegs, in: Die Zeit vom 3. September 1965, Nr. 36, S. 30; zweiter Text: Christopher Clark, Die Schlafwandler. Wie Europa in den Ersten Weltkrieg zog, München [14]2013, S. 716f. (übersetzt von Norbert Juraschitz); dritter Text: Annika Mombauer, Die Julikrise. Europas Weg in den Ersten Weltkrieg, München [2]2014, S. 117–119

1. Arbeiten Sie die zentralen Aussagen der Historiker heraus.
2. Vergleichen Sie die Aussagen und erläutern Sie die kontroversen Positionen.
3. Nehmen Sie zu den Aussagen der Historiker Stellung.

M16 Körperliche und seelische Verheerungen

Erich Kuttner (1887–1942) ist Soldat im Ersten Weltkrieg. 1917 gründet er den „Bund der Kriegsteilnehmer und Kriegsbeschädigten" und wird später Landtagsabgeordneter der SPD in Preußen. 1920 schildert er in einem Zeitungsbericht einen Besuch in einer Berliner Spezialklinik für Gesichtsverletzte:

Wie viele Berliner ahnen eigentlich, dass es noch ca. 20 Lazarette in Berlin mit über 20000 Insassen gibt, gefüllt mit Opfern des nun schon seit fast zwei Jahren beendeten Krieges? Und wie viele von denen, die es wissen, haben sich jemals die Frage vorgelegt, wie der Körper eines Menschen aussehen muss, der nach zwei-, nach drei-, nach fünf- und sechsjähriger Behandlung noch immer nicht entlassen werden kann, obwohl bei der Entlassung der Kriegsbeschädigten alles andere als zimperlich verfahren wird. Das sind keine Kriegsbeschädigten mehr, das sind die Kriegszermalmten! [...] Die Lazarettkommission, die von den Berliner Lazarettinsassen als ihre Vertretung gewählt worden ist, hatte mich zu einem Besuch mehrerer Lazarette eingeladen. [...] Die Studienreise begann in dem Versorgungslazarett Thüringer Allee, das in einsamer Verlassenheit weit draußen in Westend liegt. Dort liegen die Menschen, denen der Krieg das edelste und schönste des menschlichen Aussehens genommen hat – so schaurig es sich ausspricht: Menschen ohne Gesicht.

Auf die Bitte der Lazarettkommission tritt in das kleine Geschäftszimmer [...] ein Mann, der quer über die Mitte des Gesichts eine Binde trägt. Er nimmt sie ab und ich starre in ein kreisförmiges Loch von der Größe eines Handtellers, das von der Nasenwurzel bis zum Unterkiefer reicht. Das rechte Auge ist zerstört, das linke halb geschlossen. Während ich mit dem Mann rede, sehe ich das ganze Innere seiner Mundhöhle offen vor mir liegen: Kehlkopf, Speiseröhre, Luftröhre wie bei einem anatomischen Präparat. [...]

[Seine Behandlung] wird noch fünf Jahre dauern. Einstweilen hat der Mann seine achtzehnte Operation überstanden. Bald darauf lerne ich Leute mit 30 und 36 Operationen kennen.

Man hat die unbequeme Existenz dieser Kriegsopfer vergessen. Im Westend zeigt man mir eine Sammlung von Gipsmasken, die von den Kieferverletzten bei ihrer Einlieferung angefertigt wurden. Das zusammengeflickte Gesicht wird dann später ebenfalls abgegipst und zum Vergleich aufgehoben. Warum versteckt man diese Denkmäler des Schreckens?

Im Weltkrieg nehmen seelische Erkrankungen in erschreckendem Maße zu. Die Psychiatrie hat kaum Erfahrung mit schwer traumatisierten Personen. Auszug aus einer Krankenakte:

Fall 421. 25-jähriger Offizier. 1915 Oberarmdurchschuss. Unterstand durch Volltreffer verschüttet (1917). Versucht sich mit seinen Kameraden auszugraben. Letztere verlässt allmählich die Kraft. Sie starben wohl an Erstickung; der Kranke kann nichts darüber angeben. Auch er fühlt zunehmenden Luftmangel. Eine zweite Granate öffnet den verschütteten Unterstand. Dadurch gerettet. Seither nervöse Angstzustände, Schlaflosigkeit, Schreckträume, Erregbarkeit. „Fühlt immer wieder Atemnot, glaubt ersticken zu müssen", dreimonatige Behandlung bringt keinen Erfolg, daher Verlegung in das Nervenlazarett. Starker, früher stets gesunder, intelligenter, strebsamer Mann.

Erster Text: Erich Kuttner, Vergessen! Die Kriegszermalmten in Berliner Lazaretten, in: Vorwärts, 8. September 1920, zitiert nach: Bernd Ulrich und Benjamin Ziemann (Hrsg.), Frontalltag im Ersten Weltkrieg. Wahn und Wirklichkeit. Quellen und Dokumente, Frankfurt am Main 1994, Dok. 20 i, S. 92 f.; zweiter Text: ebda, Dok. 21 d, S. 103

1. Entwickeln Sie mögliche Antworten auf die Frage am Ende des Zeitungsberichts (Zeile 39 f.).
2. Diskutieren Sie mögliche Folgen für eine Gesellschaft, die solche Kranke integrieren muss. Beziehen Sie das Männerbild der Zeit in Ihre Überlegungen ein. | H

Künstliche Gliedmaßen.
Für die zahlreichen Kriegsverletzten wurden neue Prothesen entwickelt, z. B. die „Sauerbruch-Hand".

Methode

Fotografien als Quellen deuten

Fotografien prägen unser Bild von der jüngeren Geschichte mehr als jedes andere Medium. Sie halten politische und gesellschaftliche Ereignisse für die Nachwelt fest und geben uns eine Fülle von Informationen über den Lebensalltag. In der ersten Hälfte des 20. Jahrhunderts wurde Fotografieren für breite Bevölkerungskreise erschwinglich. Fotos wurden dadurch für den Historiker zu einer immer wichtigeren Quelle.
Fotografien haben eine sehr starke suggestive Kraft, weil sie scheinbar die Welt so wiedergeben, „wie sie ist", sie vermitteln den Eindruck von Authentizität. Mit dem Druck auf den Auslöser wird aber kein „objektives" Bild der Wirklichkeit hergestellt. Fotos sind **Momentaufnahmen** und zeigen immer nur einen ausgewählten und bearbeiteten Ausschnitt aus der Realität. Bereits durch die Wahl des Motivs, des Bildausschnitts und der Perspektive stellt der Fotograf ein subjektives, **„komponiertes" Bild der Wirklichkeit** her. Retuschen, Montagen und andere Manipulationen, etwa das Wegschneiden oder Vergrößern bestimmter Bildteile, machen die Fotografie zu einer schwer zu beurteilenden Quelle.
Bereits während des Amerikanischen Bürgerkrieges (1861–1865) wurden in amerikanischen Zeitungen Fotos von den Schlachtfeldern abgedruckt, die häufig als schockierend empfunden wurden. Erst später wurde aber bekannt, dass der Fotograf die Leichen „arrangiert" hatte, das heißt nach dem Ende der Schlacht neu und anders hingelegt hatte, sodass eine Wirkung entstand, die sonst nicht vorhanden gewesen wäre.
Fotos müssen deshalb als Quelle besonders **vorsichtig bewertet** werden. Sie müssen unter bestimmten Fragestellungen interpretiert und in einen historischen Gesamtzusammenhang eingeordnet werden.

Das Buch bietet verschiedene Anwendungsbeispiele. Hier eine Auswahl geeigneter Fotografien: Siehe Seite 343, 349, 373 f., 401 und 403.

Arbeitsschritt	Leitfragen
1. beschreiben	• Wer hat das Foto gemacht, in Auftrag gegeben und veröffentlicht? • Wann, wo und aus welchem Anlass ist das Foto gemacht bzw. veröffentlicht worden? • Wer oder was ist auf dem Foto abgebildet? Was wird thematisiert? • Welche Darstellungsmittel werden verwendet (Schwarzweiß- oder Farbbild, Kameraperspektive, Aufbau, Schnappschuss oder gestellte Szene, Profi- oder Amateuraufnahme)? • Sind Hinweise auf Bildbearbeitung oder nachträgliche Veränderungen erkennbar (Retusche, Montage, Beschnitte bzw. Ausschnittvergrößerungen)?
2. erklären	• Auf welches Ereignis oder welche Person bezieht sich das Foto? • Wie lässt sich das Foto in den historischen Kontext einordnen? • Für wen und in welcher Absicht wurde das Foto gemacht bzw. veröffentlicht? • Welche Botschaft, welche Deutung vermittelt das Foto beabsichtigt oder unbeabsichtigt? • Welche Wirkung soll beim Betrachter erzielt werden?
3. beurteilen	• Wie lässt sich das Foto insgesamt einordnen und bewerten? • Welche Auffassung vertreten Sie zu dem Bild?

Ort und Zeitpunkt:
Berlin (Unter den Linden) am 31. Juli 1914 (Foto erschienen in: Berliner Illustrirte Zeitung, Nr. 32, 1914)

Bekanntgabe des Zustandes der drohenden Kriegsgefahr durch einen Offizier.

Ort und Zeitpunkt:
Pariser Platz in Berlin am 1. August 1914

Kriegsbegeisterte Jugend.

► Analysieren Sie die beiden Fotos mithilfe der Arbeitsschritte auf Seite 390. Ihre Ergebnisse können Sie mit der Lösungsskizze auf Seite 515 vergleichen.

Der Erste Weltkrieg (1914–1918)

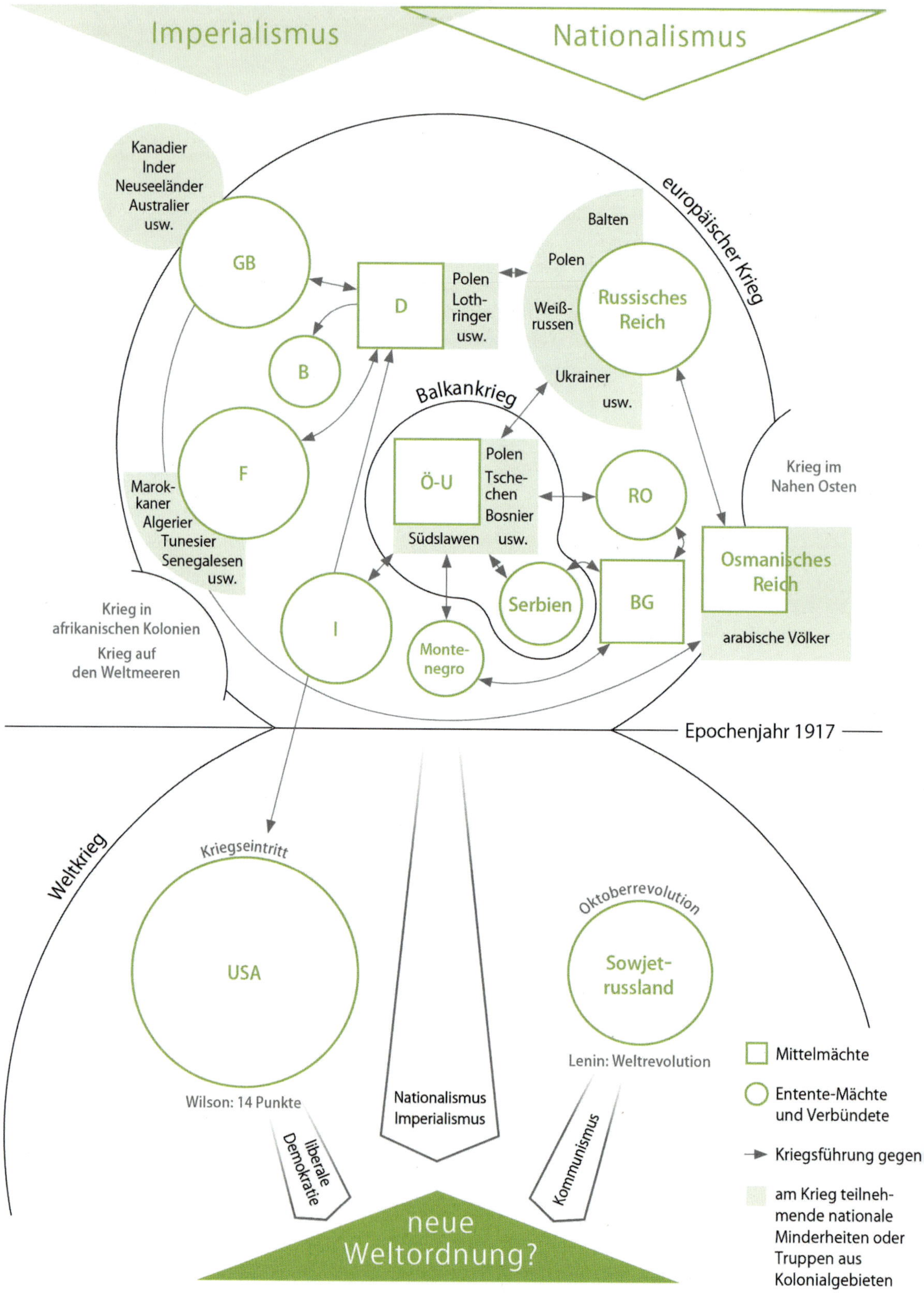

M Frieden ist nicht selbstverständlich

*Am 11. November 2018 spricht Angela Merkel (*1954) zur Eröffnung des „Pariser Friedensforums" vor Staats- und Regierungschefs und Vertretern internationaler Organisationen:*

Dass ich heute hier als Bundeskanzlerin der Bundesrepublik Deutschland stehe, ist eine Ehre für mich. [...] Bis vor Kurzem stand in Compiègne, wo der Waffenstillstand vor fast 100 Jahren geschlossen wurde, „die Arroganz der Deutschen" geschrieben; und an sie wurde erinnert. Diese Zeilen wurden jetzt durch „die Freundschaft", durch „die Partnerschaft" von uns ersetzt. Das ist ein großartiges Zeichen. Aber das ist natürlich auch Verpflichtung. Denn das ist heute alles andere als selbstverständlich, insbesondere nach dem Leid, das die Deutschen in zwei Weltkriegen über ihre Nachbarn, über Europa und die Welt gebracht haben. Es ist eine großherzige Einladung unter Freunden.

Der Friede, den wir heute haben, den wir zum Teil schon als allzu selbstverständlich wahrnehmen, ist alles andere als selbstverständlich, sondern dafür müssen wir arbeiten. Deshalb möchte ich auch von meinen Sorgen sprechen, die sich für mich in unser heutiges Gedenken mischen – die Sorge etwa, dass sich wieder nationales Scheuklappendenken ausbreitet, dass wieder so gehandelt werden könnte, als könne man unsere wechselseitigen Abhängigkeiten, Beziehungen und Verflechtungen einfach ignorieren. Wir sehen doch, dass internationale Zusammenarbeit, friedlicher Interessenausgleich, ja, selbst das europäische Friedensprojekt wieder infrage gestellt werden. Wir sehen die Bereitschaft, Eigeninteressen schlimmstenfalls auch mit Gewalt durchzusetzen. [...]

Liebe Freunde, mangelnde Bereitschaft und mangelnde Fähigkeit zum Dialog – genau daraus haben sich das Misstrauen und die Kriegslogik genährt, die 1914 eine ungeheure Gewaltmaschinerie in Gang gesetzt haben. Die Sprachlosigkeit – es gibt ein Buch über den Ersten Weltkrieg, das von „Schlafwandlern"[1] spricht –, war im Wesentlichen der Grund des kollektiven Versagens, das in die Krise und Katastrophe führte.

Genau diesen Schluss hat damals der amerikanische Präsident Wilson gezogen. Mit seinen berühmten vierzehn Punkten sprach er sich unter anderem für einen allgemeinen Verbund von Nationen aus.[2] Ein institutionalisierter Dialog sollte heilsamen Druck erzeugen, um künftigen Konflikten vorzubeugen. Wir alle wissen: Der Völkerbund wurde gegründet – und er scheiterte. Die Welt erlebte, wie Deutschland den Zweiten Weltkrieg entfesselte, den Zivilisationsbruch der Shoa verübte und den Glauben an die Menschlichkeit erschütterte.

Danach war nichts mehr wie vorher. Es konnte und durfte ja auch nicht so sein. Die Antwort war die Gründung der Vereinten Nationen. Die Staatengemeinschaft schuf eine Rechtsordnung, einen Rahmen für internationale Zusammenarbeit. Beides wurde untermauert von der Allgemeinen Erklärung der Menschenrechte, die die UN-Generalversammlung vor 70 Jahren verkündete. [...]

Der Erste Weltkrieg hat uns gezeigt, in welches Verderben Isolationismus führen kann. Und wenn Abschottung vor 100 Jahren schon keine Lösung war, wie könnte sie es heute sein – in einer vielfach vernetzten Welt mit fünfmal so vielen Menschen auf der Welt wie damals? [...] Eine enge internationale Zusammenarbeit auf der Grundlage gemeinsamer Werte, wie sie uns die UN-Charta vorgibt – das ist die einzige Möglichkeit, die Schrecken der Vergangenheit zu überwinden und eine vernünftige Zukunft zu gestalten. [...]

Ich möchte Emmanuel Macron und den Initiatoren dieses Friedensforums dafür danken, dass es nicht nur Politiker sind, die hier mitmachen, sondern auch Nichtregierungsorganisationen, Verbände, Vereinigungen, Forscher, Bürgerinnen und Bürger. Denn Frieden kann kein Projekt nur von Politik sein, Frieden muss von den Menschen in unseren Ländern erarbeitet werden. [...] Deshalb hoffe ich aus ganzem Herzen, [...] dass daraus ein Prozess wird, dass aus diesem 100. Jahrestag des Waffenstillstands nach dem Ersten Weltkrieg ein Prozess für mehr Frieden wird. Ich mache mir keine Illusionen, dass dies ein komplizierter Weg ist. Aber wenn wir alle daran glauben, dass wir es gemeinsam anpacken müssen, dann haben wir eine Chance, eine bessere Welt zu gestalten. Und diese Chance müssen wir nach dem, was wir erlebt haben, nutzen.

Zitiert nach: www.bundeskanzlerin.de/bkin-de/aktuelles/rede-von-bundeskanzlerin-merkel-zur-eroeffnung-des-forum-de-paris-sur-la-paix-am-11-november-2018-1548456 (Zugriff: 2. März 2021)

1. Fassen Sie die Kernaussagen des Redeauszugs in eigenen Worten zusammen.
2. Charakterisieren Sie die Rede. Gehen Sie dabei auf folgende Aspekte ein: Argumentation, Sprach- und Wortwahl, Stil, Umgangs- oder Hochsprache.
3. Angela Merkel macht in ihrer Rede deutlich: „Frieden kann kein Projekt nur von Politik sein, Frieden muss von den Menschen in unseren Ländern erarbeitet werden" (Zeile 66–68). Nehmen Sie dazu Stellung.
4. Präsentation: Recherchieren Sie über das erwähnte Friedensforum und stellen Sie Ihre Ergebnisse in einem Kurzreferat vor. Gehen Sie dabei auf die Frage ein, weshalb das Forum seinen Sitz in Paris hat.

[1] Gemeint ist die Publikation „Die Schlafwandler. Wie Europa in den Ersten Weltkrieg zog" von Christopher Clark. Siehe dazu M15 auf Seite 388.

[2] Zu den „14 Punkten" von US-Präsident Woodrow Wilson siehe M14 auf Seite 387.

3.6 Wahlmodul: Deutsches und europäisches Selbstverständnis nach 1945

Das Kapitel beschäftigt sich inhaltlich mit…

- der Auseinandersetzung mit der NS-Vergangenheit in beiden deutschen Staaten
- dem Selbstverständnis der Bundesrepublik und der DDR in der bipolaren Welt
- dem Selbstverständnis und der kulturellen Identität des wiedervereinigten Deutschlands im europäischen Kontext
- den Versuchen der Herausbildung einer europaweiten Erinnerungsgemeinschaft

Das deutsche Selbstverständnis nach 1945 hatte sich zunächst an den Ereignissen der jüngsten Vergangenheit abzuarbeiten. Durch die Teilung der Welt in ideologische Blöcke, deren Grenze mitten durch Deutschland verlief, entwickelten sich in der DDR und in der Bundesrepublik jeweils völlig unterschiedliche politische Systeme und damit auch unterschiedliche „Aufarbeitungskulturen". Einig waren sich beide Staaten in der historischen Bewertung des NS-Staates als furchtbares Unrechtssystem. Unterschiedlich fielen jedoch die Antworten auf die beiden Fragen aus, wie es zu diesem im Holocaust gipfelnden Zivilisationsbruch kommen konnte und welche Lehren ein Staat daraus ziehen muss. Die Art und Weise, wie beide Staaten die Vergangenheit „bewältigten", ist ein Spiegel der beiden politischen Systeme und diente jeweils zu deren Legitimation.

Die Systemkonkurrenz erleichterte es der Bundesrepublik bzw. der DDR zunächst, sich in die jeweiligen militärischen und wirtschaftlichen Bündnisse (NATO, OEEC/OECD bzw. Warschauer Pakt, RGW) zu integrieren. Im Westen wurde man Teil der europäischen Integration, die nach 1990 mit der Ausweitung um Staaten in Osteuropa vertieft wurde. In den beiden deutschen Staaten entfalteten sich auch sehr unterschiedliche historische Anknüpfungspunkte und Wertesysteme. Diese trugen neben den Leistungen in Wirtschaft, Sport und Kultur zum jeweiligen Selbstverständnis bei und wirken bis heute nach. Die Wiedervereinigung 1990 und der Wandel zur „Berliner Republik" stellte daher nicht nur eine gewaltige wirtschaftliche Herausforderung dar, sondern auch eine gesellschaftliche. Sie ging einher mit einer gewandelten ökonomischen, europäischen und zum Teil auch militärischen Rolle der Bundesrepublik.

Aktuell zeigen die politischen Entwicklungen in Ost- und Westdeutschland, dass ein gemeinsames Selbstverständnis noch lange nicht vorhanden ist. Die Krise des Euro und der EU, aber auch die Flüchtlingskrise, haben Verlustängste in wirtschaftlicher wie kultureller Hinsicht hervorgerufen. Als Reaktion darauf ziehen sich viele Menschen auf die eigene nationale und kulturelle Identität zurück, was eine gemeinsame europäische Erinnerungskultur erschwert.

Installation „Die Tore der Deutschen" von Horst Hoheisel.
Foto vom 27. Januar 1997.
In der Nacht vom 26. auf den 27. Januar 1997, dem Tag der Befreiung des KZ Auschwitz und Tag des Gedenkens an die Opfer des Nationalsozialismus, projizierte Hoheisel Fotos des geschlossenen und geöffneten Auschwitz-Tores mit der Inschrift „Arbeit macht frei" auf das Brandenburger Tor in Berlin.

▶ Das Brandenburger Tor gilt als Symbol nationaler Identität. Mit seinem „Denkbild" wollte Hoheisel zum Nachdenken über die symbolische und erinnerungskulturelle Funktion des Tores anregen. Erläutern und beurteilen Sie Aussage und beabsichtigte Wirkung der Installation.

Deutschland nach 1945

5. 6. 1945 — Die Siegermächte des Zweiten Weltkrieges übernehmen die Regierungsgewalt in Deutschland, das in vier Besatzungszonen geteilt ist.

1945/46 — Im Nürnberger Prozess werden die Hauptkriegsverbrecher verurteilt.

1945 - 1950 — Die Alliierten führen eine **Entnazifizierung** durch (in der SBZ nur bis 1948).

1949 — Mit der Unterzeichnung des Grundgesetzes am 23. Mai wird die Bundesrepublik gegründet; am 7. Oktober folgt die Gründung der DDR. Die Westdeutsche Regierung erkennt sie nicht als Staat an (**Alleinvertretungsanspruch**).

seit 1950 — In der DDR ist der **8. Mai** als „Tag der Befreiung" bis 1966 gesetzlicher Feiertag; in ganz Deutschland wird das Datum bis heute mit besonderen Gedenkveranstaltungen begangen.

10. 9. 1952 — Im **Luxemburger Abkommen** verpflichtet sich die Bundesrepublik zu „Wiedergutmachungszahlungen" an Israel und den verfolgten Juden.

17. 6. 1953 — Der Volksaufstand in der DDR gegen das SED-Regime wird von sowjetischen Militärs niedergeschlagen. In Westdeutschland wird der **17. Juni** zum Nationalfeiertag.

6. 11. 1958 — In Ludwigsburg wird die Zentralstelle zur Aufklärung von NS-Gewaltverbrechen eingerichtet.

1961 — Die SED lässt in Berlin eine Mauer errichten.

1963 - 1965 — In Frankfurt am Main finden die **Auschwitz-Prozesse** statt.

26. 6. 1969 — Der Bundestag hebt die Verjährungsfrist für Völkermord auf.

21. 12. 1972 — Im Rahmen der sozial-liberalen Ostpolitik von Bundeskanzler Willy Brandt erkennt die Bundesrepublik die DDR als gleichberechtigten Staat an (**Grundlagenvertrag**).

18. 9. 1973 — Beide deutsche Staaten werden Mitglieder der Vereinten Nationen (UN).

Deutschlands Wiedervereinigung

9. 11. 1989 — Die Mauer fällt; die innerdeutschen Grenzen sind offen

3. 10. 1990 — Die Wiedervereinigung wird vollzogen: **„Tag der deutschen Einheit"**.

Aufarbeitung nach 1990

1992 - 1999 — Führende DDR-Funktionäre werden wegen ihrer Verantwortung für die Tötungen an der innerdeutschen Grenze angeklagt und verurteilt.

1996 — Der **27. Januar** wird zum Tag des Gedenkens an die Opfer des Nationalsozialismus erklärt; 2005 erhebt ihn die UNO zum **Internationalen Holocaustgedenktag**.

2. 8. 2000 — Die **Stiftung „Erinnerung, Verantwortung und Zukunft"** zur Entschädigung von NS-Zwangsarbeitern wird gegründet.

10. 5. 2005 — In Berlin wird das **Denkmal für die ermordeten Juden Europas** eingeweiht.

2008 — Die EU beschließt den **„Europäischen Tag des Gedenkens an die Opfer von Stalinismus und Nationalsozialismus"** (23. August).

Schuld und Sprachlosigkeit | Nach dem Ende des „Dritten Reiches" hätten sich Millionen Deutsche die bittere Frage stellen können, welchen Anteil sie selbst an der jüngsten Vergangenheit hatten. In den ersten Nachkriegsjahren schien sich in der deutschen Bevölkerung jedoch eine Verweigerungshaltung durchzusetzen. Nur eine Minderheit war dazu bereit, über die persönliche oder kollektive Mitverantwortung nachzudenken (→ M1). Für Scham und Trauer über das schuldhafte Verhalten und die Massenverbrechen fehlte es vielfach an Einsicht, aber auch an Kraft. Nach Krieg, Flucht und Vertreibung waren die Menschen bemüht, das eigene Schicksal und den Alltag zu bewältigen. Zudem war der zeitliche Abstand für eine selbstkritische Betrachtung oder Infragestellung zu gering (→M2 und M3). Viele Menschen täuschten Unkenntnis vor. Sie hätten nichts von den Verbrechen in den Konzentrationslagern gewusst. Die meisten sahen sich selbst als Opfer der nationalsozialistischen Ideologie und der bis zuletzt funktionierenden Propaganda. Andererseits gab es aber auch einige Intellektuelle und Politiker, die ein Eingeständnis der Schuld und eine „Wiedergutmachung" forderten. Im August und Oktober 1945 bekannten sich die beiden großen Kirchen in offenen Briefen zu ihrer Verantwortung.

„Er hat mir's doch befohlen!"
Karikatur von 1946.

▶ Interpretieren Sie die Aussage der Karikatur.

Zwei Staaten – zwei Haltungen | Mit der doppelten Staatsgründung im Jahr 1949 zeigten sich bereits grundsätzliche Unterschiede in der Auseinandersetzung der Bundesrepublik und der *Deutschen Demokratischen Republik* (DDR) mit der NS-Zeit.

Die Bundesrepublik Deutschland verstand sich als Gegenmodell zum nationalsozialistischen Regime. Die freiheitlich-demokratischen und rechtsstaatlichen Prinzipien des Grundgesetzes untermauerten dies. Andererseits sah sich der westdeutsche Teilstaat aber auch als Rechtsnachfolger des Deutschen Reiches, dessen Erblast er nun tragen musste.

Gegenüber dem Ausland beanspruchte Bundeskanzler *Konrad Adenauer* (CDU) einen *Alleinvertretungsanspruch* der demokratischen Bundesrepublik für ganz Deutschland. Die DDR erkannte er nicht als eigenständigen Staat an. Sein Staatssekretär im Auswärtigen Amt, *Walter Hallstein*, entwickelte daraus folgende Doktrin (*Hallstein-Doktrin*): Erkannte ein Land die DDR als selbstständigen Staat an, drohte die Bundesrepublik, die diplomatischen Beziehungen zu ihm abzubrechen. Davon war nur die Sowjetunion ausgenommen, die ja zu den vier Siegermächten zählte. Doch die DDR ließ sich auf Dauer nicht vollständig isolieren. Im Zuge der **Entspannungspolitik** der 1960er-Jahre wurde die Hallstein-Doktrin schließlich aufgegeben.

Von Anfang an grenzte sich die DDR gegenüber der Bundesrepublik ab und begriff sich als der „bessere" der beiden deutschen Staaten. Die herrschende Staatspartei – die *Sozialistische Einheitspartei Deutschlands* (SED) – verstand die DDR als „antifaschistisches Bollwerk", als Friedensstaat und als sozialistischen Staat, der damit in besonderem Maße als Wohlfahrtsstaat den Menschen diente. In der kommunistischen Weltanschauung galt der „Faschismus" als letzte Stufe einer kranken kapitalistischen Gesellschaft. Das SED-Regime übernahm dieses Geschichtsbild. Der Sozialismus würde demnach den Kapitalismus und somit auch den Faschismus überwinden. Damit konnte auch die im Zuge der Bodenreform durchgeführte Enteignung von rund 7 000 Großgrundbesitzern gerechtfertigt werden, indem diese zu Wegbereitern des Faschismus deklariert wurden. Mit dem Abschluss der „antifaschistisch-demokratischen Umwälzung" und der Gründung der DDR sah man die strukturellen und ideologischen Wurzeln des Nationalsozialismus „ein für alle Mal ausgerissen" (→M4). Die DDR lehnte daher jede Verantwortung für die NS-Verbrechen ab. Sie überließ es der Bundesrepublik, die deutsche Vergangenheit aufzuarbeiten.

Entspannungspolitik: Der Begriff beschreibt eine Phase des Kalten Krieges von Ende der 1960er- bis Anfang der 1980er-Jahre. In diesem Zeitraum versuchten die USA und die UdSSR sowie ihre jeweiligen Verbündeten Konflikte vorwiegend auf diplomatischem Weg zu lösen und gegenseitiges Vertrauen aufzubauen.

Außenpolitisch rang die DDR jahrzehntelang um internationale Anerkennung. Erst 1955 wurde sie von der Sowjetunion für souverän erklärt und Anfang 1956 als „gleichberechtigtes" Mitglied in den *Warschauer Pakt* aufgenommen. Mit ihrer zweiten Verfassung von 1968, in der die führende Rolle der Partei festgeschrieben wurde, schloss die DDR den Aufbau der sozialistischen „Volksdemokratie" auch rechtlich ab. Aber erst der *Grundlagenvertrag* von 1972, mit dem sich Bundesrepublik und DDR als gleichberechtigte Staaten anerkannten, sowie die Aufnahme beider deutscher Staaten in die Vereinten Nationen (18. September 1973) brachte der DDR breitere internationale Anerkennung.

Propaganda für den Volksentscheid in Sachsen zum „Gesetz über die Übergabe von Betrieben von Kriegs- und Naziverbrechern in das Eigentum des Volkes".
Foto aus Leipzig, 1946.
1946 wurden die Bürger in Sachsen zu einem Volksentscheid über die Enteignung wichtiger Industrie- und Gewerbebetriebe aufgerufen. Zwei Drittel der Bevölkerung stimmten zu. Dies genügte der SED, um die Enteignung auch in allen übrigen Gebieten Ostdeutschlands durchzuführen.

Amnestie und Integration | In den westlichen Besatzungszonen hatten trotz aller Entnazifizierungsbemühungen der Alliierten große Teile der führenden Elite des NS-Staates neben den vielen Mitläufern im großen Vergessen untertauchen, ihre Karrieren in der Bundesrepublik fortsetzen und erneut in Schlüsselpositionen aufsteigen können. In der bundesdeutschen Öffentlichkeit regte sich zunächst kaum Kritik. Mehr noch: 1949 und 1954 verabschiedete der Deutsche Bundestag – ihm gehörten in der zweiten Legislaturperiode 129 ehemalige NSDAP-Mitglieder an – einstimmig „Straffreiheitsgesetze", die viele verurteilte NS-Täter begnadigten. Seit 1951 durften aus politischen Gründen entlassene Beamte und Berufssoldaten in den öffentlichen Dienst zurückkehren. Beim Aufbau des Wiesbadener Bundeskriminalamtes seit 1945 waren NS-Beamte maßgeblich beteiligt. Damit wurden nahezu alle, die von alliierten Militärgerichten verurteilt worden waren, wieder frei.

Die westdeutsche „Vergangenheitspolitik" entsprach der in der Gesellschaft der 1950er-Jahre weit verbreiteten „Schlussstrich"-Mentalität. Die „Gnadenwelle" sollte der Stabilisierung der jungen Bundesrepublik dienen. Integration und Aufbau schienen wichtiger als Gerechtigkeit. Auf diese Weise konnten sich auch die Millionen „Mitläufer" des NS-Systems entlastet fühlen. Es gab jedoch auch Politiker, die gegen diesen Hang zur Schuldabwehr auftraten.

Die Sowjets führten die *Entnazifizierung* sehr viel konsequenter als die Westalliierten durch. Aber auch in der SBZ wurden bereits frühzeitig ehemalige NS-Parteigenossen von einer Bestrafung ausgenommen, um ihnen eine Brücke in den neuen sozialistischen Staat zu bauen. Wer sich aktiv am Aufbau des Sozialismus beteiligte, dem winkte eine rasche politische und soziale Integration. Das am 9. November 1949 verabschiedete „Gleichberechtigungsgesetz" der Volkskammer rehabilitierte alle, die allein wegen der Mitgliedschaft in der NSDAP bestraft worden waren. 1952 wurden schließlich auch geringfügig Belastete integriert. Der Bereich der Justiz und der Exekutive blieb ihnen jedoch verschlossen. Die NS-Opferverbände liefen gegen diese Politik Sturm. Weil sich vor allem die Vereinigung der Verfolgten des Naziregimes nicht mit der Politik der Staatsführung abfinden wollte, musste sie 1953 ihre Auflösung bekannt geben.

Entschädigung für NS-Opfer | 1950 entstand in Deutschland der Zentralrat der Juden. Er setzte sich für die Rechte der Juden ein und forderte Wiedergutmachung für das erlittene Unrecht. Bundeskanzler Konrad Adenauer ging, nicht zuletzt auf Druck der Amerikaner, auf die jüdischen Forderungen ein. Ende September 1951 bot er im Bundestag dem 1948 in Palästina gegründeten Staat Israel Wiedergutmachungsverhandlungen an. Am 10. September 1952 wurde in Luxemburg mit Israel und jüdischen

Leistungen der Bundesrepublik für NS-Opfer (in Mrd. Euro)	
Bundesentschädigungsgesetz (BEG)*	44,54
Weitere gesetzliche Regelungen	1,94
Härtefallregelungen	2,78
Leistungen an den Staat Israel	1,76
Globalverträge mit Staaten u.a. (z.B. Claims Conference**)	1,46
Rückerstattung geraubten Vermögens	2,02
Sonderfonds der Bundesländer außerhalb des BEG	1,53
Sonstige Leistungen	4,63
Stiftung „Erinnerung, Verantwortung und Zukunft"	12,56
Gesamt:	63,22

Süddeutsche Zeitung vom 15. Juli 2008, S. 6

* Das Gesetz von 1956 entschädigte alle Verfolgten, die bis zum 31. Dezember 1952 in der Bundesrepublik oder in West-Berlin wohnten bzw. vor ihrer Auswanderung dort gelebt hatten.

** Jewish Claims Conference: 1951 gegründeter Zusammenschluss von Verbänden, die jüdische Opfer des Nationalsozialismus in Entschädigungsfragen vertreten

- Erläutern Sie, wen das Bundesentschädigungsgesetz ausschloss.
- Nehmen Sie Stellung zu der Frage, ob es gerechtfertigt ist, dass die Bundesrepublik heute noch Entschädigungsleistungen aufbringt.

Bundeskanzler Konrad Adenauer (rechts) und der israelische Ministerpräsident David Ben Gurion in New York.
Foto vom 14. März 1960.
Es war das erste deutsch-israelische Treffen führender Politiker nach 1945.

Organisationen ein Wiedergutmachungsabkommen geschlossen (*Luxemburger Abkommen*). Es stellte unter anderem drei Milliarden DM (1,53 Mrd. Euro) für die Eingliederung von etwa einer halben Million Holocaust-Überlebender in Aussicht. Im Bundestag konnte Adenauer die Ratifizierung des Vertrages nur mithilfe der Opposition durchsetzen, da er in den eigenen Reihen keine Mehrheit für das Abkommen fand.

Auch anderen NS-Opfern stellte die Bundesrepublik Entschädigungen in Aussicht. Über zwei Millionen Anträge zur Wiedergutmachung wurden anerkannt. Allerdings waren die Leistungen für den Einzelnen eher bescheiden: Für einen Monat KZ-Haft gab es einen einmaligen Betrag von 150 DM, für nachgewiesene Gesundheitsschäden waren Renten vorgesehen. Andere Opfergruppen gingen lange Zeit leer aus, etwa die Zwangsarbeiter aus Osteuropa, die erst ab dem Jahr 2000 durch die Stiftung „Erinnerung, Verantwortung und Zukunft" entschädigt wurden.

Vergleichbare Wiedergutmachungen leistete die DDR nicht. Entsprechende Forderungen Israels wies die SED-Führung rigoros zurück, zumal sie den jungen Staat Israel als Teil des kapitalistischen Weltsystems begriff.

Antitotalitärer Basiskonsens in der Bundesrepublik | Die Bundesregierung bekämpfte sowohl rechts- als auch linksextreme Parteien. Politik und Bürger in der Bundesrepublik fühlten sich jedoch vor allem von „links" bedroht, vom Kommunismus der DDR und der Sowjetunion. Der Kalte Krieg verschaffte dem Antikommunismus immer neue Nahrung. Eine Neigung zur Schwarz-Weiß-Malerei in der bundesdeutschen Gesellschaft – hier die heile Welt des Westens, dort die böse kommunistische Welt des Ostens – war weit verbreitet. In der Bundesrepublik etablierte sich ein „antitotalitärer" Basiskonsens, in den frühere nationalsozialistische, antibolschewistische Kräfte integriert werden konnten (➔M5). In der immer wieder verwendeten Formel von der „Verteidigung der Freiheit gegen den Bolschewismus" trafen sich Konservative, Liberale und Sozialdemokraten ungeachtet ihrer sonstigen parteipolitischen Gegensätze. So wurde der Antikommunismus zur tragfähigen Integrationsideologie für die noch ungefestigte Demokratie in Westdeutschland.

In der frühen Nachkriegszeit galt in Westdeutschland die Formel „Rechtsradikalismus = Linksradikalismus". Auf diese Weise konnte nicht nur die DDR-Diktatur mit der NS-Diktatur gleichgesetzt, sondern auch manche kritische Frage zur eigenen Geschichte abgewehrt werden. So blieben in der westdeutschen Öffentlichkeit lange Zeit die Verbrechen der Wehrmacht in Polen oder in der Sowjetunion ebenso unbeachtet wie das Schicksal der Millionen ausgebeuteten osteuropäischen Zwangs- oder Fremdarbeiter.

Verordneter Antifaschismus in der DDR | Die DDR beanspruchte für sich den absoluten Bruch zum „Dritten Reich" und zu allen anderen vorangegangenen „Klassen-Herrschaften". Daher musste sie eine vollkommen neue Traditionslinie erfinden. Auf der Suche nach Legitimität machte die Parteiführung den kommunistischen Widerstand gegen den Nationalsozialismus, in dessen Nachfolge sie den SED-Staat stellte, zum „Gründungsmythos". Der *Antifaschismus* wurde zur Staatsideologie. Aus ehemals kommunistischen Verfolgten und Widerstandskämpfern wurden moralisch unangreifbare politische Führer. Die von diesen verordnete antifaschistische Geschichtsdeutung besagte, dass „der Aufbau des Sozialismus die einzig richtige Konsequenz aus dem Faschismus" sei, denn nur mit der Abschaffung des Kapitalismus sei auch die Grundlage für den Faschismus für immer beseitigt. Somit konnten sich alle, die sich mit dem Sozialismus identifizieren, auch als „Sieger der Geschichte" verstehen. Gerade junge Menschen und Intellektuelle befürworteten den Staat, weil sie so deutlich Abstand zur NS-Vergangenheit wahren konnten. Auch außenpolitisch versuchte sich die DDR mit ihrer antifaschistischen Staatsdoktrin zu legitimieren.

Wahlplakat der CDU zur Bundestagswahl 1953.

Nicht zuletzt nutzte die DDR den Verweis auf die nationalsozialistische Vergangenheit aus, um den Konkurrenten im Westen, dessen Elite und Beamtenschaft eine kaum gebrochene personelle Kontinuität zum „Dritten Reich" aufwiesen, als „braunes System" darzustellen. Die aufwändigste und folgenreichste Kampagne hierzu startete im Mai 1957 in Ost-Berlin. Während der internationalen Pressekonferenz „Gestern Hitlers Blutrichter – Heute Bonner Justizelite" wurde die NS-Vergangenheit von 118 bundesdeutschen Richtern und Staatsanwälten enthüllt. Im Laufe der folgenden drei Jahre identifizierte die DDR etwa alle sechs Monate weitere 200 Juristen des „Dritten Reiches". Das erregte auch im Ausland Aufmerksamkeit, sodass die bundesdeutsche Politik unter Handlungsdruck geriet. Letztlich beschloss die Ende 1958 tagende Konferenz der Justizminister, die Zentrale Stelle der Landesjustizverwaltungen zur Aufklärung nationalsozialistischer Verbrechen zu gründen. Sie trug zwar nicht die Hypothek der NS-belasteten Juristen ab, ließ jedoch die systematische Ermittlung gegen Nazi-Täter, die Anfang der 1950er-Jahre nahezu zum Erliegen gekommen war, wieder Fahrt aufnehmen. Eine vergleichbare Institution gab es in der DDR nicht.

Umgang mit Widerstand und Opfern | Die Antifaschismus-Ideologie verlieh den kommunistischen Widerstandskämpfern Heldenstatus, darunter vor allem dem ehemaligen KPD-Vorsitzenden *Ernst Thälmann*, den die Nationalsozialisten 1944 im KZ Buchenwald ermordet hatten. Andere Widerstandsgruppen, etwa aus den Kirchen, dem Bürgertum oder dem Militär, fanden in der DDR ebenso wenig Beachtung wie die vielen Millionen Menschen, die der NS-Rassenideologie zum Opfer fielen (→M6). Nicht Antisemitismus und Rassismus, sondern der Kampf gegen „die Arbeiterklasse" und gegen die Sowjetunion sei das wesentliche Element des „Hitler-Faschismus" gewesen, lautete die immer wieder propagierte Doktrin der SED-Führung. Eine eingehende Auseinandersetzung

Plakat der Nationalen Front von 1960.
Im Vordergrund: die Skulpturengruppe an der 1958 eingeweihten Mahn- und Gedenkstätte des ehemaligen Konzentrationslagers Buchenwald. Das Denkmal fand erst die Zustimmung der Partei, als der Künstler Fritz Cremer Figuren mit Parteibanner und Waffen hinzufügte.

► Analysieren Sie Aussage und Wirkung des Plakats.

mit dem Holocaust, wie sie in der Bundesrepublik in den 1970er-Jahren einsetzte, gab es in der DDR nicht. Die Juden, die Sinti und Roma und andere Verfolgte erfuhren daher auch keine besondere Anerkennung als Opfer.

Erst Ende der 1980er-Jahre rückte die politische Führung der DDR den Holocaust stärker in den Fokus. Den Feierlichkeiten zum Gedenken an den 50. Jahrestag der „Reichspogromnacht" 1988 kam daher eine nie dagewesene Bedeutung zu. So stieg die DDR, resümiert der Historiker *Peter Bender*, erst kurz vor ihrem Ende herunter „vom hohen Ross des ‚Siegers der Geschichte' und wurde, was die Bundesrepublik war: ein Nachfolgestaat des Nazi-Reiches".

Ehrenmal im Innenhof der Gedenkstätte Deutscher Widerstand in Berlin.
Foto (Ausschnitt) von 2011. Die von dem Bildhauer Richard Scheibe geschaffene Bronzefigur wurde am 20. Juli 1953 eingeweiht.

In der späteren Bundesrepublik galt die Haltung zum Widerstand gegen das NS-Regime, vor allem die Erinnerung an das Hitler-Attentat vom 20. Juli 1944, als entscheidendes Kriterium dafür, wie die deutsche Bevölkerung ihre Vergangenheit „bewältigte". Die Verschwörer des 20. Juli bezeugten stellvertretend für die vielen anderen mutigen Frauen und Männer des deutschen Widerstandes, dass es auch in der NS-Zeit ein anderes, besseres Deutschland gegeben hatte. Dies sah jedoch in den ersten Nachkriegsjahren anders aus: Bei vielen Menschen stieß das Thema „20. Juli" auf Ablehnung, denn es erinnerte an eigene Versäumnisse und die persönliche Schuld. Manche verurteilten die Männer des 20. Juli sogar als Verräter. Im offiziellen Gedenken hatte der 20. Juli jedoch bereits seit 1946 seinen Platz. Nach außen diente er dazu, die Kollektivschuldthese zu widerlegen, nach innen sollte er eine neue Identität in einer freiheitlichen Tradition stiften. Je größer der zeitliche Abstand, desto positiver wurde das Datum bewertet. Zum 60. Jahrestag 2004 erfuhren die Protagonisten des gescheiterten Attentats eine intensive Würdigung durch Politik, Medien und Öffentlichkeit.

Geschichts- und Gedenkkultur | Die große Bedeutung der geschichtskulturellen Beglaubigung im Staats- und Gesellschaftssystem der DDR zeigt sich auch in der „gründungsmythischen Dreieinigkeit" der DDR-Gedenk- und Feiertage: So wurde am 15. Januar der Ermordung von *Karl Liebknecht* und *Rosa Luxemburg* gedacht[1], 1950 der 8. Mai als arbeitsfreier Feiertag („Tag der Befreiung des deutschen Volkes vom Hitlerfaschismus", ab 1967 nicht mehr arbeitsfrei) und der 7. Oktober, der Gründungstag der DDR („Tag der Republik"), als Staatsfeiertag eingeführt. Der 8. Mai galt auch als „Tag des Dankes an die Sowjetunion" und der 7. Oktober als „Tag des Stolzes auf die eigene Leistung". Damit fügten sich die Feiertage zu einer Erzählung, in der auf den Kampf und die Opfer, die Erlösung und der Dank an die Befreier sowie schließlich die stolze Feier des Bestehenden folgte.

Völlig anders ging die Bundesrepublik mit ihrer symbolischen Repräsentation und geschichtskulturellen Selbstdeutung um. Hier herrschte nach 1945 in dieser Hinsicht eine große Verunsicherung. In erster Linie wollte sich die Bundesrepublik sowohl gegen das „Dritte Reich" als auch gegen die DDR abgrenzen. In der westdeutschen Bevölkerung wurde der 8. Mai lange eher als „Tag des Zusammenbruchs" als ein Tag der Befreiung angesehen. Er fand erst nach Jahren Eingang in die offizielle *Gedenkkultur.* Auch ein Gründungsdatum, an dem die Bundesrepublik sich hätte feiern können, gab es nicht. Die Bundesrepublik verstand sich als „Provisorium", welches – wie das Grundgesetz – nur so lange Bestand haben sollte, bis sich alle Deutschen in freier Selbstbestimmung eine Verfassung geben und einen Staat bilden würden.

Einen wichtigen Schub für die westdeutsche Identitätsbildung brachte der ostdeutsche Volksaufstand vom **17. Juni 1953**. Kurz darauf erklärte der Bundestag den 17. Juni als „Tag der deutschen Einheit" zum ersten und einzigen Staatsfeiertag der alten Bundesrepublik. Der Aufstand habe ein für alle Mal die Behauptung widerlegt, „dass das deutsche Volk nicht die innere Kraft aufbringe, sich gegen Diktatur und Will-

17. Juni 1953: Nachdem die SED-Führung die Arbeitsnormen heraufgesetzt hatte, kam es in Ost-Berlin und 700 weiteren Städten der DDR zu Aufständen. Diese wurden mithilfe sowjetischer Truppen blutig niedergeschlagen.

[1] Vgl. im Pflichtmodul „Die Gesellschaft der Weimarer Republik" Seite 308.

kür zur Wehr zu setzen". Der 17. Juni wurde damit zum Bestandteil der Nach-Geschichte des Nationalsozialismus und der *Aufarbeitung*. Noch weiter geht der Historiker *Edgar Wolfrum* in seiner Bewertung: „Pointiert ausgedrückt war das Datum der eigentliche Gründungsakt der Bundesrepublik – und durfte es zugleich offiziell gar nicht sein."

Lebensstandard als Legitimation: das „Wirtschaftswunder" | Nicht nur die gegensätzlichen politischen Kurse, die beide deutsche Staaten einschlugen, auch der Wohlstand der Bevölkerung entwickelte sich unterschiedlich.

In Westdeutschland förderten die Alliierten den raschen wirtschaftlichen Wiederaufbau. Zunächst musste die durch den Krieg verursachte Inflation beseitigt werden. Am 20. Juni 1948 wurde in den Westzonen eine *Währungsreform* durchgeführt und die Deutsche Mark als neues Zahlungsmittel eingesetzt. Was sich anschließend ereignete, grub sich als Gründungsmythos der Bundesrepublik tief ins Bewusstsein der Menschen ein (→M8): Über Nacht füllten sich die Geschäfte mit Waren, die bislang nur mit Mühe auf dem Schwarzmarkt erhältlich gewesen waren. Die Händler hatten ihre Güter bis zur Einführung einer stabilen Währung zurückgehalten.

Die Währungsreform und die 1948 von dem späteren Wirtschaftsminister *Ludwig Erhard* mit Unterstützung der Amerikaner durchgesetzte Einführung der Sozialen Marktwirtschaft schufen die Grundlagen für einen beispiellosen Wirtschaftsaufschwung, der für die Zeitgenossen einem „Wirtschaftswunder" gleichkam. Die internationale Nachfrage nach deutschen Produkten wuchs, die Industrieproduktion, die Kaufkraft der Bevölkerung und die Einkommen stiegen an, bereits Ende der 1950er-Jahre herrschte Vollbeschäftigung. Ein spezifisches Lebensgefühl bildete sich aus: das Streben nach bürgerlicher Normalität, Erfolg und materiellem Wohlstand. Auf die „Fresswelle" der frühen 1950er-Jahre folgte eine „Kaufwelle", eine „Reisewelle", die viele Deutsche in ihr Traumland Italien führte, und schließlich die „Motorisierungswelle". Trotz bleibender sozialer Ungleichheit prägte kaum etwas anderes das *Selbstverständnis* der Westdeutschen so sehr wie der wirtschaftliche Erfolg in den ersten beiden Jahrzehnten nach der Gründung der Bundesrepublik.

„Von der Wiege bis zur Bahre" | Die sowjetische Besatzungsmacht verzichtete nicht auf Reparationen und Demontage. Hunderte Industrieanlagen wurden in Ostdeutschland abgebaut. Die Einführung der sozialen Planwirtschaft, die Verstaatlichung der Industrie, die Kollektivierung der Landwirtschaft und Enteignung vieler kleiner Handels- und Handwerksbetriebe sowie die zentral von der Regierung geplante Güterproduktion – all diese von Moskau verordneten Maßnahmen lähmten die Wirtschaft. Das starre System führte zu ständigen Engpässen in der Industrie und der Versorgung der Bevölkerung mit Gütern des täglichen Lebens. Trotz hoher Arbeitsleistungen blieb der Lebensstandard deutlich niedriger als in der Bundesrepublik. Gerade junge, gut ausgebildete DDR-Bürger zog es in den kapitalistischen Westen. Erst die Abriegelung durch den Bau von Mauer und Selbstschussanlagen 1961 setzte der Massenflucht ein Ende. Die Grenze war jedoch nicht ganz undurchlässig. Von 1961 bis 1988 flohen über 40 000 Personen – teilweise unter spektakulären Umständen – in den Westen.

Feier für den einmillionsten „Käfer" im Wolfsburger Volkswagenwerk.
Foto vom 5. August 1955.
Der VW-Käfer wurde zum Symbol des deutschen Wirtschaftsaufstiegs. Er wurde insgesamt 21,5 Millionen Mal gebaut.

Soziale Marktwirtschaft: Wirtschaftsordnung der Bundesrepublik Deutschland, in der sich der Staat, anders als in der reinen freien Marktwirtschaft, durch gesetzliche Rahmenbedingungen um einen möglichst gerechten Ausgleich zwischen wirtschaftlich stärkeren und schwächeren Gruppen der Gesellschaft bemüht.

Planwirtschaft: Wirtschaftsordnung, in der die Produktion von Gütern sowie deren Verteilung nach staatlich festgelegten Plänen vorgenommen wird.

Käuferschlange in Ost-Berlin.
Foto aus den 1970er-Jahren.
Weil es an so vielem fehlte, bekamen die DDR-Bürger selten das, was sie kaufen wollten, sondern sie kauften das, was es gerade gab. Schlangestehen gehörte zum Alltag.

In den folgenden Jahren verbesserte sich der Lebensstandard. Trotz aller Propaganda blieb die Bundesrepublik aber der einzige von den Bürgern akzeptierte Maßstab. Mit sozialen Vergünstigungen versuchte die SED-Führung, die Bevölkerung positiv zu stimmen und ihre Herrschaft zu sichern. Letztlich akzeptierten die meisten Bürger den „Sozialstaat DDR", der sie „von der Wiege bis zur Bahre" begleitete. Die staatliche Subventionierung von Konsum und Sozialleistungen bei geringer Arbeitsproduktivität der staatlichen Betriebe und dem im Vergleich zum Export wesentlich höheren Import von Waren führte die DDR jedoch in den Bankrott, den die Parteiführung bis zum Schluss zu verheimlichen suchte.

Amerikanisierung im Westen – Zensur im Osten | Die von der Bundesregierung verfolgte Westorientierung fand ihre Entsprechung in der persönlichen Lebenswelt der Bürger (→M9). Amerikanische Kultur und Lebensart hielten in der Bundesrepublik Einzug, besonders geprägt durch Coca-Cola, Kaugummi und Burger, Jeans, Rock'n'Roll, Hollywood-Filme und Massenmotorisierung. Gleichzeitig machte die von den USA ausgehende Massenkultur die Werte der amerikanischen Demokratie populär: Liberalismus, Pluralismus und Rechtsstaatlichkeit stellten obrigkeitliches Denken und patriarchalische Strukturen infrage. Überall in Westeuropa ging dies mit dem Protest und einem veränderten Lebensgefühl vieler Jugendlicher einher, die nach Freiräumen von Arbeitsethos und Bürgerlichkeit verlangten. Viele der älteren Generation sahen diese Entwicklung als Anzeichen des kulturellen Verfalls, andere wiederum begriffen die Amerikanisierung als historisch längst überfälligen Prozess der kulturellen Demokratisierung und Emanzipation.

Durch diese Entwicklung vollzog sich die deutsche Teilung auch im kulturellen Bereich. Die DDR bot ihren Bürgern keine vergleichbaren Konsummöglichkeiten. Die für den „Westen" stehenden Wertvorstellungen wie Individualismus und Freiheitsdrang standen den Idealen des „real existierenden Sozialismus" entgegen und wurden unterdrückt. Da die westliche Kultur vom „Klassenfeind" propagiert und gelebt wurde, musste sie in der DDR umso negativer bewertet und streng sanktioniert werden. Die Partei versuchte, alle westlichen Einflüsse zu verhindern, Beat-Musik und Jeans wurden viele Jahre verboten.

Demgegenüber erhob die DDR den Anspruch, eine „Kulturgesellschaft" zu sein. Die Staatsführung war stolz, ihren Bürgern kostenlosen Zugang zu Bibliotheken, Theatern und Museen zu bieten. Viele zeitgenössische Autoren wurden von Ost- und Westdeutschen gelesen. Zahlreiche Schriftsteller übten in ihren Werken Kritik an der deutschen Vergangenheit und Gegenwart, die sich oft gegen beide deutsche Staaten richtete. Obwohl Zensur und Publikationsverbot drohten – beides stritt die DDR-Führung offiziell ab –, entstand seit den späten 1960er-Jahren ein Milieu regimekritischer Schriftsteller. Manche von ihnen verließen die DDR, wie etwa *Sarah Kirsch, Jurek Becker* oder *Monika Maron*. Der ostdeutsche Schriftsteller und Liedermacher *Wolf Biermann* wurde wegen kritischer Veröffentlichungen 1976 ausgebürgert (→M10). Bis in die 1980er-Jahre blieben Künstler und Autoren der Willkür des SED-Regimes ausgesetzt, das entweder über Kritik hinwegsah oder mit harten Maßnahmen reagierte.

Wettstreit der Systeme im Sport | Die materiellen Anreize, welche die DDR ihren Bürgern bieten konnte, waren gemessen an westlichen Standards gering. Sie musste daher auf andere Felder ausweichen, auf denen sie die Loyalität der Bevölkerung gewinnen und zugleich der kapitalistischen Konkurrenz erfolgreich Paroli bieten konnte. Sportliche Glanzleistungen sollten die Bürger mit nationalem Stolz erfüllen und dem Land die zunächst verwehrte internationale Anerkennung bringen.

Im Kalten Krieg wurden internationale Sportveranstaltungen zu Arenen im Wettstreit der Systeme (➔M11). In diesem Sinne sah die DDR ihre Spitzensportler als „Diplomaten im Trainingsanzug". Kein anderes Land der Welt gab anteilsmäßig so viel Geld für die Förderung des Sports aus. Bereits in den Kindergärten und Grundschulen wurden begabte Kinder gefördert. Zudem wurde systematisch gedopt. Die internationalen Erfolge der ostdeutschen Spitzensportler trugen zur Identifikation der Bürger mit ihrem Land bei.

Bedeutend für das Selbstverständnis der westdeutschen Nachkriegsgesellschaft war der Sieg bei der Fußballweltmeisterschaft 1954 in Bern. Durch das „Wunder von Bern" konnten die Deutschen wieder stolz auf ihre Nation sein. Als die DDR bei den Olympischen Spielen von 1968 erstmals mit eigener – und nicht mehr in einer gesamtdeutschen – Mannschaft antrat und von da an im Medaillenspiegel jeweils vor der Bundesrepublik lag, sah sich diese genötigt, die staatliche Sportförderung ihrerseits zu forcieren. Auch im Westen war Doping nicht unbekannt. Im Jahr vor den Olympischen Spielen 1972 in München erklärte Bundesinnenminister *Hans-Dietrich Genscher* in einer Beratung: „Von ihnen als Sportmediziner will ich nur eines: Medaillen für München."

Deutsches Turn- und Sportfest.
Foto vom 15. August 1959, Leipzig. „Jedermann an jedem Ort – einmal in der Woche Sport", so die Losung von DDR-Staatschef Walter Ulbricht. In diesem Sinne betätigte er sich wie hier auf dem III. Turn- und Sportfest in Leipzig als begeisterter Vorturner.

Skandal und Wandel in der Bundesrepublik | In den 1960er-Jahren spitzte sich in der Bundesrepublik die Auseinandersetzung um die Vergangenheit zu. Die jüngere Generation kritisierte die Selbstverständlichkeit, mit der ehemalige Mitläufer nach 1945 die Entwicklung der Bundesrepublik bestimmten, und forderte dazu auf, das Schweigen zu brechen. Die meist sehr persönlich geführte Auseinandersetzung der Jugend mit der Vergangenheit ihrer Eltern, Lehrer und Professoren führte oftmals zu einer pauschalen Verurteilung der älteren Generation und ging mit einem inflationären Gebrauch des Faschismus-Vorwurfs einher.

Im Mai 1968 erklärte der Bundestag „Beihilfe zum Mord aus niederen Beweggründen" rückwirkend seit 1960 als straffrei. Da im bundesdeutschen Rechtsverständnis als Haupttäter immer Hitler, Himmler, Heydrich u. a. galten, wurde die Masse der Schreibtisch-Täter stets nur wegen Beihilfe zum Mord angeklagt. Aufgrund der Novelle mussten viele Prozesse und Ermittlungsverfahren gegen NS-Täter eingestellt werden. Was in der offiziellen Sprachregelung als „Panne des Gesetzgebers" galt, nannte die kritische Öffentlichkeit „kalte Amnestie".

Frankfurter Auschwitz-Prozess: Mit 22 Angeklagten und 183 Verhandlungstagen handelte es sich um einen der größten und meistbeachteten Prozesse in der Geschichte der deutschen Justiz. Durch die Aussagen der mehreren hundert Zeugen – größtenteils KZ-Überlebende – sahen sich viele Deutsche gezwungen, sich mit der eigenen Rolle während der NS-Zeit und der mangelnden Aufarbeitung nach 1945 auseinanderzusetzen.

Der von 1963 bis 1965 dauernde Frankfurter Auschwitz-Prozess hatte das Ausmaß des NS-Völkermordes, aber auch die Schwierigkeit gezeigt, den Verantwortlichen ihre individuellen Mordtaten nachzuweisen. Mord und Beihilfe zum Mord verjährten bis dahin nach 20 Jahren – so wäre in absehbarer Zeit eine Strafverfolgung von NS-Tötungsverbrechen nicht mehr möglich gewesen. Schließlich handelte der Gesetzgeber: Der Deutsche Bundestag verschob zunächst die Verjährungsfrist, nach weiteren intensiven Debatten im Jahr 1979 entschied er, die Verjährung von Völkermord und Mord ganz aufzuheben. So konnten in den 1960er-Jahren noch zahlreiche Prozesse gegen NS-Täter durchgeführt werden.

Auf politischer Ebene belebte sich vor allem im Zuge der Neuen Ostpolitik unter Bundeskanzler *Willy Brandt* der Diskurs über die NS-Vergangenheit von Neuem. Die Bundesrepublik bemühte sich erfolgreich um eine Verbesserung der deutsch-deutschen Beziehungen und der Verhältnisse zu den Staaten, die die DDR anerkannt hatten. Dazu gehörten auch Bemühungen um eine Aussöhnung mit den Opfern im Osten, die der berühmte Kniefall Brandts vor dem Mahnmal für die Opfer des Warschauer Ghettos im Dezember 1970 symbolisch ausdrücken sollte.

Stillstand und Ritualisierung in der DDR | Eine solche auf den Nationalsozialismus zentrierte Auseinandersetzung der jungen Generation mit der älteren blieb in der DDR aus. Der ritualisierte antifaschistische Bezug auf den Nationalsozialismus wandelte sich nur in Nuancen. Öffentliche Kontroversen waren ohnehin nicht möglich. Neben der diktatorischen Verfasstheit des Staates war das einerseits durch die „antifaschistische Herkunft" der Herrschenden bedingt. „Wir fühlten eine starke Hemmung, gegen Menschen Widerstand zu leisten, die in der Nazi-Zeit im KZ gesessen hatten", kommentierte die Schriftstellerin *Christa Wolf* rückblickend. Andererseits war in der DDR die Auseinandersetzung mit dem „Hitler-Faschismus" ein Dauerthema in Politik, Bildung und Medien. Seit Gründung des Landes war die Bevölkerung durch dutzende Romane, Fernseh- und Kinoproduktionen, die zum Teil auch zum zentral vorgegebenen Schulstoff gehörten, „antifaschistisch" beeinflusst (z. B. *Bruno Apitz* „Nackt unter Wölfen").

Begegnung mit Zeitzeugen.
Foto vom 16. April 2005.
Ein früherer Häftling erläutert Schülerinnen und Schülern in der Gedenkstätte des ehemaligen KZ Sachsenhausen bei Berlin Fotos und Dokumente.

Nach 1990: Die Aufarbeitung geht weiter | Die Wiedervereinigung löste bei den deutschen Nachbarstaaten zunächst altes Misstrauen gegenüber einem politisch wie militärisch starken Deutschland aus. Durch das Bekenntnis zur NATO-Mitgliedschaft und die Zustimmung zur weiteren Vertiefung der europäischen Integration konnte Bundeskanzler *Helmut Kohl* diese Befürchtungen aber letztlich zerstreuen. (➔M12).

Seit der Deutschen Einheit hat sich Deutschland auch einer „doppelten Vergangenheit" zu stellen. Die Fehler, die bei der ersten „Diktaturbewältigung" gemacht wurden – vor allem bei der strafrechtlichen Verfolgung der NS-Verbrechen – sollten sich bei der zweiten nicht wiederholen. Das vereinte Deutschland wandte sich, anders als nach 1945, unverzüglich der Aufarbeitung der Vergangenheit zu. Die Verbrechen der DDR-Diktatur wurden öffentlich gemacht, den Opfern wurde materiell und symbolisch Genugtuung verschafft, die Täter wurden bestraft. Für die Geschichtswissenschaft gilt das Thema DDR inzwischen als „überforscht". Geschichtskulturell aber hat das Thema, vor allem in den Facetten „Repression und Mangel", weiter Konjunktur.

Seit 1990 gibt es auch eine gesamtdeutsche Erinnerung an den Nationalsozialismus. Befürchtungen, das Thema könnte zu den Akten gelegt werden, erwiesen sich als falsch. Das Bekenntnis zur Verantwortung für die deutschen Gewalttaten steht unverändert. In Wissenschaft, Medien und Kunst ist das Interesse an der NS-Zeit größer denn je. Das Bild jener Epoche wird immer differenzierter. Unternehmensgeschichten etwa klären den Beitrag der deutschen Wirtschaft an der Judenverfolgung sowie an der Ausbeutung von Zwangsarbeitern während des Krieges. Mit der im Jahr 2000 gegründeten *Stiftung „Erinnerung, Verantwortung und Zukunft"* wurden die vielen Millionen ehemaliger Zwangsarbeiter entschädigt und endlich als Opfer anerkannt.

Darüber hinaus widmet sich die Geschichtswissenschaft verstärkt dem Thema „Aufarbeitung der Aufarbeitung" und damit der Frage, wie in Deutschland, aber auch in anderen europäischen Staaten, mit der NS-Vergangenheit von 1945 bis heute umgegangen worden ist.

Alles neu in der „Berliner Republik"? | Im politischen Sprachgebrauch ist seit der deutschen Einheit von der „Berliner Republik" die Rede (→M13). Diese Bezeichnung bezieht sich nicht nur auf die neue, modernisierte Hauptstadt, sondern vielmehr auf ein verändertes deutsches Selbstverständnis im europäischen und internationalen Kontext.

Hat sich die deutsche Politik nach 1990 verändert? Dafür sprechen einige Indizien: Die Bundesrepublik drängt auf einen Sitz im Weltsicherheitsrat der UNO. Sie beteiligt sich an internationalen militärischen Kriegseinsätzen im Rahmen der NATO und der UNO, wobei sie sich vehement gegen den Kriegseinsatz im Irak und gegen Libyen aussprach. Sie richtet „Gipfelkonferenzen" zur Klärung internationaler Konflikte aus. Und auch bei der Bewältigung der Euro- und Schuldenkrise seit dem Jahr 2008 spielt die Bundesrepublik eine dominierende Rolle.

Volksfest am Brandenburger Tor zum Tag der Deutschen Einheit in Berlin.
Foto vom 3. Oktober 2011.

Der Wandel von der Bonner zur in „neuer alter Größe" gewachsenen Berliner Republik hat im In- und Ausland auch Unbehagen ausgelöst. Um das Ansehen Deutschlands in der Welt und das Vertrauen des Auslands zu bewahren, knüpft die Berliner Republik an die antirituellen Traditionen der Bundesrepublik an. Dies betrifft auch die alljährliche Ausrichtung der Feier zum „Tag der Deutschen Einheit" am 3. Oktober. Bremens Oberbürgermeister *Klaus Wedemeyer* empfahl 1994 auf der zentralen Einheitsfeier: „Rücksichtnahme und Aufrichtigkeit, Behutsamkeit und Realitätssinn nach innen und nach außen sollten uns auch leiten, wenn wir über die deutsche Nation und die kollektive Identität der Deutschen diskutieren."

Innenpolitisch hat sich die Situation von einem Dreiparteiensystem (CDU/CSU, SPD, FDP) zu einem Sechsparteiensystem (CDU/CSU, SPD, Grüne, Linke, FDP, AfD) entwickelt, das vielfältigere politische Konstellationen ermöglicht. Von allen Parteien wird heute eine größere ideologische Beweglichkeit und Kompromissfähigkeit eingefordert. Nicht zuletzt sorgen die vielfältigen internationalen Anforderungen – Globalisierung, Terrorismus, Ökologie, Demografie – dafür, dass sich die deutsche Politik stets neu definieren muss.

Ob sich die Orientierung der deutschen Politik am „Zivilisationsbruch Nationalsozialismus" mit wachsendem zeitlichen Abstand halten wird, oder ob dieser historische Bezugspunkt allmählich verblasst, wird sich zeigen. Die politische Auseinandersetzung mit den NS-Verbrechen sollte jedoch nicht beendet werden, weil bis heute Rassismus, Antisemitismus, Ausländerfeindlichkeit und andere rechtsextremistische Auswüchse vielfach auf nationalsozialistischen Vorstellungen gründen. Außerdem hat sich nach 1945 mehrfach gezeigt, dass sich Zivilisationsbrüche in allen Teilen der Welt wiederholen können (z. B. die Massenmorde in Kambodscha oder die Kriegsverbrechen in Jugoslawien und Ruanda).

Ein Land – eine Identität? | Seit der „Wiedervereinigung" nähert sich die politische Kultur in den beiden Teilen Deutschlands allmählich einander an. Obwohl Löhne und Gehälter inzwischen weitgehend angeglichen wurden, fühlte sich ein Teil der Ostdeutschen jedoch durch die radikale politische und wirtschaftliche Umstellung ungerecht behandelt. Orientierungslosigkeit, Rechtsradikalismus und eine nostalgische Verklärung des Sozialismus machten sich breit. Insgesamt sind die Menschen in den neuen Bundesländern mit Demokratie, pluralistischer Gesellschaft und Marktwirtschaft weniger zufrieden als die im Westen. Die überwiegende Mehrheit der Bevölkerung steht aber positiv zum wiedervereinigten Deutschland.

Die Unterschiede in der Lebenserfahrung und im Lebensgefühl zwischen den Deutschen in Ost und West waren doch größer, als man das in den aufregenden Monaten der friedlichen Revolution erwartet hatte. Dies betrifft auch das kollektive Gedächtnis und traditionelle Werthaltungen. Trotz aller wirtschaftlichen und sozialen Probleme: Der Stolz auf die friedliche Revolution in der DDR und die daraufhin erfolgte Deutsche Einheit hat wesentlich zu einem gemeinsamen Selbstverständnis und zur „inneren Einheit" Deutschlands beigetragen.

„Daran müssen wir noch arbeiten."
Karikatur von Rainer Schwalme, 1992.

- Erklären Sie die Haltung des Zeichners zur deutschen Einheit. Diskutieren Sie, ob die Aussage der Karikatur auch heute noch Gültigkeit hat.

„Stolpersteine".
Seit 1997 verlegt der Kölner Künstler Gunter Demnig „Stolpersteine". Das sind kleine Betonwürfel mit Messingplatten, auf denen die Namen von NS-Opfern (Juden, Sinti und Roma, politisch und religiös Verfolgte, Homosexuelle, Opfer der „Euthanasie") stehen. Sie werden vor den früheren Wohnhäusern der Opfer in den Gehweg eingelassen. Bis 2012 wurden etwa 35 000 Steine an rund 750 Orten in zehn europäischen Ländern verlegt. Siehe hierzu auch den Code **32037-60**.

Eine neue Geschichtskultur | Mit dem Ende der DDR verschwand auch ihre *Geschichtskultur*. Die Symbole des vereinigten Deutschland, die Flagge und Hymne, waren jene der Bundesrepublik. Namen der ostdeutschen Straßen, Plätze und Institutionen, die Denkmäler und symbolträchtigen Gebäude verschwanden, während sich Benennungen, die sich an der Geschichtskultur der alten Bundesländer orientieren, allmählich auch im Beitrittsgebiet verbreiten.

In der Bundesrepublik war die politische Kultur seit Ende der 1970er-Jahre pluraler geworden. Es gab immer mehr bürgergesellschaftliche Initiativen. Das beeinflusste auch die westdeutsche Geschichtskultur. Die (Um-)Benennung von Straßen, Plätzen, Institutionen und Kasernen, die Errichtung, Entfernung oder Umwidmung von Gedenkorten verstand man nun nicht mehr als alleinige Angelegenheit des Staates, sondern als Resultat eines Selbstverständigungsprozesses der Gesellschaft. Auch das 2005 fertiggestellte *Denkmal für die ermordeten Juden Europas* sowie das 2007 vom Bundestag beschlossene *Freiheits- und Einheitsdenkmal* im Zentrum Berlins hatten bürgergesellschaftliche Ursprünge (➔M14). Heute gibt es in Deutschland eine Vielzahl von Gedenkstätten, die vom Bund, den Ländern, Kommunen oder von bürgergesellschaftlichen Akteuren errichtet wurden und betrieben werden.

Andererseits versteht es der Staat zunehmend als seine Aufgabe, die Vergangenheit mit einem offiziellen Gedenkwesen zielgerichtet lebendig zu halten. Dagegen erheben sich auch kritische Stimmen, die diese staatlich „verordnete" Gedenkkultur eher als Hindernis für eine wirkliche Auseinandersetzung und ein lebendiges Geschichtsbewusstsein begreifen.

Gleichzeitig wird die Gedenk- und Erinnerungskultur an Nationalsozialismus und Holocaust immer internationaler, was sich heute vor allem an Museen wie dem *United States Holocaust Memorial Museum* in Washington, D.C., oder dem *Jüdischen Museum* in Berlin zeigt. Auch die Entwicklung des 27. Januar von einem nationalen Gedenktag der Deutschen zum „Internationalen Tag des Gedenkens an die Opfer des Holocaust" verweist auf die Tatsache, dass der Holocaust heute Teil einer *transnationalen Erinnerungskultur* geworden ist.

Etwa seit Beginn des neuen Jahrhunderts haben die Themen Nationalsozialismus und Zweiter Weltkrieg auch in Kino- und TV-Produktionen Konjunktur. Eine neue Generation von Autoren und Regisseuren entwickelt hier eine eigene Sichtweise auf die Vergangenheit, welche in der Geschichtswissenschaft, aber auch in den Medien immer wieder kontrovers diskutiert wird.

Gemeinsames europäisches Erinnern | Nach dem Zusammenbruch des Kommunismus und im Zuge der EU-Osterweiterung sahen viele eine politische und wirtschaftliche Vereinigung Europas unter westlichen Vorzeichen in greifbarer Nähe. Damit verbunden war der Wunsch nach Überwindung der Nationalstaaten im Rahmen einer gemeinsamen europäischen Identität. Doch erwies sich dieses Ziel als äußerst schwer zu verwirk-

Befürworter der katalanischen Unabhängigkeit demonstrieren in Barcelona.
Foto vom 27. Oktober 2017.
Bereits 1640 kam es in Katalonien zu einem Aufstand gegen Zentralisierungsbestrebungen des Königs Philipp IV. und seines Beraters Olivares: Alle spanischen Teilreiche sollten sich an den Kriegskosten der Krone beteiligen und Soldaten verpflegen und beherbergen. Erst 1652 konnten königliche Truppen die Macht in Katalonien zurückerobern. Bis heute lebt das Bewusstsein der katalanischen Eigenständigkeit weiter, obwohl die Provinz formell zu Spanien gehört. Nach einem von der Zentralregierung in Madrid für verfassungswidrig erklärten Unabhängigkeitsreferendum in Katalonien stimmte das dortige Parlament im Oktober 2017 für die Loslösung vom spanischen Staat. Daraufhin eskalierte der Konflikt: Die Regionalregierung wurde für abgesetzt erklärt, es erfolgten Anklagen wegen Rebellion gegen führende Separatisten, von denen einige ins Ausland flohen wie der damalige Ministerpräsident Puigdemont, andere wurden inhaftiert. Katalonien wurde zwischenzeitlich unter die Zwangsverwaltung der Zentralregierung gestellt. Der Konflikt schwelt weiter und zeigt, welchen Zündstoff historisch gewachsene Konflikte um Autonomie und kulturelle Identität in einer zunehmend globalen Welt weiterhin liefern.

lichen. Welche gemeinsamen Merkmale und Ziele kann man von Portugal bis Griechenland, von Skandinavien bis Sizilien als gemeinschaftsstiftend erkennen? Zeichnete sich Europa nicht seit dem Mittelalter durch seine Vielfalt der Staatswesen und der Kulturen aus, ja ergab sich daraus nicht sogar die Konkurrenz und Dynamik, die Fortschritt und Expansion ermöglichten (➔M7)? Für die westliche Wertegemeinschaft, zu der freilich auch die USA und Kanada zählen, kann man Demokratie und Menschenrechte, Säkularisierung, Technologisierung und Kapitalismus als Leitideen festmachen. Gerade in Deutschland sahen viele in einer „europäischen Identität Deutschlands" die Möglichkeit, das kontaminierte deutsche Erbe nach 1945 in einem europäischen Rahmen aufzulösen. Ein Vertreter einer „europäischen Leitkultur" ist der Politikwissenschaftler *Bassam Tibi*, der sie wie folgt definiert: „Primat der Vernunft vor religiöser Offenbarung, d.h. vor der Geltung absoluter religiöser Wahrheiten, individuelle Menschenrechte (also nicht Gruppenrechte), säkulare, auf der Trennung von Religion und Politik basierende Demokratie, allseitig anerkannter Pluralismus sowie ebenso gegenseitig zu geltende Toleranz."

Im Jahr 2008 hat das Europäische Parlament den „*Europäischen Tag des Gedenkens an die Opfer von Stalinismus und Nationalsozialismus*" beschlossen. Er findet am 23. August statt, dem Tag der Unterzeichnung des Hitler-Stalin-Paktes. In Zeiten der Globalisierung suchen allerdings viele Menschen zunehmend Halt in regionalen und nationalen Strukturen. Nationale Opfermythen sind zudem langlebig und können nur durch historische Forschung überwunden werden. Verschiedene Opfergruppen konkurrieren um Anerkennung, und eine ehrliche Auseinandersetzung mit der eigenen Geschichte jenseits der Opfersicht fällt immer noch schwer, wie die Diskussionen in Polen, Ungarn, Tschechien oder Russland zeigen. „Erinnerung erweist sich damit letztlich rückgekoppelt an die Machtfrage. ‚Souverän' ist nicht nur, wer über den Ausnahmezustand entscheidet, sondern auch, wer selbstgenügsam über seine Erinnerungen und nationalen Mythen entscheidet" (*Aleida Assmann*) (➔M15).

Doch auch in Deutschland gerät im Zuge der Übernahme der Opferperspektive die Täterperspektive zunehmend verloren. Erst wenn die Erinnerung an eigene Schuld und die Anerkennung der Leiden anderer zugleich möglich sind, kann eine gemeinsame europäische Erinnerungsgemeinschaft entstehen. Und auch die jeweiligen regionalen und nationalen Identitäten müssten in die überstaatlichen Gemeinschaften integriert werden. Ansonsten kommt es zu Separationsbestrebungen wie etwa in Katalonien, Norditalien oder Schottland. Die Finanz- und Eurokrise, der Ruf nach autoritären Regierungen, der Brexit und die Angst vor Migration haben nicht nur die EU in eine tiefe Krise gestürzt, sondern auch den Weg zu einer europäischen Erinnerungskultur auf einem gemeinsamen Wertefundament erschwert.

Internettipp
Die Bundeszentrale für politische Bildung hat ein Dossier zum Thema „Geschichte und Erinnerung" veröffentlicht, das noch einmal viele Aspekte dieses Wahlmoduls zusammenfasst. Sie finden es unter dem Code **32037-61**.

M1 „Es ist zum Übelwerden“

Der Schriftsteller und Nobelpreisträger Hermann Hesse (1877–1962) lebt seit 1919 in der Schweiz im Tessin. Während der Zeit des Nationalsozialismus ist sein Haus eine Anlaufstelle für etliche Emigranten aus Deutschland auf ihrem Weg ins Exil. Hesse schreibt einen „Offenen Brief“ an die Schriftstellerin Luise Rinser, der am 26. April 1946 unter dem Titel „Ein Brief nach Deutschland“ in der National-Zeitung (Basel) veröffentlicht wird. Darin heißt es:

Merkwürdig ist das mit den Briefen aus Ihrem Lande! Viele Monate bedeutete für mich ein Brief aus Deutschland ein überaus seltenes und beinahe immer ein freudiges Ereignis. […]

Dann wurden die Briefe häufiger und länger und unter diesen Briefen waren schon viele, die mir keine Freude machten und die zu beantworten mir bald die Lust verging […].

Ein Gefangener in Frankreich, kein Kind mehr, sondern ein Industrieller und Familienvater, mit Doktortitel und guter Bildung, stellte mir die Frage, was denn nach meiner Meinung ein gut gesinnter anständiger Deutscher in den Hitlerjahren hätte tun sollen? Nichts habe er verhindern, nichts gegen Hitler tun können, denn das wäre Wahnsinn gewesen, es hätte ihn Brot und Freiheit gekostet, und am Ende noch das Leben. […]

Da sind nun zum Beispiel alle jene alten Bekannten, die mir früher jahrelang geschrieben, damit aber in dem Augenblick aufgehört haben, als sie merkten, dass man sich durch Briefwechsel mit mir, dem Wohlüberwachten, recht Unannehmes zuziehen könne. Jetzt teilten sie mir mit, dass sie noch leben, dass sie stets warm an mich gedacht und mich um mein Glück, im Paradies der Schweiz zu leben, beneidet hätten, und dass sie, wie ich mir ja denken könne, niemals mit diesen verfluchten Nazis sympathisiert hätten. Es sind aber viele dieser Bekenner jahrelang Mitglieder der Partei gewesen. Jetzt erzählen sie ausführlich, dass sie in all diesen Jahren stets mit einem Fuß im Konzentrationslager gewesen seien, und ich muss ihnen antworten, dass ich nur jene Hitlergegner ganz ernst nehmen könne, die mit beiden Füßen in jenen Lagern waren, nicht mit dem einen im Lager, mit dem anderen in der Partei […].

Dann gibt es treuherzige alte Wandervögel, die schreiben mir, sie seien damals, so etwa um 1934, nach schwerem inneren Ringen in die Partei eingetreten, einzig, um dort ein heilsames Gegengewicht gegen die allzu wilden und brutalen Elemente zu bilden und so weiter.

Andere wieder haben mehr private Komplexe und finden, während sie im tiefen Elend leben und von wichtigeren Sorgen umgeben sind, Papier und Tinte und Zeit und Temperament im Überfluss, um mir in sehr langen Briefen ihre tiefe Verachtung für Thomas Mann[1] auszusprechen und ihr Bedauern oder ihre Entrüstung darüber, dass ich mit einem solchen Mann befreundet sei.

Und wieder eine Gruppe bilden jene, die offen und eindeutig all die Jahre mit an Hitlers Triumphwagen gezogen haben, einige Kollegen und Freunde aus früheren Zeiten her. Sie schreiben mir jetzt rührende und freundliche Briefe, erzählen mir eingehend von ihrem Alltag, ihren Bombenschäden und häuslichen Sorgen, ihren Kindern und Enkeln, als wäre nichts gewesen, als wäre nichts zwischen uns, als hätten sie nicht mitgeholfen, die Angehörigen und Freunde meiner Frau, die Jüdin ist, umzubringen und mein Lebenswerk zu diskreditieren und schließlich zu vernichten. Nicht einer von ihnen schreibt, er bereue, er sehe die Dinge jetzt anders, er sei verblendet gewesen. Und auch nicht einer schreibt, er sei Nazi gewesen und werde es bleiben, er bereue nichts, er stehe zu seiner Sache. Wo wäre je ein Nazi zu seiner Sache gestanden, wenn diese Sache schief ging? Ach, es ist zum Übelwerden.

Zitiert nach: Christoph Kleßmann, Die doppelte Staatsgründung. Deutsche Geschichte 1945–1955, Bonn 1991, S. 443 f.

1. Beschreiben Sie, wie sich die Deutschen in ihren Briefen an Hermann Hesse darstellen.
2. Erläutern Sie, welche Gründe es für die Einstellung der Deutschen und ihren Umgang mit dem Nationalsozialismus geben könnte. | F
3. Präsentation: Erörtern Sie die Haltung Hesses, die hier zum Ausdruck kommt. Nehmen Sie selbst Stellung zu den Briefschreibern und verfassen Sie Antworten. | F

M2 Mentalitätsbrüche

Der Historiker Hans-Ulrich Wehler (1931–2014) spricht von einem vierfachen Mentalitätsbruch, der die Ausgangslage der neu gegründeten Bundesrepublik begünstigt habe:

1. Jedes Liebäugeln mit der Diktatur traf nach 1945 in Westdeutschland auf unüberwindbaren Widerstand. Die Erfahrungen mit dem Führerabsolutismus hatten alle Illusionen, die dieses politische System unlängst noch umhüllt hatten, aufgelöst. […]

2. Mit dem Untergang des „Dritten Reiches“ wurde außerdem die Fata Morgana eines deutschen „Sonderwegs“ in die Moderne endgültig aufgegeben. Zwar hatte Deutschland seit jeher zum Okzident, zum westlichen Kulturkreis und europäischen Staatensystem, gehört – insofern ist die Formel vom „langen Weg nach Westen“ irreführend. Doch war es seit der zweiten Hälfte des 19. Jahrhunderts mit fatalen Folgen von dessen Modernisierungspfad abgewichen. Das niederschmetternde Resultat des nationalsozialistischen „Sonderwegs“ blieb umso wirkungsvoller, als die Blockkon-

[1] **Thomas Mann** (1875–1955): deutscher Schriftsteller und Nobelpreisträger, der 1933 in die Schweiz und 1938 in die USA emigrierte. Als Gegner der Nationalsozialisten wandte er sich regelmäßig in einer eigenen Radiosendung, gesendet von der BBC, an die deutsche Bevölkerung.

frontation zwischen sowjetischer Diktatur und westlicher Demokratie die vermeintliche Option für einen neuen „Dritten Weg", den einige irrlichternde Schwarmgeister noch immer für begehbar hielten, denkbar unattraktiv machte.
3. Nachdem der Vulkan des deutschen Radikalnationalismus erstickt worden war, erloschen auch die Leidenschaften, die ihn von einer Eruption zur anderen getrieben hatten. Damit verlor der politische Verband der Deutschen einen seiner Tragpfeiler, insbesondere aber eine Antriebskraft, die ihn seit hundert Jahren bewegt hatte. Die große Frage lautet seither, welcher Loyalitätspol an die Stelle der Nation treten kann, da auch moderne westliche Staaten weiterhin einer integrierenden Programmatik bedürfen. […]
4. Auch der Bann des charismatischen „Führers" war 1945 endgültig gebrochen worden, nachdem der Selbstmörder ein bis dahin unvorstellbares Chaos heraufgeführt hatte. Trotzdem: Da der Hitler-Mythos sozialpsychisch viel tiefer verankert war, als mancher Kritiker der Führerherrschaft später wahrhaben wollte, ist seine Ausstrahlungskraft nicht über Nacht erloschen. Die ersten Meinungsumfragen ergaben, dass Hitlers Leistungen in den sechs Friedensjahren noch rundum auf Anerkennung trafen. Im Sommer 1952 etwa hielt ihn ein Drittel der Befragten für einen „großen Staatsmann", ein weiteres Viertel besaß eine „gute Meinung" von ihm. Auch 1955 glaubte immerhin fast die Hälfte (48 Prozent), dass Hitler ohne den Krieg als einer „der großen deutschen Staatsmänner" dagestanden hätte. Selbst 1967, als die westdeutsche Wirtschaft und die Bonner Republik schon jahrelang florierten, hielten noch immer 32 Prozent an diesem positiven Urteil fest. Heutzutage mag man das mit einem ungläubigen Kopfschütteln registrieren, aber die zuverlässig ermittelten empirischen Befunde beweisen noch einmal die außergewöhnliche Faszination, die Hitlers charismatische Herrschaft auf seine Deutschen ausgeübt hatte.

Hans-Ulrich Wehler, Deutsche Gesellschaftsgeschichte, Bd. 4: Vom Beginn des Ersten Weltkriegs bis zur Gründung der beiden deutschen Staaten 1914–1949, München 2003, S. 981 f.

1. Präsentation: Vergleichen Sie die Aussagen Wehlers mit dem Bericht in M1. Erarbeiten Sie auf dieser Grundlage ein Schaubild zum Selbstverständnis der Deutschen nach dem Krieg.
2. Erörtern Sie, welche integrierende Idee heute im wiedervereinigten Deutschland als Antriebskraft wirken könnte.

Titelblatt der satirischen Nachkriegszeitschrift „Ulenspiegel" von Oktober 1946.
Die LDP (Liberal-Demokratische Partei Deutschlands) war eine 1945 in der Sowjetischen Besatzungszone gegründete liberale Partei, die in der DDR zur einflusslosen Blockpartei wurde.

▶ Analysieren Sie die Aussage des Bildes. | H

M3 Einstellungen im Wandel der Zeit

„Wann im 20. Jahrhundert ist es nach Ihrem Gefühl Deutschland am besten gegangen, in welchen Jahren?"

Zeitraum	Jahr der Umfrage 1959	1963	1970	1980
vor dem Ersten Weltkrieg	28	16	5	4
1918 bis 1933	5	5	2	2
1933 bis 1939	21	10	5	3
während des Krieges (1940–1945)	1	1	–	–
nach 1945	39	62	–	–
heute, jetzt	–	–	81	80
keine Angabe	6	6	7	11

Nach: Allensbacher Jahrbuch der Demoskopie 1984–1992, München 1993, S. 386

▸ „Wann im 20. Jahrhundert ist es nach Ihrem Gefühl Deutschland am besten gegangen ...?" Diese Frage wurde von einem Meinungsforschungsinstitut in seinen Umfragen regelmäßig in der Bundesrepublik Deutschland gestellt. Die Tabelle zeigt, wie die Befragten geantwortet haben. Beschreiben Sie anhand der Daten die Einstellung der Westdeutschen zu ihrer Vergangenheit und Gegenwart bis um 1980. Erläutern Sie, welche Tendenzen erkennbar sind und wie sich diese erklären lassen. Ziehen Sie Ihre Ergebnisse aus M1 und M2 hinzu. | H

M4 Zur „antifaschistischen Umwälzung" in der DDR

Im Geschichtsschulbuch, das an allen 10. Klassen der Polytechnischen Oberschulen der DDR eingesetzt worden ist, heißt es in der Ausgabe von 1984:

Die Entstehung und Entwicklung der Deutschen Demokratischen Republik war das Resultat der siegreichen antifaschistisch-demokratischen Umwälzung. In diesem revolutionären Prozess kämpften Arbeiter, werktätige Bauern und andere demokratische Kräfte unter Führung der SED für eine antiimperialistisch[1]-demokratische Staatsmacht und für die Durchsetzung des gesellschaftlichen Fortschritts. Die Machtgrundlagen der Monopolbourgeoisie und der Großgrundbesitzer wurden in der antifaschistisch-demokratischen Umwälzung beseitigt, die Wurzeln des Faschismus wurden ausgerottet.

Geschichte Klasse 10, Volk und Wissen, Berlin 1984, S. 87

[1] **Imperialismus**: Nach Auffassung des Marxismus-Leninismus ist der Imperialismus die fortgeschrittene Stufe des Kapitalismus, da die Industrieländer, um sich Rohstoffe und Absatzmärkte zu sichern, zur Unterwerfung und Ausbeutung anderer Staaten übergehen.

1. Geben Sie wieder, wie im Schulbuch die „antifaschistisch-demokratische Umwälzung" in der DDR beschrieben wird. Entspricht die Darstellung den historischen Tatsachen?
2. Erläutern Sie mithilfe der Darstellung auf Seite 396 den Faschismus-Begriff, wie ihn die DDR verstand. | F
3. Erörtern Sie, welche Konsequenzen sich aus dieser Geschichtsdarstellung für den Umgang mit der jüngsten Vergangenheit in Politik und Gesellschaft der DDR – auch gegenüber Westdeutschland – ergaben.

M5 Antikommunismus als Deckmantel?

*Der Politikwissenschaftler Dietrich Thränhardt (*1941) analysiert die Integration ehemaliger Nationalsozialisten in der Bundesrepublik folgendermaßen:*

Als Übergangsideologie für die Bundesrepublik, die in die westliche Gesellschaft hineinwuchs, war der Antikommunismus hervorragend geeignet. In ihm konnte man sich mit den ehemaligen Kriegsgegnern, mit der Demokratie, den „westlichen Werten", dem Christentum, dem „Abendland" identifizieren, die als positives Gegenbild fungierten. Auch wenn man während des „Dritten Reiches" unterschiedlichen politischen Lagern angehört hatte, war auf dieser ideologischen Grundlage eine Versöhnung möglich. Die große Menge der ehemaligen Nationalsozialisten und die noch größere Zahl der ehemaligen Antidemokraten konnte auf diese Weise allmählich eine neue positive Identifikation gewinnen, die aber häufig sehr partiell blieb. Nach dem Urteil der Frankfurter Allgemeinen Zeitung war es 1954 bei Bewerbungen eher eine Empfehlung, „PG" [Parteigenosse, also Mitglied der NSDAP] gewesen zu sein.
Zur Stabilisierung nach innen trug diese neue Dichotomisierung[2] [...] zweifellos bei. Die politische Eingliederung breiter Schichten mit bisher nichtdemokratischer Orientierung gelang in bemerkenswertem Umfang. Die Eingliederung einer so großen Anzahl ehemaliger Nichtdemokraten, vorwiegend in bürgerlichen Kreisen und gesellschaftlich angesehenen Berufsgruppen (Ärzte, Lehrer, Verwaltungsbeamte, Richter), barg andererseits die Gefahr des Eindringens von undemokratischen Einflüssen. [...]
Als die neuen Bundesministerien aufgebaut wurden, waren die Überprüfungen durch die Alliierten aufgegeben worden. Sozialdemokraten wurden wegen der harten innenpolitischen Frontstellung kaum eingestellt. Andererseits erhielten aber alle ehemaligen Beamten des „Dritten Reiches", mit Ausnahme der schwer belasteten, einen Rechtsanspruch

[2] **Dichotomisierung**: Zerlegung einer Gesamtheit in zwei Teilgesamtheiten, die mithilfe eines Merkmals unterschieden werden (z. B. in der Statistik nach Geschlecht: männlich und weiblich)

Das Braune Haus von Bonn.
Schautafel, herausgegeben von der SED-Abteilung Agitation, Presse, Rundfunk, Berlin-Ost, 1956.
Als „Braunes Haus" wurde die NS-Parteizentrale in München von 1930 bis 1945 bezeichnet. „Das Braune Haus von Bonn" zeigt führende Politiker der Bundesrepublik, die im NS-Regime aktiv waren. Dazu gehört etwa Minister Theodor Oberländer (oben links).

► Erläutern Sie, warum die SED-Führung an der Aufdeckung der „braunen" Vergangenheit westdeutscher Politiker interessiert war.

auf Beschäftigung (Ausführungsgesetz zu Art. 131 GG). Alle Behörden hatten 20 % der Stellen für diesen Zweck zu reservieren. Da die meisten früheren Spitzenbeamten von den Alliierten entlassen und sogar vorübergehend verhaftet worden waren, standen sie 1949/50 zur Verfügung. Innerhalb der Gruppe der Beamten hatten alte Verbindungen Bestand gehabt: Ein ehemaliger Beamter „zog" den anderen nach. Im Ergebnis kam es zur Wiederherstellung der alten Bürokratie, einschließlich ihrer NSDAP-Mitglieder. Im Auswärtigen Amt waren 1951 66 % der leitenden Beamten ehemalige NSDAP-Mitglieder. Kritik daran wies Adenauer mit dem Appell zurück, „jetzt mit der Naziriecherei Schluss zu machen". Für das Bundesjustizministerium ergab eine amerikanische Untersuchung noch höhere Werte. In anderen Ministerien, für die keine Unterlagen vorliegen, dürfte die Entwicklung ähnlich gewesen sein.
Immer wieder wurden diese Besetzungen mit dem Mangel an „Fachleuten" erklärt. Die Besetzung der Bundesministerien war dabei der spektakulärste und auch greifbarste Fall. Denn es bestand ein Unterschied zwischen einer allgemeinen beruflichen Wiedereingliederung ehemaliger Nationalsozialisten und der Besetzung zentraler Entscheidungspositionen. Insbesondere die Justiz, in der sich der Korpsgeist ihrer Angehörigen bemerkbar machte, wurde weithin restituiert. Erst seit Ende der sechziger Jahre, als breite öffentliche Kritik einsetzte, wurde den schwer belasteten „Blutrichtern" die Möglichkeit gegeben, sich unter Wahrung ihrer Versorgungsansprüche pensionieren zu lassen. Bestraft wurde keiner.

Dietrich Thränhardt, Geschichte der Bundesrepublik Deutschland, Frankfurt am Main 1996, S. 112 ff.

1. Fassen Sie die Aussagen Thränhardts mit eigenen Worten zusammen.
2. Erläutern Sie, inwiefern der Antikommunismus als „Integrationsideologie" wirkte.
3. Erörtern Sie, ob es in unserer heutigen Gesellschaft auch „Integrationsideologien" gibt.

M6 Antifaschismus und Antitotalitarismus

*Der Historiker Martin Sabrow (*1954) vergleicht, wie nach 1945 „Vergangenheitspolitik“ betrieben worden ist:*

Der ostdeutsche Legitimationsantifaschismus wies schließlich tabuisierende Züge auf, indem er wesentliche Aspekte des Nationalsozialismus aus dem kollektiven Gedächtnis wie aus der wissenschaftlichen Forschung verbannte, darunter so zentrale Fragen wie die Massenattraktivität des Hitler-Regimes und die Teilhabe der Bevölkerung an Verfolgung und Vernichtung. Nie brachte die DDR-Geschichtswissenschaft eine Hitler-Biografie hervor, und bis zum Schluss hielt sie an einem dogmatisierten Denken fest, das Hitler als bloßen Handlanger der Monopole verstand, die KPD als führende Kraft des Widerstandes und das deutsche Volk als verführtes Opfer der Fremdherrschaft einer kleinen Clique. Die erste Überblicksdarstellung der DDR-Geschichtswissenschaft zur NS-Zeit widmete der Shoah kein Kapitel und keinen Unterabschnitt, sondern konzentrierte sich in den vier von 260 der „faschistische[n] Barbarei in den okkupierten Gebieten“ gewidmeten Seiten auf die deutschen Gräueltaten in den besetzten Teilen der Sowjetunion. Juden wurden als Opfergruppe in diesem Zusammenhang nur ein einziges Mal, und zwar als Teil der sowjetischen Bevölkerung erwähnt [...].
Eine vergleichbare politische Instrumentalität und Tabuisierungskraft besaß auf der anderen Seite der Grenze der bundesdeutsche Antitotalitarismus. Sie zeigte sich im Umgang etwa mit dem kommunistischen Widerstand, der in der Bundesrepublik aus der symbolischen wie der materiellen Integration ausgeschlossen blieb. Sie zeigte sich ebenso in der Wiedergutmachungspolitik gegenüber den Opfern der nationalsozialistischen Gewaltherrschaft: Der zur westlichen Hemisphäre zählende Staat Israel erhielt Entschädigungsleistungen, osteuropäische Staaten erhielten sie bis 1989 nicht. [...] Seine tabuisierende Kraft bewies der bundesdeutsche Antitotalitarismus, indem er das Bild des christlichen und konservativen Widerstands ebenso von unwillkommenen Zügen zu reinigen erlaubte, wie es der Antifaschismus in Bezug auf den kommunistischen Widerstand vermochte. Die antidemokratischen und teils sogar antisemitischen Grundüberzeugungen vieler Männer des 20. Juli 1944, die in den Anfangsjahren der NS-Herrschaft oft überzeugte Hitler-Anhänger gewesen waren, blieben ebenso im Verborgenen wie die erst jüngst näher beleuchtete Frage der Verstrickung des militärischen Widerstandsflügels in den nationalsozialistischen Genozid. Diese [...] Haltung belastete die frühe Bundesrepublik mit einer unheilvollen und bis zum Anschein der Komplizenschaft reichenden Symbiose von Amnesie und Amnestie, die aus heutiger Sicht als ein empörender „Triumph des ‚Beschweigens‘“ vor uns steht, sie erlaubte aber zugleich analog zur staatlich verfolgten und gesellschaftlich verlangten Wiedereingliederungspolitik die unzweideutige Verurteilung des NS-Systems, ohne seine ehemaligen Träger und Anhänger auszugrenzen.

Martin Sabrow, Die NS-Vergangenheit in der geteilten deutschen Geschichtskultur, in: Christoph Kleßmann und Peter Lautzas (Hrsg.), Teilung und Integration. Die doppelte deutsche Nachkriegsgeschichte als wissenschaftliches und didaktisches Problem, Bonn 2005, S. 132–151, hier S. 142–144

1. Geben Sie Gemeinsamkeiten und Unterschiede in der „Vergangenheitsbewältigung“ beider deutscher Staaten wieder.
2. Charakterisieren Sie anhand des ostdeutschen Antifaschismus und des bundesdeutschen Antitotalitarismus den Begriff „Vergangenheitspolitik“. Wie wirkt sich diese Politik jeweils aus? | F

M7 „Einheit in Vielfalt“

Walter Hallstein (1901–1982) war von 1958 bis 1968 der erste Vorsitzende der Kommission der Europäischen Wirtschaftsgemeinschaft. Anlässlich der Verleihung des Internationalen Karlspreises der Stadt Aachen 1961 hielt er folgende Rede:

[...] Wir blicken vielmehr zurück, weil wir gewiss sind, in der Erinnerung, in der Betrachtung unseres eigenen Werdens den Weg zu uns selbst zu finden, sicherer zu erkennen, was unser wahres Wesen ist, unsere Möglichkeiten, unsere Notwendigkeiten, unsere Verantwortung. Wir blicken zurück, weil wir wissen, dass alles Leben Bewegung ist, auch das Leben der Völker, weil es hieße, die Dynamik unseres eigenen Tuns verleugnen, wenn wir es je anders begriffen als eine unaufhörliche Veränderung, ein ständiges Werden, eine *création continue* – und nicht als einen Zustand, nicht als etwas Statisches. Deshalb ist in allem unserem Handeln, in allem Geschehen der europäischen Einigung immer die Vergangenheit gegenwärtig – ebenso sehr wie es die Zukunft ist; denn alle Politik ist ja ein beständiges In-Form-Bringen für die Aufgaben, die das Morgen bringen wird.
In dieser Vergangenheit nun finden wir Weniges, in dem symbolkräftiger die eigenständige politische Einheit Europas Gestalt gewann, wie den Mann, dessen Namen der Preis trägt, den ich heute empfangen darf. Als das Licht der Geschichte voll über dem nördlichen Europa aufgegangen war, hatte Eu ropa befriedet im Innern und geschützt an seinen Grenzen unter der *Pax Romana* gelebt. Immer wieder hat es beides gesucht: das Ende des Zwists – zu keiner Zeit ist das Gefühl dafür ganz erloschen, dass es ein Bruderzwist war – und die Überwindung der niemals ganz nachlassenden äußeren Gefahr. Von allen geglückten (oder scheinbar geglückten) Versuchen ist der Karls des Großen der glaubhafteste, ohne die Fragwürdigkeiten, ohne das Abenteuerliche anderer Bemühungen. Aber er gelang nur für einen historischen Augenblick,

und dann bereitete sich der lange Prozess vor, an dessen Ende jene nationalstaatliche Verfassung Europas steht, deren Struktur am Wesentlichsten durch den Wiener Kongress bestimmt ist. Diese Struktur Europas dauert bis in unser Jahrhundert, bis in unsere Tage, als ein Staatensystem labilen Gleichgewichts, kunstvoll und mühsam durch das Ab- und Zugeben von Gewichten dirigiert von dem Konzert der Mächte und doch schließlich seiner Legitimität beraubt, weil es die einzige verbindliche Leistungsprüfung für ein europäisches politisches System nicht bestanden hat: In zwei Weltkriegen hat es seine Unfähigkeit bewiesen, den inneren Frieden in Europa zu wahren und seine äußere Sicherheit zu gewährleisten.

[...] Damit sind wir auch beim innersten Kern des europäischen Phänomens. Unter den furchtbaren Erschütterungen, die die europäische Geschichte der ersten Hälfte unseres Jahrhunderts ausmachen, ist eine neue Unbefangenheit gegenüber der traditionellen politischen Struktur erwachsen: Nicht, dass das Nationalbewusstsein erloschen wäre – trotz des entsetzlichen Missbrauchs, der mit ihm getrieben worden ist. Nein: Europa ist die Vielfalt und wird sie immer bleiben. Seine Kraft und Art ist der großartige Reichtum seiner Landschaften, seiner Stämme, seiner Begabungen, seiner Erinnerungen, die wir Geschichte nennen. Aber das Nationalbewusstsein ist verändert. Es ist geläutert. Es hat seine zerstörerischen Eigenschaften abgelegt, seine Erbfeindschaften, seine Rivalitäten, seine hegemonialen Tendenzen.

Denn Europa ist sich innegeworden, dass es nicht nur die Vielfalt ist. Es ist auch die Einheit, die Einheit in der Vielfalt. Es gibt inmitten aller Verschiedenheit eine Grundmasse gleicher, identischer Elemente, Bedingungen, Anlagen, Wertmaßstäbe, seelischer und geistiger Gemeinsamkeiten, ein Gefühl des Aufeinanderangewiesenseins im Guten wie im Bösen, gemeinsamen Tuns und Leidens, großer gemeinsamer Schwächen, aber auch glänzender gemeinsamer Leistungen – kulturell, wirtschaftlich, politisch. Ist nicht sogar Amerika, wenn auch gewiss nicht gleich Europa oder ein Teil davon, doch zu einem guten Stück auch eine europäische Schöpfung? Und ist nicht der Eiserne Vorhang mehr noch als eine tief schmerzende nationale Wunde; geht er nicht durch das Herz Europas selbst? Dieser Einheit in der Vielfalt hat Europa sich angeschickt, politischen Ausdruck, politische Form zu geben. [...]

Rede von Walter Hallstein, https://www.karlspreis.de/de/preistraeger/walter-hallstein-1961/rede-von-walter-hallstein (Zugriff: 17. Juni 2019)

1. Fassen Sie die Position Hallsteins in einer These zusammen.
2. Erläutern Sie die historische Begründung für Hallsteins Vorstellung von einem einigen Europa.
3. Diskutieren Sie, was genau Hallstein mit den kulturellen, wirtschaftlichen und politischen Gemeinsamkeiten der Europäer meint.

M8 Mythos und Identität

*Der Politikwissenschaftler Herfried Münkler (*1951) beschreibt, welche Funktion „moderne" Mythen in der Bundesrepublik und der DDR übernommen haben:*

Politische Mythen haben in allen europäischen Nationen eine wichtige Rolle gespielt, Deutschland allerdings war ein regelrechtes Dorado der politischen Mythografie. Das hängt mit der politischen Deutungshoheit des Bildungsbürgertums und mit der verspäteten Staatsbildung zusammen: Bis 1871 waren Mythen und Symbole die einzige Repräsentation der Nation. Das hatte zur Folge, dass die nationalen Erwartungen und Anstrengungen auf das Feld des Symbolischen verwiesen waren. [...]

Dafür erfolgte nach dem Zweiten Weltkrieg ein mythenpolitischer Schnitt, wie er radikaler nicht hätte sein können. Fast alle politischen Mythen waren desavouiert: An eine Wiederkehr Barbarossas nach langem Schlaf war nicht mehr zu denken, und die Nibelungen hatten auf ihrem Zug nach Osten allesamt den Tod gefunden. Von der germanischen Identität, auf die man zeitweilig so stolz gewesen war, wollte man nichts mehr wissen, und auch der Preußenmythos war anrüchig geworden.

Im Umgang mit den Trümmern der alten deutschen Mythen gingen DDR und Bundesrepublik unterschiedliche Wege: Während die DDR ein neues Mythensystem errichtete, in dessen Zentrum geschichtliche Ereignisse standen, die sich als Vorgeschichte des Arbeiter-und-Bauern-Staates aufbereiten ließen – vom Bauernkrieg über die antinapoleonischen Befreiungskriege bis zum antifaschistischen Widerstand –, blieben in der Bundesrepublik die mythenpolitischen Trümmerberge zunächst weitgehend unbearbeitet. [...]

Aber ganz hat auch die Bundesrepublik auf Sinnstiftung durch mythische Erzählungen nicht verzichten können. Die Konsummythen [...] dienten nicht nur als Kaufanreize und Marketinginstrumente einer sich in ihrem neuen Wohlstand einrichtenden Gesellschaft, sondern avancierten auch zu Gegenerzählungen zur Mythik der DDR: Sie bestritten deren Anspruch, der bessere deutsche Staat zu sein, und hielten ihr die notorischen Versorgungsdefizite der Bevölkerung und die Einschränkung der Reisefreiheit als Manko der politischen Ordnung vor. Damit konterkarierten die bundesrepublikanischen Konsummythen den antifaschistischen Gründungsmythos, in dem die DDR den Widerstand gegen Hitler und die Zerschlagung des Nazi-Regimes für sich monopolisiert hatte.

Herfried Münkler, Die Deutschen und ihre Mythen, Berlin [2]2009, S. 17 und 19f.

1. Fassen Sie zusammen, was Münkler unter dem „mythenpolitische[n] Schnitt" (vgl. Zeile 10f.) versteht.
2. Erklären Sie auf der Grundlage von Münklers Ausführungen den Begriff „politischer Mythos". | H

M9 Sonderweg nach Westen: Das Modell Deutschland

*Der Historiker Andreas Rödder (*1967) erklärt, wie sich das westdeutsche Selbstverständnis nach 1945 herausbildete:*

Neben der auf die deutsche Schuld zentrierten Erinnerungskultur wurde die politisch-kulturelle Verwestlichung zum zweiten Spezifikum des bundesdeutschen Selbstverständnisses. Die Westbindung in Verbindung mit der außenpolitischen Kultur der Zurückhaltung schlug sich in der staatlichen Repräsentation nieder – von der Qualität der auf Staatsbanketten ausgeschenkten Weine bis zur Architektur staatlicher Bauten. Bonn war nicht nur wegen seiner überschaubaren Größe als Provisorium und als Manifestation der Bescheidenheit geeignet. [...]
Die alte Bundesrepublik zeigte sich durch und durch westlich: Demokratie und Marktwirtschaft, Pluralismus und Individualismus wurden zu unumstößlichen Grundwerten – die zu Beginn des 20. Jahrhunderts als Inbegriff der verachteten „Zivilisation" gegolten hatten. Die dem seinerzeit gegenübergestellte deutsche „Kultur" war bestenfalls noch Gegenstand von Verlustanzeigen. [...]
Die Bundesrepublik hatte Leitideen und Deutschlandbilder des Westens übernommen, traditionelle Selbstbilder hingegen ebenso aufgegeben wie einen affirmativen Bezug auf die eigene Geschichte. Ebenso verlor die Nation als Leitkategorie an Bedeutung. [...] Stattdessen zeigte sich die Bundesrepublik wie kaum ein anderer europäischer Staat bereit, staatliche Hoheitsrechte auf die europäische Ebene zu übertragen. Die Bundesrepublik vollzog nicht weniger als einen grundlegenden Wechsel der deutschen Identität. Ersatz stellte das Selbstverständnis als „Modell Deutschland" bereit. Dabei wurde die „Erfolgsgeschichte" der Bundesrepublik in zwei Versionen erzählt, und sie wirkte gerade daher besonders integrativ. Die bürgerliche Version hob auf die Stabilitätsgeschichte der politischen Institutionen, auf eine prosperierende Marktwirtschaft und Massenwohlstand sowie auf Frieden und Freiheit durch die Westbindung ab. Die linke Lesart zielte auf Demokratisierung und Partizipation, Liberalisierung und Emanzipation, Individualisierung und Pluralismus. Beides kam zusammen, als die Bundesrepublik 1989 ihren 40. Geburtstag feierte.

Andreas Rödder, Wer hat Angst vor Deutschland? Geschichte eines europäischen Problems, Frankfurt am Main 2018, S. 156–158

1. Präsentation: Stellen Sie die im Text genannten Elemente des westdeutschen Selbstverständnisses in einer Mindmap dar.
2. Zeigen Sie die Besonderheiten bei der Suche nach einer deutschen Identität nach 1945 auf.
3. Diskutieren Sie die Unterscheidung von Zivilisation und Kultur (vgl. Zeile 11–17) in Zeiten der Westbindung.

Der Kanzlerbungalow.
Der 1963/64 von Architekt Sep Ruf errichtete Bungalow diente als Wohn- und Empfangsgebäude der Kanzler bis zum Regierungsumzug nach Berlin 1999.

- Beschreiben Sie die Anlage des Kanzlerbungalows
- Geben Sie dem Bauwerk ein Motto und begründen Sie dies.

M10 „Unsere DDR ist ein sauberer Staat"

Im Dezember 1965 spricht Erich Honecker (1912–1994) vor dem Zentralkomitee der SED über die Kulturpolitik:

Unsere DDR ist ein sauberer Staat. In ihr gibt es unverrückbare Maßstäbe der Ethik und Moral, für Anstand und gute Sitte. Unsere Partei tritt entschieden gegen die von den Imperialisten betriebene Propaganda der Unmoral auf, die das Ziel verfolgt, dem Sozialismus Schaden zuzufügen. Dabei befinden wir uns in voller Übereinstimmung mit der Bevölkerung der DDR und der überwiegenden Mehrheit der Menschen in Westdeutschland.

Wir stimmen jenen zu, die feststellen, dass die Ursachen für diese Erscheinungen der Unmoral und einer dem Sozialismus fremden Lebensweise auch in einigen Filmen, Fernsehsendungen, Theaterstücken, literarischen Arbeiten und in Zeitschriften bei uns zu sehen sind. Es häuften sich in letzter Zeit auch in Sendungen des Fernsehfunks, in Filmen und Zeitschriften antihumanistische Darstellungen. Brutalitäten werden geschildert, das menschliche Handeln auf sexuelle Triebhaftigkeit reduziert. Den Erscheinungen der amerikanischen Unmoral und Dekadenz[1] wird nicht offen entgegengetreten. Das gilt besonders für den Bereich der heiteren Muse und der Unterhaltung, für einzelne literarische Arbeiten. [...] Biermann wird systematisch vom Gegner zum Bannerträger einer sogenannten literarischen Opposition der DDR, zur Stimme der „rebellischen Jugend" gemacht. Davon zeugen Sendungen westdeutscher Rundfunkstationen, Berichte in der westdeutschen Presse und Rezensionen zu seinem in West-Berlin erschienenen Gedichtband. Biermann wird dort als ein „äußerst freimütiger und kühner Kritiker des mitteldeutschen Regimes" gefeiert. Biermanns sogenannte Gedichte kennzeichnen sein spießbürgerliches, anarchistisches Verhalten, seine Überheblichkeit, seinen Skeptizismus und Zynismus. Biermann verrät heute mit seinen Liedern und Gedichten sozialistische Grundpositionen. Dabei genießt er wohlwollende Unterstützung und Förderung einiger Schriftsteller, Künstler und anderer Intellektueller. Es ist an der Zeit, der Verbreitung fremder und schädlicher Thesen und unkünstlerischer Machwerke [...] entgegenzutreten.

Zitiert nach: Rolf Steininger, Deutsche Geschichte. Darstellungen und Dokumente in vier Bänden, Bd. 3: 1955–1969, Frankfurt am Main 2002, S. 269f.

Der Liedermacher Wolf Biermann bei seinem Auftritt in der Kölner Sporthalle am 13. November 1976.

Mit der Begründung, er habe die DDR kritisiert, wurde Biermann nach seinem Köln-Konzert am 16. November 1976 ausgebürgert. Zu diesem Zeitpunkt hatte er in der DDR bereits elf Jahre Berufsverbot. Seine Ausbürgerung löste eine Protestwelle aus: Zwölf bekannte Schriftsteller unterschrieben eine Petition, 400 weitere DDR-Bürger solidarisierten sich mit ihnen. Die SED-Führung reagierte mit Festnahmen, Parteiausschlüssen und Berufsverboten. Reihenweise verließen daraufhin prominente Künstler und Schriftsteller die DDR.

1. Charakterisieren Sie das Bild, das Erich Honecker von der Kultur in der DDR zeichnet. Erläutern Sie, was er von der Kulturpolitik der SED erwartet.
2. Erörtern Sie die Begriffe, die Honecker in seiner Kritik verwendet, und finden Sie jeweils Gegenbegriffe.

[1] **Dekadenz:** kultureller Verfall

Kopf-an-Kopf-Rennen der beiden deutschen Mannschaften beim Staffelwettbewerb der Frauen.
Foto von den Olympischen Sommerspielen in München 1972.
Hier siegte die bundesdeutsche Auswahl knapp vor dem DDR-Team. Im Medaillenspiegel lag die DDR am Ende jedoch deutlich vorn. Die Spiele von 1972 waren die ersten, bei denen die Sportler aus der DDR hinter ihrer Landesfahne in das Stadion einziehen durften. Dies war auf bundesdeutschem Boden zuvor verboten. Als das Internationale Olympische Komitee (IOC) beschloss, die Spiele 1972 nach München zu vergeben, entschied das Bundeskabinett schließlich, das Hissen der „Spalterflagge" zuzulassen.

M11 Kalter Krieg im Sport

*Die Historikerin Uta Andrea Balbier (*1974) zur Bedeutung des Sports in der Systemkonkurrenz:*

Die internationale Sportwelt eröffnete den kalten Kriegern auf beiden Seiten des Eisernen Vorhangs mehrere Möglichkeiten: In der offensichtlichen Wettbewerbssituation um Millimeter und Hundertstelsekunden versuchten beide Blöcke, die Überlegenheit ihres Gesellschaftssystems unter Beweis zu stellen, wie es SED-Generalsekretär Walter Ulbricht der DDR-Sportbewegung bereits zu Beginn der 1950er-Jahre einschärfte. In den 1960er-Jahren wurden im westlichen Lager vergleichbare Stimmen laut, und auch hier schnellte die Sportförderung in die Höhe. Gleichzeitig bot die – ihrem Selbstverständnis nach – unpolitische internationale Sportwelt diplomatisch kaum anerkannten Staaten wie der DDR Manövrierraum: Diese versuchte sich in den Sportstadien der Welt mit eigener Flagge und Hymne in Szene zu setzen, da die Bundesregierung umgekehrt bestrebt war, jede auch nur symbolische Anerkennung des Pankower Regimes zu verhindern.

In einer Welt, in der Leistung, nicht ideologische Überzeugung zählte, mauserten sich die DDR-Sportfunktionäre lange vor der diplomatischen Anerkennung ihres Staates zu ernst zu nehmenden Verhandlungspartnern. Innerhalb des Internationalen Olympischen Komitees [...] erreichte sie die Akzeptanz ihrer Existenz Jahre bevor der Grundlagenvertrag 1974 das Verhältnis zwischen der DDR und der Bundesrepublik normalisierte. Die Geschichte des Aufstiegs der DDR im internationalen Sport ist jedoch eng mit der Politisierung der olympischen Bewegung im Kalten Krieg verknüpft. In dem Versuch, politisch neutral zu sein, schuf die olympische Bewegung Tatsachen, die politische Dynamiken auf beiden Seiten des Eisernen Vorhangs freisetzten. Die gesamtdeutsche Olympiamannschaft war von Beginn an – in Ost wie in West – ein Spielball deutschlandpolitischer Interessen.

Uta Andrea Balbier, Kalter Krieg im Stadion, in: Dies. u.a. (Hrsg.), Der Kalte Krieg, Darmstadt 2010, S. 91–96, hier: S. 91 f.

1. Fassen Sie zusammen, inwiefern die beiden Blöcke internationale Sportveranstaltungen in Arenen des Kalten Krieges verwandelten.
2. Erläutern Sie, weshalb die SED-Führung den Sport systematisch förderte. Gab es weitere mögliche Motive?
3. Beurteilen Sie das Verhältnis von Sport und Politik. Nennen Sie Beispiele, in denen der Sport politischen Zwecken diente.

M12 Der Weg zur Souveränität

In seinen Erinnerungen schreibt der damalige Bundeskanzler Helmut Kohl (1930–2017) über die Schwierigkeiten bei den „Zwei-plus-Vier-Verhandlungen" im Frühjahr 1990, die letztlich im „Zwei-plus-Vier-Vertrag" mündeten, der am 12. September 1990 unterzeichnet wurde und dem wiedervereinigten Deutschland die volle Souveränität brachte:

Während die Außenminister der Vereinigten Staaten, Großbritanniens und Frankreichs ohne Wenn und Aber die Position der Bundesregierung unterstützten, endete die Zustimmung der sowjetischen Seite bei der Frage der Bündniszugehörigkeit. Schewardnadse [damals Außenminister der Sowjetunion] wiederholte die Position Moskaus: Die Bevölkerung seines Landes und der Oberste Sowjet stünden der NATO-Mitgliedschaft eines vereinten Deutschlands eindeutig ablehnend gegenüber. Er warnte vor dem Trugschluss, die Sowjetunion würde hier spielen oder bluffen. Für sein Land bleibe die NATO, was sie immer gewesen sei: ein gegnerisches Militärbündnis, dessen Strategie den Ersteinsatz von Nuklearwaffen umfasse. [...]
Als mich Hans-Dietrich Genscher [damals Außenminister der Bundesrepublik] in einer Konferenzpause anrief, sprach er einen brisanten Punkt an: Schewardnadse hatte im Verlauf der Verhandlungen erneut vorgeschlagen, die inneren und äußeren Aspekte der deutschen Einheit zeitlich zu entkoppeln. Das hätte praktisch bedeutet, dass zwar die staatliche Einheit Deutschlands schon bald möglich geworden wäre, nämlich durch einen Beitritt der DDR zur Bundesrepublik. Diese auf den ersten Blick elegant erscheinende Übergangslösung hätte aber den entscheidenden Nachteil, dass uns – und das war ja auch erkennbar der Hintergedanke der sowjetischen Seite – auf unbestimmte Zeit das Recht vorenthalten bliebe, über unsere Bündniszugehörigkeit frei zu entscheiden. Gerade bei der deutschen Linken gab es eine starke national-neutralistische Tradition, und so lag die Vermutung nahe, dass Moskau Zeit gewinnen wollte, um mithilfe dieser Strömung schließlich doch noch eine Neutralisierung der Bundesrepublik Deutschland zu erreichen.
Da gab es nichts zu überlegen: Schewardnadses Vorschlag war für die Bundesregierung inakzeptabel. Entsprechend lautete meine Anweisung, in diesem Punkt keinen Millimeter nachzugeben; denn innere und äußere Aspekte der deutschen Einheit gehörten zusammen. [...]
Mein Optimismus beruhte darauf, dass wir in der Frage der NATO-Mitgliedschaft in einer guten Position waren. Außerhalb der Sowjetunion gab es damals praktisch niemanden mehr, der nicht die Mitgliedschaft Gesamtdeutschlands in der NATO bejaht hätte. Auf der Außenministerkonferenz des Warschauer Pakts hatten sich auch die ČSFR, wie sich die Tschechoslowakei seit dem 20. April nannte, Polen, Ungarn und noch andere Staaten in diesem Sinne erklärt. Der eine oder andere Nachbar mochte dabei natürlich gedacht haben, es gehe hierbei nur um die Sicherheit für Deutschland, sondern auch um Sicherheit vor Deutschland. Aber die Motive waren mir letztlich gleichgültig, wenn wir im Ergebnis in der NATO bleiben konnten.
In beiden Teilen Deutschlands, vor allem aber im Westen, war die Wiedervereinigungseuphorie des Winters 1989/90 unterdessen merklich abgekühlt. Der Weg zur Einheit war steiler und steiniger, als die meisten es sich vorgestellt hatten. Die vielfach geäußerte Enttäuschung über die erste Runde der Zwei-plus-Vier-Verhandlungen war auch Ausdruck dieser Ernüchterung. Dennoch setzten die Menschen in der DDR auf den baldigen Beitritt zur Bundesrepublik. Garant dieser Politik war in ihren Augen nach wie vor der deutsche Bundeskanzler.

Helmut Kohl, Erinnerungen 1990–1994, München 2007, S. 103–106

1. Fassen Sie die im Text von Kohl genannten Ziele der Bundesrepublik bzw. der Sowjetunion zusammen.
2. Partnerarbeit/Präsentation: Verfassen Sie mit Ihrem Sitznachbarn/Ihrer Sitznachbarin einen Dialog zwischen Kohl und Schewardnadse.
3. Recherchieren Sie Inhalt und Bedeutung des Zwei-Plus-Vier-Vertrags.
4. Beurteilen Sie die langfristigen Folgen der „Bündnisfrage" für die Idee eines gemeinsamen Europas.

„Die Siegermächte…".
Zu sehen sind die britische Premierministerin Margaret Thatcher, der amerikanische Präsident George Bush, Bundeskanzler Helmut Kohl, der Ministerpräsident der DDR Lothar de Maizière, der sowjetische Staatschef Michail Gorbatschow sowie der französische Staatspräsident François Mitterand. Die Karikatur von Klaus Stuttmann stammt aus dem Jahre 1990.

▶ Vergleichen Sie die Aussage der Karikatur mit der Einschätzung von Helmut Kohl in M12. | H

M13 Was ist die „Berliner Republik"?

*Der Journalist Ludwig Watzal (*1950) 2001 zu Befürchtungen und Bedenken gegenüber der „Berliner Republik":*

Als der Publizist Johannes Gross Anfang der neunziger Jahre den Begriff der Berliner Republik in die öffentliche Debatte einführte, schlugen die Wellen hoch. Seither geistert er durch die politischen Feuilletons. Gewichtige Bedenken wurden vorgetragen: Das Ende der Bonner Republik ließ Befürchtungen aufkeimen, Deutschland könnte an Traditionen anknüpfen, die es ins Verderben geführt hatten. Neuer deutscher Größenwahn, das Abstreifen seiner NS-Vergangenheit im Sinne eines historischen Schlussstriches oder das Ende der Westbindung wurden befürchtet. Die Befürworter einer Berliner Republik behaupteten, dass sich durch den Umzug an der innen- wie außenpolitischen Ausrichtung Deutschlands nichts Wesentliches ändern werde. Dass die Herausforderungen an das Land von Berlin aus besser bewältigt werden würden, ist bis heute bloße Behauptung. Der unbestreitbare Vorteil Berlins liegt aber darin, dass es nicht nur politische Hauptstadt, sondern auch gleichzeitig kulturelle Metropole ist.

Der Politologe Kurt Sontheimer (1928–2005) beurteilt die „Berliner Republik" im selben Jahr wie folgt:

Von einer Berliner Republik als erneuerter Republik ließe sich reden, wenn durch die Einbeziehung der DDR-Bevölkerung ein politischer Prozess in Gang gekommen wäre, der zu bedeutsamen Änderungen der politischen und wirtschaftlich-sozialen Ordnung der alten Bundesrepublik geführt hätte. Doch dies war nicht der Fall. Nur die Bundesrepublik kam zum Zuge, die andere Seite war geschlagen und hilflos. So konnte die nun von Berlin aus zu regierende Bundesrepublik im Wesentlichen keine andere Republik sein als ihre Vorgängerin mit Regierungssitz in Bonn. Beim Übergang von Bonn nach Berlin hat sich an der Verfassungsordnung und dem politischen System der Bundesrepublik nichts Wesentliches verändert. Die friedliche Revolution der DDR-Bürger kam in der westlichen Bundesrepublik an ihr Ziel und ihr Ende. Auf diese Bundesrepublik hat sie sich nicht verändernd ausgewirkt. Es war ein frommer Wunsch vieler Ostdeutscher zu meinen, auch die Bundesrepublik müsse sich im Vereinigungsprozess ändern. Sie tat es nicht. […]

Es sind diese großen und schwierigen Aufgaben des Zusammenwachsens und der gegenseitigen Anerkennung und Toleranz, die der jetzt von Berlin aus regierten Bundesrepublik von der Geschichte zugewiesen worden sind. Ihre Bewältigung, die auch misslingen oder nur unbefriedigend gelingen kann, unterscheidet die heutige Bundesrepublik von ihrer Bonner Variante. Dazu kommen die außerordentlichen Wandlungsprozesse im wirtschaftlichen und sozialen Bereich, die mit dem Allerweltsbegriff der Globalisierung umschrieben werden und die dem Staat einiges von seiner früheren Gestaltungsmacht entziehen. Kurz: Die Berliner Republik von heute unterscheidet sich hinsichtlich ihrer Probleme und Aufgaben, auch in ihrer Stellung im Rahmen der internationalen Ordnung, doch ganz wesentlich von den Problemen, mit denen es Bonn und seine Politiker vor Jahrzehnten zu tun hatten.

*Die Historikerin Vera Caroline Simon (*1980) äußert sich zum Stil der Einheitsfeiern im vereinigten Deutschland:*

In Anbetracht der im In- und Ausland gezeichneten Renationalisierungsszenarien war es nicht verwunderlich, dass die symbolische Ausgestaltung des neuen Nationalfeiertags so unprovokativ, ja so zurückhaltend wie möglich ausfiel. [...]
Die nichtmilitärische Ausgestaltung entsprach jedoch nicht allein der außenpolitischen Signalfunktion einer sich der internationalen Vorbehalte bewussten Bundesrepublik. Sie etablierte sich auch in dezidierter Abgrenzung zu den mili-

Der Reichstag in Berlin.
Von seiner Fertigstellung 1894 bis 1933 diente der Bau als Parlamentsgebäude. Nach der Wiedervereinigung beschloss der Deutsche Bundestag, den Reichstagsbau als Sitz des gesamtdeutschen Parlaments zu nutzen. Von 1995 bis 1999 wurde das Gebäude saniert; dabei entstand die gläserne Kuppel, die eine Durchsicht auf den darunterliegenden Plenarsaal ermöglicht. Sie ist für Besucher zugänglich und zu einem Wahrzeichen der Republik geworden.

▶ Die „Berliner Republik“ versteht sich als bürgernah, transparent, weltoffen, modern und geschichtsbewusst – dies soll auch durch die repräsentativen Regierungsbauten deutlich werden. Beurteilen Sie, ob und inwiefern die Architektur des Reichstages dieses Selbstverständnis wiedergibt. | H tärischen Zeremonien der DDR, die bereits zu Zeiten der Zweistaatlichkeit als Unterschied zwischen der säbelrasselnden, totalitären DDR und der demokratischen Bundesrepublik angeführt wurde. Bereits der Nationalfeiertag der alten Bundesrepublik, der 17. Juni, sollte [...] ein „geläutertes Nationalbewusstsein" präsentieren.

Erster Text: Ludwig Watzal, Editorial, in: Aus Politik und Zeitgeschichte, Heft 1–2/2001, S. 2; zweiter Text: Kurt Sontheimer, Berlin schafft keine neue Republik – und sie bewegt sich doch, in: Aus Politik und Zeitgeschichte, Heft 1–2/2001, S. 3–5; dritter Text: Vera Caroline Simon, Gefeierte Nation. Erinnerungskultur und Nationalfeiertag in Deutschland und Frankreich seit 1990, Frankfurt am Main u.a. 2010, S. 84

1. Fassen Sie zusammen, was unter „Berliner Republik" verstanden wird. | H
2. Erläutern Sie, welche Erwartungen und Befürchtungen mit ihr verknüpft worden sind.
3. „Während sich in Bonn der Verzicht aufs Nationale ausdrückte, wird in Berlin in großem Stil die Nation re-inszeniert. Die Nation will nicht nur imaginiert, sie will auch repräsentiert sein: durch Ideen, Mythen, Erzählungen, Symbole und nicht zuletzt durch die Architektur ihrer neuen Hauptstadt."[1] Nehmen Sie dazu Stellung.
4. Stellen Sie die Berliner Republik jeweils der Bonner und der Weimarer Republik gegenüber. Erörtern Sie Gemeinsamkeiten und Unterschiede.

M14 „Eine Verpflichtung für Gegenwart und Zukunft"

*Am 25. Juni 1999 beschließt der Bundestag die Errichtung eines Denkmals für die ermordeten Juden Europas nach einem Entwurf des amerikanischen Architekten Peter Eisenman. Kurz vor der Eröffnung des Holocaust-Mahnmals in Berlin am 10. Mai 2005 nimmt Bundestagspräsident und zugleich Kuratoriumsmitglied der Denkmal-Stiftung Wolfgang Thierse (*1943) in einem Interview mit der „Jüdischen Allgemeinen" (J.A.) dazu Stellung:*

THIERSE: [...] Mit dieser Entscheidung [für die Errichtung des Denkmals] bekennt sich der Bundestag dazu, sich nicht nur der freundlichen, der großen Seiten unserer Geschichte zu erinnern, sondern auch der entsetzlichen. Im Sinne einer Verpflichtung für Gegenwart und Zukunft. Das ist ein Bekenntnis zur *raison d'être*[2] dieser Republik, die entstanden ist aus den materiellen, geistigen und moralischen Trümmern des nationalsozialistischen Deutschland. Mit der Verpflichtung, immer für Demokratie, Humanität und Toleranz einzustehen, Rassismus, Antisemitismus und Diktatur niemals wieder zuzulassen.

J.A.: Kann ein solches Signal von einer Architektur ausgehen?

THIERSE: Kunstwerke zwingen nicht alle, ja zu sagen. Kunstwerke, das Holocaust-Denkmal ist auch eines, sind eine Einladung. Ich bin überzeugt davon, dass diese Einladung vielfach angenommen werden wird. Sie werden beim Gang durch das Stelenfeld sinnlich und körperlich erfahren können, was das heißt: einsam sein, bedroht sein, bedrängt sein. Wenn die Besucher so emotional berührt in den „Ort der Information" gehen, dort anhand von Einzelschicksalen erfahren, woran erinnert wird – an die millionenfache Vernichtung von Menschen –, dann kann das Denkmal gut gehen und funktionieren. [...]

J.A.: Viele Juden sagen, sie brauchen ein solches Denkmal nicht.

THIERSE: Das ist richtig.

J.A.: Wer braucht dann das Denkmal?

THIERSE: Es ist doch ganz klar: Das ist kein Denkmal für die überlebenden Juden. Es ist ein Denkmal für uns Deutsche, für unser kollektives Gedächtnis. Damit wir uns daran erinnern, was einmal möglich war. Eine solche verpflichtende Erinnerung geschieht dadurch, dass wir der Opfer gedenken. Verdrängen wir damit die Täter? Nein! Ein Kilometer entfernt steht die „Topographie des Terrors"[3], die zeigt, wie dieser Herrschafts- und Unterdrückungsapparat funktionierte. [...]

J.A.: Zieht das Denkmal nicht allein durch seine Existenz einen Schlussstrich unter die Geschichte?

THIERSE: Warum? Wenn es so wäre, wäre es ein Argument gegen jedes Denkmal, das ja immer der „versteinerte" Ausdruck eines Diskussionsprozesses ist, der zu einem Ende gekommen ist. Aber Peter Eisenmans Werk hat eben etwas Anstößiges, Anregendes, Irritierendes. Und das Mahnmal steht ja auch in einem Kontext mit dem „Jüdischen Museum" und der „Topographie des Terrors". Das ist ein Angebot zur historischen Aufklärung im Selbstversuch.

„Es ist ein anstößiges Denkmal". Judith Hart und Christian Böhme im Gespräch mit Wolfgang Thierse; in: Jüdische Allgemeine Nr. 18/2005, 6. Mai 2005

▸ Analysieren Sie die Rolle der NS-Zeit im politischen Selbstverständnis der Bundesrepublik, wie sie Thierse hier zum Ausdruck bringt.

[1] Aleida Assmann, Geschichte im Gedächtnis. Von der individuellen Erfahrung zur öffentlichen Inszenierung, München 2007, S. 111

[2] **Raison d'être**: dt. „Daseinsberechtigung"

[3] Projekt zur Dokumentation des NS-Terrors auf dem Gelände zwischen Prinz-Albrecht-Straße (heute Niederkirchnerstraße), Wilhelmstraße und Anhalter Straße im Berliner Stadtbezirk Kreuzberg, wo sich zwischen 1933 und 1945 das Hauptquartier der Gestapo, der Sitz der SS-Führung und das Reichssicherheitshauptamt befanden. Die Dokumentationsstätte in der Niederkirchnerstraße 8 zählt zu den staatlichen Museen in Berlin.

M15 Der lange Schatten der Vergangenheit

*Die Literaturwissenschaftlerin Aleida Assmann (*1947) untersucht, welche Rolle historische Schlüsselereignisse für die Geschichtspolitik spielen:*

Ein klarer Missbrauch, darin sind sich heute die meisten einig, besteht darin, die Toten der Geschichte nachträglich zu Agenten der eigenen Sache und zum politischen Verstärker eigener Zwecke und Ziele zu machen. Von Instrumentalisierung der Geschichte im negativen Sinne können wir aber auch sprechen, wo mit Ad-hoc-Argumenten aus der Geschichte die eigenen Ziele legitimiert werden. Im Februar 2006 hat Angela Merkel zum Beispiel auf der Münchner (!) Sicherheitskonferenz mit Blick auf die Drohungen des iranischen Präsidenten Ahmadinedschad vor „Appeasement" (Beschwichtigung) gewarnt. Mit diesem Stichwort erinnerte sie implizit an die britische und französische Politik der Zugeständnisse gegenüber Nazi-Deutschland 1938, dem Jahr der Annexion der sudetendeutschen Gebiete und der damaligen Tschechoslowakei. Der Golfkrieg im Jahr 1990 und der Irakkrieg im Jahr 2002 waren von Vater und Sohn Bush jeweils mit dem Stichwort „Appeasement" legitimiert worden. Damit wird eine Parallele zwischen dem irakischen bzw. iranischen Präsidenten und Hitler gezogen, die weitere Diskussionen und Verhandlungen unterbindet und den Krieg moralisch zum einzig angemessenen Mittel macht.

Das von Merkel in die Diskussion gebrachte Stichwort war gut gemeint. Es reflektiert die Position deutscher Politik, sich in allen Stücken von der negativen Vorgeschichte der Bundesrepublik absetzen und unterscheiden zu müssen. Der politische Imperativ lautet: nie wieder Appeasement, nie wieder durch Arglosigkeit oder Opportunismus einer entsprechenden Entwicklung Vorschub leisten. Der Imperativ „Nie wieder" suggeriert, dass sich die Geschichte wiederholt und dass man diese Wiederholungen vermeiden kann. „Nie wieder" ist auch der moralische Imperativ der Auschwitz-Pädagogik. So klar diese Direktive ist, so unklar ist jedoch ihre Anwendung im Einzelnen, denn aus der Geschichte heraus sind grundsätzlich keine glasklaren Lehren zu destillieren. So haben mit Berufung auf Auschwitz deutsche Politiker für und gegen den Einsatz der Bundeswehr im Kosovo argumentiert: wegen der deutschen Aggression im Zweiten Weltkrieg nie wieder deutsche Militäreinsätze, und wegen Auschwitz nie wieder deutsche Gleichgültigkeit gegenüber Völkermord. Michael Jeismann hat ernüchternd darauf hingewiesen, dass die feste Entschlossenheit zum „Nie wieder" bisher keine neuen historischen Katastrophen abzuwenden vermochte. 1994, als der Film Schindlers Liste von Steven Spielberg in den Kinos anlief, starrte die Welt voller Entsetzen auf den Völkermord an der Bevölkerungsgruppe der Tutsi in Ruanda; 1995, als die Ausstellung „Verbrechen der Wehrmacht" gezeigt wurde, kam es gleichzeitig in Srebrenica zum Genozid, als bosnische Serben bosnische Muslime abschlachteten.

Das Appeasement-Stichwort ist nur ein idealtypisches Beispiel für Geschichtspolitik. Viele Nationen stehen im Banne von Schlüsselereignissen ihrer Geschichte, durch die hindurch sie die jeweils gegenwärtigen Herausforderungen wahrnehmen und die ihnen die normativen Vorgaben ihres Handelns diktieren. Solche tief eingeprägten und langfristig prägenden historischen Erinnerungen bilden die kulturellen Schemata, durch die hindurch die Wirklichkeit auf eine mehr oder weniger zwanghafte Weise verarbeitet wird. Der Begriff „Instrumentalisierung" ist dabei irreführend, denn diese Assoziationen stellen sich geradezu reflexartig ein und bestimmen, wenn keine distanzierende historische Selbstaufklärung dazwischentritt, die Orientierung. Nationen, die die Herausforderungen der Zukunft immer wieder im Lichte bestimmter neuralgischer[1] Schlüsselereignisse deuten, sind noch nicht aus dem Bann (um nicht zu sagen: Schatten) ihrer Geschichte herausgetreten. Um diese Dynamik zu überwinden, müssen sie sie nicht vergessen, aber doch so umformen, dass die Vergangenheit ihren alles andere überbietenden Appellcharakter und damit die Dominanz über die Gegenwart verliert.

Aleida Assmann, Der lange Schatten der Vergangenheit. Erinnerungskultur und Geschichtspolitik, München 2006, S. 275 f.

1. Fassen Sie zusammen, worin für Assmann die Problematik des Appeasement-Vergleichs liegt.
2. Gruppenarbeit: Setzen Sie sich mit der These auseinander, viele Nationen stünden im Banne von historischen Schlüsselereignissen (vgl. Zeile 52 f.). Überprüfen Sie dies in Gruppen für mehrere Staaten wie etwa die USA, Großbritannien, Frankreich, Spanien, China usw. | H
3. Diskutieren Sie im Plenum, worin Chancen und Risiken historischer Vergleiche liegen.

[1] **neuralgisch**: problematisch

Methode

Karikaturen interpretieren

Weitere Anwendungsbeispiele finden Sie auf den Seiten 321, 326, 336, 352, 396 und 420.

Karikaturen (von ital. caricare für „übertreiben“) sind gezeichnete Quellen: Sie nehmen kritisch und stets tendenziös Stellung zu politischen oder gesellschaftlichen Ereignissen, Entwicklungen oder Zuständen sowie individuellen Personen.
Mit den Mitteln der **Parodie** und der **Ironie** werden ausgewählte Aspekte bewusst übertrieben oder verzerrt. Der Betrachter soll auf Missstände aufmerksam gemacht und zu eigenem **Reflektieren** derselben angeregt werden. Eine Karikatur ist stets **Produkt ihres historischen Entstehungskontextes** und kann nur in diesem verstanden werden. Es bedarf bei der Arbeit mit Karikaturen außerdem einer genauen Analyse aller Bildelemente, damit diese aufgeschlüsselt werden können. Zur typischen **Symbolsprache** zählen:

- visualisierte Redensarten („den Gürtel enger schnallen“)
- Tierallegorien (der „gallische/französische Hahn“, der „russische Bär“)
- Symbole (Krone für die Monarchie, Waage für die Gerechtigkeit)
- Allegorien/Personifikationen („Uncle Sam“ für die USA, „Marianne“ für Frankreich, „Germania“ für Deutschland, „der deutsche Michel“ mit Zipfelmütze für die Deutschen, Taube als Friedensbringer)
- innerhistorische Verweise

In der Regel ergänzen Betitelungen oder kurze Texte, die den gezeichneten Personen Worte in den Mund legen, die bildliche Darstellung.
Kritisch bleiben! – Karikaturen verstecken hinter der amüsanten Fassade eine ernste Botschaft!

Arbeitsschritt	Leitfragen
1. beschreiben	• Wer hat die Karikatur angefertigt/in Auftrag gegeben? • Zu welchem Anlass ist die Karikatur veröffentlicht worden? • Wie lauten Titel und Thema der Karikatur? • Welche Gestaltungsmittel werden verwendet und wie spielen diese zusammen? (Größenverhältnisse, Farbgebung, Schrift)
2. erklären	• Was wird thematisiert? • Wie sind die Gestaltungsmittel und Symbole in ihrer inhaltlichen Aussage zu deuten? • Auf welche politischen/sozialen/wirtschaftlichen/kulturellen Hintergründe wird angespielt? • An welchen Adressaten wendet sich die Karikatur? • Welchen Standpunkt nimmt der Karikaturist ein? • Welche Aussageabsicht wird verfolgt?
3. beurteilen	• Wie lässt sich die Aussage der Karikatur insgesamt einordnen und bewerten? ------ Ende Sachurteil/Beginn Werturteil ------ • Wurde das Thema aus heutiger Sicht sinnvoll und zutreffend gestaltet und ist die Karikatur insgesamt überzeugend? • Welche Auffassung vertreten Sie insgesamt zu der Karikatur? (gelungen, berechtigte Kritik, übertrieben etc.)

schwarzer Horizont = ungewisse/unglückliche Zukunft

„Deutscher Michel" mit Zipfel-Schlafmütze = allegorische Darstellung des „typischen" Deutschen

Mimik: wachender, wohlwollender Blick von oben, Gesichtszüge: klare Identifikation Adenauers

Kanonenrohr: Hinweis auf NATO-Beitritt/Wiederbewaffnung

katholische Krankenschwestertracht und Kruzifix: Ironisierung typischer Eigenschaften Adenauers (Katholik, autoritär)

VW-Käfer: Symbol für die wirtschaftlich prosperierende BRD

Titel der Karikatur

Konsumgüter und DM-Geldsack: Symbole für den wirtschaftlichen Aufschwung („Wirtschaftswunder")

Gestik: Adenauer hält das Steuer fest in der Hand. ≙ autoritärer Führungsstil

„Nicht wahr, Michelchen – keine Experimente!"
Karikatur von Hanns Erich Köhler in der Frankfurter Allgemeinen Zeitung aus dem Jahre 1957.

► Analysieren Sie die Karikatur mithilfe der Arbeitsschritte auf Seite 424.
Ihre Ergebnisse können Sie mit der Beispiellösung auf Seite 516 vergleichen.

Deutsches Selbstverständnis – eine Suche nach Identität?

Bundesrepublik

- antitotalitärer Konsens: Bekämpfung von Links- und Rechtsextremismus
- Antikommunismus als Integrationsstrategie
- Wirtschaftswunder als Basis des westdeutschen Selbstverständnisses

DDR

- verordneter Antifaschismus
- kommunistischer Widerstand als Basis des Gründungsmythos
- Kapitalismus als Quelle des Faschismus

Wiedervereinigung 1990

„Berliner Republik"

- „Tag der deutschen Einheit" am 3. Oktober
- gesamtdeutsche Erinnerung an den Nationalsozialismus
- beginnende Aufarbeitung der DDR-Diktatur
- Entschädigung ehemaliger Zwangsarbeiter (2000)
- Holocaust-Mahnmal im Zentrum Berlins (2005)

ABER:

- weiterhin unterschiedliche Mentalitäten in Ost- und Westdeutschland
- Herausforderung einer gemeinsamen europäischen Erinnerungskultur

M Eine europäische Erinnerungsgemeinschaft?

*Die Literaturwissenschaftlerin Aleida Assmann (*1947) beschäftigt sich mit der Möglichkeit der Überwindung nationaler Erinnerungsmythen. 2018 wurde sie mit ihrem Mann zusammen mit dem Friedenspreis des Deutschen Buchhandels ausgezeichnet.*

[…] Der ungarische Schriftsteller Peter Esterhazy hat einen ähnlichen Gedanken geäußert, als er im Oktober 2004 in seiner Friedenspreis-Rede in der Paulskirche sagte: „Die eigenen Verbrechen durch einen Hinweis auf die deutschen Verbrechen abzudecken, ist eine europäische Gewohnheit. Der Hass auf die Deutschen war das Fundament der Nachkriegszeit."

Auf dieser Basis gab es transnational anerkannte und ehrenwerte Haltungen, die die nationalen Kollektive für sich in Anspruch nahmen: Opfer und/oder Widerstand. Für die erste Option, die Opferrolle, kann hier als ein Paradigma die österreichische Opferthese stehen, für die zweite Option, den Widerstand, kann das Beispiel Frankreichs und die Bedeutung der „Résistance" herangezogen werden. Selbstverständlich hat es beides gegeben, Opfer Hitlerdeutschlands und Manifestationen des Widerstands. Deshalb geht es hier auch keineswegs um die unstrittige Rechtmäßigkeit solcher Erinnerungen, sondern allein um die Art und Weise, wie solche Erinnerungen als offizielle Erinnerung verallgemeinert und nach dem Kriege politisch instrumentalisiert wurden. In der Psychoanalyse spricht man in diesem Zusammenhang von „Deckerinnerungen", die das positive Selbstbild schützen: Man erinnert sich an etwas, um etwas anderes umso besser vergessen zu können. Auf die Situation des nationalen Gedächtnisses bezogen heißt das: Man erinnert sich an das eigene Leiden, um sich nicht an die eigene Schuld erinnern lassen zu müssen. Sich in der Opferrolle zu erinnern, kann weiter bedeuten, dass der Blick auf andere Opfer, insbesondere auf die jüdischen Opfer, verstellt ist. Nationale Mythen entstehen dadurch, dass passende partielle Erinnerungen, die durch Erfahrung gedeckt sind, als einheitliche und ausschließliche Erinnerung für das gesamte Kollektiv in Anspruch genommen werden, womit die unpassenden Erinnerungen aus dem nationalen Diskurs und Selbstbild ausgeschlossen bleiben. Diese Selbstentlastungsstrategien der nationalen Mythen wurden in den 1990er-Jahren nach und nach zum Gegenstand von Kontroversen. Überall in Europa haben sich in den letzten zehn Jahren die Koordinaten der nationalen Geschichtsbilder verschoben und komplexeren Darstellungen Platz gemacht. In Frankreich hat die Anerkennung der Vichy-Kollaboration den nationalen „Mythos der Résistance" erschüttert; im post-Waldheim'schen[1] Österreich wurde die offizielle Version vom „ersten Opfer Hitlers" problematisiert, die Polen, die besonders unter der deutschen Verfolgung und Vernichtung zu leiden hatten, müssen sich mit ihrer antisemitischen Geschichte auseinandersetzen, in Italien sind die kommunistischen und faschistischen Erinnerungen nach wie vor gespalten, und selbst die Schweiz, der neutrale Staat und die Zuflucht für so viele Flüchtlinge, ist mit den Banken und der Grenze als ihren aktuellen „Erinnerungsorten" konfrontiert.

Aleida Assmann, Der lange Schatten der Vergangenheit. Erinnerungskultur und Geschichtspolitik, München ³2018, S. 260 f.

1. Fassen Sie die Funktion, die Assmann den nationalen Erinnerungsmythen zuschreibt, in einer These zusammen.
2. Erläutern Sie, auf welchen historischen Ereignissen die deutsche Opferrolle nach dem Zweiten Weltkrieg basierte.
3. Gruppenarbeit/Präsentation: Recherchieren Sie in Gruppen zu den genannten Nationen und ihren Mythen betreffend den Zweiten Weltkrieg: Frankreich, Österreich, Polen, Italien, Schweiz. Präsentieren Sie Ihre Ergebnisse und diskutieren Sie mögliche Formen der Überwindung nationaler Erinnerung.
4. Entwickeln Sie Ideen zur Ausgestaltung des Europäischen Tages des Gedenkens an die Opfer von Stalinismus und Nationalsozialismus am 23. August an Ihrer Schule.

[1] **Kurt Waldheim** (1918–2007): Generalsekretär der Vereinten Nationen (1972–1981) und Bundespräsident Österreichs (1986–1992). Geriet 1985 nach Aufdeckung seiner NS-Vergangenheit, die von ihm geleugnet und relativiert wurde, insbesondere international stark in die Kritik („Waldheim-Affäre").

Neuinszenierung der Varusschlacht zwischen Römern und Germanen.
Foto vom 11. Juni 2009.
Die Abbildung zeigt Darsteller bei den Römer- und Germanentagen in Kalkriese (Landkreis Osnabrück). An diesem Ort soll es im Jahre 9 n. Chr. zur sogenannten „Varusschlacht" gekommen sein, in der eine Koalition aus germanischen Gruppen unter Führung von Arminius das Heer des römischen Feldherrn Varus vernichtend schlug.

100 Jahre Oktoberrevolution.
Foto vom 24. Oktober 2017.
Im Innenhof des Winterpalastes, der ehemaligen Residenz des russischen Zaren in St. Petersburg, ist ein historischer Panzerwagen und eine Kanone im Rahmen einer Ausstellung zu sehen.

Internationales Trabantfahrer-Treffen.
Foto vom 19. Juni 2022.
Teilnehmer fahren bei einer Trabi-Parade durch die sächsische Stadt Zwickau, dem ehemaligen Produktionsstandort des Automobils.

4. Geschichts- und Erinnerungskultur

Niemals zuvor war es so vielen Menschen möglich, sich derart umfassend über geschichtliche Ereignisse der Vergangenheit und Gegenwart zu informieren. Bücher und andere Medien, allen voran das Internet, sind dabei klassische Informationsträger. Zeitzeugen, Erinnerungsorte, Denkmäler und Gedenktage tragen ebenfalls dazu bei, dass uns das Wissen um die historischen Vorgänge erhalten bleibt. Dabei sind dies keinesfalls nur Eckpfeiler der Vergangenheit. Unsere Gegenwart bietet reichlich Stoff, um sich immer wieder mit Themen auseinanderzusetzen und diese zeitnah in diverse Erinnerungsformen zu gießen, um das Wissen für die Nachwelt zu erhalten. Nur so lassen sich auch langwierige Entwicklungen als solche erkennen und verstehen. In diesem Rahmenthema lernen Sie, wie Geschichts- und Erinnerungskultur funktioniert, können Ihre Fertigkeiten zur Dekonstruktion von Geschichtsdarstellungen anwenden und Geschichte schließlich in komplexen Formen darstellen.

Kompetenzen

Am Ende des vierten Rahmenthemas sollten Sie Folgendes können:

... Geschichtsdarstellungen hinsichtlich der darin enthaltenen Deutungen sowie ihren historischen Erkenntniswert analysieren und die Bedeutung der darin vorhandenen Konstruktionen für ihr Geschichtsverständnis und ihre Identität bewerten.

... den (gesellschaftlichen) Umgang mit Geschichte, die damit verbundenen spezifischen Formen der Erinnerung und deren mediale Umsetzung reflektieren und die Intention solcher Rekonstruktionsprozesse bewerten.

... sich mit der Geschichtlichkeit von Mensch und Welt sowie der Wahrheitsfähigkeit von Geschichte auseinandersetzen.

... die (Deutungs-)Offenheit historischer Prozesse beurteilen.

Was wissen und können Sie schon?

Betrachten Sie in kleinen Arbeitsgruppen die Bildmaterialien auf der linken Seite. Bearbeiten Sie die folgenden Aufgaben und präsentieren Sie anschließend Ihre Ergebnisse in der Klasse.

1. Beschreiben Sie die drei Bilder. Gehen Sie dabei auf die nachstehenden Fragen ein: Wer oder was ist dargestellt? Was wird thematisiert?
2. Ordnen Sie die drei Fotografien in den historischen Kontext ein: Auf welche Ereignisse bzw. Sachverhalte beziehen sie sich?
3. Erklären Sie, was Sie allgemein unter dem Begriff „Mythos" verstehen.
4. Stellen Sie Vermutungen an, ob die Varusschlacht, die Oktoberrevolution und der Trabant als „Mythos" bezeichnet werden können.

4.1 Kernmodul: Geschichtsbewusstsein und Geschichtskultur

Was ist Geschichte? | Diese Frage mag auf den ersten Blick verwundern. Es scheint offensichtlich, dass „Geschichte" ein anderes Wort für „Vergangenheit" ist. Zwar bezeichnet „Geschichte" z. B. auch das Schul- und Studienfach, aber im allgemeinen Sprachgebrauch wird der Begriff weitgehend synonym mit „Vergangenheit" verwendet. Geschichtswissenschaft und -didaktik gebrauchen den Begriff allerdings differenzierter, was weitreichende Konsequenzen für den Umgang mit „Geschichte" hat.

Wissenschaftlich betrachtet bezeichnet „Vergangenheit" sämtliches früheres Geschehen. Dies ist jedoch nie vollständig rekonstruierbar. Zum einen wäre es vom Umfang her schon nicht leistbar, wollte man jedes Ereignis aus all den damaligen Perspektiven in jedem Detail recherchieren und „getreu" wieder abbilden. Denn selbst wenn sämtliche zeitgenössischen Wahrnehmungen festgehalten worden und alle schriftlichen, mündlichen und visuellen Äußerungen jedes Zeitgenossen überliefert wären, könnte man sie schon aus Zeitgründen nicht insgesamt erforschen. Zum anderen liegen eben nicht für alle Perspektiven bzw. von allen Beteiligten, zu allen Details, zu jedem Ereignis überhaupt Quellen vor oder sind noch erhalten. Vieles wird nicht aufbewahrt (archiviert), wenn es zur Zeit des Ereignisses als nicht erinnerungs- und bewahrwürdig erscheint. Andere Quellen sind im Lauf der Zeit verloren gegangen oder vernichtet worden.

Während wir also zu manchen Aspekten, wie den Ereignissen seit der Frühen Neuzeit, ein fast unüberschaubares Quellenangebot haben, sind viele andere Bereiche nur über wenige noch erhaltene Quellen erschließbar, was vor allem für die Antike und das Mittelalter gilt. Manches ist zudem nur indirekt über die Zeugnisse anderer noch rekonstruierbar, vieles bleibt letztlich aber verschwunden.

Wie entsteht Geschichte? | „Geschichte" entsteht erst in der Auseinandersetzung mit „Vergangenheit". Die Geschichtswissenschaft hat hierfür ein Verfahren entwickelt, das eine möglichst verlässliche und nachprüfbare Rekonstruktion und Deutung ermöglichen soll: die *historische Methode*. Der Erkenntnisprozess bezieht sich auf unterschiedliche (Zeit-)Ebenen: angefangen von der Entwicklung einer historischen Frage, über die Recherche nach und Auswertung von Fachliteratur und Quellen bis hin zur deutenden, meist auf die eigene Gegenwart bezogene Geschichtsdarstellung, die sich der wissenschaftlichen Kritik stellen muss (➔M1).

„Geschichte" wird von der Gegenwart rückblickend aus dem gemacht, was aus der Vergangenheit noch verfügbar ist, den Quellen. Diese sind Ausdruck zeitgenössischer Wahrnehmungen und Deutungen der damaligen Menschen (*Multiperspektivität*). Geschichte ist daher kein Spiegel vergangener Realität, sondern vielmehr ein – wenn auch wissenschaftsorientiertes – Interpretationsergebnis. Aus diesem Grund erhebt die Geschichtswissenschaft keinen absoluten Wahrheitsanspruch (➔M2). Das lässt sich auch daran erkennen, dass Historiker auf Grundlage derselben Quellen häufiger zu unterschiedlichen Erkenntnissen gelangen. Sei es, dass sie die zeitgenössischen Perspektiven, Auswirkungen oder Gründe bestimmter Ereignisse nur unterschiedlich gewichten (*Pluralität*) oder dass sie sogar zu gegensätzlichen Erklärungsmodellen gelangen (*Kontroversität*).

Kontroversen werden dann öffentlich diskutiert, wenn anlässlich von Jubiläen und Jahrestagen oder ausgelöst von aktuellen Entwicklungen vergangene Ereignisse in den Fokus des allgemeinen Interesses rücken, jüngst z. B. die Diskussion um die Frage der deutschen Schuld am „Ausbruch" des Ersten Weltkrieges oder aktuell auch in der Beurteilung der Person Martin Luthers.

Es handelt sich bei Geschichte zwar um Deutungen und Interpretationen, beliebig sind die Ergebnisse dennoch nicht. Zumindest nicht, wenn sie Gültigkeit beanspruchen wollen. Nicht jeder kann sich seine ganz eigene „Geschichte" machen. Die Ergebnisse werden diskutiert und geprüft und erst wenn sich herausstellt, dass die Deutung im Einklang mit den zur Verfügung stehenden Quellen ist, die Argumentation schlüssig ist und die historische Methode korrekt angewendet wurde, akzeptiert die Wissenschaftsgemeinschaft solche Ergebnisse als konsensfähig, als **triftig**.

In der Freizeit lässt sich der wissenschaftliche Anspruch nicht immer eigentätig umsetzen. Daher greifen viele vor allem in ihrer freizeitlichen Beschäftigung mit Vergangenheit auf bereits fertige Geschichtsangebote zurück, die – je nach Wissenschaftlichkeit – zu mehr oder weniger triftigen Geschichtsbildern, also Vorstellungen über die Vergangenheit, führen können. Eine Schwierigkeit besteht darin, aus der Fülle der Angebote diejenigen herauszufiltern, die tatsächlich auf Quellen und dem aktuellen Forschungsstand beruhen, und sie von denjenigen zu unterscheiden, die Wissenschaftlichkeit bloß behaupten und dabei „Geschichte" bewusst oder unabsichtlich falsch oder mit politischen Absichten darstellen.[1]

triftig > Triftigkeit: Der historische Erkenntnisprozess beruht auf der Rekonstruktion von Ereignissen und Personen (Sachanalyse). Durch einen Quellenvergleich wird versucht herauszufinden, wie vergangene Ereignisse von den Zeitgenossen (vermutlich) wahrgenommen wurden, warum sie wie gehandelt bzw. nicht gehandelt haben. Diese Beurteilung berücksichtigt die zeitgenössischen Wert- und Weltvorstellungen (Sachurteil). Auf dieser Grundlage und einer entsprechenden Deutung und Gewichtung werden kausale Zusammenhänge gebildet. Die Vergangenheit wird dann nach heutigen Maßstäben beurteilt, Gegenwartsbezüge werden hergestellt und Perspektiven für die Zukunft entwickelt (Werturteil). Erfolgt dies nach den Gesetzen der Logik und der wissenschaftlichen Methode, spricht man von Triftigkeit.

Wieso Geschichtsbewusstsein? | In der Diskussion über Vergangenheit und Geschichte sollten drei Bezeichnungen unterschieden werden, die häufig synonym verwendet werden, aber wichtige Unterscheidungen beinhalten: *Geschichtswissen*, *Geschichtsbild* und *Geschichtsbewusstsein*. Unter Geschichtswissen ist die Kenntnis der Daten und Fakten der Vergangenheit und der verschiedenen aktuellen Deutungszuweisungen zu verstehen, über die ein Mensch verfügt. Häufig erscheint gerade das Fach Geschichte als langweilig, weil es als bloße Faktenpaukerei missverstanden wird. Ein Grundwissensgerüst ist sicher unersetzlich, weil ohne die Kenntnis der wesentlichen Fakten eine Orientierung und Beurteilung von Geschichtsangeboten auf ihre fachliche Korrektheit hin nicht möglich ist. Geschichtsunterricht erschöpft sich aber nicht in der Aneignung von Faktenwissen. Vielmehr hat er das Ziel, eigene und fremde *Geschichtsbilder* zu reflektieren und zu hinterfragen. „Geschichtsbild" meint hier die Vorstellungen von Menschen über eine Zeit. Sehr häufig sind diese eher klischeehaft und wissenschaftlich nicht haltbar, so z. B. das gängige Klischee des dekadenten alten Roms oder des finsteren Mittelalters. Um eigene und fremde Geschichtsbilder als potenziell falsch anzuerkennen, bedarf es nicht nur der Faktenkenntnis. Gerade die genannten klischeehaften Vorstellungen lassen sich durchaus auf Quellen zurückführen, zumindest solange man diese nicht kritisch untersucht. Es bedarf aber vielmehr der Entwicklung eines *Geschichtsbewusstseins*, um reflektiert und konstruktiv mit derartigen eigenen und fremden Vorstellungen umzugehen.

Abbau des Lenin-Denkmals.
Foto von 1991, Berlin.
Arbeiter montieren das 18 Meter hohe Denkmal von Wladimir Iljitsch Lenin, russischer Revolutionär und Gründer der Sowjetunion, im Ost-Berliner Bezirk Friedrichshain ab.

Über „Geschichte" kann man sich auf unterschiedlichen Ebenen bewusst werden: Zunächst einmal kann sich ein Mensch darüber klar werden, dass es so etwas wie Vergangenheit / Geschichte gibt, dass die menschliche Entwicklung, unsere Erkenntnisse, Haltungen und Werte Veränderungen unterworfen waren, sind und sein werden. Er weiß, dass Geschichte unterschiedliche, gegenwartsbezogene und

[1] Lesen Sie dazu auch das Kernmodul auf Seite 436 bis 441.

zukunftsgerichtete Bedürfnisse befriedigen und unterschiedliche Funktionen haben kann.[1] Auf einer abstrakteren Ebene begreift der Mensch aber auch, dass Geschichte nicht mit Vergangenheit gleichzusetzen ist. Ihm ist also der *Konstruktionscharakter von Geschichte* bewusst. Auf der höchsten Stufe nutzt er diese Erkenntnis, um entweder selbst triftig Geschichte aus den Quellen zu deuten oder um sich mit Geschichtsangeboten anderer kritisch auseinanderzusetzen. Letzten Endes ist dies der Beitrag, den das Fach Geschichte leistet: zu einem kritischen Bewusstsein und einer verantwortungsvollen Teilhabe und Mitgestaltung unserer demokratischen Gesellschaft zu befähigen.

Ein heikler Besuch.
Foto vom 5. Mai 1985, Bitburg (Rheinland-Pfalz).
US-General Matthew Ridgeway, US-Präsident Ronald Reagan, Bundeskanzler Helmut Kohl und der ehemalige Luftwaffeninspekteur der Bundeswehr, Johannes Steinhoff, besuchten im Mai 1985 den Militärfriedhof in Bitburg. Reagan legte auf dem Friedhof einen Kranz am Ehrenmal für gefallene Soldaten des Zweiten Weltkrieges nieder.

- Recherchieren Sie im Internet den Hintergrund zu den abgebildeten Ereignissen auf den Fotos (diese und vorherige Seite).
- Lesen Sie M4 auf Seite 435 aufmerksam durch. Ordnen Sie anschließend die beiden Ereignisse den Bereichen Geschichts- bzw. Erinnerungskultur zu.
- Erläutern Sie die Unterschiede der beiden Konzepte an diesen Beispielen und ergänzen Sie sie um Ihnen bekannte weitere Ereignisse.

Geschichtsbewusstsein und Geschichtskultur | Ganz allgemein gesprochen meint ein reflektiertes *Geschichtsbewusstsein* die Erkenntnis, dass aus gegenwartsbezogenen Interessen und Fragestellungen durch die Hinwendung zur Vergangenheit Geschichte so konstruiert wird, dass sie sinnstiftend für Gegenwart und Zukunft wird.

Damit wird aber auch deutlich, dass dieses Geschichtsbewusstsein einen Prozess und das Ergebnis einer individuellen Geistesleistung darstellt. Wenn Geschichtsdidaktiker wie beispielsweise *Karl-Ernst Jeismann* oder *Jörn Rüsen* dann vom „Geschichtsbewusstsein in der Gesellschaft" sprechen, bleibt zu fragen, wie sich so ein „kollektives Geschichtsbewusstsein" herausbildet.

Der Geschichtsdidaktiker *Bernd Schönemann* erklärt Geschichtsbewusstsein als zwei Seiten einer Medaille. Er geht davon aus, dass sich ein Geschichtsbewusstsein nur individuell entwickeln lässt (innere Seite), es aber durch Kommunikation im öffentlichen Raum auch eine äußere Seite erhält. Diese „öffentlichen Geschichtsäußerungen" werden als *Geschichtskultur* bezeichnet (→M3).

Parallel hierzu steht das Konzept des kulturellen, des kommunikativen und des kollektiven Gedächtnisses, das *Jan* und *Aleida Assmann* auf der Grundlage der Forschungen des französischen Philosophen und Soziologen *Maurice Halbwachs* entwickelt haben (→M4).

[1] Darüber informiert auch das Kernmodul auf Seite 436 bis 441.

M1 Historische Erkenntnis

*Die Geschichtsdidaktikerin Saskia Handro (*1969) hat ein Modell entwickelt, das den Prozess der historischen Erkenntnis abbildet:*

Epistemische Funktion rezeptiven und produktiven Sprachhandelns

Verstehen (Hermeneutik) als gegenwartsgebundener Deutungsakt			Strategien historischen Denkens ⟷		Erklärung (Analytik) als Anwendung fachspezifischer Theorien, Konzepte und Begriffe		
Historische Methode							
Heuristik Erkenntnisinitiation und Recherche			**Quellenkritik** Erkenntnisproduktion und methodische Reflexion	**Interpretation** Erkenntnisstrukturierung und Sinnbildung	**Darstellung** Erkenntnispräsentation und -reflexion		
Historische Fragen formulieren	Vorwissen darstellen, Hypothesen formulieren	Darstellungen und Quellen recherchieren	Formale und inhaltliche Struktur analysieren • Gattungsmerkmale, situativer Kontext • benennen, beschreiben und beurteilen von Quellenaussagen (Perspektivität, Intention, Analyse sprachlicher Mittel)	Quellen- und Darstellungsaussagen in Bezug auf historische Frage u.a. • beurteilen, vergleichen • kausale, temporale Zusammenhänge, Motive erklären • Theorien, Fachbegriffe anwenden, Triftigkeiten benennen	Historisches Erzählen: adressaten-, gattungs- und situationsgerecht (als u.a. Vortrag, Zeitungsartikel)	Historische Sach- und Werturteile erklären und begründen: in Bezug auf Triftigkeit, Theorien, Werte, Normen	Historische Deutungen und Werturteile diskutieren, argumentieren, erörtern
Narrativieren als historischer Sinnbildungs- und Erkenntnisprozess					Historische Narrationen im Diskursprozess		

Nach: Saskia Handro, Sprachbildung im Geschichtsunterricht. Leerformel oder Lernchance?, in: Katharina Grannemann, Sven Oleschko und Christian Kuchler (Hrsg.), Sprachbildung im Geschichtsunterricht. Zur Bedeutung der kognitiven Funktion von Sprache, Münster 2018, S. 13–42, hier S. 15

1. Markieren Sie Ihnen unbekannte Begriffe und schlagen Sie ihre Bedeutung in einem Wörterbuch oder Online-Lexikon nach.
2. Erklären Sie ausgehend vom Schaubild, wieso es sich beim historischen Denken um einen Prozess handelt.
3. Erläutern Sie, welche Schritte des Schaubildes im Geschichtsunterricht vollzogen werden. Nennen Sie Beispiele aus Ihrem Schulbuch, mit denen diese Schritte vollzogen werden.
4. Diskutieren Sie, wieso es wichtig ist, „historisch zu denken", anstatt nur Faktenwissen zu lernen.

M2 Objektivität und Geschichte

Der Geschichtsdidaktiker Karl-Ernst Jeismann (1925–2012) hat mit seinem Konzept vom Geschichtsbewusstsein maßgeblich die Geschichtsdidaktik beeinflusst. In einem Vortrag erklärt er, was unter „Objektivität von Geschichte" zu verstehen ist:

Wenn wir von Geschichte reden, handelt es sich nicht um die reale, vergangene Geschichte, sondern immer nur um eine spätere Rekonstruktion von Vergangenheiten aus häufig unvollständigen und dunklen Zeugnissen, um ein vieldeutiges, mehrdimensionales Puzzle, immer wieder umgebaut und neugestaltet je nach Zuwachs oder Verlust von Erkenntnis, aber auch je nach unterschiedlicher Perspektive und Erfahrung. Um die ganze Wahrheit der Geschichte können wir nicht streiten, nur um die Richtigkeit oder die Triftigkeit bestimmter Rekonstruktionen. In Urteil und Wertung beziehen wir Geschichte auf uns selbst; nur so, nicht in der bloßen

Reihung von Fakten, entsteht in Öffentlichkeit und Wissenschaft Interesse an der Geschichte. Von anderen Erfahrungen und Positionen her gesehen, sieht die gleiche Geschichte anders aus, ohne dass sie verfälscht sein muss. Schaut man so hinter die Geschichten, kann man lernen, dass keine für sich das absolute Recht auf Alleingültigkeit beanspruchen und andere Wertungen verdammen oder als schlechthin falsch bezeichnen darf. Daraus wiederum ist zu folgern, dass unterschiedliche oder kontroverse Geschichtsrekonstruktionen miteinander in Verbindung gesetzt, aneinander gemessen werden können und müssen. Das ergibt kein einheitliches Geschichtsbild, ist aber ein Weg zu einer Verständigung über verschiedene, jeweils in ihrer Weise begrenzt richtige Vorstellungen von der Geschichte. Dies ist die Art, wie „Objektivität" denkbar wird, als „Konsensobjektivität" des Abwägens verschiedener Perspektiven und Urteile. Wir verlangen sachliche und methodische Solidität – Richtigkeit –, maßen uns aber nicht den Besitz alleingültiger Maßstäbe und Urteile an. Das führt zu einem unabschließbaren Diskurs um Geschichte im Austausch der Argumente: Das – und nicht das Wahrheitsmonopol – ist der von der Wissenschaft der Öffentlichkeit anzubietende Umgang mit Geschichte. Er ist schwer. Gelingt aber eine solche Verständigung, wird nicht nur unser Geschichtsbild reicher und vielfältiger, sondern auch das Verständnis des anderen in der Gegenwart vertieft. Geschichte muss dann nicht Barriere zwischen Parteien oder Völkern sein, das legitime Identifikationsbedürfnis ist nicht auf die Konstruktion von Feindbildern angewiesen, und die oft so vordergründigen Argumentationen mit Geschichte zu gegenwärtigen Zwecken werden leichter durchschaubar. Das ist es, was Geschichtswissenschaft als Besinnung auf die Art und Weise, wie uns die Vergangenheit überhaupt zur Verfügung steht, der Öffentlichkeit bieten kann: Geschichtsbewusstsein statt Geschichtsbegehren, Nachdenklichkeit statt selbstgerechter Bestätigung. Das ist zugleich ein Beitrag zu vernünftigem Miteinander in modernen Gesellschaften und zwischen den Völkern und Staaten.

Karl-Ernst Jeismann, Geschichte und Öffentlichkeit. Historie zwischen Vergewisserung und Verführung, herausgegeben vom Landschaftsverband Osnabrücker Land e.V., Bad Iburg 1999, S. 33f.

1. Klären Sie unbekannte Begriffe im Text.
2. Fassen Sie die wichtigsten Aussagen zusammen.
3. Erklären Sie, was Jeismann unter „Konsensobjektivität" (Zeile 26) versteht. | H
4. Präsentation: Markieren Sie Wortzusammensetzungen, die sich auf „Geschichte" beziehen. Erstellen Sie eine Tabelle oder Liste, in der Sie diese Begriffe erklären.
5. Jeismann verwendet den Begriff „Geschichte" auch dann, wenn er „Vergangenheit" meint. Erläutern Sie den Unterschied zwischen diesen Begriffen. Beurteilen Sie anschließend, ob es nicht anstatt „Geschichtsrekonstruktionen" besser „Vergangenheitsrekonstruktionen" heißen müsste.

M3 Geschichtsbewusstsein und Geschichtskultur: zwei Seiten einer Medaille?

*Der Geschichtsdidaktiker Bernd Schönemann (*1954) beschreibt das Verhältnis von innerer (individueller) und äußerer (kollektiver) Seite des Geschichtsbewusstseins wie folgt:*

Die Kategorien Geschichtsbewusstsein und Geschichtskultur lassen sich widerspruchsfrei unter dem „Dach" der Zentralkategorie „Geschichtsbewusstsein in der Gesellschaft" ansiedeln, wenn man akzeptiert, dass Gesellschaften ihre Vergangenheit auf zweierlei Weise (bimodal) konstruieren, nämlich individuell und kollektiv. Geschichtsbewusstsein und Geschichtskultur werden dann als zwei Seiten einer Medaille begreifbar: auf der einen Seite Geschichtsbewusstsein als *individuelles* Konstrukt, das sich von außen nach innen, in Internalisierungs- und Sozialisationsprozessen aufbaut; auf der anderen Seite Geschichtskultur als *kollektives* Konstrukt, das auf dem entgegengesetzten Weg der Externalisierung entsteht und objektive[1] Gestalt annimmt. Wer nach Geschichtskultur fragt, der richtet seinen Blick also vornehmlich auf die Außenseite des gesellschaftlichen Geschichtsbewusstseins, wie es uns beispielsweise in Denkmälern, in historischen Festen und Jubiläen oder in Museen entgegentritt. Denkmäler sind „da", auch wenn der Einzelne achtlos an ihnen vorbeigeht oder sie für ganz andere Zwecke, etwa als Treff- oder Aussichtspunkt, nutzt. Feste und Jubiläen werden nicht gefeiert, weil wir uns, jeder für sich, dafür entschlössen, sondern weil der Kalender und der auf ihn fixierte Erinnerungsbetrieb dies so wollen; unsere Museumslandschaft wird immer vielfältiger, obwohl die Mehrheit der Bevölkerung ihr immer noch fremd gegenübersteht. Gewiss: Denkmäler können geschleift, Feiertage abgeschafft, Museen geschlossen werden. Aber *solange* sie existieren, existieren sie unabhängig von unserem subjektiven Wollen und unserer persönlichen Wahrnehmung; sie weisen einen höheren Grad an Dauerhaftigkeit auf und sind beständiger als die historischen Vorstellungswelten Einzelner.

Bernd Schönemann, Geschichtsdidaktik, Geschichtskultur, Geschichtswissenschaft, in: Hilke Günther-Arndt (Hrsg.), Geschichts-Didaktik. Praxishandbuch für die Sekundarstufe I und II, Berlin 2003, S. 11-22, hier S. 17

1. Fassen Sie zusammen, wie individuelles und kollektives Geschichtsbewusstsein entsteht. | H
2. Geben Sie Beispiele für die „äußere Seite" des Geschichtsbewusstseins aus dem Text wieder und ergänzen Sie weitere Beispiele, die Sie aus eigener Anschauung kennen.
3. Diskutieren Sie, wer auf welche Weise ganz konkret das kollektive Geschichtsbewusstsein prägt. Argumentieren Sie mithilfe von selbstgewählten Beispielen.

[1] Gemeint ist hier „materielle".

Aleida und Jan Assmann.
Foto (Ausschnitt) vom Oktober 2018, Frankfurt am Main.

M4 Geschichts- und Erinnerungskultur

*Der Historiker Christoph Cornelißen (*1958) erörtert in einem Online-Aufsatz ausgehend von den Konzepten von Jan und Aleida Assmann (*1938/*1947) die Gemeinsamkeiten und Unterschiede von Geschichts- und Erinnerungskultur:*

Obwohl der Begriff „Erinnerungskultur" erst seit den 1990er-Jahren Einzug in die Wissenschaftssprache gefunden hat, ist er inzwischen ein Leitbegriff der modernen Kulturgeschichtsforschung. Während er in einem engen Begriffsverständnis als lockerer Sammelbegriff „für die Gesamtheit des nicht spezifisch wissenschaftlichen Gebrauchs der Geschichte in der Öffentlichkeit – mit den verschiedensten Mitteln und für die verschiedensten Zwecke" definiert wird, erscheint es aufgrund der Forschungsentwicklung der vergangenen zwei Jahrzehnte insgesamt sinnvoller, „Erinnerungskultur" als einen formalen Oberbegriff für alle denkbaren Formen der bewussten Erinnerung an historische Ereignisse, Persönlichkeiten und Prozesse zu verstehen, seien sie ästhetischer, politischer oder kognitiver Natur. Der Begriff umschließt mithin neben Formen des ahistorischen oder sogar antihistorischen kollektiven Gedächtnisses alle anderen Repräsentationsmodi von Geschichte, darunter den geschichtswissenschaftlichen Diskurs sowie die nur „privaten" Erinnerungen, jedenfalls soweit sie in der Öffentlichkeit Spuren hinterlassen haben. Als Träger dieser Kultur treten Individuen, soziale Gruppen oder sogar Nationen in Erscheinung, teilweise in Übereinstimmung miteinander, teilweise aber auch in einem konfliktreichen Gegeneinander.

Versteht man den Begriff in diesem weiten Sinn, so ist er synonym mit dem Konzept der Geschichtskultur, aber er hebt stärker als dieses auf das Moment des funktionalen Gebrauchs der Vergangenheit für gegenwärtige Zwecke, für die Formierung einer historisch begründeten Identität ab. Sehr deutlich wird dies in den untergeordneten Begriffen der Erinnerungs-, Vergangenheits- oder Geschichtspolitik. Weiterhin signalisiert der Terminus Erinnerungskultur, dass alle Formen der Aneignung erinnerter Vergangenheit als gleichberechtigt betrachtet werden. Folglich werden Textsorten aller Art, Bilder und Fotos, Denkmäler, Bauten, Feste, sowie symbolische und mythische Ausdrucksformen, aber auch gedankliche Ordnungen insoweit als Gegenstand der Erinnerungskulturgeschichte begriffen, als sie einen Beitrag zur Formierung kulturell begründeter Selbstbilder leisten. […]

[Die Diskussion der letzten Jahre konzentriert sich] vor allem auf zwei weitere Schlüsselbegriffe. Hierbei handelt es sich zum einen um das „kommunikative" sowie zum anderen um das „kulturelle" Gedächtnis. Der erstgenannte Terminus bezieht sich auf die Erinnerung an tatsächliche beziehungsweise mündlich tradierte Erfahrungen, die Einzelne oder Gruppen von Menschen gemacht haben. Im Fall des kommunikativen Gedächtnisses ist die Rede von einem gesellschaftlichen „Kurzzeitgedächtnis", dem in der Regel maximal drei aufeinanderfolgende Generationen zuzurechnen sind, die zusammen eine „Erfahrungs-, Erinnerungs- und Erzählgemeinschaft" bilden können. Während diese im unaufhörlichen Rhythmus der Generationenabfolgen meist leise und unmerklich vergeht, wird das „kulturelle Gedächtnis" als ein epochenübergreifendes Konstrukt verstanden. Im Allgemeinen wird damit der in jeder Gesellschaft und jeder Epoche eigentümliche Bestand an Wiedergebrauchs-Texten, -Bildern und -Riten bezeichnet, „in deren ‚Pflege' sie ihr Selbstbild stabilisiert und vermittelt". Es ist „ein kollektiv geteiltes Wissen vorzugsweise (aber nicht ausschließlich) über die Vergangenheit, auf das eine Gruppe ihr Bewusstsein von Eigenheit und Eigenart stützt".

Nach: https://docupedia.de/zg/Erinnerungskulturen_Version_2.0_Christoph_Corneli%C3%9Fen (Zugriff: 28. April 2017; die Einzelnachweise wurden im Text entfernt)

1. Definieren Sie ausgehend vom Text folgende Begriffe: Erinnerungskultur, kommunikatives und kulturelles Gedächtnis.
2. Erklären Sie „kollektives Gedächtnis".
3. Diskutieren Sie, inwiefern es bedeutsam ist, zwischen Geschichts- und Erinnerungskultur zu unterscheiden.

4.2 Kernmodul: Historische Erinnerung

Geschichte ist überall? | „Vergangenheit" und „Geschichte" sind in unserer Gesellschaft unübersehbar. Alte Burgen, Schlösser, Kirchen und Rathäuser, Denkmäler und andere bauliche und gegenständliche Zeugnisse der Vergangenheit sind in unserem Alltag präsent. Schon in der Kindheit werden wir mit „Geschichte" konfrontiert: durch Spielzeug, wie Lego-Ritter, durch Zeichentrickserien, historische Kinderbücher, Comics und Filme. Auch wenn diese Angebote nur selten wissenschaftlichen Ansprüchen genügen – das ist nicht ihr Ziel oder ihre Aufgabe – schaffen sie doch erste Berührungspunkte mit der Geschichtskultur. Dies wurde seitens der Geschichtswissenschaft und -didaktik nicht immer nur als Chance begriffen, sondern auch kritisiert (→M1).

Im Schulfach Geschichte wird solchen Angeboten die wissenschaftsorientierte Beschäftigung mit Vergangenheit an die Seite gestellt. Zudem wird auch der Umgang mit geschichtskulturellen Angeboten thematisiert, nicht zuletzt weil diese wichtige Mittel sind, sich außerhalb von und nach der Schulzeit weiter mit Geschichte zu befassen.

Rattenfänger-Freilichtspiele in Hameln.
Foto von 2005.
Der Rattenfänger, hier gespielt von Jürgen Rinne, lockt mit seinen Flötenklängen die „Ratten" an. Von Mitte Mai bis Mitte September führen jeden Sonntag rund 80 bis 100 Laienschauspieler die Rattenfängersage in der Innenstadt von Hameln auf.

Merkmale historischer Narrationen | „Geschichte" entsteht nicht durch die bloße Aneinanderreihung von Fakten und Ereignissen. Chroniken und andere chronologische Auflistungen sind daher keine „Geschichte" im eigentlichen Sinn. Erst die sinnvolle Verknüpfung zeitdifferenter Ereignisse machen aus derartigen Fakten und Zahlen „Geschichte" (*Sinnstiftung*). Als solche sind sie erzählend, narrativ.

Geschichtserzählungen bzw. historische Narrationen unterscheiden sich von anderen Erzählformen durch bestimmte Merkmale. So lässt sich „Geschichte" nur im Rückblick konstruieren (*Retrospektivität*). Häufig stellt sich erst im Nachhinein heraus, dass ein Ereignis eine besondere Bedeutung hat oder in welchem Zusammenhang Ereignisse stehen. „Wir" blicken aus unserer Gegenwart in die Vergangenheit, kennen bereits den weiteren Verlauf und können daher solche Verknüpfungen herstellen. Dies ist auch ein grundlegender Unterschied zwischen Quellen, die zeitnah von den Zeitgenossen verfasst werden, und der nachträglichen Rekonstruktion und Deutung durch Historiker: Während der Zeitgenosse die Auswirkungen der Ereignisse nicht sicher vorhersagen, allenfalls vermuten oder befürchten kann, blickt der Historiker in Kenntnis möglicher Fortentwicklungen und Konsequenzen auf diese Zeit zurück.

Ein weiteres Merkmal historischer Narrationen ist die Intention des Verfassers. Hier sind unterschiedliche Sinnstiftungs- oder auch Erzählabsichten zu unterscheiden. In der Geschichtswissenschaft werden sie als traditionales, exemplarisches, genetisches oder kritisches Erzählen bezeichnet (→M2).

Historische Erzählungen „funktionieren" je nach Gattung ganz unterschiedlich (*Medialität*). So erzählt ein Geschichtsroman anders als eine Festrede oder eine Geschichtsdokumentation und dennoch wollen sie auf ihre je unterschiedliche Weise gesellschaftliche Geschichtsbedürfnisse befriedigen.

Formen von Geschichtskultur | Es ist vor allem die Aufgabe von Gedenkfeiern, Archiven und Museen, das „kulturelle Gedächtnis" aufzubauen, zu bewahren und der Öffentlichkeit zugänglich zu machen. Damit prägen sie das individuelle Geschichtsbewusstsein Einzelner und repräsentieren gleichzeitig Aspekte der kollektiven Geschichts- und Erinnerungskultur. Dass auch sie eine Auswahl der zu archivierenden und auszustellenden Quellen treffen müssen, ist nicht unproblematisch (→M3).

Geschichtskulturelle Angebote bedienen ganz unterschiedliche Bedürfnisse. Vor allem, wenn sie sich an ein größeres Publikum richten oder im Unterhaltungssektor gegen andere Freizeitangebote behaupten wollen, tritt die Triftigkeit[1] der Darstellung häufig hinter unterhaltenden und dramatisierenden Elementen zurück. Fakten werden kreativ mit Fiktionen vermischt. Dies betrifft nicht nur Angebote wie Geschichtsspielfilme, -romane, -comics oder Brett- und Computerspiele historischen Inhalts. Auch andere Gattungen, die sich in ihrem Selbstverständnis wie auch in der öffentlichen Wahrnehmung als wissenschaftsorientiert verstehen, greifen zunehmend auf unterhaltende Elemente zurück. Das betrifft nicht nur Geschichtsdokumentationen, sondern auch Ausstellungen oder Reenactments wie Mittelaltermärkte, Ritterturniere oder Living History.[2]

Sehusafest.
Foto von 2014, Seesen.
Das Foto zeigt zwei Darsteller auf dem Sehusafest im niedersächsischen Seesen. Mit rund 1 000 Akteuren gilt es als größtes Historienfest Norddeutschlands. Das Sehusafest wird seit 1975 am ersten Wochenende im September aufgeführt und zeigt Szenen aus der Stadtgeschichte von Seesen.

Kritische Auseinandersetzung mit Geschichtsdarstellungen | Der Geschichtsdidaktiker *Hans-Jürgen Pandel* hat Bereiche definiert, die auf ihre Triftigkeit oder Authentizität untersucht werden können (→M4). Es bleibt dennoch schwierig, die „Korrektheit" der Darstellung zu überprüfen. Da den meisten Menschen nicht zuzumuten ist, sich in ihrer Freizeit den oft nur schwer verständlichen Forschungsstand zu erarbeiten, müssen andere Wege aufgezeigt werden. Das Internet bietet hierzu zahlreiche Hilfestellungen, wenngleich die Nutzung nicht unproblematisch oder einfach ist. Rezensionen zu Ausstellungen, Reaktionen auf Gedenkfeiern und Jubiläen oder populärwissenschaftliche Fachbücher bzw. Geschichtsmagazine können dabei hilfreich sein. Wichtig ist zudem, die jeweiligen Angebote auf ihre Sinnstiftungsintention zu untersuchen. Dies gibt Hinweise darauf, ob es sich eher um geschlossene oder offene Darstellungen handelt. Das meint Darstellungen, die mit einem nicht zu hinterfragenden Wahrheitsanspruch auftreten, bzw. solche, die deutlich machen, dass sie das Ergebnis von Interpretationen sind, die kritisch überprüft und diskutiert werden sollen. Traditional intendierte Angebote entziehen sich z. B. in der Regel der Kritik und Überprüfung, weil es ihre Aufgabe ist, Traditionen zu begründen oder zu pflegen, und nicht, sie infrage zu stellen.

Grundsätzlich folgt eine kritische Auseinandersetzung mit Geschichtsdarstellungen dem aus dem Geschichtsunterricht bekannten kritischen Verfahren, das bei der Quellenanalyse angewendet wird: Wer erzählt wann wem wie was warum? Allein schon das Nachdenken darüber, was ein Film, eine Ausstellung oder ein Internetangebot mit der Darstellung bezwecken könnte, kann helfen, sich in kritische Distanz zum Dargestellten zu setzen. Im Idealfall wird hierdurch Neugier geweckt, die dazu führt, dass sich ein Betrachter näher mit der Thematik befasst.

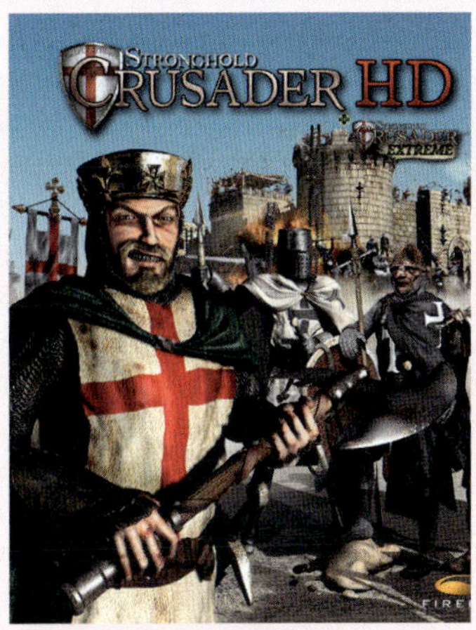

Cover des Computerspiels „Stronghold Crusader".
In dem 2002 veröffentlichten Strategiespiel kann der Spieler in die Rolle eines christlichen oder muslimischen Fürsten zur Zeit der Kreuzzüge schlüpfen.

[1] Über den Begriff „Triftigkeit" informiert Seite 431.
[2] Siehe die Abbildungen auf Seite 436 und 437.

M1 Geschichte und Öffentlichkeit

Der Geschichtsdidaktiker Karl-Ernst Jeismann (1925–2012) hält 1998 einen Vortrag, in dem er sich mit dem Verhältnis von Geschichte und Öffentlichkeit auseinandersetzt:

Überall ist Geschichte wieder präsent. Wie sich ein ausgetrockneter Schwamm vollsaugt, so füllt Historisches heute unsere Umwelt. Geschichte hat Marktwert bekommen. Wo es Anlässe gibt, bilden sich große und kleine Geschichtsbetriebe. Dies Phänomen einer neuen Geschichtsbegierde brachte eine Unzahl neuer Museen, die das Abgelöste in Erinnerung zu halten versuchen. [...] Ein museales Netz repräsentiert in der Öffentlichkeit Vergangenheit in vielfältiger Form. Geschichte wird zum Freizeitvergnügen. [...]
Und nun gar die Medien: Die Serien zum Zweiten Weltkrieg, zum Nationalsozialismus, aber auch zur frühen Bundesrepublik erfreuen sich großer Zuschauerzahl und intensiver Besprechungen in den Zeitungen; die Computerspiele mit historischen Themen schießen ins Kraut.
Schließlich die Denkmäler: Sie sind heute wieder ein ernstgenommenes Medium historischer Anreicherung der Umwelt. Und nun erst die Erinnerungsfeiern: Jeder Ort, der etwas auf sich hält, präsentiert seine Geschichte öffentlichkeitswirksam. [...]
Für jedermann ist die Vergangenheit ein Gegenstand der Neugierde auf dem Spektrum von Schaulust, Sentimentalität, Wissbegier, Nachdenklichkeit. Es wirkt die Faszination des zeitlich Fremden, in dessen Gewand man einmal schlüpfen möchte. [...]
Es demonstriert aber die Lust an der Geschichte, das spielerische Umgehen mit ihr und eine Annäherung durch Nachahmung. Ernsthafter, ohne die Nebenabsicht, sich selbst durch das Medium der Geschichte in Szene zu setzen, sind Begegnungen mit echten Überresten – an dieser Stelle liegt das Beispiel Kalkriese nahe, wo u.a. eine originale römische Steinschleuder in Aktion zu sehen war. [...]
Historische Neugier sucht das zeitlich Ferne, das Andere, oft das Kuriose. Viel nachhaltiger treibt die Frage nach der eigenen Geschichte die Menschen zur Suche nach Überresten, Zeugnissen oder Erzählungen, die sie selbst betreffen. Mit dem Stichwort der Identitätsbildung oder Identitätswahrung durch öffentliche Darstellung von Geschichte kommen wir aus dem bunten Vordergrund vielfältiger Begegnungen mit Geschichte in ein schwieriges Feld. [...] Subjektive Identität, Ich-Identität, die uns Gewissheit darüber gibt, wer wir sind, wo wir herkommen und hingehören nach Ort und Zeit, wie wir urteilen und handeln, ist immer verbunden mit sozialen, kollektiven Identitäten, d.h. mit dem Willen und der Fähigkeit von Gruppen, sich selbst als etwas Besonderes, Eigentümliches zu erkennen, damit auch abzugrenzen von anderen und allen Mitgliedern einen im Kern gemeinsamen, anerkannten Kanon von Vorstellungen, Gewissheiten und Lebensformen zu vermitteln. [...] Wie der Einzelne sich selbst in seiner persönlichen oder Familiengeschichte wiederfindet, so finden sich Völker und Gesellschaften in der Geschichte allgemein. [...]
Deshalb ist Vergewisserung der eigenen Geschichte immer mehr als Neugier oder Spiel; sie ist eine Existenzbeglaubigung von Gemeinschaften. Sie muss gezeigt und bezeugt, öffentlich sichtbar werden durch Erinnerungs- und Bestätigungsrituale: Symbole, Erzählungen, Lieder, Feiern. [...]
Bei solchen Feiern oder demonstrativen Gemeinsamkeiten geschieht nun immer auch die Auslöschung anderer Erinnerungen im gleichen Kontext. Die Fragwürdigkeiten und Gräuel der Französischen Revolution [...] werden bei dieser kollektiven Vereinnahmung der Geschichte durch eine fröhlich feiernde Öffentlichkeit ebenso verdrängt wie die Vernichtung, Umsiedlung oder Dekulturation der Indianerstämme infolge der Entstehung der USA.
Hier stoßen wir auf eine Problematik des Umgangs der Öffentlichkeit mit ihrer Geschichte. Sie ist in hohem Maße selektiv, verkürzt, manchmal bis zur Verfälschung. Erinnerung wird zur Schauseite, zum Mythos, darf nicht kritisiert werden. [...]
Historische Fundamente der Identität werden lebenslang gegründet – kurzfristiger greifen Legitimationsstrategien auf die Öffentlichkeit zu. Hier wird Geschichte benutzt, um gegenwärtige Ansprüche oder Entscheidungen zu rechtfertigen. [...] Ihr wichtigstes Medium sind politische Reden, Broschüren, Weiß-, Rot- oder Schwarzbücher. Es gibt Untersuchungen dieses Phänomens, die zeigen, dass Geschichte in dieser Funktion in der Öffentlichkeit immer wieder eingesetzt wird, sei es als gezielte politische Strategie der Meinungsbeeinflussung, sei es als Erklärung bestimmten Verhaltens im Großen wie im Kleinen. Ansprüche auf Land und Herrschaft werden so gerechtfertigt [...]. [...]
Das wichtigste Instrument des Argumentierens mit Geschichte ist das historische Exempel. Der ungeheure Vorrat an Geschichte dient als Beispielsammlung zum überzeugenden Beweis für die Richtigkeit dieses oder jenes Handelns oder Urteilens. Historie als das Archiv von Erfahrungen, aus denen zu lernen ist: Das leuchtet unmittelbar ein. [...]
Ebenso eindrucksvoll, dabei aber stärker auf historisches Wissen spekulierend ist die Konstruktion von Analogien und Kontinuitäten, so [...] wenn im Dienste der gewollten europäischen Einigung die europäische Gemeinsamkeit durch die Jahrhunderte aufgedeckt oder beschworen wird und als eine aufsteigende Linie erscheint, die notwendig zum Zusammenschluss führen müsse. [...]
Es ist eine Strategie der Überredung der Öffentlichkeit zu bestimmten Denkweisen und Handlungen, aber auch eine Verführung für den so Argumentierenden selbst. Dieser Gebrauch von Geschichte ist immer problematisch, operiert nur mit Halb- oder Teilwahrheiten, verkennt, dass Geschichte nicht das immer Gleiche, sondern das sich immer Wandelnde ist – und trotzdem bleibt dieser Umgang mit ihr offenbar eine unvermeidliche Art, historische Erfahrung auf die Gegenwart zu beziehen.

Karl-Ernst Jeismann, Geschichte und Öffentlichkeit. Historie zwischen Vergewisserung und Verführung, herausgegeben vom Landschaftsverband Osnabrücker Land e.V., Bad Iburg 1999, S. 1–36

1. Präsentation: Überlegen Sie vor der Quellenlektüre, welche „Formen" von Geschichte Sie aus dem öffentlichen Raum kennen. Erstellen Sie eine Tabelle, in der Sie diese Geschichtsangebote auflisten. Legen Sie eine Spalte mit dem Oberbegriff „Funktion" an.
2. Fassen Sie die wesentlichen Argumente Jeismanns bezüglich des Verhältnisses von Geschichte und Öffentlichkeit in eigenen Worten zusammen. | H
3. Geben Sie die von Jeismann genannten Formen von Geschichte wieder. Vergleichen Sie sie anschließend mit den von Ihnen vor der Lektüre aufgeführten Beispielen (siehe Aufgabe 1).
4. Ergänzen Sie Ihre Tabelle um die von Jeismann genannten Aspekte und Beispiele. Beurteilen Sie ihre jeweilige Funktion.

M2 Erzähltypen nach Rüsen

*Auf dem Wiki der Pädagogischen Hochschule Karlsruhe fasst ein Autorenteam die Erzähl- und Sinnbildungstypen nach Jörn Rüsen (*1938) zusammen:*

1. Traditionelles Erzählen / traditionale Sinnbildung

[...] Geschichten, die dem traditionellen Erzählen angehören, erinnern an „verpflichtende Ursprünge" [...] und „an ihre ständige Durchsetzung, Wiederkehr und Resistenz im Wandel der Zeit" (Kontinuität der Ursprünge). Nach Rüsen ist der Ursprungsmythos eine besonders „„reine Form dieses Typs". Andere Beispiele wären Stiftungsgeschichten, Herrschaft legitimierende Genealogien, Rückblicke in Jubiläen(reden). Die traditionale Sinnbildung übersieht dabei den Wandel der Verhältnisse über die Zeit. „Alles" bleibt demnach „beim Alten. Dinge die einmal erreicht wurden gelten als weiterhin gültig, Verlorenes als unwiederbringlich." [...]

2. Exemplarisches Erzählen

Die exemplarische Sinnbildung gilt als komplexer als die traditionale Sinnbildung, da sie Veränderungen im Wandel der Zeit anerkennt. Diese Veränderungen werden als Wandel zwischen verschiedenen Fällen derselben Art verstanden. Das heißt Einzelfälle sind nur Beispiele für eine allgemeingültige Regel. Diese Regel gilt überzeitlich. Aus der Betrachtung von einzelnen oder mehreren Fällen, die auf eine Regel abzielen, kann man somit für die Zukunft lernen. [...] Exemplarisches Erzählen erinnert somit an Sachverhalte der Vergangenheit, die Regeln gegenwärtiger Lebensverhältnisse konkretisieren. Kontinuität wird hierbei als Geltung dieser Regeln vorgestellt. Exemplarische Erzählungen sind durch die klassische Devise „historia magistra vitae"[1] charakterisiert, d. h. als Vorbildergeschichten Regelwissen und eine „Moral" vermitteln. Im Grunde genommen bleibt auch hier alles beim Alten. Beispiele für exemplarisches Erzählen sind Geschichten, die von Herrschertaten erzählen und Regeln des klugen Herrschens [...]. Das traditionale und das exemplarische Erzählen entsprechen dem Anforderungsbereich der Reproduktion.

3. Kritisches Erzählen

Kritische Erzählungen stellen Abweichungen dar, die gegenwärtige Lebensverhältnisse infrage stellen, d. h., bestehende Orientierungen und Vorstellungen werden aufgrund gegenteiliger Erfahrungen im Umgang mit vergangenem Material außer Kraft gesetzt. Hier spricht man eher von einer „Anti-Kontinuität", die sich als Veränderung vorgegebener Kontinuitätsvorstellungen in Form von Abgrenzung, Abweisung oder strikter Negation von Standpunkten zu verstehen gibt. Es kommt zum Bruch von Kontinuität. [...] Es sollen alternative Möglichkeiten aufgezeigt werden und eingefahrene historische Klischees widerlegt werden, indem empirisch auf widersprechende Erfahrungen verwiesen wird. Damit leugnet die kritische Sinnbildung, dass es eine allgemeingültige Regel, wie beim exemplarischen Erzählen gibt. [...] Das kritische Erzählen entspricht in der Schule dem Anforderungsbereich der Reorganisation, dieser beinhaltet das selbstständige Erklären und Anwenden von Gelerntem und dessen Transfer.

4. Genetisches Erzählen

Die genetische Sinnbildung stellt die zeitliche Veränderung der historischen Deutungsarbeit in den Mittelpunkt. Genetisches Erzählen „erinnert an qualitative Veränderungen in der Vergangenheit, die andere und fremde Lebensverhältnisse in eigene münden lassen". [...] Es wird versucht den Zusammenhang zwischen Vergangenheit, Gegenwart und Zukunft herzustellen, damit eine „gerichtete Veränderung" angenommen werden kann. Kontinuität tritt hier als Entwicklung ins Bild mit dem Ziel, die Richtungen dieser Veränderungen zu erkennen. In diesem Zusammenhang bedeutet historische Orientierung zu erkennen, in welche „Richtung" sich die Verhältnisse geändert haben, und diese Entwicklung in der Zukunft ermitteln zu können. Als kategoriale Beispiele sind bei der genetischen Sinnbildung die Entwicklung oder der Fortschritt zu nennen [...].

Nach Rüsen treten seine Sinnbildungstypen nie in Reinform auf, sondern immer in charakteristischen Kombinationen bzw. Mischformen, wobei eine dominant sei.

Nach: http://geoges.ph-karlsruhe.de/mhwiki/index.php5/Narration_Grundlagen (Zugriff: 28. April 2017; die Einzelnachweise wurden im Text entfernt)

1. Fassen Sie die Hauptmerkmale der vier Erzähltypen in eigenen Worten zusammen.
2. Arbeiten Sie heraus, welche Erzähltypen bzw. Sinnbildungsmuster Ihr Geschichtsschulbuch oder ein anderes geschichtskulturelles Angebot bietet. Begründen Sie.
3. Partnerarbeit: Welches Sinnbildungsmuster von „Geschichte" erscheint Ihnen am wichtigsten? Erörtern Sie Ihnen bekannte Beispiele.

[1] **historia magistra vitae**, dt. Übersetzung: Geschichte (ist) Lehrmeisterin des Lebens

M3 Sammeln und bewahren – nur was und was nicht?

Museen und Archive stellen aus, bewahren und sammeln nach Schwerpunkten. Die Stiftung Haus der Geschichte der Bundesrepublik Deutschland informiert im Internet über sein Sammlungskonzept:

1986 beginnt die Stiftung Haus der Geschichte mit dem Aufbau zeithistorischer Sammlungen. Aufgenommen werden Objekte, die sich eignen, um Zeitgeschichte materiell zu dokumentieren und auszustellen: Gebrauchsgegenstände, Dokumente, Filme und andere Medien, Zeitschriften, Maschinen, Möbel, Textilien und vieles mehr. Heute umfassen unsere Sammlungen 1 Million Objekte. Neben materiellen Objekten sammelt die Stiftung zunehmend auch digitale Objekte.

Mindestens drei Kriterien sind ausschlaggebend dafür, ob ein Gegenstand, Dokument oder Medium Teil unserer Sammlung wird: Ist das Objekt typisch für seine Zeit (z.B. eine FDJ-Bluse) oder absolut einmalig (wie etwa der „Schabowski-Zettel")? Ist es drittens mit einer besonderen Aussagekraft verbunden? Immer gilt, dass vor allem diejenigen Objekte spannend sind, die für sich selbst oder im Zusammenhang mit anderen eine Geschichte erzählen. Der Seesack etwa, den Elvis Presley 1958 zu Beginn seines Wehrdienstes in die Bundesrepublik mitbringt, steht für die Bedeutung der amerikanischen Popkultur in Deutschland und für einen Aspekt des Kalten Krieges. Und für Elvis-Fans hat er darüber hinaus eine besondere emotionale Bedeutung!

Die Sammlungstätigkeit ist eine wichtige Grundlage unserer musealen Arbeit in Bonn, Leipzig und Berlin. Wir tragen dazu bei, ein „kulturelles Gedächtnis" unserer Gesellschaft mit aufzubauen. Unsere Aufgabe ist, das zeitgeschichtliche Geschehen aufmerksam zu verfolgen, dessen Einbeziehung jüngerer geschichtlicher Ereignisse in die Ausstellung zu prüfen, Sammlungsbereiche zu erweitern und infrage kommende Objekte zu sammeln. Als Museum für deutsche Zeitgeschichte sammeln wir Objekte von 1945 bis heute entlang der Ausstellungsthemen – auch nach dem Grundsatz „Von der Straße ins Museum".

Für uns heißt das: Ob Flüchtlingskrise, „Brexit" oder deutscher WM-Titel, wir bewerten, welche aktuellen Entwicklungen zeitgeschichtlich relevant werden können und übernehmen Objekte für unsere Sammlung, die eine damit verbundene Geschichte erzählen.

Nach: www.hdg.de/haus-der-geschichte/sammlung/ (Zugriff: 30. Juli 2018)

1. Beschreiben Sie die wichtigsten Aspekte der Sammlungstätigkeit des Hauses der Geschichte.
2. Erläutern Sie die drei Kriterien, nach denen das Haus der Geschichte seine Objekte auswählt.
3. Erörtern Sie, welche Überlieferungslücken durch die Schwerpunktbildung entstehen könnten.
4. Diskutieren Sie in der Klasse Möglichkeiten und Grenzen von Museen, das kulturelle Gedächtnis aufzubauen.
5. Verschaffen Sie sich über die Suchmaske des Internetauftrittes vom Haus der Geschichte einen Überblick über die gesammelten Materialien. Wählen Sie eigene Objekte zu verschiedenen Kategorien aus und schlagen Sie sie dem Haus der Geschichte zur Aufbewahrung / zukünftigen Ausstellung vor. Begründen Sie Ihre Vorschläge nach den im obigen Text angegebenen Auswahlkriterien.

M4 Wahrheit der Fiktion

*Am Beispiel von Jugendbüchern zum „Dritten Reich" differenziert der Geschichtsdidaktiker Hans-Jürgen Pandel (*1940) fünf Typen, nach denen der „Wahrheitsgehalt" bzw. der Authentizitätsgrad von Geschichtserzählungen untersucht werden kann:*

a) Faktenauthentizität

Ein Jugendbuch ist fakten- und ereignisauthentisch, wenn die geschilderten Personen wirklich gelebt und die erzählten Ereignisse tatsächlich vorgefallen sind. [...] Eine solche Faktenauthentizität, bei der die Existenz aller Personen und die Tatsächlichkeit jedes Ereignisses dokumentarisch gesichert ist, würde es nicht erlauben, ein fiktives Buch zu schreiben, das zugleich anschaulich und spannend ist. Zu dürftig wäre die schriftstellerische Gestaltungsmöglichkeit, wenn der Autor nur solche Figuren aufnehmen könnte und Ereignisse berichten dürfte, für die ihm Quellenbelege vorliegen. Zu lückenhaft sind zudem Alltagsszenen, menschliche Gefühlslagen, Fantasien und Gedanken in den Quellen repräsentiert; zu unergiebig sind die vorliegenden Quellen, um Anschaulichkeit zu erzeugen. Die fiktive Darstellung muss mit der Faktenauthentizität großzügiger umgehen können, wenn sie ihre Arbeit ernst nimmt. Allerdings sind ihr dabei auch enge Grenzen gesetzt.

Sie darf die historische Situation, in der die Geschichte spielt, nicht abändern, die Periodisierungen dürfen nicht verschoben werden und die Ereignisabläufe der historischen Großchronologie muss unverändert erhalten bleiben, die Mentalitäts- und Interessenlagen sozialer Gruppen müssen dem Forschungsstand entsprechen.

b) Typenauthentizität

Ein Jugendbuch ist typenauthentisch, wenn es die dargestellten Personen zwar nicht als individuelle Personen, aber doch als Typus gegeben hat. Auch Ereignisse müssen sich nicht ereignet haben, aber das geschilderte Ereignis muss einen typischen, damals wiederholt vorgekommenen Ereignistyp schildern. […]

c) Erlebnisauthentizität

Ein Jugendbuch ist erlebnisauthentisch, wenn die dargestellten inneren Erfahrungen subjektiv authentisch sind. Sie sind dann authentisch, wenn der Erzähler die geschilderten Erfahrungen, Gefühle und Gedanken in der erzählten Situation tatsächlich gehabt hat. […]

Erlebnisauthentizität ist kaum mit den üblichen historischen quellenbezogenen Mitteln nachzuweisen. Eine solche Erlebnisauthentizität verlangt daher Informationen über die Biografie eines Autors oder der Autorin, die ihre inneren Erlebnisse wiedergibt. Die Fakten- und Typenauthentizität darf in solchen Erzählungen großzügiger gehandhabt werden. Ihr muss man sogar einen größeren Spielraum einräumen, da seine Gefühle, Assoziationen und Fantasien die Logik von Raum und Zeit und die Gesetze der Rationalität durchbrechen. […]

d) Quellenauthentizität

Die Forderung nach Authentizität kann sich auch auf ein Buch als Ganzes richten. Es handelt sich dann um Bücher, deren Texte oder Bilder zu derjenigen Zeit entstanden sind, über die dieses Buch berichtet. Die bekanntesten Prosabeispiele für diesen Typ der Authentizität sind die Tagebücher der Anne Frank […]. Es sind die Bücher, die insgesamt eine Quelle sind, weil sie während der Zeit, über die sie Auskunft geben, entstanden sind. Ein Buch ist quellenauthentisch, wenn der gesamte Buchtext ein quellenauthentischer Text ist. Den Beweis ihrer Quellenauthentizität treten diese Bücher meist dadurch an, dass sie Faksimiles[1] der Originalseiten mitdrucken. […]

e) Repräsentationsauthentizität

Die Authentizität des erzählten Zusammenhangs kann durch die Auswahl der Ereignisse erreicht, aber verfehlt werden, die in die Geschichte eingehen. Die in einem Jugendbuch dargestellten Ereignisse und Schicksale müssen sich in die Hintergrundnarrativität der bekannten Geschichte des Dritten Reiches einordnen lassen, ohne zu ihr in Widerspruch zu treten. Die geschilderten Ereignisse und Situationen müssen in dem Sinne exemplarisch sein, dass sie Schicksale repräsentieren, die häufig vorgekommen sind. Der geschilderte Ereigniszusammenhang, der zwar individuelle und unverwechselbare Personen zeigt, muss dennoch von allgemeiner Gültigkeit sein. Er soll für viele Schicksale stehen und darf nicht so einmalig sein, dass er nur auf ein einziges Leben zutrifft. Viele Zeitzeugen müssen sagen können: So etwas Ähnliches habe ich auch erlebt, und so etwas ist oft vorgekommen. Erst wenn die geschilderten Ereignisse exemplarisch für den Ereigniskomplex Holocaust sind, erhalten sie Plausibilität und die dargestellte Geschichte Gültigkeit.

Die Vielfalt der Authentizitätsformen macht deutlich, dass es die einfache antagonistische[2] Gegenüberstellung von Fiktion und Wahrheit nicht gibt. Wenn historische Jugendbücher geschichtliche Themen aufgreifen, müssen sie auf einer der genannten Authentizitätsebenen Wahrheitsansprüche einlösen, sonst bringen sie sich um die Chance, einen Bezug zur historischen Wirklichkeit herzustellen. Kein historisches Jugendbuch wird allen Authentizitätsansprüchen gleichzeitig nachkommen wollen […].

Hans-Jürgen Pandel, Die Wahrheit der Fiktion. Der Holocaust im Comic und Jugendbuch, in: Bernd Jaspert (Hrsg.), Wahrheit und Geschichte. Vom Umgang mit deutscher Vergangenheit, Hofgeismar 1993, S. 72–108, hier S. 92–104

1. Geben Sie die Merkmale der verschiedenen Authentizitätsbereiche stichpunktartig wieder. | F
2. Diskutieren Sie an einem selbstgewählten Beispiel, welche Probleme für Geschichtsproduzenten auftreten, wenn sie für ihre Darstellung eine größtmögliche Authentizität erreichen wollen.
3. „Typenauthentizität" heißt auch, dass die handelnden Figuren ihrer Zeit gemäß typisch denken, handeln und sprechen. Erörtern Sie, welche Probleme ein Romanautor oder ein Filmemacher haben kann, wenn er eine Geschichtsdarstellung der Antike oder des Mittelalters vorhat. Entwickeln Sie Lösungsvorschläge und diskutieren Sie sie in der Klasse. | H

[1] **Faksimile:** originalgetreue Nachbildung einer Vorlage

[2] **antagonistisch:** gegensätzlich

Orientierung

4.3 Pflichtmodul: Mythen

Das Kapitel beschäftigt sich inhaltlich mit ...

- ausgewählten Beispielen von Mythen
- der Analyse und Dekonstruktion der Inhalte und Intentionen von Mythen
- der Rekonstruktion

Der Begriff „Mythos“ hat für die Historikerinnen und Historiker eine doppelte Bedeutung: Er weist zum einen auf eine Verfälschung von Tatsachen oder zum anderen auf eine sinnstiftende Erzählung hin. Eine „gefälschte“ Geschichte kann von der Geschichtswissenschaft einfacher erkannt und widerlegt werden als zu Mythen gewordene Geschichten. Ihnen kommen die Fachwissenschaftlerinnen und Fachwissenschaftler nur näher, wenn sie diese sinnstiftenden Erzählungen ebenfalls dekonstruieren, das heißt die angegebenen Tatsachen prüfen und der Frage nachgehen, warum und wieso an ein bestimmtes Ereignis erinnert wurde und wird. Ausgangspunkt für eine umfassende und gründliche Untersuchung dieser Mythen sind oft sogenannte „Erinnerungsorte“. Das können beispielsweise Daten, ein Motto, ein bestimmter Ort oder ein Personenname sein.

Mythen spielen eine wichtige Rolle, um politische Ansprüche zu begründen und Menschen zu mobilisieren. Das Verständnis dafür, einer bestimmten Nation anzugehören, wird davon beeinflusst, wie und wo in der Gegenwart an die gemeinsame Vergangenheit erinnert wird. Grundlage der politischen Mythen sind eingängig erzählte Geschichten, die zum kulturellen Gedächtnis einer Gesellschaft zählen und politische Ansprüche begründen halfen. Sie interpretieren die Vergangenheit, idealisieren bestimmte Aspekte und verschweigen Schattenseiten. Zu den politischen Mythen gehören auch symbolische Handlungen. So werden nationale Gefühle geweckt, wenn die Nationalhymne zu hören und die -flagge zu sehen ist oder wenn ein Nationalfeiertag festlich begangen wird. Auch diese symbolischen Handlungen beruhen oft auf politischen Mythen. Sie drücken eine gemeinsame Übereinstimmung, eine „kollektive Identität“ zwischen den Bürgerinnen und Bürgern und ihrem Staat aus. Damit wird deutlich, dass eine nationale Identität nicht nur etwas mit der gemeinsamen Herkunft, dem gemeinsamen Staatsgebiet und Recht, der gemeinsamen Sprache und Religion der Menschen zu tun hat, sondern auch das Ergebnis einer sozialen Konstruktion ist. Herrschende und Regierende können politische Mythen nutzen, um ein Gemeinschaftsgefühl zu erzeugen oder um ihre Macht zu rechtfertigen.

Mythos Europa.
Rückseite der griechischen Zwei-Euro-Münze von 2002.
Die Münze nimmt Bezug auf den antiken Europa-Mythos. In ihm verliebt sich der griechische Göttervater Zeus in die Königstochter Europa (aus Phönikien, heute Libanon) und entführt sie, verwandelt als Stier, auf die Insel Kreta.

- ▶ Beschreiben Sie die dargestellte Szene auf der Münze.
- ▶ Erklären Sie, warum sich Griechenland wohl für dieses Motiv auf der Münze entschieden hat.
- ▶ Präsentation: Recherchieren Sie im Internet und/oder in der Fachliteratur weitere Mythen. Stellen Sie anschließend ein ausgewähltes Beispiel in einem Kurzreferat vor, in dem Sie auf den Inhalt und die Intention des jeweiligen Mythos eingehen.

Arminius

9 n. Chr. — Der Cheruskerfürst Arminius und eine Koalition aus germanischen Gruppen sollen im Teutoburger Wald das Heer des römischen Feldherrn Varus vernichtend geschlagen haben.

um 100 n. Chr. — Der römische Geschichtsschreiber Tacitus verfasst sein Werk „Germania", in dem er Arminius zum „Befreier Germaniens" erklärt.

Beginn des 19. Jhs. — Arminius/Hermann wird zur Leit- und Vorbildfigur der nationalen Erhebung gegen die französische Fremdherrschaft.

1. Hälfte des 20. Jhs. — In der Weimarer Republik wird der „Hermannsmythos" vor allem gegen die Republik und ihre Vertreter instrumentalisiert. Die Nationalsozialisten verbinden den Mythos mit ihrer germanischen Rassenideologie.

Tannenberg/Grunwald

1410 — In der Schlacht bei Tannenberg (poln. Grunwald) besiegen litauisch-polnische Truppen das Heer des Deutschen Ordens.

19. Jh. — Die Schlacht entwickelt sich zum polnischen Nationalmythos.

1914 — Bei den Masurischen Seen wird eine russische Armee von deutschen Truppen geschlagen. Nach dem Vorschlag Paul von Hindenburgs wird die Schlacht nach dem Ort Tannenberg benannt.

Der 14. Juli

14.7.1789 — In Paris wird die Bastille gestürmt. Sie versinnbildlicht den Despotismus des Ancien Régime.

1790 — Am Jahrestag des Sturms auf die Bastille findet auf dem Pariser Marsfeld ein „Fest der Föderation" statt.

1880 — Der 14. Juli wird zum französischen Nationalfeiertag erklärt.

Oktoberrevolution

Oktober 1917 — Oktoberrevolution (25. Oktober/7. November): Wladimir I. Lenin und die Bolschewiki übernehmen die Macht. Russland wird zu einer Räterepublik (Sowjetrepublik).

1918 — Sowjetrussland begeht erstmals den 7. November als Feiertag zum Gedenken an die „Große Sozialistische Oktoberrevolution".

1924 — Mit dem Tod Lenins entsteht erstmals ein Personenkult um den ersten sowjetischen Staatschef. Der Gründungsmythos der „Oktoberrevolution" wird um eine Helden- und Vaterfigur erweitert.

Trümmerfrauen

nach 1945 — Ein Mythos entsteht: „Trümmerfrauen" hätten die im Zweiten Weltkrieg zerstörten deutschen Städte wiederaufgebaut, indem sie Berge von Trümmern und Schutt beseitigten.

seit den 1950er-Jahren — In der DDR gelten die „Trümmerfrauen" als positive Identifikationsfiguren.

seit den 1980er-Jahren — In der Bundesrepublik Deutschland werden die „Trümmerfrauen" Teil des Gründungsmythos.

Ostalgie

nach 1990 — Eine nostalgische Wahrnehmung der DDR-Vergangenheit erfasst Teile der Bevölkerung in den neuen Bundesländern. Diese „Ostalgie" (Wortzusammensetzung aus „Osten" und „Nostalgie") zeigt sich u.a. in speziellen Motto-Partys und dem Verkauf von DDR-Produkten.

2000er-Jahre — Die „Ostalgie-Welle" erreicht in den frühen 2000er-Jahren mit zahlreichen Fernsehshows und Kinospielfilmen einen Höhepunkt.

Arminius – „Gründungsvater“ der Deutschen?

Arminius und die Varusschlacht | Noch heute ist das Hermannsdenkmal[1] in Nordrhein-Westfalen ein beliebtes Ausflugsziel. Tausende pilgern an jedem Sommerwochenende nach Hiddesen nahe Detmold im südlichen Teutoburger Wald, um die Grotenburg zum Denkmal hinaufzuwandern. Sein Erbauer *Ernst von Bandel* wollte damit an den Sieg der „Germanen“ über die Römer im Teutoburger Wald erinnern. Dort sollen im Jahr 9 n. Chr. der Cheruskerfürst *Arminius*, „Hermann“ genannt, und die vereinten germanischen Stämme das Heer des römischen Statthalters *Publius Quinctilius Varus* vernichtend geschlagen haben.

„Germanen“: Die Römer bezeichneten alle Zivilisationen, die sie als unterlegen ansahen, als Barbaren, d. h. wörtlich als unzivilisierte Menschen, die eine unverständliche Sprache sprechen. Dazu gehörten u. a. Kelten, Skythen und Germanen. Der von ihnen bewohnte Raum ist das „Barbaricum“. Der Begriff „Germanen“ ist eine Sammel- und Fremdbezeichnung der Römer für einen Teil dieser Barbaren, nämlich die nördlich der römischen Grenzen bis zur Nord- und Ostsee lebenden, in eine Vielzahl von Stämmen aufgeteilten Gruppen.

Seit etwa 16 v. Chr. unternahmen die Römer Militärzüge bis an die Nordsee, Weser und Elbe, errichteten Militäranlagen und Stützpunkte, um das germanische Gebiet rechts des Rheins zu befrieden und zu sichern. Bald entstanden zivile Siedlungen, allmählich wurde das Gebiet zwischen Weser und Rhein römischer Verwaltung unterstellt. Aus „Germanien“ sollte eine römische Provinz werden.

Arminius war der Sohn eines römerfreundlichen cheruskischen Stammesfürsten. Um sich die Loyalität dieser führenden Familien zu sichern, verliehen ihnen die Römer das Bürgerrecht. Ihre Söhne – so auch Arminius – wurden oft im Reich erzogen und ausgebildet. Als Anführer cheruskischer Hilfstruppen machte Arminius im römischen Heer eine militärische Karriere. Nach seiner Rückkehr nach Germanien 7/8 n. Chr. führte er einen Aufstand gegen die römischen Besatzer an. Er lockte drei Legionen des römischen Feldherrn Varus in einen Hinterhalt. In einem dreitägigen Kampf soll Rom etwa 20 000 Mann verloren haben. Varus beging nach der verheerenden Niederlage Selbstmord.

Internettipp
Der Ort der „Varusschlacht“ im Teutoburger Wald wird von der Forschung heute in Kalkriese bei Osnabrück lokalisiert. Weitere Informationen finden Sie unter dem Code **32036-24**.

Was wir über die „Germanen“, Arminius und die „Schlacht im Teutoburger Wald“ wissen, wissen wir nur aus antiken römischen Schriften (➔M1 und M2). Schriftliche Quellen der „Germanen“ gibt es nicht. Wo genau die unter Arminius vereint kämpfenden germanischen Völker den Sieg über die Römer errangen, ist bis heute umstritten. Der römische Geschichtsschreiber *Tacitus* nennt den Teutoburger Wald als Ort der *Varusschlacht*. Dort, wo heute das Hermannsdenkmal steht, fand sie jedoch mit Sicherheit nicht statt. Archäologinnen und Archäologen konnten dort keinerlei Spuren eines Kampfes finden. Stattdessen weisen römische und germanische Funde immer deutlicher auf Kalkriese bei Osnabrück als Ort einer großen Schlacht dieser Zeit hin. Ob es sich dabei um die Varusschlacht handelt, darüber sind sich die Forscherinnen und Forscher allerdings nicht einig.

Arminius: „Befreier Germaniens“? | „Er war zweifellos der Befreier Germaniens, der nicht die Anfänge des römischen Volkes, wie andere Könige und Führer, sondern das Reich in vollster Blüte herausgefordert hat, in Kämpfen mit wechselndem Erfolg, im Krieg aber unbesiegt.“ Mit diesen Worten rühmt Tacitus in seinen Annalen den Cherusker Arminius als großen Rivalen Roms. Das von Tacitus überlieferte Bild prägt vielfach bis heute die Vorstellungen der historischen Ereignisse und der Person des Arminius. Lange galt die Niederlage der Römer als Anfang vom Ende ihrer Herrschaft in Germanien, als „Wendepunkt der Geschichte“ und Arminius als „Befreier Germaniens“.

Möglicherweise trug die verlorene Varusschlacht tatsächlich dazu bei, dass der mittlere und nördliche Teil Deutschlands und Europas nicht römisch wurden, denn die Römer zogen sich – wenn auch erst einige Jahre später unter Kaiser *Tiberius* – an den Rhein zurück. Einfluss auf Germanien behielten sie aber trotzdem, nämlich über das erprobte Mittel der Verträge mit benachbarten Völkerschaften. Einen historischen Wendepunkt markiert das Jahr 9 n. Chr. jedoch nicht.

[1] Siehe dazu die Methode „Denkmäler untersuchen“ auf Seite 452 f.

P. CORNE-
LII TACITI HISTORI-
ci de ſitu, moribus & po
pulis Germaniæ,
libellus.

GERMANIA om̄is à Gallis Rhætijſque & Pannonijs, Rheno & Danubio fluminibus, à Sarmatis Daciſq; mutuo metu aut montibus ſeparatur. Cætera Oceanus ambit, latos ſinus & inſularũ immenſa ſpatia complectens, nuper cognitis qui-
A 2 buſdam

Titelblatt der „Germania" des Tacitus.
Druck von 1519 aus Basel. Der römische Politiker Publius Cornelius Tacitus (um 55 – um 120 n. Chr.) begann um 97 n. Chr. mit der Niederschrift umfangreicher Geschichtsdarstellungen. Die „Germania" wurde seit ihrer Wiederentdeckung 1425 für Jahrhunderte die wichtigste Quelle zu „Germanien" und den „Germanen". 1472 wurde sie erstmals in Bologna, später vor allem im deutschsprachigen Raum gedruckt, wo sie sich mit großer Wirkung verbreitete.

Auch die Vorstellung von einem Freiheitskampf des „germanischen Volkes" widerspricht den historischen Tatsachen. Der Widerstand gegen die römischen Besatzer war keine Sache des Volkes, denn ein „germanisches Volk", das sich zusammengehörig fühlte, gab es nicht. Der von Arminius geführte Aufstand war vielmehr eine Angelegenheit von Führungsgruppen germanischer Stämme, die ihre Stellung durch die römischen Besatzer bedroht sahen und gegen diese Kampfverbände mobilisierten. Interne Stammesrivalitäten und Auseinandersetzungen zwischen pro- und antirömischen Gruppen verhinderten zudem einen geschlossenen germanischen Widerstand. Gerade im Familienclan des Arminius scheint es große Führungsrivalitäten gegeben zu haben: Um das Jahr 21 n. Chr. wurde Arminius von seinen Verwandten ermordet.

Die „Erfindung" der deutschen Nation | Im Mittelalter waren die Schriften des Tacitus und damit auch die Geschichte von Arminius und der Varusschlacht so gut wie vergessen. In der Renaissance durchforsteten italienische Humanisten auf der Suche nach antiken Texten die Klosterbibliotheken. 1425 fanden sie eine Abschrift der verloren geglaubten „Germania" des Tacitus, 1507 seine „Annalen" wieder. Damit wurden die germanische Frühzeit und die Varusschlacht bekannt.

Tacitus hatte Arminius zum „Befreier Germaniens" erklärt. Dies nahmen die Humanisten wörtlich: Mit zunehmender Vereinfachung erklärten sie die „Germanen" zu Vorfahren der Deutschen, von denen sie ihre kriegerische Stärke und Tugend übernommen hätten.

Zwar gab es bereits in der Antike und im Mittelalter die Vorstellung, dass sich Völker von mythischen Stammvätern herleiteten. Einen gesamtdeutschen Ursprungsmythos gab es vor 1500 jedoch nicht. In der mittelalterlichen Ständegesellschaft hatte

Arminius ein Fürst zu Sachssen.

ARminius den man nennt Herman
Ein junger Held/ ein kühner Man
Von leib vnd gmût wol aufferwachsen
Geborn vom Hartz / ein Fürst zu Sachssen
Der hat offt Ritterlich gekriegt
Stäts obgelegen vnd gesiegt — Flor. lib. 4. cap. 14.
Zu deß Keysers Augusti zeiten — V. Pater. lib. 2.
Wolt Varus wider Teutschen streiten
Als von den Römern außgesandt
Mit grosser gwalt wehrhaffter hand — Tacitus lib. 1.
Ins Teutschland biß an Hessen kümpt
Vnd solchs Arminius vernimpt
Macht sich bald auff schlugs alle gar
Solch groß vnüberwindtlich Schar
Deß Vari Kopff gen Rom ward gschickt — Sueton. in
Darab der Keyser sehr erschrickt — August.
Daß er für angst/ sorg / leid vnd trawrn — cap. 24.
Den Bart raufft/ schlug sein Haupt and mawrn
Da ward geschwächt der Römer macht
Dergleichen vormals nie gedacht
Damit Arminius erlangt
Daß jm das gantze Teutschland danckt
Vnd wurd sein lob bey Alt vnd Jungen
Hernach vil hundert jar gesungen.

Carolus

Aus Arminius wird „Hermann".
Holzschnitt von Jost Amman von 1566 als Illustration in der seit 1522 erschienenen „Bayerischen Chronik" des Humanisten Johann Turmair alias Johannes Aventinus.
Der bayerische Geschichtsschreiber Aventinus verfasste auf der Grundlage der Annalen des Tacitus die erste deutsche Darstellung der „Germanenkriege" unter Arminius, hier als Sachsenfürst dargestellt. Er folgt damit der humanistischen Tradition, den Arminiusstoff dem sächsischen Kurfürsten zu widmen. Zugleich unternimmt er den Versuch, aus dem lateinischen Namen Arminius die vermeintliche germanische Urform „Ermann" für „Ehren-Mahner" zu rekonstruieren. Auch die Namensgebung „Hermann" für „Mann des Kriegsvolkes und des Heeres" findet sich bei ihm, wohl von Martin Luther übernommen. In dessen Namensbuch von 1530/37 wird Arminius als „Hermann" („Heer-Mann") übersetzt.

das „Herkommen" eine andere Bedeutung. Ein deutscher Adliger fühlte sich seinen französischen oder italienischen Standesgenossen stärker verbunden als den Untertanen seines Landes.

Erst in der Frühen Neuzeit entstand unter Gelehrten von Tacitus ausgehend die Vorstellung eines ethnisch in sich geschlossenen „germanischen" Volkes, das sich geradlinig zur deutschen Nation entwickelt habe. Der Reichsritter *Ulrich von Hutten* feierte Arminius Anfang des 16. Jahrhunderts als einen der „ersten Vaterlandsbefreier", der das „römische Joch" abgeworfen hätte. Arminius, bald in „Hermann" umbenannt, wurde zum ersten deutschen Helden und zum Führer eines germanisch-deutschen Freiheitskampfes, der sich in der Gegenwart fortsetzte.

Nationaler Mythos im 19. Jahrhundert | Seit Ende des 18. Jahrhunderts setzte eine wahre „Hermannseuphorie" ein. Den eigentlichen Aufstieg zum Nationalmythos erlebte der *„Hermannsmythos"* seit der Zeit *Napoleons* und der Befreiungskriege zu Beginn des 19. Jahrhunderts. Hermann wurde zur Leit- und Vorbildfigur der nationalen Erhebung gegen die französische Fremdherrschaft und zum Symbol der kriegerischen Nation. So wie er 1800 Jahre zuvor Varus aus Germanien vertrieben hatte, wollte man nun Napoleon aus Deutschland vertreiben.

Der „Hermannsmythos" wurde nach dem Untergang des alten Reiches immer mehr zur Antriebs- und Rechtfertigungsideologie der nationalen Einigung und Hermann zur Integrationsfigur. Der bayerische König ließ die Varusschlacht 1842 im Giebel der nationalen Gedenkstätte Walhalla verewigen, seit 1836 sammelte ein Verein deutschlandweit für die Errichtung des Hermannsdenkmals (→M3). Die großen historiografischen Werke der Zeit begannen wie selbstverständlich mit einer Darstellung der „deutschen Völkerschaften in der Urzeit" und dem „Freiheitskampf der Deutschen gegen Roms Weltmacht". Dies alles war Ausdruck der „organischen" Geschichtsauffassung einer Nation, die sich vorstellte, von einem ethnisch und sprachlich einheitlichen „Volk" (einen „Stamm") abzustammen.

Durch das 19. und die erste Hälfte des 20. Jahrhunderts hindurch wurde der „Hermannsmythos" von nationalen Kreisen verwendet. Der auf seinem Denkmal bei Detmold stehende Hermann reckte bei seiner Enthüllung 1875 sein Schwert nicht gegen die Römer, sondern gegen Frankreich, das 1870/71 militärisch besiegt worden war und als jahrhundertelanger „Erbfeind" betrachtet wurde. Das Kaiserreich von 1871 galt dabei als Wiederbelebung des mittelalterlich-germanischen Reiches der Deutschen.

Nach 1918 wurde der „Arminiusmythos" in „völkischen" Kreisen verwendet. Diese verstanden ihn jedoch nicht als heroischen Sieg der „Germanen", sondern stellten die Ermordung des Arminius durch die eigenen Leute der Dolchstoßlegende gleich, nach der die deutsche Armee durch oppositionelle „vaterlandslose" Zivilisten aus der Heimat von hinten „erdolcht" worden sei. Während der Weimarer Republik wurde der „Hermannsmythos" vor allem gegen die Republik und ihre Vertreter instrumentalisiert. So wussten ihn auch die Nationalsozialisten für ihre Zwecke zu nutzen und mit ihrer germanischen Rassenideologie zu verbinden. In unterschiedlicher Weise wurde Arminius somit jeweils als Identifikationsfigur herangezogen.

„Die Hermannsschlacht im Teutoburger Wald."
Gemälde (88 x 117 cm) von Wilhelm Lindenschmidt d. Ä., um 1840.

- Analysieren Sie die Bildkomposition. | F
- Erläutern Sie, inwiefern Wilhelm Lindenschmidt den Ausgang der Schlacht vorwegnimmt.

M1 Arminius gegen Varus: Ein Römer berichtet

Der römische Geschichtsschreiber Velleius Paterculus (um 20/19 v. Chr. – nach 30 n. Chr.) dient ab 4 n. Chr. unter anderem als Reiterpräfekt und Legat in Germanien. In seinem Werk „Historia Romana" schildert er um 20 n. Chr. die Varusschlacht und die Niederlage der römischen Legionen unter Publius Quinctilius Varus gegen die von dem Cheruskerfürsten Arminius geführten germanischen Stämme:

117. [...] 2. Quinctilius Varus stammte aus einer angesehenen, wenn auch nicht hochadligen Familie. Er war von milder Gemütsart, ruhigem Temperament, etwas unbeweglich an Körper und Geist, mehr an müßiges Lagerleben als an den Felddienst gewöhnt. Dass er wahrhaft kein Verächter des Geldes war, beweist seine Statthalterschaft in Syrien: Als armer Mann betrat er das reiche Syrien, und als reicher Mann verließ er das arme Syrien.
3. Als er Oberbefehlshaber des Heeres in Germanien wurde, bildete er sich ein, die Menschen dort hätten außer der Stimme und den Gliedern nichts Menschenähnliches an sich, und die man durch das Schwert nicht hatte zähmen können, die könne man durch das römische Recht lammfromm machen.
4. Mit diesem Vorsatz begab er sich ins Innere Germaniens, und als habe er es mit Männern zu tun, die die Annehmlichkeiten des Friedens genossen, brachte er die Zeit des Sommerfeldzugs damit zu, von seinem Richterstuhl aus Recht zu sprechen und Prozessformalitäten abzuhandeln.
118. 1. Die Leute dort sind aber – wer es nicht erfahren hat, wird es kaum glauben – bei all ihrer Wildheit äußerst verschlagen, ein Volk von geborenen Lügnern. Sie erfanden einen Rechtsstreit nach dem andern; bald schleppte einer den anderen vor Gericht, bald bedankten sie sich dafür, dass das römische Recht ihren Händeln ein Ende mache, dass ihr ungeschlachtes Wesen durch diese neue und bisher unbekannte Einrichtung allmählich friedsam werde und, was sie nach ihrer Gewohnheit bisher durch Waffengewalt entschieden hätten, nun durch Recht und Gesetz beigelegt würde. Dadurch wiegten sie Quinctilius Varus in höchster Sorglosigkeit, ja, er fühlte sich eher als Stadtprätor, der auf dem römischen Forum Recht spricht, denn als Oberbefehlshaber einer Armee im tiefsten Germanien.
2. Es gab damals einen jungen Mann aus vornehmem Geschlecht, der tüchtig im Kampf und rasch in seinem Denken war, ein beweglicherer Geist, als es die Barbaren gewöhnlich sind. Er hieß Arminius und war der Sohn des Segimer, eines Fürsten jenes Volkes. In seiner Miene und in seinen Augen spiegelte sich sein feuriger Geist. Im letzten Feldzug hatte er beständig auf unserer Seite gekämpft und hatte mit dem römischen Bürgerrecht auch den Rang eines römischen Ritters erlangt. Nun machte er sich die Indolenz[1] unseres Feldherrn für ein Verbrechen zunutze. [...]
3. Erst weihte er nur wenige, dann mehrere in seinen Plan ein. Die Römer könnten vernichtet werden, das war seine Behauptung, mit der er auch überzeugte. Er ließ den Beschlüssen Taten folgen und legte den Zeitpunkt für den Hinterhalt fest.
4. Dies wurde dem Varus von Segestes hinterbracht, einem loyalen Mann jenes Volkes mit angesehenem Namen. Er forderte Varus auf, die Verschwörer in Ketten zu legen. Aber das Schicksal war schon stärker als die Entschlusskraft des Varus und hatte die Klarheit seines Verstandes völlig verdunkelt. Denn so geht es ja: Wenn ein Gott das Glück eines Menschen vernichten will, dann trübt er meistens seinen Verstand und bewirkt damit – was das Beklagenswerteste daran ist –, dass dieses Unglück auch noch scheinbar verdientermaßen eintrifft und sich Schicksal in Schuld verwandelt. Varus wollte es also nicht glauben und beharrte darauf, die offensichtlichen Freundschaftsbezeugungen der Germanen gegen ihn als Anerkennung seiner Verdienste zu betrachten. Nach diesem ersten Warner blieb für einen zweiten keine Gelegenheit mehr.

Zitiert nach: Lutz Walther (Hrsg.), Varus, Varus! Antike Texte zur Schlacht im Teutoburger Wald. Lateinisch-Deutsch. Griechisch-Deutsch, Stuttgart 2008, S. 58–63

[1] **Indolenz**: Gleichgültigkeit, Ahnungslosigkeit

1. Arbeiten Sie die Gründe heraus, die Paterculus für die römische Niederlage in der Varusschlacht anführt. | F
2. Vergleichen Sie seine Charakterisierung von Varus und Arminius.

M2 Tacitus über die „Germanen"

In seinem um das Jahr 100 n. Chr. verfassten Werk „De origine et situ Germanorum liber", kurz „Germania", beschreibt der römische Geschichtsschreiber Tacitus (um 55 – um 120 n. Chr.) in 46 Kapiteln neben Ursprung und Grenzen „Germaniens" auch die Sitten und Gebräuche seiner Bevölkerung:

2. Die Germanen selbst sind, möchte ich meinen, Ureinwohner und von Zuwanderung und gastlicher Aufnahme fremder Völker gänzlich unberührt. Denn ehemals kam nicht auf dem Landwege, sondern zu Schiff gefahren, wer neue Wohnsitze suchte, und das Weltmeer, das ins Unermessliche hinausreicht und sozusagen auf der anderen Seite liegt, wird nur selten von Schiffen aus unserer Zone besucht. Wer hätte auch [...] Asien oder Afrika oder Italien verlassen und Germanien aufsuchen wollen, landschaftlich ohne Reiz, rau im Klima, trostlos für den Bebauer wie für den Beschauer, es müsste denn seine Heimat sein? [...]
4. Ich selbst schließe mich der Ansicht an, dass sich die Bevölkerung Germaniens niemals durch Heiraten mit Fremdstämmen vermischt hat und so ein reiner, nur sich selbst gleicher Menschenschlag von eigener Art geblieben

ist. Daher ist auch die äußere Erscheinung trotz der großen Zahl von Menschen bei allen dieselbe: wild blickende blaue Augen, rötliches Haar und große Gestalten, die allerdings nur zum Angriff taugen. Für Strapazen und Mühen bringen sie nicht dieselbe Ausdauer auf, und am wenigsten ertragen sie Durst und Hitze; wohl aber sind sie durch Klima und Bodenbeschaffenheit gegen Kälte und Hunger abgehärtet. [...]

6. Auch an Eisen ist kein Überfluss, wie die Art der Bewaffnung zeigt. Nur wenige haben ein Schwert oder eine größere Lanze. Sie tragen Speere oder, wie sie selbst sagen, Framen, mit schmaler und kurzer Eisenspitze, die jedoch so scharf und handlich ist, dass sie dieselbe Waffe je nach Bedarf für den Nah- oder Fernkampf verwenden können. Selbst der Reiter begnügt sich mit Schild und Frame; die Fußsoldaten werfen auch kleine Spieße, jeder mehrere, und sie schleudern sie ungeheuer weit: Sie sind halb nackt oder tragen nur einen leichten Umhang. Prunken[1] mit Waffenschmuck ist ihnen fremd [...].

7. [...] Besonders spornt sie zur Tapferkeit an, dass nicht Zufall oder willkürliche Zusammenrottung, sondern Sippen und Geschlechter die Reiterhaufen oder die Schlachtkeile bilden. Und ganz in der Nähe haben sie ihre Lieben; von dorther können sie das Schreien der Frauen, von dorther das Wimmern der Kinder vernehmen. Ihr Zeugnis ist jedem das heiligste, ihr Lob das höchste: Zur Mutter, zur Gattin kommen sie mit ihren Wunden [...]; auch bringen sie den Kämpfenden Speise und Zuspruch. [...]

18. Gleichwohl halten die Germanen auf strenge Ehezucht, und in keinem Punkte verdienen ihre Sitten größeres Lob. Denn sie sind fast die Einzigen unter den Barbaren, die sich mit einer Gattin begnügen; sehr wenige machen hiervon eine Ausnahme, nicht aus Sinnlichkeit, sondern weil sie wegen ihres Adels mehrfach um Ehebindungen angegangen werden. [...]

19. [...] Die Zahl der Kinder zu beschränken oder ein Nachgeborenes zu töten, gilt für schändlich, und mehr vermögen dort gute Sitten als anderswo gute Gesetze.

Tacitus, Germania. Latein-Deutsch, übersetzt, erläutert und mit einem Nachwort herausgegeben von Manfred Fuhrmann, Stuttgart 2000, S. 9, 11, 13, 15, 27, 29 und 31

1. Erläutern Sie das Bild, das Tacitus von den „Germanen" entwirft. | H | F
2. Tacitus' Aufzeichnungen dienten als Grundlage für die seit der Frühen Neuzeit entwickelte Annahme, die „Germanen" seien ein ethnisch geschlossenes Volk mit gemeinsamem Ursprung gewesen. Weisen Sie nach, an welche Aussagen dabei angeknüpft wurde.
3. Analysieren Sie die Haltung des Autors. Überlegen Sie, inwiefern Tacitus' Schilderungen auf römische Verhältnisse bezogen sein könnten. | H
4. Beurteilen Sie vor dem Hintergrund Ihrer Ergebnisse den Quellenwert von M1 und M2.

M3 Arminius als deutscher Nationalheld

Nachdem der Architekt und Bildhauer Ernst von Bandel mit seinem seit 1819 geplanten Denkmal der Befreiungskriege zu Ehren des Arminius („Hermann") beim bayerischen König Ludwig I. (1800–1876) nicht auf die gewünschte Resonanz gestoßen ist, kehrt er 1834 München den Rücken und sucht im Teutoburger Wald nach einem geeigneten Platz für das Bauwerk. Dort gründet sich 1838 ein „Verein für die Errichtung des Hermanns-Denkmals". Erste Skizzen zu einem „deutschen National-Denkmal" entstehen. 1841 wird auf dem Teutberg südwestlich von Detmold der Grundstein gelegt. Danach geht der Bau nur schleppend voran, da das öffentliche Interesse und damit auch die Fördermittel gering sind. Die nationale Begeisterung nach dem Ende des Deutsch-Französischen Krieges 1871 und Großspenden Kaiser Wilhelms I. (1797–1888) ermöglichen schließlich die Fertigstellung. Am 16. August 1875 wird das Hermannsdenkmal feierlich eingeweiht. In einer Broschüre zur Feier der Grundsteinlegung 1841 heißt es:

Da wird die Zeit kommen, wo der alte Kaiser erwacht, der im Kyffhäuser[2] [...] schläft, dem vor langem Schlafen der Bart durch den Felsen gewachsen ist. Wenn die Husaren in die Trompete blasen und die Trommelwirbel durch alle Gauen[3] tönen, dass vor lauter Lärmen die Felsen erdröhnen; da wird der alte Kaiser sich regen, und aus dem Schlummer erwachend und sich besinnend wird er fragen! „Was ist das für ein Lärmen in meinen Deutschen Landen, der mich aus dem langen Schlummer erweckt?" – Und seine Dienstmannen werden ihm antworten müssen: „Das Deutsche Volk ist in Bewegung. Deutschland ist wieder erstanden zur gewaltigen Einheit, zur mächtigen Größe!" Und der Kaiser wird erstaunt fragen: „Ist das Deutschland, das zerrissen war?" Und sie werden ihm antworten: „Nein! es ist das Einige Deutschland!"
Und freudig sich ermannend wird der Kaiser sagen: „Das ist wieder Mein Deutschland! Mein großes schönes Deutschland! Die Zeit ist um. Ich habe den langen Schlaf ausgeschlafen. Wohlan! Bringt mir mein Ross, dass ich es besteige, dass ich durch alle Deutschen Gauen reite, und mein Volk mustere. Wo ist der Feind?" [...] Und erschüttert von dem gewaltigen Jauchzen des Volks, und erweckt durch die deutschen Töne, wird Hermann von seinem Felsen herabsteigen und unter das Volk treten. Und der alte Kaiser und die Fürsten und Könige werden ihm entgegen-

[1] **prunken**: prangen, prahlen, zur Schau stellen
[2] **Kyffhäuser**: Bergrücken in Thüringen, wo einer Sage nach Kaiser Friedrich I. Barbarossa (um 1122–1190) schlafend auf den richtigen Moment für seine Wiederkehr wartet. Im 19. Jahrhundert wurde die Regionalsage zum deutschen Nationalmythos erhoben: Der Rückgriff auf die alte Kaiserherrlichkeit der Stauferzeit verband sich mit der Sehnsucht nach einem geeinten Deutschen Reich, die 1871 in Erfüllung zu gehen schien.
[3] **Gau**: geschlossener germanischer Siedlungsraum; auch Bezeichnung für eine Region als Verwaltungseinheit

schreiten, und ihn in ihre Mitte nehmen. Sie werden ihn als den ersten deutschen Helden begrüßen, dem das Vaterland seine Freiheit und Selbstständigkeit verdankt, und der der erste Begründer seiner jetzigen Größe gewesen ist.

Zitiert nach: Ludger Kerssen, Das Interesse am Mittelalter im deutschen Nationaldenkmal, Berlin u.a. 1975, S. 81 f.

1. Ordnen Sie Text und Bilder (Seite 449–451) in den historischen Kontext ein. Erläutern Sie Bedeutung und Nutzung des Hermannsdenkmals von der Zeit seiner Entstehung bis heute.
2. Analysieren Sie, inwiefern der Arminiusmythos für politische Vorstellungen und Ziele in Anspruch genommen wurde. Welche Funktion kommt Arminius dabei zu? | F
3. Finden Sie weitere Beispiele für historische Persönlichkeiten, Ereignisse oder Symbole, die in ähnlicher Weise für nationale Bestrebungen herangezogen wurden.

Kundgebung zum Bezirkstag der NSDAP am Hermannsdenkmal.
Foto von 1928.
In der Weimarer Republik wurde das Denkmal zu einer Art Wallfahrtsort republik- und demokratiefeindlicher Nationalisten.

„Germanenumzug" durch die Detmolder Innenstadt bei den Jubiläumsfeiern zur Varusschlacht.
Foto von 1909.

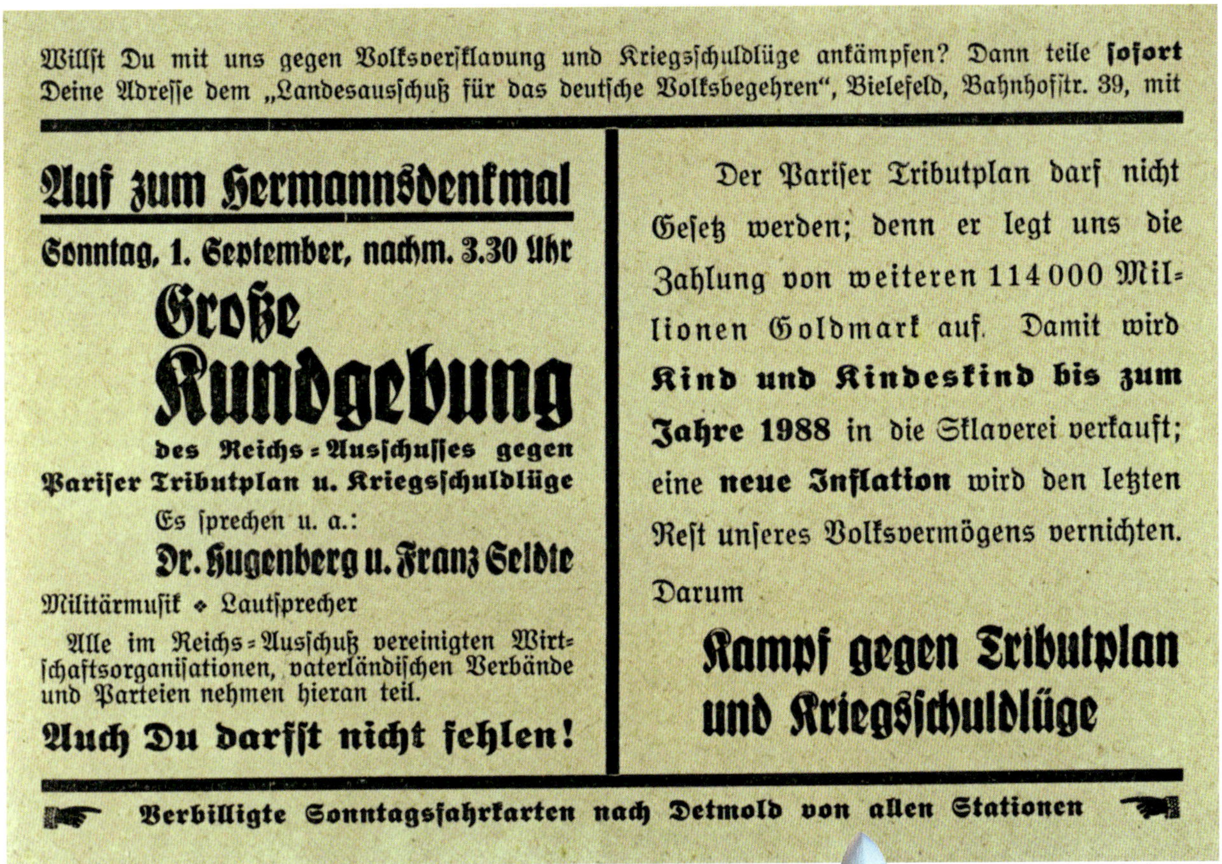

Aufruf zur Kundgebung gegen den Young-Plan (1929).

Zwermann, der Cheruskerzwerg aus dem Hermannsland.
Souvenir aus Kunststoff (39 cm), Detmold 2008.

Methode

Weitere Anwendungsbeispiele finden Sie u. a. auf den Seiten 190, 288, 455 und 470.

Denkmäler untersuchen

Denkmäler sind eine besondere Form von Bauwerken. Sie haben das Ziel, an ein Ereignis, Zeiträume oder Personen zu erinnern, die dem Auftraggeber oder Künstler wichtig sind. Kaum eine andere Quellengattung ist so gut geeignet für **historisch-entdeckendes Lernen** wie Denkmäler. Sie ermöglichen nicht nur die Beschäftigung mit der Vergangenheit. Darüber hinaus sind sie ein sichtbarer Bestandteil des kulturellen und kollektiven Gedächtnisses eines Landes. Sie führen vor Augen, dass **historische Erinnerung** der ständigen Veränderung unterworfen ist, und sie drücken das **Geschichtsbewusstsein** ihrer Entstehungszeit aus. Jeden Betrachter zwingt ein Denkmal zu einer ganz persönlichen Einschätzung. Je besser er die **Entstehungsgeschichte** kennt und die einzelnen Teile deuten kann, desto mehr geht die Bewertung eines Denkmals über rein subjektive Eindrücke hinaus.
Die **Anlässe** für die Errichtung eines Denkmals haben sich im Laufe der Jahrhunderte ebenso verändert wie die **Art der Gestaltung**. Je nachdem welches Kriterium zugrunde gelegt wird, lassen sich Kategorien von Denkmälern unterscheiden. Eine rein äußerliche Einteilung ist die in Denkmäler mit naturalistisch gestalteten Figuren, Baudenkmäler, Industriedenkmäler, Naturdenkmäler und abstrakt gestaltete Denkmäler. Eine andere Unterscheidungsmöglichkeit bietet die **Intention** eines Denkmals. Mahnmale und Erinnerungsstätten richten zum Beispiel an die Nachwelt den Auftrag, aus der Vergangenheit für die Zukunft zu lernen.

Arbeitsschritt	**Leitfragen**
1. beschreiben	• Wen oder was zeigt das Denkmal? • Welche Form hat das Denkmal (Material, Farbe, Gestaltung)? • Wann wurde das Denkmal errichtet? Wie lange war die Dauer von der Idee bis zur Realisierung? • An welchem Ort wurde das Denkmal errichtet? Welche Bedeutung hat die Umgebung? • Wer hat das Denkmal initiiert, bezahlt, künstlerisch gestaltet und eingeweiht? • Gab es Kontroversen oder alternative Entwürfe?
2. erklären	• An welche Persönlichkeit, an welches Ereignis oder an welchen Sachverhalt soll das Denkmal erinnern? • Vor welchem historischen Hintergrund wurde das Denkmal errichtet? • Wie sind die dargestellten Symbole und Allegorien sowie die Inschriften des Denkmals zu deuten? • An welche Adressaten richtet(e) sich das Denkmal? Welche Beweggründe und Ziele hatten die Initiatoren? • Wie wurde das Denkmal aufgenommen und kommentiert? • Welche emotionale, kognitive (den Verstand ansprechende) und/oder politische Absicht verfolgt das Denkmal? • Wurde das Denkmal später verändert oder an einen anderen Platz versetzt? Wenn ja, was waren die Gründe, wer war dafür verantwortlich?
3. beurteilen	• Wie lassen sich Form und Gestaltung des Denkmals bewerten? • Ist die beabsichtige Wirkung des Denkmals durch die Gestaltung umgesetzt? • Welche Wirkung hat das Denkmal auf heutige Betrachter?

Schwert:
Das sieben Meter lange Schwert trägt folgende Inschrift: „Deutsche Einigkeit meine Staerke, meine Staerke Deutschlands Macht."

Figur:
Das Standbild zeigt den Cheruskerfürsten Arminius („Hermann" genannt). Es ist bis zur Schwertspitze rund 26 Meter hoch, wiegt circa 43 Tonnen und besteht aus einer Eisenrohrkonstruktion mit einer Oberfläche aus Kupferplatten. Unter dem linken Fuß der Hermannsfigur liegen ein Adler und ein Liktorenbündel (Amtssymbol im Römischen Reich).

Schild:
Auf dem zehn Meter großen Schild steht: „Treufest".

Unterbau:
Am knapp 27 Meter hohen Unterbau sind verschiedene Inschriften zu finden, die u. a. auf die Befreiungskriege (1813–1815), die Reichsgründung (1871) und auf Schriften des römischen Geschichtsschreibers Tacitus Bezug nehmen. Oberhalb der zehn Pfeiler und zehn Nischen befindet sich ein Besucherumlauf.

Das Hermannsdenkmal bei Detmold.
Foto von 2018.
Mit dem Bau wurde 1838 begonnen. Die feierliche Einweihung des Hermannsdenkmals fand am 16. August 1875 statt.

▶ Analysieren Sie das Denkmal mithilfe der Arbeitsschritte auf Seite 452. Ihre Ergebnisse können Sie mit der Lösungsskizze auf Seite 517 vergleichen.

Mythos „Tannenberg/Grunwald"

Ein Mythos entsteht: die Schlacht bei Tannenberg | Im Jahre 1410 fand bei *Tannenberg* (polnisch *Grunwald*) eine große Schlacht zwischen einem Heer der Ordensritter und einer litauisch-polnischen Armee statt, die letztere gewann. Danach war die Schlacht fast 500 Jahre lang vergessen worden, auch deshalb, weil sie fast keine politischen Konsequenzen gehabt hatte. Noch zu Beginn des 19. Jahrhunderts spielten in Preußen die Schlacht und die Erinnerung an die Ordensritter nahezu keine Rolle. Die am Ufer der Nogat gelegene Marienburg, der ehemalige Sitz der Ordensritter, diente nicht als Erinnerungsort, sondern als Getreidespeicher. Erst in der zweiten Hälfte des 19. Jahrhunderts änderte sich diese Sicht auf die Vergangenheit grundlegend.

Mehrere Historikerinnen und Historiker betonen, dass häufig mit polarisierenden Paaren von Begriffen gearbeitet wurde. Auf der einen Seite standen die Deutschen, auf der anderen die Polen. Die Gegensätze waren etwa das (kultur)geografische Abendland und der kulturlose Osten, die zivilisatorische Bildung und die Barbarei, die sittliche Ritterlichkeit und der Frevel oder die mentale Disziplin und die Anarchie. Der ansonsten hoch angesehene deutsche Historiker *Heinrich von Treitschke* popularisierte auf diese Weise das Bild der Schlacht bei Tannenberg. Eine große Rolle in der deutschen Literatur spielte auch die christliche Missionstätigkeit der Ordensritter im Osten. Dabei wurde aber häufig übersehen, dass das mittelalterliche Polen bereits seit dem 10./11. Jahrhundert christianisiert war, die Ritter also keineswegs gegen einen heidnischen Osten gekämpft hatten.

Sehr viel mehr noch als in Deutschland befassten sich polnische Schriftsteller mit der Schlacht bei Grunwald. Der Roman „Die Kreuzritter", 1900 verfasst von *Henryk Sienkiewicz*, der 1905 den Nobelpreis für Literatur erhielt, wurde zu einem Bestseller. Hier wurden sehr ähnliche Stereotype verwendet, nur in umgekehrter Weise: Dem edlen Polen standen hier die hochmütigen Ordensritter gegenüber. Auch in den folgenden Jahren wurde diese Polarisierung bei anderen Autoren konsequent beibehalten. Der polnische König ist bescheiden, friedliebend, fromm und gerecht, die Kreuzritter sind eingebildet, menschenverachtend, hochmütig, machtgierig und brutal.

Reenactment der Schlacht von Grunwald.
Foto vom Juli 2018, Danzig. Hunderte Akteure stellen in historischen Gewändern die Schlacht aus dem Jahre 1410 nach.

Tannenberg im Spiegel von Denkmälern und Gedenkfeiern | 1901 wurde auf dem ehemaligen Schlachtfeld von Tannenberg ein zweieinhalb Meter hoher Granitblock aufgestellt. Die Aufschrift lautete: „Im Kampf für deutsches Wesen, deutsches Recht starb hier der Hochmeister Ulrich von Jungingen am 15. Juli 1410 den Heldentod." 1902 fand in der restaurierten Marienburg ein Fest des Johanniterordens statt, bei der Kaiser *Wilhelm II.* eine antipolnische Rede hielt.

Die polnische Seite reagierte sofort. Nach einer Pressekampagne erinnerten Feiern in zahlreichen Orten an den polnischen Sieg gegen die Ritter. Den Höhepunkt erreichten die polnischen Feiern in dem Jahr 1910, als das 500-jährige Jubiläum der Schlacht als ein polnischer Nationalfeiertag begangen wurde. In zahlreichen Kirchen fanden Dankgottesdienste statt, und in Krakau wurden zentrale dreitägige Feiern abgehalten, zu denen etwa 150000 Menschen anreisten. Reden, Paraden, Theateraufführungen, Ausstellungen und Volksfeste fanden statt, und auf dem zentralen Matejko-Platz wurde ein 24 Meter hohes Denkmal enthüllt, das der berühmte polnische Pianist *Ignacy Jan Paderewski* gespendet hatte. Es zeigte König *Wladyslaw II.* auf einem Pferd, zu seinen Füßen lag der erschlagene deutsche Großmeister, und die Inschrift lautete: „Den Urvätern zum Ruhm, den Brüdern zur Ermutigung“.

Nachdem 1914 zu Beginn des Ersten Weltkrieges bei den Masurischen Seen eine russische Armee in Ostpreußen vernichtend geschlagen worden war, wurde diese Schlacht nach dem Vorschlag des Generalfeldmarschalls *Paul von Hindenburg* erneut nach dem kleinen Ort Tannenberg benannt. Nach dem Ende des Ersten Weltkrieges wurde an dieser Stelle zwischen 1924 und 1927 ein monumentales Denkmal errichtet, das die Funktion eines nationalen Ehrenmales erhalten sollte (→M1 bis M3).

Das Tannenberg-Nationaldenkmal.
Foto von 1931.

Blick in den Innenhof des Denkmals.
Foto aus den 1930er-Jahren.
Im Jahre 1945 sprengten deutsche Soldaten das Denkmal vor dem Anrücken der Roten Armee.

M1 Die Schlacht bei Grunwald aus polnischer Perspektive

Der Pole Jan Matejko (1838–1893) malt das rund vier Meter breite und fast zehn Meter lange Ölgemälde in den 1870er-Jahren. Das Monumentalgemälde verbindet verschiedene Szenen miteinander: Links von der Bildmitte ist der Tod von Ulrich von Jungingen, dem Hochmeister des Deutschen Ordens, zu erkennen. In der rechten Bildhälfte wird der polnische König auf einem Hügel dargestellt. Im Zentrum des Bildes befindet sich der litauische Großfürst Vytautas der Große, der sein Schwert in die Höhe streckt.

1. Beschreiben Sie die mögliche Wirkung des Gemäldes auf den Betrachter. Beziehen Sie dabei auch die Größe des Bildes mit ein.
2. Charakterisieren Sie einzelne Personengruppen und deren Beziehungen zueinander. Berücksichtigen Sie dabei auch die Mimik, Gestik und Haltung ausgewählter Personen.
3. Präsentation: Entwickeln Sie ausgehend von dem Bild Hypothesen über den Charakter von nationalen Mythen. | F

M2 Ein „nationales Toten-Denkmal"

*Der Historiker Fithjof Benjamin Schenk (*1970) schreibt über das Tannenberg-Nationaldenkmal:*

1927 wurde bei Hohenstein in der Nähe des Kampfplatzes von 1914 von rechtsgerichteten und militaristischen Kreisen der Weimarer Republik das deutsche Tannenberg-Nationaldenkmal zum Gedenken an die erfolgreiche Schlacht eingeweiht. Ohne finanzielle Unterstützung der preußischen Staatsregierung entstand eine gewaltige Totenburg als Zentrum des Gefallenen- und Führerkultes. Vergleichbar der Realisierung des Hermannsdenkmals im Teutoburger Wald wurde das Ehrenmal bei Hohenstein über Spenden öffentlicher Körperschaften, Kriegerverbände und Privatpersonen, die von lokalen und regionalen Denkmalvereinen gesammelt wurden, sowie über Lotterien und andere Werbeveranstaltungen finanziert. Allerdings gab es auch massiven Widerstand gegen das Denkmalsprojekt aus linken und pazifistischen Kreisen.

Den Architekturwettbewerb gewannen die Brüder Johannes und Walter Krüger […]. Ihr Entwurf „Gode Wind", ein Mauerachteck mit einem Durchmesser von rund hundert Metern, sowie über zwanzig Meter hohen Türmen an den Ecken, war formalästhetisch an das „urgermanische" Kultheiligtum Stonehenge angelehnt. Darüber hinaus erlaubte das Bauwerk, das die Sicherheit und Geschlossenheit einer mittelalterlichen Stadtanlage ausstrahlte, weitere Assoziationen. Zum einen erinnert der Entwurf an die Stauferburg Castel del Monte, die Kaiser Friedrich II. als Jagdschloss um 1240 südlich von Andria erbauen ließ. Waghalsige Interpretationen sehen in der Form des Denkmals gar das Abbild der achteckigen Reichskrone, das wiederum die monarchischen Träume der Initiatoren widergespiegelt habe. Relativ deutlich springen Parallelen zur Bühnen- und Filmarchitektur der zwanziger Jahre ins Auge. Besonders der Nibelungenfilm von Fritz Lang aus dem Jahre 1924 ist in diesem Zusammenhang zu nennen. [...]

Das Nationaldenkmal war eine Weihestätte des Tannenberg-Mythos und des nationalen Totenkultes. Im zentralen Hof der Totenburg waren zwanzig unbekannte deutsche Soldaten unter einem hohen Kupferkreuz beerdigt [...]. Die Architekten konzipierten ihr Bauwerk als nationales Toten-Denkmal und Versammlungsort für Massenveranstaltungen. [...] Das Nationaldenkmal bei Hohenstein wurde zudem als Symbol für die Solidarität des Reiches mit der abgetrennten Provinz Ostpreußen [...] wahrgenommen. [...]

Am 18. September 1927 wurde das Nationaldenkmal durch den vergötterten Generalfeldmarschall und Reichspräsidenten von Hindenburg eingeweiht. [...] Vor angeblich 80 000 Anwesenden betonte der Reichspräsident bei der Einweihung an dieser Stelle als erster ranghoher deutscher Politiker: „Die Anklage, dass Deutschland schuld sei an diesem größten aller Kriege, weisen wir, weist das deutsche Volk in allen seinen Schichten einmütig zurück!"

Der Ruf Hindenburgs, dass „an diesem Erinnerungsmale stets innerer Hader zerschellen [möge]; es [...] eine Stätte [sei], an der sich alle die Hand reichen [...]", ging bereits ins Leere. Die militärischen und reaktionären Kräfte waren bei der Eröffnungsfeier unter sich. Einem Rabbiner war schon im Vorfeld eine Gedenkrede zu Ehren der gefallenen jüdisch-deutschen Soldaten verweigert worden. Die Parteien der „Systemzeit" hatte man erst gar nicht eingeladen, die SPD distanzierte sich sowieso von der Errichtung nationaler Kriegsdenkmäler, die preußische Regierung war daher der Zeremonie ferngeblieben.

Frithjof Benjamin Schenk, Tannenberg/Grunwald, in: Etienne François und Hagen Schulze (Hrsg.), Deutsche Erinnerungsorte, Bd. 1, München [3]2002, S. 438–454, hier S. 448–450

- Analysieren Sie das Tannenberg-Nationaldenkmal mithilfe der Informationen aus M2 und anhand der Bilder auf Seite 455. Orientieren Sie sich bei Ihrer Analyse an den Arbeitsschritten auf Seite 452 aus der Methode „Denkmäler untersuchen".

M3 Der Tannenberg-Mythos

*Der deutsche Historiker Hans-Jürgen Bömelburg (*1961) stellt fest:*

Eine erste Konjunktur erlebte der Tannenberg-Mythos seit der deutschen Reichsgründung 1870 durch Persönlichkeiten mit öffentlicher Ausstrahlung wie den Berliner Historiker Heinrich von Treitschke oder den Schriftsteller Ernst Wichert [...]. Treitschke oder Wichert schrieben dem Deutschen Orden eine deutsche Zivilisierungsmission zu und sahen in ihm einen Vorposten gegen die „slawische Flut", eine Vorstellung, die nach 1870 auch den deutschen Zeitgeist mit seinen Germanisierungszielen in den sogenannten „Ostmarken" traf. Heinrich von Plauen, der Deutschmeister[1], der nach der Niederlage von Tannenberg den polnisch-litauischen Armeen Widerstand leistete, war eine programmatische Figur, die das Heldentum der Ordensritter verkörperte.

Auf der polnischen Seite entstanden parallel Bilder und Texte, die zum Aufbau einer Identität der Nation ohne Staat auf den Sieg in der Schlacht bei Grunwald zurückgriffen und damit das nationale Selbstbewusstsein kräftigen wollten. Den Anfang machte das monumentale Grunwald-Bild des Krakauer Malers Jan Matejko (1878), das dank seines komplexen Figurenpanoramas den Zeitgenossen half, die Ereignisse neu zu entdecken und zu ordnen [...]. Ordensritterromane [...] popularisierten eine heroische Sicht auf die nationale Geschichte und kräftigten die damals, um 1900, deutlich unterlegenen polnischen Eliten in ihrem Selbstbewusstsein. [...]

Der Erste Weltkrieg und die Zwischenkriegszeit sind von staatlicher Aneignung und Überformung der deutschen wie der polnischen Erinnerung gekennzeichnet. Die deutsche Benennung der ostpreußischen Kämpfe 1914 nach „Tannenberg" war rein willkürlich – es hätte auch Hunderte anderer Orte gegeben, nach denen man die Schlacht hätte benennen können. Für „Tannenberg" sprach nachdrücklich der Revanche-Gedanke [...].

Hans-Jürgen Bömelburg, Vergessen neben Erinnern. Die brüchige Erinnerung an die Schlacht bei Tannenberg/Grunwald in der deutschen und polnischen Öffentlichkeit, in: Peter Oliver Loew und Christian Prunitsch (Hrsg.), Polen. Jubiläen und Debatten. Beiträge zur Erinnerungskultur, Wiesbaden 2012, S. 37–55, hier S. 38 f.

1. Erklären Sie den Begriff „Zivilisierungsmission" (Zeile 6).
2. Analysieren Sie, wie sich anhand eines wenig bedeutsamen historischen Ereignisses sehr unterschiedliche, konkurrierende „nationale" Erinnerungskulturen bilden.
3. Erörtern Sie, warum Geschichte als Argument für nationale Bewegungen eine derartig wichtige Rolle spielte und immer noch spielt.

[1] **Deutschmeister**: Oberhaupt der preußischen Kreuzritter

Der 14. Juli – ein Mythos?

Militärparade auf den Champs-Elysées in Paris am Nationalfeiertag.
Foto vom 14. Juli 2019.

- Erläutern Sie, inwiefern solche Feiern das Geschichtsbewusstsein der Franzosen prägen.

Nationale Symbolik am 14. Juli | Alljährlich wird heutzutage in Frankreich an den 14. Juli erinnert. Nach einer Umfrage von 1989 halten 60 Prozent der Franzosen den *„Bastille-Sturm"* für das wichtigste Ereignis der Französischen Revolution[1]. An den Abenden des 13. Juli finden in allen französischen Dörfern und Städten Feste statt, die an die ausgelassenen Feiern des einfachen Volkes während der Revolutionszeit erinnern. Am folgenden Morgen beschwören dann die Regierenden in Paris die nationale und republikanische Einheit Frankreichs mit einer großen Militärparade. Sie knüpfen damit an die erste Jahresfeier der Revolution vom 14. Juli 1790 an. Die *Nationalfeiertage* enden abends mit aufwändigen Feuerwerken.

Der heutige Umgang mit dem 14. Juli geht nicht unmittelbar und durchgängig auf die Revolution von 1789 zurück. Er ist das Ergebnis von Deutungen und Mystifizierungen. Erst in einer politischen Krisenzeit konnten die Republikaner 1880 den 14. Juli gegen den massiven Widerstand der Monarchisten zum Nationalfeiertag machen. Die von den Republikanern inszenierte Hundertjahrfeier der Revolution 1889 stand noch unter dem Leitmotiv „Eintracht und Befriedung" der innenpolitisch stark zerstrittenen Nation. Erst die militärischen Erfolge Frankreichs über das Deutsche Reich und seine Verbündeten im Ersten und Zweiten Weltkrieg trugen dazu bei, den 14. Juli fast ganz aus seiner ursprünglichen Bedeutung herauszulösen und zu einem Tag der wehrhaften Nation zu machen. In den Grundzügen ist dies bis heute so geblieben.

1989, zur Zweihundertjahrfeier der Revolution (*Bicentenaire de la révolution*), fanden in Frankreich über 6000 Veranstaltungen statt. Sie reichten vom Staatsakt mit Militärparaden über wissenschaftliche Tagungen und Straßenfeste bis zur Pflanzung von Freiheitsbäumen. Dabei wurde aber nicht nur an den „Sturm auf die Bastille" vom 14. Juli und die Einheit der Nation erinnert, sondern auch an die internationale Bedeutung der Erklärung der Menschen- und Bürgerrechte vom 26. August 1789.

Internettipp
Weitere Informationen zum Nationalfeiertag am 14. Juli finden Sie unter dem Code **32038-06**.

[1] Zur Französischen Revolution siehe Seite 124 ff., insbesondere Seite 129.

Sansculotten tragen ein Modell der Bastille.
Gouache der Brüder Lesueur, 1790/91. Solche Bastille-Modelle wurden bei Umzügen durch die Städte getragen.

Was macht den 14. Juli zum Mythos? | Von Anfang an wurde dem Sturm auf die Bastille am 14. Juli 1789 eine besondere Bedeutung gegeben. Das sahen schon die Zeitgenossen so (➔M1). Aber worauf beruhte die außerordentliche Symbolkraft der „Bastille"? Die Antwort der Historikerinnen und Historiker lautet: Sie gründete vor allem darauf, dass

- der „Staatskerker" als „Zwingburg der Despoten" und „Ort des Schreckens" galt;
- das Volk die Festung im Sturm eroberte,
- das Volk die willkürlich verhafteten und seit Jahrzehnten in Ketten liegenden Kritiker des Despotismus befreite,
- die Bastille zerstört und „vermarktet" wurde,
- man die „Sieger der Bastille" zu „Helden der Nation" machte und
- man seit dem 14. Juli 1790 des Bastille-Sturms öffentlich gedachte.

Diese Gründe sind, wie die Forschung belegt hat, das „Ergebnis eines kollektiven Mystifizierungsprozesses" (*Rolf Reichardt*). Folgende Argumente sprechen für diese Behauptung:

In zahlreichen vorrevolutionären Schriften, die oft von ehemaligen Häftlingen stammten, wurde die Bastille immer wieder als Ort der despotischen Willkür dargestellt, in der unschuldige Vorkämpfer der Freiheit in menschenunwürdigen Kerkern um ihr Überleben kämpfen mussten. Diese Schilderungen entsprachen aber 1789 nicht mehr den Tatsachen. Die Bastille war ein fast leeres und unbedeutendes Gefängnis.

Die Bastille wurde nicht im Sturm erobert. Sie war nach einer chaotischen, militärisch wenig wirksamen Belagerung den Aufständischen übergeben worden. 98 Angreifer und sieben Verteidiger kamen dabei ums Leben. Der „Blutzoll" für die befreiende Tat rechtfertigte nicht die anschließende Lynchjustiz der aufständischen Menge an dem gefangenen Gouverneur der Bastille und dem Vorsteher der königlichen Stadtverwaltung, deren Köpfe man auf Piken gespießt zur Schau gestellt hatte.

Die Bastille wurde nicht eingenommen, um zu Unrecht gefangengehaltene und in finsteren Kerkern misshandelte Insassen zu befreien. Die Angreifer suchten nach Waffen und wollten die sie bedrohenden Kanonen auf den Festungstürmen beseitigen. Erst nachträglich wurde die Befreiung „unschuldiger Männer" in der Presse hervorgehoben. Dabei verschwiegen die meisten Reportagen, dass die „Befreier" nur sieben gut genährte Gefangene (zwei geistig Behinderte, vier Fälscher und ein wegen sittlicher Vergehen eingesperrter Adliger) in den Turmzimmern vorgefunden hatten. Statt über Tatsachen zu berichten, schrieb man über einen erfundenen „ehrwürdigen Greis", der „dreißig Jahre" in dem Gefängnis gesessen habe (➔M2).

Der Vorsatz, die Bastille zu zerstören, entstand nicht am 14. Juli. Seit Mitte der 1780er-Jahre wurde von offizieller Seite aus erwogen, die Festung abzureißen. Noch am Abend des 14. Juli ergriff der 34-jährige Bauunternehmer Pierre-François Palloy die Gelegenheit, mit der Schleifung der Festung zu beginnen. Zwei Jahre später war die Bastille baulich nicht mehr vorhanden. Dafür lebte sie nun in den Köpfen der Menschen weiter, denn Palloy hatte sie zur Touristenattraktion gemacht, Bürgerfeste auf ihren Trümmern zelebriert, aus den Steinen Bonbonnieren, Tintenfässer, Würfelbecher und Miniatur-Bastillen machen lassen und dazu Bastille-Modelle als Zeichen der Unfreiheit in alle 83 Départements versandt. Seine revolutionäre Vermarktungsstrategie hatte den Bastille-Mythos vergrößert.

Noch am Abend des 14. Juli 1789 gab es in Paris Umzüge für die „Sieger der Bastille" (*Vainqueurs de la Bastille*). Wie römische Imperatoren sollen sie triumphierend durch die Straßen gefahren worden sein. Im Juni 1790 verlieh die Nationalversammlung den offiziell ermittelten 863 „Vainqueurs" (darunter eine Frau und elf deutsche Männer) Vorrechte und Ehrenzeichen dafür, dass sie „ihr Leben aufs Spiel gesetzt hatten, um ihr Vaterland zu befreien und das Joch der Sklaverei abzuschütteln".

Fest der Föderation auf dem Marsfeld in Paris am 14. Juli 1790.
Kolorierter Druck aus Frankreich, Ende des 18. Jahrhunderts.
Das Marsfeld, ein Truppenübungsplatz, befand sich dort, wo heute der Eiffelturm steht. Vor der Militärschule, die rechts im Bildhintergrund zu sehen ist, stand ein Zelt für den König. Auf der gegenüberliegenden Seite der Tribüne, auf der die königliche Familie Platz genommen hatte, war der „Altar des Vaterlandes" errichtet worden, an dem Marie Joseph Lafayette, der Kommandeur der Nationalgarde, als Erster den Eid auf „die Nation, das Gesetz und den König" vor 300 000 Menschen ablegte.

Zu den Vorrechten der „Vainqueurs" gehörte es, auf dem Föderationsfest vom 14. Juli 1790 auf einer Ehrentribüne sitzen zu dürfen. Das am ersten Jahrestag des Bastille-Sturms auf dem Pariser Marsfeld begangene Fest galt weniger diesem Ereignis als der Beschwörung der Einheit der Nation. Nationalgardisten aus allen 83 Départements legten hier gemeinsam mit den königlichen Linientruppen feierlich einen Eid auf „die Nation, das Gesetz und den König" ab.

Die gemeinsame Erinnerung an dieses nationale Föderationsfest, das zum Vorbild aller weiteren öffentlichen Revolutionsfeiern wurde, ließ die Kontroversen zwischen Republikanern, Konservativen und Royalisten um die Opfer der Revolution allmählich vergessen. Langfristig trug es dazu bei, dass die Mehrheit der Franzosen den am 6. Juli 1880 durch Gesetz verkündeten 14. Juli als Nationalfeiertag annahm (→ M3 bis M6).

Welche historische Bedeutung bleibt dem „Bastille-Sturm"? | Die Entmythologisierung des 14. Juli sollte nicht dessen historische Einordnung vergessen lassen. Auf der einen Seite erinnerten Personen aus Wissenschaft und Politik daran, dass der Bastille-Sturm unnötig und der Anfang der „Schreckenszeit" gewesen sei. Die eigentliche Revolution habe bereits zuvor mit der Entstehung der Nationalversammlung (17. Juni) und dem Ballhausschwur (20. Juni) stattgefunden, außerdem lag den Abgeordneten seit dem 11. Juli der Entwurf für die Erklärung der Menschen- und Bürgerrechte vor.

Auf der anderen Seite wurde darauf verwiesen, dass am 14. Juli die Nationalversammlung von der Auflösung bedroht, der wichtigste Minister entlassen und das Militär um Paris aufmarschiert war. Erst am 14. Juli siegte „die Entschlossenheit über die Zögerlichkeit", indem das Volk von Paris „das Heft der Politik selbst in die Hand" nahm, so der Historiker Erich Pelzer. Der König zog die Truppen zurück, holte den am 11. Juli entlassenen, populären Minister Jacques Necker wieder ins Amt und steckte sich am 17. Juli auf dem Festakt zum Gedenken an die Opfer des 14. Juli in Paris unter dem Jubel der Bevölkerung die ihm überreichte blau-rote Kokarde zu seiner lilienweißen an die Hutkrempe. Ein Zurück zu den alten Zuständen war danach nicht mehr möglich.

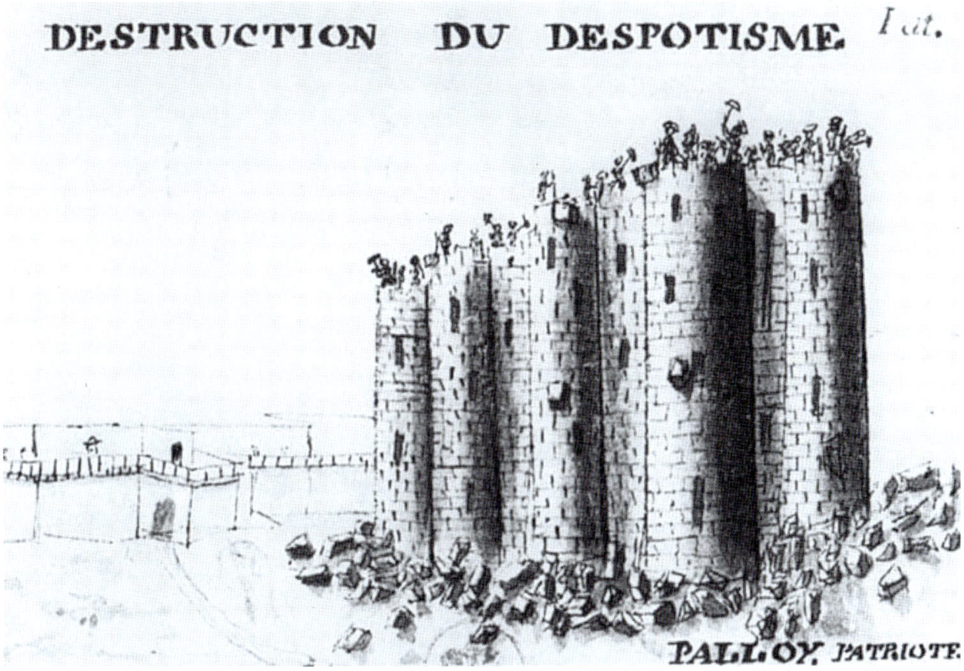

„Niederschlagung des Despotismus."
Radierung (70 x 93 cm) von Pierre-François Palloy, 1789.

▶ Analysieren Sie die Bildsymbolik.

M1 Zeitzeugenbewertungen

Am 15. Juli 1789 verkündet der 48-jährige Journalist Antoine Joseph Gorsas im „Courrier de Versailles":

Dieser gestrige Kampftag wird als ewig denkwürdig in den Festkalender unserer Geschichte eingehen. Er bereitet die größte und vielleicht glücklichste Umwälzung vor!

Der englische Botschafter Lord Dorset berichtet am 16. Juli 1789 aus Paris an den Duke of Leeds:

Auf diese Weise, Mylord, hat sich die größte Revolution vollzogen, die es je in der Geschichte gab, und wenn man das Gewicht der Ergebnisse in Betracht zieht, hat sie verhältnismäßig wenig Blut gekostet. Von diesem Augenblick können wir Frankreich als ein befreites Land betrachten, den König als einen Monarchen mit sehr eingeschränkter Macht, und der Adel ist mit dem Rest der Nation auf das gleiche Niveau gerückt.

Der englische Arzt Dr. Edward Rigby hält sich seit Anfang Juli als Tourist in Paris auf. Seiner Familie schreibt der 42-Jährige am 19. Juli:

Ich bin Zeuge der außerordentlichsten Revolution gewesen, die vielleicht jemals in der menschlichen Gesellschaft stattgefunden hat. Ein großes und weises Volk kämpfte für die Freiheit und Rechte der Menschheit; sein Mut, seine Umsicht und seine Ausdauer sind mit Erfolg belohnt worden, und ein Ereignis, das zum Glück und Gedeihen von Millionen ihrer Nachkommen beitragen wird, ist mit sehr geringem Blutverlust und mit einer Unterbrechung der Alltagsgeschäfte von nur wenigen Tagen eingetreten.

Der Arzt, Naturwissenschaftler und Publizist Jean-Paul Marat ist bei Beginn der Revolution 46 Jahre alt. Er wird Vertreter der radikalen städtischen Volksbewegung. Am 30. Juni 1790 bilanziert er in seiner Zeitung „L'Ami du Peuple" („Der Volksfreund"):

Es steht fest, dass wir die Revolution dem Aufstand des einfachen Volkes verdanken; und es ist nicht weniger gewiss, dass die Einnahme der Bastille hauptsächlich Zehntausenden armen Arbeitern der Vorstadt Saint-Antoine zu verdanken war.

Erster Text: Walter Markov, Revolution im Zeugenstand. Frankreich 1789-1799, Bd. 1: Aussagen und Analysen, Leipzig [2]1986, S. 80f.; zweiter Text: Erich Pelzer, 14. Juli 1789 – Geschichte und Mythos eines denkwürdigen Tages, in: Wolfgang Krieger (Hrsg.), Und keine Schlacht bei Marathon. Große Ereignisse und Mythen der europäischen Geschichte, Stuttgart [2]2006, S. 194; dritter Text: Gustav Landauer, Briefe aus der Französischen Revolution, Bd. 2, Berlin (Ost) [3]1985, S. 134f.; vierter Text: Walter Markov, a.a.O., S. 78f.

1. Fassen Sie die Aussagen der Zeitzeugen zusammen.
2. Ordnen Sie die Aussagen begründet in den historischen Kontext ein. | H

Der Nationalfeiertag am 14. Juli 1880.
Gemälde (175 x 370 cm) von Alfred Roll, 1882.

▶ Vergleichen Sie, wie 1880 und 2019 (siehe Seite 458) der 14. Juli in Frankreich gefeiert wurde.

M2 „Erinnert Euch immer …"

Eine der populärsten Flugschriften über den Sturm auf die Bastille, der Lebensbericht des fiktiven Bastille-Gefangenen Comte de Lorges, erscheint im September 1789; sie endet mit folgendem Aufruf:

Erinnert Euch immer dieses denkwürdigen Tages in den Annalen der Geschichte Frankreichs; es schlug zwölf, und plötzlich war ein dumpfes Geräusch zu vernehmen, das bis in die Tiefe meines Kerkers hinabhallte. […] Das Geräusch hörte auf, und bald darauf erklangen Triumph- und Freudengesänge in meinen Ohren. Die Soldaten der Freiheit kommen in Massen heran, die Türen meines Kerkers bersten unter den mächtigen Schlägen der Belagerer. […] Ich möchte ewig feiern, ja, ich möchte, dass dieser vierzehnte Tag des Monats Juli ein Festtag werde und dass die Reste meines Vermögens dafür verwendet werden, jedes Jahr fünf Gefangene, die durch ein übereiltes Urteil in Ketten gelegt wurden, zu befreien.

Zitiert nach: Hans-Jürgen Lüsebrink und Rolf Reichardt, Die Bastille. Zur Symbolgeschichte von Herrschaft und Freiheit, Frankfurt am Main 1990, S. 167

▶ M2 und M1 auf Seite 461 liefern Material für einen „kollektiven Mystifizierungsprozess" (Rolf Reichardt). Erläutern Sie diese Aussage.

M3 Vorschlag

Am 21. Mai 1880 stellen 64 Abgeordnete der Deputiertenkammer den Gesetzesantrag, den 14. Juli zum Nationalfeiertag zu erklären. In der entscheidenden Sitzung am 8. Juni 1880 rechtfertigt der radikale Abgeordnete Antoine Achard den Antrag so:

Er erinnert an den Bastille-Sturm vom 14. Juli 1789 und zugleich an das Bundesfest vom 14. Juli 1790. Der Bastille-Sturm war das ruhmreiche Vorspiel, der erste Akt der Revolution; er beschloss die alte Welt und eröffnete die neue Welt. […] Das Bundesfest hat die moderne Welt geschaffen [… und] auf unzerstörbarer Grundlage die Einheit des Vaterlandes begründet. (*Auf der Linken: sehr gut, sehr gut!*) – Das Volk […] hat den 14. Juli immer mehr als jeden anderen Gedenktag gefeiert; er ist sein Fest, weil er das Fest der Freiheit des Vaterlandes war. – Wir schlagen ihnen also in gewisser Weise die Bestätigung eines Volksfestes vor.

Zitiert nach: Hans-Jürgen Lüsebrink und Rolf Reichardt, a. a. O., S. 247

1. Geben Sie die Argumente wieder, die für den 14. Juli als Nationalfeiertag sprechen. | F
2. Erläutern Sie den Kompromisscharakter des Vorschlags.

M4 Widerstand

Die Julifeiern von 1880 eröffnen das Jahrzehnt eines regelrechten Kulturkampfes um die Bedeutung des 14. Juli. Das katholisch und monarchisch gesonnene Frankreich wehrt sich dagegen. In einem 1880 in Grenoble veröffentlichten Beitrag heißt es:

Der 14. Juli 1789 war selbst und in seinen Folgen ein Tag der Unordnung des aufständischen betrunkenen Pöbels, ein Tag der Niedertracht und Lüge, ein Tag des Eidbruchs, ein Tag der militärischen Gehorsamsverweigerung, Fahnenflucht und des Verrats, ein Tag der Plünderungen, der tierischen Barbarei und des Kannibalismus. […] Kurz, er bedeutet die Freigabe aller Verbrechen und den eigentlichen Beginn jener revolutionären Epoche, die zu Recht Terreur genannt wird.

Zitiert nach: Hans-Jürgen Lüsebrink und Rolf Reichardt, a.a.O., S. 250

1. Analysieren Sie die Kontroverse, die der Erklärung des 14. Juli zum Nationalfeiertag vorausging. Beziehen Sie auch M3 mit ein.
2. Erörtern Sie, inwiefern der 14. Juli als Nationalfeiertag geeignet ist.

M5 „Es lebe die Republik!"

Der Präfekt des südwestlichen Départements Corrèze versendet 1901 folgendes Rundschreiben an alle Bürgermeister:

Wie alle Jahre sind Sie auch diesmal wieder aufgerufen, das nationale Fest, das Fest der Republik zu begehen. Sie werden dem Jahrestag des Bastille-Sturms umso mehr Glanz verleihen, als er das Fest der Regierung geworden ist. […] Sie schmücken die öffentlichen Gebäude mit den drei Farben, welche die Revolution Frankreich beschert hat. Sie sorgen dafür, dass Schüler, Frauen und Männer zu Banketten, zum Tanz und zu Spielen zusammenkommen. Sie lassen insbesondere das Alter und die Kindheit ehren. Möge eine Gefühlsgemeinschaft für Frieden und Freiheit Ihre Versammlung beseelen, möge aus der Brust aller Bürger ein einziger Ruf erschallen: Es lebe die Republik!

In einem Handbuch mit Musterreden für Bürgermeister, Schuldirektoren und alle Repräsentanten des öffentliches Lebens, das erstmals 1909 veröffentlicht und zuletzt 1983 wiederaufgelegt worden ist, heißt es:

Eine Festung, ein Gefängnis, ein Grab, wo Schuldige wie Unschuldige bei lebendigem Leibe verfaulten, wie es den Großen gefiel. Die Bastille war gleichsam das Symbol, das sichtbare Zeichen des königlichen Despotismus. […] Ihr bloßer Name versetzte die Tapfersten in Schrecken. […] Doch 1789 verlieh eine großmütige Wut über die Ungerechtigkeit und Unterdrückung der Könige dem Volk von Paris ungeahnte Kraft; mit Gewalt bemächtigte es sich dieser geheimnisumwitterten Festung, die als uneinnehmbar galt. Und es gab den Gefangenen die Freiheit zurück, den Opfern einer Autokratie, die es nicht länger ertrug. […] Mit der Einnahme der Bastille […] beginnt das Zeitalter des Fortschritts und der Freiheit.

Erster Text zitiert nach: Hans-Jürgen Lüsebrink und Rolf Reichardt, a.a.O., S. 253; zweiter Text zitiert nach: ebda, S. 253

▶ Charakterisieren Sie anhand von M5, wie sich die „amtliche" Erinnerungsarbeit veränderte.

M6 „Ein Angriff auf die gesamte freie Welt"

Am 15. Juli 2016, einen Tag nach einem Terroranschlag in Nizza, schreibt der damalige Bundespräsident Joachim Gauck an den französischen Präsidenten François Hollande:

Mit Entsetzen habe ich […] von dem brutalen Anschlag auf friedlich feiernde Menschen in Nizza erfahren. Der 14. Juli, der Tag, an dem Frankreich seinen Nationalfeiertag begeht, steht für die Werte der Französischen Revolution, die auch unsere Werte sind. Ein Angriff auf Frankreich ist deshalb ein Angriff auf die gesamte freie Welt.

© Bundespräsidialamt, https://www.bundespraesident.de/SharedDocs/Berichte/DE/Joachim-Gauck/2016/07/160715-Kondolenz-Nizza.html (Zugriff: 10. März 2023)

1. Analysieren Sie den Text und erklären Sie, von welchen Werten der Autor spricht.
2. Erklären Sie, weshalb Joachim Gauck den Anschlag als „Angriff auf die gesamte freie Welt" (vgl. Zeile 6) versteht. | F

Mythos „Oktoberrevolution"

Bolschewiki (russ. „Mehrheitler"): 1903 entstandener radikaler Flügel der Russischen Sozialdemokratischen Arbeiterpartei. 1918 erklärte sich die Gruppierung zur „Kommunistischen Partei Russlands, Bolschewiki" (KPR (B)), 1952 wurde sie umbenannt in „Kommunistische Partei der Sowjetunion" (KPdSU).

Oktober-Umsturz | Als Oktoberrevolution wird der gewaltsame Machtwechsel in Russland im Spätjahr 1917 bezeichnet, der zur Errichtung einer Räterepublik (Sowjetrepublik) führte. Am 25. Oktober (nach dem geltenden Julianischen Kalender) unternahmen die Bolschewiki unter Führung von *Wladimir Iljitsch Lenin* einen Putsch in der damaligen Hauptstadt Petrograd, dem früheren St. Petersburg. Bewaffnete Anhänger der Bolschewiki besetzten zentrale Einrichtungen wie Bahnhöfe und Telegrafenämter. Ministerpräsident *Alexander Kerenski*, der Leiter der Provisorischen Regierung, trat die Flucht an, die übrigen Mitglieder seines Kabinetts wurden in der Nacht zum 26. Oktober im ehemaligen Winterpalais des Zaren festgenommen. Der Umsturz in Petrograd verlief weitgehend unblutig, nur in Moskau kam es zu Kämpfen, ehe auch dort die Bolschewiki die Kontrolle erlangten.

Revolution? | Der Begriff „Revolution" scheint für diese Vorgänge zweifelhaft. In der Bevölkerung wurden sie zunächst kaum wahrgenommen, während die Gegner der Bolschewiki von einem illegalen Gewaltstreich sprachen und vorhersagten, das neue Regime werde sich nicht lange halten. Revolutionär war vielmehr das, was vor und nach den Oktoberereignissen in Russland stattfand.

Im Februar 1917 war die jahrhundertealte Herrschaft der Zaren zusammengebrochen. *Nikolaus II.* hatte das Land in den Ersten Weltkrieg (1914–1918) geführt und dabei an den Rand des Ruins gebracht. Massenstreiks der arbeitenden Bevölkerung und Meutereien unter den Soldaten zwangen den Zaren zur Abdankung. An seine Stelle trat die erwähnte Provisorische Regierung. Sie versprach Wahlen zu einer *Verfassunggebenden Versammlung*, setzte jedoch den Krieg fort. Zugleich bildeten sich im ganzen Land *Räte* (*Sowjets*) zur Vertretung von Arbeitern, Soldaten und Bauern. Die unklaren Machtverhältnisse seit der *Februarrevolution* wie auch die allgemeine Unzufriedenheit nutzten schließlich Lenin und die Bolschewiki für den nächsten Regimewechsel. Die neuen Machthaber übernahmen die Kontrolle in den Sowjets, lösten im Januar 1918 die Verfassunggebende Versammlung auf und beendeten mit dem *Frieden von Brest-Litowsk* (März 1918) den Krieg für Russland. Gegen die Bolschewiki erhob sich Widerstand im Innern, der anfangs auch militärische Hilfe aus dem Ausland erhielt. Darüber brach ein *Bürgerkrieg* aus, der bis 1922 andauerte und in dem sich die Bolschewiki am Ende behaupteten.

Seither wurden Staat, Wirtschaft und Gesellschaft von der Alleinherrschaft der Bolschewiki diktiert und nach deren Vorstellungen umgestaltet. Das noch wenig industrialisierte Russland sollte auf schnellstem Weg zu einer modernen Industrienation umgeformt werden. Dabei wollten die Bolschewiki nicht den Weg westlicher Länder gehen, sondern folgten der Ideologie des *Marxismus* in seiner Weiterentwicklung durch Lenin (*Marxismus-Leninismus*). Die bislang recht- und besitzlosen Proletarier sollten – angeführt von den Bolschewiki – die besitzenden Schichten enteignen und einen Arbeiter- und Bauernstaat errichten. In ihm würden alle Klassengegensätze beseitigt und ein System des *Sozialismus* geschaffen, das schließlich in einer klassenlosen Gesellschaft (*Kommunismus*) aufgehen sollte.

Gründungsmythos | Die Herrschaft der Bolschewiki erwies sich als dauerhaft. Das hing mit der Uneinigkeit ihrer Gegner zusammen, ebenso mit der Bereitschaft zu Gewalt und Terror, die Lenin für sich und seine Partei zum Grundsatz erhob. Um ihr Regime zu festigen und Anhänger zu sammeln, versuchten die Bolschewiki jedoch auch, eine Vorstellung von den Inhalten und Zielen der Partei zu verbreiten. Dazu wurde die Bevölkerung über Plakate und Flugblätter, Zeitungen, Radio und Kundgebungen mit politischen Botschaften bearbeitet. Ebenso veranstalteten die Machthaber regelmäßige Feste und Umzüge. Trauerfeiern für verstorbene Parteimitglieder und Gefallene des Bürgerkrieges dienten als politische Demonstrationen. Bei allen Anlässen bestimmten rote Fahnen und Banner das Bild. Rot war die Farbe der internationalen Arbeiterbewegung. Als deren entschiedenste Vorkämpfer sahen sich die Bolschewiki, obwohl sie ursprünglich nur eine Splittergruppe innerhalb der Russischen Sozialdemokratischen Arbeiterpartei gewesen waren.

Den Höhepunkt der verklärenden Selbstdarstellung bildete das Gedenken an die Machtübernahme vom Oktober 1917. Sie wurde als „Große Sozialistische Oktoberrevolution" oder auch als „Roter Oktober" erinnert. An diesen Bezeichnungen hielt das Regime fest, obwohl es 1918 den alten Kalender reformierte und das Datum der „Revolution" nun auf den 7. und 8. November fiel. Den 7. November beging man in Russland künftig als höchsten Feiertag, mit Ansprachen und Militärparaden. Darin wurde der Umsturz als Aufbruch in den Sozialismus verherrlicht. Die Oktoberrevolution galt als Geburtsstunde Sowjetrusslands, als *Gründungsmythos*. Ihn teilten bald auch benachbarte Staaten wie Weißrussland oder die Ukraine, in denen die Bolschewiki gleichfalls die Macht erlangten und die sich 1922 mit Russland zur „Union der Sozialistischen Sowjetrepubliken" (*Sowjetunion*) zusammenschlossen.

Erzählungen, Figuren, Orte und Bilder | In seinen Einzelheiten entstand der Mythos erst im Lauf der 1920er-Jahre. Die Bolschewiki sammelten systematisch Aussagen von Zeitzeugen, Berichte und Bildmaterial. Ihr Ziel war jedoch keine kritische Aufarbeitung, sondern eine möglichst eindrucksvolle Geschichte, vom Aufstieg der Partei bis zum Ende des Bürgerkrieges. Gleichzeitig diente diese Rückschau zur Abgrenzung von politischen Gegnern (→M1).

Mit dem unerwarteten Tod Lenins im Januar 1924 ergab sich eine neue Situation. Nun wurde der Staatsgründer selbst zum Gegenstand mythischer Verklärung. Lenins Nachfolger feierten ihn als das eigentliche Genie der Revolution, als Vordenker, Organisator und Garanten des Sieges. Zum Gründungsmythos trat nun der *Personenkult* um den verstorbenen Lenin (→M2).

Der Mythos benötigte neben dem Datum (7. November) und einem „Gesicht" (Lenin) auch einen symbolischen Schauplatz, einen *Erinnerungsort*. In den ersten Jahren war das Smolny-Institut in Petrograd der Mittelpunkt für Gedenkfeiern, da hier anfangs die Regierung der Bolschewiki und der Allrussische Sowjetkongress tagten. Bald jedoch rückte das ehemalige Winterpalais des Zaren ins Zentrum der Erinnerung. Das Schloss bot bereits im November 1920 die Kulisse für ein Massenschauspiel, das die Absetzung der Provisorischen Regierung von 1917 nachstellte. Das Geschehen wurde stark dramatisiert und als heldenhafte „Erstürmung" aufgeführt, die in dieser Form nicht stattgefunden hatte.

Für das zehnjährige Jubiläum des „Roten Oktober" im November 1927 gab die Regierung mehrere Spielfilme in Auftrag. Das Medium Film steckte noch in den Anfängen, doch das sowjetische Kino setzte bereits internationale Maßstäbe. Der aufwändigste Beitrag zum Jubiläum war der Stummfilm „Oktober" unter der Regie von Sergei Eisenstein und *Grigori Alexandrow*. Der Film gab vor, die Bolschewiki unter Lenin hätten Seite an Seite mit heldenhaft kämpfenden Volksmassen den notwendigen Regimewechsel herbeigeführt. Eisenstein und sein Team drehten an Originalschauplätzen, wurden von Zeitzeugen beraten und boten insgesamt mehr als hunderttausend Mitwirkende auf. Wie im Schauspiel von 1920 bekam das Publikum einen gewaltigen Sturmangriff auf das Winterpalais zu sehen. Die Bilder des Films prägten seither im In- wie im Ausland die allgemeine Anschauung vom Geschehen im Oktober 1917. Da es aus dieser Zeit kaum Originalaufnahmen gibt, verwenden Dokumentationen bis in die Gegenwart Szenen des Spielfilms (→M3).

Sergei Michailowitsch Eisenstein (1898–1948): sowjetischer Regisseur und Filmtheoretiker. Innerhalb seines Werkes widmen sich die drei Spielfilme „Streik", „Panzerkreuzer Potemkin" (beide 1925) und „Oktober" (1928) der revolutionären Vergangenheit in Russland.

Vorbild und Feindbild | Die Bolschewiki verstanden den Kampf für den Sozialismus stets als Aufgabe der ganzen Menschheit. Der „Rote Oktober" war auch als Signal an andere Länder gedacht, dort ebenfalls den Umsturz zu versuchen. Bis Mitte der 1920er-Jahre gab es zahlreiche derartige Ansätze, etwa in Ungarn, Bulgarien oder Deutschland, die dort jeweils erfolglos blieben. Dies schien die Bedeutung des Umsturzes in Russland noch zu unterstreichen und seinen Mythos zu verstärken, insofern ein Sieg des Sozialismus allein durch Lenin und die Bolschewiki habe gelingen können. Im März 1919 hatten die Bolschewiki die „Kommunistische Internationale" (*Komintern*) ins Leben gerufen, eine Organisation, die von Moskau aus die Gründung kommunistischer Parteien im Ausland förderte und sie politisch und weltanschaulich anleitete. Damit erfuhr auch der Mythos der Oktoberrevolution internationale Verbreitung.

In den westlichen Industrieländern riefen jedoch die Berichte über die Gewaltherrschaft der Bolschewiki vor allem Ängste hervor, die sich teils in offenen Hass gegen Kommunisten entluden. Vor dem Hintergrund eines verbreiteten Antisemitismus entstanden in den 1920er- und 30er-Jahren haltlose Verschwörungstheorien, die Bolschewiki seien nichts als eine Clique von Juden, die den Umsturz der bürgerlichen Gesellschaften in aller Welt planten. Zudem schürten die Nationalsozialisten das Feindbild vom „jüdischen Bolschewismus", das in Deutschland und anderen Ländern großen Anklang fand.

Mythos im Weltmaßstab | Im Zweiten Weltkrieg (1939–1945) kämpfte die Sowjetunion um ihr Überleben. Zur Abwehr des deutschen Vernichtungskrieges rief der sowjetische Diktator *Josef Stalin* zum „Großen Vaterländischen Krieg" auf. Er endete 1945 mit dem Sieg über Hitlerdeutschland und schuf für die Sowjetunion einen Verteidigungsmythos. Ebenso wurde der Gründungsmythos der Oktoberrevolution erneuert, denn der Staat, der einst aus diesem Umsturz hervorgegangen war, hatte sich wiederum gegen existenzielle Gefahr zu behaupten vermocht. Als die Sowjetunion nach 1944/45 ihren Machtbereich bis nach Mitteleuropa ausdehnte, übernahmen diese nunmehr sozialistisch regierten Staaten, darunter die 1949 gegründete DDR, den Mythos der Oktoberrevolution. Das Modell einer Erhebung unter Führung einer sozialistischen Partei, die „Erfolgsformel" des Oktober 1917, diente auch als Leitbild für Unabhängigkeits- und Widerstandsbewegungen in Asien, Afrika und Lateinamerika, die nach dem Zweiten Weltkrieg die Befreiung von westlicher Kolonialherrschaft oder Kontrolle anstrebten. Von 1945 bis in die 70er-Jahre entfaltete der Mythos „Oktoberrevolution" daher weltweite Strahlkraft.

Vorbereitungen für den Jahrestag der Oktoberrevolution auf dem Roten Platz in Moskau.
Foto von 1972.
2004 wurde der 7. November in Russland als Feiertag abgeschafft. Seit 2005 begeht das Land das Datum als „Tag des militärischen Ruhmes". Erinnert wird an die Militärparade in Moskau 1941, an die sich die Verteidigung der sowjetischen Hauptstadt anschloss, ein Wendepunkt im Krieg gegen das nationalsozialistische Deutschland.

- Recherchieren Sie im Internet über den Ablauf der Feiern zum 7. November, wie sie in der Sowjetunion üblich waren.
- Erörtern Sie, ob und inwieweit in den heutigen Feiern zum 7. November in Russland der Mythos „Oktoberrevolution" eine Abwandlung oder Fortsetzung findet.

„Erben" des Oktober-Mythos | Mit dem Zerfall und der Auflösung der Sowjetunion 1990/91 wurde auch ihr Gründungsmythos hinfällig. In Russland kam es in den 1990er-Jahren zu einer kritischen Neubewertung der Herrschaft Lenins und der Bolschewiki, die das bisherige Geschichtsbild korrigierte. In der russischen Gesellschaft der Gegenwart finden die Ereignisse von 1917 nur noch wenig Interesse. In Ländern wie China, Kuba oder Vietnam, die sich weiterhin zum Sozialismus bekennen, besitzt das Gedenken an den Oktober 1917 dagegen immer noch einen hohen Stellenwert (→M4).

M1 Der Oktober 1917 als „Leerstelle"

*Der Historiker Dietmar Neutatz (*1964) beschreibt die Entstehung eines von den Bolschewiki gewünschten Bildes der Oktoberereignisse 1917:*

In den Umsturz vom Oktober 1917 waren vergleichsweise wenige Akteure involviert gewesen. Das widersprach zwar zum einen der offiziellen Version von einer spontanen Erhebung der Massen, erleichterte den neuen Machthabern aber umgekehrt, ihre Lesart durch eine zielstrebige Geschichts- und Bewusstseinsproduktion unters Volk zu bringen. Die Erinnerungsleerstelle „Revolution" aus dem Oktober 1917 wurde in den Jahren danach durch geeignete Maßnahmen mit Inhalten angereichert, die das gewünschte Bild evozierten[1].

Es gibt nur wenige Fotos und Filmaufnahmen aus dem Herbst 1917. Das ist für die Historiker und Historikerinnen ein Problem; für die Bolschewiki war es ein Glücksfall, denn sie konnten die Lücke mit nachgestellten Inszenierungen, gemalten Bildern und vor allem mit Spielfilmen füllen. Was es an Originalaufnahmen gab, wurde streng kontrolliert. Seit dem Oktober 1917 achteten die Bolschewiki darauf, dass nur solche Dinge gefilmt wurden, die im Sinne ihrer Selbstdarstellung waren.

Die Wirkung dieses Zusammentreffens von Mangel, Kontrolle und Filmproduktion war groß: Die Inszenierungen und die Spielfilme traten an die Stelle der Wirklichkeit, und ihre Bilder brannten sich in die kollektive Erinnerung ein, indem sie ständig in unzähligen Variationen wiederholt wurden. Sie überschrieben die individuelle Erinnerung an die Ereignisse von 1917. Um diesen Prozess zu fördern, richtete die Partei Geschichtskommissionen ein, die die Akteure von 1917 dabei unterstützten, ihre Erinnerungen so zu erzählen, dass sie in das von der Partei bereitgestellte Rahmennarrativ hineinpassten. Auf diese Weise wurde das Erinnern der Zeitgenossen und Zeitgenossinnen gezielt in eine vorgegebene Richtung gelenkt.

Am Ende verinnerlichten sogar diejenigen, die 1917 dabei gewesen waren, die neue Version. Nikolaj Podvojskij, ein Rotgardist, der an der Verhaftung der Provisorischen Regierung teilgenommen hatte und sowohl bei dem Reenactment-Theaterstück von 1920[2] wie bei den Filmaufnahmen von 1927[3] als Berater fungierte, gab im Nachhinein an, sich nicht mehr erinnern zu können, wie er 1917 die Barrikaden überwunden hatte. Im Film klettern die Erobernden nämlich spektakulär über die Barrikaden und Torgitter. Der Zeitzeuge glaubte angesichts dessen an eine Erinnerungslücke, aber er hatte damals gar keine Barrikaden überwunden, sondern den Palast mit seinen Leuten durch eine unverschlossene Hintertür betreten.

Dietmar Neutatz, Ėjzenštejns *Oktober* und die Macht der Bilder, in: Elena Korowin und Jurij Lileev (Hrsg.), Russische Revolutionen 1917. Kulturtransfer im europäischen Raum, Paderborn 2020, S. 3–21, hier S. 12f.

1. Fassen Sie die Aussagen des Textes zusammen.
2. Charakterisieren Sie die Rolle der Bolschewiki, der Medien, der Zeitzeugen und der damaligen russischen Bevölkerung in Hinsicht auf die Oktoberereignisse 1917.
3. Gruppenarbeit: Diskutieren Sie in der Klasse allgemein über die Frage, ob historische Mythen eher durch einen Mangel oder durch ein hohes Maß an Informationen über ein Ereignis entstehen.

[1] **evozieren** (lat.): wachrufen, vor Augen rufen

[2] Im November 1920 wurde in Petrograd das Massenschauspiel „Sturm auf den Winterpalast" aufgeführt. Unter den Mitwirkenden waren auch Teilnehmer der Auseinandersetzungen von 1917. Siehe ebenso die Abbildung auf Seite 57.

[3] Zum Spielfilm „Oktober" siehe M3 auf Seite 468.

M2 Lenin, die Lichtgestalt

Nach dem Tod Wladimir Iljitsch Lenins im Januar 1924 veröffentlicht der II. Sowjetkongress der Sowjetunion einen Nachruf „An die werktätige Menschheit":

Von Jahrhundert zu Jahrhundert zieht sich eine Kette von qualvollen Befreiungsversuchen gegen Knechtschaft, Sklaverei und Vergewaltigung. Aber zum ersten Mal in der Weltgeschichte traten die unterdrückten Klassen in die Kampfarena und siegten. […] Zum ersten Mal fühlten sich der städtische Proletarier, der arme Bauer, der geprügelte Sklave […] als Herren des neuen Lebens, als Baumeister ihres historischen Schicksals. Zum ersten Mal in der menschlichen Geschichte sahen die arbeitenden Massen ihre eigene Kraft: ja, sie können siegen! […]

Wie ein unbezähmbarer Vulkan der revolutionären Energie war Lenin […]. Aber im Besitz des Besten, was die alte Kultur zu geben vermochte, mit der gewaltigen Waffe der marxistischen Theorie in seiner Hand, lenkte er, der Mann der Stürme und Gewitter, das brausende, alles niederschmetternde Element der Massenbewegung in das granitene Bett der revolutionären Zweckmäßigkeit und Vernunft. Seine Fähigkeit der Voraussicht war unerhört. Seine Gabe, die Massen zu organisieren, war erstaunlich. Er war der größte der Feldherren aller Länder, aller Zeiten und aller Völker. Er war der Feldherr der neuen, die Welt befreienden Menschheit.

Lenin ist tot. Aber Lenin lebt in Millionen von Herzen. Er lebt im gewaltigen Ansturm der menschlichen Massen. Er lebt im großen Bunde der Arbeiter und Bauern, der Proletarier und der unterdrückten Nationen. Er lebt in der Kollektivvernunft der Kommunistischen Partei. Er lebt in der Arbeiterdiktatur, die sich, einer gewaltigen Festung gleich, an der Grenze Europas und Asiens erhebt.

An die werktätige Menschheit (Aufruf des II. Sowjetkongresses des Verbandes der Sozialistischen Sowjetrepubliken), Moskau, 26. Januar 1924, in: Nikolaj I. Bucharin u.a., Lenin. Leben und Werk, Wien 1924, S. 205–208, hier S. 205f.

1. Ordnen Sie die verschiedenen Aussagen des Textes in Thesenform.
2. Analysieren Sie die Stilmittel, die der Nachruf verwendet.
3. Arbeiten Sie heraus, in welcher Hinsicht der Nachruf die Oktoberrevolution und Lenin zum Mythos erhebt. Ziehen Sie dazu auch den Verfassertext in diesem Kapitel heran. | H
4. Weisen Sie begründet nach, dass der Mythos um Lenin dem Machterhalt der Bolschewiki dienen sollte.

M3 Auf der Suche nach dem „heldenhaften Symbol"

*Der US-amerikanische Historiker und Schriftsteller Robert Rosenstone (*1936) setzt sich mit dem Realitätsgehalt von Eisensteins Film „Oktober" von 1928 auseinander:*

Die größte Erfindung in „Oktober", an der Kritiker unweigerlich Anstoß nehmen [...], ist die „Erstürmung" des Winterpalais [...]. Diese langdauernde und eindrucksvolle Schlacht ist so vollkommen fiktional, dass darüber schon zu Lebzeiten Eisensteins so manche spöttische Bemerkung die Runde machte. Am häufigsten hieß es: Beim Dreh des Films explodierten mehr Granaten als bei der ursprünglichen Einnahme des Palastes. Am zweithäufigsten: Bei der Nachstellung gab es mehr Tote und Verletzte als während der historischen Ereignisse. Die erste Aussage trifft fraglos zu, die zweite möglicherweise. Was am Abend des 7. November tatsächlich vorging, darüber gehen die Berichte deutlich auseinander – manche sagen, niemand sei damals zu Tode gekommen, andere sprechen von bis zu sechzehn Gefallenen. Die meisten Historiker sind sich einig: Es fand kein großes Feuergefecht, kein heldenhafter Sturmlauf über den Palasthof statt. Den Roten Garden leistete am Ende niemand Widerstand. Sie schlüpften einfach in den Palast, um die Mitglieder der Provisorischen Regierung festzunehmen.
Weshalb bietet uns Eisenstein dann die heroische Attacke und das Feuergefecht? [...] Eisenstein benötigte dringend jene „historische Tragweite", die es nicht gab. [...] Eisensteins Problem auf der Leinwand entspricht ganz demjenigen der Bolschewiki von 1917. Sie hätten den Palast ignorieren können. Regierungschef Kerenski hatte Petrograd fluchtartig verlassen. Sein Kabinett hielt sich im Palast auf, doch die Kommunikation nach draußen war abgeschnitten. Um das Land zu kontrollieren, mussten die Bolschewiki nicht die Zarenresidenz einnehmen. In symbolischer Hinsicht mussten sie es aber doch. Lenin wusste, dass eine Revolution für künftige Zeiten eines heldenhaften Symbols bedarf. Wie die Bastille sollte es das Wahrzeichen einer verdorbenen alten Welt sein, die die Revolutionäre erobertten. Ein dramatischer Film, das wusste wiederum Eisenstein, benötigt ein lohnendes Ende. Eine Auflösung, obwohl wir in diesem Film, wie bei allen historischen Stoffen, den Ausgang bereits kennen. Der Film zeigt uns bis dahin die strategischen Punkte, die auf einer Karte eingekreist sind. Ebenso die Truppen in den Straßen und das Winterpalais, eingekreist und umzingelt [...]. Und doch brauchen wir eine Auflösung, eine Katharsis[1]. Auf der Leinwand wie im wirklichen Leben gilt: Die Revolution braucht ihren Höhepunkt.

Robert A. Rosenstone, October as History, in: Rethinking History 5 (2001), Heft 2, S. 255–274, hier S. 269f. (übersetzt von Thomas Ott)

1. Geben Sie wieder, welche Funktion die „Erstürmung" des Winterpalais für Lenin und die Bolschewiki bzw. für den Regisseur Sergei Eisenstein hatte.
2. Erläutern Sie den Vergleich mit der Bastille in Frankreich (vgl. Zeile 33). Ziehen Sie dazu das Kapitel auf Seite 458ff. heran.
3. Analysieren Sie, inwieweit der Spielfilm „Oktober" zum Mythos „Oktoberrevolution" beitragen konnte. Gehen Sie dabei auch auf mögliche Reaktionen des Publikums im In- und Ausland ein. | F
4. Eisenstein soll auf seine Kritiker in Anlehnung an Johann Wolfgang von Goethe erwidert haben: „Um der Wahrhaftigkeit willen kann man sich erlauben, der Wahrheit zu trotzen." Nehmen Sie dazu Stellung. | F

[1] **Katharsis** (altgriech.: Reinigung): Vorgang, in dem das Publikum eines Schauspiels aufwühlende Szenen durchlebt und dabei von Erregungen wie Zorn oder Schrecken befreit wird

Revolutionäre öffnen die Tore des Winterpalais.
Szenenfoto aus dem Film „Oktober", 1928.

M4 Der Oktober 1917 aus chinesischer Sicht

*Seit 1949 wird China kommunistisch regiert. Zum hundertjährigen Jubiläum der Oktoberrevolution hält Liu Qibao (*1953), ein führendes Mitglied der Kommunistischen Partei Chinas, im September 2017 in Beijing eine Ansprache. Darin heißt es:*

Die Oktoberrevolution läutete ein neues Zeitalter in der Menschheitsgeschichte ein. Seit der Urgesellschaft brachten es die Entwicklung von Formen des Zusammenlebens und der Wandel des sozialen Systems mit sich, dass auf eine Gesellschaft von Ausbeutern stets die nächste folgte, indem eine neue ausbeutende Klasse auf den Plan trat. Die Oktoberrevolution beendete das System menschlicher Ausbeutung und Unterdrückung und warf das Gesetz der Ausbeuterklasse über Bord. Eine Gesellschaft ohne Ausbeutung und Unterdrückung wurde geschaffen, ebenso ein System, in dem das Volk über sein eigenes Land herrschte. [...] Beeinflusst durch die Oktoberrevolution, wurde der Sozialismus für viele Länder zur bedeutenden Wahlmöglichkeit für nationale Unabhängigkeit, Befreiung und Entwicklung. Ein Land nach dem anderen schlug den Weg des Sozialismus ein. Ein Drittel der Weltbevölkerung lebte einst im Sozialismus, was diesem Stärke verlieh und die Alleinherrschaft des Kapitalismus durchbrach. Auf den Schultern des Sozialismus ruhten der Schutz des Weltfriedens und des internationalen Fortschritts. Der Sieg der Oktoberrevolution, speziell die Ideologie Lenins in Hinblick auf die nationale Befreiung von kolonialen und halbkolonialen Ländern, war ein mächtiger Anstoß, der die von Imperialismus und Kolonialismus unterdrückten Völker wachrief und nationale Befreiungskräfte in den Ländern unter kolonialer oder halbkolonialer Herrschaft erstehen ließ. Er beschleunigte die weltweite Auflösung der vom Imperialismus geschaffenen Kolonialreiche. Er änderte die Machtbeziehungen zwischen den Staaten und den Aufbau der Welt. Angesichts der immer deutlicheren Überlegenheit der weltweiten sozialistischen Bewegung und des sozialistischen Systems mussten viele kapitalistische Länder ihre Herrschaftsweise wiederholt anpassen und nach Verbesserungen suchen, indem sie Ansätze aus dem sozialistischen System einführten. Damit wurde versucht, die zunehmenden, grundlegenden Widersprüche innerhalb des kapitalistischen Systems zu mildern. [...]

Der Sozialismus ist kein Trugbild, das vom generellen Entwicklungspfad globaler Zivilisation wegweist. In ihm werden die herausragenden Leistungen menschlicher Zivilisation vielmehr zusammengeführt. Um den Sozialismus in chinesischer Eigenart zu erhalten und weiterzuentwickeln, müssen wir von all den bedeutenden zivilisatorischen Leistungen lernen, die die menschliche Gesellschaft hervorbringt. Lernen bedeutet jedoch nicht, blindlings dem Weg und den Entwicklungsmodellen anderer Länder zu folgen. Wir müssen stattdessen den richtigen Kurs beibehalten, standhaft und besonnen bleiben und den eigenen Weg fortsetzen. [...]

Grundlage und Gedeihen der Partei wie auch des Staates beruhen darauf, dass die Führung durch die Partei erhalten bleibt. Davon sind die Interessen und das Wohlergehen aller Menschen in China betroffen. Mit der Oktoberrevolution lieferte die Geschichte den Nachweis, dass es ohne die Führung der Kommunistischen Partei keinen Sozialismus gibt. Einzig die Kommunistische Partei kann die Menschen zur Revolution, zu Aufbau und Reform im Sinne des Sozialismus führen.

Liu Qibao, Rede auf einem Symposium zur Erinnerung an die Oktoberrevolution, 26. September 2017, englische Fassung; zitiert nach: http://www.scio.gov.cn/32618/Document/1565639/1565639.htm (Zugriff: 20. März 2023; übersetzt von Thomas Ott)

1. Gliedern Sie die Aussagen des Textes in Stichpunkten.
2. Vergleichen Sie den Inhalt der Rede mit dem Nachruf auf Lenin von 1924 in M2 auf Seite 467 f.
3. Erörtern Sie, ob und inwieweit der Text von 2017 den Mythos der Oktoberrevolution für die Gegenwart aktualisiert.
4. „Das kommunistische China: Vom Musterschüler zum Bewahrer der Oktoberrevolution". Setzen Sie sich mit dieser These auseinander.

„Trümmerfrauen" – ein gesamtdeutscher Gründungsmythos

„Trümmerfrauen" bergen Ziegelsteine im Berliner Stadtbezirk Prenzlauer Berg.
Foto vom April 1945.

Denkmal zu Ehren der „Trümmerfrauen" in Dresden.
Foto von 1990.
Das 3,15 m hohe Denkmal schuf der Bildhauer Walter Reinhold. Das Denkmal wurde am 16. Oktober 1952 in Anwesenheit zahlreicher „Trümmerfrauen" durch den Dresdener Oberbürgermeister enthüllt. Es war das erste dieser Art in der DDR.

Ein Gründungsmythos unserer Nachkriegsgesellschaft | Die *„Trümmerfrauen"* gehören „ganz selbstverständlich" zum Gründungsmythos unserer Gesellschaft. Sie hätten selbstlos und engagiert unsere im Zweiten Weltkrieg zerstörten Städte maßgeblich wieder aufgebaut, indem sie gewaltige Berge von Trümmern beseitigten. Viele Fotografien scheinen diese Vorstellung zu bestätigen; diese Bilder gehören zu unserem kollektiven Gedächtnis. Die historische Wirklichkeit stellt sich allerdings etwas komplexer dar, wie neuere Forschungen belegen können. Denn die „Trümmerfrauen" wurden bereits von den Nationalsozialisten „erfunden", um nationale Reserven im verzweifelten (und bereits völlig sinnlosen) Abwehrkampf im Vernichtungskrieg zu mobilisieren. Blickt man geschichtswissenschaftlich genauer auf die „Trümmerfrauen", erscheinen sie in einem ganz anderen Licht, und der verbreitete und beliebte Mythos wird dekonstruiert (➔M1 bis M3). Solche „Gründungsmythen" gibt es in allen Nationen in großer Zahl – sie kritisch zu befragen, dient der gesellschaftlichen Aufklärung.

M1 Der Mythos „Trümmerfrau" als gemeinsamer „Erinnerungsort"

*Die Historikern Leonie Treber (*1980) schreibt 2015 über „Trümmerfrauen" in der deutsch-deutschen Erinnerung:*

Die „Trümmerfrau" stellt als Symbol für die deutsche Nachkriegszeit heute nicht nur einen konstitutiven Baustein im kollektiven Gedächtnis der Deutschen dar, sie ist [...] auch auf das Engste mit dem Gründungsmythos der Bundesrepublik Deutschland verbunden. Seit den 1980er-Jahren sei sie in die Trias der gründungsmythischen Erzählung – Währungsreform, „Wirtschaftswunder" und „Wunder von Bern" – eingepasst worden: „Die Frauen, die nach dem Krieg die zerstörten Städte ‚enttrümmert' hatten, avancierten zu Vorbereiterinnen des Wirtschaftswunders, das auf diese Weise gewissermaßen in die Zeit vor 1948 verlängert wurde." Dieses Narrativ funktioniert jedoch nicht nur für die alte, sondern auch für die neue, wiedervereinigte Bundesrepublik. [...]
Diese Transferleistung ist bemerkenswert. Denn Forschungen zum nationalen Gedächtnis belegen, dass „die Umbrüche des Jahres 1989 das kollektive Gedächtnis der betroffenen Länder in große Unruhe versetzt haben". Insofern sind folgende Fragen zu stellen:
Überdauerte die Trümmerfrau als Teil des Gründungsmythos der alten Bundesrepublik schlichtweg die Vereinigung, auch wenn sie mit den in der DDR geprägten Erinnerungen vielleicht nicht in Einklang gebracht werden konnte, wie dies zumindest für die Erinnerungen an die Währungsreform mit der „harten D-Mark" und das „Wirtschaftswunder" mit dem VW-Käfer gelten muss? Oder waren die Erinnerungsbilder an die Trümmerfrau in der Bundesrepublik und DDR im Gegenteil dazu möglicherweise so kompatibel, dass sie ohne Probleme in einen gemeinsamen Erinnerungsort münden konnten? [...]
Bevor der Blick auf die Erinnerungsgeschichte der Trümmerfrau gelenkt werden kann, ist es zunächst notwendig, die Geschichte der Enttrümmerung zu skizzieren, die bislang ein Forschungsdesiderat darstellte. Dies hatte wiederum zur Folge, dass anerkannte Historiker in geschichtswissenschaftlichen Gesamtüberblicken die gängigen Klischees über die Trümmerfrauen eher kolportieren, als sie infrage zu stellen. So schrieb etwa Eckart Conze 2009: „Vor allem die ‚Trümmerfrauen' haben ihren Platz im kollektiven Gedächtnis der Deutschen gefunden. Da die Männer erst allmählich aus der Kriegsgefangenschaft zurückkehrten, viele erst nach Jahren, war es Frauen, Kindern und Alten überlassen, die Trümmer zu beseitigen." Diese Darstellungen nehmen jedoch bei einer etwas genaueren Betrachtung kuriose Züge an. Denn in Deutschland lagen immerhin 400 Millionen Kubikmeter Trümmer und Schutt, sodass sich geradezu die Frage aufdrängt: Waren die Frauen mit ihren Eimerketten dazu imstande, diese Trümmermassen zu räumen?
Axel Schildt gibt darauf in seinem Überblickswerk zur Sozialgeschichte der Bundesrepublik eine deutlich negative Antwort, indem er betont, dass die Trümmerräumung entgegen symbolträchtiger Legenden maschinell mit schwerem Gerät bewältigt worden sei. Außerdem weist er darauf hin, dass die Trümmerbeseitigung ebenfalls entgegen heutiger Vorstellungen nicht erst nach dem Ende des Krieges begann, sondern ihren Ursprung bereits während des Luftkrieges hatte. Dieser Einwand ist nur allzu plausibel, schließlich mussten die durch die Luftangriffe verursachten Schäden zeitnah beseitigt werden, um das Leben während des Krieges aufrechtzuerhalten. Und so muss Schildts treffender, aber eher beiläufig formulierter These hinzugefügt werden: Bereits vor Beginn des Luftkrieges etablierten die Nationalsozialisten zentral gelenkte Maßnahmen zur Trümmerräumung, die mit der verstärkten Bombardierung durch die Alliierten beständig ausgeweitet wurden. Zum Einsatz kamen neben Bauhandwerkern und Mitgliedern unter anderem der Luftschutzpolizei, des Reichsarbeitsdienstes, der Hitler-Jugend und der Wehrmacht vor allem Zivilarbeiter, Kriegsgefangene und KZ-Häftlinge. Der massive Einsatz von Zwangsarbeitern konnotierte die Trümmerräumung deutlich als Strafarbeit. Diese Idee wurde in der Nachkriegszeit von den alliierten Militärregierungen und deutschen Stadtverwaltungen weiter fortgesetzt, denn nun wurden zuallererst ehemalige NSDAP-Mitglieder und deutsche Kriegsgefangene als Sühnemaßnahme zur Trümmerräumung eingesetzt. Davon abgesehen waren in der Nachkriegszeit in erster Linie professionelle Firmen und Gesellschaften – wie beispielsweise die Frankfurter Trümmerverwertungsgesellschaft – mit schwerem Gerät und Fachkräften die Träger der Enttrümmerung. Über die Initiierung von Bürgereinsätzen und Dienstverpflichtungen von Arbeitslosen wurde der Arbeitskräftemangel ausgeglichen. Während in der amerikanisch und in der französisch besetzen Zone die Heranziehung von Frauen zur Trümmerräumung dezidiert abgelehnt wurde, wurde in der britisch besetzten Zone zwischen 1945 und 1947 eine sehr geringe Zahl von Frauen hierfür eingesetzt. Lediglich für Berlin und die Städte der Sowjetischen Besatzungszone (SBZ) lässt sich der Einsatz von vor allem arbeitslosen Frauen zur Enttrümmerung in einem größeren Umfang nachweisen. [...]
Insgesamt ist demnach festzuhalten, dass Frauen bei der Trümmerräumung eine deutlich nachgeordnete Rolle zukam. Dennoch stellen die in Berlin und der SBZ eingesetzten Bauhilfsarbeiterinnen den Kern dar, von dem aus sich der Mythos der Trümmerfrauen entspinnen lässt. Denn zeitgleich mit der Zulassung von Tageszeitungen und Frauenzeitschriften in Berlin und der SBZ 1945 beziehungsweise 1946 avancierte die enttrümmernde Frau dort zum Medienschlager. Vor allem die Berliner Berichterstattung zeichnete das Bild von den heldenhaften Berliner Frauen, die selbstlos damit begannen, die Stadt aufzuräumen. Und so waren es auch diese Zeitungsartikel, die den Begriff der „Trümmerfrau" aus der Taufe hoben und ihn mit vielen der

noch heute gängigen Stereotypen aufluden: „Frauen sahen bei ihren täglichen Gängen dieses Chaos. Aber nicht lange, denn in ihnen regte sich der Wille zur Abhilfe und zum Aufräumen. Und der Wille wuchs zur Tat – ohne Auftrag von oben [...].“ Gerade die Freiwilligkeit, mit der die Frauen angeblich ans Werk gingen, wurde beständig wiederholt.

Leonie Treber, Mythos „Trümmerfrau“: deutsch-deutsche Erinnerungen, in: Aus Politik und Zeitgeschichte, Heft 16-17/2015; zitiert nach: www.bpb.de/apuz/204282/mythos-truemmerfrau?p=all (Zugriff: 19. April 2023; ohne Anmerkungen)

1. Gliedern Sie den Text in sinnvolle Abschnitte und versehen Sie diese mit passenden Überschriften.
2. Gruppenarbeit: Diskutieren Sie, warum sich die „Trümmerfrau“ als „deutsche Identifikationsfigur“ anbot. Ziehen Sie dazu auch M2 und M3 auf Seite 472 f. heran. | H | F

M2 „Trümmerfrauen“ im Bild

*Die Historikerin Marita Krauss (*1956) setzt sich in einem Beitrag von 2009 mit der Bedeutung der Fotografien von „Trümmerfrauen“ aus den ersten Nachkriegsjahren auseinander:*

Die Bilder von Trümmerstädten, oft im Geiste ästhetisierender Ruinenromantik inszeniert, liefern ein großes Panorama des deutschen Leidens aufgrund des Bombenkrieges der Alliierten. [...] Sie sind die Gegenerzählung zu den Bildern aus den Konzentrationslagern, die das Schreckliche thematisieren, das die Deutschen anderen zufügten.
In diesem Spektrum nehmen die Bilder der Trümmerfrauen einen besonderen Platz ein. Sie sind Teil einer Hoffnungsikonografie[1]. Die Fotos bilden keine düstere Trümmersituation ab, sie stehen vielmehr für den Neuanfang. [...] Zeitlich liegt der Schwerpunkt der Bilder im Sommer 1945 und 1946 und geografisch in Berlin. Dieser geografische Schwerpunkt ist kein Zufall: Trümmerfrauen im engeren Sinn gab es vor allem in Berlin: Hier mussten sich die Frauen ab dem 1.6.1945 beim Arbeitsamt melden, sie wurden registriert und als „Hilfsarbeiterinnen im Baugewerbe“ dienstverpflichtet. [...]
In den meisten westdeutschen Städten wurde die Trümmerräumung jedoch von Anfang an anders organisiert: Sie lag in den Händen professioneller Baufirmen, die überwiegend Männer beschäftigten. Gut belegt ist dies beispielsweise für München oder für Heilbronn. Wenn es Zwangsverpflichtungen gab, dann von ehemaligen NS-Parteigenossen und von deutschen oder ungarischen Kriegsgefangenen, die unter alliierter Aufsicht standen. [...]
Es sollten, so die übereinstimmende Haltung der Stadtverwaltungen und der Militärregierungen, diejenigen den Schutt wegräumen, die für den Krieg verantwortlich waren. NS-belastete Frauen waren dabei mit zu erfassen, hatten sie doch auch, so eine Münchener Stadträtin, während der vergangenen Jahre Zeit gehabt, „herumzulaufen und Geld einzusammeln [...], sie müssen heute auch in der Lage sein, hier mitzuarbeiten“. [...]
Warum, so ist zu fragen, war es wichtig, dass die Rolle der Frauen bei der Trümmerräumung so betont wurde? Warum verschwanden vor allem die räumenden Männer in der Ikonografie des Trümmerfotos? Diese Betonung scheint nicht primär zeitgenössisch zu sein: In München wurde jedenfalls in dem Aufbaubericht *Aus Trümmern wächst das neue Leben* von 1949 korrekt die Rolle der amerikanischen Besatzer, der deutschen und ungarischen Kriegsgefangenen, der NS-Belasteten und dann auch der Baufirmen genannt. Keine Trümmerfrau weit und breit. Doch ein Blick in die Frauenzeitschriften dieser Jahre mit den sprechenden Namen *Der Regenbogen* und *Der Silberstreifen* zeigt: Viele Frauen sahen sich selbst in der Rolle, die ihnen dann nachträglich zugewiesen wurde. [...] Frauen, so suggerieren diese Texte, waren nicht an der „Verwahrlosung“ während der NS-Zeit beteiligt, sie sind „anständig“ und „gerecht“ geblieben und bieten sich daher als Wegweiserinnen in die Nachkriegszeit an. Damit wird die aktive Rolle der Frauen während der NS-Zeit verleugnet, deren Dimensionen inzwischen immer deutlicher zutage treten. [...]
Ein Zweites kommt hinzu: Als die neue Frauenbewegung der 1970er-Jahre auf die Suche nach den Frauen in der Geschichte ging, war es naheliegend, den eigenen Müttern ein Denkmal zu setzen. In den Blick kamen damit die „starken Frauen“ der Nachkriegszeit, die in einer vaterlosen Gesellschaft die Kinder alleine großzogen, für Essen und das alltägliche Überleben sorgten. Da diese Alltagsarbeit, tatsächlich das millionenfache Schicksal der Nachkriegsfrauen, nicht spektakulär genug schien, trat die „Trümmerfrau“ im engeren Sinne in den Mittelpunkt, die mit schwerer Arbeit den Karren aus dem Dreck zog und „wie ein Mann“ anpackte. Es ist daher nicht verwunderlich, dass manche Trümmerfrauen-Bilder eigentlich „Trümmerspechte“ zeigen, also Frauen, die Holz für den heimischen Ofen aus den Ruinen holen.

Marita Krauss, Trümmerfrauen. Visuelles Konstrukt und Realität, in: Gerhard Paul (Hrsg.), Das Jahrhundert der Bilder, Bd. I: 1900 bis 1949, Göttingen 2009, S. 740 f. und 743 f.

1. Geben Sie die Kernaussagen der Historikerin wieder.
2. Stellen Sie dar, welche historischen Tatsachen über die Betonung der Aufbauarbeit der „Trümmerfrauen“ in Vergessenheit gerieten (M2 und M3).

[1] **Ikonografie**: Geschichte der Bilder; Bildikonen sind Bilder, die symbolisch für historische Ereignisse stehen und in das kollektive Gedächtnis einer Gesellschaft eingegangen sind.

M3 „Trümmerfrauen" im Film

*Das Erste Deutsche Fernsehen strahlt am 25. April 2016 die Dokumentation „Mythos Trümmerfrau" aus. Der Journalist René Martens (*1964) geht einen Tag später in einem Zeitungsartikel auf die filmische Dekonstruktion des Mythos ein und schreibt:*

Lobte man die Dokumentation „Mythos Trümmerfrau" dafür, dass sie ein weit verbreitetes Bild korrigiert, wäre das berechtigt. Es wäre aber auch untertrieben. Denn die Dokumentation von Judith Voelker und Julia Meyer, die die ARD heute zum Abschluss der zweiten Staffel der Geschichts-TV-Reihe „Akte D" ausstrahlt, leistet mehr. Sie zeigt nicht nur, wie in der Öffentlichkeit ein Bild der Nachkriegszeit entstanden ist, das mit der historischen Realität wenig zu tun hat, sondern auch, wie dieses Bild in den letzten rund 70 Jahren immer wieder anders inszeniert und instrumentalisiert wurde.

Die heldenhafte, opferbereite Frau, die, bestenfalls mit Eimern und Schaufeln ausgestattet, Trümmer beseitigt – die Basis für dieses Bild schufen noch die Nationalsozialisten. Sie verbreiteten Fotos und Filmaufnahmen von schick gekleideten und trotz harter Arbeit heiter wirkenden Frauen. Dabei handelte es sich aber um Schauspielerinnen. Entfernt vergleichbare Inszenierungen gab es auch nach dem Krieg: Der deutsch-amerikanische Oscar-Preisträger William Wyler drehte 1945 Filme mit Trümmerfrauen. Auf den Bildern, die die ARD-Autorinnen zeigen, sind Frauen zu sehen, die genervt sind von Regieanweisungen.

Im Kern macht „Mythos Trümmerfrau" deutlich: Die Aufräumungsarbeiten erledigten – und es ist erstaunlich, dass man es betonen muss – in erster Linie Baufirmen mit ihren Maschinen. Zumindest im Westen Deutschlands war nur ein Bruchteil der weiblichen Bevölkerung an der Schutträumung beteiligt – und das auch nur wenige Monate lang. Vor allem aber machte das niemand freiwillig. Judith Voelker und Julia Meyer erinnern daran, dass die Nazis während des Krieges Zwangsarbeiter dazu verpflichteten, einen großen Teil des durch Bombenangriffe entstandenen Schutts zu beseitigen. In der Nachkriegszeit waren es dann die Alliierten, die deutsche Kriegsgefangene und NS-belastete Frauen mit Trümmerarbeit bestraften. Andere Frauen schufteten in den Ruinen, um bessere Essensrationen zu bekommen.

Faszinierend ist, dass sich das Bild im Westen und im Osten Deutschlands unterschiedlich entwickelte. In Westdeutschland [...] etablierte sich die Sichtweise, die Schutträumerinnen seien vor allem Opfer des Krieges. In der sowjetisch besetzten Zone erwies sich die Trümmerfrau dagegen als „die Idealbesetzung für den Prototyp sozialistische Frau", wie es Gunilla Budde, Geschichtsprofessorin an der Uni Oldenburg, im Film formuliert. Bezeichnend, so Budde, seien die Unterschiede zwischen den Trümmerfrauen-Denkmälern in Ost und West. Während in DDR-Städten welche entstanden, die Optimismus ausstrahlen, zeigt etwa ein Denkmal im alten West-Berlin eine traurige Frau.

Mitte der 1980er-Jahre dann eine überraschende Wende. Als Reaktion auf eine Rentenreform, die Mütter der Geburtsjahrgänge vor 1921 benachteiligte, definierte die Seniorenbewegung den Begriff „Trümmerfrau" nun um zu einer Bewunderung ausdrückenden Sammelbezeichnung für sämtliche Frauen der Wiederaufbaugeneration. Rechtzeitig zur Wiedervereinigung näherten sich die in Ost und West verbreiteten Bilder also wieder an.

Hervorzuheben ist an dieser Dokumentation auch die exzellente Auswahl der InterviewpartnerInnen. Jeder O-Ton der beteiligten Historikerinnen und Historiker [...] hat Substanz. Nicht zuletzt ist „Mythos Trümmerfrau" eine implizite Kritik an jenen vielen Geschichtsfernsehmachern, die kaum hinterfragen, wie die von ihnen verwendeten Bilder entstanden sind.

René Martens, Alles für die Heimat. Doku über Trümmerfrauen, in: taz: die tageszeitung vom 25. April 2016, S. 17

„Trümmerfrauen" in Berlin.
Foto vom April 1946.

▸ Arbeiten Sie heraus, warum gerade Fotografien von „Trümmerfrauen" in das kollektive Gedächtnis der Deutschen eingingen.

Ostalgie

Von der Euphorie zur Ernüchterung | Den Beitritt der fünf neuen Bundesländer zur Bundesrepublik im Oktober 1990 feierten die meisten Ostdeutschen euphorisch. Die friedliche Revolution von 1989/90 hatte ihnen die persönliche Freiheit und die D-Mark gebracht – etwas, wonach sich viele Menschen jahrzehntelang gesehnt hatten. Doch der mit der Wiedervereinigung verbundene Wandel von Lebensverhältnissen, Arbeitswelt und Wertvorstellungen ging mit vielen Problemen einher.

Für den Systemwechsel von der zentralen Planwirtschaft zur Sozialen Marktwirtschaft gab es kein Vorbild, ein stufenweiser Übergang war nicht geplant. Bereits die Einführung der D-Mark im Juli 1990 mit dem Kurs von 1:1 (statt vorher 1:4,4) brachte viele DDR-Betriebe in Bedrängnis. Mit einem Schlag waren ihre Produkte nun zu teuer für den Export geworden, und in der DDR selbst wurden vor allem westdeutsche Güter nachgefragt. Auch die Herstellung gefragter Güter (z.B. Zulieferer für die Automobilindustrie) bot keine Garantie dafür, dass der Betrieb erhalten blieb. Insgesamt verloren zwei Drittel der zuvor in Staatsbetrieben Beschäftigten ihre Stelle. Ernüchterung und Enttäuschung machten sich breit.

Lebensgefühl im Umbruch | Die Alltagskultur der neuen Bundesbürger veränderte sich nach 1990 rasant. In der DDR war die soziale Integration über den Arbeitsplatz erfolgt – egal, ob es um Freundschaften, Urlaub oder Kinderbetreuung ging. Diese Anbindung ging nun für die zahlreichen Arbeitslosen verloren und die weiterhin Beschäftigten mussten sich an eine neue, in ihren Augen deutlich unpersönlichere Unternehmenskultur gewöhnen. Auch Ämtergänge und gesetzliche Regeln vom Kindergarten bis zur Altersversorgung änderten sich grundlegend. Die Ersparnisse waren durch die Währungsunion zusammengeschmolzen und der wirtschaftliche Aufschwung ließ auf sich warten: Vier Jahre nach der Einheit war das durchschnittliche Geldvermögen der ostdeutschen Haushalte noch immer deutlich geringer als im Westen. Zudem wurde die öffentliche Erinnerung an die DDR stark von der SED-Diktatur und damit negativ geprägt (*Diktaturgedächtnis*, ➔M1), die DDR und ihre Wirtschaft galten als marode. Viele Ostdeutsche fanden sich in dieser Erinnerungskultur nicht wieder: Sie stimmte nicht mit ihren Alltagserfahrungen in der DDR überein und sie empfanden sich und ihre Leistungen als nicht anerkannt. „Es war nicht alles schlecht!" wurde zu ihrem Schlagwort. Die individuellen Erinnerungen standen für sie im Vordergrund, während die negativen Seiten des Regimes weitgehend ausgeblendet wurden. Eine Unterscheidung zwischen privater Lebenswelt und politischer Geschichte fand häufig nicht statt.

Ostalgie-Produkte in der Auslage eines Geschäfts.
Foto von 2012.

Ostalgie und das Geschäft damit | Ab Mitte der 1990er-Jahre begannen ehemalige DDR-Produkte schrittweise auf den ostdeutschen Markt zurückzukehren. Gezielt wurden dabei die positiven Erinnerungen und aktuellen Verlustgefühle angesprochen. Auch Ostalgie-Partys fanden Anhänger; hier wurde die Erinnerung an das Leben in der DDR durch entsprechende Kleidung, Musik und Unterhaltung teils verklärt, teils aber auch ironisch hinterfragt (➔M2). Ihren Höhepunkt fand die Ostalgie-Welle (*Ostalgie* als Zusammensetzung von Osten und Nostalgie) im Sommer 2003 in einer Reihe von Ostalgie-Shows im deutschen Fernsehen, die – in Ost- wie in Westdeutschland – durchaus auch kritisch gesehen wurden. Parallel dazu wurde Ostalgie zur Geschäftsgrundlage von Unternehmen, wie etwa bei den bekannten „Ampelmännchen" oder einem Internetversand von ostdeutschen Produkten an jetzt im Westen lebende ehemalige Ostdeutsche.

Dennoch: Nur wenige Bürgerinnen und Bürger im östlichen Teil Deutschlands wollten die DDR zurückhaben. In einer Umfrage von 2020 sprachen sich nur drei Prozent der West- und zehn Prozent der Ostdeutschen dafür aus. 42 Prozent der Ostdeutschen fühlten sich jedoch als Bürger zweiter Klasse (➔M3).

M1 Drei Formen von Gedächtnis

*Der Historiker Martin Sabrow (*1954) stellt fest, dass heute auf ganz unterschiedliche Art und Weise an die DDR erinnert wird:*

Im Zentrum vor allem des öffentlichen Gedenkens steht das Diktaturgedächtnis, das auf den Unterdrückungscharakter der SED-Herrschaft und ihre mutige Überwindung in der friedlich gebliebenen Revolution von 1989/90 abhebt. Die diktaturzentrierte Erinnerung widmet ihre Aufmerksamkeit vorrangig dem Macht- und Repressionsapparat des kommunistischen Regimes, und sie pocht darauf, dass zum Verständnis der DDR die Stasi wichtiger sei als die Kinderkrippe. In diesem Erinnerungsmodus wird den fundamentalen Unterschieden zwischen politischer Freiheit und politischer Unterwerfung ein entschieden höherer Wert für die Würde des menschlichen Lebens zugemessen als den sozialen und wirtschaftlichen Gratifikationen [...]. Stattdessen setzt sich die auf den Unrechtscharakter der SED-Herrschaft ausgerichtete Erinnerung dafür ein, in erster Linie die Schreckensorte der kommunistischen Herrschaft von den sowjetischen Internierungslagern und KGB-Gefängnissen bis zum Überwachungs- und Bespitzelungssystem der Staatssicherheit im Bewusstsein der Nachwelt präsent zu halten. Das Diktaturgedächtnis ist auf den Täter-Opfer-Gegensatz fokussiert. Es räumt Verbrechen, Verrat und Versagen unter der SED-Herrschaft hohen Stellenwert ein und sieht in der Erinnerung an Leid, Opfer und Widerstand die wichtigste Aufgabe einer Vergangenheitsbesinnung, die im Dienst der Gegenwart Lehren aus der Geschichte ermöglichen und so vor historischer Wiederholung schützen soll. Entsprechend ist das Diktaturgedächtnis normativ und teleologisch[1] strukturiert; es zeichnet die DDR als negatives Kontrastbild vor der Folie rechtsstaatlicher Normen und Freiheitstraditionen [...].

Während dieses staatlich approbierte DDR-Bild den Raum der öffentlichen Erinnerung beherrscht, wirkt ein zweites Organisationsmuster der DDR-Erinnerung stärker in die gesellschaftliche Tiefe und pocht hier mit stillem Trotz und dort mit lauter Vehemenz auf sein Eigenrecht. Dies ist ein in Ostdeutschland bis heute vielfach dominantes Arrangementgedächtnis, das vom richtigen Leben im falschen weiß und die Mühe des Auskommens mit einer mehrheitlich vielleicht nicht gewollten, aber doch als unabänderlich anerkannten oder für selbstverständliche Normalität gehaltenen Parteiherrschaft in der Erinnerung hält. Das Arrangementgedächtnis verknüpft Machtsphäre und Lebenswelt. Es erzählt von alltäglicher Selbstbehauptung unter widrigen Umständen, aber auch von eingeforderter oder williger Mitmachbereitschaft und vom Stolz auf das in der DDR Erreichte – kurz, es verweigert sich der säuberlichen Trennung von Biografie und Herrschaftssystem, die das Diktaturgedächtnis anbietet, und pflegt eine erinnerungsgestützte Skepsis gegenüber dem neuen Wertehimmel des vereinigten Deutschland, die zwischen ironischer Anrufung und ostalgischer Verehrung der ostdeutschen Lebensvergangenheit oszilliert[2]. [...]

Noch stärker im Schatten der öffentlichen Wahrnehmung existiert schließlich ein weiteres Erinnerungsmuster, das an der Idee einer legitimen Alternative zur kapitalistischen Gesellschaftsordnung festhält. Dieses Fortschrittsgedächtnis denkt die DDR vor allem von ihrem Anfang her. Es baut seine Erinnerungen auf der vermeintlichen moralischen und politischen Gleichrangigkeit der beiden deutschen Staaten auf, die zu friedlicher Koexistenz und gegenseitiger Anerkennung geführt hätten [...]. Die Rückbesinnung auf die vermeintlich zu Unrecht verkannten Vorzüge des DDR-Bildungssystems, die hässlichen Gesichtszüge eines aus den Fugen geratenen Weltfinanzsystems, die rückblickende Vorstellung von einer geordneten DDR-Welt, in der der Mensch keine Ware war und für die Gleichstellung der Frau gesorgt war – solcher Art sind die Anknüpfungspunkte, aus denen das Fortschrittsgedächtnis seine Stabilität gewinnt.

In diesem tripolaren Kräftefeld zwischen Diktaturgedächtnis, Arrangementgedächtnis und Fortschrittsgedächtnis wird die DDR-Vergangenheit täglich neu verhandelt.

Martin Sabrow, Die DDR erinnern, in: Ders. (Hrsg.), Erinnerungsorte der DDR, München 2009, S. 18–20

1. Arbeiten Sie heraus, welche Themen für das Diktaturgedächtnis, das Arrangementgedächtnis und das Fortschrittsgedächtnis jeweils bedeutsam sind. | H
2. Erörtern Sie, welche Akteure jeweils als Vertreter der einen oder anderen Gedächtnisform infrage kommen.
3. Beurteilen Sie, welche der Gedächtnisformen am wirkungsmächtigsten ist und daher am ehesten im kollektiven Gedächtnis der Deutschen überdauern wird.

M2 „Trotziges Ost-Gefühl"

*Tobias Hollitzer (*1966), Leiter der Leipziger Gedenkstätte Museum in der „Runden Ecke", äußert sich 2004 über die „Ostalgiewelle":*

Viele Menschen glorifizieren angesichts aktueller Probleme die DDR in ihrer Erinnerung. Daraus entsteht ein trotziges Ost-Gefühl, das absurde Blüten treibt: Jugendliche tragen die Symbole der Unterdrückung tausendfach auf T-Shirts und Jacken. Im Versandhandel, in Souvenirläden

[1] **teleologisch** (griech. telos: Ziel, Zweck): auf Teleologie beruhend; **Teleologie**: Lehre, dass eine Entwicklung von vornherein zweckmäßig und zielgerichtet angelegt ist

[2] **oszillieren**: schwingen, pendeln

und selbst im Shop des Deutschen Historischen Museums sind sie erhältlich. Das Signet des MfS auf Zollstöcken, als Schlüsselanhänger oder Wandschmuck; das Emblem der SED auf Feuerzeugen; die Lieder von FDJ und Staatssicherheit auf CD gepresst: Woher kommt dieser unreflektierte, unkritische Umgang? Offenbar wird in der Schule zu wenig vermittelt, wird in den Elternhäusern zu vieles verklärt. Ein Übriges taten „Ostalgie-Shows", die 2003 auf fast allen Fernsehkanälen liefen. Doch „Ost" ist nicht „Kult" – wie beispielsweise das ZDF meinte –, sondern „Ost" steht für fast 40 Jahre SED-Diktatur. Die Shows würden nur den Alltag darstellen, hieß es aus den Redaktionen und von den Moderatoren. Gemeint war, dass nur der auf den ersten Blick unpolitische Teil der DDR gezeigt werden solle. Es ist jedoch gerade ein Merkmal von Diktaturen, dass es in ihnen keinen unpolitischen Alltag gibt. In den Sendungen traten fast nur Prominente auf, die schon zu DDR-Zeiten privilegiert waren und deren Alltag mit der DDR-Realität wenig zu tun hatte. „Diplomaten im Trainingsanzug" nahmen ihre Funktion noch einmal wahr und schwärmten von der Überlegenheit des DDR-Sports, ohne ein Wort über das staatliche organisierte Doping zu verlieren. „Unsere Fernsehlieblinge" traten auf, ohne die Zensur sämtlicher Medien auch nur mit einem Wort zu erwähnen. Und wenn es sich doch einmal nicht vermeiden ließ, die Kehrseite des schönen Scheins anzusprechen, brach der Moderator ab oder zog die Bemerkung als Anekdote ins Lächerliche. Die sogenannten DDR-Shows hätten zu wenigstens 80 Prozent anstandslos die SED-Zensur der achtziger Jahre passiert. Erich Honecker und sein Politbüro hätten ihre Freude an einer solchen Vielzahl von Agitationssendungen für den „Sozialismus in den Farben der DDR" im (west)deutschen Fernsehen gehabt.

Die Shows glichen Kuriositätenkabinetten, die nichts, aber auch gar nichts zur Verständigung zwischen Ost und West beitrugen. Für die mentale Wiedervereinigung brauchen wir eine aufrichtige und von gegenseitiger Akzeptanz geprägte Neugier auf den anderen. Nicht das in der DDR gelebte Leben steht zur Disposition, sondern die kommunistische Diktatur. [...] Ostalgie-Shows verharmlosen die Gefahren, die der Demokratie durch totalitäre Ideologien drohen, und sind eine Verhöhnung der Opfer. Dass sich die Diktatur der Nationalsozialisten nicht auf Autobahnbau und geringe Arbeitslosigkeit reduzieren lässt, haben wir gelernt. Muss betont werden, dass sich das Alltagsleben in der DDR nicht auf Schulmilch und billige Mieten beschränkte? Nostalgie-Shows, die das Leben im „Dritten Reich" auf den vermeintlich unpolitischen Alltag reduzieren, sind zum Glück undenkbar. Eine Ostalgiewelle zieht über das Land. Das klingt wie eine ansteckende Krankheit. Tatsächlich scheint es eine Krankheit zu sein, immer nur Facetten zur Kenntnis nehmen zu wollen. Doch wir müssen uns auch dem Leben in der zweiten deutschen Diktatur offen und ehrlich und vor allem in all seinen Facetten stellen. Nur dann werden wir den Wert heutiger Freiheit und Demokratie zu schätzen und ihn zu verteidigen wissen. Gerade die Beschäftigung mit dem Alltag in totalitären Regimen verdeutlicht, wie sich der Einzelne in solchen Systemen verhält und welchen Zwängen und Versuchungen er ausgesetzt ist.

Tobias Hollitzer, 15 Jahre Friedliche Revolution, in: Aus Politik und Zeitgeschichte, B 41–42/2004, S. 3–6, hier S. 4 f.

Die DDR als Unterhaltungsthema.
Szene aus der MDR-Show „Ein Kessel DDR", die 2003 ausgestrahlt wurde.

1. Arbeiten Sie aus dem Text Erscheinungsformen der „Ostalgiewelle" heraus. Suchen Sie weitere Beispiele, die unter das Motto „Ostalgie" fallen könnten. Erklären Sie anschließend, welche Ursachen es für diese Form von nostalgischer Erinnerung geben könnte.
2. Nehmen Sie zu den wichtigsten Kritikpunkten Hollitzers gegen die von einigen Fernsehsendern angeheizte „Ostalgiewelle" Stellung. | F

M3 Rückblicke: 30 Jahre nach der friedlichen Revolution

Welche Erwartungen zur Deutschen Einheit haben sich erfüllt? 2020 wurden dazu Deutsche ab 18 Jahren befragt:

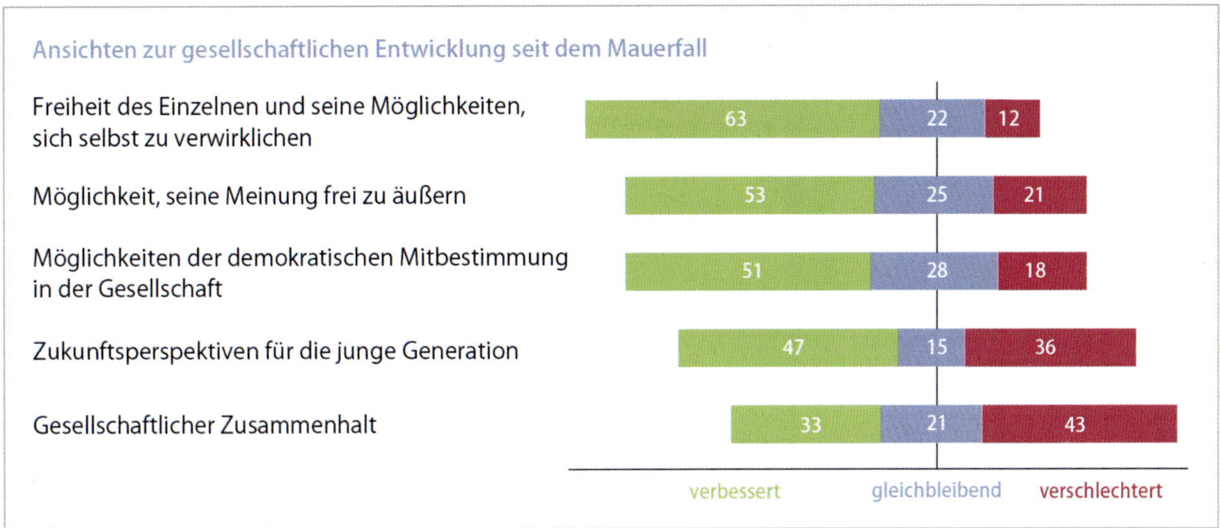

Nach: Infratest-dimap

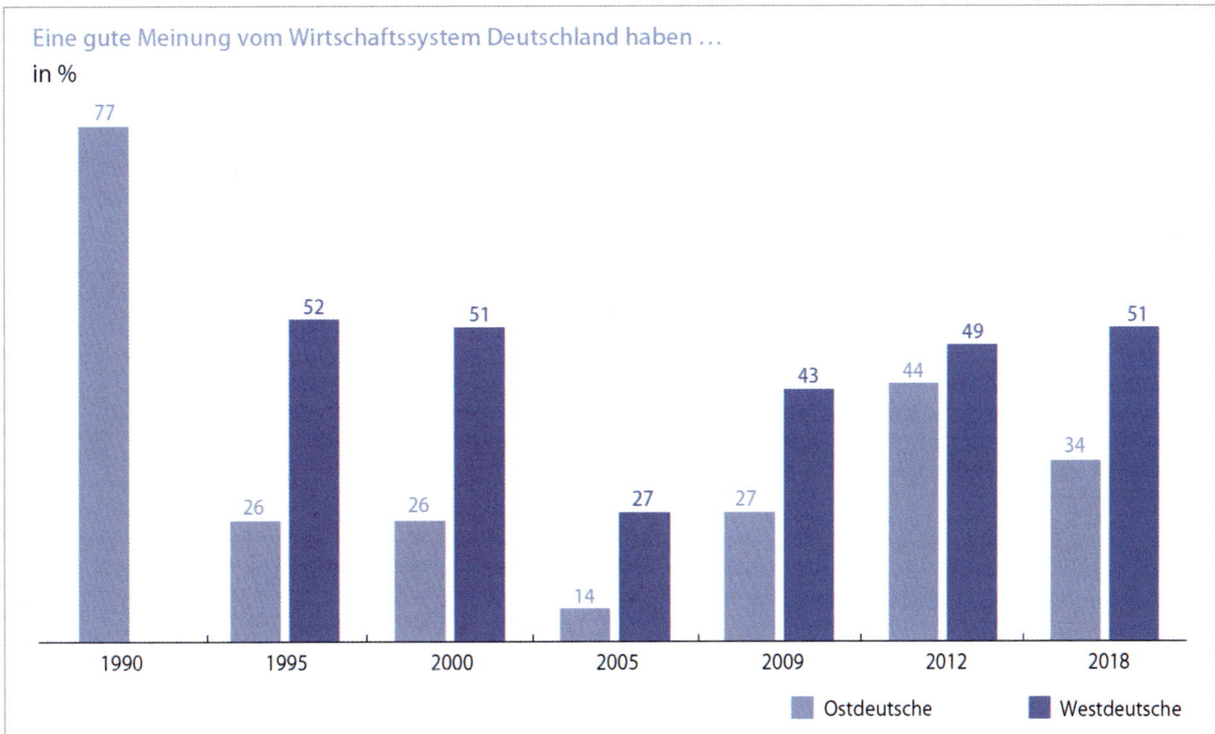

Nach: Institut für Demoskopie Allensbach

1. Beschreiben Sie die Ergebnisse zur gesellschaftlichen Entwicklung seit dem Mauerfall.
2. Erklären Sie den starken Abfall der Zufriedenheit mit den Wirtschaftssystem Deutschlands zwischen 1990 und 1995 in Ostdeutschland. | F

Mythen

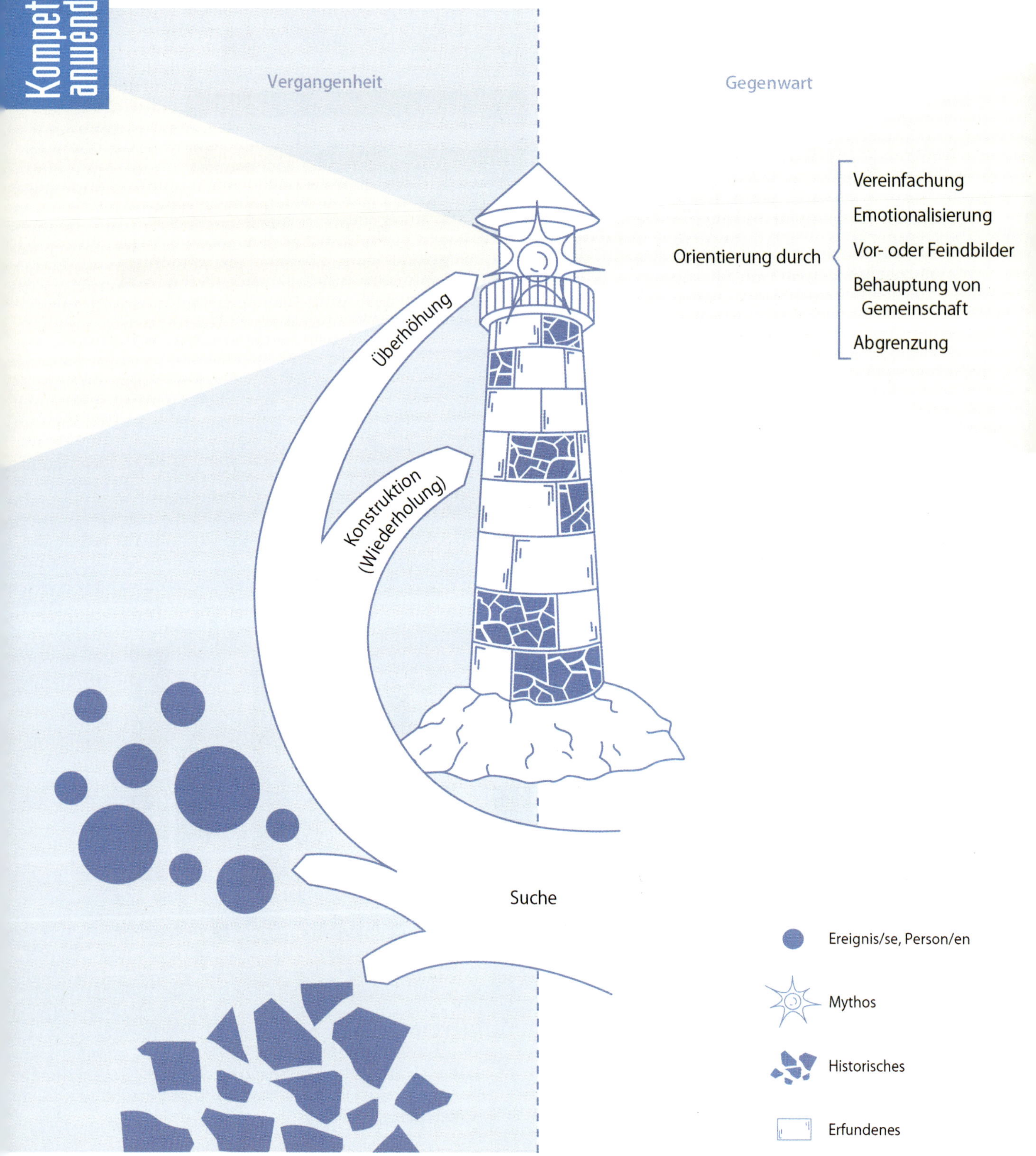
Vergangenheit
Gegenwart
Orientierung durch
Vereinfachung
Emotionalisierung
Vor- oder Feindbilder
Behauptung von Gemeinschaft
Abgrenzung
Überhöhung
Konstruktion (Wiederholung)
Suche
Ereignis/se, Person/en
Mythos
Historisches
Erfundenes

M Geschichtsmythen

*Der Politikwissenschaftler Herfried Münkler (*1951) schreibt 2008 zu Geschichtsmythen:*

Halten wir fest: Mythen sind nicht eo ipso unwahre Berichte, wie es ein landläufiges Begriffsverständnis nahelegt, sondern Erzählungen, denen es nicht um historische Wahrheit, sondern politische Bedeutsamkeit geht. Sie stiften Bedeutung – im Raum, indem sie Ereignisse mit bestimmten Orten verbinden, und in der Zeit, indem sie Geschichten erzählen, die der Geschichte Bedeutsamkeit verleihen und sie von der Vermutung des bloß Vergangenen befreien. Politische Mythen sind Interpunktionen der Zeit, sie markieren Zäsuren und stellen Ligaturen her. Sie strukturieren Vergangenheit im Hinblick auf das für uns heute noch Bedeutsame, das nicht dem Vergessen anheimfallen darf. Aber das tun sie nicht bloß der besseren Übersichtlichkeit zuliebe, sondern um Einfluss auf die in der Gegenwart lebenden Menschen auszuüben. Mythen verleihen Identität und stiften so Selbstbewusstsein und Selbstvertrauen, für das Individuum wie für sozio-politische Kollektive; aber sie nehmen diese auch in die Pflicht. Man hat sich der Heroen der Vergangenheit würdig zu erweisen.

Politische Mythen sind also keineswegs erbauliche Erzählungen, die wir zum Gegenstand historisch-philosophischer Studien machen können, wie das bei den Mythen der Antike der Fall ist. Solch wissenschaftliche Distanzwahrung ist nur bei bereits erkalteten Mythen möglich; „heiße" Mythen dagegen haben eine direkte Appellstruktur, sie sprechen uns an und nehmen uns in Anspruch. Wir haben Mühe, uns ihnen zu entziehen, zumal dann, wenn sie tief in unsere politische Wahrnehmung eingesickert sind, sodass sie Erfahrungsräume und Erwartungshorizonte (Koselleck) beherrschen. Man kann „heiße" Mythen also auch daran identifizieren, dass sie die Grammatik der politischen Weltwahrnehmung strukturieren. [...]

Aber Mythos ist nicht gleich Mythos, auch und gerade nicht mit Blick auf den Prozess der Nationenbildung. Man kann zwischen Gründungs- und Opfermythen unterscheiden, wobei sich die beiden nicht prinzipiell ausschließen, aber unterschiedliche Funktionen haben. Opfermythen können durchaus zu Gründungsmythen werden, aber dann verlieren sie ihre appellative Dimension, fordern nicht mehr neue Opfer, sondern berichten von denen der Vergangenheit, denen wir so viel verdanken. Die Erzählung vom antifaschistischen Widerstand als Gründungsmythos der DDR ist dafür ein Beispiel; sie stand für politische Parteinahme und Identität und markierte eine Trennlinie zur Vergangenheit wie zur Bundesrepublik als einem nach wie vor faschismusanfälligen Staat, gegen den man sich durch den „Antifaschistischen Schutzwall" sichern musste. Der antifaschistische Gründungsmythos verlangte keine neuen Opfer, aber „politische Wachsamkeit" und hochgerüstete Abwehrbereitschaft. Man gedachte der Opfer, damit man keine neuen Opfer bringen musste. Dagegen ist der Nibelungenmythos, gleichgültig, ob er vom Helden Siegfried oder vom Todesritt der Nibelungen zu Etzels Burg handelt, eine Erzählung, die auf neue Opfer und neuen Kampf vorbereiten soll. Hier hat der Mythos eine sakrifizielle Dimension, und dementsprechend ist er auch eingesetzt worden. Ein gänzlich opferfreier Gründungsmythos ist dagegen die Erzählung von Währungsreform und Wirtschaftswunder in der alten Bundesrepublik, die der Legitimation einer bestimmten Wirtschaftsordnung und der Abgrenzung gegen die DDR diente. [...] Beide Mythen sollten zunächst nicht zur Natiogenese dienen, sondern vielmehr konkurrierende Ansprüche auf den richtigen Weg zur deutschen Einheit markieren. Aber mit Vertiefung der Teilung wurden sie doch zu Elementen eigener Nationenbildung, gezielt im Osten, wider Willen im Westen. Erst der Zusammenbruch der DDR hat dem ein Ende gesetzt.

Die Wirkung von Geschichtsmythen entfaltet sich nicht bloß über Erzählungen, sondern dazu dienen auch Bilder und Feste. Zur narrativen Extension kommen ikonische Verdichtungen und rituelle Inszenierungen hinzu: Nur wenn alle drei Dimensionen zusammenwirken, können Geschichtsmythen ihre ganze Kraft entfalten. Die Denkmalsgründer haben das immer schon gewusst und versucht, den Mythen eine Gestalt zu verleihen. Der Mythos sollte sich nicht im Ungefähren verlieren, sondern brauchte einen Ort, an dem er in rhythmischer Wiederholung in Szene gesetzt werden konnte. So gewann er Präsenz in Raum und Zeit. An solchen denkmalbewehrten Orten lässt sich auch das Schicksal der Mythen beobachten – etwa dann, wenn nur noch Touristen zum Picknick kommen. Dann hat sich der Schauder des Sakralen verloren, der „heißen" Mythen eigen ist. Hier kann man sich aufhalten, ohne in die Pflicht genommen zu werden.

Herfried Münkler, Geschichtsmythen und Nationenbildung, in: https://www.bpb.de/themen/erinnerung/geschichte-und-erinnerung/39792/geschichtsmythen-und-nationenbildung/ (Zugriff 20. März 2023)

1. Fassen Sie zusammen, welche Formen von politischen Mythen Herfried Münkler unterscheidet, und nennen Sie für jeden Typ ein Beispiel.
2. Erklären Sie, inwiefern Denkmäler für Mythen eine Rolle spielen.
3. Beurteilen Sie anhand von Beispielen, ob Mythen notwendig für das menschliche Zusammenleben sind.

5.1 Hilfen zum richtigen Umgang mit den Operatoren

Anforderungsbereich I (Reproduktion)

Operator	Was ist zu beachten?	Wie ist vorzugehen?
beschreiben	Der Operator wird häufig sowohl bei Bildquellen wie Gemälden, Karikaturen oder Fotografien als auch bei Statistiken verwendet. Als Vorbereitung für eine anschließende Analyse soll das Material in **nachvollziehbarer** und **strukturierter Form** in seinen **Einzelheiten** (in der Regel Bildelemente und deren Beziehungen zueinander) vorgestellt werden. Eine Analyse oder Erklärung ist hier noch nicht vorzunehmen, also was z. B. die einzelnen Elemente einer Bildquelle oder einer Statistik im historischen Kontext für eine Bedeutung haben oder wie die Darstellung zu beurteilen ist. Klar identifizierbare Personen dürfen aber bereits als solche benannt werden.	Kreisen Sie das Ihnen wesentlich erscheinende Element des Materials ein und verfassen Sie ausgehend davon eine Beschreibung. Das zentrale Element ist z. B. bei einer **Bildquelle** daran zu erkennen, dass es oft in klarer Beziehung zu den anderen Bildelementen steht. Davon ausgehend können Sie dann die übrigen Bestandteile des Materials und die Bildebenen (Vordergrund, Hintergrund) in ihrem Inhalt beschreiben. Bei **Statistiken** empfiehlt es sich, auf die dort oft dargestellte Entwicklung einzugehen. Das gilt auch für dynamische **Karten** (z. B. eine Karte, die die Expansion Roms oder die „Entdeckungsfahrten" der Frühen Neuzeit zeigt). **Beispiel:** Im Zentrum des um 1877 entstandenen Historiengemäldes des Künstlers Anton von Werner steht Martin Luther in aufrechter Haltung und legt seine rechte Hand aufs Herz. Sein Blick ist Kaiser Karl V., der auf seinem Thron im Schatten sitzt, zugewandt. Im Bildhintergrund befinden sich ... usw.
gliedern	Der Operator ist dafür gedacht, einen **Sachverhalt vorzustrukturieren** und zu **ordnen**, um ihn leichter greifbar zu machen. Das kann zum Beispiel die Einteilung eines zeitlichen Verlaufes in bestimmte Phasen sein. In Bezug auf einen vorgegebenen Text wird durch die Gliederung die Vorarbeit für eine Zusammenfassung bzw. eine Textwiedergabe geleistet. Oft wird der Operator daher bei Texten verwendet, in denen die zugrunde liegende inhaltliche Struktur zunächst nicht so einfach zu erkennen ist oder sich verschiedene Aspekte überlagern.	Falls keine Gliederungskategorien durch die Aufgabenstellung vorgegeben sind, wählen Sie **prägnante Begriffe** aus, die aus dem Text heraus deutlich werden. Geben Sie dann die **Zeilen** an, in denen Informationen, die zu diesen Begriffen gehören, benannt werden. Die Begriffe können dann jeweils den Ausgangspunkt für eine Textwiedergabe oder Zusammenfassung bilden. Zusätzlich werden auch Wertungen und Einstellungen der Autorin/des Autors wiedergegeben bzw. zusammengefasst. **Beispiel:** In einem Brief an seine Ordensbrüder in Europa berichtet der Franziskaner Pedro de Gante aus Mexiko-Stadt 1529 über die Missionierung der indigenen Bevölkerung. Der Autor schreibt zunächst über den alten Glauben der Einheimischen (Belegstelle: Zeilenangabe). Anschließend thematisiert er die verschiedenen Strategien der Missionierung der indigenen Bevölkerung. Dabei nennt er die Massentaufen (Belegstelle: Zeilenangabe), den Unterricht und die Ausbildung der Einheimischen zu Missionaren (Belegstelle: Zeilenangabe) und deren Vorgehen bei der Missionierung (Belegstelle: Zeilenangabe).
wiedergeben	Ähnlich wie beim Operator „zusammenfassen" (siehe Seite 481) geht es hier darum, zu zeigen, dass Sie den **Inhalt** eines vorgegebenen Textes **verstanden** haben. Allerdings sollen die Inhalte dabei nicht reduziert, sondern **strukturiert** in ihrer Gänze wiedergegeben werden. Meist wird dieser Operator bei Texten verwendet, die einen hohen Informationsgehalt und wenige Wiederholungen aufweisen, oft auch sprachlich anspruchsvoller sind und quasi **„übersetzt"** werden müssen. Dies kann z. B. für Quellen gelten, die aus einer weiter zurückliegenden Epoche stammen. Auch hier soll der Inhalt des vorliegenden Textes weder von Ihnen erläutert noch bewertet werden. Sie verfassen Ihre Textwiedergabe also wie ein **distanzierter Beobachter**.	Teilen Sie den Text, der wiedergegeben werden soll, in **Sinnabschnitte** ein. Notieren Sie an den Rand des jeweiligen Sinnabschnitts einen Satz, der die Inhalte des Abschnitts in die **moderne Fachsprache** „übersetzt". Um die sprachliche Distanz zum Ausdruck zu bringen, verwenden Sie bei der anschließenden Formulierung der Wiedergabe den **Konjunktiv**. **Beispiel:** Der portugiesische Seefahrer Vasco da Gama berichtet, dass bei der Ankunft seiner Flotte an der Küste von Kalikut im Jahre 1498 zunächst Abgesandte in vier Booten zu ihm gekommen seien, die ihn und sein Gefolge nach ihrer Herkunft gefragt hätten.

Operator	Was ist zu beachten?	Wie ist vorzugehen?
zusammenfassen	Der Operator ist oft in der ersten Aufgabe bei schriftlichen Arbeiten anzutreffen. Hier sollen Sie zeigen, dass Sie den **Inhalt** eines Textes **verstanden** haben und damit in der Lage sind, diesen **gekürzt** und **in eigenen Worten** wiederzugeben. Zu beachten ist dabei, dass Sie den Text auf die **wichtigsten Aussagen** reduzieren und diese dann anführen. Die Inhalte des zu untersuchenden Textes sollen weder von Ihnen erläutert noch bewertet werden. Sie schreiben Ihre Zusammenfassung wie ein **distanzierter Beobachter**.	Teilen Sie den Text, der zusammengefasst werden soll, im Vorfeld in **Sinnabschnitte** ein. Schreiben Sie an den Rand des jeweiligen Sinnabschnitts eine **Überschrift** oder einen **Satz**, der den Inhalt des Abschnitts auf den Punkt bringt. Um die sprachliche Distanz zu unterstreichen, verwenden Sie bei der anschließenden Formulierung der Zusammenfassung den **Konjunktiv**. **Beispiel**: Der Historiker Manfred Hettling erläutert in einer Fachpublikation, dass der Begriff „Wende" passender als der Begriff „Revolution" für die Zeit von 1989/90 sei.

Anforderungsbereich II (Reorganisation und Transfer)

Operator	Was ist zu beachten?	Wie ist vorzugehen?
analysieren	Mithilfe dieses Operators soll ein Material auf bestimmte Aspekte hin untersucht werden, um seine **inhaltliche Aussagekraft** thematisch **zielgerichtet zu erfassen**. Die Aspekte sind in der Regel direkt aus dem Material zu ersehen. Bei manchen Materialien bietet es sich auch an, diese in Hinblick auf mehrere Aspekte zu analysieren und dann zu einem Gesamtbild zusammenzufügen. Wichtig ist es, die Untersuchungsergebnisse anschließend zu **ordnen** und **strukturiert darzustellen**. Außerdem muss – zum Beispiel durch ein Zitat mit Zeilenangabe bzw. ein Bildelement oder einen Zahlenwert – das entsprechend erfasste Ergebnis der Untersuchung am Material **belegt** werden. Genau wie bei „charakterisieren" und „herausarbeiten" (siehe Seite 482 und 483) wird der Operator „analysieren" zur **inhaltlichen Erschließung** eines Materials genutzt. Damit werden diese Operatoren seltener in normalen schriftlichen Arbeiten eingesetzt. Allerdings können sie in umfangreicheren schriftlichen Arbeiten (z. B. im Abitur) als **Vorbereitung**, **Nachbereitung** oder **Verbindung** zu einer anderen weiteren Aufgabe aus dem Anforderungsbereich II (wie „erläutern"; siehe Seite 486 f.) genutzt werden. So kann z. B. eine inhaltliche Erläuterung der jeweils erschlossenen Aspekte gefordert sein oder eine Untersuchung eines Materials in Bezug auf zuvor in einer anderen Aufgabe erläuterte Inhalte.	Gehen Sie das Material durch, indem Sie Ihre „Analysebrille" aufsetzen und die Elemente (Textpassagen, Bildelement oder Zahlenwerte) **markieren**, in denen Aussagen zu ihrem Untersuchungsaspekt auftauchen. Fügen Sie diese Elemente zusammen und wählen Sie eine **geeignete Struktur**, mit der Sie Ihre Ergebnisse geordnet darstellen wollen. **Beispiel**: Analysieren Sie die Motive (Kriterium) der handelnden Gruppen, die in der spätmittelalterlichen Chronik in Bezug auf den Umgang mit der jüdischen Bevölkerung genannt werden. Eine denkbare Antwort: In der Chronik wird ein entscheidendes Motiv für die Ermordung der jüdischen Bevölkerung durch die Stadtbevölkerung genannt: „Was man den Juden schuldete, galt als bezahlt" (Belegstelle: Seiten- und/oder Zeilenangabe). Die Pest bot den Stadtbürgern einen Anlass, die Juden als Sündenböcke darzustellen und sich so ihrer Schulden zu entledigen. Dies gilt auch für die „Landesherren", die als „Schuldner" (Belegstelle: Seiten- und/oder Zeilenangabe) erwähnt werden. Die ablehnende Haltung der Stadträte gegenüber den Mordaktionen gegen die jüdische Bevölkerung, die in ... (Belegstelle: Seiten- und/oder Zeilenangabe) nachzulesen ist, erklärt sich daraus, dass die jüdische Gemeinde in den Städten regelmäßig Schutzgeldzahlungen an den jeweiligen Stadtrat leistete.
charakterisieren	Ähnlich wie beim Operator „analysieren" soll auch hier **ein Aspekt** in einem Material **zielgerichtet untersucht** werden. Während bei einer Analyse eher sachorientiert vorzugehen ist, stehen bei einer Charakterisierung **Eigenarten und Merkmale** im Vordergrund, die sich häufig auf einer Werteebene bewegen. Die untersuchten Eigenschaften lassen sich oft mit **Adjektiven** belegen, die die Eigenarten beschreiben und sich im Endergebnis zu einem „Gesamtbild" bzw. einer Gesamtwirkung zusammenfügen. Dazu ist es wichtig, die Untersuchungsergebnisse zu **ordnen** und **strukturiert darzustellen** und auch ein **Fazit** zu ziehen. ▶ nächste Seite	Betrachten Sie das Material durch Ihre „Analysebrille" und **markieren** Sie die Elemente (Textpassagen), in denen Aussagen zu Ihrem Untersuchungsaspekt auftauchen. **Belegen** Sie die Aussagen auch mit passenden Adjektiven, die sich z. B. aus der Bewertung des Autors oder Ihrem eigenen Eindruck ergeben. Fügen Sie anschließend die Elemente zusammen und suchen Sie eine **Struktur**, mit der Sie Ihre Ergebnisse geordnet darstellen wollen. Wichtig ist dabei, auch die **Gesamtwirkung** zu erfassen, die der Sachverhalt nach der Untersuchung entfaltet. **Beispiel**: Charakterisieren Sie die Vorgehensweise (Kriterium) der Franziskaner bei der Missionierung der indigenen Bevölkerung in Spanischamerika. Eine mögliche Antwort: Die Vorgehensweise lässt sich als oberflächlich (Adjektiv) charakterisieren, da in ... ▶ nächste Seite

Operator	Was ist zu beachten?	Wie ist vorzugehen?
charakterisieren	Dabei kann eine erste Bewertung der Ergebnisse erfolgen. Außerdem ist – zum Beispiel durch ein Zitat mit Zeilenangabe – das **Ergebnis** der Untersuchung auf Basis des Materials zu **belegen**.	(Belegstelle: Seiten- und/oder Zeilenangabe) deutlich wird, das Teile der indigenen Bevölkerung, die zuvor mit dem christlichen Glauben noch nicht in Berührung gekommen sind, sehr schnell zu Missionaren ausgebildet werden. Sie gehen wiederum auch gewalttätig (*Adjektiv*) vor, da sie „Götzenbilder" und „Tempel" des alten Glaubens ohne Zögern zerstören (Belegstelle: Seiten- und/oder Zeilenangabe). Insgesamt erscheint die Missionierung eher darauf abzuzielen, möglichst viele Menschen zu erfassen. Die Akzeptanz des christlichen Glaubens durch die einheimische Bevölkerung aus Überzeugung und dessen Durchdringung scheinen eher zweitrangig zu sein.
einordnen	Dieser Operator ist verwandt mit dem Operator „erläutern" (siehe weiter unten) aber von der Aufgabenstellung her enger gefasst. Es geht darum, **Einzelaspekte** in einen größeren **historischen Zusammenhang** zu stellen. Durch eine Erläuterung dieser Zusammenhänge, in den der Aspekt eingeordnet wird, zeigen Sie dann, dass Sie **wissen** und **begründen** können, warum der Aspekt in diesen Zusammenhang passt. Daher wird dieser Operator auch gern für schriftliche Arbeiten gewählt.	Es bietet sich zunächst an, eine **Mindmap** zu erstellen. Gehen Sie dabei von einem Einzelaspekt aus, der sich z. B. in einem vorgegebenen Material findet, und suchen Sie weitere Aspekte, die mit ihm in Beziehung stehen. Oft geht es dabei um historische Ereignisse und Prozesse, die als Ursache des Sachverhalts zeitlich vorher abliefen oder als Wirkungen und Folgen zeitlich danach stattfanden. So ergibt sich der **Gesamtzusammenhang**, den Sie dann umfassend in Ursachen und Folgen erläutern. **Beispiel**: In seiner Schrift „An den christlichen Adel deutscher Nation von des christlichen Standes Besserung" aus dem Jahre 1520 erklärt Martin Luther, dass alle Christen geistlichen Standes seien. Er erkennt damit die Überordnung des geistlichen Standes über den weltlichen Stand nicht mehr an. Für ihn sind alle Getauften Priester (*Ausgangspunkt*). Diese Feststellung ist eine Reaktion auf die Missstände innerhalb der Kirche z. B. in Bezug auf Simonie (Ämterkauf) und kanonische Gerichtsbarkeit, die die folgenden Auswirkungen hatten ... (*Ursachen*). Mit seiner Lehre vom allgemeinen Priestertum erhöht Luther den Status des Laien und verhilft dem weltlichen Stand, sich aus seiner Unmündigkeit zu befreien. Diese Erkenntnis aus Luthers Adelsschrift ermöglicht z. B. den Fürsten des Heiligen Römischen Reiches sich als „Notbischöfe" zu verstehen, die somit die Struktur der Kirche in ihren Territorien ganz neu ordnen konnten ... (*Folgen*).
erklären	Der Operator ist eine **Vorstufe des Erläuterns**, daher sind im Prinzip dieselben Aspekte zu beachten (siehe unten). Allerdings steht der Materialbezug hier weniger im Vordergrund. Gleichwohl geht es aber auch darum, **Wissen gezielt anzuwenden**. Ein Sachverhalt ist so darzustellen, dass seine Voraussetzungen, Ursachen und Folgen verständlich werden. Sie sollen also die **Gründe** oder die **Zusammenhänge** von etwas **aufzeigen**.	Grundsätzlich gelten hier dieselben Anregungen wie beim Operator „erläutern" (siehe unten). Allerdings können die Sachverhalte abgekoppelt von konkreten Materialbezügen dargestellt werden. So kann z. B. die **Gesamtaussage eines Materials** Ausgangspunkt einer Erklärung sein. **Beispiel**: Erklären Sie, was das vom spanischen Kronjuristen Palacios Rubios 1513 entworfene Requerimiento für die Gebietsansprüche anderer europäischer Mächte bedeutet. Eine denkbare Antwort: Der Text des Requerimiento gaukelt vor, die indigene Bevölkerung hätte eine Möglichkeit, sich mit den Spaniern friedlich zu einigen. Dadurch erhielt die spanische Eroberung den Anschein der Rechtmäßigkeit. Das Requerimiento etablierte also ein Verfahren, welches der spanischen Krone gegenüber anderen europäischen Mächten die Behauptung ermöglichte, die Eroberung sei rechtmäßig, weil sie erst nach Unterweisung der Einheimischen vollzogen worden sei.
erläutern	Der Operator taucht häufig in schriftlichen Arbeiten auf. Dabei sollen Sachverhalte, die in Textquellen, aber auch in Materialien wie Statistiken oder Bildern angesprochen werden, in ihren **Hintergründen erklärt** werden. ▶ nächste Seite	Bei diesem Operator ist es wichtig, *nicht* nur einfach **Wissen** unstrukturiert und aneinandergereiht wiederzugeben. Sie sollen zeigen, dass Sie Ihr Wissen, das zur Bearbeitung der Aufgabe benötigt wird, abrufen können, um dann zielgerichtet die Sachverhalte zu erläutern. ▶ nächste Seite

Operator	Was ist zu beachten?	Wie ist vorzugehen?
erläutern	Das eigene Sachwissen ist zu nutzen, um zielgerichtet z. B. einzelne relevante Textpassagen, Bildelemente oder Daten in ihrer **tieferen Bedeutung** umfassend darzustellen. Hier zeigen Sie also, dass Sie Ihre **Kenntnisse kompetent anwenden** können. Der Operator beinhaltet zwar auch den Operator „erklären" (siehe Seite 482), geht jedoch über ihn hinaus. So sollen nicht nur **Theorien** (wie z. B. Theorien zu Krisen oder Transformationsprozessen), sondern auch **historische Beispiele** herangezogen werden, um die entsprechenden Sachverhalte zu veranschaulichen.	In einem ersten Schritt ist das vorgegebene Material daraufhin zu untersuchen, zu welchen Textpassagen, Bildelementen oder Daten Sie **Hintergründe** erläutern könnten. Zur Vorstrukturierung bietet es sich an, z. B. eine **Mindmap** zu erstellen und den gewählten Passagen schlagwortartig Sachinhalte zuzuordnen. Diesen Sachinhalten können noch weitere Inhalte zugeordnet werden, sodass sich ein umfassendes Beziehungsgeflecht ergibt. Nach einer von Ihnen gewählten Reihenfolge kann dann ausgehend vom Material die Erläuterung mit **Beispielen und Belegen** formuliert werden. **Beispiel**: Den Ausgangspunkt der Erläuterung bildet eine Textpassage aus dem 1513 verfassten Requerimiento. Dort wird von der indigenen Bevölkerung verlangt, die Kirche als obersten Herrn der gesamten Welt anzuerkennen. Eine mögliche Erläuterung dazu könnte folgendermaßen aussehen: Die spanische Krone will damit eine Rechtsgrundlage für ihre Herrschaft in Amerika schaffen. Sie hatte durch die päpstliche Bulle „Inter caetera divinae" (1493) und den Vertrag von Tordesillas (1494) die Herrschaft in den „neu entdeckten" Territorien, die sich in dem ihnen zugewiesenen Bereich befanden, zugesprochen bekommen – also letztlich auch vonseiten der Kirche. Daher ist es wichtig, dass die indigene Bevölkerung missioniert wird und sich zum „heiligen katholischen Glauben" bekennt (Belegstelle: Seiten- und/oder Zeilenangabe), um damit – in der Vorstellung der spanischen Krone – auch die neue Herrschaftsordnung verbindlich anzuerkennen. Deswegen wird sogar mit Vergünstigungen und Rechten im Fall eines Übertritts zum Christentum geworben (Belegstelle: Seiten- und/oder Zeilenangabe).
gegenüberstellen	Dieser Operator ist eine **Vorstufe zum Operator „vergleichen"** (siehe Seite 484 f.). Hier geht es aber ausschließlich darum, die **Unterschiede und Gegensätze** von Sachverhalten oder Materialien anhand **bestimmter Kriterien** herauszustellen.	Es empfiehlt sich, zunächst eine **Tabelle** anzulegen. Eine Spalte sollte sich auf den ersten Sachverhalt bzw. das erste Material und die andere auf den zweiten Sachverhalt bzw. das zweite Material beziehen. Anhand des in der Aufgabe formulierten Kriteriums werden nun beide Sachverhalte bzw. Materialien auf die gegensätzlichen Aspekte hin untersucht und diese jeweils in den entsprechenden Sichtweisen – am besten mit **Belegstellen** aus dem Material – stichpunktartig in die Tabelle eingetragen. Mithilfe dieser Vorstrukturierung können Sie dann die Gegenüberstellung ausformulieren. **Beispiel**: Während der sowjetische Staatspräsident Michail Gorbatschow Reformen (*Kriterium*) in der Sowjetunion anmahnt, schließt Erich Honecker auf einer Politbürositzung im Februar 1989 diese für die DDR mit den Worten „wir sind doch nicht daran interessiert, dass wir Rückstände wieder [...] als Ziel angehen [...]" aus (Belegstelle: Seiten- und/oder Zeilenangabe).
herausarbeiten	Während beim Operator „analysieren" (siehe Seite 481) die Aspekte, die aus einem Material erschlossen werden sollen, direkt zu erkennen sind, muss beim Operator „herausarbeiten" erst **„zwischen den Zeilen"** gelesen werden, um die Aussage eines Materials zu erfassen. Genauso wie beim Operator „analysieren" werden einem dabei **bestimmte Kriterien** an die Hand gegeben, anhand derer die Untersuchung erfolgen soll.	Wie bei den Operatoren „analysieren" und „charakterisieren" ist es auch beim Operator „herausarbeiten" hilfreich, sich das **Untersuchungskriterium**, das in der Aufgabenstellung genannt wird, klar zu machen. Achten Sie bei der Bearbeitung des Textes auf **Andeutungen** oder **subtile Bewertungen**, die der Autor/die Autorin vornimmt, und ziehen Sie daraus Ihre Erkenntnisse. **Beispiel**: Arbeiten Sie aus dem Bericht des Sekretärs des Herzogs von Aragón im Jahre 1517 heraus, wie er Leonardos Arbeiten beurteilt (*Kriterium*). Die relevante Textstelle in dem Bericht lautet: „Dieser Herr hat eine besondere (*Wertung*) Abhandlung über den Körperbau zusammengestellt [...], so wie noch kein anderer Mensch es jemals getan hat (*Wertung*)" (Belegstelle: Seiten- und/oder Zeilenangabe). ▶ nächste Seite

Operator	Was ist zu beachten?	Wie ist vorzugehen?
	◄ vorherige Seite	Fazit: Der Sekretär stellt das einzigartige Talent Leonardos heraus. Er hat etwas geschaffen, was noch niemand vor ihm geschafft hat, seine Arbeit ist also besser als die Anderer.
in Beziehung setzen	Wenn dieser Operator in einer Aufgabe verwendet wird, sind **Zusammenhänge** zwischen Sachverhalten, die in **verschiedenen Materialien** zu finden sind, herzustellen. Häufig soll dabei untersucht werden, in welcher Art der Sachverhalt in dem jeweils anderen Material erscheint und ob sich ggf. in der inhaltlichen Aussage Veränderungen zeigen. Es kann aber auch sein, dass in einem Material der Sachverhalt selbst analysiert wird und dann in Beziehung zu einem Material gesetzt werden soll, welches bereits die Folgen oder Ursachen dieses Sachverhaltes thematisiert. In jedem Fall ist es notwendig, die jeweils herausgestellten Zusammenhänge nachvollziehbar zu **erläutern**.	Analysieren Sie zunächst das Ausgangsmaterial nach den gesuchten Aspekten und listen Sie diese **stichpunktartig** auf (ähnlich wie beim Operator „nachweisen", siehe unten). Untersuchen Sie dann das andere Material daraufhin, inwiefern ein **Zusammenhang** zu den herausgestellten Aspekten erkennbar ist. Fassen Sie anschließend den jeweiligen Zusammenhang in Worte und erläutern Sie ihn. **Beispiel:** In dem Ende des 16. Jahrhunderts veröffentlichten Kupferstich von Theodor de Bry „Kolumbus betritt amerikanischen Boden" (*Ausgangsmaterial*) sind gleich mehrere Ereignisse zu erkennen, die sich in dem durch Bartolomé de Las Casas überlieferten „Bordbuch des Kolumbus" (*Bezugsmaterial*) an verschiedenen Tagen wiederfinden. So wird die Flucht der indigenen Bevölkerung vor der ankommenden Flotte des Kolumbus, die im Hintergrund des Kupferstiches zu sehen ist, im Bordbuch am ... erwähnt. Der Stich soll also in der Rückschau einen visuellen Überblick über verschiedene Ereignisse geben (*Erläuterung*).
nachweisen	Hier wird verlangt, ein Material auf **bekannte historische Inhalte** hin zu untersuchen (z. B.: Finden sich Aspekte von Martin Luthers Lehre in dem vorliegenden Text?). Außerdem ist genau aufzuzeigen, an welcher Stelle im Material die gesuchten Aspekte stehen. In schriftlichen Arbeiten ist dieser **Beleg** dann auch durch eine **Erläuterung** zu begründen.	Vergewissern Sie sich zunächst, welche **Aspekte** den historischen Inhalt, der nachgewiesen werden soll, ausmachen. Notieren Sie sich diese Aspekte und untersuchen Sie das Material daraufhin, ob der Inhalt direkt oder indirekt angesprochen wird. Formulieren Sie dann den Nachweis und nennen Sie die **Belegstelle**. Erläutern Sie anschließend, warum Sie diese Stelle gewählt haben. **Beispiel:** Das Motto der Humanisten „ad fontes", was übersetzt so viel wie „zu den Quellen" bedeutet (*Aspekt des gesuchten historischen Inhaltes*), lässt sich in Luthers Adelsschrift von 1520 nachweisen. Der Reformator bezieht sich bei seiner Aussage, dass alle Christen geistlichen Standes sind, auf eine Textpassage aus der Bibel (Belegstelle: Seiten- und/oder Zeilenangabe). Seine Überlegungen gehen also – wie es die Humanisten forderten – auf ein Studium der Quellen zurück, um der Wahrheit näher zu kommen. Dies steht auch in Verbindung zu dem auf Luther zurückgehenden Begriff „sola scriptura" (dt.: „allein durch die Schrift"), wonach die Bibel als einzige Quelle des christlichen Glaubens gilt (*Erläuterung*).
vergleichen	Bei einem Vergleich ist es wichtig, **Unterschiede**, **Ähnlichkeiten** und **Gemeinsamkeiten** zwischen Sachverhalten bzw. Materialien anhand **bestimmter Kriterien** darzustellen. Oft bleibt die Bearbeitung unvollständig, da z. B. nur auf die Unterschiede Bezug genommen wird.	Erstellen Sie eine **Tabelle** mit den Spalten „Gemeinsamkeiten", „Ähnlichkeiten" und „Unterschiede". Untersuchen Sie nun die Sachverhalte bzw. Materialien anhand des **Vergleichskriteriums** und tragen Sie Ihre Ergebnisse stichpunktartig – am besten mit den **Belegstellen** aus dem Material – in die Tabelle ein. Im Anschluss können Sie anhand dieser Vorstrukturierung den Vergleich ausformulieren. **Beispiel:** Der um 1450 erfundene Buchdruck mit beweglichen Lettern weist in seiner Wirkung (*Kriterium*) insofern *Gemeinsamkeiten* mit dem heutigen Internet auf, dass er eine Eigendynamik in der Verbreitung von Medien und Informationen auslöste. Was heute E-Mails oder Tweets leisten, erfüllten damals Flugschriften und -blätter als Massenmedien. Beiden Entwicklungen gemein ist zudem eine stärkere Vernetzung der Welt (*Ähnlichkeit*), auch wenn das Internet in viel größerem Ausmaß dazu beigetragen hat. Deutliche *Unterschiede* ergeben sich hinsichtlich der Autorenschaft und des Konsums: Die Kosten des Drucks von Schriften und Flugblättern waren immer noch so hoch, ► nächste Seite

Operator	Was ist zu beachten?	Wie ist vorzugehen?
vergleichen	◀ vorherige Seite	dass nicht jeder Mensch sich diese leisten konnte. Hinzu kam auch noch die geringe Alphabetisierungsrate zu Beginn der Entwicklung. Informationen und Nachrichten wurden also nur von einem Teil der Bevölkerung veröffentlicht und je nach Adressaten von einem größeren oder kleineren Kreis rezipiert. Das Internet ermöglicht jedoch, dass jeder Mensch zum Autor werden kann, ungeachtet der finanziellen oder literarischen Fähigkeiten.

Anforderungsbereich III (Reflexion und Problemlösung)

Operator	Was ist zu beachten?	Wie ist vorzugehen?
beurteilen	Es soll zu einem historischen Sachverhalt oder Prozess ein **begründetes Sachurteil** formuliert werden. Ein persönlicher Wertebezug wird nicht verlangt. Der Fokus ist in der Regel auf die Vergangenheit gerichtet. Es wird geprüft, ob der Sachverhalt/Prozess in der betrachteten Zeit in der Gesellschaft gerechtfertigt (legitim) bzw. stimmig oder nützlich (effizient) z. B. in Bezug auf wirtschaftliche oder politische Vorgänge war. Wichtig ist aus der **Perspektive der Zeit** zu urteilen, in der der Gegenstand, der beurteilt werden soll, in Erscheinung tritt. Entscheidend sind vor allem die **Argumente** bei der Beurteilung. Anhand **bestimmter Kriterien** wie beispielsweise Effizienz, Stimmigkeit oder Legitimität sollen historische Fakten und Beispiele angeführt werden und als Begründungen für das Urteil dienen. Je deutlicher erläutert wird, warum das Beispiel oder der Sachverhalt das eigene Urteil unterstützt, umso besser. Es können übrigens sowohl Argumente für als auch gegen die eigene Position in die Bearbeitung einfließen. Anders als bei „erörtern" (siehe Seite 486) muss dies aber nicht zwingend sein.	Wählen Sie – falls es nicht schon durch die Aufgabenstellung vorgegeben ist – ein für die Beurteilung sinnvoll erscheinendes **Sachkriterium** (z. B.: Effizienz, Stimmigkeit oder Legitimität) aus. Es sollte dann bei der späteren Formulierung der Beurteilung auch explizit genannt werden. Überprüfen Sie, in welcher Ausprägung die Kriterien bei dem zu untersuchenden Gegenstand vorliegen, und überlegen Sie anschließend, welche **Position** Sie vertreten wollen. Sammeln Sie im Anschluss daran Ihre Argumente stichpunktartig und achten Sie darauf, **historische Sachverhalte *und* Beispiele** anzuführen. Generell müssen Sie (insbesondere in schriftlichen Arbeiten) auch das Material, zu dem die Aufgabe gestellt ist, zur Unterstützung Ihrer Argumentation oder als Ausgangspunkt für die Beurteilung einbeziehen. Beim Verfassen der Beurteilung sollten Sie daher mit **Zitaten** aus oder **Bezügen** zum Material (Zeilenangaben) arbeiten. Am Ende der Bearbeitung sollte ein **Fazit** stehen, das die zentralen Argumente noch einmal prägnant zusammenfasst und die eigene Position auf den Punkt bringt. Als **Faustregel** gilt: Nicht das Urteil an sich entscheidet darüber, ob die Bearbeitung gelungen ist, sondern die Qualität und Nachvollziehbarkeit der Argumente, anhand derer das eigene Urteil begründet wird. **Beispiel:** Die Umsiedlung der indigenen Bevölkerung in Dörfern und Gemeinden, wie es auch der Vizekönig von Peru im 16. Jahrhundert dem spanischen König berichtete (Belegstelle: Seiten- und/oder Zeilenangabe), war in Bezug auf die Ziele der Spanier durchaus effizient (*Kriterium*). Auf diese Weise konnte die indigene Bevölkerung besser durch die Spanier kontrolliert und missioniert werden. Mit der Annahme des christlichen Glaubens wurde so auch die gottgegebene Herrschaft der Spanier von der indigenen Bevölkerung akzeptiert (*Argument*).
entwickeln	Anders als bei den anderen Operatoren im Anforderungsbereich III verbleibt der Operator „entwickeln" nicht nur bei einer **Beurteilung** eines Sachverhalts oder einer Problemstellung. Darüber hinaus sind Sie hier aufgefordert, eine **eigene Einschätzung** des Sachverhalts darzulegen und ggf. sogar ein **Lösungsmodell** für die vorliegende Problemstellung zu konstruieren. Oft ist hier das Einnehmen einer **Gegenposition** hilfreich, um aus dieser eine Alternative zu dem vorgelegten Problem oder dem Sachverhalt zu gewinnen. Formate wie die Gegenrede oder der Leserbrief bieten sich hier als Rahmen zur Ausformulierung der Ergebnisse an.	Machen Sie sich zunächst die **Sachverhalte**, die **Problemstellungen** und **Wertungen** klar, die sich aus dem Material, das Sie bearbeiten, ergeben (z. B. durch die Analyse eines Textes oder einer Karikatur). Überlegen Sie nun jeweils Möglichkeiten, die Aspekte anders zu sehen bzw. anders mit ihnen umzugehen. Finden Sie **Argumente** dafür, dass diese Alternativen eine tragfähigere Strategie darstellen, das vorliegende Problem zu lösen. Gehen Sie dabei auf prägnante Punkte im vorliegenden Material ein, und stellen Sie daraufhin Ihre **Alternative** begründet vor. Im abschließenden **Fazit** bringen Sie ihr Lösungsmodell dann noch einmal auf den Punkt. **Beispiel:** In seiner Rede am 10. Oktober 1991 zum bevorstehenden Kolumbus-Tag verweist US-Präsident George Bush darauf, dass die „Entdeckung" Amerikas ▶ nächste Seite

Operator	Was ist zu beachten?	Wie ist vorzugehen?
entwickeln	◄ vorherige Seite	durch Christoph Kolumbus zu einem „Austausch von Wissen, Ressourcen und Ideen zwischen der Alten und der Neuen Welt" geführt habe (Belegstelle: Seiten- und/oder Zeilenangabe). Seine Aussage erweckt den Eindruck, hier habe ein gleichberechtigter Austausch bzw. Handel stattgefunden (*Bezug zum Text*). Das war aber nicht der Fall (*Gegenposition*). Wissen aus der „Alten Welt" wie z. B. der Bergbau wurden von Spaniern vorrangig in die „Neue Welt" gebracht, um Ressourcen der indigenen Bevölkerung einseitig und unter menschenunwürdigen Arbeitsbedingungen auszubeuten (*Argument*). In einer Rede zum Kolumbus-Tag muss auf dieses ungerechte Missverhältnis aus Gründen der Wahrhaftigkeit hingewiesen werden, auch wenn langfristig die „Neue Welt" auch von neuen Techniken profitieren konnte. Zudem wäre hier eine Entschuldigung für die Ausbeutung der einheimischen Bevölkerung angebracht (*alternatives Lösungsmodell*).
erörtern	Eine Erörterung erfolgt zu einer vorgegebenen Problemstellung, die meist als eine **These/ Position** vorgegeben ist. Wie beim Operator „sich auseinandersetzen" (siehe unten) steht es einem offen, ob man ein **Sach- oder Werturteil** verfassen möchte, es sei denn, die Aufgabenstellung gibt dies bereits vor. Anders als bei den Operatoren „beurteilen", „Stellung nehmen" oder „sich auseinandersetzen" ist es hier zwingend erforderlich, eine **abwägende Auseinandersetzung/Beurteilung** zu gestalten. Bevor die eigene Position im abschließenden **Fazit** auf den Punkt gebracht wird, müssen also sowohl Argumente für als auch gegen die vorgegebene These/ Position gesammelt, gewichtet und begründet werden.	Wählen Sie – falls es nicht schon durch die Aufgabenstellung vorgeben ist – ein Ihnen für die Aufgabe sinnvoll erscheinendes **Sach- oder Wertekriterium** für die Beurteilung aus (z. B. Effizienz, Stimmigkeit oder Legitimität bzw. Freiheit, Sicherheit etc.). Es sollte später bei der Formulierung der Erörterung auch genannt werden. Überprüfen Sie anhand des ausgewählten Kriteriums, welche Argumente für und welche gegen die formulierte These oder die problemorientierte Fragestellung sprechen. Listen Sie die **Pro- und Kontra-Argumente** stichpunktartig mithilfe einer Tabelle auf. Achten Sie auch darauf, historische Sachverhalte *und* Beispiele anzuführen sowie das zur Erörterung vorgegebene Material – wie bei den Operatoren „beurteilen", „Stellung nehmen" und „sich auseinandersetzen" – einzubeziehen. Überlegen Sie anschließend, welche **Position** Sie vertreten wollen. Gewichten Sie die gesammelten Pro- und Kontra-Argumente – beginnend mit dem schwächsten Argument (für die eigene Position) bzw. stärksten Argument (gegen die eigene Position). In dieser Reihenfolge formulieren Sie dann Ihre Erörterung nach dem sogenannten „**Sanduhrprinzip**". Am Ende der Bearbeitung sollte ein **Fazit** stehen, das die zentralen Argumente noch einmal prägnant zusammenfasst und die eigene Position auf den Punkt bringt. Generell gilt als **Faustregel** auch hier: Nicht das Urteil an sich entscheidet darüber, ob die Bearbeitung gelungen ist, sondern die schlüssige Argumentation, anhand derer das eigene Urteil begründet wird. **Beispiel**: Erörtern Sie, ob es sich bei dem „Thesenanschlag" Martin Luthers um einen Wendepunkt in der Geschichte handelt (*problemorientierte Fragestellung*). Mögliche Antwort: Im Sinne der Stimmigkeit (*Sachkriterium*) der These vom „Wendepunkt in der Geschichte" ist festzuhalten, dass bereits vor dem Thesenanschlag von 1517 Reformer wie John Wyclif und Jan Hus ähnliche Ansichten wie Martin Luther gegenüber der Kirche vertraten, z. B. ... Luthers Thesenanschlag hatte aber deutlich gravierendere Auswirkungen auf das Heilige Römische Reich und Europa als das Wirken seiner Vorgänger, wie z. B. ...
sich auseinandersetzen	Bei diesem Operator steht es Ihnen frei, ob Sie ein **Sach- oder Werturteil** bilden. Anders als beim Operator „Stellung nehmen" (siehe Seite 487) ist es für das Verfassen eines Werturteils also nicht erforderlich, zuvor noch ein Sachurteil zu formulieren. Oft lässt sich bereits schon aus der Aufgabenstellung ablesen, welche Art von Urteil verlangt wird.	Es sind die gleichen Anregungen und Hilfen, wie bei den Operatoren „beurteilen" und „Stellung nehmen" zu beachten. Bei einem **Sachurteil** würden dann jeweils Sachkriterien wie z. B. Legitimität, Stimmigkeit oder Effizienz gelten, während bei einem **Werturteil** Maßstäbe wie Freiheit, Gerechtigkeit etc. herangezogen werden könnten. Wie bereits weiter oben erwähnt, ist auch hier nicht das Urteil entscheidend darüber, ob es sich um eine gelungene Bearbeitung handelt, sondern die **schlüssige Argumentation**, anhand derer das **eigene Urteil** begründet wird.

Operator	Was ist zu beachten?	Wie ist vorzugehen?
Stellung nehmen	Der Operator geht über ein **begründetes Sachurteil** hinaus, da hier zusätzlich ein **Werturteil** gefordert wird. Eine Stellungnahme besteht also im Grunde genommen aus zwei Teilen: Im ersten Teil geht es um Aspekte, die schon unter dem Operator „beurteilen" erklärt worden sind (siehe Seite 485). Im zweiten Teil ist ein Werturteil zu formulieren, bei dem eine Beurteilung aus **heutiger Perspektive** und anhand von **heutigen Wertmaßstäben** (z. B.: Freiheit, Sicherheit, Recht und Gerechtigkeit, Gleichberechtigung, politische Teilhabe, Solidarität) verlangt wird. Entscheidend beim Werturteil sind auch hier die **Argumente**. Je überzeugender diese sind, umso besser.	Zu beachten ist, dass dem Werturteil ein Sachurteil vorgeschaltet ist. Daher gelten hier die gleichen Hinweise wie beim Operator „beurteilen". Im Prinzip kann für das Werturteil das Vorgehen genauso erfolgen, nur dass **heutige Wertmaßstäbe** als Kriterien dienen, die in der Stellungnahme auch benannt werden sollten. Außerdem gilt wieder die **Faustregel**: Nicht das Sach- und anschließende Werturteil an sich entscheiden darüber, ob die Bearbeitung gelungen ist, sondern die Qualität und Nachvollziehbarkeit der Argumente, anhand derer die eigenen Urteile begründet werden. **Beispiel**: Die Umsiedlung der indigenen Bevölkerung in Dörfern und Gemeinden im 16. Jahrhundert war in Bezug auf die Ziele der Spanier durchaus effizient (*Kriterium*). Auf diese Weise konnte die indigene Bevölkerung besser kontrolliert und missioniert werden. Mit der Annahme des christlichen Glaubens wurde so auch die gottgegebene Herrschaft der Spanier von der indigenen Bevölkerung akzeptiert (*Argument für das Sachurteil*). Im Hinblick auf das Kriterium „Freiheit" ist das Vorgehen aus heutiger Sicht abzulehnen. Die Freizügigkeit (freie Wahl des Wohnortes) und die Glaubensfreiheit (*Wertmaßstäbe*) der indigenen Bevölkerung wurden stark eingeschränkt. Es wurde ein willkürlicher Zwang ausgeübt (*Argument für das Werturteil*).
überprüfen	Hier soll ein Sachverhalt daraufhin untersucht werden, ob er die Voraussetzungen für die **Gültigkeit einer Hypothese** erfüllt. Oft wird anhand von Materialien überprüft, ob historische Theorien und Modelle einen Prozess passend beschreiben – z. B. ob ein Sachverhalt als Krise oder Revolution einzuschätzen ist. Anders als beim Operator „nachweisen" (siehe Seite 484) ist nicht sicher, dass sich die Hypothese am Ende wirklich bestätigen lässt bzw. der Prozess nachweisbar ist. Die Überprüfung ist also **offen** und muss auch nicht zu einem eindeutigen Ergebnis führen. Umso wichtiger ist es hier, die Erkenntnisse, die Sie bei der Überprüfung gewonnen haben, durch eine **Erläuterung** zu begründen. Je präziser erläutert wird, warum das Beispiel oder der Sachverhalt die zu überprüfende Hypothese unterstützt oder entkräftet, umso besser.	Formulieren Sie **zentrale Kriterien**, die erfüllt sein müssen, damit die zu überprüfende These Gültigkeit besitzt. Bearbeiten Sie den Sachverhalt/das Material daraufhin, inwieweit diese Kriterien nachweisbar sind. Erfolgt die Überprüfung anhand eines Materials, sollten Sie **relevante Textstellen** oder **Zahlenwerte** vermerken, die Sie später zitieren können. Verfassen Sie strukturiert ihr „**Prüfgutachten**", indem Sie ausgehend vom Sachverhalt/dem Material darlegen, inwieweit die Hypothese erfüllt ist. Begründen Sie Ihre Einschätzung durch Beispiele/Sachwissen. **Beispiel**: Die Entwicklungen in der DDR 1989 brachten einen fundamentalen Systemwechsel (*Kriterium einer Revolution*) für die Bevölkerung. Aus einer faktischen Einparteienherrschaft wurde eine parlamentarische Demokratie, aus einer zentralistischen Planwirtschaft schließlich eine freie Marktwirtschaft (*Argumente*). In diesem Aspekt ist das Kriterium einer Revolution also erfüllt.

Operator, der Leistungen in allen drei Anforderungsbereichen verlangt:

Operator	Was ist zu beachten?	Wie ist vorzugehen?
interpretieren	Der Operator erfordert **Leistungen aus allen drei Anforderungsbereichen**. Zuerst ist nachzuweisen, dass das Material verstanden worden ist. Das bedeutet, dass zunächst eine Beschreibung, Zusammenfassung oder Wiedergabe der Inhalte des Materials in eigenen Worten erfolgt. Danach soll anhand von bestimmten Kriterien das Material auf seine Inhalte hin analysiert und diese mithilfe des eigenen Fachwissens erläutert werden. Die Kriterien können in der Aufgabenstellung vorgegeben sein oder müssen selbst festgelegt werden. Zum Schluss sind die Aussagen, die sich aus dem Material ergeben, zu beurteilen. Dabei soll immer ein Sachurteil erfolgen, das noch um ein Werturteil ergänzt werden kann, aber nicht muss.	Es empfiehlt sich, **schrittweise vorzugehen** und die jeweiligen **Teile der Bearbeitung auszuformulieren**. Beginnen Sie mit der Beschreibung, Zusammenfassung oder Textwiedergabe, anschließend folgen die Analyse und Erläuterung bezogen auf ein Untersuchungskriterium. Zuletzt ist die Beurteilung oder Stellungnahme im Hinblick auf das zuvor Untersuchte vorzunehmen. **Hilfen** zur jeweiligen Vorstrukturierung befinden sich bei den entsprechenden Operatoren. **Beispiel** *(für eine Aufgabenstellung):* Interpretieren Sie die Wandmalerei „Landung der Spanier in Veracruz" von Diego Rivera aus dem Jahre 1951 im Hinblick auf ihre Aussagekraft bezüglich der Folgen der spanischen Kolonisation (*Untersuchungskriterium*).

5.2 Gewusst wie: Lerntipps fürs Abitur

Kennen Sie das auch: Sie stehen kurz vor der Abiturprüfung und wissen nicht, wie Sie sich die ganze Stofffülle merken sollen? Typische Eselsbrücken aus dem Geschichtsunterricht wie „Sieben, fünf, drei – Rom schlüpft aus dem Ei" oder „Zehn, sieben, sieben – Heinrich muss nach Canossa schieben" helfen beim Abitur nur bedingt weiter. Daher wollen wir Ihnen auf dieser Seite ein paar ausgewählte Techniken und Hilfen vorstellen, mit denen Sie sich den Lernstoff besser aneignen können.

Lerntipp 1

Was hat mein Stuhl mit der konstitutionellen Monarchie zu tun?

Stellen Sie sich folgende Situation vor: Sie gehen durch Ihr Zimmer und legen gedanklich an bestimmten Orten jeweils eine Information zu den Hauptphasen der Französischen Revolution ab. Wie soll das funktionieren? Ganz einfach! Hier ein Beispiel: Stuhl – Konstitutionelle Monarchie, Schreibtisch – Republik und „Schreckensherrschaft", Regal – Direktorium. Ausgewählte **Orte** werden also mit verschiedenen **Inhalten** verbunden. Und nicht nur das. Sie sind zudem durch kleine **Geschichten** miteinander zu verknüpfen. Der Fantasie sind dabei keine Grenzen gesetzt. Am Beispiel des Stuhles kann das Ganze dann so aussehen: Eigentlich bräuchte ich dringend einen neuen Stuhl. Seine „Konstitution" ist nicht mehr gut. Lieber würde ich wie ein „Monarch" auf einem neuen Stuhl thronen (= Konstitutionelle Monarchie).
Zudem ist es wichtig, dass der von Ihnen festgelegte Weg in der richtigen **Abfolge** wiederholt wird, um sich die Begriffe dauerhaft merken zu können. Dabei müssen Sie Ihre Route im Zimmer nicht immer selbst abschreiten, sondern können diese auch in Gedanken durchlaufen.

Lerntipp 2

Werden Sie kreativ und fertigen Sie Gedankenlandkarten an!

Bei dieser Methode geht es darum, Ihre Gedanken zu einem Thema aufs Papier zu bringen. Die Gedankenlandkarten – auch **Mindmaps** genannt – helfen Ihnen, Ideen zu ordnen, übersichtlich darzustellen und Wissen zu verknüpfen. Welche Schritte bei der Gestaltung einer Mindmap zu beachten sind, finden Sie unter dem Code **32037-74**. Im Internet gibt es übrigens kostenlose **Programme** (z.B.: Free Mind, FreePlane und Mindmapping), mit denen sich ganz einfach und schnell Mindmaps kreieren lassen.

Lerntipp 3

Reden ist Silber, Schweigen ist Gold – stimmt das überhaupt?

Das bekannte Sprichwort kann beim Lernen ignoriert werden. Hier ist es sogar ratsam, über das Gelernte zu sprechen. **Erzählen** Sie Ihrem Freundeskreis oder Ihrer Familie von dem Thema, mit dem Sie sich gerade beschäftigen. Ein guter Nebeneffekt ist, dass Sie sich damit auch testen, ob Sie alles verstanden haben. Sie können natürlich auch kleine Gruppen mit Ihren Mitschülern bilden und sich gegenseitig abfragen. Lernen Sie lieber alleine, hilft auch **halblautes oder lautes Üben** beim Einprägen neuer Informationen.

Lerntipp 4

Merke: Wiederholung macht den Meister!

Die Themenvielfalt, die Sie für das Abitur beherrschen sollen, ist nicht gerade gering. Daher sollten Sie es unbedingt vermeiden, sich zu überfordern und zu viel auf einmal zu lernen. Effizienter ist es, sich den Lernstoff vorab in **überschaubare Einheiten** einzuteilen und das angeeignete Wissen **regelmäßig zu wiederholen**. Nach nur einmaligem Lernen ist die Wahrscheinlichkeit nämlich hoch, in wenigen Tagen die Hälfte davon wieder zu vergessen. Erst durch häufige Wiederholungen prägen sich die Informationen auch dauerhaft ins Gedächtnis ein.

Weitere Tipps: Verschiedene YouTube-Videos zu Lern- und Merktechniken, darunter auch welche Lernfehler unbedingt vermieden werden sollten, haben wir für Sie unter dem Code **32037-73** zusammengestellt.

5.3 Präsentationsformen

Mit (mediengestützten) Präsentationen können die Ergebnisse von Gruppen-, Partner- oder Einzelarbeiten vorgestellt werden. Ziel ist es, die Zuhörer bzw. die Leser zu informieren und / oder zu überzeugen.

Mündlich

- Rede
- Referat (Vortrag)

Aufgabenbeispiel: Entwickeln Sie als Antwort auf Gustav Bauer eine Rede aus der Perspektive eines Gegners, der die Unterzeichnung des Vertrages kategorisch ablehnt. (vgl. Seite 324, M1, A2)

Schriftlich

- (offener) Brief
- Essay
- Protokoll
- Thesenpapier
- Zeitungsartikel

Aufgabenbeispiel: Entwickeln Sie eine Antwort des englischen Königs in Form eines Briefes an den chinesischen Kaiser. (vgl. Seite 190, M1, A2)

Visuell

- Fotodokumentation / -reportage
- Mindmap
- Plakat
- Schaubild / Grafik
- Tafelbild

Aufgabenbeispiel: Stellen Sie die genannten Merkmale von Krisen (Zeile 4 bis 46) in einem Schaubild dar. Unterscheiden Sie dabei zwischen Bedingungen, die nach Vierhaus notwendig sind, und denen, die ihm zufolge nicht unbedingt gegeben sein müssen. (vgl. Seite 14, M5, A1)

Interaktiv

- Pro- und Kontra-Debatte
- Interview
- Rollenspiel
- Umfrage

Aufgabenbeispiel: Der 31. Oktober 1517 gilt als Gedenktag der Reformation (in Niedersachsen gesetzlicher Feiertag). Führen Sie eine Pro- und Kontra-Diskussion in der Klasse über die Frage, ob es die historischen Hintergründe rechtfertigen, gerade mit diesem Datum an die Reformation zu erinnern. (vgl. Seite 112, M4, A4)

Hinweis: Einige grundlegende Arbeitshinweise zu einzelnen Präsentationsformen, wie zum Beispiel Referat und Mindmap, finden Sie unter dem Code **32037-74**.

5.4 Hinweise zur Bearbeitung von Klausuren

Ziel

Klausuren

In Klausuren sollen Sie zeigen, dass Sie fachspezifisches Material anhand von Aufgaben angemessen bearbeiten können. Dabei sollen Sie ihr Wissen mit neuen Sachverhalten **problembewusst verknüpfen** und begründet **Stellung nehmen**.

Anforderung

Reproduktion

Im **Anforderungsbereich I** beschreiben Sie geordnet und gerafft historische Zustände oder Entwicklungen.

Reorganisation und Transfer

Im **Anforderungsbereich II** bearbeiten Sie Materialien problem- und methodenbewusst zu einem aus dem Unterricht bekannten Thema.

Reflexion und Problemlösung

Der **Anforderungsbereich III** verlangt gründliches Nachdenken und eine Lösung. Sie müssen auf Grundlage Ihrer Materialienanalyse ein Problem untersuchen und bewerten. Ihre Stellungnahme kann eine abwägende Diskussion gegensätzlicher Standpunkte erfordern. Abschließend müssen Sie dazu selbst Position beziehen.

Tipp

Die Operatoren der Anforderungsbereiche I bis III finden Sie vorne im Buch erklärt (siehe: Anforderungsbereiche und Operatoren). **Hilfen zum richtigen Umgang mit den Operatoren** bietet die Übersicht ab Seite 480.

Vorgehen

Aufgaben erfassen

- ☑ Lesen Sie die **Aufgaben** sorgfältig durch; unterstreichen Sie den **Operator**. Versuchen Sie, den Auftrag genau zu erfassen. Machen Sie sich ihn bei Bedarf in eigenen Worten klar. Finden Sie **Schlüsselbegriffe** und klären Sie kurz ihre Bedeutung.

Operatoren beachten

- ☑ Erledigen Sie die Aufgaben streng anhand der Operatoren. Sie zeigen Ihnen, zu welchen **Anforderungsbereichen** Sie jeweils arbeiten sollen.

Kernaussagen ermitteln

- ☑ Lesen Sie den Text zunächst als Ganzes, um Thema und Hauptaussagen im **Zusammenhang** zu begreifen. Im zweiten Durchgang ermitteln Sie aufgabenbezogen die **wesentlichen Aussagen**. Unterstreichen Sie dabei Wörter statt Sätze; so fällt es Ihnen leichter, **eigene Formulierungen** zu finden und sich von der Vorlage zu lösen.

Aussagen strukturieren

- ☑ Stellen Sie zunächst den **Autor** und die **Quelle** (Entstehungszeit, historischer Kontext, Adressaten) vor, wiederholen Sie aber nicht die wissenschaftliche Fundstelle des Textes.

Text gliedern

- ☑ Gliedern Sie Ihren Text folgerichtig. Setzen Sie **Schwerpunkte in Inhalt und Umfang** Ihres Textes. Achten Sie bei Ihrem Zeit- und Arbeitsaufwand auf die Gewichtung der Aufgaben.
- ☑ Geben Sie die Hauptgedanken eigenständig in **indirekter Rede** im **Konjunktiv** wieder.

Aussagen belegen

- ☑ Direkte **Zitate** empfehlen sich, wenn der Operator intensive Textarbeit verlangt und sie einen Kernaspekt in auffälligen Worten ausdrücken. Eine **Erläuterung in eigenen Worten** muss folgen.
- ☑ Halten Sie die **Reihenfolge der Aufgaben** ein. Vermeiden Sie Überschneidungen.

Stil

- ☑ Schreiben Sie **kurze, verständliche Hauptsätze** oder **Satzgefüge**. Drücken Sie sich sachlich aus und benutzen Sie **Fachbegriffe**.

Letzte Kontrolle

- ☑ Planen Sie Zeit für die **Durchsicht** ein. Lesen Sie Ihre Klausur zunächst nur unter **inhaltlichen Gesichtspunkten**; erst in einem zweiten Durchgang achten Sie auf **Rechtschreibung, Grammatik** und **Satzbau**. Achten Sie auf die **Zeitenfolge** (Präsens mit Perfekt; Präteritum mit Plusquamperfekt). Nutzen Sie zulässige **Wörterbücher**.

5.5 Formulierungshilfen für die Textanalyse

Einleitung

Der Verfasser / die Verfasserin (kurze Vorstellung) beschäftigt sich (Zeit / Kontext) mit ... / untersucht / setzt sich mit der Frage auseinander / behandelt das Problem ... / thematisiert / äußert sich zu / führt aus ...
Beispiel: Der Historiker Klaus J. Bade setzt sich in seiner 2002 erschienenen Publikation „Europa in Bewegung" mit der historischen und aktuellen Bedeutung von Migration auseinander.

Einordnung in den historischen Kontext

Der Autor / die Autorin (Name) hat den Brief / Aufsatz / etc. verfasst / die Rede gehalten, als ... Die Quelle lässt sich vor dem Hintergrund von ... einordnen / ist im Zusammenhang mit ... zu sehen.
Beispiel: Die Bürgerbewegung „Demokratie Jetzt" startet am 12. September 1989 einen Aufruf, der sich an alle Initiativgruppen und reformfreudigen Kräfte in der DDR richtet und auf aktuelle Probleme im Staat eingeht. Der Aufruf lässt sich vor dem Hintergrund der sich wirtschaftlich und politisch zuspitzenden Krise der DDR im Jahre 1989 einordnen.

Textwiedergabe „Kernthese"

Er / sie behauptet / ist der Meinung, dass ... / vertritt die These / die Position, dass ...
Beispiel: Der amerikanische Politikwissenschaftler Samuel Phillips Huntington behauptet, dass die Konflikte in der Welt in der Zukunft zwischen verschiedenen Großkulturen verlaufen werden.

Textwiedergabe „Argumentation"

Der Verfasser / die Verfasserin begründet dies, indem er / sie ... / belegt dies mit ... / erklärt dies mit / hebt hervor / betont / kritisiert / bemängelt / argumentiert
Beispiel: Der Politikwissenschaftler Samuel Phillips Huntington betont, dass ein „weltweiter Kampf der Kulturen" (Zeilenangabe / Belegstelle) nur zu vermeiden sei, wenn der Westen seine Kultur verteidigt und dieser nicht darauf hoffe, dass die anderen Kulturen sich ihm annähern werden.

Zusammenfassung

Der Autor / die Autorin fasst seine / ihre Haltung / Sichtweise zusammen, indem er / sie ... / sagt abschließend ... / kommt zu dem Schluss, dass ...
Beispiel: Eberhard Kolb, Professor für Geschichte, kommt zu dem Schluss, dass jeder Historiker durch die Gewichtung der verschiedenen Faktoren darüber entscheidet, wie er das Scheitern der Weimarer Republik interpretiert.

Vergleich

Ebenso wie (ein anderer Autor / eine andere Autorin) / anders als (die Meinung / Argumentation / Position von) ...
Beispiel: Die Historiker František Graus und Peter Schuster nehmen unterschiedliche Standpunkte in Bezug auf die Krise des Spätmittelalters ein. Während Graus ... betont, hebt Schuster ... hervor.

Absicht

Er / sie will darauf hinweisen / erreichen / verdeutlichen / appelliert / zielt auf / verfolgt die Absicht ...
Beispiel: Der britische Mathematiker, Philosoph und Friedensforscher Bertrand Russell will mit seinem in der „Times" am 23. Oktober 1945 erschienenden Leserbrief auf die Geschehnisse im Kontext der Vertreibung der deutschen Bevölkerung aufmerksam machen.

Stellungnahme (Sach- und Werturteil)

Beurteilung: Die Argumentation überzeugt (nicht) / ist widersprüchlich / schlüssig / (nicht) einleuchtend / nachvollziehbar / zutreffend, weil ... *Bewertung*: Ich stimme dem Autor / der Autorin zu / teile (nicht) die Haltung des Verfassers / der Verfasserin / schließe mich (nicht) der Argumentation an, weil ... / Aus heutiger Sicht / Perspektive lässt sich sagen / festhalten, dass ...
Beispiel: Die Thesen des amerikanischen Politologen Jack A. Goldstone über die Ursachen von Revolutionen überzeugen (nicht) aus folgenden Gründen: ...

5.6 Übungsklausur: Krisen, Umbrüche und Revolutionen

Die Aufgabenstellung bezieht sich auf das Pflichtmodul „Die russischen Revolutionen“ aus dem ersten Rahmenthema mit dem dazugehörigen Kernmodul „Revolutionen“. Der inhaltliche Schwerpunkt liegt auf der Wahrnehmung der Oktoberrevolution in der Geschichts- und Erinnerungskultur. Damit wird ein Semesterübergriff zum vierten Rahmenthema hergestellt. Durch die Auswahl der Materialien wird außerdem ein Bogen zum Wahlmodul „Französische Revolution“ geschlagen.

Pflicht- und Kernmodul sowie Semesterübergriff

1. Fassen Sie die drei Deutungsmodelle der russischen Revolutionen zusammen (M1).

Pflicht- und Kernmodul

2. Erklären Sie die Zusammenfassung von Februar- und Oktoberrevolution in der imperial-konservativen Deutung (M1).

Pflicht- und Wahlmodul

3. Vergleichen Sie den „Sturm“ auf den Winterpalast mit der Absetzung des französischen Königs im Jahre 1792 (M2).

Pflichtmodul

4. Beurteilen Sie, inwiefern die Oktoberrevolution „von Beginn an ein Ereignis mit globalen Auswirkungen“ war (M3).

Tipps für die Bearbeitung

- **Aufgabe 1:** Markieren Sie sich zunächst die Kernaussagen der einzelnen Deutungsmodelle.
- **Aufgabe 2:** Überlegen Sie zunächst, weshalb die anderen beiden Deutungsmodelle die beiden Revolutionen getrennt betrachten.
- **Aufgabe 3:** Beachten Sie zum Sturm auf die Tuilerien die Seiten 132 f. des Wahlmoduls „Französische Revolution“, zum „Sturm“ auf den Winterpalast M2 sowie die Bildunterschrift auf Seite 57.
- **Aufgabe 4:** Über die Auswirkungen der Oktoberrevolution informiert der Verfassertext ab Seite 57 ff. des Pflichtmoduls „Die russischen Revolutionen“.

Hinweis: Ihre Arbeitsergebnisse zu den Aufgaben 1 bis 4 können Sie mit den Lösungsvorschlägen unter dem Code **32038-07** vergleichen.

M1 Drei Deutungen der Revolutionen

*Die Historikerin Ekaterina Makhotina (*1982) fasst 2017 zum hundertsten Jahrestag der russischen Revolutionen zusammen, wie die damaligen Ereignisse heute eingeordnet werden:*

Abseits der Bestrebungen, die Russische Revolution als tragische, zur Versöhnung mahnende Geschichte zu erzählen, gibt es heute eine Vielzahl unterschiedlicher Deutungen der Ereignisse von 1917, die anhand von drei Modellen dargestellt werden können. Sie unterscheiden sich in der Bewertung der Februar- und Oktoberrevolution und den ihnen zugrunde liegenden Idealen, der Charakteristika, die Lenin und Stalin zugeschrieben werden, und der Beziehung zwischen „Volk“ und „Elite“.

Imperial-konservative Deutung
In der konservativen Deutung sind die Größe und Stärke des Staates der Bewertungsmaßstab. Die Geschehnisse werden in einem Begriff als „Februar-Oktoberrevolution“ zusammengefasst und ausschließlich negativ gedeutet: als Pogrom, als Zerstörung und Katastrophe, die den Zerfall des Imperiums verursachte. Diese Deutung der Revolution als „nationale Schande“ entstand bereits 1917 und kehrte ab 1991 in den öffentlichen Diskurs zurück. Der Kommunismus erscheint als eine wesensfremde Ideologie, die dem russischen Volk von außen gewaltsam aufgedrückt wurde. [...]
Während die Februarrevolution in die Reihe der Palastrevolten des 18. Jahrhunderts eingeordnet wird, folgten auf die Oktoberrevolution die „Herrschaft des Teufels“ und das Ende des „traditionellen heiligen Russlands“. In diesem Deutungsmuster werden sowohl die sozialen Gründe für den revolutionären Protest als auch das Misstrauen der Bevölkerung gegenüber dem Zaren ignoriert – Schuld trägt vor allem die liberale Bürokratie, die sich illoyal verhielt. [...]
Die imperial-konservative Deutung der Revolution wird von den politischen Eliten gestützt. Bereits 1999 sprach Putin über das Erfordernis einer Ideologie, in deren Mittelpunkt Patriotismus, Großstaatlichkeit und genuin russische Werte stehen müssen. [...]
Mit der imperial konservativen Deutung lässt sich die Revolution auf zwei verschiedene Arten instrumentalisieren: zum einen gegen liberale und westliche Ideale, die als Schwäche dargestellt werden, und zum anderen gegen die heutige Kommunistische Partei Russlands, der man vorwirft, Machtgewinn über nationale Interessen zu stellen.

Sozialistische Deutung
Die sozialistische Deutung der Revolution bestimmte die Erinnerungskultur in der Sowjetunion bis zu ihrem Zerfall. Im Diskurs heutiger russischer Kommunisten hat die Oktoberrevolution ihren zentralen Platz behalten und wird nach wie vor als die Geburtsstunde der „Sowjetmacht der Arbeiter und Bauern“ gefeiert. Auch die Februarrevolution als „bourgeoise Revolution der kapitalistischen Klasse“ hat ihren Platz im Schatten des Oktobers behalten. [...]
Die Oktoberrevolution ist somit vor allem Sehnsuchtsort und weniger ein Symbol für den Aufbruch. [...]
Das sozialistische Modell zeichnet sich durch eine starke Ambivalenz aus: Auf der einen Seite wird die positive Deutung des „Großen Oktobers“ beibehalten, auf der anderen Seite gibt es auch hier eine negative Konnotation des Revolutionsbegriffs. [...]

Liberale Deutung
Auch das liberale Deutungsmodell gibt es seit der Russischen Revolution. Es wurde maßgeblich von Pawel Miljukow geprägt, Vorsitzender der Partei der Konstitutionellen Demokraten und wichtiger Akteur der Februarrevolution. Dieses Modell macht einen deutlichen Unterschied zwischen der Februar- und der Oktoberrevolution: Während die Februarrevolution als Reaktion auf eine tiefe Systemkrise des Imperiums interpretiert und somit als folgerichtig und unumgänglich gedeutet wird, steht der Oktober für einen gewaltsamen Umsturz, der von einer Partei angeführt wurde, die es lediglich im richtigen Moment verstand, das Volk zu mobilisieren. Die Februarrevolution als Durchbruch der Demokratie scheiterte im Oktober 1917 – die Geschichte nahm ihren verhängnisvollen Verlauf und führte zum verbrecherischen und totalitären Sowjetsystem. Nach dem liberalen Modell ist die individuelle Freiheit das höchste Gut, deren Einschränkung weder von einer Ideologie noch vom Streben nach staatlicher Größe gerechtfertigt werden kann.

Zitiert nach: Ekaterina Makhotina, Erinnerung an die Russische Revolution im heutigen Russland, in: APuZ vom 18. August 2017; https://www.bpb.de/shop/zeitschriften/apuz/254464/erinnerung-an-die-russische-revolution-im-heutigen-russland/ (Zugriff: 17. April 2023)

M2 Der „Sturm" auf den Winterpalast

*Der Journalist Christian Esch (*1969) befasst sich 2017 mit der Erinnerung an die russischen Revolutionen. Über den „Sturm" auf den Winterpalast schreibt er:*

„Den Winterpalast zu stürmen war gar nicht nötig", sagt Michail Piotrowski, Direktor des Eremitage-Museums und damit gegenwärtiger Hausherr des Palasts. „Alle Türen standen offen, man hätte einfach hineingehen und die Minister verhaften können. Aber es sollte ja alles so aussehen wie in der Französischen Revolution." [...]
[Die Bolschewiki] fanden, sie müssten eine Szene aus der Französischen Revolution nachstellen, denn das war ihr großes Ideal. Also stürmten sie den Palast, als wären es die Tuilerien 1792, und nachher ließen sie Sergej Eisenstein das Ganze fürs Kino nachstellen. Dabei war der Zar, anders als Frankreichs König, im Herbst 1917 in weiter Ferne. Er befand sich mit Frau und Kindern in der sibirischen Verbannung.

Zitiert nach: Christian Esch, Das Gespenst, das Putin fürchtet, in: Spiegel vom 1. November 2017; https://www.spiegel.de/spiegel/oktoberrevolution-das-gespenst-das-putin-fuerchtet-a-1175566.html (Zugriff: 17. April 2023)

M3 Die globale Bedeutung des Umsturzes im Oktober

*Der Historiker Jörg Ganzenmüller (*1969) interessiert sich für die internationale Bedeutung der Oktoberrevolution:*

Der Staatsstreich der Bolschewiki am 25./26. Oktober [7./8. November] 1917 in Petrograd veränderte die politische Tektonik Europas und der Welt. In Russland hatten zum ersten Mal Akteure die Macht errungen, die eine kommunistische Gesellschaftsordnung anstrebten. Zwar war die Art und Weise, in der die Bolschewiki die Provisorische Regierung gestürzt und die Macht an sich gerissen hatten, eine konzertierte Aktion und keine Erhebung der Massen gewesen, und dennoch fand in den folgenden Monaten und Jahren eine Revolution in Russland statt: Ein grundständiger Umsturz der alten Ordnung und der Aufbau eines neuen Gesellschaftssystems, welches die globale Geschichte des 20. Jahrhunderts nachhaltig prägen sollte. [...]
Auch wenn die politischen, sozialen und kulturellen Folgen der bolschewistischen Herrschaft im Oktober 1917 nicht ansatzweise überschaubar waren, so war die Oktoberrevolution von Beginn an ein Ereignis mit globalen Auswirkungen. Sie forderte nicht nur die Legitimität des liberal-konstitutionellen Politikmodells heraus, sondern warf weltweit neue und fundamentale Fragen über die politische und soziale Ordnung von Gesellschaften auf. Das Jahr 1917 löste einen globalen Schub politischer Erwartungen aus, wozu neben der Russischen Revolution auch der Kriegseintritt der USA und der 14-Punkte-Plan ihres Präsidenten Woodrow Wilson beitrugen. Die politischen Versprechen von Lenin und Wilson erweckten in Gesellschaften ganz unterschiedlicher Weltregionen die Hoffnung auf mehr Autonomie, Unabhängigkeit und Selbstbestimmung.

Jörg Ganzenmüller, Zwischen weltrevolutionären Hoffnungen und antibolschewistischer Abwehrreaktionen, in: Jörg Ganzenmüller (Hrsg.), Verheißung und Bedrohung. Die Oktoberrevolution als globales Ereignis, Köln 2019, S. 9–24, hier: S. 9ff.

5.7 Übungsklausur: Wechselwirkungen und Anpassungsprozesse

Die Aufgabenstellung bezieht sich auf das Pflichtmodul „China und die imperialistischen Mächte", das Kernmodul „Kulturkontakt und Kulturkonflikt" und das Wahlmodul „Romanisierung und Kaiserzeit" aus dem zweiten Rahmenthema des niedersächsischen Kerncurriculums. Des Weiteren ist ein Semesterübergriff auf das Kernmodul „Krisen" des ersten Rahmenthemas und auf das vierte Rahmenthema „Geschichts- und Erinnerungskultur" vorgesehen.

Pflichtmodul

1. Fassen Sie nach einer quellenkritischen Einführung die Kernaussagen von Li Hongzhang zusammen (M1).
2. Ordnen Sie die Denkschrift (M1) in den historischen Kontext zwischen den Opiumkriegen und dem Ende des Kaiserreiches ein.

Pflicht- und Kernmodul

3. Beurteilen Sie, welche Bedeutung der äußere Kulturkontakt angesichts der inneren Bedrohungen des Kaiserreiches besaß. Nehmen Sie dabei Bezug auf die Ausführungen von John K. Fairbank (M2).
4. Erläutern Sie, ob Theorien des Kulturkontakts und Kulturkonflikts für ein Verständnis der Entwicklungen Chinas zwischen ca. 1800 und 1950 hilfreich sind. Berücksichtigen Sie dabei die Aussagen von Jürgen Osterhammel (M3).

Pflicht-, Kern- und Wahlmodul

5. Vergleichen Sie die Entwicklung Chinas zwischen ca. 1800 und 1950 mit den Ihnen bekannten Prozessen der Romanisierung im Römischen Kaiserreich. Berücksichtigen Sie dabei die Aussagen von John K. Fairbank (M2) und Jürgen Osterhammel (M3).

Semesterübergriff

6. Erörtern Sie, inwiefern das Eindringen ausländischer Mächte in China im 19. und frühen 20. Jahrhundert die Charakteristika einer historischen Krise aufweist.
7. Erörtern Sie ausgehend von M4, welche Rolle die Erinnerung an das 19. und frühe 20. Jahrhundert im heutigen China spielt.

Tipps für die Bearbeitung

- **Aufgabe 1**: Eine quellenkritische Einführung gibt die wichtigsten Informationen über die untersuchte Quelle wieder: Verfasserin/Verfasser, Datum, Ort, Textsorte (z. B.: Brief, Rede, …), Adressatenkreis, Thema, Anlass und Absicht der Verfasserin/des Verfassers.
- **Aufgabe 2**: Über die Zeit zwischen den Opiumkriegen und dem Ende des Kaiserreiches informieren die Kapitel auf den Seiten 184 bis 229.
- **Aufgabe 3**: Hintergrundinformationen zu den in M2 angesprochenen Taiping finden sie auf Seite 196 f. im Kapitel „Das Kaiserreich in der Krise".
- **Aufgabe 3 und 4**: Über Theorien im Bereich „Kulturkontakt und Kulturkonflikt" informiert das Kernmodul auf den Seiten 154 bis 157.
- **Aufgabe 5**: Zur Romanisierung siehe nochmals das Kapitel auf den Seiten 234 bis 255 im Band. Das Schaubild auf Seite 254 fasst die wichtigsten Bausteine der Romanisierung zusammen.
- **Aufgabe 6**: Durch welche Merkmale sich historische Krisen auszeichnen, können Sie im Kernmodul auf Seite 10 bis 15 nachlesen.

Hinweis: Ihre Arbeitsergebnisse zu den Aufgaben 1 bis 7 können Sie mit den Lösungsvorschlägen unter dem Code **32037-76** vergleichen.

M1 Selbststärkung als Antwort auf die Europäer

Der General und Staatsmann Li Hongzhang (1823–1901) legt 1872 eine Denkschrift vor, in der er die seines Erachtens notwendigen Maßnahmen zur Verteidigung Chinas erläutert:

Wir haben mit Bewunderung des Heiligen Kaisers Einsatz für Selbststärkung und das Entwickeln umfänglicher und weitreichender Pläne gesehen. Unsere Bewunderung kennt keine Worte. Wir denken, dass die verschiedenen europäischen Länder in den letzten Jahrzehnten von Indien zu den südlichen Meeren und von den südlichen Meeren zu den nordöstlichen vorgedrungen sind und dass sie die Grenzen Chinas überschritten und ins Landesinnere vorgedrungen sind. Völker, die in der früheren Zeit unbekannt waren und die seit Menschendenken keinen Kontakt mit uns hatten, sind zu uns gekommen, um um Handelsbeziehungen zu bitten. Unsere Kaiser waren so großzügig wie der Himmel und haben Verträge mit allen von ihnen bezüglich des internationalen Handels abgeschlossen, um sie dadurch zu kontrollieren. Menschen [...] aus allen Winkeln der Welt kommen in China zusammen; das ist die größte Veränderung seit dreitausend Jahren und mehr.
Die Menschen aus dem Westen stützen sich besonders auf die Qualität und Effizienz ihrer Gewehre, Kanonen und Dampfer. Deswegen können sie China überrollen. Bogen, Speere, kleine Gewehre, hausgemachte Kanonen, welche bisher von China benutzt wurden, kann deren Gewehren, die von hinten geladen werden, nichts entgegensetzen. Die Segel- und Ruderboote und die bisher von uns benutzten Kanonenboote können ihren dampfgetriebenen Kriegsschiffen nichts entgegensetzen. Deshalb werden wir von den Menschen aus dem Westen kontrolliert.
Heute zu leben und immer noch zu sagen „lehnt die Barbaren ab“ und „schmeißt sie aus dem Land“, ist sicherlich ein oberflächliches und absurdes Reden. Selbst wenn wir den Frieden bewahren und unser Territorium schützen wollen, können wir das nicht tun, wenn wir nicht die richtigen Waffen haben. Sie stellen täglich ihre Waffen her, um mit uns um Vorherrschaft und den Sieg zu kämpfen, um zu streiten und uns zu beleidigen, wobei sie dann ihre überlegene Technik gegen unsere unzulängliche einsetzen. Also wie können wir das nur einen Tag durchhalten ohne Waffen und Technik?
Die Methode der Selbststärkung besteht darin zu lernen, was sie tun können, und zu übernehmen, worauf sie sich stützen. Außerdem: Ihr Besitz von Gewehren, Kanonen und Dampfern begann erst in ungefähr den letzten 100 Jahren, und ihr Fortschritt war so schnell, dass sie ihren Einfluss bis nach China ausgedehnt haben. Wenn wir ihre Methoden wirklich und in aller Tiefe verstehen – und je mehr wir lernen, desto mehr werden wir verbessern – und diese Methoden immer weiterverbreiten, können wir dann nicht erwarten, dass wir nach ungefähr einem Jahrhundert die Barbaren vertreiben und auf unseren eigenen Füßen stehen können?

Li Hongzhang, Probleme der Industrialisierung, in: Franz Schurmann und Orville Schell, The China Reader, Bd. 1: Imperial China, New York 1967, Seite 237f. (übersetzt aus dem Englischen von Ulrich Mücke)

M2 Innere und äußere Probleme

Der US-amerikanische Historiker John K. Fairbank (1907–1991) beschreibt das Zusammenspiel zwischen innerer und äußerer Bedrohung des chinesischen Kaiserreiches im 19. Jahrhundert:

Wie sah es zwischen 1861 und 1894 aus? Diese Periode begann mit einer gemeinsamen Politik der Mandschu und Chinesen in Peking wie in den Provinzen. Sie stimmten hinsichtlich des allgemeinen Programms überein, das die Beschwichtigung der anglo-französischen Eindringlinge und zugleich die Unterdrückung chinesischer Aufstände vorsah. [...] Um die Mitte der sechziger Jahre waren die Taiping im Zuge einer neuen Offensive in das Yangtse-Delta eingedrungen, hatten die großen Städte Hangzhou und Suzhou erobert und bedrohten Shanghai. Zugleich erschien eine englisch-französische Armee auf zweihundert Schiffen vor Tianjin und kämpfte sich bis Peking durch. Angesichts der doppelten Katastrophe griffen die Mandschu zur doppelten Beschwichtigung. Sie gaben Tseng Kuo-fan den Oberbefehl gegen die Taiping unter Aufgabe des alten Prinzips, dass Zivilisten in den Provinzen keine Armeen befehligen sollten, und sie akzeptierten die englisch-französische Forderung nach weiterer Öffnung Chinas für den ausländischen Handel und ausländische Missionare. Im Rat der Dynastie waren die Taiping ein „organisches Leiden“, während die Ausländer „nur ein Leiden an den Gliedern“ waren. [...] Die Engländer wollten nur Handel. Daher legalisierte man ihr Opiumgeschäft und versprach ihnen Handel auf dem Yangtse, sobald die Taiping, die hartnäckig am Opiumverbot festhielten, vernichtet wären.

John K. Fairbank, Geschichte des modernen China, 1800–1985, München 1989, S. 114 (übersetzt von Walter Theimer)

M3 Widerstandsfähigkeit der chinesischen Kultur

*Der deutsche Historiker Jürgen Osterhammel (*1952) beschäftigt sich mit der Frage, wie stark ausländische Mächte im 19. und 20. Jahrhundert die chinesische Gesellschaft geprägt haben:*

Die außergewöhnlich hohe chinesische Kraft zu kultureller Assimilierung war begleitet von einer schwer durchdringlichen Kompaktheit der chinesischen Zivilisation: einem tief verwurzelten Widerstandsvermögen, das sich dem Einbruch des Fremden widersetzte. Sieht man [...] in der Kolonisation, also in der Überlagerung von Zivilisationen und in großen Bevölkerungs- und Siedlungsbewegungen, ein Grundphänomen aller Geschichte, so fällt auf, wie verhältnismäßig bedeutungslos solche Prozesse in China blieben. Dies gilt auch für die neuere Zeit. Im 19. Jahrhundert und in der ersten Hälfte des 20. Jahrhunderts war China eine der wichtigsten Zielregionen imperialistischer Expansion. Es wurde aber nie – mit der zeitweiligen Ausnahme des Nordostens, also der Mandschurei – ein Siedlungs- und Kolonisationsgebiet für Ausländer, wie dies in Amerika, in Ozeanien, in Nord-, Ost- und Südafrika und in vielen Gegenden Asiens der Fall war. Selbst auf dem Höhepunkt des ausländischen Einflusses dürfte es nie mehr als 40 000 in China ansässige westliche Ausländer gegeben haben. China ist auch nie zum Einwanderungsgebiet für andere Asiaten geworden. Die japanisch-koreanische Emigration nach China, besonders diejenige in die nordöstlichen Provinzen seit etwa 1905, war eine unmittelbare Begleiterscheinung der japanischen Infiltration und Kolonisierung und verschwand 1945 mit dem Zusammenbruch des japanischen Kolonialreiches. Nach der Gründung der Volksrepublik im Jahre 1949 wurden fast alle westlichen Ausländer vom chinesischen Festland vertrieben. So hatte die Epoche des Imperialismus für China keine lang fortwirkenden ethnisch-demographischen Folgen. Auch dem Eindringen religiöser Spaltungskräfte wurde erfolgreich Widerstand entgegengesetzt. Die zeitweilig mit großem Aufwand betriebene christliche Mission war schon vor dem Sieg der Kommunisten, der sie abrupt beendete, nur mit bescheidenen Erfolgen belohnt worden. [...] Die Dichte der Geformtheit der chinesischen Zivilisation, ihre Fähigkeit zur Assimilation wie zur Resistenz, hat politische Kolonisierung, demographische Mobilisierung und religiöse Missionierung weitgehend unterbunden oder in ihren Folgen entschärft.

Jürgen Osterhammel, China und die Weltgesellschaft. Vom 18. Jahrhundert bis in unsere Zeit, München 1989, S. 7 f.

M4 Xi Jinping und der „Chinesische Traum"

*Der Auslandsrundfunk „Deutsche Welle" beschreibt, wie die chinesische Führung unter Xi Jinping (*1953) die Vergangenheit zur Rechtfertigung ihrer heutigen Politik interpretiert:*

Der Rest der Welt reibt sich verwundert die Augen. In nur knapp drei Jahrzehnten ist China aufgestiegen: Vom bitterarmen Entwicklungsland zur globalen Wirtschaftsmacht. Inzwischen setzt China an, sich zur Weltmacht aufzuschwingen. Spätestens jetzt mischen sich Befürchtungen in die Bewunderung über die Aufbauleistung.

Chinesen aber – und speziell die politische Klasse in Peking – sehen in dem Erstarken ihres Landes vor allem die Korrektur einer historischen Anomalie. Propagandistisch wird diese Haltung bedient durch Xi Jinpings „Chinesischen Traum". Seit seinem Amtsantritt 2012 verspricht Chinas Staats- und Parteichef dem chinesischen Volk die Rückkehr zur Größe vergangener Dynastien. Damit knüpft Xi gleich zweimal an das ausgeprägte Geschichtsbewusstsein der Chinesen an.

Zum einen verstehen sich auch moderne Chinesen als Erben einer Jahrtausende alten Zivilisation, die bis ins 16. Jahrhundert hinein in Kultur, Wissenschaft, Technik, Verwaltung weltweit führend war. China [...] lag in dieser Idealvorstellung im Zentrum der Welt, umgeben von Barbaren, die angezogen von der Leuchtkraft der chinesischen Zivilisation willig Tribut zollten.

Zum anderen hebt sich vor diesem Hintergrund das sogenannte „Jahrhundert der Schande" umso stärker ab. Der klar benannte Anfang: Die von England 1842 mit Waffengewalt erzwungene Öffnung chinesischer Häfen für britisches Opium. Im ersten der sogenannten „ungleichen Verträge" wurde China damals unter anderem auch gezwungen, Hongkong an England abzutreten. Und ein vorläufiges Ende hat diese Irrung der Geschichte offiziell und propagandistisch auch: Die Gründung der Volksrepublik China 1949 durch die Kommunistische Partei. [...]

Der Phantomschmerz über den Verlust imperialer Größe wird wachgehalten im kollektiven Gedächtnis: Geschichtsbücher, Fernsehserien, Zeitungsartikel beschwören immer wieder die Demütigung der chinesischen Nation durch ausländische Mächte herauf, den Niedergang und das Elend. Diese Erinnerungskultur hat den Boden bereitet für die Massenwirksamkeit von Xi Jinpings „Chinesischem Traum". Dabei ist er als von oben verkündete kollektive Vision das genaue Gegenteil des „amerikanischen Traums" von der Verwirklichung individuellen Glücks. Die Pläne für die „Große Wiedergeburt der chinesischen Nation" reichen bis ins Jahr 2049: Zum 100. Geburtstag der Volksrepublik soll China wieder eine wirkliche Weltmacht sein.

Matthias von Hein, Xi Jinping und der „Chinesische Traum", in: Deutsche Welle vom 7. Mai 2018, https://www.dw.com/de/xi-jinping-und-der-chinesische-traum/a-43545156 (Zugriff: 26. April 2022)

5.8 Übungsklausur: Wurzeln unserer Identität

Die Aufgabenstellung bezieht sich auf das Pflichtmodul „Die Gesellschaft der Weimarer Republik" aus dem dritten Rahmenthema des niedersächsischen Kerncurriculums. Daneben gibt es einen Bezug zum Wahlmodul „Deutsches und europäisches Selbstverständnis nach 1945" und zum **Kernmodul** „Deutungen des deutschen Selbstverständnisses". Außerdem liegt ein Semesterübergriff zum vierten Rahmenthema „Geschichts- und Erinnerungskultur" vor. Thematisch wird sich hier mit den Erinnerungen an die Opfer des Nationalsozialismus beschäftigt.

Pflichtmodul

1. Beschreiben Sie die beiden Wahlplakate: Wer bzw. was wird gezeigt? Wie sind die Plakate aufgebaut? Welche Gestaltungsmittel werden verwendet? (M1)
2. Arbeiten Sie die Aussage der beiden Plakate heraus und vergleichen Sie diese miteinander.
3. Geben Sie die Ursachen für das Scheitern der Weimarer Republik nach Eberhard Kolb wieder (M2).
4. „Das Scheitern der Weimarer Republik war vermeidbar." Nehmen Sie Stellung zu dieser These.

Kern- und Wahlmodul sowie Semesterübergriff

5. Fassen Sie die Überlegungen von Theodor Heuss mit eigenen Worten zusammen und kommentieren Sie die Botschaft der Rede (M3).
6. Erörtern Sie, welches Selbstverständnis sich in der Rede von Heuss manifestiert, und ordnen Sie die Rede in den historischen Kontext ein.

Wahlmodul und Semesterübergriff

7. Erörtern Sie, inwiefern sich Heuss in seiner Rede mit Formen und Funktionen von historischer Erinnerung auseinandersetzt.

Hinweis: Ihre Arbeitsergebnisse zu den Aufgaben 1 bis 7 können Sie mit den Lösungsvorschlägen unter dem Code **32037-77** vergleichen.

Tipps für die Bearbeitung

- **Aufgabe 1 und 2**: Informationen zur Analyse eines politischen Plakates liefert die Methode auf Seite 360.
  Achten Sie bei der Auseinandersetzung mit dem NSDAP-Wahlplakat auch auf die vier Personen am unteren Bildrand und überlegen Sie, wen die Personen darstellen könnten. Sehen Sie sich Gesichtszüge, Kleidung und Attribute genau an. Auf dem Zettel in der Hand der Person links außen steht geschrieben: „Für Sowjetrussland/China den Chinesen/Schlagt die Faschisten/Bürgerkrieg/Klassenkampf".
  Die Person mit der roten Mütze hält hingegen einen Zettel in der Hand, auf dem geschrieben steht: „Hitlerbarone/Notverordnungen/Hetze und Verleumdungen/Die Bonzen im Speck, das Volk im Dreck". Auf dem Zettel in der Hand der Person rechts im Bild ist „ § 48" vermerkt.
- **Aufgabe 7**: Über Formen und Funktion historischer Erinnerung informiert das Kernmodul auf den Seiten 436 bis 441.

M1 Wahlplakate

Das linke Plakat für die Reichstagswahl vom 14. September 1930 stammt von der SPD. Das rechte Plakat ist von der NSDAP. Es ist anlässlich der Reichstagswahl vom 31. Juli 1932 entstanden.

M2 Woran scheiterte Weimar?

*Der Historiker Eberhard Kolb (*1933) untersucht, welche Faktoren zum „Scheitern" Weimars beigetragen haben:*

Wie wurde Hitler möglich? War die „Machtergreifung" der Nationalsozialisten unter den gegebenen Bedingungen unvermeidlich? Diese Frage, um die alle Erörterungen über das Scheitern Weimars kreisen, wird von der bisherigen Forschung auf recht unterschiedliche Weise beantwortet. Allerdings sind die in der wissenschaftlichen Diskussion zunächst dominierenden monokausalen Erklärungsversuche, in denen der Aufstieg des Nationalsozialismus und die Machtübertragung an Hitler auf eine einzige oder eine allein ausschlaggebende Ursache zurückgeführt wurden, inzwischen ad acta gelegt worden, denn alle derartigen einlinigen Deutungen haben sich als untauglich erwiesen. Die Historiker sind sich heute zumindest darin einig, dass das Scheitern der Republik und die nationalsozialistische „Machtergreifung" nur plausibel erklärt werden können durch die Aufhellung eines sehr komplexen Ursachengeflechts. Dabei sind vor allem folgende Determinanten zu berücksichtigen: institutionelle Rahmenbedingungen, etwa die verfassungsmäßigen Rechte und Möglichkeiten des Reichspräsidenten, zumal beim Fehlen klarer parlamentarischer Mehrheiten; die ökonomische Entwicklung mit ihren Auswirkungen auf die politischen und gesellschaftlichen Machtverhältnisse; Besonderheiten der politischen Kultur in Deutschland (mitverantwortlich z. B. für die Republikferne der Eliten, die überwiegend der pluralistisch-parteienstaatlichen Demokratie ablehnend gegenüberstanden); Veränderungen im sozialen Gefüge, beispielsweise Umschichtungen im „Mittelstand" mit Konsequenzen u. a. für politische Orientierung und Wahlverhalten mittelständischer Kreise; ideologische Faktoren (autoritäre Traditionen in Deutschland; extremer Nationalismus, verstärkt durch Kriegsniederlage, Dolchstoßlegende und Kriegsunschuldspropaganda; „Führererwartung" und Hoffnung auf den „starken Mann", wodurch einem charismati-

schen Führertum wie dem Hitlers der Boden bereitet wurde); massenpsychologische Momente, z. B. Erfolgschancen einer massensuggestiven Propaganda infolge kollektiver Entwurzelung und politischer Labilität breiter Bevölkerungssegmente; schließlich die Rolle einzelner Persönlichkeiten an verantwortlicher Stelle, in erster Linie zu nennen sind hier Hindenburg, Schleicher, Papen.
Die Antwort, die auf die Frage nach dem Scheitern der Weimarer Demokratie und der Ermöglichung Hitlers gegeben wird, hängt in ihrer Nuancierung wesentlich davon ab, wie die verschiedenen Komponenten gewichtet und dann zu einem konsistenten Gesamtbild zusammengefügt werden, denn Gewichtung und Verknüpfung sind nicht durch das Quellenmaterial in einer schlechthin zwingenden Weise vorgegeben, sie bilden die eigentliche Interpretationsleistung des Historikers.

Eberhard Kolb, Die Weimarer Republik, München [7]2009, S. 215 f.

M3 „[D]ie Deutschen dürfen nie vergessen, was […] in diesen schamreichen Jahren geschah"

Zur Einweihung der Gedenkstätte Bergen-Belsen am 30. November 1952 hält der erste Bundespräsident der Bundesrepublik, Theodor Heuss (1884–1963), folgende Rede:

Als ich gefragt wurde, ob ich heute, hier, aus diesem Anlass ein Wort zu sagen bereit sei, habe ich ohne lange Überlegung mit Ja geantwortet. Denn ein Nein der Ablehnung, der Ausrede, wäre mir als eine Feigheit erschienen, und wir Deutschen wollen, sollen und müssen, will mir scheinen, tapfer zu sein lernen gegenüber der Wahrheit, zumal auf einem Boden, der von den Exzessen menschlicher Feigheit gedüngt und verwüstet wurde. Denn die bare Gewalttätigkeit, die sich mit Karabiner, Pistole und Rute verziert, ist in einem letzten Winkel immer feige, wenn sie, gut gesättigt, drohend und mitleidlos, zwischen nutzloser Armut, Krankheit und Hunger herumstolziert. […]
Aber nun will ich etwas sagen, das manchen von Ihnen hier erstaunen wird, das Sie mir aber, wie ich denke, glauben werden, und das mancher, der es am Rundfunk hört, nicht glauben wird: Ich habe das Wort Belsen zum ersten Mal im Frühjahr 1945 aus der BBC gehört, und ich weiß, dass es vielen in diesem Lande ähnlich gegangen ist. Wir wussten – oder doch ich wusste – Dachau, Buchenwald bei Weimar, Oranienburg, Ortsnamen bisher heiterer Erinnerungen, über die jetzt eine schmutzig-braune Farbe geschmiert war. Dort waren Freunde, dort waren Verwandte gewesen, hatten davon erzählt. Dann lernte man frühe das Wort Theresienstadt, das am Anfang sozusagen zur Besichtigung durch Neutrale präpariert war, und Ravensbrück. An einem bösen Tag hörte ich den Namen Mauthausen, wo sie meinen alten Freund Otto Hirsch „liquidiert" hatten, den edlen und bedeutenden Leiter der Reichsvertretung deutscher Juden. Ich hörte das Wort aus dem Munde seiner Gattin, die ich zu stützen und zu beraten suchte. Belsen fehlte in diesem meinem Katalog des Schreckens und der Scham, auch Auschwitz.
Diese Bemerkung soll keine Krücke sein für diejenigen, die gern erzählen: Wir haben von alledem nichts gewusst. Wir haben von den Dingen gewusst: Wir wussten auch aus den Schreiben evangelischer und katholischer Bischöfe, die ihren geheimnisreichen Weg zu den Menschen fanden, von der systematischen Ermordung der Insassen deutscher Heilanstalten. Dieser Staat, den menschliches Gefühl eine lächerliche und Kosten verursachende Sentimentalität hieß, wollte auch hier tabula rasa – „reinen Tisch" – machen, und der reine Tisch trug Blutflecken, Aschenreste – was kümmerte das? Unsere Fantasie, die aus der bürgerlichen und christlichen Tradition sich nährte, umfasste nicht die Quantität dieser kalten und leidvollen Vernichtung.
[…] [D]ie Deutschen dürfen nie vergessen, was von Menschen ihrer Volkszugehörigkeit in diesen schamreichen Jahren geschah. […]
Nun höre ich den Einwand: Und die anderen? Weißt du nichts von den Internierungslagern 1945/46 und ihren Rohheiten, ihrem Unrecht? Weißt du nichts von den Opfern in fremdem Gewahrsam, von dem Leid der formalistisch-grausamen Justiz, der heute noch deutsche Menschen unterworfen sind? Weißt du nichts von dem Fortbestehen der Lagermisshandlung, des Lagersterbens in der Sowjetzone, Waldheim, Torgau, Bautzen? Nur die Embleme haben sich dort gewandelt.
Ich weiß davon und habe nie gezögert, davon zu sprechen. Aber Unrecht und Brutalität der anderen zu nennen, um sich darauf zu berufen, das ist das Verfahren der moralisch Anspruchslosen, die es in allen Völkern gibt, bei den Amerikanern so gut wie bei den Deutschen oder den Franzosen und so fort. […]
Da steht der Obelisk, da steht die Wand mit den vielsprachigen Inschriften. Sie sind Stein, kalter Stein. Saxa loquuntur, Steine können sprechen. Es kommt auf den Einzelnen, es kommt auf dich an, dass du ihre Sprache, dass du diese ihre besondere Sprache verstehst, um deinetwillen, um unser aller willen!

Zitiert nach: Bulletin des Presse- und Informationsamtes der Bundesregierung, Nr. 189 vom 2. Dezember 1952, S. 1655 f.

5.9 Übungsklausur: Geschichts- und Erinnerungskultur

Die Aufgabenstellung bezieht sich auf das Pflichtmodul „Mythen" aus dem vierten Rahmenthema mit dem dazugehörigen Kernmodul. Der inhaltliche Schwerpunkt liegt auf der „Dolchstoßlegende". Damit wird ein Semesterübergriff zum Pflichtmodul „Die Gesellschaft der Weimarer Republik" aus dem dritten Rahmenthema des niedersächsischen Kerncurriculums hergestellt.

Pflicht- und Kernmodul sowie Semesterübergriff

1. Beschreiben Sie die Zeichnung von M1 und fassen Sie den darunterstehenden Text zusammen.
2. Erklären Sie anhand von M1 und M2, wie Kapitulation und Kriegsende von der Rechten instrumentalisiert wurden und weshalb die „Dolchstoßlegende" zum Mythos wurde.
3. Charakterisieren Sie das Vorgehen Erich Kuttners in M3 und arbeiten Sie die Zielgruppe seines Textes heraus.
4. Beurteilen Sie die Aussage von M2, dass kaum eine andere Parole so viel zur Zerstörung der Weimarer Republik beigetragen habe, wie die „Dolchstoßlegende" (vgl. Zeile 39 f.).

Tipps für die Bearbeitung

- **Aufgabe 1 bis 4**: Hintergrundinformationen zur „Dolchstoßlegende" finden Sie auf Seite 320, Informationen zu den Belastungen und Herausforderungen der Weimarer Republik allgemein auf den Seiten 319 bis 323.
- **Aufgabe 1**: Informationen zu den Bildelementen sowie den Text des Plakats finden Sie unter dem Mediencode **31000-65**.
- **Aufgabe 2**: Was unter dem Begriff „Mythos" zu verstehen ist, können Sie auf Seite 442 nachlesen.
- **Aufgabe 3**: Berücksichtigen Sie bei der Herausarbeitung der Zielgruppe auch die vom Autor genannten Personen.
- **Aufgabe 4**: Hintergrundinformationen zum Scheitern der Weimarer Republik finden Sie auf den Seiten 348 bis 359, eine Einschätzung der Gründe dafür auf den Seiten 364 f.

Hinweis: Ihre Arbeitsergebnisse zu den Aufgaben 1 bis 4 können Sie mit den Lösungsvorschlägen unter dem Code **32038-08** vergleichen.

M1 „Wählt deutschnational!"

Mit diesem Plakat, das sich auf die „Dolchstoßlegende" bezieht, wirbt die DNVP bei der Reichstagswahl am 7. Dezember 1924 um Wähler:

M2 Zur „Dolchstoßlegende"

Im Jahre 2004 fasst der Journalist Otto Langels Entstehung und Wirkung der „Dolchstoßlegende" zusammen:

In einer Rede während des Ersten Weltkrieges deutete Generalfeldmarschall Paul von Hindenburg an, was bald nach der deutschen Niederlage im November 1918 in reaktionären Zeitungen zu lesen war: Das deutsche Heer sei im Felde unbesiegt geblieben, aber von Feinden aus der Heimat erledigt worden – von streikenden Arbeitern, pazifistischen Sozialdemokraten und linksradikalen Spartakisten.

Am 18. November 1919 nutzte Hindenburg den parlamentarischen Untersuchungsausschuss für die Schuldfragen des Weltkrieges, um die später als Dolchstoßlegende bekannt gewordene Propagandalüge zu formulieren: „Ein englischer General sagte mit Recht: Die deutsche Armee ist von hinten erdolcht worden. Wo die Schuld liegt, ist klar erwiesen."

Der Feldmarschall täuschte mit seiner Aussage bewusst die Öffentlichkeit. Denn die Oberste Heeresleitung unter Hindenburg und dem Generalquartiermeister Erich Ludendorff hatte nach der gescheiterten Sommeroffensive 1918 die Reichsregierung ultimativ aufgefordert, Waffenstillstandsverhandlungen aufzunehmen. Am 29. September überzeugten Hindenburg und Ludendorff Kaiser Wilhelm II., dass angesichts der militärischen Überlegenheit des Gegners Deutschland den Krieg definitiv verloren habe. Die Verantwortung wollte die Oberste Heeresleitung jedoch nicht übernehmen, sondern die „Suppe sollen die essen", wie Ludendorff sich ausdrückte, „die sie uns eingebrockt haben". Gemeint waren damit die später als „Novemberverbrecher" diffamierten linksliberalen, sozial- und christdemokratischen Politiker. […]

Doch die antidemokratisch gesinnten Militärs und Politiker wollten sich mit der deutschen Niederlage in einem Krieg nicht abfinden, den sie als Verteidigungskrieg deklariert, tatsächlich aber als Eroberungsfeldzug angelegt hatten. Vor allem die Parteien der extremen Rechten, die Deutschnationale Volkspartei und die NSDAP, betrieben mit der Dolchstoßlegende eine hasserfüllte Agitation gegen die Anhänger der Weimarer Republik. […]

Kaum eine andere Parole hat so viel zur Zerstörung der Weimarer Republik beigetragen wie die Dolchstoßlegende. Die Verratsvorwürfe, denen sich demokratische Politiker ausgesetzt sahen, erwiesen sich als schwere Hypothek für die junge Demokratie. Die Gewinner waren die Nationalsozialisten. Sie konnten die Geschichtslüge erfolgreich für ihren Kampf um die Macht einsetzen.

Zitiert nach: Otto Langels, Vor 85 Jahren formulierte Hindenburg die Dolchstoßlegende, in: Deutschlandfunk vom 18. November 2004; https://www.deutschlandfunk.de/vor-85-jahren-formulierte-hindenburg-die-dolchstosslegende-100.html (Zugriff: 8. März 2023)

M3 „Der Sieg war zum Greifen nahe!"

Erich Kuttner (1887–1942), Abgeordneter der SPD, Journalist und ehemaliger Frontsoldat, gibt 1922 die Broschüre „Der Sieg war zum Greifen nahe!" heraus. Sein Ziel ist es, die mit dem Kriegsende zusammenhängenden „Geschichtslügen", insbesondere die „Dolchstoßlegende", mit historischen Dokumenten zu widerlegen. Im Vorwort schreibt er:

Diese Schrift dient allein dem Zweck der Wahrheit. Der Herausgeber will auf der Grundlage authentischer Zeugnisse und Dokumente jenen Geschichtslügen und Geschichtsverdrehungen ein Ende bereiten, die zu deutlich umstürzlerischen Zwecken geflissentlich von Leuten in die Welt gesetzt werden, denen selbst ihr politischer Gegner ein höheres Maß von Gerechtigkeit und Wahrheitsliebe zugetraut hätte.

In solcher Absicht bringt die Schrift eine Zusammenstellung unumstößlicher historischer Dokumente. Eigenen Text hat der Herausgeber nur insoweit hinzugefügt, als dies zum Verständnis des Zusammenhangs notwendig war. Im Übrigen sollen die Dokumente für sich selber sprechen. Sie haben Männer zu Verfassern, die als Heerführer und Staatsmänner in der abgelaufenen Geschichtsperiode höchste Ämter bekleidet haben. Die hauptsächlichsten Gewährsmänner des Herausgebers sind: Der Kronprinz Friedrich Wilhelm, der bayerische Kronprinz Rupprecht, der Generalfeldmarschall Hindenburg, der Generalquartiermeister Ludendorff, die Oberste Heeresleitung, der Forstrat Escherich, die Reichskanzler der Kriegszeit usw.

An die Spitze jedes Kapitels ist die Geschichtslüge gestellt, die es zu widerlegen gilt. Die Dokumente sind alsdann so angeordnet, dass sich die Widerlegung für den aufmerksamen Leser daraus von selber ergibt. Zur Unterstützung des Lesers hat der Herausgeber die entscheidenden Stellen durch den Druck hervorgehoben.

Der Herausgeber gibt der aufrichtigen Hoffnung Ausdruck, dass vorzüglich die Kreise, bei denen die Namen der genannten Gewährsmänner höchsten Klang haben, ihn in seiner Bemühung unterstützen werden, die von einem Friedrich Wilhelm, einem Rupprecht, einem Hindenburg, einem Ludendorff, einem Escherich verkündete geschichtliche Wahrheit in das ganze deutsche Volk zu bringen, vor allem in jene missleiteten Schichten des Volkes, deren Einsicht durch verlogene Schlagworte und bösartige Verleumdungen umnebelt worden ist.

Zitiert nach: Erich Kuttner (Hrsg.), Der Sieg war zum Greifen nahe. Authentische Zeugnisse zum Frontzusammenbruch, Berlin 1922, S. 5, https://dfg viewer.de/show/?set[mets]=https://digital.wlb-stuttgart.de/mets/urn:nbn:de:bsz:24-digibib-bsz5064492114.xml (Zugriff: 8. März 2023)

Digitale Materialien

Im Schulbuch befinden sich Hinweise auf verschiedene digitale Angebote. Um diese abzurufen, geben Sie einfach den im Buch genannten Mediencode (z. B. 32038-01) im Suchfeld auf www.ccbuchner.de ein oder steuern Sie die digitalen Inhalte direkt über die QR-Codes an. Neben weiterführenden Internettipps bietet Ihnen das Lehrwerk auch digitale Formate, die eigens entwickelt wurden. Es handelt sich dabei um Filmclips und animierte Geschichtskarten:

- **Geschichte In Clips**: Die mehrminütigen Filmclips behandeln ausgewählte historische Themen. Die zeitgenössischen Bild- und Tondokumente sind mit erläuternden Sprechertexten und Untertiteln versehen.
- **Animierte Karten**: Sie veranschaulichen zeitliche und territoriale Veränderungen im Zusammenhang. Sprecherkommentare ordnen die Ereignisse in ihren jeweiligen historischen Kontext ein.

Die genannten Formate sind auf folgenden Seiten im Schulbuch zu finden:

Geschichte In Clips

Animierte Karten

Quellen und Methoden

Die Vergangenheit hat zahllose Spuren in unserer Gegenwart hinterlassen, die uns überall begegnen. Historiker bezeichnen diese Überreste aus früheren Zeiten als Quellen. Allgemein lassen sich folgende Arten unterscheiden:

- **schriftliche Quellen** (Textquellen): Gesetze, Zeitungen, Briefe etc.
- **visuelle Quellen** (Bildquellen): Gemälde, Karikaturen, Fotografien etc.
- **gegenständliche Quellen** (Sachquellen): Münzen, Fahrzeuge, Bauwerke etc.
- **mündlich überlieferte Geschichte** (mündliche Quellen): Sagen, Mythen, Zeitzeugenberichte etc.

Für jede Quellenart werden eigene Verfahren und Arbeitsweisen benötigt, um möglichst viele und verlässliche Informationen zu erhalten. Die nachstehende Übersicht bietet daher Hinweise auf Erklärungen, wie Sie Schritt für Schritt bei der **Quellenanalyse** vorgehen können. Zum einen wird auf die entsprechende Schulbuchseite verwiesen. Zum anderen finden Sie Codes, die sich auf Methoden beziehen, die nicht im Schulbuch abgedruckt sind.

Methoden im Schulbuch

Methoden im Internet

Um auf die folgenden Methoden zuzugreifen, geben Sie bitte in das Suchfeld der Internetseite www.ccbuchner.de den in der Randspalte genannten Code ein.

Essays verfassen	Code 32037-79
Lieder auswerten	Code 32037-80
Literarische Texte als Quellen verwenden	Code 32037-81
Politische Symbole interpretieren	Code 32037-82
Ton- und Filmdokumente historischer Ereignisse auswerten	Code 32037-83
Zeitzeugen befragen	Code 32037-84

Lösungsskizze: Historiengemälde interpretieren

Hinweis: Das Gemälde „Lenin proklamiert die Sowjetmacht, 25. Oktober (7. November) 1917" finden Sie auf Seite 67.

1. beschreiben | Das Ölgemälde wurde vom russischen Künstler Wladimir A. Serow 1962 angefertigt, der im gleichen Jahr zum Präsidenten der Akademie der Künste der UdSSR aufstieg und Mitglied der KPdSU war. Das Gemälde zählt zu seinen bekanntesten Werken und befindet sich heute in der Tretjakow-Galerie in Moskau.

Der Bildtitel „Lenin proklamiert die Sowjetmacht, 25. Oktober (7. November) 1917" verrät, dass hier ein Ereignis aus dem Jahre 1917 dargestellt ist. Der Protagonist des Gemäldes ist Wladimir I. Lenin. Er wendet sich in der Pose eines leidenschaftlichen Redners – zugleich seriös mit schwarzem Anzug, weißem Hemd und Krawatte gekleidet – an eine ihm zujubelnde Menschenmenge. Der Künstler hat ihn von schräg vorne gemalt, sein Kopf ist fast im Profil zu sehen. Lenin steht dabei erhöht auf einem Podium. Er blickt ernst und entschlossen über sein Publikum hinweg. Sein rechter Arm ist nach vorne ausgestreckt. Neben Lenin reckt sich eine rote Fahne, das Symbol der Bolschewiki, ins Bild. Das Dargestellte ereignet sich in einem hohen Raum mit weißen Wänden und Säulen, der von Kronleuchtern erhellt wird. Er bildet einen farblichen Kontrast zu den Personen, die in dunkleren Farbtönen gemalt sind. Die schwarzen Fenster zeugen davon, dass es draußen bereits spät am Abend sein muss.

2. erklären | Das Gemälde erinnert an Lenins Auftritt als Redner beim II. Allrussischen Rätekongress in der Nacht vom 25. auf den 26. Oktober 1917, der im großen Saal des Smolny-Instituts am Rande von Petrograd (Sankt Petersburg) stattfand. Der Kongress nahm in den frühen Morgenstunden des 26. Oktober das Manifest an, das als Gründungsakt des Sowjetregimes gilt (siehe auch M8, Seite 64).

Die Bedeutung Lenins stellt der Künstler im Gemälde deutlich heraus: Er steht erhöht, sein Blick ist visionär in die Ferne gerichtet. Serow zeigt ihn als ein die Menschenmenge fesselnder Redner. Manche Zuhörer jubeln ihm zu und strecken Waffen in die Luft, was den dynamischen Gesamteindruck des Gemäldes verstärkt. Die Zuhörer sind realistisch dargestellt und repräsentieren verschiedene Gesellschaftsgruppen, die sich an ihrer Kleidung und ihren Attributen erkennen lassen. In der Menschenmenge befinden sich Arbeiter, Bauern, Soldaten und Matrosen. Vorne links ist eine Frau abgebildet.

Die Absicht des Künstlers ist es scheinbar, Lenin und den Sieg der Bolschewiki mit seinem Gemälde zu glorifizieren. Zugleich soll die hier gezeigte Zustimmung zu Lenins Ansprache den Charakter der Revolution (als Umsturz der Arbeiter, Bauern und Soldaten) unterstreichen und – im Widerspruch zu den tatsächlichen Geschehnissen im Jahr 1917 – die Zustimmung der gesamten Bevölkerung zur Oktoberrevolution symbolisieren.

Das Kunstwerk muss zudem im Kontext seiner Entstehungszeit betrachtet werden. Denn im Vergleich zu einer älteren Version wurden hier Bildinhalte geändert. Bereits 1947/48 hatte Serow ein Gemälde mit gleichem Titel angefertigt. In dieser Version befanden sich allerdings Josef W. Stalin, Jakow M. Swerdlow und Felix E. Dserschinski hinter Lenin. Im Gemälde von 1962 sind diese drei historischen Persönlichkeiten durch anonyme Revolutionäre aus dem Volk ersetzt worden, was den politisch-gesellschaftlichen Wandel von damals widerspiegelt. So wurde 1956 auf dem 20. Parteitag der KPdSU der Personenkult um Stalin scharf verurteilt.

3. beurteilen | Das Gemälde entstand 45 Jahre nach dem historischen Ereignis. 1917 war der Künstler gerademal sieben Jahre alt. Das Kunstwerk stellt also lediglich eine Interpretation des damaligen Geschehens dar. Serow ist es mit seinem Gemälde gelungen, das historische Ereignis publikumswirksam in Szene zu setzen. Es wird idealisiert, insbesondere Lenin, der im Gemälde eine zentrale Rolle einnimmt. Perspektive, Komposition und Farbgebung unterstützen die Bildwirkung. Aber nicht nur die Rolle Lenins wird herausgestellt, sondern auch die des Volkes. Die Ausgestaltung des Gemäldes zeigt, wie die damalige Parteiführung das historische Ereignis im öffentlichen Bildgedächtnis verankern wollte.

Lösungsskizze: Politische Reden analysieren

> **Hinweis:** Die Auszüge aus der Rede von Lenin am 27. März 1922 anlässlich des XI. Parteitages der Kommunistischen Partei finden Sie auf Seite 95.

1. beschreiben | Wladimir Iljitsch Uljanow, genannt Lenin, war einer der bedeutendsten kommunistischen Theoretiker, Mitbegründer der bolschewistischen Partei und 1917 führender Revolutionär während der Oktoberrevolution. Ab 1917 war er Regierungschef der Sowjetrepublik und von 1922 bis zu seinem Tod 1924 Regierungschef der Sowjetunion.

Lenin hielt die vorliegende Rede am 27. März 1922 auf dem XI. Parteitag der Kommunistischen Partei Russlands. Sie war Teil des politischen Berichts des Zentralkomitees. Inhalt der Rede ist die Neue Ökonomische Politik (NEP), die der Parteitag im Jahr zuvor beschlossen hatte. Lenin nennt zunächst das zu erreichende Ziel, die Integration der Bauern in das neue Wirtschaftssystem (Zeile 2f.) und betont, dass dies für die Zukunft der kommunistischen Bewegung entscheidend sei (Zeile 11f.). Daher sei es jetzt an der Zeit, die während der Revolution entstandenen wirtschaftlichen Programme zu überprüfen, sie mit den bisher erfolgreicheren kapitalistischen Vorgehensweisen zu vergleichen (Zeile 18ff.) und daraus zu lernen, wie ein erfolgreiches sozialistisches Wirtschaftssystem mit Integration der Bauernschaft aufgebaut werden könne. Er betont, dass dies innerhalb des nächsten Jahres geschehen müsse, da der Vertrauensvorschuss der Bauernschaft sonst aufgebraucht sei. Lenin bedient sich dabei einer klaren und einfachen Sprache mit zahlreichen Wiederholungen des Inhalts. Immer wieder spricht er aus der Perspektive der Bauern und lässt sie spöttisch die bisherige Wirtschaftspolitik infrage stellen (Zeile18ff., Zeile 29ff.)

2. erklären | Lenin präsentiert sich mit seiner Rede als Vermittler zwischen der Bauernschaft und den Parteigenossen. Einerseits versucht er, letzteren die Probleme und Nöte der Bauern begreiflich zu machen (Zeile 20f., Zeile 29ff.), andererseits verteidigt er das zunächst der sozialistischen Ideologie entsprechende Vorgehen: „Ohne ein Programm und ohne Versprechungen kann man nicht mit der Weltrevolution kommen" (Zeile 16f.). Die Fortsetzung der NEP sieht er als einzige Lösung der Probleme und versucht dies den Parteigenossen nahe zu bringen, auch wenn der Erfolg vorerst noch ausgeblieben sei und sie auf den ersten Blick nicht der sozialistischen Ideologie entspreche. Lenins Rede wurde auf dem Parteitag mit stürmischem Beifall aufgenommen.

3. beurteilen | Die Rede ist im Kontext der schwierigen Wirtschafts- und Versorgungslage Russlands Anfang der 1920er-Jahre zu verstehen. Nach verheerenden Hungersnöten und niedergeschlagenen Aufständen der Bauern, führte Lenin 1921 mit Zustimmung des Parteitages die NEP ein, um die Wirtschaft zu fördern, die Versorgungslage zu verbessern und die Bauernschaft für den Sozialismus zu gewinnen. Ein Jahr später, als er die vorliegende Rede auf dem Parteitag hielt, hatte die NEP noch keine spürbaren Verbesserungen bewirkt. In dieser Lage musste Lenin die Parteigenossen von der Fortsetzung der NEP und der Bedeutung der Bauernschaft für den Staat überzeugen, was ihm auch gelang. 1926 erreichte die russische Wirtschaft wieder das Vorkriegsniveau.

Lösungsskizze: Streitschriften untersuchen

Hinweis: Die Auszüge aus der Streitschrift „Von den Juden und ihren Lügen" (1542/43) von Martin Luther finden Sie auf Seite 121.

1. beschreiben | *„Von den Juden und ihren Lügen"* wurde im Winter 1542/43 von Martin Luther in Wittenberg verfasst. Der Text erschien auf Deutsch und Lateinisch. In der hier verwendeten Edition umfasst die Schrift 135 Seiten. Davon sind einzelne Stellen zitiert und an das heutige Deutsch angeglichen. Luther spricht davon, er wolle auf einen Text erwidern, in dem ein Jude die Bibel uminterpretiere und damit den christlichen Glauben anzufechten versuche.

In seinem Pamphlet will Luther die jüdische Auffassung der Bibel als „Lügen" hinstellen. Die Juden hätten Jesus Christus nicht als Messias anerkannt, und wären dafür mit dem Zorn Gottes bestraft worden. Luther nennt die Juden uneinsichtig, neidisch und stolz. Sie würden die Christen hassen und deren Glauben verspotten. Darauf mit Nachsicht zu reagieren, verbiete sich, sonst provozierten die Christen gleichfalls Gottes Zorn. Christen sollten die Juden als ihre schlimmsten Feinde ansehen. Christliche Obrigkeiten müssten mit aller Härte gegen jüdische Untertanen vorgehen – vom Einäschern der Synagogen und der Räumung ihrer Häuser über Zwangsarbeit bis hin zur Ausweisung.

Luthers Text enthält jede Menge Übertreibungen, Vorurteile und unbewiesene Anschuldigungen. Besonders anstößig erscheint sein Vergleich des jüdischen Glaubens mit einer Infektion, vor der der eigene Körper (die christliche Gemeinschaft) unbedingt zu schützen sei (vgl. Zeile 27 bis 29).

2. erklären | Der religiöse Dissens zwischen Juden und Christen führte seit der Spätantike zu Ausgrenzung und Gewalt gegen Juden in Europa. Im Spätmittelalter nahmen die Übergriffe noch zu, Juden wurden etwa zu Sündenböcken für Seuchen und Hungersnöte. In Frankreich oder Spanien verloren sie das Aufenthaltsrecht, auch aus deutschen Territorien wurden sie im 16. Jahrhundert ausgewiesen.

Luther war anfangs für die Duldung der Juden und ihre friedliche Bekehrung. Seine Hoffnung, die Juden ließen sich für ein erneuertes Christentum gewinnen, blieb jedoch unerfüllt. Angesichts bleibender religiöser Gegensätze wollte Luther seine Deutung der Bibel verteidigen, die ihm als maßgebliche Quelle des Glaubens (*sola scriptura*) galt.

Der Text wendet sich an die evangelischen Christen. Sie sollten die Juden meiden und ihre angebliche Gotteslästerung nicht hinnehmen, denn dies sei eine schwere Sünde. Er warnt die Obrigkeiten davor, die Juden zu schützen. Luther stellt es zwar jedem frei, sich ein eigenes Urteil zu bilden (vgl. Zeile 37 f.). Seine Aussagen, was von den Juden zu halten und wie mit ihnen umzugehen sei, erscheinen gleichwohl als fanatische Hassbotschaft.

3. beurteilen | Luther hatte zeitlebens kaum Kontakt mit Juden. Auch in dem Pamphlet von 1542/43 spricht er nur über sie, nicht zu ihnen. Der Text verrät Wut und Enttäuschung über das Scheitern aller Bekehrungsversuche, ebenso Furcht, die Reformation könne durch jüdische Lehren beeinträchtigt werden. Luther verfasste zwischen 1538 und 1546 mehrere Schriften über die Juden, alle ähnlich gehässig in Ton und Inhalt. Mit seiner unversöhnlichen Haltung war er keineswegs allein, vielmehr galt dieses Denken als Allgemeingut unter den Christen seiner Zeit. Luthers antijüdische Schriften sorgten damals weder für Aufsehen noch waren sie sonderlich erfolgreich.

Im späten 19. und frühen 20. Jahrhundert wurden diese Schriften in Deutschland „wiederentdeckt" und nun für den rassistischen Judenhass vereinnahmt. Der Reformator hatte die Juden nicht nur als Religionsgemeinschaft, sondern als Volk mit angeblich angestammten negativen Eigenschaften definiert. Luther hat den Antisemitismus zwar nicht erfunden, dennoch wurde er zu einem seiner Stichwortgeber.

Lösungsskizze: Umgang mit historischer Fachliteratur üben

1. beschreiben | Albert Soboul (1914–1982) hatte lange Jahre den Lehrstuhl für die Geschichte der Französischen Revolution an der Sorbonne in Paris inne. Sein 1962 erschienenes Werk „Precis d'histoire de la Revolution française" gilt als Standardwerk, das auch ins Deutsche übersetzt wurde.

Rolf E. Reichardt (*1940) ist ein deutscher Neuzeithistoriker und Bibliothekar an der Universität Mainz. An der Universität Gießen hatte er verschiedene Lehraufträge. Mit der Französischen Revolution beschäftigte er sich vor allem unter kultur- und mediengeschichtlichen Aspekten.

Soboul weist der Französischen Revolution eine zentrale Stellung in der modernen Weltgeschichte zu, deren Wirkung bis heute anhält. Für ihn markiert sie den Übergang vom „Feudalismus" zum Kapitalismus und schuf damit die Voraussetzungen für einen modernen bürgerlichen Staat.

Reichardt stellt die Revolution als ein differenziertes kultur- und mentalitätsgeschichtliches Ereignis dar. Durch sie seien soziale Schichten politisiert worden, die bislang vom politischen Leben ausgeschlossen waren. Vor allem die neue Publizistik und neue politische Umgangsformen trugen zur Entwicklung einer neuen demokratischen Kultur in ganz Europa bei.

Hinweis: Auszüge aus Publikationen von Albert Soboul und Rolf E. Reichardt über die Französische Revolution finden Sie auf Seite 149.

2. erklären | Soboul steht in der Tradition der sozialistischen Geschichtsschreibung. Er vertritt die marxistische These, wonach die Revolution im Wesentlichen ein Klassenkonflikt war und den Übergang von einer feudalen zur kapitalistischen Produktionsweise darstellt. Insofern ist sie für ihn eine „bürgerliche Revolution". Reichardt sieht den Verlauf der Revolution nicht durch Klassengegensätze festgelegt. Er versteht sie vor allem als ein politisches und kulturelles Ereignis.

Sowohl Soboul als auch Reichardt wenden sich an ein breites Publikum, um ihm einen Überblick ihrer Forschungen zum Thema zu liefern.

3. beurteilen | Den beiden Textauszügen liegen unterschiedliche theoretische Ansätze zugrunde. Konsequenterweise beschreiben sie die Französische Revolution aus unterschiedlichen Blickwinkeln. Diese schließen sich nicht gegenseitig aus, sondern vervollständigen unser Bild von den Jahren nach 1789.

Lösungsskizze: Mit Karten arbeiten

Hinweis: Die Karte „China von der Mitte des 19. bis zum Anfang des 20. Jahrhunderts" finden Sie auf Seite 195.

1. beschreiben | Es handelt sich um eine Geschichtskarte, die von einem Kartografen im Auftrag eines Schulbuchverlages angefertigt wurde. Es ist unklar, wann sie erstellt und publiziert wurde. Die Karte zeigt China und die angrenzenden Länder, Reiche und Gebiete in einem Zeitraum von 1842 (z. B. Vertragshafen von Guangzhou) bis 1945 (Taiwan, 1895–1945 japanisch). Die Zeitspanne ist also größer als in der Kartenunterschrift „China von der Mitte des 19. bis zum Anfang des 20. Jahrhunderts" angegeben. Die Karte stellt die Einflussbereiche und Vertragshäfen von jeweils fünf Ländern dar. Es handelt sich in beiden Fällen um Japan, Großbritannien, Frankreich und Deutschland. Bei den Einflussbereichen ist das fünfte Land Russland, bei den Vertragshäfen ist es die USA. Die Karte gibt auch die Grenzen zu den Nachbarländern zu unterschiedlichen Zeitpunkten wieder. Bei den Vertragshäfen ist genannt, in welchem Jahr die entsprechende Hafenstadt zu einem Vertragshafen wurde. Darüber hinaus ist zu sehen, welche ausländische Macht den jeweiligen Hafen zugesprochen bekam. Die Karte zeigt außerdem die Grenzen des Mandschu-Reiches um 1850, das Gebiet des „Boxeraufstandes" von 1900 und den Verlauf der Chinesischen Mauer. Schließlich sieht man auf der Karte auch die wichtigsten Flüsse und einige große Seen. Es ist auch angegeben, wie die Meere vor Chinas Küsten bezeichnet werden.

2. erklären | Die Karte zeigt die ausländische Durchdringung Chinas zwischen der Mitte des 19. und der ersten Hälfte des 20. Jahrhunderts. Sieht man von den geografischen Angaben (Flüsse, Seen, Bezeichnungen der Meere und der Länder, Reiche und Regionen) und der Darstellung der Chinesischen Mauer ab, so beziehen sich alle Angaben auf den Einfluss von ausländischen Mächten in China. Ausgangspunkt bildet dabei der Grenzverlauf Chinas um 1850. Anhand der orangenen, violetten, grünen, blauen und roten Schraffierungen ist gut zu erkennen, in welchen Gebieten sich ausländische Mächte Einflusszonen sicherten bzw. im Falle Russlands Gebiete annektierten. Die zahlreichen Vertragshäfen zeigen zum einen, dass zahlreiche Häfen tief im Landesinneren lagen und zum anderen mithilfe der Jahreszahlen den Verlauf der Durchdringung Chinas. Die Grenzen des „Boxeraufstandes" wiederum verdeutlichen gut, dass dieser gar nicht in einem Zentrum der ausländischen Machtentfaltung stattfand, sondern lediglich in einem klar umrissenen Gebiet unter der Kontrolle des Kaisers. Sowohl diese Grenzen als auch diejenigen der europäischen, japanischen und US-amerikanischen Aktivitäten zeigen wiederum, in welchen Regionen Chinas die Geschichte der kolonialen Durchdringung zu verorten ist.

3. beurteilen | Die auf der Karte dargestellten Sachverhalte sind richtig und umfangreich. Allerdings sind nicht alle Angaben gleichmäßig genau. Bei Taiwan steht z. B. von wann bis wann es japanisch war. Bei den Vertragshäfen wird lediglich genannt, ab wann es sich um einen Vertragshafen handelte. Nicht angegeben ist aber das Ende des jeweiligen Vertragsverhältnisses. Bei den Einflussbereichen gibt es mit Ausnahme der japanischen und russischen Durchdringung im Osten gar keine Zeitangaben. Schließlich ist auch unklar, warum die Chinesische Mauer eingezeichnet ist. Denn sie spielte für die dargestellten Entwicklungen keine Rolle. Während die Karte den zunehmenden europäischen Einfluss gut darstellt, fehlen alle Hinweise auf innerchinesische Entwicklungen. So wird z. B. nicht gezeigt, wo die großen Aufstände, insbesondere der Taiping-Aufstand, stattfanden. Auch finden sich abgesehen vom „Boxeraufstand" keine Hinweise auf chinesischen Widerstand. Es wäre ja z. B. möglich gewesen, größere Gefechte zu Land oder zu Wasser in der Karte zu verzeichnen. Unklar ist auch, welche Bedeutung die eingezeichneten Städte hatten und ob es noch andere große Städte gab, die nicht unter europäischer Herrschaft standen. Die Karte vermittelt also ein Bild von der chinesischen Geschichte, das stark von den imperialistischen Mächten geprägt ist. Sie zeigt nicht die Rolle der Chinesen und deren Einfluss auf den Gang der Dinge.

Lösungsskizze: Autobiografien analysieren

1. beschreiben | Verfasser des Textes ist Aisin Gioro Puyi, der den Text nach langer Haft kurz vor dem Ende seines Lebens in China schrieb und veröffentlichte. Es ist unklar, aus welchem Grund der Text geschrieben wurde. Aber aufgrund der strengen Zensur und der politischen Verhältnisse in China in den 1960er-Jahren ist es offenkundig, dass der Text mit Einverständnis der politischen Machthaber geschrieben und veröffentlicht wurde. Im vorliegenden Auszug wird die Inthronisation des Kindkaisers 1908 dargestellt. Auch wenn es nicht ganz klar ist, so ist aufgrund der einleitenden und abschließenden Sätze anzunehmen, dass der vorliegende Text alle Aussagen des Buches zur Inthronisation enthält. Bei der Darstellung konzentriert sich der Text auf das Verhalten von Puyi und seines Vaters und den Ablauf der Zeremonie. Im letzten Satz erwähnt der Text auch spätere Beurteilungen des von ihm geschilderten festlichen Aktes. Der Text liefert keine genauere Beschreibung der Örtlichkeiten noch der beteiligten Personen (mit Ausnahme des Vaters). Er konzentriert sich auf den Ablauf der Inthronisation, der in einem sachlichen Ton erzählt wird, wobei die Darstellung leicht ironisch wirkt, da sie darauf abzielt, einen Widerspruch zwischen der Zeremonie und dem altersbedingten Verhalten des Erzählers zu betonen.

Hinweis: Auszüge aus der Autobiografie von Aisin Gioro Puyi finden Sie auf Seite 231.

2. erklären | Der Text stellt eine Inthronisation dar, die aufgrund des Alters des Kaisers und seines altersadäquaten Verhaltens der angemessenen Würde entbehrt. Der Text beschreibt auf der einen Seite das feierliche Zeremoniell und auf der anderen Seite die kindliche Reaktion von Puyi. Im Verhalten des Vaters kommt der Konflikt zum Ausdruck. Denn der Vater möchte als Teil der kaiserlichen Familie, dass die Inthronisation nach dem vorgegebenen Protokoll verläuft. Gleichzeitig versteht er aber als Vater offenkundig auch das Verhalten seines kleinen Sohnes und versucht ihn schließlich durch kindgerechte Ansprache zu einem angemessenen Benehmen zu bewegen („Es dauert ja nicht mehr lange, bald ist doch alles vorbei!", Zeile 24). Dem Autor gelingt es auf diese Weise zu zeigen, dass das chinesische Kaisertum in einem Widerspruch zur Realität stand und in strengen Ritualen und Formeln erstarrt war. Denn es ist unsinnig, von einem so kleinen Kind zu erwarten, dass es die lange Zeremonie ruhig erträgt. Die am Ende erwähnte Sichtweise der anwesenden Würdenträger und die Einträge in „vielen Tagebüchern" (Zeile 31) machen explizit klar, dass sich an der Inthronisation zeigte, dass das Kaisertum keine Zukunft hatte. Sie bestätigen also durch Referierung von Dritten die Darstellung und geben die vom Autor gewünschte Interpretation der beschriebenen Abläufe wieder.

3. beurteilen | Der Text ist in einem totalitären System nach jahrelanger Haft und sogenannter Umerziehung verfasst worden. Es handelt sich um eine von der chinesischen Führung akzeptierte, vielleicht sogar gewünschte Autobiografie. Der Text stellt also in erster Linie die Sichtweise des kommunistischen Regimes dar. Die Schilderung der Abläufe ist daher nicht glaubwürdig. Puyi war noch keine drei Jahre alt, als er gekrönt wurde. Es ist daher sehr unwahrscheinlich, dass er sich so genau an die Abläufe erinnerte, insbesondere an den genauen Wortlaut dessen, was er und sein Vater sagten. Es ist nahezu ausgeschlossen, dass er das „Geflüster" der „Würdenträger" überhaupt hören konnte. Denn schließlich flüsterten sie ja. Der Text zielt darauf ab, das Kaisertum als dekadent und hinfällig darzustellen. Die Überzeugungskraft beruht darauf, dass mit Puyi der ehemals höchste Repräsentant dieses Systems zum Kronzeugen wird. Der Text richtet sich an ein allgemeines Publikum sowohl innerhalb als auch außerhalb Chinas. Aus geschichtswissenschaftlicher Sicht ist der Text vor allem hinsichtlich der Geschichtspolitik Chinas in den 1960er-Jahren interessant, da man sieht, wie die Vergangenheit beschrieben und kritisiert wurde. Der Text liefert aber keine glaubhafte Darstellung der Inthronisation von 1908.

Lösungsskizze: Statistiken auswerten

Hinweis: Die Statistik „Strukturwandel im internationalen Vergleich" finden Sie auf Seite 281.

1. beschreiben | Die Tabelle stammt aus einer wirtschaftsgeschichtlichen Darstellung aus dem Jahr 1994. Der Autor nennt in der Quellenangabe eine Reihe von statistischen Werken, deren Daten er zusammenführt. Dabei werden Länder verschiedener Erdteile im Zeitraum von 1800 bis Ende der 1980er-Jahre verglichen. In Intervallen von jeweils rund fünfzig und zuletzt dreißig bis vierzig Jahren ist der Anteil der Beschäftigten in den drei Sektoren Landwirtschaft, Industrie und Handwerk sowie Dienstleistungen beziffert. Für einige Länder stimmen die Zeitschnitte nicht immer mit der sonstigen Zählweise überein. Während sich die Angaben hauptsächlich auf einzelne Staaten beziehen, sind in der Schlusszeile etwa 35 (nicht genannte) ärmere Entwicklungsländer zu einem Durchschnitt zusammengefasst.

2. erklären | Anhand der statistischen Verteilung aller Erwerbstätigen auf die drei erwähnten Sektoren lässt sich üblicherweise die Struktur einer Volkswirtschaft kennzeichnen. Je nachdem, welcher Bereich am stärksten vertreten ist, gilt ein Land vorwiegend als Agrar-, Industrie- oder Dienstleistungsgesellschaft. Im Zuge der Industrialisierung veränderte sich die Gewichtung der Sektoren, da Industriebetriebe verstärkt Arbeitskräfte benötigten, während die Landwirtschaft dank des technischen Fortschritts immer weniger Personal erforderte.

Die Tabelle macht diesen Strukturwandel augenfällig. In Großbritannien bildeten Industrie und Handwerk bereits um 1850 den beschäftigungsstärksten Sektor. In Deutschland (hier ohne Angabe der jeweiligen Grenzen), Frankreich, den USA oder Japan war der Agrarbereich noch bis um 1900 führend, wenngleich die industrielle und handwerkliche Beschäftigung stark aufholte und im Lauf des 20. Jahrhunderts die Landwirtschaft hinter sich ließ.

Zeitversetzt wuchs auch der Dienstleistungsbereich in den industrialisierten Ländern stark an: Um 1950 lag er in Großbritannien und Frankreich fast gleichauf mit Industrie und Handwerk, in den USA dominierte der Dienstleistungssektor bereits eindeutig den Arbeitsmarkt. Bis um 1980/90 schrumpfte die Landwirtschaft in den genannten Ländern Europas, den USA und Japan auf einstellige Prozentsätze, aber auch Industrie und Handwerk fielen immer weiter hinter den Dienstleistungsbereich zurück.

Südkorea, das bis Ende des Zweiten Weltkriegs zum japanischen Kolonialreich gehörte, verringerte seinen Beschäftigtenanteil im Agrarbereich von 1965 bis um 1980/90 auf etwa ein Fünftel, während sich der Anteil für Industrie und Handwerk verdoppelte. Der Dienstleistungsbereich wuchs von 28 auf 45 Prozent und lag damit deutlich vor dem industriellen bzw. Handwerkssektor. In Indien, das erst 1948 seine Unabhängigkeit erlangte und danach große Teile des vormaligen Staatengebildes einbüßte, blieb der Agrarbereich bis 1980/90 vorherrschend und nahm zwischenzeitlich noch zu, während die Industriebeschäftigung nur langsam anstieg und lange nur einen Bruchteil des Dienstleistungssektors ausmachte. Um 1980/90 ähnelten die Werte für Indien weitgehend dem Durchschnitt von etwa 35 ärmeren Entwicklungsländern.

3. beurteilen | Länder wie Großbritannien und Deutschland durchliefen im 19. und 20. Jahrhundert einen Wandel von der Agrar-, zur Industrie- und schließlich zur Dienstleistungsgesellschaft. Diese Abfolge traf jedoch keineswegs auf alle wirtschaftlich entwickelten Staaten zu. In den USA oder asiatischen Volkswirtschaften wie Japan und Südkorea wuchsen zwar Industrie und Handwerk ebenfalls stark an, blieben jedoch stets geringer als das Arbeitsangebot anderer Sektoren. Länder wie Indien und ärmere Entwicklungsländer verharrten dagegen im 20. Jahrhundert noch weitgehend in agrarischen Verhältnissen. Die vorliegende Statistik erscheint zwar lückenhaft und weist inhaltliche Unschärfen auf. Dennoch kann der hier unternommene internationale und globale Langzeitvergleich zeigen, dass die Industrialisierung zu unterschiedlichen Verlaufsformen eines Strukturwandels führte.

Lösungsskizze: Politische Plakate auswerten

1. beschreiben | Bei dem vorliegenden Material handelt es sich um ein Wahlplakat der SPD aus dem Jahre 1930. Die Schriftzüge bestehen alle aus Großbuchstaben und nennen neben dem Auftraggeber auch das Motto. Das Plakat zeigt laut Slogan „die Feinde der Demokratie" – und dies in dreifacher Personifizierung: Die zentrale Figur ist ein schwarzer Mann mit Hakenkreuz-Kappe, dessen Umrisse nur vage zu erkennen sind. Er scheint mit seiner rechten Hand in Richtung des Betrachters zu greifen und hält in seiner linken Hand einen nach unten gerichteten Dolch. Seine Mimik wirkt, als ob er schreit oder zum Angriff ruft. Links hinter ihm sieht man eine ebenfalls nur schemenhaft dargestellte Figur, die eine Kappe mit rotem Stern trägt. Rechts auf dem Plakat ragt ein Totenkopf mit Reichswehrhelm und Bajonett hervor.

Hinweis: Das Wahlplakat der SPD von 1930 finden Sie auf Seite 361.

2. erklären | Die drei Figuren dominieren das Bild und scheinen eingerahmt von Slogan und Aufruf zur Wahl („Hinweg damit! Deshalb wählt Liste 1"). Die zentrale Person stellt einen SA-Mann da, links davon ist ein Kommunist zu erkennen und ganz rechts handelt es sich um eine Allegorie auf die Gefahr des Militarismus. Das Plakat teilt somit in dreifacher Hinsicht Schelte aus: gegen die Kommunisten, gegen den rechtskonservativen Nationalismus und gegen die alten Eliten. Die Symbolik ist stark und gut gewählt (Stern auf der Kappe des Kommunisten, Hakenkreuz, Stahlhelm). Gleiches gilt auch für die Farbgebung: Durch die Verwendung der Nationalfarben Schwarz-Rot-Gold drückt die SPD ihr Bekenntnis zur Demokratie aus. Rot ist zudem die Farbe der Sozialdemokratie.

3. beurteilen | Anlass für die Veröffentlichung des Wahlplakates war die Reichstagswahl vom 14. September 1930. Es wendet sich an die potentielle Wählerschaft (Frauen und Männer) und gegen die politischen Gegner der SPD von rechts und links, die die Republik seit ihrer Gründung bekämpften. Vor allem die Parteien der extremen Rechten nutzten die „Dolchstoßlegende" (vgl. Seite 320) zur hasserfüllten Agitation gegen die demokratischen Vertreter der Weimarer Republik. Hierauf wird Bezug genommen durch eine „Richtigstellung": Nicht etwa ein Sozialdemokrat hält den Dolch in der Hand! Die SPD kämpft für ein Zurückdrängen der erstarkenden Flügelparteien des rechten und linken Parteienspektrums.

Die SPD will ihren Wählern die von diesen Parteien ausgehenden Gefahren veranschaulichen, indem sie ein Bedrohungsszenario aus Angst, Terror, Gewalt, Krieg und Tod entwirft. Dazu bedienen sie sich Stereotypen und Feindbilder. Die SPD will, ungleich ihrer Gegner, nicht mit Gewalt, sondern mittels der Wahl als demokratisches Mittel die gegnerischen Parteien ausschalten.

Die Bedrohung wird durch die ideenreiche Gestaltung, starke Farben, bekannte Symbole und Stereotype eindrucksvoll und verständlich in Szene gesetzt. Seine beabsichtigte Wirkung hat das Plakat rückblickend jedoch verfehlt: Bei der Reichstagswahl von 1930 verlor die SPD fast drei Prozent der Stimmen, blieb aber stärkste Partei. Die KPD gewann 2,5 Prozent Stimmenanteil, die NSDAP stieg mit 18,2 Prozent sogar zur zweitstärksten Partei auf.

Lösungsskizze: Rollenspiele durchführen

Hinweis: Das Rollenspiel zur Weimarer Republik finden Sie auf Seite 363.

Rollenprofil

	ehemaliger ranghoher Offizier	junge Frau und Mutter	Beamter im mittleren Dienst	Arbeitsloser
Bildung und Beruf	• klassische Schulbildung • Militärausbildung • durch Kriegsgeschehen zu Geld und Ansehen gekommen • lange militärische Familientradition • Traditionslinie (Kaiserreich)	• keine höhere Schulbildung / kein Bildungsbürgertum • kaufmännische Ausbildung = für Frauen nicht selbstverständlich! • nicht auf schwere körperliche Arbeit angewiesen	• vermutlich Bildungsbürgertum • klassische Schulbildung • Ausbildung zum Beamten im Staatsdienst • geprägt von den Idealen und politischen Grundsätzen des Kaiserreiches	• niedriges Bildungsniveau • gelernter Arbeiter oder Hilfsarbeiter? • ehemals Arbeiter in der Stahlindustrie • jahrelang harte körperliche Arbeit bei geringem Lohn
Sozialer Status	Oberschicht	Mittelschicht	Mittelschicht	Unterschicht
Gefühle	• Berufsehre • Vaterlandsstolz • Kaisertreue • Monarchist • enttäuscht vom „Schmachfrieden" • verletzter Stolz durch „Allein-schuld"-Paragraph • Glaube an „Dolchstoßlegende" • Identifizierung mit Republik fehlt	• familiär • häuslich oder modern? • Angst um Selbstständigkeit (Wirtschaftskrise!) • Befürworterin der Republik • profitiert vom neuen Wahlrecht für Frauen • Angst vor Umsturz und politischer Radikalisierung	• ideologisch heimatlos durch Wegfall des Kaiserreiches • Distanzierung von radikalen Linken • Sehnsucht nach Stabilität / „den guten alten Zeiten" • fehlende Akzeptanz der Republik als Staatsform, arrangiert sich aber mit ihr	• Existenzangst • Frustration • fühlt sich übergangen, vergessen, abgeschrieben • Gefühl der Wertlosigkeit • Suche nach ideologischer und politischer Heimat (SPD als Interessensvertretung der Arbeiterschicht durch Spaltung weggefallen → auf der Suche nach Alternativen) • enttäuscht vom neuen Staat (fehlende Fürsorge für Arbeitslose)
Politische Ansichten	• nationalistisch • rechtskonservativ • antirepublikanisch	demokratisch	konservativ	Gefahr der Radikalisierung nach links oder rechts

Lösungsskizze: Fotografien als Quellen deuten

1. beschreiben | Das erste Foto wurde in Berlin (Unter den Linden) am 31. Juli 1914 aufgenommen und in der Wochenzeitung „Berliner Illustrirte Zeitung" veröffentlicht. Das zweite Foto entstand am 1. August 1914 auf dem Pariser Platz in Berlin. Die Fotografen sind nicht bekannt.

Im Zentrum des ersten Schwarz-Weiß-Fotos steht ein Offizier, der eine Erklärung zur drohenden Kriegsgefahr verliest. Um ihn herum befindet sich mit geringem Abstand zu ihm eine große Menschenmenge, die aufmerksam zuhört. Der Fotograf schoss seine Aufnahme aus der Vogelperspektive.

Das zweite Schwarz-Weiß-Foto zeigt junge Männer, die jubelnd ihre Hüte schwenken. Dabei schreiten sie zielstrebig fast frontal auf den Fotografen zu. Im Hintergrund ist ein bekanntes Gebäude in Berlin am Pariser Platz zu erkennen, das heißt, der zeitgenössische Betrachter konnte genau erkennen, wo die Szene spielt.

Hinweis: Die Fotos vom 31. Juli und 1. August 1914 finden Sie auf Seite 391.

2. erklären | Beide Fotografien entstanden im Kontext der Kriegserklärungen des Deutschen Reiches im August 1914. Noch bis zu den 1980er-Jahren haben einige Historiker geglaubt, dass überall im Deutschen Reich auf den Kriegsausbruch mit Begeisterung reagiert worden sei. Neuere Forschungen haben hier aber ein sehr viel differenzierteres Bild gezeichnet. Viele der Fotografien, die jubelnde Menschen zeigen, sind nachweislich oder sehr wahrscheinlich gestellt, weil die damalige Kameratechnik „Schnappschüsse" kaum oder gar nicht erlaubte. Auch wenn vor allem in den Großstädten junge Menschen, häufig männliche Studenten, tatsächlich den Ausbruch des Krieges begeistert begrüßten, stellten sie nicht die Mehrheit der deutschen Bevölkerung dar. Stattdessen herrschte in vielen Gegenden Verwirrung und Konfusion, oft auch kollektive Hysterie vor. Der amerikanische Historiker Jeffrey Verhey betont ferner, dass in Berlin auch „karnevaleske" Verhaltensweisen auftraten. Betrunkene Jugendliche zogen nachts durch die Stadt zum Schloss oder zur österreichischen Botschaft und brüllten Parolen wie „Nieder mit Serbien!" oder „Hoch lebe Österreich!". Die Polizei ließ sie meistens gewähren, weil hier ja eine „nationale" Gesinnung ausgedrückt wurde – plötzlich waren Dinge erlaubt, die – außer im Karneval – ansonsten verboten gewesen wären.

Das zweite Foto soll die Kriegsbegeisterung in Berlin zeigen. Junge Männer, die noch Zivilkleidung tragen, bejubeln offensichtlich die Kriegserklärungen. Dem zeitgenössischen Betrachter wird suggeriert, dass sie sich wahrscheinlich sehr schnell freiwillig zur Armee melden werden, wenn sie es nicht bereits getan haben. Das Bild vermittelt Entschlossenheit und Siegessicherheit.

Das erste Foto hat eine etwas andere Wirkung. Offenbar bestand unter den Menschen ein erhebliches Bedürfnis zu erfahren, was eigentlich vor sich ging. Selbst wenn der Offizier eine sehr laute Stimme gehabt hat und die Menschen leise waren, ist es fast ausgeschlossen, dass jemand in den hintersten Reihen noch verstanden hat, was genau verlesen wurde. Dennoch scheinen alle ruhig und aufmerksam zuzuhören, um Informationen zu erhalten.

3. beurteilen | Beim zweiten Foto kann man fast sicher davon ausgehen, dass es gestellt ist, weil die damalige Kameratechnik derartige „Schnappschüsse" kaum möglich machte. Solche Fotografien sind im August 1914 in Deutschland zu Hunderten, möglicherweise zu Tausenden verteilt und abgedruckt worden. Sie dienten vor allem der Kriegspropaganda und sollten Stärke, Siegesgewissheit, Einigkeit und Entschlossenheit demonstrieren.

Das erste Foto dürfte der Realität in einer deutschen Stadt deutlich näher gekommen sein, als das zweite.

Lösungsskizze: Karikaturen interpretieren

Hinweis: Die Karikatur „Nicht wahr, Michelchen – keine Experimente!" von Hanns Erich Köhler finden Sie auf Seite 425.

1. beschreiben | Die Zeichnung stammt von Hanns Erich Köhler (1905–1983), einem der bekanntesten Karikaturisten der frühen Bundesrepublik. Er veröffentlichte sie 1957 in der Frankfurter Allgemeinen Zeitung, der führenden überregionalen, politisch eher konservativ ausgerichteten deutschen Tageszeitung.

2. erklären | Die Karikatur zeigt den an seinen charakteristischen Gesichtszügen erkennbaren ersten deutschen Bundeskanzler und CDU-Vorsitzenden Konrad Adenauer. In Anspielung auf seine Prägung als rheinischer Katholik und seinen autoritären Führungsstil ist er als Krankenschwester in Ordenstracht gekleidet. Lächelnd schiebt er eine Kreuzung aus Kinderwagen und Volkswagen, an dem vorn ein Kanonenrohr angedeutet ist. Im Kinderwagen liegen ein Geldsack und der als zufrieden schlafendes Baby dargestellte „Deutsche Michel" mit typischer Zipfelmütze, die Personifikation des deutschen Durchschnittsbürgers. Er hält einen Kühlschrank und einen Fernseher in den Armen. Thema der Karikatur ist die gesellschaftspolitische Situation Mitte der 1950er-Jahre (1957), die von Adenauers langjähriger Kanzlerschaft (1949–1963) und dem „Wirtschaftswunder" geprägt war, das VW-Käfer, Fernseher, Kühlschrank und D-Mark symbolisieren.

Mit dem Slogan „Keine Experimente" errangen die CDU/CSU und ihr Spitzenkandidat Adenauer bei der Bundestagswahl 1957 mit 50,2 Prozent der Mandate ihren bislang größten Sieg. Es war das erste und einzige Mal, dass eine Partei die absolute Mehrheit erhielt und die alleinige Regierungsfraktion stellen konnte.

Grundlagen für Adenauers Popularität waren der steigende Lebensstandard und die sinkende Arbeitslosigkeit. 1955 hatte die Bundesrepublik zudem mit dem Ende der Besatzungsherrschaft, dem NATO-Beitritt und der folgenden Wiederbewaffnung ihre Souveränität wiedererlangt. Adenauer konnte in seiner dritten Legislaturperiode nun vier Jahre lang ohne Koalitionspartner regieren und seine umstrittenen Ziele auch in der Außenpolitik verwirklichen. Dazu gehörte u.a. der Aufbau der Bundeswehr im NATO-Bündnis, worauf das angedeutete Kanonenrohr und die als schwarzer Horizont ausgemalte ungewisse oder gar dunkle Zukunft anspielen.

Mit seiner Karikatur nimmt Köhler Stellung zur politischen Einstellung der Bevölkerung, die sich in der Bundestagswahl spiegelt. Die meisten Deutschen hielten sich nach dem Krieg politisch zurück, konzentrierten sich auf den wirtschaftlichen Wiederaufbau und ihren privaten Lebensstandard. In Adenauer sahen sie den Garanten für Wohlstand und Stabilität. Für das „Experiment" eines politischen Wechsels gab es keinen Bedarf.

3. beurteilen | Der Karikaturist will dem Wähler einen Spiegel vorhalten und ihn daran erinnern, seine politische Verantwortung ernst zu nehmen. Adenauer hat sich in den acht Jahren im Kanzleramt ein so hohes Ansehen verschafft, dass ihm der Bundesbürger – mit den Errungenschaften des „Wirtschaftswunders" materiell zufriedengestellt – im Schlaf vertraut und freie Hand lässt, ohne zu wissen, wohin der Weg führt. Der Karikaturist wendet sich nicht gegen Adenauers Politik, sondern das Desinteresse, mit dem sich die Deutschen ihre gerade erst zurückgewonnene politische Mündigkeit aus Bequemlichkeit abnehmen lassen.

Zeichenstil und Bildkomposition sind einfach, die Personen leicht zu erkennen und auf wenige charakteristische Elemente reduziert. Die Karikatur ist eine gelungene Allegorie, da sie die komplexen Zusammenhänge des gesellschaftspolitischen Klimas der Adenauerzeit mit Text und Symbolik treffend, einfach und damit wirkungsvoll zusammenfasst.

Lösungsskizze: Denkmäler untersuchen

1. beschreiben | Das Hermannsdenkmal bei Detmold wurde von 1838 bis 1875 erbaut. Aus Geldmangel und politischen Gründen mussten die Bauarbeiten zeitweise unterbrochen werden. Am 16. August 1875 fand schließlich die feierliche Einweihung des Denkmals unter Anwesenheit seines Erbauers, des Bildhauers und Architekten Ernst von Bandel, und des deutschen Kaisers Wilhelm I. statt. Mit einer Gesamthöhe von rund 53 Metern wirkt das Denkmal aus der Nähe betrachtet monumental. Es befindet sich auf der „Grotenburg", einem 386 Meter hohen Berg im Südosten des Teutoburger Waldes. Finanziert wurde der Bau durch öffentliche Spendengelder, die vor allem von der Bevölkerung, aber auch von deutschen Fürsten und dem Kaiser selbst kamen.

Hinweis: Das Hermannsdenkmal finden Sie auf Seite 453.

Das Denkmal besteht aus einem Unterbau mit Pfeilern und Nischen aus Stein sowie einer 26 Meter großen Figur, deren Eisenrohrkonstruktion mit einer Oberfläche aus Kupferplatten versehen ist. Die Männerfigur mit Bart und gelocktem Haar trägt einen Flügelhelm, reckt mit dem rechten Arm ein Schwert empor und stützt sich mit dem linken Unterarm auf einen Schild.

2. erklären | Das Denkmal erinnert vordergründig an eine Schlacht aus dem Jahre 9 n. Chr., in der eine Koalition aus germanischen Gruppen unter Führung von Arminius das Heer des römischen Feldherrn Varus vernichtend schlug. Die Männerfigur des Denkmals steht dabei sinnbildlich für den Cheruskerfürsten Arminius.

Die „Varusschlacht" wurde im Laufe der Zeit zum Symbol für den Freiheitskampf des germanischen Volkes gegen die Fremdherrschaft und Arminius – später „Hermann" genannt – zum „Befreier Germaniens", sogar zum „Gründungsvater" der Deutschen stilisiert. Im 19. Jahrhundert setzte dann eine wahre „Hermannseuphorie" ein. Während der Zeit Napoleons und der Befreiungskriege stieg der Hermannsmythos zum Nationalmythos auf. Hermann wurde zur Leit- und Vorbildfigur der nationalen Erhebung gegen die französische Fremdherrschaft und zum Symbol der kriegerischen Nation. So wie er 1800 Jahre zuvor Varus aus Germanien vertrieben hatte, wollte man nun Napoleon aus Deutschland vertreiben. Nach dem Untergang des Alten Reiches diente der „Hermannsmythos" als Antriebs- und Rechtfertigungsideologie der nationalen Einigung und Hermann als Integrationsfigur. Hermann reckte bei der Denkmalenthüllung 1875 sein Schwert nicht gegen die Römer, sondern gegen Frankreich, das 1870/71 militärisch besiegt worden war und als jahrhundertelanger „Erbfeind" betrachtet wurde. Das Kaiserreich von 1871 galt dabei als Wiederbelebung des mittelalterlich-germanischen Reiches der Deutschen.

Bezug auf die deutsche Reichsgründung und die Befreiungskriege Anfang des 19. Jahrhunderts nehmen auch die Inschriften am Unterbau des Denkmals. Auf den Einheitsgedanken hebt die Inschrift des Schwertes der Hermannsfigur ab („Deutsche Einigkeit meine Staerke, meine Staerke Deutschlands Macht").

3. beurteilen | Das Denkmal ist Landschafts- und Nationaldenkmal zugleich. Es sagt kaum etwas über das erinnerte Ereignis (Varusschlacht) und die erinnerte Person (Hermann) aus. Vielmehr spiegelt es die Sicht der Zeitgenossen wider bzw. was diese mit Hermann verbanden. Der Erbauer Ernst von Brandel schuf mit seinem Denkmal ein Symbol nationaler Einheit und Freiheit von Unterdrückung. Daneben wird die Hermannsfigur auch als Ausdruck einer Abwehrhaltung gegenüber Frankreich gedeutet. So ist Hermanns Blick nach Westen gerichtet. Er zeigt sich auf seinem Sockel als starker und selbstbewusster Krieger mit Helm und Schild, der sein Schwert siegessicher dem Himmel entgegenreckt.

Heute ist das Denkmal weitgehend von seinem historisch-politischen Kontext losgelöst und hat sich zu einem beliebten Ausflugsziel entwickelt. Es gilt als Wahrzeichen der Region. Die monumentale Darstellung von Hermann mag allerdings auf den heutigen Betrachter etwas befremdlich wirken.

1. Krisen, Umbrüche und Revolutionen

1.1 Kernmodul: Krisen

Seite 10, Abb., A2, F
Diskutieren Sie, inwiefern Angst und Unsicherheit Kennzeichen sind, die mit einer Krise einhergehen.

Seite 13, M3, A1, H
Stellen Sie den von Marx beschriebenen „Teufelskreis" von Handels- bzw. Überproduktionskrisen visuell in einem Schaubild dar. Hilfe zur Erklärung: Code **32037-85**.

Seite 13, M4, A1, F
Weisen Sie in M4 nach, dass Burckhardt Krisen als „Befreiung" charakterisiert. Überprüfen Sie, inwieweit diese Sichtweise auch mit Kosellecks Ausführungen zu Krisen in M2 auf Seite 12 vereinbar ist.

Seite 14, M5, A3, F
Überprüfen Sie anhand Ihres Schaubildes und der Checkliste, ob die sogenannten „Krisen" des Spätmittelalters tatsächlich als Krisen zu bezeichnen sind. Verfahren Sie ebenso bei der Frage, ob der Französischen Revolution Krisen vorausgingen.

1.2 Kernmodul: Revolutionen

Seite 19, M2, A1, H
Setzen Sie die Begriffe, die Schieder in Bezug auf den schnellen Wandel nennt, in Beziehung zu den passenden Informationen des Verfassertextes auf den Seiten 16 und 17.

Seite 19, M3, A2, H
Diskutieren Sie, was es für die Bevölkerung heißt, nur noch mit der Sicherung der eigenen Existenz beschäftigt zu sein. Was geschieht, wenn sich die Lage zumindest soweit verbessert, dass dies nicht mehr ausschließlich die Hauptaufgabe der Menschen ist und Spielräume entstehen?

1.4 Pflichtmodul: Die russischen Revolutionen

Seite 30, Abb., A1 und A2, H
Beschreiben Sie folgende Elemente für jedes Foto mit Adjektiven: Kleidung, Gesichtsausdruck, Körperhaltung, Essen, Gebäude, Mobiliar und Lichtverhältnisse. Vergleichen Sie diese jeweils miteinander. Führen Sie anschließend die einzelnen Beschreibungen der Elemente von jedem Foto zu einer Charakterisierung der Gesamtwirkung zusammen.

Seite 35, M1, A2, H
Nutzen Sie dazu z.B. die Informationen des Darstellungstextes im Kapitel über die verschiedenen Bevölkerungsgruppen, ihren Anteil an der Gesamtbevölkerung und ihre räumliche Verortung im Russischen Reich.

Seite 35, M1, A2, F
Setzen Sie die territorialen Gegebenheiten, die in M1 zum Ausdruck kommen, in Beziehung zu den im Darstellungstext des Kapitels geschilderten Problemen und Herausforderungen des Russischen Reiches.

Seite 35, M2, A3, H
Diskutieren Sie, warum der Karikaturist das Bild eines Kartenspiels wie Poker nutzt, um seine Botschaft zu verdeutlichen.

Seite 36, M3, A1 und A2, H
Mögliche Überschriften für Sinnabschnitte wären z. B.: Arbeitsmorgen, Arbeitstag, Feierabend, Feiertag, morgens, abends, Freizeit, Arbeit, Anspannung, Gewalt, Lärm, Ruhe, Frieden.
Erstellen Sie auf Basis der von Ihnen gewählten Begriffe eine Mindmap, in der Sie jeweils verschiedene Aspekte des Lebens der Arbeiterinnen und Arbeiter an die Begriffe passend anschließen. Auch Mehrfachverbindungen sind möglich.

Seite 37, M4, A2, H
Analysieren Sie hierzu, welche Funktion die in M4 genannten Berufsgruppen jeweils in der Gesellschaft ausüben und welchen Einfluss sie dadurch in der Gesellschaft (z.B. auf bestimmte Gruppen oder systemrelevante Bereiche) haben.

Seite 37, M5, A3, H
Ziel der Bauernbefreiung von staatlicher Seite war die Steigerung der wirtschaftlichen Produktivität. Diskutieren Sie anhand der Ergebnisse aus Aufgabe 1 und 2, inwieweit die jeweiligen benannten Personengruppen dieses Ziel nach ihrer „Befreiung" erfüllen konnten.

Seite 38, M7, A, H
Nutzen Sie dazu die Methode „Karikaturen interpretieren" auf Seite 424 f.
Analysieren Sie im Rahmen der Bearbeitung, warum Russland als Oktopus dargestellt wird, indem Sie a) dessen Verhältnis zu den anderen als Personen bzw. Verstorbene dargestellten Nationen charakterisieren und b) die Karte M1 (Seite 35) mit der Darstellung Russlands in M7 in Hinblick auf die Expansion des Russischen Reiches vergleichen.

Seite 38, M7, A, F
Analysieren Sie, welche Intention die japanische Seite mit der Veröffentlichung dieser Karikatur wohl bezweckte.

Seite 46, M1, A1 und A2, H
Arbeiten Sie aus dem Text heraus, welche Rolle die Arbeiter und die „Berufsrevolutionäre" laut Lenin übernehmen sollen. Beachten Sie dabei, welche „Organisationsform", „Art der Handlun-

gen" und „Zielsetzung" ihm für beide Gruppen vorschweben. Charakterisieren Sie anschließend, in welcher Beziehung Arbeiter und „Berufsrevolutionäre" laut Lenin stehen.

Analysieren hierzu den ersten Absatz von M1 und insbesondere Lenins Aussage: „Wir haben gesagt, dass die Arbeiter ein sozialdemokratisches Bewusstsein *gar nicht haben konnten*. Dieses konnte ihnen nur von außen gebracht werden." (vgl. Zeile 1f.) — Seite 46, M1, A3, H

Unterteilen Sie den Wortlaut der Petition in a) diplomatische, b) bittende und c) fordernde Formulierungen. — Seite 47, M2, A2, H

Erstellen Sie auf Basis der Informationen aus M3 ein Flussdiagramm, das die verschiedenen Entwicklungen verdeutlicht. — Seite 48, M3, A1, H

Nutzen Sie hierzu auch die Informationen aus dem Darstellungstext auf Seite 40f. — Seite 48, M3, A2, H

Erstellen Sie auf Basis der Informationen aus M3 und des Darstellungstextes von Seite 41ff. eine Mindmap, die den Kontrollverlust der Regierung in verschiedenen Bereichen und dessen Folgen verdeutlicht. — Seite 48, M3, A3, H

Analysieren Sie die symbolische Bedeutung der jeweiligen Bildelemente in den einzelnen Szenen (z.B. das Geschütz in Szene 1 in der Draufsicht; der abwärts rollende Kinderwagen zwischen den Toten in Szene 3 etc.), die dem Publikum vermittelt werden soll. Führen Sie Ihre Analyseergebnisse zusammen und nutzen Sie diese zur Bearbeitung von Aufgabe 4 und 5. — Seite 49, M4, A1, F

Nutzen Sie Ihre Ergebnisse der Aufgaben zu M5 und die Methode „Karikaturen interpretieren" auf Seite 424. — Seite 50, M6, A, H

Ziehen Sie zur Beurteilung auch die Informationen aus dem Darstellungstext auf Seite 43f. („Reformen und Verfassung") hinzu. — Seite 51, M7, A3, H

Informieren Sie sich über den Ablauf der „Oktoberrevolution" und weisen Sie die typischen Charakteristika für einen Mythos (Sinnstiftung, Stilisierung, Überhöhung und Komplexitätsreduktion) in der Inszenierung des „Sturms" auf den Winterpalast nach. — Seite 57, Abb., A2, H

Definieren Sie Charakteristika eines Zusammenbruches und stellen Sie diesen Charakteristika diejenigen einer Revolution gegenüber (siehe hierzu auch das Kernmodul „Revolutionen" auf Seite 16 bis 21 sowie Aufgabe 3 zu M2 auf Seite 19). Erörtern Sie anhand der vorliegenden Quelle und des Darstellungstextes auf Seite 53, inwiefern die Februarrevolution eher den Charakter einer Revolution oder den eines Zusammenbruches des Zarenreiches hat. — Seite 60, M1, A2, F

Visualisieren Sie Lenins Konzept in Form eines Flussdiagramms. — Seite 61, M3, A, H

Überprüfen Sie, inwieweit die „Aprilthesen" im Einklang mit der Theorie von Marx und Engels stehen (vgl. Seite 18, M1). Diskutieren Sie im Fall von Abweichungen oder Erweiterungen die möglichen dahinterliegenden Gründe.
Setzen Sie die „Aprilthesen" in Beziehung zu Lenins Weltsicht, die in M3 auf Seite 60f. zum Ausdruck kommt. — Seite 61, M4, A1, F

Erklären Sie die Aussage „Sie sehen in der russischen Revolution historische Gesetze von universeller Gültigkeit erfüllt" (vgl. Zeile 34f.) anhand der Theorie von Marx und Engels (siehe Seite 18, M1). — Seite 63, M6, A1, F

Lesen Sie den Darstellungstext auf den Seiten 52 bis 58 und analysieren Sie ihn daraufhin, welche der geschilderten Ereignisse und Prozesse im Rahmen des Revolutionsjahrs 1917 als „Zufälle", „leidenschaftlicher Wille der politisch Handelnden" bzw. als kausal vorhersehbare Entwicklung charakterisiert werden können. — Seite 63, M6, A3, H

Diskutieren Sie auf Basis Ihrer bisherigen Ergebnisse, inwieweit Sie bei der Oktoberrevolution eher von einer „Revolution" (siehe hierzu auch das Kernmodul „Revolutionen" auf Seite 16 bis 21 sowie Aufgabe 3 zu M2 auf Seite 19) oder einem „Putsch" (überraschende, meist gewaltsame Aktion einer kleinen Gruppe mit dem Ziel, die Regierung zu stürzen und die Macht im Staat zu übernehmen) sprechen würden. Beziehen Sie dazu auch die Aussagen Martows und Trotzkis (M7) mit ein. — Seite 64, M7, A2, F

Analysieren Sie hierzu den Aufruf (M8) daraufhin, an welche Gruppen die Macht im Staat übergeht und wie diese organisiert werden soll. — Seite 64, M8, A3, H

Informieren Sie sich über die politische Ausrichtung der jeweils gewählten Gruppierung und analysieren Sie deren Verhältnis zu den Bolschewiki sowie Schnittmengen mit deren politischem Programm. Setzen Sie dann Ihre Ergebnisse in Beziehung zu den Informationen aus M10 auf Seite 65. — Seite 65, M9, A2, F

Charakterisieren Sie hierzu auf Basis Ihrer bisherigen Kenntnisse die Situation der verschiedenen Bevölkerungsgruppen (Arbeiterschaft, Bauernschaft, Soldaten) und setzen Sie deren Bedürfnisse in Beziehung zu den Versprechen, die die Bolschewiki diesen machen. — Seite 65, M10, A2, H

Seite 77, M1, A1, F	Weisen Sie begründet Elemente des Klassenkampfes in der Theorie von Marx und Engels sowie Lenins (siehe Seite 70) in M1 nach.
Seite 78, M2, A1, H	Arbeiten Sie heraus, wie Lenin Arbeiter und Bauern charakterisiert und welche Rolle er beiden Gruppen zuweist. Analysieren Sie dann, welche Rolle die „Sowjetmacht" dabei spielt.
Seite 79, M3, A1, H	Lesen Sie dazu nochmal Lenins politisches Konzept auf Seite 70 im Abschnitt „Marxismus-Leninismus" und stellen Sie die Aussagen Luxemburgs in M3 heraus, die sich von Lenins Konzept deutlich unterscheiden.
Seite 79, M3, A2, H	Stellen Sie den von Luxemburg skizzierten Weg zum Sozialismus visuell dar: Was bildet das Fundament? Wie wird er erreicht? Welche Gruppen spielen welche Rollen?
Seite 85, M1, A2, F	Erläutern Sie anhand des vorliegenden Beispiels in M1 die Problematik, die entsteht, wenn exekutive und judikative Gewalt in einer Hand liegen.
Seite 86, M2, A1, H	Kategorisieren Sie die Forderungen der Matrosen in M1 Text a) in Hinblick auf rechtliche, politische, wirtschaftliche und soziale Aspekte.
Seite 87, M3, A2, H	Klären Sie dazu zunächst anhand des Darstellungstextes auf Seite 72 bis 75 sowie M4 auf Seite 88 die Lage, in der sich Russland und die Sowjetregierung befand.
Seite 87, M3, A2, F	Erörtern Sie auf Basis Ihrer bisherigen Ergebnisse, ob es Alternativen zur „Versorgungsdiktatur" hätte geben können.
Seite 88, M5, A2, F	Beurteilen Sie die Bedeutung der NEP in Hinblick auf ihre wirtschaftlichen, gesellschaftlichen und politischen Ziele und Wirkungen. Verwenden Sie dazu auch den Darstellungstext auf Seite 82 sowie M6 auf Seite 89.
Seite 90, M7, A2, F	Analysieren Sie, wie Stalin in seiner Stellungnahme die Aussagen in Lenins „Testament" für seine Zwecke umdeutet. Beziehen Sie dabei auch konkrete Textstellen aus Lenins „Testament" mit ein.
Seite 91, M8, A2, F	Stellen Sie Stalins Konzept vom „Sozialismus in *einem* Land" dem Konzept der „permanenten Revolution" von Trotzki (Seite 83) gegenüber. Erläutern Sie dann, mit welcher Argumentation Stalin das Konzept der „permanenten Revolution" verwirft.
Seite 92, M9, A, H	Unterscheiden Sie in der Analyse von Stalins Strategie zwischen folgenden Aspekten: a) Rolle der Partei, b) Rolle der Lehre Lenins, c) Rolle des Konzepts „Sozialismus in *einem* Land" und d) Umgang mit Parteigenossen.

1.5 Wahlmodul: Die Krise der spätmittelalterlichen Kirche und die Reformation

Seite 111, M2, A2, H	Analysieren Sie, wie beide Texte ihren jeweiligen Anspruch begründen.
Seite 111, M3, A3, H	Charakterisieren Sie, welche Eigenschaften Erasmus von einem wahren Theologen fordert und untersuchen Sie, inwieweit sich dieser Anspruch mit dem „Priestertum aller Gläubigen" Luthers deckt.
Seite 112, M4, A4, H	Analysieren Sie dazu arbeitsteilig auch die kurz- und langfristigen gesellschaftlichen und politischen Folgen der Veröffentlichung der Thesen (siehe dazu den Verfassertext auf den Seiten 102 bis 109) und tragen Sie Ihre Ergebnisse als Diskussionsgrundlage zusammen.
Seite 113, M5, A1, F	Weisen Sie begründet nach, an welchen Stellen im Text die von Luther entwickelten Glaubensgrundsätze (siehe dazu den Verfassertext „Eine theologische Initiative" auf Seite 102 f.) zum Ausdruck kommen.
Seite 114, M6, A2, H	Analysieren Sie die Forderungen in den Artikeln arbeitsteilig daraufhin, an welchen Stellen a) eine Rückkehr zum „alten Recht" (also Zuständen, wie sie zuvor einmal bestanden) gefordert wird, b) eine Begründung der Forderung mit der Heiligen Schrift erfolgt. Tauschen Sie Ihre Ergebnisse anschließend aus und diskutieren Sie das Verhältnis zwischen den Forderungen der Bauern und der Reformation.
Seite 114, M6, A3, H	Beachten Sie dabei besonders Luthers Ausführungen in Zeile 51 bis 70 (M5).
Seite 116, M8, A1, H	Orden Sie die Elemente des Schaubildes verschiedenen Bereichen (z. B. Beratung, Teilhabe, Wahl, Rechtsprechung, Religion usw.) zu und erklären Sie, wie die „Verfassung" in diesen Bereichen jeweils funktionierte. Recherchieren Sie dazu auch die Funktionen des „Reichtages" und des „Reichskammergerichtes" seit 1495. Bearbeiten Sie anschließend das gesamte Schaubild mithilfe der Methode „Verfassungsschemata auswerten" auf Seite 80.
Seite 116, M8, A2, H	Informieren Sie sich über die Bestimmungen des Augsburger Religionsfriedens auf Seite 106.

1.6 Wahlmodul: Französische Revolution

Überprüfen Sie, inwieweit sich die in M1 herausgearbeiteten Ideen der Aufklärung in den Materialien M2 und M3 (Seite 141 bis 143) nachweisen lassen. Seite 141, M1, A1, F

Erklären Sie die Veränderungen zwischen den Verfassungen anhand des jeweiligen historischen Kontextes. Seite 145, M4, A1, F

Erstellen Sie ein Schaubild, in dem das Verhältnis von „Tugend" und „Terror" nach Robespierre deutlich wird. Bringen Sie dabei auch die jeweiligen Funktionen der beiden Begriffe für die Gesellschaft ein. Seite 146, M5, A1, H

Erläutern Sie sich gegenseitig anhand der Karte auf Seite 134 die Lage, in der sich die französische Republik im Jahr 1793 befand. Diskutieren Sie dann gemeinsam, inwieweit die Rede Robespierres (erster Text) und die „Schreckensherrschaft" eine verständliche Reaktion auf die jeweiligen Bedrohungen der Republik waren. Seite 146, M5, A2, H

Nehmen Sie ausgehend von der Bearbeitung von M5 Stellung zu der Frage, inwieweit das Erstreben eines höheren, moralisch wertvollen Zieles auch radikale Mittel zu dessen Erreichung rechtfertigt. Heiligt der Zweck die Mittel? Seite 146, M5, A4, F

Recherchieren Sie Beispiele aus der Geschichte, in denen mithilfe von „Terror" eine tugendhafte Ordnung etabliert oder beschützt werden sollte, und stellen Sie diese im Kurs vor. Setzen Sie sich dabei auch damit auseinander, inwieweit die Ziele letztlich erreicht und welche Wirkungen dabei erzeugt wurden.

Vergleichen Sie die von Lachenicht dargestellte neue Definition, die der Begriff „Revolution" durch die Französische Revolution erhalten hat, mit denen von Ihnen im Kernmodul (Seite 16 bis 21) entwickelten Charakteristika von Revolutionen. Seite 147, M6, A2, F

Recherchieren Sie, welche Rolle die Französische Revolution für das Selbstverständnis der Franzosen spielt, und überprüfen Sie, ob hier Formen einer Mythenbildung (Komplexitätsreduktion, Sinnstiftung, Überhöhung, Stilisierung) nachzuweisen sind.

Weisen Sie in M7 und dem Gemälde die Charakteristika einer Mythenbildung (Komplexitätsreduktion, Sinnstiftung, Überhöhung, Stilisierung) nach. Seite 147, M7, A2, H

Überprüfen Sie, inwieweit die Kriterien für eine Revolution und eine Modernisierung, die Sie in den jeweiligen Kernmodulen (Seite 16 bis 27) entwickelt haben, nach Schama (M, Seite 151) und Lachenicht (M6, Seite 146 f.) nachzuweisen sind. Seite 151, M, A4, H

2. Wechselwirkungen und Anpassungsprozesse

2.1 Kernmodul: Kulturkontakt und Kulturkonflikt

Diskutieren Sie, wie das Schaubild auf Seite 155 ergänzt bzw. in seiner Gestaltung verändert werden müsste, wenn die Bereiche „Akkulturation" und „Kulturverflechtung" nach Bitterli dort eingebracht werden sollen. Seite 155, M1, A1, F

2.2 Kernmodul: Transformationsprozesse

Braudel kann mit der Aussage „Die Geschichte stammt gleichzeitig aus dem Gestern, dem Vorgestern und dem Einst!" zitiert werden. Erklären Sie anhand von M1 den Inhalt dieser Aussage. Seite 159, M1, A1, F

Beachten Sie dabei, dass Globalisierung definiert ist als Prozess, bei dem sich Beziehungen zwischen verschiedenen Gruppen und Regionen, die weit auseinander liegen, so verstärken, dass eine globale Verflechtung in Bereichen wie Wirtschaft, Politik, Kultur und Umwelt entsteht und dadurch Veränderungsprozesse in diesen Bereichen in Gang gesetzt werden. Untersuchen Sie, ob es entsprechende Beispiele in der Geschichte gab, um ihre Stellungnahme zu unterstützen. Seite 161, M3, A3, H

2.3 Kernmodul: Migration

Charakterisieren Sie die verschiedenen historischen Phasen der menschlichen Migration nach Bacci in ihren Eigenarten und geben Sie jeder Phase eine aussagekräftige Überschrift (z. B. „Verbreitung der menschlichen Spezies" oder „Verbreitung des Ackerbaus" für die erste Phase). Beachten Sie dabei auch die Rolle, die Europa dort jeweils spielt. Seite 164, M1, A1, H

Beachten Sie hierbei insbesondere die Zeilen 1–16 in Oltmers Ausführungen. Seite 165, M2, A1, H

2.4 Pflichtmodul: China und die imperialistischen Mächte

Seite 166, Abb., A1 und A2, H

Suchen Sie Fotos von Bahnhöfen, die um die Jahrhundertwende in Deutschland entstanden sind und vergleichen Sie deren Architektur mit der des ehemaligen deutschen Bahnhofs in Tsingtau.

Seite 173, M1, A2, H

Analysieren Sie den Verfassertext (Seite 168 bis 172) in Hinblick auf das dort zum Ausdruck kommende chinesische Selbstverständnis und das Selbstverständnis des Kaisers.

Seite 174, M3, A3, H

Diskutieren Sie hierzu, inwieweit folgende Kriterien der Emanzipation erfüllt sind:
Die Fähigkeit...
- die eigene gesellschaftliche Rolle zu bestimmen und wenn nötig grundlegend zu verändern,
- eine eigenständige Lebensperspektive zu entwickeln,
- am kulturellen Leben teilzunehmen und dies mitzugestalten,
- seine eigenen Bedürfnisse zu befriedigen und die eigene Existenz zu sichern sowie
- selbstbestimmt soziale Beziehungen aufzubauen und daraus einen Nutzen zu ziehen.

Seite 174, M4, A2 und A3, F

Beurteilen Sie, inwieweit sich die durch Porzellan und Tee ausgelöste Handelbeziehung zwischen Europa und China als Form eines Kulturkontaktes charakterisieren lässt. Zum Thema „Kulturkontakt" siehe auch das Kernmodul im Band auf Seite 154 bis 157.

Seite 175, M5, A1 und A2, H

Visualisieren Sie die Grundprinzipien des Konfuzianismus (Zeile 24 bis 55) in Form eines Beziehungsdiagramms. Folgende Begriffe sollen dabei mindestens auftauchen: Vater – Sohn – Herrscher – Untertan – Staat – Familie – Volk – Beamter.

Seite 181, M1, A1, H

Erstellen Sie anhand der in M1 angegeben Daten passende Diagramme (achten Sie auf die Zeitabstände!) und beschreiben Sie mittels der erstellten Graphen die Bevölkerungsentwicklung.

Seite 181, M2, A2 und A3, H

Christian Wolff war einer der bedeutendsten Philosophen der Aufklärung. Analysieren Sie, inwieweit er die Gedanken der Aufklärung in der von ihm in M2 dargestellten chinesischen Geisteshaltung nachzuweisen versucht.

Charakteristika der Aufklärung:
- Berufung auf die Vernunft als Maßstab für die Beurteilung aller Dinge
- Vernunftgesteuertes Lösen von althergebrachten, starren und überholten Vorstellungen
- daraus folgend: Widerstand gegen Tradition und Gewohnheitsrecht

Überprüfen Sie auch im Material (M2), wo Widersprüche zu den Charakteristika der Aufklärung deutlich werden.

Seite 182, M3, A4, H

Vergleichen Sie hierzu zunächst die Charakteristika der Aufklärung mit den Charakteristika des Konfuzianismus (Seite 175, M5) und führen Sie auf Basis des Ergebnisses die Überprüfung durch.

Seite 183, M4, A1, H

Erstellen Sie anhand der in M4 angegebenen Daten passende Diagramme (achten Sie dabei auf die Zeitabstände!) und beschreiben Sie mittels der erstellten Graphen die Industrieproduktion. Neben Balken- und Kurvendiagrammen bieten sich auch Kreisdiagramme an, da es sich bei den vorliegenden Daten um Prozentangaben handelt!

Beispiele für Regionen können Europa, Nordamerika und Asien sein.

Seite 183, M4, A2, H

Die Weltindustrieproduktion stellt die gesamte industrielle Produktion auf der Welt dar und welche Länder welchen Anteil an ihr haben. Damit zeigt sie auch die wirtschaftliche Stärke der einzelnen Länder. Nutzen Sie diese Definition für Ihre Erklärung.

Seite 183, M5, A1, F

Finden Sie historische Beispiele, auf die diese Definition anwendbar ist und erläutern Sie diese Bespiele für „Kolonialismus".

Seite 185, Abb., A, H

Gliedern Sie das Bild in sinnvolle Bereiche (z. B. nach Bildebenen, Handlungen, Personengruppen) und nutzen Sie anschließend die Methode „Karikaturen interpretieren" auf Seite 424 im Buch.

Seite 190, M1, A1, H

Nutzen Sie hierzu die Informationen zum Bereich „Wirtschaft" und „Tributsystem und Handel" auf Seite 170 f. sowie die Informationen zu Stellung und Selbstverständnis des Kaisers in M5 auf Seite 175 als Basis.

Seite 190, M1, A3, F

Überprüfen Sie, ob M1 ein Bespiel für einen „Clash of Civilizations" im Sinne Samuel Phillips Huntingtons (Seite 156, M2) darstellt.

Seite 191, M3, A3, H

Überprüfen Sie, inwieweit die Bedingungen aus dem Vertrag von Nanjing (M3) mit der Haltung des chinesischen Kaisers, die in M1 auf Seite 190 zum Ausdruck kommt, verträglich sind. Weitere unterstützende Informationen zum Bereich „Wirtschaft" und „Tributsystem und Handel" finden sich zusätzlich auf den Seiten 170 f.

Setzen Sie sich mit der These auseinander, dass die „ungleichen Verträge" für China einen unbeabsichtigten Nutzen brachten, der die Nachteile der Verträge für China überwog.	Seite 192, M4, A3, F
Finden Sie historische Beispiele, auf die diese Definition anwendbar ist und erläutern Sie diese Bespiele für „Imperialismus".	Seite 192, M5, A1, F
Stellen Sie die im Buch gezeigte Abbildung der Darstellung eines „Tokugawa Shoguns" gegenüber. Recherchieren Sie dazu entsprechende Bildmaterialien im Internet.	Seite 199, Abb., A1, F
Vergleichen Sie die Darstellung mit denen von europäischen Monarchen im selben Zeitraum. Auf Seite 372 im Schulbuch finden Sie zum Beispiel ein Porträt von Kaiser Wilhelm II. Recherchieren Sie weitere geeignete Bildmaterialien im Internet.	Seite 199, Abb., A2, H
Stellen Sie den im Material (M2) beschriebenen Transformationsprozess in Form eines Schaubildes dar.	Seite 203, M2, A2 und A3, H
Stellen Sie die Ursachen und die Umsetzung der Meiji-Restauration in Form eines Schaubildes dar. Beziehen Sie dabei auch die Informationen aus dem Verfassertext auf Seite 199f. mit ein.	Seite 204, M5, A1 und A2, F
Listen Sie in Form einer Tabelle die Aspekte der Missionierung auf, die eine stabilisierende bzw. destabilisierende Wirkung auf die chinesische Gesellschaft hatten.	Seite 213, M1, A5, H
Überprüfen Sie, inwieweit man bei den Wirkungen der christlichen Missionierung von einem Modernisierungsprozess sprechen kann. Nutzen Sie dazu die Kriterien in der Tabelle (M1) auf Seite 24 und im Material (M2) auf Seite 25.	Seite 213, M1, A5, F
Vergleichen Sie das von Ihnen in Aufgabe 4 konkretisierte Reformprogramm mit den erlassenen Reformen in M3 auf Seite 214. Diskutieren Sie anschließend mögliche Gründe für Abweichungen.	Seite 214, M2, A4, F
Nutzen Sie zur Beurteilung folgende Definition: Eine Revolution von oben beschreibt wesentliche und erhebliche Reformen, die von den Herrschenden veranlasst werden, um eine Revolution aus der Bevölkerung zu verhindern.	Seite 214, M3, A3, H
Erörtern Sie anhand der Informationen des Verfassertextes auf Seite 206ff., inwieweit die in M3 beschriebenen Reformen von vorneherein zum Scheitern verurteilt waren.	Seite 214, M3, A3, F
Analysieren Sie, welche Teile der Rede in der deutschen Bevölkerung und im europäischen Ausland sowie den USA negativ aufgefasst werden konnten.	Seite 216, M5, A3, H
Listen Sie die von den USA geforderten Regelungen im Einzelnen auf und diskutieren Sie danach, welche Nationen jeweils einen Profit daraus ziehen und welche gegebenenfalls benachteiligt werden.	Seite 217, M6, A2, H
Entwerfen Sie zu beiden Darstellungen eine materialkritische Einleitung, in der Sie den Hintergrund und die Intention der Autoren, die Entstehungszeit des jeweiligen Textes und die Adressaten der Darstellungen analysieren. Beziehen Sie Ihre Erkenntnisse aus dieser Materialanalyse in die Bearbeitung der Aufgaben ein.	Seite 218, M1 und M2, A2-A4, H
Charakterisieren Sie die Handlungen der beteiligten Gruppen (Japan, Guomindang, Kommunisten, Großbritannien, UdSSR, USA). Ziehen Sie dazu auch die Informationen aus dem Verfassertext auf Seite 222f. hinzu.	Seite 229, M4, A1 und A2, H
Arbeiten Sie aus M5 heraus, auf welche historischen Gegebenheiten Chinas Mao in seiner Politik Rücksicht nehmen musste und erläutern Sie auf Basis Ihrer bisher in diesem Modul erworbenen Kenntnisse, warum er dies tun musste.	Seite 229, M5, A3, H
Überprüfen Sie, inwieweit die Ereignisse des „Jahrhunderts der chinesischen Revolutionen" als Krisen und/oder Revolutionen anzusehen sind. Nutzen Sie dazu geeignete Kriterien aus den Kernmodulen „Krisen" (Seite 10 bis 15) und „Revolutionen" (Seite 16 bis 21).	Seite 229, M5, A4, F

2.5 Wahlmodul: Romanisierung und Kaiserzeit

Erörtern Sie die These: „Nur durch die *pax Romana* war die Romanisierung überhaupt möglich!"	Seite 246, M1, A2, F
Vergleichen Sie den in M2 dargestellten Einfluss der römischen Kultur und Sprache auf die einheimische Bevölkerung Spaniens in der römischen Kaiserzeit mit dem gegenwärtigen Einfluss der amerikanischen Kultur und Sprache auf Ihr eigenes Leben. Beziehen Sie dabei auch die jeweiligen Gründe für die Übernahme von Sprache und Lebensweise mit ein.	Seite 246, M2, A3, F
Listen Sie alle Veränderungen in der Lebensweise der Britannier, die in M5 beschrieben werden, auf. Diskutieren Sie dann im Partnergespräch, inwieweit diese Veränderungen Vor- bzw. Nachteile für die Britannier brachten. Unterscheiden Sie dabei zwischen der „vornehmen" und „einfachen" britannischen Bevölkerung und beziehen Sie auch Tacitus' Wertungen ein.	Seite 248, M5, A2, H

Seite 249, M7, A2, F

Erörtern Sie, inwiefern die Verbreitung der Terra sigillata als Beispiel für eine „antike Globalisierung" gelten kann. Informieren Sie sich dazu zunächst über die Bedeutung des Begriffes „Globalisierung" in der Gegenwart. Weiten Sie die Diskussion danach auf alle Bereiche der Romanisierung in der Kaiserzeit aus.

Seite 250, M8, A1, H

Stellen Sie in Form einer Tabelle dar, von wem und zu welchen Gegebenheiten die lateinische bzw. griechische Sprache und Schrift jeweils genutzt wurde.

2.6 Wahlmodul: Industrialisierung

Seite 258, Abb., A, H

Teilen Sie die Abbildung in verschiedene Bereiche ein und analysieren Sie, welche Aussage jeder dieser Bereiche dem Betrachter vermittelt und durch welche gestalterischen Mittel diese Wirkung erzielt wird.

Seite 264, Abb., A, H

Interpretieren Sie die Karte mithilfe der Arbeitsschritte der Methode „Mit Karten arbeiten" auf Seite 194 im Buch.

Seite 266, Abb., A, H

Legen Sie eine Folie über die Abbildung und umranden Sie mithilfe eines Folienstiftes verschiedene Bereiche und Personen. Weisen Sie einzelnen Personen mögliche Gedanken in Form von Denkblasen zu und analysieren Sie anschließend für jede der von Ihnen gewählten Personen bzw. für jeden ausgewählten Bereich die vom Künstler beabsichtige Botschaft an den Betrachter des Gemäldes. Führen Sie dann die Einzelbotschaften zu einer Gesamtaussage zusammen.

Seite 270, M1, A1-A3, F

Erläutern Sie anhand der Aussagen Toni Pierenkempers (M1) und der Charakteristika von Hans-Ulrich Wehler (M1 und M2 auf Seite 24 f.), was die Industrialisierung zu einem Modernisierungsprozess macht.

Seite 271, M2, A4, F

Erklären Sie Sven Beckerts Aussage „Der Kriegskapitalismus brachte den Industriekapitalismus hervor" (Zeile 36 f.) und setzen Sie sich mit den Folgen dieses ursächlichen Problemzusammenhangs auseinander.

Seite 272, M3, A1, H

Stellen Sie die Entwicklung der Daten in M3 a) in Form von sechs Kreis- bzw. Tortendiagrammen und analog die Daten in M3 c) in Form eines Graphen dar (Auf Zeitintervalle achten!). Interpretieren Sie anschließend die Statistiken mithilfe der Arbeitsschritte der Methode „Statistiken auswerten" auf Seite 280 im Schulbuch.

Seite 272, M3, A2, F

Arbeiten Sie heraus, was sich aus den Statistiken über die Entwicklung der internationalen Machtverhältnisse entnehmen lässt.

Seite 272, M4, A1, F

Analysieren und erläutern Sie die jeweilige Zielsetzung hinter den in M4 aufgeführten Maßnahmen.

Seite 273, M5, A1, H

Verfassen Sie zu dem Material eine quellenkritische Einleitung, beziehen Sie dabei besonders auch die in der Quellenangabe deutlich werdenden Auftraggeber des Gutachtens mit ein. Nutzen Sie die quellenkritische Einleitung dazu, die dem Gutachten innewohnende Haltung zu erklären.

Seite 277, M9, A1, H

Stellen Sie den von Marx und Engels in M9 beschriebenen Verlauf der Geschichte bis hin zur klassenlosen Gesellschaft in Form eines Flussdiagramms dar.

Seite 278, M11, A4, F

Überprüfen Sie begründet, inwieweit die vorliegende Denkschrift ein gutes repräsentatives Beispiel für Lohmanns Wirken und seine Haltung insgesamt darstellt.

Seite 279, M12, A2, H

Stellen Sie den von Robert Schuman in M12 dargestellten Zusammenhang zwischen Industriewirtschaft, Rüstung und Politik in einem Beziehungsdiagram dar.

3. Wurzeln unserer Identität

3.1 Kernmodul: Nation – Begriff und Mythos

Seite 287, M1, A3, F

Erörtern Sie begründet, welcher Definition oder welchen Definitionen von „Nation" in M1 Ihre Assoziationen am ehesten entsprechen und welche vollständig davon abweichen.

Seite 288, M2, A5, F

Erörtern Sie, inwieweit die Ehrung prominenter Persönlichkeiten zur Schaffung einer nationalen Identität nutzbringend, unpassend oder sogar gefährlich ist.

Seite 289, M3, A2, H

Erklären Sie anhand des Textes die vier Eigenschaften der Nation als „vorgestellte politische Gemeinschaft": a) „vorgestellt" (Zeile 2–6), b) „begrenzt" (Zeile 6–11), c) „souverän" (Zeile 16–27) und d) „Gemeinschaft" (Zeile 28–31). Fügen Sie anschließend Ihre Ergebnisse zu einer Gesamtdefinition zusammen.

Erläutern Sie wie die folgenden Charakteristika im Holzschnitt inhaltlich ausgestaltet werden: a) Sinnstiftung, b) Komplexitätsreduktion, c) Überhöhung und d) Stilisierung. — Seite 291, Abb., A1-A3, H

3.2 Kernmodul: Deutungen des deutschen Selbstverständnisses

Analysieren Sie, welche Bedeutung die einzelnen Bildelemente (z.B. die Reichskrone, das Feuer etc.) haben und welche Gesamtbedeutung sich im Zusammenspiel dieser Elemente im Gemälde ergibt. — Seite 293, Abb., A3, H

Überprüfen Sie, inwieweit der vorliegende Text einen Beleg für das deutsche „Sonderbewusstsein" darstellt. Entwickeln Sie dazu Kriterien auf Basis der Charakterisierung des deutschen „Sonderbewusstseins"/„Sonderwegs" durch Helmuth Plessner und Karl Dietrich Bracher (M1, Seite 299), Hans-Ulrich Wehler (M2, Seite 300) und Heinrich August Winkler (M3, Seite 301). — Seite 295, M2, A3, F

Erstellen Sie hierzu eine Tabelle mit der Überschrift „Der Begriff „Volksgemeinschaft" in seinen Deutungen" und den Spalten „Partei", „Charakteristika" und „Wirkung". — Seite 296, M3, A2, H

Recherchieren Sie wie die Begriffe „Volksnation" und „Staatsbürgernation" definiert werden und erklären Sie auf Basis dieser Definitionen die Unterschiede zwischen „Abstammungs- und Abstimmungsgemeinschaft". — Seite 297, M5, A2, H

Setzen Sie sich bei der Bearbeitung der Aufgabe 3 mit Ihren eigenen Vorstellungen von „deutscher Nation" und „deutschem Volk" auseinander und bringen Sie diese in die Analyse ein. — Seite 297, M5, A3, F

3.3 Kernmodul: Deutscher Sonderweg und transnationale Geschichtsschreibung

Ziehen Sie für einen Vergleich mit Frankreich die Darstellungstexte des entsprechenden Kapitels im Buch (Seite 124 ff.) heran. Zum Einfluss des Luthertums in Europa können die Informationen des Darstellungstextes im Modul „Die Krise der spätmittelalterlichen Kirche und die Reformation" ab Seite 98 helfen, zur Bedeutung der Weimarer Republik die Informationen ab Seite 304. — Seite 299, M1, A2, H

3.4 Pflichtmodul: Die Gesellschaft der Weimarer Republik

Stellen Sie die Ergebnisse in Form einer Tabelle dar. In die erste Spalte nehmen Sie die in M1 beschriebenen Ereignisse in chronologischer Reihenfolge auf, in der zweiten Spalte notieren Sie die von Ihnen herausgearbeitete Wertung Münsterbergs zu dem jeweiligen Ereignis. — Seite 310, M1, A, H

Vergleichen Sie die Aussagen Rosa Luxemburgs mit der Revolutionstheorie von Marx und Engels (siehe dazu M1 auf Seite 18 im Buch) und überprüfen Sie, inwieweit Luxemburg in M2 die marxsche Lehre vertritt. — Seite 311, M2, A1, H

Analysieren Sie die Wertvorstellung Groeners, die in M3 zum Ausdruck kommen. — Seite 311, M3, A2, H

Beurteilen Sie auf Basis Ihres Sachwissens zu Kriegsverlauf, Kriegsalltag und Kriegsende des Ersten Weltkrieges die Aussagen Groeners in den Zeilen 5 bis 15 (M3). — Seite 311, M3, A2, F

Ziehen Sie zur Bearbeitung die Kriterien und Charakteristika für Revolutionen heran, die Sie im Kernmodul „Revolutionen" auf Seite 16 bis 21 erarbeitet haben und nutzen Sie die Informationen über die Revolution von 1918/19, die Sie in den Darstellungstexten auf den Seiten 306 bis 309 und 314 f. sowie in M1 auf Seite 310 finden. — Seite 313, M1-M5, A1 und A2, H

Beurteilen Sie die einzelnen Positionen der Historiker in Hinblick auf Ihre Triftigkeit und entwickeln Sie anschließend eine eigene Position zur Einschätzung der Revolution von 1918/19. — Seite 313, M1–M5, A2, F

Analysieren Sie die Verfassung gezielt auf folgende Aspekte: Rolle des Sozialen, Formen der Mitbestimmung, Grund- und Freiheitsrechte sowie Aspekte des Wirtschaftslebens. — Seite 317, M1, A1, H

Nehmen Sie folgende Rollen ein und analysieren Sie, welche Aspekte der Verfassung Sie in dieser Rolle befürworten bzw. ablehnen würden: Frau, Soldat, Arbeiter, Beamter, Unternehmer und Monarchist. Begründen Sie jeweils Ihr Ergebnis. — Seite 317, M1, A2, H

Recherchieren Sie den Text der Verfassung der Weimarer Republik (siehe im Schulbuch Seite 316 f.) und des Bonner Grundgesetztes. Weisen Sie die Eigenschaften, die Sebastian Haffner, der Weimarer Verfassung und dem Bonner Grundgesetz zuschreibt, in den jeweiligen Texten begründet nach. — Seite 318, M2, A1, F

Überlegen Sie wie ein Vertreter der „Dolchstoßlegende" (siehe den Darstellungstext auf Seite 320 und M2 auf Seite 324 f.) auf die Rede reagieren würde. — Seite 324, M1, A2, H

Arbeiten Sie die politische Einstellung Hindenburgs aus dem Text heraus. Diskutieren Sie, welche Wirkungen diese auf sein politisches Handeln als Reichspräsident haben könnte. — Seite 325, M2, A1, F

Seite 325, M2, A2 und A3, H	Beziehen Sie die Informationen der Darstellungstexte auf Seite 306 f. in die Stellungnahme bzw. Beurteilung mit ein.
Seite 326, M5, A1, F	Erläutern Sie, welche Gefahren bestehen, wenn die Streitkräfte eines Landes einen „Staat im Staate" bilden.
Seite 330, M1, A1, H	Informieren Sie sich über den Hintergrund von Kronprinz Wilhelm als Adressaten Stresemanns und erklären Sie vor diesem Hintergrund die Argumentation des Außenministers.
Seite 333, Abb., A1, H	Entwerfen Sie zu jeder der dargestellten Personen einen „Steckbrief" mit Angaben zur gesellschaftlichen Stellung, zum Beruf und zur politischen Einstellung. Notieren Sie anschließend mögliche Gedanken, die die auf dem Gemälde gezeigten Personen haben könnten.
Seite 336, Abb., A3, F	Ordnen Sie die Ergebnisse aus der Analyse der Botschaft der Karikatur in den Kontext der deutschen Gesellschaft zwischen Tradition und Moderne ein. Nutzen Sie hierfür auch die Informationen des Darstellungstextes auf den Seiten 332 bis 337. Beurteilen Sie abschließend, inwieweit die Karikatur als Beispiel für die Ambivalenz der „Goldenen Zwanziger" gelten kann.
Seite 338, M1, A2, F	Erörtern Sie, welche langfristigen Konsequenzen dieses Vorgehen nach sich ziehen kann.
Seite 339, M2, A1, F	Analysieren Sie die Intention des Autors.
Seite 345, M1, A4, H	Analysieren Sie aus den jeweiligen Perspektiven der nachstehend genannten Personengruppen, welche Aspekte des Parteiprogramms diese jeweils befürworten bzw. ablehnen würden: Frau, Soldat, Großunternehmer, Arbeiter, Handwerker, Beamter, Arbeitsloser, Rentner und Monarchist. Begründen Sie jeweils Ihr Ergebnis.
Seite 346, M2, A1, F	Beurteilen Sie anhand der Statistiken, inwieweit die NSDAP in der Mobilisierung der Wählergruppen, die sie mit ihrem Parteiprogramm (siehe Seite 345, M1) erreichen wollte, erfolgreich war.
Seite 353, Abb., A1, H	Legen Sie eine Folie über die Collage von John Heartfield und umranden Sie mit einem Folienstift einzelne Bereiche bzw. Bildebenen. Analysieren Sie diese dann in Bezug auf ihre Wirkung und Bedeutung hin. Beachten Sie dabei auch die Symbolik in den Bildelementen. Die Bearbeitung kann auch arbeitsteilig erfolgen. Die Bereiche sind dann unter den Gruppenmitgliedern zu verteilen. Im Anschluss werden die Teilergebnisse zusammengetragen und die Gesamtbedeutung gemeinsam erarbeitet.
Seite 354, M2, A, F	Informieren Sie sich über die Folgen von Langzeitarbeitslosigkeit in der Gegenwart und vergleichen Sie Ihre Ergebnisse mit den Aussagen von M2.
Seite 355, M3, A2, H	Nutzen Sie die Informationen der Darstellungstexte von Seite 348 bis 352 zur Einordnung und Erläuterung der Wahlergebnisse.
Seite 356, M5, A1, F	Arbeiten Sie aus den Darstellungstexten (Seite 348 bis 352) und M4 auf Seite 356 heraus, welche Ereignisse und Entwicklungen Franz von Papen zur Untermauerung seiner Position anführen könnte.
Seite 357, Abb., A, F	Setzen Sie die Aussage der Karikatur in Beziehung zu den in M6 auf Seite 357 getroffenen Aussagen.
Seite 365, M1 und M2, A2, F	Erörtern Sie, ob die Gründe für das Scheitern der Weimarer Republik vorrangig in gesellschaftlichen Gründen, strukturellen Problemen oder dem Versagen von handelnden Führungspersonen zu suchen sind.
Seite 365, Abb., A2, F	Beurteilen Sie die Aussage des Gemäldes in Hinblick auf ihre Triftigkeit.

3.5 Wahlmodul: Der Erste Weltkrieg

Seite 380, M1, A1 und A2, H	Beziehen Sie zur Bearbeitung der beiden Aufgaben auch die Informationen der Darstellung auf Seite 370 mit ein.
Seite 380, M2, A1, H	Mittel zur Bildung von nationalen Identitäten sind z. B. Sprache, Kultur, Herkunft, gemeinsame Geschichte, Abgrenzung zu Anderen, Bürgerschaft, Religion, Territorium, Gründungsmythen etc.
Seite 383, M6, A2, F	Visualisieren Sie die von Kaiser Wilhelm II. in M6 prognostizierte Ereigniskette in Form eines Flussdiagramms und vergleichen Sie dieses mit dem tatsächlichen Verlauf der Ereignisse (siehe den Darstellungstext auf Seite 372 f.). Beurteilen Sie anschließend die Einschätzung Kaiser Wilhelms II. in Hinblick auf ihre Weitsicht.
Seite 384, M8, A1, F	Arbeiten Sie die Wertvorstellungen des Leutnants Leopold von Stutterheim aus M1 heraus und setzen Sie sich mit diesen auseinander.
Seite 386, M11, A1, F	Erörtern Sie anhand der Informationen aus M9 und M11, inwiefern man beim Ersten Weltkrieg von einem neuen Charakter des Krieges im Vergleich zu vorherigen Kriegen sprechen kann.
Seite 386, M11, A2, H	Arbeiten Sie zunächst heraus, was aus der Perspektive des Militärs als „fortschrittlich" am Gaskrieg angesehen werden konnte.

Visualisieren Sie die Daten in Form eines Graphen und setzen Sie die dort erkennbaren Entwicklungen in Beziehung zu Ereignissen und Entwicklungen im Ersten Weltkrieg. Seite 386, M12, A2, F

Für eine Charakterisierung des „Männerbildes" können Sie auch Ihre Arbeitsergebnisse aus M8 auf Seite 384 einbeziehen. Seite 389, M16, A2, H

3.6 Wahlmodul: Deutsches und europäisches Selbstverständnis nach 1945

Setzen Sie die Haltung Hesses in Beziehung zu der Aussage der Karikatur auf Seite 396. Nutzen Sie auf der derselben Seite auch die Informationen des Textabschnittes „Schuld und Sprachlosigkeit". Seite 410, M1, A2 und A3, F

Legen Sie eine Folie über das Titelblatt des „Ulenspiegel" und umranden Sie mit einem Folienstift einzelne Bereiche. Analysieren Sie diese dann in Bezug auf ihre Wirkung und Bedeutung hin. Beachten Sie dabei auch die Symbolik in den Bildelementen. Die Bearbeitung kann auch arbeitsteilig erfolgen. Die Bereiche sind dann unter den Gruppenmitgliedern zu verteilen. Im Anschluss werden die Teilergebnisse zusammengetragen und die Gesamtdeutung gemeinsam erarbeitet. Seite 411 Abb., A, H

Erstellen Sie zu den Daten einen Verlaufsgraphen. Beachten Sie dabei, dass die Zeitachse gleichmäßig skaliert wird (z. B. 1 cm für 1 Jahr). Beschreiben Sie anschließend den Verlauf des Graphen. Erklären Sie ihn auch anhand der Informationen auf den Seiten 396 bis 409. Seite 412, M3, A, H

Setzen Sie die Aussagen des Textes in Beziehung zur Revolutionstheorie von Marx und Engels (M1, Seite 18). Untersuchen Sie, inwieweit Elemente der marxschen Lehre in M4 nachzuweisen sind. Seite 412, M4, A2, F

Setzen Sie sich damit auseinander, inwieweit die im Text jeweils angesprochenen Defizite in der jeweiligen Vergangenheitspolitik heute behoben sind. Seite 414, M6, A2, F

Informieren Sie sich über die von Münkler angesprochenen Inhalte. Überprüfen Sie dann, inwieweit hier jeweils eine Mythisierung vorgenommen wurde, indem Sie untersuchen, ob die Kriterien der Sinnstiftung, Überhöhung und Komplexitätsreduktion jeweils erfüllt sind. Seite 415, M8, A2, H

Legen Sie eine Folie über die Karikatur und umranden Sie mit einem Folienstift einzelne Personen und Symbole. Gehen Sie anschließend vor, wie auf der vorherigen Seite beschrieben. Siehe die Hilfestellung zur Seite 396, Abb., A. Seite 420, Abb., A, H

Suchen Sie nach Fotos und Abbildungen des Reichstagsgebäudes aus vergangenen Zeiten und untersuchen Sie jeweils, inwieweit sich die Architektur im Vergleich zur gegenwärtigen jeweils verändert hat bzw. gleich geblieben ist. Analysieren Sie die Gründe dafür. Seite 421, Abb., A, H

Erstellen Sie eine Mindmap mit dem Titel „Charakteristika der Berliner Republik". Seite 422, M13, A1, H

Anregungen können hier die Module „Französische Revolution" und „China und die imperialistischen Mächte" liefern. Seite 423, M15, A2, H

4. Geschichts- und Erinnerungskultur

4.1 Kernmodul: Geschichtsbewusstsein und Geschichtskultur

Skizzieren in einem Verlaufsdiagramm den Weg, den die „faktische Vergangenheit" durch die Beschäftigung mit Geschichte bis zur „Konsensobjektivität" nach nehmen kann. Verwenden Sie daneben auch Begriffe wie „Rekonstruktion", „Urteil" und „Perspektive". Seite 434, M2, A3, H

Erstellen Sie ein Schaubild, in dem das Verhältnis zwischen der individuellen und kollektiven Seite des Geschichtsbewusstseins deutlich wird. Bringen Sie dabei auch Beispiele, wie Sie in Zeile 14 bis 27 genannt werden, ein. Seite 434, M3, A1, H

4.2 Kernmodul: Historische Erinnerung

Erstellen Sie eine Mindmap, in der die Wirkungen, Funktionen aber auch Problemstellungen, die nach Jeismann von der Beschäftigung mit Geschichte ausgehen, abgebildet sind. Seite 439, M1, A2, H

Übertragen Sie die von Pandel aufgestellten Kriterien der Authentizität auf einen Geschichtsspielfilm Ihrer Wahl. Überprüfen Sie dann anhand dieser Kriterien den Authentizitätsgrad nach Pandel. Seite 441, M4, A1, F

Charakterisieren Sie eine beliebige Person einer Epoche in ihrer Mentalität, ihren Aufgaben, Zielen etc. Diskutieren Sie anschließend, welche Eigenschaften in einer entsprechenden Geschichtserzählung zum Ausdruck kommen müssten, damit diese „typenauthentisch" ist. Seite 441, M4, A3, H

4.3 Pflichtmodul: Mythen

Seite 447, Abb., A1, F
Überprüfen Sie, inwieweit die Darstellung von Arminius in dem vorliegenden Gemälde zu dem Bild passt, das vom ihm in dem Bericht von Velleius Paterculus (M1 auf Seite 448) erzeugt wird.

Seite 448, M1, A1, F
Arbeiten Sie heraus, mit welchen Mitteln Velleius Paterculus versucht, die römische Niederlage zu relativieren bzw. als Sonderfall darzustellen.

Seite 449, M2, A1, H
Analysieren Sie, welche Aussagen des Tacitus in M2 den „Germanen" positive Charaktereigenschaften zuweisen. Entwickeln Sie daraus das Bild des idealtypischen „Germanen".

Seite 449, M2, A1, F
Analysieren Sie, in welcher Weise Tacitus' Charakterisierung der „Germanen" in dem Foto vom „Germanenumzug" aus dem Jahre 1909 (Seite 450) umgesetzt wurde.

Seite 449, M2, A3, H
Nutzen Sie als Hintergrundinformation, dass Tacitus ein großer Kritiker der römischen Gesellschaft war, die er in einem Prozess des Sittenverfalls und zunehmender Dekadenz begriffen sah.

Seite 450, M3, A2, F
Weisen Sie die typischen Kriterien einer Mythisierung (Sinnstiftung, Überhöhung, Komplexitätsreduktion und Stilisierung) am Beispiel des „Hermannsmythos" nach.

Seite 456, M1, A3, F
Als Vorbereitung für Aufgabe 3: Analysieren Sie das Gemälde in seinen Bildelementen in Hinblick auf die Kennzeichen eines Mythos. Zum Beispiel: Sinnstiftung, Überhöhung, Komplexitätsreduktion und Stilisierung (Reduktion auf ein Muster mit hohem Wiedererkennungswert).

Seite 461, M1, A2, H
Beachten Sie hierzu den Verfassertext auf Seite 458 bis 460.

Seite 462, M3, A1, F
Erörtern Sie, welche Daten für einen Nationalfeiertag noch infrage kämen.

Seite 463, M6, A2, F
Auch die Attentate vom 11. September wurden als Anschlag auf die gesamte freie Welt bezeichnet. Finden Sie Gemeinsamkeiten und Unterschiede.

Seite 468, M2, A3, H
Weisen Sie begründet Kennzeichen eines Mythos (Überhöhung, Komplexitätsreduktion, Stilisierung, Sinnstiftung) in M2 nach.

Seite 468, M3, A3, F
Erläutern Sie anhand von M3 die zentrale Rolle der Sinnstiftung für die Konstruktion eines Mythos. Erklären Sie dabei, wie Elemente der Komplexitätsreduktion, Überhöhung und Stilisierung diesem übergeordneten Ziel dienen.

Seite 468, M3, A4, F
Überprüfen Sie anhand der Kriterien von Hans-Jürgen Pandel (M4 auf Seite 440f.) auf Basis der Informationen von M3, inwieweit der Film „Oktober" ein authentisches Bild der Oktoberrevolution vermittelt. Diskutieren Sie anschließend, in welcher Weise der Film als historische Quelle verwendet werden kann.

Seite 472, M1, A2, H
Bearbeiten Sie den Text in Ihrer Gruppe zunächst arbeitsteilig unter Berücksichtigung folgender Aspekte:

a) Analysieren Sie, wie der Mythos konstruiert wird (Überhöhung, Sinnstiftung, Komplexitätsreduktion, Stilisierung).

b) Arbeiten Sie die Aspekte und Fakten heraus, mit denen der Mythos dekonstruiert wird.

c) Erläutern Sie den sachlich historischen Kern, auf dem der Mythos aufgebaut ist.

Führen Sie anschließend Ihre Einzelergebnisse zusammen und charakterisieren Sie den Mythos „Trümmerfrauen" in seinen verschiedenen Facetten.

Seite 472, M1, A2, F
Setzen Sie Ihre Ergebnisse in Beziehung zu den Fotos auf den Seiten 470 und 473. Gehen Sie dabei konkret auf die Bildelemente ein.

Seite 475, M1, A1, H
Arbeiten Sie arbeitsteilig Charakteristika von „Diktaturgedächtnis" (Zeile 2), „Arrangementgedächtnis" (Zeile 37) und „Fortschrittsgedächtnis" (Zeile 56f.) aus M1 heraus.

Führen Sie anschließend Ihre Ergebnisse in Gruppenarbeit zusammen. Erstellen Sie eine Mindmap, die vom dem zentralen Begriff „Rezeption der DDR-Vergangenheit" zunächst zu den drei Ästen „Dikaturgedächtnis", „Arrangementgedächtnis" und „Fortschrittsgedächtnis" verläuft. Weitere Begriffe können dann u. a. sein: SED-Herrschaft, Stasi, Überwachung, KGB-Gefängnisse, Unterdrückung, Widerstand, Selbstbehauptung, Alternative, Lebenswelt, Rechtsstaatlichkeit, soziale Gerechtigkeit, DDR-Bildungssystem, Gleichstellung von Frau und Mann, Kinderbetreuung.

Erläutern Sie dann anhand Ihrer Mindmap die Ambivalenz in der Erinnerung an die DDR-Vergangenheit.

Seite 476, M2, A2, F
Setzen Sie die Ausführungen von Tobias Hollitzer inhaltlich in Beziehung zu den in M1 (Seite 475) eingeführten Begriffen „Diktaturgedächtnis", „Arrangementgedächtnis" und „Fortschrittsgedächtnis" und analysieren Sie, welche Position Hollitzer jeweils zu diesen Facetten der Erinnerung an die DDR-Vergangenheit bezieht.

Seite 477, M3, A2, F
Analysieren Sie, inwieweit sich die Charakteristika der „Drei Formen von Gedächtnis" aus M1 auf Seite 475 in den dargestellten Daten widerspiegeln.

Lexikon zur Geschichte: Begriffe

Ablass (althochdt. *Ablaz*: Nachlass): kirchliche Vorstellung von der Verringerung zeitlicher Sündenstrafen im Jenseits. Ein Ablass wurde als Gegenleistung für gute Werke gewährt, wenn der Betreffende zugleich Buße tat. Im Spätmittelalter bot die Kirche Ablässe gegen Gebühren an.

Absolutismus: die (in der Theorie) ungeteilte Herrschaft des Monarchen. Sie wird hergeleitet aus dem Gottesgnadentum des Herrschers, der über dem Gesetz steht.

Alldeutscher Verband: 1891 gegründet, setzte sich die nationalistische Organisation für eine Stärkung und Verbreitung des Deutschtums ein und befürwortete eine imperialistische Politik.

Ancien Régime (wörtlich: alte, ehemalige Regierung): Der Begriff steht für die vorrevolutionären Zustände.

„Arier": im ethnologisch-sprachwissenschaftlichen Sinne Völker der indogermanischen Sprachfamilie. Im 19. Jh. wurde der Begriff in eine Überlegenheit der „weißen", dann der germanischen Rasse umgedeutet. In der NS-Rassenideologie bezeichnete „Arier" die überlegene „Herrenrasse".

Arrondissements: den Departements untergeordnete Verwaltungseinheiten

Aufklärung: Die bis heute gültige Definition von „Aufklärung" lieferte der Königsberger Philosoph Immanuel Kant (1724–1804): „Aufklärung ist der Ausgang des Menschen aus seiner selbst verschuldeten Unmündigkeit." Die Vernunft sollte zum Maßstab allen Denkens werden. Auswirkungen hatte dies für den Kampf gegen (religiöse) Vorurteile, für Bildung und Rechte der Bürger sowie in einer Hinwendung zu den Naturwissenschaften.

Aufstand vom 17. Juni 1953: Nachdem die SED-Führung die Arbeitsnormen heraufgesetzt hatte, kam es in Ost-Berlin und 700 weiteren Städten der DDR zu Aufständen. Diese wurden mithilfe sowjetischer Truppen blutig niedergeschlagen.

Autokratie (griech.: Selbstherrschaft): unumschränkte Regierungsgewalt nach dem Vorbild der oströmischen Kaiser

Blut-und-Boden-Ideologie: basierte auf der Vorstellung, „dass ein gesunder Staat im eigenen Volk (Blut) und im eigenen Boden seinen Schwerpunkt haben muss" (Meyers Lexikon von 1936). Dabei sollte das Bauerntum (die germanisch-nordische Rasse) für die Lebensgrundlagen des Volkes sorgen und einen Gegenpol zur urbanen Moderne und zum „Nomadentum" der Juden bilden.

Bolschewiki (russ. „Mehrheitler"): 1903 entstandener radikaler Flügel der Russischen Sozialdemokratischen Arbeiterpartei. 1918 erklärte sich die Gruppierung zur „Kommunistischen Partei Russlands, Bolschewiki" (KPR (B)), 1952 wurde sie umbenannt in „Kommunistische Partei der Sowjetunion" (KPdSU).

chemische Industrie: seit etwa 1850 aufkommender Wirtschaftsbereich, in dem Rohstoffe in chemischen Fertigungsprozessen zu Produkten wie künstlichen Farben, Kunststoffen, Kunstdünger, Reinigungs- oder Konservierungsmitteln und Medikamenten verarbeitet werden

Club des Cordeliers: so benannt nach seinem ersten Tagungsort, einer Kirche der Franziskaner, die im Volksmund „cordeliers" genannt wurden

Club des Feuillants: benannt nach dem ehemaligen Feuillantinerkloster in Paris

Deflation: ein über längere Zeit anhaltender Rückgang des Preisniveaus für Güter. Dies tritt ein, wenn die Geldmenge im Vergleich zur Warenmenge abnimmt.

Dekret (von lat. *decernere*: beschließen, entscheiden): rechtlich bindende Verfügung

Edikt von Nantes: von König Heinrich IV. gewährte Bestimmung, die den Protestanten in Frankreich freie Religionsausübung und rechtliche Gleichstellung versprach, zugleich aber den katholischen Glauben als Staatsreligion festschrieb. Nach der Aufhebung des Edikts 1685 setzten neuen Verfolgungen der Protestanten ein, die massenhaft in andere Länder Europas, nach Amerika oder Südafrika flohen.

Elektroindustrie: Industriezweig, der gegen Ende des 19. Jahrhunderts entstand und auf die Herstellung etwa von Stromgeneratoren, Kabeln, Batterien und elektrisch betriebenen Anlagen, Geräten und Bauteilen spezialisiert ist

Entente: (frz. „Bündnis, Eintracht"): Frankreich, Großbritannien und das Russische Reich mit ihren Verbündeten

Entspannungspolitik: Der Begriff beschreibt eine Phase des Kalten Krieges von Ende der 1960er- bis Anfang der 1980er-Jahre. In diesem Zeitraum versuchten die USA und die UdSSR sowie ihre jeweiligen Verbündeten Konflikte vorwiegend auf diplomatischem Weg zu lösen und gegenseitiges Vertrauen aufzubauen.

Enzyklika (von altgriech. *kyklos*: Ring, Kreis): Rundschreiben des Papstes an die katholischen Gemeinden in aller Welt, mit Lehrinhalten zu Fragen des Glaubens, der Lebensführung oder über gesellschaftliche Themen

Expressionismus (von lat. *expressio*: Ausdruck): vom Ende des 19. Jahrhunderts bis ca. 1925 bestehende Kunstrichtung in Europa, die Erlebtes expressiv ausdrückt

Feudal: abgeleitet von lat. *foedum*: Lehensgut

Frankfurter Auschwitz-Prozess: Mit 22 Angeklagten und 183 Verhandlungstagen handelte es sich um einen der größten und meistbeachteten Prozesse in der Geschichte der deutschen Justiz. Durch die Aussagen der mehreren hundert Zeugen – größtenteils KZ-Überlebende – sahen sich viele Deutsche gezwungen, sich mit der eigenen Rolle während der NS-Zeit und der mangelnden Aufarbeitung nach 1945 auseinanderzusetzen.

Freikorps: paramilitärische Einheiten, die nicht zu den regulären Truppen gehörten. Diese Freiwilligenverbände bestanden aus ehemaligen Berufssoldaten, Abenteurern, Studenten oder Schülern, meist Männer, die nach dem Krieg kein Zuhause und keine Arbeit hatten und nicht in ein ziviles Leben zurückgefunden hatten.

Generalstände: Ständevertretung ganz Frankreichs mit je 300 Abgeordneten des Klerus, des Adels und des Dritten Standes (= Bürger, Bauern)

„Germanen": Die Römer bezeichneten alle Zivilisationen, die sie als unterlegen ansahen, als Barbaren, d. h. wörtlich als unzivilisierte Menschen, die eine unverständliche Sprache sprechen. Dazu gehörten u. a. Kelten, Skythen und Germanen. Der von ihnen bewohnte Raum ist das „Barbaricum". Der Begriff „Germanen" ist eine Sammel- und Fremdbezeichnung der Römer für einen Teil dieser Barbaren, nämlich die nördlich der römischen Grenzen bis zur Nord- und Ostsee lebenden, in eine Vielzahl von Stämmen aufgeteilten Gruppen.

Gewerkschaften: Nach dem Vorbild der britischen *trade unions* gegründete Arbeitervereinigungen, die die Interessen der Beschäftigten gegenüber Arbeitgebern und Regierung vertreten

Globalisierung: Prozess einer fortschreitenden Annäherung und Verflechtung zwischen den verschiedenen Weltregionen durch Handel, Kapitalverkehr und sonstige Wirtschaftsbeziehungen, Migration und Tourismus, Medien und Kommunikation oder zwischenstaatliche Vereinbarungen

Guillotine: Hinrichtungsgerät, benannt nach dem Arzt Joseph Ignace Guillotin (1738–1834), der sich als Abgeordneter in der Konstituante für einen humaneren und für alle Stände gleichen Vollzug der Todesstrafe eingesetzt hatte

Han: Die Han sind eine von vielen ethnischen Gruppen in China. Ihr Anteil an der chinesischen Bevölkerung ist in den letzten Jahrhunderten immer größer geworden. Heute stellen sie über 90 Prozent der Bevölkerung Chinas.

Hochstift: weltlicher Herrschaftsbereich eines geistlichen Reichsfürsten (Fürsterzbischof, -bischof, Reichsabt, -äbtissin usw.)

Hugenotten: seit Mitte des 16. Jahrhunderts Bezeichnung für die Protestanten in Frankreich, die stark vom Reformiertentum geprägt waren

Humanismus (von lat. *humanitas*: Menschenwürde): spätere Bezeichnung für eine geistige Bewegung im Europa des 14. bis 16. Jahrhunderts. Sie nahm das Wissen und die Ideen der griechisch-römischen Antike zum Vorbild, um die eigene Gesellschaft sittlich zu verbessern.

Ideologie (altgriech. Lehre von den Ideen): System von Meinungen und Überzeugungen, das zur Rechtfertigung oder Verhüllung von Ansprüchen dient. Ideologien bieten ihren Anhängern ein umfassendes „Wir-Gefühl" und erzeugen Feindbilder, die sich gegen Andersdenkende richten.

Imperialismus: Vom lateinischen Wort Imperium abgeleitet, bedeutet der Begriff „Herrschaft" oder „Großreichspolitik" und kann als die territoriale Ausdehnung eines Staates über andere Länder und Völker verstanden werden. Im weiten Sinne umfasst der „Imperialismus" das gesamte 19. und frühe 20. Jahrhundert bis zum Ausbruch des Ersten Weltkrieges. Als „klassisches Zeitalter des Imperialismus" oder als Periode des Hochimperialismus gelten jedoch die Jahre zwischen 1880 und 1914, in denen die gesamte nichteuropäische Welt von der europäischen Zivilisation sowie dem westlich-industriellen System durchdrungen wurde. Das Gleichgewicht der Mächte wich einem allgemeinen Prestige- und Rüstungswettlauf.

Inflation: anhaltende Geldentwicklung durch Ansteigen des allgemeinen Preisniveaus und Abwertung der Kaufkraft der Währung aufgrund einer massiven Vermehrung des Geldes. Opfer der Inflation sind vor allem Menschen, die von Ersparnissen leben. Zu besonders starken Inflationen kam es nach dem Ersten Weltkrieg in fast allen kriegführenden Staaten.

Jakobinerklub: benannt nach dem Dominikanerkloster Saint-Jacques, in dessen Räumen sich die Mitglieder seit dem 24. Dezember 1789 versammelten

Jesuiten (eigentlich: Gesellschaft Jesu): geistlicher Orden, von dem Spanier Ignatius von Loyola (1491–1556) 1534 gegründet und 1540 von Rom anerkannt. Die Jesuiten widmen sich dem Unterricht in Schule und Universität sowie der Missionierung. Sie tragen keine eigene Ordenskleidung und betonen den Gehorsam gegenüber dem Papst.

Kalenderreform: von Papst Gregor XIII. verfügte Korrektur des Kalendersystems. Der neue Gregorianische Kalender wich damals um zehn Tage vom bisherigen Julianischen Kalender ab, die Differenz nahm später noch zu. Protestantische Länder führten den neuen Kalender teils erst im 18. Jahrhundert ein. Auch das Reich war in dieser Frage lange gespalten.

Kapital: (von lat. *caput*: Haupt, Kopf; ital. *capitale*: Kopfzahl, Vermögen): Sammelbegriff für Mittel, die zur Produktion von Gütern oder Dienstleistungen zur Verfügung gestellt werden, etwa Bargeld, Kredite oder Wertpapiere, Grundbesitz, Maschinen und Geräte, Betriebsstätten usw.

Kapuziner (von ital. *cappuccio*: Haube, Kapuze): Zweig des Franziskanerordens, 1528 vom Papst bestätigt. Die Mönche leben in größter Armut und verdingen sich als Seelsorger sowie als Helfer für Kranke, Arme und Obdachlose.

Klerus (von lat. *clericus*: Geistlicher): Sammelbegriff für alle Geistlichen

Konkordat: völkerrechtlicher Vertrag zwischen Staat und katholischer Kirche zur Regelung kirchlich-staatlicher Angelegenheiten

Konkordienbuch: Sammlung der für die evangelisch-lutherische Kirche maßgeblichen Bekenntnisschriften (u. a. Luthers Katechismen, Confessio Augustana von 1530, Konkordienformel), 1580 veröffentlicht

Konkordienformel (von lat. *concordia*: Eintracht): gemeinsame Bekenntnisformel evangelisch-lutherischer Reichsstände, 1577 unterzeichnet. Die Konkordienformel versuchte, einen Schlussstrich unter die Lehrstreitigkeiten innerhalb des Luthertums zu ziehen.

Konkubinat (von lat. *concubinus*: Geliebter): (heute veraltet für) eheähnliches Verhältnis. Im Mittelalter wurde es als Lebensgemeinschaft für Personen geduldet, die keine Ehe eingehen konnten.

Kosaken: ursprünglich ein Reitervolk im Grenzgebiet zwischen Polen, Russland und der Ukraine. Unter den Zaren genossen sie weitgehende Freiheiten. Viele Kosaken siedelten sich in Sibirien als unabhängige Bauern an.

Kurie (von lat. *curia*: Rat, Hof): Gesamtheit der dem Papst unterstehenden Zentralbehörden zur Leitung der katholischen Kirche

Laien (von lat. *laicus*: weltlich): Bezeichnung für Christen ohne geistliches Amt

Landeshoheit: einheitliche Herrschaftsgewalt eines Fürsten oder einer reichsstädtischen Obrigkeit über die Einwohner. Sie blieb bis zum Ende des Reiches beschränkt durch Reichsgesetze, Gewohnheitsrechte und das Appellationsrecht der Untertanen an die Reichsgerichte.

Leibeigenschaft: Rechtszustand einer dauernden persönlichen und wirtschaftlichen Abhängigkeit von einem Herrn

Listen mit Proskriptionen: Listen mit Namen von politischen Gegnern, die verfolgt werden sollen

Montanunternehmen: (von lat. *mons*: Berg): Industriebetriebe des Bergbaus sowie der Produktion oder Verarbeitung von Eisen und Stahl

Marktwirtschaft (auch: Kapitalismus): System, das auf freien Wettbewerb setzt und dem Grundsatz von Angebot und Nachfrage folgt, um möglichst großen wirtschaftlichen Gewinn zu erzielen

Menschenrechte: Wo immer Menschen heute Freiheit und Gerechtigkeit fordern, berufen sie sich direkt oder indirekt auf die „Erklärung der Menschen- und Bürgerrechte" von 1789. Das Vorbild lieferte die Virginia Bill of Rights von 1776, mit der sich die von der britischen Krone abtrünnige Kolonie Virginia eine eigene Verfassung gab. Im 19. Jahrhundert wurden die Menschenrechte zunächst Gegenstand nationaler Verfassungen und im 20. Jahrhundert schließlich sogar Bestandteil internationaler Abkommen. Die Vereinten Nationen oder der Europarat haben Menschenrechtsvereinbarungen getroffen, die von ihren Mitgliedstaaten anerkannt werden mussten – als Bedingung für die Aufnahme in diese internationalen Organisationen. Die Verwirklichung und Sicherung der Menschenrechte bleibt auch in Zukunft eine ständige nationale und internationale politische Aufgabe. Sie steht und fällt mit dem Engagement der Bürgerinnen und Bürger.

Merkantilismus (von lat. *mercator*: Kaufmann): staatlich gelenkte Wirtschaftsform in Europa im 16. bis 18. Jahrhundert, die auf hohe Ausfuhren heimischer Fertigprodukte angelegt ist, um Handelsgewinne zu erzielen, während die Binnenwirtschaft von Importen anderer Staaten möglichst abgeriegelt wird

Mir: russische Dorfgemeinde, die zuständig für die regelmäßige Umteilung des Bodens unter ihren Mitgliedern war

Mittelmächte: Deutsches Reich und Österreich-Ungarn, denen sich das Osmanische Reich und Bulgarien anschlossen

Montanunternehmen (von lat. *mons*: Berg): Industriebetriebe des Bergbaus sowie der Produktion oder Verarbeitung von Eisen und Stahl

Nationalgarde: Am 11./12. Juli 1789 in Paris entstandene Bürgerwehr, die einerseits die Bürger vor der königlichen Armee schützen und andererseits das Eigentum der Bürger sichern sollte. Ihre Mitglieder kamen aus dem Bürgertum. Die Nationalgarde bestand mit Unterbrechungen bis 1871.

Nationalismus: weltanschauliches Bekenntnis (Ideologie) zur eigenen Nation und dem Staat, dem man angehört. Auf der einen Seite stand die Überzeugung, dass alle Völker einen Anspruch auf nationale Selbstbestimmung haben, auf der anderen die Hochschätzung des eigenen Volkes. Die Abwertung anderer Nationen trug seit der Mitte des 19. Jahrhunderts zu einem übersteigerten Nationalbewusstsein (Chauvinismus) bei, einem Kennzeichen des Imperialismus und später des Nationalsozialismus.

orthodoxe Kirche (orthodox, griech.: rechtgläubig): Zweig der christlichen Kirche, der sich 1054 von der römischen Kirche abgespalten hatte

Panslawismus: Bewegung, die die kulturelle Einheit aller slawischen Völker betont. Daraus entstand die Forderung nach staatlicher Einigung.

Pantheon: Bezeichnung sowohl für die Gesamtheit der Götter als auch für das ihnen geweihte Heiligtum

Planwirtschaft: Wirtschaftsordnung, in der die Produktion von Gütern sowie deren Verteilung nach staatlich festgelegten Plänen vorgenommen wird.

Plebiszit (lat. *plebis scitum*): Volksabstimmung, Volksbeschluss

Proletarier (von lat. *proles*: Nachkomme): im Alten Rom Bezeichnung für die Angehörigen der Unterschicht, die nichts außer ihren eigenen Kindern besaßen

Protestation (von lat. *protestari*: bezeugen): Rechtshandlung eines Reichsstandes, sich gegen einen Mehrheitsbeschluss zu erklären. Dabei blieb es fraglich, ob der Protestierende von der Entscheidung ausgenommen war oder ihr dennoch folgen musste.

Provinzgouverneure: hohe Zivilbeamte in den Provinzen, die große Macht besaßen und politische Führungsrollen einnahmen

Psalmen (von altgriech. *psalmós*: Lied, Saitenspiel): Sammlung von Gedichten, Liedtexten und Gebeten im Alten Testament

Räterepublik: Herrschaftsform der direkten Demokratie. Räte sind gewählte Ausschüsse von Bewohnern eines Bezirks, Arbeitern und Soldaten. Sie sind an die Weisungen der Wähler gebunden und vereinen gesetzgebende, ausführende und rechtsprechende Gewalt auf sich.

Reallöhne: statistische Höhe von Einkommen, bei denen das erhaltene Entgelt (Nominallohn) mit den bestehenden Lebenshaltungskosten verrechnet wird, Gradmesser für die tatsächliche Kaufkraft

Realpräsenz: Lehrauffassung von der Gegenwart Christi in der Abendmahlsfeier. Christus ist demnach in Brot und Wein „leibhaftig“ anwesend. Gemäß der Lehre von der **Spiritualpräsenz** (von lat. *spiritus*: Seele, Geist) ist Christus nicht körperlich, sondern durch den Heiligen Geist zugegen.

Reichsacht: Ausschluss aus der Gesellschaft wegen schwerer Verbrechen. Der Geächtete war rechtlos und durfte straflos beraubt oder getötet werden. Die Reichsacht wurde vom Kaiser verhängt, jedoch erst nach einem ordentlichen Verfahren.

Reichsbanner Schwarz-Rot-Gold: im Februar 1924 gegründeter Bund aktiver Demokraten, der um 1930 etwa drei Millionen Mitglieder zählte

Reichsexekution: (militärisches) Mittel eines Bundesstaates oder Staatenbundes gegenüber seinen Gliedstaaten

Reichsstände: Inhaber von Sitz und Stimme auf Reichstagen (geistliche und weltliche Kurfürsten und Fürsten sowie Reichsstädte)

Religionskolloquium: Religionsgespräch, Verhandlungen über theologische Lehrauffassungen. Die Kolloquien von 1540/41, 1546 und 1557 brachten keine Einigung.

Reliquie (von lat. *reliquiae*: Zurückgelassenes): (angeblicher) Überrest einer heiligen Person, etwa ein Körperteil, getragene Kleidung, ein Gegenstand aus deren Besitz

Renaissancepapsttum: spätere Bezeichnung für die Regierung der Päpste von Mitte des 15. bis zur Mitte des 16. Jahrhunderts, die wie weltliche Fürsten auftraten und ihren Herrschaftssitz Rom zu einem Zentrum der Renaissance (Wiederbelebung der klassischen Antike) machen wollten.

Sakramente (von lat. *sacrare*: weihen, heiligen): Weihehandlungen, die nur von Priestern durchgeführt werden können. Im Mittelalter wurden sieben Sakramente festgelegt: Taufe, Firmung, Abendmahl (Kommunion), Buße (Beichte), Krankensalbung („letzte Ölung“), Priesterweihe und Ehe.

Säkularisation (von lat. *saecularis*: weltlich, zeitlich): Enteignung von Kirchengut durch dessen Umwandlung in weltlichen Besitz

Sansculotten (franz. *sans culotte*: ohne Kniebundhose): Anhänger der städtischen Volksbewegung, die nicht die Kniehose (*culotte*) der „guten Gesellschaft“, sondern lange Hosen der einfachen Bürger trugen. Weitere Kennzeichen der Sansculotten waren die rote Mütze („*Bonnet rouge*“), die Pike (Spieß) und das brüderliche Du.

Schisma (altgriech.: Spaltung, Trennung): Spaltung einer Religionsgemeinschaft, aus der keine abweichende Glaubensrichtung hervorgeht. Als Schisma wird etwa auch die Trennung zwischen römischer und griechisch-orthodoxer Kirche im 11. Jahrhundert bezeichnet.

Schlieffen-Plan: Er ist benannt nach dem ehemaligen Chef des deutschen Generalstabs, Alfred Graf von Schlieffen. Der bereits 1905 von ihm für einen Zweifrontenkrieg gegen Frankreich und Russland entwickelte Plan sah vor, dass die deutsche Armee mithilfe moderner Transportmittel durch die neutralen Staaten Niederlande, Belgien und Luxemburg vorstößt. Nach einem schnellen Sieg über Frankreich sollten die Armeen dann gegen Russland marschieren.

Schutzstaffel (SS): 1925 gegründete Parteiformation zum persönlichen Schutz Hitlers, ab 1934 „selbstständige Organisation“ der NSDAP mit polizeilicher Machtbefugnis

Senat (lat. *senatus*: Ältestenrat/Rat erfahrener Politiker): oberster Rat des Römischen Reiches. In ihn wurde nur aufgenommen, wer Magistrat („Regierungsbeamter“) gewesen war und über großes Vermögen verfügte. Unter Augustus umfasste der Senat 600 Mitglieder.

Soziale Marktwirtschaft: Wirtschaftsordnung der Bundesrepublik Deutschland, in der sich der Staat, anders als in der reinen freien Marktwirtschaft, durch gesetzliche Rahmenbedingungen um einen möglichst gerechten Ausgleich zwischen wirtschaftlich stärkeren und schwächeren Gruppen der Gesellschaft bemüht.

Sozialstaat: Gesamtheit von Gesetzen, öffentlichen Einrichtungen und Angeboten zur Unterstützung für sozial Schwache

Spartakisten/Spartakusbund: Gruppe radikaler Sozialisten, die den Kern der Ende 1918 gegründeten Kommunistischen Partei Deutschlands (KPD) bildete

Stadtdumen: wählten die Verwaltung und das Stadtoberhaupt, waren z. B. verantwortlich für Handel und Gewerbe, für die Brandbekämpfung und die Einquartierung von Soldaten

Stahlhelm: im Dezember 1918 gegründete Organisation ehemaliger Soldaten des Ersten Weltkrieges. Der Verband entwickelte eine republikfeindliche Einstellung und hatte um 1930 etwa eine halbe Million Mitglieder.

St. Petersburg: seit Zar Peter I. (1672–1725) Hauptstadt des Russischen Reiches, 1915 in Petrograd, 1924 bis 1991 in Leningrad umbenannt, heute wieder St. Petersburg

Sturmabteilung (SA): 1920 gebildete, militärisch organisierte und uniformierte Saalschutz- und Kampftruppe der NSDAP

Toleranz (von lat. *tolerare*: dulden, ertragen): fried- und respektvoller Umgang mit Andersdenkenden; Verhalten, das über eine rein rechtliche Duldung Andersdenkender noch hinausgeht

Triftigkeit: Der historische Erkenntnisprozess beruht auf der Rekonstruktion von Ereignissen und Personen (Sachanalyse). Durch einen Quellenvergleich wird versucht herauszufinden, wie vergangene Ereignisse von den Zeitgenossen (vermutlich) wahrgenommen wurden, warum sie wie gehandelt bzw. nicht gehandelt haben. Diese Beurteilung berücksichtigt die zeitgenössischen Wert- und Weltvorstellungen (Sachurteil). Auf dieser Grundlage und einer entsprechenden Deutung und Gewichtung werden kausale Zusammenhänge gebildet. Die Vergangenheit wird dann nach heutigen Maßstäben beurteilt, Gegenwartsbezüge werden hergestellt und Perspektiven für die Zukunft entwickelt (Werturteil). Erfolgt dies nach den Gesetzen der Logik und der wissenschaftlichen Methode, spricht man von Triftigkeit.

Tscheka: Abkürzung für die im Dezember 1917 gebildete „Allrussische Außerordentliche Kommission zur Bekämpfung von Konterrevolution, Spekulation und Sabotage“. Sie wurde im russischen Bürgerkrieg zum Instrument der Unterdrückung und des „roten“ Terrors.

Ultraquisten (von lat. *sub utraque specie*: unter beiderlei Gestalt): christliche Glaubensgemeinschaft in Böhmen, die das Abendmahl unter Einschluss des Laienkelchs praktizierte.

Völkerbund: Nach dem Ersten Weltkrieg im Zusammenhang mit dem Versailler Vertrag 1920 von 32 Staaten gegründete internationale Organisation zur Wahrung des Friedens und zur Zusammenarbeit aller Völker mit Sitz in Genf. Die 1945 gegründeten Vereinten Nationen sind Nachfolgerin des Völkerbundes.

„Wilson-Frieden": Der US-amerikanische Präsident Woodrow Wilson hatte am 8. Januar 1918 einen „14-Punkte-Plan" vorgelegt, in dem er seine Vorstellungen von den Grundlagen einer zukünftigen Friedensordnung in Europa formulierte. Diese sollte auf dem Selbstbestimmungsrecht der Völker und dem Autonomie- und Nationalitätenprinzip basieren.

Zemstva (Singular: Zemstvo): Selbstverwaltungseinrichtungen, die sich um lokale Belange der Bevölkerung kümmerten (z. B. Bildung, ärztliche Versorgung, Armenfürsorge). In die Zemstva wurden Vertreter der Gutsbesitzer, der Kaufleute und Unternehmer und andere Haushaltsvorstände (Bauern) getrennt gewählt.

Zensuswahlrecht: Das Recht des Wählers oder das Gewicht der Stimme ist an den Nachweis eines bestimmten Besitzes, Einkommens oder einer bestimmten Steuerleistung (Zensus) gebunden.

Lexikon zur Geschichte: Personen

Alexander II. (1818–1881): regierte seit 1855 und machte sich als gemäßigter Reformer einen Namen. So wurde unter seiner Regentschaft die Leibeigenschaft abgeschafft. 1881 wurde er von einer Untergrundorganisation ermordet.

Bismarck, Otto von (1815–1898): Ministerpräsident Preußens von 1862 bis Januar 1873 und November 1873 bis 1890, von 1867 bis 1871 Kanzler des Norddeutschen Bundes, danach bis 1890 Deutscher Reichskanzler

Bora, Katharina von (1499–1552): stammte aus dem sächsischen Landadel, seit 1515 Nonne, Mitglied der Zisterzienserinnen, verließ 1523 die Klostergemeinschaft und heiratete 1525 Martin Luther, mit dem sie sechs Kinder hatte und ein bürgerliches Leben führte.

Briand, Aristide (1862–1932): französischer Politiker; zwischen 1909 und 1932 mehrfach u. a. Ministerpräsident und Außenminister; 1926 Friedensnobelpreis (gemeinsam mit Gustav Stresemann)

Brüning, Heinrich (1885–1970): 1930–1932 Reichskanzler; 1934 Emigration in die USA. Der 1885 in Münster geborene Brüning war Volkswirt und hatte als Frontoffizier am Ersten Weltkrieg teilgenommen. Seit 1924 war er Reichstagsabgeordneter des Zentrums und hatte sich als Steuer- und Finanzexperte einen Namen gemacht.

Calvin, Johannes (1509–1564): französischer Jurist, Humanist und Reformator, entwickelte eine reformierte Kirchenordnung für Genf, die 1541 in Kraft trat. Von 1536 bis 1559 verfasste er sein großes Lehrwerk „Institutio christianae religionis" (dt.: „Unterricht in der christlichen Religion").

Chiang Kaishek (1887–1975): seit Mitte der 1920er-Jahre Führer der Guomindang und einer der wichtigsten Staatsmänner Chinas. Er stand an der Spitze der Nanjing-Regierung und kämpfte im Zweiten Weltkrieg gegen Japan. Im anschließenden Bürgerkrieg gegen die Kommunistische Partei unterlag die Guomindang. Aber ein Teil der Partei konnte sich 1949 unter Führung von Kaishek nach Taiwan absetzen, wo sie einen bis heute existierenden unabhängigen Staat gründeten. Chiang Kaishek war bis zu seinem Tod Präsident Taiwans.

Danton, Georges Jacques (1759–1794, hingerichtet): Er war Mitbegründer des Cordeliers-Clubs, wurde 1792 Abgeordneter des Nationalkonvents und war zeitweise Mitglied des Wohlfahrtsausschusses.

Ebert, Friedrich (1871–1925): Er arbeitete als Sattler, Redakteur und Gastwirt. Ebert engagierte sich früh in Partei und Gewerkschaft, war ab 1913 SPD-Vorsitzender, übernahm nach Ausrufung der Republik 1918 die Regierungsgeschäfte und wurde 1919 erster Reichspräsident der Weimarer Republik.

Eisenstein, Sergei Michailowitsch (1898–1948): sowjetischer Regisseur und Filmtheoretiker. Innerhalb seines Werkes widmen sich die drei Spielfilme „Streik", „Panzerkreuzer Potemkin" (beide 1925) und „Oktober" (1928) der revolutionären Vergangenheit in Russland.

Engels, Friedrich (1820–1895): Kaufmann, Philosoph und Publizist aus Barmen, enger Weggefährte und Mitarbeiter von Karl Marx

Ferdinand I. (1503–1564): Herrscher aus dem Haus Habsburg, Erzherzog von Österreich, seit 1526/27 König von Böhmen, Ungarn und Kroatien. 1531 zum römisch-deutschen König gewählt, blieb er Stellvertreter Karls V. und wurde nach dessen Tod 1558 Kaiser.

Guangxu (1871–1908): Er wurde von seiner Tante Cixi adoptiert und war seit 1875 Kaiser von China. Nach dem Scheitern der Reform der hundert Tage wurde Guangxu entmachtet. Er war zwar formell noch im Amt, konnte aber keine wichtigen Entscheidungen mehr treffen. Untersuchungen aus dem Jahre 2008 ergaben, dass der Kaiser wahrscheinlich mit Arsen vergiftet wurde.

Hindenburg, Paul von (1847–1934): Als Sohn eines adligen Offiziers und Gutsbesitzers durchlief Hindenburg ab 1866 eine militärische Karriere. Er wurde 1914 zum Oberbefehlshaber der Truppen an der Ostfront berufen und stieg im Ersten Weltkrieg zum Generalfeldmarschall auf. Von 1925 bis 1934 war er Reichspräsident, als welcher er am 30. Januar 1933 Adolf Hitler zum Reichskanzler ernannte.

Hitler, Adolf (1889–1945): Hitler stammte aus dem österreichischen Braunau (Inn), kam 1913 nach München, wo er sich erfolglos als Künstler durchschlug. 1914 freiwillige Teilnahme am Ersten Weltkrieg in bayerischem Regiment, Verwundung und Auszeichnung, 1919 Propagandist der DAP, seit 1920 NSDAP; 1921 Vorsitzender der Partei, 1923 Hitler-Putsch und Festungshaft, 1925 Neugründung der NSDAP und Aufstieg zur Massenpartei, 1933 Ernennung zum Reichskanzler, ab 1934 „Führer und Reichskanzler".

Hong Xiuquan (1814–1864): Der chinesische Revolutionär führte den Taiping-Aufstand an. Er sah sich als jüngerer Bruder Jesu Christi und verband christliche mit chinesischen religiösen Vorstellungen. 1851 nahm er den Titel „Himmlischer König" („Tianwang") an.

Hus, Jan (um 1370–1415): tschechischer Theologe, Prediger und Kirchenkritiker, Rektor der Universität Prag, wird bis heute als tschechischer Nationalheld verehrt

Kangxi (1654–1722): In seiner von 1661 bis 1722 dauernden Regierungszeit stabilisierte er die Herrschaft der neuen Dynastie durch zahlreiche Kriege und die Verbindung der alten Gebräuche mit neuen Sitten und Techniken.

Karl V. (1500–1558): Herrscher aus dem Haus Habsburg, seit 1515 Herr über die Niederlande, seit 1516 König von Spanien, Herr über Neapel und Sizilien, seit 1519 römisch-deutscher König, seit 1520 „erwählter römischer Kaiser", 1530 vom Papst zum Kaiser gekrönt

Kerenski, Alexander Fjodorowitsch (1881–1970): Rechtsanwalt, Mitglied der Partei der Sozialrevolutionäre, Abgeordneter in der Duma seit 1912 und Heeres- und Marineminister seit 1917. Nach der Oktoberrevolution floh er nach Frankreich und lebte später im Exil in den USA.

Konfuzius (ca. 551 v. Chr. – ca. 479 v. Chr.): Konfuzius ist der bedeutendste chinesische Philosoph, auch wenn von ihm selbst keine Schriften überliefert sind. Etwa 100 Jahre nach seinem Tod begannen seine Schüler, seine Lehren aufzuschreiben. Konfuzius' Vorstellungen vom richtigen Leben hatten unter den Qing und im 20. Jahrhundert große Bedeutung für Geschichte, Gesellschaft und Politik Chinas.

Lenin, Wladimir Iljitsch (eigentlich Wladimir Iljitsch Uljanow; 1870–1924): Rechtsanwalt und sozialistischer Revolutionär, der während seines Exils in Westeuropa zwischen 1900 und 1917 eine eigene sozialistische Theorie entwickelte. Er gilt als Begründer der Sowjetunion (1922) und war ihr erster Regierungschef.

Luther, Martin (1483–1546): Theologe und Reformator aus Eisleben in Thüringen. Seit 1505 Mitglied des Ordens der Augustiner-Eremiten, seit 1512 Professor für Bibelauslegung an der Universität Wittenberg. Im Streit um seine Ansichten über Glaube und Kirche wurde er 1521 vom Papst zum Ketzer erklärt. Seit 1525 lebte er als Ehemann, Hausvater und Priester in Wittenberg. Auf seine Lehren geht die evangelisch-lutherische Kirche zurück.

Luxemburg, Rosa (1871–1919): Journalistin und sozialistische Theoretikerin; Mitbegründerin der KPD

Lwow, Georgi Jewgenjewitsch (1861–1925): erster demokratisch legitimierter Regierungschef in Russland, starb verarmt im Exil

Marx, Karl (1818–1883): Wirtschaftswissenschaftler, Philosoph und Publizist aus Trier, Begründer der Wirtschafts- und Gesellschaftstheorie des Marxismus, brachte als politisch Verfolgter 1845 bis 1848 in Brüssel zu, ging nach der Revolution von 1848/49 ins Exil nach London

Melanchthon, Philipp (1497–1560): Humanist, Theologe, Dichter und Reformator. Ab 1518 Professor für Altgriechisch in Wittenberg, seither Luthers Anhänger und Mitarbeiter, nach Luthers Tod Wortführer der Reformation. Er widmete sich zumal der Reform des Unterrichtswesens.

Müller, Hermann (1876–1931): 1919/20 Reichsaußenminister; 1920–1928 Vorsitzender der sozialdemokratischen Reichstagsfraktion; 1928–1930 Reichskanzler

Müntzer, Thomas (1486/90–1525): Theologe, Priester und Revolutionär. Er forderte neben einer Enteignung der Kirchen und Klöster auch die Abschaffung der Vorrechte des Adels. Als Teilnehmer am Bauernkrieg in Thüringen wurde er 1525 hingerichtet.

Mussolini, Benito (1883–1945): Begründer des italienischen Faschismus, einer nationalistischen, antidemokratischen Bewegung. Nach einem „Marsch auf Rom" übernahm er die Regierung. Seine Diktatur war lange Zeit Vorbild für die deutschen Nationalsozialisten.

Napoleon Bonaparte (1769–1821): Er kämpfte als Offizier zunächst gegen die Royalisten, später im Auftrag des Direktoriums in Italien. Er kam 1799 durch einen Staatsstreich an die Regierung, krönte sich 1804 selbst zum Kaiser der Franzosen und nannte sich fortan Napoleon I. Er starb in Verbannung auf der Atlantikinsel St. Helena.

Nikolaus II. (1868–1918): Er regierte seit 1894 und war der letzte Zar des Russischen Reiches. 1918 wurde Nikolaus II. auf Befehl der Bolschewiki zusammen mit seiner Familie hingerichtet.

Papen, Franz von (1879–1969): 1932 Reichskanzler; im Nürnberger Prozess gegen die Hauptkriegsverbrecher 1946 freigesprochen

Qianlong (1711–1799): Er war der Sohn des Kaisers Yongzheng und regierte offiziell von 1735 bis 1796. Unter seiner Herrschaft stand das chinesische Reich auf dem Höhepunkt seiner Macht und erreichte mit fast zwölf Millionen Quadratkilometern die größte Ausdehnung seiner Geschichte.

Rathenau, Walther (1867–1922): Industrieller, Schriftsteller und Politiker (DDP); 1922 von Rechtsradikalen ermordet

Robespierre, Maximilien de (1754–1794, hingerichtet): Rechtsanwalt; Mitglied des Jakobinerklubs und Abgeordneter des Nationalkonvents und seit Juli 1793 im Wohlfahrtsausschuss tätig

Schleicher, Kurt von (1882–1934): 1932 Reichswehrminister, von Dezember 1932 bis Januar 1933 Reichskanzler

Sieyès, Emmanuel Joseph (1748–1836): Angehöriger des Klerus und Politiker. Er war einer der einflussreichsten Wortführer des Dritten Standes, wurde Abgeordneter des Nationalkonvents und unterstützte 1799 als Mitglied der Regierung den Staatsstreich Napoleons.

Sigmund, auch Sigismund (1368–1437): Herrscher aus dem Haus Luxemburg, das nach ihm ausstarb. 1378–1388 und 1411–1415 Kurfürst von Brandenburg, seit 1387 König von Ungarn und Kroatien, seit 1411 römisch-deutscher König, seit 1419 auch König von Böhmen, 1433 zum Kaiser gekrönt.

Stalin, Josef Wissarionowitsch (eigentlich Josef Wissarionowitsch Dschugaschwili; 1878–1953): aus Georgien stammender russischer Revolutionär; von 1922 bis 1953 Generalsekretär der Kommunistischen Partei. Er errichtete in der Sowjetunion eine totalitäre Herrschaft, die er nach dem Zweiten Weltkrieg auf die von der Sowjetunion abhängigen Staaten ausdehnte und die bis zu seinem Tod dauerte.

Stolypin, Pjotr Arkadjewitsch (1862–1911): Er stammte aus einer adligen Familie und wurde nach einer steilen Karriere im Staatsdienst im Juli 1906 Ministerpräsident. 1911 kam Stolypin bei einem Attentat ums Leben.

Streicher, Julius (1885–1946, hingerichtet): 1922 Beitritt zur NSDAP, 1923 Gründung der antisemitischen Wochenzeitung „Der Stürmer" und Teilnahme am Hitler-Putsch, seit 1928 Gauleiter in Franken, 1933–1945 Mitglied des Reichstages, seit 1933 Leitung des „Zentralkomitees zur Abwehr der jüdischen Gräuel- und Boykotthetze", 1940 wegen Korruption und Parteizwist aller Ämter enthoben

Stresemann, Gustav (1878–1929): Wirtschaftswissenschaftler und Politiker, 1923 Reichskanzler, 1923–1929 Außenminister. Er prägte die Weimarer Republik und erwirkte die Aufnahme Deutschlands in den Völkerbund.

Sun Yat-sen (1866–1925): Staatsmann und Vordenker des republikanischen Chinas. Sun Yat-sen lebte schon als Jugendlicher auf Hawaii, studierte in China Medizin und ging nach einem gescheiterten Aufstand 1895 für 16 Jahre ins Exil, das er in Japan, Nordamerika und Europa verbrachte. Als erster Staatspräsident der Republik China und Begründer der sogenannten „Drei Prinzipien" ist er einer der bedeutendsten chinesischen Politiker des 20. Jahrhunderts.

Talleyrand, Charles Maurice (1754–1838): Priester und Politiker. Seit 1789 war er als Bischof von Autun Vertreter des Ersten Standes in den Generalständen. Er wurde Mitglied der Nationalversammlung, leistete 1790 den Eid auf die Verfassung, woraufhin er vom Papst aus der Gemeinschaft der Gläubigen gebannt wurde. Von 1797 bis 1807 Außenminister Napoleons und nach dessen Niederlage ab 1814 erneut Außenminister.

Trotzki, Leo Dawidowitsch (eigentlich Leo Dawidowitsch Bronstein; 1879–1940): Sohn eines jüdischen Gutsbesitzers, nahm während seiner Untergrundtätigkeit für die sozialistische Bewegung den Namen Trotzki an. Er gehörte zum engsten Führungskreis um Lenin. Im Jahre 1929 floh er in die Türkei und wurde 1940 in Mexiko von einem sowjetischen Agenten ermordet.

Wilhelm II. (1859–1941): seit 1888 König von Preußen und Deutscher Kaiser. Seine Vorstellungen von Gottesgnadentum und Weltmacht sowie seine Einstellung zum Militär (Militarismus) prägten die „Wilhelminische Gesellschaft". Nach seiner Abdankung im Jahre 1918 lebte er im Exil im niederländischen Doorn.

Wilson, Woodrow (1856–1924): Jurist, Historiker und Politiker; 1913 bis 1921 Präsident der USA (Demokrat). Wilson verfolgte soziale Reformen, war im Ersten Weltkrieg um die Neutralität der USA bemüht und engagierte sich für die Errichtung des Völkerbundes. 1920 erhielt er den Friedensnobelpreis für das Jahr 1919.

Witte, Sergei Juljewitsch (1849–1915): Er machte als Unternehmer und Staatsmann Karriere und setzte zahlreiche erfolgreiche ökonomische Reformen gegen erhebliche Widerstände durch. Der Entwurf für das Oktobermanifest des Zaren stammte von ihm, und noch 1914 versuchte er vergeblich, den Krieg mit Deutschland zu verhindern.

Yongzheng (1678–1735): Er war ein Sohn des Kaisers Kangxi und führte in seiner Regierungszeit von 1723 bis 1735 Reformen in Verwaltung und Regierung durch, die die Position des Kaisers stärkten.

Yuan Shikai (1859–1916): einer der mächtigsten Militärs und Politiker des späten Kaiserreiches und der frühen Republik. Er war 1885 bis 1894 als Hochkommissar der mächtigste Mann in Korea und besetzte zwischen 1895 und 1911 zahlreiche bedeutende Positionen in der Armee und der Verwaltung des Kaiserreiches. Bei der Ausrufung der Republik wechselte er die Seiten und wurde schnell zum mächtigsten Mann Chinas. Die Übernahme der Präsidentschaft und die Proklamierung zum Kaiser führten aber zu so starkem Widerstand, dass er schließlich entmachtet wurde.

Zwingli, Ulrich (1484–1531): Schweizer Theologe, Priester und Reformator, seit 1523 verantwortlich für die Einführung der Reformation in Zürich und anderen Schweizer Orten. Zürich unterlag 1531 im Krieg gegen katholische Kantone. Zwingli fiel in der Schlacht.

Wer ist wer in der Weimarer Republik?

Die Reichspräsidenten

Friedrich Ebert (Februar 1919 bis Februar 1925, SPD)

Paul von Hindenburg (April 1925 bis August 1934, parteilos)

Die Reichskanzler

Reichskanzler	Partei	Amtszeit
Philipp Scheidemann	SPD	Februar bis Juni 1919
Gustav Bauer	SPD	Juni 1919 bis März 1920
Hermann Müller	SPD	März bis Juni 1920, Juni 1928 bis März 1930
Constantin Fehrenbach	Zentrum	Juni 1920 bis Mai 1921
Joseph Wirth	Zentrum	Mai 1921 bis November 1922
Wilhelm Cuno	parteilos	November 1922 bis August 1923
Gustav Stresemann	DVP	August bis November 1923
Wilhelm Marx	Zentrum	November 1923 bis Januar 1925, Mai 1926 bis Juni 1928
Hans Luther	parteilos	Januar 1925 bis Mai 1926
Heinrich Brüning	Zentrum	März 1930 bis Mai 1932
Franz von Papen	Zentrum, ab 3. Juni 1932 parteilos	Juni bis Dezember 1932
Kurt von Schleicher	parteilos	Dezember 1932 bis Januar 1933

Die Parteien

Partei	Gründung	Ausrichtung
Bayerische Volkspartei (BVP)	1918	bayerische Partei der Katholiken, abgespalten von der Zentrumspartei
Deutsche Demokratische Partei (DDP)	1918	liberale Partei, Befürworter der Republik
Deutschnationale Volkspartei (DNVP)	1918	konservative Partei, kritisch gegenüber der Republik
Deutsche Volkspartei (DVP)	1918	Partei der Industriellen, kritisch gegenüber der Republik
Kommunistische Partei Deutschlands (KPD)	1918	radikale Arbeiterpartei, gegen die Republik
Nationalsozialistische Deutsche Arbeiterpartei (NSDAP)	1919 (seit 1920 unter diesem Namen), 1925 (Neugründung)	antisemitische und nationalistische Partei Adolf Hitlers, gegen die Republik
Sozialdemokratische Partei Deutschlands (SPD)	1863 (seit 1890 unter diesem Namen)	gemäßigte Arbeiterpartei, Befürworter der Republik
Unabhängige Sozialdemokratische Partei Deutschlands (USPD)	1917	radikale Arbeiterpartei, gegen die Republik
Zentrum (Z)	1870	Partei der Katholiken, Befürworter der Republik

Die **fettgedruckten Begriffe und Seitenzahlen** verweisen auf Erläuterungen in der Randspalte des Darstellungsteils.

Die **fettgedruckten Namen und Seitenzahlen** verweisen auf biografische Informationen in der Randspalte des Darstellungsteils.

© 2023 FIREFLY HOLDINGS LIMITED. All rights reserved – S. 437; AdobeStock / caifas – S. 267; - / Thierry Lubar – S. 40; - / mattiaath – S. 442; - / Yaroslav – S. 107; akg-images – S. 253, 261, 276, 462; - / Walter Ballhause – S. 349; - / Peter Connolly – S. 244; - / © Olaf Gulbransson, VG Bild-Kunst, Bonn 2023 – S. 50; - / Heritage Images, CM Dixon – S. 249; - / © Underwood Archives – S. 339; - / © VG Bild-Kunst, Bonn 2023 – S. 354; Alamy Stock Photo / agefotostock, © VG Bild-Kunst, Bonn 2023 – S. 337; - / Archivart – S. 38; - / ART Collection – S. 106; - / Art Collection 4 – S. 103; - / Artokoloro – S. 170; - / BibleLandPictures, Zev Radovan – S. 251; - / British Library – S. 323; - / CPA Media Pte Ltd. – S. 188; - / Danvis Collection – S. 321; - / Robert Fried – S. 171; - / GL Archive – S. 32, 106, 130, 138; - / Glasshouse Images, © VG Bild-Kunst, Bonn 2023 – S. 304; - / GRANGER – S. 217; - / GRANGER, © Estate of George Grosz, Princeton, N. J., © VG Bild-Kunst, Bonn 2023 – S. 365; - / Granger Historical Picture Archive – S. 101, 172; - / Heritage Image Partnership Ltd. – S. 63, 104, 105, 128, 385, 499; - / Historic Images – S. 100; - / Ian Dagnall Computing – S. 168; - / Imaginechina Limited – S. 166; - / Imago History Colleciton – S. 306; - / Lanmas – S. 163; - / Lebrecht Music & Art – S. 328; - / Masterpics – S. 133; - / NurPhoto SRL – S. 8; - / PA Images – S. 286; - / Photo 12 – S. 361; - / Pictorial Press Ltd. – S. 102, 147; - / Private Collection, AF Eisenbahn Archiv – S. 43; - / Johann Scheibner – S. 284; - / Shawshots – S. 375; - / The Granger Collection – S. 35; - / The Picture Art Collection – S. 127, 168, 169; Archäologisches Museum Frankfurt am Main – S. 245; Artothek, Fürth / © VG Bild-Kunst, Bonn 2023 – S. 333; Berliner Medizinhistorisches Museum der Charité – S. 389; bpk-Bildagentur – S. 55, 92, 102, 310, 352; - / Deutsches Historisches Museum, Sebastian Ahlers, © VG Bild-Kunst, Bonn 2023 – S. 399; - / Deutsches Historisches Museum, Indra Desnica – S. 308; - / Deutsches Historisches Museum, Arne Psille – S. 327, 328, 333, 413; - / Deutsches Historisches Museum, © The Heartfield Community of Heirs, VG Bild-Kunst, Bonn 2023 – S. 353; - / Herbert Hensky – S. 470; - / Heinrich Hoffmann – S. 343 (2); - / Herbert Hoffmann – S. 335; - / Dietmar Katz – S. 329; - / RMN-Grand Palais – S. 460; - / RMN-Grand Palais, Jean-Gilles Berizzi, Paris, MuCEM, Museé des Civilisations de l'Europe et de la Méditerrané – S. 124; - / RMN-Grand Palais, Bulloz, Paris, Musée Carnavalet – S. 17; - / Staatsbibliothek zu Berlin – S. 291, 326; Bridgeman Images – S. 236; Bundesarchiv / Sig. Bild 146-1974-132-26A – S. 376; - / Sig. Bild 146-2007-0112 – S. 402; Verlag C. H. Beck oHG – S. 169; © ddrarchiv.de / Prof. Herbert Sandberg – S. 411; Doreen Eschinger, Berlin – S. 400; Fotolia / beermedia – S. 10; Getty Images Plus / iStockphoto, yulenochekk – S. 84; Silver Hesse, Zürich – S. 359; Dr. Horst Hoheisel, Kassel / © VG Bild-Kunst, Bonn 2023 – S. 394; imago images / Heritage Images – S. 76; - / Kharbine-Taparbor – S. 324, 336; - / UIG – S. 54; Interfoto / Alba – S. 473; - / fine art images – S. 73; - / Miller – S. 403; © k-konzept GmbH – S. 451; © Staatliche Kunsthalle Karlsruhe / Photo Wolfgang Pankoke 2009 – S. 447; Library of Congress – S. 186; Limesmuseum Aalen / Ulrich Sauerborn – S. 242; Lippische Landesbibliothek, Detmold / Sammlung Mellies, ME PK-3-151 – S. 451; - / Signatur BA DT-42-11 – S. 450; - / Signatur BA DT-43-10 – S. 450; - / Signatur Ph 1154 – Simon – S. 445; LVR-Industriemuseum Oberhausen / Foto: Jürgen Hoffmann – S. 389; Mauritius Images / Alamy Stock Photo, AGB Photo Library – S. 268; - / Alamy Stock Photo, Archive Farms Inc – S. 222; - / Alamy Stock Photo, Archive PL – S. 321; - / Alamy Stock Photo, ARCHIVIO GBB – S. 323; - / Alamy Stock Photo, ART Collection – S. 135, 136, 178, 209; - / Alamy Stock Photo, Auk Archive – S. 373; - / Alamy Stock Photo, BMH Photographic – S. 386; - / Alamy Stock Photo, Iurii Buriak – S. 288; - / Alamy Stock Photo, Classic Image – S. 499; - / Alamy Stock Photo, David Cole – S. 56; - / Alamy Stock Photo, CPA Media Pte Ltd. – S. 196, 205, 213, 224, 228; - / Alamy Stock Photo, David Davies – S. 453; - / Alamy Stock Photo, FLHC7 – S. 137; - / Alamy Stock Photo, GL Archive – S. 44, 307; - / Alamy Stock Photo, Ullrich Gnoth – S. 288; - / Alamy Stock Photo, Chris Hellier – S. 329; - / Alamy Stock Photo, Historic Collection – S. 210, 377; - / Alamy Stock Photo, History and Art Collection – S. 81, 322; - / Alamy Stock Photo, History_docu_photo – S. 181, 309; - / Alamy Stock Photo, Peter Horree – S. 266; - / Alamy Stock Photo, Ian Dagnall Computing – S. 220, 267; - / Alamy Stock Photo, Incamerastock – S. 182; - / Alamy Stock Photo, Islandstock – S. 284; - / Alamy Stock Photo, JJs – S. 42; - / Alamy Stock Photo, Keystone Press – S. 57; - / Alamy Stock Photo, Andy Lane – S. 152; - / Alamy Stock Photo, MB Photo – S. 56; - / Alamy Stock Photo, Angus McComiskey – S. 288; - / Alamy Stock Photo, Mccool – S. 301; - / Alamy Stock Photo, Moviestore Collection – S. 469; - / Alamy Stock Photo, Matteo Omied – S. 45; - / Alamy Stock Photo, Painters – S. 293; - / Alamy Stock Photo, Peter Hermes Furian – S. 198; - / Alamy Stock Photo, Photo 12 – S. 163, 379, 399; - / Alamy Stock Photo, Pictorial Press Ltd. – S. 71, 79, 199, 222; - / Alamy Stock Photo, PRISMA-ARCHIVO – S. 107; - / Alamy Stock Photo, PWB Images – S. 133, 459; - / Alamy Stock Photo, Peter Righteous – S. 104; - / Alamy Stock Photo, Alfredo Garcia Saz – S. 288; - / Alamy Stock Photo, Alex Segre – S. 152; - / Alamy Stock Photo, Signal Photos – S. 112, 219; - / Alamy Stock Photo, The History Collection – S. 44, 138; - / Alamy Stock Photo, The Picture Art Collection – S. 185, 208/209; - / Alamy Stock Photo, Universal Art Archive – S. 221; - / Alamy Stock Photo, Jonathan Wilson – S. 212; - / Alamy Stock Photo, Markus Wissmann – S. 435; - / Alamy Stock Photo, World History Archive – S. 78; - / Alamy Stock Photo, Zoonar GmbH – S. 129, 474; - / Circa Images, Glasshouse – S. 377; - / imageBROKER, Alfred Schauhuber – S. 345; - / Science Source, LOC – S. 306; - / SuperStock, Fine Art Images – S. 33, 256; - / TopFoto – S. 83, 351, 352; - / TopFoto, SCRSS – S. 41, 465; - / United Archives, Karl Heinrich Lämmel – S. 455; - / United Archives, WHA, World History Archive – S. 308; - / United Archives, World History Archive – S. 59; - / World Book Inc. – S. 34, 72, 93, 140, 344, 347, 456; - / World History Archive, ARPL – S. 49; Münchner Stadtmuseum / Zentralbibliothek – S. 344 (2); Österreichische Nationalbibliothek / ANNO, Neues Österreich Nummer 381 vom 20.07.1946, In Nürnberg und anderswo - er hat mir's doch befohlen – S. 396; © Peter Palm, Berlin – S. 201, 223; picture-alliance – S. 350; - / abaca, Christian Liewig – S. 8; - / akg-images – S. 86, 114, 184, 216, 258, 263, 320, 350, 372, 391, 397; - / akg-images, Erich Lessing – S. 252; - / akg-images, Armin Pongs – S. 156; - / AP Photo, Michael Eulerv – S. 458; - / Bildarchiv – S. 432; - / Bildarchiv, Wolfgang Kumm – S. 431; - / Bildarchiv Monheim, Florian Monheim – S. 416; - / brandstaetter images, Austrian Archives – S. 54; - / Courtesy Everett Collection – S. 48, 49; - / dpa, dpaweb, Ingo Wagner – S. 132; - / dpa-Report, dpaweb, Ingo Wagner – S. 152; - / dpa-Report, Friso Gentsch – S. 428; - / DUMONT Bildarchiv, Peter Hirth – S. 454; - / © epa-Bildfunk, SCANPIX, NORWAY, Marit, Hommedal – S. 27; - / Fotoreport, Gerd Herold – S. 401; - / Karl-Josef Hildenbrand – S. 407; - / Holger Hollemann – S. 436; - / Imagechina, Yan Zheng – S. 22; - / IMAGNO, Austrian Archives – S. 30, 31; - / Rainer Jensen – S. 405; - / Sebastian Kahnert – S. 284; - / Friedemann Kohler – S. 69, 428; - / Andreas Lander – S. 421; - / Mary Evans Picture Library – S. 346; - / Photoshot – S. 190; - / Michael Reichel – S. 314; - / Rohrmann – S. 341; - / Kristin Schmidt – S. 428; - / Schnoerrer – S. 418; - / Soeren Stache – S. 368; - / Peter Steffen – S. 437; - / Süddeutsche Zeitung Photo, Alessandra Schellnegger – S. 334; - / The Print Collector – S. 455; - / ullstein bild – S. 331; - / ullstein bild, Archiv Gerstenberg – S. 382; - / ullstein bild, Boris Nizon – S. 80; - / ullstein bild, Robert Sennecke – S. 315; - / ullstein bild, © Vladimir Serov "Lenin proklamiert die Sowjetmacht", 1947, © UPRAVIS/VG BILDKUNST, 2023, © VG Bild-Kunst, Bonn 2023 – Cover, S. 67; - / © World Pictures/ Photoshot, Peter Phipp – S. 466; - / ZB, Paul Glaser – S. 470; - / ZB, Thomas Schulze – S. 476; - / Zentralbild, Arno Burgi – S. 25; - / Zentralbild, euroluftbild.de, Gerhard Launer – S. 239; - / Zentralbild, Waltraud Grubitzsch – S. 8; - / Zentralbild, Michael Hanschke – S. 404; - / ZUMA Press, SOPA via ZUMA Wire, Victor Serri – S. 408; - / ZUMA Press, Li Wen – S. 22; © Punch Cartoon Library / TopFoto – S. 234; Schwalme.de – S. 406; Shutterstock / Everett Collection – S. 41; Staatsbibliothek zu Berlin / Preußischer Kulturbesitz, Abteilung Historische Drucke, Signatur: 2" Sf 340<a> : R. – S. 446; Sammlung Karl Stehle – S. 265; Klaus Stuttmann, Berlin – S. 420; Süddeutsche Zeitung Photo / Scherl – S. 391; © THE CLASH OF CIVILISATIONS, Simon & Schuster, New York 1996, © 1996 Samuel P. Huntington, Permission by Mohrbooks AG, Zürich – S. 156; ullstein bild – S. 56, 266; - / AISA – S. 247; - / BPA – S. 374, 398; - / imagebroker.net, Konrad Wothe – S. 238; - / Roger Viollet, Bruno de Monès – S. 159; - / Roger Viollet, Albert Harlingue – S. 322; - / Wilfried Zeckai – S. 417; Universitätsbibliothek Heidelberg / Der wahre Jacob / Willibald Kain / http://digi.ub.uni-heidelberg/diglit/wj1932/0502/CC BY-SA 3.0 – S. 357; © Wilhelm-Busch-Gesellschaft e. V., Hannover – S. 425; www.wikimedia.org – S. 274; - / Brunswyk – S. 407; - / Superikonoskop – S. 342.